# LES ADMINISTRATIONS

## ET

# LES SERVICES PUBLICS

# INDOCHINOIS

PAR

## J. DE GALEMBERT

*Administrateur de 1ère classe des Services Civils de l'Indochine*

*Officier de l'Instruction Publique*

IMPRIMERIE MAC-DINH-TU

*136, Rue du Coton, 136*

HANOI

**Novembre 1924**

# LES ADMINISTRATIONS

## ET

# LES SERVICES PUBLICS

# INDOCHINOIS

### PAR

## J. DE GALEMBERT

*Administrateur de 1ère classe des Services Civils de l'Indochine*

*Officier de l'Instruction Publique*

IMPRIMERIE MAC-DINH-TU

*136, Rue du Coton, 136*

HANOI

**Novembre 1924**

TOUS DROITS RÉSERVÉS

# AVANT-PROPOS

Depuis assez longtemps il m'était suggéré de préparer, concernant la constitution politique et administrative de l'Indochine et la règlementation en vigueur dans l'ensemble ou les diverses parties de cette colonie, un ouvrage d'études devant avoir pour objet de dégager les principes fondamentaux présidant au fonctionnement de nos institutions locales, d'exposer dans un ordre aussi rationnel que possible l'organisation et les attributions des diverses administrations françaises et indigènes ainsi que celles des nombreux services publics par l'intermédiaire desquels les premières exercent leur action, enfin de rapprocher l'un de l'autre nos principaux corps de règlementation en vue de faire ressortir les méthodes ayant déterminé leur élaboration, les liens existant entre eux, les conséquences que leur application a fait apparaître dans la pratique et les perfectionnements dont certains peuvent être susceptibles.

Il s'agissait donc de procéder par voie d'analyse ou par voie de synthèse, selon le cas, et d'éviter dans la mesure du possible la sécheresse et le caractère nécessairement fragmentaire d'une compilation.

On m'a assuré qu'un ouvrage de ce genre présenterait une réelle utilité pour les personnes désireuses de pouvoir consulter un résumé méthodique et suffisamment complet d'une organisation administrative dont la complexité est certes beaucoup plus grande qu'en France, et particulièrement pour les très nombreux fonctionnaires et agents français et indochinois que les règlements actuels obligent à affronter un examen ou un concours non seulement à leur entrée dans les cadres mais aussi au moment où ils deviennent en situation d'accéder à un grade supérieur de la hiérarchie. Les candidats à ces examens et concours éprouvent le plus souvent, me fut-il dit, de sérieuses difficultés à dégager de l'amoncellement des publications officielles parues depuis 1861 la règlementation actuellement en vigueur sur l'objet qui les intéresse, et lorsque grâce à de longues et fastidieuses recherches ils arrivent à concrétiser cette règlementation concernant un sujet déterminé, l'absence de vues d'ensemble leur permet difficilement de s'en assimiler la raison d'être et la portée, en sorte que l'effort de mémoire se trouve prédominer là *où le sens critique devrait avoir le pas.*

*On m'a également déclaré qu'un tel ouvrage viendrait à son heure, en ce sens que, notre arsenal règlementaire ayant été depuis 1919 renouvelé à peu près en son entier et nos institutions locales presque toutes réorganisées de fond en comble au cours de ces six dernières années, il était désormais permis d'espérer qu'une certaine fixité présiderait à l'avenir aux destinées administratives de la colonie.*

*Ces arguments étaient sans doute excellents. Mais n'ai-je pas trop présumé de mes forces en me rendant, non sans hésitation d'ailleurs, aux suggestions qui les accompagnaient et en abordant ainsi une tâche dont la difficulté n'échappera, je l'espère, à personne ? La valeur d'un ouvrage d'études ne se mesure pas à l'importance de l'effort que sa rédaction a coûté, mais à l'utilité qu'il peut présenter pour ses lecteurs, et la réalité des résultats que j'aurais pu obtenir à cet égard, en une matière aussi complexe, est pour moi un sujet de réelle appréhension.*

*Ce livre est donc sans prétentions et je m'excuse par avance des erreurs qui s'y rencontreront certainement, malgré tout le soin que j'ai apporté à les éviter. C'est un simple manuel, qui sans nul doute n'apprendra pas grand chose à chacun sur le service auquel il est attaché mais qui pourra peut-être l'aider à mieux connaître dans leurs grandes lignes les autres organismes administratifs, tout en lui facilitant la recherche, dans les publications officielles, des textes énonçant les détails de leur fonctionnement. Tel est du moins le but que je me suis proposé. Je serais particulièrement heureux, arrivé au terme d'une longue carrière administrative, de l'avoir atteint et je prie les nombreuses personnes qui m'ont aidé de leurs conseils et de leurs renseignements en vue de l'obtention de ce résultat de vouloir bien trouver ici l'expression renouvelée de mes plus vifs remerciements.*

*L'ouvrage est à jour au 25 Octobre 1924 (date du Journal Officiel), l'appendice que l'on trouvera à la fin du volume faisant mention des modifications qui ont été apportées à certaines règlementations, notamment à celles intéressant le Service de l'Instruction publique, à des dates trop récentes pour qu'il fut possible d'en tenir compte dans les parties du texte, alors imprimées, traitant des mêmes matières.*

*On se demandera peut-être pourquoi le cadre de ce livre n'a pas été élargi, sauf à modifier son titre, de façon à ce qu'une étude spéciale pût y être consacrée à l'organisation du domaine et à celle des caisses locales de retraite, personnes morales publiques qui, tout en n'étant ni des Administrations ni des Services proprement dits, ont cependant des rapports étroits avec ces organismes généraux. La raison en est que ces matières, étant à la veille d'une réorganisation complète, m'ont paru ne pouvoir être, à l'heure actuelle, utilement traitées. D'une part, en effet, une commission composée de hautes personnalités administratives de la colonie a été instituée par arrêté du 13 janvier 1924 à l'effet d'étudier la réforme du régime foncier et une nouvelle règlementation du domaine en Indochine, et les résultats de ses travaux n'ont encore été consacrés par aucun texte règlementaire. D'autre part, en ce qui concerne les caisses locales de retraite, la loi du 15 avril 1924 unifiant les divers régimes de pensions civiles et militaires françaises et portant en particulier création d'une caisse intercoloniale de retraite aura nécessairement pour conséquence prochaine, sinon la suppression, du moins de profonds changements dans l'organisation actuelle de la caisse de retraite des services civils locaux, et il paraît probable que ces changements entraîneront à leur tour des modifications analogues dans le fonctionnement de la caisse des pensions civiles indigènes. L'étude des règlementations encore actuellement en vigueur sur ces matières, mais dont selon toute probabilité il restera fort peu de chose dans quelques mois, aurait donc été sans utilité. Si l'accueil fait au présent ouvrage est favorable, un supplément pourra être ultérieurement publié à l'effet de combler, lorsque les nouvelles règlementations annoncées auront paru, la lacune dont il s'agit.*

**Novembre 1924**

# PREMIÈRE PARTIE

## STATUT GÉNÉRAL DES POSSESSIONS FRANÇAISES ET STATUT PARTICULIER DE L'INDOCHINE

Deux chapitres consacrés l'un au statut des possessions françaises en général et l'autre au statut de l'Indochine feront l'objet de cette partie.

# CHAPITRE PREMIER

## STATUT DES POSSESSIONS FRANÇAISES EN GÉNÉRAL

Nous commencerons par exposer brièvement ce que l'on doit entendre par l'expression « colonie » ; puis nous traiterons successivement de la distinction fondamentale créée entre les diverses colonies par le sénatus-consulte du 3 mai 1854, de l'Administration centrale des Colonies, des Administrations spéciales des Colonies prises chacune en particulier, enfin de la représentation des Colonies dans la Métropole. Le présent chapitre comprendra donc cinq articles.

### ARTICLE PREMIER

#### *DÉFINITION DE L'EXPRESSION « COLONIE »*

Dans le langage courant, et même dans les textes règlementaires, le mot « Colonie » est pris tantôt dans un sens large et tantôt dans un sens plus étroit.

Au sens large, on désigne toutes les possessions françaises en dehors du territoire métropolitain, quels que soient l'origine et le caractère du lien juridique qui les unit à la France, sous le nom de « Colonie ». C'est seulement en adoptant cette extension du sens du mot « Colonie » que l'on peut dire, par exemple, que l'Indochine, prise dans son ensemble, est une colonie.

Si au contraire on prend ce mot dans son sens étroit, on est amené à distinguer deux catégories de possessions françaises :

1° — Les *colonies proprement dites*, c'est-à-dire les terres qui appartiennent en propre à la France et où par suite, même lorsqu'elle laisse aux gouvernements locaux une certaine indépendance à son égard, la France n'en exerce pas moins seule tous les droits dits de souveraineté, c'est-à-dire le droit de faire soit par elle-même soit par ses représentants locaux toutes les lois et tous les règlements applicables, le droit et l'obligation correspondante de défendre le territoire vis-à-vis des autres nations ou contre les insurrections intérieures, le droit de choisir tous les fonctionnaires et magistrats, le droit de régler toutes relations avec les gouvernements étrangers.

2° — Les *pays de protectorat*, qui sont des territoires dépendant de souverains étrangers qui se sont mis par traité, ainsi que les personnes et les biens de leurs sujets, sous le protectorat de la France. Ce régime se rapproche de celui des colonies proprement dites en ce qu'une clause essentielle du traité de protectorat est toujours que l'Etat protégé abdique entièrement la direction de sa politique extérieure entre les mains de l'Etat protecteur, lequel par contre assume dès lors l'obligation de le défendre contre ses ennemis tant à l'extérieur qu'à l'intérieur. Il s'en différencie au contraire en ce que l'Etat protégé conserve en général son propre gouvernement, ses institutions et la gestion de ses affaires intérieures, avec cette réserve toutefois que l'Etat protecteur contrôle cette gestion et en particulier sa partie financière, établit par délégation du souverain protégé ou approuve lorsqu'ils sont établis par ce dernier les actes règlementaires les plus importants concernant l'administration intérieure du pays protégé, enfin réclame pour ses nationaux des avantages particuliers et en reconnaît d'autres aux nationaux de l'État protégé.

On pourrait même distinguer une troisième catégorie de possessions françaises, qui comprendrait les territoires sur lesquels la France exerce les mêmes droits de souveraineté intégrale que sur les colonies proprement dites, mais seulement pour un temps déterminé et non plus à titre permanent, ces droits ne lui ayant été concédés que pour une durée limitée par l'État étranger propriétaire du territoire. Ce sont là des *possessions à bail*, constituant en quelque sorte des colonies temporaires. Nous en avons un exemple dans le territoire de Kouang-Tchéou-Wan, cédé à bail par la Chine à la France pour une durée de 99 ans.

Enfin, les traités qui ont mis fin à la guerre de 1914-18 ont décidé que certains territoires qui antérieurement appartenaient en propre à l'Allemagne ou à la Turquie deviendraient désormais la propriété de la « Société des Nations » et seraient administrés, au nom et par mandat de cette Société, par l'un ou l'autre des États alliés victorieux. C'est ce qu'on a appelé la théorie du mandat, et c'est en vertu d'un tel mandat que la France occupe et gouverne actuellement la Syrie, le Togo et le Cameroun. Mais ces territoires, dits *territoires à mandat*, ne peuvent être considérés comme des possessions françaises puisque la France n'y est installée que par mandat de la Société des Nations et qu'un mandat peut toujours cesser par la seule volonté du mandant.

Dans ce qui va suivre, le mot « Colonie » sera pris dans son sens large, c'est-à-dire comme synonyme de possession française à l'extérieur du territoire métropolitain (non compris l'Algérie, la Tunisie et le Maroc, car ces trois pays ne dépendent pas du Ministère des Colonies, mais du Ministère de l'Intérieur pour le premier et du Ministère des Affaires Étrangères pour les deux autres).

## ARTICLE II

### *DISTINCTION ENTRE LES COLONIES RÉSULTANT DU SÉNATUS-CONSULTE DU 3 MAI 1854*

Le régime législatif des colonies est encore fixé de façon générale par le *sénatus-consulte du 3 mai 1854*.

Sous le Second Empire (1852-1870), on appelait sénatus-consulte un acte législatif fait par le Sénat seul. La constitution de 1875 a supprimé les sénatus-consultes et il n'existe plus actuellement d'autres actes législatifs que les lois, à l'élaboration desquelles la Chambre des députés contribue au même titre et avec les mêmes pouvoirs que le Sénat. Cependant le régime législatif établi pour les colonies par le sénatus-consulte du 3 mai 1854 a été conservé, du moins en ce qui concerne le principe de la distinction fondamentale formulée par cet acte entre nos possessions extérieures, et sauf les nombreuses modifications qui dans la pratique lui ont été apportées.

Cette distinction, telle qu'elle subsiste actuellement, est que, au point de vue législatif, ou plus exactement au point de vue de l'origine de la règlementation métropolitaine constituant la législation applicable sur leur territoire, les colonies françaises sont divisées en deux groupes : d'une part, la Martinique, la Guadeloupe et la Réunion, qu'on appelle les *vieilles colonies* ; d'autre part, toutes les autres colonies, qu'elles existassent ou non en 1854.

Dans les colonies du premier groupe, ces actes règlementaires doivent être, selon l'importance de leur objet, tantôt des lois, tantôt des décrets en Conseil d'État, tantôt (et c'est le cas le plus fréquent) des décrets simples. Doivent être réglées par des lois (sous l'Empire, par des lois ou des sénatus-consultes) les questions impliquant les principes mêmes de la législation française et qui sont celles concernant : l'exercice des droits politiques, l'état civil des personnes et en particulier la naturalisation, les distinctions des biens et les différentes modifications de la propriété, le régime des contrats, les dispositions pénales en matière criminelle, le principe de l'application aux colonies du recrutement des armées de terre et de mer, les règlements relatifs au commerce international et les relations commerciales des colonies avec la métropole. Sont déterminés par décrets en Conseil d'État les règlements concernant l'organisation judiciaire, l'organisation municipale, la législation civile, commerciale et répressive (sauf en ce qui concerne la détermination des peines), le régime des cultes, celui de l'instruction publique, celui de la presse, les modalités du recrutement des armées de terre et de mer, la fixation des pouvoirs extraordinaires des gouverneurs en ce qui concerne les mesures de haute police et de sûreté générale, les matières domaniales, le régime monétaire et du crédit etc., ainsi que, d'une façon générale, les modifications apportées et les dispositions ajoutées aux lois métropolitaines que le pouvoir législatif désire rendre applicables aux colonies avec ces modifications et additions. Dans tous les autres cas, et ce sont de beaucoup les plus fréquents, ce sont des décrets simples qui fixent la législation coloniale dans les vieilles colonies.

Dans le second groupe, auquel appartient l'Indochine et qui est visé par l'article 18 du sénatus-consulte du 3 mai 1854, la législation et l'organisation coloniales sont fixées dans tous les cas, en principe, par des décrets simples.

De ce qui précède, on doit conclure que le principe de la séparation des pouvoirs législatif et exécutif, fondamental en France, est lettre morte dans les colonies, puisque la législation y est faite par décrets, c'est-à-dire par des actes du pouvoir exécutif, le plus souvent pour les colonies du premier groupe et toujours pour celles du second. Aussi appelle-t-on parfois les décrets ainsi rendus des *décrets-lois*.

Toutefois, il faut bien remarquer que le principe de la législation normale par décrets posé pour les colonies par le sénatus-consulte de 1854 ne présente nullement un caractère absolu. Il a été maintes fois critiqué pour son étroitesse, pour les pouvoirs excessifs qu'il donne au Président de la République agissant seul et en particulier comme aboutissant à cette situation vraiment singulière que les sénateurs et députés des colonies ne sont pas consultés pour la préparation des décrets-lois applicables aux possessions françaises qu'ils représentent alors qu'au contraire ils votent les lois applicables à la métropole. Ces critiques ayant été reconnues fondées, il est arrivé fréquemment que le principe fondamental de la législation coloniale par décrets a subi des exceptions de diverses catégories dont les principales sont les suivantes :

1° — Le Parlement, usant de son droit supérieur d'évocation, a souvent déterminé par des lois des matières qui, aux termes de la constitution coloniale résultant du sénatus-consulte de 1854, auraient dû l'être par des décrets; et dès lors, comme d'autre part une loi mise en application ne peut plus être modifiée que par une autre loi, il est arrivé que, même dans les colonies du second groupe, certaines matières autrefois réglées par décrets doivent l'être désormais par des lois. C'est ainsi que des lois ont réglé une première fois pour certaines colonies, et devront par suite continuer à y régler, les questions générales relatives à la naturalisation, au régime de la presse, au régime de l'élection des maires et adjoints, au régime des récidivistes, etc...

Il est d'ailleurs à remarquer que les lois ne sont applicables de plein droit aux colonies ou à certaines d'entre elles que si elles ont été votées spécialement à leur usage ou si, bien que faites en principe pour la métropole, elles contiennent cependant une disposition expresse déclarant leur texte applicable en dehors du territoire métropolitain. En dehors de ces deux cas, une loi votée pour la métropole ne peut être rendue applicable dans une ou plusieurs colonies que par un décret spécial. Il en serait d'ailleurs exactement de même d'un décret qui aurait été pris pour la métropole et dont aucun article ne déclarerait son texte applicable dans ces colonies.

2o — En vertu de leur nature même, certaines matières ont été considérées comme ne pouvant en aucun cas être réglées autrement que par des lois. Il est bien évident par exemple que les finances de l'État français ne peuvent être engagées sans l'intervention du pouvoir législatif français, et aussi que les territoires de la France ou de ses possessions outremer ne peuvent être modifiés sans cette même intervention, puisqu'une telle modification suppose nécessairement que des pourparlers soient engagés avec un gouvernement étranger. Il faudra donc une loi, et non point simplement un décret, pour que l'État français accorde à une colonie quelconque une subvention soit directe soit revêtant la forme d'une garantie donnée à un emprunt colonial, et il faudra aussi une loi pour décider une modification territoriale quelconque intéressant une colonie.

3o — En ce qui concerne certaines des matières pour le règlement desquelles le sénatus-consulte du 3 mai 1854 avait prévu des décrets simples, le pouvoir exécutif, soit de sa propre initiative soit sur l'invitation d'une loi, a souvent décidé de prendre désormais ces décrets en Conseil d'État. C'est ainsi qu'un règlement d'administration publique, c'est-à-dire un décret en Conseil d'État, est actuellement nécessaire : pour approuver les délibérations des conseils coloniaux locaux en matière d'emprunt lorsque la garantie de l'État français n'est pas demandée et qu'elle n'a pas déjà été accordée à un emprunt antérieur; pour autoriser l'établissement des voies ferrées ne donnant lieu à aucune participation financière de l'État lorsque cet établissement comporte de la part des colonies des engagements quelconques de dépenses portant sur une durée de plus de cinq ans ou des prélèvements dépassant le tiers

de l'avoir de la caisse de réserve. De même, il faut un décret
en Conseil d'État pour fixer les tarifs de douane des colonies
du premier groupe depuis le sénatus-consulte du 4 juillet 1866
et les mêmes tarifs pour les colonies du deuxième groupe
depuis la loi du 7 mai 1881.

Toutefois, il existe une différence essentielle entre la catégorie d'exceptions que nous étudions ici et celle qui a fait
l'objet du n° 1 ci-dessus. En effet, aux termes d'un avis du
Conseil d'État du 29 novembre 1916, la circonstance qu'un
décret a été pris après avis de ce Conseil alors que cette consultation préalable n'était imposée par aucun texte ne saurait
avoir pour effet de porter atteinte aux prescriptions de la loi
et notamment de l'article 18 du sénatus-consulte du 3 mai 1854.
Il s'ensuit donc que rien ne fait obstacle à ce qu'un décret pris en
Conseil d'État soit modifié par un décret simple lorsque la matière
qui fait l'objet de ce texte est normalement règlementée par décret.

4° — D'une façon générale, le pouvoir législatif colonial
délégué au Président de la République par le sénatus-consulte
de 1854 peut toujours être cédé expressément par lui au Gouverneur d'une colonie, lequel même, à défaut d'un texte exprès,
est réputé le posséder en vertu d'une délégation tacite du Chef
de l'État. Le Gouverneur se trouve donc ainsi investi par délégation du droit de légiférer par simples arrêtés, sous réserve
bien entendu du droit d'évocation qui appartient toujours au
pouvoir législatif ou au pouvoir exécutif supérieur.

En terminant l'exposé des catégories d'exceptions qui ont
été apportées au principe de législation coloniale normale par
décrets posé par le sénatus-consulte de 1854, il faut également
ajouter : d'une part, que ce sénatus-consulte n'a pu avoir effet
rétroactif, et qu'en conséquence les lois qui à cette date étaient
déjà applicables dans les rares colonies françaises d'alors et
qui depuis n'y ont pas été abrogées y sont restées en vigueur,
notamment la loi du 9 août 1849 sur l'état de siège ; d'autre
part, que les textes légaux ou règlementaires régissant de façon
spéciale certaines catégories de citoyens, par exemple les règlements particuliers à l'armée, continuent de plein droit à être
applicables à ces citoyens lorsqu'ils s'absentent du territoire
métropolitain, que ce soit d'ailleurs à destination des colonies
ou de l'étranger, ainsi qu'il a été rappelé par une circulaire
du Ministre des Colonies du 4 janvier 1909.

Notons enfin que, pour qu'une loi ou un décret soit exécutoire dans une colonie, c'est-à-dire y revête de plein droit un caractère obligatoire, il ne suffit pas que cette loi ou ce décret ait été rendu applicable à cette colonie, soit par son texte même, soit par un décret ultérieur. Il faut encore deux conditions: d'une part, que cette loi ou ce décret ait été *promulgué* dans la colonie intéressée par un arrêté de son Gouverneur, arrêté qui constitue une simple formalité (1) lorsque le pouvoir supérieur auteur du texte l'a expressément déclaré applicable dans cette colonie, tandis qu'au cas contraire le Gouverneur est seul juge d'apprécier s'il y a lieu ou non de provoquer une nouvelle loi ou un nouveau décret portant déclaration d'applicabilité dudit texte dans la colonie; d'autre part, que cet arrêté de promulgation, de même que le texte de la loi ou du décret ainsi promulgué et éventuellement celui du décret par lequel ledit texte a été rendu applicable, aient été portés à la connaissance des habitants de la colonie par une *publication* qui en général consiste dans l'insertion de ces actes au *Journal officiel* de cette colonie.

# ARTICLE III

## *ADMINISTRATION CENTRALE DES COLONIES*

Elle comprend trois organes: le *Ministère des Colonies* et les institutions annexes qui lui sont directement rattachées, *l'Agence générale des Colonies dans la Métropole* et le *Conseil Supérieur des Colonies*.

### § 1. — Ministère des Colonies

Ce Ministère, à peine réorganisé par le décret du 29 juin 1919

---

(1) Voir cependant chapitre III article I § A note.

et l'arrêté ministériel du 17 juillet 1919, a été à nouveau complètement remanié par la loi du 31 juillet et l'arrêté ministériel du 1er août 1920. Il n'existe que depuis la loi du 20 mai 1894. Antérieurement, l'administration des colonies était rattachée à un autre Ministère qui était le plus souvent le Ministère de la Marine, dont les colonies constituaient alors un Sous-Secrétariat d'Etat, mais qui a été aussi et qui était en 1894 le Ministère du Commerce.

Il comprend, outre le cabinet personnel du Ministre, une direction des affaires politiques, une direction des affaires économiques, trois directions administratives spéciales, enfin deux inspections générales et un service technique. Ces divers organes, à la tête desquels sont placés des directeurs et sous-directeurs, sont subdivisés en bureaux avec un personnel de chefs et de sous-chefs de bureaux, rédacteurs principaux, rédacteurs et expéditionnaires.

Le *Cabinet du Ministre*, qui est divisé en un secrétariat particulier et un bureau subdivisé lui-même en deux sections, a dans ses attributions les affaires réservées, l'enregistrement général, le chiffre, le service des archives, des bibliothèques et des publications officielles. Le bureau de *l'Inspecteur-conseil de l'Instruction publique*, comprenant deux sections, est également rattaché au cabinet du Ministre.

La *Direction des Affaires politiques*, qui est chargée du contrôle et de la direction générale de la vie politique, administrative et judiciaire de toutes nos colonies, comprend quatre bureaux, savoir: un bureau d'administration domaniale et de législation générale en matières politique, sociale et administrative; deux bureaux chargés de la direction des affaires politiques et administratives de nos colonies, l'un en ce qui concerne l'Indochine et les colonies à gouvernement autonome, l'autre en ce qui concerne nos possessions de l'Afrique continentale et de Madagascar; enfin un bureau chargé des affaires judiciaires et de l'administration pénitentiaire.

La *Direction des Affaires économiques* s'occupe des questions relatives à l'agriculture, au commerce et à l'industrie. Elle comprend un secrétariat et quatre bureaux ayant respectivement dans leurs attributions: le premier, les questions intéressant le commerce, l'industrie, les statistiques et les rapports avec les agences économiques entretenues à Paris par certaines colonies; le deuxième, la législation économique, le régime douanier, le crédit colonial et le régime monétaire; le troisième, l'agriculture, les forêts et l'élevage; le quatrième, l'outillage économique, les transports, la main-d'œuvre, l'exploitation postale et télégraphique et les pêcheries.

Les trois directions administratives spéciales sont celle du personnel et de la comptabilité, celle des services militaires et celle du contrôle.

La *Direction du Personnel et de la Comptabilité* s'occupe: d'une part, de l'organisation et de l'administration du personnel appartenant ou provisoirement attaché à tous les services dépendant du Département des Colonies, sauf toutefois le personnel des Travaux publics, sauf aussi le personnel colonial en congé (actuellement administré par le Service colonial des ports de commerce, mais qui doit l'être ultérieurement, comme nous le verrons plus loin, par l'Agence générale des Colonies dans la Métropole); d'autre part, de la comptabilité générale et du matériel. Le service du personnel est subdivisé en trois bureaux (règlements généraux, personnel de l'administration centrale et des services coloniaux, personnel métropolitain détaché), celui de la comptabilité en cinq sections.

La *Direction des Services militaires* comprend un secrétariat et quatre bureaux. Le premier (2 sections) s'occupe de l'organisation militaire des colonies, des effectifs et de la relève des troupes coloniales, de la justice militaire, de la gendarmerie et généralement de toutes les questions techniques militaires autres que celles intéressant les services médicaux; le deuxième (3 sections) est un bureau administratif qui liquide les dépenses militaires inscrites au budget du Ministère des Colonies; le troisième est chargé des services médicaux et le quatrième (2 sections) des organisations et questions nouvelles nées de la guerre. C'est à cette direction qu'a été rattaché le *Contrôle général des tirailleurs et les travailleurs indochinois* en France, organisme créé pendant la guerre et qui s'est récemment élargi en devenant, selon arrêté ministériel du 12 décembre 1923, un *service de contrôle et d'assistance en France des indigènes des colonies françaises*.

La *Direction du Contrôle*, particulièrement importante, se distingue des autres services du Ministère en ce que les liens qui l'unissent au Ministre sont plutôt de collaboration que de subordination étroite, quoique cependant elle soit placée en fait sous son autorité. Ses attributions sont de trois ordres différents : d'une part, elle exerce un contrôle financier sur l'administration centrale et ses annexes et, en vue de pouvoir l'exercer utilement, elle suit la comptabilité des dépenses engagées sur les crédits du budget colonial ; d'autre part, elle est chargée, concurremment avec une section du bureau du cabinet, des archives du Ministère et des travaux de statistique généraux concernant les services coloniaux ou locaux ; enfin, elle dirige, administre et répartit en missions d'inspection envoyées dans les colonies un corps spécial, *l'Inspection des colonies*, créée par une loi du 25 février 1901 modifiée le 13 mars 1903, organisée sur le modèle du corps du Contrôle de l'Administration de l'armée de terre et qui a pour fonction d'inspecter et de contrôler sur place les divers services financiers, administratifs et militaires de nos possessions outremer dans les conditions déterminées par un décret du 1er avril 1921.

Quant aux inspections générales et services techniques qui avaient été créés par le décret du 29 juin 1919, la plupart ont disparu dans la nouvelle réorganisation de 1920, leurs attributions ayant été désormais dévolues à des bureaux ou sections des directions ou du cabinet. Ne subsistent plus actuellement que deux *Inspections générales techniques*, celle des *Travaux publics* et celle du *Service de santé*. L'ancienne Inspection générale des services économiques s'est élargie et, comme nous l'avons vu, est devenue une Direction des Affaires économiques. Quant à l'ancienne Inspection générale de la marine marchande et du transit maritime colonial, elle s'est transformée en un *Service de la marine marchande*.

En outre, pour l'examen préalable des diverses questions techniques ou spéciales intéressant les colonies, le Ministre est assisté de nombreux conseils, commissions et comités, tous simplement consultatifs et fonctionnant sous son autorité directe. Il serait beaucoup trop long et sans intérêt réel d'entrer dans les détails du fonctionnement de ces divers organismes. Il suffira de les énumérer. Ce sont : le *Comité des Travaux publics des colonies*, le *Conseil Supérieur de Santé*, le *Comité consultatif du contentieux des colonies*, le *Comité consultatif pour le règlement amiable des entreprises de travaux publics et des marchés de fournitures y afférents*, le *Comité supérieur consultatif de l'Instruction publique des colonies*, la *Commission des missions coloniales*, la *Commission des concessions coloniales et du domaine*, la *Commission supérieure des archives et de la bibliothèque du Ministère des colonies*, la *Commission de surveillance des banques coloniales*, la *Commission de vérification des comptes des chemins de fer coloniaux*, le *Comité consultatif de la défense des colonies*, la *Commission permanente des affaires maritimes coloniales*, le *Comité du service géographique du Ministère des colonies*. A cette liste, on peut encore ajouter la *Commission interministérielle des tabacs coloniaux*, la *Mission permanente d'études des cultures et jardins d'essai coloniaux*, enfin le *Jardin colonial de Nogent-sur-Marne*.

Mentionnons aussi *l'Ecole Coloniale*, principale source de recrutement du corps des administrateurs des Colonies et du corps des administrateurs des Services Civils de l'Indochine et aux dépenses de laquelle l'Indochine contribue pour une somme annuelle de 176.000 fr.

§ 2. — Agence Générale des Colonies dans la Métropole

Elle a été créée, en remplacement de l'ancien Office colonial, par un décret du 29 juin 1919. Le statut du personnel qui lui est attaché a été fixé par un second décret du 29 septembre 1919 et les soldes de ce personnel par un dernier décret du 2 août 1920.

Son fonctionnement est assuré, sous l'autorité du Ministre des Colonies, par un *Directeur* nommé par décret et par un *Conseil d'administration* dont les membres, nommés pour trois ans par le Ministre, sont : deux fonctionnaires du Ministère des Colonies, huit membres représentant chacun une Chambre de Commerce de France et huit membres choisis en raison de leur compétence en matière d'agriculture, d'industrie ou de commerce aux colonies.

L'Agence générale, qui jouit de la personnalité civile, dispose d'un budget autonome qui est préparé par le Directeur, voté par le conseil d'administration et soumis à l'approbation du Ministre. Les recettes et les dépenses de ce budget, auquel l'Indochine verse une contribution annuelle de 265.000 fr. (chiffre actuel), sont effectuées par un agent comptable nommé par le Ministre des Colonies avec l'agrément du Ministre des Finances et justiciable de la Cour des Comptes.

L'Agence générale comprend essentiellement deux parties: un service des renseignements et un service administratif, entre lesquels une troisième partie, dite *service commun*, assure la liaison nécessaire.

Le *Service des renseignements*, divisé en trois sections qui se répartissent les différentes colonies, est chargé de centraliser les documents transmis tant par les agences économiques que créeront ou ont déjà créées en France les colonies ou pays de protectorat que par les gouvernements locaux et concernant les ressources de nos possessions lointaines, le développement de leurs échanges avec la métropole, les facilités de placement offertes aux capitaux français, l'étude et la vulgarisation des produits coloniaux. Il met ces renseignements à la disposition du public, ainsi que les échantillons des produits coloniaux, les travaux, les études et les ouvrages et publications les concernant. Il participe aux diverses manifestations économiques, tant en France qu'à l'étranger, destinées à développer l'essor commercial des colonies. C'est donc en collaboration étroite avec ce service que l'Agence économiques de l'Indochine en France, dont nous parlerons plus tard, exerce les attributions dont elle a été chargée par le Gouverneur Général.

Le *Service administratif* a pour objet, dans l'intérêt du développement des rapports économiques des colonies et de la métropole, d'effectuer pour les colonies les commandes, les achats et en général les opérations administratives concernant la partie du budget de ces colonies qui s'exécute en France. Il comprend deux sections d'administration financière, chargées de suivre les opérations à engager pour le compte des colonies, et une section technique chargée d'assurer la bonne exécution des commandes. Il est également destiné à être chargé de l'administration du personnel colonial présent dans la métropole, administration qui a jusqu'ici été et qui est encore assurée par le *Service administratif des colonies dans les ports de commerce* de Marseille, Bordeaux, Le Havre et Nantes, lequel service, organisé par un décret du 13 juin 1889, sera alors supprimé en même temps que son personnel sera rattaché au service administratif de l'Agence générale.

Ajoutons qu'un *Conseil de perfectionnement de l'Agence générale des colonies* est chargé de proposer au Ministre les mesures propres à assurer le développement de cette institution.

### § 3. — Conseil Supérieur des Colonies

Le Conseil Supérieur des Colonies, qui a été institué par décret du 19 octobre 1883, a été réorganisé par décret du 28 septembre 1920 complété le 20 octobre 1923. Il comprend trois corps consultatifs qui se réunissent et délibèrent séparément. Ce sont :

1° — Le *Haut Conseil Colonial*, présidé par le Ministre lui-même, composé des anciens Ministres des Colonies et des anciens Gouverneurs Généraux et appelé à donner ses avis sur les problèmes concernant l'administration générale, l'organisation politique et militaire, le statut indigène et le développement d'ensemble des colonies et pays de protectorat.

2° — Le *Conseil économique des colonies*, divisé en sept sections délibérant chacune sur les matières qui ressortissent à ses attributions (mais pouvant également être réunies en séance plénière par le président du Conseil) et comprenant: les sénateurs et députés des colonies; les délégués élus des colonies qui n'ont pas de représentant au Parlement métropolitain; des membres désignés en raison de leur expérience spéciale des questions économiques, financières, industrielles, commerciales, agricoles et maritimes qui touchent aux intérêts communs de la métropole et des colonies; le Directeur de l'Agence générale des Colonies et les Directeurs des Agences économiques des gouvernements coloniaux; enfin, des représentants de certains départements ministériels. Le Conseil économique des colonies est appelé à donner ses avis sur les questions et les projets intéressant la mise en valeur des colonies et l'expansion commerciale, industrielle et agricole de la France dans ses possessions. Les sept sections qu'il comprend sont les suivantes: *Produits d'alimentation, Matières grasses, Textiles, Produits miniers et combustibles minéraux, Produits forestiers et végétaux, Transports maritimes, Tourisme et propagande coloniale.*

3º — Le *Conseil de Législation coloniale*, qui comprend des membres choisis parmi les personnalités métropolitaines et coloniales qualifiées par leur expérience et leurs connaissances juridiques et administratives et quatre fonctionnaires ou magistrats désignés respectivement par le Ministre de la Justice, celui des Finances, le vice-président du Conseil d'État et le premier président de la Cour des Comptes. En outre, les sénateurs, députés et délégués des colonies assistent aux séances dans lesquelles sont examinées des questions intéressant les colonies qu'ils représentent. Le Conseil de législation coloniale est consulté sur les réformes à introduire dans le régime administratif et financier et la législation des colonies.

Les présidents et vice-présidents du Conseil Économique des colonies, de ses sections et du Conseil de Législation coloniale sont nommés par le Ministre des Colonies, ainsi que tous les membres qui ne sont pas appelés à participer aux travaux du Conseil Supérieur en vertu d'un mandat électif ou d'une décision d'une autre autorité.

Enfin le Ministre peut, s'il le juge utile et après avis des gouverneurs des colonies intéressées, appeler des personnalités indigènes à prendre part aux délibérations du Conseil Supérieur à titre de représentants qualifiés des populations autochtones.

Les trois corps qui constituent le Conseil Supérieur des Colonies sont des organes purement consultatifs. Mais, afin d'éviter que leurs avis ne soient jamais pris et que ces assemblées n'aient ainsi qu'une existence de pure forme, comme il en était avant 1920 pour l'ancien Conseil Supérieur, le nouveau décret a prévu par son article 8 que le Haut Conseil colonial devrait être obligatoirement convoqué deux fois par an, les sections du Conseil Économique une fois par an et le Conseil de Législation une fois par trimestre, ces nombres étant, bien entendu, des minima.

Il est permis d'espérer que, grâce à la souplesse que lui a donnée le décret du 28 septembre 1920 et aux règles qu'a posées cet acte en ce qui concerne la convocation périodique et désormais obligatoire des différents organes qui le composent, le Conseil Supérieur des Colonies pourra remplir pleinement le rôle important pour lequel il a été institué.

# ARTICLE IV

## *ADMINISTRATION PARTICULIÈRE DES COLONIES*

Dans une même colonie on peut distinguer plusieurs administrations locales qui se superposent les unes aux autres: *l'administration coloniale* ou gouvernement proprement dit de la colonie, qui existe toujours et qui toujours comporte un gouverneur et au moins un conseil; *l'administration provinciale ou d'arrondissement*, qui existe aussi partout mais se réduit le plus souvent au seul représentant du gouvernement, exerçant ses fonctions sans l'assistance d'un conseil; enfin, *l'administration municipale*, qui existe dans la plupart des colonies, mais seulement sur certains points de leur territoire.

### § 1. — Administration coloniale

Nous parlerons successivement des Gouverneurs et des conseils qui les assistent, soit à titre consultatif, soit comme représentant la population de la colonie.

A) — *Gouverneurs.* — Dans chaque colonie proprement dite, pays de protectorat ou territoire à mandat relevant du Ministère des Colonies, la métropole entretient, comme représentant du pouvoir exécutif chargé de la direction du territoire, un haut fonctionnaire nommé par décret, qui comme nous allons le voir peut selon le cas porter tel ou tel titre, mais qui en réalité est toujours un Gouverneur, au sens large du mot. Ces représentants de l'État français appartiennent à un corps spécial, dont le statut est actuellement fixé par un décret du 21 juillet 1921 complété le 31 octobre 1922, et sont répartis en trois classes auxquelles correspondent des traitements différents.

Lorsque plusieurs possessions françaises ont été réunies en un seul groupe colonial, ce qui est actuellement le cas en Indochine, à Madagascar, pour l'Afrique occidentale française et pour l'Afrique équatoriale française, ce groupe est placé sous la haute autorité d'un *Gouverneur Général* nommé par décret et qui peut être choisi en dehors du corps des Gouverneurs des colonies, sous cette réserve toutefois que, s'il s'agit d'un membre du Parlement, ce sénateur ou ce député ne peut être investi de ces hautes fonctions administratives qu'à titre de mission et pour une durée maximum de six mois, laps de temps qui est d'ailleurs renouvelable. Mais la présence de ce Gouverneur Général n'empêche pas les divers territoires placés sous sa direction supérieure de conserver leur autonomie administrative et financière intérieure, lorsqu'ils en ont été investis, et en ce cas ils restent dirigés, pour tout ce qui est spécial à l'exercice de cette autonomie, par leurs propres Gouverneurs. Un exemple du contraire, cependant, existe pour la possession de Kouang-Tchéou-Wan qui, étant donné son peu d'importance, n'a pas reçu à proprement parler l'autonomie financière et dont pour ce motif le chef n'appartient pas au corps des Gouverneurs et est désigné par simple arrêté du Gouverneur Général de l'Indochine.

Les hauts fonctionnaires que nous avons jusqu'ici englobés sous l'appellation générale de Gouverneurs ne portent pas toujours ce titre. Ils sont en effet qualifiés *Résident Supérieur* lorsqu'ils résident dans un pays de protectorat, *Lieutenant-Gouverneur* lorsqu'ils administrent une colonie dépendant d'un Gouvernement Général (à l'exception toutefois du Gouverneur de la Cochinchine), *Commissaire de la République* lorsqu'ils exercent leurs fonctions dans un territoire à mandat.

Aux termes des décrets des 21 juillet 1921 et 31 octobre 1922, les Gouverneurs Généraux et les Gouverneurs ne dépendant pas d'un Gouvernement Général sont nommés pour une durée de cinq ans, d'ailleurs susceptible de prolongation.

D'une façon générale, on peut dire que les Gouverneurs des colonies proprement dites, de même que les préfets en France, sont à la fois représentants de l'État et représentants de la colonie ; mais, tandis que cette dualité d'attributions est réelle chez le préfet, elle est plutôt théorique chez le Gouverneur, sauf dans les colonies pourvues d'un Conseil Général, et aussi peut-être en Cochinchine depuis la récente réorganisation du Conseil Colonial.

En tant que représentant de l'État français, ce qui est son rôle de beaucoup le plus important (tout particulièrement s'il s'agit d'un Gouverneur Général dirigeant une Union coloniale), et ce qui est même à peu près son seul rôle s'il s'agit du Chef d'un pays de protectorat, on peut dire que le Gouverneur est, dans le territoire où il exerce ses fonctions, le dépositaire des pouvoirs du Gouvernement de la République, au moins lorsque ce territoire ne fait pas partie d'un groupement colonial à la tête duquel se trouve placé un représentant direct du Gouvernement investi d'un droit de contrôle ou d'une autorité effective sur les chefs des pays ainsi groupés. Cette définition est celle qui résulte d'un avis du Conseil d'État et qui, d'autre part, est seule en accord avec les principes décentralisateurs qui depuis une douzaine d'années ont dirigé la politique de la France à l'égard de ses établissements à l'extérieur. Quant aux conséquences qui en résultent pour la détermination des pouvoirs du Gouverneur, elles sont à peu près les mêmes dans toutes les colonies et nous les exposerons quand nous parlerons du Gouverneur Général de l'Indochine. Nous dirons simplement ici que les différents pouvoirs dont le Gouverneur dispose sont toujours exercés sous le contrôle immédiat ou médiat du Ministre des Colonies.

Dans certaines colonies importantes, il existe un haut fonctionnaire nommé par décret qui est en quelque sorte l'adjoint du Gouverneur et qui le remplace provisoirement, de plein droit, en cas de décès, absence ou empêchement. C'est le *Secrétaire Général* (autrefois Directeur de l'Intérieur) de la colonie intéressée. Depuis les décrets des 24 novembre 1912 et 2 juillet 1913 (ce dernier modifié les 23 juin 1919 et 1er décembre 1920) qui ont supprimé par voie d'extinction les Secrétaires Généraux des Colonies, cette dénomination ne s'applique plus à un grade, mais simplement à une fonction que certains fonctionnaires, et en particulier les Administrateurs des Colonies et les Administrateurs des Services Civils de l'Indochine de grade élevé, peuvent, aux termes d'un décret du 7 mai 1919, être appelés à remplir tout en continuant à faire partie de leur cadre d'origine. Il ne faut d'ailleurs pas confondre les Secrétaires Généraux des Colonies avec les *Secrétaires Généraux des Gouvernements Généraux*, lesquels n'existent que dans les colonies groupées en Union et sont pris tout aussi bien dans le corps des Gouverneurs que parmi les fonctionnaires pouvant être appelés à l'emploi de Secrétaire Général des Colonies.

B) — *Conseils assistant le Gouverneur*. — Dans chaque colonie, il existe auprès du Gouverneur un conseil permanent qu'il convoque chaque fois qu'il l'estime utile et qu'il préside. Il s'appelle : *Conseil Privé* dans les colonies qui possèdent d'autre part un Conseil Général ou un Conseil Colonial ; *Conseil d'Administration* dans celles qui n'ont pas d'assemblée représentative ; *Conseil de Protectorat* dans les pays de protectorat ; *Conseil Supérieur* ou *Conseil de Gouvernement* dans les groupes de colonies réunies sous la direction d'un Gouverneur Général. Dans tous les cas, ces conseils comprennent : d'une part et pour la majeure partie, des membres de droit désignés par la loi ou le décret qui a institué le conseil intéressé ou par des textes règlementaires ultérieurs de même nature (ces membres sont généralement les plus hauts fonctionnaires de la colonie); d'autre part, un petit nombre de membres nommés par arrêté du Gouverneur ou du Gouverneur Général ou désignés au suffrage restreint par les personnes faisant partie de quelques rares assemblées élues. Egalement dans tous les cas, ces conseils n'ont que des attributions consultatives.

Indépendamment de ces assemblées, qui en matière administrative jouent auprès du Gouverneur à peu près le même rôle que celui des Conseils de Préfecture auprès des préfets, il existe dans certaines colonies un *Conseil Général* dont les membres sont élus et qui par suite représente la population locale auprès du Gouverneur. Ces colonies sont : la Martinique, la Guadeloupe, la Réunion, l'Inde, le Sénégal, la Nouvelle Calédonie et la Guyane. Le fonctionnement de ces Conseils Généraux est à peu près le même que celui de l'assemblée de même nom qui existe dans chaque département métropolitain, sauf qu'ils n'ont en général qu'une session ordinaire par an au lieu de deux. Leurs membres sont élus tantôt au scrutin uninominal, tantôt au scrutin de liste, ce dernier mode de votation se substituant peu à peu au premier. Le corps électoral est composé de tous les Français mâles âgés de 21 ans, jouissant de leurs droits civils et politiques et en résidence dans la colonie depuis un laps de temps déterminé. Pour être éligible, il faut avoir 25 ans et être domicilié depuis un certain temps dans la colonie ou y être inscrit aux rôles des contributions directes. Les Conseils Généraux prennent des délibérations qui sont définitives sauf annulation lorsqu'elles portent sur certaines matières limitativement énumérées par les décrets constitutifs de ces assemblées, mais qui le plus souvent doivent être préalablement approuvées soit par le Gouverneur en Conseil soit par décret en Conseil d'État ; en outre, ils donnent des avis et émettent des vœux.

En Cochinchine, il existe une assemblée intermédiaire entre les deux groupes de conseils que nous venons de voir : c'est le *Conseil Colonial*. Ce n'est pas un organisme purement consultatif comme les Conseils privés, d'administration ou de protectorat, car au contraire il est qualifié pour statuer définitivement, sauf annulation, sur un assez grand nombre de matières. Mais ce n'est pas non plus une assemblée exclusivement représentative de la population dans son ensemble, comme les Conseils Généraux, car une partie seulement de ses membres est désignée par voie d'élection au suffrage universel, les autres n'étant désignés qu'au suffrage restreint par un très petit nombre d'électeurs ou même, mais alors à titre exceptionnel et seulement en qualité de suppléants, nommés par le Gouverneur Général.

L'un des principaux droits des Conseils Généraux coloniaux et du Conseil Colonial de la Cochinchine est celui de délibérer sur le budget annuel de la colonie, sauf que certaines recettes (particulièrement les droits de douane) ne peuvent être établies et que certaines dépenses dites dépenses obligatoires ne peuvent être fixées que par le pouvoir métropolitain ou le pouvoir exécutif colonial.

### § 2. — Administration provinciale ou d'arrondissement

Dans chacune des circonscriptions administratives entre lesquelles est divisé le territoire d'une colonie et qui, selon le cas, portent le nom de *provinces, districts, arrondissements, cercles,* etc, il existe un fonctionnaire, faisant partie d'un cadre régi par décret, qui représente le Gouverneur et qui exerce la partie des pouvoirs de ce haut fonctionnaire qui lui a été attribuée et aussi en certains cas, et notamment en matière judiciaire, des pouvoirs propres qu'il tient de décrets spéciaux. Ces fonctionnaires appartiennent, dans toutes les colonies sauf l'Indochine, au corps des *Administrateurs des Colonies*.

En Indochine, ils appartiennent au corps des *Administrateurs des Services Civils de l'Indochine.*

Ces administrateurs exercent presque partout leurs fonctions sans l'assistance d'aucun conseil, car l'on ne saurait, pour le moment du moins, attribuer cette dénomination à certaines assemblées consultatives indigènes créées ces dernières années dans diverses colonies, par exemple dans les pays de protec-torat de l'Indochine, leurs membres ne paraissant pas encore avoir exactement compris que l'indépendance d'esprit est la première qualité d'un conseiller.

Exception cependant doit être faite pour l'Inde et pour la Cochinchine. Dans la première de ces colonies, il existe des *Conseils locaux* élus suivant les mêmes formes que les Conseils Généraux et dont les attributions, quoique beaucoup moins importantes que celles de ces dernières assemblées, s'en rapprochent cependant. Dans la seconde, il existe des *Conseils de province* dont les membres sont élus dans les cantons par les notables des communes et dont les délibérations, bien que devant toujours être approuvées par le Gouverneur pour devenir exécutoires, doivent être prises sur toutes les mesures intéressant la province.

§ 3. — ADMINISTRATION MUNICIPALE

A ce point de vue, il nous faut revenir à la distinction fondamentale établie par le sénatus-consulte du 3 mai 1854. Dans les vieilles colonies (Guadeloupe, Martinique, Réunion) les communes existent et sont administrées dans les conditions prescrites par la loi du 5 avril 1884, qui constitue le code municipal français. Dans les autres, le même régime a été introduit en totalité ou en partie par des décrets spéciaux; mais il ne s'étend pas à tout le territoire et certaines localités seulement forment des communes au sens juridique du mot. En outre, ces communes n'y sont pas toutes instituées sur le même modèle: c'est ainsi par exemple qu'en Algérie, territoire qui est une colonie bien que l'administration centrale y soit assurée par le Ministre de l'Intérieur et non par celui des Colonies, il existe des communes de plein exercice qui sont entièrement assimilées aux communes métropolitaines, des communes mixtes qui sont des institutions provisoires destinées à préparer à une vie municipale ultérieure plus complète les groupements qui les composent, enfin des communes indigènes ayant comme les précédentes la personnalité civile.

Toute commune régulièrement instituée a un budget spécial, distinct des autres budgets pouvant exister dans la colonie et dont les recettes sont alimentées par des taxes qui, en principe, sont établies par un vote, approuvé par le Gouverneur, du *Conseil municipal* ou de la *Commission municipale* qui représente la commune vis-à-vis du pouvoir exécutif colonial.

A la tête du Conseil municipal ou de la Commission municipale dirigeant la commune se trouve un *Maire*, assisté d'*Adjoints*, qui est le plus souvent élu, mais cependant parfois nommé par le Gouverneur ou le Gouverneur Général.

# ARTICLE V

## *REPRÉSENTATION DES COLONIES DANS LA MÉTROPOLE*

Les colonies sont représentées dans la Métropole soit par des membres du Parlement soit par des délégués au Conseil Supérieur des Colonies (Conseil économique).

### § 1. — Représentation parlementaire des Colonies

Les colonies sont représentées au Parlement par quatorze législateurs, savoir : un sénateur et deux députés pour chacune des colonies de la Guadeloupe, de la Martinique et de la Réunion, un sénateur et un député pour l'Inde, un député pour chacune des colonies du Sénégal, de la Guyane et de la Cochinchine.

Les sénateurs et députés coloniaux sont élus au scrutin de liste avec représentation proportionnelle dans les mêmes conditions que leurs collègues métropolitains, sauf que naturellement le nombre de leurs électeurs devenus français par naturalisation et non Français d'origine est relativement plus considérable, et ils ont exactement les mêmes attributions et les mêmes droits. Mais il faut reconnaître que, en fait, cette représentation parlementaire est bien imparfaite, au moins dans les colonies régies par décrets, puisque les représentants au Parlement de ces colonies. n'ont jamais le droit absolu d'être consultés sur l'opportunité de ces décrets, ainsi que nous avons vu à l'article II.

Ajoutons que la loi du 12 juillet 1919 réorganisant les élections législatives, bien qu'applicable aux colonies, n'entraînera pour aucune d'elles une augmentation du nombre de ses députés, car son article 18 a décidé que ce nombre resterait inchangé. La loi du 15 mars 1924, modificative de la précédente, n'a d'ailleurs apporté aucun changement à cette disposition.

§ 2. — Représentation des Colonies

au Conseil Supérieur des Colonies

Nous avons vu plus haut que les sénateurs et les députés sont membres de droit du Conseil Supérieur des Colonies (Conseil économique).

Quant aux colonies qui n'ont pas de représentant au Parlement, elles sont représentées dans le même Conseil par des *Délégués* qui sont élus dans chacune d'elles, pour quatre ans, au suffrage universel et au scrutin uninominal, par les personnes préalablement inscrites sur une liste électorale spéciale qui doit comprendre tous les citoyens français âgés de 21 ans, jouissant de leurs droits civils et politiques et habitant la colonie depuis au moins six mois. Ces mêmes personnes sont aussi éligibles, mais à condition d'avoir au moins 25 ans. Toutefois, les fonctionnaires en activité et les anciens fonctionnaires radiés des cadres depuis moins de six mois sont inéligibles.

Les listes électorales, distinctes pour chaque circonscription administrative, sont permanentes, revisées annuellement par les soins des maires et des chefs des circonscriptions administratives et arrêtées par ordre alphabétique par une commission de trois membres nommée par le Gouverneur, le Lieutenant-Gouverneur ou le Résident Supérieur.

Les bureaux de vote sont présidés par le maire ou chef de circonscription assisté de deux assesseurs qui sont le plus âgé et le plus jeune des électeurs présents à l'ouverture du scrutin et sachant lire et écrire.

Pour être élu au premier tour de scrutin, il faut réunir la majorité absolue des suffrages exprimés (c'est-à-dire plus de la moitié de ces suffrages) et un nombre de suffrages au moins égal au quart des électeurs inscrits. Si ces deux conditions ne sont pas réunies, il est procédé à un deuxième tour de scrutin et alors la majorité relative, c'est-à-dire le plus grand nombre de suffrages exprimés, suffit. Les dates du premier et, éventuellement, du deuxième tour de scrutin sont fixées par arrêté ministériel.

Le résultat du scrutin est proclamé dans les trois mois par le Gouverneur Général ou le Gouverneur en Conseil, l'avis de cette proclamation est inséré au Journal officiel de la République Française et c'est du jour de cette insertion que court le délai d'un mois pendant lequel les protestations contre les opérations électorales peuvent être portées devant le Ministre des Colonies qui, après avis du Comité consultatif du Contentieux des Colonies, statue sur leur validité, sauf recours au Conseil d'État.

L'Indochine envoie trois Délégués au Conseil supérieur : un élu par le Tonkin, l'autre par l'Annam et le troisième par le Cambodge. Si l'un d'eux vient à mourir ou à démissionner avant l'expiration de son mandat, ou encore si son élection a été annulée, les électeurs doivent être convoqués en vue de son remplacement dans un délai de trois mois à compter de l'évènement qui le nécessite. Le mandat de ces délégués est rémunéré, à la charge du budget du pays que chacun d'eux représente, par une indemnité annuelle de fonctions de même nature que l'indemnité parlementaire et dont le montant est fixé par arrêté du Gouverneur Général.

# CHAPITRE II

## STATUT DE L'INDOCHINE

Ce statut peut être envisagé à un quadruple point de vue : au point de vue international, au point de vue de l'application de la législation métropolitaine, au point de vue de l'organisation administrative générale et au point de vue de la distribution de la justice.

Nous consacrerons donc un premier article à un bref résumé historique des évènements qui ont abouti à la signature des traités dont les conséquences ont été l'installation de la France en Indochine et la formation de l'Union indochinoise. Trois autres articles auront ensuite pour objet d'exposer sommairement les grands principes directeurs qui, aux trois derniers points de vue ci-dessus indiqués, sont en vigueur dans cette colonie.

### ARTICLE PREMIER

*HISTORIQUE DE L'INTERVENTION FRANÇAISE ET DE LA CONSTITUTION DE L'UNION INDOCHINOISE*

Cet historique a pour base l'étude des traités que le Gouvernement français a été amené à diverses époques à passer avec les Gouvernements locaux qui, antérieurement à l'intervention de la France en Extrême-Orient, exerçaient dans leur plénitude les droits de souveraineté sur les territoires qui sont devenus depuis l'Indochine française. Nous nous trouvons ainsi amenés à examiner brièvement les traités qui ont été successivement conclus entre la France d'une part et, d'autre part : 1° — l'Empire d'Annam, en ce qui concerne la Cochinchine, l'Annam et le Tonkin ; 2° — le Royaume du Cambodge et celui du Siam, en ce qui concerne le Cambodge ; 3° — le Royaume du Siam et diverses principautés indigènes, en ce qui concerne le Laos ; 4° — l'Empire chinois (aujourd'hui République), en ce qui concerne Kouang-Tchéou-Wan.

Nous passerons brièvement ces traités en revue et terminerons par quelques mots concernant la formation de l'Union indochinoise.

### § 1. — Traités intéressant la Cochinchine, l'Annam et le Tonkin

Le premier traité intervenu entre la France et l'Annam fut le traité de Versailles du 28 novembre 1787. Les deux hautes parties contractantes étaient le Roi de France Louis XVI et l'Empereur d'Annam Nguyên-Anh (Gia-Long), mais son véritable auteur était l'évêque d'Adran, Pigneau de Béhaine, précepteur de l'héritier de Nguyên-Anh et que ce souverain, chassé de sa capitale par la révolte des Tây-Son et réfugié en Cochinchine, avait prié de se rendre en France pour demander du secours à Louis XVI. Il constituait un traité d'alliance offensive et défensive et d'autre part cédait au roi de France l'île de Poulo-Condore. Mais, comme les graves évènements qui se produisirent en Europe à la suite de la Révolution française empêchèrent qu'aucun commencement d'exécution lui fût donné, sauf l'envoi par la France en Annam de quelques centaines d'hommes, il n'est pas utile de s'étendre ici sur les clauses de ce document d'intérêt purement historique.

Les relations entre la France et l'Annam cessèrent ensuite pendant près de 80 ans, jusqu'au jour où les persécutions dirigées par les successeurs de Gia-Long contre les missions catholiques obligèrent la France et l'Espagne à entreprendre contre l'Annam, en 1858, une expédition militaire commandée par l'amiral Rigault de Genouilly, puis par l'amiral Charner. Cette expédition prit fin par le traité de Saigon du 5 juin 1862, ratifié à Hué le 14 avril 1863, par lequel l'Empereur Tu-Duc cédait à la France les trois provinces de Biên-Hoa, Gia-Dinh et My-Tho et les îles de Poulo-Condore, proclamait la liberté du culte chrétien, donnait aux Français et aux Espagnols le droit de commercer librement dans certains ports et notamment à Tourane, enfin s'engageait à payer en dix ans aux deux gouvernements une indemnité de 4.000.000 de dollars. Mais ce qu'il y avait de plus remarquable dans ce traité, c'est que, bien que consacrant simplement une cession territoriale et n'instituant aucun protectorat de la France sur l'Annam, il contenait cependant le germe du protectorat actuellement existant, car son article 4 stipulait que le roi d'Annam ne pourrait céder à une nation étrangère aucune partie du territoire annamite sans notre assentiment.

Le traité du 5 juin 1862 intercalait notre nouvelle possession cochinchinoise entre le royaume d'Annam et les trois provinces de Vinh-Long, Chau-Doc et Hà-Tiên, lesquelles continuaient à dépendre de ce royaume, mais s'en trouvaient désormais géographiquement séparées. Cette situation ne tarda pas à créer dans ces trois provinces un état d'anarchie et un foyer d'intrigues qui obligèrent les autorités françaises de Cochinchine à s'en emparer en 1867, à la suite d'une expédition commandée par l'amiral de Lagrandière, alors Gouverneur de la Cochinchine française.

L'occupation de la Cochinchine entière et son institution en colonie française étaient désormais un fait acquis. Mais ce n'était là qu'une station sur la route de Chine, vers laquelle se tournaient depuis de longues années les aspirations commerciales des peuples européens ; et notre double désir, d'une part d'assurer la sécurité de notre possession nouvelle, d'autre part de prendre pied aux portes de la Chine, devait fatalement nous amener à établir notre protectorat tant sur l'Annam que sur le Tonkin. Ce fut ainsi que, en 1873, à la suite des voyages du commerçant français Jean Dupuis sur le Fleuve Rouge, le lieutenant de vaisseau Francis Garnier fut envoyé au Tonkin pour régler certaines difficultés entre M. Dupuis et les autorités annamites et étudier les moyens d'ouvrir ce pays au commerce français. Il obtint des résultats extraordinaires et, à la tête d'une poignée d'hommes, conquit toute la partie cultivée du Tonkin. Mais, comme il n'en avait pas reçu mission, comme l'initiative qu'il avait ainsi prise souleva les protestations du gouvernement annamite auquel le traité de 1862 avait conservé ses droits de souveraineté intégrale sur le Tonkin, comme enfin Francis Garnier fut tué en décembre 1873, les résultats surprenants de son expédition ne furent pas maintenus et sa magnifique épopée, digne des héros de la légende, n'eut d'autre suite que le traité de Saigon du 15 mars 1874 et le traité annexe de commerce du 31 août suivant, textes préparés par M. Philastre, inspecteur des Affaires indigènes en Cochinchine.

Ces textes affirmaient la souveraineté définitive de la France sur les six provinces de la Cochinchine et d'autre part énonçaient pour la première fois le principe du protectorat français sur le reste de l'Empire d'Annam, en la capitale duquel était désormais installé un *Résident Général* français ayant rang de ministre annamite, ainsi que des *Consuls* à Qui-nhon en Annam et à Hanoi et Haiphong au Tonkin, ports qui étaient déclarés ouverts à notre commerce de même que la navigation sur le Fleuve Rouge jusqu'au Yunnan était déclarée libre. Mais ces traités étaient bien loin de consacrer diplomatiquement les droits que l'expédition héroïque de Francis Garnier nous aurait permis de faire valoir. Ils nous apportaient toutes les difficultés d'un protectorat qui n'était pas clairement stipulé sans nous en donner les avantages. En un mot, c'était une cote mal taillée.

Aussi l'empereur Tu-Duc, interprétant comme une marque de faiblesse ce qui de la part de la France avait été simple bienveillance et pure loyauté, chercha-t-il à annihiler les engagements qu'il avait signés. Dans ce but, il s'allia contre les Français avec la Chine qui, prétextant d'un ancien droit de suzeraineté sur l'Annam, se refusait à reconnaître le traité de 1874. La situation ne tarda pas à devenir telle que, en septembre 1882, le capitaine de frégate Henri Rivière et un petit corps de troupes durent être envoyés au Tonkin en vue de relever le prestige de la France. Henri Rivière ayant été tué en 1883 en repoussant une attaque des Pavillons Noirs, un corps expéditionnaire plus important fut alors envoyé au Tonkin sous le commandement de l'amiral Courbet, et d'autre part M. Harmand, nommé Commissaire Général de la République Française en Indochine, fut chargé d'organiser notre protectorat au Tonkin et de régulariser avec la Cour de Huê, soit par des modifications au traité de 1874, soit par de nouvelles conventions, les rapports nouveaux que notre établissement définitif au Tonkin devait créer entre la France et l'Annam.

M. Harmand prépara alors et fit signer à Huê les préliminaires de paix du 25 août 1883, établis avec le plus grand soin et témoignant de la connaissance approfondie qu'avait leur auteur des choses de l'Indochine. Loin de reproduire les imperfections du traité de 1874, cette convention établissait de la façon la plus nette un protectorat français très étroit sur le Tonkin, auquel étaient rattachées les trois provinces de Hà-tinh, Nghê-an et Thanh-hoa, et beaucoup plus relâché sur l'Annam proprement dit, dont la province méridionale de Binh-thuân était d'autre part incorporé à notre colonie de Cochinchine. La pensée dominante et très juste qui, de la part de M. Harmand, avait dicté cet acte diplomatique était que, tout en réservant à la Cour de Hué une indépendance relative en ce qui concernait l'administration de l'Annam proprement dit, il convenait de ne lui laisser au Tonkin qu'une autorité nominale, la réduisant à peu près à l'impuissance dans cette région qui, par le fait même de son voisinage avec la Chine, devait, pour notre influence sur cet empire, être sous notre dépendance.

Ces préliminaires de paix ne furent cependant considérés que comme provisoires et, lorsque peu après la conquête du delta tonkinois fut entièrement achevée et que les généraux Billot, de Négrier et Brière de l'Isle eurent chassé de ce pays les Pavillons Noirs de Luu-vinh-Phuc, le Gouvernement français pensa qu'il était peut-être politique d'user d'indulgence à l'égard de l'Annam, et M. Patenotre fut envoyé à Hué pour adoucir par un nouvel acte définitif la rigueur des conditions imposées par M. Harmand. Ce fut cette manière de voir, jointe au souci de ménager certaines susceptibilités de la part de la Chine qui se refusait à reconnaître les préliminaires de 1883, qui fut consacrée par le traité définitif de paix signé à Hué le 6 juin 1884 et approuvé par une loi du 15 juin 1885. Il rendit à l'Annam proprement dit les provinces de Hà-tinh, Nghê-an,. Thanh-hoa et Binh-thuân, entraîna la réduction de notre occupation militaire permanente en Annam au seul poste de Tourane (1), enfin stipula que la Cour de Hué profiterait du rendement des impôts indigènes du Tonkin après prélèvement de la somme nécessaire pour assurer le fonctionnement de l'administration de ce pays sous le contrôle de *Résidents* français qui étaient installés dans ses provinces. Par ces concessions, qui par ailleurs laissaient

---

(1) C'est d'accord avec le Gouvernement annamite que des troupes d'infanterie coloniale ont depuis été installées à Hué.

intacts d'une part le droit déjà reconnu en 1883 au souverain annamite de pourvoir seul à l'administration intérieure de l'Annam proprement dit et d'autre part l'obligation que la France se reconnaissait d'assurer seule l'intégrité des états de ce souverain et de la défendre contre les ennemis tant du dehors que du dedans, nous renoncions à la politique préconisée par M. Harmand et qui tendait à la suppression de toute action du roi d'Annam sur le Tonkin. Toutefois, le principe de l'établissement d'un protectorat français plus relâché en Annam et plus étroit au Tonkin subsistait tel que l'avait établi le document du 23 août 1883 et, d'autre part, il était stipulé que les services nécessitant une direction technique ou unique, par exemple les Travaux publics et les Douanes, seraient entre les mains des Français.

Le traité du 6 juin 1884 établissant définitivement notre protectorat sur l'Annam et le Tonkin a été formellement reconnu par la Chine au traité de Tiên-Tsin du 9 juin 1885. Il est toujours en vigueur, à cette différence près que, le 30 juillet 1885, une nouvelle convention franco-annamite fut signée qui autorisait l'installation de *Résidents* français dans les provinces de l'Annam, alors que le traité de l'année précédente s'était borné à laisser subsister en ce pays, comme seuls représentants de la France, le Résident Général et le consul qui depuis le traité de 1874 étaient en fonctions respectivement à Huê et à Qui-nhon.

A la suite et en conséquence du traité du 6 juin 1884, l'autorité civile française fut désormais installée dans l'Annam-Tonkin, qui jusque-là avait été administré par l'autorité militaire et relevait par suite du Ministre de la Guerre, tandis qu'à la même époque la Cochinchine relevait depuis longtemps du Ministère chargé des Colonies. Ce fut l'œuvre du décret du 27 janvier 1886, lequel remplaça le Résident Général militaire de l'Annam-Tonkin par un Résident Général civil relevant du Ministère des Affaires étrangères (Paul Bert fut le premier titulaire de cet emploi), créa sous les ordres de ce Résident Général deux emplois de *Résident particulier* en Annam et au Tonkin exerçant respectivement leurs fonctions à Huê et à Hanoi, enfin fut suivi d'un décret du 3 février 1886 organisant le personnel des Résidents. Quant à la Cochinchine, la même substitution de l'autorité civile à l'autorité militaire y avait été réalisée dès 1879, année où M. Le Myre de Vilers avait été nommé Gouverneur de cette Colonie, jusque-là gouvernée par des amiraux et administrée par un corps d'officiers qui composaient le cadre spécial des Inspecteurs et des Administrateurs des Affaires indigènes.

Enfin, par une ordonnance du 3 octobre 1888, complétée le 15 janvier 1901, l'empereur d'Annam a cédé à la France en toute propriété le territoire des villes de Hanoi, Haiphong et Tourane, qui sont ainsi devenues de véritables colonies françaises enclavées dans les pays protégés.

Ajoutons, en ce qui concerne particulièrement le Tonkin, que, à la suite de mesures décidées postérieurement au traité par l'Empereur d'Annam lui-même, le protectorat de la France sur ce pays est devenu de plus en plus étroit, à tel point qu'à l'heure actuelle il est assez difficile, si l'on consent à faire abstraction du point de vue théorique, de distinguer le régime intérieur qui y est en vigueur de celui existant dans une colonie. Ces mesures ont été: d'abord, l'ordonnance royale du 3 juin 1886 autorisant le Kinh-luoc du Tonkin, haut mandarin représentant en ce pays du Souverain annamite, à prendre seul à l'avenir toutes les mesures qu'il jugerait nécessaires et convenables (ce qui lui donnait en fait tous les pouvoirs d'un vice-roi), ensuite et surtout l'ordonnance royale du 26 juillet 1897 supprimant l'emploi annamite de Kinh-luoc et décidant que toutes les attributions exercées jusque-là par ce haut mandarin le seraient désormais par le Résident Supérieur au Tonkin. Les conséquences aussi importantes que diverses de ces ordonnances ont amené ce résultat que, en fait, le Protectorat français au Tonkin a acquis aujourd'hui à peu près le même caractère que celui dont M. Harmand avait désiré le voir revêtu en droit dès 1883.

### § 2. — Traités intéressant le Cambodge

Depuis la destruction au XVI<sup>e</sup> siècle de l'Empire des Khmers par le Siam, le Cambodge, seul reste de cet empire, n'avait cessé d'être l'objet des convoitises et des tentatives d'annexion de ses deux puissants voisins : l'Empire d'Annam, qui se considérait comme suzerain de ce pays, et le royaume de Siam.

Il avait déjà essayé d'y échapper en demandant en 1853 le protectorat de la France. Mais ce fut seulement dix ans plus tard que, grâce à l'installation de la France en Cochinchine, le principe de ce protectorat put être posé pour la première fois par le traité d'Oudong, passé par l'Amiral de Lagrandière avec le roi Norodom le 11 août 1863 et solennellement reconnu par le Siam selon un traité conclu le 15 juillet 1867 entre la France et ce pays.

Le traité du 11 août 1863 consacrait pour la France le droit d'avoir auprès du Roi du Cambodge un *Résident-Juge* qui dépendait du Gouverneur de la Cochinchine, la liberté pour les Français de circuler, de commercer et de posséder au Cambodge et divers autres avantages moins importants. Mais il ne contenait aucune disposition concernant l'administration intérieure du pays et laissait par suite au roi une autorité entière. Ce dernier ne tarda pas à en abuser, et dès lors il arriva que notre Résident-Juge à Phnom-Penh devint le spectateur impuissant d'abus sans nombre commis sous le couvert de l'autorité royale.

Ces abus devinrent tels que, en 1884, M. Thomson, alors Gouverneur de la Cochinchine, trouva qu'il était grand temps d'intervenir d'une façon plus directe dans les affaires du Cambodge et il élabora une nouvelle convention qui fut signée par le Roi le 17 juin 1884 et approuvé par une loi du 17 juillet 1885. Le souverain cambodgien y acceptait par avance toutes les réformes administratives, judiciaires, financières et commerciales que la France jugerait nécessaires à l'exercice de son protectorat. Le Résident-Juge de Phnom-Penh était remplacé par un *Résident Général* dépendant directement du Ministre chargé des Colonies et des *Résidents* étaient installés dans les provinces pour y contrôler la part d'administration intérieure qui était laissée aux fonctionnaires cambodgiens. Cette part était d'ailleurs très restreinte, car ces fonctionnaires ne pouvaient plus établir ni percevoir l'impôt, ni même assurer les services qui seraient considérés par les autorités françaises comme nécessitant une direction unique.

La réaction ainsi marquée contre l'insuffisance du traité de 1863 était trop brusque et un bouleversement aussi radical du système intérieur devait forcément produire un vif mécontentement dans la population, d'autant plus que le roi Norodom n'avait signé le traité de 1884 que contraint et forcé par le gouverneur Thomson, lequel avait fait occuper militairement son palais à la suite d'un refus opposé par le roi cambodgien à un projet d'union douanière.

En présence de ce mécontentement, la France eut la sagesse de ne pas exiger dès le début l'application même partielle du traité de 1884 et de faire des concessions, tout au moins de forme, pour ne pas froisser l'attachement que le peuple cambodgien portait à son roi. Cette politique prudente produisit ses fruits et de lui-même, par une ordonnance du 11 juillet 1897, le roi Norodom, ayant reconnu la nécessité des réformes que la France avait jugé préférable de ne pas lui imposer, organisa l'administration de son royaume telle que l'établissait le traité du 17 juin 1884, qui dès lors était mis intégralement en vigueur et qui l'est toujours.

Nous verrons plus loin qu'un décret du 17 octobre 1887 réunit le Cambodge à la Cochinchine, à l'Annam et au Tonkin pour former avec ces pays l'union territoriale à laquelle fut donné le nom d'Indochine française.

Enfin, par un traité du 23 mars 1907, le Siam a cédé à la France les territoires de Battambang, Siemréap et Sisophon, limitrophes du Cambodge, sur lequel ils avaient été autrefois conquis par son voisin de l'ouest. Ces territoires furent alors rattachés à nouveau au Cambodge par un arrêté du Gouverneur Général du 27 juin 1907 approuvé par décret du 20 septembre 1915 et ils constituent actuellement la province de Battambang. Mais, étant donné que par le traité précité le Siam les avait cédés à la France et non point rétrocédés au Cambodge, on doit soutenir juridiquement que ce rattachement n'a eu d'autre portée que celui d'une simple mesure administrative prise unilatéralement et que, du seul fait de leur cession en toute propriété à la République Française, les dits territoires sont devenus une véritable colonie française qui se trouve directement administrée par le Résident Supérieur au Cambodge au même titre que les Résidents Supérieurs au Tonkin et en Annam administrent directement les concessions françaises de Hanoi, Haiphong et Tourane. (1)

---

(1) Aussi des dispositions spéciales et distinctes de celles mises en vigueur sur les mêmes sujets dans le Cambodge proprement dit sont-elles le plus souvent prises, notamment en matière de contributions directes, lorsqu'il s'agit de fixer la règlementation applicable dans le territoire de Battambang, que d'ailleurs les textes administratifs qualifient généralement de « circonscription » et non de province.

## § 3 — Traités intéressant le Laos

A la différence de l'Annam et du Cambodge, la partie de l'Indochine que nous appelons le Laos n'a jamais eu un gouvernement indigène unique et exerçant son autorité sur l'ensemble du territoire. En d'autres termes, le mot Laos n'est nullement la dénomination d'un État qui aurait eu une existence et une histoire propres, mais simplement une expression géographique sous laquelle on a englobé tout le territoire s'étendant entre l'empire d'Annam, les royaumes du Cambodge et du Siam, la Birmanie anglaise et la province chinoise du Yunnan.

Ce territoire comprenait diverses petites principautés indigènes dont les principales étaient celles de Luang-Prabang, de Vientiane et de Bassac, et aussi des pays sur lesquels étaient installées de temps immémorial des peuplades à demi barbares. Lorsque le protectorat français fut établi en Annam, au Tonkin et au Cambodge, la France fut naturellement amenée à intervenir dans des régions sur lesquelles l'Empereur d'Annam et le Roi du Cambodge avaient toujours revendiqué, le premier pour leur partie nord et le second pour leur partie sud, un droit de suzeraineté et qui pourtant ne cessaient d'être le théâtre d'incursions de bandes siamoises qui, en 1883, étaient arrivées à occuper presque tout le Laos, menaçant ainsi directement l'Annam et le Tonkin. La France releva alors le droit de suzeraineté qui appartenait aux chefs des pays désormais protégés par elle et intervint directement au Laos. Les territoires des peuplades aborigènes non civilisées furent simplement occupés. Quant aux quelques principautés laotiennes qui présentaient une apparence d'organisation intérieure, des conventions diverses furent passées avec leurs chefs, par lesquelles ceux-ci se plaçaient sous le protectorat français. Ce fut ainsi que l'influence française s'affirma peu à peu au Laos sans qu'elle y eût été consacrée, comme dans les autres parties de l'Indochine, par un traité proprement dit (1). Et notre protectorat de fait fut définitivement établi du jour où, par l'article 1er du traité franco-siamois du 3 octobre 1893, le Siam déclara

---

(1) La convention passée le 24 avril 1917 avec le roi de Luang-Prabang n'ayant eu d'autre but que la détermination du régime d'administration intérieure du royaume, ne saurait être considérée comme un traité.

renoncer à toute prétention sur les territoires de la rive gauche du Mékong et sur les îles de ce fleuve. Un autre traité franco-siamois du 13 février 1904 a complété le précédent en consacrant également la renonciation du Siam à ses droits antérieurs de suzeraineté sur la région de Bassac et sur la partie du royaume de Luang-Prabang située sur la rive droite du Mékong.

Le Gouvernement Général de l'Indochine fut d'abord représenté au Laos par deux *Commandants Supérieurs* militaires, l'un à Khône pour le Bas-Laos, l'autre à Luang-Prabang pour le Haut-Laos. Un décret du 19 avril 1899 réunit ces deux circonscriptions primitivement distinctes sous l'autorité d'un *Résident Supérieur* siégeant à Savannakhet (aujourd'hui à Vientiane) et remplaça les Commandants Supérieurs militaires par des *Commissaires Principaux* civils, lesquels furent eux-mêmes plus tard supprimés par suite de la division du Laos en provinces dont chacune reçut à sa tête un fonctionnaire dénommé Commissaire du Gouvernement.

Il est d'autre part à noter que, en outre de la reconnaissance de ses droits de protectorat sur le Laos, la France a obtenu du Siam, par les traités des 3 octobre 1893, 13 février 1904 et 23 mars 1907 (1), la cession à bail, pour une période de 50 ans renouvelable sur la seule demande du Gouverneur Général de l'Indochine, de parcelles territoriales siamoises situées en certains points importants de la rive droite du Mékong. Il faut remarquer toutefois que ces cessions n'ont pas eu un caractère politique, et que les terres en ayant fait l'objet ne sont pas devenues des possessions françaises au sens propre du mot, car la juridiction siamoise continue à s'y exercer comme dans le reste de ce royaume, mais seulement des immeubles loués à bail à la France en vue d'un usage commercial déterminé très explicitement par la clause IV de l'accord annexe au traité du 23 mars 1907. C'est donc uniquement en ce qui concerne l'exercice des droits du preneur que les parcelles dont il s'agit ont été placées sous l'autorité du Résident Supérieur au Laos.

---

(1) Un nouveau traité entre la France et le Siam est sur le point d'être signé.

De ce résumé historique on peut conclure que les caractères distinctifs du régime politique dit du protectorat apparaissent beaucoup moins nettement au Laos qu'en Annam et au Cambodge et même qu'au Tonkin. Ces derniers pays en effet étaient autrefois placés sous l'autorité exclusive d'un souverain indigène qui exerçait son action sur toute l'étendue du territoire et qui a pu ainsi placer ce territoire sous le Protectorat français. Il n'en a au contraire jamais été de même au Laos, qui à aucun moment n'a dépendu en son entier d'un seul et même gouvernement indigène. La qualification de pays de protectorat qui continue à lui être officiellement donnée, et que par conséquent nous lui maintiendrons par la suite, paraît donc être plutôt l'expression d'un symbole que celle d'une réalité, et à notre avis il serait plus exact de dire que le Laos, sauf en ce qui concerne le royaume de Luang-Prabang qui seul subsiste encore des anciennes principautés indigènes, constitue une véritable colonie. C'est d'ailleurs en conformité de cette manière de voir que la Résidence Supérieure en Annam a toujours considéré comme relevant directement de son autorité à titre de colonie, et non point comme faisant partie du Protectorat de l'Annam, la circonscription du Darlac, qui par arrêté du 22 novembre 1904 fut détachée du Laos et placée sous la dépendance de notre Résident Supérieur à Hué et qui a été récemment érigée en province.

### § 4. — Traités intéressant le territoire de Kouang-Tchéou-Wan

Après le traité de Shimonoséki (octobre 1895) qui mit fin à la guerre sino-japonaise par la reconnaissance de la défaite de la Chine, les puissances européennes trouvèrent le moment favorable pour obtenir de cette dernière de nouvelles concessions. L'Allemagne se fit concéder la baie de Kiao-tchéou; la Russie, Port-Arthur; l'Allemagne, Weï-hai-Weï. La France, qui suivait naturellement les progrès faits par les autres nations, obtint par le traité du 10 avril 1898 l'attribution du droit de construire un chemin de fer de Laokay à Yunnanfou et le principe de la cession à bail de la baie de Kouang-Tchéou-Wan dans des conditions qui devaient être les mêmes que celles obtenues par l'Allemagne à Kiao-Tchéou. Mais, en raison de l'attitude hostile de la population chinoise et surtout du vice-roi de Canton, la détermination précise de cette cession territoriale fit l'objet de nombreuses difficultés. Elles ne furent résolues que par la ratification par la Chine en janvier 1900 de la convention du 27 mai 1899 qui cédait à bail à la France pour 99 ans certains territoires limitrophes de la baie de Kouang-Tchéou-Wan et les îles de cette baie en vue de l'établissement d'une station navale et d'un dépôt de charbon. Un décret du 5 janvier 1900 incorpora alors notre nouvelle acquisition à l'Indochine en la plaçant sous l'autorité du Gouverneur Général de cette Union coloniale. Un arrêté du 27 janvier 1900 modifié le 1er juillet 1905 y organisa ensuite l'administration et la plaça sous la direction d'un fonctionnaire portant le titre d'Administrateur en chef du Territoire. Cette organisation d'ensemble a d'ailleurs été remplacée depuis par celle résultant des arrêtés des 4 juillet 1911 et 27 septembre 1912.

## § 5. — Constitution de l'Union indochinoise

Nous avons vu dans les paragraphes précédents que, en 1887, les seuls territoires de la péninsule indochinoise sur lesquels la France avait établi son autorité directe ou indirecte étaient, par ordre de date, la Cochinchine, le Cambodge et l'Annam-Tonkin ; qu'à cette même date les deux premiers de ces pays, où la France était représentée par un Gouverneur en Cochinchine et par un Résident Général au Cambodge, relevaient seuls du Ministère chargé des Colonies, tout en étant indépendants l'un de l'autre ; qu'au contraire le Résident Général français en Annam-Tonkin dépendait alors du Ministère des Affaires étrangères.

Cette situation bizarre ne pouvait se prolonger indéfiniment, et il était évidemment désirable qu'un lien fût créé entre ces pays limitrophes et qu'ils fussent tous placés sous la direction d'un même département ministériel. Ce fut l'œuvre des deux décrets du 17 octobre 1887 et du 9 mai 1889. Le premier réunit la Cochinchine, le Cambodge et l'Annam-Tonkin en un seul groupement colonial, plaça ce groupement entier dans le ressort du Ministère chargé des Colonies et mit à sa tête un

*Gouverneur Général* désormais seul représentant immédiat de la France dans l'ensemble des territoires annexés ou protégés par elle. Le second paracheva l'œuvre ainsi commencée en supprimant l'emploi de Résident Général de l'Annam-Tonkin et en plaçant de la sorte sous l'autorité directe du Gouverneur Général les deux Résidents particuliers en Annam et au Tonkin dont les emplois avaient été créés, comme nous l'avons vu, par un décret du 27 janvier 1886 et avaient été jusque-là exercés par leurs titulaires sous la direction du Résident Général installé à Hué. C'est ainsi qu'après la mise en application du dernier de ces deux décrets les quatre grands pays de l'Indochine se sont trouvés désormais administrés par quatre hauts fonctionnaires ayant une égale autorité, devant porter à l'avenir les titres de *Lieutenant-Gouverneur* en Cochinchine (actuellement Gouverneur) et de *Résident Supérieur* dans les pays de protectorat et tous placés sous la direction d'un Gouverneur Général relevant du Ministre chargé des Colonies ·

En 1899 et en 1900, comme nous l'avons dit, le Laos et le territoire de Kouang-Tchéou-Wan furent placés sous le même régime politique que les quatre autres pays, et dès lors l'Union indochinoise fut complète et devint telle que nous la voyons aujourd'hui (sauf les cessions de territoire ultérieurement consenties à la France par le Siam au profit du Cambodge et du Laos et dont nous avons précédemment parlé).

## ARTICLE II

### *APPLICATION EN INDOCHINE DE LA LÉGISLATION MÉTROPOLITAINE*

Nous avons dit plus haut que le mot colonie pouvait être pris tantôt dans un sens large et comme synonyme de l'expression possession outremer, tantôt dans un sens plus étroit et par opposition à l'expression pays de protectorat.

Au sens large, l'Indochine est une colonie. Au sens étroit, c'est une réunion sous un même gouvernement de six possessions françaises réparties en trois groupes dont chacun a un caractère international distinct : une colonie proprement dite, la Cochinchine ; quatre pays de protectorat, l'Annam, le Tonkin, le Cambodge et le Laos ; une possession à bail, le territoire de Kouang-Tchéou-Wan.

Mais cette distinction n'a d'importance qu'au seul point de vue international, c'est-à-dire en ce qui concerne les rapports de la France soit avec les gouvernements indigènes d'Indochine qu'elle protège, soit avec les Gouvernements étrangers lorsqu'il s'agit entre elle et eux de tout ou partie du territoire de l'Indochine. Au contraire, s'il s'agit de savoir sous quelle forme et dans quelles conditions la législation française est applicable à l'intérieur de nos possessions indochinoises, cette même distinction est sans objet. En effet, que l'on considère l'Indochine dans son ensemble ou que l'on prenne séparément les divers pays de protectorat ou colonie qui la composent, nous nous trouvons en présence de possessions françaises qui sont autres que la Martinique, la Guadeloupe et la Réunion et qui par suite appartiennent aux colonies dites du second groupe, c'est-à-dire qui sont régies par l'article 18 du sénatus-consulte du 3 mai 1854. Il doit donc être admis que, dans toute l'Indochine, le régime législatif est, en principe, celui des décrets simples. Nous avons déjà examiné au chapitre I<sup>er</sup> article 2 les conséquences de ce principe, ainsi que les nombreuses exceptions qu'il subit dans la pratique. Il serait inutile d'en répéter ici l'exposé.

Nous avons vu que, pour qu'une loi ou un décret déclaré dès son origine ou rendu ultérieurement applicable en Indochine y devienne exécutoire, c'est-à-dire obligatoire, il faut d'abord que cette loi ou ce décret y soit promulgué par un arrêté du Gouverneur Général (ainsi que, éventuellement, le décret spécial l'ayant rendu applicable), ensuite que cet arrêté et le ou les textes métropolitains ainsi promulgués soient l'objet d'une *publication*. Les formes de cette publication ont été fixées par un décret du 1<sup>er</sup> février 1902. Elle résulte en principe de l'insertion au *Journal Officiel de l'Indochine*, et alors les textes ainsi publiés deviennent exécutoires dans chaque province deux jours francs (un jour franc seulement s'il s'agit d'une municipalité) après l'arrivée en son chef-lieu du numéro du Journal Officiel qui les contient et dont pour ce motif la date d'arrivée doit être consignée, dans les conditions fixées par un arrêté du 31 mars 1909, sur un registre spécial tenu par les soins du chef de la province ou de la municipalité. Mais, en cas d'urgence, le Gouverneur Général a le droit d'abréger ce délai et de décider que la publication sera faite en employant un autre mode de publicité, par exemple par voie d'affichage. Les mêmes règles s'appliquent aux arrêtés du Gouverneur Général. Elles s'appliquent aussi aux arrêtés ou décisions prises par les chefs des différents pays de l'Indochine, sauf que dans ce cas l'insertion au Journal Officiel est remplacée par une insertion au *Bulletin administratif* du pays intéressé (à moins toutefois qu'il s'agisse d'un arrêté local ayant été revêtu de l'approbation écrite du Gouverneur Général, auquel cas il est également inséré au Journal Officiel).

Il ne faut pas confondre les *arrêtés* avec les *circulaires*. Les premiers, de même que les lois et décrets, sont des actes de l'autorité publique agissant en cette qualité. Ils s'adressent à tous et sont obligatoires pour tous. Les circulaires sont au contraire de simples instructions d'ordre intérieur adressées par un chef d'administration ou de service à certains fonctionnaires placés sous ses ordres et nommément désignés. Elles ne concernent pas le public et ne pourraient à elles seules servir de base à une action en justice qui serait exercée par ou contre un particulier. Mais, lorsqu'elles ont pour objet d'interpréter les dispositions d'une loi, d'un décret ou d'un arrêté antérieur, il est utile que le public soit informé de leur teneur et c'est pour ce motif que l'Administration, bien que n'y étant pas obligée, les fait alors insérer le plus souvent dans les publications officielles.


# ARTICLE III

## *APERÇU D'ENSEMBLE DE L'ORGANISATION ADMINISTRATIVE GÉNÉRALE DE L'INDOCHINE*


Nous avons vu à l'article 4 du chapitre précédent que, dans

certaines colonies, l'administration locale présentait trois degrés :
administration coloniale, administration provinciale ou d'arrondissement et administration municipale. C'est le cas en Indochine.
Nous pouvons même distinguer quatre degrés dans l'administration de cette colonie, car, comme il s'agit d'une union coloniale
et non d'une colonie isolée, l'administration coloniale se subdivise elle-même en deux : une administration générale pour toute
l'Union et autant d'administrations régionales qu'il y a de pays
distincts composant cette Union. Nous diviserons donc cet article
en quatre paragraphes.

### § 1. — ADMINISTRATION GÉNÉRALE DE L'INDOCHINE

Elle est assurée par un *Gouverneur Général*, dont d'ailleurs
le rôle doit être beaucoup plus de gouverner que d'administrer,
et qui est assisté en toutes matières par une assemblée consultative appelée *Conseil de Gouvernement* et, en matières militaire
et maritime, par une autre assemblée consultative qui est le
*Conseil de Défense*. Il a comme collaborateur immédiat le
*Secrétaire général du Gouvernement Général*, lequel dirige les
divers services spéciaux au Gouvernement Général. Il exerce
son autorité par l'intermédiaire de grands services qui ont
action sur l'Indochine entière et qui sont placés sous sa haute
direction tantôt pour l'exercice de toutes leurs attributions tantôt
seulement en ce qui concerne l'exercice de certaines de ces
attributions, les autres dépendant alors de chacune des administrations régionales. Enfin, par les soins du Directeur des Finances
auquel il a donné délégation à cet effet, il dispose d'un budget
commun à toute l'Indochine qui est le budget général et il administre un domaine également commun qui est le domaine colonial.

Quant au point de savoir quel est le chef-lieu de l'Indochine,
les controverses qui se produisent parfois à ce sujet n'ont pas
de raison d'être, car un décret du 12 novembre 1887 qui n'a
jamais été modifié sur ce point porte que Saigon est le lieu de
la résidence officielle du Gouverneur Général.

### § 2. — ADMINISTRATION RÉGIONALE DE CHACUN DES PAYS DE L'INDOCHINE

C'est ce qu'on appelle plus couramment les *administrations locales,* dont le nombre est de six puisque l'Indochine comprend six possessions différentes : la Cochinchine, l'Annam, le Tonkin, le Cambodge, le Laos et le Territoire de Kouang-Tchéou-Wan, avec chefs-lieux respectifs à Saigon, Huê, Hanoi, Phnom-Penh Vientiane et Fort-Bayard. Chacune de ces possessions est dotée d'une personnalité civile distincte et indépendante de celle qui appartient d'autre part à l'Union indochinoise.

En Cochinchine, le chef de l'administration est un *Gouverneur* et il est assisté de deux assemblées, l'une consultative et permanente qui est le *Conseil Privé*, l'autre délibérative et convoquée périodiquement qui est le *Conseil Colonial*. Dans chacun des pays de protectorat, ce même chef d'administration a le titre de *Résident Supérieur* et est assisté consultativement d'un *Conseil de Protectorat* permanent, sauf au Laos où ce conseil n'a pu être encore constitué (1). Enfin, dans le Territoire de Kouang-Tchéou-Wan, il porte le titre *d'Administrateur en chef du Territoire* et agit sans conseil français institué auprès de lui. Toutefois, en ce qui concerne ce dernier fonctionnaire, il faut remarquer que, si dans la pratique on continue à lui appliquer le titre d'administrateur en chef qui lui a été donné par un arrêté du 1er juillet 1905, cependant le troisième des décrets du 20 octobre 1911 paraît n'avoir pas maintenu ce titre, car par son article 1 il qualifie simplement d'administrateur le fonctionnaire dont il s'agit.

Lorsqu'il s'agit de questions d'ordre économique, c'est-à-dire intéressant l'industrie, le commerce ou l'agriculture, les Chefs d'administration locale (2) peuvent, et même parfois doivent, prendre l'avis de certaines assemblées élues qui sont les *Chambres de Commerce*, les *Chambres d'Agriculture* et les *Chambres mixtes de Commerce et d'Agriculture*.

Enfin, en matière indigène, il existe au chef-lieu de chacun des pays de protectorat et aussi à Fort-Bayard une *Chambre*

---

(1) Un projet de décret créant un Conseil de Protectorat au Laos est actuellement soumis au Département.

(2) Dans les récents actes règlementaires émanant du Gouvernement Général, ces hauts fonctionnaires sont qualifiés « Chefs des Gouvernements locaux ». Cette expression nouvelle n'a pas été employée jusqu'ici dans les textes métropolitains (voir décrets du 11 juillet 1908 organique des municipalités, du 27 mai 1922 organique des Chambres de Commerce, etc) et nous avouons préférer l'ancienne, qui n'est pas inexacte, a été consacrée par un long usage et nous paraît mieux correspondre à l'ensemble des attributions exercées par les Résidents Supérieurs en Annam et au Cambodge. La question est d'ailleurs sans grande importance.

*consultative indigène* appelée, obligatoirement en certains cas, à donner ses avis au Résident Supérieur ou à l'Administrateur en chef.

Chaque Chef d'administration locale exerce son autorité, soit par l'intermédiaire de services placés sous sa direction immédiate et exclusive et ayant action seulement sur le pays intéressé, soit par l'intermédiaire de ceux des grands services communs à l'Indochine entière dont nous avons dit plus haut que certaines de leurs attributions étaient exercées sous la direction du Gouverneur Général et les autres sous celle des Chefs d'Administration locale. Chacun d'eux dispose d'un budget, dit budget local, spécial au pays intéressé et administre un domaine local également spécial à ce pays. Toutefois, le budget du territoire de Kouang-Tchéou-Wan constitue simplement un annexe du budget général et l'Administrateur en chef n'en est que l'ordonnateur secondaire.

Ajoutons enfin que, à Huê et à Phnom-Penh, capitales respectives de l'empire d'Annam et du royaume du Cambodge, il existe comme nous le verrons plus tard quelques institutions gouvernementales et organismes administratifs, les uns et les autres purement indigènes, dont l'action s'étend sur l'ensemble des territoires placés sous la souveraineté des deux monarques protégés et qui pour ce motif peuvent être considérés comme constituant en quelque sorte, en Annam et au Cambodge, une administration locale indigène ayant comme chef suprême le souverain du pays.

### § 3. — Administration provinciale

Elle est assurée, sous la direction du Chef de l'Administration locale, par des *Administrateurs des Services Civils* qui sont chargés chacun d'une circonscription. Ces circonscriptions, dont le nombre a été augmenté depuis 1921 après avoir été diminué en 1913, portent dans toute l'Indochine le nom de *province*, conformément à un arrêté du 20 décembre 1899 (1). Les administrateurs qui les dirigent portent : en

---

(1) Voir toutefois, en ce qui concerne la "circonscription" de Battambang, ce qui a été dit au chapitre 1er art. 1 § 2. Ce territoire n'est d'ailleurs devenu français que six ans après l'arrêté du 20 décembre 1899.

Cochinchine, le titre de « *Administrateur de la province de....*»; en Annam, au Tonkin et au Cambodge, celui de «*Administrateur Résident de France* à ........», au Laos, celui de «*Administrateur Commissaire du Gouvernement* à........».

En dehors de cette administration des circonscriptions provinciales par les fonctionnaires civils, qui est et doit être la règle, certaines régions du Tonkin et du Laos limitrophes de la frontière chinoise, et dans lesquelles la sécurité peut pour ce motif être troublée de temps à autre, ont été organisées en *territoires militaires* dirigés par des officiers supérieurs prenant le titre de *Commandant de territoire* mais placés eux aussi sous la direction du Chef de l'Administration locale.

En Cochinchine, il y a 20 provinces : Bac-lièu, Baria, Bentré, Bien-hoa, Cantho, Chau-doc, Cho-lon, Gia-dinh, Gocong, Ha-tiên, Long-xuyên, My-tho, Rach-gia, Sadec, Soc-trang, Tân-an, Tây-ninh, Thudaumot, Tra-vinh, Vinh-long, plus les îles de Poulo-Condore.

Au Tonkin, on compte 23 provinces : Bac-giang (chef-lieu Phu-lang-thuong), Bac-kan, Bac-ninh, Hà-dông, Hai-duong, Hoa-binh, Hanam (chef-lieu Phu-ly), Hung-yên, Kien-an, Lang-son, Lao-kay, Nam-dinh, Ninh-binh, Phuc-yên, Phu-tho, Quang-yên, Son-la, Son-tây, Thai-binh, Thai-nguyên, Tuyên-quang, Vinh-yên et Yên-bay, plus 4 territoires militaires ayant respectivement leur chef-lieu à Moncay, Cao-bang, Ha-giang et Lai-chau.

En Annam, nous avons 16 provinces : Binh-dinh (chef-lieu Qui-nhon), Binh-thuân, (chef-lieu Phan-thiêt), Darlac (chef-lieu Ban-me-thuot), Ha-tinh, Khanh-hoa (chef-lieu Nha-trang), Kontoum, Haut-Donnaï (chef-lieu Djiring), Nghe-an (chef-lieu Vinh), Phan-rang, Phu-yen (chef-lieu Song-cau), Quang-binh (chef-lieu Dong-hoi), Quang-nam (chef-lieu Fai-fo), Quang-ngai, Quang-tri, Thanh-hoa, Thua-thien (chef-lieu Huê), plus la circonscription du plateau du Lang-bian (chef-lieu Dalat) qui est placée sous un régime spécial dont nous parlerons plus tard.

Au Cambodge, nous avons les 13 provinces de Battambang, Kampot, Kandal (chef-lieu Phnom-penh), Kom-pong-cham, Kompongspeu, Kompongthom, Kratié, Prey-veng, Pursat, Stung-treng, Kompongchhnang, Soai-riêng et Takeo.

Au Laos existent les 10 provinces de Attopeu, Bassac (chef-lieu Paksé), Cammon (chef-lieu Thakhek), Haut-Mékong (chef-lieu Ban-houei-sai), Hua-phan ( chef-lieu Samneua ), Luang-Prabang, Saravane, Savannakhet, Tran-ninh (chef-lieu Xieng-

Khuang) et Vientiane, plus un territoire militaire appelé cinquième territoire militaire et ayant son chef-lieu à Phong-Saly.

Quant au territoire de Kouang-Tchéou-Wan, il n'est pas subdivisé en provinces, car en réalité il ne constitue en son entier qu'une province d'importance moyenne et, s'il a paru nécessaire de lui donner plus de relief en le considérant comme un pays spécial de l'Union, c'est simplement parce que sa situation géographique et sa population presque exclusivement chinoise ne permettaient de le rattacher à aucun autre pays de l'Indochine.

Il est à noter que, dans certaines provinces particulièrement étendues et aussi plus récemment sur le Territoire de Kouang-Tchéou-Wan, on a créé, par un arrêté du 15 février 1898 et plusieurs arrêtés subséquents, des *délégations* ou *centres administratifs*. Mais ce ne sont nullement là des circonscriptions autonomes, et l'on ne peut pas dire que ces provinces se subdivisent en délégations comme l'on peut dire des départements français qu'ils se subdivisent en arrondissements. En effet, le centre administratif ou délégation est simplement un centre important de la province où le chef de cette province a comme délégué un fonctionnaire français désigné par le Chef de l'Administration locale, appartenant généralement au corps des Services Civils et chargé, sous la direction immédiate du chef de la province et avec les attributions que celui-ci croit devoir lui confier, de le représenter dans l'administration de la région avoisinante (1). Une mention spéciale devait cependant être faite jusques à ces derniers temps pour certaines délégations particulièrement importantes créées en 1913 en remplacement de provinces qui étaient supprimées. Ces délégations, qui étaient celles de Phu-ly et Phuc-yên au Tonkin, Phu-yên et Phan-rang en Annam, Go-công, Sadec et Ha-tiên en Cochinchine, Kandal, Kompong-speu et Pursat au Cambodge, dépendaient nominalement, comme les délégations ordinaires, du chef de la province voisine ; mais, en fait, elles n'avaient pas cessé d'être considérées à tous égards, sauf au point de vue financier, comme de véritables provinces. Aussi ont-elles été toutes, de 1921 à 1924, érigées à nouveau en province.

______

(1) L'institution de ces formations territoriales ne se justifie que dans les régions éloignées d'un chef-lieu de province, difficiles d'accès et dont par ailleurs l'importance économique ou stratégique nécessite la présence permanente d'un représentant de l'Administration. Aussi la plupart de celles qui avaient été créées dans les premières années de l'occupation ont-elles été supprimées au fur et à mesure de la pacification et du développement des facilités de communication, à moins qu'au contraire leur importance accrue ait justifié leur érection en province.

Les attributions administratives des chefs de province ne sont définies par aucun texte d'ordre général. Elles varient selon les circonstances de temps et de lieu et aussi parfois selon des considérations personnelles au chef de la province et au Chef d'Administration locale sous les ordres duquel il est placé. Il est permis d'estimer que ce défaut de précision dans la détermination des attributions et des devoirs de ces fonctionnaires constitue une lacune regrettable dans l'édifice de notre organisation indochinoise.

En Cochinchine, chaque chef de province est assisté du *Conseil de province* dont nous avons déjà parlé et qui a réellement le caractère d'une assemblée consultative. Il est difficile, pour le moment du moins, de reconnaître dans la pratique ce même caractère aux *Conseils provinciaux de notables* qui depuis 1913 ont été créés dans les provinces des autres pays annamites de l'Union pour donner leur avis au chef de la province en certaines matières indigènes. Et nous ne croyons pas, bien que ces assemblées soient plus anciennes de dix ans que les précédentes, qu'il puisse en être estimé différemment des *Conseils de résidence* du Cambodge.

Dans la même colonie, il existe dans chaque province un budget provincial, et par suite certains services ou plutôt personnels spéciaux à la province, peu importants d'ailleurs, peuvent être entretenus sur les fonds de ces budgets. En Annam, au Tonkin et au Cambodge, ces mêmes budgets provinciaux ont été supprimés depuis l'exercice 1912 au Tonkin et depuis l'exercice 1913 dans les deux autres pays, au Laos ils n'ont jamais fonctionné, et par suite il n'existe pas dans ces pays de services spéciaux aux circonscriptions provinciales.

Nous verrons au chapitre V que, outre leurs fonctions administratives, tous les chefs de province, et aussi la plupart des chefs de délégation, exercent des fonctions ressortissant à l'ordre judiciaire (officier de l'état-civil, officier de police judiciaire, etc). Certains d'entre eux sont même investis d'attributions judiciaires proprement dites, qui dans les pays de Protectorat sont souvent fort étendues, et ceci constitue une remarquable dérogation, sans doute regrettable mais nécessitée par les circonstances locales, au principe occidental de la séparation des pouvoirs.

Il est à peine besoin de préciser que tout ce qui vient d'être dit au cours du présent paragraphe concerne seulement l'administration provinciale française dans les diverses circonscriptions entre lesquelles est réparti le territoire des pays de l'Union. Quant à l'administration provinciale indigène, qui dans les pays de protectorat coexiste à côté de cette dernière et fonctionne sous l'autorité supérieure du souverain protégé ou de son délégué, elle fera plus tard l'objet d'une étude spéciale.

### § 4. — ADMINISTRATION MUNICIPALE

Elle n'existe en Indochine que dans les villes de Saigon, Hanoi, Haiphong, Cholon, Tourane et Phnom-Penh. Les cinq premières sont en territoire français, Saigon et Cholon étant en Cochinchine et Hanoi, Haiphong et Tourane se trouvant comme nous l'avons vu sur des concessions territoriales qui ont été cédées en toute propriété à la France par l'ordonnance de l'Empereur d'Annam en date du 3 octobre 1888. Quant à Phnom-Penh, son organisation en municipalité remonte au traité du 17 juin 1884, dont l'article 10 l'avait expressément prévue.

Chacune de ces municipalités, qui peuvent être assimilées aux communes de plein exercice de l'Algérie, au moins en ce qui concerne Saigon, Hanoi et Haiphong, est administrée, selon des règlements que nous verrons plus tard, par un *Conseil municipal* ou une *Commission municipale* présidée par un *Maire* assisté d'*Adjoints*. Le maire de Saigon est élu. Dans les autres municipalités, c'est un administrateur des Services Civils nommé par arrêté du Gouverneur Général. Chacune d'elles possède un budget, un domaine et des services propres.

En dehors de ces minicipalités, la plupart des chefs-lieux de province de l'Indochine, et aussi certaines autres agglomérations importantes, ont été érigés en centres urbains par des arrêtés spéciaux. Ces *centres urbains*, qui n'ont ni assemblée ni budget particulier (sauf toutefois celui de Luang-Prabang, doté d'un budget urbain par la convention du 24 avril 1917), sont administrés par le chef de province au même titre et dans les mêmes conditions que le reste de sa circonscription et en réalité ils ne s'en distinguent que parce que certains règlements de police y sont applicables, parce que certaines taxes spéciales peuvent y être perçues et parce que les terrains situés à l'intérieur de leurs limites, lesquelles sont fixées par arrêté pour chaque centre urbain, sont soumis à un régime de concession différent de celui qui régit les terrains ruraux. Le quatrième des décrets du 20 octobre 1911 a prévu que ces centres urbains pourraient être érigés par le Chef de la colonie en communes et ses dispositions ont déjà successivement reçu application à Vientiane (Laos), à Tchékam (Kouang-Tchéou-Wan), à Dalat (Annam) et à Namdinh et Haiduong (Tonkin). Ces communes, qui comme les municipalités sont dotées d'un budget et d'un domaine propres, constituent des formations préliminaires de l'organisation municipale proprement dite et sont analogues aux communes mixtes de l'Algérie.

## ARTICLE IV

### *DISTRIBUTION DE LA JUSTICE EN INDOCHINE*

Renvoyant à plus tard l'étude de l'organisation judiciaire en Indochine, nous parlerons seulement ici des règles générales qui président, selon la qualité des justiciables. à la détermination de la compétence des divers tribunaux existant dans cette colonie et au choix de la législation qu'ils appliquent. Enfin nous terminerons cet article par l'étude des conditions de la naturalisation française pour les indigènes.

#### § 1. — Compétence des Tribunaux

En Cochinchine, il n'existe que des tribunaux français, et par conséquent tous les individus vivant dans cette colonie, à quelque race qu'ils appartiennent, sont justiciables en toutes matières de ces tribunaux. Il en est de même dans les concessions françaises de Hanoi, Haiphong et Tourane.

Mais, dans tout le reste de l'Indochine, il existe à la fois des tribunaux français et des tribunaux indigènes. Quels seront donc les justiciables des premiers et ceux des seconds?

La règle générale de cette compétence «ratione personæ» est bien simple et on peut la poser ainsi: « pour qu'un tribunal « indigène soit compétent, il est indispensable que la ou les « personnes qni sont directement parties à l'affaire civile ou « pénale en question ou qui y sont en cause soient toutes des « indigènes, c'est-à-dire des individus originaires de l'Indochine, « et que ces indigènes ne soient pas sujets français, c'est-à-dire « ne soient nés ni en Cochinchine ni dans les concessions « françaises de Hanoi, Haiphong et Tourane ». Dans tous les autres cas, les tribunaux français sont seuls compétents, par exemple s'il s'agit d'un litige civil ou commercial entre un indigène d'Annam et un Chinois, ou entre un Chinois et un Hindou, ou entre un indigène de Cochinchine et un indigène du Cambodge, ou encore s'il s'agit d'un délit commis par un indigène d'une des provinces du Tonkin mais que la victime ou un des complices soit un Européen, un Japonais, un Chinois ou un indigène de Hanoi ou de Haiphong.

A cette règle générale on peut énumérer les exceptions suivantes :

1° — Au Tonkin, même à l'égard des indigènes habituellement justiciables des tribunaux indigènes, la juridiction française devient exceptionnellement compétente si les parties ont contracté sous l'empire de la loi française, ou encore s'il s'agit d'un litige civil ou commercial au sujet duquel elles déclarent d'un commun accord qu'elles veulent être jugées par les tribunaux français (et cela même si, en même temps, elles déclarent vouloir rester soumises à la loi indigène).

2° — Dans chaque pays de l'Union, la juridiction française sera aussi seule compétente pour connaître des affaires qui intéressent ou mettent en cause un indigène d'une race autre que celle habitant ce pays de l'Union. C'est ainsi que les tribunaux français du Cambodge ou du Laos, selon le cas, seront seuls compétents pour juger une affaire de dette entre un Cambodgien et un Laotien et ceux de Kouang-Tchéou-Wan pour juger un délit commis sur le Territoire par un Chinois (considéré à Kouang-Tchéou-Wan comme indigène) au préjudice d'un Annamite.

3° — En vertu des décrets du 9 mars 1909 et du 16 décembre 1923, les militaires indigènes des troupes coloniales en activité de service sont placés sous la juridiction exclusive des tribunaux français, même dans les cas où ils ne sont pas justiciables des conseils de guerre mais simplement des tribunaux de droit commun, sauf toutefois lorsqu'ils se sont rendus coupables de crimes ou de délits commis de complicité avec des indigènes non militaires et non justiciables des tribunaux français.

4° — Au Tonkin, la deuxième chambre de la Cour d'Appel de Hanoi connaît des appels et des demandes en annulation et en révision formées contre les jugements des tribunaux indigènes.

5° — Au Laos, les mêmes actions sont de la compétence du Tribunal supérieur d'appel et d'annulation de Vientiane, juridiction qui, pas plus que la précédente, ne saurait être considérée, malgré la présence d'un magistrat indigène dans son sein, comme un tribunal indigène.

6° — En sens inverse des exceptions qui précèdent, les indigènes de la province de Battambang (Cambodge) sont restés soumis aux tribunaux indigènes, bien que cette circonscription soit territoire français comme nous l'avons déjà fait observer, quand il n'y a en cause ni Français ni sujets ou protégés français étrangers au pays ni étrangers quelconques.

## § 2. — LÉGISLATION APPLICABLE

Quelle sera la législation civile, commerciale ou répressive appliquée à ses justiciables par chacune des deux catégories de tribunaux dont nous venons de parler ? La solution de cette question, comme celle de la précédente, dépend essentiellement de la qualité du justiciable.

A) — *Tribunaux indigènes.* — Pour les tribunaux indigènes, aucune difficulté. Les justiciables de ces tribunaux étant toujours et exclusivement des indigènes protégés français, c'est-à-dire des indigènes nés en dehors de la Cochinchine et des concessions françaises des pays de protectorat, la seule loi qui puisse leur être appliquée par les tribunaux dont ils dépendent sera évidemment la législation indigène locale telle qu'elle sera en vigueur au moment de l'affaire à régler, c'est-à-dire actuellement :

1º — Au Tonkin : d'une part et depuis le 1er janvier 1918, les nouveaux codes de l'organisation des tribunaux, de procédure civile, de procédure pénale et pénal mis en application par ordonnance royale du 16 juillet 1917 et revisés depuis par de nouvelles ordonnances royales des 25 juillet 1918, 2 juillet 1920, 16 juin 1921, 23 août 1921 et 7 juin 1923 ; d'autre part, les dispositions de la législation annamite antérieure qui, nonobstant la promulgation des codes précités, sont exceptionnellement restées en vigueur en matière civile. Il faut noter à ce dernier point de vue que, par arrêtés des 9 novembre 1921 et 15 juin 1923, le Gouverneur Général a rendu exécutoire une ordonnance royale du 4 octobre 1921, complétée par une autre du 4 juin 1923, mettant en vigueur au Tonkin le livre I d'un nouveau code civil annamite qui est destiné à être ultérieurement appliqué par toutes les juridictions annamites de ce pays mais ne l'est encore actuellement que dans certaines circonscriptions des provinces de Hadong et Ninh-binh et en partie dans la ville de Nam-dinh (toutefois, le chapitre de ce livre qui concerne les actes de l'état civil a été déclaré applicable à compter du 1er janvier 1924 dans tous les villages annamites, communes et centres urbains du Tonkin).

2º — En Annam, les codes de Gia-long et les décrets et ordonnances royales qui les ont complétés ou modifiés, textes qui doivent être coordonnés et revisés par une commission de hauts mandarins dont l'institution a été prescrite par une ordonnance royale du 8 juillet 1919.

3º — Au Cambodge, les codes cambodgiens et les ordonnances royales (de nouveaux codes civil et de procédure civile ont été rendus applicables dans ce pays à compter du 1er juillet 1920 par ordonnance royale du 25 février 1920 et la révision des lois pénales y est actuellement à l'étude).

4º — Au Laos, le code de l'organisation judiciaire, le code civil et commercial, le code de procédure civile et commerciale, le code pénal et le code de procédure pénale promulgués par arrêté du 20 novembre 1922 mais dont la date de mise en application a été reportée au 1er janvier 1925 (1).

---

(1) Ces codes font partie de la « législation indigène locale » dont nous parlons, en ce sens qu'ils ont été élaborés à l'usage des indigènes du Laos et en vue de leur application par les tribunaux indigènes de ce pays. Mais, à la différence de ceux en vigueur au Tonkin, en Annam et au Cambodge, ils n'ont

5⁰ — A Kouang-Tchéou-Wan, les coutumes, usages et règlements locaux, expressément maintenus en vigueur par les arrêtés des 27 janvier 1900 et 4 juillet 1911 et qui sont d'origine chinoise.

B) — *Tribunaux français.* — En ce qui concerne les tribunaux français, la question est un peu plus complexe. Ces tribunaux appliquent en effet tantôt la législation française, tantôt une législation particulière édictée par des textes pris spécialement pour l'Indochine, tantôt même la législation annamite.

Sauf une importante exception en matière répressive dont il sera question à l'alinéa suivant, les tribunaux français appliquent la législation française habituelle toutes les fois que l'affaire concerne ou met en cause un Français, ou un autre Européen, ou un individu appartenant à une race que l'on considère comme assimilée aux races européennes soit en raison de la nature de sa civilisation et de sa législation propres (Américains, Australiens, etc...) soit en vertu de certains traités (notamment le traité franco-japonais du 4 août 1896). Il importe peu d'ailleurs que ce Français, cet Européen ou cet assimilé aux Européens le soit d'origine ou le soit devenu par naturalisation, déclaration ou réintégration. Quant à la législation française ainsi appliquée, elle comprend : d'une part, les règlements émanés des autorités locales qualifiées pour les prendre; d'autre part, les textes métropolitains (lois, décrets, arrêtés ministériels) déclarés applicables et rendus exécutoires dans tout ou partie de la colonie et encore en vigueur. A ce dernier point de vue, il peut être intéressant de noter : que les codes et lois français, rendus applicables par décret du 25 juillet 1864 «aux possessions françaises en Cochinchine»

---

pas été l'œuvre d'un souverain indigène protégé, mais bien celle de l'autorité française qui d'autre part, en les promulguant, a expressément et formellement abrogé toutes les anciennes lois et coutumes laotiennes (arrêté du 2 mai 1908 promulguant les codes laotiens antérieurs). Il devait d'ailleurs en être ainsi, car le décret du 23 août 1871, dont il faut bien remarquer que ses termes ont édicté pour l'avenir aussi bien que pour le présent, a eu pour effet de faire ranger les Laotiens parmi les individus relevant exclusivement, devant les tribunaux français, de l'application de la loi française. En conséquence, les codes susvisés doivent juridiquement être considérés comme appartenant à la « législation française spéciale » dont il sera question au B) ci-après, avec cette différence toutefois qu'ils sont appliqués par des juridictions indigènes.

(expression qui comprenait aussi les droits de protectorat que nous avions sur le Cambodge depuis l'année précédente), ont été promulgués en Cochinchine par arrêté du 21 décembre 1864 et au Cambodge par arrêté du 10 mai 1883 (1) ; que toute la législation en vigueur en Cochinchine au 17 août 1881 a été rendue applicable en Annam par un décret portant cette date ; que toute la législation en vigueur en Cochinchine au 8 septembre 1888 a été rendue applicable au Tonkin par un décret portant cette date, ultérieurement confirmé par un autre décret du 28 février 1890, et qu'à la suite du premier de ces textes les codes français et lois annexes ont été promulgués au Tonkin par arrêté du 30 décembre 1888 ; qu'un décret du 1er décembre 1902 a rendu applicable par les tribunaux du Laos la législation en vigueur devant les justices de paix à compétence étendue de la Cochinchine ; enfin que par un arrêté du 20 août 1913 les codes français et lois annexes, et généralement toute la législation en vigueur en Cochinchine et au Tonkin à cette date, ont été promulgués en Annam et au Laos.

Si au contraire l'affaire ne concerne ni ne met en cause aucune des personnes précitées, mais uniquement soit des indigènes étant ou se trouvant justiciables des juridictions françaises (c'est-à-dire les Annamites sujets français dans tous les cas et les autres indigènes protégés français dans les cas où l'affaire les concernant intéresse aussi un Annamite sujet français) soit certains Asiatiques tels que les Chinois, les Cambodgiens et les Siamois qui par un décret du 23 août 1871 ont été assimilés aux Annamites en ce qui concerne la législation à leur appliquer par le tribunal français dont ils sont toujours ou peuvent se trouver occasionnellement justiciables (2), alors ce tribunal français appliquera une législation spéciale qui a été faite de toutes pièces, en prenant pour base la

---

(1) Le code pénal français, qui avait déjà été déclaré applicable en Cochinchine, en même temps que les autres codes, par le décret du 25 juillet 1864, y a été à nouveau rendu applicable, mais cette fois avec certaines additions, par un décret du 6 mars 1877 promulgué le 31 mai suivant.

(2) La liste de ces « Asiatiques assimilés », telle qu'elle est donnée par le décret susvisé, est la suivante : Chinois, Cambodgiens, Minh-huong (métis sino-annamite), Siamois, Moïs, Chams, Stiengs et Malais de Chaudoc. A la date où elle a été dressée, elle ne pouvait évidemment comprendre les peuplades (Muong, Man, Meo, Thô, Nung, etc...) habitant la chaîne annamitique ou le Haut-Tonkin, et il n'aurait d'ailleurs pas été utile qu'elle les comprît, car ces autochtones sujets de l'Empereur d'Annam avaient toujours été soumis à ses lois. Mais, sous

législation française habituelle dont nous venons de parler mais en la modifiant profondément de façon à ce qu'elle devînt politiquement et équitablement applicable à ces catégories spéciales de justiciables. Les principaux textes organiques qui composent cette législation spéciale sont : 1°/ en matière civile, lorsqu'il s'agit de la plupart des questions intéressant le statut personnel de ces justiciables, les deux décrets du 3 octobre 1883 déterminant avec toutes modifications utiles les dispositions du premier livre du Code civil français devant leur être appliquées, décrets pris pour la Cochinchine mais rendus applicables aux mêmes justiciables en Annam, au Tonkin et au Laos par l'effet des décrets susvisés des 17 août 1881, 8 septembre 1888 et 1er décembre 1902 (1) ; 2°/ en matière commerciale, le décret du 27 février 1892, applicable dans toute la colonie, ainsi que les arrêtés du Gouverneur Général des 22 avril 1910, 23 octobre 1911 et 12 janvier 1912 règlementant respectivement le commerce asiatique au Tonkin, en Annam et au Cambodge et approuvés par décrets des 21 octobre 1911 et 16 février 1921 ; 3°/ en matière répressive, le décret du 31 décembre 1912 déterminant les dispositions du Code pénal français applicables aux justiciables dont nous parlons ici, décret pris aussi pour toute l'Indochine et qui s'applique même à certaines infractions commises au préjudice d'un Français, Européen ou assimilé ou au préjudice de l'État français (ceci constitue l'exception annoncée au début de l'alinéa précédent ) ; 4°/ en matière répressive également, mais seulement dans certaines parties de l'Indochine, les décrets sur l'indigénat du 6 janvier 1903 (applicable en Cochinchine) et du 11 octobre 1904 (applicable en Annam et au Tonkin), ainsi que les arrêtés des 24 février 1903, 4 novembre 1907 et 7 janvier 1915 (Cochinchine), 28 août 1909 (Hanoi et Haiphong),

---

cette réserve, ladite énumération est limitative et en conséquence les Indiens même non renonçants et les Laotiens sont soumis à la loi française ( ou, plus exactement, à la législation édictée par les autorités françaises ).

Par ailleurs, il est à remarquer que, en ce qui concerne les Minh-huong, le Gouverneur de la Cochinchine n'avait pas attendu l'intervention du Chef de l'État pour les assimiler " entièrement et sans réserves " aux Annamites par un arrêté du 7 décembre 1869.

(1) Aucun décret spécial n'a déclaré ceux du 3 octobre 1883 applicables au Cambodge. Ils n'en ont pas moins été rendus exécutoires en ce pays : en ce qui concerne les sujets français, en principe par le traité du 17 juin 1884 et expressément par l'ordonnance royale du 31 décembre 1891 ; en ce qui concerne les Asiatiques assimilés, par l'effet combiné de cette même ordonnance et d'un arrêté du Gouverneur Général du 13 août 1897.

30 août et 2 novembre 1911 (Cambodge) et 24 janvier 1912 (Annam, Tonkin et Laos) par lesquels le Gouverneur Général, usant des pouvoirs qui lui avaient été conférés à cet effet, a déterminé et puni des peines contraventionnelles certaines infractions spéciales, non prévues par le Code pénal, commises par les indigènes ou asiatiques assimilés justiciables des juridictions françaises ; 5°/ en matière de procédure civile, l'arrêté du Gouverneur Général du 16 mars 1910 modifié le 10 octobre 1918.

Enfin les tribunaux français, lorsqu'ils statuent en matière civile, appliquent la législation annamite : 1°/ si les parties en cause sont toutes des indigènes ordinairement justiciables des tribunaux indigènes, dans tous les cas (1) ; 2°/ si ces parties ou l'une d'elles sont des indigènes ou asiatiques assimilés justiciables des juridictions françaises, lorsque la convention ou contestation en litige est relative soit au régime des biens soit aux questions relatives au statut personnel qui n'ont pas été visées par les décrets précités du 3 octobre 1883. Toutefois, même si le tribunal français doit normalement appliquer la loi annamite, il appliquera cependant la loi française si l'acte dont il est saisi porte mention que ses signataires ont entendu contracter sous l'empire de la loi française ou encore si les indigènes qui se présentent devant lui demandent d'un commun accord qu'il leur soit fait application de cette loi (sous réserve, en ce qui concerne les indigènes du Cambodge et de l'Annam proprement dit, que cette faculté d'option leur ait été accordée par des ordonnances de leur souverain).

## § 3. — Naturalisation (2)

La naturalisation française est l'effet de l'acte par lequel

---

(1) Il en est ainsi même au Laos, non point que les Laotiens soient de plein droit soumis en pareil cas à la loi annamite devant les tribunaux français comme le sont les Cambodgiens en vertu du décret du 23 août 1871, mais bien au contraire parce que, ce même acte ayant assujetti par anticipation ces indigènes à la loi édictée par l'autorité française (voir même §-A n° 4-note), le législateur colonial a pu valablement décider par décrets des 1er décembre 1902 et 16 février 1921 qu'en l'espèce cette loi serait la loi annamite.

(2) Nous ne parlons ici que de la naturalisation des indigènes, régie par des textes spéciaux qui ont eu pour objet de la leur faciliter et qui dérogent par suite au droit commun en la matière, lequel reste fixé, dans toutes les colonies autres que les Antilles et la Réunion, par le décret du 7 février 1897.

un décret, pris sur la proposition concertée du Ministre des Colonies et du Ministre de la Justice, confère, à titre de bénéfice en principe individuel, la nationalité française à un indigène protégé français ou l'accession aux droits de citoyen français à un indigène sujet français. Cette différence de termes provient de ce que les protégés français ont conservé leur nationalité d'origine (annamite, cambodgienne, etc...), tandis que les sujets français n'ont pas de nationalité propre, car leurs parents ou eux-mêmes ont perdu leur nationalité d'origine et cependant, du fait que leur pays d'origine est devenu terre française dès le jour de sa cession en toute propriété à la France par un traité ou une ordonnance royale ratifiée par le Parlement français, ils ne sont nullement devenus citoyens français mais simplement sujets français, ainsi qu'il a été rappelé pour les Annamites de Cochinchine par l'article 1er du décret du 25 mai 1881. Mais en fait le décret de naturalisation a dans tous les cas le même effet, qui est de conférer les droits civils et politiques du citoyen français à un indigène d'Indochine qui ne les possédait pas.

Aux termes du décret du 26 mai 1913 sur la naturalisation en Indochine, décret complété par celui du 4 septembre 1919, peuvent obtenir la qualité de citoyen français, après l'âge de 21 ans et après avoir justifié qu'ils savent parler et écrire le français :

1o — Les indigènes qui ont servi avec mérite la France pendant dix ans, soit dans l'armée ou la marine de guerre, soit dans un emploi public rétribué sur les fonds de l'État ou d'une colonie;

2o — Ceux qui, pendant le même minimum de temps, ont rendu en France ou dans les colonies des services aux intérêts de la France dans le commerce, l'industrie ou l'agriculture ;

3o — Ceux qui sont décorés de la Légion d'honneur ou qui ont rendu des services exceptionnels à la France (en ce cas, ils peuvent être dispensés de la connaissance du français) ;

4o — Ceux qui, ayant obtenu un brevet de l'enseignement primaire supérieur ou professionnel ou un diplôme de l'enseignement secondaire, ont rendu pendant cinq ans des services importants aux intérêts de la France ;

5o — Ceux qui ont obtenu certains diplômes d'enseignement supérieur ou de diverses écoles supérieures énumérées par le décret ;

6o — Ceux qui, patronnés, recueillis ou élevés pendant les cinq années précédant leur majorité par des familles françaises ou par des sociétés de protection françaises reconnues d'utilité publique, ont obtenu un brevet de l'enseignement primaire supérieur ou professionnel ou un diplôme de l'enseignement secondaire;

7o — Ceux qui ont épousé une Française selon les formes de la loi française, mais seulement en cas d'existence d'enfant issu de ce mariage;

8o — Ceux qui pendant la dernière guerre ont fait campagne hors de l'Indochine dans la zone des armées pendant au moins un an, ou sans condition de temps s'ils ont été faits sous-officiers ou s'ils ont reçu la médaille militaire ou la croix de guerre.

La demande en naturalisation doit être appuyée de l'acte de naissance et de l'extrait du casier judiciaire du requérant, pièces qui doivent être accompagnées de leur traduction si elles ne sont pas en français. Elle est transmise pour enquête et avis au chef de la province du domicile de l'intéressé s'il s'agit d'un civil et à l'autorité militaire si le postulant est sous les drapeaux. Puis le Gouverneur ou le Résident Supérieur du pays intéressé donne à son tour son avis en Conseil privé ou en Conseil de Protectorat. Enfin le Gouverneur Général transmet avec son avis motivé au Ministre des Colonies.

La femme mariée à un indigène qui demande la naturalisation française peut être naturalisée par le même décret que lui, à seule condition qu'elle ait fait une demande distincte de celle de son mari. Par contre, sont naturalisés de plein droit le conjoint et les enfants mineurs de tout indigène naturalisé qui est né lui-même d'un naturalisé.

Notons d'autre part qu'une loi du 25 mars 1915, promulguée en Indochine le 10 mai suivant, a déterminé des conditions spéciales pour la naturalisation des indigènes âgés de plus de 21 ans qui ont fixé leur résidence en France, en Algérie ou dans une colonie autre que leur pays d'origine.

Ajoutons enfin que, aux termes d'un décret du 25 novembre 1913 modifié le 17 août 1922, les indigènes sujets ou protégés français ne peuvent perdre cette qualité par l'acquisition d'une nationalité étrangère que s'ils y sont autorisés par un décret rendu sur la proposition des Ministres de la Justice et des Colonies après avis du Gouverneur Général.

# DEUXIÈME PARTIE

## LES DIVERSES ADMINISTRATIONS

## INDOCHINOISES

Nous avons énoncé au chapitre II article 3 les grands principes qui, constituant le statut indochinois, ont présidé à l'organisation des diverses administrations de la colonie. Nous allons maintenant, en quatre chapitres, développer ces principes généraux, montrer les conséquences qu'ils ont eues dans la pratique et étudier le fonctionnement des divers organes dont l'ensemble constitue chacune de ces administrations.

# CHAPITRE III

## ADMINISTRATION GÉNÉRALE DE L'INDOCHINE

Cinq articles seront consacrés au Gouverneur Général, au Secrétaire Général du Gouvernement Général, aux Services du Gouvernement Général, au Conseil de Gouvernement et à sa Commission permanente, enfin au Conseil de Défense.

## ARTICLE PREMIER

### *LE GOUVERNEUR GÉNÉRAL DE L'INDOCHINE*

Le Gouverneur Général de l'Indochine est nommé par décret pris en Conseil des Ministres. Aucune condition n'est nécessaire pour être appelé à ce haut emploi. Toutefois, étant donné la récente réorganisation du corps des Gouverneurs Généraux et des Gouverneurs dont nous avons parlé ci-dessus, il est à présumer que dans l'avenir le Chef de la colonie sera, en règle générale, choisi parmi ces hauts fonctionnaires.

Les Gouverneurs Généraux titulaires qui, depuis le décret du 17 octobre 1887 ayant créé cet emploi, se sont succédé en Indochine ont été M. M. Constans, Richaud, Piquet, de Lanessan, Rousseau, Doumer, Beau, Klobukowski, Sarraut, Van Vollenhoven, Roume, à nouveau M. Sarraut, M. Long, enfin le Gouverneur Général actuel M. Merlin.

Les conditions d'exercice de l'emploi de Gouverneur Général sont actuellement déterminées par le premier des quatre décrets du 20 octobre 1911, ainsi que par des textes plus anciens s'appliquant soit au Gouverneur Général de l'Indochine soit d'une façon générale à tous les Gouverneurs des Colonies et qui n'ont été abrogés par les décrets du 20 octobre 1911 que dans la mesure où leurs dispositions sont devenues incompatibles avec celles de ces derniers actes.

Nous étudierons successivement les attributions, la responsabilité et les prérogatives du Gouverneur Général, puis ce qui se passe dans le cas où l'emploi se trouve momentanément vacant.

### § 1. — Attributions du Gouverneur Général

La diversité et l'étendue des attributions du Gouverneur Général permettent difficilement de les concrétiser en quelques lignes. En les résumant d'un point de vue tout-à-fait général, on peut cependant dire que le Chef de la colonie, placé dans une situation assez comparable à celle occupée par les préfets des départements métropolitains, réunit en sa personne, mais sur une toute autre échelle que les préfets et aussi dans des conditions très sensiblement différentes, des fonctions ressortissant à deux ordres entièrement distincts, car d'une part il est en Indochine le seul mandataire qualifié du Gouvernement français et d'autre part il représente vis-à-vis de ce Gouvernement les intérêts généraux de l'ensemble des territoires dont la haute direction lui est confiée.

En la première de ces deux qualités, dont la prédominance sur la seconde est nettement marquée et vraisemblablement destinée à rester telle jusqu'au jour où l'Indochine sera dotée d'une assemblée représentative ayant pouvoir de délibérer sur ses intérêts généraux, le Gouverneur Général, qualifié par le décret du 20 octobre 1911 « dépositaire des pouvoirs de la République dans l'Indochine française », est un organe de décentralisation dont l'action est substituée dans la colonie à celle directement exercée par le Ministre des Colonies sur les possessions dites à gouvernement autonome, c'est-à-dire non upées. C'est de cette qualité que le Chef de la colonie tient a mission essentielle, et l'on peut même dire sa raison d'être, i est d'assumer personnellement, sans que cette attribution pécifique et exclusive puisse être déléguée, la direction de évolution politique, sociale, financière et économique du upement. Pour pouvoir accomplir cette mission, il est nécessaire qu'il soit investi, et il est effectivement investi : d'une part, d'une autorité hiérarchique sur les chefs particuliers de tous les pays de l'Union, lesquels sont placés sous ses ordres directs en même temps qu'ils sont ses collaborateurs dans l'œuvre commune; d'autre part, de pouvoirs règlementaires propres, qui sont de droit commun lorsque leur exercice découle d'un mandat général et permanent reçu par le Gouverneur Général de l'autorité métropolitaine relativement à un ensemble de matières d'un même ordre (auquel cas il peut, par décisions spéciales et sous sa responsabilité, déléguer tout ou partie de ces pouvoirs au Secrétaire Général du Gouvernement Général où aux Chefs d'Administration locale) et qui sont d'attribution dans le cas plus fréquent où le Chef de la colonie agit en vertu de délégations spéciales à lui consenties par des lois ou décrets l'habilitant expressément, et en principe à titre exclusif sauf pouvoir de substituer pouvant lui être donné par ces textes, à régler par voie d'initiative ou par voie d'approbation certaines matières financières, d'administration générale ou de police.

Comme représentant des intérêts généraux de l'Indochine, le Gouverneur Général est un organe de coordination et de régularisation chargé de guider d'après un plan d'ensemble des pays dont certains sont sans doute ethniquement différents mais qui forment cependant une unité géographique définie et qui d'autre part constituent, au regard du Gouvernement français, une fédération économique. Toutefois, à ce point de vue, l'autorité du Gouverneur Général ne doit pas porter atteinte à la libre initiative des chefs particuliers de pays qui jouissent de l'autonomie administrative et financière, et en conséquence ce haut fonctionnaire doit s'abstenir, sauf le cas où les intérêts généraux dont il a la garde rendraient indispensable une action directe de sa part, d'intervenir personnellement dans la conduite des affaires des administrations locales. Sa mission essentielle à cet égard, et c'est précisément en vue de son accomplissement que le budget général a été superposé aux budgets locaux, consiste à assurer la satisfaction de besoins supérieurs et d'intérêt commun auxquels aucun de ces derniers budgets ne pourrait suffire et elle consiste aussi, le cas échéant, à aider au moyen de subventions ou autrement ceux des pays d'Indochine encore en période de premier développement tout en laissant à ceux dont l'évolution est plus avancée la liberté d'action et les ressources qui leur sont nécessaires.

Ces principes généraux étant ainsi posés, examinons plus en détail les attributions du Chef de la colonie.

A)—*Attributions en matière de législation coloniale.* — Nous avons déjà vu que c'est au Gouverneur Général qu'appartient la promulgation dans la colonie des lois et décrets, mais qu'il ne peut les promulguer de sa propre autorité que si ces textes contiennent une disposition expresse les déclarant applicables à tout ou partie de l'Indochine (en ce cas, cette promulgation est non seulement un droit, mais en règle générale un devoir pour le Gouverneur Général (1)) et qu'au cas contraire il doit au préalable, s'il l'estime opportun, demander au Gouvernement métropolitain de prendre un décret spécial déclarant applicable en Indochine la loi ou le décret dont il s'agit.

B) — *Attributions administratives.* — Le Gouverneur Général est dans la colonie le chef suprême de toutes les administrations civiles et de tous les services entretenus sur les fonds d'un quelconque des budgets publics indochinois (2). Sauf celle des services financiers (décret du 30 décembre 1912 art. 99) (3), il détermine l'organisation de ces administrations et services en vertu d'une délégation générale. expresse et permanente du Président de la République, délégation donnée par décret du 20 octobre

---

(1) Ceci ne doit pas être pris absolument au pied de la lettre. La déclaration d'applicabilité, d'initiative du Chef de l'État ou même du Parlement, n'enlève as au Gouverneur Général le droit d'appréciation sans lequel il ne pourrait accepter' la responsabilité de ses hautes fonctions. S'il estime que l'application de fait du texte métropolitain présenterait localement des inconvénients qui ont pu ne ac apparaître à son auteur, il peut et même doit les signaler au Ministre des olonies avant une promulgation pour laquelle d'ailleurs aucun délai ne lui est mparti. Les exemples sont nombreux de décrets qui avaient ainsi été déclarés pplicables en Indochine, ou même pris spécialement pour cette colonie, et ui n'y ont été promulgués que plusieurs années après leur date, ou même ne l'ont amais été.

(2) Nous verrons cependant plus tard que certaines conditions de forme ont prescrites lorsque le Gouverneur Général décide de passer outre aux refus e visa de mandats budgétaires qui peuvent lui être opposés par le Directeur u Contrôle financier ou par le Trésorier général.

(3) L'énumération de ces services, telle qu'elle est donnée par l'art. 94 u même décret, permet de les qualifier plutôt de services fiscaux. Il s'agit en et des Douanes, des Postes, de l'Enregistrement, des exploitations industrielles

1911, dont la portée a été renforcée par un nouveau décret du 11 septembre 1920 en ce qui concerne les diverses règlementations relatives aux personnels locaux et qui permet ainsi au Gouverneur Général d'agir en véritable législateur colonial au moyen de simples arrêtés. Il contrôle directement ou par l'intermédiaire des Chefs d'Administration locale le fonctionnement des mêmes administrations et services. Sous réserve du mode spécial de désignation prescrit en ce qui concerne le Directeur du Contrôle financier, le Directeur des Finances, les comptables supérieurs du Trésor et un très petit nombre d'autres hauts emplois pour l'attribution desquels les décrets organiques n'ont pas prévu l'intervention directe du Gouverneur Général (1), il nomme à toutes les fonctions civiles dont les lois et décrets ne réservent pas expressément la nomination au pouvoir métropolitain et présente à l'agrément de ce pouvoir les candidats à celles dont l'attribution doit résulter d'un arrêté ministériel ou d'un décret pris sur la proposition ministérielle. Il répartit selon les besoins entre les divers pays de l'Indochine le personnel de tous les services civils, à l'exception des magistrats et des greffiers. Il licencie et révoque, sous réserve de leur assurer les garanties auxquelles les règlements organiques de leurs corps leur donnent droit, les agents dont la nomination lui appartient ; quant à ceux nommés par l'autorité métropolitaine, il a le droit, en cas d'urgence et à charge d'en rendre compte immédiatement au Ministre des Colonies, de les suspendre de leurs fonctions, sauf le Directeur du Contrôle Financier. Il fixe par voie de règlementation générale le régime de la solde et accessoires du personnel de tous les services locaux.

---

publiques, etc.

Il faut d'ailleurs remarquer que la restriction ainsi apportée par le décret de 1912 aux pouvoirs d'organisation des « services civils » donnés au Gouverneur Général par celui du 20 octobre 1911 est devenue plus apparente que réelle depuis que le Chef de la colonie a été affranchi, par décret du 11 septembre 1920, de l'obligation de l'approbation ministérielle préalable en matière d'organisation des personnels locaux. Au reste, cette restriction ne visait que les mesures d'organisation définitives, et le droit d'organiser provisoirement à tous égards les services en question était expressément réservé au Gouverneur Général.

(1) Ces emplois sont actuellement ceux d'Inspecteur général des Travaux publics, d'Inspecteur général des Services Sanitaires et Médicaux (emploi réuni de droit à celui de Directeur du Service de Santé militaire) et de Directeurs des Douanes, des Postes, de l'Instruction publique et de l'Ecole française d'Extrême-Orient.

Le Gouverneur Général passe par l'intermédiaire du Directeur des Finances les actes intéressant le domaine colonial. Il statue sur les demandes de concession rurale supérieures à 1000 hectares et sur les demandes de concession minière. Il arrête les projets d'établissement de voies ferrées sous réserve d'une autorisation ultérieure devant être donnée par une loi, un décret en Conseil d'État ou un décret simple selon des distinctions que nous verrons plus tard. Il classe et déclasse les routes coloniales, et aussi les routes locales des pays de protectorat. Il décide les mutations territoriales affectant le territoire des provinces et même celles intéressant à la fois deux pays de l'Union, mais sous réserve en ce dernier cas d'une approbation préalable par arrêté ministériel (décret du 20 septembre 1915).

Il peut dissoudre ou suspendre le Conseil Colonial de la Cochinchine, les Chambres Consultatives indigènes, les Conseils municipaux et le Conseil d'administration du port de commerce de Saigon. Enfin il a seul qualité pour instituer les Chambres de Commerce, les Chambres d'Agriculture et les Chambres mixtes de Commerce et d'Agriculture.

C'est également au Gouverneur Général qu'il appartient à titre exclusif d'interdire la circulation en Indochine des journaux et autres écrits périodiques publiés à l'étranger et, en ce qui concerne les mêmes écrits publiés en Indochine en langue non française, de leur donner l'autorisation de publication nécessaire (décret du 30 décembre 1898). Lui seul enfin a qualité pour fixer les bases générales du service de l'hygiène publique dans la colonie et pour prendre les arrêtés déclaratifs de l'utilité publique donnant ouverture à la procédure de l'expropriation.

C) — *Attributions financières.* — Le Gouverneur Général est ordonnateur secondaire des dépenses du budget colonial autres que les dépenses militaires et celles de l'Inspection des Colonies (nous verrons plus tard que ces deux catégories de dépenses sont ordonnancées par le Directeur de l'Intendance des troupes coloniales). Il a aussi la même attribution en ce qui concerne les crédits qui peuvent lui être délégués sur les autres parties du budget de l'État.

Il a seul qualité : pour arrêter le budget général et ses quatre budgets annexes de l'exploitation des chemins de fer, des fonds d'emprunt, du Territoire de Kouang-Tchéou-Wan et de l'arsenal de Saigon (1) ; pour les rendre provisoirement exécutoires si l'approbation par décret à laquelle ils sont assujettis n'est pas encore intervenue au début de l'exercice (2); pour arrêter et pour rendre provisoirement exécutoires, en cas d'urgence et en attendant leur approbation par décret, les modifications à ces mêmes budgets qui peuvent devenir nécessaires en cours d'exercice ; pour arrêter leurs comptes administratifs sous réserve d'une approbation ultérieure par décret. Il est, avec la faculté de déléguer ce pouvoir à un fonctionnaire de son choix, ordonnateur principal de ces budgets et à ce titre il approuve : d'une part, les projets, plans, marchés et cahiers des charges des adjudications intéressant les mêmes budgets lorsque la dépense dépasse 10.000$ ou 25.000 frs ; d'autre part, les procès-verbaux des adjudications de travaux ou de fournitures supérieures à ces mêmes sommes lorsque ces adjudications ont donné lieu à un incident ou à une augmentation sur les crédits prévus. Il institue les ordonnateurs secondaires, et au besoin les sous-ordonnateurs, de ces mêmes budgets, désigne les comptables du Trésor chargés de payer les mandats émis par ces derniers, et il institue également les agents intermédiaires du Trésor lorsque leur service doit intéresser un budget autre que les budgets locaux.

Il approuve (Cochinchine) ou arrête (Annam, Tonkin, Cambodge, Laos) et rend ainsi définitivement exécutoires les

---

(1) Prévus comme celui des chemins de fer et celui du Territoire de Kouang-Tchéou-Wan par le quatrième des décrets du 20 octobre 1911, les budgets des fonds d'emprunt actuellement en cours d'exécution sont celui de l'emprunt de 90 millions de francs autorisé par la loi du 26 décembre 1912 et celui de l'emprunt de 6.180.000$ autorisé par la loi du 20 juin 1921. Quant au budget de l'arsenal de Saigon, il a été créé par un arrêté du Gouverneur du 21 décembre 1922, création que les circonstances rendaient nécessaire et urgente mais qui était irrégulière en la forme, car l'art. 63 du décret du 30 décembre 1912 réserve au Chef de l'Etat la création des budgets annexes du budget général. Cette situation a d'ailleurs été régularisée depuis par un décret du 16 septembre 1923.

(2) Disons une fois pour toutes que, pour qu'une modification à un budget quelconque soit assujettie aux mêmes formalités d'arrêté et d'approbation que ce budget lui-même, il est nécessaire et suffisant qu'elle ait pour effet de modifier une ou plusieurs des divisions de ce budget dénommées «chapitres», par exemple si elle consiste en un virement de crédits d'un chapitre à un autre, ou encore s'il en résulte une augmentation ou une diminution du total des crédits d'un même chapitre, ou même si en cours d'exercice il est introduit dans le chapitre une rubrique nouvelle dont la dotation, tout en étant compensée par une égale annulation de crédits dans le même chapitre dont le total reste ainsi inchangé, se rapporte à une catégorie de dépenses qui n'avait pas été comprise dans les prévisions primitives.

budgets locaux, ainsi que leurs modifications en cours d'exercice, et il approuve les comptes administratifs de leurs ordonnateurs. Il approuve et rend exécutoires les budgets ordinaires et spéciaux des Chambres d'Agriculture et le budget de l'École française d'Extrême-Orient.

Le Gouverneur Général, seul représentant légal de l'Union pour tous les actes intéressant l'ensemble de ses finances, décide les emprunts à contracter par l'Indochine, sous réserve d'une approbation par une loi si la garantie de l'Etat français est demandée ou a déjà été accordée à un emprunt antérieur et par un décret en Conseil d'Etat au cas contraire (1). Il approuve et rend exécutoires les délibérations des assemblées municipales décidant des emprunts, sous réserve que le montant de l'emprunt à contracter ajouté à celui des empunts antérieurs non encore remboursés ne dépasse pas 500.000 frs. (au cas contraire, il faudrait un décret en Conseil d'État).

Il autorise les prélèvements ordinaires sur les caisses de réserve du budget général et des budgets locaux et la réalisation éventuelle des valeurs leur appartenant.

A un autre point de vue, il y a lieu de signaler qu'un décret du 4 août 1914, qui n'a pas été rapporté, a autorisé le Gouverneur Général à dispenser la Banque de l'Indochine de l'obligation de rembourser ses billets en espèces et à statuer tant sur la limite à assigner à l'émission de ces billets que sur la proportion à maintenir entre le chiffre des émissions et le montant de l'encaisse métallique.

Enfin c'est au Chef de la colonie qu'il appartient de fixer les clauses et conditions générales applicables dans l'ensemble de l'Indochine aux marchés de travaux et de fournitures intéressant les budgets du service local (budget général, annexes et locaux).

D) — *Attributions fiscales.* — En matière fiscale, le Chef de la colonie a seul qualité pour établir les taxes et contributions indirectes applicables en Indochine et autres que les

---

(1) Sont assimilés aux emprunts et soumis à la même procédure d'approbation les engagements comportant pendant plus de cinq ans le paiement d'annuités supérieures à 50.000 frs, à moins qu'il s'agisse de contrats passés pour assurer le fonctionnement des services publics.

droits de douane (1), sauf que le mode d'assiette et les règles de perception de ces impositions doivent être approuvés par décret avant toute perception. Il a également seul qualité pour approuver avant toute perception les arrêtés des Chefs d'Administration locale ou les ordonnances royales établissant les impôts, taxes et redevances de toute nature autres que les impôts indirects, ainsi que les abandons d'impôts consentis par les budgets locaux au profit des villes et communes régies par arrêtés. Il a aussi seul qualité pour établir lui-même ces mêmes impôts en ce qui concerne le Territoire de Kouang-Tchéou-Wan. Il a enfin seul qualité pour approuver et rendre exécutoires les délibérations des assemblées municipales créant, supprimant ou modifiant les taxes, fermages, monopoles et redevances de toute nature et celles établissant pour une durée égale au plus à douze années les contributions municipales extraordinaires dépassant un pourcentage maximum fixé chaque année par lui-même (ou, s'il s'agit d'une municipalité régie par arrêtés, par le Chef d'Administration locale).

E) — *Attributions judiciaires*. — Au point de vue judiciaire, les attributions du Gouverneur Général en matière de justice française de droit commun sont à peu près celles exercées en France par le Ministre de la Justice, c'est-à-dire qu'elles se réduisent : à un droit de surveillance sur la libre et prompte distribution de la justice, dont le Chef de la colonie se fait rendre compte par le Directeur de l'Administration judiciaire et par un compte-rendu annuel de chacun des Procureurs généraux ; à réprimander les magistrats de tous ordres, à infliger aux officiers du ministère public les peines disciplinaires qui leur sont applicables dans la colonie et à déférer dans le même but à la Cour les magistrats du siège ; à fixer, sous réserve de l'observation de certains délais, la composition des cours criminelles ; à assurer l'exécution des arrêts en matière criminelle et à faire prêter main forte lorsqu'il en est requis à l'exécution des jugements et arrêts en matière civile ; à régler la procédure civile devant les tribunaux français statuant en matière indigène ; à fixer le statut des commis-

---

(1) Les droits de douane ne peuvent être établis que par décrets en Conseil d'État (loi du 7 mai 1881 art. 3) — Voir chap. VIII - art. 1 - § 3 - A.

greffiers, des secrétaires des parquets et des interprètes du Service Judiciaire et à les nommer ; à nommer ou à agréer les officiers publics ou ministériels autres que les greffiers et à leur infliger les peines disciplinaires élevées ; à créer les offices de notaire, d'huissier et de commissaire priseur et à règlementer l'exercice de ces professions. Il n'a pas qualité en principe pour modifier lui-même l'organisation judiciaire et il n'a le droit de prescrire des poursuites au ministère public ou de s'opposer aux poursuites que le ministère public voudrait exercer que lorsqu'il s'agit d'une affaire intéressant le gouvernement. Par contre, c'est lui qui fixe les lieux d'exécution de la peine des travaux forcés et aussi, mais alors dans les limites territoriales déterminées par décret, ceux où est subie la peine de la relégation.

Les attributions du Chef de la colonie sont au contraire plus étendues lorsqu'il s'agit de juridictions spéciales ou de certains délits présentant un caractère politique. C'est ainsi qu'il est, mais en temps de paix seulement, chef de la justice militaire, et à ce titre c'est lui qui délivre les ordres d'informer et les ordres de mise en jugement concernant les justiciables des Conseils de guerre permanents d'un grade inférieur à celui de colonel (décret du 23 octobre 1903). C'est aussi lui qui désigne les membres des Conseils du Contentieux administratif. En outre, le Gouverneur Général tient des décrets du 15 septembre 1896 et du 11 octobre 1904 les pouvoirs exceptionnels suivants :

1° — Au Tonkin, si un crime ou un délit intéressant la sécurité du Protectorat ou le développement de la colonisation française a été commis par un indigène ou assimilé justiciable des tribunaux français, le Gouverneur Général peut dessaisir la justice ordinaire et renvoyer l'affaire devant une juridiction d'exception appelée *Commission criminelle*, juridiction dont la composition est fixée chaque année par un arrêté du Gouverneur Général, qui est présidée par un administrateur de première classe des Services Civils, qui comprend en outre le chef de la province où l'infraction a été commise, le procureur de la République du ressort (ou un magistrat désigné par le Gouverneur Général sur la proposition du Procureur Général) et un capitaine nommé par le Gouverneur Général sur la proposition du Général Commandant Supérieur, enfin dont les àrrêts ne peuvent faire l'objet d'un recours que devant le Gouverneur Général (décret du 15 septembre 1896 modifié le 14 avril 1906).

2o — En Annam et au Tonkin, en cas d'insurrection contre la France, de troubles politiques graves ou de manœuvres susceptibles de compromettre la sécurité publique et ne tombant pas sous l'application des lois pénales ordinaires, le Gouverneur Général peut, sur la proposition du Résident Supérieur intéressé et l'avis conforme du Procureur Général du ressort, soit interner pendant dix ans au plus, avec ou sans séquestre de leurs biens, les indigènes justiciables des tribunaux indigènes et les asiatiques étrangers assimilés aux indigènes par le décret du 23 août 1871 ( voir chapitre II article 4) soit imposer au village ou à la congrégation responsable une contribution spéciale destinée à réprimer les désordres et à en éviter le retour ( décret du 11 octobre 1904).

Enfin, en ce qui concerne la justice indigène, les pouvoirs du Gouverneur Général varient selon l'organisation à ce point de vue des divers pays de l'Union. Au Tonkin, il désigne les juges suppléants des tribunaux du deuxième degré sur la proposition du Résident Supérieur et les conseillers indigènes du tribunal du troisième degré (2e Chambre de la Cour d'appel de Hanoi) sur la présentation du Gouvernement annamite (1), fixe l'étendue du ressort des tribunaux du deuxième degré, établit par voie de règlementation générale les règles concernant le statut et la discipline des greffiers et rend exécutoires les ordonnances royales fixant ces règles relativement aux juges. Au Cambodge, il rend exécutoires les mêmes ordonnances royales et il désigne le magistrat du Service Judiciaire qui remplit les fonctions de conseiller-juriste du Protectorat auprès du Gouvernement cambodgien. Au Laos, il désigne

---

(1) - Les termes absolus des art. 3 et 12 de l'ordonnance royale du 7 juin 1923 permettraient de conclure que dorénavant les conseillers indigènes de la 2ème chambre de la Cour d'appel de Hanoi devront être désignés par arrêté du Résident Supérieur au Tonkin. Il y a certainement eu là une insuffisance de rédaction. L'ordonnance susvisée, pas plus que l'arrêté du Gouverneur Général qui l'a rendue exécutoire, n'a pu modifier des dispositions consacrées par décret. Or les décrets des 31 août 1905, 9 mars 1918 et 19 mai 1919 ont tous réservé au Gouverneur Général la désignation des mandarins judiciaires dont il s'agit, et le dernier de ces actes se réfère même expressément aux dispositions y relatives de l'ordonnance royale du 16 juillet 1917, ainsi maintenue en vigueur et dont par suite nous avons reproduit les termes.

le magistrat de Cour d'appel qui préside le tribunal supérieur de Vientiane.

F) — *Attributions diplomatiques*. — En matière diplomatique, le Gouverneur Général est chargé de représenter le Gouvernement français vis-à-vis des autres puissances en Extrême-Orient. A ce titre, il a seul qualité pour correspondre directement avec tous nos agents diplomatiques et consulaires en ces pays, mais il ne peut engager aucune négociation diplomatique sans l'autorisation du Gouvernement et les négociations ainsi engagées par lui ne deviennent exécutoires que si elles sont ultérieurement approuvées par le Gouvernement ou ratifiées par le Parlement, selon le cas (1).

Les établissements diplomatiques ou consulaires de France en Extrême-Orient avec lesquels le Gouverneur Général a ainsi le droit exclusif de correspondre sont : en Chine et sous la direction de la Légation de France à Pékin, la délégation des Affaires étrangères à Yunnanfou, un consulat (Yunnanfou) (2), une chancellerie consulaire (Mong-Tseu) et une agence consulaire (Hokéou) au Yunnan, un consulat (Long-Tchéou) au Kouang-Si, un consulat à Hongkong, quatre consulats (Canton, Hoi-How, Swa-Tow et Pakhoi) au Kouang-Tong, un consulat général à Shanghai, enfin cinq consulats à Fou-Tchéou, Hankeou, Tcheng-Tou, Tien-Tsin et Tchung-King (3) ; au Japon et sous la direction de l'Ambassade de France à Tokio, deux consulats à Yokohama et à Kobé ; en Corée, un consulat à Séoul ; au Siam et sous la direction de la Légation de France à Bangkok, deux consulats à Oubone et à Xieng-Mai ; dans les établissements anglais du détroit de Malacca, un consulat à Singapore ; aux Philippines, un consulat à Manille ; aux Indes Néerlandaises, un consulat à Batavia ; aux Indes

---

(1) En ce qui concerne la convention passée le 24 avril 1917 avec le roi de Luang-Prabang, et dans laquelle le Gouverneur Général est seul intervenu, voir chap. II - art. 1 - § 3 - note.

(2) Bien que distincts l'un de l'autre, la Délégation et le consulat de Yunnanfou sont en fait occupés par le même agent consulaire.

(3) Il est à remarquer que les consuls de France en Chine, de même que le Délégué de la France à Yunnanfou qui leur a été assimilé par un décret du 4 avril 1914 au point de vue des attributions exercées, sont également, en fait, agents diplomatiques.

anglaises, un consulat général à Calcutta et un consulat à Bombay; à Ceylan, un consulat à Colombo (1).

Enfin, en ce qui concerne les souverains protégés, c'est au Gouverneur Général seul qu'il appartient de signer les arrêtés approuvant et rendant exécutoires celles de leurs ordonnances qui établissent, lorsque les traités ont réservé ce droit auxdits souverains, les impôts directs et taxes de toute nature profitant aux budgets locaux, Il en est ainsi pour l'Annam proprement dit et le Cambodge, mais non pour le royaume de Luang-Prabang, dans lequel les règlements financiers concernant les contributions et taxes en vigueur au Laos sont applicables de plein droit (convention du 24 avril 1917 art. 3).

G) — *Attributions militaires.* — Au point de vue militaire, le Gouverneur Général est responsable de la défense extérieure et intérieure de l'Indochine. Il dispose à cet effet des forces de terre et de mer qui y sont stationnées et aucune opération militaire ou modification à une opération en cours ne peut être entreprise sans son consentement, sauf le cas d'urgence où il s'agirait de repousser une agression. Mais la conduite et l'exécution des opérations appartiennent à l'autorité militaire et le Gouverneur Général ne peut en aucun cas exercer le commandement direct des troupes. Le Gouverneur Général crée, organise ou supprime les territoires militaires. Il a seul le droit de déclarer ou de lever l'état de siège dans tout ou partie de la colonie, à charge d'en rendre compte aussitôt que possible au Gouvernement, Enfin, ses relations avec le Général Commandant Supérieur d'une part et le Commandant de la Marine d'autre part sont respectivement réglées par les décrets du 9 novembre 1901 et du 3 novembre 1905 dont nous parlerons quand nous étudierons les Services militaires et les Services maritimes, de même que nous verrons alors quelles sont les attributions du Chef de la colonie en ce qui concerne le recrutement tant français qu'indigène.

---

(1) Il n'est pas inutile de signaler que l'Indochine, qui contribue dans une très large mesure, comme nous le verrons au chapitre VII, aux dépenses militaires et maritimes effectuées dans la colonie et à la charge de la métropole, fournit également d'importants subsides aux divers consulats de France en Extrême-Orient. Le total des crédits ouverts à ce titre au budget général de 1924 est de 294.730 $.

## § 2. — Responsabilité du Gouverneur Général

Le Gouverneur Général est entièrement responsable devant le Gouvernement, représenté à son égard par le Ministre des Colonies, de l'exercice de ses pouvoirs et des conséquences de ses décisions. C'est donc sous le contrôle et au nom de ce Ministre, qui, lui, est responsable devant le Parlement, que le Gouverneur Général accomplit les actes de sa haute fonction.

Théoriquement, il résulte de ce principe que le Gouvernement peut, par un décret ou un arrêté ministériel, décider que les arrêtés à prendre par le Gouverneur Général sur telle ou telle matière devront soit recevoir l'approbation préalable du Ministre avant d'être mis à exécution, soit être considérés comme caducs s'ils n'ont pas reçu dans un certain délai cette approbation. Nous en verrons tout à l'heure un exemple dans le décret du 6 mars 1877. Toutefois, depuis les décrets du 20 octobre 1911 qui ont modifié dans le sens de la décentralisation les rapports existant entre le Département des Colonies et le Gouvernement de la colonie d'Indochine, le Ministère intervient de moins en moins dans la règlementation locale et laisse le plus souvent au Gouvernement Général un pouvoir entier de décision à ce sujet. C'est ainsi qu'un décret du 11 septembre 1920 a expressément supprimé la nécessité de l'approbation ministérielle préalable en ce qui concerne les arrêtés pris par le Gouverneur Général pour l'organisation des divers personnels locaux et la fixation des soldes et indemnités de ces personnels, c'est-à-dire pour la plupart des matières pour lesquelles les décrets antérieurs avaient rendu cette approbation obligatoire.

Il résulte également du même principe que tous les arrêtés du Gouverneur Général, même lorsqu'ils ne donnent pas lieu à une instance devant la juridiction compétente, peuvent toujours être l'objet d'un recours gracieux devant le Ministre, qui peut les annuler ou en suspendre l'exécution.

D'autre part, l'intégralité de la responsabilité du Gouverneur Général a pour conséquence que les arrêtés signés par lui dans la limite de ses attributions n'ont besoin d'être contre-signés par personne, tandis qu'en France les décrets pris par le Président de la République, dont l'irresponsabilité est une des bases de la Constitution de 1875, doivent toujours, outre la signature du Chef de l'Etat, recevoir le contreseing du ou des ministres intéressés et responsables.

### § 3. — Prérogatives spéciales du Gouverneur Général

Sauf trois exceptions que nous verrons plus tard et qui concernent les chefs de certains services coloniaux, le Gouverneur Général est le seul fonctionnaire en Indochine ayant qualité pour correspondre directement avec le Gouvernement. Le Général Commandant Supérieur et le Commandant de la Marine eux-mêmes doivent expédier par l'intermédiaire du Gouverneur Général leurs correspondances à l'adresse des Ministres de la Guerre, de la Marine ou des Colonies, le premier dans tous les cas, le second lorsque ces correspondances ont trait à la défense de la colonie ou à sa préparation. Le Gouverneur Général peut d'ailleurs correspondre avec tout autre Ministre que celui des Colonies, mais sous le couvert de ce dernier.

Le Gouverneur Général est de même substitué au Gouvernement en ce qui concerne l'exercice des pouvoirs de haute police. Ces pouvoirs, il est vrai, sont assez mal définis, et en tout cas il n'est pas soutenable que le Chef de la colonie puisse posséder ceux, exorbitants du droit commun, qui avaient été attribués aux Gouverneurs des Antilles par l'ordonnance du 9 février 1827, dont les dispositions à ce sujet n'ont jamais été rendues applicables dans aucune partie de l'Indochine (1).

---

(1) Cette question étant parfois discutée sans examen préalable des textes, qui sont anciens, nous croyons utile de justifier notre assertion. Les pouvoirs dont il s'agit, dits «pouvoirs extraordinaires», étaient ceux visés par les articles 75, 77 et 78 de l'ordonnance du 9 février 1827. Or ces articles ne sont pas du nombre de ceux de ladite ordonnance qui ont été promulgués en Cochinchine par l'arrêté du 16 mars 1869 (art. 130 à 132 et 134 à 139) et par l'arrêté du 20 novembre suivant (art. 169 à 179). Ils ont simplement été insérés, au bas de l'art. 173 promulgué par ce dernier arrêté, dans le Bulletin Officiel de la Cochinchine de l'année 1879. Cette insertion était nécessaire, car sans elle le texte de l'art. 173, réduit à une simple énumération d'articles et de paragraphes dont les numéros seuls étaient indiqués, eût été incompréhensible, et il importait au contraire qu'il fût compris puisqu'il avait pour objet de définir les cas dans lesquels le Conseil privé, dont la création en Cochinchine était l'occasion de cette promulgation, devrait être consulté par le Gouverneur. Mais il est bien certain que ladite insertion à titre de renseignement n'a pu conférer à ce Gouverneur des pouvoirs qui n'auraient pu lui être attribués que par un décret autorisant la promulgation des art. 75, 77 et 78 susvisés, autorisation qui d'ailleurs ne saurait aucunement être déduite des dispositions finales, intéressant uniquement

On peut cependant citer dans cet ordre d'idées le droit qu'a le Gouverneur Général d'expulser les Européens étrangers et les Asiatiques étrangers dans les conditions déterminées par l'article 7 de la loi du 3 décembre 1849 rendue applicable aux colonies par la loi du 29 mai 1874.

Un décret du 6 mars 1877 modifié par décret du 20 septembre de la même année a donné au Gouverneur Général, substitué en l'espèce au Gouverneur de la Cochinchine qui à cette date représentait seul la France en Indochine (1), le droit exceptionnel de sanctionner ses arrêtés pris en matière d'administration ou pour assurer l'exécution des lois, décrets et règlements en édictant des peines pouvant atteindre 15 jours de prison et 100 francs d'amende. Mais les arrêtés ainsi sanctionnés par lui ne sont définitifs que si les peines qu'ils édictent sont au plus égales aux peines contraventionnelles (5 jours de prison et 15 francs d'amende). Si elles leur sont supérieures, les arrêtés qui les prononcent tombent de plein droit en caducité, c'est-à-dire deviennent nuls, s'ils n'ont pas été convertis en décrets dans un délai de six mois. Aux termes d'un arrêt de la Cour de Cassation du 10 juillet 1920, il doit en être ainsi, contrairement à ce qui avait été admis jusqu'alors, même lorsqu'il s'agit d'un arrêté prévoyant des amendes en matière purement fiscale. Cependant, cette conversion en décret n'est pas nécessaire en ce qui concerne les arrêtés pris par le Gouverneur Général pour déterminer le régime disciplinaire des condamnés aux travaux forcés et des libérés de cette peine astreints à résidence, car un décret du 26 octobre 1914 a donné sans réserves au Chef de la colonie le droit de sanctionner lesdits arrêtés par les peines prévues pour les infractions de même nature dans les décrets applicables à la Guyane française.

Le Gouverneur Général a seul le droit, après avis du Chef d'Administration locale intéressé et s'il y a lieu du Directeur de l'Administration judiciaire : d'une part, d'autoriser la libération conditionnelle de tout condamné qui réunit les conditions

---

le Conseil privé, de l'article 5 du décret du 21 août 1869.

La question n'a d'ailleurs qu'un intérêt purement documentaire. Il n'est pas douteux en effet que, même si à un moment quelconque les pouvoirs dont il s'agit avaient été conférés au Gouverneur de la Cochinchine, ils lui auraient été retirés, bien avant la création du Gouvernement Général, comme étant devenus absolument inconciliables avec le développement social et l'organisation judiciaire de cette colonie.

(1) Voir toutefois chapitre IV - art. 1 - § 2 (note).

nécessaires pour l'obtenir ; d'autre part, de prononcer les grâces et réductions de peine, mais seulement en faveur des personnes condamnées par les tribunaux indigènes, ces mêmes mesures ne pouvant être prises que par le Président de la République à l'égard des condamnés des tribunaux français (décret du 12 novembre 1887).

Enfin, aux termes des décrets du 6 mars 1877 et du 27 novembre 1922, le Gouverneur Général jouit du privilège spécial de ne pouvoir être ni poursuivi en matière criminelle, ni actionné en matière civile devant les tribunaux de la colonie pendant l'exercice de ses fonctions. Toute action intentée contre lui doit être portée devant les tribunaux de France suivant les formes prescrites par les lois de la métropole (1). De même, aucun acte ou jugement ne peut être mis à exécution contre lui dans la colonie pendant qu'il est en activité de service, sous peine de dégradation civique pour tout juge, officier du ministère public, officier de police judiciaire ou officier ministériel qui se prêterait à un acte de procédure ou d'exécution contre lui.

### § 4. — Intérim du Gouverneur Général

L'intérim du Gouverneur Général est fait par le Secrétaire Général du Gouvernement Général, sauf toutefois le cas où un décret spécial désignerait un autre intérimaire. Il ne s'agit donc point là d'un droit absolu pour le Secrétaire Général.

La conduite à tenir par l'intérimaire et les pouvoirs qui lui sont confiés, définis de façon générale par une décision présidentielle du 10 mai 1896, ont été précisés par une circulaire ministérielle du 20 juin 1911 qui distingue trois cas.

Si la colonie est sans titulaire, c'est-à-dire si le titulaire décédé ou ayant été l'objet d'un changement d'affectation n'a pas encore été remplacé, l'intérimaire exerce les mêmes

---

(1) En cas de poursuites exercées en matière correctionnelle contre le Gouverneur Général, la juridiction métropolitaine compétente serait-elle la Cour d'appel, par application de l'article 479 du Code d'instruction criminelle ? L'article 10 de la loi du 20 avril 1810 n'a pu comprendre le Gouverneur Général dans son énumération des bénéficiaires non magistrats du privilège de juridiction et, à notre connaissance, la question n'a été expressément réglée par aucun texte ultérieur. Nous estimons qu'il doit y être répondu par l'affirmative, car on ne comprendrait pas que le Gouverneur Général ne bénéficie pas d'un privilège personnel dont jouissent les Chefs d'Administration locale.

pouvoirs et assume les mêmes responsabilités que le titulaire.

Si le titulaire est absent par congé, la situation de l'intérimaire est en principe la même que dans le cas précédent ; mais alors le titulaire doit avant son départ laisser à l'intérimaire, pour qu'il puisse conformer sa ligne de conduite à la sienne, des instructions écrites complètes et précises dont copie est adressée au Ministre et auxquelles l'intérimaire sera tenu de se conformer.

Enfin, si le Ministre a autorisé le titulaire à rentrer en France en mission, ce dernier doit, non seulement donner d'avance à son intérimaire les mêmes instructions écrites que ci-dessus, mais encore lui notifier les questions dont il se réserve le règlement pendant sa mission. C'est donc lui-même qui en ce cas définit les pouvoirs de l'intérimaire, et par conséquent sa responsabilité reste engagée. Quant à l'intérimaire, son rôle doit alors se borner à assurer l'expédition des affaires courantes et il ne peut prendre qu'en cas d'absolue urgence et d'impérieuse nécessité une initiative quelconque sur les questions que le titulaire se sera ainsi réservées.

## ARTICLE II

### *LE SECRÉTAIRE GÉNÉRAL DU GOUVERNEMENT GÉNÉRAL*

L'emploi de Secrétaire Général du Gouvernement Général, qui avait existé autrefois soit sous la même dénomination soit sous celle de Directeur des Affaires Civiles, puis qui avait été supprimé, a été rétabli par l'article 8 du décret du 20 octobre 1911 fixant les pouvoirs du Gouverneur Général, lequel décret décide que ce haut fonctionnaire, ayant rang de Résident Supérieur, est nommé par décret sur la présentation du Gouverneur Général et que ce dernier peut lui déléguer tout ou partie de ses attributions.

Aucune condition spéciale n'est nécessaire pour la nomination à cet emploi, dont le titulaire est choisi ordinairement parmi les Gouverneurs, Résidents supérieurs ou Secrétaires généraux des Colonies.

Le Secrétaire Général du Gouvernement Général est le collaborateur immédiat du Gouverneur Général et un arrêté du 8 avril 1918 lui a expressément donné délégation spéciale et permanente du Chef de la colonie pour régler toutes les questions d'ordre administratif, financier, économique ou autre que le Gouverneur Général ne se sera pas réservées. Ce haut fonctionnaire est donc le chef direct de tous les bureaux proprement dits du Gouvernement Général, et en principe toutes les affaires préparées par ces bureaux doivent lui être soumises avant de l'être au Gouverneur Général. Il est également le chef supérieur, quoique non immédiat et par suite non directement responsable, des grands services indochinois dépendant du Gouverneur Général soit en totalité soit en partie (mais seulement, en ce dernier cas, en ce qui concerne cette partie). En particulier, c'est sous son contrôle que le Directeur des Finances, titulaire d'une délégation permanente du Gouverneur Général pour l'administration du domaine colonial et pour l'ordonnancement du budget général et de ses budgets annexes, exerce ses attributions. En un mot, le rôle essentiel du Secrétaire Général du Gouvernement Général est de décharger le Gouverneur Général de tout ce qui concerne l'administration proprement dite de l'Indochine, en sorte que le Chef de la colonie puisse consacrer tout son temps à sa fonction essentielle, laquelle n'est pas d'administrer, mais de gouverner et de contrôler.

Le Secrétaire Général n'a pas à proprement parler de bureaux puisque ce sont ceux du Gouvernement Général qu'il dirige, mais il est assisté d'un fonctionnaire qui a le titre de chef de service.

## ARTICLE III

### *LES SERVICES DU GOUVERNEMENT GÉNÉRAL*

Nous examinerons sous ce titre les bureaux du Gouvernement

Général, ensuite la Direction des Finances, puis certains organismes de centralisation et de contrôle placés auprès du Chef de la colonie, enfin divers conseils techniques qui l'assistent dans la préparation de ses décisions.

## § 1. — Bureaux du Gouvernement Général

Ils sont dirigés par des officiers hors cadres ou des fonctionnaires français qui peuvent être choisis dans n'importe quel service indochinois mais qui en fait appartiennent à peu près exclusivement, en ce qui concerne les bureaux proprement dits et les services non techniques, au corps des Services Civils de l'Indochine. Le personnel du Gouvernement Général comprend aussi, en nombre variable selon les moments, des fonctionnaires provisoirement détachés en Indochine par l'Administration centrale du Ministère des Colonies ou provenant du corps des administrateurs des colonies.

Le personnel français du Gouvernement Général est assisté d'un personnel indigène, réorganisé par un arrêté du 18 avril 1919, qui est ordinaire ou spécial. Le personnel indigène ordinaire se compose d'agents qui, comme les fonctionnaires français, sont détachés de n'importe quel service indochinois et restent soumis à leur statut d'origine. Le personnel indigène spécial, appelé à disparaître par voie d'extinction, est composé des agents qui, au 18 avril 1919, avaient été recrutés directement et n'appartenaient à aucun des services indochinois ; il comprend encore un cadre supérieur (trois classes de commis principaux et cinq classes de commis) dont les agents sont nommés et promus par le Gouverneur Général sur la proposition du Secrétaire Général et un cadre secondaire (une classe de secrétaires principaux hors classe, quatre classes de secrétaires principaux et six classes de secrétaires) dont les agents sont nommés et promus par le Secrétaire Général sur la proposition du chef du service du personnel.

Enfin un arrêté du 13 février 1920 a réorganisé au Gouvernement Général le cadre des plantons, qui comprend des huissiers de deux classes, des plantons-chefs de deux classes, des plantons principaux de deux classes et des plantons de quatre classes.

Il faut distinguer au Gouvernement Général d'une part le Cabinet assistant directement le Chef de la colonie, d'autre part les bureaux proprement dits placés sous les ordres du Secrétaire Général.

A) — *Cabinet*. — Le Cabinet, auquel on peut rattacher le *Secrétariat particulier* du Gouverneur Général ainsi que les deux *officiers d'ordonnance* attachés à sa personne, est dirigé par un *Directeur du Cabinet* dont l'emploi a été rétabli par arrêté du 9 novembre 1922 et un *Directeur-Adjoint* dont l'emploi a été créé par arrêté du 17 octobre 1923. Il comprend le cabinet proprement dit, un bureau des archives et un service autonome de la presse et de la propagande, ce dernier créé par arrêté du 14 août 1923.

Le *Cabinet* proprement dit, à la tête duquel est placé un *chef de cabinet*, s'occupe des questions suivantes: réception et ouverture des correspondances, chiffre, enregistrement à l'arrivée et au départ, affaires confidentielles et réservées, distinctions honorifiques, souscriptions diverses, demandes d'audience, réceptions officielles et cérémonies, dépenses politiques, secours, service intérieur. Ces différentes affaires sont réparties entre un bureau du cabinet et un bureau du chiffre.

Le *Bureau des archives*, confié aux soins d'un archiviste spécial, est chargé de la centralisation des archives et des publications officielles et périodiques, de la préparation du Journal Officiel, du Bulletin Officiel et de l'Annuaire, de la délivrance des ampliations des arrêtés.

Enfin, le *Service de la presse et de la propagande* s'occupe des relations avec la presse et des questions de publicité.

Notons que le directeur ou le chef du cabinet, spécialement délégué à cet effet, a, en vertu d'un arrêté du 21 décembre 1911 complété le 30 juin 1923, délégation permanente pour légaliser les signatures des chefs de province ou municipalité (et, dans certains cas, celle des présidents des tribunaux) apposées à titre de première légalisation sur les actes des particuliers qui doivent être utilisés hors de la colonie. Toutefois, il ne possède cette délégation que lorsque le Gouverneur Général est présent dans le pays de l'Union où la légalisation de signature est demandée. Si le Gouverneur Général est absent de ce pays, c'est le chef du Cabinet du Gouverneur ou du Résident Supérieur dudit pays qui a qualité pour légaliser, et, au Tonkin, en cas d'absence de ce chef de cabinet, le chef du secrétariat particulier du Résident Supérieur.

B) — *Bureaux proprement dits.* — Complètement réorganisés par un arrêté du 4 mai 1921 modifié les 20 janvier, 10 février, 4 avril et 17 octobre 1922 et 22 décembre 1923, ils comprennent actuellement quatre services distincts : la Direction des affaires politiques et de la sûreté générale, le Service du contentieux et du contrôle administratif, le Service du personnel et le Service de législation et d'administration. A ces services il faut ajouter le Bureau militaire du Gouverneur Général, qui antérieurement faisait partie du cabinet mais qui dépend aujourd'hui du Secrétaire Général.

La *Direction des affaires politiques et de la sûreté générale* se subdivise en deux parties : le *Service des affaires politiques* et le *Service central de renseignements et de sûreté générale.* Le premier comprend trois bureaux : l'un chargé des questions de principe concernant la politique extérieure indochinoise en Extrême-Orient et de l'application des accords internationaux intéressant l'Indochine ; l'autre, des questions concernant les pays du Pacifique Nord et Est ; le troisième, des questions concernant les pays du Pacifique Sud et de l'Océan Indien. Quant au Service central de renseignements et de sûreté générale, il comprend quatre bureaux : l'un chargé de la police frontière et de la recherche de tous renseignements intéressant la sécurité intérieure et extérieure de la colonie ; l'autre, du contrôle des étrangers et des immigrants, des passeports, des expulsions, de la circulation des indigènes à l'intérieur et à l'extérieur de la colonie ; le troisième, de la sûreté judiciaire, des extraditions et de l'organisation des polices urbaine et de sûreté ; le quatrième, de l'identité judiciaire et des laboratoires de police.

Le *Service du contentieux et du contrôle administratif* comprend deux bureaux, l'un chargé du contentieux proprement dit (secrétariat du Comité consultatif du contentieux administratif, rapports avec les Conseils du Contentieux et examen des mémoires des représentants de l'administration, règlement amiable des entreprises de travaux publics et des marchés de fournitures, questions contentieuses), l'autre chargé du contrôle administratif (examen avant signature des dossiers préparés par les divers bureaux et services, secrétariat du Conseil de Gouvernement et de sa Commission permanente).

Le *Service du personnel*, subdivisé en trois bureaux entre lesquels sont réparties les affaires concernant les divers personnels indochinois, s'occupe des questions de recrutement, avancement, mutation, discipline, retraite, compte d'assistance, tenue des dossiers intéressant les divers personnels européens et indigènes, ainsi que des examens de langues indigènes et du contrôle des agents contractuels et journaliers.

Le *Service de législation et d'administration* comprend trois bureaux. Le premier est chargé de la législation générale (tenue des dossiers de principe des questions générales, promulgation des lois et décrets, électorat, état-civil, naturalisation des Européens, centralisation des statistiques, pupilles de la nation, œuvres de guerre) et aussi de diverses questions concernant les publications périodiques et la bibliothèque du Gouvernement Général (en particulier, il édicte un *Recueil général périodique* de la règlementation indochinoise). Le second est chargé de la législation appliquée (Conseil Colonial, Conseils Privé et de Protectorat, Conseils de province de Cochinchine, Chambres de Commerce et d'Agriculture, municipalités, centres urbains, établissements publics, associations, poids et mesures, assistance, établissements dangereux, insalubres ou incommodes, transports des restes mortels, dons et legs, brevets d'invention, marques de fabrique). Le troisième est chargé des affaires indigènes (organisation des provinces, impôts indigènes, fonctionnaires indigènes, justice et législation indigènes, indigénat, enseignement indigène, état-civil et naturalisation des indigènes, assemblées indigènes, questions religieuses et rituelles, presse indigène).

Enfin le *Bureau militaire* est dirigé par un officier, qui généralement est un chef de bataillon, et centralise toutes les affaires militaires soumises à la signature du Gouverneur Général et traitées avec le Général Commandant Supérieur, le Commandant de la Marine, le Commandant des forces navales françaises en Extrême-Orient, le Directeur de l'Intendance des troupes coloniales et le Directeur du Service militaire de la Santé. Il s'occupe aussi de la justice militaire, des haras, jumenteries et courses de chevaux, des documents dé cartographie, des milices et forces de police, du service des passages sur les paquebots et affrêtés. Ses attributions sont donc pour une partie de nature civile, nonobstant sa dénomination.

### § 2. — Direction des Finances

La Direction des Finances a été créée par un décret du 8 décembre 1906 qui lui avait alors donné la dénomination de Direction Générale des Finances et de la Comptabilité. Elle est actuellement organisée par le décret du 27 mai 1911 modifié le 31 décembre 1917 en ce qui concerne les conditions de nomination du Directeur des Finances et par l'arrêté du Gouverneur Général du 11 février 1918 modifié les 8 avril 1918 et 5 janvier 1923 en ce qui concerne le fonctionnement du service.

Le *Directeur des Finances* est nommé par décret sur la proposition du Ministre des Colonies après avis du Ministre des Finances. Il est choisi parmi les Gouverneurs et Résidents Supérieurs, les agents supérieurs de l'Administration centrale des Colonies ayant le grade de chef de bureau ou depuis deux ans au moins celui de sous-chef de bureau, les administrateurs en chef des colonies, les administrateurs de 1re classe des Services Civils de l'Indochine et les chefs de bureau hors classe des Secrétariats généraux, ou encore parmi les inspecteurs des Finances.

La Direction des Finances est en somme le service financier du Gouvernement Général et c'est pourquoi nous la plaçons dans ce chapitre. Toutefois, depuis un arrêté du 5 octobre 1908, il lui a été rattaché un service purement fiscal qui est celui de l'Enregistrement, des Domaines et du Timbre. Mais ces deux organismes, tout en étant placés l'un et l'autre sous l'autorité du Directeur des Finances, n'en sont pas moins distincts et nous n'examinerons ici que le premier, réservant pour le chapitre VIII l'étude du second qui présente plus particulièrement le caractère d'un service public.

A) — *Personnel et organisation.* — La Direction des Finances siège à Hanoi et comprend un secrétariat et quatre bureaux dont le premier est subdivisé en deux sections. Le secrétariat est dirigé par un *Sous-Directeur des Finances* qui est nommé par le Gouverneur Général sur la proposition du Directeur des Finances. Ce fonctionnaire assiste le Directeur des Finances dans toutes les parties du service et peut recevoir de lui délégation d'une partie de ses attributions et notamment du mandatement des dépenses imputables au budget général et à ses annexes. Il le remplace de droit par intérim en cas d'absence ou d'empêchement. En temps ordinaire, il est plus spécialement chargé de la comptabilité et de l'exécution des détails du service.

Les bureaux sont dirigés par des fonctionnaires qui, de même que le sous-directeur, sont choisis par le Gouverneur Général parmi ceux faisant partie de l'Administration centrale des Colonies mis à la disposition de l'Indochine ou parmi ceux appartenant aux cadres de la colonie (ces derniers sont principalement des fonctionnaires des Services Civils). Ces agents sont répartis entre les divers bureaux par le Directeur des Finances selon les besoins du service. Il n'existe donc pas actuellement de personnel français spécial à la Direction des Finances, pas plus qu'au Contrôle Financier; mais il en a existé un autrefois et il a été question il y a quelques années d'en constituer un qui serait commun à ces deux organismes financiers.

Il y a au contraire un personnel indigène spécial à la Direction des Finances. Il a été réorganisé par un arrêté du 18 avril 1919 modifié le 19 juillet 1923 et comprend un cadre supérieur (trois classes de commis principaux, cinq classes de commis et deux catégories de commis stagiaires) et un cadre secondaire (une classe de secrétaires principaux, six classes de secrétaires et une classe de secrétaires stagiaires). Les conditions de recrutement et de stage des secrétaires stagiaires et des commis de 5e et de 4e classe sont les mêmes que pour le personnel indigène des administrations provinciales (voir chapitre V - article 1 - § 2). Les agents du cadre supérieur sont nommés et promus par le Gouverneur Général sur la proposition du Directeur des Finances et les autres par le Directeur des Finances.

Enfin un arrêté du 13 août 1923 a organisé à la Direction des Finances une classe de plantons-chefs, trois classes de plantons principaux et six classes de plantons.

B) — *Attributions*. — Les attributions de la Direction des Finances les plus importantes de beaucoup sont celles qui intéressent le budget général et les budgets annexes de celui-ci.

A ce titre le Directeur des Finances est chargé, par délégation permanente et spéciale du Gouverneur Général (1), sous la responsabilité de ce dernier et sous le contrôle du Secrétaire Général, de la préparation et de l'exécution de ces budgets, dont cette délégation le rend par suite, en fait, l'ordonnateur principal. De cette attribution essentielle découlent les suivantes: il peut déléguer les crédits de ces budgets à leurs ordonnateurs secondaires qui sont, nous l'avons vu, les Chefs d'Administration locale à l'exception du Résident Supérieur au Tonkin; il exerce une surveillance et un contrôle permanents sur l'engagement et la liquidation de toutes les dépenses qui sont imputables à ces mêmes budgets et qu'il ne peut engager et liquider lui-même, et de ceci il résulte que tous les chefs des services dont les dépenses sont imputables à ces budgets doivent soumettre à son visa préalable, soit leurs actes portant engagement d'une dépense (excepté toutefois, comme nous le verrons plus tard, s'il s'agit d'un des chefs de service désignés et d'une des dépenses urgentes énumérées par l'arrêté du 26 janvier 1912 et les textes subséquents comme dispensées de ce visa préalable), soit leurs projets d'arrêtés et de décisions relatifs à l'organisation du service ou du personnel et à des promotions ou nominations dans un cadre; il centralise et contrôle le fonds de roulement pour le service des approvisionnements généraux de l'exploitation des chemins de fer, le fonds de réserve spécial des chemins de fer et le fonds spécial pour travaux et matériel des chemins de fer (arrêté du 30 janvier 1915); il fait dresser les rôles de restitution des sommes indûment allouées à titre de frais urgents de justice criminelle; enfin, il est autorisé à approuver, par

---

(1) En ce qui concerne les budgets annexes, il est à remarquer : d'une part que l'énumération qui en a été donnée par l'arrêté de délégation du 11 février 1918 n'a pas compris celui du Territoire de Kouang-Tchéou-Wan et ne pouvait comprendre celui de l'Arsenal de Saigon; d'autre part que, nonobstant les termes « délégation spéciale » employés par l'art. 103 du décret du 30 décembre 1912, aucun arrêté subséquent n'a été pris en vue de confier au Directeur des Finances l'ordonnancement principal de ces deux derniers budgets annexes. En fait, cependant, il exerce à leur égard exactement les mêmes attributions qu'à l'égard des deux autres, et ceci n'a en somme rien d'irrégulier, car une délégation spéciale ou non n'en reste pas moins un mandat et il est de droit commun qu'un mandat peut être valablement donné par simple lettre et même verbalement.

délégation permanente du Gouverneur Général et sans l'intervention de la Commission permanente du Conseil de Gouvernement, les projets, plans, devis des travaux et fournitures, cahiers des charges, adjudications, marchés, acquisitions amiables de terrains, paiement d'indemnités pour dommages causés à la propriété privée par accidents, pertes, vols, mais tout ceci seulement lorsque la dépense qui en résulte, imputable à l'un des budgets dont il s'agit, est inférieure ou égale à 10.000 $ ou 25.000 fr.

Mais les attributions de la Direction des Finances ne se réduisent pas uniquement au budget général et à ses budgets annexes et son Directeur est également chargé : en ce qui concerne le budget de l'État (dont le budget colonial est la partie intéressant le Ministère des Colonies), d'exercer par délégation permanente du Gouverneur Général les pouvoirs d'ordonnateur secondaire dudit budget appartenant au Chef de la colonie, et en conséquence de sous-déléguer à son tour les crédits de ce budget aux sous-ordonnateurs institués par l'arrêté du 26 septembre 1913, c'est-à-dire au Gouverneur de la Cochinchine et aux Résidents Supérieurs au Tonkin, en Annam et au Cambodge ; en ce qui concerne les budgets locaux de la Cochinchine et des quatre pays de protectorat, de centraliser tous les renseignements relatifs à leur contrôle et de suivre leur gestion ; enfin, de surveiller le fonctionnement des services financiers des municipalités.

A un autre point de vue, et depuis l'arrêté du 16 février 1907, le Directeur des Finances exerce en matière domaniale les attributions qui étaient antérieurement dévolues au Secrétaire Général du Gouvernement Général. En particulier, il représente personnellement le domaine colonial, c'est-à-dire le domaine privé de l'Indochine, et, à ce titre, c'est lui qui stipule et s'engage dans les actes et dans les instances intéressant ledit domaine. Mais, en ce qui concerne cette seconde partie de ses attributions, ce n'est plus à proprement parler en tant que Directeur des Finances qu'il agit, mais en tant qu'investi des attributions spéciales appartenant en France au Directeur Général de l'Enregistrement, des Domaines et du Timbre. Et c'est aussi parce qu'il exerce cette seconde catégorie d'attributions que le service local de l'Enregistrement, des Domaines et du Timbre a été placé, ainsi que nous l'avons dit, sous sa direction personnelle.

### § 3. — Organismes supérieurs de Centralisation et de Contrôle

Nous désignons ainsi certaines Inspections et Directions techniques supérieures qui ne constituent pas à elles seules des services publics, mais qui exercent un contrôle général et permanent sur certains services publics particulièrement importants et même parfois sur l'ensemble de plusieurs de ces services et qui, sans leur enlever leur autonomie et sans substituer directement leur action à celle de leurs chefs propres respectifs, coordonnent leur fonctionnement, centralisent leurs travaux et les représentent auprès du Chef de la colonie.

Ce sont l'Inspection générale des Travaux Publics, l'Inspection générale des Services Sanitaires et Médicaux, la Direction de l'Administration Judiciaire, la Direction des Affaires Economiques et l'Inspection générale de l'Agriculture, de l'Elevage et des Forêts. Ces divers organismes ne disposent d'aucun personnel spécial, les agents qu'ils emploient étant simplement prélevés sur les cadres du ou des services dont ils assurent le contrôle.

A) — *Inspection générale des Travaux Publics.* — Elle a été instituée par un arrêté du 31 décembre 1911 pris par le Gouverneur Général par application des dispositions d'un décret du 9 décembre 1909 qui avait supprimé l'ancienne Direction générale des Travaux Publics. Elle est dirigée par un *Inspecteur général* qui, aux termes d'un décret du 9 février 1916 modifié le 10 mars 1921, est nommé par décret et choisi parmi les inspecteurs généraux ou ingénieurs en chef des corps métropolitains des Ponts et Chaussées ou des Mines qui sont en même temps, d'une part ingénieurs en chef du cadre général des Travaux Publics des Colonies et qui en cette qualité ont dirigé un service pendant au moins deux ans, d'autre part ingénieurs en chef du cadre des Travaux Publics de l'Indochine et qui en cette qualité ont dirigé un service pendant au moins deux ans.

L'Inspecteur général assure auprès du Chef de la colonie l'inspection de toutes les affaires concernant les Travaux Publics, dirige les personnels de ce service et fait toutes propositions utiles les concernant, contrôle tous les services des

Travaux Publics, recueille et met en œuvre la documentation statistique relative à la construction et à l'exploitation de l'outillage économique de la colonie, Il est assisté d'un *secrétariat* auquel est annexé un atelier de reproduction, d'un *service administratif et du contentieux* et de quatre bureaux groupés deux par deux en deux *arrondissements* placés chacun sous la direction d'un ingénieur principal adjoint à l'Inspecteur général et qui s'occupent respectivement: le premier, du personnel; le deuxième; de la comptabilité; le troisième, des questions techniques de travaux; le quatrième, du contrôle de l'exploitation des lignes de la Compagnie des chemins de fer de l'Indochine et du Yunnan et de la direction supérieure des lignes exploitées par la colonie (1). En outre, un arrêté du 2 juin 1923 a créé à l'Inspection générale des Travaux Publics un *service central des bâtiments civils*, dirigé par un architecte de grade élevé, qui a dans ses attributions l'étude de toutes les questions importantes intéressant l'urbanisme et les bâtiments civils en Indochine.

B) — *Inspection générale des Services Sanitaires et Médicaux.* — Elle a été instituée auprès du Gouverneur Général par décret du 27 juin 1914 et est exercée par le Directeur du Service de Santé des troupes du groupe de l'Indochine qui, à ce point de vue, prend le titre d'*Inspecteur Général des Services Sanitaires et Médicaux* et est assisté d'un médecin-major adjoint et de deux sous-officiers secrétaires appartenant à la section des infirmiers coloniaux. Il est chargé de surveiller la marche générale des services sanitaires et médicaux de l'Indochine et d'assister le Gouverneur Général dans l'étude et la mise en œuvre de toutes les questions ayant trait à l'hygiène et à la protection de la santé publique (assistance médicale, police sanitaire maritime, établissements hospitaliers de toute nature, etc). Il exerce également un contrôle technique sur les établissements scientifiques médicaux, laboratoires et établissements d'instruction médicale existant en Indochine (excepté les Instituts Pasteur de Saigon et de Nha-trang). Enfin

______

(1) Sous réserve des attributions appartenant en propre aux Chefs d'Administration locale, en vertu d'un arrêté du 11 avril 1912, en ce qui concerne l'application des dispositions réglementaires relatives à la police des chemins de fer, concédés ou non.

les services médicaux subventionnés par la colonie dans certains consulats d'Extrême-Orient (Canton, Hoi-How, Pakhoi, Mong-tseu, Yunnanfou, Szemao. Long-Tchéou et Bangkok) sont placés sous sa direction immédiate.

C) — *Direction de l'Administration Judiciaire.* — Créée par un décret du 19 mai 1919 modifié par décrets des 17 mars 1921 et 17 juillet 1923, son titulaire est un haut magistrat, nommé par décret sur la proposition du Gouverneur Général et devant être choisi de préférence parmi les premiers présidents et les procureurs généraux des ressorts de la colonie, dont le rôle consiste en l'étude des questions de législation et de jurisprudence qui pour une raison quelconque sont soumises à l'examen et à la décision du Gouverneur Général (1). Cette direction a remplacé l'ancienne Direction des Affaires Judiciaires qui avait été créée par arrêté du 12 janvier 1918 et qui fut supprimée par arrêté du 16 août 1919 en conséquence du décret du 19 mai précédent (2).

Le Directeur de l'Administration Judiciaire, qui est également *Chef du service de la justice indigène au Tonkin*, doit être assisté d'un président de chambre, conseiller ou avocat général désigné sur sa proposition par le Gouverneur Général. Il peut aussi être assisté, si besoin est, d'un ou de plusieurs magistrats des ressorts de la colonie désignés dans les mêmes conditions.

C'est sous la surveillance de la Direction de l'Administration Judiciaire qu'est publié le Journal judiciaire de l'Indochine.

D) — *Direction des Affaires économiques.* — Organisée par arrêté du 15 avril 1924, elle a hérité une partie des attributions, jugées beaucoup trop nombreuses pour que l'exercice en pût être assuré utilement par un seul organisme administratif, de l'ancienne Direction des Services économiques, laquelle avait été créée le 4 juillet 1921.

A la différence des chefs des trois institutions centralisatrices dont nous avons précédemment parlé, le *Directeur des*

---

(1) Sur le point de savoir si ce haut magistrat a ou non la qualité de Chef du Service judiciaire, voir le début du chap. VII - art. 5 et la note au bas de la page.

(2) Il est permis d'estimer que l'ancienne dénomination avait été plus heureusement choisie que la nouvelle. La distribution de la justice constitue un service et non une administration.

*Affaires économiques* est nommé par arrêté du Gouverneur Général et aucune condition spéciale n'est nécessaire pour l'accession à cet emploi, que son titulaire peut d'ailleurs cumuler avec la direction d'un autre service. Un poste de *directeur-adjoint* avait été prévu à l'ancienne Direction des Services économiques (arrêté du 9 novembre 1921), mais il paraît peu probable que cet emploi survive à la réorganisation d'avril 1924.

La Direction des Affaires économiques comprend, outre une section spéciale chargée de l'expérimentation de la photographie aérienne, trois bureaux dont le premier s'occupe de la règlementation économique en général (examen des tarifs de douane et des chemins de fer, propriété commerciale et industrielle, assurances, règlementation du travail, poids et mesures, contrôle des métaux précieux, etc.), le second des statistiques et de la propagande économique (relations tant avec l'Agence économique de l'Indochine en France et les Chambres de Commerce locales qu'avec l'Office national du Commerce extérieur, l'Institut colonial de Marseille, la Société de Géographie commerciale de Paris, les Chambres de Commerce françaises en Extrême-Orient, etc. ; questions intéressant le tourisme ; service photo-cinématographique ; rédaction du *Bulletin économique de l'Indochine* et autres publications ; expositions et foires), enfin le troisième de la marine marchande, de la navigation maritime, du contrôle de l'exécution des contrats des services subventionnés de navigation maritime et fluviale et de la flotte indochinoise.

Un arrêté du 27 juillet 1923 avait créé à l'ancienne Direction des Services économiques (ou plus exactement détaché du service général des affaires commerciales de ladite direction, dont il faisait antérieurement partie) un *Office central du tourisme*, organe permanent chargé de préparer les travaux du comité central du tourisme dont il sera question au paragraphe suivant et de contrôler l'exécution des programmes adoptés en la matière. Il est à présumer que cet office, qui avait été placé sous la direction personnelle du Directeur des Services économiques, se confondra désormais avec le 2e bureau, chargé du tourisme, de la nouvelle Direction des Affaires économiques.

Nous avons dit d'autre part que la *Flotte indochinoise*, qui antérieurement constituait une « Direction » autonome bien que réunie en fait dans les mêmes mains que celle des Services économiques, relevait désormais du 3e bureau de la Direction des Affaires économiques. Il s'agit là de trois cargos, l' «Albert Sarraut», le « Van Vollenhoven » et « Les fils de Paul Doumer » (il y en a eu un quatrième, l' « Indochine », mais il a pu être vendu), qui pendant la guerre furent construits à l'Arsenal de Saigon ou achetés, aux frais du budget général, en vue d'assurer dans une plus large mesure le ravitaillement de la métropole et de rendre les exportateurs de la colonie plus indépendants des armateurs étrangers. L'administration de cette flotte, dont les règles ont été fixées par un arrêté du 29 janvier 1919 modifié ou complété les 16 mai 1919, 25 mai 1921, 7 juin 1922 et 17 décembre 1923 et qui sera assurée à l'avenir par la Direction des Affaires économiques, est contrôlée par un *Conseil d'administration* qui régulièrement doit se réunir chaque trimestre et qui, présidé par le Secrétaire Général du Gouvernement Général, comprend le Directeur des Douanes, le Commandant de la Marine et le Trésorier général. Les recettes et les dépenses relatives à son exploitation en régie, qui antérieurement faisaient l'objet d'un compte administratif spécial, sont depuis le 1er janvier 1924 incorporées au budget général et soumises aux règles ordinaires de la comptabilité publique. Quant au compte de gestion de ces recettes et dépenses, il est établi par un *receveur spécial*, nommé par le Gouverneur Général sur la proposition du Directeur des Affaires économiques après avis du Directeur des Finances, astreint à un cautionnement égal à la moitié de sa solde de présence et justiciable de la Cour des Comptes. Enfin le personnel, généralement contractuel, qui assure le service des trois cargos de la Flotte est administré par le service du personnel du Gouvernement Général.

Ajoutons enfin que l'arrêté susvisé du 15 avril 1924 a rattaché le Service Radiotélégraphique de l'Indochine à la Direction des Affaires économiques. Ce rattachement, cependant, n'a pas eu, comme pour la Flotte indochinoise, le caractère d'une incorporation totale et le Service Radiotélégraphique reste distinct de la Direction qui nous occupe. Toutefois, son chef est désormais placé sous l'autorité immédiate du Directeur des Affaires économiques, notamment en ce qui concerne la partie de ses attributions relative au contrôle de la construction du centre radioélectrique de Saigon et à l'exploitation de la radiotélégraphie extérieure.

E) — *Inspection générale de l'Agriculture, de l'Élevage et des Forêts.* — Cette Inspection, créée par arrêté du 15 avril 1924, est appelée à exercer, mais avec cette différence qu'il ne s'agira plus de direction mais simplement de centralisation et de contrôle, la partie des attributions de l'ancienne Direction des Services économiques qui n'a pas été conservée par la nouvelle Direction des Affaires économiques. *L'Inspecteur général de l'Agriculture, de l'Élevage et des Forêts*, nommé par le Gouverneur Général sans conditions spéciales de recrutement, est chargé personnellement du contrôle technique et professionnel des Services agricoles des divers pays de l'Union, ainsi que de l'étude des questions générales intéressant l'agriculture, l'élevage, la sériciculture, la pisciculture et les pêcheries en eau douce. Un *inspecteur des Services vétérinaires et zootechniques* et un *inspecteur des Forêts*, également désignés par le Gouverneur Général, sont adjoints à l'Inspecteur général et sont chargés : le premier du contrôle technique et professionnel des Services vétérinaires et zootechniques des divers pays de l'Union et de l'étude des questions concernant les épizooties et l'amélioration de la race chevaline ; le second du contrôle technique des Services forestiers des divers pays et de l'étude des questions concernant le régime forestier, le commerce des bois et la réglementation de la chasse.

## § 4. — Conseils techniques

En outre du Conseil de Défense, auquel nous consacrerons plus loin un article spécial en raison de son importance, divers conseils ou comités assistent le Gouverneur Général dans l'étude des questions techniques des divers ordres sur lesquelles le pouvoir de décision appartient au Chef de la colonie. Passons-les brièvement en revue.

A) — *Conseil consultatif de l'Instruction publique.* — Institué par arrêté du 21 décembre 1917 modifié par arrêté du 20 juin 1921, il est présidé par le Directeur de l'Instruction ublique et comprend : cinq administrateurs des Services Civils désignés chacun par le Chef d'une des administrations locales (Kouang-Tchéou-Wan excepté) ; le Directeur de l'École française 'Extrême-Orient ; le proviseur du Lycée de Hanoï ; les deux inspecteurs, lettres et sciences, de l'Instruction publique ; les inspecteurs des écoles normales, de l'enseignement professionnel t du dessin (1) ; six membres de l'enseignement, dont deux appartenant à l'enseignement supérieur, deux à l'enseignement du 2ᵉᵐᵉ dégré, deux à l'enseignement du 1ᵉʳ degré, tous désignés ar le Directeur de l'Instruction publique ; un membre du onseil Colonial de la Cochinchine désigné par cette assemblée ; ois membres français appartenant à l'agriculture, au commerce u à l'industrie et désignés un par les Chambres de Commerce , d'Agriculture de la Cochinchine et du Cambodge agissant un commun accord, un par la Chambre mixte de Commerce t d'Agriculture de l'Annam, un par les Chambres de Commerce t d'Agriculture du Tonkin agissant d'un commun accord : les inistres de l'Instruction publique des Gouvernements protégés ; s membres indigènes du Conseil de Gouvernement ; les résidents des Chambres consultatives indigènes ou leurs élégués. Un fonctionnaire du secrétariat de la Direction de Instruction publique remplit les fonctions de secrétaire. Les hefs d'Administration locale ont accès de droit aux séances du onseil. Cette assemblée est convoquée par le Gouverneur énéral sur la proposition du Directeur de l'Instruction publique t son rôle consiste à éclairer le Chef de la colonie de ses is en ce qui concerne le règlement de toutes les questions téressant le développement de l'instruction publique en dochine.

B) — *Conseil supérieur d'hygiène.* — Créé par un arrêté 19 septembre 1905, il a pour mission de conseiller le ouverneur Général sur toutes les questions relatives au régime ilaire et à la protection de la santé publique en Indochine. est présidé par le Gouverneur Général ou, à défaut, le e rétaire Général et comprend les membres de la Commission manente du Conseil de Gouvernement, plus le Directeur l'École de médecine et le chef du service pharmaceutique

(1) En ce qui concerne ces divers inspecteurs, voir chapitre IX - art. 1 (note).

militaire (1). Ce conseil, créé postérieurement aux comités locaux d'hygiène dont il sera question au chapitre IV et à la suite d'un décret du 13 mai 1905 ayant rendu applicables en Indochine certaines parties de la loi du 15 février 1902 relative à la protection de la santé publique, donne obligatoirement son avis au Gouverneur Général lorsqu'il s'agit pour lui d'approuver les règlements sanitaires pris par les Chefs d'Administration locale ou les municipalités, de déterminer les mesures générales propres à empêcher la propagation des maladies épidémiques, de déclarer d'utilité publique le captage des eaux d'alimentation ou la démolition d'un immeuble, etc...

C) — *Comité consultatif des mines.* — Institué par un arrêté du 26 mai 1913, il donne son avis sur les questions intéressant la réglementation et l'exploitation des mines qui lui sont soumises. Il est présidé par l'Inspecteur général des Travaux Publics et comprend le Directeur des Mines de l'Indochine, le directeur des bureaux de la Résidence Supérieure au Tonkin, le chef du service du contentieux et du contrôle administratif au Gouvernement Général, le chef du service du contentieux à l'Inspection générale des Travaux Publics, l'avocat-conseil du Gouvernement Général en résidence au Tonkin et l'ingénieur chef du service des mines, ce dernier étant secrétaire.

D) — *Comité consultatif du contentieux.* — Créé par un arrêté du 26 février 1903 et réorganisé par arrêté du 4 mai 1921, il est présidé par le Directeur de l'Administration judiciaire et comprend le chef du service du contentieux et du contrôle administratif au Gouvernement Général, l'avocat-conseil du Gouvernement Général, celui du Service des Douanes et Régies

---

(1) Nous indiquons cette composition, nécessairement variable selon le lieu où la Commission permanente se réunit, telle qu'elle est donnée par l'article 22 de l'arrêté du 19 septembre 1905. Ce texte n'a jamais été modifié, et il en résulte que ladite composition, basée à l'époque sur celle de l'ancien Conseil Supérieur de l'Indochine et sur les dispositions de l'arrêté du 20 janvier 1904 créant l'ancienne Direction générale de la Santé, n'est plus en harmonie avec la réalité actuelle. En particulier, le « Sous-Directeur du Service de Santé », désigné par l'arrêté de 1905 comme membre du Conseil Supérieur d'hygiène, n'existe plus et le « Directeur général de la Santé » n'est autre que l'Inspecteur général des Services sanitaires et médicaux, actuellement membre de la Commission permanente.

et les chefs du service du contentieux à l'Inspection générale des Travaux publics et à la Direction des Douanes. Il est chargé de donner son avis officieux sur les questions de principe ainsi que sur les affaires contentieuses qui sont renvoyées à son examen par le Gouverneur Général. Ses avis sont strictement confidentiels.

E) – *Comité des Travaux publics.* — Créé auprès du Gouverneur Général par le décret du 18 janvier 1905, il n'a pas été maintenu dans la nouvelle organisation des Travaux publics, telle qu'elle résulte du décret du 9 février 1916 et de l'arrêté du 20 juin 1921, et en conséquence il ne fonctionne plus que lorsqu'il s'agit de certaines mesures à prendre à l'égard des agents appartenant au cadre auxiliaire des Travaux publics, cadre que le décret du 9 février 1916 a supprimé par voie d'extinction et dont par suite les agents encore en service restent régis par celui de 1905.

F) — *Comité central du tourisme.* — Chargé de donner son avis au Chef de la colonie sur toutes les questions d'ensemble intéressant le tourisme, la conservation des sites et beautés naturelles, la création de parcs nationaux et d'hôtels, etc., il a été créé par un arrêté du 27 juillet 1923. Il est présidé par le Gouverneur Général ou le Secrétaire Général et comprend les Chefs d'Administration locale, le Directeur des Finances, l'Inspecteur général des Travaux Publics, le Directeur des Affaires économiques, le Directeur de l'École française d'Extrême-Orient, le chef du service central d'architecture à l'Inspection générale des Travaux publics, trois membres désignés par le Gouverneur Général et représentant respectivement la presse, l'industrie hôtelière et les compagnies de navigation, un membre désigné par chaque Chef d'Administration locale et représentant les organismes privés de tourisme du pays, enfin un secrétaire qui est un fonctionnaire de la Direction des Affaires économiques. Il se réunit au moins une fois l'an, pendant la session ordinaire du Conseil de Gouvernement.

G) — *Commission des sites.* — Elle a été instituée, sous la présidence du Directeur des Affaires économiques (anciennement, Direction des Services économiques) par un arrêté du 9 novembre 1921, en vue de donner son avis sur les questions relatives à la protection des sites et monuments naturels de caractère artistique qui lui sont soumises par le Gouverneur Général, les Chefs d'Administration locale et le Directeur des Affaires économiques. Elle comprend le chef du service des mines, six membres désignés par le Secrétaire Général du Gouvernement Général dont deux administrateurs des Services Civils et trois personnalités compétentes en la matière, un haut fonctionnaire annamite, enfin un représentant de l'Instruction publique, des Travaux publics, et de l'École française d'Extrême-Orient désignés par le chef supérieur de chacun de ces services (1). Son secrétaire est le principal fonctionnaire en sous ordre de l'Office central du tourisme, organisme dont il a déjà été question au paragraphe précédent.

H) — *Commission des changes.* — Un arrêté du Gouverneur Général du 1er mars 1920 a institué à Saigon une commission des changes chargée de s'assurer de la réalité des opérations effectuées par les banques et en particulier, en ce qui concerne la Banque de l'Indochine, de donner au Gouverneur Général des avis sur les limites à assigner à la circulation fiduciaire en vue de la maintenir aussi réduite que possible. Cette commission, qui avait été créée en raison de l'institution du cours forcé en mars 1920, est devenue sans intérêt depuis que la Banque de l'Indochine a cessé de bénéficier de cette mesure exceptionnelle et a dû reprendre le remboursement en espèces de ses billets. Toutefois, elle n'a pas été officiellement supprimée, et pourrait d'ailleurs être appelée à fonctionner à nouveau, le décret du 4 août 1914 dont nous avons parlé à l'art. 1 § 1 - C étant toujours en vigueur. Elle comprend, ou si l'on préfère comprenait, le Trésorier-payeur de la Cochinchine, le Sous-directeur des Douanes de cette colonie et le délégué à Saigon du Contrôle financier.

I) — *Commission d'appel en matière de contrôle des films cinématographiques.* — Nous verrons au chapitre suivant que,

---

(1) L'arrêté du 9 novembre 1921 avait également désigné les chefs des services généraux de l'agriculture et des forêts à la Direction des Services économiques comme membres de la commission des sites. Ces emplois ont été supprimés par l'arrêté du 15 avril 1924 réorganisant cette Direction et d'autre part aucun nouvel acte n'est intervenu pour remplacer, dans le sein de la commission, les deux membres disparus. Il serait cependant naturel, semble-t-il, qu'ils le fussent par l'Inspecteur général de l'Agriculture, de l'Elevage et des Forêts et par l'inspecteur des forêts adjoint à ce dernier, emplois créés précisément en conséquence de la réduction des attributions de l'ancienne Direction des Services économiques.

pour qu'un film puisse être représenté en Indochine, il faut qu'il ait été préalablement visé par le Gouverneur de la Cochinchine ou le Résident Supérieur au Tonkin. En cas de refus de visa, appel peut être porté devant le Gouverneur Général qui statue après avis d'une commission instituée à·Hanoi et composée du Directeur de l'Ecole française d'Extrême-Orient, du procureur de la République et de la directrice de l'institution des jeunes filles françaises (arrêtés des 24 mai et 28 juin 1921).

# ARTICLE III

## *LE CONSEIL DE GOUVERNEMENT ET SA COMMISSION PERMANENTE*

### § 1 — CONSEIL DE GOUVERNEMENT

Le Conseil de Gouvernement a remplacé, depuis le deuxième des décrets du 20 octobre 1911, l'ancien Conseil Supérieur de l'Indochine. Ainsi que nous l'avons dit au chapitre précédent, c'est une assemblée simplement consultative, mais dont l'avis préalable est obligatoire dans certains cas.

Nous examinerons successivement sa composition, ses attributions et son fonctionnement.

A) — *Composition.* — Le Conseil de Gouvernement comprend :

Le Gouverneur Général, président ;

Le Général de division Commandant Supérieur des troupes du groupe de l'Indochine ;

Le Secrétaire Général du Gouvernement Général (il préside le Conseil en cas d'absence ou d'empêchement du Gouverneur Général) ;

Le Gouverneur de la Cochinchine et les Résidents Supérieurs en Annam, au Tonkin, au Cambodge et au Laos ;

Le Député de la Cochinchine ;

Le Directeur de l'Administration Judiciaire (décret du 19 mai 1919);

Le Directeur des Finances ;

L'Inspecteur général des Travaux Publics ;

L'Inspecteur général des Services Sanitaires et Médicaux (décret du 12 octobre 1918);

Le Directeur de l'Instruction publique (décret du 2 mai 1920);

Le Directeur des Douanes et Régies ;

Le Trésorier général de l'Indochine ;

Le Directeur des Affaires économiques (décret du 8 novembre 1922) (1);

Le Commandant de la Marine en Indochine ;

Le Président du Conseil Colonial de la Cochinchine ;

Les Délégués élus du Tonkin, de l'Annam et du Cambodge ;

Les Présidents des Chambres de Commerce de Saigon, Hanoi et Haiphong ;

Les Présidents des Chambres d'Agriculture de Cochinchine et du Tonkin ;

Les Présidents des Chambres mixtes de Commerce et d'Agriculture de l'Annam et du Cambodge ;

Cinq notables indigènes à raison d'un pour la Cochinchine et d'un pour chacun des pays de protectorat (ils sont désignés chaque année par le Gouverneur Général sur la proposition du Gouverneur de la Cochinchine ou des Résidents Supérieurs);

Le Directeur du Cabinet du Gouverneur Général, secrétaire, avec voix délibérative (2).

En cas d'absence ou d'empêchement, ces divers membres titulaires sont remplacés par les fonctionnaires, officiers ou membres des assemblées régulièrement appelés à les suppléer.

---

(1) En réalité, c'est le Directeur des Services économiques qui par ce décret avait été nommé membre du Conseil de Gouvernement. Or, nous avons vu que, depuis, un arrêté du 15 avril 1924 avait réorganisé cette Direction et décidé qu'elle « prendrait désormais le titre » de Direction des Affaires économiques. Cette réorganisation et le changement de dénomination qu'elle a entraîné ayant été des actes d'administration rentrant dans les attributions du Gouverneur Général et nullement soumis à l'approbation préalable ou ultérieure du pouvoir métropolitain, nous estimons que le nouveau Directeur a relevé ipso facto la qualité de membre du Conseil de Gouvernement attribué à l'ancien, sans que l'intervention d'un nouveau décret à cet effet soit indispensable (elle serait cependant plus régulière).

(2) De tous les chefs des services relevant du Gouvernement Général, le Directeur des Postes est donc le seul qui n'est pas membre du Conseil de Gouvernement. Il n'a pas été possible à l'auteur de trouver une explication plausible de ce fait.

L'Inspecteur Général des Colonies chef de mission et le Directeur du Contrôle financier ne sont pas membres du Conseil de Gouvernement, mais ils ont le droit d'assister à ses séances et y siègent alors en face du Président.

Le Directeur des Mines n'est pas non plus membre de droit du Conseil de Gouvernement, mais il doit y être appelé avec voix délibérative pour les affaires ressortissant à son service.

Enfin, les chefs des services civils et militaires qui ne font pas partie du Conseil peuvent y être appelés avec voix délibérative pour les affaires ressortissant à leur compétence.

B) — *Attributions.* — Les attributions du Conseil de Gouvernement sont déterminées principalement par un décret du 20 octobre 1911 modifié le 30 juin 1916 et par un décret du 30 décembre 1912.

Il doit être obligatoirement consulté par le Gouverneur Général lorsqu'il s'agit de :

1o — *En matière financière :*

Arrêter après leur établissement par la Direction des Finances le budget général et les budgets annexes des fonds d'emprunt, de l'exploitation des chemins de fer, du Territoire de Kouang-Tchéou-Wan et de l'Arsenal de Saigon, lesquels budgets doivent ensuite être approuvés et rendus exécutoires par décret;

Approuver et rendre exécutoire, après qu'il a été délibéré par le Conseil Colonial et arrêté par le Gouverneur en Conseil privé, le budget local de la Cochinchine ;

Arrêter et rendre exécutoires, après leur établissement par le Résident Supérieur en Conseil de Protectorat (ou, pour le Laos, par le Résident Supérieur seul), les budgets locaux du Tonkin, de l'Annam, du Cambodge et du Laos ;

Arrêter provisoirement sous réserve d'une approbation ultérieure par décret ou rendre définitivement exécutoires, selon les mêmes distinctions et après les mêmes délibérations que ci-dessus, les modifications apportées en cours d'exercice aux dispositions des divers budgets susvisés ;

Arrêter sous réserve d'une approbation ultérieure par décret les comptes administratifs du budget général et de ses annexes;

Constituer les ordonnateurs secondaires et sous-ordonnateurs de ces budgets, ainsi que les agents intermédiaires du Trésor ;

Approuver définitivement les comptes administratifs des budgets locaux, après que ces comptes ont été soumis aux mêmes conseils que les budgets dont ils constatent la gestion;

Contracter un emprunt au nom de l'Indochine ou autoriser une municipalité de l'Union à contracter un emprunt;

User des pouvoirs appartenant au Chef de la colonie quant à la gestion des caisses de réserve des budgets général et locaux;

Déterminer le montant des subventions à accorder par le budget général aux autres budgets de l'Indochine ou au contraire des contributions à leur demander;

Fixer les conditions générales applicables en Indochine aux marchés de travaux et de fournitures.

2º — *En matière fiscale :*

Etablir et rendre exécutoires dans toute l'Indochine les taxes et contributions indirectes autres que les droits de douane, sous réserve d'une approbation par décret en ce qui concerne leur mode d'assiette et leurs règles de perception;

Approuver et rendre exécutoires tant les arrêtés du Gouverneur de la Cochinchine et des Résidents Supérieurs que les ordonnances des souverains des états protégés établissant les règles d'assiette, de quotité et de perception des taxes et contributions directes;

Établir et rendre exécutoires les mêmes règles en ce qui concerne les taxes et contributions directes dans le Territoire de Kouang-Tchéou-Wan;

Approuver les abandons d'impôts consentis par les budgets locaux au profit des villes et communes régies par arrêtés;

Approuver et rendre exécutoires les délibérations des assemblées municipales prises en vue d'établir des contributions extraordinaires excédant un pourcentage maximum fixé annuellement par le Gouverneur Général (ou par le Chef de l'Administration locale si la municipalité est régie par arrêtés) sans cependant dépasser un délai de douze années.

3º — *En matière d'administration générale :*

Approuver les votes du Conseil Colonial de la Cochinchine portant sur les matières sur lesquelles les délibérations de cette assemblée ne deviennent exécutoires qu'après approbation par l'autorité administrative locale;

Fixer le régime général de la solde et accessoires du personnel des services locaux;

Règlementer l'exercice des professions de notaire, huissier, commissaire-priseur et courtier de commerce ;

Ériger en communes les principaux centres de la colonie ;

User des pouvoirs conférés au Gouverneur Général par le décret du 11 octobre 1904 sur l'indigénat en Annam et au Tonkin (voir même chapitre - article 1ᵉʳ) et par celui du 30 décembre 1898 sur la presse non française ;

Arrêter les projets d'établissement de voies ferrées ;

Classer ou déclasser les routes coloniales et aussi les routes locales des pays de Protectorat ;

Décider les mutations territoriales intéressant les pays de l'Union ou les provinces de ces pays.

En plus des cas ci-dessus énumérés où l'intervention du Conseil de Gouvernement (ou de sa Commission permanente, comme nous allons le voir) est obligatoire, le Gouverneur Général peut toujours le consulter sur tous autres sujets.

C) — *Fontionnement*. — Le Conseil de Gouvernement tient au moins une session par an. Il se réunit sur la convocation du Gouverneur Général, qui fixe le lieu de la réunion. Ses membres non fonctionnaires ne résidant pas en ce lieu ont droit au remboursement de leur transport et à une indemnité journalière (arrêtés des 29 novembre 1905 et 25 janvier 1908).

Avant l'ouverture de chaque session, il est distribué à tous les membres du Conseil un relevé imprimé contenant l'indication sommaire des mesures qui ont été prises comme suite aux vœux adoptés au cours de la session précédente ou renvoyés à l'examen de l'Administration.

Le Conseil de Gouvernement, dont les séances ne sont pas publiques, peut être divisé, par arrêté du Gouverneur Général pris en Commission permanente, en un certain nombre de commissions entre lesquelles sont réparties les affaires. Après la lecture du rapport spécial établi sur chaque affaire par l'un des membres de la commission qui en a été saisie, le Président donne la parole aux membres du Conseil qui la demandent et, la discussion close, il est passé au vote à mains levées.

Les membres non fonctionnaires du Conseil peuvent également émettre des vœux sur tous sujets non politiques. Toutefois, sauf le cas d'urgence reconnue par le Conseil, ces vœux ne peuvent être déposés valablement plus de six mois après la clôture de la précédente session ordinaire. Ils sont renvoyés par le Président à l'examen d'une des commissions ci-dessus visées et, sur son rapport, le Conseil décide s'ils doivent être adoptés, rejetés ou renvoyés à l'examen de l'Administration (1).

Les procès-verbaux officiels du Conseil de Gouvernement sont établis par le secrétaire, lus en séance et signés par le Président après approbation du Conseil. Ils contiennent les rapports, les noms des membres qui ont pris part à la discussion et l'analyse de leurs opinions. Le procès-verbal de la dernière séance de chaque session est lu et approuvé en Commission permanente. Une expédition des procès-verbaux, certifiée par le secrétaire, est adressée au Ministre. Enfin il est rédigé par le secrétaire du Conseil et sous l'autorité du Président un compte-rendu sommaire des séances qui est inséré au Journal officiel de l'Indochine.

### § 2. — COMMISSION PERMANENTE DU CONSEIL DE GOUVERNEMENT

**A) — *Composition et fonctionnement*.** — Créée par le deuxième des décrets du 20 octobre 1911 (2), elle est présidée par le Gouverneur Général ou en son absence ou empêchement par le Secrétaire Général du Gouvernement Général et elle comprend tous les membres du Conseil de Gouvernement qui sont présents au lieu où elle est convoquée par son Président.

S'appliquent à la Commission permanente les dispositions relatives au Conseil de Gouvernement concernant les membres intérimaires, l'Inspecteur Général des Colonies, le Directeur du Contrôle financier, le Directeur des Mines et les chefs de service.

---

(1) Cette procédure semble tombée en désuétude, au moins en ce qui concerne les vœux pouvant être formulés dans l'intervalle des sessions. Les arrêtés des 8 mars 1906 et 28 février 1907 qui l'ont organisée n'ont cependant été ni rapportés ni modifiés, et d'autre part leurs dispositions n'ont rien d'incompatible avec celles de l'article 5 du deuxième des décrets du 20 octobre 1911, texte dont les termes ne sont nullement exclusifs des vœux spontanés admis dans toutes les assemblées même simplement consultatives.

(2) Ce fut plutôt une réorganisation qu'une création, car l'ancien Conseil Supérieur de l'Indochine comportait aussi une commission permanente.

Les dossiers soumis à la Commission permanente lui sont envoyés avec un rapport, dit *rapport de présentation*, résumant l'affaire et devant être déposé à son secrétariat au moins deux jours avant la séance. S'il s'agit d'une séance plénière, la procédure est analogue à celle que nous venons de voir pour le Conseil de Gouvernement. Mais le plus souvent il n'y a pas séance proprement dite et les membres de la Commission sont successivement saisis du dossier, qui leur est transmis sous un bordereau spécial sur lequel chacun d'eux peut consigner par écrit ses observations et son avis; c'est ce qu'on appelle une *consultation à domicile*.

B) — *Attributions*. — L'avis de la Commission permanente ne peut remplacer celui du Conseil de Gouvernement: lorsqu'il s'agit soit en fin de chaque année d'arrêter provisoirement le budget général et ses annexes et de rendre définitivement exécutoires les budgets locaux, soit de contracter un emprunt pour le compte de la colonie, soit d'établir les contributions indirectes ou d'approuver l'établissement des contributions directes (décrets des 20 octobre 1911 et 30 décembre 1912) ; lorsqu'il s'agit d'instituer les Chambres de Commerce et les Chambres mixtes de Commerce et d'Agriculture ou de leur donner certaines autorisations spéciales prévues par les décrets des 27 mai et 10 octobre 1922; lorsqu'il s'agit d'arrêter un projet d'établissement de voie ferrée (loi du 2 mars 1919).

Au contraire, son avis a été expressément substitué, en règle générale, à celui du Conseil de Gouvernement par l'article 2 du décret du 18 avril 1918 pour les déclarations d'utilité publique des travaux du budget général, par l'article 33 du décret du 9 juin 1922 lorsqu'il s'agit d'annuler celles des délibérations du Conseil Colonial de la Cochinchine qui sont définitives sauf annulation par le Gouverneur Général, par divers articles du décret minier du 26 janvier 1912, par l'article 10 du décret du 2 janvier 1914 lorsqu'il s'agit de suspendre le Conseil d'administration du port de commerce de Saigon, etc.. (1).

---

(1) C'est aussi la consultation de la Commission permanente qui a été expressément prévue par les décrets des 30 décembre 1898 et 11 octobre 1904 lorsqu'il s'agit pour le Gouverneur Général d'user de ses pouvoirs spéciaux concernant le régime de la presse non française en Indochine et le régime de l'indigénat en Annam et au Tonkin (voir ci-dessus article 1 - § 1 - B et E). Il s'agissait à ces dates, il est vrai, de la section ou commission permanente de l'ancien Conseil Supérieur de.

Pour toutes les autres matières sur lesquelles les décrets en vigueur prévoient la consultation préalable obligatoire du Conseil de Gouvernement, l'avis de ce dernier peut être remplacé par celui de sa Gommission permanente, notamment lorsqu'il s'agit soit de rendre provisoirement exécutoires le budget général et ses annexes avant leur approbation par décret si cette approbation n'est pas intervenue au début de l'exercice, soit de rendre provisoirement exécutoires en attendant leur approbation par décret les modifications en cours d'exercice apportées par arrêté du Gouverneur Général à ces mêmes budgets, soit enfin lorsqu'il s'agit d'arrêter ou d'approuver les comptes administratifs des divers budgets et que le Conseil de Gouvernement ne s'est pas réuni en octobre (mois au cours duquel ces comptes doivent être examinés).

Enfin, par deux arrêtés du 10 mai 1912 et du 5 avril 1916, le Gouverneur Général a décidé que, pour certaines matières sur lesquelles les textes métropolitains n'avaient pas prévu la consultation obligatoire du Conseil de Gouvernement ou de sa Commission permanente, cette dernière devrait cependant être préalablement consultée. Ces matières, dont la plupart concernant la gestion du domaine et particulièrement du domaine colonial, c'est-à-dire du domaine appartenant à l'Indochine entière et administré par le Directeur des Finances par délégation permanente du Gouverneur Général, sont les suivantes :

1o — Acquisition, aliénation et échange des biens mobiliers et immobiliers du domaine colonial lorsque la valeur dépasse 8.000$ ou 20.000 frs. (disons une fois pour toutes que cette valorisation de la piastre à 2 frs 50, qui de fondée qu'elle était en 1912 et même en 1916 est devenue entièrement factice après la guerre, a cependant été maintenue par un arrêté du 21 mars 1919) ;

2o — Baux des biens du même domaine donnés ou pris à ferme ou à loyer lorsque le montant de la location dépasse 4.000 $ ou 10.000 frs ;

3o — Mode de gestion des divers domaines ;

4o — Concessions de terres dépendant du domaine colonial

---

l'Indochine. Mais, en fait, c'est aussi la Commission permanente de l'actuel Conseil de Gouvernement qui est aussi normalement consultée en pareil cas.

Il est d'ailleurs à peine besoin d'ajouter que les divers textes par lesquels la consultation de la Commission permanente a ainsi été expressément prévue ne font aucun obstacle à ce que le Conseil de Gouvernement soit consulté lui-même si l'affaire intéressée survient pendant une de ses sessions.

ou d'un domaine local et ayant une superficie supérieure à mille hectares ;

5° — Acceptation ou refus des dons ou legs faits à l'Indochine ;

6° — Classement et déclassement des routes, canaux, fortifications, etc, faisant partie du domaine public ;

7° — Projets, plans, marchés et cahiers des charges des adjudications de travaux ou de fournitures dont le montant est supérieur à 40.000 $ ou 100.000 frs ;

8° — Procès-verbaux d'adjudication de travaux et fournitures ayant donné lieu soit à une augmentation du crédit prévu soit à un incident, lorsque la dépense est supérieure à 40.000 $ ou 100.000 frs ;

9° — Transactions concernant les droits de la colonie et dont la valeur excède 8.000 $ ou 20.000 frs ;

10° — Actions intentées au nom de l'Indochine dont le montant en principal dépasse 8.000 $ ou 20.000 frs ;

11° — Modifications en cours d'exercice aux crédits des budgets locaux (1) ;

12° — Comptes de gestion des comptables d'approvisionnements dans les services relevant du Gouverneur Général ;

13° — Toutes autres matières pour lesquelles la consultation de la Commission permanente sera rendue obligatoire par un décret ou un règlement local ultérieur (il en a été ainsi, notamment, pour l'attribution des concessions minières et l'institution des réserves forestières).

## ARTICLE IV

### *CONSEIL DE DÉFENSE*

Les règlements qui le concernent font l'objet d'un décret du

---

(1) En ce qui concerne les mêmes modifications apportées au budget général et à ses annexes, la consultation obligatoire de la Commission permanente avait déjà été prévue par l'article 5 du quatrième des décrets du 20 octobre 1911. Il était donc superflu de reproduire cette prescription dans l'arrêté du 10 mai 1912, qui la mentionne cependant.

31 octobre 1902, complété par deux arrêtés ministériels des 3 novembre 1902 et 6 avril 1903.

A) — *Composition et fonctionnement.* — Dans tous les cas, le Conseil de Défense se compose au moins des membres permanents suivants: président, le Gouverneur Général ; vice-président, le Général Commandant Supérieur; membres, l'officier général ou supérieur d'infanterie le plus élevé en grade après le Général Commandant Supérieur et l'officier général ou supérieur commandant de l'artillerie; secrétaire avec voix délibérative, le chef d'état-major du Général Commandant Supérieur.

Dans le cas où il fonctionne comme *Commission mixte des Travaux Publics*, c'est-à-dire pour l'étude des projets de travaux qui intéressent à la fois la défense du territoire et un ou plusieurs services civils, le Conseil de Défense est en outre obligatoirement assisté, avec voix délibérative, des membres temporaires suivants: le représentant civil ou militaire du Gouverneur ou Résident Supérieur du pays intéressé, le Commandant de la Marine, l'Inspecteur général des Travaux publics, l'Ingénieur en chef du service intéressé, le Trésorier général et le Directeur du Contrôle financier.

Dans le cas où il est saisi d'une question de défense d'ordre spécial autre qu'un projet de travaux publics, le Conseil de Défense est, en outre des membres permanents énumérés ci-dessus, obligatoirement assisté, avec voix délibérative, de ceux des membres temporaires suivants dont le service est intéressé par la question traitée: Gouverneur de la Cochinchine ou Résident Supérieur (ou son représentant civil ou militaire), Commandant de la Marine, Commandant de la défense de la place du Cap-St-Jacques (classé point d'appui de la flotte par décret du 3 novembre 1905), Directeur de l'Intendance militaire, Directeur du Service de la Santé, Inspecteur général des Travaux publics, Trésorier général.

Enfin le Commandant des forces navales françaises en Extrême-Orient et le Général des troupes coloniales qui pourrait se trouver en tournée d'inspection dans la colonie peuvent toujours être appelés à prendre part, avec voix délibérative, aux travaux du Conseil de Défense.

Le Conseil de Défense n'a pas de session régulière et se réunit sur la convocation de son président. Les affaires sur lesquelles son avis est demandé sont soumises en premier lieu par son président, soit à un de ses membres désigné comme rapporteur, soit à une sous-commission de deux à trois membres dont un au moins doit être pris parmi les membres permanents du Conseil de Défense et dont le président est désigné par le président de ce Conseil. Lorsque ce membre rapporteur ou cette sous-commission a déposé son rapport, il est inscrit sur un registre spécial sur lequel les membres du Conseil de Défense peuvent prendre connaissance de sa teneur avant la séance plénière. Cette séance a lieu aux jour et heure fixés par le président, qui d'autre part prévient ceux des membres temporaires dont la présence est nécessaire à l'étude de la question à traiter. Si l'un des membres du Conseil est trop éloigné pour pouvoir assister à la séance, son avis lui est demandé par écrit ; mais, dans tous les cas, la délibération ne peut être valable que si cinq membres dont au moins trois membres permanents ont été présents à la séance, laquelle est toujours secrète. Les procès-verbaux des séances, ainsi que les avis exprimés par le Conseil de Défense, sont adressés en copie chaque trimestre au Ministre des Colonies.

B) — *Attributions*. — Le Conseil de Défense est chargé :

d'examiner au premier degré et sur place les questions d'organisation militaire et défensive de la colonie. Ces questions doivent ensuite être étudiées au deuxième degré par le Comité consultatif de la défense des Colonies, lequel siège au Ministère ;

d'émettre un avis sur toutes les mesures militaires que le Gouverneur Général juge utile de prescrire d'urgence et avant d'avoir obtenu l'assentiment du Ministre ;

d'étudier les affaires du ressort des commissions mixtes de travaux, tels que routes, chemins de fer, ponts, etc... ;

d'étudier également toutes questions pouvant intéresser la défense de la colonie et sur lesquelles le Gouverneur Général demandera à être consulté.

# CHAPITRE IV

## ADMINISTRATIONS LOCALES DE L'INDOCHINE

Sept articles seront consacrés : aux Chefs d'Administration locale ; aux bureaux et organismes administratifs sous leurs ordres directs ; aux Conseils Privé et de Protectorat qui les assistent ; au Conseil Colonial de la Cochinchine ; aux assemblées consultatives indigènes instituées auprès d'eux (sauf en Cochinchine où cette assemblée se confond avec le Conseil Colonial) ; aux Chambres de Commerce et d'Agriculture dont ils peuvent ou doivent demander l'avis sur les questions d'ordre économique ; enfin, à l'ensemble des institutions indigènes de centralisation que l'on peut considérer comme constituant, dans certains des pays de protectorat, une administration locale indigène.

## ARTICLE PREMIER

### *LES CHEFS D'ADMINISTRATION LOCALE*

Ce sont : le *Gouverneur de la Cochinchine*, les *Résidents Supérieurs en Annam, au Tonkin, au Cambodge et au Laos* et aussi, quoique à moindre degré, l'*Administrateur en chef du Territoire de Kouang-Tchéou-Wan*.

D'une façon générale, on peut dire que le Gouverneur de la Cochinchine administre une colonie, l'Administrateur en chef du Territoire de Kouang-Tchéou-Wan une possession à bail et les quatre Résidents Supérieurs des pays de protectorat. Toutefois, ceci n'est pas rigoureusement exact en ce qui concerne ces derniers hauts fonctionnaires : nous avons vu en effet au chapitre II article 1 que l'Annam comprenait une concession française (Tourane) et une province (le Darlac) indépendante de l'Empire d'Annam et administrée directement par le Résident Supérieur à Hué, le Tonkin deux concessions françaises (Hanoi et Haiphong), le Cambodge un territoire qui est aussi juridiquement assimilable à une colonie (Battambang), enfin que le Résident Supériéur au Laos administrait en tant que preneur des parcelles territoriales cédées à bail à la France par le Siam pour un usage commercial mais restées soumises à la juridiction siamoise. Rappelons aussi ce que nous avons dit au même chapitre concernant le caractère plutôt théorique que réel que le régime du protectorat présente dans la majeure partie du Laos.

A l'exception de l'Administrateur en chef du Territoire de Kouang-Tchéou-Wan, qui est un administrateur des Services Civils désigné par arrêté du Gouverneur Général, les Chefs d'Administration locale sont appelés à leurs hautes fonctions par décret pris sur la présentation du Gouverneur Général et la proposition du Ministre des Colonies et ils appartiennent au cadre des Gouverneurs des Colonies dont nous avons déjà parlé au chapitre I article 4 et dans lequel d'ailleurs les Résidents Supérieurs avaient déjà été versés depuis le 5 octobre 1917, date d'un décret qui les a assimilés aux Gouverneurs des Colonies au point de vue de leur statut personnel. Ils sont pris en général dans le corps des administrateurs des Services Civils de l'Indochine ou dans celui des Secrétaires Généraux des colonies; mais cependant ce n'est pas là une obligation pour le Gouvernement.

Nous examinerons successivement les attributions, les responsabilités et les prérogatives de ces hauts fonctionnaires.

### § 1. — ATTRIBUTIONS DES CHEFS D'ADMINISTRATION LOCALE

Les pouvoirs des Chefs d'Administration locale sont déterinés par le troisième des décrets du 20 octobre 1911, par es dispositions encore en vigueur de textes plus anciens concernant les Gouverneurs des Colonies, enfin par les arrêtés du 13 février 1899 (Gouverneur de la Cochinchine et Résidents upérieurs) et du 5 janvier 1900 (Administrateur en chef du

Territoire de Kouang-Tchéou-Wan) dans la mesure où ces actes locaux n'ont pas été contredits par le décret susvisé du 20 octobre 1911. Ils sont toujours exercés par ces hauts fonctionnaires sous la direction supérieure et le contrôle du Gouverneur Général, sous les ordres directs duquel les Chefs d'Administration locale sont placés. Sous cette unique réserve, ces hauts fonctionnaires sont investis d'une autorité complète sur le pays confié à leur direction immédiate et ils disposent à cet effet d'une entière initiative et de pouvoirs règlementaires de droit commun qui les habilitent à fixer les matières d'administration et de police non réservées à une autre autorité par des textes spéciaux, soit qu'il s'agisse de prescrire des mesures d'exécution, soit qu'il y ait lieu de suppléer à l'absence de règlementations préexistantes, à seule condition de rendre compte au Gouverneur Général. Quoique s'exerçant sur un champ plus restreint, leur pouvoir propre de décision est donc de la même essence que celui du Chef de la colonie, c'est-à-dire d'essence politique, et il en résulte que tous les services civils fonctionnant sur leurs territoires respectifs, à l'exception du Service Judiciaire, leur sont subordonnés, même s'il s'agit de services techniques et sauf en ce cas au Chef de l'Administration locale à éviter d'intervenir sans nécessité dans le domaine des instructions d'ordre technique que les agents de ces services reçoivent de leurs chefs directs. En outre, nous avons vu au début du chapitre précédent que les Chefs d'Administration locale pouvaient recevoir délégation spéciale des pouvoirs règlementaires du Gouverneur Général, au moins pour les matières à l'égard desquelles une telle délégation est possible.

Nous examinerons ci-après les principales attributions des hauts fonctionnaires qui nous occupent en suivant le même ordre que celui adopté lorsque nous avons parlé du Chef de la colonie.

A) — *Attributions en matière de législation coloniale.* — Les Chefs d'Administration locale n'ont à ce point de vue aucune attribution, le Gouverneur Général ayant seul qualité pour promulguer les lois et décrets dans tout ou partie de la colonie.

B) — *Attributions administratives.* — Au contraire, au

point de vue administratif et chacun dans le pays qui est placé sous sa haute autorité, ce sont eux qui, beaucoup plus que le Gouverneur Général, sont les véritables administrateurs en Indochine à l'égard des Français, sujets français et étrangers de toutes catégories. Ils sont également les administrateurs supérieurs en matière indigène à Kouang-Tchéou-Wan, dans la majeure partie du Laos et aussi, par délégation permanente du souverain annamite, au Tonkin.

Les Chefs d'Administration locale assurent l'exécution des lois et décrets promulgués en Indochine, ainsi que celle des arrêtés pris par le Gouverneur Général, et ils élaborent, lorsque l'intervention dans ce but d'une autorité supérieure n'a pas été expressément prévue par ces actes, les règlements fixant les détails de leur application. Ils sont chargés de veiller au maintien de l'ordre public et ils ont à cet effet, comme nous l'avons dit ci-dessus, l'initiative des mesures d'administration générale et de police non réservées à une autre autorité, sauf à en rendre compte au Gouverneur Général. Tout le personnel affecté au territoire dont la haute direction leur est confiée est, sauf stipulation contraire, mis à leur disposition et réparti par eux suivant les besoins du service (une de ces stipulations est assez remarquable : c'est celle concernant les chefs de provinces qui, bien que mis à la disposition des Chefs d'Administration locale et placés sous leurs ordres directs et exclusifs pour tout ce qui concerne l'exercice de leur emploi administratif, sont cependant affectés par le Gouverneur Général). Ils exercent une haute surveillance sur le personnel de tous les services dépendant de leur administration, personnel dont ils assurent la discipline et auquel ils infligent les peines disciplinaires inférieures. Ils nomment et révoquent dans ce personnel les agents temporaires européens lorsque leur salaire mensuel est inférieur à 100$ (à noter que, par arrêté du 12 novembre 1920, tout nouveau recrutement d'agents temporaires a été interdit, sauf cas exceptionnels), ainsi que les agents indigènes à l'exception de ceux des cadres supérieurs.

Ils passent les actes intéressant uniquement les domaines locaux et donnent les autorisations d'occuper le domaine public. Ils statuent sur les demandes en concession de terrains urbains, sur les demandes en concession de terrains ruraux d'une superficie inférieure à mille hectares, sur les demandes en exploitation de carrière et aussi, mais en ce dernier cas sous réserve de l'approbation du Gouverneur Général, sur les demandes en concession de prise d'eau. Ils statuent sur; toutes les demandes concernant la règlementation des armes et des munitions de guerre, celle des explosifs, celle des établissements dangereux, insalubres ou incommodes, celle des huiles minérales, etc. . . Ils classent dans les pays de protectorat les routes locales et en Cochinchine les routes provinciales et communales et ils assurent la police de ces voies de communication ainsi que celle des voies ferrées. Ils décident sous réserve des droits des souverains protégés, les modifications territoriales n'affectant pas les limites des provinces.

Ils peuvent dissoudre ou suspendre les Conseils de notables indigènes existant sous différentes dénominations dans les provinces des divers pays et même, mais alors exceptionnellement et en cas d'urgence, les Conseils municipaux. Ils ont seuls qualité pour approuver toutes les délibérations des premiers de ces conseils et, dans la plupart des cas, celles des assemblées municipales. En Cochinchine, au Tonkin et au Cambodge, ils autorisent les sociétés indigènes agricoles de prêts mutuels et prononcent leur dissolution.

En Cochinchine, le Gouverneur détermine les détails des diverses opérations règlementaires relatives aux élections du Conseil Colonial, convoque cette assemblée en session ordinaire ou extraordinaire, peut dans le premier cas prolonger la durée de la session, propose selon leur objet l'approbation ou l'annulation de ses délibérations prises légalement et prononce la nullité de celles qui sont nulles et de nul effet. Le même haut fonctionnaire approuve et rend exécutoires les délibérations du Conseil d'administration du port de commerce de Saigon, peut annuler ses décisions et peut en cas d'urgence suspendre provisoirement cette assemblée.

Relativement à la règlementation générale pour la protection de la santé publique, les Chefs d'Administration locale ont, chacun dans les limites de son pays, les mêmes attributions que le Gouverneur Général pour l'ensemble de l'Union et il leur appartient en particulier de prendre toutes mesures utiles pour prévenir ou faire cesser les épidémies. En matière d'expropriation des immeubles, ils proposent au Chef de la colonie les arrêtés délaratifs de l'utilité publique et ils prennent eux-mêmes les arrêtés ultérieurs de cessibilité déterminant les propriétés à exproprier.

C) — *Attributions financières.* — En matière financière, les Chefs d'Administration locale sont : d'une part, en vertu d'un arrêté du 26 septembre 1913, sous-ordonnateur des crédits du budget de l'État dont le Gouverneur Général est ordonnateur secondaire (sauf toutefois le Résident Supérieur au Laos et l'Administrateur en chef du Territoire de Kouang-Tchéou-Wan) ; d'autre part et en vertu des arrêtés des 26 janvier et 19 novembre 1912 et 28 février 1914, ordonnateurs secondaires des crédits qui peuvent leur être délégués trimestriellement par le Gouverneur Général sur le budget général et les budgets annexes du budget général (sauf le Résident Supérieur au Tonkin qui, depuis l'arrêté du 17 décembre 1919, n'est plus ordonnateur secondaire de ces budgets).

En cette dernière qualité, ils ont reçu par un arrêté du 5 avril 1916 délégation permanente du Gouverneur Général : pour passer les marchés de travaux ou de fournitures incombant au budget général ou à ses annexes lorsque la dépense ne dépasse pas 10.000 $ ou 25.000 frs. ; pour approuver les procès-verbaux des adjudications de travaux ou de fournitures autorisées par le Gouverneur Général et dont la dépense à la charge de ces mêmes budgets est supérieure aux sommes précitées mais inférieure à 40.000 $ ou 100.000 frs., mais seulement lorsque ces adjudications n'ont donné lieu ni à un incident au cours des séances de la commission d'adjudication ni à une augmentation sur les crédits prévus.

Ils sont aussi et surtout, chacun en ce qui le concerne et avec faculté de déléguer ce pouvoir, ordonnateur principal du budget local ou ordonnateur secondaire du budget annexe du Territoire de Kouang-Tchéou-Wan. En raison de l'autonomie financière accordée aux pays qu'ils dirigent, ils ont comme le Gouverneur Général, mais seulement en ce qui intéresse exclusivement leurs budgets respectifs, le droit d'instituer des sous-ordonnateurs et des agents intermédiaires du Trésor. Ils établissent (Annam, Tonkin, Cambodge, Laos et Kouang-Tchéou-Wan) ou arrêtent (Cochinchine) ce budget local ou ce budget annexe, ainsi que les modifications auxdits budgets pouvant devenir nécessaires en cours d'exercice et que les comptes administratifs de leurs ordonnateurs, et ils présentent ces budgets, modifications et comptes à l'arrêté ou l'approbation du Gouverneur Général en Conseil de Gouvernement ou en Commission permanente suivant le cas. Ils autorisent les travaux et fournitures incombant aux budgets locaux et passent les marchés les concernant. En un mot ils sont, comme l'énonce l'article 57 du décret du 30 décembre 1912, seul représentant légal du pays dirigé par chacun pour tous les actes intéressant exclusivement les finances locales (à l'exception cependant de l'Administrateur en chef de Kouang-Tchéou-Wan, ce pays ne possédant pas réellement l'autonomie financière puisque son budget est un simple annexe du budget général et a comme ordonnateur principal le Directeur des Finances agissant par délégation du Gouverneur Général).

Ils approuvent et rendent définitivement exécutoires les budgets municipaux ou communaux des villes érigées en municipalités ou en communes, ainsi que leurs modifications en cours d'exercice, et ils approuvent les comptes administratifs des maires ordonnateurs et apurent les comptes de gestion des receveurs municipaux avant leur transmission à la juridiction chargée de les juger. Ils approuvent et rendent exécutoires les budgets spéciaux des Chambres de Commerce. Le Gouverneur de la Cochinchine, en outre, arrête, approuve et rend définitivement exécutoires d'une part le budget du port de commerce de Saïgon, d'autre part les budgets provinciaux primitifs et complémentaires, et il approuve les comptes des ordonnateurs de ces budgets.

En ce qui concerne les budgets communaux indigènes, les Chefs d'Administration locale n'interviennent que pour autoriser les actes les plus importants de leur gestion.

D) — *Attributions fiscales*. — En matière fiscale et sauf à Kouang-Tchéou-Wan, les Chefs d'Administration locale établissent, sous réserve des attributions spéciales du Conseil Colonial de la Cochinchine en ce qui concerne cette colonie et sous réserve des droits maintenus aux souverains indigènes en Annam et au Cambodge, les taxes et contributions directes de toute nature et ils présentent les arrêtés établissant ces impositions à l'approbation du Gouverneur Général en Conseil de Gouvernement. Toutefois, lorsque tout ou partie de ces contributions a été abandonné à un ou plusieurs budgets municipaux, leurs règles d'assiette, de quotité et de perception ne peuvent plus être modifiées, pendant la durée de cet abandon, que par arrêté du Gouverneur Général. Dans le même ordre d'idées, c'est aussi aux Chefs d'Administration locale qu'il appartient : d'approuver et de rendre exécutoires tous les rôles d'impôts directs ; de statuer, sauf recours gracieux au Ministre des Colonies, sur les demandes en remise ou en modération tendant à des dégrèvements et de soumettre à la juridiction administrative les demandes en décharge ou en réduction (voir chap. XI - art. 4 - § 2 ) ; enfin de règler ou de soumettre à la même juridiction, selon qu'il s'agit de cotes irrecouvrables ou de cotes indûment imposées, les demandes d'admission en non-valeurs du Trésor (voir chap. VII - art. 6 - § 3 ).

On doit cependant ajouter que le droit d'établir les contributions directes et taxes assimilées n'est pas réservé à titre exclusif aux Chefs d'Administration locale. La Cour de Cassation a en effet jugé, par arrêt du 30 juillet 1918, que, en ce qui concerne les municipalités d'Indochine régies par le décret du 11 juillet 1908 (Saïgon, Hanoi et Haiphong), ces impositions pouvaient aussi être établies par un vote du Conseil municipal approuvé par le Gouverneur Général.

D'autre part, les Chefs d'Administration locale ont qualité exclusive : en ce qui concerne les municipalités régies par arrêtés, pour fixer chaque année pour l'exercice suivant, le maximum des centièmes additionnels que la commission municipale pourra soit inscrire en recettes au budget municipal ordinaire soit voter à titre de contribution extraordinaire ; en ce qui concerne les municipalités régies par décrets, pour approuver les délibérations des Conseils municipaux concernant les contributions extraordinaires qui dépassent cinq centièmes sans cependant excéder ni un maximum fixé annuellement par le Gouverneur Général ni une durée de douze années.

Enfin le Gouverneur de la Cochinchine fixe les centièmes additionnels devant profiter aux budgets provinciaux.

E) — *Attributions judiciaires.* — Au point de vue judiciaire et en matière française, les Chefs d'Administration locale n'ont aucune attribution (1), sauf celles d'officier de police

______

(1) Nous ne pouvons souscrire à une opinion selon laquelle le Gouverneur de la Cochinchine disposerait encore, mais seulement à l'égard des Asiatiques étrangers soumis à la loi annamite, des pouvoirs exorbitants du droit commun

judiciaire qu'ils tiennent, conformément à un décret du 21 août 1917, de l'article 10 du Code d'Instruction criminelle et de leur assimilation aux préfets et qu'ils possèdent sous la forme la plus étendue, comprenant le droit de décerner des mandats d'arrêt et de dépôt. Toutefois, en ce qui concerne la justice militaire, ils donnent leur avis sur les ordres d'informer et les ordres de mise en jugement à la signature du Gouverneur Général, et d'autre part le Gouverneur de la Cochinchine et le Résident Supérieur au Tonkin, chacun en ce qui le concerne, nomment les membres des Conseils de guerre et du Conseil de revision permanent (décret du 23 octobre 1903).

Au contraire, en matière de justice indigène, les Chefs d'Administration locale sont investis, au Tonkin, au Laos et à Kouang-Tchéou-Wan, de certaines attributions personnelles. Au Tonkin, le Résident Supérieur nomme, avance et affecte les mandarins judiciaires des provinces ainsi que les secrétaires greffiers et désigne les greffiers des tribunaux indigènes du premier et du deuxième degrés. Au Laos, le Résident Supérieur est le chef de la justice indigène, et à ce titre il fixe le nombre et le ressort des tribunaux du premier degré et nomme et affecte les juges et greffiers indigènes de toutes les juridictions. Enfin, à Kouang-Tchéou-Wan, l'Administrateur en chef du territoire désigne le président fonctionnaire français, les deux assesseurs indigènes et le greffier indigène du tribunal mixte du Territoire (tribunal de juridiction indigène) et il préside lui-même la commission de revision chargée d'approuver, d'annuler ou de réformer les jugements de ce tribunal mixte (1).

En cette dernière matière et en ce qui concerne particulièrement le Tonkin, on peut se demander pourquoi les attributions judiciaires du Résident Supérieur en ce pays sont

---

qui lui avaient été donnés par un décret du 5 octobre 1882. Outre que de tels pouvoirs seraient depuis longtemps devenus incompatibles tant avec l'existence d'un Gouvernement Général qu'avec l'organisation judiciaire de la colonie, nous estimons que le décret susvisé a été abrogé, implicitement mais en son entier, par le décret du 6 janvier 1903. Il ne nous paraît pas douteux en effet, étant donné les termes absolus de l'article 1er de ce dernier acte, que la suppression de l'indigénat qu'il édicte s'est appliquée, non point seulement aux Annamites, mais à tous les individus que le décret du 23 août 1871 assimilait aux Annamites au point de vue de la législation à leur appliquer.

(1) L'organisation de la justice indigène dans le Territoire de Kouang-Tchéou-Wan est sur le point d'être modifiée (voir chap. VII – art. V - § 3 - D).

actuellement aussi réduites, alors que l'ordonnance royale du 26 juillet 1897 lui a dévolu toutes les attributions de l'ancien Kinh-Luoc sans établir aucune distinction entre les pouvoirs administratifs et les pouvoirs judiciaires que ce haut mandarin possédait cumulativement. La raison en est que le Gouvernement français a considéré cette délégation des droits de souveraineté de l'Empereur d'Annam comme ayant été en réalité consentie, non point au Résident Supérieur au Tonkin ès-qualités, mais au Protectorat français pris en sa personne et par suite à la France, et qu'en conséquence le législateur colonial, usant de son droit d'évoquer une partie des nouvelles attributions dévolues par l'ordonnance de 1897 à son subordonné le Résident Supérieur et conférant à nouveau ces attributions en conformité du principe constitutionnel français de la séparation des pouvoirs, a décidé par décret du 31 août 1905 que le Procureur général (aujourd'hui le Directeur de d'Administration judiciaire) serait désormais Chef du Service de la justice indigène au Tonkin, en même temps qu'une chambre spéciale créée à la Cour d'appel par ledit décret était substituée à la « commission d'appel des affaires indigènes » qui siégeait à la Résidence Supérieure pour la connaissance en dernier ressort des jugements des tribunaux indigènes.

F) — *Attributions diplomatiques.* — Les Chefs d'Administration locale n'ont pas droit de correspondance directe avec les établissements diplomatiques ou consulaires français en Extrême-Orient, mais ils ont ce droit avec les postes consulaires entretenus en Indochine par certaines puissances étrangères et qui sont : à Saigon, les consulats d'Angleterre, des États-Unis, d'Italie, de Belgique, de Hollande, de Suède, de Norvège, du Danemark, de Finlande, du Japon, du Siam et le vice-consulat du Portugal ; à Hanoi, les consulats du Portugal et de Belgique ; à Haiphong, les consulats du Japon et des États-Unis et les vice-consulats d'Angleterre et de Russie.

A un autre point de vue, les Résidents Supérieurs en Annam, au Cambodge et au Laos exercent auprès des souverains et autorités indigènes, par délégation du Gouverneur Général, les pouvoirs conférés au représentant de la République Française par les traités et conventions. C'est en vertu de cette délégation, dont une circulaire du 9 septembre 1922 du Chef de la colonie a rappelé le caractère à la fois nécessaire et général, que ces hauts fonctionnaires ont seuls qualité pour donner l'*exéquatur* (c'est-à-dire pour promulguer par arrêté et rendre ainsi exécutoires) aux ordonnances des souverains protégés, à la seule exception de celles concernant l'établissement d'un impôt ou d'une taxe et de celles dont le Gouverneur Général aurait cru devoir se réserver l'approbation (cas qui se produit fréquemment en matière de justice indigène). C'est aussi en raison de la même délégation : d'une part, que le budget du Gouvernement annamite est arrêté et approuvé et celui du royaume de Luang-Prabang visé pour exécution par le Chef du Protectorat en chacun de ces pays ; d'autre part, que les Résidents Supérieurs en Annam et au Cambodge président de droit respectivement le Conseil secret ou Co-mât institué auprès de l'Empereur d'Annam et le Conseil des ministres du Roi du Cambodge. D'autre part, l'Administrateur en chef du Territoire de Kouang-Tchéou-Wan entretient avec les autorités chinoises voisines du territoire les relations nécessaires pour assurer la police de la frontière. Quant au Résident Supérieur au Tonkin, nous avons déja dit qu'il s'est vu attribuer les fonctions de Kinh-Luoc de ce pays et qu'en conséquence il en dirige l'administration indigène, élabore lui-même les projets d'ordonnances qui seront ensuite soumis à l'agrément de l'Empereur d'Annam, enfin nomme, affecte et révoque les fonctionnaires indigènes (1).

---

(1) Bien que la circulaire du 9 septembre 1922 dont nous venons de faire état n'ait établi aucune distinction à ce sujet entre le Résident Supérieur au Tonkin et ses collègues des autres pays de protectorat, nous ne croyons pas possible de reconnaître à ce haut fonctionnaire le pouvoir de donner l'exéquatur aux ordonnances royales concernant le Tonkin. Cette formalité, en effet, est en réalité une mention d'approbation. Or, en matière indigène, le Résident Supérieur est le mandataire de l'Empereur d'Annam, duquel il tient ses fonctions de Kinh-Luoc qui seules l'habilitent à diriger, ce que ses collègues de Hué et de Phnom-Penh ne sauraient faire sans méconnaître l'esprit et la lettre des traités, l'administration annamite de ce pays. Il serait dès lors paradoxal que le mandataire eût qualité pour approuver les actes de son mandant et, du même coup, pour s'approuver lui-même, puisque précisément l'élaboration de ces actes rentre dans ses attributions. Ceci équivaudrait à un singulier renversement des rôles et à une véritable substitution du mandataire au mandant.

A cette opinion on objectera peut-être que le Résident Supérieur au Tonkin, après avoir proposé un projet d'ordonnance en tant que Kinh-Luoc, a qualité, une fois signé le texte ainsi élaboré, pour donner l'exéquatur à cette ordonnance en vertu de la délégation des pouvoirs du Gouverneur Général qu'il tient de l'article 3 du troisième des décrets du 20 octobre 1911. A ceci nous répondrons que cette délégation n'existe et ne peut exister que dans la limite « des pouvoirs conférés au Représentant de la République française par les traités et conventions ». Or ce caractère de convention doit à notre avis être reconnu à l'ordonnance royale

G) — *Attributions militaires*. — Les Chefs d'Administration locale ne peuvent en aucun cas exercer un commandement militaire, mais ils ont toujours le droit de requérir la force armée sauf à en rendre compte au Gouverneur Général. Par contre, ils sont les chefs supérieurs des forces de milice organisées dans les pays qu'ils administrent, notamment la Garde indigène dans les pays de protectorat et à Kouang-Tchéou-Wan et la Garde civile locale de Cochinchine. En ce qui concerne le recrutement des Français, ils exercent tous les fonctions dévolues aux préfets par la loi du 1er avril 1923 et les Résidents Supérieurs en Annam, au Cambodge et au Laos ainsi que l'Administrateur en chef du Territoire de Kouang-Tchéou-Wan exercent en outre, s'il y a lieu, les fonctions dévolues aux sous-préfets par la même loi. En ce qui concerne le recrutement des indigènes en Annam et au Tonkin, ils répartissent entre les provinces le contingent fixé par le Gouverneur Général pour l'ensemble du pays intéressé.

## § 2. — Responsabilité et prérogatives des Chefs d'Administration locale

Les Chefs d'Administration locale sont intégralement responsables de tout ce qui concerne l'administration générale et l'ordre public dans le pays qui leur est confié. Mais cette responsabilité n'existe que vis-à-vis du Gouverneur Général, et en aucun cas vis-à-vis des autorités métropolitaines.

Ils ont seuls le droit de correspondance directe avec le Gouverneur Général, sauf les exceptions dûment autorisées par ce dernier. En leur qualité de gouverneurs, ils possèdent

du 26 juillet 1897 transférant au Résident Supérieur les attributions du Kinh-Luoc et le constituant ainsi mandataire du souverain annamite, car d'une part cet acte a été signé par l'Empereur d'Annam dans l'exercice des droits de souveraineté en matière d'administration intérieure qni lui avaient été expressément maintenus par les articles 3, 5 et 7 du traité de 1884 et d'autre part il a été approuvé et avait même été provoqué par le Gouverneur Général, représentant de la République. Nous nous trouvons en somme en présence d'une convention tout-à-fait analogue, toutes proportions gardées, à celle passée le 24 avril 1917 avec le roi de Luang-Prabang et concernant aussi l'administration intérieure de ce royaume. Il est d'ailleurs à remarquer que, en fait et nonobstant sa propre circulaire du 9 septembre 1922, le Gouverneur Général a continué à donner lui-même l'exéquatur aux ordonnances royales intéressant le Tonkin.

certains des pouvoirs de haute police dont nous avons parlé, mais seulement dans la mesure où ils leur sont délégués par le Gouverneur Général. C'est ainsi qu'ils n'ont pas le droit d'expulsion à l'égard des Européens étrangers et qu'ils ne l'ont à l'égard des Asiatiques étrangers que si ceux-ci n'ont pas une résidence fixe dans la colonie (circulaire du 26 mai 1911). Cependant, par avis du 4 novembre 1918, le Comité consultatif du Contentieux des Colonies a estimé que les Résidents Supérieurs des pays de protectorat avaient le droit d'expulser les étrangers de toute nationalité, et même les citoyens, sujets et protégés français autres que les ressortissants du souverain près duquel ils exercent leurs fonctions.

Les Chefs d'Administration locale peuvent sanctionner leurs arrêtés par les peines de simple police, c'est-à-dire allant jusqu'à 15 frs d'amende et 5 jours de prison, mais ils ne peuvent plus, depuis la création de l'Union Indochinoise, se prévaloir des dispositions du décret du 6 mars 1877, car les sanctions extraordinaires de 100 frs d'amende et de 15 jours de prison que ce décret donnait au Gouverneur de la Cochinchine le droit de prononcer ne peuvent plus l'être aujourd'hui que par le Gouverneur Général (1).

Les garanties personnelles et spéciales concernant les poursuites en justice dont nous avons parlé en étudiant les prérogatives du Gouverneur Général s'appliquent également au Gouverneur de la Cochinchine en vertu du décret du 6 mars 1877, et aux Résidents Supérieurs en vertu de celui du 27 novembre 1922 et,

---

(1) L'interprétation ainsi donnée du décret du 6 mars 1877 est celle qui, en fait, a seule été appliquée dans la colonie depuis la création de l'Union indochinoise. Toutefois, une récente circulaire du Gouverneur Général du 15 avril 1924 fait état d'une interprétation différente, à savoir que les Chefs d'Administration locale disposent, dans toutes les matières où le pouvoir réglementaire leur appartient, des sanctions exorbitantes du droit commun prévues par le décret de 1877. Outre l'avantage incontestable qu'elle a de renforcer l'autorité des Chefs de Gouvernement responsables, cette nouvelle manière de voir est juridiquement très soutenable, car en somme il semble bien que l'intention de l'auteur du décret a été d'armer spécialement tous les Gouverneurs des colonies régies par décrets dans la mesure où ils étaient investis du pouvoir règlementaire et indépendamment de la situation hiérarchique pouvant être la leur dans le cadre d'un groupement colonial. Cependant, comme une circulaire même émanée du Chef de la colonie n'est pas un acte ayant force exécutoire à l'égard de tous, comme d'autre part il est de principe constant que l'interprétation définitive d'un acte administratif ne peut être donnée que par l'auteur de cet acte, comme enfin une manière de voir mise en pratique depuis 35 ans dans un pays y a acquis en quelque sorte un droit de cité, nous avons cru devoir faire état ci-dessus de l'interprétation ancienne, sous réserve de son infirmation éventuelle ultérieure par l'autorité métropolitaine.

en raison de leur assimilation aux préfets, ils bénéficieraient en France, le cas échéant, du privilège de juridiction institué par les art. 479 et suivants C. I. C. (loi du 20 avril 1810 – art. 10).


## ARTICLE II

### *ORGANISMES ADMINISTRATIFS ASSISTANT DIRECTEMENT LES CHEFS D'ADMINISTRATION LOCALE*


Ces organismes sont : les bureaux proprement dits des Chefs d'Administration locale, les conseils techniques institués auprès d'eux et l'Inspection des affaires politiques et administratives.


### § 1. — Bureaux

Chaque Chef d'Administration locale organise ses bureaux par arrêtés à sa signature, sous la réserve que le nombre des emplois de ces bureaux donnant droit à un supplément de fonctions est déterminé par arrêté du Gouverneur Général.

Auprès de chacun d'eux, sauf à Kouang-Tchéou-Wan, existe un *cabinet* dirigé par un *chef de cabinet* et divisé en deux ou trois sections ou bureaux. De façon générale, il est chargé de la sûreté et des affaires confidentielles, des affaires politiques, des relations avec la presse, des rapports avec les Conseils Privé ou de Protectorat et des questions disciplinaires concernant le personnel. Une de ses sections s'occupe aussi, parfois même à titre exclusif, des questions intéressant les brigades de la Garde indigène ou la Garde civile du pays.

En plus de ce cabinet, le siège de chaque administration locale comprend : en Cochinchine, quatre bureaux réorganisés par arrêté du 26 mai 1922 (administration générale, comptabilité et magasin du budget local, comptabilité du budget général et passages, budgets provinciaux, municipaux et communaux) ; au Tonkin, quatre bureaux réorganisés par arrêté du 20 mars 1922

(administration générale et colonisation européenne, administration provinciale et affaires indigènes, recettes et dépenses autres
que les dépenses concernant le personnel, personnel et dépenses
le concernant); en Annam, deux bureaux (administration générale et comptabilité) et trois délégations auprès des ministères de
la Cour de Hué; au Cambodge, quatre bureaux réorganisés par
arrêté du 9 décembre 1921 (administration générale, administration indigène et deux bureaux de comptabilité) et une délégation
auprès du ministère cambodgien de la justice (1); au Laos, trois
bureaux (administration générale, affaires indigènes et comptabilité); à Kouang-Tchéou-Wan, un bureau. Ces divers bureaux
se subdivisent à leur tour en *sections* (sauf au Cambodge et à
Kouang-Tchéou-Wan).

Excepté à Kouang-Tchéou-Wan, les bureaux des administrations locales sont placés sous l'autorité d'un fonctionnaire désigné
par arrêté du Gouverneur Général qui est le *Directeur des bureaux*.
C'est un administrateur des Services Civils, devant en principe
être de première classe, qui seconde le Chef de l'Administration
locale dans tous les détails du service et qui, en cas d'absence ou
d'empêchement de ce dernier, le remplace tant dans ses fonctions
que comme président des assemblées dont la présidence appartient au Gouverneur ou Résident Supérieur. Dans le territoire de
Kouang-Tchéou-Wan et en vertu d'un arrêté du 4 juillet 1911, un
rôle analogue est rempli auprès de l'Administrateur en chef par
l'administrateur des Services Civils qui lui est adjoint et qui,
d'autre part, est investi à Fort-Bayard des fonctions d'officier
de l'état civil de droit commun.

Quant au personnel des bureaux, il n'en existe pas qui soit
spécial aux sièges centraux des administrations locales. Leur
personnel français est en effet prélevé sur l'effectif du personnel
des Services Civils affecté au pays intéressé, mais de préférence
choisi parmi les fonctionnaires de ce corps appartenant au cadre
des bureaux. Leur personnel indigène de commis, secrétaires
et plantons est également commun au siège de l'administration
locale et aux inspections, résidences ou commissariats du pays.

______

(1) Depuis la création d'un emploi de conseiller-juriste du Protectorat auprès
du Gouvernement cambodgien, emploi dont nous parlerons plus tard, l'importance
de cette délégation a beaucoup diminué. Aussi son titulaire est-il simplement l'un
des fonctionnaires du 2e bureau de la Résidence Supérieure.

## § 2. — Conseils Techniques

A) — Sauf à Kouang-Tchéou-Wan où cette assemblée se con-fond avec le Conseil sanitaire maritime dont nous parlerons plus loin, chaque Chef d'Administration locale est assisté, conformé-ment aux prescriptions de l'article 130 du décret du 31 mars 1897, d'un *Comité local d'hygiène* dont le Président est le Directeur local de la Santé (Cochinchine, Annam, Tonkin, Cambodge) ou le Chef du Service de l'Assistance médicale (Laos) et dont la com-position a été fixée par des arrêtés du Gouverneur Général du 1er juin 1902 modifié le 18 novembre suivant pour la Cochinchine l'Annam, le Tonkin et le Cambodge et du 21 novembre 1905 pour le Laos. Chacun d'eux comprend toujours un officier des troupes coloniales (au Laos, un inspecteur de la Garde indigène), un fonc-tionnaire des Services Civils, un fonctionnaire des Douanes et Régies, un délégué de chacune des Chambres de Commerce ou d'Agriculture du pays intéressé (au Laos, un colon), un ou plu-sieurs médecins, un pharmacien, un vétérinaire et d'autres mem-bres au nombre de trois au plus désignés par le Gouverneur ou Résident Supérieur sur une liste présentée par le comité lui-même (1). Le comité local d'hygiène se réunit au moins une fois par trimestre et est appelé à éclairer le Chef de l'Administration locale sur les questions intéressant la salubrité publique, l'hy-giène générale, l'hygiène des agglomérations et la prophylaxie des maladies épidémiques. En particulier, il donne son avis sur les règlements sanitaires généraux à prendre pour le pays intéressé, sur l'approbation des mêmes règlements pris par les municipalités, sur le règlement des désaccords pouvant se pro-duire entre les maires et les commissions municipales d'hygiène au sujet des mesures sanitaires à prendre à l'égard des immeubles dangereux pour la santé publique, etc.

---

(1) Il semble que cette composition, fixée par les arrêtés de 1902 et 1905 sus-isés, aurait dû être modifiée après la promulgation du décret du 2 septembre 1914 endant applicable en Indochine le décret du 20 septembre 1911 concernant la rotection de la santé publique en Nouvelle-Calédonie. L'article 20 de ce dernier cte porte en effet que le nombre des membres du « conseil colonial d'hygiène », equel n'est autre ici que le comité local d'hygiène de chaque pays, doit être mpris entre sept et dix, condition qui n'est actuellement réalisée qu'en Annam. l est vrai que l'article 27 du même décret autorisait, à titre transitoire et jusqu'à leur remplacement », le maintien des conseils et comités d'hygiène alors xistants. Le provisoire dure donc ici, à ce point de vue, depuis plus de dix ans.

B) — Également auprès de tous les Chefs d'Administration locale y compris l'Administrateur en chef de Kouang-Tchéou-Wan, sauf toutefois au Laos, fonctionnent des *Conseils sanitaires maritimes* siégeant respectivement à Saigon, à Haiphong, à Fort-Bayard, à Tourane et à Phnom-penh, créés par l'article 120 du décret du 31 mars 1897 et dont la composition est actuellement fixée pour chaque pays par les arrêtés suivants du Gouverneur Général : 24 juillet 1900 pour les ports de la Cochinchine ; 6 juin 1924 pour l'Annam ; 8 novembre 1923 pour le Tonkin ; 11 décembre 1923 pour le Cambodge ; 20 décembre 1923 pour Kouang-Tchéou-Wan. Ils sont présidés pour les ports de la Cochinchine et à Fort-Bayard par le Chef de l'Administration locale, dans les autres ports par l'administrateur maire. Ils comprennent comme principaux membres le Directeur local de la Santé (à Saigon) ou l'agent principal de la santé chef de la circonscription sanitaire (à Haiphong et à Tourane) ou un médecin désigné par le Directeur local (à Phnom-Penh) ou le médecin chef du territoire (à Fort-Bayard), le commandant d'armes ou son délégué, le sous–directeur ou un inspecteur des Douanes (excepté à Fort-Bayard), le chef du Service de l'Inscription maritime ( à Saigon et à Haiphong seulement), un administrateur adjoint des Services Civils (à Fort-Bayard seulement), un autre médecin (généralement le médecin arraisonneur ou celui chargé de l'état civil), un membre de la Chambre de Commerce s'il en existe une sur place et à défaut (Fort-Bayard) un colon, enfin mais à Saigon seulement un membre de la Chambre d'Agriculture. Ils sont chargés de donner leur avis sur toutes les questions quarantenaires et de police sanitaire maritime intéressant le pays où ils sont institués. Les consuls étrangers peuvent être convoqués à leurs séances et ont alors voix consultative.

C) — Il existe dans chaque pays de l'Union un *Conseil de perfectionnement de l'Enseignement franco-indigène* créé par arrêté du 21 décembre 1917 et qui doit se réunir au moins une fois par an. Il est présidé par le Chef de l'Administration locale ou son délégué et comprend : les délégués locaux au Conseil consultatif de l'Instruction publique, le chef local du Service de l'enseignement, les directeurs et directrices des établissements de l'enseignement du deuxième degré, deux professeurs français du personnel de l'enseignement du deuxième degré et deux

professeurs indigènes du cadre complémentaire désignés par
le Chef de l'Administration locale, les inspecteurs primaires
français et indigènes en service, une institutrice française
titulaire d'une des trois premières classes, deux instituteurs
indigènes ayant au moins le grade d'instituteur titulaire de
deuxième classe, une institutrice indigène des premières classes
(ces différents instituteurs et institutrices sont désignés par le
Chef de l'Administration locale), enfin et dans les pays de
protectorat seulement un fonctionnaire indigène délégué par
le Gouvernement protégé (sauf au Tonkin, où cette place est
réservée à un membre choisi dans le sein de la Chambre consultative indigène et désigné par le bureau de cette assemblée).

Ce conseil a pour mission de veiller à l'intérêt matériel
des écoles et au développement normal de toutes les institutions scolaires, de donner son avis sur les réformes à introduire
dans l'organisation de l'enseignement franco-indigène, de
présenter ses observations au sujet des pétitions qui sont
renvoyées à son examen par l'administration ou qui peuvent
lui être adressées directement par les habitants concernant le
fonctionnement des écoles publiques et les désiderata de la
population, enfin d'émettre des vœux sur tout sujet qui touche au
développement de l'enseignement primaire ou primaire supérieur.

D) — Une *Commission des Travaux publics d'intérêt local
et provincial*, instituée par arrêté du 14 décembre 1905 modifié
le 17 août 1912 et à nouveau le 23 avril 1913 pour le
Tonkin et le 10 novembre 1917 pour la Cochinchine, est
chargée : d'une part, de donner son avis au Chef de l'Administration locale sur toutes les questions concernant les bâtiments civils, les routes, digues, canaux d'irrigation ou d'assèchement, travaux d'hydraulique agricole et de voies navigables
à exécuter dans le pays sur les fonds des budgets locaux ou
provinciaux ; d'autre part, d'examiner les plans de campagne
de ces mêmes travaux en vue de leur incorporation aux budgets
intéressés. Elle comprend dans chaque pays le Gouverneur
ou le Résident Supérieur, président, le directeur des bureaux,
l'ingénieur en chef de la circonscription territoriale des
travaux publics et le chef des Services agricoles. Elle
comprend en outre : en Cochinchine, deux délégués élus du
Conseil Colonial dont un indigène et un délégué de la

Chambre d'Agriculture ; au Tonkin, deux délégués de la Chambre d'Agriculture et un délégué de chacune des Chambres de Commerce ; en Annam et au Cambodge deux délégués de la Chambre mixte de Commerce et d'Agriculture.

E) — Auprès de chaque Chef d'Administration locale (sauf au Laos et à Kouang-Tchéou-Wan) il existe également un *Comité local de l'élevage* organisé par arrêtés du 8 avril 1893 pour la Cochinchine, 16 avril 1906 pour le Cambodge, 26 mai 1921 modifié le 26 février 1923 pour le Tonkin, 17 décembre 1921 pour l'Annam et chargé d'étudier toutes les questions qui lui sont soumises par l'administration relativement à l'élevage de tous les animaux servant à l'agriculture, aux transports et à l'alimentation de la population. Il est présidé par un administrateur des Services Civils et comprend le chef du Service vétérinaire, un ou plusieurs membres de la Chambre d'Agriculture ou colons et d'autres personnes variant avec les pays et choisies en raison de leur compétence en matière d'élevage ( notamment, au Tonkin, le commandant du dépôt de remonte ). Il est consulté sur les demandes formulées par les sociétés de courses en vue de l'approbation de leurs statuts et de l'obtention des autorisations d'ouvrir un hippodrome et de faire courir.

F) — Un *Comité régional du tourisme*, auquel le Chef de l'Administration locale soumet pour avis les questions intéressant le tourisme local, a été créé dans chaque pays par arrêté du 27 juillet 1923. Il est présidé par le Chef de l'Administration locale ou son délégué et comprend l'ingénieur en chef de la circonscription territoriale, le chef local du Service forestier, un délégué du Directeur des Affaires économiques, éventuellement un délégué du Directeur de l'École française d'Extrême-Orient, enfin deux membres désignés par le Chef de l'Administration locale et représentant les organismes privés de tourisme du pays.

G) — Une *Commission de surveillance des bateaux à vapeur fluviaux* a été instituée à Saigon, à Haiphong et à Phnom-penh (arrêté du 18 novembre 1900 modifié, en ce qui concerne Haiphong, le 29 septembre 1913), à Vientiane (arrêté du 7 mai

1910), à Banghoi (arrêté du 2 juillet 1911) et à Tourane (arrêté du 13 mai 1914) pour assister le Chef d'Administration locale intéressé de ses propositions et avis lorsqu'il s'agit pour ce haut fonctionnaire d'exercer les nombreuses attributions qui lui ont été réservées par l'arrêté du 18 novembre 1900, texte organique de la navigation fluviale à vapeur dans la colonie et dont nous exposerons les principales dispositions au chapitre IX article 2. Cette commission est présidée à Saigon, Haiphong et Phnom-penh par le chef du service maritime ou de la navigation dépendant de la circonscription territoriale des travaux publics, à Vientiane par le chef de la circonscription territoriale, à Tourane par le chef de l'arrondissement des chemins de fer de l'Annam central, à Bang-hoi par un fonctionaire de l'arrondissement des chemins de fer du sud. Les deux ou trois membres qui la composent varient selon les lieux mais comprennent partout un agent du Service des Travaux publics t, lorsqu'il en existe un, le directeur ou le capitaine du port.

H) — Dans chacun des pays de l'Indochine, un arrêté du 9 décembre 1923 pris par application d'un décret du 20 septemre précédent a institué une *Commission permanente du domaine ational* chargée de procéder périodiquement à la révision des ffectations des immeubles coloniaux et des concessions de ogement y accordées, ainsi qu'à l'étude des remaniements à pporter dans les installations des services publics en vue de endre disponibles les locaux qui pourraient être détenus par ux sans nécessité. Présidée par le Chef de l'Administration cale, elle comprend le chef du Service des domaines ou son élégué, le chef de la province où est situé l'immeuble intéressé, chef du Service des bâtiments civils ou un délégué du rvice des Travaux publics, un délégué du Conseil Colonial n Cochinchine seulement), le président de la Chambre de mmerce du chef-lieu du pays, le chef de la municipalité de chef-lieu (à Kouang-Tchéou-Wan, le maire de Tchékam), fin le maire de Haiphong, Cholon ou Tourane si l'immeuble téressé est situé dans l'une de ces villes.

I) — En Cochinchine, au Tonkin et au Cambodge, le foncnnement de l'établissement pénitentiaire du chef-lieu est ntrôlé par une *commission de surveillance de la maison centrale* qui doit tenir des séances mensuelles et qui, chaque année, adresse un rapport au Procureur général du ressort par l'intermédiaire du Chef de l'Administration locale et d'autre part transmet à ce dernier l'état des détenus qui lui paraissent mériter une mesure de clémence. Cette commission, présidée par le Chef de l'Administration locale ou son délégué, comprend un magistrat désigné chaque année par le Procureur général, le directeur et le médecin de la prison, plus à Saigon et à Hanoi deux conseillers municipaux dont un indigène désignés par le Conseil municipal et, à Phnom-Penh, un membre de la commission municipale désigné par le maire.

J) — En Cochinchine et au Tonkin, il faut noter la création, par arrêtés des 20 novembre 1916 ( Cochinchine) et 15 décembre 1916 (Tonkin), d'un *Comité local chargé d'assurer la défense des intérêts des mutilés et des réformés de la guerre.* Il est présidé par l'Inspecteur des affaires politiques et administratives ou à défaut par le Directeur des bureaux et comprend : un délégué de chacune des Chambres de Commerce, Chambres d'Agriculture et assemblées municipales du pays, un délégué français et un délégué indigène du Conseil Colonial (en Cochinchine), un mandarin provincial (au Tonkin), un officier supérieur et un sous-intendant des troupes coloniales à la désignation du Général Commandant supérieur, le Directeur local de la Santé, le chef local du Service de l'enseignement, le chef des Services agricoles, le directeur de l'école des arts appliqués de Hanoi (au Tonkin), le directeur de l'école des mécaniciens asiatiques (en Cochinchine), enfin un rédacteur des Services Civils, secrétaire. En outre, en Cochinchine, le comité en question comprend aussi un délégué de l'association des employés de commerce et un délégué du syndicat des planteurs de caoutchouc. Un bureau spécialisé, dont les dépenses sont supportées par le budget général, a été créé et rattaché au comité du Tonkin par arrêté du 2 février 1919.

K) — Egalement en Cochinchine et au Tonkin, un arrêté du 28 mai 1921 modifié le 7 juillet 1923 a institué une *Commission de contrôle des films cinématographiques* composée de trois membres nommés par le Chef de l'Administration locale. Elle est chargée de donner au Gouverneur ou au Résident Supérieur son avis sur l'opportunité de viser les films qui doivent lui être présentés par les importateurs et qui, à la seule exception de ceux édités par le service photo-cinématographique officiel relevant de la Direction des Affaires économiques, ne peuvent sans ce visa être représentés en public. Les avis de cette commission peuvent être infirmés par ceux de la commission d'appel dont il a été question au chap. IV - art. 3 - § 4.

L) — Enfin, au Tonkin, un arrêté du 10 décembre 1915 a institué une commission consultative permanente, dite *Commission des digues*, chargée de donner son avis au Résident Supérieur sur les projets concernant l'hydraulique agricole et plus particulièrement sur les travaux de défense contre les inondations. Elle est présidée par l'Ingénieur de la circonscription territoriale du Tonkin et comprend l'ingénieur chef du service de l'hydraulique, l'ingénieur de l'arrondissement territorial intéressé, deux résidents et deux mandarins désignés par le Résident Supérieur, un délégué de la Chambre d'Agriculture, un délégué de la Chambre consultative indigène, enfin un fonctionnaire des Travaux publics, secrétaire avec voix délibérative.

### § 3. — Inspection des Affaires politiques et administratives

Par un arrêté du 31 décembre 1912, dont les prescriptions ont été précisées par deux circulaires du 14 février 1914 et du 3 décembre 1922 et dont l'article 1er a été modifié par arrêté du 28 janvier 1924, il a été institué pour chacun des pays de l'Union, sauf à Kouang-Tchéou-Wan, une Inspection des affaires politiques et administratives confiée à des administrateurs des Services Civils de première classe désignés par le Gouverneur Général. Cette institution est à la fois un organe de liaison et de contrôle ayant pour but de permettre au Chef de l'Administration locale, et par lui au Gouverneur Général, de conserver un contact constant et direct avec le pays et de se rendre compte de la valeur des directions et des résultats des méthodes prescrites ainsi que du zèle apporté par chacun dans l'exécution des ordres reçus.

Les Inspecteurs des affaires politiques et administratives doivent visiter chaque année chacune des provinces du pays où ils exercent leurs fonctions, sans préjudice des inspections inopinées qui peuvent devenir utiles à la suite d'un évènement imprévu ou d'un fait grave. A la suite de chacune de ces inspections, ils doivent rédiger un rapport qu'ils adressent au Chef d'Administration locale dont ils relèvent. Ils ne peuvent avoir la direction d'aucun service en raison du caractère essentiellement mobile de leurs fonctions et ils n'ont à prendre la responsabilité d'aucune décision, leur rôle étant simplement celui d'un informateur et d'un conseiller.

Ces fonctionnaires ont comme collaborateur en matière indigène, dans les pays de protectorat, un fonctionnaire indigène de grade élevé qui porte également le titre d'inspecteur et dont l'emploi a été créé par l'arrêté susvisé du 31 décembre 1912 en ce qui concerne le Tonkin, l'Annam et le Cambodge et par un arrêté du 21 février 1923 en ce qui concerne le Laos.

## ARTICLE III

### *LE CONSEIL PRIVÉ DU GOUVERNEMENT DE LA COCHINCHINE ET LES CONSEILS DE PROTECTORAT DE L'ANNAM, DU TONKIN ET DU CAMBODGE*

Nous examinerons successivement leur composition (décrets des 20 octobre 1911 et 19 mai 1919), leurs attributions (décrets des 27 janvier 1883, 29 janvier 1890, 17 mai 1895, 15 septembre 1896, 8 août 1898, 10 juin 1905, 11 juillet 1908, 20 octobre 1911, 30 décembre 1912, 18 avril 1918, 17 septembre 1919, 9 juin 1922 et 9 novembre 1923) (1), enfin leur fonctionnement (décret du 21 août 1869).

---

(1) Cette énumération n'a aucun caractère limitatif. Il n'est pas possible de citer les très nombreux décrets qui ont modifié, généralement en les étendant à de nouvelles matières concernant lesquelles leur consultation préalable a été jugée nécessaire, les attributions de ces Conseils. Nous n'avons donc mentionné que les plus importants ou les plus récents.

Ils ont été créés en Cochinchine par décret du 21 août 1869, au Tonkin par décret du 8 août 1898 (un décret du 21 septembre 1894 avait déjà institué cette assemblée, mais pour l'ensemble de l'Annam-Tonkin), au Cambodge par arrêté du Gouverneur Général du 26 août 1899, en Annam par arrêté du 8 juin 1900.

### § 1. — Composition

Elle est fixée comme il suit :

Le Gouverneur ou le Résident Supérieur, Président ;

Le Directeur des bureaux ;

Le Commandant des troupes stationnées dans la colonie ou le protectorat, ou à défaut un officier général ou supérieur ou un fonctionnaire militaire de même rang désigné par le Général Commandant Supérieur ;

Le Procureur général du ressort, sauf que, s'il s'agit des Conseils de Protectorat de l'Annam et du Cambodge, il peut déléguer à sa place le procureur de la République de Tourane ou celui de Phnom-Penh ;

L'Ingénieur en chef de la Circonscription territoriale des Travaux publics ;

Deux membres choisis parmi les citoyens français notables jouissant de leurs droits civils et politiques et désignés pour une période de deux années par le Gouverneur Général sur la présentation du Gouverneur ou du Résident Supérieur du pays intéressé (deux suppléants sont également désignés dans les mêmes conditions) ;

Deux dignitaires notables indigènes sujets ou protégés français désignés dans les mêmes conditions (deux suppléants sont également choisis de la même façon) ;

Le Chef de Cabinet du Gouverneur ou du Résident Supérieur, secrétaire-archiviste.

En cas d'absence ou d'empêchement, les membres titulaires sont remplacés par les fonctionnaires, officiers ou notables régulièrement appelés à les suppléer.

L'Inspecteur Général des Colonies chef de mission et le Directeur du Contrôle financier ont le droit d'assister aux séances du conseil et siègent alors en face du président.

L'Inspecteur Général peut se faire représenter par un des inspecteurs qui l'accompagnent.

Le Gouverneur ou le Résident Supérieur peut appeler au conseil avec voix délibérative les chefs des services civils et militaires lorsqu'il y est traité des affaires de leur compétence. Le conseil peut entendre en outre, à titre consultatif, tous les fonctionnaires, agents ou autres personnes qui peuvent l'éclairer de leurs connaissances spéciales.

### § 2. — Attributions

Il est un cas, unique, où le Conseil Privé de la Cochinchine et le Conseil de Protectorat du Tonkin, et ceux-là seulement, rendent de véritables décisions qui lient l'administration. C'est lorsque, en vertu du décret du 27 janvier 1883, pris pour la Cochinchine mais rendu applicable à tous les autres pays de l'Union par décrets des 29 janvier 1890 et 10 juin 1905, ils ont à régler par une acceptation ou un rejet les demandes de dispense formulées en vue de contracter mariage par les Français de la Cochinchine, du Cambodge et du Laos devant le Conseil Privé de la Cochinchine et par ceux de l'Annam, du Tonkin et de Kouang-Tchéou-Wan devant le Conseil de Protectorat du Tonkin (dispenses d'acte respectueux, du consentement des ascendants, des publications en Europe, de la production de l'acte de décès d'un conjoint antérieur). Ces demandes sont préparées par le Procureur général et présentées par lui au conseil dont il fait partie, lequel exerce en ce cas de véritables attributions juridictionnelles.

Dans tous les autres cas, le Conseil Privé et les Conseils de Protectorat sont simplement consultatifs, presque toujours en matière administrative et exceptionnellement en matière judiciaire. Nous les étudierons successivement à ces deux points de vue.

A) — *Matières administratives.* — Le Conseil Privé ou de Protectorat donne son avis au Chef de l'Administration locale sur tous les points où celui-ci croit devoir le lui demander. Mais, en outre, il doit être obligatoirement consulté lorsqu'il s'agit de :

1° — *Au point de vue financier :*

Arrêter, après qu'il a été délibéré par le Conseil Colonial, le budget local de la Cochinchine ou établir les budgets locaux des pays de protectorat, lesquels budgets doivent ensuite être rendus exécutoires par le Gouverneur Général en Conseil de Gouvernement ;

Arrêter ou établir, selon les mêmes distinctions, tant les comptes administratifs des ordonnateurs des budgets locaux que les modifications à ces budgets pouvant devenir nécessaires en cours d'exercice, le tout sous réserve de l'arrêté ou l'approbation du Gouverneur Général en Conseil de Gouvernement ou en Commission permanente ;

Instituer les sous-ordonnateurs de ces budgets et les agents intermédiaires affectés à leur service ;

Approuver et rendre exécutoires les budgets communaux et municipaux après qu'ils ont été établis par les maires et votés par le Conseil municipal ou la Commission municipale, ainsi que les modifications en cours d'exercice à ces budgets et que leurs comptes administratifs ;

Apurer les comptes de gestion des receveurs municipaux des municipalités régies par décrets ;

Arrêter et rendre exécutoires le budget du port de commerce de Saigon et les budgets provinciaux de Cochinchine ainsi que leurs comptes, après qu'ils ont été établis le premier par le Conseil d'administration du port et les seconds par l'administrateur chef de province ;

Passer les adjudications et marchés pour ouvrages et fournitures au-dessus de 20.000 frs. (décret du 17 septembre 1919).

2° — *Au point de vue fiscal :*

Établir les taxes et contributions directes, sous réserve de l'approbation du Gouverneur Général en Conseil de Gouvernement ;

Conclure, après délibération conforme du Conseil Colonial en Cochinchine et sous réserve d'une approbation par décret (Saigon, Hanoi et Haiphong) ou par arrêté du Gouverneur Général (autres municipalités), sur les abandons de contributions directes consenties par les budgets locaux au profit des budgets municipaux ;

Approuver et rendre exécutoires les délibérations des assemblées municipales régies par décrets établissant les contributions extraordinaires qui dépassent cinq centièmes sans cependant excéder ni un maximum fixé annuellement par le Gouverneur Général ni une durée de douze années;

Fixer le même maximum en ce qui concerne tant les budgets provinciaux que les municipalités régies par arrêtés ;

Apprécier les demandes en remise ou en modération d'impôt, ainsi que les demandes d'admission en non-valeur présentées par le Trésor au titre des cotes irrécouvrables.

3o — *Au point de vue de l'administration proprement dite :*

Déterminer les circonscriptions électorales pour les élections au Conseil Colonial, convoquer les collèges électoraux, fixer le nombre et le siège des bureaux de vote ;

Convoquer en session extraordinaire le Conseil Colonial ou prolonger la durée de ses sessions ordinaires ;

Déclarer nulles de droit les délibérations du Conseil Colonial qui sont frappées de cette nullité et proposer l'approbation ou éventuellement l'annulation, selon le cas, des autres délibérations de cette assemblée ;

Déterminer le mode d'établissement, de révision et de publication des listes électorales annamites tant pour le Conseil Colonial que pour les assemblées municipales, ainsi que la procédure à suivre pour l'instruction des réclamations contre l'établissement de ces mêmes listes en matière municipale ;

Déclarer nulles de droit ou prononcer l'annulation, selon le cas et s'il y a lieu, des délibérations des assemblées municipales qui sont frappées d'une nullité de droit ou qui sont annulables comme ayant été votées par des membres de ces assemblées personnellement intéressés dans la question ;

Approuver les délibérations des conseils de province de la Cochinchine et autoriser les actes de location de terrains communaux des villages de cette colonie passés pour une période de plus de trois années ;

Suspendre provisoirement le Conseil d'administration du port de commerce de Saigon ou annuler ses décisions ;

Déterminer les circonscriptions administratives inférieures aux provinces et leurs limites, ou proposer au Gouverneur Général cette détermination si la circonscription intéressée est une province ou un des pays de l'Union ;

Proposer le classement des routes locales dans les pays de protectorat et classer les routes provinciales et communales en Cochinchine ;

Décider les acquisitions d'immeubles ;

Aliéner temporairement le domaine public ou aliéner temporairement ou définitivement le domaine privé de la colonie ou du protectorat ;

Exercer les attributions appartenant au Chef de l'Administration locale en matière d'expropriation pour cause d'utilité publique ;

Apprécier les demandes de naturalisation des indigènes ;

Ordonner la fermeture des établissements privés de bienfaisance ;

Autoriser ou dissoudre les sociétés indigènes agricoles de prêts mutuels ;

Et généralement de toutes les questions pour lesquelles un décret ou un arrêté du Gouverneur Général prescrit la consultation préalable du Conseil Privé ou de Protectorat.

B) — *Matières judiciaires*. — Le Conseil Privé ou de Protectorat doit être obligatoirement consulté dans deux cas :

1º — lorsqu'il s'agit pour le Gouverneur Général d'exercer en ce qui concerne les magistrats du siège ou du parquet les attributions disciplinaires dont il a été investi par les articles 141 et 143 du décret du 17 mai 1895 pris pour la Cochinchine et le Cambodge et rendu applicable à l'Annam et au Tonkin par le décret du 8 août 1898, articles dont les dispositions ont été provisoirement maintenues en vigueur par le décret du 16 février 1921 (art. 177) ;

2º — lorsqu'il s'agit pour le Gouverneur Général de statuer sur un pourvoi formé devant lui par un individu condamné par une Commission criminelle au Tonkin (décret du 15 septembre 1896).

A l'époque où il n'existait pour toute l'Indochine qu'une seule Cour d'appel comportant deux chambres à Saigon et deux chambres à Hanoi, et où d'autre part le procureur de la République du chef-lieu de chaque pays était membre titulaire du Conseil Privé ou de Protectorat en vertu du deuxième des décrets du 20 octobre 1911, deux décrets du 3 juillet 1913 avaient décidé que, lorsque l'action disciplinaire envisagée intéresserait un magistrat de la Cour, de même que lorsqu'il s'agirait d'un pourvoi formé contre une décision de la Commission criminelle du Tonkin, le Procureur Général ou l'avocat général délégué devrait siéger au sein du Conseil Privé de la Cochinchine ou du Conseil de Protectorat du Tonkin aux lieu et place du procureur de la République de Saigon ou de Hanoi. Mais cette modification dans la composition de ces Conseils est devenue sans intérêt depuis que le décret du 16 mai 1919 a substitué dans tous les cas le premier de ces magistrats au second comme membre de ces assemblées.

Nous remarquerons par contre cette particularité que, dans les deux cas ci-dessus, c'est au Gouverneur Général lui-même que le Conseil Privé ou de Protectorat donne son avis.

Ajoutons, dans un ordre d'idées analogue, que le Conseil Privé ou de Protectorat peut être appelé à statuer en qualité de juridiction des comptes. Il lui appartient en effet de juger, sauf pourvoi devant la Cour des Comptes, les comptes de gestion des comptables des budgets provinciaux, communaux ou d'établissements publics dans le cas où le montant des recettes ordinaires de ces budgets, constaté dans les trois dernières années, ne dépasse pas 30.000 frs. par an. Mais nous ne mentionnons cette attribution que pour mémoire, car ce faible taux de compétence suffit à montrer que cette attribution sera bien rarement exercée en Indochine, et nous croyons qu'actuellement il n'existe dans la colonie qu'un seul comptable justiciable des Conseils locaux (voir chap. VII – art. 6 - § 4).

### § 3. — Fonctionnement

Les Conseils Privé ou de Protectorat se réunissent au siège du Gouvernement local chaque fois qu'ils sont convoqués par le Gouverneur ou le Résident Supérieur ; ce sont donc des assemblées permanentes.

Ils ne peuvent délibérer valablement que si tous leurs membres sont présents ou légalement remplacés. Ils ne peuvent en aucun cas délibérer que sur les affaires qui leur sont soumises par le Gouverneur ou le Résident Supérieur ou par son ordre ; mais chacun de leurs membres titulaires peut toujours, s'il estime que l'avis du Conseil n'a pas été demandé sur une matière où il aurait dû l'être, adresser à ce sujet une réclamation au Gouverneur ou au Résident Supérieur, qui l'admet ou la rejette. Ils ont le droit de demander communication de tout document susceptible de servir à former leurs opinions ; mais le Gouverneur ou le Résident Supérieur peut refuser cette communication, excepté si les documents demandés sont des pièces de comptabilité. Ils délibèrent à la pluralité des voix, celle du président étant prépondérante en cas de partage. Le secrétaire-archiviste rédige le procès-verbal de la séance, où sont consignés les avis des membres, mais qui ne doit faire mention, en ce qui concerne l'avis formulé par le conseil, que de l'opinion de la majorité. Ce procès-verbal est transcrit sur un registre spécial et lu par le secrétaire-archiviste au début de la séance suivante.

Dans le cas où il ne paraît pas nécessaire de réunir le conseil en séance plénière pour qu'il formule son avis, il est consulté selon le mode dit des « consultations à domicile » dont nous avons déjà parlé à l'occasion de la Commission permanente du Conseil de Gouvernement (1).

## ARTICLE IV

### *CONSEIL COLONIAL DE LA COCHINCHINE*

Le Conseil Colonial n'est pas, de façon absolue, une

---

(1) En réalité, tout ce que nous venons de dire a été simplement consacré ar l'usage et, en Cochinchine, par des règlements anciens et purement locaux. l'n'existe en effet aucun texte d'application générale qui ait fixé, même en ce qui concerne le Conseil Privé de Saigon, le règlement intérieur des assemblées ui nous occupent lorsqu'elles fonctionnent comme conseils administratifs. Nous avons té à ce point de vue, au début du présent article, le décret du 21 août 1869. ais en réalité cet acte, portant création du Conseil Privé de la Cochinchine, s'est orné à disposer par son article 4 que cette assemblée « donnerait son avis, élibérerait et statuerait dans les mêmes conditions et formes que les conseils rivés des Antilles françaises ». Or il n'est possible de trouver ces conditions et ormes, relativement au sujet en cause, dans aucune des ordonnances royales oncernant les Antilles qui ont été promulguées en Cochinchine, en même temps ue le décret susvisé, par arrêté du 20 novembre 1869 : celle du 9 février 1827 odifiée le 22 août 1833 n'a été promulguée que dans son chapitre III, lequel ise uniquement les attributions du conseil privé ; quant à celle du 31 août 1828 odifiée le 26 février 1833, elle est étrangère à la question, car elle n'intéressait e fonctionnement du conseil privé que lorsqu'il se constituait, ce qu'il ne peut ailleurs plus faire aujourd'hui, en conseil du contentieux administratif.

assemblée représentative de la population, car certains de ses membres sont les élus du suffrage restreint et non ceux du suffrage universel, et même il peut comprendre exceptionnellement des membres nommés par l'autorité administrative. Mais il constitue une assemblée délibérante, car, à la différence des Conseils Privé et de Protectorat, ses attributions dépassent de beaucoup l'expression de simples avis émis à titre consultatif.

Le Conseil Colonial, institué par décret du 8 février 1880, a été réorganisé en dernier lieu par décret du 9 juin 1922 complété le 11 décembre 1923. Nous étudierons successivement sa composition et sa formation, son fonctionnement, ses attributions et sa commission permanente.

### § 1. — Composition et formation

Le Conseil Colonial se compose de :

dix conseillers élus par le corps électoral français ;

dix conseillers élus par le corps électoral indigène ;

deux membres français délégués de la Chambre de Commerce de Saigon et élus au sein de cette compagnie (en cas d'absence ou d'empêchement, ils sont remplacés par deux suppléants élus par la même Chambre) ;

deux membres français délégués de la Chambre d'Agriculture de la Cochinchine et élus au sein de cette compagnie (en cas d'absence ou d'empêchement, ils sont remplacés par deux suppléants élus par la même Chambre).

Les conseillers et membres titulaires du Conseil Colonial sont élus pour quatre ans et indéfiniment rééligibles. Les membres suppléants sont élus chaque année et pour l'année seulement.

Au cas où plus de deux conseillers élus français seraient empêchés d'assister aux séances d'une session, ils peuvent être remplacés, mais pour cette session seulement, par des conseillers suppléants, nommés par le Gouverneur Général sur la présentation du Gouverneur et pris parmi les non-fonctionnaires.

Tant pour les membres français que pour les membres indigènes, les circonscriptions électorales et le mode de répartition entre elles du nombre de conseillers à élire par chacune so déterminés par arrêté du Gouverneur en Conseil Privé. Ce

rrêté est actuellement celui du 18 septembre 1922. Le scrutin
st uninominal ou de liste selon que la circonscription a un
u plusieurs conseillers à élire. Pour être élu au premier tour,
l faut réunir non seulement la majorité absolue des suffrages
xprimés, mais encore un nombre de suffrages égal au quart
e celui des électeurs inscrits. Si ces deux conditions ne sont
as remplies, on procède à un deuxième tour de scrutin, et
lors la majorité relative suffit pour l'élection.

Les membres français sont élus au suffrage universel et
irect. Sont électeurs tous les citoyens français âgés de 21 ans,
'étant dans aucun des cas d'incapacité électorale prévus par
loi pour les élections législatives et résidant en Cochinchine
epuis un an au moins au jour de la clôture des listes électo-
es. Toutefois, les indigènes naturalisés français et leurs des-
ndants ont le droit, comme nous le verrons plus loin, de
emander à être inscrits sur les listes électorales indigènes,
, s'ils en obtiennent l'autorisation, ils ne peuvent plus alors
re électeurs dans le collège français, sauf nouvelle demande
ce sens de leur part qui ne peut être formulée moins d'un
après leur inscription sur la liste électorale indigène. Sont
igibles tous les citoyens inscrits sur les listes électorales ou
stifiant avant le jour de l'élection qu'ils auraient dû y être
scrits, âgés de 25 ans accomplis et domiciliés en Cochinchine
puis deux ans au moins au jour de l'élection.

Les membres indigènes sont élus dans chaque circonscrip-
n, au suffrage restreint, par un collège électoral composé
s indigènes sujets français âgés de 25 ans, inscrits au rôle
l'impôt personnel dans la commune de Cochinchine où ils
t leur attache légale et rentrant en outre dans l'une des huit
tégories suivantes: propriétaires payant au moins 20$
mpôt foncier; — patentés depuis au moins trois ans à l'une des
premières classes ou hors classe; — titulaires d'un brevet de
nseignement primaire supérieur ou complémentaire ou d'un
lôme de l'enseignement secondaire ou de l'enseignement
périeur; — membres élus du Conseil municipal de Saigon, de
Chambre de Commerce de Saigon, de la Chambre d'Agri-
ture de la Cochinchine et membres des Conseils de pro-
ce; — fonctionnaires en service en Cochinchine depuis au moins
q ans dans les cadres supérieurs et secondaires des diverses
inistrations et services publics; — fonctionnaires en retraite

provenant des mêmes cadres ; — phu et huyên honoraires ; — chefs, sous-chefs de canton, ban-biên et sung-biên en exercice et notables des villages ayant rempli les fonctions communales pendant au moins trois ans ; — titulaires de la médaille militaire ou de la Croix de guerre. En outre, les indigènes natifs de Cochinchine admis à la qualité de citoyen français ou leurs descendants peuvent demander, dans les conditions fixées par un arrêté du Gouverneur Général du 26 août 1922, à ne pas figurer dans le corps électoral français et à être inscrits sur la liste électorale indigène de la circonscription où ils ont leur domicile depuis au moins un an et où ils sont portés au rôle d'une des contributions directes imposées aux Français. Il est statué sur leur demande par la commission chargée d'arrêter la liste électorale définitive de la circonscription. Ne peuvent être inscrits sur les listes électorales indigènes : les individus condamnés à une peine criminelle ou correctionnelle figurant à leur casier judiciaire ou à la privation du droit de vote et d'élection, les fonctionnaires destitués en suite de jugement et les militaires en activité de service. Sont éligibles les électeurs inscrits sur les listes électorales indigènes, âgés de 30 ans et ayant justifié, dans les conditions déterminées par un arrêté du Gouverneur en Conseil privé, d'une connaissance suffisante du français.

Sont inéligibles, aussi bien dans le collège électoral français que dans le collège électoral indigène, les fonctionnaires ou agents recevant un traitement quelconque de la métropole ou de la colonie, les entrepreneurs à titre permanent de services ou de travaux rétribués sur le budget local et les interdits.

La commission chargée de procéder à Saigon au recensement des votes et à la proclamation des résultats est composée en ce qui concerne les membres français, du président du tribunal de 1re instance de Saigon, d'un administrateur désigné par le Gouverneur et du juge de paix de Saigon ; en ce qui concerne les membres indigènes, de deux magistrats de première instance de la Cochinchine désignés par le Procureur général, de deux administrateurs et de deux fonctionnaires indigènes du grade de phu désignés par le Gouverneur. Tout électeur de la circonscription dans un délai d'un mois, et aussi le Gouverneur de la Cochinchine dans un délai de trois mois, peut réclamer contre une élection et en demander l'annulation au Conseil du Contentieux, sauf recours au Conseil d'État.

## § 2. — Fonctionnement

Le Conseil Colonial se réunit une fois chaque année en
session ordinaire sur la convocation du Gouverneur. La durée
de cette session ordinaire ne peut excéder vingt jours, mais
le Gouverneur peut la prolonger par un arrêté pris en
Conseil Privé.

Le Gouverneur peut également convoquer le Conseil en
session extraordinaire. L'arrêté de convocation, qui est pris
en Conseil privé, fixe l'objet de la session et sa durée.

A l'ouverture de chaque session ordinaire, le Conseil Colonial élit dans son sein, à la majorité et au scrutin secret,
un président, deux vice-présidents et deux secrétaires.

Les séances du Conseil Colonial, auxquelles le Gouverneur
a toujours le droit d'assister, sont publiques. Mais, sur la
demande de trois de ses membres, de son président ou du
Gouverneur, le Conseil peut décider qu'il se formera en
comité secret. Le président a seul la police de l'assemblée
et peut faire expulser les personnes qui troubleraient l'ordre.

Le Conseil Colonial ne peut délibérer valablement qu'autant que la moitié plus un de ses membres sont présents.
Au cas contraire, la session est renvoyée de plein droit au
troisième jour qui suit, et alors les délibérations sont valables
quel que soit le nombre des membres présents.

Le Conseil Colonial peut être suspendu, dissous ou prorogé
par un arrêté du Gouverneur Général. En cas de dissolution,
il doit être procédé dans un délai de trois mois à de nouvelles
élections.

Le mandat des membres du Conseil Colonial est gratuit,
mais les conseillers reçoivent à titre de frais de déplacement
une indemnité fixée par arrêté du Gouverneur Général du
décembre 1922.

## § 3. — Attributions

L'étendue des attributions du Conseil Colonial dépend
essentiellement de la nature des matières sur lesquelles il
porte. Tantôt ses délibérations sont définitives, sauf le droit
qui appartient à l'Administration d'empêcher leur mise à

exécution en les annulant. Tantôt elles sont provisoires et ne peuvent être exécutées qu'après approbation éventuelle par l'Administration. Tantôt elles n'ont que la portée d'un simple avis dépourvu de toute force exécutoire. Enfin elles peuvent parfois être nulles et de nul effet.

**A — *Délibérations définitives sauf annulation.*** — Ce sont celles qui portent :

1° — Sur l'acquisition, l'aliénation à titre gratuit ou de gré à gré, l'échange, le changement d'affectation et le mode de gestion des propriétés mobilières et immobilières de la colonie, quand ces propriétés ne sont pas affectées à un service public (à noter cependant que l'aliénation aux enchères des terrains domaniaux peut avoir lieu sur la seule autorisation du Gouverneur en Conseil Privé pour les superficies inférieures à mille hectares et sur celle du Gouverneur Général en Commission permanente pour celles supérieures à mille hectares) ;

2° — Sur les baux des biens donnés ou pris à ferme ou à loyer, quelle qu'en soit la durée ;

3° — Sur les actions intentées ou à soutenir au nom de la colonie, sauf le cas d'urgence, auquel cas le Gouverneur peut intenter toute action ou y défendre sans autorisation préalable du Conseil et faire tous actes conservatoires ;

4° — Sur les transactions concernant les droits de la colonie ;

5° — Sur l'acceptation ou le refus des dons et legs faits à la colonie sans charge ni affectation immobilière, quand ces dons et legs ne donnent pas lieu à réclamations ;

6° — Sur le classement, la direction et le déclassement des routes locales ;

7° — Sur les offres faites par les communes, les associations ou les particuliers pour concourir à la dépense des routes, canaux ou autres travaux à la charge de la colonie ;

8° — Sur les concessions à des associations ou à des particuliers de travaux d'intérêt local ;

9° — Sur la part contributive de la colonie dans les dépenses des travaux à exécuter par l'État et qui intéressent la colonie ;

10° — Sur les projets, plans et devis des travaux exécutés sur le budget de la colonie ;

11° — Sur les assurances des propriétés mobilières et immobilières de la colonie.

Les délibérations sur ces matières deviennent exécutoires de plein droit si, dans un délai de deux mois à partir de la clôture de la session, le Gouverneur de la Cochinchine n'a pas demandé au Gouverneur Général d'en prononcer l'annulation en Commission permanente pour excès de pouvoir ou violation des lois et règlements.

B) — *Délibérations exécutoires seulement après approbation.* — Ce sont celles qui portent :

1o — Sur l'établissement du budget local, et en particulier sur la part des contributions directes que la Cochinchine consent à abandonner aux budgets municipaux ;

2o — Sur le mode d'assiette, les tarifs et les règles de perception des contributions directes et de toutes taxes à percevoir au profit de la colonie, à l'exception de celles afférentes aux droits de douane et d'octroi de mer ;

3o — Sur l'acquisition, l'aliénation, l'échange des propriétés de la colonie affectées à un service public ;

4o — Sur les conditions d'exploitation par la colonie des travaux destinés à un usage public et sur les tarifs à percevoir ;

5o — Sur les emprunts à contracter par la colonie et les garanties pécuniaires à consentir (à noter que le Conseil colonial ne pourrait délibérer utilement dans cet ordre d'idées que si la réglementation actuellement en vigueur concernant les emprunts coloniaux venait à être modifiée ; en effet, aux termes de cette réglementation, telle qu'elle résulte de la loi du 13 juillet 1911 et de l'article 87 du décret du 30 décembre 1912, seule l'Indochine peut contracter un emprunt et cette possibilité n'appartient plus à aucun des pays, considérés isolément, qui la composent) ;

6o — Sur l'acceptation ou le refus des dons et legs faits à la colonie s'ils sont grevés de charges ou d'affectations immobilières ou s'ils donnent lieu à réclamation.

L'approbation de ces délibérations est donnée par un arrêté du Gouverneur Général en Conseil de Gouvernement dans le cas n° 1 (toutefois, s'il s'agit d'un abandon d'impôt au profit de la ville de Saigon, un décret est nécessaire), par un arrêté du Gouverneur Général en Conseil de Gouvernement ou en Commission permanente dans les cas n°s 2, 3 et 4, enfin par un décret en Conseil d'État pris sur l'avis conforme du Gouverneur Général en Conseil dans les cas nᵒˢ 5 et 6 (sous cette réserve toutefois qu'une loi sera nécessaire si la colonie désireuse de contracter un emprunt demande que l'État français donne sa garantie au service de cet emprunt ou si cette garantie a déjà été donnée à un emprunt antérieur).

**C) — *Délibérations constituant simplement avis*.** — Le Conseil Colonial doit être obligatoirement consulté par le Gouverneur sur les changements proposés à la circonscription des territoires des arrondissements, des cantons et des communes, sur les objets intéressant le développement d'ensemble des œuvres d'enseignement et d'assistance sociale, sur le programme des grands travaux publics à exécuter en Cochinchine au compte du budget général et sur leur ordre d'urgence, sur les tarifs d'octroi de mer (dans le cas où cette contribution serait établie en Cochinchine), sur les exceptions demandées aux tarifs douaniers de la métropole et généralement sur les questions douanières pour lesquelles les lois et règlements prévoient sa consultation.

En outre, il donne son avis sur toutes les questions qui lui sont soumises par le Gouverneur.

D'autre part, le Conseil Colonial peut adresser au Ministre des Colonies, par l'intermédiaire de l'Administration, les réclamations qu'il aurait à présenter dans l'intérêt de la colonie. Mais toutes délibérations ou vœux ayant trait à la politique lui sont interdits.

**D) — *Délibérations nulles et de nul effet*.** — Tout acte et toute délibération du Conseil Colonial relatifs à des objets qui ne sont pas légalement dans ses attributions sont nuls et de nul effet.

Toute délibération prise par lui hors du temps des sessions ou hors du lieu des séances est nulle et de nul effet.

Toute délibération accordant un avantage direct ou indirect quelconque à un fonctionnaire ou à une catégorie de fonctionnaires, autrement que sur la proposition de l'Administration est nulle et de nul effet.

Dans ces divers cas, la nullité doit être déclarée par arrêté du Gouverneur en Conseil Privé.

### § 4. — Commission permanente

Par décret du 3 novembre 1910 modifié le 9 juin 1922, il a été institué une Commission permanente du Conseil Colonial, élue dans son sein par cette assemblée et auprès de laquelle le Gouverneur exerce les mêmes attributions que celles dont il est investi à l'égard du Conseil Colonial.

La Commission permanente est élue chaque année à la fin de la session ordinaire du Conseil, se compose de cinq membres au moins et sept au plus dont deux membres indigènes et est présidée par le plus âgé de ses membres français. Elle nomme elle-même son secrétaire dans son sein.

Les membres de la Commission sont indéfiniment rééligibles. Mais leurs fonctions sont incompatibles avec celles de maire et avec le mandat de député et ils ne reçoivent ni traitement ni indemnité.

La Commission permanente prend ses délibérations à la pluralité des voix, la voix du président étant prépondérante en cas de partage, mais elle ne peut délibérer valablement que si la majorité de ses membres sont présents.

Elle se réunit sur une convocation faite par un arrêté du Gouverneur en Conseil Privé qui fixe la durée et l'objet de a session.

La Commission règle les affaires qui lui sont soumises dans a limite de la délégation qui lui est faite, donne son avis au ouverneur sur toutes les questions qu'il lui soumet et peut ème, mais seulement en cas d'urgence ou de nécessité émontrée et sur la proposition du Gouverneur ou de son élégué, modifier la répartition des crédits inscrits au budget our les travaux publics sous la réserve que le total de ces rédits ne subisse ni augmentation ni diminution.

En cas de conflit entre la Commission et l'Administration, mme aussi dans le cas où la Commission aurait outrepassé es attributions, le Conseil Colonial doit être immédiatement onvoqué en session extraordinaire, statue sur les faits qui i sont soumis et peut alors, s'il le juge convenable, procéder la nomination d'une nouvelle Commission permanente.

A l'ouverture de la session ordinaire du Conseil Colonial, Commission lui fait un rapport sur l'ensemble de ses travaux lui soumet toutes les propositions qui lui paraissent utiles.

# ARTICLE V

## *ASSEMBLÉES CONSULTATIVES INDIGÈNES*

Ces assemblées sont : au Tonkin et en Annam, une Chambre consultative indigène ; au Cambodge et au Laos, une Assemblée consultative indigène ; à Kouang-Tchéou-Wan, un Conseil consultatif indigène. Ainsi que l'indiquent leurs dénominations, leur rôle se borne à donner des avis aux Chefs d'Administration locale, mais ces avis doivent obligatoirement être demandés dans certains cas. D'autre part, encore bien moins que du Conseil Colonial on ne peut dire de ces assemblées qu'elles représentent effectivement l'ensemble de la population indigène, car leurs membres sont soit nommés par l'autorité administrative soit élus au suffrage restreint par des collèges électoraux peu nombreux.

Nous étudierons spécialement la Chambre consultative indigène du Tonkin, la plus ancienne de ces assemblées et dont l'organisation a servi de modèle à toutes. Nous passerons ensuite rapidement en revue, dans l'ordre des dates de leur institution, les autres organismes de l'espèce.

### § 1. — CHAMBRE CONSULTATIVE INDIGÈNE DU TONKIN

Elle a été créée par un arrêté du Gouverneur Général du 19 mars 1913 modifié le 9 avril 1920 et complété par un arrêté du 25 mars 1913 du Résident Supérieur au Tonkin modifié lui-même le 7 septembre 1922.

**A) — *Composition et formation*. —** La Chambre consultative se compose :

1° — de représentants de la population élus à raison de un pour 20.000 contribuables. Ces représentants sont choisis par un collège électoral comprenant : les chefs et sous-chefs de canton (à Hanoï, à Haiphong et à Nam-dinh, les chefs de quartier) ; les anciens fonctionnaires retraités et les fonctionnaires de l'administration indigène ; les titulaires des grades de l'enseignement indigène, des diplômes de l'enseignement primaire supérieur, secondaire et supérieur français, du diplôme de fin d'études de l'enseignement complémentaire; les titulaires d'un grade de mandarinat; les anciens sous-officiers retraités des armées de terre et de mer et de la Garde indigène; les chánh-hương-hội et les phó-hương-hội des villages (à Hanoi, Haiphong et Nam-dinh, les chefs de rue); les secrétaires interprètes et assimilés employés dans les services de l'Administration française;

2º — de patentés annamites élus par les commerçants à raison de un pour 200 à 500 patentés, deux pour 501 à 2000 patentés, trois à partir de 2001 patentés. Les provinces ne comptant pas 200 patentés peuvent être réunies à la province voisine pour ne former avec elle qu'une seule circonscription électorale;

3º — de fonctionnaires et notables de la haute et moyenne région nommés par le Résident Supérieur sur la proposition des chefs de province intéressés et dans une proportion déterminée par arrêté du Résident Supérieur.

Sont électeurs tous les indigènes mâles âgés de 21 ans révolus et inscrits sur les listes électorales, sauf les fonctionnaires et agents révoqués de leurs fonctions et les individus condamnés par les tribunaux français ou indigènes.

Sont éligibles tous les indigènes n'ayant été ni révoqués ni condamnés comme dit ci-dessus, sauf les militaires et gardes indigènes, les fonctionnaires indigènes du Protectorat et des services dépendant du Gouvernement Général et les fonctionaires de l'administration indigène.

En ce qui concerne l'élection des représentants de la population, chaque province ou territoire, ainsi que les villes de Hanoi et Haiphong, est divisé en un certain nombre de circonscriptions électorales pour chacune desquelles est établie une liste électorale distincte où les électeurs sont groupés par huyên, canton et village. Au contraire, pour l'élection des patentés, la liste est unique pour toute la province ou toute la ville. Ces listes sont dressées tous les ans, dans la deuxième quinzaine de novembre, par une commission composée de l'Administrateur-Résident, président, et des mandarins provinciaux. Cette commission statue jusqu'au 20 janvier sur les contestations relatives à la liste électorale, sauf appel pouvant être formé dans le délai d'un mois de sa décision devant une commission administrative composée du Résident Supérieur ou de son délégué assisté de deux hauts mandarins, laquelle doit elle-même statuer sur ces appels avant le 20 février.

Les élections ont lieu sous la présidence d'un fonctionnaire européen délégué du chef de province assisté d'un fonctionnaire indigène délégué du Tổng-đốc ou Tuần-phủ et de deux électeurs. Tout candidat doit déposer à la Résidence ou au siège du phu ou du huyên, quinze jours au moins avant l'élection, sa déclaration de candidature. Nul n'est élu au premier tour de scrutin s'il n'a réuni à la fois la majorité absolue des suffrages exprimés et un nombre de suffrages égal au quart de celui des électeurs inscrits. Si ces conditions n'ont pas été réalisées, il est procédé à un second tour de scrutin dont la date a été d'avance uniformément fixée par l'arrêté de convocation du collège électoral. Au second tour de scrutin, l'élection a lieu à la majorité des suffrages exprimés, quel que soit le nombre des votants.

Toutes contestations relatives aux opérations de l'élection doivent être présentées au Résident dans les cinq jours de l'élection et sont jugées administrativement en premier ressort par le chef de province assisté des mandarins provinciaux (à Hanoi et à Haiphong, par le maire assisté de deux mandarins désignés par le Résident Supérieur). Appel des décisions ainsi rendues peut, dans le délai d'un mois à compter de la notification aux parties, être porté devant une commission administrative composée du Résident Supérieur ou de son délégué assisté de deux hauts mandarins. Le résultat définitif des élections est approuvé par le Gouverneur Général et les élus reçoivent un brevet du Résident Supérieur, ainsi que le titre de *thương-nghị-hội-viên*.

La durée du mandat à la Chambre consultative est de trois ans et ce mandat est indéfiniment renouvelable. Mais sont déchus de leurs titres et prérogatives les membres qui pendant la durée de leur mandat auront subi devant les tribunaux français ou les juridictions indigènes des condamnations afflictives ou infamantes, ceux qui auront disparu depuis plus de trois mois sans faire connaître le lieu de leur nouvelle résidence, enfin les fonctionnaires et notables représentants de la haute région qui auront été révoqués de leurs fonctions administratives. La déchéance est prononcée par arrêté du Gouverneur Général à l'égard des représentants de la population et des patentés et par arrêté du Résident Supérieur à l'égard des représentants de la haute et de la moyenne régions. En outre, sont considérés comme démissionnaires les membres de la Chambre consultative qui n'auraient pas siégé pendant toute la durée d'une session sans s'être fait excuser, ceux qui auraient accepté une fonction rétribuée sur les fonds du budget local ou du budget général (à l'exception bien entendu des représentants de la haute et de la moyenne régions), enfin les fonctionnaires de la haute et de la moyenne régions appelés à continuer leurs services dans une province autre que celle qu'ils représentaient à la Chambre.

B) — *Fonctionnement*. — La Chambre consultative se réunit chaque année à Hanoi dans la dernière quinzaine de juin ur la convocation du Résident Supérieur. La durée de la ession est de dix jours, mais peut être prolongée. En sens nverse, la Chambre consultative peut être dissoute par arrêté du Gouverneur Général sur la proposition motivée du Résient Supérieur. Ses membres ont droit, à l'occasion des sessions, ux transports et aux mêmes indemnités de route et de séjour ue les fonctionnaires indigènes de rang élevé.

La Chambre procède, dans sa première séance, à l'élection u scrutin secret d'un bureau composé de sept membres qui lit à son tour dans son sein un président, un secrétaire et un ecrétaire adjoint.

Ses votes sont émis, soit au scrutin secret, soit à mains vées, en séance non publique.

Un fonctionnaire français est délégué par le Résident upérieur à la disposition de la Chambre pour lui fournir utes explications utiles.

C) — *Attributions*. — La Chambre consultative est obligairement consultée sur le budget des recettes et les prévisions s dépenses d'intérêt économique et d'intérêt social inscrites budget local du Tonkin.

Elle est appelée également à donner son avis sur toutes questions sur lesquelles l'Administration juge à propos de consulter. Ces questions doivent lui être soumises quinze jours avant l'ouverture de la session. Elles doivent porter sur des sujets d'ordre général susceptibles d'intéresser la population indigène et sont posées à la Chambre par écrit dans des notes rédigées en français, en quốc-ngữ et en caractères.

Les vœux que la Chambre peut émettre sur toutes autres questions que celles indiquées aux deux alinéas précédents ne peuvent être discutés qu'après avoir été communiqués par l'intermédiaire du président au Résident Supérieur, lequel décide s'il y a lieu ou non d'inscrire l'examen de ces vœux à l'ordre du jour d'une des séances de la session.

Enfin, tous vœux politiques sont interdits.

## § 2. — Autres assemblées consultatives indigènes

A) — *Cambodge.* — L'*Assemblée consultative indigène* de ce pays a été créée par une ordonnance royale du 18 mars 1913 modifiée par une seconde du 10 juillet 1921, textes rendus exécutoires par arrêtés du Gouverneur Général du 1er avril 1913 et du 15 février 1922.

Elle se compose exclusivement de membres élus qui sont: pour la ville de Phnom-Penh, deux membres élus par les chefs de quartier; pour chaque province, un nombre de membres égal au quart de celui des membres élus du Conseil de résidence. Le collège qui élit les représentants des provinces comprend les conseillers élus et anciens conseillers élus des Conseils de résidence, les fonctionnaires et anciens fonctionnaires retraités ou démissionnaires de l'administration indigène, enfin les titulaires des diplômes de l'enseignement du deuxième degré et au-dessus. Sont éligibles, à condition d'avoir au moins 30 ans, les membres élus et anciens membres des Conseils de résidence, les fonctionnaires retraités de l'administration indigène et les chefs et anciens chefs de quartier de Phnom-Penh. Le mandat est de trois ans, avec possibilité indéfinie de réélection.

Sauf que son bureau ne compte que cinq membres au lieu de sept et qu'elle ne peut être dissoute que par le Roi du Cambodge d'accord avec le Résident Supérieur; le fonctionnement de cette assemblée est le même que celui de la Chambre du Tonkin. Ses attributions sont identiques.

B) — **Annam**. — La *Chambre consultative indigène* de ce pays a été créée par une ordonnance royale du 19 avril 1920 rendue exécutoire par arrêté du Gouverneur Général du 12 mai 1920 et complétée par des arrêtés du Résident Supérieur des 24 mai 1920, 29 décembre 1922 et 27 mars 1923.

La composition de cette Chambre a été à peu près calquée sur celle de l'assemblée similaire du Tonkin. Toutefois, les délégués des communes au sein du collège électoral qui élit les représentants de la population, au lieu d'être des agents qualifiés de plein droit à raison de leurs fonctions communales, sont choisis par le Cơ-Mật parmi les lý-trưởng, phó-lý et notables à raison de un délégué par village comptant au plus 50 inscrits et de deux délégués dans les villages comptant plus de 50 inscrits. D'autre part, les représentants des commerçants sont élus à raison de un pour 50 patentés ou fraction de 50, au lieu de 200 comme au Tonkin. Les deux hauts mandarins membres de la commission d'appel qui statue en dernier ressort sur les contestations doivent appartenir au Cơ-Mật. Enfin, aucune disposition n'a été prévue concernant les déclarations de déchéance ou de démission d'office.

Le fonctionnement de cette assemblée est aussi réglé de la même façon qu'au Tonkin, sauf que sa session ordinaire annuelle a lieu dans la première quinzaine d'août et que la durée normale de cette session n'est que de six jours.

Ses attributions sont les mêmes que celles de la Chambre de Hanoi.

C) — **Kouang-Tchéou-Wan**. — Le *Conseil consultatif indigène* institué pour cette possession par arrêté du 14 septembre 1922 est présidé par l'Administrateur en chef ou son délégué et comprend un représentant de la population chinoise de Fort-Bayard, deux de celle de Tché-Kam et sept représentants de la population rurale des délégations. Tous sont élus au suffrage restreint par un collège électoral peu nombreux dont la composition varie selon qu'il s'agit des représentants urbains ou des représentants ruraux. La durée de leur mandat est de quatre ans. Sont éligibles tous les Chinois âgés de plus de 30 ans, nés ou domiciliés depuis au moins dix ans dans le territoire et n'ayant pas subi de condamnation. Les contestations relatives aux élections sont jugées en premier et dernier ressort par la commission de révision des jugements du tribunal mixte. La session ordinaire a lieu en juillet et dure huit jours. Les attributions de ce conseil sont à peu près les mêmes que celles des assemblées précédentes.

D) — **Laos**. — Une *Assemblée consultative indigène* a été instituée au Laos par arrêté du Gouverneur Général du 27 avril 1923. Le collège électoral qui la constitue, à raison de deux membres élus pour trois ans dans chaque province parmi les membres non fonctionnaires des Conseils consultatifs provinciaux et les anciens fonctionnaires ou tassengs de l'administration indigène, comprend les membres des Conseils consultatifs provinciaux, les anciens fonctionnaires retraités ou démissionnaires, les fonctionnaires ou tassengs en service et les titulaires du certificat d'études primaires et des diplômes supérieurs. En plus de ces membres élus, l'assemblée comprend aussi des membres désignés par le Résident Supérieur, à raison d'un chao-muong par province et de deux délégués du Roi de Luang-Prabang pour ce royaume. Il n'y a pas de liste électorale. Les contestations relatives aux élections sont jugées en premier ressort comme au Tonkin, en appel par le Résident Supérieur statuant seul. La session annuelle ordinaire, au début de juin, est de dix jours. Le bureau de l'Assemblée comprend cinq membres et la procédure des séances est fixée par un arrêté du Résident Supérieur du 15 juillet 1923. De même que pour le Conseil consultatif de Kouang-Tchéou-Wan, sa dissolution peut être prononcée par le Chef de l'Administration locale. Enfin, ses attributions sont les mêmes que celles vues ci-dessus.

# ARTICLE VI

## *CHAMBRES DE COMMERCE ET D'AGRICULTURE*

Il existe, en Indochine, des Chambres de Commerce (appelées aussi *Chambres consulaires*), des Chambres d'Agriculture et des Chambres mixtes de Commerce et d'Agriculture. Elles sont instituées, sur la proposition du Gouverneur ou du Résident Supérieur intéressé, par arrêté du Gouverneur Général en Conseil de Gouvernement (dont l'avis, s'il s'agit d'une Chambre d'Agriculture, peut être remplacé par celui de sa Commission permanente).

### § 1. — Chambres de Commerce

Il y a trois Chambres de Commerce en Indochine : une en Cochinchine, créée par arrêté du Gouverneur de la Cochinchine du 30 septembre 1868, qui siège à Saigon et dont le ressort s'étend à toute la Cochinchine ; deux au Tonkin, à Haiphong et à Hanoi, créées par arrêté du Résident Général du 3 juin 1886 et qui ont pour circonscriptions respectives, la première toutes les provinces maritimes du Tonkin plus celle de Hung-ên, la deuxième toutes les autres provinces du Tonkin et aussi celles de Thanh-hoa, Nghê-an et Ha-tinh en Annam.

Leur statut est actuellement fixé par un décret du 27 mai 922, complété par deux arrêtés du Gouverneur Général du août et du 27 octobre 1922, le premier modifié le 14 mai 923 pour la Chambre de Commerce de Saigon et le second odifié le 13 février 1923 pour celles de Hanoi et Haiphong.

Quant aux deux chambres de commerce chinoises existant Cholon (Cochinchine) et à Tché-Kam (Kouang-Tchéou-Wan), ous ne les mentionnerons que pour mémoire, ces associa-ions privées de commerçants chinois n'étant pas officiellement econnues par l'Administration et fonctionnant en dehors de on intervention.

A) — *Composition et formation.* — Le nombre des mem-res français et indigènes de chaque Chambre de Commerce, insi que la circonscription de la Chambre, sont fixés par l'arrêté u Gouverneur Général qui l'institue. Toutefois, ce nombre ne eut être ni inférieur à 11 ni supérieur à 21. Il est actuelle-ent de 16 Français et 4 Annamites pour chacune des trois hambres.

En plus de ces membres titulaires, lesquels sont élus dans s conditions que nous allons voir, chaque Chambre de

Commerce peut désigner elle-même dans l'étendue de sa circonscription autant de *membres correspondants* qu'elle compte de membres titulaires.

Les membres titulaires français sont élus par les Français et Françaises de la circonscription, âgés de 21 ans, ayant au moins six mois de séjour en Indochine (cette condition n'a pas été prévue pour la Chambre de Commerce de Saïgon) et payant patente, soit en leur nom personnel, soit comme directeur ou fondé de pouvoirs d'une maison commerciale ou industrielle qui, pour les Chambres de Commerce de Hanoi et de Haiphong, doit être de nationalité française ; les courtiers experts et les courtiers en marchandises sont également électeurs.

Les membres titulaires indigènes sont élus par les commerçants et commerçantes indigènes âgés de 25 ans, payant une patente de quatrième classe au moins et établis dans la circonscription depuis plus de deux ans, ainsi que par les directeurs et directrices de sociétés commerciales formées entre indigènes conformément à la loi française.

Dans les deux cas, sont frappés d'incapacité électorale les individus condamnés soit pour des crimes soit pour certains délits graves prévus par le Code pénal ou le Code de commerce et énumérés par les arrêtés précités des 9 août et 27 octobre 1922 ; ceux condamnés pour contravention aux lois sur les maisons de jeu, les loteries et les maisons de prêts sur gages ; les officiers ministériels destitués ; les faillis non réhabilités ; les individus frappés d'incapacité électorale aux élections législatives métropolitaines.

Pour chacune des deux catégories (membres français et membres indigènes), la liste électorale est établie dans chaque circonscription par une commission qui est présidée par le président du tribunal de commerce siégeant dans la circonscription de la Chambre et qui comprend un juge de ce tribunal désigné par le premier président de la Cour d'appel, deux membres français et un membre annamite de la Chambre de Commerce désignés par elle, un fonctionnaire désigné par le Chef de l'Administration locale et qui, au Tonkin, est le maire de Hanoi ou de Haiphong, enfin, mais au Tonkin seulement, deux commerçants annamites notables désignés par le Chef de l'Administration locale. Les réclamations contre l'établissement de la liste électorale sont portées devant le Tribunal de première instance sauf appel devant la Cour.

Le jour de l'élection est fixé par arrêté du Chef de l'Administration locale, qui désigne également le président du bureau de vote, autant que possible parmi les membres non sortants de la Chambre. Cette élection a lieu au scrutin de liste dans la ville où siège la Chambre de Commerce. Toutefois, les électeurs français résidant en dehors de la ville où se tient la Chambre sont admis à voter par correspondance. Nul n'est élu au premier tour s'il n'a réuni la moitié plus un des suffrages exprimés et un nombre de voix égal au quart du nombre des électeurs inscrits ; au deuxième tour, qui a lieu de plein droit quatorze jours après le premier, la majorité relative suffit. Les réclamations contre les opérations électorales doivent être formulées dans les cinq jours de l'élection si elles proviennent d'un électeur et dans les quinze jours si elles proviennent du Chef de l'Administration locale ; le Conseil du Contentieux statue, sauf recours au Conseil d'État.

Sont éligibles, dans chacune des deux catégories de membres titulaires, les électeurs français ayant 25 ans accomplis et les électeurs indigènes ayant 30 ans et patentés au moins à la deuxième catégorie (à Saigon, au moins à la deuxième classe). Toutefois, deux ou plusieurs personnes appartenant à un titre quelconque à une même maison ou société ne peuvent faire en même temps partie de la même Chambre.

Les membres des Chambres de Commerce sont élus pour quatre ans et renouvelés par moitié tous les deux ans. Ils sont indéfiniment rééligibles.

Sont déclarés de plein droit démissionnaires les membres qui pendant la durée de leur mandat ont cessé de réunir les conditions d'éligibilité à la Chambre. Peuvent être déclarés démissionnaires par arrêté du Gouverneur Général après avis de la Chambre les membres qui se sont abstenus pendant trois mois et sans motifs légitimes de se rendre aux convocations de la Chambre, ceux dont l'absence de la colonie se prolonge au-delà d'un an et ceux qui n'auront pas pris leurs fonctions dix mois après leur élection.

En cas de plusieurs vacances par décès, démission ou pour toute autre cause ayant réduit la Chambre aux trois quarts de ses membres, il est procédé à une élection complémentaire dans un délai de deux mois à dater de la dernière vacance. Toutefois, dans l'année qui précède le renouvellement partiel biennal, l'élection complémentaire est reportée à l'époque de ce renouvellement, à moins que la Chambre ait perdu la moitié de ses membres.

B) — *Fonctionnement.* — Les Chambres de commerce nomment dans leur sein, à la majorité des voix des membres présents à la première séance, un président, un vice-président, un secrétaire et un trésorier, lesquels constituent le bureau de la Chambre. Ce bureau est renouvelé après chaque élection partielle biennale et ses membres sont rééligibles.

Les délibérations des Chambres de Commerce sont prises à la majorité absolue des votants, mais elles ne sont valables que si la moitié au moins des membres ont été présents à la séance. Chaque séance donne lieu à l'établissement d'un procès-verbal dont une copie est envoyée au Chef de l'Administration locale qui la transmet à son tour au Gouverneur Général, au Directeur des Douanes et au Directeur des Affaires économiques.

Le Chef de l'Administration locale a entrée dans les Chambres de Commerce situées dans son ressort et y a voix consultative. Il en est de même des membres correspondants de la Chambre.

Pour le surplus, il appartient à chaque Chambre d'établir elle-même son règlement intérieur.

C) — *Attributions.* — Les Chambres de Commerce sont des établissements publics. Organes auprès de l'autorité administrative des intérêts commerciaux et industriels de leur circonscription, elles ont pour attributions de donner à cette autorité les avis et les renseignements qui leur sont demandés ou qu'elles croient devoir lui donner spontanément sur les questions commerciales et industrielles et notamment sur les changements projetés dans la législation commerciale, sur l'état du commerce et de l'industrie et les moyens d'en accroître la prospérité, sur les tarifs de douane, sur les tarifs et règlements des établissements à l'usage du commerce. Elles doivent être obligatoirement consultées par l'Administration sur les règlements relatifs aux usages commerciaux, sur la création dans leur circonscription de nouvelles Chambres de Commerce ou d'établissements à l'usage du commerce, sur les taxes destinées à rémunérer les services de transports concédés dans leur circonscription par l'Administration, sur les tarifs de main-d'œuvre pour le travail dans les prisons et sur toutes les matières déterminées par des lois ou des règlements spéciaux.

Elles peuvent être autorisées soit à fonder et à administrer des établissements à l'usage du commerce, soit à administrer avec l'assentiment des fondateurs ou ayants-droit les mêmes établissements fondés par l'initiative privée ou par l'autorité administrative. C'est ainsi par exemple que la Chambre de Commerce de Haiphong administre les docks de ce port. Ces autorisations sont données par le Gouverneur Général et les taxes et prix à percevoir par les Chambres pour assurer le fonctionnement de ces établissements doivent être homologués par le Chef de l'Administration locale, sous réserve d'un maximum de tarif fixé par le Gouverneur Général.

Elles peuvent, avec l'autorisation du Gouverneur Général en Conseil de Gouvernement, acquérir ou construire des bâtiments pour leur propre installation ou pour celle d'établissements à usage du commerce et aussi, après avis de l'Inspecteur général des Travaux publics, être déclarées concessionnaires de travaux publics, notamment de ceux qui intéressent les ports fluviaux ou maritimes (sauf celui de Saigon) ou les voies navigables. Elles peuvent aussi être autorisées dans la même forme à contracter des emprunts ; toutefois, si l'emprunt est projeté en vue de l'exécution de travaux publics ou de l'établissement de services publics, l'autorisation doit résulter d'un décret.

Les Chambres de Commerce sont dotées d'un budget autonome qu'elles votent elles-mêmes et qui est alimenté principalement par une taxe additionnelle à la contribution des patentes et par une subvention éventuelle du budget local. En outre de ces *budgets ordinaires*, les Chambres de Commerce qui ont été autorisées à administrer des établissements à l'usage du commerce tiennent pour ces établissements des *budgets spéciaux*. Ces derniers budgets et les comptes auxquels ils donnent lieu sont approuvés par le Chef de l'Administration locale, de même que le tableau d'amortissement annuel des emprunts que les Chambres peuvent avoir été autorisées à contracter.

Les Chambres de Commerce correspondent avec le Gouverneur Général par l'intermédiaire du Chef de l'Administration locale.

### § 2. — CHAMBRES D'AGRICULTURE

Il y a deux Chambres d'Agriculture en Indochine : la Chambre d'Agriculture de la Cochinchine, créée par arrêté du Gouverneur Général du 30 avril 1897 et qui a cette colonie comme circonscription, avec siège à Saigon ; la Chambre d'Agriculture du Tonkin et du Nord-Annam, créée par arrêté du Gouverneur Général du 10 février 1894 et dont la circonscription comprend le Tonkin et les trois provinces annamites de Thanh-Hoa, Nghê-An et Ha-Tinh, avec siège à Hanoi.

Leur organisation, qui résulte d'un arrêté du Gouverneur Général du 30 novembre 1909 modifié par arrêtés des 10 mai 1910, 2 juillet 1912, 27 mars 1914 et 2 septembre 1916, est analogue à celle des Chambres de Commerce : aussi, dans tous ce qui va suivre à leur sujet, nous bornerons-nous à signaler uniquement les différences existant entre ces deux organisations, étant bien entendu que, pour tout ce dont il ne sera pas parlé, on devra se reporter au paragraphe précédent.

A) — *Composition et formation.* — Le nombre des membres titulaires est compris entre dix et vingt dont un cinquième de membres indigènes. Ces derniers ne sont pas élus, mais nommés par le Chef de l'Administration locale. Ce nombre est actuellement de dix dont deux indigènes à Saigon et de douze dont deux indigènes à Hanoi. Il n'y a pas de membres correspondants, au sens où l'on entend ce titre pour les Chambres de Commerce.

Sont électeurs pour l'élection des membres français, à condition de jouir de leurs droits civils et politiques, tous les citoyens français âgés de 21 ans qui au moment de la clôture de la liste électorale sont établis depuis un an au moins dans la circonscription de la Chambre et qui rentrent dans une des catégories ci-après : 1° / propriétaires, copropriétaires ou usufruitiers de biens ruraux ou associés d'une société en nom collectif ayant pour objet une exploitation agricole et propriétaire de biens ruraux ; 2° / colons se livrant à une exploitation agricole en qualité de fermiers ou métayers d'un propriétaire citoyen français ; 3° / le président du conseil d'administration et un administrateur-délégué des sociétés anonymes propriétaires de biens ruraux, ayant pour objet une exploitation agricole, constituées et ayant leur siège social en pays français ; 4° / les gérants d'une exploitation agricole appartenant à un citoyen français ou d'une société agricole en commandite simple ou par actions constituée et ayant son siège en pays français.

La commission chargée de l'établissement de la liste électorale est présidée par un administrateur des Services Civils délégué par le Chef de l'Administration locale et comprend un magistrat désigné par le Procureur général et trois membres désignés par le Chef de l'Administration locale parmi les membres non sortants de la Chambre d'Agriculture ou, à défaut, parmi les colons notables. Les réclamations contre l'établissement de cette liste sont jugées en dernier ressort par la commission elle-même. Il est procédé aux élections à la date fixée par le Chef de l'Administration locale, au lieu indiqué par l'arrêté qui a institué la Chambre et en conformité des règles suivies en matière d'élections municipales, sauf que le vote par correspondance est admis dans les mêmes conditions que pour les Chambres de Commerce. Le président du bureau est désigné par le président de la Chambre d'Agriculture parmi les membres non sortants de cette Chambre. Les élections ont lieu à la majorité relative, même au premier tour.

Les conditions d'éligibilité sont les mêmes que celles de l'électorat. Toutefois, deux ou plusieurs personnes appartenant à la même exploitation agricole ne peuvent faire partie en même temps de la Chambre d'Agriculture, à moins qu'elles remplissent également les conditions d'éligibilité comme appartenant à une exploitation ou société non représentée à la Chambre. Les réclamations contre les opérations électorales doivent être portées, dans les dix jours qui suivent la clôture de ces opérations, devant le Conseil du Contentieux, lequel statue en dernier ressort dans un délai de quinze jours ou d'un mois selon que la réclamation a été portée par un électeur ou par le Chef de l'Administration locale, ces deux délais courant à compter de l'expiration du précédent délai de dix jours.

L'absence de la colonie pendant plus d'un an n'est pas un cas permettant de déclarer démissionnaires les membres absents, pas plus que celui où dix mois se seraient écoulés sans que le membre intéressé ait pris les fonctions auxquelles il a été appelé.

B) — *Fonctionnement*. — L'élection des membres du bureau des Chambres d'Agriculture est faite au premier et au deuxième tour à la majorité absolue des membres présents à la première séance, et, au troisième tour seulement, à la majorité relative. Cette première séance est présidée par le Chef de l'Administration locale. Les fonctions de secrétaire et de trésorier peuvent se cumuler et même être confiées à des personnes choisies en dehors de la Chambre, mais qui alors n'ont que voix consultative.

Le Chef de l'Administration locale peut se faire représenter aux séances par le chef ou un inspecteur des Services agricoles locaux. Il a également le droit d'inviter le président de la Chambre à la convoquer sur sa demande.

C) — *Attributions*. — A la différence des Chambres de Commerce, les Chambres d'Agriculture n'ont pas la qualité d'établissement public. Mais, organes auprès de l'autorité administrative des intérêts de l'agriculture et de l'élevage, elles ont pour attributions de donner à cette autorité leurs avis et renseignements sur les questions d'intérêt agricole qui leur sont soumises, et notamment sur les changements projetés dans la législation agricole, sur les tarifs douaniers, sur la règlementation de la main d'œuvre, sur les contrats d'ouvriers et de métayers, sur l'établissement et les règlements des Chambres d'Agriculture, sur l'exécution des travaux d'irrigation et de routes, sur l'organisation des services publics pouvant intéresser l'agriculture, sur l'établissement de banques locales et de warrants agricoles, sur la sécurité des colons et la protection de leurs propriétés, sur l'état de l'agriculture et sur les moyens d'en accroître la prospérité.

Dans les mêmes conditions que les Chambres de Commerce, les Chambres d'Agriculture peuvent être autorisées à administrer des établissements à l'usage de l'agriculture, à acquérir ou à construire des bâtiments pour leur propre installation ou pour celle d'établissements à l'usage de l'agriculture, à recevoir la concession de travaux publics (notamment ceux qui intéressent les travaux d'irrigation, les voies de communication rurale, fluviale ou routière et les travaux de défense contre les inondations), à contracter des emprunts. Ces diverses autorisations sont données par le Gouverneur Général, en Conseil de Gouvernement s'il s'agit d'une concession de travaux publics ou d'un emprunt, seul dans les autres cas.

L'organisation budgétaire des Chambres d'Agriculture est la même que celle des Chambres de Commerce, sauf que c'est le Gouverneur Général qui approuve leurs budgets et comptes tant ordinaires que spéciaux et à qui doivent être adressés annuellement les tableaux d'amortissement de leurs emprunts.

## § 3. — CHAMBRES MIXTES DE COMMERCE ET D'AGRICULTURE

Le statut des Chambres mixtes de Commerce et d'Agriculture existant ou à créer en Annam, au Cambodge et au Laos a été fixé d'une façon uniforme par un décret du 10 octobre 1922 qui leur donne comme aux Chambres de Commerce la qualité d'établissement public. Elles doivent comprendre des membres français et des membres indigènes. Les règles concernant la composition et la formation de chacune d'elles sont fixées par arrêté du Gouverneur Général qui l'institue, sous cette réserve toutefois que leurs membres français doivent être choisis à l'élection pour quatre ans, mais avec possibilité indéfinie de réélection, par un collège électoral représentant les intérêts du commerce et ceux de l'agriculture, tandis que leurs membres indigènes sont désignés selon le mode et dans les conditions fixées par le Gouverneur Général. Leur fonctionnement, qui est également déterminé par le Chef de la colonie, est régi par les mêmes règles que celles en vigueur pour les Chambres de Commerce. Quant à leurs attributions, le décret du 10 octobre 1922 les a investis de toutes celles que nous avons dit avoir été dévolues aux Chambres de Commerce par le décret du 7 mai 1922 et, en outre, elles ont qualité pour donner des avis aux Chefs d'Administration locale et pour émettre spontanément des vœux sur les matières intéressant l'agriculture et la colonisation.

Il existe actuellement en Indochine deux Chambres mixtes de Commerce et d'Agriculture.

L'une, créée pour l'Annam (provinces de Thanh-hoa, Nghê-an et Ha-tinh exclues) avec siège à Tourane par un arrêté du 4 mai 1897, a été réorganisée par un arrêté du 11 mai 1923; elle comprend cinq membres français et un membre indigène représentant les intérêts du commerce ou de l'industrie, plus quatre membres français et un membre indigène représentant ceux de l'agriculture, ces onze membres étant tous élus au scrutin de liste ; en conséquence de cette composition, chacune des deux listes électorales française et indigène est divisée en deux parties, comprenant l'une les électeurs commerçants et l'autre les électeurs agricoles.

L'autre, créée pour le Cambodge avec siège à Phnom-Penh par un arrêté du 30 avril 1897, a été règlementée à nouveau par un arrêté du 30 décembre 1922 modifié le 13 avril 1923 qui a fixé le nombre de ses membres à dix français et deux asiatiques étrangers élus au scrutin de liste selon les règles énoncées audit arrêté et à deux indigènes dont un annamite et un cambodgien pouvant être désignés par le Chef de l'Administration locale dans le cas où le trop petit nombre d'électeurs ne permet pas de procéder à une élection.


## ARTICLE VII


### *ADMINISTRATIONS LOCALES INDIGÈNES*


Nous avons dit que nous appelions ainsi l'ensemble des institutions supérieures indigènes, gouvernementales ou de centralisation administrative, qui fonctionnent dans les capitales des États protégés et qui, étendant pour la plupart leur action sur tout le territoire soumis à la souveraineté des Chefs indigènes de ces États, constituaient l'armature essentielle de leur organisation politique et administrative primitive.

Ces institutions n'existent qu'en Annam, au Cambodge et dans la partie nord du Laos. Elles n'existent pas et ne peuvent pas exister au Tonkin, puisque ce pays fait partie intégrante de l'Empire d'Annam ; ou bien, si l'on préfère, elles y sont concentrées en la seule personne du mandataire général et permanent constitué pour ledit pays par le souverain annamite, c'est-à-dire le Résident Supérieur faisant fonction de Kinh-Luoc.

Passons-les brièvement en revue.

A) — **Annam**. — Les personnages les plus élevés de l'empire, après Sa Majesté Khải-Định et ses proches parents, sont, non point les Ministres comme il en serait dans une monarchie européenne, mais les quatre *Đại-học-sĩ* ou grands chanceliers, appelés vulgairement les *Tứ-trụ* ou colonnes de l'empire. Ce sont de hauts dignitaires, ayant le grade de 1o-1 qui est le plus élevé du mandarinat, dont le rôle consiste à conseiller le souverain dans les circonstances importantes. Ces dignités peuvent d'ailleurs ne pas être toutes occupées. Lorsqu'elles le sont, les ministères les plus importants sont généralement dirigés soit par leurs titulaires soit par les assesseurs, dits *Hiệp-Ta Đại-Học-Sĩ* (1o-2), de ces derniers.

Ensuite viennent les *Thượng-Thư* ou Ministres (2o-1), qui avec l'Empereur constituent à proprement parler le Gouvernement annamite. Il y a sept départements ministériels : Intérieur, Finances, Rites, Travaux publics, Instruction publique, Guerre et Justice. En principe, ils devraient être dirigés par un ministre spécial à chacun d'eux. En fait, leurs attributions ayant été forcément réduites depuis l'installation du Protectorat, deux d'entre eux sont parfois réunis entre les mêmes ains. C'est ainsi que, actuellement, il n'y a que six ministres our les sept départements, l'Instruction publique et la Guerre ayant le même titulaire.

Chaque ministère possède des bureaux (tư) dont la composition normale est la suivante : un *tham-tri* (2o-2), secrétaire énéral ; un *thị-lang* (3o-1), secrétaire général adjoint ; des mployés supérieurs dont le nombre est généralement de cinq ou ix par ministère et qui portent les titres de *lang-trung* ou á-lý (4o-1), de *viện-ngoại-lang* (5o-1), de *chủ-sự* (6o-1) et de ư-vụ (7o-1) ; enfin, des employés subalternes tels que *bát-phẩm* (8⁰-1 et 8⁰-2) et *cửu-phẩm* (9⁰-1 et 9⁰-2) et des écrivains ou *tho-lại*. Rappelons d'autre part que le fonctionnement des divers départements ministériels est contrôlé par trois fonctionnaires des Services Civils délégués par le Résident Supérieur, l'un pour l'Intérieur, l'Instruction publique et la Guerre, un autre pour la Justice et le troisième pour les Finances, les Rites et les Travaux publics.

La réunion des ministres sous la présidence du Résident Supérieur constitue une assemblée à laquelle on a continué de donner le nom de *Cơ-Mật* ou Conseil Secret, bien que cette expression ait cessé de correspondre à une réalité depuis l'ordonnance de réorganisation du 27 septembre 1897 qui a transformé l'ancien Cơ-Mật en simple Conseil des Ministres. A cette assemblée est attaché un mandarin de haut rang faisant fonction de secrétaire général et un personnel analogue à celui des ministères. Le Cơ-Mật ne fonctionne que lorsque le roi est majeur ; pendant sa minorité, il est remplacé par un Conseil de régence dénommé *Phụ-Chánh-Phủ*.

Deux autres conseils importants existent aussi à la Cour : d'une part, un Conseil de censure ou *Đô-Sát-Viện* ayant pour mission de contrôler la gestion des fonctionnaires, présidé par un *đô-ngự-sử* (2⁰-1) qui cumule généralement cet emploi avec celui de Ministre et comprenant un personnel de *chưởng-ấn* (4⁰-1) ou gardiens des sceaux, *ngự-sử* (5⁰-1) ou censeurs et employés ; d'autre part, un Conseil des membres de la famille royale ou *Tôn-Nhân-Phủ*, qui comme le Cơ-Mật est présidé par le Résident Supérieur et qui s'occupe, avec comme vice-président un mandarin de haut rang, de toutes les affaires intéressant les *tôn-nhân* ou princes du sang, *công-tử* ou neveux d'empereur, *công-tôn* ou arrière-neveux d'empereur, *tôn-thất* ou parents plus éloignés, ainsi que de la désignation des mandarins chargés des temples impériaux.

Les autres institutions de la Cour de Huê méritant d'être mentionnées sont : le *Nội-Vụ-Phủ*, service de trésorerie s'occupant de la gestion du budget du Gouvernement annamite, lequel constitue un budget autonome, arrêté par le Résident Supérieur en Conseil du Cơ-Mật, dont les recettes consistent en quasi-totalité en une subvention annuelle du budget local de l'Annam (1.834.200$ en 1924) et auquel sont inscrites en dépenses non seulement la liste civile de l'Empereur et les dotations des membres de la famille impériale et de leur suite, mais aussi la solde du personnel civil et militaire payé au titre de l'administration indigène tant dans les provinces qu'à la capitale ; le *Khâm-Thiên-Giám*, observatoire d'astronomie chargé de questions rituelles et de la préparation du calendrier annuel ; le *Quốc-Sử-Quán* ou bureau des annales de l'empire ; le *Thái-Y-Viện*, service de santé de la Cour ; le *Hộ-Thành-Nha*, bureau de la police de la citadelle ; le *Tân-Thơ-Viện*, ou bibliothèque royale.

Enfin, trois institutions sont plus spécialement attachées à la personne de l'Empereur. L'une est le *Nội-Các*, grande chancellerie devant être présidée en principe par un đại-học-sĩ et chargée de préparer les ordonnances royales, de transmettre au service intéressé les annotations du souverain et de lui soumettre les rapports présentés par les divers conseils ou ministères. Une autre est la *maison militaire* de l'Empereur qui comprend : d'une part le personnel des chambellans (thị-vệ-sứ), composé d'un petit nombre de mandarins militaires dont la hiérarchie s'étend du 6° - 1 au 3° - 1 et d'un peloton de gardes du corps ; d'autre part la garde impériale (thân-thị-vệ), plus importante (300 hommes environ) et commandée par un thống-chế (2° - 1). La troisième enfin est le *Cấn-đỉnh-Ty*, sorte d'intendance qui s'occupe du service intérieur du palais et à laquelle sont rattachés les musiciens et les danseuses du souverain.

Nous parlerons au chapitre suivant de l'institution du mandarinat annamite, qui intéresse le personnel indigène des provinces au même titre et dans une plus large mesure que celui de l'administration centrale de Hué et dont nous avons indiqué ci-dessus les grades correspondants aux principaux emplois de ce dernier personnel.

B) — *Cambodge*. — S. M. Sisowath, roi du Cambodge, est assisté à Phnom-Penh par un *Conseil des Ministres*, créé par ordonnance royale du 11 juillet 1897, présidé par le Résident supérieur et composé de cinq Ministres placés respectivement à la tête des départements suivants : Intérieur et Culte ; Justice ; Palais, Finances et Beaux-arts ; Marine, Commerce et Agriculture ; Guerre et Instruction publique. Chacun de ces ministres est assisté d'un suppléant désigné, qui doit être choisi parmi les oudam-montrey (grade le plus élevé de l'administration cambodgienne). Ce conseil comporte en outre un secrétaire général et un secrétaire, le premier pris parmi les oudam-montrey ou les vorac-montrey, le second parmi les vorac-montrey ou les anouc-montrey (ordonnance royale du 15 septembre 1922).

Comme en Annam, le Conseil des Ministres, dont les attributions ont été fixées par les ordonnances royales des 3 juillet 1905 et 20 février 1912, délibère hors de la présence du Roi, auquel il soumet ensuite les mesures qu'il juge nécessaires au bien du pays. En dehors de ses séances plénières, il peut se réunir en *commission permanente* et est alors présidé par le Ministre de l'Intérieur et du Culte.

Un fonctionnaire des Services Civils est délégué du Résident Supérieur au Ministère de la Justice.

A la différence du budget du Gouvernement annamite, celui du Gouvernement cambodgien, dont les recettes sont constituées en majeure partie par une subvention du budget local (500.600$ en 1924), n'assure que les services de la Cour et du palais et dès lors constitue plutôt un état de répartition de liste civile dans l'établissement duquel le Résident Supérieur n'intervient pas. Il est préparé par le Ministre du Palais assisté par un fonctionnaire cambodgien qui remplit les fonctions d'intendant de la liste civile et par un chef de bureau de la Résidence Supérieure qui exerce à son sujet un certain contrôle. Sa gestion, organisée par une ordonnance royale du 12 mai 1912, est assurée: d'une part, par un service de comptabilité qui prépare les ordres de recettes et les mandats de paiement, ces diverses pièces devant être signées par le Ministre du Palais et visées par l'intendant de la liste civile; d'autre part, par un service du trésor, chargé du mouvement des recettes, du paiement des dépenses et de la gérance des biens immobiliers de la couronne.

Nous pouvons encore noter l'existence à la Cour de Phnom-Penh de trois organismes spéciaux: un *Conseil de famille* institué par ordonnance royale du 12 avril 1915, composé de huit princes ou princesses à la désignation du Roi et jouant le même rôle que le Tôn-Nhân-Phủ à Huê; un *Tribunal de conciliation* qui, selon ordonnance royale du 30 octobre 1912, est chargé d'arranger à l'amiable toutes contestations civiles pouvant survenir entre les différentes personnes habitant le palais; une *Commission d'avancement du personnel du palais,* composée du Secrétaire général du palais, du Ministre du Palais et de l'intendant de la liste civile.

Enfin, il existe au Cambodge une hiérarchie de préséance assez similaire du mandarinat annamite, quoique beaucoup moins complexe que ce dernier : c'est celle des *pâns de dignité*, dont l'attribution par le Roi en nombre plus ou moins grand différencie l'un de l'autre les divers cadres entre lesquels sont répartis le personnel administratif et le personnel judiciaire cambodgiens. Les Ministres ont chacun dix pâns de dignité.

C) — *Royaume de Luang-Prabang.* — S. M. Chao Sisavang Vong, souverain de ce royaume, est assisté sous sa présidence d'un *Hosanam Luong* ou Conseil du Roi qui, depuis la mort du *Chao Maha Oupahat* ou deuxième roi, lequel n'a pas été remplacé, ne comprend plus que quatre membres : le *Chao Ratsavong*, dit troisième roi, qui remplit les fonctions de Ministre de l'Enseignement et des Cultes ; le *Chao Ratsabout*, dit quatrième roi, qui est Ministre de l'Intérieur ; le *Chao Ratsamphantavong*, inspecteur des muongs du royaume ; enfin le *Chao Ratsaphakinai*, détaché à Vientiane comme inspecteur des affaires indigènes du Laos. Ce conseil devrait comprendre en outre treize dignitaires du titre de *chao krom*, trois du titre de *chao phaya* et six du titre de *phaya*, mais actuellement ces dignités ne sont pas attribuées. Il se réunit sur la convocation du roi et délibère sur les ordonnances à prendre, lesquelles sont visées par le commissaire du Gouvernement à Luang-Prabang et rendues exécutoires par le Résident Supérieur.

Le roi de Luang-Prabang reçoit, à la charge du budget local du Laos, une liste civile de 46.000$00 qui donne lieu à l'établissement d'un projet de budget dressé par lui et visé pour exécution par le Résident Supérieur.

Un corps de 99 *tahan* ou agents de la police rurale, dont 60 constituent la garde personnelle du roi, est affectée à la garde et à l'entretien des bâtiments du palais ainsi qu'au service administratif du souverain et des dignitaires.

# CHAPITRE V

## ADMINISTRATION PROVINCIALE

Dans un premier article, nous traiterons des chefs de province, de leur personnel et des conseils techniques qui les assistent ; un second sera consacré aux assemblées consultatives de la population instituées auprès d'eux ; un troisième, à l'administration provinciale indigène qui, dans les pays de protectorat et à Kouang-Tchéou-Wan, fonctionne distinctement de l'administration française ; enfin, un quatrième à l'administration cantonale et communale en Cochinchine.

## ARTICLE PREMIER

### *LES CHEFS DE PROVINCE,*
### *LEUR PERSONNEL ET LEURS CONSEILS TECHNIQUES*

#### § 1. — Les Chefs de province

Ce sont : dans les provinces civiles, des fonctionnaires des Services Civils qui en principe doivent être des administrateurs et qui sont affectés par arrêté du Gouverneur Général sur la proposition du Chef de l'Administration locale ; dans les territoires militaires, des officiers supérieurs affectés par le Gouverneur Général sur la proposition du Général Commandant supérieur après avis du Chef de l'Administration locale.

Sauf en ce qui concerne les centres urbains, ces fonctionnaires civils ou militaires n'ont que rarement l'occasion d'exercer le pouvoir règlementaire, car leurs circonscriptions respectives ne jouissent d'aucune autonomie et en conséquence la

règlementation y est presque toujours fixée par des textes d'ordre
général émanés des autorités supérieures. Il n'est cependant
pas douteux que ce pouvoir leur appartient en principe et
que les arrêtés (plus généralement dénommés *décisions*) pris
par eux dans la limite de leurs attributions sont sanctionnés
ar les peines de droit commun en la matière (Code pénal,
art. 471 n° 15). Ils ont d'autre part autorité disciplinaire sur
le personnel de tous les services civils en fonctions dans leurs
circonscriptions; mais, s'il en est ainsi même à l'égard des agents
qui ne sont pas sous leurs ordres directs, c'est simplement
arce que ces fonctionnaires sont dans leurs provinces respec-
ives les seuls représentants du pouvoir politique et en consé-
uence ils doivent, encore bien plus que les Chefs d'Adminis-
ration locale, s'abstenir d'intervenir dans le domaine technique.

Ils sont responsables à l'égard du Chef de l'Administration
ocale, sous les ordres directs ou la haute direction duquel
ls sont placés et sous le contrôle duquel ils exercent leurs
ttributions, de tout ce qui concerne leur circonscription,
auf toutefois du bon fonctionnement des services purement
echniques.

Ils ne jouissent d'aucune prérogative spéciale, mais, de même
ue le Gouverneur Général et les Chefs d'Administration
ocale, ils ont la qualité de magistrats de l'ordre adminis-
ratif et sont par suite protégés par les dispositions de l'article
22 du Code pénal contre les atteintes portées non publiquement
leur honneur ou à leur délicatesse. En outre, ceux d'entre
ux qui exercent des fonctions judiciaires en qualité de
agistrats de l'ordre judiciaire (1) jouissent, dans les conditions
éterminées par les articles 479 et suivants du Code d'Instruction
riminelle et rappelées par l'article 29 du décret du 17 mai

---

(1) Nous employons à dessein cette expression qui paraît contenir une répétition.
ous verrons en effet en E ci-après qu'en Cochinchine les chefs des provinces dont
chef-lieu est le siège d'une juridiction de droit commun exercent des fonctions
diciaires, en ce sens que le décret du 6 janvier 1903 les autorise en une matière
terminée à infliger à certains justiciables les peines contraventionnelles, mais qu'ils
s exercent en tant qu'administrateurs et non point en la qualité, qu'ils ne possèdent
s, de magistrats de l'ordre judiciaire. Et comme d'autre part ils ne sont pas au
ombre des hauts fonctionnaires et hauts dignitaires auxquels les dispositions de
rt. 479 C. I. C. ont été étendues par la loi du 20 avril 1810, on doit à notre sens
conclure qu'ils ne bénéficient pas du privilège de juridiction, à la différence de
rs collègues du même pays dont la province est comprise dans le ressort d'une
ridiction de droit commun sans en être le siège et qui sont alors juges de simple
lice dans les mêmes conditions que les juges de paix métropolitains.

1895, du privilège de juridiction, c'est-à-dire qu'ils sont justiciables exclusivement de la Cour d'appel de leur ressort pour les crimes ou délits qu'ils pourraient commettre dans ou hors l'exercice de leurs fonctions judiciaires.

Il n'existe aucun texte qui, même dans un pays déterminé de l'Union, ait fixé dans leur ensemble les attributions des chefs de province. Nous tâcherons cependant de les définir en suivant le même ordre que précédemment.

**A)** — *Attributions en matière de législation coloniale* + A ce point de vue, les chefs de province n'ont d'autres attributions que celle consistant à tenir le registre spécial dont il a été question au chapitre II article 2.

**B)** — *Attributions administratives.* — Beaucoup plus que les Chefs d'Administration locale, les chefs de province sont en Indochine les véritables administrateurs français en matière indigène, en ce sens que leur administration provinciale intéresse surtout les indigènes. Toutefois, leur rôle à ce point de vue est tout différent en Cochinchine de ce qu'il est dans les pays de protectorat.

En Cochinchine, et même en ce qui concerne l'administration particulière des cantons et villages de cette colonie, il n'existe pas d'administration indigène proprement dite, c'est-à-dire d'administration dirigée par des fonctionnaires indigènes selon des règlements indigènes, et ce que parfois on appelle improprement « administration indigène » dans les provinces de la Cochinchine est en réalité l'administration des indigènes par des fonctionnaires et agents citoyens ou sujets français et selon des règlements français, c'est-à-dire une administration française.

Au contraire, dans les pays de protectorat et même dans une certaine mesure à Kouang-Tchéou-Wan, l'administration indigène est distincte de l'administration française et coexiste à côté d'elle. La séparation entre ces deux administrations, il est vrai, n'est complète qu'en Annam et au Cambodge. Au Tonkin, elles se trouvent réunies en la personne de leur chef supérieur qui, pour toutes deux, est le Résident Supérieur; mais, s'il en est ainsi, c'est uniquement parce que les pouvoirs de l'ancien Kinh-Luoc ont été dévolus à ce haut fonctionnaire par l'ordonnance royale du 26 juillet 1897. Au Laos, le fait que 'administration indigène de ce pays n'avait jamais été organisée que sur certains points seulement de son territoire a eu pour conséquence que l'autorité française, n'ayant trouvé en vigueur que des règlements indigènes confus, purement locaux et mal définis, leur a peu à peu substitué les siens, en sorte qu'actuellement il est permis de considérer le Laos comme étant en réalité une colonie, exception faite du royaume de Luang-Prabang. Mais il n'en est pas moins vrai : d'une part, que le principe de la séparation dont il s'agit est la base même du régime du protectorat et l'une de ses différences essentielles d'avec le régime colonial pur et simple ; d'autre part, que, même au Tonkin et dans le royaume de Luang-Prabang, les deux administrations française et indigène ne sont réunies dans les mêmes mains qu'à la Résidence Supérieure et restent distinctes dans les provinces.

De cette distinction fondamentale, il résulte qu'en Cochinchine l'administration des chefs de province s'exerce dans sa plénitude, c'est-à-dire aussi bien à l'égard des indigènes que les autres habitants de la circonscription (et c'est pour ce motif qu'ils sont appelés *administrateurs*), tandis que dans les pays de protectorat les mêmes chefs de province, appelés *administrateurs-résidents* ou *commissaires du Gouvernement*, n'administrent à proprement parler que les Européens, les Asiatiques étrangers et les indigènes sujets français et doivent se borner, en ce qui concerne les indigènes protégés, à contrôler, de très près au Tonkin et au Laos et de plus loin en Annam et au Cambodge, les actes provinciaux de l'administration indigène. C'est ainsi, pour citer un exemple, qu'en Cochinchine les chefs de province ont été investis par arrêtés du 6 mars 1891 et du 8 février 1921, ce dernier complété le 23 juin 1923, des fonctions de *conservateur de la propriété foncière indigène* et ont chargés à ce titre de tenir à jour le registre de la propriété immobilière (địa-bộ) de chaque village sur la base des jugements et actes portant mutation ou constitution de droits réels sur cette propriété qui doivent leur être transmis en copie par les greffiers, receveurs de l'enregistrement et notaires, alors qu'il n'existe rien de pareil dans les pays de protectorat.

En ce qui concerne plus particulièrement le Tonkin, il est certain que la dévolution des pouvoirs de l'ancien Kinh-Luoc faite par le souverain annamite au Résident Supérieur a naturellement rendu le contrôle exercé par l'administration française sur les actes des autorités indigènes de ce pays beaucoup plus étroit qu'en Annam et au Cambodge, en même temps que ce contrôle a pris un caractère de permanence tel qu'il est devenu assez malaisé de le distinguer de l'action directe. Mais il n'en est pas moins vrai que le principe de la non intervention personnelle des Résidents en matière d'administration indigène, principe posé par l'article 7 du traité du 6 juin 1884, doit être considéré comme étant en droit resté intact. Ce principe a d'ailleurs été rappelé récemment par les ordonnances royales des 26 décembre 1918 et 7 juin 1923 rendues respectivement exécutoires par arrêtés du Gouverneur Général des 13 janvier 1919 et 30 juillet 1923 et dont l'article 1er dispose expressément que l'administration indigène des provinces du Tonkin est assurée par les mandarins sous le contrôle des Résidents.

En tenant compte de ce qui vient d'être exposé, on peut dire que, dans toute l'étendue de leur circonscription, les chefs de province sont les seuls représentants de l'autorité publique et y sont seuls chargés d'assurer l'exécution des lois, décrets et arrêtés, de veiller au maintien de l'ordre et de la tranquillité, ainsi que de prendre ou de proposer toutes mesures susceptibles d'accélérer le développement économique de la province, notamment en matière de travaux publics. Leurs pouvoirs administratifs sont malheureusement mal définis, et il en résulte fréquemment une disproportion fâcheuse entre la responsabilité très étendue dont ils sont chargés et les moyens d'action souvent insuffisants mis à leur disposition. Ceci est vrai surtout pour les pays de protectorat, et spécialement pour le Tonkin où cette disproportion est certainement plus grande que partout ailleurs. En Cochinchine, au contraire, les administrateurs chefs de province ont des pouvoirs propres assez étendus. C'est ainsi par exemple qu'ils exercent une action directe sur certains personnels indigènes non commissionnés, rétribués sur les budgets provinciaux et généralement hiérarchisés au point de vue de la solde, dont ils assurent la discipline et dont ils nomment et révoquent les agents assez nombreux. Dans les pays de protectorat, au contraire, la suppression des budgets provinciaux a entraîné celle de ces personnels, et d'autre part le principe selon lequel le chef de province a autorité sur les agents français et indigènes de tous les services y est en fait d'application plus malaisée qu'en Cochinchine, surtout au Tonkin où cette application est rendue délicate, au moins en e qui concerne les services relevant du Gouvernement Général, )ar la présence sur place de leurs chefs supérieurs. De même, c'est seulement en Cochinchine que les chefs de province peuent passer, en se conformant aux règlements de comptabilité ublique et après avoir pris l'attache du Service des Travaux ublics s'il s'agit de travaux ou de fournitures pour travaux, des adjudications et marchés pour le compte de leur province, ar c'est seulement en Cochinchine que les budgets provinciaux nt été maintenus.

Une partie importante des attributions administratives, des hefs de province consiste, en matière domaniale, à recevoir es demandes de concessions rurales et à faire les enquêtes de omanialité les concernant, à instruire les oppositions pouvant tre faites aux demandes d'exploitation de carrière, à présider es commissions relatives à l'opportunité de créer des réserves orestières, à recevoir les diverses déclarations et requêtes des articuliers en matière minière. Toutefois, sur ce dernier point t au Tonkin seulement, une distinction doit être faite depuis la ise en application du décret du 21 décembre 1913 et de l'arrêté u Gouverneur Général du 23 juin 1914, textes qui ont divisé e Tonkin en dix districts miniers et dévolu les fonctions de *ommissaire des mines* des districts autres que celui de Hanoi ux chefs des provinces ayant le même chef-lieu que lesdits istricts; depuis lors, en effet, les neuf chefs de province investis u titre de commissaire des mines ont seuls qualité pour recevoir es requêtes et déclarations du public lorsqu'elles se rapportent l'existence même du droit minier, par exemple les demandes e recherches en périmètre réservé et les demandes en oncession de mines, et les autres chefs de province ne euvent plus les recevoir que lorsqu'elles se rapportent seule-ent à l'exercice du droit minier, par exemple les demandes occupation temporaire de la surface du sol.

C) — *Attributions financières.* — Les chefs de province sont ous-ordonnateurs des crédits qui leur sont délégués par les hefs d'Administration locale sur le budget local. Dans les ays de Protectorat, où ces délégations de crédits sont réputées ppléer à l'absence d'un budget régional autonome, elles sont généralement effectuées au début de l'exercice budgétaire et le plus souvent pour toute sa durée, sauf pour les grosses réparations et travaux neufs de routes, ponts et bâtiments, dépenses pour lesquelles les crédits sont délégués aux chefs de province au fur et à mesure de l'exécution des travaux.

En outre, mais en Cochinchine seulement, chaque chef de province est ordonnateur principal du budget provincial (1) primitif et complémentaire, sous cette réserve que les dépenses sur facture supérieures à 1500 frs. ou à 600 $ ne peuvent être engagées que sur l'autorisation du Gouverneur. Il établit ces budgets, ainsi que leurs comptes administratifs et les présente à l'approbation du Gouverneur en Conseil Privé. Ces mêmes attributions étaient également exercées autrefois par les Résidents du Tonkin, de l'Annam et du Cambodge, mais ont cessé de leur appartenir depuis que les budgets provinciaux ont été supprimés dans le premier de ces pays par arrêté du 28 décembre 1911 modifié le 19 juin 1912, dans le second par ordonnance royale du 1er février 1913, dans le troisième par arrêté du 24 octobre 1912, suppression dont il est permis de penser qu'elle a présenté de réels inconvénients (2).

Dans les pays où les villages sont dotés d'un budget communal (Cochinchine, Cambodge et Tonkin), le chef de province approuve ce budget après son établissement par le conseil des notables ou le conseil du khum, approuve également ses modifications en cours d'exercice et contrôle son exécution. En outre, en Cochinchine et au Cambodge, il autorise les dépenses de matériel et de travaux au compte de ces budgets, il approuve

---

(1) Bien que n'intéressant chacun qu'une province déterminée, ces budgets sont fréquemment qualifiés de *budgets régionaux*.

(2) Cet avis est le nôtre parce que nous estimons qu'à un intérêt distinct doit correspondre une formation budgétaire spéciale et parce qu'il faut bien admettre qu'il existe une différence extrêmement considérable entre les intérêts de la province de Thai-binh et ceux de la province de Laokay, ceux des provinces de Kontum et de Thanh-hoa, ceux des provinces de Kampot et de Battambang, etc. A l'encontre du rétablissement des budgets provinciaux on objecte, il est vrai, d'une part que l'éparpillement des ressources nuit à l'obtention de résultats durables et est par suite de mauvaise politique financière, d'autre part que l'existence de budgets autonomes est de nature à favoriser les provinces riches au détriment des autres. Ces objections sont sérieuses. Elles ne semblent cependant pas irréfutables. Il appartiendrait en effet aux Chefs d'Administration locale de jouer entre ces divers budgets le rôle d'organe régulateur, notamment en leur fixant le cas échéant un programme de travaux à exécuter sur plusieurs exercices consécutifs, et aussi en imposant à ceux qui disposeraient de ressources supérieures à leurs besoins une contribution à verser aux budgets des provinces moins favorisées.

les adjudications en vue de l'affermage pour trois ans au plus des terrains communaux et il vérifie mensuellement en Cochinchine et trimestriellement au Cambodge les états des recettes et des dépenses effectuées par les villages. En Cochinchine, le chef de province autorise également les emprunts communaux ne dépassant pas 300$. Au Tonkin, il autorise, jusqu'à concurrence de 2000$, l'inscription à ces budgets des recettes et des dépenses extraordinaires.

D) — *Attributions fiscales.* — Les chefs de province préparent, en tant que faisant fonctions de contrôleurs des contributions directes, tous les rôles d'impôts directs et les soumettent à l'approbation du Chef de l'Administration locale qui les rend exécutoires. Ils délivrent aux divers contribuables les cartes, patentes et autres pièces justificatives du paiement des impôts, ainsi que les titres de circulation des Asiatiques étrangers. Mais ils n'ont le pouvoir d'établir aucune taxe et leur rôle à ce sujet se borne à faire au Chef de l'Administration locale toutes propositions utiles. Toutefois, en Cochinchine et au Cambodge, les chefs de province ont qualité pour approuver et rendre exécutoires les votes par lesquels le conseil des notables établit chaque année les taxes communales (sous réserve, en Cochinchine, d'un maximum fixé par le Gouverneur pour chaque imposition).

E) — *Attributions judiciaires ou intéressant l'ordre judiciaire.* — Les attributions des chefs de province qui se attachent à l'ordre judiciaire sont assez nombreuses.

D'une part, un décret du 21 août 1917 les a tous investis de la qualité d'*officier de police judiciaire auxiliaire du procureur de la République.*

D'autre part, en vertu des arrêtés des 7 février 1895, 30 septembre 1895, 6 juillet 1907, 31 mai 1916 et 18 novembre 1921, ils sont également tous *officiers de l'état civil de droit commun* et investis à ce titre d'une compétence étendue qui les habilite à recevoir et à enregistrer, chacun dans l'étendue de sa circonscription : dans toute l'Indochine et en suivant les mêmes règles qu'en France (1), les actes et tables décennales d'état-civil

---

(1) Avec cette différence toutefois que, au lieu d'être tenus en double, les registres de l'état civil le sont en triple, une expédition restant dans les archives

intéressant les Européens ; sur les territoires des pays autres
que la Cochinchine dans lesquels l'état civil indigène n'aura
pas encore été organisé, mais alors en suivant les règles établies
par les décrets des 3 octobre 1883 et 18 février 1892 organisant l'état civil indigène en Cochinchine et en confiant la
tenue en double expédition aux soins des notables des villages,
les actes d'état civil intéressant les Annamites sujets français
et les Asiatiques assimilés justiciables des tribunaux français (1).
En outre, en Annam et au Tonkin, les chefs de province tiennent, en conformité d'un arrêté du 9 avril 1895 et en deux
exemplaires dont un est envoyé en fin d'année au Résident
Supérieur, un registre spécial destiné à recevoir les déclarations
de décès des indigènes de toutes catégories entrés régulièrement
dans les cadres des divers services publics français ou appartenant aux troupes ou forces de police françaises.

Enfin, dans tous les cas où un autre fonctionnaire n'a pas
été désigné pour occuper cet emploi, les chefs de province remplissent, un vertu d'un arrêté du 17 mai 1916, les fonctions de
*directeur de la prison* (2).

Quant aux attributions judiciaires proprement dites exercées
par ces fonctionnaires, il faut distinguer entre la Cochinchine
et les pays de protectorat.

1° — *Cochinchine.* — En Cochinchine, où il n'existe que
des tribunaux français, toutes les provinces sont soit le siège
d'un tribunal de première instance ou d'une justice de paix à
compétence étendue soit simplement comprises dans le ressort
d'une de ces juridictions ordinaires.

Dans les deux cas, et en vertu du décret du 6 janvier 1903
sur l'indigénat, les administrateurs chefs de province ont conservé

---

de la province et deux étant envoyées en fin d'année au tribunal du ressort qui en
conserve une et fait parvenir l'autre, par la voie hiérarchique, au Ministre des
Colonies.

(1) Dans l'exercice de leurs fonctions d'officier de l'état-civil, les chefs de
province relèvent exclusivement des procureurs généraux et de la République. Il
en est de même des délégués chefs de centre administratif lorsque, comme nous le
verrons au § 2, ces fonctionnaires sont appelés à exercer les mêmes fonctions, soit
dans leur plénitude, soit avec compétence restreinte.

(2) Ces fonctions se rattachent à l'ordre judiciaire de beaucoup plus loin que
celles d'officier de l'état-civil, les établissements pénitentiaires relevant exclusivement
des autorités administratives. Si nous en parlons ici, c'est simplement parce que
les représentants qualifiés de l'autorité judiciaire sont investis d'un droit de
surveillance sur leur fonctionnement.

provisoirement, excepté dans le ressort territorial de la ville de Saigon, le droit exceptionnel de condamner les Annamites non citoyens français et les Asiatiques assimilés, par simples décisions administratives, aux peines maxima de 5 jours de prison et 15 francs d'amende pour retard non justifié dans le paiement de l'impôt, des amendes ou de toute autre somme due au village à la province ou à la colonie (1). Leurs décisions à ce sujet, lorsqu'elles prononcent un emprisonnement de plus de deux jours ou une amende de plus de cinq francs, peuvent être l'objet d'un recours devant être formé dans les deux jours de la condamnation et qui est porté devant le Gouverneur en Conseil Privé.

En outre, mais seulement dans le deuxième cas, qui est d'ailleurs le moins fréquent, le chef de la province est investi par les décrets des 28 mai 1913 et 16 février 1921, dans les parties de sa province qui n'ont pas été érigées en centre administratif et en dehors du ressort de la justice de paix de Saigon : d'une part, des attributions tutélaires, gracieuses et conciliatrices des juges de paix en matière de présidence des conseils de famille, d'adoption, d'émancipation, d'apposition et de levée des scellés, etc... (mais il n'a nullement la compétence civile en matière contentieuse des juges de paix métropolitains); d'autre part, des fonctions de juge des contraventions de police selon les distinctions de compétence prévues par la loi française; enfin, du droit de procéder à des enquêtes en toutes matières judiciaires par délégation des tribunaux, du parquet et des juges d'instruction. Quant aux parties desdites provinces qui ont été érigées en centre administratif, les mêmes attributions judiciaires y apppartiennent aux chefs de ces centres.

Enfin, mais toujours seulement dans ce second cas, le décret sur l'indigénat du 6 janvier 1903, complété par un arrêté du Gouverneur Général du 24 février 1903 modifié lui-même les novembre 1907 et 7 janvier 1915, a donné aux chefs de province de la Cochinchine, dans toute l'étendue de leur circonscription, le droit de statuer jusqu'à 15 francs d'amende et 5 jours de prison et toujours en dernier ressort, en suivant les formes de la procédure en vigueur devant les justices de paix à compétence étendue, lorsqu'il s'agit de poursuivre certaines infractions

---

(1) Dérogeant au droit commun, ces dispositions sont d'interprétation étroite. Elles ne s'appliquent pas, en particulier, lorsqu'il s'agit de sommes dues au titre des produits budgétaires affermés à des tiers (bacs, marchés, etc).

commises par un indigène ou asiatique assimilé, non prévues par les lois pénales applicables à ces justiciables et rentrant dans l'une des 14 catégeries énumérées par l'arrêté du 24 février 1903 précité (à l'origine il y avait 15 catégories, mais celle qui portait le numéro 14 a été transformée en délit par le décret du 31 décembre 1912).

Il faut noter que les diverses catégories d'attributions judiciaires qui viennent d'être étudiées comme appartenant aux chefs des provinces cochinchinoises qui ne sont pas siège d'une juridiction de droit commun leur seront sans doute enlevées, à l'égard des justiciables indigènes et asiatiques assimilés, lorsque le Gouverneur Général aura définitivement organisé dans cette colonie le corps spécial des juges de paix indigènes qui a été prévu pour la Cochinchine par le titre III chapitre II du décret du 16 février 1921 et qui n'a encore été organisé qu'à titre provisoire par l'arrêté du 25 juillet 1923 dont nous parlerons plus tard. C'est ainsi que l'arrêté du 7 mars 1924, par lequel ce dernier acte a été complété, a d'ores et déjà réservé à ces juges de paix indigènes, dans leur ressort territorial, la connaissance des contraventions de police de droit commun commises par leurs justiciables.

2° — *Pays de protectorat.* — Ici il faut sous-distinguer selon qu'il s'agit de justice française ou de justice indigène.

*En matière de justice française,* les chefs de province ont, comme ceux de la Cochinchine et dans les mêmes conditions, c'est-à-dire si leur province n'est pas le siège d'un tribunal de première instance ou d'une justice de paix à compétence étendue, les attributions visées ci-dessus comme résultant des décrets des 28 mai 1913 et 16 février 1921 (mais non point celles résultant du décret du 6 janvier 1903 et de l'arrêté du 24 février 1903, textes qui concernent seulement la Cochinchine).

Mais, en outre, ceux d'entre eux dont les provinces ne sont pas comprises dans le ressort d'un tribunal de première instance ou d'un tribunal de paix à compétence étendue occupé par un magistrat du Service Judiciaire (et c'est un cas encore fréquent) cumulent avec les fonctions judiciaires ci-dessus celles de *juge de paix à compétence étendue.* Ces tribunaux, appelés *tribunaux résidentiels* et dont le ressort n'est autre que la circonscription provinciale, ont exactement les mêmes attributions que les justices de paix à compétence étendue occupées par un magistrat et dont nous parlerons plus tard, c'est-à-dire qu'ils ont la même compétence civile et répressive que ces dernières, et aussi les attributions appartenant en propre aux juges de paix à compétence étendue qui les président. Ils sont constitués simplement par le chef de province (ou, en cas d'empêchement, son adjoint) siégeant seul, tant à l'instruction qu'à l'audience, avec la seule assistance d'un greffier qui, en principe, est un rédacteur des Services Civils ou à défaut un autre fonctionnaire civil en service dans le centre, mais qui peut aussi, en vertu d'un décret du 11 août 1923 et si le Chef d'Administration locale intéressé le demande, être un commis-greffier du service judiciaire désigné par le Gouverneur Général sur la proposition du Directeur de l'Administration judiciaire. Le ministère public n'est pas représenté d'ordinaire auprès de ces juridictions; mais, dans tous les cas où la loi lui attribue le droit de se porter partie principale en matière civile, ce droit peut être exercé par le Procureur général par voie de conclusions écrites (décrets des 10 février 1918 et 16 février 1921).

*En matière de justice indigène*, les chefs de province de Annam n'ont pas à s'immiscer directement dans le fonctionne- ent des tribunaux indigènes et, sauf le droit qui leur a été conféré par ordonnance du 11 septembre 1914 d'approuver ertains jugements peu importants, leur rôle doit se borner surveiller la libre et prompte distribution de la justice et à endre compte au Chef de l'Administration locale de ce qui eur paraîtrait contraire à l'équité et à la législation indigène. l en était de même au Tonkin avant le 1er janvier 1918, sauf ue, dans ce pays, les rapports des chefs de province concernant e fonctionnement de la justice indigène devaient être adressés, on au Résident Supérieur, mais au Procureur général qui lait alors Chef de la Justice indigène au Tonkin. Mais, depuis e 1er janvier 1918, date à partir de laquelle l'arrêté du ouverneur Général du 16 juillet 1917 a rendu exécutoire une rdonnance royale de même date édictant de nouveaux codes pplicables par les juridictions annamites du Tonkin, les chefs e province de ce pays sont, dans tous les cas où un magistrat u Service Judiciaire n'a pas été détaché pour remplir cette nction, présidents par eux-mêmes ou par leur adjoint du ibunal du deuxième degré de juridiction indigène. Quant au aos, les chefs de province y sont aussi, depuis bien plus longtemps, présidents de tribunaux indigènes du deuxième dégré analogues aux précédents. Enfin, au Cambodge, la réforme de l'organisation judiciaire indigène réalisée en 1922 a eu pour conséquence que les Résidents ont été investis par arrêté du 19 septembre 1922 d'un droit de contrôle permanent sur les juridictions indigènes et peuvent en particulier requérir la communication des procédures en cours ou l'ouverture d'informations en matière pénale.

F) — *Attributions en matière de relations extérieures.* — A ce point de vue, les attributions des chefs de province n'existent à proprement parler que pour ceux d'entre eux qui cumulent leurs fonctions ordinaires avec celles de *commissaire de police frontière,* c'est-à-dire pour les chefs des provinces ou territoires militaires du Tonkin et du Laos limitrophes de la frontière de Chine. Ces fonctions spéciales, définies par un arrêté du 16 avril 1908 et dans l'exercice desquelles les chefs de province intéressés relèvent du Gouverneur Général par l'intermédiaire du Chef de l'Administration locale, leur permettent de correspondre directement avec les autorités étrangères voisines de leurs circonscriptions respectives en vue de l'exécution des mesures de police relatives à la répression de la piraterie et de la contrebande et plus généralement pour tout ce qui concerne l'application de deux conventions franco-chinoises en date des 7 mai 1896 et 13 avril 1915, ratifiées par décret, qui constituent un règlement mixte de police frontière.

En ce qui concerne la frontière siamoise, l'institution des commissaires de police frontière n'existe par sous ce nom, mais des instructions détaillées du Gouverneur Général du 26 février 1920, arrêtées après accord avec le Gouvernement siamois, ont été données aux chefs des provinces cambodgiennes et laotiennes limitrophes de la frontière en vue d'assurer la coopération des autorités française et siamoise dans l'exercice de la police et de déterminer celles de ces autorités ayant à cet effet le droit de correspondre directement ensemble.

On peut aussi ajouter dans le même ordre d'idées que tous les Résidents de l'Annam et du Tonkin ont été investis, par un décret du 8 février 1886 toujours en vigueur, des attributions des consuls; mais ces attributions sont purement administratives ou extra-judiciaires et ne confèrent pas aux chefs de province qui en sont investis le droit d'intervenir en dehors des limites de leur circonscription.

G) — *Attributions en matière militaire.* — Les chefs de province ont le droit de requérir la force armée, sauf à en rendre compte immédiatement au Chef de l'Administration locale. D'autre part, les forces de milice et de police existant dans leurs circonscriptions respectives sont à leur disposition immédiate et placées sous leurs ordres supérieurs. Ces forces, dont nous parlerons plus tard, sont : dans les quatre pays de rotectorat et à Kouang-Tchéou-Wan, la *Garde indigène de Indochine*, régie par le décret du 30 juin 1915 ; en Cochinchine, la *garde civile locale* organisée par un arrêté du 15 ai 1917 ; au Tonkin, les *linh-co* (en fait, car en droit ces uxiliaires sont à la disposition des mandarins) et une force uxiliaire de police créée dans les provinces et territoires ilitaires de la région montagneuse sous le nom de *partisans* ar un arrêté du 26 mai 1909 et dont le statut a été fixé ar un arrêté du 25 mars 1922 ; enfin, dans tous les centres rbains de l'Indochine où cette force de police pourra être rganisée, la *garde urbaine* créée par arrêté du 15 avril 1919.

Tous les chefs de province exercent également, lorsqu'il 'agit annuellement de la formation du tableau de recense-ent pour le recrutement des Français, les fonctions dévolues ux maires par la loi du 1er avril 1923. Enfin, en Cochinchine, n Annam et au Tonkin, ils sont chargés, en matière de ecrutement par voie d'appel des militaires indigènes de race nhamite, de répartir entre les divers villages le contingent xé pour la province, et, en Cochinchine, de contrôler et arrêter les listes de dispensés établies par le conseil des otables.

## § 2. — Personnel et Conseils techniques

### des Chefs de province

A) — *Personnel.* — Les bureaux des chefs de province, squels sont dénommés *inspections* en Coçhinchine, *commissa-ats* au Laos et *résidences* dans les autres pays de protectorat, se composent en règle générale d'un adjoint qui en principe doit être un administrateur-adjoint des Services Civils (même dans les territoires militaires depuis l'arrêté du 25 février 1924), de deux rédacteurs des Services Civils (dans les territoires militaires, deux ou plusieurs sous-officiers ou caporaux) et d'employés indigènes.

*L'adjoint* est le premier fonctionnaire de la province après son chef. Il le seconde dans toutes les parties du service et il le remplace de plein droit en cas d'absence ou d'empêchement, notamment comme juge de paix à compétence étendue (décret du 16 février 1921), comme officier de l'état civil (arrêté du 24 décembre 1913) et, au Tonkin, comme président du tribunal indigène du deuxième degré lorsqu'un magistrat du Service judiciaire n'a pas été détaché pour remplir ces fonctions (arrêté du 16 juillet 1917 rendant exécutoire l'ordonnance royale de même date). Il est également investi, en Annam et au Tonkin et en vertu du décret du 6 février 1886 dont nous avons parlé au paragraphe précédent, des attributions de chancelier de consulat.

Les deux *rédacteurs* concourent au service général dans la proportion déterminée par le chef de province et sont en outre chargés d'ordinaire, l'un des fonctions de comptable, l'autre de celles de greffier-notaire (si la province comporte un tribunal résidentiel).

Sous les ordres de ces fonctionnaires sont placés des *employés indigènes* dont le statut est fixé par des arrêtés des 18 avril 1919 (Annam et Tonkin), 7 mai 1919 (Cambodge), 13 juin 1919 (Kouang-Tchéou-Wan), 10 septembre 1919 (Laos) et 16 septembre 1920 (Cochinchine), textes tous complétés par un arrêté du 19 juillet 1923. Dans les cinq grands pays de l'Union, ce personnel, qui est commun aux provinces et aux bureaux du siège central de l'Administration locale, comprend : un cadre supérieur (trois classes de commis principaux, cinq classes de commis et deux catégories de commis stagiaires) dont les agents sont nommés et promus par le Gouverneur Général sur la proposition du Gouverneur ou du Résident Supérieur et un cadre secondaire (une classe de secrétaires principaux hors classe, quatre classes de secrétaires principaux, six classes de secrétaires et une classe de secrétaires stagiaires) dont les agents sont nommés et promus par le Gouverneur ou le

Résident Supérieur. Toutefois, en ce qui concerne la Cochinchine, le cadre des đốc-phủ-sứ, phủ de 1re et de 2me classe et huyện de 1re et de 2me classe a été conservé à titre de mesure transitoire et ne sera supprimé que par voie d'extinction, de même que celui des secrétaires comptables des provinces. A Kouang-Tchéou-Wan, le personnel qui nous occupe comprend uniquement le même cadre secondaire que ci-dessus et tous les agents qui le composent sont nommés et promus par décision de l'Administrateur en chef. Les secrétaires stagiaires, dont le stage est d'une année, sont recrutés après concours parmi les candidats titulaires du diplôme de fin d'études complémentaires ou du brevet de l'enseignement primaire supérieur. Les commis de 5e classe sont recrutés pour les deux tiers parmi les bacheliers métropolitains et pour un tiers parmi les agents du cadre secondaire comptant au moins six années de services dans l'Administration française et ayant subi avec succès les épreuves d'un examen de culture générale commun à tous les services et règlementé par un arrêté du 8 septembre 1919 et celles d'un concours professionnel spécial. Les commis de 4e classe sont recrutés pour les deux tiers parmi les élèves diplômés de l'École de Droit et d'Administration et pour un tiers parmi les commis de 5e classe. Toutefois, les bacheliers et les diplômés de l'École de Droit doivent accomplir, les premiers dans la 2e catégorie des commis stagiaires et les seconds dans la 1re, un stage de deux ans au bout duquel ils sont soit nommés au grade supérieur soit admis à faire une dernière année de stage soit licenciés.

Enfin, il existe dans chaque pays de l'Union un cadre de *plantons* organisé par des arrêtés locaux.

Le chef de province est en outre assisté au chef-lieu même de divers fonctionnaires qui, bien que ne faisant pas partie à proprement parler de ses bureaux, sont cependant ses collaborateurs et ses subordonnés immédiats. Ce sont: *l'inspecteur commandant la brigade de Garde indigène*, qui s'occupe également en Annam et au Tonkin des linh-cơ, linh-giang et partisans et qui est le chef direct des gardes principaux chefs des postes de l'intérieur (ces inspecteurs et gardes principaux n'existent pas en Cochinchine); *l'agent des travaux publics*, généralement chef de subdivision, détaché dans la province pour l'étude et l'exécution des travaux qui y sont entrepris; le *médecin* français ou indigène de l'Assistance médicale. qui donne des consultations et dirige les formations hospitalières de la province; un ou plusieurs *directeurs ou directrices d'écoles* françaises ou franco-indigènes; un *préposé du Trésor* qui, en Cochinchine, est également receveur du budget provincial (dans les provinces les moins importantes des pays de protectorat, ces fonctions sont parfois remplies par un rédacteur des bureaux du chef de la province concurremment avec son emploi propre (1)); un ou deux *gendarmes*, lesquels sont généralement chargés des fonctions de commissaire de police, de gardien-chef et de greffier-comptable de la prison, d'huissier, de porteur de contraintes et, en Cochinchine, de l'instruction militaire de la garde civile; parfois, un *fonctionnaire des Services agricoles*, un *vétérinaire* et un *chef de cantonnement ou de division forestière.*

Dans l'intérieur des provinces les plus peuplées et les plus étendues des pays de protectorat, le chef de province a comme collaborateurs et représentants principaux les *délégués chefs de centre administratif* dont nous avons défini les fonctions au chapitre II article 3. Ces délégués, qui n'ont pas de pouvoirs propres au point de vue administratif, ont reçu une attribution judiciaire propre du fait des décrets des 8 mai 1913 et 16 février 1921 qui les ont investis, chacun en ce qui concerne sa circonscription, mais seulement dans les provinces qui ne sont pas le siège d'un tribunal de première instance ou d'une justice de paix à compétence étendue, des mêmes fonctions que celles attribuées aux chefs de ces provinces, c'est-à-dire des attributions tutélaires et conciliatrices du juge de paix et de celles du juge de simple police statuant en premier ressort. Ils sont également chargés pour la plupart, en vertu d'arrêtés portant désignation individuelle, des fonctions d'officier de l'état civil, soit avec la même compétence que les chefs de province, soit parfois au Tonkin (arrêté du 18 novembre 1921) avec une compétence restreinte qui ne leur permet alors de recevoir que les actes intéressant les Annamites sujets français et les Asiatiques assimilés justiciables des tribunaux français. Enfin, les fonctions de commissaire de police leur ont été confiées par arrêtés des 17 août 1908 (Cambodge), 17 juin 1911 (Laos) et 2 août 1913 (Tonkin).

---

(1) Voir chap. VII - art. 6 - § 2 - F in fine.

En Cochinchine, les provinces sont généralement beaucoup moins étendues que dans les pays de protectorat et par suite le besoin ne s'est fait que rarement sentir d'y créer des centres administratifs, dirigés par des délégués français, analogues à ceux dont nous venons de parler. Là où il en existe, leurs chefs ont le cas échéant les mêmes attributions judiciaires que dans les pays de protectorat, exercent aussi parfois quoique peu fréquemment les fonctions d'officier d'état civil (mais seulement en matière européenne, car en Cochinchine les registres de l'état civil indigène sont tenus dans chaque village par un notable), enfin sont également commissaires de police en vertu d'un arrêté du 10 décembre 1907.

Par contre, il existe dans les provinces de cette colonie de nombreux *postes administratifs*, appelés aussi fréquemment mais improprement « centres administratifs », à la tête desquels sont placés des fonctionnaires annamites, appartenant généralement au cadre des đốc-phủ-sứ, phủ et huyện, qui dans leurs circonscriptions respectives représentent l'administration française au même titre que les tri-phủ et les tri-huyện en Annam et au Tonkin, les chaufai-srok au Cambodge, les chaomuong et les naikong au Laos représentent l'administration provinciale indigène dans ces pays de protectorat. Les attributions de ces chefs de poste, exclusivement administratives et exercées au nom du chef de la province, consistent : à veiller à ce que les autorités cantonales et communales, lesquelles sont les représentants de la seule administration cochinchinoise pouvant être qualifiée d'indigène, remplissent convenablement leurs fonctions ; à organiser les services de police et de ronde en vue du maintien de la tranquillité publique ; à veiller à la sincérité des élections des notables des villages ; à contrôler l'établissement et l'exécution des budgets communaux ; à vérifier l'établissement des rôles et à exercer une surveillance constante sur la régularité de la perception des impôts ; à surveiller la répartition et l'exécution des travaux de prestation ; à inspecter les écoles indigènes du premier degré ; à concourir à la répression des fraudes en matière de contributions indirectes ; à procéder aux enquêtes de toute nature qui leur sont prescrites, etc...

B) — *Conseils techniques*. — Il n'est possible de citer qu'une seule assemblée technique dont le rôle soit d'éclairer le chef

de province de ses avis et qui existe dans toute l'Indochine:
c'est la *commission sanitaire provinciale*, prévue par l'article 23
de l'arrêté du Gouverneur Général du 19 septembre 1905 et
créée par des arrêtés locaux des 20 janvier 1906 (Cochinchine),
2 avril 1907 (Tonkin), 10 août 1907 (Annam), 30 octobre 1907
(Laos) et 31 décembre 1907 (Cambodge). Ses membres sont au
nombre de sept au moins et onze au plus, parmi lesquels doivent
figurer l'agent des Travaux publics chef de la subdivision, des
notables français et indigènes et, ne Cochinchine, un conseiller
d'arrondissement élu par ses collègues. Elle doit en principe se
réunir au moins une fois par trimestre (en Cochinchine, une
fois tous les deux mois) et a pour rôle de donner son avis et
de faire toutes propositions utiles sur les questions intéressant
l'hygiène publique. Elle est constituée et présidée par le chef
de la province (1).

Il faut ajouter que, de même que nous avons noté l'existence
en Cochinchine et au Tonkin d'un comité local pour la défense
des intérêts des mutilés et réformés de la guerre, de même un
arrêté du Résident Supérieur au Tonkin du 13 février 1918 et
une circulaire du Gouverneur de la Cochinchine du 13 février
1919 ont institué, dans chacune des provinces de ces pays ayant
participé à la formation des contingents d'O. N. S. et de tirailleurs, un *sous-comité provincial* qui seconde le comité local

---

(1) En ce qui concerne les pays d'Indochine autres que le Tonkin, nous devons
renouveler ici la même observation que celle faite à propos des comités locaux
d'hygiène (chap. IV - art. 2 - § 2). La composition des commissions sanitaires provinciales fonctionnant dans ces pays aurait dû, après le 2 septembre 1914, être modifiée
et fixée à cinq membres, conformément aux prescriptions de l'art. 20 du décret
du 20 septembre 1911.

En ce qui concerne au contraire le Tonkin, l'abrogation pure et simple décidée
par le Gouverneur Général le 6 juillet 1924 (mais seulement pour ce pays) des deux
textes organiques susvisés, à savoir l'arrêté du Chef de la colonie du 19 septembre
1905 et l'arrêté du Résident Supérieur du 2 avril 1907, a permis au Chef de l'Administration locale du Tonkin de prendre sous sa seule signature, à la même date
du 6 juillet 1924, un nouveau règlement sanitaire inséré seulement au J. O. du
26 du même mois et dont par suite nous n'avions pu tenir compte au chap. IV -
art. 2 - § 2, déjà sous presse. Aux termes de ce nouveau règlement, la composition du
comité local d'hygiène du Tonkin a été modifiée et fixée à dix membres, ainsi qu'il
sera dit dans l'appendice terminant le présent volume. Quant aux commissions sanitaires provinciales du même pays, leur composition a également été mise par ledit
règlement en harmonie avec les prescriptions du décret du 20 septembre, car elles
ne comprendront plus désormais que cinq membres : le chef de province qui préside
la commission, un médecin, un agent des Travaux publics et deux notables choisis
parmi les personnes compétentes en matière d'hygiène. En outre, ces membres
ne seront plus désignés par le chef de province, mais nommés pour quatre ans
par le Résident Supérieur et renouvelé par moitié tous les deux ans.

dans sa tâche. Ces sous-comités sont présidés par le chef de province. Au Tonkin, ils comprennent un mandarin provincial, le médecin de l'assistance, un colon et un commerçant français, un notable indigène à la désignation du Résident Supérieur, enfin l'inspecteur de la Garde indigène, secrétaire.

Signalons aussi que, en Cochinchine, au Tonkin et au Cambodge, une *commission de surveillance des sociétés indigènes de prévoyance et de prêts mutuels*, présidée par le chef de province et composée du préposé du Trésor et d'un fonctionnaire indigène, doit exister dans toute province où une ou plusieurs de ces sociétés ont été constituées (arrêtés des 12 juin, 14 juillet et 22 décembre 1907).

Enfin, un décret du 9 novembre 1923 a prévu que, dans les provinces où existeraient des établissements privés de bienfaisance, une commission spéciale de trois membres instituée par le Chef de l'Administration locale sera chargée, concurremment avec le Directeur local de la Santé, de contrôler leur fonctionnement. Cette commission n'a encore été instituée, à notre connaissance, qu'au Tonkin, où d'ailleurs elle existait bien avant le décret susvisé, le Résident Supérieur ayant pris dès le 22 décembre 1921 l'initiative de règlementer par arrêté les établissements privés de bienfaisance de ce pays et ayant prévu à cet effet une *commission provinciale de surveillance* comprenant, sous la présidence du chef de la province, le médecin du secteur d'assistance intéressé et un européen ou indigène, homme ou femme, désigné par le Résident Supérieur, de préférence parmi les personnes s'occupant d'œuvres charitables.

# ARTICLE II

## *ASSEMBLÉES REPRÉSENTATIVES INSTITUÉES AUPRÈS DES CHEFS DE PROVINCE*

Ce sont : en Cochinchine les Conseils de province, au Tonkin et en Annam les Conseils provinciaux de notables indigènes, au Cambodge les Conseils de résidence et au Laos les conseils consultatifs indigènes. A l'occasion des sessions, leurs membres ont droit, à la charge du budget provincial en Cochinchine et du budget local dans les autres pays, à une indemnité de déplacement.

Nous étudierons plus spécialement les Conseils de province de Cochinchine et les Conseils provinciaux du Tonkin.


### § 1. — Les Conseils de province de la Cochinchine

Ils ont été créés sous le nom de *Conseils d'arrondissement* par un décret du 5 mars 1889 et sont règlementés par les dispositions de ce décret et par celles des décrets des 22 octobre 1898, 12 novembre 1903 et 11 juin 1915.

**A)** — *Composition et formation.* — Sauf le président, qui est l'administrateur chef de province, tous les membres des conseils de province sont élus au suffrage restreint, au chef-lieu de chaque canton, par les notables en exercice de chacune des communes du canton inscrits sur une liste électorale établie par le chef de province.

La règle générale est que chaque canton élit au scrutin uninominal un seul conseiller. Toutefois, dans les provinces comptant moins de dix cantons, un arrêté du Gouverneur pris en Conseil Privé peut décider que certains cantons particulièrement peuplés pourront élire au scrutin de liste deux ou même trois conseillers (deux si la province compte plus de cinq et moins de dix cantons, trois si elle compte moins de cinq cantons). La désignation de ces cantons est faite de façon à ce que le nombre des membres du Conseil de province ne soit jamais inférieur à dix.

Sont éligibles les indigènes habitant le canton, n'ayant subi aucune condamnation à une peine criminelle ou à une peine correctionnelle pour rebellion, piraterie ou vol, âgés de 30 ans révolus et ayant occupé pendant deux ans au moins les fonctions de notable. Sont inéligibles les fonctionnaires ou agents civils ou militaires recevant un traitement sur les budgets de l'État, de la colonie ou de la province. Nul ne peut être membre à la fois de plusieurs Conseils de province.

Les collèges électoraux sont convoqués au moins vingt jours à l'avance par arrêté du Gouverneur. Au premier tour, le candidat doit, pour être élu, avoir réuni la majorité du nombre des suffrages exprimés et un nombre de suffrages égal au quart de celui des électeurs inscrits. Au deuxième tour, qui a lieu de plein droit huit jours après le premier, la majorité relative suffit.

Les élections peuvent être arguées de nullité, soit par tout électeur dans un délai de cinq jours après l'élection, soit par le Gouverneur dans le mois suivant la réception du procès-verbal. Ces réclamations sont jugées par le Conseil du Contentieux, sauf recours devant le Conseil d'État.

Les conseillers provincipaux sont élus pour quatre ans, renouvelés par moitié tous les deux ans et indéfiniment rééligibles. En cas de vacance par décès, démission ou toute autre cause, les électeurs doivent être réunis dans un délai de trois mois en vue de procéder au remplacement du membre disparu.

B) — *Fonctionnement.* — Les Conseils de province ont chaque année deux sessions ordinaires, l'une en août, l'autre en février, dont la durée est de huit jours. A la session d'août, ils votent le budget primitif pour l'exercice suivant, déterminent les travaux qui doivent être entrepris au cours de cet exercice, en préparent les projets et devis, produisent les demandes de subvention au Conseil colonial et émettent les vœux concernant la province. A la session de février, ils examinent le compte administratif de l'ordonnateur pour l'exercice antérieur et votent le budget complémentaire de l'exercice en cours. Les Conseils de province peuvent en outre être réunis extraordinairement et la durée de leur session ordinaire peut être prolongée par arrêté du Gouverneur en Conseil Privé. Leurs séances ne sont pas publiques et les votes y sont recueillis au scrutin secret sur la demande de quatre membres au moins.

Le Conseil de province ne peut délibérer valablement que si la moitié plus un de ses membres sont présents.

Les procès-verbaux des séances sont rédigés en quốc-ngữ et en français par les soins d'un secrétaire européen et d'un secrétaire annamite pris en dehors du Conseil. Ils sont arrêtés

au commencement de chaque séance et signés par le président
et les secrétaires. Ils contiennent les rapports, les noms des
membres qui ont pris part à la discussion et le résumé de leurs
opinions.

Les Conseils de province peuvent être dissous par arrêté
du Gouverneur en Conseil Privé.

Au commencement de chaque session, le chef de province
présente au Conseil de province un rapport en français et en
quốc-ngữ sur les affaires qui doivent lui être soumises pendant
la session.

C) — *Attributions*. — Toutes les délibérations du Conseil
de province sont soumises à l'approbation du Gouverneur
en Conseil Privé, mais aucune mesure touchant les intérêts
propres de la province ne peut être prise sans qu'elle ait été
au préalable votée par lui. C'est ainsi que, lorsque des dons
ou legs sont faits à la province sans qu'il y ait à ce sujet
réclamation de la part des familles, l'administrateur ne peut
les accepter qu'en vertu d'une délibération du Conseil de
province. De même, cette délibération préable est nécessaire
pour que l'administrateur puisse passer des contrats et, en
matière judiciaire, pour qu'il puisse intenter une action ou y
défendre au nom de la province.

Le Conseil délibère sur le budget provincial préparé par
l'administrateur et qui est ensuite approuvé par le Gouverneur
en Conseil Privé. Il donne son avis sur le classement des routes,
sur les changements proposés à la circonscription du territoire
de la province, des cantons ou des communes, sur le classement par catégories des villages pour la taxe des rizières, sur
les questions relatives à l'assiette de l'impôt, sur l'établissement
des listes de jeunes gens dispensés du service militaire, sur
l'autorisation à donner par le Gouverneur aux villages désireux
de s'imposer extraordinairement. Il peut émettre des vœux
sur toutes les questions économiques et d'administration
générale, mais les vœux politiques lui sont interdits.

Les fonctionnaires dirigeant dans la province les services
publics qui y sont représentés doivent fournir les renseignements qui leur sont demandés par le Conseil sur les questions
intéressant la circonscription provinciale.

## § 2. — Les Conseils provinciaux de notables indigènes du Tonkin

Ils ont été créés par un arrêté du Gouverneur Général du 19 mars 1913 complété par deux arrêtés du Résident Supérieur des 25 mars et 20 mai 1913 et modifié par deux arrêtés du Gouverneur Général du 28 août 1914 et du 2 septembre 1922.

A) — *Composition et formation.* — Les Conseils provinciaux de notables indigènes du Tonkin ont une composition et une formation entièrement différentes selon qu'il s'agit de provinces peuplées en majeure partie d'indigènes autres que les Annamites ou au contraire de provinces peuplées d'Annamites.

Dans le premier cas, le Conseil se compose d'un conseiller par phủ, huyện ou châu et ce conseiller, si pour une raison quelconque il n'est pas possible de procéder à une élection, peut être nommé par le Résident Supérieur sur la proposition du chef de province.

Dans le deuxième cas, le conseil se compose pour chaque phủ ou huyện de la province d'un ou de deux conseillers, selon que le phủ ou huyện a sept ou moins de sept cantons, ou qu'au contraire il a plus de sept cantons. Ces conseillers sont tous élus au suffrage restreint et au scrutin uninominal ou de liste selon le cas. Sont électeurs les chefs et les sous-chefs de canton en exercice, les anciens chefs et sous-chefs de canton titulaires, les présidents et vice-présidents des conseils administratifs communaux (chánh-hương-hội et phó-hương-hội) et les lý-trưởng, sauf ceux d'entre eux qui auraient subi devant les tribunaux français ou indigènes une condamnation entraînant l'indignité. La liste électorale est établie par le chef de province pour chaque phủ et huyện et les réclamations pouvant être portées contre son établissement sont jugées administrativement dans les mêmes conditions et délais que pour la Chambre consultative. Sont éligibles les indigènes mâles n'ayant pas été condamnés comme ci-dessus, âgés de 30 ans révolus et domiciliés dans la province ou y payant l'impôt foncier, sauf les fonctionnaires ou agents recevant un traitement sur le budget général ou le budget local et les anciens fonctionnaires révoqués. Nul ne peut être à la fois membre de plusieurs conseils provinciaux.

Les élections ont lieu au siège des phủ et huyện sous la présidence d'un délégué européen du chef de province assisté du tri-phủ ou du tri-huyện de la circonscription et de deux électeurs. Tout candidat doit avoir déposé à la résidence ou au siège du phủ ou huyện, quinze jours avant l'élection, sa déclaration de candidature. Les conditions pour être élu au premier tour sont les mêmes que pour la Chambre consultative indigène ; si elles ne sont pas réunies, il est procédé dans la même journée à un deuxième tour pour lequel la majorité relative suffit. Toute contestation contre l'élection doit être adressée au chef de la province dans les cinq jours de la date de cette élection. Ces réclamations sont jugées dans les mêmes délais et conditions que celles relatives aux élections à la Chambre consultative, sauf que le délai d'appel contre la décision du Résident et des mandarins provinciaux n'est que de quinze jours, que cet appel est porté devant le Résident Supérieur seul et que le résultat des élections n'est pas soumis à l'approbation du Gouverneur Général.

La durée du mandat des conseillers provinciaux, qui ont le titre de *hội-viên* et reçoivent un brevet du chef de province, est de trois ans, et ce mandat est indéfiniment renouvelable. Les cas de déchéance, déchéance qui est prononcée par le Résident Supérieur, sont les mêmes que pour la Chambre consultative. Il en est de même des cas où les conseillers provinciaux doivent être déclarés démissionnaires d'office.

B) — *Fonctionnement.* — Les Conseils provinciaux sont présidés par le chef de province et doivent être obligatoirement convoqués par lui, au début de chaque mois de mai, pour une session ordinaire dont la durée ne peut être de plus de huit jours. Ils peuvent aussi être convoqués en session extraordinaire sur l'autorisation préalable du Résident Supérieur. Leurs séances ne sont pas publiques, et chacune d'elles doit faire l'objet d'un procès-verbal dont une copie est adressée au Résident Supérieur dans les quinze jours de sa date.

Les Conseils provinciaux peuvent être dissous sur la proposition du chef de province, par arrêté du Résident Supérieur, lequel doit en rendre compte au Gouverneur Général.

Des *Conseils interprovinciaux* formés par la réunion d Conseils de plusieurs provinces peuvent être réunis sur l convocation du Résident Supérieur, sous la présidence d'un administrateur de 1re classe assisté des chefs des provinces intéressées, à l'effet d'étudier les questions d'intérêt commun à ces provinces.

C) — *Attributions*. — Les Conseils provinciaux sont purement consultatifs, mais doivent être obligatoirement consultés : 1o.) sur les propositions adressées par les chefs de province au Résident Supérieur concernant les titres du budget local qui comprennent les dépenses d'intérêt économique et les dépenses d'intérêt social ; 2o ) sur les changements proposés aux limites des territoires des phû, huyên, châu, cantons ou communes ; 3o ) sur les travaux d'entretien et de construction des digues, routes et canaux.

Ils peuvent également être consultés par l'Administration sur toutes autres questions intéressant la province ou le territoire.

Tous vœux politiques sont interdits, mais le Conseil peut émettre des vœux sur toutes les questions économiques et d'administration générale.

### § 3. — Autres Conseils indigènes provinciaux

A) — *Cambodge*. — Les *Conseils de résidence* de ce pays, créés un arrêté du 27 août 1903, ont été réorganisés par arrêté u 10 mai 1924.

Chacun d'eux comprend : d'une part et comme membres de oit, l'administrateur-résident qui préside le conseil, le chaufai-et ou Gouverneur, les chaufai-srok et les chaufai-khand (voir ème chapitre, art. 3 - § 4), ces fonctionnaires étant remplacés e droit par leurs adjoints en cas d'empêchement ; d'autre part, conseillers, représentant chaque khand à raison de un par x khum ou fraction de dix khum et élus au chef-lieu du nd par un collège électoral composé des mékhum, chumtup krom chumnum de chaque khum. Sont éligibles, sauf s'ils t été condamnés à une peine criminelle ou correctionnelle, us les Cambodgiens et Asiatiques assimilés aux Cambodgiens point de vue de l'impôt, habitant le khand et âgés de 25 ans au ns. Sont inéligibles les mêmes individus qu'en Cochinchine.

Les réclamations contre les élections sont jugées en premier et dernier ressort par le Conseil de Protectorat. Cette différence mise à part, les règles concernant la convocation des collèges électoraux, le mécanisme des élections, les délais de présentation des réclamations, la durée du mandat et ses conditions de renouvellement sont les mêmes que pour les Conseils de province de la Cochinchine, étant entendu que le Résident Supérieur est naturellement substitué ici au Gouverneur. Toutefois, aucun délai minimun n'est fixé entre la convocation des collèges électoraux et la date des élections et il n'y a pas lieu à renouvellement biennal des membres du conseil. D'autre part, les conseillers peuvent être déclarés démissionnaires d'office ou déchus de leur mandat, par arrêté ministériel cambodgien, dans les mêmes conditions qu'au Tonkin et les élections complémentaires en cas de vacance de siège n'ont pas lieu si la vacance se produit dans les six mois précédant l'expiration normale des mandats.

Les conditions de fonctionnement de ces assemblées sont aussi les mêmes qu'en Cochinchine, sauf que, depuis la suppression des budgets provinciaux, elles n'ont plus qu'une session ordinaire par an. Elle a lieu en mai et sa durée ne peut excéder huit jours. Les sessions extraordinaires sont autorisées par le Résident Supérieur, qui fixe leur date et leur ordre du jour. Les votes ne peuvent être recueillis au scrutin secret que sur la demande du tiers des membres. Les procès-verbaux des séances sont adressés en copie au Résident Supérieur et au Conseil des Ministres.

Le Conseil de résidence n'a que voix consultative, mais il doit être obligatoirement consulté sur les mêmes questions qu'au Tonkin et, en outre, sur les travaux de bâtiments et sur les projets relatifs à l'assiette de l'impôt. Aucune mesure touchant les intérêts propres de la circonscription résidentielle ne peut d'ailleurs être prise sans son avis préalable. Il donne son avis et peut émettre des vœux dans les mêmes conditions qu'au Tonkin.

B) — *Annam*. — Institués par une ordonnance royale du 29 avril 1943 rendue exécutoire par arrêté du 4 juin suivant, les *Conseils provinciaux de notables indigènes* de l'Annam ont des attributions identiques à celles des assemblées similaires du Tonkin. Leur fonctionnement est aussi réglé de la même façon, sauf qu'en plus de leur président, qui comme au Tonkin est le Résident, ils ont également un vice-président qui est le chef indigène de la province et sauf aussi que la possibilité de réunir des conseils interprovinciaux n'a pas été prévue.

Leur composition, par contre, est différente. Chacun d'eux en effet comprend, ou plutôt peut comprendre, des membres appartenant à trois catégories distinctes et dont le nombre est déterminé, pour chacune de ces catégories et pour chaque province, par le Résident Supérieur après avis du Cơ-Mật: d'une part, un conseiller pour chaque phủ ou huyện annamite (deux si ce phủ ou huyện compte plus de six cantons) élu pour trois ans parmi les chefs de canton titulaires, sans autres conditions d'éligibilité mais sous réserve de l'approbation de l'élection par le Résident Supérieur en Conseil du Cơ-Mật, par un collège électoral composé uniquement des chefs et sous-chefs de canton en fonctions ou ayant quitté ces fonctions autrement que par mesure disciplinaire; d'autre part, un ou plusieurs chefs de canton cham, muong ou moi représentant ces populations lorsqu'elles existent dans la province; enfin un certain nombre de notabilités indigènes, n'étant pas fonctionnaires en activité et habitant la circonscription intéressée, connues pour leur capacité et leur dévouement aux intérêts du pays. Les membres de ces deux dernières catégories sont choisis par le Résident et les mandarins provinciaux dans la limite d'un nombre maximum fixé pour chacune d'elles et sous réserve de l'approbation du Résident Supérieur en Conseil du Cơ-Mật.

Les élections des conseillers de la première catégorie ont lieu au siège des phủ, après convocation des électeurs par les mandarins provinciaux et dans des conditions tout à fait analogues à celles vues pour le Tonkin, sauf que, la majorité relative suffisant pour l'élection, il n'y a jamais qu'un seul tour de scrutin. La durée de leur mandat est aussi de trois ans, sauf réélection.

C) — *Laos*. — Les *Conseils consultatifs indigènes* créés au Laos par arrêté du 13 octobre 1920 sont présidés par le chef de province. Ils ne comprennent aucun membre élu, mais uniquement des membres de droit qui sont d'une part les chaomuong de la province et les oupahat adjoints à ces derniers et d'autre part des membres choisis par le chef de province sous réserve de l'approbation du Résident Supérieur à raison de deux notables laotiens ou assimilés par muong. L'assemblée de la province de Vientiane comprend en outre trois notables annamites non fonctionnaires résidant dans cette circonscription depuis au moins cinq ans et désignés annuellement dans la même forme que les notables laotiens.

Il n'y a en principe qu'une session par an, en novembre, mais sa durée n'est pas limitée.

Ces assemblées donnent des avis et émettent des vœux sur les mêmes objets que celles de l'Annam et du Tonkin, mais l'arrêté du 13 octobre 1920 susvisé n'a prévu en aucun cas leur consultation nettement obligatoire.


## ARTICLE III


### *ADMINISTRATION PROVINCIALE INDIGÈNE*


Les règles générales qui président à son fonctionnement semblent destinées à être unifiées dans un avenir plus ou moins lointain, au moins dans leurs grandes lignes. Elles présentent cependant encore entre elles des différences considérables, même entre l'Annam et le Tonkin et a fortiori entre ces pays et ceux peuplés d'autres races indigènes. Nous devrons donc étudier successivement à ce point de vue les diverses parties intéressées de la colonie. Mais auparavant il est nécessaire de dire quelques mots de la hiérarchie mandarinale, institution essentielle qui a servi de base à l'organisation de l'administration indigène, tant locale que provinciale, dans les pays annamites où cette administration peut être considérée comme distincte, au moins dans les provinces, de l'administration française, c'est-à-dire l'Annam et le Tonkin.

## § 1. — Mandarinat annamite

Le mandarinat est la hiérarchie honorifique annamite (*phăm-hàm*) dans laquelle sont nécessairement classés, selon des règlements d'une minutieuse rigueur et qui dans l'Annam proprement dit n'ont été que peu modifiés depuis l'époque très ancienne où ils furent calqués sur l'institution chinoise similaire, tous les Annamites investis à un titre quelconque, soit à la Cour de Huê soit dans les provinces de l'Annam et du Tonkin, d'une dignité ou d'une fonction publique ressortissant de l'administration indigène.

Réservé autrefois à titre à peu près exclusif au personnel de l'administration annamite, ce classement a été depuis étendu par assimilation aux Annamites originaires de l'Annam et du Tonkin faisant régulièrement partie des cadres des divers services publics français, mais alors au seul point de vue des préséances et sans que ledit classement puisse permettre au bénéficiaire de postuler un emploi dans l'administration indigène. Par contre, les Annamites originaires de Cochinchine n'y peuvent prétendre, même s'ils occupent en Annam ou au Tonkin un emploi dépendant des mêmes cadres, car les ordonnances royales qui l'organisent ne peuvent avoir aucun effet légal à l'égard des sujets français (instructions du Gouverneur Général du 3 décembre 1921).

Il existe deux ordres de mandarinat, le *mandarinat civil* (*văn-quan*) et le *mandarinat militaire* (*vũ-quan*). Ce dernier, qui de tout temps avait été beaucoup moins recherché que le premier, a perdu presque toute son importance depuis que l'établissement du Protectorat a entraîné la suppression quasi totale de l'ancienne armée annamite. Nous en dirons quelques mots lorsque nous traiterons plus tard des forces de police existant en Indochine et nous nous bornerons à étudier ici, très sommairement d'ailleurs, le mandarinat civil, de même que dans les paragraphes qui suivront nous examinerons l'administration provinciale indigène au seul point de vue civil.

Le mandarinat, dont le contrôle général est tenu par le Ministère de l'Intérieur, comporte dix-huit grades, répartis en neuf *degrés* (*phăm*) comprenant chacun deux *classes* (*chặt*) respectivement dénommées chánh et tùng. Les quatre premiers degrés, dont le premier est exclusivement réservé aux hauts dignitaires de la Cour, forment la catégorie des mandarins supérieurs (*ấn-quan*), les autres celle des mandarins subalternes. En outre, à chacun des dix-huit grades de mandarinat correspondent le plus souvent plusieurs appellations différentes constituant autant de titres honorifiques dans une hiérarchie spéciale à telle ou telle catégorie de mandarins : c'est ainsi que les titres de la hiérarchie *hàm-đường* sont exclusivement réservés aux mandarins provinciaux et que ceux de la hiérarchie académique *hàn-lâm-viện-hàm* ne sont donnés en principe qu'aux gradués de l'enseignement traditionnel annamite, aux titulaires de certains diplômes d'enseignement secondaire ou d'enseignement supérieur français ou franco-indigène et aux agents indigènes des services français ou des bureaux des mandarins assimilés à ces derniers.

Ces grades et titres sont décernés :

1° — aux agents de l'administration indigène en service en Annam, par la Cour de Huê ;

2° — aux agents de l'administration indigène en service au Tonkin, pays où le Résident Supérieur remplit les fonctions de Kinh-lược, par l'effet combiné, d'une part des arrêtés pris par ce haut fonctionnaire en vue de nommer ou de promouvoir ces agents à un échelon quelconque de la hiérarchie des fonctions, d'autre part de l'ordonnance royale organique du 31 juillet 1923 selon laquelle l'accession à chacun de ces échelons confère, de plein droit à l'intéressé un rang et un titre déterminés dans la hiérarchie mandarinale ;

3° — aux agents indigènes des divers services publics français en service au Tonkin ou en Annam, par l'effet combiné, d'une part des mêmes arrêtés pris selon le cas par le Gouverneur Général, les Résidents Supérieurs ou les Chefs des services intéressés, d'autre part de l'ordonnance royale précitée du 31 juillet 1923 (Tonkin) ou de l'ordonnance royale du 9 mai 1922 (rendant applicable en Annam, mais seulement en ce qui concerne les agents des services français, celle du 26 décembre 1918 antérieurement prise pour tous les fonctionnaires et agents indigènes du Tonkin). Selon ces ordonnances organiques (1), en effet, la même parité que ci-dessus

---

(1) Celle du 9 mai 1922, concernant l'Annam, a été complétée, relativement à l'attribution des grades de la hiérarchie académique, par une seconde ordonnance du 27 février 1923.

entre les échelons des cadres fonctionnels et ceux de la hiérarchie mandarinale a été instituée : en ce qui concerne les
agents indigènes des Résidences de l'Annam et du Tonkin et
ceux de l'enseignement en Annam, par assimilation directe;
en ce qui concerne le personnel indigène de tous les autres
services français, par assimilation indirecte basée sur la comparaison entre les soldes de ces personnels et celle des agents
indigènes des Résidences du Tonkin;

4° — aux agents des divers services publics français en service au Laos, mais à condition bien entendu qu'il s'agisse d'Annamites originaires de l'Annam et du Tonkin, par l'effet d'un
arrêté du Gouverneur Général du 9 juillet 1921 étendant
auxdits agents le bénéfice des dispositions, depuis rendues
caduques en Annam par la promulgation de l'ordonnance
royale du 9 mai 1922 précitée, d'un arrêté du Résident Supérieur en Annam du 18 juillet 1912 qui avait déjà accordé
des équivalences de grade dans le mandarinat aux agents
indigènes des services locaux de ce pays.

La hiérarchie mandarinale civile n'est d'ailleurs pas restreinte, du moins à sa base, aux seuls agents de l'administration
indigène ou, par équivalence, aux agents indigènes des services
publics français. C'est ainsi que les descendants des hauts
dignitaires et de certains mandarins vivants ou décédés ont
droit, de par leur seule naissance, à certains grades inférieurs
du mandarinat. D'autre part, les Annamites qui se sont distingués par des actions d'éclat ou des œuvres présentant un
caractère d'utilité publique peuvent aussi, par mesure exceptionnelle, être admis à titre honorifique dans les derniers
rangs de la hiérarchie et il en est de même, principalement
au Tonkin, des chánh phó lý (chefs et sous-chefs de canton,
lý-trưởng et phó-lý) en fonctions depuis un certain nombre
d'années.

En dehors du mandarinat proprement dit, il existe aussi des
catégories spéciales de grades honorifiques, notamment les *grades
posthumes* (*hàm thụy*), les *grades de grande distinction* (*gia hàm*),
les *grades aux ascendants des hauts mandarins* (*phong tặng*).
D'autre part, presque tous les mandarins occupant en Annam
des fonctions élevées possèdent, outre le titre de cette fonction,
un titre de dignitaire de la Cour. Enfin, la hiérarchie mandarinale est entièrement distincte des *titres de noblesse* (*tước*),

lesquels, au nombre de cinq, constituent une distinction sociale
indépendante tant du grade que de l'emploi et se transmettant
héréditairement, mais en diminuant d'un degré à chaque généra-
tion. Ces titres de noblesse, accessibles en principe à tous les
Annamites, mais non rétribués, sont eux-mêmes entièrement
distincts des vingt dignités, dites *tôn-tước*, qui sont réservées
aux membres de la famille impériale et leur donnent droit à une
allocation pécuniaire inscrite au budget du Gouvernement
annamite.

### § 2. — Administration provinciale indigène en Annam

De tous les pays de l'Indochine, c'est certainement en Annam
que le statut du personnel de l'administration indigène, statut
toujours fixé par des ordonnances royales, a subi le moins de
modifications récentes. Le principe fondamental de l'ancienne
organisation annamite, c'est-à-dire la prédominance du grade
de mandarinat sur la fonction exercée, y est toujours en honneur
et il y comporte encore, du moins en principe, les mêmes
conséquences, à savoir: d'une part, que nul ne peut être
investi d'une fonction publique proprement dite s'il n'appartient pas à la hiérarchie mandarinale ; d'autre part, qu'à
chaque fonction correspond un rang déterminé dans cette
hiérarchie et que nul ne peut exercer cette fonction comme
titulaire s'il n'occupe pas ce rang (nous indiquerons ci-dessous
les rangs correspondant normalement aux principales fonctions, compte tenu des modifications apportées aux anciens
règlements sur la matière par les ordonnances royales des
13 novembre et 10 décembre 1912); enfin, que la solde est
attachée au grade de mandarinat et non à la fonction, d'où il
suit que le grade de chaque fonctionnaire ou agent de l'administration indigène doit être énoncé chaque année par le
budget du Gouvernement annamite, budget qui assure la solde
de ce personnel.

Il est à présumer que ce système un peu archaïque ne se
perpétuera pas indéfiniment. De sensibles modifications lui ont
d'ailleurs déjà été apportées. C'est ainsi qu'il a été admis qu'un
complément de solde serait attaché à l'exercice de certaines
fonctions. De même, une ordonnance du 23 janvier 1914 a

décidé que les mandarins titulaires d'un grade de mandarinat supérieur à leur emploi, cas qui se produit souvent, ne pourraient toucher la solde afférente à ce grade qu'autant qu'ils seraient effectivement pourvus d'un emploi de mandarin supérieur.

A) — *Fonctionnaires proprement dits.* — L'ordonnance royale du 23 janvier 1914 distingue deux catégories parmi les mandarins civils fonctionnaires qui concourent de près ou de loin au service de l'administration indigène en Annam : d'une part, les mandarins chargés de l'administration proprement dite ; d'autre part, les mandarins des services des rites, du culte, des temples et des tombeaux. Une troisième catégorie, comprenant les mandarins spécialisés dans l'enseignement traditionnel, existait autrefois et avait été réorganisée par ordonnance royale du 13 novembre 1912, mais elle a disparu depuis que cet enseignement a été remplacé par l'enseignement moderne. Quant aux fonctionnaires qui étaient antérieurement chargés du service médical, avec les titres de *y-sinh* et *y-thuộc,* ils ont été depuis 1914 supprimés par voie d'extinction, au moins dans les provinces.

Les mandarins chargés de l'administration, et aussi de la justice indigène qui en Annam se confond avec elle, sont : d'une part, les *mandarins provinciaux (quan-tỉnh)*, résidant au chef-lieu de la province et y centralisant les affaires sous le double contrôle du Résident qui représente le Protectorat dans la même province et des autorités supérieures annamites de Huê ; d'autre part, les *mandarins de l'intérieur*, qui exercent leurs fonctions administratives au siège des circonscriptions, dénommées phủ, huyện ou châu, entre lesquelles est partagé le territoire de la province.

Dans les provinces peuplées exclusivement ou en majeure partie d'Annamites, les mandarins provinciaux sont : le *tổng-đốc* (2°-1) ou, dans les provinces moins importantes, le *tuần-phủ* (2°-2), l'un ou l'autre étant le gouverneur annamite de la circonscription ; le *bố-chánh* (3°-1), généralement appelé quan-bố, qui est chargé de l'administration proprement dite et spécialement es questions concernant les impôts ; *l'án-sát* (3°-2), généralement appelé quan-án et qui est chargé de la justice. Toutefois, ces trois mandarins ne se trouvent réunis que dans les quatre grandes provinces de Thanh-hoa, Nghê-an, Quang-nam et Binh-dinh, (qui possèdent chacune un tổng-đốc) et dans celle de Ha-tinh (qui n'est dotée que d'un tuần-phủ). Dans les autres, il n'y a généralement qu'un tuần-phủ et un án-sát ou un bố-chánh et un án-sát. Enfin, dans la province de Thừa-thiên, siège de la capitale, les mandarins provinciaux, également au nombre de deux, portent les titres de *phủ-doãn* (3° - 1) et de *phủ-thừa* (3° - 2).

Dans les provinces montagneuses habitées en majeure partie par des indigènes non annamites, il n'existe qu'un seul mandarin provincial, avec le titre de *quản-đạo* (4° - 1) à Phanrang et de *phó-quản-đạo* (5° - 1) dans le Haut-Donnaï ; ou même, comme dans les provinces de Kontum ou du Darlac, il n'y a pas de mandarin provincial.

Les mandarins de l'intérieur exercent, chacun dans sa circonscription et sous les ordres des mandarins provinciaux, un rôle de surveillance, règlent les affaires administratives dans les limites de leurs attributions et assurent l'instruction des affaires judiciaires. Dans les régions annamites, ils portent les titres de *tri-phủ* (5° - 1) ou de *tri-huyện* (6° - 1) selon qu'ils administrent un phủ ou un huyện, circonscriptions dont autrefois les secondes dépendaient des premières mais qui actuellement relèvent toutes directement du chef-lieu et ne se différencient plus que par la plus grande importance des phủ. Dans les régions montagneuses, les mêmes mandarins sont appelés *tri-châu* (6° - 2) ou *thổ-tri-huyện* (7° - 2). Il existait aussi autrefois, dans les phủ et huyện les plus importants, des *đồng-tri-phủ* (6° - 1) et des *huyện-thừa* (7° - 2) adjoints respectivement aux chefs de ces circonscriptions, mais ces fonctionnaires ont presque entièrement disparu.

Les mandarins des services des rites, du culte, des temples et des tombeaux occupent, sous des appellations diverses, des emplois trop spéciaux pour qu'il y ait lieu de s'y appesantir ici. La plupart d'entre eux sont d'ailleurs en service dans la capitale. On peut cependant mentionner le *service des tombeaux impériaux (thủ-hộ)* et le *service des sacrifices (tự-tế)* auquel appartiennent notamment les *miếu-lang* (5° - 2) et les *miếu-thừa* (6° - 2), maîtres des cérémonies dans les văn-miếu ou temples de la littérature.

Ajoutons enfin, mais à un point de vue simplement historique puisque nous avons rappelé ci-dessus que la nécessité de mettre les méthodes d'instruction en harmonie avec les exigences de la vie moderne avait entraîné la suppression même en Annam de l'enseignement traditionnel, que les mandarins dispensant autrefois cet enseignement, et qui depuis ont été versés dans d'autres cadres, occupaient dans l'intérieur du pays les emplois suivants : aux chefs-lieux des provinces ordinaires, des *đốc-học*; de deux classes (3°-2 et 4°-1); aux chefs-lieux des provinces montagneuses, des *điền-học* de deux classes (4°-2 et 5°-1); au siège des phủ, des *giáo-thụ* de trois classes (5°-2, 6°-1 et 6°-2); au siège des huyện, des *huấn-đạo* de trois classes (7°-1, 7°-2 et 8°-1). A la différence des mandarins administratifs et des mandarins des rites, ceux de l'enseignement relevaient du Ministère de l'Instruction publique et non de celui de l'Intérieur.

Jusques à ces derniers temps, le grade de mandarinat de début qui seul peut permettre l'entrée dans l'une quelconque des catégories de fonctionnaires indigènes dont nous venons de parler s'obtenait, sauf de rares exceptions, à la suite de concours portant sur les matières de l'enseignement traditionnel annamite, tel qu'il avait été réorganisé par une ordonnance du 31 mai 1906 modifiée les 21 septembre 1911 et 17 avril 1912. Ces concours étaient au nombre de deux : d'une part, le *hương-thí*, qui avait lieu tous les trois ans à Vinh, Huê, Qui-Nhon et Nha-Trang, était précédé un mois auparavant d'un examen éliminatoire dit *hạch* subi au chef-lieu de chaque province et permettait d'obtenir les titres de *tú-tài* (bachelier), *cử-nhân* (licencié) et *phó-bảng*; d'autre part, le *đình-thí*, qui avait lieu dans le palais impérial, était précédé d'un examen éliminatoire dit *hội-thí* subi à Huê et permettait d'obtenir le titre de *tiến-sĩ* (docteur). A chacun des titres universitaires ci-dessus énumérés était attaché un grade de mandarinat distinct dont l'obtention permettait désormais à son titulaire d'obtenir un emploi déterminé. Toutefois, les candidats aux emplois de l'enseignement devaient en outre subir un examen spécial d'aptitude pédagogique, sauf certains d'entre eux qui en étaient dispensés en raison de leur provenance ou de leurs diplômes.

La suppression récente des concours triennaux a mis fin à ce recrutement, mais la quasi-totalité des mandarins de rang élevé actuellement en service lui doivent leurs fonctions, et c'est pourquoi nous avons jugé utile d'en parler. Quant à l'avenir, il a été prévu que le personnel de l'administration indigène de l'Annam serait recruté parmi les élèves diplômés de l'École des hautes études du Gouvernement annamite, institution créée dans ce but par ordonnance royale du 25 octobre 1922 et dont nous parlerons plus tard.

Une fois entrés dans les cadres, les fonctionnaires de toutes catégories de l'administration indigène sont promus tant en grade qu'en fonctions par ordonnances royales. Toutefois, une ordonnance du 11 août 1913 a prescrit que les mandarins supérieurs, c'est-à-dire appartenant aux quatre premiers degrés, ne pourraient être promus qu'après avoir été inscrits sur un tableau d'avancement annuel établi par une commission présidée par un administrateur de 1re ou de 2me classe des Services Civils et comprenant les délégués de la Résidence Supérieure auprès des Ministères de l'Intérieur et des Finances, les Ministres de l'Intérieur et de la Guerre et un tổng-đốc de province.

B) — *Employés des bureaux.* — Le service des bureaux des mandarins chargés de l'administration indigène dans les provinces est assuré par des agents dont le statut est fixé par une ordonnance du 10 décembre 1912 et qui se distinguent des diverses catégories de fonctionnaires dont nous avons parlé ci-dessus en ce que les bas emplois dudit service peuvent être occupés indépendamment de tout grade de mandarinat et en ce que, même pour ceux de ces agents appartenant à la hiérarchie mandarinale, leur solde est attachée à la fonction qu'ils occupent dans tous les cas où cette fonction, autre que celle de thừa–biện, comporte un grade inférieur à celui de 7o-1.

Le recrutement de ces agents est aujourd'hui assuré par le collège annamite *Quốc-tử-giám*, réorganisé par ordonnance royale du 24 septembre 1920 et dont il sera question plus tard. Ceux d'entre eux qui n'appartiennent pas encore à la hiérarchie mandarinale débutent à la capitale et dans les provinces comme *vị-nhập lưu-thơ-lại* (écrivains surnuméraires) ou dans les provinces comme *thông-lại* (écrivains des phủ et des huyện). Ceux qui jouissent d'un grade de mandarinat exercent les fonctions suivantes : dans les bureaux des mandarins provinciaux, celles de *thông-phán* (6o-2) et de *kinh-lịch* (7o-1); dans ces mêmes bureaux et dans ceux des ministères et conseils de la capitale, celles de *bát-phẩm-thơ-lại* (8o-1 et 8o-2) de *cửu-phẩm-thơ-lại* (9o-1 et 9o-2) et de *thừa-biện*, ce dernier emploi étant attribué comme début de carrière aux descendants des dignitaires et

andarins vivants ou décédés auxquels les règlements con-
èrent à raison de leur seule naissance un grade de madarinat
du 8ᵐᵉ ou du 9ᵐᵉ degré; dans les bureaux des mandarins de
intérieur, celles de *lại-mục de phủ* (9° - 1) et de *lại-mục de
huyện* (9° - 2).

C) – *Agents cantonaux et communaux*. — Les cantons
utre lesquels est réparti le territoire de chaque phủ, huyện
u châu et les communes dont la réunion forme chacun de
és cantons sont respectivement administrés, les premiers par
es *chefs et sous-chefs de canton* (*chánh-tổng et phó-tổng*),
es secondes par un *conseil des notables* que l'un de ces
otables, dénommé *lý-trưởng*, représente à l'égard des tiers.
es divers agents ne touchent aucune solde et ne sont à
ucun titre des représentants de l'autorité publique, mais au
ontraire des mandataires choisis par le peuple pour le repré-
enter vis-à-vis des détenteurs de cette autorité. Ils sont
ésignés librement parmi les habitants riches par la popula-
on intéressée, en conformité d'usages locaux très anciens et
ariant selon les régions, sans que l'administration provinciale
ême indigène ait à intervenir, du moins en principe, dans
ette désignation, laquelle est généralement faite par voie
élection. Aucune règlementation d'ensemble n'a été prise
n Annam pour fixer le statut de ces agents, définir leurs
ttributions et déterminer la hiérarchie des notables des vil-
ges. En ce qui concerne ces derniers, englobés sous la
énomination générique de *quan-viên*, la coutume les range
énéralement en plusieurs catégories selon le rôle qu'ils jouent
ans les affaires communales: d'abord viennent les *kỳ-mục*,
ui administrent le village, le premier d'entre eux étant le
ên-chỉ et le second le *thứ-chỉ*; après eux arrivent les *kỳ-
ịch*, chargés de l'exécution des ordres du conseil et parmi
squels sont choisis le *lý-trưởng* (expression très impropre-
ent traduite par celle de maire, ce *lý-trưởng* n'étant nulle-
ent le chef de la commune, mais seulement son principal
gent d'exécution) et son adjoint le *phó-lý*; enfin les *kỳ-lão*
nt des vieillards qui, même lorsqu'ils ne font pas partie
u conseil des notables, sont souvent appelés à lui donner
urs avis.

### § 3. — Administration provinciale indigène au Tonkin

Nous savons que le Chef du Protectorat français en ce pays a reçu du Souverain annamite une délégation de pouvoirs générale et permanente l'habilitant à y exercer toutes les attributions de l'ancien Kinh-lược, attributions qui en fait étaient celles d'un vice-roi. De cette très importante circonstance il résulte que le Résident Supérieur au Tonkin est le chef de l'administration indigène dans ce pays et qu'en conséquence ce haut fonctionnaire a seul qualité, sous réserve des pouvoirs que le Gouverneur Général aura pu se réserver à son égard et dans la détermination desquels le Gouvernement annamite ne saurait évidemment intervenir, pour présenter à la signature de l'Empereur d'Annam les ordonnances royales destinées à fixer les règles générales statutaires du personnel de cette administration, pour nommer et promouvoir tous les agents qui la composent, exercer sur eux l'action disciplinaire, fixer leurs cadres, leurs soldes et autres avantages, prononcer leurs affectations, etc...

Le statut du personnel de l'administration indigène au Tonkin a été réorganisé par une ordonnance royale du 7 juin 1923 dont on peut dire, si on la compare à la précédente ordonnance de réorganisation du 26 décembre 1918, qu'elle a eu principalement pour but, d'une part et de façon générale de renforcer les pouvoirs du Résident Supérieur en la matière, d'autre part de consacrer définitivement la séparation, inexistante en Annam, entre les fonctionnaires et agents indigènes de l'ordre administratif et ceux de l'ordre judiciaire, ces derniers étant désormais constitués en un cadre spécial.

Nous n'avons à parler dans le présent paragraphe que du premier de ces deux ordres de fonctionnaires et agents, et d'autre part, nous référant à ce qui a été dit précédemment concernant son organisation en Annam, laquelle a servi de base à celle du Tonkin, nous nous bornerons à signaler les principales différences existant à ce point de vue entre les deux pays.

A) — *Fonctionnaires proprement dits.* — Contrairement à ce qui se passe en Annam, c'est la fonction qui prime le grade pour les fonctionnaires de l'administration indigène du

Tonkin. C'est en effet à l'emploi occupé par chacun d'eux qu'est attachée la solde qu'il reçoit, ainsi que l'indemnité spéciale à laquelle certains de ces emplois donnent droit. De même, l'accession à une fonction quelconque n'est pas conditionnée par l'obtention préalable ou au moins concomitante du grade correspondant de la hiérarchie mandarinale; c'est au contraire la première nomination de l'intéressé, ou ses promotions ultérieures à des emplois de plus en plus élevés, qui ont pour effet, automatiquement et de plein droit, de le classer dans la hiérarchie mandarinale au rang assigné à son emploi de début ou à ses nouvelles fonctions par le tableau d'équivalence annexé à l'ordonnance royale du 31 juillet 1923, tableau qui reproduit à peu de chose près la correspondance analogue en vigueur en Annam.

Sauf le cas, dont nous parlerons plus tard, où certains d'entre eux sont chargés à titre provisoire et à défaut de mandarins judiciaires d'assurer la distribution de la justice, les fonctionnaires indigènes au Tonkin exercent tous un emploi administratif. En effet, il n'existe pas au Tonkin de mandarins chargés spécialement des questions rituelles ou similaires, et d'autre part la substitution entièrement et tout d'abord réalisée en ce pays de l'enseignement franco-indigène à l'enseignement traditionnel annamite a entraîné la suppression par voie d'extinction des đốc-học, giáo-thụ et huấn-đạo qui y étaient antérieurement en service.

Les *mandarins provinciaux* collaborent plus étroitement qu'en Annam avec les chefs de province et peuvent même recevoir délégation de ces derniers pour régler certaines questions administratives. En fait, ils n'ont de rapport avec la Cour de Hué qu'en ce qui concerne les questions rituelles, et encore les communications qu'ils lui envoient à cet effet doivent-elles emprunter l'intermédiaire de l'administrateur-résident. Toutefois, les arrêtés du Résident Supérieur les concernant doivent être communiqués à la Cour. Leur hiérarchie comporte deux classes dans chacun des emplois de *tồng-đốc*, de *tuần-phủ* et d'*án-sát*, celui de bố-chánh n'existant pas. Leur répartition dans les provinces de population annamite est actuellement fixée par un arrêté du Gouverneur Général du 21 novembre 1921 qui a prévu un tồng-đốc et un án-sát à Bac-ninh, Ha-đông, Haiduong et Nam-dinh, un án-sát seulement à Bac-kan, Quang-yên, Thai-nguyên, Tuyên-quang et

Yên-bay, un tuần-phủ et un án-sát dans les autres provinces. Quant aux circonscriptions de la haute région, le personnel des mandarins provinciaux y est représenté à Cao-bang par un tuần-phủ, à Hoa-binh par un *chánh-quan-lang* et un án-sát, à Moncay, Ha-giang et Lai-châu par un *quản-đạo*. Il n'existe pas de mandarins provinciaux à Lao-kay et à Son-la.

Les mandarins de l'intérieur dénommés *mandarins chefs de circonscription*, ne relèvent pas effectivement des mandarins provinciaux, mais de l'administrateur-résident, avec lequel ils ont droit de correspondance directe sous réserve d'adresser simultanément copie de cette correspondance au principal mandarin provincial. Leur hiérarchie comporte : dans les circonscriptions annamites, trois classes de *tri-huyện* et deux classes de *tri-phủ* ; dans les circonscriptions de population autre qu'annamite, trois classes de *tri-châu* et deux classes de *chánh-tri-châu*, plus des *bang-tá* qui dans les circonscriptions étendues remplissent sur des points éloignés l'emploi de délégué du tri-châu, plus encore des agents spéciaux qui dans les mêmes régions sont chargés de la police avec les titres de *phủ-úy*, *huyện-úy*, *phó-châu* ou *châu-úy*. Sauf le droit réservé au Résident Supérieur de nommer directement tri-huyện ou même tri-phủ de 2e classe des agents indigènes des services locaux ayant rendu des services tout à fait exceptionnels (mais seulement jusqu'à concurrence de deux nominations par an), les tri-huyện de 3e classe sont recrutés à la suite d'un concours qui est ouvert aux titulaires du diplôme de l'École de Droit âgés de plus de 26 ans et de moins de 40 et ayant servi trois ans comme commis indigène, et aussi, mais alors sous certaines conditions, aux commis et secrétaires des divers services, aux instituteurs, aux thông-phán et aux tri-châu. Ces fonctionnaires sont aussi recrutés par la titularisation, après un stage minimum de deux ans, des *hậu-tuyển-tri-huyện* ou tri-huyện stagiaires, emploi de l'ancienne formation destiné à disparaître. Quant aux tri-châu de 3e classe, ils sont recrutés, sans concours, de préférence parmi les diplômés de l'École de Droit qui seraient originaires des régions montagneuses, à défaut parmi les autorités locales des mêmes régions, les secrétaires des services publics y ayant été en service et les thừa-phái de 1re classe. Ajoutons que les tri-phủ et tri-huyện peuvent être exceptionnellement chargés de diriger un châu.

L'avancement des fonctionnaires de l'administration indigène est donné par le Résident Supérieur, dans des conditions déterminées par lui, à ceux d'entre eux préalablement inscrits sur une liste établie par ses soins après avis d'une commission instituée à cet effet.

B) — *Employés des bureaux.* — Ce sont des *thông-phán* de deux classes et des *thừa-phái* de cinq classes, les premiers servant dans les bureaux des mandarins provinciaux et les seconds partout où besoin est. Les thừa-phái de 5e classe sont recrutés à la suite d'un concours ou, dans la haute région, à la suite d'un examen provincial.

Sont aussi considérés comme employés des bureaux, avec assimilation aux thừa-phái de 1re classe, les agents de l'ancien cadre des *hậu-bổ*, supprimé par voie d'extinction.

Tout ce qui a été dit ci-dessus au sujet des fonctionnaires proprement dits concernant la prédominance de la fonction sur le grade, le classement dans la hiérarchie mandarinale et le mode d'avancement s'applique également aux agents des bureaux

C) — *Agents cantonaux et communaux.* — Le mode de recrutement des *chefs et sous-chefs de canton*, *lý-trưởng* et *phó-lý* a été plusieurs fois fixé par des arrêtés du Résident Supérieur dont celui actuellement en vigueur est en date du 25 juin 1922 et a été complété le 13 mars 1923. Nous ne pouvons entrer dans les détails minutieux de ce texte. Disons seulement : que, en ce qui concerne la désignation des chefs et sous-chefs de canton, la nouvelle règlementation tonkinoise se rapproche sensiblement, pour la première fois, de celle en vigueur en Cochinchine et dont nous parlerons à l'article suivant, car le candidat nommé n'est pas nécessairement celui auquel les électeurs ont donné le plus grand nombre de suffrages, mais bien celui choisi par le Résident lui-même parmi les trois candidats éligibles ayant obtenu le plus de voix ; qu'au contraire, en ce qui concerne la désignation des lý-trưởng et phó-lý, les errements antérieurs ont été conservés dans leurs grandes lignes et qu'en conséquence, sauf certains cas exceptionnels, ces agents continuent à être désignés, à la suite d'une élection au suffrage restreint faite à la majorité absolue au premier tour et relative au deuxième, par un collège électoral composé des principaux habitants du village intéressé ; que, dans tous les cas, le mécanisme de ces élections a été, dans la mesure du possible, calqué sur le système en vigueur pour les élections en matière française ; enfin que, également dans tous les cas, le candidat nommé reçoit un brevet signé du chef de la province et du principal mandarin provincial.

Quant à l'organisation de la commune annamite, elle était jusqu'à ces dernières années restée au Tonkin ce qu'elle n'a pas cessé d'être en Annam, et l'administration provinciale y avait aussi évité jusqu'alors d'intervenir directement dans les affaires intérieures des villages. Une orientation nouvelle, et grosse de conséquences heureuses pour l'avenir, semble avoir été donnée à cette importante question par deux arrêtés du Résident Supérieur du 12 août 1921 : l'un, complété le 26 août 1922, réorganisant le conseil des notables sous le nom de *conseil administratif communal* et prévoyant que cette assemblée comprendrait de quatre à vingt notables (*tộc-biểu*) présidés par un *chánh-hương-hội* et un *phó-hương-hội* et ayant comme principaux auxiliaires un *thư-ký* (secrétaire et officier de l'état-civil) et un *thủ-quỹ* (trésorier); l'autre, ayant eu pour but de créer des budgets communaux dans les villages annamites, budgets dont les chánh-hương-hội sont ordonnateurs et les thủ-quỹ comptables, et d'organiser leur fonctionnement sous le contrôle des autorités françaises et indigènes de la province (2000 villages environ possèdent actuellement ce budget bien que l'obligation n'en ait été prévue que pour ceux comptant au moins 500 contribuables).

### § 4. — ADMINISTRATION PROVINCIALE INDIGÈNE AU CAMBODGE

Elle est assurée, ainsi que le service du Palais royal et des Ministères, par un personnel dénommé *Krom-Rothabal* et entièrement distinct du personnel de l'ordre judiciaire dont nous parlerons plus tard. Le statut des agents qui le constituent a été réorganisé par une ordonnance royale du 15 septembre 1922, en conséquence d'une autre ordonnance du 11 décembre 1921 par laquelle les anciennes divisions territoriales cambodgiennes avaient été complètement remaniées.

Antérieurement à cette dernière ordonnance, il n'existait aucune division territoriale cambodgienne correspondant aux limites de la circonscription résidentielle française, en sorte que les Résidents n'avaient auprès d'eux aucune autorité indigène responsable servant d'organe de liaison entre le représentant du Protectorat et les fonctionnaires indigènes placés à la tête de chacune des divisions de la circonscription. En outre, certaines de ces dernières se trouvaient à cheval sur le territoire de deux circonscriptions résidentielles. De cette situation assez incohérente résultaient un défaut d'unité et de continuité de l'action administrative, des lenteurs dans la transmission des ordres, des divergences parfois considérables dans leur interprétation, bref de multiples inconvénients.

Désormais, en vertu de l'ordonnance du 11 décembre 1921, les seules formations administratives indigènes du Cambodge sont, par ordre d'importance croissante, le *khum*, le *khand*, le *srok* et le *khet*, chacune d'elles étant formée par la réunion d'un certain nombre d'unités de la division immédiatement inférieure et les limites du khet correspondant exactement à celles de la circonscription résidentielle, à laquelle cette division administrative indigène se trouve donc maintenant assimilée, comme en Annam et au Tonkin (1). De même, le srok cambodgien correspond aux phủ et huyện annamites actuels. Au contraire, le khand ne saurait être confondu avec le canton annamite, car l'agent placé à sa tête est un fonctionnaire indigène et non point un représentant de la population, et l'on doit plutôt rapprocher ces khand des anciens huyện annamites tels qu'ils étaient à l'époque où ils se trouvaient englobés dans des phủ dont ils dépendaient. Enfin, le khum est simplement la commune cambodgienne.

*A) — Fonctionnaires proprement dits.* — Leur hiérarchie comporte un cadre secondaire comprenant les fonctionnaires pourvus d'un emploi comportant plus de 4 pân et moins de 7 pân de dignité et un cadre supérieur comprenant les fonctionnaires pourvus d'un emploi comportant au moins 7 pân de dignité. Tous les agents appartenant à ces deux cadres sont nommés et romus par ordonnances royales et affectés par décisions du Ministre de l'Intérieur, ordonnances et décisions devant être rendues exécutoires par le Résident Supérieur.

Le cadre secondaire comprend des *kromokars* stagiaires (5 pân de dignité) recrutés pour moitié par voie d'un concours

---

(1) Toutefois la circonscription résidentielle de Stung-Treng, constituée en deux khet par ordonnance royale du 16 février 1923, fait exception à cette règle.

ouvert à certaines catégories de candidats et pour moitié parmi les diplômés de l'École d'administration cambodgienne ayant obtenu une moyenne minimum, des kromokars de trois classes (5 pân) et des kromokars principaux de trois classes et hors classe (6 pân). Ces divers fonctionnaires remplissent, selon leur grade, les fonctions de *balat-khand* (adjoint à un chef de khand), *balat-srok, balat-khet,* chefs de poste de surveillance ou *chaufai-khand* (chef de khand). Toutefois les kromokars stagiaires ne peuvent être ni chef de poste ni chaufai-khand(1).

Le cadre supérieur comprend : des *anouc-montrey* stagiaires (7 pân) pouvant remplir les fonctions de balat-khet et recrutés pour les deux tiers sur un concours ouvert à certaines catégories de candidats et pour un tiers parmi les Cambodgiens diplômés de l'École de Droit de Hanoi ; des anouc-montrey de deux classes (7 pân) pouvant être balat-khet, chaufai-khand ou *chaufai-srok* ; des *vorac-montrey* de trois classes (8 pân) pouvant remplir les fonctions de chaufai-khand, chaufai-srok ou *chaufai-khet* ; enfin des *oudam-montrey* de deux classes (9 pân) qui, dans l'intérieur, ne peuvent être que chaufai-khet ou inspecteur des affaires administratives indigènes.

En dehors de ces deux cadres réguliers, il peut être fait appel sans conditions de recrutement, pour l'administration des régions peuplées d'autochtones de race non cambodgienne, à des agents locaux ou à des chefs de familles influentes du pays.

B) — ***Employés des bureaux.*** — Ces agents, dont l'échelon inférieur est recruté à la suite d'un concours, sont des *smiens* stagiaires et de trois classes (3 pân) et des smiens principaux de trois classes et hors classe (4 pân). Leur emploi normal est celui de secrétaires dans les khand, les srok et les khet, mais exceptionnellement ils peuvent être chargés à titre provisoire des fonctions de balat-khand.

C) — ***Agents communaux.*** — La commune cambodgienne ou khum, est organisée et fonctionne conformément aux dispositions de l'ordonnance royale du 24 septembre 1919

---

(1) *Chaufai* signifie chef et *balat* veut dire adjoint. Un balat-khet, par exemple, sera donc l'adjoint du chaufai-khet ou Gouverneur cambodgien de la circonscription.

modifiée les 19 mai et 3 juin 1921 (1). Cette organisation est au moins aussi complète que celle de la commune annamite, mais elle en diffère sensiblement et se rapprocherait au contraire plutôt de l'organisation ⋅communale française. En effet, alors qu'en Annam et au Tonkin le village est administré par un conseil dont le lý-trưởng n'est qu'un membre peu important, alors qu'en Cochinchine la place occupée par le xã-trưởng dans le même conseil est encore moins élevée, le khum cambodgien est au contraire administré par son maire ou *mékhum* qui est le chef de la commune, y représente l'autorité administrative et exerce une autorité effective sur tous les notables ou *kromchumnum* dont l'assemblée constitue le *conseil du khum*. Ces kromchumnum, dont le nombre compris entre 8 et 16 est proportionnel à celui des *phum* ou hameaux que comprend le khum, sont élus par tous les contribuables du khum âgés de 21 ans, même non cambodgiens, et ces électeurs sont eux-mêmes éligibles. C'est par les kromchumnum et dans leur sein qu'est élu le mékhum, lequel à son tour choisit lui-même parmi eux ses chumtup ou adjoints, au nombre de quatre dans les khum comptant au plus 18 phum et de cinq à dix dans ceux en contenant davantage. Seuls les Cambodgiens peuvent être élus mékhum (4 pân) ou remplir les fonctions de chumtup (3 ou 2 pân). Les conseils de khum ont quatre sessions ordinaires par an et c'est à eux qu'il appartient de voter, sous réserve du visa du chaufai-khet et de l'approbation du Résident, le budget dont chaque commune cambodgienne est dotée et dont le mékhum est ordonnateur.

## § 5. — ADMINISTRATION PROVINCIALE INDIGÈNE AU LAOS

Le statut du personnel qui l'assure a été fixé par un arrêté du 5 octobre 1920 modifié le 22 septembre 1922. Cette organisation présente cependant encore une certaine confusion

(1) Cette réglementation n'est pas applicable à Phnom-Penh, dont les quartiers ont été réorganisés par une ordonnance royale du 29 novembre 1920 qui prévoit, à la tête de chacune de ces divisions, un chef de quartier nommé par le Résident-Maire assisté d'un conseil de quartier comprenant dix conseillers, élus pour quatre ans par les habitants cambodgiens inscrits au rôle personnel, parmi lesquels le chef de quartier choisit ses quatre adjoints.

provenant de ce que, comme il en était il y a quelques années au Cambodge, aucune des deux catégories de divisions territoriales indigènes, à savoir le *muong* laotien et le *kong* non érigé en muong (généralement parce qu'il est peuplé en totalité ou en majeure partie par les races khas, mèos ou assimilées), ne correspond aux limites de la circonscription de la province ou commissariat. En outre, il n'existe pas au Laos une distinction bien nette entre les fonctionnaires proprement dits et les employés des bureaux, pas plus que, nous le verrons quand nous étudierons l'organisation judiciaire indigène, une ligne de démarcation bien établie entre les agents de l'ordre administratif et ceux de l'ordre judiciaire. Enfin, nous ne trouvons dans ce pays aucune institution analogue au mandarinat annamite ou aux pân cambodgiens.

En ce qui concerne les muong laotiens, le personnel administratif indigène comprend : au sommet de la hiérarchie, des *chao-muong* principaux hors classe et de deux classes et des chao-muong de trois classes, dont chacun est chef d'un muong et ne dépend que du Commissaire du Gouvernement ou de son délégué ; comme échelons intermédiaires, des *oupahat* principaux et de trois classes qui sont plus particulièrement adjoints aux chao-muong et des *phousouei* principaux et de trois classes qui, sous les ordres du chao-muong et en nombre variable selon les besoins, sont chargés de l'établissement et du contrôle des rôles d'impôts, du recouvrement des taxes et généralement de l'exécution des divers services du muong ; enfin des *samiens* de trois classes et stagiaires, ces derniers étant recrutés parmi les titulaires du certificat d'études primaires franco-laotiennes ou à défaut à la suite d'un examen, qui occupent les emplois administratifs inférieurs, notamment dans les bureaux.

En ce qui concerne les districts excentriques ou peuplés de races non laotiennes dits «kong», leur administration est confiée à des *nai-kong* de trois classes et hors classe, recrutés parmi les samiens et les phousouei et parmi les notables ayant acquis sur la population de leur région une influence reconnue. Les nai-kong peuvent être assistés s'il y a lieu par des agents auxiliaires. Leurs circonscriptions doivent être autant que possible rattachées à un muong voisin ; mais, même en ce cas, le nai-kong peut être indépendant du chao-muong et relever directement du Commissaire du Gouvernement.

Toutes les mesures concernant le personnel indigène dont nous venons de parler sont décidées par arrêtés du Résident Supérieur pris sur la proposition des chefs de province. Toutefois, dans le royaume de Luang-Prabang et en vertu d'une convention du 24 avril 1917, l'application des règles concernant le statut dudit personnel est assurée, sur les propositions du Commissaire du Gouvernement, par la voie d'ordonnances royales rendues exécutoires par le Résident Supérieur.

Enfin, les villages laotiens sont dirigés chacun par un *nai-ban* assisté d'un *pho-ban* et conseillé par les anciens de la commune et ils sont groupés en cantons dirigés par un *tasseng*.

### § 6. — Administration indigène a Kouang-Tchéou-Wan

L'organisation de la commune chinoise a été expressément maintenue dans cette possession par les arrêtés des 27 janvier 1900 et 4 juillet 1911 portant organisation du Territoire. Toutefois, les villages eux-mêmes, considérés isolément, n'ont pas d'existence propre au regard de l'administration française, avec lesquels sont seuls en rapport les *kong-kock*, divisions territoriales assez analogues aux cantons annamites et groupant comme ces derniers un certain nombre de villages, nombre variant selon les régions.

Le kong-kock est administré par un *kong-hu* ou conseil des notables qui gère ses finances et est responsable de l'ordre et de la sécurité des habitants et dont le chef est l'intermédiaire qualifié entre les autorités françaises et la population.

# ARTICLE IV

## ADMINISTRATIONS CANTONALE ET COMMUNALE EN COCHINCHINE

Nous lui consacrons un article spécial parce que, ainsi que

nous l'avons fait ressortir en étudiant les attributions administratives des chefs de province, il n'est pas possible de la considérer comme une administration indigène, au sens strict du mot.

A) — *Administration cantonale.* — De même qu'en Annam et au Tonkin les chefs et sous-chefs de canton représentent la population indigène à l'égard de l'administration provinciale indigène (et aussi, indirectement, à l'égard de l'administration provinciale française en raison du droit de contrôle que cette dernière exerce sur la gestion des mandarins), de même les agents qui en Cochinchine portent les mêmes titres représentent les habitants des villages à l'égard de l'administration française de cette colonie. Mais, à un autre point de vue, il existe une grande différence entre les chánh-phó-tông de l'Annam et même du Tonkin et les chefs et sous-chefs de canton cochinchinois. En Annam, en effet, nous avons vu que ces agents étaient de simples notables, ne faisant partie d'aucun cadre administratif et tenant leur mandat uniquement du choix qui est fait d'eux par la population, car dans ce pays l'autorité publique n'intervient dans ce choix que pour le ratifier par la délivrance d'un brevet, sauf le cas exceptionnel où des motifs d'intérêt général s'y opposeraient. Au Tonkin, par contre, l'intervention de l'administration est récemment devenue beaucoup plus directe, les chefs et sous-chefs de canton étant choisis par le Résident lui-même parmi les trois candidats éligibles ayant obtenu le plus grand nombre de voix lors de l'élection ; mais, pas plus dans ce pays qu'en Annam, ces agents n'appartiennent à l'administration et ne font partie d'un cadre quelconque ; en outre, les deux fonctions dont il s'agit sont indépendantes l'une et l'autre, et un indigène peut fort bien être appelé à remplir les fonctions de chef de canton sans avoir jamais exercé celles de sous-chef. Au contraire, en Cochinchine, ces mêmes agents font partie, ainsi que l'énonce l'article 2 de l'arrêté du 14 décembre 1905, du personnel indigène spécialement affecté au service des provinces et constituent un cadre comprenant trois classes de chefs de canton et deux classes de sous-chefs, la première de ces fonctions ne pouvant en principe être exercée en cas de vacance que par le titulaire dans le même canton de la seconde ; ces notables cantonaux sont donc en réalité des fonctionnaires de rang inférieur qui d'ailleurs, différemment des mêmes agents en Annam et au Tonkin, reçoivent des frais de service dont le montant annuel, variant de 96 $ à 300 $ selon le grade de l'intéressé, est payable mensuellement et peut par suite être assimilé à une solde (1).

Le mode de désignation des sous-chefs de canton est règlementé par un arrêté du 6 septembre 1918, modifié le 7 mars 1923, dont les dispositions s'appliquent également aux élections des chefs de canton dans le cas où, les deux emplois de chef et de sous-chef se trouvant simultanément vacants, il devient alors nécessaire de procéder exceptionnellement à une telle élection. Les indigènes désireux d'occuper l'emploi de sous-chef de canton doivent présenter à l'Administrateur chef de province une déclaration de candidature. Mais cette déclaration ne peut être retenue que si le candidat est âgé de 35 ans au moins, s'il n'a jamais été ni révoqué ni condamné à une peine criminelle ou correctionnelle et, en outre, s'il est : soit membre ancien ou en exercice du conseil des notables d'un des villages du canton, y résidant et y ayant exercé les fonctions de grand notable pendant au moins six ans dont deux en principe comme maire ; soit conseiller de province ancien ou en fonctions, ou encore ban-biện-phó-tổng ou sung-biện-phó-tổng ayant exercé ces fonctions pendant deux ans dans le canton même et y résidant ; soit ancien fonctionnaire d'un service public ayant accompli douze années de service et résidant dans le canton. La liste définitive des candidats agréés est arrêtée par le chef de province. Sur la base de cette liste a alors lieu, à la date fixée par le Gouverneur et en principe au chef-lieu de la province, une consultation électorale faite, dans chaque village, auprès de certaines catégories, déterminées par l'arrêté, d'habitants influents, riches ou instruits préalablement inscrits sur une liste électorale dressée par chaque village et pouvant donner lieu pendant un délai d'affichage de huit jours à des réclamations sur lesquelles le chef de province statue en dernier ressort. Le bureau chargé de procéder à ladite consultation comprend l'administrateur ou son délégué français, prési-

---

(1) Un arrêt du Conseil d'État du 23 janvier 1914 a même décidé qu'il y avait lieu de faire aux chefs de canton de Cochinchine application de l'article 65 de la loi finances du 22 avril 1905 donnant aux fonctionnaires le droit d'obtenir en certains communication de leurs dossiers personnels.

dent, et quatre électeurs indigènes appartenant à des villages différents. Chaque électeur inscrit sur son bulletin de vote trois noms qu'il doit choisir sur la liste des candidats agréés et c'est parmi les trois de ces derniers qui ont ainsi obtenu le plus grand nombre de voix que le Gouverneur, sur la proposition de l'administrateur, désigne le sous-chef de canton et le nomme à la 2^me classe de son emploi.

Outre le chef et le sous-chef de canton, le personnel cantonal peut aussi comprendre, si besoin est, des *sung-biện-phó-tổng* et *ban-biện-phó-tổng* qui secondent le chef et le sous-chef dans leurs fonctions. Ces agents sont nommés par le chef de province, sous réserve de l'approbation du Gouverneur, parmi les notables et anciens notables restés en fonctions pendant quatre ans dont deux comme maire.

B) — *Administration communale.* — A la différence de ce que nous avons vu pour les autres pays annamites de l'Union, le fonctionnement en Cochinchine de l'organisation communale a depuis longtemps fait l'objet d'interventions directes de l'administration, sous la forme d'arrêtés organiques comportant règlementation générale dudit fonctionnement et dont le dernier en date est celui du 27 août 1904.

Il existe dans chaque commune des *grands* et des *petits notables*, choisis par les habitants et en conformité de leurs coutumes parmi les propriétaires fonciers ou les indigènes riches et dont la liste est tenue à jour au chef-lieu de la province. Ces agents forment une véritable hiérarchie dans laquelle nul ne peut prendre rang sans avoir passé par les emplois inférieurs. Sous réserve de ce qui va être dit concernant le conseil des grands notables, le nombre et les attributions des grands et des petits notables varient selon l'importance du village, et c'est la coutume communale qui fixe leurs titres et prérogatives ainsi que leurs obligations.

La commune est administrée par une assemblée, dite *conseil des grands notables*, qui doit comprendre au moins les membres suivants, énumérés dans l'ordre hiérarchique: le *hương-cả* et le *hương-chủ*, respectivement président et vice-président du conseil; le *hương-sư* et le *hương-trưởng*, qui comme les deux précédents sont investis d'un droit de contrôle sur l'exercice des fonctions des autres notables et sont particulièrement chargés de l'administration des biens de la commune et de l'exécution de son budget; le *hương-chánh*, conseiller et contrôleur des trois notables exécutifs dont il sera question plus bas et également chargé d'arbitrer les petits différends survenant entre les habitants; le *hương-giáo*, qui s'occupe de l'instruction et de la direction des petits notables; le *hương-quản*, chef de la police administrative et judiciaire du village et commandant en cette qualité les veilleurs et agents de police communaux; le *thủ-bộ*, conservateur des rôles et archives du village et gardien de son mobilier et de son matériel; enfin le *hương-thân*, le *xã-trưởng* ou *thôn-trưởng* et le *hương-hào*, lesquels, bien que moins élevés que les précédents dans la hiérarchie, occupent cependant une place spéciale, car ce sont les trois notables exécutifs chargés de maintenir l'ordre et la salubrité, d'assurer l'exécution des décisions tant de l'administration que du conseil des notables et de donner l'authenticité aux actes, le premier d'entre eux ayant suprématie sur les deux autres, le deuxième s'occupant plus particulièrement du recouvrement des impôts et jouant comme les *lý-trưởng* de l'Annam et du Tonkin le rôle d'intermédiaire entre le village et l'administration, enfin le troisième étant l'agent-voyer et le faisant fonctions d'huissier de la commune.

Un autre grand notable, bien que ne siégeant pas au conseil, mérite d'être cité, en raison de l'importance de ses attributions : c'est le *chánh-lục-bộ*, chargé de la tenue des registres d'état-civil dans les conditions fixées par le décret du 3 octobre 1883 modifié le 18 février 1892 et par l'arrêté du Gouverneur de la Cochinchine du 9 juillet 1884, textes organisant l'état-civil indigène dans cette colonie.

L'arrêté précité du Gouverneur Général du 27 août 1904 et ses divers textes modificatifs, dont en particulier les arrêtés des 12 novembre 1908, 21 novembre 1909 et 31 octobre 1916, contiennent de nombreuses dispositions, dans le détail desquelles il ne nous est pas possible d'entrer ici, concernant : les pouvoirs disciplinaires du conseil des notables et de ses membres; les conditions dans lesquelles ceux-ci peuvent être suspendus ou révoqués par le chef de la province; les cas dans lesquels la responsabilité pécuniaire et collective du conseil des notables et des habitants peut se trouver engagée; la règlementation assez sévère, et prévoyant généralement une autorisation préalable du Gouverneur ou de l'administrateur, à laquelle le conseil doit se conformer lorsqu'il désire aliéner les biens communaux des diverses catégories, louer à bail 3 - 6 - 9 les propriétés foncières du village, emprunter ou ester en justice, etc...

Enfin, l'organisation des budgets communaux, récente au Tonkin, est depuis longtemps en plein fonctionnement en Cochinchine. Ces budgets sont votés par le conseil des grands notables et doivent être approuvés par le chef de la province. Il n'est pas possible, étant donné le caractère tout spécial de la question, de s'étendre ici sur les règles de leur fonctionnement, règles que l'on pourra trouver dans l'arrêté du Gouverneur de la Cochinchine du 3 octobre 1921 modifié le 6 septembre 1923. Disons cependant que le hương-cả, le hương-chủ et le hương-sư en sont concurremment ordonnateurs et que leur comptabilité est tenue par les trois notables exécutifs.

# CHAPITRE VI

## ADMINISTRATION MUNICIPALE

Il existe actuellement en Indochine six villes érigées en municipalités : *Saigon, Hanoi, Haiphong, Cholon, Phnom-Penh* et *Tourane* (1). Nous avons vu au chapitre II - article 3 qu'elles se trouvent toutes, sauf Phnom-Penh, en territoire français (2).

---

(1) Un décret est en préparation qui doit réunir en une seule les deux municipalités de Saigon et de Cholon.

(2) Nous avons dit au chap. II que le territoire des villes de Hanoi, Haiphong et Tourane avait été cédé en toute propriété par l'Empereur d'Annam au Gouvernement français par une ordonnance indiquée dans les recueils comme étant du 3 octobre 1888, mais qui en réalité avait été signée le 1er octobre, la date du surlendemain était simplement celle à laquelle cet acte du souverain annamite fut rendue exécutoire par le Gouverneur Général. On a parfois discuté la validité de cette cession territoriale, pour

Les trois premières ont été instituées par décrets des 15 décembre 1877 pour Saigon et 19 juillet 1888 pour Hanoi et Haiphong. Elles sont actuellement organisées par un décret du 11 juillet 1908, modifié par décrets des 17 décembre 1909, 28 mai 1913, 16 octobre 1914, 29 avril 1915, 19 janvier 1916, 18 août 1921 (celui-ci concernant seulement Hanoi) et 31 août 1922.

Quand aux trois autres, qui pourraient être appelées des municipalités de deuxième classe, car leur organisation purement locale n'a pas motivé l'intervention du Chef de l'Etat, elles ont été respectivement créées par les arrêtés des 20 octobre 1879 (Cholon), 24 mai 1892 (Tourane) et 14 novembre 1901 (Phnom-Penh) et elles sont actuellement régies par les arrêtés du Gouverneur Général du 27 juin 1912 pour Cholon, du 31 juillet 1908 modifié le 29 mars 1914 pour Tourane et du 7 septembre 1915 modifié le 16 juillet 1919 pour Phnom-Penh. Il est à remarquer toutefois que l'organisation en municipalité de cette dernière ville existait déjà en germe dans le traité du 17 juin 1884, car l'article 10 de cet acte prévoyait que la capitale du Cambodge erait administrée par une commission municipale franco-ambodgienne.

L'administration municipale étant une administration toute articulière et le présent ouvrage devant conserver un caractère énéral, nous n'étudierons spécialement que les trois grandes unicipalités régies par décrets, d'autant plus que les arrêtés ui régissent les trois autres se sont étroitement inspirés des ègles tracées par le décret du 11 juillet 1908. Nous leur consàrerons deux articles où nous traiterons successivement de leurs aires et adjoints et de leurs conseils municipaux. Un troisième rticle exposera ensuite sommairement les principales particurités qui se rencontrent dans l'organisation municipale des

motif que l'ordonnance susvisée n'a été ni ratifiée par le Parlement ni approuvée le Gouvernement métropolitain. Nous estimons que cette discussion, qui au surplus cessé d'avoir un intérêt quelconque depuis l'accomplissement de la prescription sitive, n'a jamais eu de fondement sérieux. Le Parlement n'avait pas à ratifier par loi un acte purement unilatéral qui n'avait en aucune manière le caractère d'un té. Quant à l'acceptation par le donataire de la donation qui lui était ainsi faite, e a très valablement résulté de la signature d'homologation du Gouverneur Général ssant en sa qualité de représentant du Gouvernement. Les ordonnances royales des 15 janvier 1901 et 29 juillet 1923, par lesquelles ont respectivement étendues les limites des périmètres urbains de Tourane et de iphong et qui en conséquence ont consacré de nouvelles cessions territoriales faites Gouvernement français, ont d'ailleurs simplement été, elles aussi, rendues exécures par arrêté du Gouverneur Général.

villes de Cho-lon, Tourane et Phnom-Penh. Enfin, dans un quatrième, nous dirons quelques mots des « communes », organismes urbains similaires des municipalités mais ne devant cependant pas être confondus avec elles, qui en ces dernières années ont été instituées sur divers points importants de l'Indochine.

# ARTICLE PREMIER

## *LES MAIRES ET ADJOINTS DES GRANDES MUNICIPALITÉS*

Nous étudierons successivement leur statut administratif personnel, leurs attributions, enfin le personnel et les conseils spéciaux qui les assistent.

### § 1. — Statut personnel des Maires et Adjoints

Les *Maires* et leurs *Adjoints*, ces derniers étant pour chacune des municipalités au nombre de deux, sont élus pour la même durée que le Conseil municipal (c'est-à-dire pour quatre ans), par cette assemblée et dans son sein, au scrutin secret, à la majorité absolue au premier tour et au deuxième tour et à la majorité relative au troisième tour (1). Les nominations résultant de ces élections sont immédiatement notifiées au Chef de l'Administration locale et rendues publiques par voie d'affiches dans les 24 heures. Hanoi et Haiphong font toutefois exception à cette règle : dans ces deux municipalités, les adjoints seuls sont élus comme il vient d'être dit, et le maire est un administrateur des Services Civils qui est nommé pour trois ans par arrêté du Gouverneur Général sur la proposition du Résident Supérieur et mis hors cadres par arrêté ministériel.

Les maires nommés reçoivent leur solde de grade au compte du budget municipal, plus des frais de représentation dont la

---

(1) Pour la signification de ces expressions, voir Chap. I - art. 5 - § 2.

quotité est fixée par le Gouverneur Général. Le maire et les adjoints élus ne reçoivent aucune solde, mais le Conseil municipal peut leur voter sur les ressources ordinaires de la ville une indemnité pour frais de représentation. Les uns et les autres ont droit au remboursement des frais nécessités par l'exercice des mandats spéciaux qui peuvent leur être confiés. Les élections des maires et adjoints peuvent être arguées de nullité dans les conditions, formes et délais prescrits pour les réclamations contre les élections au Conseil municipal.

Le maire et les adjoints élus peuvent être suspendus pendant trois mois au plus par arrêté du Chef de l'Administration locale. Ils peuvent être révoqués par arrêté du Gouverneur Général et cette révocation emporte de plein droit l'inéligibilité aux fonctions de maire et à celles d'adjoint pendant une année à dater de l'arrêté de révocation, à moins qu'il soit procédé auparavant au renouvellement général du Conseil municipal. Il doit être rendu compte immédiatement au Ministre de toute suspension ou révocation.

Lorsque, pour une cause quelconque, un maire ou un adjoint élu a cessé ses fonctions, ou encore si son élection a été annulée, le Conseil municipal est convoqué dans le délai de quinzaine pour procéder à son remplacement.

### § 2. — ATTRIBUTIONS DES MAIRES ET ADJOINTS

A) — *Attributions des Maires.* — Les maires d'Indochine ont investis de la même diversité d'attributions que les maires de France: d'une part, ils représentent dans la commune l'administration supérieure, et en ce cas ils agissent sous son contrôle et sous son autorité; d'autre part, ils représentent la personne morale de la commune, et à ce titre ils agissent sous le contrôle du Conseil municipal et sous la simple surveillance de l'administration supérieure ; enfin, ils sont chefs du pouvoir exécutif de la commune, et à ce titre ils agissent sous la simple surveillance de l'administration supérieure.

Comme *représentants de l'Administration*, les maires sont chargés de la publication et de l'exécution des lois et règlements, l'exécution des mesures de sûreté générale, des fonctions spéciales qui leur sont attribuées par les lois et règlements et notamment de la police des routes coloniales et des voies de communication dans l'intérieur de l'agglomération urbaine (mais seulement en ce qui touche à la circulation sur lesdites voies et à la délivrance de la plupart des permissions de voirie). Ils peuvent donc être assimilés à ce point de vue aux chefs de province et ils ont les mêmes attributions que celles décrites pour ces derniers au chapitre précédent, en tenant compte toutefois : d'une part, que celles de ces attributions qui ont été indiquées comme spéciales aux pays de protectorat ne peuvent appartenir aux maires de Saigon, Hanoi et Haïphong, puisque le territoire de ces municipalités est possession française ; d'autre part, que la présence d'un tribunal de première instance au siège de chacune des municipalités enlève aux maires toute attribution judiciaire ou extra-judiciaire autre que celles d'officier de l'état-civil et d'officier de police judiciaire. et qu'en conséquence ils n'ont aucun des pouvoirs résultant des décrets des 6 janvier 1903, 28 mai 1913 et 16 février 1921 ; en troisième lieu, qu'ils sont ordonnateurs du budget municipal, mais que par contre ils ne sont pas de façon habituelle sous-ordonnateurs du budget local, sauf en ce qui concerne le maire de Haiphong qui effectue certaines dépenses pour le compte du Protectorat du Tonkin et auquel en conséquence des crédits sont délégués à cet effet sur le budget local ; enfin, que les seules forces mises à leur disposition permanente sont la police municipale et la garde urbaine et qu'ils ne sont pas non plus directeurs de prison (sauf à Haiphong). Par contre, les maires disposent parfois, en raison de la densité considérable de la population dans les villes qu'ils administrent, d'attributions n'appartenant pas aux chefs de province. C'est ainsi notamment que l'arrêté du Gouverneur Général du 19 septembre 1905 sur la protection de la santé publique en Indochine leur a conféré le droit de prendre, sous réserve de la double approbation du Chef de l'Administration locale et du Chef de la Colonie, des règlements sanitaires d'ordre général et permanent applicables dans l'agglomération urbaine (1).

---

(1) Ce droit, toutefois, n'appartient plus aux maires du Tonkin. En effet, l'arrêté du 19 septembre 1905 a été rapporté, en ce qui concerne ce pays seulement, par celui du 6 juillet 1924 (voir chap. V - art. 1 - § 2 B - note) et d'autre part le nou' règlement sanitaire pris le même jour par le Résident Supérieur, en conséque de cette abrogation et en remplacement du règlement local antérieur du 2 avril 190, a été déclaré par son auteur applicable dans tout le Tonkin, le Chef de l'Adminis tion locale se réservant seul le droit de le compléter, en ce qui concerne les muni palités, par des instructions plus détaillées et au besoin plus rigoureuses.

De cette assimilation des maires aux chefs de province comme représentants de l'Administration il résulte que le Chef de l'Administration locale a toujours le droit, dans le cas où le maire refuserait ou négligerait de faire un des actes qui lui sont prescrits par la loi, d'y faire procéder d'office par un délégué spécial. Le Chef de l'Administration locale peut également, lorsqu'il estime qu'un ou plusieurs maires n'ont pas pris ou ont pris insuffisamment des mesures relatives au maintien de la salubrité, de la sûreté et de la tranquillité publiques, prendre lui-même d'office ces mesures ; toutefois ce dernier droit ne peut être exercé à l'égard d'une seule municipalité qu'après une mise en demeure au maire restée sans résultat.

Comme *représentant de la personne morale de la commune*, le maire est chargé : de conserver et d'administrer les propriétés de la ville et de faire en conséquence tous actes conservatoires de ses droits ; de gérer ses revenus ; de surveiller les établissements municipaux et la comptabilité municipale ; de préparer et proposer le budget et d'ordonner les dépenses ; de diriger les travaux municipaux ; de pourvoir aux mesures relatives à la voirie municipale ; de souscrire les marchés et de passer les baux des biens et les adjudications des travaux municipaux mais les adjudications et les marchés de gré à gré supérieurs à 1.000 $ doivent être approuvés par le Chef de l'Administration locale et les concessions à titre exclusif des grands travaux municipaux doivent l'être par le Gouverneur Général) ; de passer dans les mêmes formes les actes de vente, échange, partage, acceptation des dons et legs, acquisition, transaction, lorsque ces actes ont été autorisés par l'autorité qualifiée ; d'une manière générale, d'exécuter les décisions du Conseil municipal. Il représente la ville devant les tribunaux lorsqu'elle a été autorisée, dans les conditions que nous verrons plus loin, à ester en justice. Il établit les rôles des taxes municipales et les présente au visa du Chef de l'Administration locale qui les rend exécutoires. Enfin, il est ordonnateur principal du budget municipal, qui se divise en budget ordinaire et en budget extraordinaire et qui, établi par le maire et voté par le Conseil municipal dans sa session de novembre, est approuvé et rendu exécutoire par le Chef de l'Administration locale en Conseil privé ou de Protectorat, puis exécuté sous la surveillance du

Directeur du Contrôle financier. Le compte administratif annuel du maire concernant l'exécution de ce budget pour l'exercice clos doit être présenté au Conseil municipal avant la délibération du budget de l'exercice suivant et est approuvé par le Chef de l'Administration locale en Conseil.

Comme *chef du pouvoir exécutif de la commune*, le maire est chargé de la police municipale et de l'exécution des actes de l'autorité supérieure qui lui sont relatifs. Il est le chef direct du personnel des services municipaux, exerce sur lui l'action disciplinaire et nomme à tous les emplois qu'il comporte et pour lesquels le droit de nomination n'a pas été réservé par les règlements à une autre autorité ; mais l'organisation générale du personnel de ces services et la situation de ses cadres doivent être réglées par arrêtés du Gouverneur Général. Le maire peut faire assermenter et commissionner les agents nommés par lui, mais à la condition qu'ils soient agréés par le Chef de l'Administration locale.

Dans l'exercice de ses diverses attributions, le maire est investi du pouvoir règlementaire dont il use, beaucoup plus fréquemment que les chefs de province, en prenant des arrêtés appelés *arrêtés municipaux*. Il doit immédiatement en adresser une ampliation au Chef de l'Administration locale, qui en délivre récépissé. Celui-ci a le droit d'annuler ces arrêtés, ou encore d'en suspendre l'exécution. S'il n'use pas de ce droit, lesdits arrêtés deviennent exécutoires de plein droit dans les conditions suivantes: s'ils édictent un règlement permanent, un mois seulement après la délivrance du récépissé, sauf la faculté pour le Chef de l'Administration locale d'abréger ce délai s'il estime qu'il y a urgence ; s'ils ne portent pas règlement permanent, dès la délivrance du récépissé. Mais ces arrêtés, quelle qu'en soit la catégorie, ne sont obligatoires pour les intéressés que lorsqu'ils ont été portés à leur connaissance, soit par voie de publication et d'affiches s'ils contiennent des dispositions générales, soit par voie de notification individuelle au cas contraire.

B) — *Attributions des Adjoints.* — Le maire est seul chargé de l'administration municipale, mais il peut, par arrêté, déléguer sous sa surveillance et sa responsabilité à un ou plusieurs adjoints et, en cas d'absence ou d'empêchement des adjoints, à des membres du Conseil municipal, les fonctions d'officier de l'état civil, et les charger des visas, des certifications et de la surveillance de la police. En cas d'absence ou d'empêchement, il est remplacé par le premier adjoint ou, à défaut de celui-ci, par le second, et, à défaut de tout adjoint, par un conseiller désigné par le Conseil ou, sinon, pris dans l'ordre du tableau.

Il résulte de ceci que les adjoints n'exercent des attributions municipales que si le maire leur délègue une partie de celles qui lui appartiennent ou s'il est absent ou empêché. Dans tous les autres cas, ils sont simplement coadjuteurs du maire et leur rôle se borne à l'assister dans l'exercice de ses fonctions.

§ 3. — PERSONNEL ET CONSEILS SPÉCIAUX ASSISTANT LES MAIRES

A) — *Personnel.* — Les affaires du ressort des maires sont instruites dans les bureaux de la mairie. Le nombre de ces bureaux varie selon les municipalités et leur service est assuré par un personnel français et un personnel indigène, payés sur le budget municipal, qui font partie du personnel des services municipaux et dont nous parlerons quand nous étudierons ces derniers.

Ces divers bureaux sont placés sous la direction d'un *secrétaire général* (Saigon) ou d'un *chef du secrétariat* (Hanoi et Haiphong) qui, vis-à-vis du maire, joue à peu près le même rôle que l'adjoint vis-à-vis du chef de province. Ces fonctions sont confiées soit à un des chefs de bureau de la mairie qui les assure alors à titre temporaire soit à un administrateur ou un administrateur-adjoint des Services Civils mis par le Chef de l'Administration locale en service détaché à la disposition de la municipalité et dont la solde devient alors imputable au budget municipal.

Un point particulier à noter est que, à Haiphong, le chef du secrétariat de la mairie, outre ses fonctions municipales our l'exercice desquelles il est sous les ordres directs du aire, en assure d'autres dans l'exercice desquelles il est implement placé sous le contrôle et la surveillance de ce ême maire : ce sont celles de *chef du bureau du Protectorat à Haiphong,* emploi qui consiste principalement à s'occuper des formalités à remplir par les fonctionnaires partant en congé ou en revenant.

Un autre membre important de l'administration municipale est le *receveur municipal*, fonction qui est remplie à Saigon par le Trésorier payeur de la Cochinchine, à Hanoi par le Trésorier général de l'Indochine, à Haiphong par le payeur du Trésor. Son rôle consiste à être seul chargé, sous sa propre responsabilité, de poursuivre la rentrée de tous les revenus et créances de la ville et d'acquitter dans les limites des crédits disponibles toutes les dépenses municipales ordonnancées par le maire. Ses comptes de gestion à cet effet sont apurés par le Chef de l'Administration locale en Conseil Privé ou de Protectorat, puis transmis à la Cour des Comptes, qui les juge.

Quant aux autres collaborateurs du maire, ce sont les chefs et le personnel des services municipaux, dont nous parlerons lorsque nous étudierons les Services indochinois.

B) — *Conseils spéciaux.* — Il existe dans chaque municipalité une *commission sanitaire municipale*, dénomination substituée par le décret du 20 septembre 1911 à celle de « commission municipale d'hygiène » sous laquelle l'arrêté du Gouverneur Général du 1er juin 1902 avait prévu cette assemblée. Ses attributions consistent à éclairer le maire de ses avis sur toutes questions d'hygiène et de salubrité qui intéressent la ville et qui ne relèvent pas de la police sanitaire maritime. A Saigon, où cette commission est toujours régie par les dispositions combinées de l'arrêté susvisé du 1er juin 1902 et de l'arrêté municipal du 1er avril 1907, elle est constituée par arrêté municipal, doit se réunir tous les deux mois et comprend actuellement, sous la présidence du maire, un délégué du commandant d'armes, trois membres dont un indigène du Conseil municipal ou de la Commission municipale, le directeur et le chef du laboratoire de chimie de l'Institut Pasteur, deux médecins dont celui de la municipalité, le chef des services techniques municipaux, le chef du service des bâtiments civils, le vétérinaire municipal et un chef de congrégation chinoise (1). Au Tonkin, au contraire, l'arrêté

---

(1). La composition de cette commission est tout-à-fait en désaccord avec les prescriptions du décret du 20 septembre 1911, rendu applicable en Indochine par décret du 2 septembre 1914 et selon lequel les commissions sanitaires doivent compter cinq membres.

susvisé du 1er juin 1902 et l'arrêté du Résident Supérieur du 22 novembre 1907 relatifs à la protection de la santé publique à Hanoi et à Haiphong ayant été tous deux rapportés le 6 juillet 1924, le nouveau règlement sanitaire local portant cette dernière date (voir ci-dessus § 2-A-note) a fixé à nouveau, mais cette fois en conformité des prescriptions du décret du 20 septembre 1911, la composition de la commission sanitaire municipale en décidant que désormais elle comprendrait, sous la présidence du maire qui doit la convoquer au moins tous les trois mois, un délégué du Conseil municipal, le médecin de la municipalité, un agent des Travaux publics et un notable choisi parmi les personnes compétentes en matière d'hygiène, ces membres étant désignés pour quatre ans et renouvelés par moitié tous les deux ans et les deux derniers étant nommés par le Résident Supérieur (1).

Les *sous-comités* qui, sous la direction du comité local, sont chargés au Tonkin et en Cochinchine de défendre les intérêts des indigènes ayant participé à la guerre et dont nous avons parlé au chapitre précédent, ont également été organisés dans chacune des municipalités. Leur composition est à peu près la même que celle des sous-comités provinciaux, sauf qu'ils comprennent en plus un membre de chacune des Chambres de Commerce et d'Agriculture.

Existe aussi dans les municipalités la *commission de surveillance des établissements privés de bienfaisance*, instituée par le décret du 9 novembre 1923 (et, au Tonkin, par l'arrêté du Résident Supérieur du 22 décembre 1921), dont nous avons également parlé au chapitre précédent.

Le décret du 11 juillet 1908 a d'autre part imposé à chaque Conseil municipal l'obligation de nommer chaque année dans son sein une commission, dite *commission des rôles*, chargée

---

(1) En plus de la commission sanitaire municipale, il existait jusqu'ici, à Hanoi et à Haiphong, une *sous-commission d'hygiène* qui avait été organisée par arrêtés des 2 octobre 1907, 3 décembre 1908 et 20 mai 1915. Constituée au début de chaque année par décision du maire et comprenant trois membres du Conseil municipal dont un indigène, le médecin municipal et un médecin ou pharmacien à la désignation du Directeur local de la Santé, elle avait pour mission de contrôler les boissons et denrées alimentaires en faisant chaque mois à cet effet plusieurs visites inopinées chez les commerçants de la ville, à inspecter les établissements et les logements insalubres et, de manière générale, à veiller à l'exécution des règlements en matière d'hygiène et de salubrité. Ces attributions ayant justement paru faire double emploi avec celles de la commission sanitaire municipale, les sous-commissions en question ont été supprimées par l'arrêté du Gouverneur Général du 6 juillet 1924 dont nous avons parlé au 2-A-(note).

de donner son avis sur les rôles de l'impôt foncier et des patentes préparés par le contrôleur des contributions directes.

Enfin le même décret a autorisé les Conseils municipaux à former dans leur sein au cours de chaque session des commissions chargées d'étudier les affaires de diverses catégories qui leur sont soumises. C'est ainsi que l'on trouve dans chacune des municipalités une *commission des finances*, une *commission des adjudications et marchés de gré à gré*, une *commission des abattoirs et marchés*, une *commission des fêtes*, etc. Ces commissions, présidées de droit par le maire, désignent dans leur sein un vice-président et un rapporteur. Elles peuvent tenir leurs séances dans l'intervalle des sessions du Conseil municipal, en sorte qu'elles sont en fait permanentes.

# ARTICLE II

## *CONSEIL MUNICIPAL*

Nous examinerons d'abord les règles qui président à sa composition et à sa formation, puis son mode de fonctionnement, enfin ses attributions.

### § 1. — Composition et formation

Le Conseil municipal comprend : à Saigon et à Haiphong, douze membres français ou naturalisés et quatre membres annamites ; à Hanoi, huit membres français ou naturalisés et quatre membres annamites.

L'élection des conseillers municipaux français a lieu au suffrage universel et direct. Pour pouvoir être porté sur la liste électorale, il faut être Français ou naturalisé français, avoir 21 ans accomplis à la date de clôture de la liste électorale, n'être dans aucun des cas d'incapacité prévus par la loi, enfin remplir l'une au moins des conditions suivantes :

1°) soit être domicilié dans la ville ou y habiter depuis au moins six mois à la date de clôture de la liste électorale : 2°) soit être inscrit à un rôle d'impôt direct de la ville et déclarer vouloir y être inscrit sur la liste électorale ; 3°) soit être fonctionnaire assujetti à une résidence obligatoire dans la ville.

Les conseillers municipaux annamites sont élus :

1° — à Saigon, au suffrage universel et direct, par tous les Annamites remplissant les conditions énoncées pour les Français à l'alinéa précédent.

2° — à Hanoi et à Haiphong, par les Annamites âgés de 21 ans accomplis appartenant à l'une des trois catégories suivantes : a) les tú-tài, cử-nhân, tiến-sĩ et les titulaires d'un brevet français ou franco-annamite, domiciliés dans la ville depuis un an au moins ou inscrits au rôle de l'impôt foncier ; b) les fonctionnaires et employés de l'administration française et de l'administration annamite du grade de secrétaire ou lettré titulaire de 3me classe ou de tùng-bát-phẩm (actuellement thừa-phái de 2me classe) et au-dessus ayant au moins cinq ans de service dans leurs administrations respectives ; c) les propriétaires et patentés annamites payant au moins 15$ de contributions directes, ayant leur domicile réel dans la ville depuis au moins un an et n'ayant subi aucune condamnation ni pour les délits qui entraînent l'incapacité électorale des Français, ni pour rebellion, achat, vente illicite ou recel d'armes, contrebande et tromperie sur la qualité des marchandises vendues.

Le mode de scrutin employé est, dans tous les cas, le scrutin uninominal.

Sont éligibles comme conseillers municipaux français, à condition d'avoir 25 ans accomplis, tous les électeurs de la ville et les citoyens qui y sont inscrits au rôle des contributions directes ou qui justifient qu'ils auraient dû y être inscrits au 1er janvier de l'année de l'élection. Toutefois, le nombre des conseillers qui ne résident pas dans la ville au moment de l'élection ne peut excéder le quart des membres du Conseil. S'il dépasse ce chiffre, la préférence est déterminée par l'ordre du tableau.

Sont éligibles comme conseillers municipaux annamites les électeurs âgés de 27 ans accomplis et payant au moins 25 $ de contributions directes.

Sont inéligibles dans les deux catégories : les membres du

Conseil privé et du Conseil de Protectorat ; les militaires ou employés des armées de terre et de mer en activité de service ; les ministres des divers cultes en exercice dans la ville ; les entrepreneurs des services municipaux ; les individus privés du droit électoral ; ceux qui sont pourvus d'un conseil judiciaire ; les domestiques attachés à la personne ; les individus dispensés de subvenir aux charges communales et ceux qui sont secourus par les bureaux de bienfaisance.

Est incompatible avec le mandat de conseiller municipal français ou annamite l'exercice d'une fonction publique quelconque rétribuée d'une façon permanente sur le budget de l'État ou l'un des budgets de l'Indochine, et, si un fonctionnaire, employé ou agent est élu, il doit opter dans un délai de dix jours entre l'acceptation de son mandat ou la conservation de son emploi, faute de quoi il est réputé avoir choisi ce second parti. De même, nul ne peut être membre de plusieurs Conseils municipaux ni faire partie d'un Conseil municipal en même temps que ses ascendants, descendants, frères ou beaux-frères.

Les listes électorales françaises et annamites sont dressées chaque année par une commission composée du maire, président, d'un délégué du Chef de l'Administration locale et d'un conseiller municipal français ou annamite suivant le cas. Les conditions d'établissement, de révision ou de publication de ces listes, ainsi que les dates auxquelles ces diverses opérations doivent être achevées, seront trouvées dans les arrêtés du Gouverneur Général du 17 novembre 1908 (Hanoi et Haiphong) et 9 décembre 1908 (Saigon) et en outre, en ce qui concerne les listes électorales annamites à Hanoi et à Haiphong, dans l'arrêté du Résident Supérieur au Tonkin du 9 décembre 1908. Les réclamations contre l'établissement de ces listes sont portées devant la même commission qui a établi lesdites listes, mais qui, alors, s'adjoint deux autres conseillers municipaux, dont un annamite s'il s'agit de la liste annamite. Il peut être interjeté appel des décisions de cette commission et cet appel est jugé en dernier ressort par le juge de paix.

Les élections ont lieu au scrutin de liste pour toute la ville et par catégorie d'électeurs. Leur date, qui est obligatoirement un dimanche ou un jour férié, ainsi que le lieu de l'élection et les heures d'ouverture et de clôture du scrutin (lequel ne doit durer qu'un jour), sont fixés au moins quinze jours d'avance par un arrêté du Chef de l'Administration locale. Le bureau de vote, où les bureaux de vote si le Chef de l'Administration locale a pris huit jours d'avance un arrêté divisant la ville en plusieurs bureaux, sont présidés par le maire, les adjoints, les conseillers municipaux dans l'ordre du tableau et, en cas d'empêchement de toutes ces personnes, par des électeurs désignés par le maire. Les deux plus âgés et les deux plus jeunes des électeurs présents à l'ouverture de la séance, sachant lire et écrire, remplissent les fonctions d'assesseurs. Le secrétaire est désigné par le président et les assesseurs.

Nul ne peut être élu au premier tour de scrutin s'il n'a réuni la moitié plus un des suffrages exprimés et un nombre de suffrages égal au moins au quart de celui des électeurs inscrits. Au deuxième tour de scrutin, qui a lieu de plein droit le dimanche suivant, l'élection a lieu à la majorité relative, quel que soit le nombre des votants. Si plusieurs candidats obtiennent le même nombre de suffrages, l'élection est acquise au plus âgé,

Les élections peuvent être arguées de nullité : soit par tout électeur, qui alors doit faire inscrire sa réclamation au procès-verbal ou la déposer dans les cinq jours de l'élection au secrétariat de la mairie, lequel la fait parvenir au Chef de l'Administration locale ; soit par le Chef de l'Administration locale dans un délai de quinze jours à dater de la réception du procès-verbal, lequel doit lui être immédiatement adressé par le maire. Le Chef de l'Administration locale donne sans délai connaissance de la réclamation aux conseillers dont l'élection est contestée, et ils ont quinze jours pour présenter leur défense. Le Conseil du Contentieux statue sur ces réclamations dans le délai d'un mois ou de deux mois selon qu'il s'agit d'une élection partielle ou d'une élection générale ; s'il n'a pas statué dans ce délai, son silence équivaut à décision de rejet. Les décisions ainsi rendues par le Conseil du Contentieux peuvent être frappées d'appel devant le Conseil d'État, soit par le Chef de l'Administration locale soit par les intéressés, dans le délai d'un mois à compter de la décision du Conseil du Contentieux dans le premier cas et à compter de sa notification aux parties dans le second. Ces appels sont notifiés aux intéressés qui ont quinze jours pour présenter leur défense, puis le dossier est transmis au Conseil d'État qui statue en dernier ressort, d'urgence et sans frais. En cas d'annulation définitive de tout ou partie d'une élection, le collège électoral doit être convoqué à nouveau dans un délai de deux mois au plus.

Les conseillers municipaux sont élus pour quatre ans et renouvelés intégralement le premier dimanche de mai, même s'ils ont été élus dans l'intervalle. Lorsqu'il y a au moins trois vacances de conseillers français ou annamites, les manquants sont remplacés dans un délai de trois mois après la déclaration de la dernière vacance. Toutefois, dans les six mois qui précèdent le renouvellement intégral, les élections complémentaires ne sont obligatoires qu'au cas où le Conseil municipal aurait perdu plus de la moitié de ses membres.

### § 2. — FONCTIONNEMENT

Le Conseil municipal a quatre sessions ordinaires en février, mai, août et novembre. Sauf prolongation pouvant être autorisée par le Chef de l'Administration locale, la durée de chacune de ces sessions est de quinze jours, excepté pour celle de novembre au cours de laquelle est voté le budget et qui peut durer trente jours. Le Conseil municipal peut également être convoqué en session extraordinaire soit sur l'ordre du Chef de l'Administration locale, soit sur la demande du maire approuvée par ce haut fonctionnaire, soit sur l'approbation également donnée par lui le cas échéant à la demande que le maire est tenu de lui adresser en ce sens si la majorité des conseillers municipaux en service en exprime le désir. Pour toutes les sessions extraordinaires, la convocation doit contenir l'indication des objets spéciaux et déterminés pour lesquels le Conseil est convoqué, et il ne peut s'occuper que de ces objets.

Toute convocation est faite par le maire, affichée et adressée par écrit aux conseillers municipaux. Le Conseil municipal ne peut délibérer valablement que si la majorité de ses membres sont présents à la séance, sauf toutefois le cas où après deux convocations successives à trois jours au moins d'intervalle ils ne se seraient pas réunis en nombre suffisant, sauf également le cas de mobilisation générale pour lequel des règles exceptionnelles ont été fixées par le décret du 16 février 1916. Ses séances sont en principe publiques, sauf s'il décide, sur la demande du maire ou de trois de ses membres, de se former en comité secret.

Les délibérations sont prises à la majorité absolue des votants et en principe au scrutin public, sauf demande de scrutin secret formulée par le tiers des membres présents ou encore s'il s'agit de procéder à une nomination ou à une présentation.

Le Conseil municipal est présidé par le maire ou son remplaçant et, lorsqu'il s'agit des séances où est débattu le compte administratif du maire, par un président qu'il élit lui-même dans son sein. Il est assisté par un secrétaire qu'il élit lui-même au scrutin secret au début de chaque session et pour sa durée seulement et auquel peut être adjoint le chef du secrétariat de la mairie avec autorisation d'assister aux séances mais non de prendre part aux délibérations. Les consultations à domicile, telles que nous les avons exposées pour la Commission permanente du Conseil de Gouvernement et pour les Conseils Privé et de Protectorat, sont aussi en usage pour les affaires peu importantes dans le fonctionnement des Conseils municipaux.

Expédition de toutes les délibérations est adressée dans la huitaine par le maire au Chef de l'Administration locale qui en constate la réception sur un registre et en délivre récépissé.

Les conseillers municipaux prennent rang dans l'ordre d'un tableau qui est dressé spécialement pour chacune des catégories française et annamite. Cet ordre est déterminé : par la date la plus ancienne des nominations ; entre les conseillers élus le même jour, par le plus grand nombre de suffrages obtenus ; à égalité de voix, par la priorité d'âge.

Il est interdit à tout membre du Conseil municipal de prendre part à des délibérations portant sur des questions où il serait intéressé soit par lui-même soit par mandataire. L'annulation des délibérations qui seraient rendues en violation de cette règle peut être soit provoquée d'office par le Chef de l'Administration locale dans les trente jours du dépôt de ces délibérations entre ses mains, soit demandée par tout contribuable de la ville dans les quinze jours de leur affichage. Cette annulation est prononcée dans le délai d'un mois, s'il y a lieu, par le Chef de l'Administration locale en Conseil Privé ou de Protectorat, sauf recours au Conseil d'État.

Les Conseils municipaux peuvent être suspendus ou dissous par arrêté motivé du Gouverneur Général et même, mais en cas d'urgence seulement et à charge d'en rendre compte immédiatement au Gouverneur Général, par arrêté motivé du

Chef de l'Administration locale. Tout conseiller qui après son élection vient à se trouver dans un des cas d'exclusion ou d'incompatibilité exposés ci-dessus doit être déclaré démissionnaire par le Chef de l'Administration locale, sauf sa réclamation dans les dix jours au Conseil du Contentieux et sauf recours au Conseil d'État contre la décision ainsi rendue en premier ressort. Peut être déclaré démissionnaire par le Chef de l'Administration locale, sauf la même possibilité de réclamation au Conseil du Contentieux, tout conseiller présent en Cochinchine ou au Tonkin qui, sans motifs reconnus légitimes par le Conseil municipal, aura manqué à trois convocations successives et aussi tout conseiller absent de la Cochinchine ou du Tonkin depuis plus de dix huit mois. Quant aux démissions volontaires, elles doivent être adressées au Chef de l'Administration locale qui en accuse réception.

En cas de dissolution du Conseil municipal, de démission de la moitié au moins de ses membres en exercice, ou lorsque le Conseil municipal ne peut pas être constitué (par exemple, si le résultat des élections n'a pas permis de le former), ses fonctions sont remplies par une commission spéciale nommée par un arrêté du Gouverneur Général et dont le nombre des membres ne peut être inférieur à la moitié de celui des conseillers municipaux. C'est la *Commission municipale*. Si cette commission a été constituée à la suite de la dissolution du Conseil municipal ou de la démission de la moitié de ses membres, il doit être procédé dans le délai d'une année à l'élection d'un nouveau Conseil municipal. Dès que celui-ci est reconstitué, les pouvoirs de la Commission municipale cessent de plein droit.

## § 3. — ATTRIBUTIONS

Les Conseils municipaux prennent des délibérations ayant force exécutoire dans certaines conditions, ou donnent des avis sur la demande de l'Administration, ou formulent spontanément des vœux.

A) — *Délibérations*. — A la différence du Conseil colonial de Cochinchine, qui est appelé à délibérer sur les questions intéressant cette colonie, le Conseil municipal ne peut délibérer valablement que sur les affaires de la ville. S'il prenait une délibération sur tout autre objet, ou encore en dehors de ses réunions légales, ou encore en violation des lois, décrets et arrêtés en vigueur, une telle délibération serait nulle de plein droit et la nullité devrait en être déclarée, à toute époque, soit d'office soit sur la demande des intéressés, par le Chef de l'Administration locale en Conseil Privé ou de Protectorat.

Quant aux délibérations prises par le Conseil municipal sur les affaires de la ville, elles ne sont jamais, à la différence de certaines délibérations du Conseil Colonial, immédiatement définitives sauf annulation ultérieure possible. Elles n'acquièrent en effet force exécutoire que : soit après approbation du Chef de l'Administration locale ou du Gouverneur Général si la délibération porte sur l'une des matières énumérées au décret du 11 juillet 1908 comme nécessitant cette approbation préalable ; soit, au cas contraire, un mois après le dépôt qui en est fait au chef-lieu de l'administration locale.

I) — Les *délibérations qui ne sont exécutoires qu'après approbation du Chef de l'Administration locale* sont celles qui portent sur les objets suivants :

1° — les conditions des baux dont la durée dépasse cinq ans ;

2° — les aliénations et échanges des propriétés municipales ;

3° — les acquisitions d'immeubles, les constructions nouvelles, les constructions entières ou partielles, quel qu'en soit e prix ; les projets, plans et devis de grosses réparations et d'entretien lorsque la dépense, totalisée avec les dépenses de ême nature de l'exercice courant, dépasse 5.000$ ;

4° — les transactions ;

5° — le changement d'affectation d'une propriété de la ille déjà affectée à un service municipal ou public ;

6° — le classement, le déclassemnt, le redressement ou e prolongement, l'élargissement et la suppression des rues t places publiques ; la création et la suppression des promeades, jardins publics, champs de foire, de tir ou de courses ; établissement des plans d'alignement et de nivellement des oies publiques municipales ; les modifications aux plans 'alignement adoptés ;

7° — l'acceptation des dons et legs faits à la ville si la béralité ne soulève pas de réclamation ;

8° — le budget annuel de la ville et les comptes de gestion du receveur municipal ;

9° — les crédits supplémentaires et l'emploi des crédits inscrits pour dépenses imprévues ;

10° — l'établissement, la suppression ou les changements des foires et marchés ;

11° — la création d'emplois rétribués, même temporaires;

12° — le compte administratif du maire ;

13° — les contributions extraordinaires qui dépassent cinq centièmes sans cependant excéder ni un maximum fixé annuellement par le Gouverneur Général en Conseil de Gouvernement ou en Commission permanente ni un délai de douze années ;

14° — les autorisations à donner au maire soit pour engager une instance en justice au nom de la ville soit pour suivre sur son appel ou sur le pourvoi en cassation ;

15° — les autorisations à donner au maire pour défendre au nom de la ville à une instance engagée en justice contre elle.

Dans les cas numérotés 8 et 13, l'approbation du Chef de l'Administration locale doit être donnée en Conseil Privé ou de Protectorat. Il en est de même dans le cas n° 7 si les dons ou legs sont grevés de charges ou de conditions, ou encore s'ils ont été faits non à la ville entière mais à une de ses parties n'ayant pas la personnalité civile. Enfin, dans les cas n° 14 et 15, la décision du Chef de l'Administration locale est susceptible de recours devant le Gouverneur Général.

II) — Les *délibérations qui ne sont exécutoires qu'après approbation du Gouverneur Général*, donnée après avis du Chef de l'Administration locale et sans préjudice des attributions conférées aux conseils locaux, sont celles qui portent sur les objets suivants:

1° — dénomination des rues et places publiques ;

2° — création, suppression ou modification des taxes, fermages, monopoles et redevances de toute nature ;

3° — acceptation de dons et legs en cas de réclamation;

4° — établissement des contributions extraordinaires dépassant le maximum fixé annuellement par le Gouverneur Général sans cependant excéder une durée de douze années ;

5° — emprunts ou prêts, sous réserve, en ce qui concerne les emprunts, que leur montant ajouté à celui des emprunts antérieurs non encore remboursés ne dépassera pas 500.000 frs. (au cas contraire, l'autorisation devrait résulter d'un décret en forme de règlement d'administration publique).

Dans les cas numérotés 3, 4 et 5, l'approbation du Gouverneur Géhéral doit être donnée en Conseil de Gouvernement ou Commission permanente (1).

B) — *Avis*. — Le Conseil municipal donne son avis à l'Administration supérieure sur toutes les questions sur lesquelles cette dernière croit devoir le consulter.

Mais en outre l'Administration supérieure est obligée de lui demander cet avis, sauf à passer outre s'il néglige ou refuse de le donner, sur les objets suivants :

1° — les projets d'alignement et de nivellement de grande voirie dans l'intérieur de la ville ;

2° — la création de bureaux de bienfaisance ;

3° — l'acceptation de dons et legs faits aux établissements de charité et de bienfaisance ; les autorisations d'emprunter, d'acquérir, d'échanger, de plaider ou de transiger demandées par ces mêmes établissements ; leurs budgets et leurs comptes ; mais le tout seulement lorsque ces institutions reçoivent une dotation sur le fonds du budget municipal ;

4° — le mode d'assiette, les tarifs et les règlements de perception de l'octroi de mer (cet impôt n'existe pas actuellement dans la colonie) ;

5° — tous les objets sur lesquels le Conseil municipal est appelé par les lois et règlements à donner son avis (notamment les modifications projetées à la circonscription territoriale de la ville et les questions de police municipale, les demandes

---

(1) A notre sens, l'avis de la Commission permanente est suffisant même s'il s'agit d'un emprunt. En effet l'art. 100 du décret municipal du 11 juillet 1908 n'a nullement prescrit en l'espèce la consultation du Conseil de Gouvernement lui-même. D'autre part, l'article 127 de la loi du 13 juillet 1911, la reproduction textuelle qui a été faite de cet article par l'art. 87 du décret du 30 décembre 1912, enfin les dispositions finales des art. 5 et 6 du deuxième des décrets du 20 octobre 1911 ne visent que les emprunts contractés par la colonie. Enfin les termes de l'art. 339 du décret susvisé du 30 décembre 1912, seul texte qui depuis 1908 ait fait expressément mention des emprunts communaux, n'indiquent nullement, surtout si on les compare à ceux de l'art. 87 concernant les emprunts de la colonie, que l'arrêté d'autorisation ne puisse être pris qu'en Conseil de Gouvernement. Il doit donc être fait ici application de la règle générale selon laquelle l'avis de ce Conseil peut être remplacé par celui de sa commission permanente toutes les fois où il n'en a pas été décidé autrement.

d'allocation présentées par les appelés et les réservistes français de la ville, soutiens de famille, les règlements sanitaires municipaux, etc).

C) — *Vœux* — Le Conseil municipal peut toujours émettre des vœux sur tous les objets d'intérêt municipal, mais il lui est interdit d'émettre des vœux politiques ou relatifs à des questions d'administration générale. La nullité des actes qu'il prendrait en violation de cette interdiction serait prononcée par le Chef de l'Administration locale en Conseil Privé ou de Protectorat, et en outre l'assemblée municipale pourrait être suspendue ou dissoute.

## ARTICLE III

### MUNICIPALITÉS DE CHO-LON, TOURANE ET PHNOM-PENH

Ainsi que nous l'avons dit, l'auteur des arrêtés par lesquels ces trois municipalités ont été réorganisées en dernier lieu s'est inspiré dans toute la mesure du possible des règles tracées pour Saigon, Hanoi et Haiphong par le décret du 11 juillet 1908. Aussi nous bornerons-nous à exposer ci-après les principales différences existant entre le régime municipal des trois villes susvisées et l'organisation municipale normale étudiée dans les deux articles précédents.

A) — *Maires et Adjoints.* — Pour les trois villes dont il s'agit, le *maire* est un administrateur des Services Civils désigné par le Gouverneur Général sur la proposition du Gouverneur ou du Résident Supérieur et qui, à Cho-lon, cumule cet emploi avec celui de chef de la province du même nom. Bien que n'ayant été nettement définies que pour Cho-lon, les attributions de ces magistrats municipaux sont en fait les mêmes qu'à Saigon, Hanoi et Haiphong.

Il n'y a d'*adjoint* qu'à Cho-Lon, où il en existe trois, un français, un annamite et un chinois, désignés pour trois ans par le

Gouverneur sur la proposition du maire et parmi les commissaires municipaux. Dans les deux autres villes, le maire absent ou empêché est remplacé comme officier d'état-civil par le commissaire municipal français le plus âgé (Tourane) ou le plus ancien (Phnom-Penh).

Le chef de la municipalité est assisté d'un administrateur ou administrateur-adjoint des Services Civils en service détaché qui à Cho-lon prend le titre de *secrétaire général* de la mairie, à Phnom-Penh celui de *chef du secrétariat*, à Tourane celui de *secrétaire municipal*. Sous les ordres de ce fonctionnaire sont placés, en nombre plus ou moins grand selon l'importance de la municipalité, des employés français et indigènes qui, à Cho-lon et à Phnom-Penh, jouissent d'un statut particulier.

Les *conseils spéciaux* assistant le maire sont les mêmes qu'à Saigon, Hanoi et Haiphong. Toutefois c'est seulement à Cho-lon et à Phnom-Penh qu'a été prévue la formation, dans le sein de la commission municipale, de *sous-commissions* pouvant tenir leurs séances dans l'intervalle des sessions de cette assemblée et remplissant à son égard le même rôle que les commissions spéciales dont nous avons parlé en terminant l'article 1 du présent chapitre.

B) — *Commissions municipales.* — L'assemblée urbaine, présidée par le maire, porte le nom de *Commission municipale* et la durée de validité du mandat de ses membres, quels que soient leur nationalité et leur mode de désignation, est fixée à trois ans, période d'ailleurs renouvelable. Suivant le même ordre que précédemment, nous dirons quelques mots de leur composition, qui diffère sensiblement de celles des assemblées similaires des grandes municipalités, puis de leur fonctionnement et de leurs attributions.

1° — *Composition.* — Elle ne comporte des membres élus, et encore sont-ils en petit nombre, qu'a Cho-lon, où la commission municipale comprend trois Français notables, autant que possible commerçants ou industriels dans la ville, désignés par le Gouverneur sur une liste de dix noms présentée par la Chambre de Commerce de Saigon, quatre Annamites élus et trois Chinois choisis par le Gouverneur sur une liste présentée par les chefs de congrégation. Les membres annamites sont élus par un collège électoral composé : d'une part, des indigènes âgés de 21 ans, payant au moins 25 $ de contributions directes et inscrits à Cho-lon au rôle d'impôt personnel (sauf s'ils sont exemptés de cette inscription comme réservistes ou en raison de leur âge ou infirmités); d'autre part, des indigènes domiciliés à Cho-lon et pourvus de certains diplômes ou employés de l'Administration à une solde mensuelle d'au moins 25 $. Ne sont éligibles en principe que les Annamites inscrits sur la liste électorale, âgés de 27 ans et payant au moins 80 $ de contributions directes ; toutefois, si le nombre des indigènes réunissant ces conditions est inférieur à 40, il est dressé une liste des 40 indigènes les plus imposés parmi lesquels les électeurs choisiront leurs représentants. Les causes d'inéligibilité ou d'incompatibilité (également applicables aux membres nommés) et le mécanisme des élections sont les mêmes que pour les élections des conseillers municipaux annamites de Saigon. La procédure concernant les réclamations pouvant être formulées contre les élections est analogue, sauf que le Conseil du Contentieux statue en premier et dernier ressort.

A Tourane, la commission municipale ne comprend que sept membres, cinq Français choisis par le Résident Supérieur parmi les habitants notables et deux Annamites comprenant le français désignés sous réserve de l'approbation du Résident Supérieur par les conseils des notables des villages ou quartiers existant sur la concession, les uns et les autres devant être pris en dehors des fonctionnaires et employés.

Enfin, à Phnom-Penh, le Résident Supérieur désigne pour faire partie de la commission municipale : sur la proposition du maire, cinq citoyens français non fonctionnaires et un notable annamite; sur une liste de six noms présentée par le Conseil des Ministres après approbation du Roi, trois notables cambodgiens; sur une liste de trois noms présentée par les chefs de congrégation, un notable chinois.

2° — *Fonctionnement.* — Les commissions municipales de Cho-lon, Tourane et Phnom-Penh, dont les sessions sont trimestrielles et qui peuvent être dissoutes dans les mêmes conditions que les Conseils municipaux, fonctionnent de façon générale en conformité des règles exposées à l'article précédent § 2. Toutefois, la faculté d'en appeler des décisions du Chef d'Administration locale prononçant la démission d'office d'un membre n'existe qu'à Cho-lon et cet appel est jugé en dernier

ressort par le Conseil du Contentieux. De même, c'est uniquement dans cette dernière ville que la commission municipale,
si elle se trouve réduite à la moitié de ses membres, doit être
provisoirement remplacée par une commission spéciale nommée
par le Gouverneur et doit ensuite être reconstitué dans le délai
maximum d'une année; à Tourane et à Phnom-Penh, les
membres absents depuis plus d'un an ou démissionnaires,
lorsqu'ils sont en trop grand nombre, sont simplement remplacés
par des membres provisoires nommés par le Résident Supérieur et dont les pouvoirs cessent dans le premier cas au retour
des membres absents et dans le second à la date où la
commission doit normalement être renouvelée.

3° — *Attributions.* — La commission municipale de Tourane
délibère sur les objets d'intérêt exclusivement municipal énumérés par l'article 12 de l'arrêté du 31 juillet 1908 et auxquels
il faut depuis la promulgation du décret du 30 décembre 1912
(art. 341 et 349) ajouter le compte administratif du maire
et le compte de gestion du receveur municipal. Toutefois, ses
délibérations sur ces objets ne sont en aucun cas exécutoires
avant d'avoir reçu l'approbation du Résident Supérieur.

Les commissions municipales de Cho-lon et de Phnom-
Penh ont au contraire, à ce point de vue, des attributions
plus étendues. C'est ainsi qu'elles statuent, sans intervention
de l'autorité supérieure, mais dans les limites d'un maximum
fixé chaque année par le Chef de l'Administration locale en
Conseil, sur la quotité des centièmes additionnels ordinaires
ou extraordinaires à inscrire au budget de la ville. De même,
leurs délibérations en matière de taxes et contributions sont
définitives si, dans un délai de deux mois, le Chef de l'Administration locale n'en a pas prononcé l'annulation en Conseil.
Sur toutes autres matières, les délibérations de ces assemblées
ne sont exécutoires qu'après une approbation qui dans tous
les cas est celle du Chef de l'Administration locale (sauf
pourvoi éventuel devant le Gouverneur Général s'il s'agit
d'une délibération tendant à ester en justice). Toutefois, celles
tendant à contracter un emprunt d'un montant inférieur à
500.000 frs. ou à établir une contribution extraordinaire dépassant le maximum fixé par le Chef de l'Administration
locale doivent être approuvées le cas échéant par le Gouverneur Général, en Conseil de Gouvernement dans le premier

cas (1), en Commission permanente dans le deuxième.

L'Administration est tenue de prendre l'avis des commissions municipales de Cho-lon, Tourane et Phnom-Penh lorsqu'il s'agit des mêmes questions concernant lesquelles nous avons vu que celui des Conseils municipaux devait être demandé.

Enfin ces assemblées peuvent émettre des vœux sur tous objets d'intérêt exclusivement municipal.


## ARTICLE IV

### *LES COMMUNES*


Au chapitre II - article 3, nous avons déjà fait allusion à la faculté donnée au Gouverneur Général par le quatrième des décrets du 20 octobre 1911 d'ériger en communes, par arrêtés pris en Conseil de Gouvernement sur la proposition du Chef de l'Administration locale intéressée, les centres urbains de la colonie dont l'importance ou les possibilités de développement futur lui paraîtraient justifier cette mesure.

En vertu de ces dispositions, un arrêté avait été pris le 31 décembre 1914 par le Chef de la colonie en vue de fixer, pour la constitution des futures communes, une organisation à peu près uniforme et analogue à celle des communes mixtes de l'Algérie. Ce texte prévoyait en effet, en particulier, que ces formations urbaines seraient toutes dotées d'un budget spécial, administrées par un fonctionnaire nommé par le Chef de l'Administration locale et prenant le titre de maire, enfin réparties en deux catégories dont la première seule comporterait une commission municipale avec membres également nommés par le Chef de l'Administration locale et pour trois ans.

---

(1) Voir ci-dessus art. 2 - § 3 A II n° 5 - note. Toutefois, dans le cas présent, il s'agit de municipalités régies par arrêtés, et en conséquence il suffit que le Gouverneur Général ait prescrit la consultation du Conseil de Gouvernement lui-même pour qu'elle devienne dès lors obligatoire. Or, les termes des articles 73 de l'arrêté du 27 juin 1912; 42 et 43 de l'arrêté du 28 septembre 1915 montrent qu'il en a bien été ainsi.

Sous le régime de cet arrêté ont été successivement créées les quatre communes suivantes :

*Vien-Tiane* (Laos), érigée par arrêté du 26 janvier 1916 en commune de deuxième catégorie, c'est-à-dire ne comportant pas de commission municipale ;

*Tché-kam* (Kouang-Tchéou-Wan), instituée par arrêté du 21 mai 1916 en commune de première catégorie divisée en deux zones et dont la commission municipale, présidée par l'Administrateur en chef du Territoire, comprend cinq chefs de congrégation chinoise et sept autres membres nommés par ce fonctionnaire ;

*Dalat* (Annam), que des arrêtés du 31 octobre 1920 et du 17 mars 1923, textes depuis rapportés et remplacés par un arrêté du 26 juillet 1923, ont érigée en commune de deuxième catégorie divisée en deux zones dont une urbaine et une suburbaine, leur ensemble comprenant les villages et terrains appartenant à la circonscription du plateau du Lang-Bian, laquelle circonscription avait été définie et constituée en territoire autonome par une ordonnance royale du 11 octobre 1920 mais a depuis été replacée sous l'autorité du Résident Supérieur en Annam tout en continuant à rester distincte des autres divisions administratives de ce pays.

*Nam-dinh* (Tonkin), érigée par arrêté du 17 octobre 1921 en une commune de première catégorie comprenant trois zones et dont la commission, présidée par le chef de la province du même nom, se compose de quatre membres européens et quatre membres annamites réunissant certaines conditions et nommés sur sa proposition par le Résident Supérieur.

Les quatre expériences ainsi faites avaient permis de constater que les règles assez étroitement fixées par l'arrêté organique du 31 décembre 1914, et en particulier la classification obligatoire des communes en deux catégories d'un type déterminé, permettaient difficilement de satisfaire à des besoins urbains pouvant, selon les régions, être très différents. Aussi cet arrêté a-t-il été abrogé le 30 janvier 1924. Mais le droit accordé au Gouverneur Général de créer des communes, droit indépendant de l'arrêté susvisé puisqu'il avait été prévu par le décret du 20 octobre 1911, subsiste évidemment et, même avant l'abrogation de l'arrêté du 31 décembre 1914, le Chef de la colonie en a déjà usé en créant le 2 décembre 1923, en dehors du cadre dudit arrêté, la commune de *Haiduong* (Tonkin) qui n'a été rangée dans aucune des deux catégories antérieures et qui est administrée par une commission municipale, présidée par le chef de la province, comprenant deux membres européens et deux membres annamites désignés dans les mêmes conditions qu'à Namdinh.

Comme les municipalités faisant l'objet de l'article précédent, les communes sont régies par arrêtés du Gouverneur Général en ce qui concerne leur organisation générale, mais les détails de leur fonctionnement sont réglés par le Chef de l'Administration locale qui en particulier approuve leur budget et les comptes administratifs du maire ainsi que les arrêtés de ce dernier, autorise la commune à accepter les dons et legs, à ester en justice autrement qu'au possessoire, etc, le tout après avis du Conseil Privé ou de Protectorat (lorsqu'il existe) dans les cas où cet avis préalable est prévu par les dispositions du chapitre 21 du décret financier du 30 décembre 1912, chapitre entièrement applicable aux budgets des communes dont il s'agit.

# TROISIÈME PARTIE

## SERVICES INDOCHINOIS

Les Services indochinois sont les organismes administratifs placés sous l'autorité et la direction des chefs des diverses Administrations indochinoises et qui servent à ceux-ci de moyens et d'intermédiaires pour leur permettre soit d'exercer les attributions propres qui leur appartiennent sur certaines matières, soit d'assurer le contrôle dont ils sont investis sur certaines autres. Ce sont les bras des corps dont les Administrations sont les têtes.

### § 1. — CLASSIFICATION DES SERVICES

On peut classer les Services d'après leur objet, c'est-à-dire d'après la nature des affaires publiques dont ils sont chargés. On aura alors les services de gouvernement et d'administration (Services militaires, Services maritimes, Service judiciaire, Services Civils, etc...); les services d'expansion économique (Travaux publics, Services agricoles, Services commerciaux, Service forestier, Service vétérinaire, etc...); les services d'assistance sociale (Services sanitaires et médicaux, Instruction publique, etc...); les services financiers (Direction des Finances, Trésorerie générale, etc...); les services fiscaux (Douanes et Régies, Enregistrement, Postes et Télégraphes, etc...); les services scientifiques (École française d'Extrême-Orient, Institut scientifique, etc...).

On pouvait également les classer jusqu'en 1920 d'après l'Administration à laquelle ils se rattachent et dont ils constituent les moyens d'action. En se plaçant à ce point de vue, on rangeait alors tous les services indochinois en trois catégories : les *services généraux*, dirigés de haut par le Gouverneur Général; les *services locaux*, dirigés par les Chefs d'Administration locale ; enfin les *services mixtes*, troisième catégorie dont la création avait été la conséquence des décrets décentralisateurs du 20 octobre 1911 et qui comprenaient les services collaborant à la fois à l'œuvre de l'Administration générale et à celle des Administrations locales, soit que la tâche qui leur était dévolue fût tantôt d'intérêt général pour l'Indochine et tantôt d'intérêt spécial à l'un des pays de l'Union (Travaux publics), soit que la partie supérieure de leur organisation relevât exclusivement du Gouverneur Général tandis que la partie inférieure restait seule placée sous la direction immédiate des Chefs d'Administration locale (Instruction publique), soit enfin que ces services contribuassent à l'Administration générale et aux Administrations locales concurremment et à tous les degrés de leur organisation (Trésorerie générale).

Mais récemment deux décrets du 11 septembre 1920, achevant l'œuvre de décentralisation commencée en 1911, et cela en conformité de l'orientation nouvelle donnée à la politique coloniale française à la suite d'un remarquable avis du Conseil d'État du 29 novembre 1916, ont permis de classer les Services indochinois sur des bases plus rationnelles que celles adoptées jusqu'alors. Aux termes de ces très importants décrets, on doit maintenant ranger ces Services en deux grandes catégories: d'une part, les *services coloniaux*, c'est-à-dire ceux dont le fonctionnement est assuré, à titre exclusif en principe, par un personnel français qui, tout au moins en ce qui concerne son cadre supérieur, est organisé et régi par le pouvoir métropolitain, c'est-à-dire par des lois, des décrets ou des arrêtés ministériels; d'autre part, les *services locaux*, c'est-à-dire ceux dont le fonctionnement est assuré, également à titre exclusif sauf exceptions, par un personnel français organisé et régi par le Gouverneur Général, lequel a désormais seul qualité, sans que les arrêtés qu'il prend à cet effet soient comme autrefois assujettis à l'approbation ministérielle préalable, pour fixer le régime des soldes et accessoires de solde de ces personnels (régime fixé par arrêté du 18 février 1921 modifié le 30 juin 1924), ainsi que leur statut commun et leurs statuts particuliers (statuts déterminés par plusieurs arrêtés du 20 juin 1921).

Ce sera donc cette classification nouvelle que nous adopterons. Mais, comme le nombre des services locaux est beaucoup plus considérable que celui des services coloniaux, nous répartirons l'étude des premiers en quatre chapitres, qui seront respectivement consacrés : 1°) aux services locaux entretenus exclusivement sur les fonds du budget général, et qui par suite ont le Gouverneur Général comme chef suprême ; 2°) à ceux entretenus pour partie sur les fonds du budget général et pour partie sur ceux des budgets locaux, et qui doivent cette situation à ce que leur fonctionnement intéresse à la fois l'Administration générale et les Administrations locales ; 3°) à ceux entretenus exclusivement sur les crédits du budget local de chacun des cinq grands pays de l'Union et relevant par suite des Chefs d'Administration locale de ces pays ; 4°) enfin, à certains services locaux fonctionnant dans les mêmes conditions financières et administratives que les précédents mais qui n'existent que dans certains pays de l'Union. Un sixième chapitre sera en dernier lieu consacré aux services provinciaux et aux services municipaux, beaucoup moins importants que les précédents, surtout les premiers qui, même en Cochinchine, seul pays de l'Union dans lequel l'existence de budgets provinciaux permettrait le fonctionnement de services spéciaux aux circonscriptions provinciales, ne constituent pas à proprement parler des services publics et se réduisent à de simples corps d'agents non commissionnés.

§ 2 — SITUATION HIÉRARCHIQUE DES SERVICES VIS-À-VIS

DES ADMINISTRATIONS

Cette question est fort délicate et la doctrine administrative suivie à son sujet est loin d'avoir été constante, au moins en ce qui concerne les groupes de services locaux, de beaucoup les plus importants, qui feront l'objet de nos chapitres VIII et IX et particulièrement du premier. Sans doute le Gouverneur Général, en sa qualité de dépositaire des pouvoirs de la République, est investi d'une autorité gouvernementale sur le personnel de tous les services, sans aucune exception. Mais là où une distinction s'impose, et est souvent malaisée à établir, c'est lorsqu'il s'agit de concrétiser les modalités d'après lesquelles doit selon les divers cas se manifester l'exercice de cette autorité, et plus encore lorsqu'il s'agit d'en déterminer la part qui appartient, soit en raison de leurs fonctions mêmes, soit en vertu d'une délégation du Chef de la colonie, aux Chefs d'Administration locale et, éventuellement, aux chefs de province et de municipalité.

A) — *Services coloniaux.* — Les Services Civils et le Service de la Trésorerie sont les seuls de ces services dont on puisse dire que leur personnel est placé, en permanence et à tous les degrés de la hiérarchie, sous l'autorité supérieure (mais généralement non immédiate) du Gouverneur Général, sous la réserve habituelle de l'observation des règles statutaires fixant l'organisation de ces personnels et sous réserve aussi, en ce qui concerne le Service de la Trésorerie, de l'application du principe fondamental que le comptable doit se voir assurer par l'ordonnateur l'exercice libre et sans contrainte de son emploi. Quant aux Services militaires, aux Services maritimes et au Service judiciaire, les rapports existant entre le Chef de la colonie et eux doivent réserver entièrement le droit de contrôle et l'exercice de l'autorité morale du premier, mais ces organismes ne sont pas et ne peuvent pas être placés, à l'égard du Gouverneur Général, dans une situation de subordination effective habilitant en permanence ce haut fonctionnaire à leur donner des ordres proprement dits, les Services militaires et les Services maritimes parce qu'il est de principe que l'autorité civile doit se borner à orienter l'action de l'autorité militaire sans pouvoir se substituer à elle dans l'exercice du commandement même supérieur, le Service judiciaire parce que l'indépendance la plus complète du juge est une condition indispensable de la bonne distribution de la justice (1).

---

(1) Nous parlons des juges, et non des officiers du ministère public. Ces derniers n'ayant pas à rendre de décisions de justice, rien ne s'oppose à ce que le Gouverneur Général exerce sur eux une action plus directe que sur les magistrats du siège.

Enfin, nous comprendrons le Contrôle Financier au nombre des services auxquels le chapitre VII sera consacré, mais ce sera simplement parce que son fonctionnement est régi par décrets comme celui des services coloniaux, car en réalité il constitue un organisme entièrement indépendant de toutes les administrations de la colonie.

Sous les mêmes réserves que ci-dessus, les Chefs d'Administration locale sont très nettement les chefs propres du personnel des Services Civils et ils exercent également une action directe sur celui de la Trésorerie. Ils ne disposent par contre d'aucun droit de contrôle, et a fortiori d'aucune autorité, sur le fonctionnement des Services militaires, maritimes et judiciaire et les rapports entre les représentants de ces services et eux-mêmes doivent être simplement à base de courtoisie réciproque, cette courtoisie devant toutefois être accompagnée, à l'égard de seconds, de la déférence due aux représentants locaux du Gouvernement.

Enfin, et tout en devant eux aussi s'attendre à la déférence du personnel de ces services en leur qualité de délégués du pouvoir politique, les chefs de province et de municipalité n'ont à intervenir à aucun titre dans la discipline ou le fonctionnement des Services coloniaux, à moins bien entendu qu'il s'agisse des agents des Services Civils placés sous leurs ordres directs.

B) — *Services locaux entretenus en totalité ou partie au compte du budget général.* — Le Gouverneur Général est leur chef suprême et il n'appartient qu'à lui de donner aux directeurs ou inspecteurs généraux placés à leur tête les directions d'ensemble en conformité desquelles devra être assuré le fonctionnement des organismes qu'ils dirigent effectivement ou dont ils représentent la collectivité à l'égard du Chef de la colonie. Toutefois, le privilège de l'autonomie administrative et financière accordée aux divers pays de l'Union a pour conséquence que, lorsqu'il s'agit des services dont l'activité se développe pour partie dans le plan du Gouvernement Général et pour partie dans celui des Gouvernements locaux et dont pour ce motif les dépenses sont dans le premier cas à la charge du budget général et dans le second à la charge des budgets locaux, le Chef de la colonie n'intervient pas, au moins directement, en ce qui concerne cette seconde partie. C'est alors aux Chefs d'Administration locale qu'il appartient de

déterminer les mêmes directions d'ensemble, avec cette différence toutefois qu'en ce cas leurs ordres sont donnés, non
point aux directeurs ou inspecteurs généraux des services intéressés; car ces hauts fonctionnaires ne relèvent que du Gouverneur Général, mais uniquement à des chefs locaux des mêmes
services institués auprès d'eux précisément en vue de recevoir
leurs instructions d'ordre général en même temps que les directions d'ordre technique émanées des chefs supérieurs desdits
services institués auprès du Gouverneur Général.

Le caractère de l'action exercée sur ces derniers services
par les Chefs d'Administration locale et par leurs représentants
les chefs de province résulte donc ici d'une discrimination à
établir au point de vue de la nature, ou plus exactement de
l'objet, des attributions dont ces organismes sont chargés et
la détermination des parts de direction devant respectivement
appartenir au détenteur local du pouvoir exécutif et au fonctionnaire de gestion chef de l'organe d'exécution procède ainsi
d'une considération ayant un caractère durable et ne pouvant
être que faiblement influencée par les fluctuations de la politique générale indochinoise et par les conceptions du moment
sur l'étendue d'application du principe d'autorité.

Les évènements ont au contraire démontré qu'il n'en était
pas de même lorsqu'il s'agit de fixer avec quelque permanence
le caractère à impartir aux rapports nécessaires entre les Chefs
d'Administration locale et les Directeurs, relevant uniquement
du Gouvernement Général, des services locaux entretenus eux-mêmes exclusivement par le budget général, et tout particulièrement
lorsque ces services sont des organismes fiscaux qui alimentent
uniquement ce dernier budget et dont par suite le fonctionnement n'intéresse les Gouvernements locaux que dans la mesure
où il est susceptible d'avoir une répercussion sur la situation
politique ou économique du pays. La matière, en effet, n'est
pas de celles qui peuvent être réglées une fois pour toutes
et c'est par suite à l'égard de ces services, devant faire l'objet
de notre chapitre VIII, que se sont produits, dans la succession des temps, les changements de doctrine administrative
auxquels nous avons fait allusion plus haut, changements d'ailleurs nécessités par la survenance de circonstances nouvelles qui
devaient entraîner une évolution correspondante dans la détermination des méthodes à appliquer.

Une première période, dont l'apogée eut lieu tout au début du siècle et qui prit fin vers 1908, fut essentiellement marquée : d'une part, par la concentration systématique des pouvoirs entre les mains du Chef de la colonie, concentration qui, à une époque où il s'agissait d'instaurer un ordre de choses nouveau dans un pays pourvu d'institutions fort anciennes mais très-différentes des nôtres, parut être le moyen le plus sûr et le plus rapide de réaliser l'unité de direction jugée indispensable à l'obtention de ce résultat ; d'autre part, par l'adoption d'une politique fiscale ayant pour but de procurer au budget général les sommes considérables nécessaires à la création de toutes pièces de l'outillage économique qui seul pouvait permettre la mise en valeur d'un pays figé jusque-là, à ce point de vue, dans une immobilité hiératique. De l'application de cette double doctrine il résulta nécessairement que les directeurs des grands services dits alors « services généraux », conseillers immédiats du Gouverneur Général et pour la plupart chefs d'organismes fiscaux alimentant le budget général, prirent dans la préparation des décisions du Chef de la colonie une part de plus en plus grande et que leur influence arriva peu à peu à contrebalancer, et parfois même à contrarier, celle des Chefs d'Administration locale. Le principe d'autorité, bien que toujours intact en théorie, tendit à devenir vide de sens dans la pratique, l'exercice du pouvoir nécessaire à l'acceptation de leurs responsabilités restées entières parut échapper aux Chefs d'Administration locale et un renversement de l'échelle des valeurs administratives était sur le point de se produire. Par ailleurs, les résultats pratiques qu'avaient eus en vue les inspirateurs de la politique nettement objective suivie jusqu'alors étaient atteints ou sur le point de l'être. Il devenait donc, à tous égards, nécessaire et urgent de changer de méthodes et de procéder progressivement à une décentralisation qui seule pouvait ramener à des proportions plus harmonieuses, et plus adéquates aux circonstances politiques et économiques nouvelles, un corps administratif dont la vitalité pouvait devenir compromise par le développement excessif donné à certains de ses organes.

Cette décentralisation progressive fut réalisée en deux étapes : en premier lieu, par les quatre décrets du 20 octobre 1911, véritable charte indochinoise, qui mirent fin à une

situation devenue paradoxale et pouvant devenir dangereuse
en affirmant le caractère effectif et permanent de l'autonomie
administrative et financière appartenant aux cinq grands pays
de l'Union et en décongestionnant ainsi un Gouvernement
Général qui paraissait tendre à absorber les forces vives de
ces pays ; en second lieu, par les deux décrets du 11 septembre
1920 qui, à la différence des précédents dont l'effet avait consisté
en une déconcentration simplement locale, affranchirent le
Chef de la colonie, dans une mesure fort appréciable, de la
tutelle assez étroite qui avait jusqu'alors été exercée par le
Département sur certains de ses actes. Ayant déjà eu l'occasion
d'énoncer les importantes conséquences de ces actes présiden-
tiels lorsque nous avons traité des attributions du Gouverneur
Général et de celles des Chefs d'Administration locale, nous
n'y reviendrons pas ici et nous bornerons à constater que
les deux dates susvisées, avec celle de la création de l'Union
indochinoise, sont certainement les plus marquantes de l'histoire
administrative de la colonie. Nous ajouterons cependant que,
à notre avis et à la considérer dans son plan vertical, l'œuvre
de décentralisation commencée en 1911 est encore incomplète:
elle s'est en effet arrêtée au niveau des chefs de province et l'on
ne voit à notre sens aucune raison, étant donné le stade auquel
en est arrivée l'évolution de ce pays, pour que les mêmes
principes qui firent consacrer il y a treize ans l'autorité propre
des Chefs d'Administration locale ne militent pas aujourd'hui
en faveur du renforcement de celle de fonctionnaires qui
représentent eux aussi le pouvoir politique dans leurs circonscriptions respectives, dont la responsabilité est indéfinie parce
que non définie et qui cependant, dans la réalité pratique et
sous réserve en Cochinchine des attributions attachées à la
fonction d'ordonnateur, n'ont aucun pouvoir qui ne soit exercé
sous la surveillance étroite du Chef de l'Administration locale
et occupent une situation de fait qui ressortit beaucoup plus
à l'ordre de l'exécution qu'à celui de l'initiative (1).

---

(1) Nous n'exagérons pas. C'est ainsi, pour citer un exemple, qu'un arrêté
du Résident Supérieur en Annam du 31 mars 1921, relatif au personnel indigène subalterne non commissionné en service dans les Résidences, dispose que
les chefs de province ne peuvent accorder à un palefrenier ou à un homme
de peine une augmentation de salaire de 1$ par mois sans l'approbation
préalable du Chef de l'Administration locale.

Quoi qu'il en soit de ce dernier point, le principe qui actuellement doit dominer au regard des Chefs d'Administration locale et même des chefs de province la situation hiérarchique des services locaux qui nous occupent, c'est-à-dire des services dont les recettes profitent et les dépenses incombent au seul budget général, est le même principe de subordination dont nous avons dit qu'il présidait à l'action exercée par ces mêmes Chefs d'Administration locale sur le fonctionnement ressortissant à leurs budgets respectifs des services entretenus pour partie par ces budgets et pour partie par le budget général. Sans doute, les formations financières spéciales aux pays de l'Union n'entrant pas ici en jeu, l'application de cette règle sera moins fréquente et moins directe, et admettra plus facilement des exceptions, dans le premier cas que dans le second. Mais le principe, tel qu'il a été posé en termes particulièrement catégoriques par une circulaire et des instructions du 15 avril 1924 du Gouverneur Général, reste le même : tous les services locaux existant sur le territoire d'un pays de l'Union sont subordonnés au Chef de l'Administration locale, le personnel de ces services est exclusivement soumis dans chaque pays à l'autorité administrative et disciplinaire du Gouverneur ou du Résident Supérieur et cette autorité, déléguée de droit aux chefs de province dans leurs circonscriptions respectives, doit en règle générale s'exercer au chef-lieu par l'intermédiaire du chef local de service existant ou à créer pour chacun des organismes intéressés et devant être désigné par le Gouverneur Général sur la proposition concertée du Chef de l'Administration locale et du Chef de service du Gouvernement Général (1). Cette doctrine, basée sur le principe d'autorité, aura pour résultat certain, lorsque son application sera devenue générale dans la mesure du possible et aura d'autre part été dégagée des premiers tâtonnements inséparables de toute orientation nouvelle, de permettre aux Chefs d'Administration locale, dont

---

(1) En fait, parmi les services de la catégorie qui nous occupe présentement et dont on trouvera l'énumération au chapitre VIII, seuls celui des Douanes et celui des Postes possèdent ces chefs locaux de service, et il paraît bien difficile qu'il puisse jamais en être créé pour les autres, sauf peut-être pour les Mines et pour l'Enregistrement, car le caractère d'organes de centralisation qui est le leur paraît exclure toute répartition territoriale. Au contraire, cette même création est d'ores et déjà réalisée pour les trois grands services, Instruction publique, Travaux publics, Services sanitaires et médicaux, que nous rangeons dans notre chapitre IX comme ressortissant concurremment au budget général et aux budgets locaux.

l'autorité aura ainsi été affermie et rehaussée, d'exercer leur initiative sur des bases désormais élargies et en conséquence de rendre leur action plus productive. Et quant aux appréhensions qui pourraient peut-être se manifester concernant la reconstitution possible auprès des Chefs d'Administration locale de la même concentration fonctionnelle excessive dont l'auteur des décrets de 1911 voulut faire cesser les inconvénients à l'époque où elle s'était constituée au Gouvernement Général, il semble qu'elles puissent être dissipées a priori par la triple constatation suivante : d'une part, il existe cinq administrations locales autonomes, en sorte que cette concentration, si elle se produisait pour l'une d'elles, ne pourrait affecter qu'une faible partie du territoire ; d'autre part, le Chef de la colonie n'a nullement abdiqué son droit de contrôle supérieur et son rôle d'organe modérateur et régulateur à l'égard des gouvernements locaux et des services dont la direction administrative est laissée dans chaque pays à ces derniers, de même que les hauts fonctionnaires qui représentent auprès de lui l'ensemble de ces services ont conservé leur entière liberté d'action dans le domaine technique qui est le leur et ont seuls qualité pour donner toutes instructions purement techniques aux chefs locaux qui représentent et dirigent auprès des Chefs d'Administration locale une partie des mêmes services ; enfin, les règles ci-dessus énoncées n'ont d'absolu que leur apparence, et en fait leur auteur a apporté à leur application un assez grand nombre de tempéraments dont nous aurons l'occasion de parler, soit lorsque ci-après nous dirons quelques mots du statut commun des fonctionnaires des services locaux, soit lorsque nous examinerons plus tard chacun de ces services en particulier.

C) — *Services locaux entretenus exclusivement par les budgets locaux.* — La question, ici, est beaucoup plus simple. Même lorsque ces services sont assez importants pour que leur personnel ait dû être organisé en un corps commun en principe à l'Indochine entière, ils n'en sont pas moins subdivisés en autant de groupements, entièrement distincts les uns des autres, qu'il existe de pays dans lesquels leur fonctionnement a été organisé, et ce fonctionnement relève à titre exclusif du Chef de l'Administration locale, qui exerce généralement son autorité à leur égard par l'intermédiaire d'un chef local de service placé sous ses ordres directs (1).

De même, dans l'intérieur, la qualité de représentant du Gouverneur ou Résident Supérieur qui avant toutes autres est celle des chefs de province donne à ces derniers fonctionnaires, sur le personnel et sur le fonctionnement de ces services, une autorité beaucoup plus effective que celle, surtout théorique, dont ils sont investis par la seule vertu d'un principe à l'égard des fonctionnaires des autres services locaux en résidence ou en mission dans leur province.

Quant au Gouverneur Général, il ne saurait évidemment intervenir de façon directe dans le fonctionnement des services qui nous occupent sans créer une confusion d'attributions qui annihilerait l'effet de la délégation nécessaire et permanente donnée par lui aux Chefs d'Administration locale en vue de les règlementer, et en conséquence son rôle à leur égard doit se borner à fixer le statut de leur personnel, à arrêter ses cadres, à déterminer les règles de leur organisation d'ensemble, et généralement à prendre les initiatives qui appartiennent à l'ordre de la coordination à l'exclusion de celles qui relèvent d'une direction proprement dite.

D) — *Services provinciaux et services municipaux.* — Les services provinciaux de Cochinchine, au sens que nous donnons à cette expression, sont simplement constitués par des ersonnels d'agents subalternes non commissionnés qui ont le chef de province comme chef unique et dont le Gouverneur ême ne s'occupe que lorsqu'une circonstance spéciale nécessite on intervention.

Les services municipaux, dont l'action est strictement limitée u périmètre urbain et dont le budget municipal assume seul a charge, ont naturellement le maire comme chef immédiat. e Chef de l'Administration locale dispose à leur endroit d'un droit de regard et au besoin d'un droit de représentation, mais en énéral il en use peu. Par contre, l'organisation du personne

---

(1) La plupart de ces services, qui sont ceux auxquels nos chapitres X et XI seront nsacrés, possèdent ce chef local de service. En sont cependant dépourvus la Garde digène et les Services pénitentiaires. Ne semblent pas pouvoir en être pourvus, tant donné les conditions actuelles et paraissant durables de leur fonctionnement, les rvices du contrôle des contributions directes, de la vérification des poids et mesures t des flottilles.

qui assure leur fonctionnement est fixée par des arrêtés du Gouverneur Général.

### § 3. — Responsabilité et prérogatives des Chefs des Services

Quelle que puisse être l'importance de fait des organismes à la tête desquels ils sont placés, les chefs des services sont des agents d'exécution. Il en résulte cette double conséquence: d'une part que leur responsabilité vis-à-vis des Chefs d'administration dont ils dépendent, entière lorsqu'il s'agit de l'exercice des attributions techniques qui constituent leur domaine propre, ne s'étend en aucun cas aux conséquences politiques ou économiques que pourra faire apparaître la mise à exécution des instructions qu'ils ont reçues, à condition toutefois que cette exécution ait été fidèle et poursuivie dans un esprit conforme aux intentions de l'Administration ; d'autre part que, n'étant détenteurs d'aucun pouvoir règlementaire, ils ne sauraient disposer d'aucune des prérogatives spéciales qui sont attachées à la possession de ce pouvoir.

Il y a lieu cependant, dans ce dernier ordre d'idées, de faire ici mention d'un important arrêté qui a fait à certains chefs de grands services coloniaux ou locaux ou d'organismes de centralisation relevant du Gouvernement Général une situation privilégiée par rapport à celles des chefs des autres services. Cet arrêté, toujours en vigueur dans ses dispositions générales, porte la date du 26 janvier 1912 et les chefs de service qui peuvent actuellement s'en réclamer sont le Directeur du Contrôle financier, le Directeur des Finances, le Directeur de l'Administration judiciaire, l'Inspecteur général des Travaux publics, le Directeur des Douanes, le Directeur des Postes et Télégraphes, le Trésorier général, le Directeur de l'Instruction publique, le Directeur de l'Ecole française d'Extrême-Orient, le Chef du Service géographique, le Directeur de l'Intendance maritime (en ce qui concerne l'arsenal de Saigon), le Directeur de l'Institut scientifique, le Directeur des Affaires économiques, le Chef du Service Radiotélégraphique agissant sous le contrôle de ce dernier et le Directeur des Services de la station d'altitude de Dalat.

C'est surtout en matière de gestion budgétaire que l'arrêté

susvisé a étendu les attributions de ces chefs de service en leur accordant : d'une part, le droit d'engager directement et sans visa préalable les menues dépenses et celles qui résultent de conventions verbales ou qui ont pour objet les frais de route et, d'une façon plus générale, les frais de transport de personnel et de matériel ne nécessitant pas la passation d'un marché spécial ; d'autre part, le droit de faire payer par les fonctionnaires de leur service chargés d'une caisse, avant tout ordonnancement régulier, certaines dépenses urgentes qui sont limitativement énumérées sous 22 numéros par l'article 6 de l'arrêté précité, tel que cet article a été complété par les arrêtés des 12 mai 1915, 11 mai 1916 et 28 février 1924 (par exemple, les soldes et accessoires dans les postes excentriques non desservis par un service régulier de transport ou encore en cas de mutation ou de départ en congé dans le courant d'un mois, les salaires des coolies journaliers, les petites réparations aux bâtiments et au matériel, les achats de certaines matières de consommation immédiatement nécessaires, le règlement des états de travaux à la tâche lorsque la dépense ne dépasse pas 300 $, etc...).

A un autre point de vue, l'arrêté du 26 janvier 1912 a également accordé aux mêmes chefs de service et d'organismes de centralisation le droit, après visa du Directeur des Finances et sans préjudice bien entendu de celui du Directeur du Contrôle financier, de nommer, promouvoir et révoquer eux-mêmes, par délégation permanente du Gouverneur Général et dans la limite des effectifs fixés par lui, les agents indigènes appartenant aux cadres inférieurs de leurs services (cadre secondaire et, éventuellement, cadre subalterne) (1). Dans les services ressortissant uniquement aux budgets locaux, les mêmes mesures doivent au contraire être arrêtées par les Chefs d'Administration locale, et les chefs locaux des services intéressés n'ont à cet égard qu'un droit de proposition.

---

(1) Nous verrons cependant plus tard que, bien que les instituteurs et moniteurs de l'enseignement primaire puissent être considérés comme constituant le cadre secondaire du personnel indigène enseignant du Service de l'Instruction publique, ils ne sont pas nommés et promus par le Directeur de ce service, qui ne dispose de cette attribution que pour les agents secondaires de ses bureaux, mais par le Chef de l'Administration locale. Au contraire, l'Inspecteur général des Travaux publics avance tous les agents indigènes de ce service à l'égard desquels le Gouverneur Général ne s'est pas réservé le droit de promotion, et cela même lorsque ces agents sont affectés aux circonscriptions territoriales dépendant des Chefs d'Administration locale.

Enfin le même arrêté a également réglé, du moins en principe, la question de la correspondance échangée entre les Services visés par son texte et les Administrations locales. Règlementairement, cette correspondance doit emprunter, dans l'un comme dans l'autre sens, l'intermédiaire du Gouverneur Général, pour le compte duquel elle est préparée par les chefs des services intéressés et qui, après l'avoir revêtue de sa signature, la fait parvenir au Chef d'Administration locale qu'elle concerne. Toutefois, dans un but de célérité, l'habitude s'est peu à peu introduite d'un échange direct de correspondances entre les hauts fonctionnaires dont il s'agit lorsque ces communications ont trait à des affaires d'ordre purement technique ou d'administration courante n'entraînant aucune décision importante de principe, et cette habitude a été expressément acceptée par la circulaire du Gouverneur Général du 15 avril 1924.

Quant à la correspondance directe avec le Gouvernement métropolitain, la règle selon laquelle elle est exclusivement réservée au Gouverneur Général ne comporte que trois exceptions concernant le Directeur du Contrôle Financier (décret du 26 mai 1913), le Commandant de la Marine (décret du 3 novembre 1905) et le Trésorier général (décret du 30 décembre 1912). Encore ces chefs de services coloniaux ne jouissent-ils de ce privilège que dans certains cas ou sous certaines réserves que nous énoncerons plus loin (1).

## § 4. — PERSONNEL DES SERVICES

Nous ne parlerons ici ni du personnel des services coloniaux ni des officiers mis hors cadres et des fonctionnaires détachés des administrations métropolitaines ou des services généraux des colonies qui peuvent en cas de nécessité être appelés à concourir au fonctionnement de certains services locaux ni enfin du personnel indigène employé dans les divers services indochinois. Ces personnels, en effet, n'ont aucun statut commun

---

(1) La disposition de l'art. 64 du décret du 19 mai 1919 donnant aux Premiers présidents et Procureurs généraux des Cours d'appel le droit de correspondre directement avec les Ministres des Colonies et de la Justice en envoyant au Gouverneur Général copie de leur rapport ne constitue pas une exception réelle à la règle susvisée, car il a été expressément stipulé que ce droit ne pourrait être exercé qu'à titre exceptionnel.

et d'autre part nous aurons l'occasion, lorsque nous passerons en revue les divers services auxquels ils prêtent leur concours, de parler des règlements particuliers qui les régissent. Disons simplement ici : en ce qui concerne les agents métropolitains détachés, que ceux d'entre eux remplissant les conditions nécessaires pour obtenir une pension pour ancienneté de service à 55 ans sur la caisse locale des retraites peuvent être définitivement classés dans les cadres locaux auxquels ils ont été incorporés à titre temporaire ; en ce qui concerne le personnel indigène, que les règlements particuliers à chaque corps qui lui sont applicables, règlements fixés pour la plupart par une série d'arrêtés en date du 18 avril 1919, présentent entre eux une analogie frappante et que dans ces conditions on peut se demander pourquoi les principales dispositions de ces arrêtés n'ont pas été fondues en un seul texte qui aurait constitué le statut général du personnel indigène.

Il n'y a pas lieu non plus de parler ici du personnel des services provinciaux et du personnel municipal, le premier n'étant pas organisé et le second devant avoir sa place dans le chapitre XII.

La présente division sera donc exclusivement consacrée à un résumé du statut commun au personnel français local des services locaux, statut qui résulte de deux arrêtés des 20 juin et 24 octobre 1921, modifiés l'un et l'autre le 15 avril 1924, et dont le but a été de refondre les règlementations éparses et souvent divergentes antérieurement en vigueur sur la matière en un ensemble de principes généraux applicables à la collectivité du personnel, considéré dans ses devoirs et ses intérêts communs, et lui permettant de bénéficier, au triple point de vue du recrutement, de l'avancement et de la discipline, des mêmes garanties d'impartialité et de justice (1).

A) — *Recrutement.* — Nul ne peut être admis dans l'un

---

(1) Il doit d'ailleurs être entendu que tout ce qui va suivre s'applique également à certains personnels qui, bien que faisant partie de l'ensemble d'un des services que nous avons appelés coloniaux, sont cependant régis par les arrêtés du Gouverneur Général et constituent par suite, considérés isolément, des personnels locaux, par exemple les commis-greffiers et les interprètes du Service judiciaire. D'autre part, lorsque les règlements autorisent les agents métropolitains temporairement incorporés ans les cadres locaux à concourir pour l'avancement sur place, avancement d'ailleurs dépendant de celui qu'ils peuvent obtenir dans leurs cadres d'origine, ils sont assujettis à cet égard aux mêmes règles que les agents locaux.

quelconque des services locaux s'il n'est Français, s'il n'a atteint l'âge de 20 ans révolus et s'il ne justifie, par la production des pièces appropriées, qu'il a satisfait aux obligations militaires auxquelles il était tenu, qu'il est de bonnes vie et mœurs et possède un casier judiciaire vierge de condamnation, enfin qu'il est physiquement apte au service pour lequel il postule. Les candidats ne peuvent d'autre part être admis s'ils ont dépassé l'âge de 30 ans, à moins que leurs services antérieurs leur permettent de prétendre à une pension d'ancienneté à 55 ans d'âge sous le régime de la Caisse locale (1). En outre, ils doivent, dans les conditions déterminées par les règlements spéciaux à chaque cadre, posséder certains diplômes ou avoir satisfait, après avoir été préalablement autorisés par le Gouverneur Général à s'y présenter, à un concours ou examen qui a lieu aux mêmes dates dans la colonie et en France.

Certains fonctionnaires déjà en service dans la colonie et ayant satisfait au stage prévu par les règlements du corps auquel ils appartiennent peuvent, lorsqu'ils demandent à être admis dans un nouveau corps et lorsqu'ils ont été reçus à l'examen s'il en est prévu un pour ce corps, y être nommés au grade de début sans avoir à y accomplir un nouveau stage. D'autre part, les candidats titulaires de diplômes supérieurs à ceux exigés pour l'admission dans un corps peuvent non seulement être dispensés du stage mais encore être nommés à un emploi supérieur au grade de début, sous cette réserve toutefois que leur licenciement pourra être prononcé au cours de leurs deux premières années de service si leur manière de servir n'a pas donné satisfaction. Mais, ces deux exceptions mises à part, la règle est que nul ne peut être classé définitivement dans les cadres d'un service local qu'après un stage probatoire qui peut être lui-même suivi d'un examen pratique lorsque le règlement du corps le prévoit. Dans les trois mois qui suivent l'achèvement de ce stage, dont la durée est d'un an au moins et de deux ans au plus (maximum porté à trois ans pour le personnel de l'enseignement du 1er degré), les stagiaires doivent être, sur la proposition du chef de service intéressé et après avis d'une commission spéciale, soit titularisés dans le grade de début soit licenciés avec une indemnité de licenciement.

---

(1) C'est là une règle absolue, posée par un décret du 17 mai 1913 et s'appliquant indistinctement à tous les emplois soumis au régime de la Caisse locale des retraites.

Tout ce qui précède concerne le recrutement normal des cadres par admission de nouveaux éléments à leur base. Mais il existe aussi un mode de recrutement subsidiaire et occasionnel consistant en ce que les règlements particuliers de certains services peuvent autoriser dans des conditions déterminées les permutations entre leur personnel et des fonctionnaires appartenant à certains cadres métropolitains ou coloniaux, sous la triple réserve toutefois que ces derniers réunissent les conditions voulues pour prétendre à une retraite à 55 ans d'âge sous le régime de la Caisse locale, qu'ils soient reconnus physiquement aptes à l'emploi postulé et que la différence entre les traitements des permutants n'excède pas 2000 fr.

Tous les arrêtés portant nomination, titularisation ou licenciement de stagiaires et acceptation de permutation doivent être signés par le Gouverneur Général et pris, selon le cas, sur la proposition du Chef d'Administration locale ou du Chef de service du Gouvernement Général intéressé.

Ajoutons qu'un arrêté du 26 juin 1923 complété le 26 juillet suivant a réservé un droit de priorité aux anciens combattants de la guerre pour tous les emplois vacants dans la colonie. Ce droit s'exerce sans réserves si l'emploi est de ceux pour l'obtention desquels aucune condition de titre ou de diplôme n'est requise. Au cas contraire, son exercice est subordonné à la possession par le postulant de ces titres ou diplômes. Enfin, s'il s'agit d'un emploi s'obtenant uniquement par voie de concours, les anciens combattants bénéficient d'une majoration de points dans les conditions fixées par un décret du 26 septembre 1922.

B) — *Affectations*. — Le Chef de la colonie a seul qualité pour fixer l'effectif des cadres des services locaux et, s'il s'agit d'un cadre commun à l'Indochine entière, pour répartir cet effectif entre les pays et pour prescrire les mutations d'un pays à l'autre (1). En règle générale, ces mesures sont décidées : si l'ensemble du personnel intéressé est représenté auprès du Gouverneur Général par un chef de service ou d'organisme de centralisation, sur la proposition de ce haut fonctionnaire après avis des Chefs d'Administration locale intéressés ; au cas contraire, sur

---

(1) Une dérogation à cette règle a été admise en faveur du Directeur des Douanes qui, par délégation permanente du Gouverneur Général, répartit et mute le personnel de ce service entre les divers pays de l'Union.

la proposition concertée des Chefs d'Administration locale et du Secrétaire Général.

Une fois désignés pour servir dans un pays déterminé, les fonctionnaires des services locaux y sont, aux termes de l'instruction du Gouverneur Général du 15 avril 1924, à la disposition du Chef de l'Administration locale qui prononce leur affectation sur la proposition du chef local du service (s'il en existe un), sauf en ce qui concerne le personnel des Douanes, pour lequel un arrêté du même jour a posé des règles particulières d'affectation (1).

C) — *Avancement.* — Deux règles, tout d'abord, ont un caractère absolu : l'avancement ne peut être donné que par échelons successifs, à raison d'un seul échelon pour chaque promotion, et il est toujours prononcé par arrêté du Gouverneur Général. Une troisième règle, quoique comportant certaines

---

(1) Les dérogations au principe de l'affectation du personnel par les Chefs d'Administration locale qui ont fait l'objet de deux arrêtés du 25 avril 1924, relatifs au Service des Postes et aux Services agricoles, sont plus apparentes que réelles: c'est seulement en effet après approbation par le Gouverneur ou Résident Supérieur que les chefs locaux de ces services prononcent les affectations des agents à leur disposition, en sorte que le pouvoir de décision en la matière appartient en dernière analyse au Chef de l'Administration locale. Par contre, lorsqu'il s'agit de certains personnels exerçant des fonctions techniques qui non seulement relèvent directement et exclusivement d'un Chef de service du Gouvernement Général mais dont en outre l'exercice est localisé en certains points du territoire sans pouvoir faire l'objet d'une répartition territoriale d'ensemble, l'intervention du Chef d'Administration locale en matière d'affectation ne paraît plus avoir de raison d'être et il semble bien que les errements actuels, qui réservent ces affectations au chef supérieur du service intéressé, devront être maintenus: la question a en tout cas été réglée en ce sens, en ce qui concerne le personnel du Service Radiotélégraphique, par un arrêté du 25 avril 1924, et d'autre part aucune modification en sens contraire n'a été jusqu'ici apportée par voie réglementaire aux textes antérieurs selon lesquels le Directeur des Finances affecte le personnel de l'Enregistrement, l'Inspecteur général des Travaux publics celui de la circonscription spéciale des chemins de fer, le Directeur de l'Instruction publique celui des professeurs du Lycée Albert Sarraut et de l'enseignement supérieur, etc... Il en est de même, a fortiori, des personnels dont la spécialisation est telle qu'ils doivent nécessairement servir en des lieux étroitement déterminés et qui d'ailleurs, pas plus que les précédents, ne comportent de chefs locaux de service (École française d'Extrême-Orient, Observatoire central, etc). Enfin, en ce qui concerne les services coloniaux civils et bien que la règle générale dont nous parlons présentement ait été déclarée également applicable à leurs personnels à l'exception de celui du Service judiciaire, les errements antérieurs selon lesquels les inspecteurs des affaires politiques et administratives et les chefs de province sont affectés par le Gouverneur Général ont été expressément maintenus. En définitive, il semble bien que les instructions du 15 avril 1924 sur la question des affectations, bien que rédigées en termes formels, ne puissent recevoir dans la pratique, à considérer l'ensemble des services indochinois, qu'une application assez restreinte.

dérogations prévues par quelques statuts particuliers, est également générale : le temps de service minimum dans une classe pour obtenir un avancement est de deux années, dont un an de services effectifs dans la colonie ou en Extrême-Orient, sous cette réserve toutefois que le temps de service accompli dans certains postes insalubres ou dangereux déterminés par le Gouverneur Général est compté pour moitié en sus.

Quant aux différents modes d'avancement, ils sont au nombre de quatre.

Un premier mode, d'application peu courante et devant être spécialement prévu par le statut particulier du corps intéressé, concerne le cas exceptionnel où un agent, ayant rendu des services tout-à-fait méritoires ou possédant des titres professionnels spéciaux préalablement appréciés par une commission de techniciens, est promu d'autorité par une décision spéciale et motivée qui doit être publiée au Journal Officiel.

Un second mode, plus fréquent, en particulier en ce qui concerne le personnel des Mines et celui des Travaux publics, s'applique au cas où, un concours étant prévu pour l'accession à un grade déterminé, les candidats autorisés par le Gouverneur Général à s'y présenter et y ayant réussi s'assurent ainsi le droit d'être promus à ce grade, dans la limite du nombre de places réservées comme sanction dudit concours et selon leur rang de classement.

En troisième lieu, la plupart des statuts particuliers prévoient aussi, mais seulement dans les grades inférieurs ou pour un pourcentage généralement assez faible des vacances dans les grades moyens, l'avancement à l'ancienneté, qui constitue également un droit.

Enfin, le mode d'avancement normal des fonctionnaires des services locaux est l'avancement au choix. Sauf le cas exceptionnel où le personnel intéressé compte moins de dix unités, il suppose nécessairement, outre l'accomplissement des conditions générales d'ancienneté et de séjour dans la colonie et les conditions spéciales prévues par le statut particulier en cause, une inscription préalable sur un *tableau d'avancement* régulièrement établi à la fin de chaque année, mais pouvant exceptionnellement être complété en cours d'année, par une *commission de classement* dont la composition, à moins de dispositions contraires résultant d'un décret, est la suivante : président, le Gouverneur Général ou son délégué (en fait, délégation à cet effet est le plus souvent donnée au Secrétaire Général du Gouvernement Général) ; premier membre, le haut fonctionnaire qui en sa qualité de Directeur ou d'Inspecteur général représente l'ensemble du service intéressé auprès du Gouverneur Général, ou à défaut le Directeur des affaires politiques et de la sûreté générale s'il s'agit du personnel des polices et un administrateur des Services Civils désigné par le Gouverneur Général s'il s'agit des autres services ; second membre, un représentant du personnel intéressé appartenant au grade et à la classe les plus élevés pour lesquels des inscriptions sont prévues et qui est désigné par le Gouverneur Général (1). Le nombre des inscriptions à faire sur le tableau d'avancement ne doit pas dépasser une proportion fixée d'avance par arrêté du Gouverneur Général pour chaque grade à pourvoir. Les candidats y sont inscrits par ordre de préférence et les promotions ont lieu dans le même ordre. Il est valable seulement pour l'année qu'il concerne, mais les fonctionnaires qui y ont été inscrits et n'ont pu être promus au cours de cette année conservent en principe, pour l'année suivante, le bénéfice de leur inscription.

Toute inscription au tableau d'avancement, et plus généralement tout avancement, nécessite une proposition préalable faite en ce sens. Le principe à ce sujet, tel qu'il a été posé par l'instruction du Chef de la colonie du 15 avril 1924, est que l'initiative en la matière appartient au Gouverneur ou Résident Supérieur, qui modifie s'il y a lieu, arrête définitivement et transmet au Gouverneur Général la liste de propositions établie par le chef local du service s'il en existe un et, au cas contraire, établit et arrête lui-même cette liste (2) (3).

---

(1). Pour le personnel de l'Instruction publique et par application de l'article 3 du décret du 2 mai 1920, c'est le Directeur de ce service qui préside la commission de classement, dont les deux autres membres, désignés par le Gouverneur Général, sont un administrateur de 1re ou de 2e classe des Services Civils et un représentant du personnel choisi dans les conditions indiquées ci-dessus.

(2) A cette règle, déclarée applicable à tous les personnels locaux et aussi aux personnels coloniaux civils autres que celui du Service judiciaire, deux catégories de dérogations ont été prévues par arrêté du 15 avril 1924. D'une part, lorsqu'il s'agit des services fiscaux du Gouvernement Général (Douane, Postes, Enregistrement, etc...) et aussi du personnel de la Trésorerie générale, le Gouverneur ou Résident Supérieur ne peut modifier la liste de propositions, mais seulement y apposer ses observations, et c'est au Chef de service du Gouvernement Général qu'il appartient de l'arrêter et de la transmettre. D'autre part, pour les personnels dépendant directement de l'Inspection générale des Travaux publics, tels que les agents des chemins de fer, il

D) — *Discipline.* — Les peines disciplinaires applicables aux fonctionnaires des services locaux, mais dont aucune ne peut être infligée sans que l'intéressé ait été préalablement appelé à prendre connaissance de son dossier personnel et à formuler ses justifications écrites (loi du 22 avril 1905, art. 65), sont les suivantes : blâme avec inscription au dossier, déplacement disciplinaire, retard dans l'avancement d'une durée déterminée ou radiation du tableau d'avancement, rétrogradation de une ou deux classes, révocation.

Les deux premières peines sont prononcées, sans formalités spéciales, par le Chef de service compétent ou par le Gouverneur Général. Les autres sont prononcées par le Gouverneur Général sur le rapport du chef de service intéressé et sur la proposition d'un *conseil de discipline*, constitué par le Chef de la colonie, dont le président est un fonctionnaire désigné par lui, le rapporteur un fonctionnaire désigné par le chef du service intéressé ou le Chef de l'Administration locale et le troisième membre un représentant du personnel en cause plus gradé ou plus ancien que l'intéressé. L'autorité administrative est tenue de réunir ce conseil dans tous les cas autres que celui de cessation concertée ou simultanée du service et elle ne peut aggraver la peine proposée par lui. Par contre, dans les cas graves et urgents, elle peut suspendre un fonctionnaire jusqu'à décision du conseil de discipline, mais alors celui-ci doit être réuni dans le délai d'un mois, sauf cas de force majeure ou ouverture d'une information judiciaire.

---

est procédé de même, avec cette différence que la liste est alors établie par l'ingénieur en chef de la circonscription spéciale intéressée.

(3) Nous nous sommes demandés plus haut la raison pour laquelle il n'avait pas encore été élaboré un statut commun aux divers personnels indigènes. On peut également s'étonner de constater que, alors que le plus souvent les règlements spéciaux à chacun de ces corps prévoient l'avancement au choix et lui réservent même un pourcentage très-supérieur à celui accordé à l'ancienneté, il n'a cependant été organisé une commission de classement et un tableau d'avancement que pour un très-petit nombre d'entre eux (professeurs de l'enseignement complémentaire, médecins indochinois, médecins et pharmaciens auxiliaires de l'Assistance, vétérinaires auxiliaires).

# CHAPITRE VII

## SERVICES COLONIAUX

Ce sont : le Contrôle Financier, les Services militaires, les Services maritimes, les Services Civils, le Service judiciaire et le Service de la Trésorerie.

En ce qui concerne l'imputation budgétaire des dépenses inhérentes au fonctionnement de ces services, on peut poser les règles générales suivantes. Le budget de l'État supporte celles des Services militaires et des Services maritimes, mais cette imputation est pour partie théorique, car nous verrons plus loin qu'en réalité une importante proportion des dépenses de ces services reste en définitive à la charge de la colonie. Le Contrôle Financier est entretenu exclusivement par le budget général. Les Services Civils et le Service de la Trésorerie le sont au contraire par les budgets locaux, le budget général ne supportant que les dépenses de la Trésorerie générale proprement dite et celles concernant la solde des quelques agents de ces deux corps employés au Gouvernement Général ou dans les organismes administratifs relevant directement de lui. Quant au Service Judiciaire, les recettes et les dépenses concernant le fonctionnement des Cours d'appel, des Cours criminelles et des Conseils du contentieux administratif profitent ou incombent au budget général et celles intéressant les autres juridictions aux budgets locaux.

## ARTICLE PREMIER

### *CONTROLE FINANCIER*

Le Contrôle Financier, créé en 1894 et actuellement organisé par les décrets des 22 mars 1907, 27 mai 1911, 25 et 28 mai 1913, ne relève d'aucune des administrations existant en Indochine t il ne saurait relever d'aucune, car bien au contraire cet organisme a été institué précisément dans le but de contrôler l'exécution, tant par les ordonnateurs que par les comptables, des divers budgets ordonnancés et exécutés dans la colonie par es administrations françaises, à la seule exception des budgets rovinciaux de la Cochinchine, des budgets municipaux de Phnom-Penh, Tourane et Cho-lon et des budgets des villes érigées par le Gouverneur Général en communes par application de l'article 16 du quatrième des décrets du 20 octobre 1911 (et à l'exception, aussi, bien entendu, du budget du Gouvernement annamite et des budgets communaux des villages de la Cochinchine, du Cambodge et du Tonkin, puisque ce sont là des budgets purement indigènes).

Le Contrôle Financier exerce aussi les mêmes attributions de surveillance : d'une part, sur la gestion des crédits civils et ilitaires du budget colonial qui sont délégués chaque année ar le Ministre des Colonies au Gouverneur Général ou au irecteur de l'Intendance militaire, selon la nature de ces crédits ; d'autre part, sur les budgets spéciaux des Chambres e Commerce.

Il est dirigé par un haut fonctionnaire, *le Directeur du Contrôle Financier*, nommé par décret sur la proposition des inistres des Colonies et des Finances et pris parmi les con-eillers référendaires à la Cour des Comptes, les inspecteurs es Finances, les agents supérieurs de l'Administration centrale es Finances, ou encore parmi les inspecteurs des colonies. I comporte un siège central à Hanoi, où réside le Directeur u Contrôle, et quatre délégations dans les autres chefs-lieux des ays de l'Union, Kouang-Tchéou-Wan excepté.

La Direction du Contrôle Financier n'a pas de personnel ançais régulièrement organisé et les fonctionnaires qui lui rêtent leur concours sont soit des agents métropolitains dé-achés du Département des Colonies soit des agents détachés u provenant des services indochinois (en particulier, des Doua-es et Régies, de la Trésorerie générale et des Services Civils)(1).

(1) Ce personnel français présente une situation assez anormale. Il comprend en et, à côté d'agents détachés des services dont nous parlons et qui conservent le tut de leur corps d'origine, cinq fonctionnaires, portant tous le titre de chef de

Elle dispose au contraire d'un personnel indigène spécial, organisé par arrêté du 18 avril 1919 modifié le 19 juillet 1923 et qui se divise en un cadre supérieur (trois classes de commis principaux, cinq classes de commis et deux catégories de commis stagiaires) et un cadre secondaire (une classe de secrétaires principaux hors classe, quatre classes de secrétaires principaux, six classes de secrétaires et une classe de secrétaires stagiaires), les agents du premier cadre étant nommés et promus par le Gouverneur Général sur la proposition du Directeur du Contrôle et ceux du second par le Directeur du Contrôle. Les conditions de recrutement et de stage des secrétaires stagiaires et des commis de 5ᵉ et de 4ᵉ classe sont les mêmes que pour le personnel indigène des administrations provinciales (voir chapitre V – art. 1-§ 2).

Le Directeur du Contrôle adresse directement chaque mois (1) au Ministre des Colonies et au Ministre des Finances un rapport, dont il transmet copie au Gouverneur Général, sur la situation de chaque budget et le fonctionnement des services financiers de la colonie. Il n'est pas membre du Conseil de Gouvernement, mais il a le droit d'assister à ses réunions et, en ce cas, il siège en face du président de cette assemblée.

Tous projets d'arrêtés, de décisions ou de contrats émanant des différentes autorités civiles ou militaires de l'Indochine et intéressant directement ou indirectement les recettes ou les dépenses des budgets sur lesquels le Directeur du Contrôle exerce son action doivent lui être communiqués et être visés par lui (ou par ses délégués) avant leur signature (2). S'il refuse son

---

bureau et recevant des soldes variant de 11.000 à 18.000 f., qui proviennent de la Trésorerie générale ou des Services Civils mais n'ont plus aucune attache avec ces corps car des arrêtés individuels les ont désignés, sur leur demande, pour continuer leurs services, à titre définitif, au Contrôle Financier. Ces derniers fonctionnaires, dont le nombre n'est d'ailleurs pas limité, constituent donc un corps spécial au Contrôle, mais non organisé, aucun arrêté n'ayant été pris pour leur donner un statut. Rappelons d'ailleurs ce que nous avons dit au chap. III-art. 3-§ 2, concernant le projet, actuellement repris, de constitution régulière d'un personnel français qui doit être commun au Contrôle Financier et à la Direction des Finances.

(1) Trimestriel sous le régime du décret de 1907, ce rapport a été rendu mensuel par celui du 30 décembre 1912 (art. 359).

(2) Les projets de mandats et ordres de paiement budgétaires doivent donc être visés par le Contrôle. Toutefois, ceux émis par les sous-ordonnateurs et les délégataires de crédits ne sont pas assujettis à cette obligation, les engagements de dépenses étant en ce cas justifiés par les autorisations de délégations de crédit qui, elles, doivent être visées. Il en est de même des titres de paiement émis en vertu des actes constitutifs de provisions faites soit en France pour les dépenses effectuées hors de la colonie, soit dans la colonie pour les besoins des agences spéciales dont il sera question au dernier article du présent chapitre.

visa, ce qu'il n'a le droit de faire que pour des raisons d'ordre exclusivement financier et en motivant son refus, le Gouverneur Général peut passer outre, mais à charge d'en informer les Ministres des Colonies et des Finances et d'en aviser le Directeur du Contrôle. De même, les projets du budget général et de ses annexes et de leurs comptes administratifs, lorsqu'ils sont envoyés à l'approbation par décret, doivent être accompagnés de l'avis de ce haut fonctionnaire et les mêmes projets concernant les budgets et comptes des autres services financiers de la colonie soumis à son action doivent être visés par lui avant leur approbation par arrêté.

Le Directeur du Contrôle Financier est, d'autre part, *contrôleur des dépenses engagées*, c'est-à-dire qu'il suit l'ordonnancement des divers budgets assujettis à sa surveillance au moyen d'une comptabilité spéciale dont les règles sont fixées par les articles 361 à 377 du décret financier du 30 décembre 1912 et qu'il tient à l'aide de divers relevés et pièces devant lui être transmis périodiquement tant par l'ordonnateur que par le comptable supérieur du Trésor intéressé (1).

Enfin, en vertu d'un décret du 30 novembre 1901, ce haut fonctionnaire est aussi *censeur administratif* des succursales de la Banque de l'Indochine dans la colonie.

## ARTICLE II

### *SERVICES MILITAIRES*

Les troupes stationnées en Indochine et les services militaires

---

(1) L'article 360 du décret susvisé portait que les fonctions de contrôleur des dépenses engagées « pourraient » être confiées « par décret » aux Directeurs du Contrôle déjà institués dans certaines colonies. En ce qui concerne l'Indochine, ce décret spécial n'a jamais été pris. Il aurait sans doute été préférable qu'il le fût en raison du caractère dubitatif de la rédaction de l'article précité. Quoi qu'il en soit, le Directeur du Contrôle Financier n'en exerce pas moins légalement les fonctions de contrôleur des dépenses engagées puisque ces fonctions lui avaient déjà été expressément attribuées par le décret du 22 mars 1907 et que la non-confirmation après 1912 de cet acte ne saurait évidemment être considérée comme valant infirmation.

fonctionnant dans cette colonie font partie de *l'armée coloniale*, laquelle a été créée, distinctement de l'armée métropolitaine bien que rattachée comme elle au Ministère de la Guerre, par une loi du 7 juillet 1900. Elle comprend l'ensemble des forces organisées spécialement en vue de la défense des colonies et pays de protectorat. Ces forces peuvent être stationnées : soit en France, Algérie, Tunisie et Maroc, auquel cas leurs dépenses sont payées par le Ministère de la Guerre (1) ; soit dans les colonies et protectorats autres que l'Algérie, la Tunisie et le Maroc, auquel cas leurs dépenses sont à la charge du Ministère des Colonies.

Les troupes de l'armée coloniale ressortissant au budget colonial ont été réparties par un décret du 26 mai 1903 en cinq *groupes*. L'Indochine constitue le premier groupe, les quatre autres étant ceux de l'Afrique Occidentale, de l'Afrique Orientale, des Antilles et du Pacifique. Chacun de ces groupes est commandé par un officier général ou supérieur, qui prend le titre de *Commandant Supérieur des troupes du Groupe* et qui réside dans la colonie principale de ce groupe. Dans les trois premiers groupes, il est nommé par décret sur la proposition des Ministres de la Guerre et des Colonies ; dans les deux autres, par décision ministérielle concertée entre ces deux ministres.

Les relations des Commandants supérieurs des troupes dans les groupes des colonies avec les Gouverneurs Généraux et les Gouverneurs de ces colonies ont été réglées par les décrets des 9 novembre 1901 et 26 mai 1903. Le principe qui a dicté ce règlement a été d'éviter tout conflit entre l'autorité civile et l'autorité militaire : d'une part, le Gouverneur Général ou Gouverneur, seul responsable vis-à-vis de la métropole de la défense intérieure et extérieure de la colonie, dispose de toutes les forces qui y sont stationnées, a par suite sous sa haute autorité le Commandant Supérieur des troupes, a seul qualité pour autoriser les opérations militaires et pour en fixer le caractère et le but (sauf toutefois le cas où il s'agirait de repousser d'urgence une agression), a également seul qualité pour décider des créations ou suppressions de postes militaires ainsi que des affectations des militaires devant remplir des fonctions d'ordre civil, enfin est intermédiaire obligatoire des correspondances adressées au Ministre de

---

(1) A ces quatre pays, il faut, depuis la guerre, ajouter la Syrie.

la Guerre ou à celui des Colonies par le Commandant Supérieur des troupes ; par contre, d'autre part, ce dernier a seul qualité pour commander toutes les forces, services et établissements militaires de la colonie, pour assumer la conduite et l'exécution des opérations militaires, pour répartir dans les différentes unités et services les officiers et assimilés mis à sa disposition sans affectation spéciale par le Ministre de la Guerre.

Le Commandant Supérieur des troupes du groupe de l'Indochine, qui a rang de général commandant de corps d'armée, est un général de division, grade qui était le plus élevé existant dans l'armée française avant que celui de maréchal ait été pourvu à nouveau au cours de la dernière guerre (1). Il réside à Hanoi. Il est assisté par un *état-major* dont le chef est un colonel, le sous-chef un lieutenant-colonel et qui comprend quatre bureaux dirigés généralement chacun par un capitaine.

Nous examinerons successivement la répartition des troupes proprement dites ; puis les divers services militaires, généralement non combattants, représentés en Indochine ; enfin les règles qui président dans la colonie, d'une part au recrutement tant français qu'indigène, d'autre part aux réquisitions de la force armée.

Avant de commencer cette étude, il est intéressant de noter que les dépenses militaires effectuées en Indochine, tout en étant mandatées sur le budget colonial, restent en réalité dans une proportion notable à la charge de la colonie, car le budget général les rembourse partiellement à la métropole sous forme d'une contribution globale dont le montant est obligatoirement fixé chaque année par la loi de finances. Pour 1924, ce montant est de 20 millions de francs, soit une augmentation de près de 54°/₀ par rapport à 1922, et il représente plus du quart du total des dépenses militaires inscrites au budget de l'État. Encore ce chiffre considérable ne comprend-il : ni une dépense de 2.080.000 fr. relative à l'abondement à 3 fr. des pensions des militaires indigènes, dépense à laquelle l'Indochine doit faire face depuis cinq ans aux lieu et place de la métropole à laquelle elle incombe réglementairement ; ni une contribution

---

(1) Le maréchalat, qui est plutôt une dignité qu'un grade et dont la création est très ancienne, n'avait aucun titulaire depuis la disparition des maréchaux du second Empire, sans que d'ailleurs il eût jamais été officiellement supprimé.

complémentaire de 375.000 frs imposée à la colonie au titre de l'aéronautique militaire coloniale ; ni diverses dépenses d'ordre militaire, notamment l'abondement des soldes militaires et les dépenses de la gendarmerie, dont les divers budgets indochinois ont accepté ou se sont vu imposer la charge et qui sont mandatées directement sur leurs crédits.

### § 1. — TROUPES PROPREMENT DITES

Des trois armes principales que comprend l'armée métropolitaine, infanterie, artillerie et cavalerie, les deux premières seules existent en Indochine où la cavalerie n'est représentée que par un dépôt de remonte stationné à Hanoi et commandé par un lieutenant ou un capitaine.

Les divers grades ou emplois(1) dans les troupes du groupe de l'Indochine sont les mêmes que dans l'armée métropolitaine et se répartissent selon les mêmes catégories : les *hommes de troupe* qui sont les soldats de 2<sup>ème</sup> et de 1<sup>ère</sup> classe et les caporaux (brigadiers dans les troupes à cheval) ; les *sous-officiers*, qui sont les sergents, les sergents-majors et les adjudants (maréchaux-des-logis, maréchaux-des-logis-chefs et adjudants dans les troupes à cheval) ; les *adjudants-chefs*, qui occupent un grade intermédiaire entre celui de sous-lieutenant et l'emploi d'adjudant ; les *officiers subalternes*, qui sont les sous-lieutenants, lieutenants et capitaines ; les *officiers supérieurs*, qui sont les chefs de bataillon (chefs d'escadrons dans les troupes à cheval), lieutenants-colonels et colonels ; les *officiers généraux*, qui sont les généraux de brigade et généraux de division. Nous ne citerons que pour mémoire, car il est réservé aux élèves des écoles militaires métropolitaines et par suite n'intéresse guère l'Indochine, le grade d'*aspirant*, placé sur l'échelle hiérarchique entre l'emploi de sergent-major et celui d'adjudant.

Les officiers de tous grades sont nommés et promus par décret, les adjudants-chefs nommés par le Ministre de la Guerre, les sous-officiers nommés et promus par les chefs de corps.

Nous ne pouvons énumérer ici les nombreuses lois et les multiples décrets qui intéressent les troupes stationnées en Indochine.

---

(1) Juridiquement, la dénomination de « grade » ne s'applique qu'aux officiers.

soit qu'il s'agisse de textes organiques de l'armée française
et s'appliquant de plein droit partout où elle est représentée
(voir chap. I art. 2 in fine) soit qu'il s'agisse d'actes spéciaux aux
troupes coloniales. Nous citerons donc seulement les plus importantes ou les plus récentes de ces lois, qui sont celles des
19 mai 1834, 24 juillet 1873, 30 mars 1912, 7 août 1913,
15 avril 1914, 24 avril 1916.

Il importe par contre de mentionner ici un privilège
spécial dont jouissent les officiers du cadre actif, quelle que
soit la position d'activité, de disponibilité, de non-activité,
de réforme ou de retraite dans laquelle ils peuvent se trouver placés, et qui d'ailleurs s'étend aussi aux officiers du
cadre de réserve. Ce privilège consiste en ce que ces officiers
sont en possession d'état, c'est-à-dire qu'ils ont la propriété
de leur grade, laquelle ne peut leur être enlevée que pour
certaines causes limitativement énumérées par la loi.

A) — *Organisation militaire locale au point de vue
du commandement militaire proprement dit.* — Les unités
de commandement militaire sont également les mêmes ·en
Indochine qu'en France, c'est-à-dire, par ordre d'importance
croissante ; l'*escouade*, commandée par un caporal ou un
brigadier ; la *section* (infanterie) ou le *peloton* (troupes à cheval),
commandé par un sergent ou un maréchal-des-logis ; la
*compagnie* (infanterie), la *batterie* (artillerie) ou l'*escadron*
(cavalerie), commandé par un capitaine ; le *bataillon* (infanterie)
ou le *groupe* (troupes à cheval) commandé par un chef de
bataillon ou un chef d'escadrons ; le *régiment*, commandé par
un colonel ; la *brigade*, commandée par un général de brigade ;
la *division*, commandée par un général de division. Les généraux
ayant ce dernier grade peuvent également, en France, commander un corps d'armée (situation analogue à celle qu'occupe
ici le Général Commandant Supérieur), une armée ou un
groupe d'armées.

Il existe en Indochine trois brigades d'infanterie, dont
chacune est commandée par un général de brigade et un corps
d'artillerie également commandé par un général de brigade.
Les deux brigades d'infanterie stationnées dans le nord de
l'Indochine constituent la *division de l'Annam-Tonkin*, laquelle
est commandée par un général de division. Chacun de ces

généraux est secondé par un état-major comprenant deux ou trois officiers.

La 1ʳᵉ brigade d'infanterie, dont le siège est à Hanoi, comprend trois régiments : le 9ᵉ d'infanterie coloniale (état-major à Hanoi), le 1ᵉʳ et le 4ᵉ tirailleurs tonkinois, (états-majors respectivement à Hanoi et à Nam-Dinh). — Le 9ᵉ Colonial se subdivise en trois bataillons ; le premier ayant son état-major à Hanoi et comprenant trois compagnies de fusiliers à Hanoi, Haiphong et Moncay et une compagnie de mitrailleuses à Hanoi ; le 2ᵉ ayant son état-major à Hanoi et comprenant trois compagnies de fusiliers dont deux à Hanoi et une à Viétri et une compagnie de mitrailleuses à Tong (près de Son-tây) ; le 3ᵉ ayant son état-major à Hué et comprenant trois compagnies de fusiliers dont deux à Hué et une à Fort-Bayard et une compagnie de mitrailleuses à Hué. Au 9ᵉ Colonial est également rattachée une section de chars de combat stationnée à Hanoi. — Le 1ᵉʳ Tonkinois se subdivise en quatre bataillons ; le 1ᵉʳ ayant sont état-major à Hanoi et comprenant trois compagnies à Hanoi et une à Tong ; le 2ᵉ ayant son état-major à Lao-kay et comprenant six compagnies à Chapa, Coc-Lêu, Ba-Xat, Pa-Kha, Phong-Tho et Muong-Khuong ; le 3ᵉ ayant son état-major à Lai-chau et comprenant une compagnie à Lai-chau et une à Diên-biên-phu ; le 4ᵉ ayant son état-major à Phong-Saly et deux compagnies à Boun-tai et Boun-neua (Laos). — Le 4ᵉ Tonkinois, se subdivise en trois bataillons : le 1ᵉʳ ayant son état-major à Nam-dinh et comprenant deux compagnies à Nam-dinh et une à Tong ; le 2ᵉ ayant son état-major à Tuyên-Quang et comprenant trois compagnies dont deux à Tuyên-Quang et une à Yên-Bay ; le 3ᵉ ayant son état-major à Ha-giang et comprenant six compagnies dont deux à Ha-giang, une à Bao-Lac, une à Hoàng-su-phi, une à Bac-Quang et une à Dong-van.

La 2ᵉ brigade d'infanterie, dont le siège est à Bac-ninh, comprend deux régiments, le 2ᵉ Tonkinois, avec état-major à Haiphong, et le 3ᵉ Tonkinois, avec état-major à Bac-ninh, plus deux bataillons formant corps, le 4ᵉ bataillon du 1ᵉʳ Étranger, avec état-major à Dap-Cau, et le 4ᵉ bataillon du 2ᵉ Étranger, avec état-major à Lang-son — Le 2ᵉ Tonkinois se subdivise en trois bataillons : le 1ᵉʳ ayant son état-major à Sept-Pagodes et comprenant deux compagnies à Sept-Pagodes et une à Dông triều ; le 2e ayant son état-major à Moncay et comprenant cinq compagnies à Moncay, Ha-coi, Dinh-lâp, Binh-liêu et Tiên-yên(1); le 3e ayant son état-major à Haiphong et comprenant quatre compagnies à Kiên-an, Haiphong, Hongay et Tourane. — Le 3e Tonkinois se subdivise aussi en trois bataillons : le 1er ayant son état-major à Bac-ninh et comprenant cinq compagnies dont deux à Bac-ninh, une à Phu-lang-Thuong, une à Sept-Pagodes et une à Chochu; le 2e ayant son état-major à Lang-son et comprenant quatre compagnies à Lang-son, Dong-dang, Lôc-binh et Thât-khê ; le 3e ayant son état-major à Cao-bang et comprenant quatre compagnies à Cao-bang, Nguyên-binh, Quang-uyên et Trung-khanh phu — Le 4e bataillon du 1er Étranger comprend trois compagnies de fusiliers à Dap-cau, Lao-kay et Thai-nguyên et une compagnie de mitrailleuses à Dap-câu — Le 4e bataillon du 2e Étranger comprend trois compagnies de fusiliers à Lang-son, Na-cham et Cao-bang et une compagnie de mitrailleuses à Lang-son.

La 3e brigade d'infanterie, dont le siège est à Saigon, comprend le 11e régiment d'infanterie coloniale, et le 1er régiment de tirailleurs annamites — Le 11e Colonial se subdivise en deux bataillons : le 1er ayant son état-major à Saigon et comprenant trois compagnies de fusiliers dont deux à Saigon et une à Phnom-Penh et une compagnie de mitrailleuses à Saigon ; le 2e ayant son état-major au Cap Saint-Jacques et comprenant trois compagnies de fusiliers dont deux au Cap Saint-Jacques et une à Poulo-Condore et une compagnie de mitrailleuses au Cap Saint-Jacques. Au 11e Colonial est également rattachée une section de chars de combat stationnée à Saigon — Le 1er régiment de tirailleurs annamites se subdivise en trois bataillons respectivement stationnés à raison de deux en Cochinchine et un au Cambodge ; le 1er ayant son état-major à Saigon et comprenant deux compagnies à Saigon, une à Cholon, une à Mytho et une à Soctrang ; le 2e ayant son état-major à Thudaumot et comprenant deux compagnies à Thudaumot, une au Cap Saint-Jacques et une à Bien-Hoa ; le 3e ayant son état-major à Phnom-Pénh et comprenant trois compagnies à Phnom-Penh, Battambang et Châu-Dôc, constituées toutes trois par des militaires cambodgiens.

---

(1) Trois de ces compagnies sont formées de Nung et de Chinois (Voir ci-après §5 - B - VII).

Un point important à noter est que le général commandant la 3e brigade est aussi, en vertu d'un décret du 3 novembre 1905, *commandant de la défense du point d'appui de la flotte Saigon-Cap-Saint-Jacques*. Ces fonctions, exercées sous la haute autorité du Général Commandant Supérieur, consistent en ce que le général commandant la 3e brigade doit, dès le temps de paix, préparer, d'accord avec le Commandant de la Marine, la défense du point d'appui, défense dont la direction et la responsabilité lui incomberont exclusivement en temps de guerre. Il est assisté en cette qualité d'un lieutenant de vaisseau désigné par le Ministre de la Marine qui prend le titre d'*adjoint désigné au Commandant de la défense du point d'appui* et qui est chef du service maritime du Cap-Saint-Jacques. Cet officier de marine reste en temps de paix sous les ordres du Commandant de la Marine en Indochine ; mais, dès la mobilisation, il passe sous ceux du commandant de la défense et exerce alors le commandement du point d'appui.

Le corps d'artillerie, dont le siège est à Hanoi, comprend des troupes au Tonkin et en Cochinchine — Au Tonkin est stationné le 4e régiment d'artillerie ayant son état-major à Hanoi et se subdivisant en deux groupes ; le 1er à Hanoi avec deux batteries montées de 75, une batterie de 75 porté, une batterie de 58 de tranchée et une section d'autos-mitrailleuses, toutes à Hanoi ; le 2e à Dap-Cau avec trois batteries de 65 de montagne à Haiphong, Lang-Son et Dap-Cau — En Cochinchine est stationné le 5e régiment d'artillerie ayant son état-major à Saigon et se subdivisant en deux groupes ayant tous deux leur état-major à Saigon et comprenant : le 1er, deux batteries montées de 75 (dont une à créer incessamment) et une batterie de 75 porté, toutes à Saigon ; le 2e, deux batteries de 65 de montagne à Saigon, une batterie de 58 de tranchée à Saigon et une batterie à pied au Cap-Saint-Jacques.

Chacun des régiments que nous venons d'examiner possède un *conseil d'administration*, composé des principaux officiers et présidé par le chef de corps, qui assiste ce dernier dans les détails de l'administration de l'unité.

Ajoutons que des troupes n'appartenant pas à l'armée coloniale peuvent être envoyée en stationnement en Indochine pour renforcer les effectifs de cette colonie. C'est ainsi que, pendant la guerre, un bataillon formant corps du 3e régiment de zouaves, troupe métropolitaine, avait été envoyé dans la colonie, avec état-major à Viétri et quatre compagnies à Viétri, Tuyên-Quang, Ha-Giang et Cao-Bang. De même, nous venons de voir que la 2e brigade d'infanterie comprend actuellement deux bataillons de Légion étrangère, troupe également métropolitaine.

B) — *Organisation militaire locale au point de vue de commandement territorial*. — Le commandement territorial, réorganisé par un ordre général (ordre du Général Commandant Supérieur) du 30 août 1923 et distinct du commandement militaire proprement dit, a pour objet : d'une part, de contrôler en ce qui concerne les villes de garnison, dénommées *places* dans le langage militaire, la mise à exécution du décret du 7 octobre 1909 portant règlement sur le service des places, service dirigé dans chacune de ces villes par l'officier de la garnison le plus élevé en grade, lequel prend à ce point de vue le titre de *commandant d'armes* et est seul chargé de toutes les relations avec les autorités civiles résidant dans la circonscription de sa place ; d'autre part, d'assurer les mesures d'ordre public, concertées le cas échéant avec l'autorité civile, et en particulier l'exécution des réquisitions de la force armée dont nous parlerons au paragraphe 4 du présent article ; enfin, de contrôler le fonctionnement du service de recrutement et des réserves européennes et indigènes dont il sera question au paragraphe 3 ci-après.

À ces effets, l'Indochine est divisée en quatre *subdivisions principales* ayant leurs sièges à Hanoi, Bac-Ninh, Huê et Saïgon, respectivement commandées par les généraux commandant les 1ère, 2e et 3e brigades et par l'officier supérieur commandant le détachement d'Annam et se divisant elles-mêmes, sauf celle de Huê, en *subdivisions secondaires*.

Ces dernières sont : 1º) pour la subdivision principale de Hanoi, celles de Hanoi, Nam-Dinh, Lao-Kay, Ha-Giang, Lai-Chau et Phong-Saly, les trois premières englobant une partie des circonscriptions civiles du Tonkin ainsi que les trois provinces du Nord-Annam et les six provinces septentrionales du Laos et les trois dernières se confondant avec les territoires militaires ayant le même chef-lieu : 2º) pour la subdivision principale de Bac-Ninh, celles de Bac-Ninh, Lang-Son, Haiphong, Cao-Bang et Moncay, les trois premières se répartissent entre elles les àutres circonscriptions civiles du Tonkin et les deux dernières n'étant autres que le 2e et le 1er territoires militaires; 3o) pour la subdivision principale de Saigon, celle de Saigon, dont le ressort s'étend sur le territoire de la Cochinchine et sur les provinces du Sud-Annam, et celle de Phnom-Penh, comprenant le territoire du Cambodge. Ces diverses subdivisions secondaires sont commandées par le commandant du territoire si elles constituent un territoire militaire et, au cas contraire, par l'officier supérieur commandant le régiment (ou, à Phnom-Penh, le bataillon) de tirailleurs stationné dans la subdivision. Il est à noter toutefois que les places de Hanoi, Bac-Ninh et Saigon ne dépendent pas de la subdivision secondaire du même nom, mais directement de la subdivision principale.

Quant à la subdivision principale de Hué, elle comprend la ville de Tourane, les cinq provinces du Centre-Annam et les quatre provinces du Bas-Laos.

Enfin, le territoire de Kouang-Tchéou-Wan relève directement du général commandant la division de l'Annam-Tonkin.

Les officiers généraux et l'officier supérieur commandant les subdivisions principales, et aussi les commandants de territoire militaire (ordre général no 17 de 1912), disposent pour les mesures d'ordre public de toutes les troupes stationnées dans les limites de leur subdivision, qu'elles soient ou non placées sous leur commandement normal.

Ajoutons que les commandants d'armes dont nous avons parlé ci-dessus sont assistés, lorsqu'ils ont un grade supérieur à celui de chef de bataillon, par un officier supérieur désigné par eux-mêmes qui prend le titre de *major de la garnison*, et éventuellement, dans les places importantes, par d'autres officiers dits *adjudants de garnison*.

### § 2. — SERVICES MILITAIRES PROPREMENT DITS

A) — *Directions d'Artillerie*. — Ce service, qui est placé sous la haute autorité du général de brigade commandant l'artillerie en Indochine, est assuré par deux Directions d'Artillerie dirigées chacune par un colonel d'artillerie assisté d'un officier adjoint, l'une pour l'Annam-Tonkin avec siège à Hanoi, l'autre pour la Cochinchine-Cambodge avec siège à Saigon. La première

comprend deux sous-directions à Hanoi et Haiphong ; la deuxième ne comprend qu'une sous-direction à Saigon avec une
annexe au Cap Saint-Jacques. Ces sous-directions sont dirigées
par un lieutenant-colonel ou un chef d'escadron d'artillerie.

A chacune des Directions d'Artillerie sont rattachées une compagnie indigène du génie, une compagnie mixte d'ouvriers d'artillerie et une section de transports automobiles.

Le personnel des Directions d'Artillerie se compose de quelques officiers supérieurs ou subalternes d'artillerie, mais surtout
d'officiers d'administration appartenant à un cadre spécial qui
comprend des officiers d'administration d'artillerie de 1re, 2e et
3e classe et principaux respectivement assimilés aux sous-lieutenants, lieutenants, capitaines et chef de bataillon des corps de
troupes. Ces officiers d'administration, régis par un décret du 7
décembre 1900 et jouissant de la possession d'État, sont répartis
entre les cinq spécialités suivantes : comptables, artificiers, ouvriers d'État, conducteurs de travaux et contrôleurs d'armes,
ce dernier emploi ayant été organisé par la loi du 30 juillet 1911
créant un corps de l'armurerie des troupes coloniales.

Les attributions des Directions d'artillerie sont assez diverses.
Ce sont elles qui s'occupent de l'armement de tous les corps de
troupes et qui à ce titre inspectent périodiquement les armes,
font effectuer à ces armes les réparations nécessaires, dirigent
le pyrotechnie militaire, conservent en magasin les approvisionnements d'armes et munitions, etc... Ce sont aussi les Directions
d'Artillerie qui constituent le service des Travaux publics de
l'armée, en ce sens qu'elles sont chargées de la construction et
des réparations de tous les bâtiments militaires. Enfin, chaque
sous-directeur d'Artillerie représente dans sa circonscription
le domaine privé militaire de l'État et établit à ce titre, sous
réserve de l'agrément ultérieur du Directeur de l'Intendance, du
Général Commandant Supérieur et du Gouverneur Général et
sous réserve aussi d'une approbation subséquente par décret, les
conventions de prêt, échange, cession, etc... intéressant d'une part
ce domaine et d'autre part l'un des domaines de la colonie (1).

---

(1) L'examen des règlements militaires concernant cette question laisse une
impression quelque peu confuse. L'instruction ministérielle du 16 octobre 1903 sur
les attributions des Directions d'Artillerie (art. 10, complété le 20 janvier 1908)
dispose que les conventions domaniales doivent en Indochine être préparées par
le sous-directeur d'Artillerie intéressé, visées par le Directeur d'Artillerie et transmises

Les Directeurs d'Artillerie peuvent recevoir du Directeur de l'Intendance des sous-délégations de crédit et sont ainsi constitués sous-ordonnateurs du budget colonial.

B) — *Intendance des troupes coloniales*. — L'Intendance des troupes coloniales, qui depuis la loi du 14 avril 1906 et le décret du 21 juin suivant a remplacé l'ancien Commissariat des troupes coloniales, constitue le service administratif et comptable de ces troupes, c'est-à-dire le service qui s'occupe, soit directement soit par le contrôle qu'il exerce sur les opérations d'administration et de comptabilité faites par les chefs des corps de troupes et autres formations militaires, de tout ce qui concerne : la solde et accessoires de solde militaires, les pensions, les gratifications et secours ; le couchage, l'ameublement, l'éclairage, les vivres et les fourrages nécessaires aux troupes tant en temps de paix qu'à la mobilisation ; le transport de ces matériels, de ces vivres et de ces fourrages ; la passation de tous les marchés et contrats relatifs aux objets précédents ; les opérations de comptabilité tant en deniers qu'en matières et celles de trésorerie; la représentation des intérêts de l'Etat devant les tribunaux; l'administration, dans des conditions fixées par des instructions ministérielles du 1er mai 1906, des successions et biens vacants des militaires, fonctionnaires militaires et agents civils relevant du Département de la Guerre, personnes à l'égard desquelles

---

par ce dernier au Directeur de l'Intendance, lequel à son tour les soumet à la signature du Gouverneur Général par l'intermédiaire du Général Commandant Supérieur. Le Directeur de l'Intendance n'interviendrait donc pas comme partie contractante. Cependant une autre instruction ministérielle du 1er août 1911 sur le service de l'Intendance, postérieure aux précédentes mais ne les rapportant pas, déclare par son article 17 que lesdites conventions, préparées par les Directions d'Artillerie, sont *passées* par le Directeur de l'Intendance. Enfin, si l'on se reporte à la procédure effectivement suivie (voir, par exemple, décret du 20 avril 1924 J. O. p. 1170), on constate : d'une part, que ces actes sont en fait passés entre le représentant du domaine colonial ou local intéressé et le Directeur de l'Artillerie, ce dernier déclarant expressément stipuler pour le compte de l'État et étant qualifié par le décret d'approbation de «représentant du domaine privé de l'État»; d'autre part, que les signatures apposées ensuite par le Directeur de l'Intendance et par le Général Commandant Supérieur ne sont accompagnées d'aucune mention spéciale et que celle du Gouverneur Général est donnée pour approbation.

A notre avis, la formule exacte serait la suivante: en ce qui concerne son administration et sa conservation, le domaine militaire de l'État en Indochine est représenté, sous le contrôle des Directeurs d'Artillerie chacun en ce qui le concerne, par les sous-directeurs de ce service, qui assurent sa gestion et tiennent la matricule de ses immeubles; en ce qui concerne les questions d'ordre budgétaire ou contentieux que l'administration dudit domaine peut faire apparaître, il est représenté par le Directeur de l'Intendance.

'Intendance joue le même rôle que la curatelle à l'égard des
ivils (ce rôle sera exposé au chapitre suivant). Ces nombreuses
t importantes attributions sont d'ailleurs exercées par l'Inten-
ance aussi bien en ce qui concerne les troupes proprement
ites qu'en ce qui concerne les services militaires.

L'Intendance des troupes du groupe de l'Indochine est dirigée
ar un haut fonctionnaire militaire ayant rang de général de
ivision qui prend le titre de *Directeur de l'Intendance*, a sa rési-
ence à Hanoi et est assisté par un sous-intendant qui lui est
djoint et par quatre bureaux dirigés par des officiers d'admi-
istration. Il est par lui-même ordonnateur secondaire du budget
olonial en ce qui concerne les recettes et les dépenses militaires
t aussi les dépenses de l'Inspection des Colonies effectuées en
ndochine. Il est aussi, en vertu d'une délégation du Gouverneur
énéral donnée par arrêté du 24 novembre 1923, ordonnateur
econdaire des crédits délégués au Chef de la colonie sur le
udget du Sous-Secrétariat d'Etat de l'Aéronautique (Ministère
es Travaux Publics).

Le personnel se compose: d'une part, de fonctionnaires mili-
aires qui sont des adjoints à l'Intendance, des sous-intendants
e trois classes, des intendants et des intendants généraux (1) ;
d'autre part, d'officiers d'administration de l'Intendance de trois
lasses et principaux, régis par le décret du 21 juin 1906 susvisé ;
enfin, des unités subsistant encore de l'ancien cadre civil des
ous-agents comptables, agents comptables et magasiniers de
'ancien Commissariat des troupes coloniales, cadre qui doit
isparaître par voie d'extinction. Le personnel militaire de l'In-
endance jouit de l'état d'officier et est assimilé comme suit au
ersonnel de l'armée combattante : en ce qui concerne les fonc-
ionnaires militaires, depuis le grade de capitaine (adjoint à
'Intendance) jusqu'à celui de général de division (intendant
général) ; en ce qui concerne les officiers d'administration, dans
es mêmes conditions que les officiers d'administration d'artillerie.

En Annam – Tonkin, le Service de l'Intendance est dirigé
ar le Directeur de l'Intendance en personne et les affaires

---

(1) Ces deux derniers grades, qui confèrent à leurs titulaires l'assimilation
l'officier général, ne peuvent être représentés en même temps en Indochine que par
ne seule unité, car il n'existe dans la colonie qu'un emploi, celui de Directeur de
Intendance des troupes du groupe, qui puisse être attribué à ces hauts fonctionnaires
ilitaires. Il était occupé il y a quelques années par un intendant (général de brigade),
ais l'a été depuis par un intendant général.

qui ressortissent audit service sont réparties entre cinq sous-*intendances,* dont quatre à Hanoi et une à Haiphong. De la 2ᵐᵉ sous-intendance à Hanoi relève la portion centrale du détachement mixte d'Annam-Tonkin de la section de commis et ouvriers militaires d'administration. A la 3ᵐᵉ sous-intendance à Hanoi sont rattachés un magasin central de l'habillement et un magasin régional des vivres à Hanoi, des magasins régionaux à Dap-Cau et à Tuyên-Quang et des magasins annexes à Lang-Son, Cao-Bang, Ha-Giang et Lai-Châu. Enfin, la sous-intendance de Haiphong a sous sa direction, d'une part une portion détachée du détachement mixte de commis et ouvriers militaires mentionné ci-dessus, d'autre part un magasin central des vivres à Haiphong et des magasins annexes à Moncay et à Tourane.

En Cochinchine – Cambodge, les services de l'Intendance ont à leur tête, sous la haute autorité du Directeur de l'Intendance des troupes du groupe, un directeur local spécial et les affaires intéressant cette partie de l'Union sont réparties entre trois sous-intendances qui siègent toutes à Saigon et dont la 3ᵐᵉ a sous sa direction un magasin central d'habillement et un magasin central des vivres à Saigon et des magasins annexes au Cap Saint-Jacques et à Luang-prabang. Un détachement mixte de commis et ouvriers militaires d'administration relève du directeur de l'Intendance à Saigon.

Enfin, dans certains centres militaires importants de l'intérieur de l'Indochine, un officier de la garnison, généralement le commandant d'armes, est désigné pour remplir les fonctions de *suppléant légal de l'Intendance* et représente alors ce service dans un ressort déterminé.

Les sous-intendants chargés des sous-intendances sont, chacun en ce qui le concerne et par délégation de l'Intendant général, sous-ordonnateurs du budget colonial.

C) — *Service de Santé des troupes coloniales.* — Le Service militaire de Santé aux colonies, organisé par un décret du 4 novembre 1903, a pour mission de donner aux militaires de tous grades, et aussi dans certains cas aux civils et à leurs familles, les soins médicaux et pharmaceutiques que nécessite leur état de santé. En conséquence, ce service, qui fonctionne en conformité d'un règlement du 2 août 1912, comprend : d'une part,

es services médicaux militaires proprement dits, c'est-à-dire
e service médical des corps des troupes et celui des forma-
'ons sanitaires permanentes ou temporaires exclusivement
ffectées aux troupes, telles que les *infirmeries de garnison* et
es *infirmeries régimentaires*; d'autre part, le service des
*établissements hospitaliers du service général*, où peuvent être
ndistinctement traités les militaires et les civils. Il peut
également comprendre le service de la police sanitaire, des
épidémies, de l'hygiène et de la santé publique et le service
es personnels ou établissements médicaux locaux.

En Indochine, le Service de Santé des troupes du groupe
e comprend plus, depuis l'organisation des Services sanitaires
t médicaux locaux par décret du 27 juin 1914, que les deux
premières des attributions ci-dessus énumérées, c'est-à-dire
e service des corps de troupes et celui des établissements
ospitaliers du service général. Toutefois, le haut médecin
militaire qui le dirige, avec le rang d'officier général et le titre
e *Directeur du Service de santé des troupes du groupe de
l'Indochine*, exerce également les fonctions civiles, dont nous
vons parlé au chapitre III, d'*Inspecteur Général des Services
sanitaires et médicaux de l'Indochine* (1).

Le Directeur du Service de Santé est assisté d'un médecin-
major adjoint et d'un officier d'administration. Il est également
assisté, sous sa présidence, d'un *Conseil de Santé* composé de
médecins et pharmaciens militaires et qui, entre autres attributions, doit obligatoirement donner son avis sur les demandes de
congé de convalescence formulées par les fonctionnaires civils. Il
eut recevoir du Directeur de l'Intendance des sous-délégations de
rédits et est ainsi constitué sous-ordonnateur du budget colonial.

Comme le Directeur du Service de Santé a sa résidence fixe
Hanoi, il dirige lui-même le service en ce qui concerne

---

(1) De même que l'ancien Commissariat colonial aujourd'hui remplacé par
l'Intendance des troupes coloniales, l'ancien Service de Santé des Colonies (médecins
t pharmaciens) et l'ancien Service hospitalier (infirmiers) étaient, et sont restés
qu'à la création de l'armée coloniale, à laquelle ils ont été incorporés, des corps
militaires coloniaux relevant du Département des Colonies. Une survivance de cette
rganisation disparue et le défaut à l'époque d'un corps de médecins fonctionnaires
araissent seuls expliquer que le chef du Service militaire de la Santé ait reçu par
écret du 4 novembre 1903 le titre de Directeur du Service de Santé de l'Indochine,
tre amplifié par un arrêté du 20 janvier 1904 en celui de Directeur général de la
anté au Gouvernement Général et remplacé par le décret du 27 juin 1914 par celui
Inspecteur général des Services sanitaires et médicaux.

l'Annam-Tonkin ; mais, en ce qui concerne la Cochinchine et le Cambodge, le service est dirigé sous son autorité par un directeur local spécial, en résidence à Saigon. A chacune de ces circonscriptions, Annam-Tonkin d'une part, Cochinchine-Cambodge de l'autre, sont rattachés une pharmacie d'approvisionnement et un magasin d'approvisionnement du matériel. Il existe en plus à Hanoi un centre d'appareillage orthopédique.

Le personnel technique, qui a rang d'officier en ce qui concerne les deux premières des catégories ci-après, comprend : d'une part, des médecins aide-majors de deux classes, majors de deux classes, principaux de deux classes, inspecteurs et inspecteurs généraux (1) ; d'autre part, des pharmaciens dont la hiérarchie est la même que celle du personnel médical et qui est régi comme lui par les décrets des 21 juin 1906, 7 novembre 1911 et 11 mai 1917 (2) ; en troisième lieu, un cadre indigène d'aides-médecins militaires créé par un décret du 4 juillet 1920, recruté parmi les candidats diplômés de l'École de Médecine de l'Indochine où ils constituent une section spéciale et comprenant une classe d'auxiliaires et cinq classes de titulaires ; enfin, une section mixte d'infirmiers coloniaux ayant sa portion centrale à Hanoi et un détachement à Saigon.

A ce personnel technique s'ajoute un personnel administratif, régi par le décret susvisé du 21 juin 1906, chargé de la gestion des formations hospitalières importantes et ayant également rang d'officier, qui comprend des officiers d'administration de trois classes et principaux dont l'assimilation de grade est la même que celle des officiers d'administration d'Artillerie et de l'Intendance.

Les établissements hospitaliers du service général existant en Indochine sont l'hôpital de Lanessan à Hanoi, les hôpitaux coloniaux de Haiphong, Quang-Yên et Saigon et les ambulances de Cao-Bang, Ha-Giang, Lang-Son, Tuyên-Quang, Lao-Kay, Fort-Bayard et Cap Saint-Jacques. Les deux plus importants d'entre eux, c'est-à-dire ceux de Hanoi et de Saigon, comportent des services médicaux spéciaux, tels que service ophtalmologique,

---

(1) Il y a donc assimilation grade par grade entre ce personnel et les officiers de troupes. Le Directeur du Service de Santé est généralement en Indochine un médecin-inspecteur (général de brigade).

(2) Avec cette différence toutefois que le grade le plus élevé dans ce corps est celui de pharmacien principal de 1re classe.

service radiographique, service dentaire, service électro-thérapique. Les civils demandant à être soignés dans ces divers établissements militaires doivent, pour chaque journée d'hospitalisation, payer au budget colonial une certaine somme qui est fixée selon leur grade et leur assimilation par un arrêté du Gouverneur Général et qui, pour les fonctionnaires, est supporté en partie par le budget qui assure le service de leur solde.

Quant aux formations sanitaires purement militaires existant actuellement en Indochine, ce sont les infirmeries de garnison de Hanoi, Thai-Nguyèn, Dap-Cau, Tong, Moncay, Bac-Ninh, Nam-Dinh, Haiphong, Hué, Saigon, Cap Saint-Jacques et Phnom-Penh et les infirmeries régimentaires de Sept-Pagodes, Lai-Châu et Phong-Saly.

D) — *Service de la justice militaire*. — Ce service a été organisé aux colonies par un décret du 23 octobre 1903 complété par décrets des 29 décembre 1916 et 15 février 1917.

Il existe en Indochine, en temps normal, deux *Conseils de guerre permanents* à Hanoi dont le ressort comprend l'Annam, le Tonkin et Kouang-Tchéou-Wan, deux autres à Saigon dont le ressort comprend la Cochinchine, le Cambodge, le Laos et l'Inde française et un *Conseil de revision* permanent à Hanoi pour l'Indochine entière, sans préjudice des Conseils de guerre et de revision spéciaux, disposant d'une compétence plus étendue, qui peuvent être institués dans le cas où tout ou partie de la colonie est déclaré en état de siège ou dans celui où les troupes sont appelées à exécuter des opérations de guerre.

Chaque conseil de guerre permanent se compose d'un président et de quatre juges, qui sont tous des officiers ou sous-officiers dont le grade varie avec celui de l'accusé, et est assisté, d'une part d'un commissaire du gouvernement rapporteur qui est en même temps magistrat instructeur et représentant du ministère public, d'autre part d'un greffier, lesquels sont également militaires ou fonctionnaires militaires (1). Les membres du conseil de guerre sont tous nommés par le

---

(1) En France, les greffiers et commis-greffiers des tribunaux militaires sont pris dans le personnel des *officiers d'administration de la justice militaire*, qui comme les autres corps similaires comporte une classe d'officiers principaux et trois classes d'officiers, mais dont nous n'avons pas parlé parce que ce corps métropolitain n'a pas d'analogue dans l'armée coloniale. Un officier et un adjudant dudit corps détachés en Indochine y occupent respectivement le greffe à Hanoi et à Saigon.

Gouverneur de la Cochinchine ou par le Résident Supérieur au Tonkin, sur la proposition du Général commandant les troupes de la Cochinchine ou du Tonkin, et en suivant, pour les juges, l'ordre d'un tableau établi par l'autorité militaire. La compétence ratione materiæ de ces tribunaux, qui statuent uniquement en matière de crimes et de délits mais toujours en premier et dernier ressort, est exactement la même que celle des tribunaux militaires métropolitains. Leur juridiction s'étend à toutes les troupes européennes et indigènes, y compris certains agents civils relevant du Ministère de la Guerre (agents comptables de l'Intendance, par exemple), ainsi qu'à la gendarmerie et à ses auxiliaires, aux milices indigènes dans les cas où elles passent sous le commandement de l'autorité militaire et même exceptionnellement à certains personnels coloniaux non assimilés aux militaires que des lois ou décrets spéciaux ont rendus justiciables des conseils de guerre (il n'existe aucun de ces personnels en Indochine). La législation appliquée est le *code de justice militaire pour l'armée de terre* (loi du 9 juin 1857 et lois modificatives, notamment celles des 26 mars 1891, 19 juillet 1901, 28 juin 1904, 27 avril 1916 et 24 janvier 1923). La procédure de l'instruction est celle dont nous avons exposé l'essentiel en traitant des attributions judiciaires du Gouverneur Général et des Chefs d'Administration locale. Pour les militaires d'un grade inférieur à celui de colonel et pour les civils, c'est le Gouverneur Général qui, après avoir pris l'avis du Chef de l'Administration locale du pays où le crime ou le délit a été commis, et aussi celui du Général Commandant Supérieur s'il s'agit d'un militaire, délivre l'ordre d'informer, désigne le conseil de guerre devant lequel aura lieu la poursuite et, lorsque l'instruction est terminée, délivre l'ordre de mise en jugement. Pour les officiers du grade de colonel et au-dessus, ces mêmes attributions appartiennent au Ministre de la Guerre sur la plainte du Gouverneur Général et après avis du Ministre des Colonies, et en ce cas il peut être décidé par le premier de ces ministres que les poursuites auront lieu devant un conseil de guerre métropolitain.

Quant au *Conseil de revision de l'Indochine*, dont le rôle consiste à statuer sur les pourvois en cassation formés contre les jugements des conseils de guerre, il est composé du premier président ou d'un président de chambre de la Cour d'appel du ressort, lequel préside le conseil, d'un conseiller à la même cour, d'un colonel ou lieutenant-colonel et de deux chefs de bataillon ou d'escadron, plus un commissaire du gouvernement et un greffier (1). Les magistrats civils faisant partie de cette juridiction sont désignés par le Gouverneur Général, sur la proposition du Directeur de l'Administration judiciaire, pour une période d'un an qui est renouvelable. Quant aux juges militaires, ils sont désignés dans les mêmes conditions que les membres des conseils de guerre.

Ajoutons qu'un décret du 22 juin 1923 a rendu applicables aux colonies certains articles du décret du 5 octobre 1920 portant règlement sur les frais de justice devant les tribunaux militaires et a d'autre part donné aux Gouverneurs Généraux et Gouverneurs le droit de fixer, par arrêtés soumis à l'approbation préalable du Ministre des Colonies, les conditions d'application de divers autres articles du même décret.

Au service de la justice militaire, il convient de rattacher la *prison militaire* de Hanoi, règlementée en dernier lieu par arrêté du Gouverneur Général du 13 mai 1919 et qui reçoit les condamnés aux peines d'emprisonnement de courte durée, ainsi que diverses catégories de militaires spécifiées par une instruction ministérielle (Guerre) du 10 décembre 1900 sur les établissements pénitentiaires militaires. Placée sous la haute autorité du Général Commandant Supérieur et sous la direction supérieure du commandant d'armes de la place de Hanoi, son administration et sa surveillance sont assurées par un adjudant ou adjudant-chef qui a le titre d'*agent principal* et est assisté par deux sergents et deux caporaux surveillants ou secrétaires. Il n'existe pas de prison militaire à Saigon, où les individus condamnés par le conseil de guerre subissent leur peine à la maison centrale.

E) — *Gendarmerie*. — Aux termes des décrets des 25 août 1913, 31 octobre 1919, 16 février et 25 mai 1923, complétés par un arrêté du 17 octobre 1920, la Gendarmerie est représentée en

---

(1) La raison de l'existence de deux conseils de guerre au même lieu est que, lorsqu'un jugement rendu par l'un d'eux est cassé par le conseil de revision, l'affaire doit nécessairement alors être renvoyée devant des juges différents, c'est-à-dire devant l'autre conseil de guerre, pour qu'il soit statué à nouveau au fond à son sujet. Aussi, de ces deux juridictions, n'y en a-t-il en réalité qu'une seule siégeant en permanence tant à Hanoi qu'à Saigon.

Indochine par une *compagnie* comprenant deux *détachements* commandés chacun par un capitaine : celui de l'Annam-Tonkin, divisé en deux *arrondissements* commandés par des lieutenants ou sous-lieutenants avec sièges respectifs à Hanoi et à Haiphong et auxquels sont rattachés les *postes* de gendarmerie existant dans le Nord et le Centre-Annam, dans le Haut-Laos et à Kouang-Tchéou-Wan ; celui de Cochinchine-Cambodge, divisé en trois arrondissements commandés par des lieutenants ou sous-lieutenants avec sièges respectifs à Saigon, Cantho et Phnom-Penh et auxquels sont rattachés les postes de gendarmerie du Sud-Annam et du Bas-Laos. Enfin, un chef d'escadron de gendarmerie placé hors cadres en Indochine est spécialement chargé de l'instruction permanente des deux détachements existant dans la colonie et exerce aussi les fonctions d'inspecteur permanent de la Garde indigène de l'Indochine et de la garde civile de Cochinchine.

Dans chacun des détachements, les postes de gendarmerie sont institués ou supprimés par arrêté du Gouverneur Général. En France, chacun d'eux constituerait normalement une brigade à cheval ou à pied composée d'un chef de brigade et de quatre ou cinq gendarmes ; mais ici, sauf dans les centres importants, il n'y a presque partout que deux gendarmes, ou même un seul, pour chaque poste. Actuellement (avril 1924), le détachement de l'Annam-Tonkin comprend 47 postes dont 37 au Tonkin, 7 dans le Nord et le Centre-Annam, 2 au Laos et 1 à Fort-Bayard et le détachement Cochinchine-Cambodge comprend 58 postes dont 38 en Cochinchine, 12 au Cambodge, 7 dans le Sud-Annam et 1 au Laos. En outre, au Yunnan, un poste de gendarmerie est à la disposition de chacun de nos représentants consulaires à Hokéou, Mong-tzeu et Yunnanfou, et un quatrième est installé à A-Mi-Tchéou, point important de la voie ferrée, où il dépend de celui de Mong-tzeu.

Les militaires de la Gendarmerie, dont les grades sont les mêmes que ceux des troupes à cheval, ne constituent pas un corps qui serait spécial soit à l'Indochine soit à l'ensemble des colonies françaises. Ils sont simplement détachés de la Gendarmerie métropolitaine et mis à la disposition du Ministre des Colonies par le Ministre de la Guerre (1). C'est aussi ce dernier Ministre

---

(1) Il en résulte que, nonobstant le qualificatif de « gendarmerie coloniale » qui lui est parfois improprement donné, ce corps ne fait pas partie de l'armée coloniale ainsi qu'il a d'ailleurs été expressément rappelé par circulaire ministérielle du 24 mars

qui, après entente avec le premier, les affecte aux diverses colonies, sous cette réserve toutefois que la désignation des officiers est subordonnée à l'agrément du Ministre des Colonies. Quant aux mutations dans l'intérieur de la colonie, celles concernant les chefs de brigade et les gendarmes sont prononcées par le commandant du détachement et celles concernant les officiers par le Général Commandant Supérieur après avis s'il y a lieu de l'autorité civile.

Outre leur rôle propre qui consiste à assurer, sous l'autorité du commandement militaire, la prévôté et le service d'ordre de l'armée, les sous-officiers et militaires de la Gendarmerie exercent aussi, lorsqu'ils sont chefs de brigade ou chefs de poste, de nombreuses fonctions civiles dans l'accomplissement desquelles ils relèvent alors de l'autorité civile. C'est ainsi qu'un décret du 5 mai 1901 leur a attribué la qualité d'officier de police judiciaire. De même, dans l'intérieur, ils peuvent être chargés, par arrêtés du Gouverneur Général, des fonctions de commissaire de police, d'huissier, de porteur de contraintes, de gardien-chef de prison. Leurs procès-verbaux font foi jusqu'à preuve contraire et même, en matière de douane et sous certaines conditions, jusqu'à inscription de faux.

La Gendarmerie est assistée en Indochine par un corps d'*auxiliaires indigènes* à pied qui a été créé par un décret du 11 mai 1903 et réorganisé par un décret du 18 mars 1910 complété le 25 août 1923. Il se recrute parmi les gradés ou les hommes des corps de troupes, de la flotte ou de la Garde indigène en activité de service ou libérés et réunissant certaines conditions physiques, d'instruction et de moralité. Ces auxiliaires, dont l'effectif annuel et la répartition sont fixés par le Gouverneur Général, sont divisés en trois classes. Ils sont nommés par le Général Commandant Supérieur, sur la proposition de leur chef de corps s'ils sont déjà en service ou sur celle du capitaine commandant le détachement au cas contraire, et ils sont avancés par ce dernier. Ces agents ne sont pas assermentés et servent simplement comme commissionnés auprès des gendarmes français.

En raison des nombreux services rendus par la gendarmerie à l'administration civile, la loi de finances du 13 janvier 1900

---

1903. Il n'en est pas moins placé, en tant que corps militaire, sous les ordres du Général Commandant supérieur, assure un service pour partie militaire et nous devons par suite en parler dans le présent article.

a mis à a charge de la colonie toutes les dépenses de ce corps, bien qu'il soit incontestablement militaire. La solde et accessoires du chef d'escadron inspecteur permanent est à la charge du budget général et toutes les autres dépenses à celle des budgets locaux.

F) — *Service de l'Aéronautique*. — Ce service, qui à la différence des précédents est un service combattant, du moins en ce qui concerne le personnel du commandement, avait été organisé comme service relevant directement du Gouvernement Général par un arrêté du 11 mai 1919, lequel avait rapporté les arrêtés antérieurs des 13 juillet 1917 et 6 avril 1918 portant création en Indochine d'un Service de l'Aviation dirigé par l'officier chef du bureau militaire du Gouvernement Général. C'est aujourd'hui un service militaire, depuis le décret du 19 janvier 1920, modifié le 20 mai 1922, qui a organisé l'Aéronautique militaire aux colonies et décidé que les formations aéronautiques coloniales entretenues au compte du budget colonial seraient placées sous les ordres des Généraux Commandants Supérieurs au même titre et dans les mêmes conditions que les autres corps et services militaires.

Il est placé sous le commandement d'un officier supérieur, pilote aviateur, qui prend le titre de *Chef du Service de l'Aéronautique* et il comprend un état-major à Hanoi et deux *escadrilles* ayant leur siège, l'une au Tonkin (avec emplacements principaux à Bach-mai près Hanoi pour les avions et à Ha-ly près Haiphong pour les hydravions), l'autre en Cochinchine (avec emplacement principal à Biên-hoa pour tous les appareils).

Le matériel volant prévu comprend : des *avions* (2 à l'état-major, 5 au Tonkin, 5 en Cochinchine et 12 en réserve), des *hydravions* (4 au Tonkin, 4 en Cochinchine et 8 en réserve) et des *glisseurs* (2 au Tonkin, 2 en Cochinchine et 4 en réserve), auxquels s'ajoutent des voitures automobiles légères, des vedettes, des camions, des remorques et des bicyclettes.

Le personnel de l'état-major comprend régulièrement un officier adjoint au chef de service, un officier d'administration, deux sous-officiers secrétaires et un certain nombre de soldats occupant les emplois de secrétaires, plantons, cyclistes, chauffeurs et mécaniciens. Le personnel de chacune des escadrilles se subdivise en personnel navigant et en personnel non navigant : le premier comprend un capitaine commandant· l'escadrille, quatre lieutenants ou sous-lieutenants (dont deux observateurs, un pilote d'avion et un pilote d'hydravion) et un certain nombre de sous-officiers, caporaux ou soldats pilotes d'avion ou d'hydravion ; le deuxième comprend des sous-officiers, caporaux et soldats comptables, mécaniciens d'avions ou d'hydravions, magasiniers, monteurs de hangars, chauffeurs et armuriers. Des militaires indigènes sont également attachés à l'Aéronautique, principalement comme ouvriers spécialisés dans l'atelier qui est rattaché à chaque escadrille et qui, outre les réparations, est chargé du service photographique, du service météorologique et du service de télégraphie sans fil.

Le personnel du service de l'Aéronautique est fourni par le Ministère de la Guerre et recruté en premier lieu dans l'armée coloniale et, à défaut, dans l'armée métropolitaine. Le matériel est également fourni par la métropole.

Le rôle principal de l'Aéronautique militaire consiste à exécuter les missions militaires que la situation de la colonie comporte, mais en outre ce même service assure aussi, d'après les instructions du Gouverneur Général, des missions d'ordre politique ou économique. Il a notamment prêté en diverses circonstances un précieux concours au Service du Cadastre ou au Service géographique pour l'exécution des levés parcellaires ou celle des travaux topographiques par l'utilisation de la photographie aérienne. Il est d'ailleurs naturel qu'il en soit ainsi, car, bien que le service qui nous occupe soit purement militaire et comme tel à la charge du budget colonial, l'Indochine n'en supporte pas moins une partie de ses dépenses sous la forme d'une contribution annuelle (375.000 fr. pour 1924) qu'elle verse au budget métropolitain et qui est entièrement distincte de la contribution militaire dont nous avons déjà parlé.

G) — *Section des chemins de fer de campagne.* — C'est une formation militaire dont la constitution dès le temps de paix a été prescrite par un décret du 20 décembre 1911, en même temps que deux autres décrets de même date ont déterminé les conditions dans lesquelles le Gouverneur Général peut exercer par arrêté un droit de réquisition limitée ou totale sur tout ou partie des chemins de fer et tramways indochinois et ont fixé l'organisation du service militaire des chemins de fer dans la colonie.

Cette section, réorganisée par un arrêté du 21 avril 1923, est commandée par l'ingénieur en chef de la circonscription de l'exploitation des chemins de fer. En temps de paix, elle relève d'une commission dite *commission militaire centrale des chemins de fer de l'Indochine* qui est chargée sous la haute direction du Général Commandant Supérieur de préparer toutes mesures concernant l'emploi éventuel des voies ferrées en cas de guerre ou de troubles intérieurs et qui, présidée par un officier supérieur, comprend l'ingénieur en chef de la circonscription de l'exploitation des chemins de fer avec voix délibérative et, avec voix consultative, un représentant des compagnies concessionnaires désigné d'accord entre elles. En cas d'appel à l'activité résultant de l'ordre de mobilisation, ou décidé par arrêté du Gouverneur Général si les circonstances intérieures ou extérieures l'exigent, le personnel de ladite section est militarisé sur place et passe sous les ordres du président de la commission précitée, lequel, d'autre part, dans le cas où tout ou partie des voies ferrées est placé sous le régime de la réquisition totale, exerce la direction des lignes requises, avec le titre de *directeur militaire des chemins de fer.*

La section des chemins de fer de campagne comprend trois *divisions régionales*, Nord, Centre et Sud, commandées respectivement par les ingénieurs chefs des arrondissements des chemins de fer du Nord, de l'Annam-central et du Sud et correspondant chacune à une *commission régionale.* Ces commissions ont, en ce qui concerne les détails, les mêmes attributions que la commission centrale dont il a été question ci-dessus, fonctionnent suivant les circonstances sous la direction de leur président (temps de paix) ou sous les ordres du commandant militaire des chemins de fer (appel à l'activité) et comprennent chacune deux membres, d'une part un officier supérieur portant le titre de *commissaire militaire* et ayant voix prépondérante en cas de réquisition totale, d'autre part et pour chaque réseau un représentant de l'administration ou de la compagnie exploitante portant le titre de *commissaire technique.*

Enfin, chaque division régionale comprend des *subdivisions* qui sont: pour celle du Nord, deux subdivisions territoriales nos 1 et 2, formées respectivement par le personnel de l'arrondissement des chemins de fer du Nord et par celui de la Compagnie des chemins de fer de l'Indochine et du Yunnan, plus une subdivision mobile dont la composition reste secrète ; pour celle du Centre, une subdivision territoriale n° 3 formée par le personnel de l'arrondissement des chemins de fer de l'Annam central; pour celle du Sud, deux subdivisions territoriales n°s 4 et 5 formées respectivement par le personnel de l'arrondissement des chemins de fer du Sud et par celui de la Société des tramways à vapeur de Cochinchine. Les subdivisions territoriales sont commandées par les commissaires techniques des commissions régionales.

Le personnel de la section des chemins de fer de campagne comprend des agents européens et des agents indigènes et constitue un corps ayant sa hiérarchie propre, hiérarchie qui comporte une correspondance tant avec la hiérarchie militaire qu'avec celle des emplois occupés en temps normal par les intéressés dans l'administration ou les compagnies exploitantes. Pour les Européens, cette hiérarchie comporte les dénominations de commandant de la section, commandant de subdivision territoriale, chef de service, sous-chef de service ( deux classes ), employé principal ( trois classes ) et employé stagiaire.

*H)* — *Autres services militaires*. — Il existe en Indochine un *dépôt de transition et des isolés* à Haiphong et un *dépôt des isolés* à Saigon. Ces formations, commandées par des officiers détachés des corps de troupes, ont un objet à peu près identique qui est d'administrer, pendant leur séjour dans les ports et jusqu'à leur affectation à un corps de troupes ou jusqu'à leur renvoi dans leurs foyers après leur libération du service, les militaires ou assimilés qui sont envoyés de France dans la colonie sans faire partie d'un détachement de troupes organisé.

*Une section autonome de secrétaires d'état-major coloniaux*, stationnée à Hanoi, fournit le personnel subalterne nécessaire aux divers états-majors des troupes de la colonie.

*Une compagnie autonome de télégraphistes coloniaux* est également stationnée à Hanoi, avec un détachement à Saigon.

Il existe une *école de sous-officiers indigènes d'infanterie* à Sept-Pagodes, une *école de sous-officiers indigènes d'artillerie* à Hanoi et trois *écoles d'enfants de troupe* à Phu-lang-Thuong, Thudaumot et Phnom-Penh régies par un arrêté du 17 juin 1909 modifié.

le 9 juillet 1921 et le 21 mars 1924. Ces dernières reçoivent les enfants, âgés de 11 ans au moins et de 14 ans au plus, des militaires indigènes tués à l'ennemi, en activité de service ou en retraite. L'admission est prononcée par le Général Commandant Supérieur après enquête faite par le conseil d'administration du corps auquel le père a appartenu ou appartient. Ces écoles reçoivent aussi les pupilles de la Nation à la charge de l'Indochine.

Mentionnons enfin l'existence à l'état-major du Général Commandant Supérieur d'un *service de renseignements militaires* qui, entre autres attributions, a pour mission de se tenir au courant de la situation des forces armées étrangères en Extrême-Orient et des progrès réalisés par elles et de centraliser les données de toute nature pouvant être utiles pour l'organisation défensive de la colonie. Il est à ces effets en relations constantes avec un officier spécialement affecté à ce servive dans chacune des subdivisions territoriales secondaires limitrophes de la frontière chinoise ainsi que dans celles de Saigon et de Phnom-Penh (voir ci-dessus § 2 B).

I) — *Sections de douaniers*. — Bien qu'il ne s'agisse pas là à proprement parler d'un service militaire, nous croyons devoir mentionner ici que, en vertu d'un décret du 24 août 1910, le personnel du service actif des Douanes et Régies, tant français qu'indigène, est mis en son entier à la disposition de l'autorité militaire : de plein droit, en cas de mobilisation ; par ordre spécial du Gouverneur Général, si ce dernier estime que les circonstances rendent cette mesure nécessaire. Ce personnel est alors placé dans une situation identique à celle où se trouve en pareil cas le personnel de la Garde indigène, c'est-à-dire qu'il fait désormais partie intégrante de l'armée et est soumis aux lois et règlements militaires. Toutefois, il continue à assurer son service civil propre en même temps que le service spécial qui lui est confié par l'autorité militaire, ce dernier consistant principalement en un service de surveillance et de renseignements dans les secteurs respectifs des agents intéressés.

Le décret susvisé ayant prescrit que les unités de douaniers pouvant être ainsi militarisées devraient être constituées dès le temps de paix, un arrêté a été pris à cet effet le 23 juin 1915 par le Gouverneur Général. Ce texte prévoit l'organisation de 25 *sections* de douaniers (10 pour le Tonkin et le Nord-Annam,

3 pour le Centre-Annam, 7 pour le Sud-Annam et la Cochinchine, 4 pour le Cambodge et 1 pour le Laos) dont chacune comprend les détachements stationnés dans une partie déterminée du territoire. La constitution en section des détachements de douaniers est arrêtée, après avis du Général Commandant Supérieur, par le Directeur des Douanes, qui désigne également les cadres des diverses unités et est chargé de la préparation de leur mobilisation éventuelle (1).

### § 3. — Recrutement

Nous examinerons successivement le recrutement des Français et le recrutement des indigènes.

A) — *Recrutement des Français.* — Comme en France, les obligations militaires auxquelles sont astreints en Indochine les individus du sexe masculin qui sont Français de naissance ou qui le sont devenus par naturalisation, déclaration ou réintégration, ou à la suite d'un jugement, résultent des dispositions de la loi du 1er avril 1923, qui a remplacé celles des 21 mars 1905 et 7 août 1913.

Le principe de cette législation est que tout Français qui n'est pas dans un cas d'incapacité physique absolue doit obligatoirement à l'État 28 années de services militaires. Cette obligation est la même pour tous, à une seule exception près, à savoir que la durée du service est réduite à douze mois pour le fils aîné, ou à son défaut un de ses frères, d'une famille d'au moins cinq enfants, à condition toutefois qu'il appartienne à la classe 1922 ou à une classe suivante. Ces vingt-huit années de service se répartissent comme suit : un an et demi dans l'*armée active*, temps pendant lequel l'homme est constamment sous les drapeaux ; deux ans dans la *disponibilité* et seize ans et demi dans la *première réserve*, pendant lesquels l'homme reste dans ses foyers mais est astreint à des périodes d'instruction militaire dont le nombre et la durée sont fixés par le Ministre de la Guerre sous réserve que leur durée totale ne peut excéder huit semaines ;

---

(1) En France, le personnel des Forêts reçoit également, en temps de guerre, une formation militaire préparée dès le temps de paix. Rien de pareil n'existe dans la colonie.

huit ans dans *l'armée territoriale*, pendant lesquels l'homme reste aussi dans ses foyers mais peut être astreint à des exercices spéciaux dont la durée totale ne doit pas excéder sept jours. La durée du service militaire compte du 10 mai ou 10 novembre de l'année suivant celle du recensement selon que l'homme est né avant ou après le 1er juin de l'année de sa naissance. L'incorporation a lieu dans les dix jours qui suivent.

Nul ne peut être investi de fonctions publiques quelconques, même électives, s'il ne justifie avoir satisfait aux obligations militaires auxquelles il était tenu.

Les opérations du recrutement, que la nouvelle loi militaire n'a pas sensiblement modifiées, varient en France selon qu'elles intéressent les communes, les cantons ou les départements, et d'autre part, les maires, les sous-préfets et les préfets ont en la matière des attributions différentes. En conséquence, lesdites opérations devant être autant que possible les mêmes en Indochine, il a été nécessaire d'assimiler, au point de vue du recrutement, les divers territoires dont cette colonie se compose à des communes, à des cantons ou à des départements français. Cette assimilation a été faite par un arrêté du 9 mars 1906 modifié le 26 mars 1908. Il résulte de ces dispositions, qui n'ont pas été contredites par la nouvelle loi et sont par suite toujours en vigueur : 1º) que chaque province, territoire militaire ou municipalité de l'Indochine, ainsi que le territoire de Kouang-Tchéou-Wan, est assimilé à une commune et que le chef de chacune de ces circonscriptions y exerce en matière de recrutement les fonctions dévolues en France au maire ; 2º) que la Cochinchine, l'Annam, le Cambodge, le Laos et Kouang-Tchéou-Wan sont assimilés chacun à un canton ; 3º) qu'au contraire, au Tonkin, les circonscriptions administratives sont réparties en cinq groupes également assimilés chacun à un canton et ayant respectivement pour chef-lieu Hanoi, Haiphong, Nam-Dinh, Yên-Bay et Lang-Son (aux termes de l'arrêté organique de 1906 précité, la Cochinchine devait aussi être subdivisée en cantons de recrutement par un arrêté de son Gouverneur, mais cet arrêté n'a jamais été pris) ; 4º) que les fonctions du sous-préfet en matière de recrutement, fonctions peu importantes d'ailleurs, appartiennent aux Résidents Supérieurs en Annam, au Cambodge et au Laos, à l'Administrateur en chef du Territoire de Kouang-tchéou-Wan, enfin aux chefs de province ou de municipalité résidant dans les localités où siègent les conseils de revision (c'est-à-dire, en fait, aux maires de Saigon, Hanoi et Haiphong, car ces villes sont les seules où ces conseils se réunissent) ; 5°) que chacun des six pays de l'Indochine est assimilé à un département et que le Chef de l'Administration locale y exerce en la matière les fonctions du préfet.

Chaque année, chacun des fonctionnaires de l'Indochine assimilés aux maires dans les conditions définies ci-dessus établit pour sa commune, sur la déclaration des intéressés ou bien d'office d'après les registres de l'état civil ou tous autres renseignements, un *tableau de recensement* de tous les Français résidant habituellement dans la commune et qui doivent aux termes de la loi être appelés sous les drapeaux. Ce tableau est divisé en deux listes A et B selon que la date de naissance des inscrits est antérieure ou postérieure au 1er juin de l'année de cette naissance. Chaque liste doit comprendre, par ordre alphabétique dans chacune des deux catégories suivantes : 1°) les jeunes gens français de plein droit qui auront 20 ans au cours de l'année suivante et les individus qui sont devenus Français depuis le dernier tableau de recensement ( l'ensemble des personnes inscrites à ces deux titres constitue ce qu'on appelle la *classe de recrutement* et cette classe prend le millésime de l'année suivant celle où le tableau de recensement a été dressé ) ; 2°) les omis des classes antérieures dont l'existence vient d'être constatée et qui n'ont pas encore atteint 49 ans. Le tableau de recensement communal doit être publié et affiché et les inscrits qui ont à faire valoir un cas d'incapacité physique doivent en faire la déclaration au maire dans un délai d'un mois après cette publication ; ils sont examinés alors par une commission médicale composée de trois médecins militaires, qui se réunit avant la séance publique du conseil de revision et fait ensuite à ce dernier toutes propositions utiles concernant la décision à prendre au sujet des inscrits visités par elle.

Les tableaux de recensement communaux ainsi établis sont envoyés par les fonctionnaires qui les ont dressés au chef-lieu du canton de recrutement dont leur commune dépend. Chacun des fonctionnaires qui siègent dans ces chefs-lieux établit alors pour son canton, à l'aide des tableaux de recensement communaux reçus par lui, un *tableau de recrutement* cantonal unique, également divisé en deux listes A et B, qu'il envoie ensuite au Chef de l'Administration locale.

Les tableaux de recrutement cantonaux sont alors transmis au Gouverneur de la Cochinchine ou au Résident Supérieur au Tonkin, selon le cas, pour être soumis par lui au *Conseil de revision*. En effet, à la différence de ce qui se passe en France où il y a dans chaque département un conseil de revision qui se rend successivement dans tous les chefs-lieux de canton pour y examiner les appelés du canton, l'Indochine ne comporte que deux conseils de revision, l'un à Hanoï pour sa partie nord et l'autre à Saïgon pour sa partie sud, ces conseils ne se transportent que dans les cantons les plus importants (au Tonkin, Hanoï et Haïphong ; en Cochinchine, Saïgon seulement) et les individus inscrits sur les listes de recrutement doivent, soit se rendre dans ces cantons pour s'y présenter au conseil, soit demander en raison de leur éloignement l'autorisation d'être visités sur place par un médecin (auquel cas leur dossier est envoyé au conseil de revision qui alors statue sur pièces).

Les conseils de revision, dont la composition est encore fixée par le décret du 10 février 1910 mais sera peut-être modifiée par un nouveau décret pris par application de l'article 18 de la nouvelle loi militaire, sont présidés par le Résident Supérieur au Tonkin ou le Gouverneur de la Cochinchine ou par leur délégué. Ils comprennent un officier supérieur désigné par le Général Commandant Supérieur, un administrateur des Services Civils et un conseiller privé, ou colonial, ou de protectorat, non indigène, ces deux derniers membres étant désignés par le Résident Supérieur ou le Gouverneur. Ils sont assistés par un médecin militaire, par un sous-intendant militaire qui joue le rôle de commissaire du gouvernement et par un officier représentant le chef du bureau de l'état-major général qui s'occupe du recrutement. Les attributions du conseil de revision consistent à statuer sur la situation des individus inscrits sur les tableaux cantonaux, tant au point de vue de leurs aptitudes physiques au service militaire qu'à celui des réclamations qu'ils peuvent présenter. Ces individus sont ainsi classés, dans chacune des listes A et B dont il a été question ci-dessus, en : bons pour le service armé ; bons pour le service auxiliaire ; déjà liés au service comme engagés, rengagés ou (en France) inscrits maritimes ; exclus de l'armée comme ayant subi certaines condamnations ; ajournés au nouvel examen de l'année suivante ; bénéficiaires d'un sursis d'incorporation d'un an renouvelable jusqu'à l'âge de 25 ans ; enfin, exempts de tout service à titre provisoire et sauf avis contraire ultérieur d'une *commission de réforme* devant laquelle les intéressés devront se présenter plus tard à trois époques différentes. En outre, en ce qui concerne ceux de ces individus qui ont été portés sur les tableaux comme omis des classes antérieures, le conseil de revision examine leur cas et les classe en omis excusés et omis non excusés, et il peut même renvoyer devant les tribunaux ceux de ces derniers à la charge desquels il aurait relevé une fraude pour se soustraire au service militaire. Les décisions du conseil sont définitives, sauf leur revision par lui-même en cas d'erreur matérielle, et ne peuvent être attaquées que devant le Conseil d'État pour excès de pouvoir, incompétence ou violation de la loi.

Un point particulier à noter est que les Français et naturalisés résidant dans les colonies et protectorats doivent être incorporés dans les corps les plus voisins. Et même, si dans certains cas fixés par arrêté ministériel il ne se trouve pas de corps de troupes à proximité suffisante, ils peuvent, à titre exceptionnel et provisoire, être dispensés de la présence effective sous les drapeaux (ceci n'intéresse évidemment pas l'Indochine).

Outre le mode de recrutement par voie d'appel dont nous venons de parler et qui est de beaucoup le plus important, l'armée coloniale se recrute également par des engagements volontaires qui peuvent être reçus à partir de 18 ans, sous certaines conditions et pour deux, trois, quatre ou cinq ans. En Indochine, ce sont les maires de Saigon, Hanoi et Haiphong qui actuellement ont seuls qualité, en vertu d'un arrêté du 4 juillet 1906, pour recevoir ces engagements ; mais un prochain décret, pris par application de l'article 66 de la nouvelle loi militaire, donnera peut-être cette qualité à d'autres fonctionnaires.

Enfin, dès qu'ils ont accompli six mois de service, ou encore s'ils ont déjà quitté le service mais que leur rengagement ne doive pas avoir pour effet de les y placer à nouveau au delà de 36 ans d'âge, les militaires de tous âges et de tous grades, recrutés par voie d'appel ou d'engagement, peuvent rengager dans les troupes coloniales pour une période de temps variant de six mois à cinq ans (trois ans au moins s'il s'agit d'un militaire libéré).

Ajoutons enfin que, dans chaque pays de l'Indochine sauf Kouang-Tchéou-Wan qui à ce point de vue est rattaché au Tonkin, un conseil spécial, appelé *Conseil territorial* et réorganisé par un arrêté du 19 avril 1924 pris par application d'un décret du 20 juillet 1923, est chargé de statuer sur les demandes d'allocation présentées par les familles soit des jeunes gens qui avant leur incorporation comme appelés étaient soutiens indispensables de famille ou qui le sont devenus depuis soit des hommes des réserves qui au moment de leur convocation pour une période d'instruction se trouvent dans la même situation. Le nombre de ces allocations ne peut dépasser 10% du contingent cantonal s'il s'agit des appelés non encore incorporés, 2% s'il s'agit des appelés sous les drapeaux et 12% du nombre des réservistes convoqués. Leur montant, fixé par un décret du 25 août 1923, est en Indochine de 2fr.60 par jour, avec majorations progressives suivant le nombre des enfants de moins de 16 ans à la charge du soutien de famille, ces diverses sommes étant abondées à 3fr. au compte du budget général. Les demandes sont transmises au Chef de l'Administration locale par les maires ou chefs de province qui les ont reçues avec leur avis motivé et, dans le premier cas, celui du conseil municipal. Après enquête effectuée par la gendarmerie, elles sont soumises au conseil territorial du chef-lieu, lequel est présidé par un administrateur de 1e classe désigné par le Gouverneur ou Résident Supérieur et comprend le Trésorier particulier du pays (au Tonkin, un délégué du Trésorier général), trois conseillers coloniaux en Cochinchine et, dans les autres pays, trois notabilités françaises non fonctionnaires appartenant au Conseil de Protectorat ou aux Chambres de Commerce ou d'Agriculture et désignées par le Résident Supérieur, enfin le greffier de la justice de paix ou juridiction en tenant lieu. Les décisions du Conseil territorial peuvent, dans le délai d'un mois, être frappées d'appel par le demandeur ou par le Chef de l'Administration locale, appel porté devant le tribunal civil du ressort.

B) — *Recrutement des indigènes.* — Les règles générales de ce recrutement, qui antérieurement faisaient l'objet de décrets différents selon les pays de l'Union, ont été unifiées en principe par un décret du 8 avril 1923. Mais cette unification n'a en réalité porté que sur les engagements, les rengagements et l'organisation des réserves. En ce qui concerne au contraire le mode de recrutement le plus important, c'est-à-dire les appels, l'auteur du nouveau décret, tenant compte de la grande diversité des pays et des races de l'Indochine, n'a guère déterminé que la durée du service actif des appelés, désormais fixée uniformément à quatre ans, et il a laissé carte blanche au Gouverneur Général pour la détermination de toutes autres modalités intéressant ce recrutement, notamment en ce qui concerne le choix des régions dans lesquelles il pourrait ne pas être effectué, la délivrance en temps de paix de sursis d'incorporation d'une année renouvelable jusqu'à l'âge de 26 ans, la détermination des catégories de jeunes gens définitivement dispensés du service militaire. Toutefois, à ce dernier point de vue, il a été décidé par le décret précité : d'une part, que seuls seraient dispensés de plein droit les indigènes ayant volontairement servi pendant trois ans au cours de la dernière guerre ; d'autre part, que toutes autres dispenses ne pourraient être accordées qu'aux soutiens indispensables de famille ou pour des raisons d'ordre politique ou social ; enfin qu'à l'avenir nul ne pourra être admis dans les administrations et services publics ou dans les forces de police de l'Indochine s'il ne justifie avoir satisfait aux obligations militaires auxquelles il était tenu.

Nous examinerons d'abord la façon dont le recrutement par voie d'appel fonctionne actuellement dans les pays annamites de la colonie, pays qui sont les seuls où il ait été jusqu'ici effectué, et seulement à l'égard de leurs habitants de race annamite (1). Puis nous dirons quelques mots des dispositions concernant les engagements, les rengagements, les réserves et les avantages faits aux militaires indigènes, qui résultent du décret du 8 avril 1923 et sont en vigueur dans toute l'Indochine.

1) — *Recrutement par voie d'appel en Annam-Tonkin.* — Au Tonkin et en Annam, les opérations du recrutement par voie d'appel sont régies par les dispositions d'un arrêté du Gouverneur Général du 4 octobre 1923 modifié le 12 juin 1924 et par celles restées pour partie en vigueur de l'arrêté organique antérieur du

---

(1) Voir toutefois ce qui sera dit au IV ci-dessous au sujet de la possibilité de ce recrutement au Cambodge.

20 juillet 1905 et des nombreux actes modificatifs de ce dernier.

Ces opérations ont lieu en principe une fois par an, à partir du 1er octobre; toutefois, s'il paraît opportun, le contingent annuel peut être levé en deux ou plusieurs fois, à des époques différentes. Elles sont effectuées séparément pour chacune des quatre *circonscriptions de recrutement et de réserves* entre lesquelles le territoire du Tonkin et celui de l'Annam sont divisés et dont chacune est affectée en principe au régiment de tirailleurs tonkinois qui y est stationné. Ces circonscriptions sont : celle de Hanoi, qui est affectée au 1er Tonkinois et qui comprend au Tonkin les provinces de Sontay, Hadông, Phutho, Hoabinh, Tuyênquang, Sonla, Yênbay, Laokay, la ville de Hanoi et le 4e territoire militaire, en Annam les provinces de Hatinh et de Nghê-an, enfin au Laos le 5e territoire militaire ; — celle de Haiphong, qui est affectée au 2e Tonkinois et qui comprend au Tonkin les provinces de Haiduong, Kiên-an, Quang-yên, la ville de Haiphong et le 1er territoire militaire et en Annam la ville de Tourane et toutes les provinces au sud de cette ville (1) ; — celle de Bac-ninh, affectée au 3e Tonkinois et comprenant les provinces de Hung-yên, Bacninh, Vinh-yên, Thai-binh, Thai-nguyên, Bac-giang, Bac-kan, Lang-son, Phuc-yên et le 2e territoire militaire ; enfin, celle de Nam-dinh, affectée au 4e Tonkinois et comprenant les provinces de Nam-dinh, Ha-nam, Ninh-binh, Thanh-hoa et le 3e territoire militaire. Quant aux corps de troupes indigènes et mixtes stationnés au Tonkin et autres que les quatre régiments de tirailleurs tonkinois, ils se recrutent sur l'ensemble du territoire du Tonkin et de celui de l'Annam.

Chaque année, le Gouverneur Général fixe par arrêté le contingent à lever d'une part au Tonkin et d'autre part en Annam. Les deux Chefs d'Administration locale intéressés répartissent ensuite ce chiffre global entre les provinces et municipalités de leur pays, ensuite de quoi il est procédé par arrêté du Gouverneur Général à la fixation de la part de ces recrues à affecter à chaque circonscription de recrutement. Puis les chefs de provinces et municipalités répartissent entre les

---

(1) Bien que rattachées à la circonscription de recrutement de Haiphong par arrêté du 12 juin 1924, les provinces de l'Annam au sud de celle du Quang-Ngai n'envoient pas leurs recrues au Tonkin. Les appelés de ces circonscriptions sont en effet incorporés au régiment de tirailleurs annamites de Cochinchine. Cette situation insolite est d'ailleurs provisoire, la création d'une nouvelle section de recrutement à Hué étant en projet.

communes, au prorata du nombre de leurs inscrits, mais en tenant compte en moins des engagés et des rengagés de chacune d'elles, le contingent assigné par le Résident Supérieur à la circonscription, en le majorant de cinquante pour cent pour permettre à la commission de recrutement d'exercer plus tard son choix. Enfin les autorités communales désignent selon la coutume annamite, parmi les jeunes gens de 22 à 28 ans non soutiens de famille et ayant bonne santé, les hommes qu'elles ont ainsi été invitées à présenter. Ces hommes sont examinés dans chaque circonscription de recrutement par une *commission de recrutement* qui procède après examen médical au choix définitif des recrues. Ces commissions, qui doivent se rendre dans les centres importants de la circonscription, comprennent un chef de bataillon, président, un fonctionnaire civil représentant le chef de la province, un médecin-major et le chef de la *section de recrutement* existant au siège de chacune des circonscriptions, plus un sous-officier secrétaire. Les recrues que la commission a déclarées «bons pour le service» sont incorporées aussitôt, réparties entre les divers corps de troupes en conformité des instructions du Général Commandant Supérieur et doivent faire quatre années de service actif, lequel peut être accompli en dehors de la colonie jusqu'à concurrence d'un maximun de trois ans.

Tous les militaires indigènes en service actif ( y compris les engagés et les rengagés) sont inscrits à la fois sur un contrôle tenu au chef-lieu de leur province d'origine et sur un registre matricule tenu à la section de recrutement. Ils ont droit à l'exemption des impôts personnels et des prestations. Les appelés de l'Annam ont droit en outre, à la charge de leur village, à une part de rizière dite *lương-điền* (1). Les villages sont responsables de leurs recrues : ils doivent faire rejoindre les déserteurs ou les remplacer, et paient pour chacun d'eux une amende d'au moins 6$.

II) — *Recrutement par voie d'appel en Cochinchine.* — En Cochinchine, les règles générales du recrutement, qui sont beaucoup plus précises et se rapprochent davantage de celles

---

(1) Au Tonkin, les militaires indigènes ont eu également droit à cette part de rizières communales jusqu'au 3 juillet 1920, date à laquelle un arrêté du Résident Supérieur la remplaça par une indemnité annuelle de 24$ à la charge des villages. Cette dernière allocation a été supprimée par arrêté du 18 novembre 1922.

suivies en matière française, ont été fixées à nouveau par deux arrêtés du 23 octobre 1923 qui ont abrogé toutes dispositions précédentes contraires et notamment celles de l'arrêté organique antérieur du 4 octobre 1910 et des textes subséquents modificatifs de ce dernier. Les principales différences entre les règles ainsi déterminées et celles en vigueur au Tonkin et en Annam sont les suivantes :

1° — Les opérations annuelles du recrutement doivent aussi avoir lieu à dater du 1er octobre, sauf circonstances exceptionnelles, mais la faculté n'a pas été prévue pour le Gouverneur Général de décider que le contingent serait levé en deux ou plusieurs fois.

2° — La Cochinchine ne forme qu'une seule circonscription de recrutement et de réserves avec chef-lieu à Saigon, ville où siège la section de recrutement attachée à ladite circonscription. En prévision de l'éventualité d'un recrutement par voie d'appel au Cambodge, un arrêté du 14 mai 1924 (voir IV ci-après) a donné à cette section le nom de section de recrutement de la Cochinchine et du Cambodge.

3° — Jusqu'à la commune incluse, la fixation des contingents à fournir est déterminée comme dans le nord de l'Indochine, c'est-à-dire par le Gouverneur Général pour la Cochinchine entière, par le Gouverneur de cette colonie pour chacune de ses provinces ou municipalités, puis par l'administrateur ou le maire pour chaque commune. Mais ensuite la désignation des hommes à lever dans chaque commune est opérée à la suite d'un *tirage au sort* auquel doivent participer : d'une part, les jeunes gens inscrits dans la commune qui ont eu 22 ans avant le 1er janvier de l'année de l'appel et qui ne sont ni déjà liés au service, ni exclus de l'armée, ni dispensés de plein droit comme ayant volontairement servi pendant la guerre, ni élèves des établissements d'enseignement professionnel bénéficiant d'un sursis d'appel en vertu des règlements ; d'autre part, les indigènes âgés de moins de 33 ans qui, n'appartenant à aucune des catégories précédentes, auraient dû participer à un tirage antérieur et qui n'y ont pas participé.

Les opérations du tirage sont effectuées séparément pour chaque commune et ont lieu, sous la surveillance de l'administrateur, au chef-lieu de la province et au besoin dans certains centres désignés par lui. Lorsqu'elles sont terminées, les hommes devant être présentés à la commission de recrutement par chaque commune sont inscrits sur une liste dressée par les notables et divisée en deux parties : l'une, établie en suivant l'ordre des numéros du tirage, comprenant les ajournés et les excusés de l'année précédente, puis les jeunes gens ayant participé au tirage de l'année ; l'autre comprenant les jeunes gens qui ont obtenu une dispense par application de celui des deux arrêtés du 23 octobre 1923 qui est spécial à ce sujet, ceux qui lors du tirage au sort ont été jugés par l'administrateur notoirement insuffisants au point de vue physique, enfin ceux qui ont bénéficié d'un sursis d'incorporation.

4° — C'est au chef-lieu de chaque province que les commissions de recrutement procèdent au choix définitif des recrues et leur composition, outre les mêmes membres qu'au Tonkin, comprend aussi, mais à titre consultatif seulement, un conseiller de province désigné par l'administrateur, le chef ou le sous-chef de canton en ce qui concerne les inscrits du canton et l'un des trois notables instrumentaires de chaque village en ce qui concerne les inscrits de ce village.

5° — La commission de recrutement a qualité pour statuer sur les demandes pouvant être présentées par certains jeunes gens qui, bien que pouvant prétendre à une dispense en vertu de l'arrêté susvisé du 23 octobre 1923, auraient cependant été compris dans la première partie de la liste dont il a été question ci-dessus et, si leurs raisons sont fondées, elle prescrit leur radiation. Ensuite elle examine, dans l'ordre de cette première partie de la liste, les jeunes gens qui restent inscrits et les classe en « bons pour le service », « ajournés » à l'année suivante pour faiblesse de constitution, « bons absents » (c'est-à-dire absents non excusés et devant dès lors être recherchés par les notables), « excusés », enfin « exemptés » pour incapacité physique. Ce classement s'arrête lorsqu'est atteint le nombre de recrues bonnes pour le service à fournir par la commune déduction faite des engagements volontaires et rengagements après libération reçus par la commission et, si alors il reste encore des noms sur la liste, ces derniers noms sont classés comme « non appelés ».

III) — *Engagements.* — Dans toute l'Indochine, les indigènes âgés de 20 ans au moins et 30 ans au plus, justifiant d'une bonne santé et d'une bonne moralité et n'ayant subi aucune condamnation peuvent contracter des engagements de quatre, cinq ou six ans, comportant en principe l'obligation de servir à l'extérieur pendant une ou plusieurs périodes de trois années séparées par un séjour d'au moins un an dans la colonie. Ces engagements sont reçus : à l'époque du recrutement, par les commissions de recrutement ; en tout temps, par les chefs de corps et les chefs des sections de recrutement. L'engagement volontaire comporte pour l'engagé le droit de choisir le corps dans lequel il désire être enrégimenté. Toutefois, les engagements pour servir en Cochinchine ne sont reçus sans restriction que de la part des indigènes de cette colonie, du Cambodge ou du Sud-Annam. S'il s'agit d'indigènes d'autres régions de l'Union, ils ne peuvent s'engager en Cochinchine que s'ils y résident et ils doivent en outre, si cette résidence n'a pas atteint cinq ans, fournir un certificat d'identité et de moralité établi par leur village.

En outre des engagements de droit commun dont les conditions viennent d'être exposées, un arrêté du 4 décembre 1923 a organisé un régime spécial pour les montagnards (Thô, Man, etc.) habitant les 2e, 3e, 4e et 5e territoires militaires et les provinces limitrophes. Ils peuvent s'engager pour trois ans seulement, ne sont astreints qu'au service dans la haute région et doivent être maintenus dans leur province d'origine ou dans une province voisine. Ils peuvent cependant, sur leur demande spéciale et écrite, être autorisés à servir à l'extérieur, mais alors la durée et les conditions de leur engagement sont les mêmes que pour les Annamites.

IV) — *Rengagements.* — Dans toute l'Indochine, les militaires en activité se trouvant dans leur dernière année de service et justifiant de l'autorisation de leur chef de corps, et aussi les anciens militaires libérés justifiant d'une bonne santé et d'une bonne moralité, peuvent contracter : soit des rengagements de trois, quatre ou cinq ans renouvelables jusqu'à un total de 15 ans et dans certains cas de 25 ans de service, rengagements devant mentionner la même obligation de servir à l'extérieur que pour les engagements ; soit, pour parfaire leurs 15 années de service ou pour terminer ou prolonger un séjour à l'extérieur, des rengagements d'une durée quelconque inférieure à trois ans ; soit enfin, s'ils sont en service hors de la colonie, des rengagements spéciaux de trois, quatre ou cinq ans pour continuer leurs services à l'extérieur.

Il est à noter que ce sont des engagés et rengagés cambodgiens qui forment en totalité les trois compagnies stationnées à Phnom-Penh, Battambang et Châu-đôc et constituant le 3e bataillon du 1er tirailleurs annamites, bataillon dont l'origine remonte au décret du 30 mai 1902 relatif à la création d'un corps de tirailleurs cambodgiens. Toutefois, pour le cas où il serait nécessaire de compléter les effectifs prévus pour ce bataillon (cas qui d'ailleurs ne s'est jamais produit dans le passé), un recrutement subsidiaire par voie d'appel a été prévu par ordonnance royale du 7 mars 1924. Les bases en sont celles fixées par le décret susvisé du 8 avril 1923 et ses modalités d'application, déterminées par un arrêté du 14 mai 1924, sont, ou plutôt seraient, analogues à celles en vigueur en Annam-Tonkin, sauf qu'il appartiendrait au Ministre de la Guerre cambodgien de désigner par roulement les khands devant fournir les recrues dont le nombre total aurait été fixé pour l'ensemble du pays et sauf que ce même dignitaire serait membre de droit de la *commission d'incorporation*, ayant la même composition qu'au Tonkin, instituée par le Résident Supérieur à l'effet d'examiner les hommes présentés par chacun des khums de ces khands en conformité de la répartition faite par les autorités provinciales. Les recrues ainsi levées seraient administrées par la section de recrutement de la Cochinchine.

Les règles générales concernant les rengagements qui viennent d'être analysées comportent des exceptions, prévues par le même arrêté du 4 décembre 1923 visé ci-dessus, en ce qui concerne les rengagements des montagnards des 2e, 3e, 4e, et 5e territoires militaires et des provinces voisines. Ces indigènes ne peuvent rengager que pour un, deux ou trois ans et, de même que pendant la durée de leur engagement antérieur, ils sont maintenus dans leur circonscription d'origine ou dans la circonscription voisine. Toutefois, s'ils obtiennent sur leur demande l'autorisation de servir à l'extérieur, la durée et les conditions de leur contrat de rengagement sont alors les mêmes que pour les Annamites, à cette différence près cependant que les engagements et rengagements spéciaux pour le service extérieur ne sont pas admis pour les montagnards des 4e et 5e territoires militaires.

V) — *Réserves.* — Dans toute l'Indochine et à la seule exception des retraités après vingt-cinq ans de service, tous les militaires indigènes sont placés dans la réserve, à partir de leur radiation des contrôles de l'activité, pendant un temps égal à la différence entre quinze ans et la durée effective de leur service actif. Peuvent être également maintenus dans la réserve pendant dix ans, sauf déduction éventuelle de la durée des services qu'ils auraient accomplis au-delà de quinze ans, les militaires indigènes titulaires d'une pension proportionnelle de retraite. Ces deux catégories d'hommes constituent la *première réserve*. Mais il existe aussi une *deuxième réserve*, instituée comme telle par un arrêté du 8 novembre 1923 fixant les détails d'application du décret du 8 avril précédent, qui comprend tous les indigènes âgés de 20 à 35 ans n'ayant pas accompli de service militaire. Les circonscriptions de réserves sont les mêmes que les circonscriptions de recrutement.

Les hommes de la première réserve sont administrés dès le temps de paix et, sauf s'ils appartiennent à certains services publics dont le fonctionnement doit continuer à être assuré et dont la liste est fixée par arrêté du Gouverneur Général ainsi que l'effectif à affecter à chacun d'eux, ils sont tenus de rejoindre leur corps si le chef de la colonie décide la mobilisation générale ou le rappel de leur classe à l'activité en vue d'une opération à entreprendre sur ou hors le territoire de l'Indochine. En outre, ils sont astreints à des périodes d'instruction dont la date et la durée sont fixées par le Gouverneur Général mais qui ne peuvent dépasser un total de trente jours en une ou plusieurs fois. Quant aux hommes de la deuxième réserve, ils ne sont soumis à aucune obligation militaire et ne peuvent être appelés, si besoin est, qu'en cas de mobilisation générale.

VI) — *Avantages faits aux militaires.* — Un grand nombre d'avantages spéciaux, indépendants de ceux déjà vus à l'alinéa I ci-dessus, sont consentis dans la colonie aux militaires indigènes de toutes catégories. Au moment de leur entrée ou rentrée en service, ils touchent tous une prime qui varie de 15 $ pour les appelés à 42 $ pour les engagés de six ans. Les engagés à compter de leur cinquième année de service et les rengagés touchent également une haute-paye journalière d'ancienneté. Tous les militaires ont droit à une pension de retraite après 25 ans de service et peuvent prétendre à une pension proportionnelle après 15 ans. Rappelons aussi : d'une part, qu'en vertu des décrets des 9 mars 1920 et 16 décembre 1923, les militaires indigènes en activité de service jouissent du privilège d'être, en règle générale, justiciables des tribunaux français, conseils de guerre dans la plupart des cas, tribunaux ordinaires dans les autres ; d'autre part que, en vertu du décret du 31 mai 1919, pris par application de la loi du 2 décembre 1917 et dont les détails d'application en Indochine ont été fixés par un arrêté du 4 juillet 1921 modifié les 19 avril et 12 septembre 1923, un grand nombre d'emplois civils répartis en trois catégories sont réservés en principe aux militaires indigènes réformés pour blessures reçues et maladies contractées en service et, à défaut de réformés, aux militaires indigènes libérés avec un certificat de bonne conduite, les candidats de ces deux catégories étant préalablement classés pour l'obtention desdits emplois par une commission présidée par le général commandant l'artillerie en Indochine et comprenant trois membres civils et trois membres militaires désignés les uns et les autres par le Gouverneur Général (les membres militaires sur la proposition du Général Commandant Supérieur) (1).

Enfin, les militaires originaires de l'Annam et du Tonkin ayant au moins quinze ans de service et quittant définitivement l'armée autrement que par mesure disciplinaire reçoivent dans le mandarinat militaire un grade correspondant à leur grade militaire selon une équivalence fixée par arrêté du 18 avril 1912 pour le Tonkin et du 11 novembre 1912 pour l'Annam. Un avantage analogue a également été accordé aux tirailleurs d'origine cambodgienne par une ordonnance royale du 7 mars 1924 qui leur attribue des pân de dignité en nombre variant de 1/2 pour les tirailleurs de 2e classe à 4 pour les adjudants.

VII — *Compagnies chinoises.* — Tout ce que nous venons de dire concernait les militaires indigènes. Mais il faut noter en outre que l'Indochine possède un corps de troupes un peu analogue à la Légion étrangère métropolitaine, en ce sens qu'un décret du 20

---

(1) Le tableau annexé au décret susvisé du 31 décembre 1919 et donnant la liste des emplois civils réservés en Indochine aux militaires indigènes réformés ou libérés a été, par un décret du 27 mars 1924 promulgué le 5 juillet suivant, annulé et remplacé par un autre. En outre, par ce décret, le Gouverneur Général a reçu pouvoir de compléter ou de rectifier dans l'avenir, par des arrêtés à sa signature, ce nouveau tableau,

janvier 1902, toujours en vigueur et récemment visé par un arrêté du 4 décembre 1923, a autorisé la réception dans le 1er territoire militaire d'engagements ou de rengagements de Nung et de Chinois nés en Indochine ou même dans les provinces chinoises voisines et habitant le 1er territoire militaire ou les provinces limitrophes. Ces Chinois, auxquels on a en l'espèce assimilé les Nung en raison de la difficulté qu'on éprouve le plus souvent à distinguer ces derniers indigènes, qui sont d'origine chinoise, des Chinois proprement dits, forment actuellement en totalité les trois compagnies, faisant partie du 2e bataillon du 2e Tonkinois, qui sont stationnées à Mon-cay, Dinh-lâp et Tiên-yên. Les dispositions du décret du 8 avril 1923 concernant la durée et les conditions normales des engagements et rengagements, les réserves et les avantages faits aux engagés et rengagés leur sont applicables. Toutefois, ils ne servent en principe que dans les unités du 1er territoire et, pour être appelés à servir à l'extérieur, ils doivent en faire la demande spéciale et écrite.

### § 4. — Réquisitions de la force armée

Le principe de la réquisition de la force armée par l'autorité civile a été posé par les lois des 10 juillet et 3 août 1791 et les modalités de son application en Indochine sont fixées par un arrêté du 5 mai 1904 modifié les 4 mars 1908, 29 juin 1909 et 26 novembre 1918.

Le Général Commandant Supérieur en ce qui concerne l'Indochine entière, les généraux commandant les subdivisions territoriales et l'officier supérieur commandant celle de Hué dans les limites de ces subdivisions, enfin les commandants d'armes dans leurs places sont tenus d'obtempérer aux réquisitions que certaines autorités civiles ont le droit de leur adresser en vue d'assurer l'exécution de toutes mesures ou précautions prises par elles pour le maintien de la tranquillité publique ou pour l'observation des lois.

En principe, l'autorité militaire ne doit agir que sur la réquisition de l'autorité civile, et autant que possible après s'être concertée avec elle. Il existe toutefois deux exceptions à ce principe. D'une part, dans les provinces frontières, les chefs des postes militaires sont en permanence aux ordres des commissaires de police frontière pour la répression de la piraterie, sans qu'il y ait lieu à délivrance de réquisitions. D'autre part, dans les places ou postes auprès desquels l'autorité civile n'a pas de représentant, le commandant militaire doit envoyer d'office un détachement contre les bandes armées qu'il verrait ou entendrait lui-même ou dont la présence à moins d'une journée de son poste lui serait signalée par les autorités indigènes; en même temps, il demande télégraphiquement au chef de province s'il croit devoir délivrer une réquisition dans un délai déterminé, délai passé lequel le détachement est rappelé.

Les autorités civiles ayant le droit de requérir les troupes sont: dans l'ordre administratif, les Chefs d'Administration locale, les chefs de province et de municipalité, les représentants réguliers des chefs de province en cas d'absence ou empêchement de ces derniers et le directeur du pénitencier de Poulo-Condore; dans l'ordre judiciaire, les Procureurs généraux, procureurs de la République et substituts, présidents de tous tribunaux, juges d'instruction, juges de paix et commissaires de police. Ce droit appartient aussi aux magistrats de la justice militaire et, dans les cas urgents, aux officiers et sous-officiers de gendarmerie.

Les autorités militaires à qui les réquisitions peuvent être adressées sont, comme nous l'avons dit, les commandants d'armes, les officiers généraux et à Hué l'officier supérieur commandant les subdivisions territoriales principales (lesquels d'ailleurs, étant toujours les officiers les plus élevés en grade des garnisons où ils résident, y sont chacun commandant d'armes) et le Général Commandant Supérieur. Ajoutons que, dans certains cas spéciaux prévus par les articles 29 et 36 du décret de 7 octobre 1909 sur le service des places, notamment lorsqu'il s'agit de prêter main-forte aux officiers civils de police pour l'arrestation des individus signalés comme délinquants ou des perturbateurs de l'ordre, les chefs de poste et les commandants de gardes et de patrouilles peuvent aussi être directement requis.

L'autorité civile qui juge nécessaire de faire appel aux troupes doit adresser sa réquisition au commandant d'armes de la place où elle réside ou d'une place comprise dans sa circonscription. Toutefois, si la réquisition doit avoir pour effet de faire sortir les troupes au delà d'une journée de marche de leur garnison, ou encore si cette autorité civile estime le cas grave, elle provoque en même temps l'intervention du Chef d'Administration locale intéressé qui en ce cas réquisitionne directement et en personne le Général Commandant Supérieur ( ou, en Cochinchine-Cambodge, son délégué le général commandant la 3e brigade ), lequel fixe alors les effectifs militaires à mettre en œuvre et en fait connaître l'importance au Chef de l'Administration locale.

Toute réquisition doit être écrite, datée, signée et rédigée selon une formule prescrite par l'article 22 de la loi du 3 août 1791. A condition, unique mais indispensable, que ces prescriptions légales aient été respectées, l'autorité militaire doit obtempérer à la réquisition dès qu'elle la reçoit, sans pouvoir en apprécier les motifs. Par contre, l'autorité civile doit autant que possible la prévenir d'avance de l'éventualité de cette réquisition, et il ne lui appartient ni d'y spécifier la nature ou l'effectif des troupes à employer ni d'exercer sur elles un commandement quelconque, son rôle devant se borner à indiquer clairement l'objet de la réquisition. Les responsabilités sont donc ainsi nettement circonscrites, l'autorité civile conservant celle que comporte l'emploi de la troupe requise par elle et l'autorité militaire assumant celle d'atteindre le but qui lui a été indiqué.

Sauf si des violences sont exercées contre elles, ou encore si elles ne peuvent défendre autrement le terrain ou le poste qu'elles occupent, ou enfin si elles ont été mobilisées en vue de la répression de la piraterie, les troupes ne peuvent faire usage de leurs armes que sur la réquisition de l'autorité civile ou, s'il s'agit d'un attroupement sur la voie publique, après trois sommations de se disperser qui doivent lui être faites par le maire, commissaire de police ou agent civil de la force publique le plus voisin, lequel doit être immédiatement avisé par le commandant de la troupe (loi du 7 juin 1848).

## ARTICLE III

### *SERVICES MARITIMES*

Les Services maritimes, de même que les Services militaires

que nous venons d'étudier, constituent des services de gouvernement, ou plus exactement de souveraineté. Leurs dépenses devraient donc être à la charge de la métropole. Mais en réalité, pour eux comme pour les Services militaires et même dans une proportion peut-être plus forte encore, une importante partie de ces dépenses reste en définitive à la charge de l'Indochine, avec cette seule différence qu'il ne s'agit plus ici d'une somme globale fixée annuellement, comme il en est de la contribution militaire, mais de dépenses inscrites au budget général.

Nous avons vu que la défense sur terre de la colonie est confiée à une armée spéciale, dite armée coloniale. Nous ne trouvons rien de pareil en ce qui concerne sa défense sur mer, et les diverses unités navales qui l'assurent et qui, selon leur importance, portent le nom d'*escadre* ou de *division navale*, font toute partie intégrante de l'armée de mer métropolitaine.

Les forces navales qui de loin ou de près coopèrent à la défense de l'Indochine sont : d'une part, la *division navale d'Extrême-Orient*, commandée par un contre-amiral et comprenant actuellement le croiseur cuirassé Jules Ferry, les deux sloops Altair et Algol et les six canonnières Craonne, Doudart de Lagrée, Balny, Lagrandière, Argus et Vigilante ; d'autre part, la *Marine en Indochine*. Nous n'avons à étudier ici que cette dernière, mais nous ferons précéder cette étude de quelques lignes concernant le personnel de l'armée de mer ou flotte militaire et nous la ferons suivre d'un rapide exposé des règles relatives au fonctionnement de l'arsenal de Saigon, au service de la justice militaire maritime, au corps des marins indigènes et à la défense des côtes.


## § 1. — Personnel de l'armée de mer

On distingue dans la marine militaire le personnel entretenu et le personnel non entretenu. Le premier comprend les personnels, généralement militaires mais parfois civils, dont la profession a pour objet permanent le service de l'État et dont les agents reçoivent une solde mensuelle. Le second comprend des civils, employés subalternes ou ouvriers dans les établissements de la marine, qui ne sont liés à l'État que par un contrat de louage de services et reçoivent généralement un salaire à la journée.

1) — Le *personnel entretenu militaire* jouissant de l'état d'officier comprend trois corps d'officiers proprement dits et un certain
nombre de fonctionnaires navals assimilés à ces derniers en ce
qui concerne la possession d'état. Nous ne parlerons ici que de
ceux de ces corps qui sont représentés en Indochine, dans une
très faible mesure d'ailleurs, car ces officiers et assimilés sont
peu nombreux dans la colonie, à peu près tous en service à Saigon et aucun d'eux ne possède un grade supérieur à celui de
capitaine de vaisseau ou aux grades assimilés.

Les trois corps d'officiers proprement dits, considérés
comme plus spécialement combattants, sont régis par les lois
des 3 août 1892, 10 juin 1896, 29 juillet 1905, 30 décembre 1913,
19 février 1915, 16 juin 1917, 7 décembre 1918, 31 juillet 1920
et par un décret du 21 décembre 1918. Ce sont : — 1° les *officiers
de marine*, appelés aussi *officiers de vaisseau*, qui seuls com-
mandent les navires de la flotte ou en composent les états-
majors et dont la hiérarchie, correspondant échelon pour
échelon à celle des officiers de l'armée de terre, comprend les
grades d'enseigne de vaisseau de 2e et de 1re classe (sous-
lieutenant et lieutenant), lieutenant de vaisseau (capitaine),
capitaine de corvette (chef de bataillon), capitaine de frégate
(lieutenant-colonel), capitaine de vaisseau (colonel), contre-
amiral (général de brigade) et vice-amiral (général de division),
plus un grade spécial d'aspirant analogue au même grade de
l'armée de terre (1) ; — 2°) les *officiers mécaniciens*, chargés de
la conduite des machines à bord des navires et pouvant avoir
les grades de mécanicien principal de 3e, 2e et 1re classe,
mécanicien en chef, mécanicien inspecteur de 2e et 1re classe
et mécanicien général de 2e et 1re classe, en sorte qu'il existe
ainsi une correspondance absolue entre ces officiers, qui
comme les officiers de marine sortent d'écoles navales spéciales,
et ces derniers ; — 3°) les *officiers des équipages de la flotte* qui,
à la différence des deux corps précédents, se recrutent uniquement parmi les sous-officiers du corps des équipages de
la flotte dont nous parlerons plus bas et dont les grades sont

---

(1) La dignité d'amiral, correspondant à celle de maréchal de l'armée de terre,
n'a jamais été officiellement supprimée ; mais elle est sans titulaire depuis très
longtemps et l'amiralat, à la différence du maréchalat, n'a pas été pourvu à nouveau
du fait de la guerre 1914-18.

constitués par deux classes d'officier des équipages et une classe d'officier principal des équipages.

Les corps de fonctionnaires navals jouissant de l'état d'officier et représentés en Indochine par quelques unités sont: — 1°) *l'intendance maritime*, régie par la loi du 27 novembre 1918 et le décret du 12 décembre suivant, chargée d'assurer le service administratif à bord des bâtiments de la flotte et dans les établissements de la marine et comportant trois classes de commissaires, une classe de commissaires principaux, deux classes de commissaires en chef et deux classes de commissaires généraux; — 2°) le *corps de santé de la marine* (lois des 27 juillet 1907 et 31 octobre 1919), qui est chargé du service médical et du service pharmaceutique tant à bord des navires que dans les hôpitaux de la marine et dont la hiérarchie comporte trois classes de médecins et de pharmaciens, une classe de médecins et de pharmaciens principaux, deux classes de médecins et de pharmaciens en chef et deux classes de médecins généraux; — 3°) le corps du *génie maritime* (lois des 21 avril 1914 et 22 juillet 1919), chargé de la construction et de la réparation des navires et généralement de tous les travaux intéressant la marine ou ses établissements et comprenant trois classes d'ingénieurs, une classe d'ingénieurs principaux, deux classes d'ingénieurs en chef et deux classes d'ingénieurs généraux; — 4°) le corps des *ingénieurs hydrographes*, chargé des reconnaissances hydrographiques ainsi que du levé et de l'établissement des cartes marines; — 5°) et 6°) le corps des *officiers d'administration* et celui des *officiers des directions de travaux*, comportant chacun trois classes, qui prêtent leur concours aux divers services de la marine.

Le personnel entretenu militaire ne jouissant pas de l'état d'officier comprend principalement, et exclusivement en Indochine, le *corps des équipages de la flotte*, régi par les lois des 10 juin 1896, 31 mai 1907, 16 juin 1917, 7 décembre 1918 et par les décrets des 11 et 17 juillet 1908, ce dernier refondu le 15 juillet 1914. Les équipages de la flotte sont placés sous le commandement direct des officiers des équipages dont il a été question ci-dessus et comportent, au-dessus des apprentis-marins et des matelots non brevetés ou brevetés assimilés aux simples soldats de l'armée de terre et recevant une solde journalière, les grades de sous-officier de quartier-maître, second-maître, maître, premier-maître et maître principal. Ces appellations sont généralement suivies, s'il y a lieu, de la désignation de la spécialité dont l'intéressé a obtenu le brevet après examen subi devant une commission spéciale, par exemple second-maître timonier, matelot mécanicien, premier maître fusilier, etc...

II) — Le *personnel entretenu civil* ne se compose dans la colonie que de quelques agents comptables de l'intendance maritime, assimilés sous certains égards au personnel militaire, car ils sont comme lui justiciables des tribunaux militaires maritimes.

III) — Enfin, le *personnel non entretenu*, entièrement civil, ne comprend dans la colonie que les contre-maîtres et ouvriers, presque tous indigènes, employés à l'arsenal de Saigon.

## § 2. — La Marine en Indochine

L'armée navale était autrefois représentée dans les mers de Chine par une assez forte division navale ayant son centre de rayonnement à Saigon et commandée par un contre-amiral, parfois même un vice-amiral, qui était en même temps lieutenant-gouverneur de la Cochinchine. L'importance de cette unité navale n'a cessé de décroître depuis que la conclusion des traités avec l'Annam, la Chine et le Siam a rétabli la paix sur les côtes de l'Indochine. Actuellement, ce n'est plus qu'une unité secondaire, indépendante cependant de la division navale d'Extrême-Orient, dénommée *Centre marine de Saigon* et placée sous les ordres d'un capitaine de vaisseau exerçant également une direction supérieure sur divers services navals qui, outre l'arsenal de Saigon, sont l'intendance maritime, le service de santé de la marine et la mission hydrographique.

Les rapports du Commandant de la Marine avec le Gouverneur Général sont réglés par un décret du 3 novembre 1905 modifié le 31 juillet 1914 sur une base analogue à celle des rapports entre le Commandant Supérieur des troupes et le Chef de la colonie. Sous réserve de ce qui sera dit plus bas concernant le fonctionnement de l'arsenal de Saigon, le Commandant de la Marine ne relève du Gouverneur Général que pour ce qui concerne la défense de la colonie ou sa préparation (et alors sa correspondance est adressée au Ministre de la Marine par l'intermédiaire du Gouverneur Général et du Ministre des Colonies) tandis que pour tous autres objets il relève exclusivement du Ministre de la Marine et correspond directement avec lui, mais avec l'obligation de tenir le Gouverneur Général au courant des décisions prises sur les mêmes objets et pouvant intéresser la colonie. Il est assisté d'un état-major qui se compose actuellement de deux lieutenants de vaisseau et d'un officier des équipages de la flotte.

I) — Le *Centre marine de Saigon* comprend la direction du port de guerre, la caserne des marins à terre et les canonnières *Malicieuse* et *Inconstant* dont la première est plus spécialement affectée aux côtes du Tonkin et la seconde aux eaux cochinchinoises. La *direction du port de guerre*, commandée par un capitaine de corvette ou un lieutenant de vaisseau assisté normalement d'un officier mécanicien et d'un officier des équipages, assure les mouvements des navires de guerre français et étrangers, en particulier en ce qui concerne leur entrée dans les bassins et leur sortie ; elle prête aussi au commerce local, à titre de cession remboursable, le concours de son personnel et de son matériel et assure un service permanent d'incendie à la disposition de la municipalité de Saigon. La *caserne des marins* assure, outre leur logement et leur nourriture, l'instruction des marins indigènes à terre. Enfin, les canonnières *Malicieuse* et *Inconstant* sont des bâtiments de faible tonnage, mais pourvus d'un poste de télégraphie sans fil et d'une artillerie à longue portée et pouvant circuler aussi bien sur les rivières navigables qu'en mer (1).

II) — L'*Intendance maritime* est dirigée à Saigon par un commissaire en chef avec le concours de deux commissaires (2). Elle est chargée du ravitaillement des bâtiments de guerre en Extrême-Orient, de la solde du personnel en service à terre, de la centralisation financière des services de la marine en Indochine.

---

(1) C'est en raison de la présence de ces deux canonnières que l'on peut à la rigueur continuer à qualifier de « division navale de l'Indochine » les forces navales maintenues dans la colonie. En effet, alors que dans l'armée de terre un nombre déterminé de régiments est nécessaire pour constituer une division, deux navires placés sous un même commandement supérieur suffisent dans la Marine pour former unité navale ayant la même dénomination.

(2) Jusqu'au décret du 13 janvier 1906, l'administration du personnel entretenu de la Marine et l'ordonnancement de toutes les dépenses de ce département en Cochinchine ont été assurés par l'ancien Commissariat des troupes coloniales. Conférées par ce décret au commissaire de l'arsenal de Saigon, ces attributions sont aujourd'hui exercées par le Directeur de l'Intendance maritime.

Elle assure également l'administration, en conformité de règlements spéciaux à la marine, des militaires et assimilés de l'armée de mer et des agents civils relevant de ce département. Enfin, elle liquide, pour le compte du budget général, les dépenses du budget annexe de l'arsenal.

III) — Le *Service de Santé de la Marine* est assuré à Saigon par un médecin et par un pharmacien de la marine.

IV) — Enfin une *Mission hydrographique* continue actuellement le travail, commencé avant la guerre, de l'établissement des cartes des côtes indochinoises. Elle se compose de trois petits bâtiments : le *Lapérouse*, l'*Astrolabe* et l'*Octant*.

### § 3. — Arsenal de Saigon

C'est le seul établissement naval fonctionnant en Indochine qui puisse être utilement mentionné. Il est destiné à réparer et à caréner les bâtiments de guerre et de commerce et est outillé depuis quelques années pour la construction de petites unités. Son organisation intérieure a été fixée par un décret du 5 décembre 1888 modifié par décrets des 15 juin 1903 et 13 janvier 1906. Il est actuellement dirigé, sous les ordres du Commandant de la Marine, par un ingénieur principal du génie maritime qui porte le titre de *directeur des travaux de l'arsenal* et qui est chargé des constructions navales et des travaux hydrauliques de toute nature, de la construction et de l'entretien des édifices de l'arsenal ainsi que des quais, bassins et cales, enfin de la conservation des archives de l'arsenal. Cet ingénieur en chef a sous ses ordres un ingénieur du génie maritime, un officier d'administration et quelques officiers des directions de travaux. L'arsenal de Saigon a pour rôle essentiel l'exécution des travaux de toute nature utiles à la marine. En outre, il est autorisé à faire des travaux à titre de cession remboursable pour le compte des diverses administrations et services civils de la colonie et même pour les particuliers, mais à condition en ce dernier cas que l'intéressé soit muni d'un certificat de la Chambre de Commerce attestant que l'industrie privée locale n'offre pas de ressources suffisantes pour l'exécution des travaux en question.

Une orientation nouvelle vient d'être donnée aux destinées

futures de l'arsenal de Saigon par un décret du 6 septembre 1923 approuvant une convention passée le même jour entre le Ministre de la Marine et le Gouvernement Général de l'Indochine et aux termes de laquelle l'État à concédé à la colonie l'établissement en question et toutes ses dépendances, sous cette réserve toutefois que, dans tous les cas, les travaux que le Département de la Marine jugerait utiles à la défense nationale y seront effectués en première urgence, quelle que soit leur importance. En vertu de cette convention, c'est la colonie qui désormais profite des recettes et supporte les dépenses de l'arsenal, lesquelles recettes et dépenses constituent désormais un budget annexe du budget général. Cet établissement n'en reste pas moins sous l'autorité du Commandant de la Marine, qui rend compte au Gouverneur Général et prend ses ordres sur toutes les questions qui antérieurement relevaient du Ministre de la Marine.

Cette convention du 6 septembre 1923 a prévu que le Gouverneur Général aurait le droit de rétrocéder par contrat à un ou plusieurs concessionnaires, pour une période ne pouvant excéder 75 ans, l'exploitation en tout ou en partie de l'arsenal de Saigon. Il semble même que l'intention de rendre possible et de faciliter une telle rétrocession ait été l'un des principaux buts de la convention précitée, car le Gouvernement Général s'y est réservé le droit de restituer l'arsenal à l'État au 1er janvier de l'année 1925 ou d'une année ultérieure si aucun rétrocessionnaire n'a pu être trouvé, ou encore si le rétrocessionnaire agréé a ensuite été l'objet d'un arrêté prononçant sa déchéance. Quoi qu'il en soit, si ultérieurement l'arsenal cesse d'être exploité directement par le Gouvernement Général, le rétrocessionnaire sera entièrement substitué aux droits et obligations de ce dernier. Toutefois, la marine militaire bénéficiera alors pour ses travaux d'un droit de priorité en cas d'urgence dont elle sera juge et aussi, dans tous les cas, d'une réduction de 10 % sur les prix. Enfin, la gestion du rétrocessionnaire sera contrôlée par une commission nommée par le Gouverneur Général et dont le Commandant de la Marine aura la présidence.

## § 4. — Service de la justice militaire maritime

La justice militaire maritime aux colonies, réorganisée par

un décret du 8 juillet 1905, ne connaît comme la justice militaire que des crimes et délits. Mais elle diffère de cette dernière aux deux points de vue suivants. En premier lieu, les juridictions qui la distribuent ne sont pas permanentes, mais constituées spécialement par le Gouverneur Général pour chaque affaire. En second lieu, ces juridictions peuvent appartenir à trois catégories différentes : — 1°) les conseils de guerre maritimes et les conseils de revision maritimes, tribunaux de droit commun en la matière et institués pour connaître, les premiers en premier et dernier ressort et les seconds en cassation, de tous les crimes et délits, autres que ceux relevant de la compétence spéciale des tribunaux maritimes dont il sera question ci-dessous, commis soit à bord soit à terre par toutes personnes appartenant à l'armée de mer (y compris certains des personnels civils qui relèvent du Ministère de la Marine, notamment les agents comptables de l'Intendance maritime), par tous individus portés présents sur les rôles d'équipage des bâtiments de l'État se trouvant dans l'enceinte d'un arsenal maritime, enfin par tous marins en congé ou en disponibilité poursuivis pour crimes ou délits maritimes ; — 2°) les tribunaux maritimes et les tribunaux de revision maritimes, qui connaissent, selon les mêmes distinctions de compétence que ci-dessus, mais seulement dans les colonies où ils ont été institués par décret, des crimes et délits commis dans les ports et arsenaux par tous individus militaires ou civils lorsque ces infractions peuvent compromettre la police des ports ou le service maritime ; — 3°) enfin, et conformément aux articles 94 et suivants de la loi du 4 juin 1858, les conseils de guerre à bord et les conseils de revision à bord, qui connaissent, toujours selon les mêmes distinctions de compétence, de tous les crimes ou délits commis soit à bord soit à terre par tous individus portés présents aux rôles d'équipage des bâtiments ne se trouvant pas dans l'enceinte d'un arsenal maritime et par tous individus embarqués sur des navires convoyés.

Les *conseils de guerre et de revision maritimes* dont nous venons de parler fonctionnent le cas échéant en Indochine et se composent alors, y compris le président, de cinq juges pour les premiers et de trois pour les seconds, ces juges devant tous être des officiers de la marine de guerre (ou éventuellement, s'il s'agit d'un conseil de guerre, des sous-officiers). En cas d'insuffisance du personnel de la marine présent sur les lieux, les unités manquantes peuvent être remplacées par des officiers ou sous-officiers des troupes coloniales. Le grade de ces juges varie avec celui des accusés. Ils sont assistés d'un commissaire du gouvernement rapporteur et d'un greffier, l'un et l'autre également officiers ou fonctionnaires assimilés. Ils deviennent incompétents si l'accusé a le grade de capitaine de corvette ou au-dessus, les accusés de cette catégorie ne pouvant être jugés qu'en France où ils sont alors renvoyés. Constitués par le Gouverneur Général, qui doit former simultanément un conseil de guerre et un conseil de revision pour chaque affaire, ils appliquent à leurs justiciables le *code de justice militaire pour l'armée de mer* (loi du 4 juin 1858 et lois modificatives, notamment celles des 26 mars 1891, 9 avril 1895, 19 juillet 1901, 28 juin 1904, 27 avril 1916 et 24 janvier 1923).

Au contraire, les *tribunaux militaires* et les *tribunaux de revision maritimes*, qui d'ailleurs n'auraient eu de raison d'être en Indochine qu'en ce qui concernait l'arsenal de Saigon, ne fonctionnent pas dans cette colonie, aucun décret n'ayant été pris pour y instituer ces juridictions spéciales par application de l'article 14 du décret du 8 juillet 1905.

Quant aux *conseils de guerre et de revision à bord*, dont la composition est identique à celle des mêmes juridictions siégeant à terre, ils n'intéressent guère les canonnières dépendant de la division navale de l'Indochine, car ces petits bâtiments, commandés par un lieutenant de vaisseau, ont un état-major très restreint, en sorte que, si par exemple il devenait nécessaire de réunir un conseil de guerre à bord d'une de ces canonnières en stationnement à Haiphong ou en croisière sur les côtes du Tonkin, ce tribunal devrait être présidé, et composé en partie, par des officiers des troupes coloniales, et il en serait de même à fortiori du conseil de revision qui devrait être formé simultanément pour le jugement de l'affaire en cas de pourvoi.


## § 5. — Corps des marins indigènes

Il vient d'être réorganisé par un décret du 31 mai 1924 promulgué le 1er août suivant, qui a unifié les deux personnels distincts de marins indigènes jusqu'alors régis, celui de la Cochinchine par un décret du 15 juin 1892, celui de l'Annam-Tonkin par un décret du 26 mai 1895, textes désormais abrogés.

Les marins indigènes, dont l'effectif est fixé par le Ministre de la Marine, sont recrutés exclusivement, en principe, par voie d'engagements et de rengagements. Peuvent contracter des engagements de quatre, cinq ou six ans (exceptionnèllement, s'il s'agit d'indigènes non astreints au service militaire obligatoire, de trois ou deux ans) les indochinois d'un âge compris entre 18 et 25 ans, ayant l'aptitude physique requise, justifiant de leur moralité et n'ayant subi aucune condamnation. Peuvent rengager pour trois ans et exceptionnellement pour deux ans, et ceci jusqu'à 15 et exceptionnellement 25 années de services, mais sous réserve que l'intéressé sera rayé des cadres à l'âge de 51 ans, les marins présents sous les drapeaux ainsi que les anciens marins congédiés. Si le nombre de ces engagés et rengagés n'atteint pas l'effectif fixé (1), l'importance du contingent manquant est signalé par le Commandant de la Marine au Gouverneur Général qui prescrit alors dans les provinces maritimes un recrutement exceptionnel par voie d'appel comportant service obligatoire de quatre ans, fixe la répartition du nombre d'hommes à fournir et donne les ordres nécessaires en vue de l'exécution des appels.

Quel que soit leur mode de recrutement, les marins indigènes sont employés principalement dans les services à terre de la Marine en Indochine et à bord des bâtiments naviguant en Extrême-Orient. Ils peuvent cependant, s'ils proviennent de certaines régions fixées par arrêté du Gouverneur Général (2), être désignés pour le service extérieur, mais de préférence parmi les engagés et rengagés, sous cette réserve toutefois qu'en principe aucun d'eux ne peut être maintenu contre son gré hors de l'Indochine pendant plus de trois ans, voyage non compris.

La hiérarchie comporte des apprentis-marins, des matelots de trois classes, des matelots brevetés de trois classes, des quartiers-maîtres de deux classes, des seconds-maîtres de deux classes et des maîtres, ces trois derniers grades correspondant à la catégorie des sous-officiers mais ne conférant autorité à leurs titulaires que sur le personnel indigène. Les engagés et appelés

---

(1) Autant que le passé puisse permettre de prévoir l'avenir, il est à penser que cette situation ne se rencontrera que très rarement.

(2) Cet arrêté n'a pas encore paru à l'heure où nous mettons sous presse.

qui avant leur entrée au service auraient obtenu l'un des brevets provisoires de spécialité prévus par le décret organique du corps des équipages de la flotte ( décret du 17 juillet 1908 refondu le 15 juillet 1914) sont incorporés comme matelots. Ceux, en beaucoup plus grand nombre, qui ne sont titulaires d'aucun de ces brevets sont incorporés comme apprentis-marins, instruits en vue de leur emploi ultérieur dans l'une des spécialités du service et promus matelots de 3e classe au bout d'un an. Lorsque les matelots ont obtenu, après constatation de leur aptitude, le brevet élémentaire de leur spécialité prévu par les décrets susvisés, brevets délivrés par le Commandant de la Marine suivant les besoins du service et dans les conditions fixées par un arrêté ministériel à intervenir, ils sont promus à l'une des classes de l'emploi de matelot breveté d'après les mêmes règles que celles suivies dans le corps des équipages de la flotte. Les avancements aux grades de sous-officier sont accordés par le Commandant de la Marine pour celui de quartier-maître et par le Ministre de la Marine pour les grades supérieurs. Quant aux avancements en classe dans chaque grade, ils sont concédés par les conseils d'avancement spéciaux au corps des équipages de la flotte.

En principe, les diverses spécialités prévues pour ce dernier corps peuvent également comprendre des marins indigènes. En fait, les emplois entre lesquels ceux-ci ont pu jusqu'ici être répartis ont été à peu près exclusivement ceux de mécanicien (1), de chauffeur et de boulanger-coq, et le plus grand nombre des matelots indigènes ont effectué leur service avec le classement de « sans spécialité », correspondant à la manœuvre.

En plus des soldes, accessoires de solde et primes fixées selon les divers grades, les marins indigènes. ont droit pour leurs familles, lorsqu'ils servent hors de l'Indochine, à une indemnité de séparation et les engagés et rengagés bénéficient en outre d'une haute-paye journalière à partir de leur 5e année de service. Les quotités et les conditions d'attribution de ces diverses allocations sont fixées par un décret du 11 juillet 1908. D'autre part, tous les marins indochinois ont droit dans la colonie aux mêmes exemptions d'impôts et autres avantages locaux que les militaires indi-

---

(1) Il y a lieu de citer, comme principale source de recrutement des matelots mécaniciens indigènes, l'*école des mécaniciens asiatiques* de Saigon, établissement d'enseignement professionnel entretenu par la Cochinchine, régi par un règlement du 9 novembre 1921 et dont nous parlerons plus tard.

gènes et en particulier peuvent concourir avec ces derniers, après leur réforme ou leur libération, pour l'obtention d'emplois civils. Enfin deux décrets du 8 mai 1922, rappelés par celui que nous analysons, ont confirmé en leur faveur l'aptitude aux pensions de retraite, qui d'ailleurs leur avait déjà été reconnue par les décrets antérieurs de 1892 et 1895, en leur rendant applicables, sauf certaines modifications, la nouvelle règlementation concernant les pensions de toutes catégories dont peuvent bénéficier les équipages de la flotte, et notamment certains articles de la loi du 31 mars 1919.

A la cessation de leur service actif, les marins indigènes sont versés dans la réserve pendant un temps égal à la différence entre quinze ans et la durée de leur service effectif. En outre, ceux qui sont titulaires d'une pension proportionnelle sont maintenus dans cette situation jusqu'à ce qu'ils réunissent vingt-cinq ans de service, y compris le temps passé dans la réserve. Les marins indigènes réservistes sont administrés, selon leur circonscription d'origine, par les mêmes circonscriptions de recrutement et des réserves dont nous avons parlé à l'article 2 § 3 B et ils peuvent être appelés sous les drapeaux, par arrêtés du Gouverneur Général pris sur la proposition du Commandant de la Marine, dans les mêmes cas que les hommes de la première réserve de l'armée de terre, c'est-à-dire en cas de mobilisation partielle ou d'expédition pour une opération sur ou hors le territoire de l'Indochine, enfin pour des périodes d'exercice ou des revues d'appel. Ceux de ces marins réservistes dont le nombre excède les besoins de la mobilisation de la Marine sont d'ailleurs versés chaque année dans ladite première réserve de l'armée de terre (1).

---

(1) Neuf mois avant la promulgation du décret du 31 mai 1924, le Gouverneur Général avait déjà pris, en date du 10 novembre 1923, un arrêté étendant aux marins indigènes les dispositions du décret du 8 avril 1923 relatives aux réserves de l'armée de terre, ainsi que celles d'un arrêté du 8 novembre 1923 ayant le même objet. Il est permis de se demander si en prenant cette initiative le Chef de la colonie n'avait pas dépassé la limite de ses attributions. Aucun texte, en effet, à notre connaissance, ne lui avait donné pour ce faire la délégation spéciale du Chef de l'État qui aurait été nécessaire et que l'on ne peut trouver: ni dans les décrets des 15 mai 1892 et 26 mai 1895 organisant respectivement les corps des marins indigènes de la Cochinchine et de l'Annam-Tonkin, car ces textes sont restés muets sur la question des réserves; ni dans les décrets des 1er novembre 1904 et 22 février 1910, car ils n'ont organisé les réserves indigènes en Indochine qu'en ce qui concerne l'armée de terre et d'ailleurs, à la date dont il s'agit, ils avaient déjà été implicitement abrogés par celui du 8 avril 1923; ni dans ce dernier décret, car il énumère par ses articles 3, 4, 6, 8 et 35 les matières que le Gouverneur Général est autorisé à règlementer par arrêtés, et aucun de ces articles ne vise les

## § 6. — Défense des côtes

Contrairement à ce qui se passe dans la Métropole et dans l'Afrique du nord, où la défense des côtes est confiée à la Marine sous les ordres de quatre vice-amiraux commandant les frontières maritimes de la Manche, de l'Atlantique, du sud de la France et de l'Afrique du nord, la défense des côtes de l'Indochine est sous les ordres de l'autorité militaire. C'est ainsi que nous avons vu que le Général commandant la 3ème brigade commande la défense du point d'appui de la flotte «Saigon — Cap-Saint-Jacques» et est assisté en cette qualité, comme adjoint éventuel, par un lieutenant de vaisseau chargé du service de la reconnaissance.

# ARTICLE IV

## *SERVICES CIVILS*

L'expression « Services Civils » ne s'applique pas à un service roprement dit, mais bien à l'ensemble des fonctionnaires et gents qui, dans un rôle d'initiative ou dans un rôle d'exécution, ssurent le fonctionnement des diverses administrations dont 'étude a fait l'objet de la deuxième partie de cet ouvrage, parti-ulièrement celui de l'administration provinciale, et ont aussi our mission de veiller à la bonne exécution des services relevant e ces administrations. Nous ne pouvons donc que nous borner ci à énoncer les principales règles statutaires intéressant ce per-onnel, que nous avons compris dans le présent chapitre parce u'il est régi par décrets.

Le corps des Services Civils, à la différence de celui des dministrateurs des Colonies, est spécial à l'Indochine, et les

arins indigènes.

Quoi qu'il en soit, on doit selon nous considérer l'arrêté susvisé du 10 novembre 1923 omme tombé en caducité du fait de la promulgation du décret du 31 mai 1924, et e d'autant plus que les dispositions de ce dernier acte relatives aux réserves indigènes e l'armée de mer ne prévoient l'intervention du Gouverneur Général que lorsqu'il agit d'appeler les réservistes sous les drapeaux.

fonctionnaires qui en font partie ne peuvent normalement servir que dans cette colonie, alors que les administrateurs des Colonies, corps similaire et relevant également du Ministère des Colonies, peuvent servir indifféremment dans toutes les autres possessions dépendant de ce Département. Il est régi par un décret du 1er décembre 1920 modifié les 29 novembre 1921 et 28 décembre 1923 et aux termes duquel le personnel des Services Civils de l'Indo-chine est chargé d'assurer le fonctionnement des services d'admi-nistration générale, soit dans les provinces, soit dans les bureaux du Gouvernement Général, soit dans ceux des Résidences Supé-rieures, du Gouvernement de la Cochinchine et du Territoire de Kouang-Tchéou-Wan. Toutefois, les fonctionnaires des Services Civils peuvent être appelés à servir dans la métropole, jusqu'à concurrence d'un maximum de 2 % des effectifs, en vertu d'une décision du Ministre ou du Gouverneur Général.

Ce personnel se divise en un cadre des administrateurs et un cadre des bureaux, les effectifs de chacun d'eux étant fixés an-nuellement par des arrêtés du Ministre des Colonies, après avis du Gouverneur Général.

A) — *Cadre des Administrateurs.* — Le personnel du cadre des administrateurs comprend trois classes d'administrateurs, quatre classes d'administrateurs-adjoints dont une hors classe et une classe d'élèves-administrateurs.

Les administrateurs sont chargés : normalement, de la direction des provinces dans les divers pays de l'Union et, à Kouang-Tchéou-Wan, de celle du Territoire ; éventuellement, au Gouvernement Général, dans les Résidences Supérieures et au Gouvernement de la Cochinchine, de la direction des principaux services ; exceptionnellement et en cas d'insuffisance numérique de chefs de bureau titulaires, de la direction d'un bureau. Les administrateurs-adjoints exercent les fonctions d'adjoint ou de délégué chef de centre administratif ; en cas d'insuffisance numé-rique des administrateurs ou du personnel des bureaux, ils peuvent également être appelés soit à remplir les fonctions de chef de province soit à servir dans les bureaux comme chef ou sous-chef. Les élèves-administrateurs concourent indistinctement au service de l'administration des provinces et à celui des bureaux.

Les administrateurs ou administrateurs-adjoints sont nommés

et promus par décret sur la présentation du Gouverneur Général et sur la proposition du Ministre des Colonies. Les élèves-administrateurs sont nommés par arrêté du Ministre des Colonies.

Les élèves-administrateurs sont recrutés, à raison de cinq au moins chaque année, parmi les élèves brevetés de l'École Coloniale inscrits à la section indochinoise et ils sont nommés administrateurs-adjoints de 3e classe après une année de stage, à condition qu'ils aient témoigné d'une aptitude générale suffisante pour remplir les emplois administratifs, faute de quoi ils sont licenciés par décision du Ministre. Ils peuvent cependant être autorisés à accomplir une seconde et dernière année de stage.

Les emplois d'administrateur-adjoint de 3e classe sont attribués de la façon suivante : trois septièmes des vacances sont réservés aux élèves-administrateurs ; trois septièmes sont attribués aux rédacteurs des Services Civils comptant deux ans de services en Indochine, n'ayant pas dépassé l'âge de 35 ans et ayant subi avec succès les épreuves d'un examen d'aptitude générale et profession- elle dont le programme est fixé par un arrêté du 16 mars 1921 ; le septième restant profite aux rédacteurs de 2me et de 3me classe de l'Administration centrale des Colonies ayant respectivement six mois ou dix-huit mois d'ancienneté et aux lieutenants ou assimilés des armées de terre et de mer ayant quatre années de grade dont deux passées en Indochine et ayant subi avec succès les épreuves de l'examen dont il vient d'être parlé (à défaut de candidats pour ce septième tour, les places vacantes sont attri- buées aux rédacteurs).

Les emplois d'administrateur-adjoint de 2me et de 1re classe sont attribués pour les cinq sixièmes aux administrateurs-adjoints de la classe inférieure comptant une ancienneté minimun de deux ans dont au moins un an en service en Indochine et, pour le dernier sixième, à certaines catégories de fonctionnaires de l'Administration centrale et de magistrats indochinois ainsi qu'aux capitaines et assimilés des armées de terre et de mer, ces candidats devant avoir une certaine ancienneté de services variant selon leur origine et les officiers devant en outre subir avec succès les épreuves de l'examen auquel sont astreints les rédacteurs pour être nommés administrateur-adjoint de 3me classe.

Les emplois d'administrateur-adjoint hors classe sont exclu- sivement attribués aux administrateurs-adjoints de 1re classe comptant plus de cinq années de service dans leur classe et qui en font la demande.

Les emplois d'administrateur de 3me classe sont réservés pour les cinq sixièmes aux administrateurs-adjoints de 1re classe comptant au minimum deux années de service dans leur classe dont un an en Indochine. Le dernier sixième est réservé, à la suite d'un concours dont les conditions et le programme sont fixés par un arrêté du 26 avril 1921 modifié le 25 juillet 1923, à certaines catégories de fonctionnaires de l'Administration centrale, magistrats indochinois, capitaines et fonctionnaires des services locaux (y compris les administrateurs-adjoints des deux premières classes) remplissant certaines conditions d'âge et d'ancienneté de services.

Les emplois d'administrateur des deux premières classes sont exclusivement réservés aux administrateurs de la classe immédiatement inférieure comptant au moins deux ans de services dans leur classe dont un en Indochine.

L'avancement des administrateurs et administrateurs-adjoints des Services Civils est exclusivement donné au choix aux fonctionnaires portés sur un tableau d'avancement dressé dans des conditions fixées par un arrêté du Gouverneur Général du 24 octobre 1921 modifié le 15 avril 1924.

B) — *Cadre des bureaux*. — Le personnel du cadre des bureaux, qui est toujours subordonné au personnel du cadre des administrateurs, comprend trois classes de chef de bureau dont une hors classe, deux classes de sous-chef de bureau et deux classes de rédacteur.

Les chefs de bureau, sous-chefs de bureau et rédacteurs sont répartis suivant les besoins du service dans les bureaux du Gouvernement Général, du Gouvernement de la Cochinchine et des Résidences Supérieures. Les rédacteurs, et exceptionnellement les sous-chefs de bureau, peuvent également servir dans les bureaux des provinces.

Les rédacteurs de 2e classe se recrutent par la voie d'un concours dont la nature, le mode des épreuves et les conditions sont déterminés par un arrêté du 26 avril 1921. Sont admis à se présenter à ce concours les candidats âgés de 20 à 30 ans et pourvus du diplôme de bachelier ou de certains diplômes au moins équivalents. Les emplois de rédacteur de 1re classe et ceux de sous-chef de bureau de 2e et de 1re classe sont

spectivement attribués : pour les trois quarts des vacances,
ux agents du cadre ayant dix-huit mois ou deux ans de services
ans le grade immédiatement inférieur; pour le dernier quart,
x rédacteurs de 1re classe et aux rédacteurs principaux de
· et de 1re classe de l'Administration centrale des Colonies
ant dix-huit mois de services dans leur classe. Les cinq
xièmes des emplois de chef de bureau de 2e classe sont
ttribués aux sous-chefs de bureau de 1re classe comptant au
oins deux ans de service dans leur classe et le dernier sixième
onne lieu à un concours règlementé par arrêté du 20 mai 1921
ouvert à tous les fonctionnaires des services métropolitains,
loniaux ou locaux ayant une solde d'au moins 10.000 frs.

n les emplois de chef de bureau de 1re classe et hors classe
nt exclusivement attribués aux fonctionnaires du grade immé-
'atement inférieur.

Sauf en ce qui concerne les rédacteurs, pour lesquels
vancement est donné pour un quart à l'ancienneté, le
rsonnel des bureaux est promu exclusivement au choix
ns les mêmes conditions que celui des administrateurs,
est-à-dire après deux ans d'ancienneté dont un au moins
Indochine et sur tableau d'avancement. Les nominations
promotions sont faites par arrêtés du Gouverneur Général.


# ARTICLE V


## *SERVICE JUDICIAIRE*


Dans les précédents chapitres, nous avons déjà été amenés à
dier les règles générales qui président en Indochine à la déter-
nation de la juridiction compétente et de la législation appli-
ble selon les diverses catégories de justiciables (chap. II), ainsi
e les pouvoirs touchant à l'ordre judiciaire qui appartiennent
ns certains cas au Gouverneur Général, aux Chefs d'Adminis-
tion locale et aux chefs de province, particulièrement à ceux
ces derniers exerçant leurs fonctions en pays de protectorat

(chap. III, IV et V). Nous avons dit aussi qu'à la tête de l'organisation judiciaire est placé un Directeur de l'Administration judiciaire dont nous avons défini les attributions. Enfin nous avons parlé au chap. III et aux articles 2 et 3 du présent chapitre, ou nous parlerons au chapitre suivant, des juridictions répressives spéciales qui existent dans la colonie et qui sont la Commission criminelle (fonctionnant au Tonkin), les tribunaux militaires, les tribunaux militaires maritimes et les tribunaux maritimes commerciaux.

Il ne nous reste donc plus ici qu'à faire un exposé de l'organisation des tribunaux de droit commun, des tribunaux administratifs et des tribunaux indigènes, en suite de quoi nous parlerons des officiers publics ou ministériels et de certains autres agents qui sont en quelque sorte les auxiliaires du Service judiciaire. Nous terminerons par un bref aperçu des règles relatives à l'assistance judiciaire.

Avant de commencer cette étude, signalons une particularité assez curieuse du Service judiciaire et qui est que, à la différence des autres grands services indochinois, il n'aurait pas de chef unique étendant son action sur l'ensemble de la colonie. Avant le dédoublement de la Cour d'appel de l'Indochine, la qualité de Chef du Service judiciaire appartenait au Procureur général près cette Cour. Mais le décret du 19 mai 1919, par lequel a été réalisé ce dédoublement, n'a pu attribuer concurremment aux deux Procureurs généraux une qualité qui n'était pas susceptible de partage, et en conséquence ce décret a transféré au Gouverneur Général, agissant en l'espèce sous le contrôle permanent du Ministre des Colonies et du Garde des Sceaux, les pouvoirs dévolus dans la métropole au Ministre de la Justice. Il en résulte, au moins d'après la doctrine administrative locale exposée par de récents textes officiels, que seul le Gouverneur Général peut être actuellement considéré comme Chef du Service judiciaire, et que cette qualité n'appartient pas au Directeur de l'Administration judiciaire, lequel est simplement en la matière le conseiller et le collaborateur direct du Chef de la colonie (1).

_______________

(1) La doctrine ainsi reproduite est celle qui a été exposée en termes exprès tant par la circulaire du Gouverneur Général du 15 avril 1924 que par le rapport de présentation de l'arrêté du 11 avril de la même année portant suppression de la formalité du contreseing des actes du Chef de la colonie. Nous ne pouvons pas, dans un ouvrage d'études, ne pas y conformer notre texte. Mais nous devons également faire

## § 1. — Tribunaux de droit commun

Nous parlerons d'abord du statut des magistrats indochinois, puis nous examinerons l'organisation dans la colonie des tribunaux de droit commun, organisation qui a été règlementée à nouveau par les décrets du 19 mai 1919 et du 16 février 1921, ce dernier modifié les 10 avril 1921, 12 janvier 1922, 17 juillet et 17 novembre 1923, et qui comprend des justices de paix, des justices de paix à compétence étendue, des tribunaux de première instance, des tribunaux de commerce, des cours d'appel, des cours criminelles et une chambre d'annulation. Notons d'ailleurs que rois des juridictions du 1er degré que nous examinerons ci-dessous (justices de paix de Hanoi et de Haiphong et justice de paix compétence étendue de Sadec) n'ont pas encore été organisées, art. 211 du décret du 16 février 1921 ayant laissé au Gouverneur Général la latitude de choisir pour cela le moment opportun.

Avant de commencer cette étude, disons que la *police judiciaire* devant les tribunaux qui vont nous occuper est exercée: ar les mêmes officiers de police judiciaire qu'en France (juges instruction, procureurs de la République et leurs substituts, ommissaires de police, officiers de gendarmerie, gardes forestiers; par des officiers de police judiciaire spéciaux à la colonie ui sont les chefs de brigade et chefs de poste de gendarmerie décret du 5 mai 1901), les inspecteurs et gardes principaux de la arde indigène (décret du 27 avril 1902), les administrateurs hefs de province et les Chefs d'Administration locale (décret u 21 août 1917) et en Cochinchine, mais à l'égard des indiènes seulement, les juges de paix indigènes et tous autres onctionnaires indigènes que le Gouverneur Général pourra nvestir de cette qualité (décret du 16 février 1921); enfin par

marquer que cette doctrine nouvelle est en complète opposition avec les termes de article 68 du décret du 19 mai 1919, lequel, définissant le rôle du Directeur de Administration judiciaire, s'exprime ainsi : « Il exerce toutes les fonctions, il a toutes s attributions administratives dévolues jusqu'ici au Procureur général de l'Indochine n sa qualité de Chef du Service judiciaire». Elle paraît en conséquence difficilement ontenable, et ce d'autant plus qu'elle est pour le moment contredite par la réalité des ts, les attributions qui avaient été conférées au Procureur général, Chef du Service diciaire, notamment en ce qui concerne la procédure de nomination des avocats-fenseurs, huissiers, commissaires-priseurs, interprètes et lettrés du Service judiaire, etc..., étant actuellement exercées en fait par le Directeur de l'Administration diciaire bien que les règlements sur la matière antérieurs au décret du 19 mars 1919 aient pas été expressément modifiés.

les nombreux agents qui en France servent d'auxiliaires aux officiers de police judiciaire proprement dits, soit avec pouvoir de
rechercher et de constater certaines infractions comme les agents
des Douanes, des Postes, de l'Enregistrement, des Mines, soit seulement avec pouvoir de les constater comme les agents de police.

A) — *Statut des magistrats indochinois*. — Sauf ce qui
sera dit plus bas concernant l'organisation récente en Cochinchine d'un corps de juges de paix indigènes, les magistrats en service
dans les juridictions françaises d'Indochine sont tous Français et
font partie de la magistrature coloniale, régie par le décret du
1er décembre 1858 complété par décrets des 14 février et 11 août
1921 et 5 septembre 1923, ce dernier décret ayant été complété
lui-même par un arrêté interministériel du 22 septembre suivant.
Théoriquement, cette magistrature est commune à toutes nos
possessions outre-mer. Toutefois, depuis le décret du 11 janvier
1913 confirmé sur ce point par celui du 16 février 1921 (art. 179),
les magistrats en service en Indochine constituent en fait un
corps à peu près spécial à la colonie, car les emplois judiciaires indochinois autres que ceux de juge suppléant et
d'attaché au Parquet général leur sont réservés jusqu'à concurrence des trois quarts au moins des vacances.

Bien que les uns et les autres soient nommés et promus par
décret, il existe d'assez grandes différences entre le statut des
magistrats coloniaux et celui des magistrats métropolitains. D'une
part, les premiers, à la différence des seconds, ne relèvent pas
directement du Ministère de la Justice, mais du Ministère des
Colonies auquel ils sont considérés comme rattachés. D'autre
part, ils ne bénéficient pas du privilège de l'inamovibilité. Enfin,
dans la magistrature coloniale, il n'existe pas comme en France
une séparation nette entre la magistrature dite *assise*, comprenant
les juges proprement dits dont la fonction propre est de juger,
et la magistrature dite *debout*, c'est-à-dire les officiers du ministère public qui ont pour fonction propre d'agir au nom de la
société en requérant des juges l'application des lois et règlements
et en poursuivant à l'égard des justiciables l'exécution des jugements ainsi rendus ; c'est ainsi qu'il arrive fréquemment dans les
colonies qu'un magistrat du siège (magistrature assise) soit appelé
à de nouvelles fonctions au parquet (magistrature debout) ou
réciproquement.

La hiérarchie des magistrats en Indochine ne s'établit pas
ar grades, comme pour les fonctionnaires de l'ordre adminis-
ratif, mais selon l'importance de leurs emplois. Ces emplois
ont : pour le siège, ceux de juge de paix (à Saigon), de juge
uppléant, de lieutenant de juge près un tribunal de 3ème ou de
ème classe, de juge près un tribunal de 1ère classe, de juge de
aix à compétence étendue, de juge d'instruction (à Saigon), de
ge-président d'un tribunal de 3éme ou de 2ème classe, de prési-
ent d'un tribunal de 1ère classe, de conseiller à la Cour, de pré-
ident de chambre et de premier président de Cour ; pour le
arquet, ceux d'attaché au Parquet général, de substitut du pro-
ureur de la République, de procureur de la République, de
ubstitut du Procureur général, d'avocat général et de Procureur
énéral. Au point de vue de l'attribution des soldes, ces divers
plois, à l'exception de ceux de président de chambre, premier
résident, attaché aux parquets généraux, avocat général et pro-
ureur général, sont répartis en quatre classes dont la quatrième
t la troisième comportent chacune deux échelons. Leurs titulai-
s sont tous tenus, avant d'entrer en fonctions, de prêter serment
evant le corps judiciaire auquel ils appartiennent (1).

Ainsi que nous l'avons dit, tous les magistrats sont nommés
promus par décret, à l'exception toutefois des attachés aux
rquets généraux, au nombre de six, qui sont nommés par
rêté du Ministre des Colonies. Sauf en ce qui concerne les pré-
dents de chambre, premiers présidents, avocats généraux et
ocureurs généraux, ces promotions par décret ne peuvent avoir
eu qu'après inscription à un tableau d'avancement établi par
e commission nommée par le Ministre des Colonies après avis
Ministre de la Justice et siégeant à Paris sous la présidence
un président de chambre à la Cour de Cassation, commission
i est également chargée de donner son avis sur les demandes
admission des magistrats de l'Indochine dans le cadre des au-
es colonies ou dans le cadre métropolitain et réciproquement.

C'est également par décret que les magistrats sont désignés
ur les postes qu'ils doivent occuper, ce qui est une remar-
able exception à la règle générale selon laquelle les

---

(1) Toutefois, les membres des tribunaux de commerce prêtent serment devant
Cour d'appel ou le tribunal délégué par cette Cour.

affectations de tous les personnels civils servant en Indochine sont prononcées par l'autorité locale (1).

Sans préjudice de la réprimande qui peut être adressée aux magistrats de tous ordres par le Gouverneur Général (décret du 19 mai 1919 article 58), de l'avertissement qui peut leur être infligé par le Premier président ou le Procureur général selon qu'ils appartiennent au siège ou au parquet, l'action disciplinaire est exercée sur les magistrats: s'il s'agit de juges proprement dits, par la Cour d'appel du ressort, sous réserve, pour les peines supérieures à la censure simple, de l'approbation du Gouverneur Général après avis du Conseil privé ou de Protectorat; s'il s'agit des officiers du ministère public, par le Gouverneur Général après avis du même conseil (2).

Enfin, les membres de l'ordre judiciaire bénéficient, lorsqu'ils sont prévenus de délits ou de crimes, du privilège de juridiction institué par les articles 479 et suivants du Code d'instruction criminelle. Si l'infraction a été commise hors de l'exercice des fonctions de l'intéressé, elle ne peut être jugée, et alors en premier et dernier ressort, que par la Cour d'appel au ressort de laquelle le magistrat en cause n'appartient pas; en outre, si ce magistrat est membre du siège ou du parquet d'une Cour d'appel, la Cour de Cassation a pouvoir d'examiner s'il y a lieu d'autoriser les poursuites. Si l'infraction a été commise dans l'exercice des fonctions, la compétence appartient à la Cour d'appel dans les mêmes conditions que ci-dessus si le

---

(1) Nous parlons là des affectations des titulaires de ces postes. S'il s'agit simplement d'un intérim, les mutations nécessaires sont prononcées: dans l'intérieur d'un même ressort de Cour d'appel, par le Premier président ou le Procureur général selon que le poste à pourvoir appartient au siège ou au parquet de l'un ou de l'autre des deux ressorts ; d'un de ces ressorts à l'autre, par le Gouverneur Général sur la proposition du Directeur de l'Administration judiciaire et après désignation par le Premier président ou par le Procureur général intéressé du magistrat à emprunter. Nécessairement fréquentes, ces mutations sont une source de dépenses et une cause d'instabilité du personnel judiciaire et il est généralement estimé que les magistrats indochinois, n'étant pas inamovibles, devraient être affectés par décret, non à un poste déterminé, mais au ressort d'une des deux Cours d'appel.

(2) Il ne s'agit ici que des peines disciplinaires inférieures prévues comme pouvant être infligées dans la colonie par les dispositions des décrets du 17 mai 1895 et du 8 août 1898, maintenues en vigueur par l'article 177 du décret du 16 février 1921 (censure simple, censure avec réprimande et suspension provisoire). Si les faits paraissent comporter une sanction plus grave, le pouvoir disciplin. est alors exercé par le Ministre des Colonies, avec le concours du Garde des Sceaux et après que l'intéressé a été traduit à Paris devant le Conseil de discipline de la magistrature coloniale.

magistrat inculpé appartient à une juridiction inférieure et à la Cour de Cassation s'il appartient à une Cour d'appel.

### B) — *Justices de paix.*

1° — *Justices de paix occupées par un magistrat français.* — Le décret du 16 février 1921 a prévu trois de ces juridictions, siégeant à Saigon, Hanoi et Haiphong et ayant respectivement pour ressort le territoire de chacune de ces villes, sauf que le ressort de la justice de paix de Saigon comprend aussi la ville de Cho-lon. Cette dernière juridiction est la seule de l'espèce qui soit autonome; elle se compose d'un juge de paix assisté d'un greffier et de commis-greffiers, et, lorsque le juge de paix statue en matière de simple police, d'un représentant du ministère public qui est le commissaire central ou commissaire de police. Quant à Hanoi et à Haiphong, il a été prévu par le décret de 1921 que, dès que les circonstances le permettraient, la justice de paix y serait occupée par un juge détaché du tribunal de première instance avec l'assistance d'un ou plusieurs commis-greffiers et, éventuellement, du même officier du ministère public que ci-dessus. Mais en réalité, actuellement, la justice de paix se confond dans ces deux villes avec le tribunal de première instance, qui comme par le passé tient des audiences spéciales pour le règlement des affaires de justice de paix et en connaît alors, dans tous les cas, en premier et dernier ressort.

En dehors du ressort territorial des trois justices de paix susvisées, les fonctions de juge de paix sont remplies, selon le cas, par le président du tribunal de première instance ou le juge de paix à compétence étendue, qui alors statue toujours en premier et dernier ressort ; le tout sous réserve de ce qui sera dit ci-après concernant les justices de paix occupées en Cochinchine par un juge indigène, et aussi sous réserve de ce qui a été dit au chapitre V concernant la partie des attributions du juge de paix attribuée aux administrateurs chefs de province et de délégation en dehors des ressorts des tribunaux de première instance et justices de paix à compétence étendue.

En matière civile, les justices de paix connaissent en principe des actions personnelles et mobilières jusqu'à 300f. en dernier ressort et jusqu'à 600f. à charge d'appel devant le tribunal de première instance, dont l'audience doit alors être tenue par le président ou le vice-président ; toutefois, il existe des cas où elles peuvent statuer en premier ressort jusqu'à 1.500 f. et même quelle que soit l'importance de la demande et, en sens inverse, il existe aussi des cas où elles ne peuvent statuer qu'à charge d'appel. Quant aux actions immobilières, les juges de paix ne peuvent en connaître, et alors toujours à charge d'appel, que lorsqu'il s'agit d'une action possessoire. Comme juge de simple police, le juge de paix connaît, sauf certaines exceptions, de toutes les contraventions, mais ne statue en dernier ressort que si la seule peine prononcée est l'amende et si le total de cette amende et des réparations civiles ordonnées n'excède pas 5 fr. Enfin, les juges de paix sont investis de certaines attributions tutélaires et conciliatrices extra-judiciaires (présidence des conseils de famille, établissement des actes d'émancipation, d'adoption, de tutelle officieuse, apposition et levée des scellés. tentative de conciliation des parties, etc...).

2° — *Justices de paix occupées par un juge indigène.* — Un arrêté du Gouverneur Général du 25 juillet 1923, pris par application du décret du 16 février 1921, a organisé à titre provisoire un corps de juges de paix indigènes en Cochinchine. Les agents investis de ces fonctions ne constituent cependant pas pour le moment un cadre spécial : ce sont simplement des fonctionnaires indigènes temporairement détachés du service public auquel ils appartiennent et dont ils continuent à faire partie. Ils sont désignés par le Gouverneur Général, sur la proposition du Directeur de l'Administration judiciaire et après un concours qui a lieu à Saigon, parmi : soit les đốc-phủ-sứ, phủ et huyện de Cochinchine, les commis indigènes du Gouvernement ou des provinces de Cochinchine, les interprètes en chef et commis-interprètes du Service judiciaire, comptant au moins vingt ans de service et originaires de Cochinchine ; soit les docteurs et licenciés en droit et les élèves diplômés de l'Ecole de Droit et d'Administration originaires de Cochinchine et comptant au moins dix ans de fonctions dans un des services de l'Indochine. Ils sont placés, pour l'exercice de leurs fonctions judiciaires sous l'autorité du Premier président et du Procureur général. Chacun d'eux est assisté sous ses ordres directs par un secrétaire indigène faisant fonctions de greffier qui est détaché à titre provisoire du cadre des secrétaires interprètes du Service judiciaire et désigné par le Gouverneur de la Cochinchine sur la proposition du Procureur général.

Les règles de l'organisation et de la compétence de ces juridictions spéciales ont été déterminées dans leurs grandes lignes par le décret du 16 février 1921 dont les détails d'application à ce point de vue ont été fixés par un arrêté du Gouverneur Général du 7 mars 1924, texte concernant également la procédure à suivre. Ces justices de paix ne sont compétentes que lorsque toutes les parties en cause sont des Annamites ou assimilés, lesquels doivent se présenter eux-mêmes ou se faire représenter par leurs proches parents. Il n'existe auprès d'elles aucun représentant du ministère public, sauf le droit réservé au Procureur général et au procureur de la République de leur adresser des conclusions écrites. Les significations, notifications et actes d'exécution concernant leurs jugements sont accomplis par les notables des villages, à l'exclusion de tout huissier. En matière civile, les juges de paix indigènes ont la même compétence que les juges de paix français; mais les parties peuvent convenir d'un commun accord soit que leur litige sera porté devant un juge de paix autre que celui du domicile du défendeur ou de la situation de l'objet litigieux soit que la compétence de ce magistrat quant aux actions personnelles et mobilières sera étendue au delà de ses limites ordinaires. En matière criminelle, les juges de paix indigènes de Cochinchine ont également la même compétence que les juges de paix français en ce qui concerne les contraventions prévues par le Code Pénal modifié par le décret du 31 décembre 1912 (voir chap. II-art. 4-§ 2) et ils connaissent en outre, lorsque cette connaissance est attribuée aux juges de paix, des infractions prévues par les règlements spéciaux applicables en Cochinchine aux indigènes et asiatiques assimilés. L'appel pouvant être éventuellement formé contre leurs jugements civils ou de police est porté devant le tribunal de première instance ou la justice de paix à compétence étendue. Leurs attributions tutélaires et conciliatrices à l'égard de leurs justiciables sont celles qui appartiennent aux juges de paix français, plus certaines autres résultant des dispositions du décret du 3 octobre 1883 fixant au point de vue judiciaire le statut personnel des indigènes sujets français. Enfin ils exercent la police judiciaire pour tous crimes ou délits commis par les indigènes, attributions qui n'appartiennent pas aux juges de paix français, et ils procèdent sur délégation des autorités judiciaires à toutes enquêtes et constats en toutes matières indigènes.

C) — *Justices de paix à compétence étendue*. — Dans le ressort de la Cour d'appel de Saigon, les sièges et les ressorts de ces juridictions sont les suivants : Baria, qui comprend la province de ce nom, y compris le Cap Saint-Jacques ; Biênhoa, dont le ressort s'étend aux provinces de Biênhoa et de Thudâumôt; Sadec (non encore organisée) et Tâyninh, comprenant chacune la circonscription administrative du même nom. Elles sont composées d'un juge de paix, d'un juge suppléant (sauf en principe à Baria), d'un greffier et s'il y a lieu d'un ou plusieurs commis-greffiers.

Dans le ressort de la Cour d'Appel de Hanoi, les justices de paix à compétence étendue sont : celle de Namdinh, avec compétente territoriale sur les provinces de Namdinh, Thaibinh et Hanam; celle de Vinh, dont le ressort comprend les provinces de Thanh-hoa, Nghê-An et Ha-tinh ; celle de Vientiane, comprenant la province du même nom ; enfin celle de Fort-Bayard, dont le ressort s'étend à tout le territoire de Kouang-Tchéou-Wan. Leur composition est la même que celle des justices de paix à compétence étendue de la Cochinchine, sauf que celles de Vientiane et de Fort-Bayard ne comportent pas de juge suppléant.

Rappelons d'autre part ce que nous avons dit au chapitre V concernant des *tribunaux résidentiels* qui, dans le ressort de chacune des Cours d'appel, fonctionnent dans de nombreuses provinces des pays de protectorat et ne sont autres que des justices de paix à compétence étendue ; et ajoutons qu'il en est de même, dans les îles de Poulo-Condore, pour le directeur du pénitencier.

En matière civile et sous réserve de ce qui a été dit ci-dessus concernant la compétence en dernier ressort des justices de paix spéciales à la Cochinchine, les justices de paix à compétence étendue et tribunaux résidentiels connaissent en premier et dernier ressort des actions personnelles et mobilières jusqu'à 1.500f. ou 500$ ou 1000 gia de paddy en principal et des actions immobilières jusqu'à 100 f. ou 60$ ou 40 gia de paddy de revenu; elles connaissent de toutes les autres actions à charge d'appel devant la Cour. Toutefois, s'il ne s'agit pas d'une matière intéressant l'ordre public, les parties peuvent autoriser le juge à statuer en dernier ressort au delà des taux de compétence indiqués ci-dessus. En matière répressive, elles connaissent à charge d'appel devant la Cour de tous les délits correctionnels et en dernier ressort de toutes les contraventions. Elles connaissent aussi, en Cochinchine et chacune en ce qui concerne son ressort, des appels formés contre les jugements rendus en premier ressort et en toutes matières par les justices de paix dites indigènes spéciales à cette colonie. En outre, le juge de paix à compétence étendue qui les préside ou qui les constitue à lui seul est investi de toutes les attributions conférées aux présidents des tribunaux de première instance, et notamment de la connaissance des matières commerciales dans les mêmes conditions que les tribunaux de commerce.

Le ministère public n'est pas représenté d'ordinaire auprès des justices de paix à compétence étendue ; mais, dans les cas où la loi lui attribue le droit de se porter partie principale en matière civile, ce droit est exercé par le Procureur général du ressort par voie de conclusions écrites.

D) — *Tribunaux de première instance.* — Tant en ce qui concerne la juridiction elle-même que les attributions spéciales du magistrat qui la préside, ces tribunaux ont exactement la même compétence en toutes matières que les justices de paix à compétence étendue, èt, comme ces dernières et selon les mêmes distinctions, jugent tantôt en premier et dernier ressort, tantôt au premier ressort à charge d'appel devant la Cour, tantôt enfin en dernier ressort lorsqu'ils statuent en Cochinchine sur un appel formé contre un jugement d'une des justices de paix dites indigènes spéciales à cette colonie. En outre, le tribunal de première instance de Saigon juge en dernier ressort les appels formés contre les jugements de la justice de paix de cette ville, et il en sera de même pour les tribunaux de Hanoi et de Haiphong lorsque les justices de paix de ces villes auront été rendues autonomes.

A chacun des tribunaux de première instance sont attachés d'une part un procureur de la République qui à Saigon est assisté d'un substitut, d'autre part un greffier et le plus souvent un ou plusieurs commis-greffiers.

Ils sont, comme en France, répartis en trois classes selon leur importance.

Les tribunaux de 3e classe sont ceux de Bêntre, Long-xuyên, Soctrang, Travinh, Bacliêu, Châudôc et Rachgia, les quatre premiers comportant chacun un juge président, un lieutenant de juge chargé de l'instruction et un juge suppléant, les trois derniers un juge président chargé de l'instruction et un juge suppléant. Leur ressort s'étend au territoire de la province du même nom, sauf que celui du tribunal de Châudôc comprend aussi la province de Hàtiên.

Les tribunaux de 2e classe sont : d'une part, ceux de Mytho, Vinhlong et Cantho, avec la même composition que les tribunaux de Bêntre, Longxuyên, Soctrang et Travinh ; d'autre part, ceux de Tourane et de Phnom-Penh, avec la même composition que ceux de Bacliêu, Châudôc et Rachgia. Le ressort du tribunal de Mytho comprend les provinces de Mytho, Tânan et Gocông ; celui des tribunaux de Vinh-long et de Cantho, la province de ce nom (1) ; celui du tribunal de Phnom-Penh comprend la ville de Phnom-Penh et les provinces de Kandal, Kompong-Cham et Prey-Veng ; celui du tribunal de Tourane comprend la ville de Tourane, le huyện voisin et les provinces de Quangtri, de Thua-Thiên et de Quang-Nam.

Les tribunaux de 1re classe sont ceux de Saigon, Hanoi et Haiphong. — Celui de Saigon, dont le ressort comprend les villes de Saigon et de Cholon et les provinces de Cholon et de Giadinh, comporte un président, un vice-président, un juge chargé de l'instruction, un autre juge et quatre juges suppléants, plus éventuellement un cinquième juge suppléant pouvant en cas de besoin être adjoint au juge d'instruction. Il est subdivisé en deux chambres dont la deuxième, présidée par le vice-président, connaît exclusivement des litiges entre Annamites et assimilés quand il y a lieu d'appliquer la législation spéciale aux indigènes sujets français et dont la première, présidée par le président, connaît de toutes les autres affaires. — Le tribunal de Hanoi, dont le ressort s'étend à la ville de Hanoi et aux provinces de Hadông, Bac-ninh, Sontây, Hung-Yên, Vinh-Yên, Bac-Giang et Phuc-Yên, comprend un président, deux juges dont le plus ancien est chargé de l'instruction et deux juges suppléants (plus quatre juges qui sont simplement attachés pour ordre à cette juridiction et sont spécialement affectés, comme nous le verrons plus loin, à la présidence des tribunaux indigènes du deuxième degré ). — Enfin le tribunal de Haiphong, dont le ressort embrasse la ville de Haiphong et les provinces de Kiên-An, Haidương et Quang-Yên,

(1) La compétence territoriale du tribunal de Vinh-long s'étend aussi à la province de Sadec, en attendant l'organisation de la justice de paix à compétence étendue prévue pour cette province par le décret du 11 février 1921.

comprend un président, deux juges dont le plus ancien est chargé de l'instruction et un juge suppléant.

Dans tous les tribunaux de première instance, les juges suppléants peuvent selon les besoins être affectés indifféremment au siège ou au parquet. Toutes leurs audiences doivent en principe être tenues, sauf à Saigon, par le président lui-même.

Ajoutons que les membres de ces juridictions, de même d'ailleurs que les juges de paix à compétence étendue, peuvent toujours tenir dans leur ressort des audiences foraines qui ont lieu sans l'assistance d'un représentant du ministère public.

E) – *Tribunaux de commerce*. — Il existe à Saigon, à Hanoi et à Haiphong un tribunal mixte de commerce ayant le même ressort, le même président et le même greffier que le tribunal de première instance siégeant au même lieu. Les autres membres de ces juridictions, auprès desquelles il n'existe aucun représentant du ministère public et qui ont la même compétence que les tribunaux de commerce métropolitains, sont appelés *juges consulaires*. Ils sont élus pour deux ans par l'ensemble des électeurs français de la Chambre de Commerce de leur siège, selon le mode adopté pour l'élection des membres de cette Chambre, parmi les électeurs français à ladite assemblée, âgés de 25 ans au moins et domiciliés dans le ressort du tribunal. Leur mandat est gratuit. Ils sont régulièrement dans chaque tribunal au nombre de deux titulaires et quatre suppléants ; mais en cas de besoin, ce nombre peut être augmenté par des élections complémentaires prescrites par le Directeur de l'Administration judiciaire sur la proposition du Premier président de la Cour d'appel du ressort (1).

F) — *Cours d'appel*. — Depuis le décret du 19 mai 1919, il en existe deux, siégeant respectivement à Hanoi et à Saigon. Leur composition, telle qu'elle avait été fixée par le décret précité, a été modifiée par ceux des 3 mars, 17 juillet et 21 août 1923. Chacune d'elles comprend un premier président, un président de chambre, des conseillers qui sont au nombre de dix à Saigon et de neuf à Hanoi, un greffier en chef et plusieurs commis-greffiers.

---

(1) Cette augmentation a eu lieu à Saigon, où le nombre de ces juges est actuellement de quatre titulaires et huit suppléants.

Quant au ministère public, il est représenté auprès de chaque Cour par un Procureur général, trois avocats généraux et deux substituts généraux, ces magistrats étant assistés par trois attachés au parquet général (1).

La Cour d'appel de Saigon connaît des appels formés contre les jugements rendus en premier ressort et en toutes matières: d'une part, par les tribunaux français de la Cochinchine, du Cambodge (y compris la circonscription de Battambang), des provinces annamites de Binh-Thuân, Phan-Rang, Khanh-Hoa, Phu-Yên, Binh-Dinh, Kontum, Haut-Donnaï et Lang-Bian et des provinces laotiennes de Bassac, Attopeu, Saravane et Savanna-khet ; d'autre part, par les tribunaux consulaires de la Chine (Yunnan excepté) et du Siam. Elle se subdivise en deux chambres. La deuxième, habituellement présidée par le président de chambre et comprenant deux conseillers, connaît plus particulièrement des appels des jugements rendus par les tribunaux français statuant en matière civile indigène ou à l'égard des Annamites ou assimilés inculpés de délits correctionnels. La première chambre, habituellement présidée par le premier président et comprenant aussi deux conseillers, connaît plus particulièrement des autres affaires. Si les besoins du service l'exigent, la Cour peut former des sections temporaires de l'une ou de l'autre de ces deux chambres.

La Cour d'appel de Hanoi connaît des appels formés contre les jugements rendus en premier ressort et en toutes matières par les tribunaux français du Tonkin, du Territoire de Kouang-Tchéou-Wan et des provinces de l'Annam et du Laos non comprises dans le ressort de la Cour de Saigon, des mêmes appels formulés contre les jugements des tribunaux consulaires du Yunnan, enfin des appels et des demandes en annulation formés contre les jugements rendus par les tribunaux indigènes du Tonkin ainsi que des demandes en revision formulées contre les mêmes jugements ou contre ses propres arrêts en matière indigène devenus définitifs. Elle se subdivise en deux chambres ; la première est

_____________

(1) Ces attachés aux parquets généraux ne font pas partie à proprement parler du ministère public. Ce sont en quelque sorte des magistrats à la suite dont l'emploi, supprimé par le décret du 19 mai 1919, a été rétabli par celui du 16 février 1921 en raison de la nécessité d'avoir du personnel immédiatement disponible en vue de pourvoir les postes des juridictions inférieures qui pourraient se trouver momentanément sans titulaires.

présidée et composée de la même façon que la première chambre de la Cour d'appel de Saigon ; la deuxième, qui est présidée par le président de chambre, comprend un conseiller et un haut mandarin indigène et peut au besoin être complétée par la création d'une deuxième section présidée par un conseiller et comprenant un autre conseiller et un second haut mandarin. Cette deuxième chambre connaît uniquement des appels et recours en matière indigène ci-dessus énumérés, tandis que la première chambre connaît exclusivement des autres affaires.

Les Cours d'appel de l'Indochine sont également compétentes, en vertu de deux lois du 28 avril 1869 et du 15 juillet 1910, pour juger en premier et dernier ressort les crimes commis par les citoyens, sujets ou protégés français soit en Chine sauf le Yunnan et au Siam ( Cour d'appel de Saigon ) soit au Yunnan (Cour d'appel de Hanoi). En ce cas, la Cour est composée du premier président et de quatre conseillers français faisant partie des deux chambres ordinaires.

Les Cours d'appel ( chambre des appels de police correctionnelle ) connaissent aussi, lorsque les poursuites ne comprennent que ces individus, des crimes commis par les déportés, les condamnés aux travaux forcés et les libérés de cette dernière peine astreints à résidence, et alors elles jugent généralement sur pièces ( sauf s'il s'agit d'un crime pouvant entraîner la peine de mort ).

Enfin, lorsqu'il s'agit soit des instructions relatives aux affaires de la compétence des Cours criminelles existant en Indochine, soit des instructions relatives aux affaires criminelles ressortissant exceptionnellement à la connaissance des Cours d'appel, soit des oppositions formées aux ordonnances des juges d'instruction, soit enfin des demandes de réhabilitation, l'information est suivie et la Cour éventuellement saisie par une *chambre des mises en accusation* qui est constituée dans le sein de chaque Cour d'appel et composée de trois de ses membres.

G) — *Cours criminelles.* — I). — Les crimes commis dans tout le ressort de chaque Cour d'appel par les Français ou assimilés sont jugés par deux Cours criminelles siégeant respectivement à Saigon et à Hanoi, réserve faite de ce qui vient d'être dit concernant la connaissance par les Cours d'appel de ceux commis en Chine et au Siam. Ces Cours criminelles sont présidées par un membre de la Cour d'appel (autant que possible le premier président ou le président de chambre) et comprennent deux conseillers à cette cour (ou, à défaut, deux magistrats de première instance) et quatre *assesseurs* citoyens français (1).

Ces derniers sont choisis de la façon suivante. A la fin de chaque année, une liste de soixante notables français résidant dans le ressort, âgés de 30 ans au moins, jouissant de leurs droits civils et politiques et n'étant ni membres de l'ordre judiciaire, ni ministres d'un culte, ni militaires en activité de service est dressée pour l'année suivante par une commission qui selon le ressort est présidée par le Gouverneur de la Cochinchine ou le Résident Supérieur au Tonkin et comprend le ou les présidents des tribunaux de première instance de 1re classe, un membre du Conseil Privé ou de Protectorat, enfin un membre du conseil municipal de Saigon ou un membre de chacun des conseils municipaux de Hanoi et de Haiphong. Ensuite, huit jours avant l'ouverture de la session criminelle, le président de la Cour Criminelle ou son délégué tire au sort sur cette liste, en chambre du conseil et en présence du Procureur général ou de son délégué, du greffier et des accusés, les noms de seize notables qui constituent la liste spéciale pour la session. Enfin, au jour fixé pour le jugement de chaque affaire, en audience publique et en présence de ces seize notables ou eux dûment appelés, il est procédé au tirage au sort de bulletins sur chacun desquels est inscrit le nom d'un de ces notables. Au fur et à mesure que ces noms sortent de l'urne, le ministère public et l'accusé peuvent chacun exercer quatre récusations péremptoires. Les quatre premiers noms qui sortent sans faire l'objet d'une récusation sont ceux des notables qui seront assesseurs pour le jugement de l'affaire. Il peut également

---

(1) Il faut se garder d'assimiler ces assesseurs au jury des Cours d'assises métropolitaines. Ce dernier, qui constitue un organe de la juridiction criminelle distinct de la Cour d'assises elle-même, est appelé à statuer personnellement mais exclusivement sur le fait qui est la matière de l'accusation et sur la culpabilité de l'accusé, et c'est à la Cour seule qu'appartient l'appréciation de tous les points de droit et notamment l'application de la peine. Les assesseurs des Cours criminelles indochinoises, au contraire, font partie intégrante, pour l'affaire en cause, de ces juridictions et ils ont voix délibérative, au même titre que les trois magistrats avec lesquels ils siègent, non seulement sur toutes les questions posées par le président comme résultant de l'acte d'accusation et des débats et sur la question des circonstances atténuantes, mais aussi sur l'application de la peine. Toutefois, ils ne participent ni au règlement des incidents de droit et de procédure qui pourraient s'élever ni à la connaissance des demandes en dommages-intérêts.

être désigné dans les mêmes conditions un ou deux assesseurs suppléants.

II) — Les crimes commis par les Annamites ou assimilés dans le ressort indochinois de la Cour d'appel de Saigon sont jugés par cinq Cours criminelles, siégeant respectivement à Saigon, Mytho, Cantho, Vinhlong et Phnom-Penh, entre lèsquelles sont répartis les divers territoires qui constituent ce ressort. Les crimes commis dans le ressort indochinois de la Cour d'appel de Hanoi par les Annamites ou assimilés justiciables des juridictions françaises sont jugés par une Cour criminelle siégeant à Hanoi et ayant le même ressort que cette Cour d'appel.

Les Cours criminelles de Saigon et de Hanoi sont présidées et composées de la même façon que les Cours criminelles siégeant dans les mêmes villes et connaissant des crimes commis par les Français ou assimilés, sauf que les quatre assesseurs français y sont remplacés par deux assesseurs annamites. Exceptionnellement, elles jugent sans le concours de ces assesseurs lorsqu'il s'agit de poursuites criminelles comprenant uniquement des relégués collectifs internés à Poulo-Condore, Cao-Bang ou Ha-Giang (décret du 19 décembre 1915). Les quatre autres Cours criminelles sont présidées par un magistrat de la Cour d'appel de Saigon (généralement un conseiller) et comprennent deux autres conseillers ou, à défaut, magistrats des tribunaux de première instance du ressort et deux assesseurs annamites ou, à Phnom-Penh, cambodgiens.

Pour la désignation des assesseurs indigènes, on procède de la façon suivante. A la fin de chaque année, le Résident Supérieur au Tonkin pour la Cour criminelle de Hanoi, le Résident Supérieur au Cambodge pour celle de Phnom-Penh et le Gouverneur de la Cochinchine pour chacune des quatre autres Cours criminelles dressent en Conseil Privé ou de Protectorat une liste de vingt notables indigènes réunissant les mêmes conditions que celles énumérées ci-dessus pour les assesseurs français des Cours criminelles en matière française, sauf qu'ils doivent avoir au moins 25 ans et qu'ils sont choisis de préférence parmi ceux connaissant le français. Ensuite, cinq jours au moins avant l'ouverture de la session criminelle, il est procédé, sur cette liste de vingt notables et dans les mêmes formes que celles exposées ci-dessus pour le choix des quatre assesseurs français, au tirage au sort de deux noms qui seront ceux des assesseurs pour toutes les affaires inscrites au rôle de la session. Deux assesseurs suppléants sont également tirés au sort dans les mêmes conditions (1).

III) — Les fonctions de ministère public près les Cours criminelles sont remplies par le Procureur général, un avocat général ou un substitut général; elles peuvent aussi l'être, mais seulement s'il s'agit des quatre Cours criminelles autres que celles de Saigon et de Hanoi, par le procureur de la République près le tribunal du siège de la Cour criminelle. Les fonctions de greffier sont occupées à Saigon et à Hanoi par le greffier en chef de la Cour d'appel ou un commis greffier, dans les autres Cours criminelles par le greffier du tribunal ou un commis greffier.

Les Cours criminelles siègent tous les trois mois à des dates d'ouverture fixées à la fin du trimestre précédent par le premier président de la Cour d'appel, lequel peut aussi, sur la demande du Gouverneur Général ou du Procureur général, ordonner une session extraordinaire. Les présidents et juges qui les composent sont également désignés, pour chaque tenue de Cour criminelle, par le premier président de la Cour d'appel; toutefois, ils peuvent aussi l'être par le Gouverneur Général, mais seulement du 1er au 50e jour de chaque trimestre et pour la session suivante. En aucun cas ils ne peuvent être pris parmi les magistrats qui ont procédé à l'instruction ou qui ont fait partie de la chambre des mises en accusation lors du renvoi de l'affaire devant la Cour criminelle.

H) — *Chambre d'annulation.* — Il y a pour toute l'Indochine une Chambre d'annulation qui connaît des pourvois formés par l'un ou l'autre des deux procureurs généraux contre les jugements rendus en dernier ressort par les juges de paix ou les tribunaux statuant en matière de simple police ou en matière civile indigène, y compris ceux rendus par les justices de paix cochinchinoises occupées par un juge annamite. Cette Chambre n'est pas à proprement parler une juridiction distincte, car elle est formée dans le sein même de la Cour d'appel de

_______________

(1) Tout ce que nous avons dit ci-dessus au sujet du rôle des assesseurs français s'applique exactement ici aux assesseurs indigènes.

Saigon. Elle est composée des plus hauts magistrats de cette Cour: son premier président, qui la préside, et ses quatre conseillers les plus anciens. En outre, le siège du ministère public ne peut y être occupé que par le Procureur général et le greffier en chef doit tenir la plume lui-même.

Il peut être intéressant de compléter cette étude sommaire de l'organisation des tribunaux de droit commun dans les colonies par quelques indications statistiques concernant le nombre des affaires solutionnées par les juridictions des divers ordres.

Au cours de l'année 1923 et en matière répressive, il a été jugé: par les deux Cours criminelles avec assesseurs français, 11 crimes dont 4 à Saigon et 7 à Hanoi ; par les cinq Cours criminelles avec assesseurs indigènes, 297 crimes dont 265 en Cochinchine et au Cambodge et 32 à Hanoi; par les tribunaux correctionnels, 12.020 délits dans le ressort de la Cour d'appel de Saigon et 5586 dans le ressort de celle de Hanoi ; par les tribunaux de simple police, 5345 contraventions dans le premier ressort et 1456 dans le second (1).

Pendant la même année, les diverses juridictions du 1er degré ont jugé 10.492 affaires civiles ou commerciales dans le ressort d'appel de Saigon et 1878 dans celui de Hanoi, la Cour de Saigon a statué sur 616 appels et celle de Hanoi sur 594 ( plus 1250 arrêts rendus en matière indigène par la 2e chambre de cette dernière Cour), enfin la Chambre d'annulation a statué sur 25 causes.

## § 2. — Tribunaux administratifs (2)

Ces organismes spéciaux, qui ne se rattachent qu'indirectement au Service judiciaire, ont pour mission principale de juger en premier ressort les procès qui naissent entre les particuliers d'une part, et, d'autre part, les diverses administrations publi-

---

(1) Il résulte de ces chiffres que la criminalité est plus forte dans le sud que dans le nord de l'Indochine. La différence est cependant moins considérable qu'elle paraît être, car il faut tenir compte des affaires pénales jugées au Tonkin par les tribunaux indigènes, juridictions qui n'existent pas en Cochinchine.

(2) C'est seulement depuis un décret du 16 juin 1910 que ces tribunaux ont une existence autonome. Antérieurement, la justice administrative était rendue en Indochine par le Conseil Privé de la Cochinchine ou par le Conseil de Protectorat du Tonkin, à chacun desquels étaient alors adjoints deux magistrats désignés chaque année par le Gouverneur Général.

ques, ces dernières étant presque toujours défenderesses. A ce point de vue, ces tribunaux, dont la dénomination est celle de *Conseil du Contentieux administratif de l'Indochine* ont un rôle plus important que les Conseils de préfecture métropolitains, car ils connaissent sans distinction de tout le contentieux administratif soulevé dans la colonie et y ont par suite pleine juridiction (1), tandis que les Conseils de préfecture sont des juridictions d'attributions ne pouvant connaître que des catégories d'affaire sur lesquelles une loi spéciale leur a attribué compétence. Les Conseils du contentieux administratif ont en outre d'autres attributions. C'est ainsi, nous l'avons déjà vu, qu'ils jugent les demandes en décharge ou en réduction formulées à l'occasion des contributions directes ou taxes assimilées et qu'ils statuent également sur certaines contestations en matière électorale. Il peut même arriver qu'ils fonctionnent comme juridictions répressives, car ils ont la connaissance des contraventions de grande voirie (2).

Il existe en Indochine deux Conseils du contentieux administratif : l'un siégeant à Hanoi, avec ressort s'étendant sur le Tonkin, l'Annam et Kouang-Tchéou-Wan ; l'autre siégeant à Saigon, avec ressort comprenant la Cochinchine, le Cambodge

---

(1) A condition toutefois que l'État ne soit pas en cause, car au cas contraire la compétence appartient en premier et dernier ressort au Conseil d'État, à moins toutefois qu'il s'agisse d'une contestation relative à l'exécution d'un marché de fournitures ou de travaux passé par l'État dans la colonie.

(2) Mentionnons aussi, à titre de curiosité historique, qu'un décret du 17 septembre 1882 attribue au Conseil du Contentieux siégeant à Saigon la connaissance en premier et dernier ressort des conflits survenus en matière de contentieux administratif entre le Gouvernement cambodgien et les sujets européens ou américains. Nous ne pensons pas que cette attribution ait été fréquemment exercée dans le passé et, quant à l'avenir et bien que le décret susvisé n'ait pas été explicitement abrogé, il nous paraît impossible qu'elle puisse l'être, au moins dans les conditions où cet acte présidentiel l'avait dévolue au tribunal administratif de Saigon, c'est-à-dire à titre d'attribution spéciale, étrangère à la compétence de droit commun de cette juridiction. En effet, l'ordonnance royale du 17 juillet 1897 par laquelle le souverain cambodgien a soumis à l'approbation préalable du Résident Supérieur, pour qu'ils reçoivent force exécutoire, tous les actes de son gouvernement a entraîné, tant en droit qu'en fait, une véritable absorption par l'autorité française de la souveraineté de ce gouvernement et il en est nécessairement résulté que, à compter de cette date, tout acte de gouvernement ou d'administration accompli par les autorités cambodgiennes a engagé directement la responsabilité du Protectorat. En d'autres termes, les conflits qui peuvent surgir à l'occasion de ces actes relèvent de la compétence des mêmes juridictions que celles qualifiées pour statuer sur les conflits dérivant des actes accomplis par le Protectorat lui-même et en conséquence, si lesdits conflits ressortissent aux tribunaux administratifs selon les règles du droit français, c'est à titre de juge administratif de droit commun, et non en vertu d'une attribution spéciale, que le Conseil du Contentieux à Saigon est appelé à en connaître.

et le Laos (1). Entièrement réorganisées par un décret du 6 septembre 1921 complété par un arrêté du Gouverneur Général du 7 février 1922, ces juridictions sont composées d'un magistrat du siège de la Cour d'appel, président, et de deux administrateurs des Services Civils, licenciés en droit et ayant au moins dix ans de services. Le ministère public y est représenté par un *Commissaire du Gouvernement* qui est un administrateur des Services Civils remplissant les mêmes conditions que les conseillers. Le greffier, qui prend le titre de *secrétaire*, est un fonctionnaire des Services Civils, licencié en droit. Les divers membres des Conseils du contentieux administratif sont nommés pour trois ans par arrêté du Gouverneur Général, pris après avis des Chefs d'Administration locale intéressés et du Directeur de l'Administration judiciaire et mis hors cadres pour la même période par arrêté ministériel. Des suppléants sont également désignés dans les mêmes conditions et, lorsque l'un d'eux est appelé à siéger en remplacement d'un titulaire absent pour une longue durée, il est également mis hors cadres.

Les Conseils du contentieux administratif tiennent deux séances par mois. La procédure en usage devant ces juridictions, et dont les règles sont fixées par un décret du 5 août 1881 modifié e 25 janvier 1890 diffère beaucoup de celle suivie devant les tribunaux de droit commun. Elle est en effet exclusivement écrite. Le demandeur dépose une requête introductive d'instance, e défendeur auquel cette requête est communiquée y répond par un mémoire en défense dans le délai fixé par le président et le demandeur peut à son tour déposer dans les quinze jours un mémoire en réplique. Il se constitue ainsi pour chaque affaire un dossier qui est tenu au secrétariat du Conseil. Lorsque la procédure est terminée, le dossier est remis à un conseiller, désigné ar le président du conseil, qui établit un rapport concernant 'affaire. Le dossier augmenté de ce rapport est alors transmis au commissaire du Gouvernement. Puis, au jour de l'audience ublique, le conseiller rapporteur lit son rapport, les parties

---

(1) Il a été dérogé à ces règles de compétence territoriale par le décret du er mars 1923 qui attribue à titre exclusif au Conseil du Contentieux siégeant à anoi la connaissance des recours formés contre les décisions du Gouverneur Général n matière de pensions pour infirmités sur la Caisse de retraites des services civils loniaux et locaux. Cette dérogation est d'autant plus remarquable que le lieu e la résidence officielle du Chef de la colonie n'a pas cessé d'être Saigon (voir háp. ll-art. 3-§ 1).

présentent des observations verbales si elles le jugent utile, le commissaire du Gouvernement dépose ses conclusions et le Conseil rend son jugement après délibéré. Ces jugements, qui portent le nom de *décisions*, sont susceptibles d'appel devant le Conseil d'Etat dans un délai de trois mois, mais cet appel n'est pas suspensif.

### § 3. — TRIBUNAUX INDIGÈNES

La situation à ce point de vue variant suivant les pays de l'Union, nous examinerons successivement ces pays.

A) — *Cochinchine*. — Il n'y existe pas de tribunaux indigènes, puisque tous les habitants indigènes de cette colonie sont sujets français et par conséquent justiciables des seuls tribunaux français.

B) — *Annam*. — Les anciennes conceptions chinoises sur le régime et la distribution de la justice, adoptées il y a très long-temps par les Empereurs d'Annam, sont encore à la base de l'organisation judiciaire de ce pays, qui de toute l'Indochine est celui où les anciennes institutions indigènes ont jusqu'ici subi le moins de modifications, parce que c'est aussi celui où la nécessité de tenir le plus grand compte de l'attachement légitime et particulièrement profond porté par le souverain et le peuple anna-mites à leurs coutumes traditionnelles devait plus spécialement détourner l'Administration du Protectorat, surtout en une matière aussi importante que la distribution de la justice, de tout chan-gement, même devant avoir pour conséquence la réalisation d'un progrès certain, qui n'aurait pas eu le plein agrément de ce sou-verain et de cette population.

Nous trouvons donc encore appliquée en Annam l'idée fonda-mentale, en complète antinomie avec le principe occidental de la séparation des pouvoirs, selon lequel toutes les manifestations de l'exercice de la puissance publique doivent se trouver réunies dans les mêmes mains. En d'autres termes, ce sont les mêmes fonctionnaires qui sont chargés concurremment de diriger l'ad-ministration et de rendre la justice. Un tel système est certaine-ment fort critiquable, car il crée une confusion d'attributions, favorise l'arbitraire et exige d'un même mandarin, pour son bon fonctionnement, une universalité de connaissances qu'il ne peut posséder. Il faut cependant reconnaître qu'il était à la fois la conséquence et la condition nécessaires du régime politique de l'Empire d'Annam, monarchie absolue et de droit divin. Et son maintien en vigueur était encore favorisé par cette circonstance toute spéciale, et tout-à-fait contraire elle aussi aux idées occidentales, que comme le droit chinois le droit annamite est à peu près exclusivement un droit pénal, toute affaire non réglée par une conciliation étant désormais considérée comme comportant l'existence ou bien d'un délit commis au préjudice de la partie ayant refusé de se concilier ou bien du délit d'accusation calomnieuse ou non fondée commis par elle : d'où la conséquence que la justice annamite devait être avant tout répressive et ne pouvait par suite être exercée avec l'autorité nécessaire que par les fonctionnaires administratifs, seuls dépositaires d'une partie des pouvoirs souverains de l'Empereur.

Il ne saurait donc être question dans l'organisation judiciaire indigène de l'Annam, telle qu'elle se présente actuellement, de distinguer les juridictions civiles des juridictions répressives ni les tribunaux de première instance des juridictions d'appel. La seule discrimination pouvant être établie, et encore manque-t-elle de netteté dans la pratique, est celle consistant à distinguer les fonctionnaires et agents ayant mission de régler à l'amiable les différends de ceux qui ont pouvoir de rendre, à proprement parler, un jugement. Les premiers sont les autorités communales, puis cantonales, et ensuite, si l'affaire a dû être portée devant eux, les tri-phŭ, tri-huyện et tri-châu, ces derniers étant en outre chargés de l'instruction judiciaire lorsque le différend, n'ayant pu être concilié, tombe dès lors dans le domaine répressif et nécessite le prononcé d'un jugement. Quant aux tribunaux ayant qualité pour rendre ces jugements, ils sont constitués, au chef-lieu de chaque province, théoriquement par la collectivité des mandarins provinciaux, en fait par l'un d'eux, l'*án-sát* ou *quan-án*. Leurs décisions sont, sauf l'exception que nous allons voir, soumises à la revision du Ministère annamite de la Justice, qui cependant ne constitue pas à leur égard une juridiction d'appel proprement dite, mais qui, agissant au nom du Roi, peut toujours suspendre leur exécution et faire reprendre l'affaire, soit d'office soit sur la suggestion du Résident Supérieur.

Quant à l'intervention des Résidents en matière de justice indigène, elle doit en principe, comme nous l'avons vu, se réduire à contrôler son bon fonctionnement et à signaler au Résident Supérieur ce qui paraîtrait contraire à la loi ou à l'équité. Toutefois, une ordonnance royale du 11 septembre 1914 a sensiblement étendu les attributions des Résidents en décidant que leur avis conforme suffirait à rendre définitifs les jugements provinciaux ne prononçant pas de peines supérieures à celle du rotin, pourvu toutefois qu'aucun agent de l'administration annamite n'ait été impliqué dans l'affaire et à condition aussi que les condamnés n'aient pas, d'autre part, été impliqués dans un fait grave faisant l'objet d'un autre jugement comportant des condamnations à une peine supérieure au rotin.

Rappelons ce que nous avons dit au chapitre II art. 4 concernant l'institution d'une commission de mandarins chargés, par ordonnance royale du 8 juillet 1919, de coordonner et de reviser les textes des lois annamites actuellement éparses dans le code de Gia-Long et de très nombreuses ordonnances royales. Il est vraisemblable que les travaux de cette commission auront pour résultat, sinon la suppression complète, au moins une sensible amélioration du régime archaïque actuel, et en particulier la création en Annam d'un corps de fonctionnaires indigènes spécialisés dans la distribution de la justice.

C) — *Cambodge.* — La séparation entre l'administration indigène et la justice indigène, inexistante en Annam, est au contraire devenue réelle en ce pays.

Cette dernière est en effet distribuée au Cambodge par un personnel spécial, dit *Krom-Tralakar*, placé sous les ordres du Ministère cambodgien de la Justice et dont le statut est fixé par une ordonnance royale du 15 septembre 1922 modifiée le 5 février 1924. Ce personnel judiciaire, dont tous les membres sont nommés et promus par ordonnances royales rendues exécutoires par le Résident Supérieur, comprend un président et deux juges spéciaux à la juridiction d'annulation dont nous parlerons plus bas, des présidents hors classe et de trois classes, des juges de trois classes et des juges stagiaires, ces emplois pouvant tous donner lieu à des nominations directes faites sur production de certains titres ou à la suite de concours. Quant à l'organisation judiciaire, qui a été refondue par une ordonnance royale du

14 septembre 1922 complétée le 23 décembre suivant, elle comprend: des *justices de paix*, au nombre de seize, composées d'un juge et d'un greffier, instituées dans certaines divisions administratives trop éloignées d'un siège de tribunal de première instance; un *tribunal de première instance*, également composé d'un juge et d'un greffier mais avec le concours d'un ou plusieurs juges d'instruction siégeant au chef-lieu de chaque province (soit quinze juridictions, la province de Stung-Treng en possédant deux); une *cour d'appel* permanente à Phnom-Penh, composée de trois juges et d'un greffier; également à Phnom-Penh mais pouvant être exceptionnellement réunie en un chef-lieu de province, une *cour criminelle* siégeant tous les trois mois et composée de trois juges de la cour d'appel, de deux assesseurs tirés au sort dans des conditions analogues à celles en vigueur pour les assesseurs des Cours criminelles de Cochinchine et d'un greffier; enfin, une *juridiction d'annulation* siégeant à Phnom-Penh et composée de trois magistrats et d'un greffier. Les justices de paix connaissent en dernier ressort des litiges inférieurs à 100 $ et des contraventions de police lorsque la peine prononcée est l'amende. Les tribunaux de première instance ont la même compétence en matière civile que les justices de paix; en matière répressive, ils connaissent en dernier ressort des contraventions et des appels formés contre les jugements des justices de paix rendus en la même matière. La juridiction d'appel juge les appels formés contre les jugements rendus en premier ressort en matière civile par les justices de paix et les tribunaux de première instance et ceux formés contre les jugements rendus par ces derniers tribunaux en matière correctionnelle. La juridiction criminelle statue sans appel sur les crimes. Enfin la juridiction d'annulation est un tribunal de cassation connaissant des pourvois formés contre les décisions rendues en dernier ressort par les juridictions précédentes et pouvant évoquer l'affaire pour la juger à nouveau.

Le fonctionnement de l'ensemble de cette organisation judiciaire est contrôlé, en vertu d'un arrêté du 19 septembre 1922: d'une part, par un magistrat du Service judiciaire de l'Indochine, placé hors cadres avec le titre de *conseiller juriste du Protectorat auprès du Gouvernement cambodgien*, qui exerce un haut contrôle sur le fonctionnement de la justice indigène et en particulier reçoit communication de tous les jugements rendus en dernier ressort, peut provoquer à leur sujet des pourvois en annulation introduits par le Ministère de la Justice et participe avec voix consultative aux délibérations de la juridiction d'annulation; d'autre part, par les chefs de province et par le délégué de la Résidence Supérieure au Ministère de la Justice, les premiers en ce qui concerne les tribunaux indigènes de leurs circonscriptions respectives, le dernier en ce qui concerne le tribunal et la juridiction d'appel de Phnom-Penh.

D) — *Laos.* — Les juridictions indigènes y ont été réorganisées par le code d'organisation judiciaire rendu exécutoire par arrêté du Gouverneur Général du 20 novembre 1922, mais dont la date de mise en application a été reportée au 1er janvier 1925.

La justice indigène, dont le chef en ce pays est le Résident Supérieur, est rendue par les juridictions suivantes : dans l'intérieur de chaque province, des *tribunaux du premier degré*, constitués par un juge-président assisté de deux assesseurs et d'un greffier et dont le nombre et le ressort sont fixés par arrêtés du Résident Supérieur ; au chef-lieu de chaque province et pour toute son étendue, un *tribunal du deuxième degré*, présidé par le commissaire du Gouvernement et comprenant un assesseur indigène (deux lorsque le tribunal juge en matière criminelle) et un greffier qui est presque toujours celui de la justice de paix à compétence étendue ; à Vientiane, un *tribunal supérieur d'appel et d'annulation* présidé par un haut magistrat du siège ou du parquet d'une cour d'appel détaché au Laos et comprenant le Directeur des bureaux de la Résidence Supérieure, un haut fonctionnaire laotien et un greffier qui est le chef du 2e bureau de la Résidence Supérieure.

Tous les membres indigènes de ces diverses juridictions sont nommés par le Résident Supérieur, mais ils sont pris par lui dans le personnel de l'Administration indigène ou parmi les notables, car il n'existe pas encore au Laos un cadre spécial de magistrats indigènes.

E) — *Kouang-Tchéou-Wan.* — Les *Kong-hu* ou conseils des notables connaissent : en dernier ressort, des affaires personnelles et mobilières jusqu'à 100 $ en principal, des actions immobilières jusqu'à 25 $ de revenu et des infractions pénales n'entraînant pas une peine de prison ; en premier ressort, de toutes les autres affaires. L'appel est porté devant un *tribunal mixte*, unique pour le Territoire, composé d'un fonctionnaire français qui le préside et de deux assesseurs indigènes, tous trois étant désignés par l'Administrateur en chef du Territoire. Les jugements rendus par ce tribunal mixte ne sont exécutoires qu'après avoir été approuvés par une *commission de revision* présidée par l'Administrateur en chef du Territoire et comprenant le juge de paix à compétence étendue de Fort-Bayard et le fonctionnaire des Services Civils maire de Tché-Kam dont nous avons déjà parlé au chapitre IV - art. 1er - § 1 - E. Si cette commission annule un jugement du tribunal mixte, elle rend alors elle-même un autre jugement (1).

F) – *Tonkin*. — C'est dans ce pays que la justice indigène, dont le Directeur de l'Administration judiciaire est le chef et dont le fonctionnement est contrôlé par le Procureur général près la Cour d'appel de Hanoi, présente l'organisation la plus complète. Cette organisation résulte des ordonnances royales du 16 juillet 1917 et du 7 juin 1923 et comporte trois ordres de juridiction.

Au siège de chaque phu, huyên ou châu existe un *tribunal du premier degré*, constitué par un juge indigène, ou à défaut par le mandarin chef de la circonscription, siégeant seul avec l'assistance d'un greffier désigné par le Résident Supérieur parmi les thừa-phái de la circonscription. En matière civile et en matière commerciale, ces tribunaux statuent toujours en dernier ressort; mais ils ne peuvent connaître que d'un certain nombre d'actions, notamment des actions personnelles et mobilières et seulement lorsque leur valeur n'excède pas 30 $. En matière répressive, ils jugent les contraventions en dernier ressort lorsque leurs jugements ne prononcent pas une peine d'emprisonnement et en premier ressort au cas contraire.

Au chef-lieu de chaque province ou territoire se trouve un *tribunal du deuxième degré* dit *tribunal provincial* dont le ressort,

---

(1) L'organisation de la justice indigène à Kouang-Tchéou-Wan fait actuellement l'objet d'un projet de réforme: la présidence du tribunal mixte serait confiée au juge de paix à compétence étendue de Fort-Bayard et les appels contre ses jugements seraient portés devant la Cour d'appel de Hanoi, la commission de revision étant supprimée.

déterminé par arrêté du Gouverneur Général, correspond généralement aux limites de la circonscription administrative. Il est présidé soit par le chef de la province ou du territoire ou son adjoint, soit par un magistrat français désigné par le Directeur de l'Administration judiciaire parmi les quatre juges qui sont spécialement affectés au service de la justice indigène et rattachés simplement pour ordre au tribunal de première instance de Hanoi (voir ci-dessus § 1 - D). Il comprend en outre soit un juge du corps des mandarins judiciaires, soit le plus haut fonctionnaire indigène de la province ou, à son défaut, un juge suppléant désigné par le Gouverneur Général. Enfin, dans les provinces les plus importantes, il est adjoint au tribunal un juge d'instruction pris autant que possible dans le personnel des mandarins judiciaires. En matière civile et commerciale, les tribunaux du deuxième degré statuent: en premier et dernier ressort, d'une part (mais seulement lorsque leur valeur est comprise entre 30 et 100 $) sur les actions indiquées ci-dessus comme ressortissant jusqu'à 30 $ de la compétence des juges du premier degré, d'autre part sur les actions immobilières dans lesquelles la valeur de l'immeuble n'excède pas 30 $; en premier ressort, sur ces deux mêmes catégories d'actions lorsque leur valeur excède 100 $ ou 30 $ respectivement, sur les actions d'une valeur indéterminée et sur certaines actions spéciales. En matière répressive, ils statuent en dernier ressort sur les appels des jugements du premier degré, en premier ressort sur les délits correctionnels et les crimes.

Enfin nous avons vu au paragraphe 1 que la deuxième chambre de la Cour d'appel de Hanoi, dont font partie deux hauts mandarins judiciaires désignés par le Gouvernement annamite au choix du Gouverneur Général (1), constitue, tout en étant incontestablement une juridiction française, un troisième degré de juridiction indigène au Tonkin et nous avons exposé quelles étaient ses attributions à ce titre (2).

---

(1) Voir chapitre III - art. 1 - § 1 - E note.

(2) En 1923 les tribunaux indigènes au Tonkin, seul pays pour lequel ces statistiques sont publiées, ont rendu 5658 jugements du 1er degré (dont 4788 en matière de simple police) et 7786 jugements du 2ème degré (dont 6227 en matière pénale). Quand à la juridiction du 3ème degré, elle a rendu 229 arrêts en matière civile, 891 en matière correctionnelle et 130 en matière criminelle.

Le corps des mandarins judiciaires du Tonkin est entièrement distinct de celui des mandarins provinciaux et chefs de circonscription. Il comprend des juges principaux hors classe et de trois classes, des juges de trois classes, de juges auxiliaires et des juges stagiaires, ces derniers recrutés parmi les Tonkinois ayant obtenu en France le doctorat ou la licence en droit. Sous réserve de ce qui vient d'être dit concernant la désignation des conseillers annamites de la 2e chambre de la Cour d'appel de Hanoi, tous ces magistrats sont nommés, promus et affectés par le Résident Supérieur. Toutefois les stagiaires ne peuvent être titularisés ou licenciés que sur la proposition du chef de province et après avis du Directeur de l'Administration judiciaire.

### § 4. — Officiers publics ou ministériels ressortissant aux juridictions françaises

Ce sont les greffiers (auxquels il y a lieu de rattacher les commis-greffiers qui les assistent et qui peuvent parfois les remplacer), les notaires, les avocats-défenseurs, les huissiers, les commissaires-priseurs et, occasionnellement, les courtiers de marchandises. Les greffiers et les notaires sont plus spécialement dénommés officiers publics, appellation d'ailleurs inexacte en ce qui concerne les premiers qui sont en réalité des fonctionnaires. Tous sont tenus de prêter serment avant d'entrer en fonction et tous, sauf les greffiers, les commis-greffiers et les courtiers de marchandises, sont astreints à un cautionnement dont la quotité, variable selon l'importance de la charge, atteint 100.000f. pour les notaires établis au siège d'une Cour d'appel. A la différence de ce qui se passe en France, ils n'ont pas le droit de présenter leurs successeurs, sauf toutefois les notaires.

En principe, ces divers auxiliaires de la justice exercent leurs charges seulement devant les tribunaux français ou à l'égard des justiciables de ces tribunaux, au moins lorsque ces charges sont occupées par des titulaires et non point simplement par des fonctionnaires ou agents d'un service public quelconque cumulant lesdites charges avec leur emploi propre. Cette règle comporte cependant, sauf en ce qui concerne les greffiers, certaines exceptions que nous verrons plus loin.

Sauf les greffiers, qui comme nous l'avons dit sont des fonctionnaires publics, tous les officiers publics ou ministériels sont assujettis à la patente.

**A) — *Greffiers et commis-greffiers*.** — Il s'agit là de deux personnels distincts, l'un colonial et régi par les décrets des 21 février 1905, 27 février 1906, 16 février 1921 et 20 avril 1923, l'autre local et règlementé par un arrêté du 20 juin 1921 modifié les 2 mai, 9 août, 8 octobre 1922 et 27 avril 1923.

1° — *Greffiers*. — Faisant partie intégrante des tribunaux, sans cependant être magistrats (1), les greffiers sont les auxiliaires les plus indispensables au fonctionnement de la justice, car non seulement ils sont chargés et responsables de toutes les écritures judiciaires, mais de plus aucun jugement ne peut être rendu, à peine de nullité, sans leur assistance tant à l'instruction qu'à l'audience. Leurs principales fonctions consistent à assister les tribunaux et leurs membres, à conserver leurs archives, à signer les jugements et les actes du juge ; à délivrer les expéditions des minutes et des actes judiciaires ; à présider à certains actes d'instruction et d'exécution dits actes de greffe ; à recevoir et à transmettre aux juges et aux parties les notifications qui les intéressent ; à viser certains actes, à tenir certains registres et à fournir certains états ou tableaux. Ils sont également qualifiés pour recouvrer les droits de greffe tarifés par le décret du 25 novembre 1910 et l'arrêté du 23 octobre 1920, ainsi que les amendes et saisies prononcées par les tribunaux.

Les greffiers sont nommés par décret. Les peines disciplinaires leur sont infligées selon leur gravité par le Procureur général, par le Gouverneur Général ou par décret. Il n'y a qu'un seul greffier titulaire auprès de chaque juridiction, et, de même

---

(1) Cette opinion est celle de Dalloz. En sens contraire, on nous a cité des arrêts de la Cour de Cassation qui auraient reconnu aux greffiers la qualité de magistrat. Nous ne sommes pas bien sûrs que cette assertion catégorique doive être déduite de ces arrêts, et au surplus la jurisprudence de la Cour de Cassation, comme celle du Conseil d'Etat, est sujette à des fluctuations. A notre avis, les greffiers sont des fonctionnaires de l'ordre judiciaire auxquels sont applicables certaines des modalités du statut personnel des magistrats et qui d'autre part contribuent à l'exercice de la justice, mais qui ne sauraient être qualifiés de magistrats car non seulement ils ne rendent pas la justice mais encore ils ne contribuent pas à sa distribution (comme y contribuent les officiers du ministère public qui, eux, sont magistrats). De nombreux traits distinguent d'ailleurs les greffiers des magistrats, notamment l'obligation qui leur est imposée dans la métropole de constituer un cautionnement et le droit qu'ils y ont de céder leurs charges sous certaines conditions.

que les magistrats, ces officiers publics sont hiérarchisés, non par des grades distincts, mais selon l'importance du tribunal auquel ils sont attachés. C'est ainsi que nous avons : le greffier de la justice de paix de Saigon, les greffiers des justices de paix à compétence étendue (nous avons dit que, dans celles de ces justices de paix qui sont dénommées tribunaux résidentiels, le greffe était normalement occupé par un rédacteur des Services Civils ou un sous-officier), les greffiers des tribunaux de première instance de chacune des trois classes entre lesquelles sont réparties ces juridictions et le greffier en chef de chacune des Cours d'appel.

Les greffiers des justices de paix et des tribunaux de première instance sont recrutés parmi les commis-greffiers principaux âgés de 25 ans et ayant au moins deux années de services. Ils ont droit, en sus de leur traitement et en sus aussi de certaines allocations fixes que l'article 9 du décret du 25 novembre 1910 leur accorde en matière française pour divers actes de leur ministère, à une remise de 10 °/₀ sur les droits de greffe s'ils exercent en même temps les fonctions de notaire et à une remise de 20 °/₀ au cas contraire. Cette même remise de 20 °/₀ est également touchée par les greffiers en chef des Cours d'appel, lesquels sont choisis parmi les greffiers des tribunaux de première instance ayant au moins 27 ans.

2° — *Commis-greffiers.* — Ils assistent les greffiers dans leurs attributions mais ne peuvent les remplacer intérimairement, par décision du Procureur général, que s'il s'agit du greffe d'une justice de paix à compétence étendue ou de la justice de paix de Saigon.

Nommés et promus par arrêté du Gouverneur Général sur la proposition du Directeur de l'Administration judiciaire, ils sont placés dans chaque ressort de Cour d'appel sous l'autorité du Procureur général et du Premier président, et leurs mutations dans ce ressort sont prononcées par le premier de ces hauts magistrats après avis du second. Leur cadre comprend des commis-greffiers stagiaires, quatre classes de commis-greffiers, des commis-greffiers principaux et des commis-greffiers princiaux hors classe. Les commis-greffiers stagiaires sont recrutés armi les titulaires du diplôme de bachelier ou du brevet supé-ieur de l'enseignement primaire et, à défaut, parmi les candidats ayant subi avec succès un examen professionnel. Les titulaires de certains certificats ou de diplômes attestant la possession de connaissances juridiques plus étendues peuvent être nommés directement, jusqu'à concurrence du quart des vacances, commis-greffiers de 4me ou de 3me classe.

A la différence du cadre des greffiers, celui des commis-greffiers est commun aux deux Cours d'appel; les mutations d'un ressort à l'autre sont prononcées par le Directeur de l'Administration judiciaire sur la proposition des Procureurs généraux et après avis des Premiers présidents.

B) — *Notaires.* — Ces officiers publics sont chargés de recevoir tous les actes et contrats auxquels les parties doivent ou veulent faire donner un caractère d'authenticité, d'en conserver le dépôt, d'en délivrer des grosses et expéditions, et généralement de remplir les autres fonctions attribuées en France aux notaires. Notamment, ils sont les seuls officiers publics ou ministériels pouvant être commis par les tribunaux pour procéder publiquement aux ventes volontaires d'immeubles ordonnées en justice et ils ont seuls le droit de procéder aux ventes publiques de meubles incorporels et à celle des fonds de commerce lorsque l'élément incorporel y est prédominant.

Ces attributions sont exercées par les notaires non seulement à l'égard des Européens mais aussi à l'égard des indigènes justiciables ou non des tribunaux français et quelle que soit la législation sous l'empire de laquelle ont été faits ou passés les actes ou contrats intéressés. Le ressort dans lequel ces officiers publics peuvent instrumenter est le même que celui de la Cour d'appel ou du tribunal de première instance selon que leur office a été institué au siège de l'une ou de l'autre de ces juridictions.

Le statut et les conditions d'exercice de la profession de notaire ont été règlementés à nouveau par un arrêté du Gouverneur Général du 30 janvier 1924 modifié les 29 février et 15 avril suivants. Ces officiers publics sont nommés par le Chef de la colonie au vu d'une liste de trois noms qui lui est présentée par le Procureur général après avis de la Cour (1). Ils doivent

---

(1) S'il s'agit, non de la création d'une charge nouvelle, mais de la nomination d'un successeur présenté par un notaire en exercice, cette procédure est modifiée et l'aspirant est alors nommé, s'il y a lieu, après constitution du dossier par le Procureur général du ressort et après avis de la Cour compétente donné sur un rapport établi

tre des citoyens français âgés d'au moins 25 ans, ayant satisfait leurs obligations militaires n'occupant pas un emploi public sauf certaines exceptions) et justifiant de leur capacité, ustification qui en principe doit résulter d'un stage antérieur e quatre années ininterrompues, dont deux comme premier clerc dans une étude de notaire. Comme en France, ils sont ommés à vie (en ce qui concerne les offices institués ou à nstituer postérieurement à l'arrêté susvisé), et ils ont le droit de présenter des successeurs réunissant les mêmes conditions ue ci-dessus. Ils sont assistés par des clercs choisis par eux, ais ne peuvent être remplacés par l'un d'eux en cas d'absence et d'empêchement, sous leur responsabilité d'ailleurs, que si et employé a préalablement été nommé *premier clerc* par rrêté du Gouverneur Général, grade pouvant être conféré ux aspirants au notariat réunissant certaines conditions et ayant passé avec succès un examen devant une commission résidée par un président de chambre de Cour d'appel. Leur discipline est exercée par le Procureur général du ressort, sauf que les peines de la suspension, du remplacement et de la destitution ne peuvent leur être infligées que par le Gouverneur Général sur la proposition de ce haut magistrat et après avis de la Cour d'appel. Ils sont tenus de résider au lieu qui leur a été fixé par leur arrêté de nomination, et il leur est interdit de s'absenter de la colonie sans un congé délivré par le Gouverneur Général, d'instrumenter hors de leur ressort, de 'associer avec d'autres notaires ou avec des tiers, de se livrer à certaines opérations ou interventions énumérées par l'article 26 de l'arrêté du 30 janvier 1924, texte qui fixe aussi les règles de a comptabilité spéciale qu'ils doivent tenir. Les honoraires, acations et autres droits qu'ils peuvent réclamer aux parties 'l'occasion des actes de leur ministère sont tarifés par le décret u 25 novembre 1910. Enfin, en compensation de la gratuité e leurs charges, ils doivent verser au budget local de la partie e l'Union où ils exercent une redevance qui est de 5 %, 0 % ou 15 % sur leurs honoraires bruts selon l'importance

ar un de ses conseillers.
D'autre part, et nonobstant le silence gardé sur ce point par l'arrêté du 30 anvier 1924, il n'est pas douteux que le droit de proposition proprement dit est servé au Directeur de l'Administration judiciaire lorsqu'il s'agit de la nomination 'un notaire à son entrée en fonctions (décret du 19 mai 1919 - art. 59).

de ces honoraires (décret du 16 février 1921 modifié le 20 avril 1923).

Il n'y a actuellement d'offices de notaire que dans l'arrondissement judiciaire de Saigon (où il en existe trois), à Phnom-Penh et à Hanoi, ces deux derniers offices ayant été créés respectivement par arrêtés des 3 avril 1923 et 19 avril 1924. Mais le Gouverneur Général peut par arrêté en créer de nouveaux dans les autres arrondissements judiciaires, sous réserve de prendre préalablement l'avis de la Cour d'appel et celui des notaires en exercice du ressort s'il existe déjà un office de notaire au siège du ressort où il est question d'en créer un autre.

Dans tous les arrondissements judiciaires où il n'existe pas d'office de notaire, ces fonctions sont remplies par les greffiers des tribunaux de première instance et des justices de paix à compétence étendue. En cette qualité, ces derniers ne sont pas assujettis au cautionnement dont il a été question ci-dessus et ils peuvent percevoir les mêmes honoraires que les notaires, mais il est prélevé sur ces honoraires une retenue de 5%, 10% ou 15%, selon l'importance de leur montant, au profit du budget qui supporte la solde de ces fonctionnaires.

C) — *Avocats-défenseurs.* — Les avocats-défenseurs indochinois, dont le nombre était autrefois limité, réunissent en leur personne deux catégories d'attributions qui, devant les tribunaux métropolitains, sont partout exercées, sauf à la Cour de Cassation et au Conseil d'État, par deux catégories distinctes d'officiers ministériels. D'une part, en effet, ils sont *avoués*, car ils ont seuls qualité d'intermédiaire, lorsqu'un intermédiaire est exigé, pour faire et signer tous actes nécessaires à l'instruction des causes en matière civile et commerciale et à l'exécution des jugements et arrêts (1) ; et à ce titre ils perçoivent des parties des émoluments, variables selon la nature de ces actes et jugements, dont le tarif est fixé en matière française par un arrêté du 9 juin 1879 pris pour la Cochinchine mais rendu applicable au Tonkin par arrêté du 3 février 1894 et en matière indigène par un arrêté du 31 août 1911. D'autre part, ils sont

---

(1) Cependant, devant la justice de paix de Saigon, le juge peut autoriser les parties, lorsqu'une raison quelconque les empêche de se présenter en personne comme elles doivent normalement le faire, à désigner un mandataire autre qu'un avocat-défenseur.

avocats, c'est-à-dire qu'ils aident leurs clients de leurs conseils, les assistent à l'instruction, et plaident pour eux à l'audience ; à ce titre, ils ont droit à des honoraires dont le montant est librement débattu entre les parties et eux. Il résulte de ceci que leur ministère, toujours facultatif en tant qu'avocats, est au contraire le plus souvent nécessaire en tant qu'avoués (1). Ils n'exercent d'ailleurs ces deux catégories d'attributions que devant les tribunaux français, y compris la deuxième chambre de la Cour d'appel de Hanoi (tribunal du 3me degré de juridiction indigène au Tonkin), mais exception faite des justices de paix cochinchinoises occupées par un juge indigène.

L'exercice de la profession d'avocat-défenseur est règlementé par un décret du 30 avril 1911. Ces officiers ministériels sont inscrits sur l'un ou l'autre de deux tableaux qui sont tenus au siège de chacune des Cours d'appel et ils ne peuvent exercer leur ministère que dans le ressort de cette Cour, où leur collectivité forme ce que l'on appelle le *barreau*. Ils sont agréés par le Gouverneur Général, sur la proposition du Directeur de l'Administration judiciaire (2), après enquête et avis de la Cour d'appel et de la chambre de discipline dont il sera question plus bas. Pour pouvoir prétendre à une commission d'avocat-défenseur, il faut réunir les conditions suivantes : être citoyen français et avoir 25 ans accomplis ; être licencié en droit ; avoir fait deux ans de stage comme fonctionnaire, magistrat, avocat ou justifier de deux ans de cléricature ; avoir été secrétaire d'avocat-défenseur dans la colonie pendant trois ans au moins ou y avoir été

---

(1) Nous voulons dire par là que nombre de personnes qui seront fort capables de défendre elles-mêmes leurs intérêts à l'audience n'auront cependant pas les connaissances juridiques nécessaires pour faire leur propre procédure. Nous parlons donc en fait, non en droit. A ce dernier point de vue, il n'est pas douteux que, lorsqu'une partie est dispensée par le décret du 30 avril 1911 d'avoir recours à un intermédiaire pour ester en justice, c'est-à-dire lorsque cette partie se présente pour elle-même, pour ses cohéritiers ou coassociés, pour ses parents ou alliés jusqu'au second degré, pour sa femme ou pour son pupille, ladite dispense d'intermédiaire est générale et s'applique aussi bien lorsqu'il s'agit de postuler en tant qu'avoué que de plaider comme avocat. En France, au contraire, le ministère de l'avoué est toujours obligatoire, sauf rares exceptions, et celui de l'avocat ne l'est jamais.

(2) Ce droit de proposition avait été réservé par le décret du 30 avril 1911 au Procureur général, mais en sa qualité de chef du service judiciaire. Il est actuellement exercé par le Directeur de l'Administration judiciaire, non que le décret susvisé ait été modifié, mais par application des dispositions des articles 59 et 68 du décret du 19 mai 1919 concernant les attributions de ce dernier haut magistrat, texte dont nous avons déjà fait état dans notre note au début du présent article.
Par contre, le Procureur général du ressort a continué à être investi d'un droit de discipline sur les officiers ministériels de toutes catégories.

magistrat pendant six ans ; justifier de sa moralité ; si le postulant a été administrateur des Services Civils ou magistrat dans le ressort de la Cour, avoir quitté ces fonctions depuis au moins trois ans (décret du 17 décembre 1921). La discipline des avocats-défenseurs est exercée par le Procureur général du ressort, mais les peines graves de la suspension, du remplacement et de la destitution ne peuvent leur être infligées que par le Gouverneur Général, après accomplissement des mêmes formalités que lors de leur nomination. Ils peuvent s'absenter de la colonie sans autorisation, mais ils doivent en aviser par écrit le Procureur général et, après deux ans d'absence, ils peuvent être déclarés démissionnaires par arrêté du Gouverneur Général.

Les avocats-défenseurs de chaque ressort de Cour d'appel relèvent d'une *chambre de discipline* instituée à Saigon et à Hanoi et composée d'un président, de deux membres titulaires et de deux suppléants élus chaque année par eux-mêmes et parmi eux. Outre le concours qu'elle apporte à l'action disciplinaire sur les avocats-défenseurs, cette chambre a pour mission de prévenir ou de concilier les différends pouvant survenir entre eux et les tiers, de représenter leurs droits et intérêts communs, enfin de former un bureau de consultations gratuites pour les indigents. Copie de ses délibérations doit être adressée au Procureur général du ressort.

Chaque avocat-défenseur peut se faire assister, et au besoin remplacer sous sa responsabilité, par un *secrétaire*. Ces secrétaires, inscrits sur un tableau spécial tenu à Saigon et à Hanoi, sont agréés dans les mêmes formes que les avocats-défenseurs et ils doivent réunir les mêmes conditions, sauf la consignation du cautionnement.

Il existe actuellement 14 avocats-défenseurs inscrits au barreau de la Cour de Hanoi et 54 à celui de la Cour de Saigon.

D) — *Huissiers.* — Les attributions des huissiers consistent, d'une manière générale, à faire tous exploits et significations extra-judiciaires, toutes significations nécessaires pour l'instruction des procès, ainsi que tous actes et exploits requis pour l'exécution des ordonnances de justice, jugements et arrêts, tels que les commandements et les saisies. Ils ont indistinctement compétence dans tout le ressort du tribunal civil de leur résidence ; toutefois, les jugements par défaut, préparatoires et interlocutoires, ainsi que les actes d'audience, ne peuvent être signifiés que par un huissier commis. Ils instrumentent le plus souvent en matière civile, mais peuvent aussi être chargés par le ministère public d'instrumenter en matière répressive, concurremment avec les agents de la force publique. Enfin, ils assurent, à tour de rôle s'il y a lieu, le service intérieur des audiences, mais en cas d'empêchement peuvent être remplacés à cet égard par un employé indigène du greffe (1).

La profession d'huissier est règlementée par un arrêté du 4 janvier 1908 modifié les 27 octobre 1909, 17 juillet 1916, 27 avril 1917 et 13 juillet 1920. Le nombre maximum de ces officiers ministériels pouvant exister auprès des Cours d'appel et des tribunaux de première instance de Saigon, Hanoi Haiphong, Tourane et Phnom-Penh est fixé à trois à Saigon (dont un avec résidence obligatoire à Cholon), deux à Hanoi et un dans chacune des trois autres villes. Quant aux mêmes offices pouvant être institués auprès des autres juridictions françaises de la colonie, à l'exception toutefois des justices de paix occupées en Cochinchine par un juge indigène, leur nombre n'est pas limité ; en fait, il en a été éréé, au nombre de 22, auprès de 13 tribunaux de l'intérieur de la Cochinchine, ce qui porte au total de 30 le nombre des charges existant actuellement en Indochine.

Pour être nommé huissier, il suffit d'être Français, âgé de 25 ans au moins et de justifier de certaines connaissances juridiques. Toutefois, auprès des tribunaux autres que ceux des cinq villes énumérées ci-dessus, ces officiers ministériels peuvent aussi être choisis parmi les sujets ou protégés français.

Les huissiers sont nommés par le Gouverneur Général sur la proposition du Directeur de l'Administration judiciaire (2) après avis de la Cour compétente et l'action disciplinaire est exercée sur eux dans les mêmes conditions que sur les avocats-défenseurs, sauf l'avis de la chambre de discipline qui n'existe pas pour eux. En particulier, ils doivent résider dans les villes où siègent les cours et tribunaux auprès desquels ils sont établis

---

(1) Un régime tout spécial existe en ce qui concerne les significations et notifications à faire aux justiciables habitant la citadelle de Hué. Dans l'intérieur de cette enceinte réservée, les fonctions d'huissier doivent en effet être remplies, aux termes d'un arrêté du 17 juin 1918, par un Annamite protégé français désigné par le Gouverneur Général sur la proposition du Résident Supérieur, d'accord avec le Gouvernement annamite.

(2) Même observation que pour les avocats-défenseurs (voir ci-dessus E note).

et ils ne peuvent s'absenter de la colonie sans un congé délivré par le Gouverneur Général. Les droits et émoluments qu'ils peuvent réclamer pour les divers actes de leur ministère sont fixés par le décret du 25 novembre 1910. Leur ministère est obligatoire pour les parties civiles en matière française; mais il est facultatif en matière indigène, les notifications des actes de toute nature devant alors être confiées en principe aux notables des villages.

En cas d'absence ou d'empêchement, les huissiers peuvent se faire remplacer, sous leur responsabilité, par des *clercs* qui doivent réunir les mêmes conditions qu'eux, mais sont dispensés du cautionnement.

Ajoutons que, dans l'intérieur des pays de Protectorat, les chefs de poste de gendarmerie et de Garde indigène font fonction d'huissier en vertu des arrêtés du Gouverneur Général du 18 mai 1912 (Tonkin), 7 juin 1912 (Annam et Cambodge) et 21 juin 1913 (Laos). Les chefs de poste de gendarmerie peuvent, en cas d'absence ou d'empêchement, déléguer un militaire sous leurs ordres pour les remplacer en tant qu'huissier.

E) — *Commissaires-priseurs.* — Ce sont des officiers ministériels chargés de procéder à l'estimation et à la vente publique, volontaire ou par autorité de justice, des meubles ou effets mobiliers remis par les particuliers ou non retirés des Monts-de-Piété. Leur profession est règlementée par un arrêté du 18 décembre 1907 modifié les 27 octobre 1909, 23 novembre 1910, 24 novembre 1914, 31 juillet 1915 et 27 octobre 1919, ainsi que par celles des dispositions de l'arrêté du 11 juillet 1865 que le premier des textes précités a maintenues en vigueur en les étendant à toute l'Indochine.

Les charges de commissaire-priseur, dont le nombre doit être revisé tous les cinq ans, sont actuellement prévues au nombre de trois à Saigon, une à Hanoi et une à Haiphong. Toutefois, dans ces deux dernières villes, ces charges peuvent être occupées par un huissier, et même il a été prescrit par l'arrêté du 13 juillet 1920 qu'il ne serait pourvu à la vacance actuelle de l'un des deux emplois d'huissier à Hanoi que lorsque celui de commissaire-priseur dans la même ville deviendrait aussi vacant et qu'en conséquence il serait alors possible de réunir ces deux emplois dans les mêmes mains.

Sous réserve des droits exclusifs appartenant aux notaires en ce qui concerne les meubles incorporels et sous réserve aussi du privilège ou du droit de concours appartenant aux courtiers de marchandises en ce qui concerne les marchandises neuves, les commissaires-priseurs ont compétence exclusive pour procéder aux prisées et aux ventes mobilières dans le ressort du tribunal de première instance de leur résidence.

Les commissaires-priseurs sont nommés par le Gouverneur Général sur la proposition du Directeur de l'Administration judiciaire(1) parmi les Français âgés de 25 ans et ayant satisfait à leurs obligations militaires. L'action disciplinaire est exercée sur eux comme sur les huissiers et ils ne peuvent quitter la colonie que sous réserve des mêmes formalités que ces derniers. Ils peuvent aussi se faire assister de clercs dans les mêmes conditions que les huissiers. Les droits qu'ils sont autorisés à percevoir sur leurs prisées et ventes sont fixés par le décret du 25 novembre 1910. Toutefois, les commissaires-priseurs de Saigon et de Hanoi ne doivent conserver pour eux-mêmes que la moitié des droits qu'ils auront ainsi perçus à l'occasion des ventes, l'autre moitié servant à alimenter une *bourse commune* affectée à la garantie du paiement aux vendeurs du prix produit par ces ventes et dont, tous les deux mois, le reliquat est réparti par portions égales, dans chaque ville, entre les commissaires-priseurs y résidant. Enfin, en compensation de la gratuité de leurs charges, il est prélevé sur les honoraires bruts des commissaires-priseurs, au profit du budget local intéressé, la même redevance de 5°/₀, 10°/₀ ou 15°/₀ que pour les notaires (décret du 16 février 1921 modifié le 20 avril 1923).

En dehors des ressorts des tribunaux de première instance de Saigon, Hanoi et Haiphong, les fonctions de commissaire-priseur sont remplies par les greffiers des diverses juridictions. Ces derniers bénéficient des mêmes tarifs que les commissaires-priseurs titulaires sans avoir à consigner un cautionnement, mais il est alors prélevé sur leurs honoraires la même retenue de 5°/₀, 10°/₀ ou 15°/₀ que nous avons dit plus haut être exigée

---

(1) Même observation que pour les avocats-défenseurs et les huissiers (voir ci-dessus C et D note).

À noter que, pour les nominations des commissaires-priseurs, l'avis préalable de la Cour n'a pas été prévu.

de ces mêmes officiers publics lorsqu'ils remplissent les fonctions de notaire.

F) — *Courtiers de marchandises.* — Ce sont des commerçants, soumis aux obligations imposées aux commerçants en général et notamment à la patente, qui en temps ordinaire n'ont pas le caractère d'officier ministériel et ne revêtent ce caractère que dans les circonstances où ils exercent certaines fonctions publiques qui leur sont réservées ou attribuées par la loi. Ils appartiennent à la catégorie dite des *courtiers inscrits,* par opposition à celle, qui n'existe pas dans la colonie, des courtiers officiers ministériels nommés par décret (courtiers maritimes et courtiers d'assurances maritimes).

Le statut et les attributions des courtiers de marchandises sont régis en Indochine par les dispositions combinées des lois des 28 mai 1858, 18 juillet 1866 et 31 août 1870, du décret du 12 mars 1859 et de l'arrêté du Gouverneur Général du 6 février 1918.

La liste des courtiers agréés est dressée par chaque tribunal de commerce et confère à ceux qui y sont portés le droit de procéder aux opérations de sa compétence dans toute l'étendue du ressort, exception faite des localités où existeraient déjà des courtiers inscrits. Pour obtenir son inscription sur cette liste, après enquête faite par le procureur de la République, le postulant doit être Français, être domicilié depuis au moins cinq ans en Indochine et justifier, d'une part de sa moralité par un certificat du maire, d'autre part de sa capacité commerciale par une attestation délivrée par cinq commerçants de la place pris parmi les éligibles au tribunal de commerce.

Aucun magasin général et aucune bourse de commerce n'existant actuellement en Indochine, les attributions des courtiers inscrits de la colonie se réduisent en fait à celles concernant les ventes publiques aux enchères des marchandises neuves. A ce point de vue, il y a lieu de distinguer selon qu'il s'agit de ventes en gros ou de ventes au détail. Dans le premier cas, les courtiers inscrits et assermentés sont investis à titre exclusif et sans autorisation préalable du droit de procéder à la prisée et aux ventes volontaires de toutes les marchandises comprises au tableau annexé à la loi du 28 mai 1858 et aussi des marchandises exotiques destinées à la réexportation et, d'autre part, ils

peuvent être désignés, concurremment avec les commissaires-
priseurs, pour procéder aux ventes de toutes autres marchandises
autorisées ou ordonnées par la juridiction compétente. Dans le
second cas, ils peuvent être chargés des ventes de marchandises
après faillite, même dans les localités où il existe un commissaire-priseur, mais concurremment avec ces derniers. Ces diverses ventes ont lieu, soit dans une salle publique de ventes que
le courtier inscrit peut être autorisé à ouvrir par arrêté du Chef
de l'Administration locale pris après avis de la Chambre de commerce, soit sur place. Elles donnent lieu à la tenue d'une
comptabilité spéciale et à la perception au profit du courtier de
droits de courtage dont le tarif est fixé par le Chef d'Administration locale intéressé après avis de la Chambre et du tribunal de
commerce.

Si ultérieurement des *magasins généraux* sont ouverts en
Indochine par un arrêté du Chef d'Administration locale intéressé
pris après avis de la Chambre de commerce et donnant autorisation d'ouverture, dans des conditions fixées par une circulaire
du Gouverneur Général du 14 octobre 1909, soit à un courtier
inscrit soit à toute autre personne, les courtiers inscrits auront
le droit exclusif de procéder sans autorisation aux ventes publiques après protêt des marchandises déposées sur récépissés et
warrants dans ces établissements. De même, le jour où une
*bourse de commerce* fonctionnera dans une ville de la colonie, le
cours des marchandises qui y seront cotées sera constaté par les
courtiers inscrits, réunis s'il y a lieu à d'autres négociants de la
place.

Il existe actuellement trois courtiers inscrits à Hanoi et deux
à Haiphong. Il n'en existe pas à Saigon, ce qui est assez singulier.

## § 5. — OFFICIERS PUBLICS OU MINISTÉRIELS
### INSTITUÉS SPÉCIALEMENT AUPRÈS DES JURIDICTIONS INDIGÈNES

Ces auxiliaires de la justice indigène sont uniquement, à
l'heure actuelle, des greffiers et des faisant fonctions d'huissier.
Bien entendu, ils n'exercent leur office qu'auprès des tribunaux
indigènes, mais les faisant fonctions d'huissiers sont aussi chargés
des notifications des actes et jugements de toute nature intéressant les justiciables indigènes des tribunaux français.

A) — *Greffiers et commis-greffiers.* — 1° — *Tonkin.* — Les greffiers des tribunaux du 1er degré sont simplement des thùraphái de la circonscription administrative désignés par le Résident Supérieur, mais un corps spécial de greffiers et secrétaires-greffiers a été créé auprès des tribunaux du 2me degré par un arrêté du Gouverneur Général du 5 septembre 1922 complété le 22 mars 1923. Le personnel des greffiers, dans lequel les nominations et promotions sont décidées par le Gouverneur Général sur la proposition du Résident Supérieur après avis du Directeur de l'Administration judiciaire, comprend deux classes de greffiers en chef, trois classes de greffiers principaux et deux classes de greffiers (1). Celui des secrétaires-greffiers, dans lequel, les nominations et promotions sont à la signature du Résident Supérieur après le même avis que ci-dessus, comprend trois classes de secrétaires-greffiers principaux, cinq classes de secrétaires-greffiers et des secrétaires-greffiers stagiaires. Les nominations ont lieu après un concours qui est ouvert aux candidats munis de certains diplômes au moins égaux au diplôme de fin d'études complémentaires et qui, selon la nature du brevet possédé par le candidat, donne accès à l'un des grades de secrétaire-greffier stagiaire, greffier de 2me classe ou greffier de 1re classe. L'effectif du cadre est fixé par le Résident Supérieur d'accord avec le Directeur de l'Administration judiciaire.

Ces officiers publics sont chargés non seulement des écritures judiciaires, mais aussi du recouvrement des taxes représentatives tant des frais et dépens en matière civile et commerciale que des frais de justice en matière criminelle, frais dont le tarif et le mode de paiement et de recouvrement ont été fixés devant les juridictions annamites du Tonkin par un arrêté du 13 avril 1922, texte auquel des modifications assez profondes ont été apportées par un nouvel arrêté du 7 octobre de la même année.

2° — *Cambodge.* — L'ordonnance royale du 15 septembre 1922 fixant le statut du personnel de l'administration cambodgienne a organisé en ce pays un corps analogue au précédent, à cette différence près que les agents qui le composent exercent leurs fonctions auprès de toutes les juridictions indigènes. Il

---

(1) Il est singulier de constater que le Résident Supérieur au Tonkin, qui a pouvoir de nommer et promouvoir les mandarins judiciaires de tous grades, n'a pas ce même droit lorsqu'il s'agit des greffiers subordonnés à ces derniers.

comprend des greffiers hors classe et de trois classes et des commis-greffiers de quatre classes et stagiaires, ces derniers étant recrutés pour les deux tiers au concours. Les greffiers sont nommés et promus par ordonnance royale, les commis-greffiers par arrêté du ministre cambodgien de la justice, ordonnances et arrêtés rendus exécutoires par le Résident Supérieur.

3° — Dans les autres pays, les greffiers indigènes n'ont pas encore été organisés en un cadre spécial et sont simplement des employés de l'administration indigène désignés par leur chef pour remplir ces fonctions.

B) — *Huissiers*. — Il n'existe encore en aucun pays d'Indochine un cadre spécial d'huissiers institués auprès des juridictions indigènes. Ce sont en principe les notables des villages qui assurent l'exécution des décisions rendues par ces tribunaux et concourent avec les greffiers, du moins au Tonkin, au recouvrement des taxes judiciaires.

### § 6. — Autres auxiliaires du Service judiciaire.

Ce sont les secrétaires des Parquets généraux et les interprètes européens et interprètes et lettrés indigènes du Service judiciaire.

1° — *Secrétaires des parquets généraux*. — Ces agents, dont le personnel a été réorganisé par arrêté du 21 juin 1921 modifié le 28 juin 1922, doivent disparaître par voie d'extinction. Leur cadre comprend encore actuellement des secrétaires-rédacteurs de quatre classes, des chefs de bureau de deux classes et un secrétaire en chef. Ce personnel est placé sous l'autorité des Procureurs généraux, à l'exception des unités détachées à la Direction de l'Administration judiciaire.

2° — *Interprètes et lettrés*. — Les *interprètes européens* du Service judiciaire ont été organisés par arrêté du 21 juin 1921 modifié le 22 mars 1922. Leur cadre, qui est commun aux ressorts des deux Cours d'appel et dans lequel les mutations de l'un à l'autre de ces ressorts s'effectuent dans les mêmes conditions que pour les commis-greffiers, comprend des interprètes stagiaires, titulaires de quatre classes, principaux de trois classes et en chef. Ils sont nommés et promus par le Gouverneur Général sur la proposition du Directeur de l'Administration judiciaire et

placés sous l'autorité du Procureur général et des chefs de juridictions et parquets auprès desquels ils exercent leurs fonctions.
La nomination à l'emploi de stagiaire nécessite que le candidat
ait établi par un examen spécial sa connaissance approfondie de
la langue étrangère pour laquelle il demande à être assermenté.
Les interprètes principaux doivent en outre posséder le brevet
de caractères chinois.

Les *interprètes et lettrés indigènes* du Service judiciaire ont été
réorganisés par un arrêté du 18 avril 1919 complété le 19 juillet
1923 et sont répartis en un cadre supérieur et un cadre secondaire, l'un et l'autre communs à toute l'Indochine. Le cadre
supérieur, dans lequel les nominations et promotions sont faites
par le Gouverneur Général sur la proposition du Directeur de
l'Administration judiciaire, comprend des commis-interprètes
stagiaires de deux catégories, des commis-interprètes de cinq
classes, des commis-interprètes principaux de deux classes et un
interprète en chef. Le cadre secondaire, dont les agents sont nommés et promus par le Directeur de l'Administration judiciaire,
comprend : d'une part, des secrétaires-interprètes stagiaires, des
secrétaires-interprètes de six classes et des secrétaires-interprètes
principaux de quatre classes et hors classe ; d'autre part, des lettrés stagiaires, des lettrés de six classes et des lettrés principaux
de trois classes. Les conditions de recrutement et de stage des
secrétaires-interprètes stagiaires et des commis-interprètes de 5me
et de 4me classe sont les mêmes que pour le personnel indigène
des administrations provinciales (voir chap. V – art. 1 - § 2). Les
lettrés stagiaires, dont le stage est d'un an, sont recrutés parmi
les candidats gradués de l'enseignement traditionnel annamite
ou possédant dans les autres pays des titres équivalents.

Tant européens qu'indigènes, les interprètes et lettrés du Service judiciaire doivent prêter serment avant d'entrer en fonctions
et ne peuvent exercer aucune autre profession. Leurs traductions
font foi, sauf vérification pouvant être ordonnée par les tribunaux,
mais leur ministère n'est pas obligatoire, car les parties peuvent
se servir d'un autre interprète à condition qu'il ait été préalablement agréé par le magistrat compétent. Ce ministère est gratuit
lorsqu'il est réclamé par un service public. Dans les autres cas,
les droits et honoraires auxquels donnent lieu les traductions de
ces agents sont fixés par le décret du 25 novembre 1910 et les
recettes correspondantes sont recouvrées par les greffiers.

## § 7. — Assistance judiciaire

L'assistance judiciaire a pour but de permettre à ceux qui n'ont pas les ressources nécessaires de faire valoir leurs droits en justice sans être tenus d'avancer aucun frais. Règlementée en Indochine par un décret du 7 avril 1911, elle peut être accordée non seulement aux particuliers, mais aussi aux établissements publics et d'utilité publique, ainsi qu'aux associations privées ayant pour objet une œuvre d'assistance et jouissant de la personnalité civile. Elle est applicable : d'une part, à tous litiges en matière civile, commerciale ou administrative, portés en demande ou en défense devant les tribunaux de toutes catégories de la colonie ayant compétence pour connaître de ces causes ; d'autre part, aux parties civiles devant les juridictions de répression et d'instruction en matière pénale ; enfin, en dehors de tout litige, aux actes de juridiction gracieuse et aux actes conservatoires.

Celui qui désire obtenir l'assistance judiciaire doit adresser au procureur de la République de son domicile une demande appuyée d'un extrait du rôle de ses contributions ou d'un certificat de non-imposition, ainsi que d'une déclaration attestant qu'il est sans ressources et énumérant ses moyens d'existence. Après une première enquête, ce magistrat transmet la demande au bureau de l'assistance judiciaire chargé de la régler. Ces bureaux sont, dans chacune des villes de Saigon et de Hanoi, au nombre de deux : l'un, compétent lorsque la demande d'assistance vise une instance devant être portée devant toute autre juridiction qu'une Cour d'appel, est présidé par le procureur de la République ou son substitut et comprend un délégué du Chef de l'Administration locale, un délégué du Sous-directeur de l'Enregistrement et deux habitants notables devant être de même nationalité que le requérant et nommés chaque année par le Procureur général ; l'autre, compétent lorsqu'il s'agit d'un litige de la compétence d'une Cour d'appel, est présidé par un avocat général ou un substitut général désigné par le Procureur général et a la même composition que le précédent ; l'emploi de greffier est occupé, selon le cas, par le greffier du tribunal de Saigon ou de Hanoi ou par le greffier en chef de la Cour d'appel. Les décisions de ces bureaux, qui ont compétence dans le ressort de la Cour d'appel correspondante, ne doivent être motivées que si elles comportent refus de la demande. Elles ne sont susceptibles d'aucun recours de la part des parties, et seul le Procureur général peut, lorsqu'il s'agit d'une décision rendue par un bureau d'assistance établi près le tribunal de première instance, la déférer pour nouvel examen au bureau établi près la Cour d'appel.

L'assistance s'étend de plein droit aux actes d'exécution à opérer pour obtenir la décision de justice en vue de laquelle elle a été accordée, mais le bureau doit, sur la demande de l'assisté, déterminer la nature de ces actes d'exécution. Elle peut aussi être accordée pour tous actes d'exécution à opérer en vertu de la décision de justice obtenue et même pour les actes conventionnels. Enfin elle continue à profiter à l'assisté sur l'appel interjeté contre lui. Par contre, si une nouvelle instance prend naissance à la suite d'un acte d'exécution accompli par l'assisté, ou encore si c'est lui-même qui forme appel principal du jugement rendu contre lui, une nouvelle décision est nécessaire pour qu'il puisse jouir de l'assistance judiciaire en ce qui concerne cette nouvelle instance ou son appel.

Une fois notifiée par le président du bureau d'assistance au président de la juridiction saisie du litige ou de la juridiction du lieu où l'exécution doit être poursuivie, la décision portant admission à l'assistance a pour effet de dispenser son bénéficiaire de tout débours. Il lui est désigné par le président de la juridiction intéressée un huissier, et s'il y a lieu un avocat-défenseur, qui seront tenus de lui prêter gratuitement leur ministère. Les actes et titres produits par lui ou constituant la procédure suivie à sa requête sont visés pour timbre, enregistrés en débet et exonérés des droits de greffe. Les taxes des témoins, honoraires d'experts et autres frais de justice sont avancés par le Trésor. Toutefois, ces divers bénéfices ne sont pas accordés à l'assisté à titre définitif. D'une part, en effet, s'il lui survient des ressources reconnues suffisantes ou s'il est constaté qu'il a surpris la décision du bureau par une déclaration frauduleuse, l'assistance peut, même avant la fin de l'instance ou de la procédure, lui être retirée d'office ou à la requête du ministère public ou de la partie adverse, et en ce cas les droits, honoraires et avances dont il avait été dispensé deviennent immédiatement exigibles, sans préjudice de poursuites correctionnelles éventuelles. D'autre part, si l'assisté perd son procès et est condamné aux dépens, les droits de timbre et d'enregistrement et les frais de justice sont recouvrés contre lui. Quant à la partie adverse, la décision d'admission à l'assistance ne saurait évidemment lui profiter en aucun cas et en conséquence, si elle est condamnée aux dépens, la taxe délivrée contre elle comprend les droits, honoraires et avances de toute nature auxquels l'assisté aurait été tenu si l'assistance judiciaire ne lui avait pas été accordée.

Tout ce qui précède concerne le cas où l'assistance judiciaire a été sollicitée par un demandeur ou un défendeur en matière civile, commerciale ou administrative, ou par une personne désirant se constituer partie civile devant une juridiction d'instruction ou de répression. S'il s'agit d'un prévenu ou d'un accusé sans ressources, un défenseur d'office peut sur sa demande lui être désigné par le président du tribunal statuant au correctionnel et doit à peine de nullité lui être donné par le président de la Cour criminelle si l'intéressé n'en a pas choisi un lui-même.

# ARTICLE VI

## *SERVICE DE LA TRÉSORERIE*

Nous examinerons successivement le statut du personnel employé spécialement et exclusivement au service de la Trésorerie en Indochine, puis les modalités selon lesquelles le fonctionnement de ce service est organisé dans la colonie, enfin ses attributions considérées d'un point de vue général. Nous terminerons par quelques notions sur la responsabilité des divers agents exerçant des fonctions comptables et les conditions dans lesquelles cette responsabilité peut être mise en jeu.

Dans tout ce qui va suivre, nous n'aurons à nous occuper, étant donné le titre du présent article, que des *comptables-deniers*, c'est-à-dire des agents qui sont préposés au maniement des fonds publics de toute nature. Mais nous devons ajouter qu'il existe deux autres catégories de comptables : les *comptables-matières*, chargés de suivre en entrées et en sorties, selon des règles de comptabilité fixées par un arrêté du 23 décembre 19¹ modifié les 24 mai 1923 et 21 mars 1924, les objets, matières, denrées, etc., en approvisionnement ou en service, appartenant au domaine et confiés aux administrations et services publics; les *comptables d'ordre*, agents qui, sans être préposés au maniement des deniers ou à celui des matières, sont chargé et responsables de la centralisation des opérations d'un service déterminé (1).

## § 1. — Personnel

A) — *Personnel Français.* — Les fonctionnaires dont l'emploi normal et exclusif consiste à assurer le service d' la Trésorerie dans la colonie appartiennent à deux catégories différentes qui sont: d'une part, un petit nombre de Trésoriers, comptables supérieurs ayant tous une gestion personnelle et

---

(1) Les comptables-matières sont très nombreux.

Les uns, dits *comptables gestionnaires d'approvisionnement*, sont ceux qui sont chargés de la garde et de la conservation des matières brutes et ouvrées, effets et objets confectionnés, matériel industriel ou autre, formant l'approvisionnement des magasins dont disposent un grand nombre de services publics (Intendance militaire, Postes, Travaux publics, Assistance médicale). Il doit y en avoir un pour chaque magasin. Ces comptables ne fournissent pas de cautionnement, mais n'en sont pas moins pécuniairement responsables et ils doivent pour chaque année écoulée fournir à leur chef de service, lequel a la qualité d'ordonnateur en matières, un compte de gestion qui, accompagné d'un tableau établi par ce chef de service et récapitulant par chapitre budgétaire et par magasin l'existant en valeurs au 31 décembre, est transmis pour vérification à l'ordonnateur du budget intéressé et arrêté par lui en Conseil.

Les autres, dits *comptables du matériel en service*, sont les agents qui, à raison d'un pour chacune des formations administratives dépendant de toutes les administrations et services publics sans exception, sont chargés de tenir, sur un *journal* *d'entrées et de sorties* et sur un *inventaire* annuel subdivisé s'il y a lieu en autant d'inventaires particuliers que la formation administrative intéressée, compte de détenteurs de matériel, la comptabilité des objets qui, par leur nature ou à raison de le affectation spéciale, ne font pas partie d'approvisionnements (mobilier et matériel en service dans les bureaux et logements administratifs, ouvrages de bibliothèque, machines, outils, matériel de traction des voies ferrées, etc). Les inventaires sont vérifiés, récapitulés et arrêtés dans les mêmes conditions que ci-dessus. La responsabilité des comptables de matériel est moins étendue que celle des comptables d'approvisionnement: ils sont dans tous les cas disciplinairement responsables de la tenue régulière de leurs écritures, mais leur responsabilité pécuniaire ne peut être mise en jeu que si la perte ou la détérioration provient de leur faute, chaque détenteur effectif de matériel en étant normalement seul responsable.

Quant aux comptables d'ordre, ils sont beaucoup moins nombreux. On peut cependant citer, comme appartenant à cette catégorie, le « receveur spécial de la dette indochinoise » emploi créé par un arrêté du 29 janvier 1919 et comportant la consignation d'un cautionnement.

régis par les décrets des 30 décembre 1912 et 1er juin 1923, dont le dernier a abrogé expressément celui du 14 juillet 1904 qui antérieurement régissait la Trésorerie en Indochine; d'autre part, un corps d'agents de trésorerie, ayant ou non la qualité de comptable selon qu'ils assurent le service des postes de trésorerie ou celui des bureaux des comptables supérieurs, n'ayant une gestion personnelle qu'en ce qui concerne certains d'entre eux et à l'égard de formations budgétaires secondaires et dont le statut est fixé par un décret du 6 août 1921 devant être prochainement complété quant à ses détails par un arrêté interministériel (Finances et Colonies) (1).

1o — *Comptables supérieurs.* — Les comptables supérieurs en exercice en Indochine constituent un cadre spécial à cette colonie qui comprend: un *Trésorier général* en résidence à Hanoi qui, sous réserve de ce qui sera dit ci-après concernant la gestion personnelle appartenant aux Trésoriers particuliers et à certains autres comptables, représente la Trésorerie indochinoise à l'égard tant du Ministre des Finances que du Gouverneur Général et jouit à ce titre de certaines prérogatives, notamment en matière de règlementation du personnel ; un *Trésorier-payeur* de la Cochinchine; trois *Trésoriers particuliers* au Cambodge, en Annam et au Laos, lesquels peuvent appartenir à deux classes différentes et sont promus de l'une à l'autre par arrêté du Ministre des Finances.

Le Trésorier général et le Trésorier-payeur de la Cochinchine sont nommés par décret sur la proposition du Ministre des Finances et l'avis conforme du Ministre des Colonies, lequel a le droit, en ce qui concerne un tiers des emplois vacants, de désigner au Ministre des Finances deux candidats parmi lesquels devra être pris le titulaire. Les Trésoriers particuliers sont nommés par arrêté du Ministre des Finances après avis du Ministre des Colonies; le même droit de présentation que ci-dessus appartient également à ce dernier pour le tiers des emplois vacants, mais sous cette réserve en ce cas que la moitié de ces emplois est réservée aux payeurs de 1re classe ayant au moins dix ans de service

---

(1) À l'heure où nous mettons sous presse, ce décret du 6 août 1921, de même que celui du 1er juin 1923, n'ont pas encore été promulgués dans la colonie, en raison de certaines difficultés de détail que leur application a fait appréhender. Nous avons cru cependant devoir en tenir compte, car leur promulgation ne saurait évidemment tarder.

dont cinq comme fondé de pouvoirs. Sauf que les candidats présentés par le Ministre des Colonies doivent justifier de dix années de services en France ou dans les colonies et d'un âge leur permettant d'obtenir à 60 ans une pension pour ancienneté de services, aucune condition spéciale n'est exigée pour l'accession aux emplois de comptable supérieur. Toutefois, leurs titulaires ne peuvent entrer en fonctions avant d'avoir justifié de leur prestation de serment et du versement d'un cautionnement dont le montant est fixé pour chacun d'eux par le Ministre des Finances en proportion du produit réel net des émoluments de toute nature procurés par l'emploi au cours de la dernière année écoulée.

2° — *Agents de la Trésorerie de l'Indochine.* — Le corps des agents de Trésorerie, régi par le décret susvisé du 6 août 1921, est en principe commun aux diverses colonies, mais est organisé distinctement pour chacune d'elles par arrêté interministériel (Finances et Colonies) et les agents qui y sont en service doivent normalement y poursuivre leur carrière. Ses cadres en Indochine, dont les effectifs pour chaque grade et la proportion pour chaque classe sont fixés par arrêté interministériel, comportent trois classes de payeurs, quatre classes et une hors classe de commis principaux et quatre classes de commis, les commis de 4me classe étant recrutés à la suite d'un concours ouvert simultanément en France et dans la colonie par le Gouverneur Général et dont les épreuves sont choisies d'après un programme commun aux personnels des diverses Trésoreries coloniales et déterminé par arrêté interministériel. Les payeurs sont nommés par le Ministre des Finances après avis du Ministre des Colonies et sont avancés par le Gouverneur Général. Les commis principaux et les commis sont nommés et avancés par le Gouverneur Général. Dans tous les cas, les avancements sont donnés, sur la proposition du Trésorier général, après inscription à un tableau de classement établi chaque année par une commission présidée par le Gouverneur Général ou son délégué et comprenant le Directeur des Finances, le Directeur du Contrôle financier, le Trésorier général, un des autres Trésoriers désignés par le Gouverneur Général et le plus ancien des payeurs présent au lieu où se réunit la commission. La répartition des agents entre les divers pays est faite par le Gouverneur Général sur la proposition du Trésorier général et les affectations aux divers emplois de chaque pays sont prononcées, sauf le cas exceptionnel où ces emplois relèvent du budget général, par le Chef de l'Administration locale sur la proposition du Trésorier intéressé.

Les commis et commis principaux assurent le service des bureaux et guichets des Trésoriers, en particulier les emplois de caissier, et ce n'est qu'à défaut de payeurs qu'ils peuvent être investis des fonctions comptables de préposé du Trésor. Les payeurs, au contraire, sont normalement investis desdites fonctions et à ce titre ils dirigent les places et autres postes dépendant du Service de la Trésorerie ; ils peuvent aussi être employés dans les bureaux des centralisations et y occupent en particulier l'emploi, qui leur est en principe réservé, de *chef de comptabilité* ; enfin, c'est parmi eux, ou plutôt parmi ceux d'entre eux qui ont été inscrits sur une liste arrêtée annuellement par le Ministre des Finances après examen de la commission de classement dont nous venons de parler et après avis du Ministre des Colonies, que les Trésoriers choisissent les *fondés de pouvoirs* qui les remplaceront en cas d'empêchement et seront appelés par le Gouverneur Général à faire leur intérim en cas d'absence de la colonie.

3o — *Autres agents.* — Indépendamment de ce personnel spécial tant à la colonie qu'au Service de la Trésorerie, les comptables supérieurs en Indochine peuvent également être assistés : soit d'agents détachés des autres Trésoreries coloniales, dans lesquelles un corps comportant en tout ou en partie la même hiérarchie que celle des agents de la Trésorerie d'Indochine a également été organisé par application du décret susvisé du 6 août 1921 ; soit d'agents qui, dans les conditions prévues par l'article 33 de la loi du 30 décembre 1913, sont détachés des diverses formations de la Trésorerie métropolitaine ou de la Trésorerie d'Algérie et sont versés, d'après une correspondance de grade fixée par arrêté interministériel, dans les cadres indochinois dont ils suivent alors les règlements et où ils participent aux promotions en même temps qu'ils continuent à recevoir des avancements pour ordre dans leur cadre d'origine.

Il peut aussi être employé dans les services du Trésor de la colonie, à titre exceptionnel en principe, des fonctionnaires d'autres services qui en ce cas continuent à appartenir à leurs corps d'origine et conservent leur statut personnel (nous en verrons des exemples quand nous parlerons des agents intermédiaires).

Enfin les Trésoriers peuvent engager des auxiliaires dont les salaires sont payés par eux-mêmes, sous réserve d'un minimum de salaire fixé selon le cas par le Gouverneur Général ou le Chef d'Administration locale intéressé, dans la limite de l'allocation spéciale qui peut leur être attribuée pour cet objet.

B) — *Personnel indigène*. — Les agents indigènes du service de la Trésorerie constituent deux personnels entièrement distincts, le personnel des *commis et secrétaires* et le personnel des *gardiens de caisse*, tous deux organisés par deux arrêtés du 19 avril 1919 dont le premier a été modifié les 28 juin et 19 juillet 1923.

Le premier personnel, qui est chargé des écritures comptables, comporte un cadre supérieur (trois classes de commis principaux, cinq classes de commis et deux catégories de commis stagiaires) dont les agents sont nommés et avancés par le Gouverneur Général sur la proposition du Trésorier général et un cadre secondaire (une classe de secrétaires principaux hors classe, quatre classes, de secrétaires principaux, six classes de secrétaires et une classe de secrétaires stagiaires) dont les agents sont nommés et avancés par le Trésorier général. Les conditions de recrutement et de stage des secrétaires stagiaires et des commis de 4^me et de 5^me classe sont les mêmes que pour le personnel indigène des administrations provinciales (voir chapitre V - art 1 - § 2).

Le personnel des gardiens de caisse, qui est chargé des manipulations de fonds, de la garde de la caisse jour et nuit, de l'entretien des bureaux, du service des courses, etc... comporte une classe de gardiens de caisse principaux hors classe, quatre classes de gardiens principaux, six classes de gardiens et une classe de gardiens stagiaires, tous nommés et avancés par le Trésorier général.

Les agents faisant partie de ces deux personnels sont affectés en principe soit à la Trésorerie générale soit à la Trésorerie de l'un des pays de l'Union, et c'est seulement à titre exceptionnel qu'ils peuvent être affectés à un autre pays. Ces mutations de pays à pays, de même que celles faites dans la circonscription d'une même Trésorerie, font l'objet de décisions du Trésorier général ou de chacun des Trésoriers par délégation de ce dernier, mais elles sont soumises à l'agrément préalable des Chefs d'Administration locale intéressés.

## § 2. — Organisation

L'organisation en Indochine du service de la Trésorerie est
lroitement conditionnée par la nature des attributions qui
ppartiennent personnellement aux comptables supérieurs et
esquelles il résulte que chacun des grands pays de l'Union
onstitue une Trésorerie spéciale, excepté le Tonkin dont la
ésorerie est assurée directement par le Trésorier général,
uquel dépend également l'unique préposé du Trésor en service
Kouang-Tchéou-Wan (Fort-Bayard). Nous nous trouvons
nsi amenés à étudier ces attributions et, par voie de consé-
uence, la mesure dans laquelle elles peuvent être exercées, par
élégation de leurs titulaires et sous leur surveillance et leur
sponsabilité, par les agents de trésorerie qui sont investis des
nctions comptables de préposé du Trésor et dont en outre
rtains exercent aussi en cette qualité des attributions
ersonnelles indépendantes de celles des comptables supérieurs.
Mais les services dont ces derniers sont chargés ne sont pas
urés exclusivement par eux-mêmes ou par les agents appar-
nant ou détachés au Service de la Trésorerie et placés sous
urs ordres. D'autres fonctionnaires contribuent également,
ns avoir la qualité de préposé du Trésor, à l'exécution de
s services: les uns sont comptables de certaines catégories
rticulièrement importantes de produits indirects, notamment
ceveurs des régies financières, ou pourraient être comptables
s produits d'exploitations industrielles dirigées par l'Admi-
stration, et ils appartiennent alors au personnel des services
perçoivent ces produits; d'autres sont spécialement chargés
service financier de certains établissements publics; d'autres
fin sont des fonctionnaires qui peuvent être désignés dans les
dres de n'importe lequel des services indochinois pour occuper
emploi d'agent intermédiaire du Trésor et qui, bien qu'étant
ors appelés à prêter dans une mesure déterminée leur con-
urs au budget de l'État ou aux divers budgets du service local,
ont cependant pas, à la différence des précédents, la qualité
ridique de comptable. Nous aurons donc à nous occuper
ssi de ces diverses catégories d'agents.
Enfin, nous compléterons cette étude de l'organisation du
rvice de la Trésorerie en disant quelques mots des agents
diciaires du Trésor.

A) — *Comptables supérieurs du Trésor.* — Le Trésorier général effectue au Tonkin les opérations des services financiers métropolitains, y compris le service postal des articles d'argent, et centralise les mêmes opérations effectuées pour son compte en Annam et au Laos par les Trésoriers particuliers de ces pays. Il effectue ou centralise, dans les mêmes conditions, les opérations intéressant la Caisse des Dépôts et Consignations, dont il est préposé, et la Caisse des Invalides de la Marine ainsi que la Caisse de prévoyance entre les marins français rattachée à cette dernière. D'autre part, il effectue au Tonkin toutes les opérations des services financiers intéressant les budgets du service local dont il est comptable, c'est-à-dire le budget général, ses budgets annexes et le budget local du Tonkin, et il centralise les mêmes opérations effectuées pour son compte dans les autres pays par le Trésorier-payeur de la Cochinchine ou les Trésoriers particuliers. Enfin, il effectue les mêmes opérations concernant d'une part le budget de la ville de Hanoi dont il est receveur municipal et d'autre part le budget de l'École française d'Extrême-Orient.

Le Trésorier-payeur de la Cochinchine effectue dans cette colonie les opérations du budget de l'État, de la Caisse des Dépôts et Consignations. de la Caisse des Invalides de la Marine et centralise les mêmes opérations effectuées pour son compte au Cambodge par le Trésorier particulier de ce pays. Il est comptable du budget local de la Cochinchine et effectue les opérations concernant ce budget ou les centralise lorsqu'elles sont effectuées par les autres comptables supérieurs. Il est enfin receveur municipal à Saigon et aussi, à ce titre, receveur du bureau de bienfaisance de cette ville et comptable du budget du port de commerce de la même ville.

Les trois Trésoriers particuliers, chacun en ce qui le concerne, sont comptables des budgets locaux de l'Annam, du Cambodge et du Laos et assurent leur service dans les mêmes conditions que le Trésorier-payeur de la Cochinchine à l'égard du budget local de cette colonie. Le Trésorier particulier du Cambodge est en outre receveur municipal à Phnom-Penh et celui du Laos receveur communal à Vientiane.

La comptabilité nécessitée par les diverses opérations ainsi énumérées est tenue en francs s'il s'agit du budget de l'État et des établissements financiers métropolitains, en piastres au cas contraire. Elle est établie en partie double et comporte, en ce qui concerne le service local, l'établissement de livres élémentaires, d'un journal général, d'un grand livre et de livres auxiliaires et de détail.

Bien que beaucoup moins chargée en fait que celle intéressant le service local, la partie de cette comptabilité afférente aux services financiers métropolitains est réputée prédominante. C'est en effet seulement sous le titre de « *correspondants du Trésor* » que sont classées dans cette comptabilité, selon des écritures distinctes pour chaque nature d'opérations, les recettes et les dépenses effectuées au compte des divers budgets de la colonie ainsi que celles effectuées pour la Caisse des Dépôts et Consignations, le service des mandats d'article d'argent échangés entre la France et la colonie et toutes autres pouvant être déterminées par le Ministre des Finances.

Dans la tenue générale de cette comptabilité interviennent de nombreux comptes de trésorerie classés sous le titre de « *correspondants administratifs* » et dont, depuis le décret du 30 décembre 1912, l'ouverture même provisoire doit être autorisée par le Ministre des Finances. — Les uns sont les comptes-courants, ouverts aux comptables de produits indirects, comptables d'exploitations industrielles et receveurs spéciaux dont il sera question ci-après. — D'autres fonctionnent au nom de formations financières spéciales ou de certains établissements ou sociétés, par exemple les deux comptes de dépôt ouverts dans les écritures du Trésorier du Tonkin et les comptes d'attente correspondants ouverts dans celles des autres Trésoreries au nom de chacune des deux caisses locales de retraite (arrêté du 24 août 1904 modifié le 26 mai 1913), le compte courant ouvert au Gouvernement annamite dans les écritures du Trésorier particulier de l'Annam par un arrêté du 31 décembre 1908 modifié le 9 février 1914, les comptes à l'ouverture desquels ont donné lieu l'emprunt réalisé en 1922 par la Chambre de Commerce de Haiphong et la création récente du budget annexe de l'arsenal de Saigon, ceux constatant tant les versements et les retraits de fonds effectués par le Trésor à la Banque de l'Indochine que les opérations faites en vertu d'un décret du 6 mai 1922 qui a donné aux créanciers et aux débiteurs du Trésor certaines facilités pour régler leurs comptes avec lui par l'intermédiaire de la même banque. — D'autres enfin intéressent le fonctionnement des fonds de roulement et des réserves pouvant être constitués, dans des conditions devant être déterminées par arrêté interministériel, pour l'exploitation des chemins de fer et autres services publics. A cette dernière catégorie appartiennent : d'une part, les comptes de trésorerie « fonds de roulement » et « approvisionnements généraux » autorisés pour chacune des régies des alcools et de l'opium par deux arrêtés interministériels du 6 mai 1914 et ouverts par deux arrêtés du Gouverneur Général du 22 décembre suivant en vue d'assurer l'approvisionnement des bouteilles nécessaires à la première régie et celui de l'opium brut et du gros outillage mis en œuvre par la seconde (1); d'autre part, les trois comptes de trésorerie, ouverts et organisés par trois arrêtés du Gouverneur Général du 26 décembre 1914 pour les besoins de l'exploitation des chemins de fer de la colonie et concernant respectivement un fonds de roulement destiné à assurer l'approvisionnement des matières et objets consommables, un fonds de réserve spécial ayant pour but de pourvoir aux insuffisances de recettes des années ultérieures, enfin un fonds spécial pour travaux et matériel destiné à subvenir aux dépenses résultant des travaux complémentaires de premier établissement ainsi qu'aux travaux de renouvellement comportant une augmentation de la valeur des travaux primitifs (2).

Enfin les recettes et les dépenses effectuées pour le service des cautionnements en numéraire inscrits au Trésor (3) et toutes autres opérations pouvant être déterminées par le Ministre des Finances sont classées dans la comptabilité qui nous occupe sous le titre collectif de « *services spéciaux du Trésor* ».

A un autre point de vue, le Trésorier général et le Trésorier payeur de la Cochinchine exécutent ou centralisent le service des mouvements de fonds. A cet effet, leurs caisses sont alimentées, d'après les ordres du Ministre des Finances et dans les limites fixées par lui, soit en numéraire provenant généralement de la Monnaie de Paris (une assez grosse commande de monnaies

---

(1) Ceux de ces arrêtés qui concernent la régie de l'opium ont été respectivement modifiés le 17 août 1922 (arrêté interministériel) et le 21 octobre 1922 (arrêté du Gouverneur Général).

(2) Contrairement aux prescriptions de l'article 267 du décret du 30 décembre 1912, aucun arrêté interministériel n'a précédé la signature de ces arrêtés du 26 décembre 1914.

(3) Les comptes des cautionnements constitués en titres de rente française sont tenus exclusivement par le Service de la Dette inscrite, à Paris.

divisionnaires fut faite cependant il y a quelques années aux États-Unis), soit en billets de la Banque de l'Indochine, soit enfin au moyen de traites dont l'émission est exclusivement subordonnée aux instructions du Ministre des Finances. Tout déplacement de fonds donne lieu, tant au départ qu'à l'arrivée, à l'établissement d'un procès-verbal qui doit être dressé dans certaines formes règlementaires.

Le Trésorier général est assisté d'un payeur de 1re classe qui est chef de comptabilité et constitue en quelque sorte son adjoint. Son siège central, à Hanoi, comporte, en outre un bureau du secrétariat et du personnel, un bureau du budget général et un bureau du budget local du Tonkin, le fonctionnement de ces bureaux étant assuré par des agents des divers cadres du service. Le Trésorier payeur de la Cochinchine et chacun des Trésoriers particuliers est également assisté, à son bureau central de Saigon, Hué, Phnom-Penh ou Vientiane, d'un chef de comptabilité et d'un certain nombre de commis principaux et de commis de Trésorerie.

Le Trésorier général tient du décret du 30 décembre 1912 (art. 422) le droit de correspondre directement avec le Ministre des Finances, sous réserve d'envoyer au Gouverneur Général copie de celles de ses correspondances qui ne sont pas d'ordre exclusivement comptable. Nous estimons que, depuis le décret du 1er juin 1923 qui a donné le titre de Trésorier-payeur à l'ancien Trésorier particulier de la Cochinchine, le même droit doit être reconnu à ce dernier comptable supérieur, au moins en ce qui concerne sa correspondance relative aux services financiers métropolitains.

B) — *Préposés du Trésor.* — Ce sont, nous l'avons dit, des payeurs ou, à défaut, des commis de Trésorerie désignés pour diriger, pour le compte et sous la responsabilité du comptable supérieur sous les ordres duquel ils sont placés, les divers postes de Trésorerie établis dans l'intérieur des pays de l'Union et dénommés *places.* Ces places sont instituées et leurs circonscriptions déterminées par arrêté du Gouverneur Général sur la proposition du Trésorier général, mais elles ne peuvent être supprimées que par arrêté interministériel (Finances et Colonies) pris sur la proposition du Chef de la colonie après avis du Trésorier général. Il en existe actuellement

21 en Cochinchine (une en chaque chef-lieu de province et, en outre, une au Cap Saint-Jacques); 12 au Tonkin (Cao-bang, Langson, Bacninh, Namdinh, Thainguyên, Haiduong, Phu-lang-Thuong, Sontay, Vinhyên, Tuyên-Quang, Laokay et Hagiang), 6 en Annam (Thanh-hoa, Vinh, Tourane, Qninhon, Phanthiet et Dalat), 4 au Cambodge (Kampot, Battambang, Kompong-chhnang et Kompongcham) et une à Kouang-Tchéou-Wan (Fort-Bayard).

Indépendamment de ces places destinées à l'exécution du service général, des postes de préposé du Trésor peuvent être institués par arrêté interministériel pour assurer le recouvrement des droits et produits et l'acquittement des dépenses de grands services, tels que l'exploitation des chemins de fer, des ports de commerce, etc... C'est ainsi qu'il existe dans la colonie, pour chacun des trois arrondissements des chemins de fer, un emploi de *receveur central* institué par arrêté interministériel du 5 décembre 1913 et occupé à Hanoi et à Saigon par un préposé du Trésor exclusivement affecté à ce service et à Tourane par le payeur chef de place.

Comme nous l'avons dit, tous les préposés du Trésor gèrent pour le compte et sous la responsabilité des comptables supérieurs les services financiers métropolitains ou locaux dont ces derniers sont chargés. Mais il peut arriver que, concurremment, certains préposés du Trésor soient personnellement comptables de budgets étrangers à ces services. Les exemples des cas de l'espèce sont même assez nombreux.

Tout d'abord, en effet, les fonctions de receveur des budgets des villes érigées en municipalités ou en communes ont été réunies de droit à celles de préposé du Trésor par le décret du 20 novembre 1882. C'est ainsi que les payeurs ou commis de Trésorerie en service à Haiphong, Namdinh, Haiduong, Tourane, Dalat, Cholon et Tchékam sont comptables des budgets municipaux ou communaux de ces villes (1), de même que, l'expression de « préposé du Trésor » employée par le décret précité étant prise ici dans son sens le plus large, la même qualité appartient, nous l'avons vu, aux divers Trésoriers en résidence à Saigon, Hanoi, Phnom-Penh et Vientiane.

---

(1) En ce qui concerne Tchékam, le receveur communal est le préposé du Trésor en service à Fort-Bayard.

Ajoutons cependant que, depuis le décret du 30 décembre 1912, celles de ces villes dont les revenus dépassent 100.000fr. ont le droit, dont elles n'ont pas usé jusqu'ici, de demander la nomination d'un receveur spécial.

De même, et sauf le cas où la nomination d'un receveur spécial à la désignation de l'autorité administrative serait jugée nécessaire, les comptables du Trésor sont de droit receveurs des hospices et établissements de bienfaisance et nous avons vu que le Trésorier-payeur de la Cochinchine avait cette qualité en ce qui concerne le bureau de bienfaisance, de Saigon. Ils peuvent aussi l'être d'autres établissements, et c'est ainsi que le Trésorier général a été institué par décret comptable du budget de l'École française d'Extrême-Orient et le Trésorier-payeur de la Cochinchine comptable du budget du Port de commerce de Saigon.

Enfin, et bien que le décret du 5 mars 1889 qui a organisé ces budgets soit resté muet sur le mode de désignation de leurs comptables, il a été décidé, par analogie avec les dispositions relatives aux communes contenues dans le décret de 1882 et reproduites dans celui de 1912, que les fonctions de receveur des budgets régionaux ou provinciaux en Cochinchine seraient confiées aux préposés du Trésor en service dans les chefs-lieux de province de cette colonie.

A l'égard de ces divers budgets, les préposés du Trésor qui en sont chargés ont une gestion personnelle et une responsabilité propre, et en conséquence ils ne sont pas placés à proprement parler, pour l'exercice de cette gestion, sous les ordres des comptables supérieurs. Ils doivent cependant, au moins lorsqu'il s'agit des budgets municipaux ou communaux, faire vérifier et viser leurs comptes de gestion par ces derniers.

Tous les préposés du Trésor sont astreints à un cautionnement dont le montant est fixé par le Ministre des Finances, et ceux d'entre eux qui sont, en outre de leurs fonctions normales, comptables de budgets dont les opérations ne sont pas rattachées à la gestion d'un comptable supérieur sont également assujettis à des cautionnements particuliers pour chacune de leurs comptabilités spéciales.

C) — *Comptables des produits indirects.* — Nous verrons plus loin que les comptables du Trésor sont seuls chargés du recouvrement de tous les rôles d'impôts directs et sont responsàbles de leur montant intégral. A cet égard, ils agissent eux-mêmes et sans intermédiaires.

Au contraire, en ce qui concerne le recouvrement de certains produits perçus sur liquidation et d'une importance particulière, notamment ceux des régies financières, ils sont assistés, ou plus exactement suppléés, par des comptables spéciaux à chacune des catégories de ces produits et dont les emplois ont été institués par décrets des 28 novembre 1882, 30 décembre 1912 et 23 avril 1913. Ces agents, qui sont les *receveurs de l'enregistrement*, les *receveurs-comptables des Douanes* et le *receveur-comptable principal des Postes et Télégraphes*, continuent à faire partie des cadres de leurs services respectifs, et nous aurons par suite l'occasion d'en reparler plus tard. Comme les comptables du Trésor, ils sont justiciables de la Cour des Comptes et astreints au cautionnement (1); mais, à la différence de ces derniers, ils peuvent recevoir, outre leur traitement de grade, des remises proportionnelles pour la perception directe des produits dont le recouvrement leur est confié (en fait, en Indochine, ils ne reçoivent pas ces allocations, sauf certains receveurs de l'enregistrement). Ils font leurs versements, pour le compte du Trésorier général, à la caisse du principal agent du Trésor de leur résidence (lequel est toujours, en fait, un des Trésoriers de l'Union, sauf en ce qui concerne le receveur comptable des Douanes de Haiphong et certains receveurs de l'Enregistrement).

Les opérations des comptables des produits indirects qui nous occupent sont suivies dans les écritures des Trésoriers, chacun en ce qui le concerne, au moyen de comptes courants ouverts par divers arrêtés, notamment par celui du 5 avril 1906 relatif au receveur comptable principal des Postes et par celui du 29 juillet 1913 modifié le 26 janvier 1917 relatif aux recettes comptables des Douanes. Ces comptes sont destinés à centraliser en écritures les versements effectués tant par lesdits comptables eux-mêmes que par les agents de leur service dont la comptabilité est administrativement rattachée à la leur, c'est-à-dire les receveurs comptables locaux des Postes d'une part, les receveurs subordonnés et auxiliaires des Douanes d'autre part. En ce qui concerne les receveurs de l'enregistrement et les receveurs comp-

---

(1) Le receveur-comptable principal des Postes, cependant, ne constitue aucun cautionnement, ce qui est une singulière anomalie.

tables des Douanes, ces comptes courants sont établis au nom de chacune de leurs recettes. Au contraire, en ce qui concerne les produits du Service des Postes, et aussi ceux du Service Radiotélégraphique, rattachés à la comptabilité de ces derniers, un seul compte courant fonctionne au nom du receveur comptable des Postes du Tonkin, qui a le titre de *receveur comptable principal de l'Indochine* et passe en écritures dans sa propre comptabilité le total des opérations effectuées par les receveurs-comptables des autres pays de l'Union (1).

D) — ***Comptables des exploitations industrielles.*** — En dehors du receveur comptable principal des Postes, Télégraphes et Téléphones, service qui peut être considéré indifféremment comme exploitation industrielle ou comme organisme ressortissant aux contributions indirectes, il n'existe pas actuellement dans la colonie de comptables de cette catégorie étrangers au personnel du Trésor. Il en a cependant existé autrefois, car un arrêté du 1er juillet 1907 avait institué, pour chacun des arrondissements des chemins de fer, un caissier central ayant la qualité juridique de comptable en deniers, emplois qui, comme nous l'avons vu, ont été attribués depuis à des préposés du Trésor.

E) — ***Receveurs spéciaux des établissements publics.*** — Lorsque l'importance d'un hospice, établissement de bienfaisance ou autre établissement public justifie, sur la proposition de son directeur, la désignation d'un receveur spécial, ce comptable peut être pris en dehors du personnel de la Trésorerie. Il est nommé par décret sur la proposition du Ministre des Colonies si le revenu ordinaire de l'établissement dépasse 300.000 fr. et, au cas contraire, par le Gouverneur Général ou le Chef de

---

(1) Cette expression de « receveur-comptable », employée dans la terminologie administrative pour désigner le fonctionnaire du Service des Postes qui dans chaque pays de l'Union centralise et réunit à la sienne la comptabilité des receveurs et chargés des bureaux de poste et des chefs des stations radiotélégraphiques de ce pays, est de nature à créer une confusion. En réalité, les écritures que tiennent ces fonctionnaires ressortissent à une simple comptabilité de service intérieur. Ils ne fournissent aucun compte de gestion à aucune juridiction des comptes et ne sont pas comptables au sens juridique donné à ce mot par le décret du 30 décembre 1912 Tant pour le Service des Postes que pour le Service radiotélégraphique, il n'y a en Indochine qu'un seul comptable proprement dit, qui est le receveur-comptable principal des Postes en résidence à Hanoï.

l'Administration locale, selon le budget du service local intéressé. Il est astreint à un cautionnement et est justiciable de la
Cour des Comptes lorsque le montant des recettes de l'établissement constaté dans les trois dernières années dépasse 30.000 fr.
par an, du Conseil Privé ou de Protectorat en cas contraire.

Les comptes de l'École française d'Extrême-Orient et du Port
de commerce de Saigon - Cholon étant tenus respectivement par
le Trésorier général et le Trésorier-payeur de la Cochinchine,
nous ne connaissons en Indochine aucun receveur spécial d'établissement public proprement dit, c'est-à-dire ayant été investi
par décret de cette qualité. Cependant, si l'on admet que l'expression « établissement public » n'a pas été prise dans son sens
juridique étroit par l'auteur du décret financier (et, à notre avis,
il faut l'admettre), on rangera dans cette catégorie de comptables
le caissier-comptable de la Caisse de retraite des Services civils
coloniaux et locaux et de la Caisse des pensions civiles indigènes, agent dont les comptes ont été déférés à la Cour des
Comptes par un arrêté du 26 juillet 1919.

F) — *Agents intermédiaires.* — Pour faciliter l'exécution
des budgets de l'État et du service local (1), il peut être institué
des agents intermédiaires pris dans le personnel de n'importe
quel service indochinois et chargés sous le contrôle de l'Administration d'assurer le recouvrement de certaines recettes et
d'effectuer le paiement des dépenses courantes. Les termes généraux de l'article 147 du décret du 30 décembre 1912 indiquent
qu'en principe ces emplois peuvent être institués aussi bien par
arrêté du Chef d'Administration locale en Conseil Privé ou de
Protectorat que par arrêté du Gouverneur Général en Conseil
de Gouvernement ou en Commission permanente, selon le
budget auquel les agents intermédiaires ainsi désignés auront
à prêter leur concours ; mais il est évident que l'intervention
du Chef de l'Administration locale ne sera suffisante que si
l'emploi à créer doit intéresser exclusivement le budget local
du pays.

---

(1) En ce qui concerne les budgets municipaux et communaux, les termes formels
de l'article 342 du décret du 30 décembre 1912 ne permettent pas, en droit, d'instituer des agents intermédiaires. Il en existe cependant, notamment les collecteurs
des marchés, qui ne peuvent pas ne pas exister. Il est vrai que l'on peut considérer
ces agents comme de simples délégués du receveur communal.

A la différence des comptables, les agents intermédiaires, dont d'ailleurs la gestion doit toujours être rattachée à celle d'un préposé du Trésor, ne sont pas astreints en principe à l'obligation du cautionnement et ne relèvent pour leur gestion que de l'autorité administrative, représentée à leur égard par le Gouverneur Général ou le Chef de l'Administration locale et en dernière analyse par le Ministre des Colonies (s'il s'agit du service local). Toutefois, les agents intermédiaires, gérants des caisses alimentées sur les crédits du budget de l'État, sont assimilés aux comptables proprement dits en ce qui concerne les débets.

On peut distinguer plusieurs catégories d'agents intermédiaires.

Les uns, auxquels est plus spécialement réservée cette dénomination, sont ceux qui, dans les localités où réside un comptable du Trésor, peuvent être chargés de recouvrer les droits et produits perçus par les services qui n'ont pas de comptable titulaire, mais seulement lorsqu'aucun agent desdits services ayant qualité pour recouvrer lui-même ces droits et produits n'est en fonctions sur les lieux. C'est le cas par exemple pour les receveurs-économes institués dans certains hôpitaux et établissements d'enseignement importants.

D'autres, dits *collecteurs de menues recettes*, sont chargés, également dans les localités où réside un comptable du Trésor, d'effectuer certaines recettes d'un chiffre infime ou d'un recouvrement urgent, telles que les droits de douane sur les bagages des passagers, les produits des cessions de médicaments et de plants ou graines, les droits de place et de marché.

Une troisième catégorie comprend les *régisseurs de caisses d'avance* qui peuvent être institués en cas de besoin pour assurer des services de menues dépenses, dits *services régis par économie*, ayant trait à des paiements devant être réglés immédiatement mais dont le peu d'importance et la nature ne sauraient donner lieu à des mandatements directs, par exemple les menues dépenses pour les fêtes publiques, les achats de vivres pour les hôpitaux, les paiements des salaires sur les chantiers de coolies. Les avances faites à ces régisseurs ne peuvent excéder 30.000f., sauf renouvellement après justification d'emploi dans le délai d'un mois. Toutefois, s'il s'agit d'un service régi par économie au compte du budget de l'État, le maximum de l'avance et le délai de justification sont respectivement de 40.000f. et d'un mois pour les services s'exécutant dans la résidence d'un comptable du Trésor, de 60.000f. et de 45 jours au cas contraire ; et ils peuvent même être portés par décision ministérielle à 130.000f. et à 90 jours s'il s'agit des dépenses des corps de troupe.

Enfin une dernière catégorie d'agents intermédiaires, jouant un rôle plus important que les précédents, est celle des *agents spéciaux* qui, dans les localités éloignées de la résidence d'un comptable du Trésor, peuvent être institués temporairement, sous réserve de l'approbation ultérieure des Ministres des Colonies et des Finances (depuis le décret du 30 décembre 1912), pour y être chargés, en règle générale du recouvrement des impôts et autres produits locaux et du paiement des dépenses locales, à titre exceptionnel de certains services du budget de l'État. Il peut être mis à leur disposition, en cas d'insuffisance des recettes réalisées par eux, une provision qui pour le service local ne doit pas excéder en principe 80.000f. C'est à cette catégorie d'agents intermédiaires qu'appartiennent les fonctionnaires des Services civils, improprement dénommés percepteurs car il n'existe dans la colonie aucun percepteur au sens où le décret de 1912 entend ce mot, qui exercent les attributions ci-dessus définies dans un grand nombre de chefs-lieux de province des pays de Protectorat et y font par suite fonction de préposés du Trésor (1).

En terminant cette énumération des agents intermédiaires nous devons ajouter qu'il existe et a de tout temps existé en Indochine, comme d'ailleurs dans toutes les colonies, de nombreux fonctionnaires effectuant des recettes pour le service local et qui, bien que ne pouvant rentrer dans aucune des catégories d'agents intermédiaires énumérées par le décret du 30 décembre 1912 si l'on s'en tient aux termes stricts de cet acte, n'en doivent pas moins être rattachés auxdits agents intermédiaires, car d'une part ils n'ont pas plus que ces derniers la qualité juridique de comptable et ne relèvent comme eux que de l'autorité administrative et d'autre part ils ont cependant au même titre que les agents intermédiaires une responsabilité personnelle qui ne permet pas de les considérer comme de simples subordonnés à tous égards des receveurs comptables ou receveurs centraux institués dans la plupart des services

---

(1) Dans les provinces du Laos, pays où il n'existe aucun préposé du Trésor, ces agents portent le titre mieux approprié de *gérant du compte-courant*.

uxquels ils appartiennent et dont la gestion comprend les ecettes effectuées par eux. Ce sont les receveurs subordonnés et auxiliaires des Douanes, les receveurs des bureaux de poste, les receveurs des gares de chemin de fer, les agents du Service orestier et du Service Radiotélégraphique effectuant des recettes, etc... (1)

G) — *Agents judiciaires du Trésor.* — Il existe à Hanoi pour l'Annam, le Tonkin et Kouang-Tchéou-Wan, et à Saigon pour la Cochinchine, le Cambodge et le Laos, deux emplois d'agent judiciaire du Trésor régis par un arrêté du 29 mars 1910. eurs titulaires, qui sont désignés par le Gouverneur Général sur la proposition du Directeur des Finances et du Trésorier général, sont pris d'ordinaire parmi le personnel du Trésor en service à Hanoi ou à Saigon, mais pourraient l'être aussi dans celui des Services Civils.

L'agent judiciaire du Trésor est, dans son ressort, chargé personnellement de représenter le Trésor dans toutes les actions judiciaires où il figure comme demandeur ou comme défendeur et de poursuivre, dès réception des décisions prises en ce sens par les autorités compétentes et qui doivent lui être communiquées sans retard, les comptables en débet et autres débiteurs dont la libération n'aura pu être obtenue par les voies amiables. Il a donc qualité pour ester en justice, sauf à l'Administration à le faire assister par un avocat-défenseur si elle l'estime utile, et il a le droit de requérir les officiers ministériels. Toutefois, une autorisation spéciale de l'ordonnateur du budget pour lequel il agit lui est nécessaire pour transiger, pour adhérer à un contrat d'union de créanciers ou pour accorder des délais à un débiteur poursuivi.

## § 3. — ATTRIBUTIONS

Les attributions du Service de la Trésorerie en Indochine, de même d'ailleurs que celles des ordonnateurs, sont déterminées par le décret du 30 décembre 1912 sur le régime financier

---

(1) Sauf ceux d'entre eux qui auraient été constitués régisseurs de caisse d'avance et qui seraient alors agents intermédiaires.

dès colonies, modifié par décrets des 24 août 1918, 19 septembre et 30 décembre 1920, 13 octobre et 29 décembre 1922, 1er juin 1923, 19 janvier, 3 et 27 mai 1924. Considérées d'un point de vue général, elles consistent à assurer le recouvrement des recettes et le paiement des dépenses de la partie du budget de l'État qui s'exécute dans la colonie et des budgets du service local et du service des communes. Nous passerons donc successivement en revue, à ce double égard, ces diverses formations budgétaires, à l'exception toutefois des budgets communaux dont il sera question dans un autre chapitre.

Rappelons toutefois au préalable que, en ce qui concerne le service local, l'*exercice*, c'est-à-dire la période d'exécution des budgets, s'ouvre au 1er janvier de l'année qui donne son nom au budget et s'achève au 31 décembre, les droits acquis et les services faits au cours de ces douze mois étant seuls considérés comme appartenant à l'exercice. Toutefois, un arrêté du Gouverneur Général peut prolonger l'exercice jusqu'au 28 février de l'année suivante pour l'exécution des services de matériel dont l'exécution commencée n'aurait pu être achevée au 31 décembre. D'autre part, les opérations relatives à la liquidation et au mandatement des dépenses peuvent être poursuivies jusqu'au 20 mai de la deuxième année et celles relatives au recouvrement des produits et au paiement des dépenses jusqu'au 31 mai. Passé ces dates, l'exercice est clos.

Ces délais complémentaires, d'ailleurs, ne s'appliquent pas aux sous-ordonnateurs et délégataires de crédits, lesquels doivent arrêter au 20 février de la deuxième année l'émission de leurs ordres de recettes et de leurs mandats, de même que les comptables qui leur correspondent arrêtent au dernier février les paiements à faire sur lesdits mandats et le recouvrement des produits.

A) — *Budget de l'Etat*. — Les attributions de la Trésorerie indochinoise relativement aux services compris dans le budget de l'État et exécutés dans la colonie s'exercent sur un champ beaucoup moins étendu que lorsqu'il s'agit du service local. Aussi ne nous étendrons-nous pas à leur sujet, d'autant plus que ces services sont soumis, sous réserve des observations qui vont suivre, aux règles générales de la comptabilité publique, également applicables en principe au service local et que par suite nous aurons à exposer ci-après.

En ce qui concerne les services de l'État autres que celui de la Marine, le Trésorier général et le Trésorier payeur de la Cochinchine, ainsi que les autres comptables agissant pour le compte de ces derniers, sont chargés d'acquitter les titres de paiement émis par les ordonnateurs secondaires et les sous-ordonnateurs du budget métropolitain (voir chap. III-art. 1-§ 1 C, chap. IV-art. 1-§ 1 C, chap. VII-art. 2-§ 2 A, B et C) dans la limite des crédits disponibles et après que ces crédits leur ont été notifiés, soit par le Ministre des Finances s'il s'agit des ordonnances selon lesquelles le Ministre des Colonies délègue lesdits crédits aux ordonnateurs secondaires, soit par le Gouverneur général s'il s'agit des crédits provisoires que le Chef de la colonie est autorisé à ouvrir à ces derniers au début de l'exercice en attendant l'arrivée des ordonnances de délégation susvisées.

En ce qui concerne les services du Département de la Marine, l'acquittement des dépenses est généralement effectué par les mêmes comptables supérieurs (en fait, à peu près exclusivement par le Trésorier payeur de la Cochinchine) à titre d'avances régularisées au moyen de traites non négociables émises sur le Caissier-payeur central du Trésor à Paris pour le compte de l'agent comptable des traites de la Marine. Ces traites sont dites *traites de bord* si elles concernent le règlement des dépenses des bâtiments; elles sont alors émises, à l'ordre du comptable supérieur indochinois intéressé, par les officiers et commissaires qualifiés du bord. Elles sont dites *traites coloniales* lorsqu'elles se rapportent au paiement des dépenses du service de la Marine à terre et sont alors émises par le comptable supérieur lui-même (1).

Enfin les mêmes Trésoriers assurent le recouvrement des ordres de recettes en atténuation de dépenses ou de reversement de fonds émis par les ordonnateurs secondaires et les sous-ordonnateurs du budget de l'État.

B) — *Recettes du service local* (budgets général, annexes et locaux). — Il y a lieu de distinguer les produits perçus sur rôles, les produits perçus sur liquidation, les produits des

---

(1) La comptabilité spéciale du Département de la Marine, telle qu'elle est fixée par un règlement du 14 janvier 1869, est une matière fort complexe et nous ne croyons pas utile de nous étendre plus longuement sur un sujet qui ne présente pour la colonie qu'un intérêt très restreint.

exploitations industrielles, enfin les produits non soumis à un mode spécial de recouvrement.

1° — *Produits perçus sur rôles*. — En ce qui concerne les recettes, c'est du recouvrement des rôles des impôts directs et taxes assimilées que le Service de la Trésorerie s'occupe plus particulièrement. La matière est réglée dans toute la colonie par le décret du 30 décembre 1912 et, sur les points qui n'ont pas été fixés par cet acte, par les dispositions des arrêtés des 22 janvier, 7 juillet et 27 décembre 1873 et 7 avril 1903 (Cochinchine), 27 août 1920 (Cambodge), 22 octobre 1886 et 26 juillet 1904 (Annam et Tonkin) et 28 janvier 1916 (Laos).

Après leur établissement par les contrôleurs des contributions directes dans les conditions que nous verrons au chapitre XI art. 4, les rôles sont rendus exécutoires par le Chef d'Administration locale et notifiés par ses soins au comptable supérieur du budget local, lequel les prend en charge pour leur montant intégral. Il en devient dès lors responsable et en assure le recouvrement à ses guichets ou par les soins de ses préposés ou des agents spéciaux, lesquels sont tenus de donner récépissé de toutes sommes perçues et d'émarger l'article du rôle correspondant. Sa responsabilité est d'ailleurs tout-à-fait effective, au moins en ce qui concerne les rôles nominatifs, car les cotes figurant sur ces rôles qui n'auraient pas été recouvrées au 31 mai de la troisième année de l'exercice (c'est-à-dire au 31 mai 1926 s'il s'agit d'un rôle afférent à l'exercice 1924) doivent être payées par lui-même, à moins que dans l'intervalle elles aient été, soit *admises en non-valeur* par la juridiction administrative comme *cotes indûment imposées* ou par le Chef de l'Administration locale en Conseil comme *cotes irrecouvrables*, soit l'objet d'un *dégrèvement* accordé au contribuable intéressé par l'une ou l'autre de ces mêmes autorités selon des distinctions que nous verrons plus tard. Le comptable supérieur qui a ainsi soldé personnellement les cotes non recouvrées a d'ailleurs un recours contre les préposés ou agents spéciaux qui étaient chargés de leur recouvrement et qui, dans un nouveau délai d'un an à compter du 31 mai de la troisième année, ne les auront pas encore fait rentrer.

En regard de cette responsabilité, les comptables supérieurs disposent de moyens de coercition à l'égard des contribuables retardataires. Les impôts directs sont payables, en principe, par moitié et d'avance, au moins en ce qui concerne les rôles primitifs. Un premier *avertissement*, ayant pour but de faire connaître au contribuable le montant de son imposition, lui est généralement adressé par le Trésor aussitôt que possible après la publication du rôle ; il n'est d'ailleurs pas obligatoire, car le seul fait de cette publication suffit pour mettre les intéressés en demeure. Si le contribuable ne s'acquitte pas, un deuxième avertissement, ou *sommation sans frais*, lui est remis à domicile. Au cas de non paiement, il devient alors susceptible de poursuites portant non seulement sur la contribution en retard mais bien sur la totalité des impôts directs dus par lui. Ces poursuites sont exercées par des *porteurs de contraintes*, agents commissionnés à cet effet par l'autorité administrative et assermentés, qui dans les grandes villes sont des employés spéciaux et dans l'intérieur les chefs des postes de gendarmerie, à défaut les gardes principaux de la Garde indigène faisant fonctions d'huissier, à défaut encore les chefs des centres administratifs. Elles consistent d'abord en une *sommation avec frais*, puis et trois jours après en un *commandement* qui peut être suivi, trois jours après sa signification, d'une *saisie* opérée dans les formes du droit commun. Mais les pouvoirs propres des Trésoriers s'arrêtent là : la vente des biens saisis ne peut être effectuée qu'en vertu d'une autorisation spéciale du Chef de l'Administration locale, seulement huit jours après cette autorisation et le porteur de contraintes ne peut y procéder lui-même qu'à défaut de commissaire-priseur. En cas de vente, le recouvrement des contributions directes restant dues et des frais de poursuites est garanti par un privilège institué au profit du Trésor par une loi du 12 novembre 1808 et qui s'exerce avant tout autre, à l'exception du privilège des frais de justice.

Ajoutons toutefois que la prescription libératoire est acquise au profit des contribuables d'impôts directs trois ans après l'ouverture de l'exercice ou après l'abandon des poursuites commencées.

2° — *Produits perçus sur liquidation.* — Ce sont les produits des droits de douane, de régies, d'enregistrement et autres contributions indirectes qui, à la différence des produits sur rôles pour lesquels le montant de chaque cote est déterminé d'avance, ne peuvent être recouvrés qu'après une liquidation, c'est-à-dire après la fixation, par la simple application d'un tarif qui seul est déterminé d'avance, du montant variable en chaque cas de la taxe imposée au redevable. De même que ces tarifs, les modes de recouvrement et de poursuites sont différents selon la contribution intéressée et sont fixés par les règlements métropolitains ou locaux qui la régissent.

En cette matière, le Service de la Trésorerie joue simplement le rôle d'organisme de centralisation des deniers. Ces produits sont en effet directement recouvrés par les receveurs de l'Enregistrement et par les divers receveurs des Douanes et des Postes dont nous avons parlé au paragraphe Fin fine et sont versés par eux au Trésor sur des *bordereaux de versement* ou sur des *relevés mensuels de droits liquidés* qui constituent en l'espèce les titres de recettes et dont les énonciations sont ensuite centralisées en écritures au moyen de *bordereaux mensuels des opérations effectuées* établis en triple expédition par les comptables des mêmes services. Aussi la responsabilité du recouvrement de ces produits incombe-t-elle exclusivement à ces divers agents, et en conséquence ce sont les receveurs de l'Enregistrement, les receveurs-comptables des Douanes et le receveur-comptable principal des Postes, chacun en ce qui concerne tant lui-même que les agents dont la comptabilité est rattachée à la sienne, qui prennent en charge la totalité des liquidations et c'est à leur nom que, en fin d'exercice, le Gouverneur Général en Conseil répartit les restes à recouvrer en arrêtant le bordereau des sommes admises en non-valeur et celui des sommes laissées à la charge des comptables.

En ce qui concerne les produits recouvrés par le service des Douanes et Régies, la prescription est acquise aux redevables un an après la date à laquelle les droits et taxes étaient exigibles. Cette même prescription libératoire est en général de deux ans pour les droits et amendes de contravention en ce qui concerne les produits perçus par le Service de l'Enregistrement, sauf pour les droits de timbre auxquels la prescription trentenaire peut seule s'appliquer.

3º — *Produits des exploitations industrielles.* — On peut leur appliquer à peu près en entier tout ce qui vient d'être dit pour les produits de la catégorie précédente. Ce sont également les comptables de ces exploitations qui prennent en charge la totalité des états desdits produits et qui sont chargés de leur recouvrement, par les soins d'agents dont ils centralisent les opérations, dans des conditions fixées pour chacune d'elles par des règlements locaux, lesquels déterminent également la façon dont les états de produits sont arrêtés. Quant à l'apurement des restes à recouvrer, il y est procédé de la même façon que pour les produits perçus sur liquidation.

Ajoutons que le contentieux relatif aux produits des exploitations industrielles publiques, de même que celui des contributions indirectes, relève exclusivement des tribunaux ordinaires, à la différence de celui des impôts directs.

4° — *Produits sur ordres de recette*. — Les nombreux produits qui ne sont pas soumis à un mode spécial de recouvrement sont perçus, par les soins du Service de la Trésorerie, sur des titres émis par les ordonnateurs des divers budgets intéressés ou par leurs délégués qui sont dénommés *ordres de recette*, et plus spécialement *ordres de reversement* s'ils s'appliquent au remboursement d'une avance ou d'une somme indûment payée. En même temps qu'un avis de leur émission est envoyé au débiteur par l'ordonnateur, ces titres sont transmis pour recouvrement au préposé du Trésor ou à l'agent spécial du lieu de la résidence de ce débiteur. Si ce dernier est un fonctionnaire, le service liquidateur de sa solde prélève sur son plus prochain mandat de traitement, dans la proportion autorisée par les règlements sur la solde, le montant des ordres de recette non encore acquittés par lui, et alors le Trésor ne paie ledit mandat que sous déduction de ce *précompte*. Si c'est un fournisseur auquel il est dû une somme quelconque par les caisses du Trésor, ce service reprend d'office le montant de l'ordre de recette sur le premier mandat émis à son nom. Enfin, si le débiteur n'a aucun paiement à recevoir du Trésor, il lui est envoyé dans les trois jours un avertissement par l'agent chargé de la perception et, si la somme n'est pas payée dans les huit jours qui suivent, le Trésorier intéressé peut engager contre le débiteur la même procédure de poursuites que celle en usage en matière de contributions directes. Toutefois, dans tous les cas, la compensation sera différée ou les poursuites interrompues, et l'affaire sera soumise à la juridiction compétente, si le débiteur a fait opposition.

Les états des produits sur ordre de recette sont arrêtés par le Gouverneur Général ou le Chef d'Administration locale en Conseil, selon le budget intéressé, et il est procédé pour leurs restes à recouvrer comme en matière de produits perçus sur liquidation. Enfin, aucune remise totale ou partielle de dette recouvrable sur ordre de recette ne peut être accordée que par le Ministre des Colonies; en outre, un avis conforme du Ministre des Finances est obligatoire si le débiteur n'est pas fonctionnaire et si la remise à accorder dépasse 2000f.

C) — *Dépenses du Service local.* — La procédure qui conduit à l'acquittement d'une dépense du service local comprend quatre phases successives, qui sont l'ordonnancement, la liquidation, le mandatement et le paiement, et au cours desquelles le Service de la Trésorerie est appelé à jouer un rôle plus ou moins important.

1° — *Ordonnancement.* — Sous réserve de ce qui a été dit au § 3 de l'introduction à la troisième partie de cet ouvrage concernant les prérogatives financières accordées dans un but de simplification par un arrêté du 26 janvier 1912 à certains chefs de services ou d'organismes de centralisation relevant du Gouvernement Général, sauf aussi le cas exceptionnel dont nous parlerons ci-après où un délégataire de crédit aurait été institué, l'ordonnancement, c'est-à-dire la disposition d'un crédit en vue d'un engagement de dépense, est un acte de décision préalable et nécessaire dont l'initiative appartient en propre, selon le budget intéressé : soit au Gouverneur Général ou aux Chefs d'Administration locale, ordonnateurs principaux agissant par eux-mêmes ou par les soins d'un fonctionnaire spécialement délégué à cet effet par l'un ou l'autre d'entre eux ; soit aux ordonnateurs secondaires et sous-ordonnateurs pouvant être institués par arrêtés des ordonnateurs principaux pris en Conseil et agissant sous le contrôle de ces derniers.

Le Service de la Trésorerie n'a donc aucun rôle à jouer et aucune responsabilité à supporter en l'espèce. Toutefois, les comptables supérieurs, chacun en ce qui le concerne, reçoivent avis des arrêtés de distribution de fonds par lesquels le Gouverneur Général et les Chefs d'Administration locale fixent mensuellement en Conseil le montant par chapitre des crédits inscrits au budget ou ouverts par des autorisations supplémentaires jusqu'à concurrence duquel pourront être payés les mandats émis par les ordonnateurs des diverses catégories.

2° — *Liquidation.* — La liquidation consiste dans l'examen ou l'établissement de pièces justificatives de dépenses dont la ature varie avec ces dépenses et, après cet examen, dans la constatation en forme règlementaire de la réalité et du montant des créances invoquées (1). Cette opération, qui est faite d'office (par exemple, pour les dépenses de solde) ou sur la demande es intéressés, est comme la précédente étrangère au Service de a Trésorerie, le soin de l'effectuer appartenant aux chefs de ervice et agents désignés par le Gouverneur Général ou les Chefs d'Administration locale, sous leur contrôle et leur respón-abilité mais sans préjudice de la responsabilité personnelle e l'agent liquidateur quant à l'exactitude des certifications déli-rées par lui.

Le montant des créances ainsi vérifiées est arrêté en la onnaie en laquelle la créance est exprimée et, s'il y a lieu, onverti en piastres au taux officiel du jour de la liquidation, éserve faite de certains cas spéciaux où la liquidation d'une créance en francs doit elle-même être arrêtée exclusivement en rancs.

Ajoutons que, sauf les cas exceptionnels d'avances dûment utorisées, les droits des créanciers ne peuvent être arrêtés que our les services faits et que les acomptes sur ces services pou-ant être stipulés par les marchés ou conventions ne doivent en ucun cas excéder les cinq sixièmes des droits constatés.

3° — *Mandatement.* — Leurs droits ayant été ainsi reconnus, es créanciers sont mis en situation d'en obtenir le règlement ar l'établissement à leur nom d'un titre qui est dénommé *man-at de paiement* s'il est établi en piastres (cas habituel) et *ordre e paiement* si exceptionnellement la liquidation a dû être rrêtée en francs (auquel cas ce titre doit, ultérieurement et après aiement, être remplacé par un mandat en piastres dit *mandat e régularisation*).

---

(1) Les mandats ou ordres de paiement d'un montant inférieur ou égal à 50 f. ont dispensés de la production d'une facture ou d'un mémoire, mais alors le détail e la fourniture ou du service fait doit être mentionné dans le corps du titre de paiement.

D'autre part, s'il s'agit d'une dépense de fournitures, de travaux ou de transport, lle ne peut être liquidée sur simple facture que si son montant n'excède pas 3.000fr. u 1.200 $. Au cas contraire, il doit être préalablement passé un marché avec le four-isseur ou l'entrepreneur, marché qui en règle générale doit être la conséquence d'une djudication publique, mais qui cependant peut être conclu de gré à gré dans 15 cas numérés par un décret du 18 novembre 1882 (modifié le 23 août 1919), acte pris our la métropole, mais rendu applicable par décret du 26 octobre 1898 aux services nanciers de l'État exécutés aux colonies et dont les dispositions ont ensuite été tendues aux budgets du service local par des arrêtés des 4 novembre 1899 t 11 mai 1900.

A l'exception des dépenses urgentes pouvant être directement payées soit par les régisseurs des caisses d'avances, soit par les chefs de service bénéficiaires de l'arrêté susvisé du 26 janvier 1912, soit enfin par les receveurs de l'Enregistrement lorsqu'il s'agit de frais de justice criminelle réputés urgents et taxés par le juge, la délivrance d'un de ces titres doit nécessairement précéder tout paiement. Ils ne peuvent être émis que par les ordonnateurs des diverses catégories, chacun en ce qui concerne les crédits à sa disposition, sauf le cas exceptionnel où l'un d'eux aurait été autorisé, par arrêté de l'ordonnateur principal motivé et pris en Conseil, à déléguer ces crédits.

Tout mandat doit être daté et numéroté, indiquer en chiffres et en lettres le montant à payer, énoncer le budget et l'exercice auxquels il s'applique ainsi que le chapitre (1) auquel la dépense a été imputée par l'ordonnateur, enfin être revêtu en premier lieu du visa du Directeur du Contrôle financier (voir même chapitre art. 1). Ainsi établis et appuyés des pièces justificatives de dépenses se rapportant à chacun d'eux, les mandats émis dans la journée et autres que les mandats de soldes et accessoires sont communiqués chaque soir sous bordereau par l'ordonnateur, pour visa, au comptable du Trésor correspondant. Celui-ci procède à leur vérification, peut notamment demander à l'ordonnateur des *certificats administratifs* destinés à préciser les énonciations du mandat ou des pièces justificatives et doit s'assurer avant de les viser qu'ils ne présentent aucun des vices qui constitueraient plus tard des causes de refus de paiement. Les mandats visés sont ensuite retournés à l'ordonnateur, chargé de leur remise aux ayants-droit.

4° — *Paiement*. — L'acquittement des mandats et ordres de paiement appartient en principe aux seuls comptables supérieurs et aux préposés du Trésor chargés de ce service ; toutefois, les autres receveurs des revenus publics peuvent être appelés à concourir au paiement des dépenses sur les fonds de leurs recettes et pour le compte du Trésorier intéressé. Le paiement ne peut être réclamé par le porteur du mandat avant le cinquième jour

---

(1) L'indication de l'article, et à fortiori du paragraphe, n'est nullement nécessaire. Les crédits sont spécialisés uniquement par chapitres et leur répartition en articles, obligatoire pour l'ordonnateur, n'établit que des subdivisions administratives et est sans effet au regard du Trésor. La doctrine contraire que l'Administration a tendance à appliquer, pour des raisons d'opportunité, est juridiquement insoutenable.

e la date du titre et le comptable doit, sous sa responsabilité,
'une part s'assurer que ce porteur est bien l'ayant-droit (1),
'autre part exiger que le titre soit quittancé en sa présence.

Le paiement d'un mandat peut être refusé par le comptable
'il excède soit la limite du crédit sur lequel il doit être imputé
oit les distributions mensuelles de fonds, ou encore si son mon-
ant dépasse celui des fonds libres du service local, ou enfin s'il
'a omission, erreur matérielle ou irrégularité dans les pièces
ustificatives produites (2). L'ordonnateur, saisi du refus du paie-
ent par une déclaration écrite que le comptable du Trésor lui
dresse en ce sens, peut alors délivrer à ce dernier une *réquisition
e paiement*. En ce cas, et si d'autre part le refus de paiement n'a
té motivé que par l'omission ou l'irrégularité, le comptable paie
e mandat et lui annexe la réquisition. Mais, si la réquisition doit
voir pour effet de faire acquitter une dépense sans qu'il y ait
isponibilité de crédit ou justification du service fait, ou de faire
ffectuer un paiement suspendu pour des motifs touchant à la
alidité de la créance, elle ne peut être exécutée que si elle est
onfirmée par le Gouverneur Général ou le Chef d'Administration
ocale intéressé, saisi par le Trésorier. Dans tous les cas, il est
endu compte aux Ministres des Colonies et des Finances.

Un refus de paiement, ou du moins de paiement intégral, doit
tre aussi opposé, et une déclaration écrite et motivée de ce
fus remise au porteur du mandat, lorsque notification d'une
isie-arrêt, opposition ou autre acte ayant pour objet d'arrêter
paiement des sommes dues par la colonie a été faite au Tréso-
er comptable du budget intéressé. Toutefois, s'il s'agit d'un

---

(1) Cet ayant-droit peut d'ailleurs être une autre personne que le titulaire de la
ance, par exemple si ce dernier a donné procuration à un tiers pour recevoir le
ement à sa place, ou encore lorsqu'il s'agit du service des soldes ressortissant à
même chapitre budgétaire, auquel cas la liquidation de ces soldes est faite sur un
at collectif émargé par les intéressés et dit *état de solde* et leur paiement effectué
r un unique mandat établi au nom d'un *agent de paiement* qui est désigné par
rdonnateur parmi le personnel en cause et qui est rémunéré pour ce service par
location d'une *indemnité de billetage*.

(2) Avant le décret du 19 janvier 1924, un refus devait également être opposé
le comptable s'il s'agissait d'un mandat présenté au paiement après la clôture de
xercice auquel il se rapportait, car tout mandat sur exercice clos était annulé de
in droit et devait faire l'objet d'un réordonnancement sur l'exercice suivant. Depuis
décret, ces mandats doivent, au 31 mars ou au 30 juin de la deuxième année de
xercice selon qu'ils ont été émis par les sous-ordonnateurs ou les ordonnateurs,
simultanément inscrits en dépense au budget de l'exercice intéressé et en recette
un compte hors budget intitulé « restes à payer sur exercice clos », compte par le
il duquel lesdits mandats seront payés à leur présentation jusqu'à la prescription.

officier, fonctionnaire ou agent public, la portion saisissable de son traitement et allocations complémentaires ne peut excéder, sauf s'il s'agit d'une dette alimentaire, un maximum fixé par le décret du 30 décembre 1912 en proportion du montant de ce traitement. La retenue ainsi opérée est versée à la Caisse des Dépôts et Consignations.

**Enfin** est définitivement éteinte par la prescription toute créance qui, en dehors du fait de l'administration ou de l'existence d'un pourvoi au Conseil d'État, n'aurait pu être payée au 31 décembre de la cinquième année de l'exercice si le créancier est domicilié en Indochine et au 31 décembre de la sixième année s'il réside hors de la colonie.

**Il existe** en outre, pour certaines catégories de créances, des prescriptions plus courtes : trois ans pour les pensions et secours annuels, deux ans pour les demandes en restitution de droits de douane ou de contributions indirectes, un an pour les valeurs confiées à la poste ou trouvées dans le service intérieur ou le service franco-colonial.

### § 4 — Responsabilité des agents exerçant des fonctions comptables

Cette responsabilité est assise sur des bases différentes selon qu'il s'agit de comptables proprement dits astreints à fournir un compte de gestion (comptables supérieurs et préposés du Trésor, receveurs-comptables des produits indirects et des exploitations industrielles, receveurs spéciaux des communes et établissements publics) ou qu'il s'agit d'agents intermédiaires et assimilés.

**A) — *Comptables proprement dits*.** — Tout comptable, qu'il appartienne ou non au service de la Trésorerie, est responsable de sa gestion personnelle, c'est-à-dire de l'ensemble des opérations de recettes et de dépenses effectuées par lui soit pendant une année soit pendant la durée de ses fonctions, et ceci sans qu'il y ait lieu de distinguer entre les opérations budgétaires réglées par exercice et celles faites hors budget (par exemple, les opérations concernant les mouvements de fonds).

**En principe,** chaque comptable n'est responsable que de sa gestion personnelle. Toutefois, ce principe comporte deux importantes exceptions. D'une part, tout comptable qui est tenu par les règlements de rattacher à sa gestion personnelle les opérations effectuées par un autre comptable ou par un agent intermédiaire devient par le fait même responsable desdites opérations, à moins qu'il s'agisse de recettes dont il n'a pas dépendu de lui de faire effectuer le versement ou l'emploi. D'autre part, la responsabilité des comptables supérieurs du Trésor est particulièrement étendue, car chacun d'eux est responsable de la gestion tant des préposés du Trésor placés sous ses ordres que des autres Trésoriers dans toute la mesure où ces différents comptables effectuent des opérations pour son compte.

La responsabilité des comptables est pécuniaire et très effective, car une loi du 5 septembre 1807 a institué au profit du Trésor un privilège sur leurs cautionnements et sur leurs biens. Aussi, le comptable qui a dû soit couvrir de ses deniers le déficit d'un autre agent financier soit solder personnellement les droits dus par les redevables ou débiteurs est-il dès lors subrogé à tous les droits du Trésor ou de la colonie.

Outre la surveillance d'ordre hiérarchique devant être exercée sur les comptables par les Trésoriers ou par leurs chefs de service respectifs, leurs opérations font l'objet d'un double contrôle, administratif et judiciaire.

Le *contrôle administratif* se manifeste : par la vérification de leur situation de caisse et de portefeuille qui doit être effectuée à la date d'expiration de leur gestion annuelle (1) et, en outre, à l'époque de la cessation de leurs fonctions, par des fonctionnaires désignés par arrêté du Gouverneur Général, vérification dont il doit être dressé procès-verbal ; — par le contrôle exercé en permanence par le Directeur du Contrôle financier et, au cours de leurs missions, par les Inspecteurs des Colonies ; — enfin, par la constitution chaque année par le Gouverneur Général ou par le Chef d'Administration locale d'une commission de trois membres, pris dans le sein du Conseil de Gouvernement en ce qui concerne le budget de l'État et le budget général ainsi que ses annexes et dans le sein du Conseil Privé ou du Conseil

---

(1) C'est-à-dire, depuis la promulgation en date du 8 août 1924 du décret du 3 mai précédent, au 31 décembre de chaque année (voir note suivante). Sous le régime antérieur à ce décret, les écritures et les livres des comptables du Trésor étaient arrêtés et leur situation de caisse et de portefeuille vérifiée au 30 juin et c'était seulement pour les autres comptables que ces opérations avaient lieu au 31 décembre.

de Protectorat s'il s'agit d'un budget local, qui est chargée de constater la concordance devant exister entre, d'une part les comptes de gestion du Trésor, d'autre part les comptes administratifs des ordonnateurs du service local ou l'état de développement des dépenses militaires effectuées au titre du budget colonial.

Le *contrôle judiciaire* s'exerce sur le compte de gestion que tout comptable doit tenir, dans une forme règlementaire, pour l'ensemble des actes, accomplis ou non par lui-même, qui constituent sa gestion et qui sont intervenus soit du 1er janvier au 31 décembre de la même année (1) soit pendant la durée de sa gestion si elle a été de moins d'une année. Ce compte, ou plutôt ces comptes car ils doivent être dressés distinctement pour les opérations métropolitaines et pour chacun des budgets dont le comptable a la charge, sont jugés : par la Cour des Comptes, en premier et dernier ressort mais sous réserve de revision par elle-même ou de pourvoi en cassation devant le Conseil d'État pour violation des formes ou de la loi, s'il s'agit soit d'un comptable chargé de recouvrer des recettes au profit de l'État ou d'un budget du service local, soit d'un comptable d'un budget provincial, municipal, communal ou d'établissement public, mais en ce dernier cas seulement lorsque le montant des recettes ordinaires de la province, de la ville ou de l'établissement a dépassé 30.000fr. par an pendant les trois derniers exercices (auquel cas un arrêté doit être pris par le Gouverneur Général pour déférer les comptes à la Cour des Comptes)(2); par le Conseil Privé ou le Conseil de Protectorat, sauf appel devant la Cour des Comptes, s'il s'agit d'un autre comptable(3) —

---

(1) Il en est ainsi, ou plutôt il en sera ainsi désormais, en vertu du décret du 3 mai 1924. Antérieurement, la période de gestion ne se confondait avec l'année civile que pour les receveurs des régies financières, dans les conditions fixées par le décret du 29 décembre 1922, et la gestion annuelle des autres comptables embrassait la période du 1er juillet au 30 juin de l'année suivante. Il est d'ailleurs à remarquer que le rapport ministériel accompagnant le décret du 3 mai 1924 a présenté l'innovation édictée par cet acte comme une simple expérience faite en conformité d'une mesure analogue prise en France et limitée en principe aux quelques années qui s'écouleront jusqu'à la liquidation de l'apurement des comptes de guerre.

(2) Par application de cette disposition, les comptes des budgets provinciaux de la Cochinchine ont été déférés en bloc à la Cour des Comptes par un arrêté du 5 juin 1914.

(3) Voir chap. IV - art. 3 - § 2 B. Il n'existe actuellement en Indochine, à notre connaissance, qu'un seul comptable justiciable de ces Conseils : c'est le receveur central de l'arrondissement des chemins de fer du sud, non point en ce qui concerne sa gestion financière de cet arrondissement, mais lorsqu'il agit en tant que caissier central de l'exploitation du tramway de Saigon à Cholon (route haute), fonction comptable qu'il cumule avec la précédente (arrêté du 1er décembre 1922).

Au cours de l'instruction à laquelle l'examen des comptes donne lieu, et dont l'un des principaux éléments consiste dans le rapprochement de ces comptes et des comptes administratifs des ordonnateurs, la juridiction compétente adresse au comptable intéressé des questions ou observations, dénommées *injonctions* lorsqu'elles émanent de la Cour des Comptes, auxquelles il est tenu de satisfaire dans un délai de six mois sous peine d'amende (décret du 27 mai 1924), amende dont il est également passible en cas de production tardive de ses comptes.

Les comptables peuvent être constitués en *débet* : soit par arrêté de l'autorité administrative locale, sauf décharge pouvant être accordée par le Ministre des Finances et sauf recours au Conseil d'État, en cas de perte ou de vol des deniers déposés dans leur caisse ou si leur déficit a été constaté administrativement (1); soit par arrêt ou arrêté de la juridiction des comptes lorsque l'examen fait par elle du compte de gestion ne lui permet pas de déclarer son auteur *quitte* ou *en avance*. Ces débets doivent être payés immédiatement et produisent au profit du budget intéressé un intérêt de 4 % l'an à partir du jour où le versement aurait dû être effectué, jour dont la détermination varie selon les cas. Il ne peut en être accordé à titre gracieux une remise même partielle que par un décret en Conseil d'État.

Ajoutons que, en cas de rejet par la Cour des Comptes de paiements faits sur des pièces dont elle a estimé qu'elles ne constataient pas régulièrement une dette du service local, il appartient à l'Administration de statuer sur le recours à exercer contre la partie prenante ou le signataire du mandat et sur les mesures d'exécution à prendre à l'égard du comptable.

B) — *Agents intermédiaires et assimilés.* — Leurs opérations étant toujours rattachées à la gestion d'un comptable du Trésor ou à celle d'un receveur des revenus publics, ils n'ont pas

---

(1) La question de savoir si le Gouverneur Général ou le Chef d'Administration locale, selon le budget intéressé, a qualité pour prendre ces arrêtés de débet est fort controversée, au moins lorsqu'il s'agit d'un comptable justiciable de la Cour des Comptes. On doit à notre avis conclure par l'affirmative. Il serait en effet tout-à-fait anormal que la situation d'un comptable auquel des fonds auraient été volés, par exemple, ne pût être régularisée par sa constitution en débet avant le long délai, pouvant atteindre plusieurs années, nécessaire à la Cour des Comptes pour examiner sa gestion.

de responsabilité comptable au sens propre du mot, ne fournissent pas de comptes de gestion devant être soumis à une juridiction quelconque et ne relèvent que de l'autorité administrative. Ils n'en ont pas moins une responsabilité personnelle, notamment en cas de perte ou de vol des deniers déposés dans leurs caisses. Ils doivent tenir une comptabilité qui comporte obligatoirement un livre-journal de caisse et un quittancier à souches. Les époques auxquelles ils doivent fournir à l'ordonnateur la justification de leurs opérations sont fixées par les arrêtés qui ont institué leur emploi ou par des règlements locaux, de même que le mode de fonctionnement de leur service et le mode de surveillance et de vérification de leurs écritures et de leurs caisses. Toutefois, en ce qui concerne les agents spéciaux, le décret du 30 décembre 1912 (art. 299 et 301) prescrit que leurs livres et comptes doivent être vérifiés et arrêtés au 31 décembre de chaque année et aux dates de mutation des titulaires de ces emplois. Quant aux autres agents intermédiaires ou assimilés, les errements jusqu'ici suivis en Indochine ont consisté en ce que la comptabilité des gérants de caisse était vérifiée annuellement à la même date du 30 juin et par les mêmes fonctionnaires que lorsqu'il s'agissait des comptables du Trésor (1), celle des receveurs subordonnés des Douanes à la même date du 31 décembre et par le même fonctionnaire que lorsqu'il s'agit des receveurs-comptables du même service, enfin celle des autres agents à des époques non déterminées d'avance et par les soins de leur chef de service ou de ses délégués.

Les agents intermédiaires, gérants de caisses alimentées sur les crédits du budget de l'État, sont assimilés aux comptables en ce qui concerne les débets. Quant aux agents intermédiaires du service local, ils sont constitués en débet par arrêté du Gouverneur Général ou du Chef d'Administration locale, selon le budget intéressé, et ils ne peuvent obtenir remise gracieuse de ces débets que par un arrêté du Ministre des Colonies pris sur la proposition en Conseil du même haut fonctionnaire et après avis conforme du Ministre des Finances.

---

(1) La date de vérification annuelle de la situation de caisse et de portefeuille des comptables du Trésor ayant été désormais fixée au 31 décembre par le décret du 3 mai 1924 dont nous avons parlé ci-dessus, il est probable qu'à l'avenir la même date sera adoptée pour la vérificattion de la comptabilité des gérants de caisse.

# CHAPITRE VIII

## SERVICES LOCAUX FONCTIONNANT AU COMPTE DU BUDGET GÉNÉRAL

Dans cette catégorie doivent entrer le Service des Douanes et Régies, le Service des Postes, Télégraphes et Téléphones, le Service Radiotélégraphique, le Service de l'Enregistrement, des Domaines et du Timbre, le Service des Mines, le Service Géographique, le Service des Archives et Bibliothèques, le Service de l'Inscription maritime qui bien que ne fonctionnant que dans trois des pays de l'Union a été depuis peu rattaché au budget général, l'École française d'Extrême-Orient, l'Observatoire central magnétique et météorologique, l'Institut Pasteur de l'Indochine, l'Institut Scientifique, le Service océanographique des pêches, l'Agence économique de l'Indochine en France, enfin la Direction des services de la station d'altitude de Dalat.

## ARTICLE PREMIER

### *SERVICE DES DOUANES ET RÉGIES*

Le Service des Douanes et Régies est dirigé en Indochine par un *Directeur des Douanes et Régies* dont l'emploi a été créé par un décret du 5 avril 1912 en remplacement de celui de Directeur général et qui, nommé par décret rendu sur la proposition du Ministre des Colonies et choisi sans conditions spéciales de recrutement, est placé sous l'autorité directe du Gouverneur Général. Ce directeur peut être secondé par un *Directeur-adjoint* dont l'emploi actuellement vacant a été créé par arrêté du 19 décembre 1922 et qui doit être pris parmi les inspecteurs de 1re classe.

.La Direction des Douanes, dont le siège est à Hanoi, comprend un secrétariat particulier, un bureau central et du personnel et cinq autres bureaux qui sont groupés en deux *divisions* dirigées chacune par un inspecteur et comprenant : la première, les trois bureaux chargés respectivement des douanes, des régies et des statistiques commerciales ; la seconde, les deux bureaux chargés de la comptabilité et matériel et du contentieux. Ces bureaux sont dirigés d'ordinaire par des contrôleurs principaux.

### § 1. — Personnel

Dans chacun des pays de l'Union, le Service des Douanes et Régies est dirigé par un inspecteur de ce service, devant être en principe de 1re classe, qui prend le titre de *Sous-directeur* et qui est désigné par le Gouverneur Général sur la proposition concertée du Chef de l'Administration locale et du Directeur des Douanes. Les Sous-directeurs sont placés concurremment sous l'autorité du Directeur et sous celle des Chefs d'Administration locale.

Le service est assuré par un personnel français, qui se subdivise en personnel local (de beaucoup le plus nombreux) et personnel métropolitain, et par un personnel indigène(1). Aux termes d'un décret du 1er avril 1908, ces divers agents doivent, lors de leur entrée en service, prêter devant la Cour d'appel s'ils ont le grade de contrôleur ou au-dessus et devant la juridiction de première instance du ressort au cas contraire, un serment professionnel qui les habilite à exercer ensuite leurs fonctions dans toute l'Indochine et n'a plus à être renouvelé au cours de leur carrière. D'autre part, ceux appartenant aux cadres subalternes qui se sont signalés par de longs et irréprochables services ou par des actes exceptionnels de courage peuvent obtenir une médaille d'honneur créée par un décret du 26 juin 1900 complété par des arrêtés des 7 septembre et 18 novembre 1900 et 23 mai 1922 et comportant, en faveur des agents du service actif, une allocation annuelle de 100fr. (le nombre des titulaires de cette médaille ne peut dépasser 300).

---

(1) Nous verrons plus tard que, outre ces personnels qui lui sont propres, le Service des Douanes est d'autre part, de tous les services indochinois, celui qui fait le plus largement appel au concours des agents du personnel des Flottilles.

A) — *Personnel français.* — Le personnel local est organisé par des arrêtés du Gouverneur Général qui détermine
également ses cadres sur la proposition du Directeur des Douanes, lequel le répartit ensuite entre les diverses parties de
l'Union par délégation permanente du Chef de la colonie.

Son statut est actuellement fixé par un arrêté du 20 juin 1921
complété les 18 et 25 octobre de la même année et par quelques
dispositions encore en vigueur d'un arrêté du 25 avril 1917
modifié lui-même les 16 novembre 1918, 6 mai et 2 août 1919
et 15 avril 1924. Il est nommé et avancé par le Gouverneur
Général sur la proposition du Directeur des Douanes et après
observations du Chef d'Administration locale apposées sur la
liste de classement établie par le Sous-Directeur et arrêtée ensuite par le Directeur. Il est affecté : par décisions du Directeur des
Douanes, après adhésion du Chef de l'Administration locale,
en ce qui concerne les emplois d'inspecteur, de receveur subordonné et de vérificateur ; par décisions du Sous-Directeur, après
approbation du Chef de l'Administration locale, en ce qui concerne les autres emplois. Toutefois, l'affectation aux fonctions
de receveur comptable et de receveur subordonné à Cholon est
décidée par arrêté du Gouverneur Général pris sur la proposition du Directeur des Douanes.

Ses cadres se divisent en deux catégories entièrement distinctes : 1°) le *personnel de l'inspection et des bureaux*, qui comprend des commis stagiaires (recrutés pour moitié parmi les militaires classés en vertu de la loi sur le recrutement de l'armée (1),
pour un quart parmi les bacheliers, pour un quart à la suite
d'un concours organisé par un arrêté du 20 octobre 1921 complété le 14 mars 1922), des commis de trois classes, des commis
principaux de trois classes et hors classe, des contrôleurs stagiaires (emplois réservés, à raison de quatre par an, aux élèves

---

(1) Nous rencontrerons fréquemment une disposition analogue dans les règlements organiques des personnels locaux. Disons une fois pour toutes que cette disposition a été prise sous le régime des décrets des 26 août 1909 et 7 février 1914, pris
eux-mêmes par application des anciennes lois sur le recrutement des 21 mars 1905 et
7 août 1913 et qui indiquaient les conditions dans lesquelles les anciens militaires
devaient être classés pour l'obtention, à titre exclusif ou préférentiel, de certains
emplois civils. Aujourd'hui, et pendant une période de cinq ans, ces candidats seront
primés par les anciens militaires pensionnés pour infirmité de guerre, ainsi que par
les veuves et orphelins de la guerre, personnes auxquelles le décret du 13 juillet
1923, pris par application de la loi du 30 janvier précédent, réserve en premier lieu
lesdits emplois.

brevetés de l'Ecole Coloniale), des contrôleurs de deux classes, des contrôleurs principaux de trois classes et hors classe et des inspecteurs de trois classes (l'accès à la classe inférieure de chacun de ces deux derniers grades est obtenu à la suite d'un concours organisé par deux arrêtés du 20 octobre 1921) ; 2°) le *personnel des brigades*, qui comprend des sous-brigadiers stagiaires (recrutés pour moitié parmi les anciens militaires classés, pour moitié parmi les candidats ayant fait effectivement leur service militaire et subi avec succès un examen prévu par un arrêté du 20 octobre 1921 complété le 14 mars 1922), des sous-brigadiers de trois classes, des brigadiers de trois classes et des brigadiers hors classe. Le premier de ces personnels assure le *service sédentaire*, qui a pour mission d'opérer les vérifications, de veiller à la perception des droits et de faire tous les actes propres à garantir les intérêts du fisc ; le second constitue le *service actif*, qui est chargé d'empêcher la fraude et la contrebande par des observations, recherches, perquisitions, etc. Le personnel de l'inspection et des bureaux comprend aussi des dames comptables hors classe et de deux classes, mais ce cadre spécial doit disparaître par voie d'extinction,

Le *personnel métropolitain*, qui complète le précédent en cas de besoin, comprend des agents détachés des services métropolitains des Douanes ou des Contributions indirectes dans les conditions fixées par l'article 33 de la loi du 30 décembre 1913 par les décrets des 4 décembre 1914 et 21 mai 1915 et par un arrêté du Gouverneur Général du 13 août 1921. Ces agents sont alors considérés comme en mission pendant leur détachement en Indochine, qui doit être au moins de trois ans, mais ne peut excéder cinq ans (sauf renouvellement). Ils sont placés sous l'autorité du Chef de la colonie et sont assujettis aux règlements généraux du service local, notamment en ce qui concerne les affectations ; mais ils continuent à faire partie des cadres de leur service d'origine, conservent dans la colonie le titre de leur grade métropolitain et les mesures touchant leur situation administrative, telles que avancement, mesures disciplinaires, mises à la retraite, etc, ne peuvent être prises que par le Ministre des Finances sur la proposition du Gouverneur Général transmise par le Ministre des Colonies (1).

---

(1) Actuellement, il n'y a guère lieu de citer que pour mémoire ce personnel métropolitain, car il ne compte plus qu'un très petit nombre d'agents. Il est d'ailleurs

B) — *Personnel indigène*. — Le personnel indigène du service sédentaire des Douanes a été réorganisé par arrêté du 18 avril 1919 complété le 19 juillet 1923. Il comprend un cadre supérieur comptant trois classes de commis principaux, cinq classes de commis et deux catégories de commis stagiaires, tous nommés et avancés par le Gouverneur Général sur la proposition du Directeur des Douanes, et un cadre secondaire comptant une classe de secrétaires principaux, six classes de secrétaires et une classe de secrétaires stagiaires, tous nommés et avancés par le Directeur des Douanes. Les conditions de recrutement et de stage des secrétaires stagiaires et des commis de 5e et de 4e classe sont les mêmes que pour le personnel indigène des administrations provinciales (voir chap. V - art. 1 - § 2). Quant au personnel indigène du service actif, encore régi par l'arrêté du 18 avril 1907, il comprend aussi un cadre supérieur (une classe de chefs de section, trois classes de préposés et deux classes de préposés auxiliaires) et un cadre subalterne (une classe de brigadiers-chefs, deux classes de brigadiers, deux classes de sous-brigadiers, quatre classes de surveillants et trois classes de gardes).

## § 2. — ORGANISATION

Au point de vue du service qui nous occupe, l'Indochine est divisée en quatre Sous-directions et une inspection indépendante dont les limites respectives correspondent à celles des pays de l'Union, sauf que la Sous-direction du Tonkin comprend aussi les provinces de Thanh-Hoa, Vinh et Hatinh et le Territoire de Kouang-Tchéou-Wan.

La *Sous-direction du Tonkin et du Nord-Annam*, avec siège à Haiphong, comporte un inspecteur sédentaire adjoint au Sous-directeur, un bureau central et du personnel, quatre autres bureaux s'occupant respectivement des douanes, des régies, de la comptabilité et matériel et du contentieux, un bureau spécial chargé de la vérification en douane, une flottille de six chaloupes,

---

peu probable que dans l'avenir il soit de nouveau fait appel à ce recrutement, car l'arrêté du 20 juin 1921 organique du personnel des Douanes ne le mentionne même pas (sauf le cas de permutation). Cependant les dispositions des actes métropolitains susvisés qui l'avaient prévu sont toujours en vigueur, et en conséquence l'accès du Service local des Douanes reste ouvert, au moins en théorie, aux mêmes agents métropolitains que par le passé.

des ateliers et une recette comptable. Elle dirige les quatre *circonscriptions* entre lesquelles le Tonkin et le Nord-Annam sont répartis au point de vue douanes et régies et à la tête de chacune desquelles est placé un inspecteur. La première est celle de Haiphong, qui comprend : d'une part et sous l'autorité directe du chef de la circonscription, les huit *recettes subordonnées* de Haiphong (avec une importante brigade du service actif), Kiên-An, Haiduong, Quangyên, Hongay, la Cac-Ba, Port-Wallut et Moncay et 7 *recettes auxiliaires* ; d'autre part et sous le contrôle immédiat d'un inspecteur en sous-ordre du chef de la circonscription et résidant à Hanoi, les trois recettes subordonnées de Phulangthuong, Langson et Caobang et 5 recettes auxiliaires (1). La deuxième circonscription est celle de Hanoi, avec quatorze recettes subordonnées (Hanoi, Bach-Hac, Sontay, Hoa-Binh, Phu-Tho, Yênbay, Lao-Kay, Bac-Ninh, Thai-Nguyên, Bac-Kan, Phu-Lo, Bao-Lac, Ha-Giang, et Tuyên-Quang) et 3 recettes auxiliaires. La troisième est celle de Nam-Dinh, avec six recettes subordonnées (Nam-Dinh, Van-Ly, Phu-Ly, Ninh-Binh, Thai-Binh et Hung-Yên) et 10 recettes auxiliaires. Enfin la quatrième est celle de Vinh, avec quatre recettes subordonnées (Thanh-Hoa, Phu-Nghia, Bên-Thuy et Ha-Tinh) et 18 recettes auxiliaires. Le nombre élevé des recettes auxiliaires de ces deux dernières circonscriptions provient de l'existence de nombreuses salines dans les régions correspondantes.

De la Sous-direction du Tonkin et du Nord-Annam dépend également l'*entrepôt général de la Régie à Fort-Bayard*, dirigé par un contrôleur principal qui prend le titre d'entrepositaire général et qui remplit également les fonctions de receveur subordonné.

La *Sous-direction de la Cochinchine*, avec siège à Saigon, est organisée de la même façon que la précédente, sauf qu'en plus de l'inspecteur sédentaire elle comporte deux inspecteurs divisionnaires et que sa flottille compte sept chaloupes ou canots automobiles où à vapeur. Il n'y a pas de circonscriptions, mais seulement des recettes subordonnées et des recettes auxiliaires. Les premières sont au nombre de vingt-trois qui sont celles de Saigon (avec une brigade du service actif plus importante encore qu'à Haiphong), Bac-Liêu, Baria, Bentre, Biên-Hoa, Cân-Tho,

---

(1) Ces renseignements statistiques, de même que ceux qui vont suivre, se rapportent à la situation au 1er juillet 1924.

Ca-mau, Cap Saint-Jacques, Chau-Doc, Cho-Lon, Duong-Dong, Go-Cong, Ha-tiên, Long-Xuyên, My-tho, Rach-Gia, Sadec, Soc-Trang, Tanan, Tayninh, Thudaumot, Tra-Vinh et Vinh-Long, les secondes sont au nombre de 34. Quant à la manufacture d'opium exploitée à Saigon par le Service des Douanes, elle relève directement de la Sous-direction.

La *Sous-direction de l'Annam*, avec siège à Tourane, comporte un bureau central et du personnel, quatre bureaux ou sections pour les douanes, les régies, la comptabilité et le contentieux, une recette comptable, un bureau de vérification et une flottille de deux unités. Elle dirige les trois circonscriptions entre lesquelles l'Annam central et méridional est réparti au point de vue douanier, avec un inspecteur à la tête de chacune d'elles. La première est celle de Tourane, comptant onze recettes subordonnées à Tourane, (avec une brigade du service actif d'importance moyenne,) Quangkhê, Donghoi, Quangtri, Huê, Faifo, Hiêp-Hoa, Sontra, Co-Luy, Tam-Quan et Deri et 15 recettes auxiliaires. La deuxième est celle de Quinhon, qui comprend les quatre recettes subordonnées de Sahuynh, Quinhon, Cumong et Xuândai et 8 recettes auxiliaires. La troisième enfin est celle de Nhatrang, avec sept recettes subordonnées à Nhatrang, Honecohe, Banghoi, Phan-rang, Phanri, Muine et Phanthiet et 13 recettes auxiliaires.

La *Sous-direction du Cambodge* a son siège à Phnom-Penh et comprend les mêmes bureaux que celle du Tonkin, une recette comptable et une flottille de trois unités. Il n'y a pas de circonscriptions, et pour ce motif un inspecteur est adjoint au sous-directeur. Les recettes subordonnées sont au nombre de seize (Phnom-Penh, qui dispose d'une petite brigade active, Banam, Kompong-Bay, Kasko, Kompong-chhnang, Kompong-Thom, Kompong-cham, Kompong-trach, Kratié, Pursat, Soairieng, Stung-treng, Takéo, Tamlap, Vinhloi et Battambang) plus 18 recettes auxiliaires.

Enfin le Laos ne constitue pas encore une sous-direction, mais seulement une *inspection indépendante* dirigée par un inspecteur qui réside à Vientiane et comprenant les sept recettes subordonnées de Thakhek, Khône, Luang-Prabang, Paklay, Paksé, Savannakhet et Vientiane. Il n'y a ni recettes auxiliaires ni recette comptable. Par contre, deux postes détachés sont chargés à Samneua et à Xieng-khouang des achats d'opium à certaines peuplades indigènes qui cultivent le pavot, en particulier les Mèos.

Les diverses recettes subordonnées et auxiliaires que nous venons d'énumérer sont toutes ouvertes à la perception des taxes de consommation ou de circulation et à la vente des produits de régie. Par contre, en ce qui concerne les autres perceptions ou opérations dont le recouvrement ou l'accomplissement incombent au Service des Douanes ( droits de navigation, importation et exportation par terre ou par mer, transit, entrepôt fictif, etc), elles ont été classées, par les arrêtés des 1er février 1908 et 11 janvier 1912 et de nombreux textes modificatifs, en huit catégories à chacune desquelles correspondent des attributions différentes.

En outre de ces recettes, en outre aussi du service de l'*exercice* installé dans les fabriques d'alcool, de tabac, d'allumettes, les entrepôts, etc..., en vue d'y assurer l'observation des règlements fiscaux des diverses régies, le Service des Douanes entretient également sur le littoral maritime un grand nombre de *postes de surveillance*, principalement dans les régions à salines. Il en existe actuellement 50 dans la sous-direction du Tonkin et Nord-Annam, 1 dans celle de la Cochinchine, 5 dans celle de l'Annam et 4 dans celle du Cambodge.

Les receveurs subordonnés sont généralement du grade de contrôleur ou de commis principal, les receveurs auxiliaires du grade de commis ou de brigadier, les chefs de poste de surveillance et les préposés à l'exercice du grade de brigadier ou de sous-brigadier.

Les receveurs subordonnés et auxiliaires, desquels relèvent les postes d'exercice et de surveillance, sont chargés de recouvrer, chacun dans sa circonscription et sous réserve des distinctions établies à ce point de vue entre les recettes par l'arrêté du 1er février 1908 susvisé, tous les produits et taxes dont la perception incombe au Service des Douanes. Ils ne reçoivent pas de remises sur ces produits et taxes; mais, aux termes d'un arrêté du 15 mai 1906 modifié le 19 novembre 1907, les receveurs subordonnés ont droit, sur le produit des amendes et confiscations pour infractions constatées dans leurs ressorts respectifs aux règlements de douanes et de régies et après prélèvement des droits dus et des frais non encore recouvrés, à une « part de chef » de 8% qu'ils partagent par moitié avec l'agent poursuivant en justice, de même qu'en pareil cas les agents français et indigènes qui ont effectué la saisie ou y ont contribué (agents du Service des Douanes ou de tout autre service, chefs des détachements de force armée, etc) reçoivent, selon des règles de répartition assez minutieuses, une « part de saisissant » ou une « part d'intervenant » dont le montant cumulé est galé à 30°/₀ ou à 40°/₀, selon que le concours d'un indicateur a été ou non utilisé, du produit susvisé des amendes et confiscations.

Quant aux *receveurs-comptables*, dont il existe au chef-lieu douanier de chaque pays de l'Union (sauf au Laos et à Kouang-Tchéou-Wan) un emploi créé par décret du 23 avril 1913, ils sont choisis, pour une durée maximum variant de 18 mois à 3 ans selon les postes, parmi les inspecteurs ou contrôleurs principaux en fin de carrière, et ils cumulent l'emploi ordinaire de receveur subordonné de ce chef-lieu avec leurs fonctions spéciales, lesquelles consistent à centraliser les écritures comptables de toutes les recettes du pays intéressé (1), à garantir à l'aide d'un cautionnement fourni par eux à leur entrée en fonction les crédits de douane ou de régie que le Service des Douanes accorde aux négociants importateurs et aux débitants en gros des produits monopolisés, enfin à s'occuper, en vertu d'un arrêté du 14 janvier 1917, du service des hypothèques maritimes. Ces receveurs-comptables, justiciables de la Cour des Comptes et dont nous avons déjà parlé à l'article 6 du précédent chapitre, ont droit, outre leur traitement fixe, à une remise proportionnelle de 1/2°/₀ ou 1°/₀, selon le cas, sur le montant des traites dûment cautionnées et à quatre mois d'échéance qu'ils sont autorisés sous leur responsabilité à accepter des redevables en paiement des taxes dont la perception est effectuée par le Service des Douanes.

Toutes les recettes, à quelque catégorie qu'elles appartiennent, sont instituées et supprimées par arrêté du Gouverneur Général sur la proposition du Directeur des Douanes. En ce qui concerne les postes de surveillance, ces mêmes mesures sont prises par le Directeur des Douanes.

---

(1) Les receveurs-comptables du Tonkin et du Cambodge centralisent en outre : le premier, les écritures de la recette de Fort-Bayard et des recettes laotiennes de Thakhek, Luang-Prabang, Paklay et Vientiane ; le second, celles des trois autres recettes du Laos.

## § 3. — Attributions

Le Service des Douanes et Régies est un service avant tout fiscal. Il peut être et est effectivement chargé de la perception de taxes diverses pour le compte des budgets locaux (taxes sanitaires, droits de visite à la sortie du bétail), des municipalités et même des ports et Chambres de commerce, mais ceci n'est qu'une attribution exceptionnelle, rarement exercée, et la fonction essentielle du Service des Douanes consiste à recouvrer pour le compte du budget général toutes les contributions indirectes autres que celles dont la perception est confiée au Service de l'Enregistrement et au Service des Postes. Ce sont les contributions indirectes ainsi recouvrées par le Service des Douanes qui constituent de beaucoup la plus grosse source de revenus du budget général (pour 1924, la prévision atteint près de 55 millions de piastres sur un budget de 63 millions de recettes ordinaires).

On peut diviser ces contributions en trois catégories : droits de douane proprement dits, taxes accessoires aux droits de douane, produits des régies et des taxes de consommation ou de circulation.

A) — *Droits de douane.* — Leur régime est réglé par des décrets en Conseil d'État pris spécialement pour l'Indochine ou y rendant applicables les lois douanières métropolitaines (1). Il comprend des droits à l'importation, de beaucoup les plus importants, et des droits à l'exportation.

---

(1) Tel est le principe qui a été posé par l'art. 3 de la loi du 7 mai 1881. Il est toujours en vigueur. Toutefois, il s'est produit que le législateur métropolitain, usant de son droit d'évocation, a édicté par la loi du 11 janvier 1892 que les produits étrangers importés en Indochine (ainsi que dans la plupart des autres colonies) seraient en principe soumis à l'avenir aux mêmes droits que s'ils étaient importés en France. De cette assimilation il résulte que tous les changements apportés par le Parlement au tarif métropolitain des droits à l'importation, tel qu'il a été fixé par la loi susvisée, sont ipso facto applicables en Indochine, sans qu'il soit besoin de l'intermédiaire habituel d'un décret portant déclaration d'applicabilité. C'est ainsi que ces lois modificatives, qui sont très-nombreuses, ont toutes fait l'objet d'une simple promulgation par arrêté du Gouverneur Général. Par contre, lorsqu'il s'agit, non plus d'une modification au tarif à l'importation métropolitain, mais au contraire de l'établissement d'un tarif spécial à l'Indochine portant dérogations à ce dernier, ou encore lorsqu'il s'agit de fixer le régime des droits à l'exportation également spéciaux à la colonie, alors le principe posé par la loi de 1881 (et aussi, sauf l'intervention du Conseil d'État, par le sénatus-consulte de 1854) reprend ses droits et ces mesures sont décidées par des décrets en forme de règlement d'administration publique. Il en serait d'ailleurs de même s'il s'agissait de rendre applicable en Indochine une loi douanière qui n'apporterait aucun changement à la tarification à l'importation de 1892.

Dans l'un et dans l'autre cas, les marchandises doivent être déclarées à l'entrée ou la sortie, même pour les produits qui ne sont grevés d'aucun droit, cette déclaration étant nécessaire en toute hypothèse tant à raison de la perception du droit de statistique que de la prohibition d'entrée ou de sortie qui peut frapper certains produits (notamment, à la sortie, le riz et le paddy en cas de mauvaise récolte). Le Service des Douanes peut toujours, s'il le juge à propos, vérifier la dite déclaration par une visite intégrale ou partielle effectuée en présence de l'intéressé, qui de son côté a le droit d'exiger la visite intégrale.

Nous nous occuperons successivement des deux catégories de droit de douane et parlerons ensuite de certains privilèges accordés en la matière au commerce.

1º — *Droits à l'importation*. — Ils n'ont point seulement pour objet de procurer des ressources à la colonie, mais encore et surtout de poursuivre le triple but suivant : permettre à la consommation locale, en exonérant de tous droits les produits métropolitains importés en Indochine, de s'approvisionner à bon compte en France tout en procurant par le fait même un bénéfice aux commerçants français ; protéger contre la concurrence étrangère, en frappant les produits étrangers de droits de douane à leur entrée dans la colonie, les industriels et commerçants métropolitains désireux de vendre des produits similaires en Indochine; enfin, à titre exceptionnel et lorsqu'il s'agit de produits étrangers nécessaires à la consommation locale et n'ayant de similaires ni en France ni dans la colonie, en favoriser dans une certaine mesure l'entrée en Indochine en leur appliquant des tarifs réduits spéciaux à la colonie.

Par application de cette distinction, deux catégories de tarifs de droits à l'importation sont en vigueur en Indochine :

d'une part, le *tarif métropolitain*, tel qu'il a été fixé à l'origine par une loi du 11 janvier 1892 et ensuite modifié par de très-nombreuses lois subséquentes, notamment celle du 29 mars 1910. Il frappe à leur entrée dans la colonie tous les produits étrangers qui ne peuvent bénéficier des tarifs spéciaux dont il sera question ci-après, mais il les atteint dans des proportions différentes, car il comporte, en outre du *tarif général* applicable en principe à toutes les marchandises étrangères, un *tarif minimum* dont bénéficient les produits originaires des pays auxquels la France a consenti, par convention internationale et à charge de réciprocité ou en échange d'autres avantages, un traitement favorisé. Il est d'ailleurs à noter que cette tarification a été augmentée pendant et depuis la guerre, sous la forme de *coefficients de majoration*, par application de la loi du 6 mai 1916, du décret du 8 juillet 1919 et de très-nombreux décrets subséquents, en particulier celui du 28 mars 1921 qui a constitué une véritable revision du tarif général antérieur et dont les dispositions ont été généralement considérées comme peu favorables aux intérêts de l'Indochine (1) ;

d'autre part, un certain nombre de *tarifs spéciaux* préférentiels, prévus expressément quoique à titre d'exception par la loi du 11 janvier 1892 (art. 3), ne s'appliquant qu'à quelques produits étrangers et dont l'énumération, donnée par les décrets des 29 novembre 1892 et 29 décembre 1898, a été depuis l'objet de fréquentes modifications.

Suivant la nature des marchandises, ces divers droits, qui doivent être payés au comptant à moins que l'importateur en ait obtenu le crédit cautionné par le receveur-comptable compétent, sont basés sur le nombre, la dimension, le poids ou la valeur desdites marchandises. Dans le troisième cas, la taxation est opérée, selon les distinctions et dans les conditions déterminées par un décret du 27 août 1911 modifié le 13 juillet 1912, tantôt au poids brut (contenu et contenant), tantôt au poids net réel (contenu dépouillé de tous ses emballages), tantôt au

---

(1) Ceci motive quelques mots d'explication. En France, les droits de douane ne peuvent être établis ou modifiés que par une loi. Mais, dès les premières années de la guerre, la hausse considérable des prix d'un grand nombre de marchandises ne tarda pas à rompre l'équilibre tarifaire et à faire perdre aux droits à l'importation l'incidence protectrice et l'effet compensateur qui sont leur principale raison d'être. Un redressement s'imposait, et il importait d'agir avec plus de célérité que n'aurait pu le permettre la procédure des projets de loi. Aussi le Parlement donna-t-il au Gouvernement, par une loi du 6 mai 1916, l'autorisation d'augmenter les droits de douane par décrets pris en Conseil des Ministres, ainsi que le pouvoir de prohiber en la même forme l'entrée des marchandises étrangères, mais sous cette réserve que ces décrets devraient être soumis à la ratification des Chambres dans les deux mois suivant leur promulgation. Le Gouvernement réalisa tout d'abord le relèvement des taxes à l'importation par la création de surtaxes ad valorem venant se superposer aux droits spécifiques du tarif. Ce système, qui avait donné lieu à des inconvénients, fut ensuite remplacé par celui des coefficients de majoration édicté par le décret du 8 juillet 1919, le nouveau droit d'entrée à payer étant désormais le produit du droit prévu au tarif de 1892 multiplié par le coefficient afférent à la marchandise en cause, coefficients variant de 1,1 à 3. Les pouvoirs exceptionnels ainsi donnés au Gouvernement, et qui à l'origine devaient expirer à la cessation des hostilités, lui furent maintenus par plusieurs lois successives jusqu'au 1er janvier 1923. Depuis cette dernière date, ils ont cessé d'exister.

poids net légal (poids obtenu en déduisant du poids brut la tare que la loi ou le décret a déterminée selon le mode d'emballage et l'espèce des marchandises), tantôt enfin au poids demi-brut (poids du contenu et de ses emballages intérieurs). Dans le dernier cas, la nomenclature des valeurs servant de base à l'application des droits est arrêtée et mise à jour au moins une fois par an par une *commission permanente des valeurs en douane*, instituée par arrêté du 28 juin 1909 modifié les 25 juillet 1913, 23 janvier 1914 et 24 mai 1916, qui est présidée par le Directeur des Douanes et comprend douze membres choisis parmi les personnes, fonctionnaires ou délégués des assemblées consulaires, qualifiées par leurs connaissances en matière d'agriculture, de commerce ou d'industrie.

Pour pouvoir prétendre à l'entrée en Indochine, soit à l'exonération des droits s'il s'agit de produits nationaux, soit à l'application d'un tarif de faveur (tarif minimum métropolitain ou tarifs spéciaux à l'Indochine, selon le cas) s'il s'agit d'autres produits, l'importateur doit justifier de l'origine de la marchandise et de son transport *en droiture*, c'est-à-dire en ligne directe depuis le lieu d'origine. Sous réserve du droit de vérification que la Douane conserve toujours, la première justification résulte: si la marchandise provient de France ou d'une colonie française, de la production d'un permis de circulation dénommé *passavant*; si elle provient de l'étranger, de la production d'un *certificat d'origine* délivré par le pays d'origine. Le transport en droiture par voie de mer résulte de ce qu'il a été opéré par un même navire sans que les marchandises aient quitté le bord et sans qu'il en ait été chargé de similaires; il en est justifié au moyen des connaissements et autres papiers de bord et par un rapport de mer fait en douane par le capitaine du navire dans les 24 heures de l'arrivée. Quant au transport par voie de terre, la justification de ses conditions se fait au moyen des écritures des chemins de fer et des lettres de voiture.

Des règles spéciales sont applicables à l'importation par mer, de beaucoup la plus considérable en Indochine. Aucune marchandise ne doit être importée par cette voie sans figurer sur le *manifeste*, état général de la cargaison que le capitaine doit déposer dans les 24 heures à la Douane, revêtu de sa signature. Sauf cas de force majeure, les chargements et déchargements des navires ne peuvent avoir lieu que dans les ports où la Douane est établie, l'embarquement et le débarquement des marchandises doivent être précédés de la délivrance d'un permis spécial et ces opérations ne peuvent être effectuées en dehors des heures légales ou les dimanches et jours fériés sans une autorisation préalable du Service des Douanes. Enfin une loi du 10 avril 1906 prévoit et punit les fraudes pouvant être commises à l'intérieur des navires (1).

2o — *Droits à l'exportation.* — Ces droits, qui en règle générale n'ont plus d'analogue en France, sont perçus sur certains produits exportés d'Indochine à destination des pays étrangers. Ils ne s'appliquent qu'à un petit nombre d'objets, ceux dont la production locale est restreinte et qu'il est d'autre part nécessaire de chercher à retenir dans la colonie en raison des besoins de l'industrie ou de la consommation locale. Leurs tarifs, donnés par les décrets des 29 décembre 1898, 11 juillet 1902, 3 juin 1903, 15 mai et 25 décembre 1904, 10 octobre 1908, 23 octobre 1920 et 22 mars 1923, sont généralement moins élevés que ceux des droits à l'importation, car il faut éviter que par leur exagération ces droits puissent devenir un obstacle à l'écoulement de nos produits sur les marchés étrangers.

Quant aux produits exportés de l'Indochine à destination de la France ou des colonies françaises et qui y sont transportés en droiture, ils sont exempts de tout droit de sortie.

3e – *Privilèges accordés au commerce.* — Ces privilèges, qui intéressent à peu près exclusivement le commerce d'importation, constituent les régimes de l'entrepôt, de l'admission temporaire et du transit.

L'*entrepôt* est le lieu public ou particulier où les commerçants, alors dénommés *entrepositaires* ou *soumissionnaires*, déposent provisoirement des marchandises sans payer aucun droit, parce qu'ils ne veulent pas les livrer de suite à la consommation ou parce qu'ils se réservent de les réexporter ou de les faire transiter. La loi du 29 décembre 1917 qui a créé l'entrepôt spécial n'ayant pas été promulguée en Indochine, il ne peut exister dans

---

(1) Le présent ouvrage étant uniquement relatif à la règlementation indochinoise, nous n'avons parlé ci-dessus que des droits à l'importation perçus à l'entrée dans la colonie. Ajoutons cependant que les droits et immunités applicables aux produits importés d'Indochine dans la métropole sont fixés par le tableau E annexé à la loi du 11 janvier 1892. Il est justifié du fait de leur expédition d'Indochine par un passavant et de leur origine locale, s'il y a lieu, par un certificat d'origine (le passavant ne constitue donc pas ici à lui seul une justification de la nationalité du produit, contrairement à ce que nous avons vu pour les importations de France en Indochine).

la colonie que des entrepôts réels et des entrepôts fictifs.

L'*entrepôt réel* est établi dans un local gardé par la Douane et dont l'ouverture nécessite l'usage de deux clefs, l'une conservée par la Douane et l'autre par un agent assermenté du commerce. Les marchandises ne peuvent y entrer qu'après déclaration détaillée faite par l'entrepositaire et vérification par la Douane. Elles ne peuvent en principe y séjourner pendant plus de trois ans et durant ce séjour elles ne doivent être l'objet d'aucune manipulation, sinon avec l'autorisation et en présence des agents des Douanes, mais elles sont transmissibles au moyen des récépissés et des warrants. Elles ne peuvent en être retirées qu'à la suite d'une déclaration de sortie faisant connaître leur destination ultérieure et en vertu d'un *permis de sortie*, lequel est délivré soit après paiement des droits si la marchandise est déclarée pour la consommation intérieure soit avec obligation pour l'entrepositaire de rapporter le certificat d'embarquement pour l'étranger si elle doit être réexportée par mer. Le régime de l'entrepôt réel a été autorisé en Indochine par l'article 7 du décret du 29 novembre 1892, en application duquel le Gouverneur Général, usant des pouvoirs que lui avait donnés ce texte, avait créé un établissement de l'espèce à Haiphong et à Saigon. Le premier seul, institué dans les magasins des docks de Haiphong et administré par la Chambre de Commerce de ce port en vertu d'un arrêté du 9 décembre 1892, subsiste encore aujourd'hui.

L'*entrepôt fictif* est constitué dans les magasins du commerce et, spécialement, dans des magasins particuliers appartenant aux destinataires mêmes des marchandises. En principe, il ne peut être autorisé que dans les lieux déterminés par décrets, et c'est en effet par les décrets des 29 novembre 1892, 1er septembre 1903 et 7 juillet 1909 que les ports de Saigon, Camranh (Banghoi), Tourane, Haiphong et Hongay et les villes de Vinh, Phnom-Penh et Battambang ont été ouverts à ce régime. Toutefois, par application d'un décret du 17 août 1897 qui avait autorisé le Gouverneur Général à créer des entrepôts fictifs à Hanoi et sur certains points de la frontière sino-annamite à déterminer par lui, les villes de Hanoi, Lang-Son, Lao-Kay, Moncay, Cao-Bang et Hagiang ont également été admises, par arrêtés des 24 octobre 1897, 26 février 1899 et 1er février 1908, au bénéfice de l'entrepôt fictif, mais seulement en ce qui concerne certaines catégories de produits étrangers énumérés par un arrêté du 25 octobre 1897 et plusieurs arrêtés subséquents (1). Les magasins et locaux des villes susvisées dont la constitution en entrepôt fictif est demandée doivent être agréés par le Service des Douanes et sont soumis à l'exercice. Le régime auquel sont assujetties les marchandises ainsi entreposées est à peu près le même que celui concernant les entrepôts réels. Toutefois, la déclaration de mise en entrepôt doit être faite conjointement par l'importateur et par une caution, agréée par la Douane, qui garantit la réexportation ou le paiement des droits de douane et des taxes intérieures. D'autre part, l'entrepôt fictif ne peut en principe durer plus d'une année. Enfin les marchandises peuvent être transférées d'un entrepôt à un autre, à condition d'être accompagnées d'un *acquit-à-caution*, permis de circulation dont la délivrance par la Douane est précédée d'un engagement souscrit par le demandeur, garanti par une caution agréée et duquel résulte une obligation de payer les droits qui n'est éteinte que par la délivrance, à l'entrée dans l'entrepôt destinataire, d'un *certificat de décharge* (2).

*L'admission temporaire*, qui tient son origine de la loi du 5 juillet 1836, est un régime en vertu duquel certaines marchandises étrangères, lorsqu'elles sont destinées à recevoir dans la colonie un complément de main d'œuvre ou à y être fabriquées, sont affranchies de tous droits, sous réserve qu'une soumission cautionnée garantira que, dans un délai ne pouvant excéder six mois, elles seront réexportées ou rétablies en entrepôt (notamment si les produits ainsi fabriqués sont destinés à la consommation intérieure, auquel cas le droit d'entrée n'est perçu, à la sortie de l'entrepôt, que sur la matière première). Ce régime n'est applicable qu'aux marchandises auxquelles la loi, ou très-exceptionnellement un décret, en a expressément accordé le bénéfice (3) et

---

(1) En ce qui concerne les entrepôts fictifs dont la création a résulté d'un décret, on doit au contraire admettre qu'ils sont ouverts à tous les produits étrangers que le législateur colonial n'aura pas expressément exclus de ce bénéfice, à moins qu'au contraire le décret d'institution ait laissé au Gouverneur Général le droit de fixer la liste des produits qui pourront y être admis. Ce dernier cas est celui des entrepôts de Vinh, Phnom-Penh et Battambang, créés par le décret du 7 juillet 1909.

(2) La même procédure s'appliquerait d'ailleurs aux mutations d'entrepôt réel s'il existait plus d'un de ces établissements en Indochine.

(3) Fréquemment, la loi qui prononce l'admission temporaire d'un ou plusieurs produits déterminés est suivie d'un décret fixant les conditions d'application de ce régime. D'autre part, si le produit intéressé ressortit aux tarifs spéciaux à la colonie, un décret suffit pour prononcer l'admission temporaire (voir ci-dessus note au début du A)

l'entrée et la sortie des produits ne peuvent avoir lieu que par les bureaux de douane ouverts à l'importation par terre ou par mer. — A côté de l'admission temporaire fonctionne parfois le système des *drawbacks*, dénomination qui désigne le remboursement avec ou sans prime, à la sortie du produit fabriqué, des droits d'entrée perçus sur la matière première importée pour la fabrication de ce produit.

Enfin le *transit* est la faculté de transporter en franchise à travers le territoire de la colonie des marchandises grevées de droits de douane ou frappées de prohibition. On distingue : d'une part, le *transit ordinaire*, qui a lieu par toutes les voies sauf la voie de mer, mais sous réserve que l'entrée et la sortie doivent être effectuées exclusivement par certains ports et villes possédant une des recettes (presque toujours subordonnées) énumérées comme ouvertes au transit par les arrêtés des 1er février 1908, 11 janvier 1912 et textes modificatifs subséquents ; d'autre part, le *transit international*, qui s'effectue par les chemins de fer, mais uniquement à l'eutrée ou à la sortie de Haiphong, Hanoi et Laokay. Le premier, qui ne s'applique qu'aux marchandises passibles de droits, qu'elles soient importées ou extraites des entrepôts, nécessite une déclaration et une vérification éventuelle en douane, le plombage des colis et la garantie d'un acquit-à-caution déterminant le délai du transit et le lieu de sortie, parfois aussi la production d'échantillons ou certaines conditions d'emballage. Le second, qui a pour effet d'affranchir de la visite les bagages et les marchandises au passage de la frontière tant à l'entrée qu'à la sortie, a lieu en wagons plombés et sous la responsabilité des compagnies de chemins de fer qui seules peuvent souscrire l'acquit-à-caution nécessaire. L'un et l'autre ne s'appliquent aux marchandises prohibées que dans la mesure où elles n'auront pas fait l'objet, comme il en est par exemple de l'opium, d'une interdiction de sortie ou de réexportation en suite de transit, d'entrepôt ou d'admission temporaire, interdiction édictée par décret et sanctionnée par les peines prévues par la loi du 17 août 1915.

B) — *Taxes accessoires aux droits de douane*. — Ce sont: les *droits de statistique* (arrêtés des 19 décembre 1914 et 17 mars 1920) (1) perçus à raison de 0$04 par colis ou par tonne de

---

(1) Ainsi que nous l'avons dit en traitant des attributions fiscales du Chef de

marchandises importées ou exportées ;

les *droits de transit* (convention de Tientsin du 25 avril 1885 et décret du 29 novembre 1892), qui frappent à l'entrée en Indochine les produits étrangers expédiés à l'étranger en empruntant son territoire ;

les *droits de navigation* (arrêtés des 11 octobre 1899, 14 février 1901 et 21 décembre 1917), qui frappent toute embarcation de mer jaugeant moins de 160 tonneaux d'un droit dont la quotité varie de 0$20 à 10$00 par barque pour les embarcations jaugeant jusqu'à 20 tonneaux et est de 0$50 par tonneau pour les embarcations jaugeant plus de 20 tonneaux. Cette taxe est doublée pour les embarcations étrangères. A noter que sa perception fournit aussi un moyen de surveillance politique ;

les *droits d'entrepôt sur les huiles minérales* (arrêtés des 11 juin 1912 et 17 mars 1920), qui sont, par caisse de 30 kilos, de 0$06 pour les six premiers mois et de 0$03 pour les six mois suivants. Si, au lieu d'être introduites dans les entrepôts de l'Administration, les huiles minérales sont logées dans des magasins particuliers ouverts avec son agrément, la taxe est alors de 0$04 par 100 kilos ;

la *taxe à la sortie des riz et paddys, brisures et farines de riz* (arrêtés des 7 février 1899 et 31 mars 1923), qui n'est pas un droit de douane à l'exportation mais une taxe représentative de l'impôt foncier et dont la quotité varie de 0$10 à 0$38 par 100 kilos selon l'état dans lequel les produits en question sont présentés. Lorsque ces produits sont exportés par le port de Saigon, cette taxe se double d'une autre taxe, dite *taxe d'outillage*, qui a été établie par un arrêté du 30 novembre 1910 et dont le tarif, actuellement fixé par un arrêté du 28 juin 1922, est par 100 kilos de 0$05 pour les riz et de 0$03 pour les paddys et farines (1) ;

la *taxe à la sortie des produits miniers* (décret du 23 novembre 1918). Elle est de 0$04 à 0$10 la tonne pour les charbons selon

---

la colonie, ces arrêtés et ceux qui vont suivre, de même que les arrêtés relatifs aux taxes de régie dont nous parlerons plus loin, ont été approuvés par décret lorsqu'ils concernaient le mode d'assiette et les règles de perception des contributions ainsi établies. Nous jugeons inutile d'augmenter le caractère fastidieux de cette énumération de textes locaux en lui ajoutant celle des décrets d'approbation, au moins lorsque ces derniers ne contiennent pas d'autres dispositions.

(1) Cette taxe d'outillage est perçue pour le compte du budget autonome du port de commerce de Saigon, sous réserve d'un prélèvement au profit de la Chambre de Commerce de cette ville dont le montant est fixé chaque année pour l'exercice suivant par arrêté du Gouverneur en Conseil Privé.

leur espèce, de 15$ par tonne pour les minerais d'étain et de wolfram, de 1$ par tonne pour les autres minerais, de 30$ par tonne pour l'étain métal, de 10$ par kilo pour l'or en lingot et de 0$50 par kilo pour l'argent en lingot (1) ;

les *droits de magasinage et de garde* (arrêté du 4 mai 1898) ;

les *droits de plombage* sur les colis transitant vers le Siam ou vers la Chine et réciproquement (décret du 30 décembre 1898) ;

les *droits de francisation des navires* (décret du 4 avril 1884). Ils sont de 1$80 ou 9 f. pour les bâtiments au-dessous de 100 tonneaux, de 3$60 ou 18 f. pour ceux compris entre 200 et 300 tonneaux, et en sus 1$20 ou 6 f. pour chaque tranche de 10 tonneaux au-dessus de 300 tonneaux ;

*l'indemnité de surveillance et de gardiennage des navires en dehors des heures légales et les dimanches et jours fériés*, créée par un arrêté du 23 mars 1903 et dont le tarif est actuellement fixé par un arrêté du 18 octobre 1921 en proportion du nombre d'heures employées et du nombre d'agents utilisés, est recouvrée sur les capitaines de navires qui ont obtenu du Service des Douanes l'autorisation d'embarquer ou de débarquer leurs marchandises dans les conditions susvisées.

C) — *Régies financières et taxes de consommation ou de circulation*. — Les produits qui en Indochine font l'objet d'un monopole exercé par le Service des Douanes ou donnent lieu à l'application de taxes de consommation ou de circulation sont l'opium, le sel, les alcools, les tabacs, les huiles minérales, les allumettes, les poudres de chasse et artifices et les cartes à jouer. Sauf en ce qui concerne l'opium et le sel, dont la vente est monopolisée au profit du budget général, le régime de l'entrepôt fictif, dont nous avons parlé ci-dessus, est applicable à ces divers produits en tous locaux agréés par la régie intéressée et sur simple décision du Directeur des Douanes ou de ses délégués, sans qu'il y ait lieu, différemment des entrepôts fictifs de douane, à l'intervention d'un décret ou d'un arrêté (2).

---

(1) Usant d'un droit qui lui avait été réservé par le décret susvisé, le Gouverneur Général a provisoirement diminué ces taxes, pour certains minerais, par un arrêté du 20 juin 1919 que divers arrêtés ultérieurs ont successivement maintenu en vigueur tout en lui apportant certaines modifications. Actuellement, cette réduction de taxe est applicable, jusqu'au 31 décembre 1924, aux seuls minerais de tungstène.

(2) Nous parlons ici des entrepôts de régie proprement dits, c'est-à-dire des locaux dans lesquels peuvent ou doivent être temporairement emmagasinés, en attendant

1° — *Opium* (arrêtés des 7 février 1899, 7 avril 1903, 27 février 1914, 23 mai 1915, décret du 27 décembre 1916, arrêtés des 18 octobre 1921, 1er novembre 1921, 18 décembre 1921, 13 avril et 23 novembre 1922) — Le monopole dont le Service des Douanes est investi en ce qui concerne l'opium est triple, car il s'étend à la fois à l'achat, à la fabrication et à la vente, et ceci dans toute l'Indochine sauf ce qui sera dit ci-dessous pour Kouang-Tchéou-Wan.

Le Service des Douanes a seul le droit d'acheter l'opium soit à l'étranger (ces achats ont lieu uniquement en Inde depuis que la culture du pavot a été théoriquement interdite en Chine) soit dans la colonie, où les particuliers qui désirent se livrer à la culture du pavot doivent en obtenir l'autorisation préalable du Service des Douanes et sont tenus de lui vendre la totalité de leur récolte. Ce même service a également seul le droit de manipuler et de transporter l'opium brut acquis par lui et de le transformer, dans la bouillerie qui lui appartient à Saigon, en opium fumable (chandoo).

Ces deux monopoles d'achat et de fabrication sont absolus, c'est-à-dire qu'ils ne peuvent être exploités qu'en régie directe.

Au contraire, le monopole de vente peut être exploité en régie intéressée, et il l'était autrefois ainsi. Mais actuellement le régime en vigueur dans toute l'Indochine, sauf à Kouang-Tchéou-Wan comme nous le verrons plus bas, est celui de la régie directe, c'est-à-dire que les boîtes d'opium des divers types sont vendues directement par la Douane à des *débitants au détail*, agréés par le Service des Douanes, qui les revendent aux consommateurs. Ces débitants sont munis d'une *licence* dont le prix est fixé par l'Administration et qui n'est valable que pour un an, pour un seul débit et seulement dans la localité pour laquelle elle a été délivrée. Ils reçoivent également une *enseigne* qui doit être placée à l'entrée principale du débit et

---

leur livraison à la consommation, les matières premières d'origine locale nécessaires à la fabrication des produits de régie ou ces produits eux-mêmes fabriqués dans la colonie. Mais il va sans dire que, dans les ports et villes où le régime de l'entrepôt fictif de douane a été autorisé (voir ci-dessus A - 3°), les produits de régie ou les matières premières destinées à leur fabrication, en provenance de l'étranger, peuvent également être admis au bénéfice de ce régime, au même titre que les autres marchandises, soit en vue d'une réexportation ultérieure soit en vue de la consommation locale. En pareil cas, comme nous l'avons vu, un arrêté du Chef de la colonie doit être pris et par conséquent l'intervention du Directeur des Douanes ne suffit pas. C'est ainsi que les tabacs, cigares et cigarettes importés de l'étranger ont été admis au bénéfice de l'entrepôt fictif de douane par arrêtés des 23 février 1900 et 30 avril 1907.

un *livret* sur lequel le receveur inscrit les quantités qui leur sont remises. Il leur est interdit d'ajouter une substance quelconque à l'opium qu'ils vendent, de le vendre en dehors de leur débit, de s'approvisionner dans des bureaux autres que ceux qui leur sont désignés et, lorsqu'ils vendent l'opium au détail, d'ouvrir plus d'un récipient à la fois. Enfin ils sont soumis à l'exercice.

A Kouang-Tchéou-Wan, le régime de l'opium, fixé par un arrêté du 18 octobre 1921, est un peu différent. Le même monopole d'achat que ci-dessus appartient à la Régie, qui entretient à Fort-Bayard un dépôt d'opium brut et d'opium préparé. Mais les règles concernant les autres modalités du monopole sont différentes. L'opium brut est vendu par la Douane en caisses d'origine à des *débitants en gros*, agréés par elle, qui doivent fournir un cautionnement de 10.000 $ 00 et reçoivent une licence gratuite. Ceux-ci le revendent à leur tour, à un prix qui n'est pas fixé par l'Administration, à des *débitants au détail* qui ne sont soumis à aucune règlementation spéciale, pas plus que n'est règlementée la transformation sur place de cet opium brut en opium fumable. Quant à l'opium préparé provenant de la manufacture de Saigon, il est vendu directement par la Douane aux consommateurs.

En conformité des résolutions adoptées le 23 janvier 1912 par la Conférence internationale de La Haye et selon lesquelles chacune des puissances signataires s'était engagée à prendre sans retard les mesures nécessaires pour interdire la culture du pavot et la vente de l'opium sur son territoire et celui de ses possessions outremer, le Ministre des Colonies avait dès 1916 donné des instructions pour que, dans un délai de dix ans, la régie de l'opium fut supprimée en Indochine. Toutefois, comme certaines des puissances représentées à la Conférence susvisée, et notamment la Chine, n'ont pas tenu l'engagement analogue pris par elles, la France ne pourrait persévérer dans son attitude généreuse sans jouer un jeu de dupe et faciliter ainsi la contrebande étrangère au détriment de ses possessions indochinoises. Il est par suite probable que la régie de l'opium subsistera encore en Indochine après 1926. Néanmoins, des mesures sévères ont été prises, en exécution d'un décret du 27 décembre 1916 rendant applicable en Indochine une loi du 12 juillet 1916 relative au même objet, en vue de diminuer de plus en plus la consommation de la drogue. C'est ainsi que depuis la promulgation dudit décret lè nombre des débits d'opium existant alors en Indochine n'a pu être augmenté, que depuis avril 1922 l'ouver-ture des fumeries est interdite en Annam et au Tonkin et que, en Cochinchine èt au Cambodge et depuis la même date, aucune installation de nouvelle fumerie ou translation d'une ancienne ne peut être autorisée. De même, l'importation, le commerce et la détention de l'opium sont rigoureusement interdits; seuls les pharmaciens européens peuvent en importer en petites quantités et en se soumettant à des prescriptions minutieuses déterminées par un décret du 16 juillet 1919 qui a d'autre part reproduit textuellement les prescriptions ci-dessus du décret du 27 décembre 1916. Enfin, par application d'une clause du traité de Versailles chargeant la Société des Nations du contrôle général de l'opium et des produits opiacés, un nouveau décret du 23 juin 1922 a encore renforcé ces mesures en prohibant la sortie, la réexportation, le transit et le trans-bordement de l'opium et de ses dérivés, sauf décision spéciale en sens contraire du Gouverneur Général qui ne peut être prise que sur le vu d'une licence délivrée par le Gouvernement du pays importateur.

2o — *Sels.* (arrêtés des 20 octobre 1899, 8 novembre 1904, 19 avril et 18 septembre 1906, 8 février 1911, 27 février 1914 et 18 octobre 1921). — L'achat des sels n'est monopolisé qu'à l'intérieur de la colonie, et tout particulier peut en importer de l'extérieur à condition de payer la taxe de consommation dont il sera question ci-après. La fabrication des sels par exploitation des marais salants ou des mines de sel dans la colonie est également libre, sous réserve d'une autorisation préalable donnée par le Service des Douanes. Par contre, ce service a le monopole de la vente en gros de tous les sels ainsi fabriqués en Indochine, et à cet effet il a seul le droit d'acheter aux sauniers, à un prix officiel fixé par le Directeur des Douanes et publié périodiquement dans le Journal Officiél, la totalité de leur production, de même que ces sauniers, qui sont munis d'un livret, doivent se soumettre à l'exercice, c'est-à-dire à la surveillance des agents des Douanes, et livrer à ces derniers la totalité des produits de leur exploitation au plus tard en principe le troisième jour après la fabrication ou la récolte. Ils ne peuvent enfin exploiter les salines que pendant un laps de temps qui est fixé chaque année par le Directeur des Douanes (c'est ce qu'on appelle la *campagne salicole*).

Les sels ainsi produits sont d'abord emmaganisés dans des *magasins de dépôt* dont l'emplacement est choisi à côté des salines et qui sont gérés soit par le Service des Douanes lui-même soit par un particulier agréé par lui. Ils sortent de ces magasins : soit pour l'exportation ou pour la vente directe, principalement aux sauniers et à certains autres industriels qui font pour l'exercice de leurs industries une importante consommation de sel et auxquels pour ce motif il est délivré gratuitement un livret spécial, dit *livret d'industriel*, comportant le compte courant de leurs achats ; soit pour être répartis dans des *magasins de vente* établis dans les diverses localités de l'intérieur et gérés par le Service des Douanes lui-même. C'est de ces magasins que les sels sortent ensuite pour être vendus aux consommateurs ordinaires, à un prix fixé et rendu public par le Directeur des Douanes et qui est le prix de revient augmenté du montant d'une *taxe de consommation* de 2$25 par 100 kilos. Toutefois, les sels exportés par mer sont exonérés de cette taxe, de même que les sels destinés à servir dans la colonie à des besoins agricoles ou industriels et qui, en présence d'un agent des Douanes, ont été préalablement dénaturés, c'est-à-dire rendus impropres à la consommation, au moyen d'un des procédés prévus par les arrêtés des 24 décembre 1913 et 18 octobre 1921 ou admis dans la métropole après consultation du Comité des Arts et Manufactures. En outre, un régime analogue à celui des drawbacks dont nous avons parlé ci-dessus en A-3° a été institué par un arrêté du 24 décembre 1913 en faveur des saumures et pâtes de poisson exportées par mer, l'exportateur ayant alors droit au remboursement, dans des proportions déterminées par arrêté du 18 octobre 1921 de la taxe de consommation perçue sur les sels ayant servi à la fabrication de ces produits.

Notons enfin que, pour empêcher la fraude, les règlements décident : d'une part, que tout transporteur d'une quantité quelconque de sel dans une zone de vingt kilomètres autour des salines doit se munir d'un *laissez-passer* extrait d'un carnet à souches et délivré par les agents des Douanes ; d'autre part, que dans la même zone la détention par toutes personnes autres que les titulaires d'un livret d'industriel d'une quantité de sel supérieure à 100 kilos est interdite.

3° — *Alcools* (arrêtés des 20 et 22 décembre 1902, 10 septembre 1903, 28 décembre 1905, 12 mars 1912, 23 janvier, 27 février, 23 juin et 14 octobre 1914, 9 août 1915, 17 juin 1916, 13 mars

1918, 31 mai et 20 novembre 1919, 26 avril, 17 et 18 octobre 1921 et 13 avril 1922). — Sauf les boissons hygiéniques et vins de liqueur ayant une force alcoolique au plus égale à 12°, sauf aussi les produits pharmaceutiques à base d'alcool utilisés par les pharmaciens munis d'une licence d'entrepositaire et sauf enfin les alcools exportés hors de la colonie, tous les alcools importés ou fabriqués en Indochine sont assujettis à une *taxe de consommation* dont la quotité est actuellement, par litre d'alcool pur, de 1$20 pour les alcools rectifiés et préparés pour l'usage des Européens, de 0$50 pour les alcools indigènes de luxe et vins de Chine et de 0$30 pour les alcools indigènes ordinaires. Cette taxe est payée : s'il s'agit d'alcools importés, à l'entrée en Indochine; s'il s'agit d'alcools fabriqués en Indochine et livrés à la consommation de suite après fabrication, à la sortie de la distillerie; s'il s'agit d'alcools dont le fabricant local a été admis au bénéfice de l'entrepôt ou qui ont été envoyés par lui sous acquit-à-caution à un commerçant admis au même bénéfice, à la sortie de cet entrepôt. Elle est réduite pour les alcools qui, en présence d'un agent de la Régie, ont été dénaturés, c'est-à-dire rendus impropres à la consommation, au moyen de certains procédés acceptés par le Service des Douanes.

Également dans toute l'Indochine, nul ne peut vendre des alcools européens ou indigènes s'il n'est au préalable muni, d'une part d'une *licence* délivrée par le Service des Douanes et valable pour un seul établissement et pour une année seulement (sauf renouvellement), d'autre part d'une *enseigne* et d'un *livret* destiné à l'inscription des ventes. Les licences coûtent 6$ pour la vente en gros et 1 $ pour la vente au détail; toutefois, pour les commerçants se livrant exclusivement à la vente des alcools indigènes et n'en vendant pas plus de 500 litres par mois, le prix de la licence en gros peut être réduit à 3$ et la licence au détail devenir gratuite. Le titulaire d'une licence en gros ne peut vendre l'alcool que par quantités au moins égales à 15 litres et, au contraire, le débitant au détail ne peut vendre en une seule fois que des quantités inférieures à 15 litres.

En ce qui concerne uniquement les alcools indigènes, le Service des Douanes peut, lorsqu'il l'estime utile aux besoins de la consommation, constituer des *dépôts régionaux* gérés soit par lui-même soit par des *débitants généraux* accrédités par lui, et alors les distillateurs fabriquant dans la circonscription correspondant au dépôt, et dont les limites ont été déterminées d'avance par arrêté du Gouverneur Général, sont obligés de vendre leur production, à un prix également fixé par le Gouverneur Général, à la Régie ou au débitant général de la région, selon le cas. C'est ainsi par exemple que les choses se passent au Tonkin et dans le Nord-Annam. La vente y est confiée pour cinq années, en 29 lots dont quatre concernant les villes de Hanoi, Haiphong, Namdinh et Haiduong et les vingt-cinq autres comprenant une ou exceptionnellement deux provinces, à des débitants généraux choisis, parmi les candidats réunissant certaines conditions et à la suite d'un appel d'offres, par une commission présidée par le Directeur des Douanes et dont le procès-verbal doit être approuvé par le Gouverneur Général ; ces débitants généraux reçoivent à titre onéreux de l'Administration les alcools achetés par celle-ci à la Société qui comme nous allons le voir a le monopole de leur fabrication au Tonkin et dans le Nord-Annam ; ils les revendent ensuite à des débitants en gros et au détail qu'ils présentent eux-mêmes à l'agrément de la Régie pour être munis par elle de la licence règlementaire et dont le nombre minimum est fixé pour chaque lot par l'Administration ; ces derniers revendent enfin l'alcool aux consommateurs ; les divers prix de vente et de revente sont fixés par le Gouverneur Général sur la proposition du Directeur des Douanes et calculés de façon à laisser un bénéfice à chaque intermédiaire et aussi de façon à tenir compte au profit du budget de la taxe de consommation. Un système analogue fonctionne à Kouang-Tchéou-Wan, sauf que dans cette possession le Service des Douanes gère lui-même le dépôt régional et fait la vente de l'alcool en régie directe (arrêté du 27 février 1914). Au contraire, dans le reste de l'Indochine, il n'existe pas de dépôts régionaux et le régime est celui de la vente directe, c'est-à-dire que les distilleries préalablement autorisées vendent directement leurs alcools, après acquittement des droits, aux débitants munis de licence et que ceux-ci les revendent aux consommateurs sans que l'Administration ait à intervenir.

Sauf ce qui sera dit plus bas pour la fabrication des alcools indigènes au Tonkin et dans le Nord-Annam, la distillation de tous les alcools est libre en Indochine (excepté en ce qui concerne les absinthes, dont la fabrication de même que la vente sont interdites depuis la loi du 16 mars 1915 modifiée par celle du

17 juillet 1922) pour toute personne, société ou village qui a obtenu une autorisation à cet effet du Directeur des Douanes, autorisation qui fixe les quantités approximatives de la production mensuelle autorisée et avec laquelle est délivrée gratuitement une *licence de fabrication* valable pour une année mais renouvelable. Les alcools indigènes ordinaires ainsi fabriqués doivent peser au moins 40° et les alcools parfumés au plus 50° ; quant aux vins de Chine, ils peuvent avoir une force inférieure à 40°, mais leur fabrication ne peut être faite qu'en présence d'un agent de la Régie. Les distilleries sont soumises à l'exercice, et l'agent du Service des Douanes qui en est chargé doit être logé par les soins du fabricant. La fabrication est assujettie à un grand nombre de prescriptions minutieuses dont le but est d'assurer la concordance entre les quantités de matières premières mises en œuvre et les quantités d'alcool fabriquées et devant acquitter la taxe, sauf toutefois une déduction de fabrication de 8°/₀ qui est allouée aux distillateurs. A cet effet, le préposé à l'exercice dans chaque distillerie tient un compte d'entrées et de sorties ; les entrées sont constatées d'après les *acquits-à-caution* qui accompagnent les alcools provenant de l'extérieur ou d'après les quantités de matières premières sorties du magasin de la distillerie ; les sorties sont constatées d'après les *acquits de paiement* de la taxe ou d'après les acquits-à-caution accompagnant les envois destinés à l'exportation ou adressés aux entrepôts autorisés.

Au Tonkin et dans le Nord-Annam, la fabrication des alcools indigènes fait l'objet, en vertu d'un contrat qui expirait le 12 avril 1923 mais a été renouvelé pour dix ans, d'un monopole au profit de la *Société française des Distilleries de l'Indochine* qui possède trois grandes distilleries à Hanoi, Nam-Dinh et Haiduong et qui s'est engagée à fournir à la Douane toutes les quantités des divers alcools indigènes que ce service jugera nécessaires à la consommation du Tonkin et du Nord-Annam. Un monopole analogue a fonctionné jusqu'en 1913 en Cochinchine, où il existe à Cholon et à Choquan deux grandes distilleries dont la première appartient à la même Société.

Le bénéfice de l'*entrepôt* peut être accordé, pour une durée d'une année susceptible de prolongation, à tout distillateur, commerçant ou détenteur d'alcool qui fournit une caution acceptée par le Directeur des Douanes et qui paie une licence annuelle spéciale du coût de 10 $. Comme à l'ordinaire, ce bénéfice consiste en ce que les alcools ainsi entreposés ne paient la taxe que lorsqu'ils sortent de l'entrepôt pour être livrés à la consommation. Aussi, pour éviter les fraudes, toute quantité d'alcool sortant d'une distillerie à destination d'un entrepôt, ou sortant d'un entrepôt à destination d'un autre, doit-elle être toujours accompagnée d'un acquit-à-caution. Les entrepôts sont soumis à l'exercice.

Enfin, nul ne peut faire circuler en Indochine plus d'un litre d'alcool indigène (sauf toutefois en ce qui concerne les alcools indigènes logés dans des récipients portant les marques de la Régie) sans avoir obtenu au préalable un *permis de circulation* détaché d'un carnet à souches, rédigé en français, délivré au point de départ par l'agent de la Régie, indiquant le nombre et la nature des récipients, la route à suivre, le mode et le délai de transport et devant être remis à l'agent de la Régie du lieu de destination.

Bien qu'il s'agisse là d'une réglementation générale de police étrangère à la régie des alcools et dont la mise à exécution appartient exclusivement à l'autorité administrative, nous pouvons noter en terminant que les conditions exigées pour l'ouverture, subordonnée à une autorisation du Chef de l'Administration locale du pays intéressé, et la tenue des débits de boisson de toute nature ont été fixées par un décret du 29 janvier 1919 complété par des arrêtés des Chefs d'Administration locale approuvés par le Gouverneur Général. Cette réglementation est applicable à toutes personnes en Cochinchine, au Laos, à Kouang-Tchéou-Wan et dans les concessions françaises de Hanoi, Haiphong et Tourane; mais, dans le reste de l'Annam et du Tonkin et au Cambodge, elle n'est applicable qu'aux justiciables des tribunaux français.

4° — *Tabacs.* (arrêtés des 25 octobre 1899, 23 février 1900, 12 novembre 1901, 20 décembre 1904, 19 avril 1906, 20 juin et 17 octobre 1921). — La culture du tabac est libre, mais les fabriques de tabacs préparés (il en existe actuellement trois en Indochine dont deux au Tonkin établies à Hanoi et à Dap-cau et la troisième à Saigon) doivent obtenir au préalable l'autorisation du Directeur des Douanes et sont soumises à l'exercice dans les conditions déterminées par un décret du 3 août 1912. Les tabacs de toute nature ainsi fabriqués sont immédiatement placés en entrepôt fictif et, lorsqu'ils en sortent pour être livrés à la consommation locale, acquittent une *taxe de circulation* qui èst fixée au kilo et dont la quotité est de 0 $ 20 pour les tabacs non préparés, 0 $ 30 pour les tabacs préparés en vrac ou en ballots, 0 $ 75 pour les tabacs chinois, 1 $ 25 pour les tabacs préparés en boîtes ou en paquets et pour les cigarettes, 2 $ 55 pour les cigares. La même taxe est due pour les tabacs importés en Indochine en quantités au moins égales à un kilo. Les tabacs exportés en sont exonérés, mais cette exportation ne peut se faire que par certains ports et villes déterminés. La revente est entièrement libre, sous réserve que les boîtes et paquets doivent être revêtus des vignettes de la régie, mais les tabacs en quantité égale ou supérieure à un kilo ne peuvent circuler en Indochine sans être accompagnés d'un *laissez-passer* délivré par les bureaux des Douanes ou par les personnes spécialement désignées à cet effet.

5o — *Huiles minérales*. (arrêtés des 5 septembre 1899, 21 novembre 1900, 19 avril 1906 et 17 octobre 1921). — Sauf les pétroles bruts destinés par les administrations publiques à être répandus sur les eaux stagnantes en présence d'un agent des Douanes pour la destruction des moustiques, toutes les huiles minérales propres à l'éclairage sont frappées à l'entrée en Indochine ou à la sortie des entrepôts autorisés d'un *droit de consommation* de 2 $ 20 par 100 kilos brut.

6° — *Allumettes chimiques*. (arrêtés des 7 février 1899, 19 avril et 24 novembre 1906 et 27 octobre 1922). — La fabrication des allumettes ne peut être autorisée en Indochine que par le Chef de l'Administration locale du pays intéressé, car les fabriques d'allumettes sont classées parmi les établissements dangereux, et cette autorisation ne peut être accordée que sur avis conforme du Directeur des Douanes. Les fabriques ainsi ouvertes sont soumises à l'exercice. Il en existe actuellement quatre : à Hanoi, à Hamrông près de Thanh-hoa, à Bên-thuy près de Vinh et à Cholon. Les allumettes fabriquées y sont immédiatement placées en entrepôt fictif.

A la sortie de ces fabriques ou des entrepôts autorisés, ou encore à l'entrée en Indochine s'il s'agit d'allumettes étrangères importées qui n'ont pas été admises au bénéfice de l'entrepôt réel, les allumettes acquittent une *taxe de consommation* de 0 $ 035 par paquet de 10 boîtes de 70 allumettes au maximum. En outre, les allumettes fabriquées dans la colonie supportent les frais d'exercice et les allumettes importées une taxe représentative de ces frais égale à la taxe de consommation précitée. La taxe de consommation, toutefois, n'est pas due pour les allumettes exportées, réexportées ou transitant à destination de l'étranger lorsqu'elles auront été déposées en entrepôt réel ou admises au bénéfice de l'entrepôt fictif.

La vente est entièrement libre, sous réserve que les allumettes ne peuvent circuler et être vendues qu'en boîtes scellées des vignettes de la Régie dont l'apposition est la preuve du paiement de la taxe. Par contre, leur importation en Indochine ne peut avoir lieu que par certains ports et villes déterminés.

7° — *Poudres de chasse et produits similaires* (arrêté du 21 novembre 1913). — A l'entrée en Indochine ou à la sortie des fabriques ou des entrepôts locaux autorisés, le Service des Douanes recouvre sur ces produits une *taxe de consommation* qui est de 0$50 ou de 1$50 par kilo de poudre noire ou pyroxylée, de 5$ ou de 7$ par 100 kilos de cartouches chargées à poudre noire ou à poudre pyroxylée, de 4$ par 100 kilos d'artifices et pétards pour divertissements. Cette taxe n'est pas due lorsque ces produits sortent de l'entrepôt pour la réexportation ou transitent à destination de l'étranger. Comme pour les allumettes, la fabrication des poudres est soumise à la règlementation spéciale concernant le fonctionnement des établissements dangereux. La vente est libre, sauf l'application des règlements de police concernant le commerce des armes et munitions, règlements qui sont établis par l'autorité administrative.

8° — *Cartes à jouer* (arrêté du 16 février 1922). — A l'entrée en Indochine ou à la sortie des fabriques ou des entrepôts locaux, le Service des Douanes perçoit sur ces produits une *taxe de circulation* qui pour les cartes asiatiques est de 30$ les 100 kilos et pour les cartes européennes de 0$04 par jeu de 32 cartes et de 0$06 par jeu de 52 cartes. Cette taxe n'est pas due sur les cartes exportées ou réexportées ni sur celles transitant à destination de l'étranger. La vente est libre, mais la fabrication ne peut être entreprise que dans les lieux où il existe un agent des Douanes, et seulement par des personnes payant patente, munies d'une commission spéciale délivrée par le Directeur des Douanes, ayant fourni caution et astreintes à tenir une comptabilité particulière.

En terminant l'étude des attributions du Service des Douanes, il y a lieu d'ajouter que les règles concernant la constatation des contraventions en matière de contributions indirectes de toute nature, les conditions dans lesquelles les agents du service intéressé peuvent procéder à des visites, perquisitions ou arrestations et requérir l'assistance des officiers de police judiciaire ou des autorités indigènes, les formes des procès-verbaux dressés par eux et qui font foi jusqu'à inscription de faux à condition d'avoir été rédigés et affirmés par deux agents européens, la procédure judiciaire toute spéciale à laquelle ces procès-verbaux donnent lieu si l'affaire ne se termine pas par une transaction, les voies de recours contre les jugements ainsi rendus, les voies d'exécution de ces jugements prononcés contre les indigènes et en particulier les cas où ils peuvent être exécutés par la contrainte par corps, les délais de prescription, etc... ont été fixés par un arrêté du Gouverneur Général du 5 juin 1903 modifié par arrêtés des 1er août 1907, 13 novembre 1908, 25 août 1909, 28 août 1911 et 28 juin 1922. A noter aussi un décret du 19 février 1921 qui a réglementé l'exercice du droit de transaction.

Mentionnons aussi que, si les attributions fiscales que nous venons d'étudier sont de beaucoup les plus importantes de celles exercées par le Service des Douanes, ce ne sont cependant pas les seules qui lui sont confiées. Nous avons vu au chapitre précédent que son personnel actif pouvait être appelé, en certaines circonstances, à assurer sous la direction de l'autorité militaire un service de surveillance et de renseignements. Nous verrons aussi plus tard que les agents des Douanes concourent dans une certaine mesure au fonctionnement de la police sanitaire maritime et à celui du Service Forestier. C'est également le Service des Douanes qui, concurremment avec celui de l'Inscription maritime, est chargé d'immatriculer les navires ayant leur port d'attache dans la colonie et qui leur délivre s'il y a lieu les actes de francisation provisoire. C'est aussi ce service qui, en Cochinchine et au Cambodge, prépare la répartition des poivres admis à la détaxe coloniale. Enfin il a mission d'assurer l'observation des prescriptions du décret du 28 janvier 1922 et de l'arrêté du 23 septembre suivant, textes qui réservent en principe au pavillon national les transports de cargaison effectués par ou pour l'État, les départements, communes, établissements publics ou d'utilité publique et les concessionnaires de services publics, sauf certaines dérogations pouvant être accordées par le Gouverneur Général lorsqu'il s'agit de transports au départ de l'Indochine ou de transports en provenance des pays hors d'Europe et à destination de l'Indochine.


## ARTICLE II

*SERVICE DES POSTES, TÉLÉGRAPHES ET TÉLÉPHONES*

Ce service, qui autrefois était autonome dans chaque pays de l'Union, a été unifié pour toute l'Indochine par un arrêté du Gouverneur Général du 14 novembre 1901.

Il est dirigé, sous l'autorité immédiate du Gouverneur Général, par un haut fonctionnaire qui doit appartenir au cadre métropolitain dont nous parlerons ci-après, qui est désigné par décret sans conditions spéciales de recrutement, après entente entre le Département chargé des Postes et Télégraphes (1) et le Département des Colonies et qui, depuis le décret du 29 avril 1912, porte le titre de Directeur des Postes (antérieurement, Directeur général). Jusqu'en 1922 inclus, ce chef de service exerçait son action non seulement sur le fonctionnement de tout le Service des Postes et Télégraphes en Indochine, mais aussi sur certains bureaux de poste qui étaient entretenus en Chine par la colonie et qui étaient ceux de Canton, Hoi-How, Pakhoi, Mongtzeu, Yunnan-fou, et Tchung-king. Ces bureaux ont été supprimés depuis le 1er janvier 1923 en exécution des résolutions adoptées par la Conférence internationale de Washington, en même temps que d'autres bureaux qui étaient également entretenus dans certaines autres villes importantes de la Chine par le budget métropolitain et qu'on appelait « *bureaux français en Chine* » pour les distinguer

---

(1) L'administration métropolitaine des Postes, qui constituait autrefois un ministère spécial, a depuis été rattachée, en qualité de sous-secrétariat d'Etat ou même de simple division, à un autre département qui a été tantôt celui des Travaux publics et tantôt celui du Commerce. Actuellement, elle ressortit à un Sous-secrétariat d'Etat relevant du Ministre des Travaux publics.

des précédents, appelés « *bureaux indochinois en Chine* ».

Le Directeur des Postes, qui réside à Hanoi, a seul qualité pour correspondre directement, en ce qui concerne les questions techniques de son service, avec les administrations postales ou télégraphiques étrangères et avec le Bureau international entre-tenu à Berne (Suisse) par l'Union postale universelle (association postale internationale constituée selon convention du 9 octobre 1874). Il est assisté par un secrétariat, un bureau du personnel et du budget, un bureau de la comptabilité et des articles d'argent, un bureau de l'exploitation postale, un bureau de l'exploitation télégraphique et téléphonique et un bureau des colis postaux, immeubles et affaires diverses. En outre, un arrêté du 9 novembre 1921 complété le 4 octobre 1922 a créé et placé sous ses ordres directs un *service technique central* qui a pour mission, d'une part d'établir et d'exécuter un programme de grands travaux devant aboutir à l'équipement moderne de l'Indochine en installations télégraphiques, téléphoniques et postales, d'autre part d'assurer l'entretien courant de celles de ces installations qui existent actuellement dans la circonscription postale du Tonkin ainsi que la gestion des ateliers et du magasin du matériel de Hanoi.

## § 1 — Personnel

Dans chacun des pays de l'Union, ou plus exactement dans chacune des circonscriptions postales entre lesquelles est réparti le territoire de la colonie, le Service des Postes est dirigé par un *Sous-directeur* désigné dans le cadre métropolitain par le Gouverneur Général sur la proposition concertée du Directeur des Postes et du Chef d'Administration locale intéressé et relevant concurremment de ces deux hauts fonctionnaires, chacun en ce qui le concerne. Ces chefs locaux de service doivent être choisis parmi les inspecteurs de 1re ou de 2e classe.

Les cadres du personnel des Postes et Télégraphes se composent d'un personnel français qui se subdivise en personnel métropolitain et personnel local et d'un personnel indigène. En conformité d'un décret du 30 octobre 1901 et dans les formes prescrites par le décret du 26-29 août 1790, les agents de ces personnels doivent, s'ils ne l'ont déjà fait en France, prêter une fois pour toutes devant le tribunal de paix ou de première instance, avant d'entrer en fonctions, serment de garder fidèlement le secret des correspondances (1).

Le *personnel métropolitain*, actuellement régi tant par l'article 33 de la loi du 30 décembre 1913 que par un décret du 29 décembre 1917 et un arrêté interministériel du même jour, se compose d'agents appartenant aux cadres de la métropole et désignés, sur leur demande et d'accord entre le Département chargé des Postes et Télégraphes et celui des Colonies, pour être mis à la disposition de l'Indochine où ils doivent s'engager à accomplir au moins cinq années de services en une ou plusieurs fois. Dans cette situation ils continuent, bien que placés sous l'autorité du Gouverneur Général, à faire partie des cadres de l'Administration des Postes métropolitaine et les règlements généraux de cette administration concernant l'avancement et la situation du personnel leur restent applicables. Ils ne sont donc pas avancés par le Gouverneur Général, mais par le Sous-Secrétaire d'État des Postes et Télégraphes après avis du Ministre des Colonies et sur des propositions, établies annuellement par un conseil de classement, que le Directeur des Postes transmet à ce dernier ministre par l'intermédiaire du Gouverneur Général. Ces agents peuvent avoir n'importe lequel des grades qui existent dans la hiérarchie métropolitaine des Postes et Télégraphes et ils sont affectés dans les mêmes conditions que les agents du cadre local, sous cette réserve toutefois qu'ils ne doivent en aucun cas être placés sous les ordres de ces derniers. Les cadres du personnel métropolitain des Postes et Télégraphes détaché en Indochine ont été fixés par un décret du 24 octobre 1920, et un arrêté du 20 juin 1921 a prévu que les agents qui les composent pourraient, sur leur demande et sous certaines conditions, être versés définitivement dans le cadre local où ils sont alors classés d'après une correspondance de grade et de classe fixée par un arrêté du 5 février 1922. Actuellement, ces agents métropolitains représentent à peu près la moitié du personnel commissionné en service en Indochine.

Le *personnel français local* a été réorganisé par l'arrêté susvisé du Gouverneur Général du 20 juin 1921 modifié ou complété les 10 décembre 1921, 22 mars 1922, 10 avril 1922, 14 mai 1923 et 25 avril 1924. Il comporte trois classes d'inspecteurs, des contrôleurs

---

(1) Ce serment est exigé même des agents, tels que les surveillants, qui d'ordinaire ne prennent aucune part à la manipulation des correspondances. Mais en ce cas il est purement administratif et prêté devant le chef de service de l'intéressé.

principaux hors classe et de deux classes, trois classes de contrôleurs, des commis principaux hors classe et de trois classes, des commis de trois classes et stagiaires, trois classes de mécaniciens en chef, des mécaniciens principaux, surveillants principaux et brigadiers-facteurs principaux, hors classe et de trois classes, des mécaniciens, surveillants et brigadiers-facteurs de trois classes et stagiaires, enfin des dames téléphonistes principales hors classe et de deux classes et des dames téléphonistes de trois classes (plus un certain nombre de mécaniciens et surveilllants contractuels ou journaliers). Ce personnel est nommé et avancé, après la même procédure que nous avons exposée en parlant du personnel des Douanes, par arrêtés du Gouverneur Général, lequel fixe également, sur la proposition du Directeur des Postes, ses cadres et sa répartition entre les divers pays de l'Union. Il est ensuite affecté aux emplois de chaque pays par le Sous-directeur après approbation du Chef d'Administration locale. L'accès aux grades d'inspecteur de 3e classe, de contrôleur de 3e classe et de commis stagiaire nécessite l'admission à des concours organisés par arrêtés du Gouverneur Général(1). Les mécaniciens stagiaires sont recrutés sur titres ou à la suite d'un concours, les surveillants et brigadiers-facteurs stagiaires et les dames téléphonistes parmi les candidats justifiant d'une instruction primaire suffisante ( un examen a été prévu en ce qui concerne les dames-téléphonistes qui, d'autre part, sont recrutées de préférence, par voie d'engagement annuel, parmi les veuves et orphelines de fonctionnaires indochinois ou de colons décédés après un séjour d'au moins cinq ans dans la colonie et parmi les femmes et filles de fonctionnaires ou anciens fonctionnaires ayant des charges de famille ).

Le *personnel indigène ou assimilé*, réorganisé par arrêté du 18 avril 1919 modifié les 23 janvier 1922, 1er juillet 1922 et 19 juillet 1923, comprend un cadre supérieur (trois classes de commis principaux, cinq classes de commis et deux catégories de commis stagiaires), un cadre secondaire (une classe de secré-

---

(1) Jusqu'ici un seul des divers concours et examens que nous venons de citer ou allons citer a été organisé: celui pour l'obtention du grade de contrôleur de 3e classe, organisé par arrêté du 16 août 1921. Par contre, un arrêté du 14 mai 1923 a prévu que les candidats à ce même grade pourraient y accéder sans avoir affronté le concours précité et après avoir simplement satisfait à un examen organisé par ledit arrêté, mais qu'alors ils ne pourraient recevoir d'emplois que dans les services d'exécution.

taires télégraphistes principaux, six classes de secrétaires télégraphistes et une classe de secrétaires télégraphistes stagiaires,
une classe de mécaniciens principaux hors classe, quatre classes
de mécaniciens principaux, six classes de mécaniciens et une
classe de mécaniciens stagiaires), enfin un cadre subalterne
de sous-agents (quatre classes de chefs de chantier principaux,
quatre classes de chefs de chantier, quatre classes de surveillants,
deux classes de facteurs principaux hors classe, quatre classes
de facteurs principaux, trois classes de facteurs, deux classes
de courriers-convoyeurs hors classe et six classes de courriers-
convoyeurs, plus un personnel spécial supprimé par voie
d'extinction qui comprenait deux classes de facteurs-interprètes
chinois hors classe et six classes de facteurs-interprètes chinois).
Les agents du cadre supérieur sont nommés et avancés par
le Gouverneur Général sur la proposition du Directeur des
Postes, ceux des deux autres cadres par décision de ce dernier.
Sauf que les mécaniciens ne peuvent pas concourir pour le
grade de commis de 5e classe, les conditions de recrutement
et de stage des secrétaires-télégraphistes stagiaires et des
commis de 5e et de 4e classe sont les mêmes que pour le personnel indigène des administrations provinciales (voir chap. V-
art. 1-§ 2). Quant aux mécaniciens stagiaires, dont le stage est
d'un an, ils sont recrutés parmi les candidats justifiant d'une
instruction primaire et professionnelle suffisante.


### § 2. — Organisation

L'Indochine est divisée, au point de vue du Service des Postes et Télégraphes, en cinq *circonscriptions* dont les limites ne
correspondent pas exactement à celles des cinq grands pays de
l'Union (Kouang-Tchéou-Wan étant à ce point de vue rattaché
au Tonkin), car les provinces laotiennes de Saravane, Bassac
et Attopeu sont rattachées à la circonscription postale du Cambodge et celle des Houa-Panh à la circonscription du Tonkin.
Les chefs-lieux de ces circonscriptions sont respectivement à
Hanoi, Tourane, Saigon, Phnom-Penh et Vientiane.
Près du Sous-directeur de chaque circonscription est placé
un *receveur-comptable* qui, en même temps qu'il dirige le
bureau du chef-lieu, centralise les écritures comptables de

tous les bureaux de la circonscription. Nous avons déjà fait ressortir (chap. VII - art. 6 - § 2) que, nonobstant leur dénomination, ces agents ne possédaient pas juridiquement la qualité de comptable, à l'exception toutefois de celui du Tonkin, lequel passe en écritures dans sa propre comptabilité le total des opérations effectuées par les autres receveurs-comptables après qu'elles ont été vérifiées par leurs chefs de service, est justiciable de la Cour des Comptes et porte, en vertu d'un arrêté du 19 avril 1903 modifié le 5 avril 1906, le titre de *receveur-comptable principal de l'Indochine*.

Au chef-lieu postal de chaque pays (sauf le Laos) et sous l'autorité du Sous-directeur (au Tonkin et en Annam, sous celle du chef du service technique central) se trouvent également placés un *atelier de réparations*, et aussi, mais à Hanoi et à Saigon seulement, un *magasin du matériel*.

En outre, mais uniquement dans les circonscriptions du Tonkin et de l'Annam, deux arrêtés des 26 mai et 4 octobre 1922 ont créé un organisme spécial de *contrôle permanent, de surveillance et d'études* fonctionnant sous l'autorité du Sous-directeur concurremment avec le contrôle supérieur assuré par les inspecteurs des Postes. Cet organisme, qui a pour mission de vérifier tous les bureaux au moins une fois tous les deux mois, d'assurer la surveillance des communications télégraphiques et téléphoniques et d'instruire les réclamations et enquêtes, est représenté par des contrôleurs désignés par le Directeur des Postes parmi les agents européens de tous grades non comptables et qui sont chargés chacun d'une région ayant son siège : pour le Tonkin, à Laokay, Ha-giang, Tuyên-Quang, Cao-bang, Lang-son et Moncay ; pour l'Annam, à Vinh, Qui-Nhon et Nhatrang.

En conformité d'un arrêté du 8 août 1907, les bureaux de poste de l'Indochine, actuellement (1er juillet 1924) au nombre de 374, sont répartis, selon la nature et l'importance des opérations qu'ils peuvent effectuer, en trois catégories : les *bureaux composés*, dans lesquels le service est, en principe, permanent (Hanoi, Haiphong, Saigon, Cap Saint-Jacques, Huê, Tourane et Phnom-Penh), les *bureaux principaux* (58 au Tonkin, 2 à Kouang-Tchéou-Wan, 51 en Cochinchine, 28 en Annam, 21 au Cambodge et 13 au Laos) et les *bureaux secondaires* (66 au Tonkin, 2 à Kouang-Tchéou-Wan, 47 en

Cochinchine, 22 en Annam, 38 au Cambodge et 19 au Laos) (1).
Les agents qui sont placés à la tête de ces bureaux
portent tous, quel que soit leur grade, le titre de *receveur*
s'ils appartiennent au cadre français métropolitain ou local
et celui de *chargé de bureau* s'ils appartiennent au cadre
indigène. Les bureaux de poste sont ouverts par arrêté du
Gouverneur Général, qui décide également de leur classement à la catégorie supérieure. Depuis un arrêté du 29
janvier 1920, leurs titulaires ne touchent plus aucune remise
sur les produits postaux et seuls les facteurs ont droit, en
vertu d'un arrêté du 30 septembre 1920, à une très-modique
remise sur les recouvrements effectués par eux à domicile.

Le transport des correspondances entre les bureaux expéditeurs et les bureaux destinataires est confié, dans toute la
mesure du possible, aux services publics ou entreprises privées
(en ce dernier cas moyennant une subvention spéciale) de
chemins de fer, de navigation maritime ou fluviale (2) et de
transport par automobiles. Dans les régions de plus en plus
rares où n'existe aucune de ces organisations, il est assuré
par le personnel de la poste rurale dont nous parlerons ci-après.

En plus des bureaux de poste proprement dits, un arrêté
du Gouverneur Général du 19 avril 1906 a autorisé la création
de *bureaux auxiliaires* confiés à des commerçants ou à des
particuliers que le Directeur des Postes nomme gérants de ces
bureaux. Mais ces bureaux auxiliaires ne peuvent faire qu'un
petit nombre d'opérations postales. Il n'en existe actuellement
qu'un seul, à Hanoi.

---

(1) Ce classement n'a d'ailleurs pas un caractère rigoureux et certains bureaux
secondaires, fonctionnant dans des stations estivales fréquentées, sont ouverts chaque
année au service complet pendant un certain nombre de mois.

(2) Les capitaines des navires de mer, français ou étrangers, ont d'ailleurs, en
dehors de toute subvention, certaines obligations postales précisées par les arrêtés
des 2 décembre 1902, 3 janvier 1903 et 3 février 1904, textes pris par application
de la loi du 30 janvier 1893 dont les dispositions sur ce point ont été maintenues en
vigueur par celles des 7 avril 1902 et 19 avril 1906. Ils doivent, dès leur arrivée
dans un port de la colonie, faire porter au bureau de poste les dépêches dont ils ont
pris charge au port d'origine ou en cours de route et, à leur départ, dont ils doivent
aviser le bureau de poste 24 heures d'avance, prendre les dépêches formées pour leur
lieu de destination. Ce service est effectué gratuitement s'il s'agit de correspondances
postales ordinaires confiées à un navire français recevant une compensation d'armement (voir ci-après art. 8 - § 2 C). Si le navire ne touche pas cette allocation, et dans
tous les cas s'il s'agit de colis postaux, ledit service donne lieu au paiement immédiat
par le Service des Postes de rémunérations proportionnelles au poids et à la nature
des objets confiés et dites *décimes de mer*.

Enfin la facilité des communications postales a été considérablement augmentée par la création du service de la *poste rurale*, qui fonctionne actuellement (1er juillet 1924) : au Tonkin (195 bureaux), dans les provinces de Bac-Giang, Bac-Ninh, Ha-Dong, Hai-duong, Ha-Nam, Hung-Yên, Kiên-An, Nam-Dinh, Ninh-Binh, Phuc-Yên, Phu-Tho, Quang-Yên, Sontay, Thai-Binh et Vinh-Yên ; — en Annam (110 bureaux), dans les provinces de Thanh-Hoa, Vinh, Quang-Tri, Thua-Thiên et Binh-Thuan; — en Cochinchine (294 bureaux), dans les provinces de Bac-Liêu, Baria, Bêntre, Cantho, Chaudoc, Cholon, Gia-Dinh, Go-công, Long-Xuyên, Sadec, Soctrang, Tanan, Tayninh, Travinh et Vinh-Long ; — au Cambodge (51 bureaux), dans les provinces de Battambang, Kampot, Kandal, Kompong-Cham, Kompong-chhnang, Kompong-thom, Kratié, Preyveng, Pursat, Soai-rieng, Stungtreng et Takeo. Ce service a pour objet d'assurer la transmission des correspondances dans l'intérieur des provinces depuis le bureau de poste le plus voisin jusqu'aux centres ou villages importants qui ne sont pas situés sur une ligne postale régulière. Les gérants des bureaux de poste rurale sont également chargés de la vente des timbres, enveloppes timbrées et papier timbré et ils ont droit à une remise de 2 % ou 5 %, selon le cas, sur l'achat fait par eux de ces objets aux bureaux de poste ordinaires, mais ils ne font aucune des autres opérations postales. Ce service n'est pas organisé de la même façon dans les divers pays de l'Indochine. En Cochinchine, il est assuré par les provinces, dont les chefs choisissent, sur la présentation des villages, les *tung-gia* ou facteurs chargés du transport des correspondances. En Annam, au contraire, il est dirigé par le Gouvernement annamite pour tout ce qui ne concerne pas sa partie purement technique et assuré par des *linh-tram* placés sous les ordres de *dinh-muc* ou *tram-muc* auxiliaires et titulaires. Au Tonkin, où ledit service a été réorganisé par un arrêté du Gouverneur Général du 3 juillet 1917 modifié le 30 décembre 1919, les *ta-dich* (gérants des bureaux de poste rurale), les *linh-tram* (agents chargés du transport des correspondances entre les bureaux de poste réguliers et les bureaux de poste rurale) et le *doi-tram* (agent placé au chef-lieu auprès du receveur des postes et chargé de seconder ce dernier pour le service rural) sont placés sous l'autorité du Directeur des Postes qui les nomme sur la présentation du chef de province et qui exerce sur eux l'action disciplinaire, et seuls les *phu-tram* (agents chargés de la remise à domicile des correspondances) sont placés sous l'autorité du Résident et des mandarins provinciaux et nommés par les chefs de province. Enfin, au Cambodge, le personnel du service postal rural organisé par arrêté du 23 août 1918 est placé sous l'autorité du Directeur des Postes qui le nomme sur la présentation du chef de province ; ce personnel comprend des *gérants de bureau* choisis de préférence parmi les notables indigènes ou les secrétaires indigènes des divers services publics français et des *facteurs-tram* chargés du transport des dépêches postales.

Le service télégraphique est assuré par des lignes télégraphiques terrestres et des câbles sous-marins. Les premières sillonnent en tous sens l'Indochine et d'ores et déjà tous les bureaux composés et principaux et presque tous les bureaux secondaires sont ouverts aux transmissions télégraphiques privées (1). Les câbles sous-marins ayant un ou plusieurs points d'atterrissage dans la colonie sont celui de Haiphong à Tourane et au Cap Saint-Jacques, qui se raccorde en ce dernier point au câble anglais exploité par la compagnie Eastern Extension, et ceux de Tourane à Amoy et de Saigon à Poulo-Condore et à Pontianak (île de Bornéo). Ces deux derniers câbles ne peuvent d'ailleurs être cités que pour mémoire, car ils sont abandonnés depuis 1913. Quant au câble de Haiphong au Cap Saint-Jacques, français comme les deux précédents, il est actuellement fort usagé et il est possible qu'il soit lui aussi abandonné lorsqu'aura été achevée la ligne télégraphique et téléphonique combinée, présentement en construction, qui reliera Hanoi à Saigon en passant par Vinh, Thakhek et Kratié.

Quant aux lignes téléphoniques publiques, lesquelles sont ouvertes au public par décision du Directeur des Postes, elles sont encore peu nombreuses en Indochine. Il n'y existe en

---

(1) Il y a lieu d'ajouter qu'un grand nombre de gares, dépendant tant des chemins de fer de l'Administration que de ceux de la Compagnie ferroviaire de l'Indochine et du Yunnan, ont été successivement ouvertes à la télégraphie officielle et privée dans les conditions définies par un arrêté du 7 août 1907. Ces gares, toutefois, n'acceptent au départ que les télégrammes à destination de l'Indochine et, à l'arrivée, elles ne reçoivent en principe que ceux adressés «télégraphe restant» et distribuables dans les trains ou dans l'enceinte de la gare. Les chefs de station reçoivent une remise de 0$03 pour tout télégramme de départ ou d'arrivée.

effet actuellement, en ce qui concerne le service interurbain, que les circuits suivants : au Tonkin, la ligne Hanoi‑Haiduong‑ Haiphong‑Doson, la ligne Hanoi‑Namdinh, la ligne Hanoi‑ Vinhyên‑Tamdao, la ligne Hanoi‑Dapcau, la ligne Haiphong‑ Uongbi‑Maokhe et la ligne Haiphong‑Quangyên ; en Annam, la ligne Huê‑Tourane‑Faifo ; en Cochichine et au Cambodge, la ligne Saigon‑Cholon‑Mytho‑Phnompenh, la ligne Phnom‑ penh‑Antassom‑Takeo‑Kampot, la ligne Kampot‑Bosom et la ligne Kampot‑Kep. Mentionnons au sujet de ces lignes qu'un arrêté du 25 juillet 1913 a prévu que les réseaux locaux reliés à un même centre par une ligne directe et spéciale n'ayant pas une longueur totale supérieure à 35 kilomètres pourraient consti‑ tuer avec ce centre un *groupe téléphonique* pour l'ensemble duquel des abonnements spéciaux sont consentis.

## § 3. — ATTRIBUTIONS

Le Service des Postes et Télégraphes est un service d'ordre à la fois économique et fiscal : d'ordre économique, car il con‑ tribue, en facilitant les échanges de la pensée écrite ou verbale, à permettre l'accroissement rapide de la richesse agricole, industrielle ou commerciale du pays ; d'ordre fiscal, car il est chargé de recouvrer et de verser au compte du budget général les très nombreuses taxes postales, télégraphiques et téléphoni‑ ques prévues par les règlements internationaux, métropolitains ou locaux. Le détail de ces taxes, qui ont été récemment relevées, sera trouvé principalement dans la loi du 29 mars 1920, modifiée les 31 décembre 1921 et 30 juin 1922 pour le service franco‑ colonial, et le service intercolonial, dans l'arrêté du 10 septembre 1920 modifié le 27 octobre 1922 pour le service intérieur indochinois, dans quatre arrêtés du 30 août 1921 pour le service postal international (1), dans celui du 28 juin 1922 modifié le 22 mai 1924 pour le service téléphonique indochinois, enfin

---

(1) Cette réglementation a été prise par application anticipée des conventions et arrangements de l'Union postale universelle signés à Madrid le 30 novembre 1920 et déclarés exécutoires en France, après approbation du Parlement, par décret du 17 février 1922 promulgué le 25 juillet 1923. Il résulte en particulier de ces conventions que les colonies et pays de Protectorat d'Indochine sont considérés, au point de vue de leur application, comme constituant un seul pays.

dans ceux des 5 septembre 1921, 3 juin 1922, 29 septembre 1922 et 27 novembre 1922 pour le service télégraphique international (1). Il est d'ailleurs à noter que l'exploitation de l'ensemble de ces services dans la colonie est constamment déficitaire, les recettes qu'ils réalisent étant loin d'équilibrer les dépenses nécessaires à leur fonctionnement.

Les diverses opérations assurées par le Service des Postes et Télégraphes sont trop multiples et trop connues pour qu'il soit nécessaire de s'étendre à leur sujet. Il suffira de rappeler que ce service est chargé : de la vente des figurines dites timbres-poste, des cartes postales et des enveloppes timbrées ; de la réception, de la délivrance et de l'expédition des correspondances postales ordinaires (lettres, cartes postales, cartes de visite, papiers d'affaires, échantillons, imprimés, paquets-lettres, etc) et des correspondances postales recommandées ou avec valeur déclarée (lettres et boîtes) ; des envois contre remboursement ; du service de la poste restante ; de l'émission et du paiement des mandats postaux et télégraphiques indochinois, métropolitains et internationaux ; du recouvrement des effets de commerce, factures, etc ; des abonnements aux journaux ; des colis postaux simples ou avec valeur déclarée ou contre remboursement en provenance ou à destination de tous pays ; de la réception et de l'expédition des télégrammes ordinaires ou différés par fil ou par câble ; des télégrammes-lettres ; du service des téléphones, etc...(2). Ces diverses opérations ne sont d'ailleurs pas toutes exécutées par tous les bureaux de poste indistinctement. Un

---

(1) Ce service a été organisé dans ses grandes lignes par une convention télégraphique internationale arrêtée à Saint-Pétersbourg le 22 juillet 1865 et revisée à Lisbonne le 11 juin 1908. Les taxes sont fixées en francs-or et leur décompte local en piastres s'effectue en multipliant leur montant par un coefficient fixé chaque mois par le Directeur des Postes et représentant la valeur moyenne au cours du mois précédent de l'équivalent journalier du franc-or en piastres, cet équivalent étant égal à la fraction 10000/51825 du cours de vente en piastres du dollar d'or par la Banque de l'Indochine à Saigon (arrêté du 1er août 1923).

(2) Il ne faudrait pas conclure de cette énumération que les opérations effectuées par les bureaux de poste de la colonie sont les mêmes qu'en France. C'est ainsi que, des quatre espèces de titres que dans le langage postal on appelle «articles d'argent» à savoir mandats télégraphiques, mandats-poste, mandats-cartes et bons de poste, les deux premières catégories seules sont connues des bureaux locaux. De même, le service des chèques postaux n'a pas encore été organisé dans la colonie. Par contre, le service des colis postaux, qui en France est exécuté par les compagnies de chemin de fer et de navigation maritime subventionnées tout en relevant de l'Administration des Postes, est ici directement assuré par le Service des Postes, ces compagnies n'intervenant que comme transporteurs.

assez grand nombre ne sont pas ouverts aux services des chargements, des articles d'argent, des recouvrements ou des abonnements. D'autre part, en ce qui concerne les colis postaux du service intérieur, ils sont répartis entre cinq catégories (la 5ᵉ concerne exclusivement le Laos) auxquelles correspondent des taxes différentes.

Par ailleurs, nous verrons plus tard que le Service des Postes prête son concours à celui de l'Enregistrement en ce qui concerne la débite des timbres mobiles et papiers timbrés.

Ainsi qu'il a été dit, toutes les opérations postales, télégraphiques et téléphoniques donnent lieu à la perception de taxes, presque toujours perçues d'après des tarifs proportionnels ou progressifs, mais cependant fixées parfois à titre forfaitaire (abonnements téléphoniques du service urbain, par exemple). Toutefois, certains expéditeurs jouissent, à l'égard de certains destinataires et dans un certain rayon, du droit d'expédier gratuitement par les soins du Service des Postes leurs lettres même recommandées ou leurs télégrammes ou les unes et les autres, mais à condition que ces correspondances soient revêtues du cachet de l'expéditeur et qu'elles se rapportent uniquement au fonctionnement des services publics. C'est ce qu'on appelle les *franchises postales et télégraphiques*. Leur liste est actuellement donnée par un manuel, constituant arrêté du Gouverneur Général, en date du 17 avril 1916, modifié le 1ᵉʳ décembre 1922 (cette liste n'est d'ailleurs pas complète, car il arrive fréquemment qu'un arrêté créant ou réorganisant un emploi public admette en même temps son titulaire à la franchise).

Ici comme en France, et en vertu du décret du 26-29 août 1790, promulgué dans la colonie, le Service des Postes est investi du monopole, exercé en régie directe, du transport des lettres et correspondances, et tout fait portant atteinte à ce monopole constitue un délit. Toutefois, il a toujours été admis que les particuliers pouvaient échanger et faire transporter leurs lettres par leurs domestiques ou par un exprès, pourvu que ce transport n'ait pas le caractère d'un service régulier et périodique. D'autre part, le monopole est inapplicable, non seulement bien entendu aux colis postaux qui ne sont pas des correspondances, mais aussi aux journaux et imprimés à condition qu'ils soient expédiés sous bande ou enveloppe ouverte ou en paquets faciles à vérifier.

De même, en vertu du décret du 27 décembre 1851 rendu applicable en Indochine par décret du 22 janvier 1891, le monopole de l'établissement et de l'usage des lignes télégraphiques appartient au Service des Postes. Leur établissement doit être effectué dans les conditions prescrites par une loi du 28 juillet 1885, qui en particulier habilite les agents chargés de cette opération à pénétrer à cet effet dans les propriétés privées à condition d'y être autorisés par l'arrêté du Gouverneur Général qui fixe après enquête le tracé de la ligne. Leur usage appartient en premier lieu à l'Administration et à ses fonctionnaires, en second lieu seulement au public (loi du 29 novembre 1850), et de ceci il résulte : d'une part, que le Gouverneur Général peut toujours suspendre la correspondance télégraphique privée pour des motifs d'ordre public, de même qu'en ce cas un télégramme peut être refusé au départ par le receveur ou retenu à l'arrivée par l'autorité administrative ; d'autre part, que l'Administration n'encourt aucune responsabilité du fait de la transmission des télégrammes privés, l'expéditeur pouvant seulement obtenir, en certains cas, le remboursement de ce qu'il a payé.

Le monopole relatif aux lignes télégraphiques ne présente cependant pas, aux termes mêmes du décret de 1851, le même caractère absolu que celui du transport des correspondances. Aussi un arrêté du 26 avril 1912 modifié le 13 mai 1921 a-t-il prévu que des lignes télégraphiques (ou téléphoniques) pourraient être, par arrêté du Gouverneur Général pris sur la proposition du Directeur des Postes, concédées aux particuliers en faisant la demande. Ces lignes, sur lesquelles le Service des Postes exerce un droit de contrôle, se divisent en deux catégories : celles qui rattachent un établissement privé au réseau de la colonie et celles qui rattachent entre eux deux ou plusieurs établissements privés. Les premières, qui doivent rester la propriété de la colonie, sont construites et entretenues par le Service des Postes, mais les concessionnaires doivent contribuer à ces dépenses d'après les prix forfaitaires suivants : pour les dépenses de construction, de 7$ à 60$ par 100 mètres de ligne selon que la ligne est aérienne ou souterraine, à simple ou à double fil, avec appuis en fer ou en bois ; pour les dépenses d'entretien, de 0$75 à 6$00 par 100 mètres de ligne selon les mêmes distinctions. Les lignes de la deuxième catégorie peuvent être construites et entretenues par le concessionnaire et restent toujours sa propriété, même s'il demande et obtient que sa ligne soit construite et entretenue par le Service des Postes (auquel cas il doit rembourser l'intégralité des frais de construction et d'entretien, plus 25% à titre de frais généraux); mais ce concessionnaire doit dans tous les cas payer un droit annuel d'usage dont la quotité est de 6 $ par kilomètre de fil et de 6 $ par poste de transmission autre que ceux des deux extrémités de la ligne. Les lignes d'intérêt privé, à quelque catégorie qu'elles appartiennent, ne doivent en aucun cas servir à la transmission des correspondances des tiers.

Quant à l'exploitation téléphonique, le décret du 27 décembre 1851 n'avait évidemment pu la prévoir, mais les termes très généraux de l'article 1er de cet acte ont eu pour conséquence que cette exploitation a été considérée comme faisant nécessairement partie du monopole télégraphique. Aussi la loi du 28 juillet 1885 et l'arrêté du 26 avril 1912, textes dont nous avons parlé ci-dessus, ont-ils été expressément déclarés applicables aux lignes téléphoniques au même titre qu'aux lignes télégraphiques.

## ARTICLE III

### *SERVICE RADIOTÉLÉGRAPHIQUE*

Jusqu'en 1909 le Service Radiotélégraphique, qui à cette époque ne disposait que des postes de télégraphie sans fil de Hanoï, Kiên-An et Hongay, tous les trois au Tonkin, avait été assuré par l'autorité militaire. Par arrêté du 30 avril 1909, il fut placé sous l'autorité et la direction du Service des Postes et Télégraphes. Un arrêté du 23 mai 1918 l'avait ensuite érigé en service autonome relevant directement du Gouverneur Général. Mais, depuis, cette autonomie a été notablement diminuée par les arrêtés des 15 et 25 avril 1924 qui, tout en laissant ces deux organismes distincts l'un de l'autre, n'en ont pas moins rattaché administrativement le service qui nous occupe à la Direction des Affaires économiques et ont placé son chef sous la dépendance de cette Direction.

Le *Chef du Service Radiotélégraphique* de l'Indochine, qui est désigné par arrêté du Gouverneur Général, centralise et étudie toutes les questions relatives à la télégraphie sans fil et propose toutes les mesures propres à assurer le fonctionnement de ce service. Il exerce, mais sous le contrôle du Directeur des Affaires économiques, les attributions financières définies par l'arrêté de principe du 26 janvier 1912 ( voir introduction à la 3e partie § 3 ). Il établit les comptes des transmissions radiotélégraphiques et les transmet mensuellement avec les archives au Directeur des Postes, lequel a seul qualité pour en poursuivre le règlement, de même que pour entretenir toutes relations de service avec les offices étrangers et le Bureau international de Berne. Quant aux questions relatives à l'exploitation des stations radiotélégraphiques, elles sont réglées après entente entre le Directeur des Postes et le Directeur des Affaires économiques.

Sous l'autorité de ce chef de service, qui réside à Hanoi et est assisté d'un ingénieur et de quelques agents, sont placés, à la tête des réseaux dont il sera question plus loin, des *chefs de réseau* dont les attributions, déterminées par un arrêté du 12 mars 1924, consistent à contrôler tous les postes-radios d'émission et de réception, à surveiller les stations de bord françaises et étrangères et à délivrer les licences à leur accorder. Ces agents sont désignés par le Gouverneur Général sur la proposition du Directeur des Affaires économiques.

Le *personnel français* du Service Radiotélégraphique, réorganisé par arrêté du 6 octobre 1923 complété le 30 janvier 1924 et modifié le 12 juin suivant, est nommé et promu par le Gouverneur Général et comprend des mécaniciens stagiaires, de quatre classes et principaux, des chefs de poste de quatre classes et principaux (l'accès à la 4me classe de ce grade est réservé aux mécaniciens de 2e et 3e classe ayant subi un examen organisé par un arrêté du 12 février 1924), des ingénieurs-adjoints stagiaires et de trois classes, des ingénieurs de trois classes et des ingénieurs principaux. Les mécaniciens stagiaires sont recrutés sur certificats parmi les anciens ouvriers des établissements de l'État ou de l'industrie privée et doivent être titularisés ou licenciés après un stage de deux ans. Les ingénieurs-adjoints stagiaires sont recrutés parmi les anciens élèves diplômés de l'École Polytechnique, de l'École Centrale, de l'École supérieure d'Électricité ou de l'Institut électrotechnique de Grenoble.— A ce personnel propre au service s'ajoutent provisoirement quelques sous-officiers détachés hors cadres.

Le personnel français du Service Radiotélégraphique, comme celui du Service des Postes et dans la même forme que ce dernier, est astreint au serment professionnel avant d'entrer en fonctions. Réparti entre les réseaux par le Gouverneur Général sur la proposition du Directeur des Affaires économiques, il est ensuite affecté par le chef du réseau.

Un arrêté du 18 avril 1919 modifié les 16 avril et 19 juillet 1923 a également prévu un *personnel indigène* spécial au Service Radiotélégraphique. Il comprend un cadre supérieur (trois classes de commis principaux et de chefs-mécaniciens principaux, cinq classes de commis et de chefs-mécaniciens, une catégorie de chefs-mécaniciens stagiaires) dont les agents sont nommés et promus par le Gouverneur Général sur la proposition du Chef du Service Radiotélégraphique et un cadre secondaire (une classe de secrétaires-radiotélégraphistes principaux hors classe et de mécaniciens principaux hors classe, quatre classes de secrétaires-radiotélégraphistes principaux et de mécaniciens principaux, six classes de secrétaires-radiotélégraphistes et de mécaniciens, une classe de secrétaires-radiotélégraphistes stagiaires et de mécaniciens stagiaires) dont les agents sont nommés et promus par le Chef du Service Radiotélégraphique. — Les conditions de recrutement et de stage des secrétaires-radiotélégraphistes stagiaires sont les mêmes que celles concernant les secrétaires stagiaires des administrations provinciales (voir chap. V - art. 1 § 2). Les commis et chefs mécaniciens de 5e et de 4e classe sont également recrutés dans les mêmes conditions que les deux derniers échelons du cadre supérieur du personnel indigène des mêmes administrations, sauf que le diplôme exigé pour les nominations directes au grade de chef-mécanicien de 5e classe est le diplôme de l'Ecole supérieure d'Electricité au lieu du baccalauréat et sauf aussi que les commis de 5e et de 4e classe et les chefs-mécaniciens de 4e classe sont immédiatement titularisés dans ces grades mais peuvent, s'ils ont été nommés directement sur la présentation de leur diplôme, être licenciés au bout d'un an en cas d'inaptitude. Quant aux mécaniciens stagiaires, dont le stage est aussi d'un an, ils sont recrutés après concours parmi les élèves diplômés d'une école professionnelle.

Les stations de télégraphie sans fil sont classées selon leur importance en quatre *catégories* et réparties en quatre *réseaux*. Ce classement et cette répartition ont fait l'objet d'un arrêté du

11 juillet 1920. Le réseau Tonkin-Annam, auquel on peut rattacher la station chinoise de Yunnanfou que le Gouvernement Général s'est chargé d'installer selon contrat du 4 juin 1919, comprend les stations de deuxième catégorie de Kiên-an, Fort-Bayard et Tourane, celles de troisième catégorie de Moncay, Cao-bang, Ha-giang et Lai-châu et la station de quatrième catégorie de la Cac-ba (en Annam, un autre poste fonctionne aussi à Dalat, mais à titre d'essai et aucune décision n'a encore été prise concernant son maintien). Le réseau Laos comprend la station de deuxième catégorie de Vientiane et celle de troisième catégorie de Luang-Prabang. Le réseau Cochinchine comprend la station de deuxième catégorie de My-tho (anciennement Gocông) et celles de troisième catégorie de Poulo-Condore et de Phu-Quôc. Enfin un quatrième réseau, dit réseau spécial, comprend les deux stations de première catégorie de Bachmai (près de Hanoi) et de Saigon.

Ces diverses stations permettent l'échange de radiotélégrammes non seulement entre elles, mais aussi avec Hong-kong, Honolulu (îles Hawaï), Cavite (îles Philippines), les États-Unis et les Indes Néerlandaises, ainsi qu'avec les navires en mer en ce qui concerne la plupart d'entre elles. Les taxes afférentes à ces transmissions sont fixées par les arrêtés des 2 décembre 1920, 26 janvier 1921, 18 février 1921, 26 juillet 1921, 22 mars 1922 et 8 juillet 1924. Elles sont encaissées par le Service des Postes et comprises dans la comptabilité des receveurs-comptables de ce service.

Ajoutons que la colonie poursuit actuellement à Saigon, sous le contrôle de la Direction des Affaires économiques, contrôle exercé sous son autorité par le Chef du Service Radiotélégraphique, l'installation d'un *centre radio-électrique* très important comportant une station d'émission à Phu-tho, un centre de réception à Thuduc et un bureau central à Saigon. Ce centre, qui est construit par la *Compagnie Générale de Télégraphie sans fil* avec laquelle le Gouvernement Général a passé le 2 avril 1921 un contrat à cet effet, permet d'ores et déjà à la colonie d'échanger des transmissions avec le poste de Bordeaux-Croix-d'Hins, situé à 10.500$^{km}$. Son exploitation est assurée par la Compagnie Générale de Télégraphie sans fil, sous le double contrôle de la Direction des Postes et de la Direction des Affaires économiques représentée par le Chef du Service Radiotélégraphique, dans des conditions fixées par un arrêté du 17 janvier 1924. Les agents du Service Radiotélégraphique employés à ce contrôle sont désignés dans les mêmes conditions que les chefs de réseau.

## ARTICLE IV

### *SERVICE DE L'ENREGISTREMENT, DES DOMAINES ET DU TIMBRE*

Trois paragraphes seront successivement consacrés à son personnel, à son organisation et à ses attributions.

### § 1. — PERSONNEL

Ce service est dirigé, sous l'autorité du Directeur des Finances, par un *Sous-directeur de l'Enregistrement, des Domaines et du Timbre* dont l'emploi a été créé par arrêté du 8 août 1917 et qui, nommé par le Gouverneur Général, doit être choisi parmi les fonctionnaires du service ayant le grade d'inspecteur de 1re classe ou, à défaut, des autres classes.

Le *personnel français*, réorganisé par un arrêté du 20 juin 1921 complété le 14 mai 1923, comprend des receveurs stagiaires, qui pour être titularisés doivent avoir subi un examen organisé par arrêté du 13 janvier 1922, des receveurs de six classes, des inspecteurs adjoints et des inspecteurs de quatre classes, plus les unités subsistant encore de l'ancien cadre des commis, qui comprenait cinq classes de commis et deux classes de commis principaux et qui est supprimé par voie d'extinction, mais dont les agents ayant le diplôme de bachelier peuvent encore être nommés receveur après un examen prévu par arrêté du 13 janvier 1922. Ce personnel est constitué : d'une part, par des fonctionnaires de l'Administration métropolitaine de l'Enregistrement mis par le Ministre des Finances à la disposition de la colonie pendant un laps de temps qui ne peut excéder cinq ans mais est renouvelable et dont la situation de solde et accessoires est alors déterminée par un décret du 23 juin 1923 et un arrêté du 21 février 1924; d'autre part, et s'il y a lieu, par des agents recrutés par voie de concours (1). Il est avancé par le Gouverneur Général sur la proposition du Directeur des Finances et cet avancement dans le cadre local est indépendant, pour les agents détachés de la métropole, de celui qu'ils peuvent obtenir dans leur cadre d'origine. Il est affecté par le Directeur des Finances sur la proposition du Sous-directeur de l'Enregistrement.

Le *personnel indigène*, réorganisé par un arrêté du 18 avril 1919, comprend des secrétaires principaux hors classe, trois classes de secrétaires principaux, six classes de sécrétaires et une classe de secrétaires stagiaires, les conditions de recrutement et de stage de ces derniers étant les mêmes que pour les secrétaires stagiaires des administrations provinciales (voir chap. V – art. 1 – § 2). Tous ces agents sont nommés et promus par décisions du Directeur des Finances sur la proposition du Sous-directeur de l'Enregistrement,

## § 2. — Organisation

Outre la Sous-direction du Service de l'Enregistrement, des Domaines ou du Timbre, qui siège à Hanoi, l'Indochine a été, au point de vue de l'organisation dudit service, divisée par un arrêté du 31 août 1913 en deux *zones* qui comprennent l'une la Cochinchine et le Cambodge, l'autre l'Annam et le Tonkin. Chacune d'elles est placée sous la surveillance d'un *inspecteur*,

---

(1) Selon dépêche ministérielle du 19 mars 1923, insérée dans les publications officielles locales, il avait été estimé que l'arrêté du 20 juin 1921 organisant le cadre local du personnel de l'Enregistrement: d'une part, était entaché d'illégalité en ce qu'il avait décidé le versement d'office dans ce cadre des agents métropolitains détachés, mesure qui excédait les pouvoirs du Gouverneur Général et qui en outre portait atteinte à certains droits statutaires de ces agents; d'autre part, présentait le caractère d'une organisation factice, car, étant donné ses termes, le cadre soi-disant local ainsi institué pouvait se composer uniquement d'agents métropolitains.

Il a été satisfait à la première de ces critiques par l'arrêté du 21 février 1924 susvisé et désormais les fonctionnaires métropolitains de l'Enregistrement détachés en Indochine sont placés dans la même situation que ceux de même origine employés aux services locaux des Postes, des Travaux publics, etc. Mais la seconde subsiste : le recrutement éventuel par voie de concours qui avait été prévu par l'arrêté du 20 juin 1921 n'a pas été organisé et en fait, actuellement, à l'exception des commis de l'ancien cadre et d'un unique receveur, tous les fonctionnaires de l'Enregistrement sont métropolitains.

résidant respectivement en principe à Saigon et à Hanoi, dont la mission consiste à contrôler le fonctionnement des divers bureaux qui y existent et à la tête de chacun desquels est placé un fonctionnaire du service devant avoir le grade et exerçant les fonctions de *receveur*, justiciable de la Cour des Comptes, astreint à fournir un cautionnement constitué dans les conditions fixées par un arrêté du 31 mars 1923 et pouvant recevoir, outre son traitement fixe, des remises proportionnelles pour la perception directe des produits dont le recouvrement lui est confié. (En fait, ces remises ne sont actuellement accordées qu'aux receveurs qui sont en même temps conservateurs des hypothèques ou curateurs aux successions et biens vacants, et le Trésor opère alors sur leur montant global, en compensation des charges supportées par l'administration pour la gestion de ces services, un prélèvement fixé par un arrêté du 12 février 1919 et variant de 0.25 à 0.75 %)(1).

Les emplois d'inspecteur sont attribués soit aux employés supérieurs de l'Administration métropolitaine soit aux receveurs ayant subi avec succès un concours spécial (2). Ceux de receveur sont donnés aux receveurs stagiaires ayant subi avec succès l'examen dont nous avons parlé au paragraphe précédent ou, à défaut, aux receveurs détachés de la métropole.

Les bureaux d'Enregistrement existant actuellement en Indochine sont au nombre de 12, savoir :

en Cochinchine, ceux de My-Tho, Vinh-Long et Can-Tho et, à Saigon, trois bureaux dont le premier est chargé des hypothèques et de l'enregistrement de tous actes autres que les actes judiciaires, le deuxième des domaines, de la curatelle et des amendes et le troisième des actes judiciaires. Le ressort du bureau de My-Tho s'étend aux provinces de My-Tho, Tân-an, Gocong, Bentre et Tra-Vinh ; celui du bureau de Vinh-Long, à celles de Vinh-Long, Sadec, Châudôc et Ha-Tiên ; le bureau de Can-Tho comprend les provinces de Can-Tho, Long-Xuyen, Soc-Trang, Bac-Liêu et Rach-Gia ; enfin les autres provinces de la Cochinchine, les îles de Poulo-Condore et les trois provinces du Sud-Annam de Khanh-Hoa, Phan-Rang et Phan-Thiêt sont rattachées aux bureaux de Saigon (ces dernières circonscriptions, toutefois,

---

(1) En France, au contraire, les receveurs de l'Enregistrement sont des agents à remises, ne recevant en principe aucun traitement fixe.

(2) Aucun arrêté n'a encore organisé ce concours.

dépendent du bureau de Tourane en ce qui concerne la centralisation des recettes et des dépenses domaniales) ;

au Tonkin, les bureaux de Haiphong et de Nam-Dinh et, à Hanoi, deux bureaux dont le premier est chargé de l'enregistrement et des hypothèques et le deuxième des domaines, de la curatelle et des amendes. Le bureau de Haiphong comprend les provinces de Kiên-An, Haiduong, Quang-Yên, Lang-Son et les deux premiers territoires militaires. Le ressort du bureau de Nam-Dinh embrasse les provinces de Nam-Dinh, Ha-Nam, Thai-Binh, Ninh-Binh, et aussi, en Annam, celles de Thanh-Hoa, Nghè-An et Ha-Tinh (toutefois, ces trois dernières sont rattachées au bureau de Tourane en ce qui concerne la centralisation des recettes et des dépenses domaniales) ; enfin, les bureaux de Hanoi s'occupent des autres provinces et territoires militaires du Tonkin.

en Annam, le bureau de Tourane, dont le ressort comprend les provinces de ce pays autres que celles ressortissant aux bureaux de Saigon et de Nam-Dinh et qui en outre centralise, comme nous l'avons dit, les recettes et les dépenses domaniales effectuées dans ces dernières ;

au Cambodge, le bureau de Phnom-Penh, avec ressort s'étendant sur tout le territoire de ce pays.

Ajoutons que certains services étrangers à celui qui nous occupe lui prêtent cependant leur concours dans une large mesure. C'est ainsi que, dans les provinces où il n'existe pas de bureau d'enregistrement, l'enregistrement des actes indigènes (et aussi, au Laos et à Kouang-Tchéou-Wan, celui des actes passés en matière française) est effectué par les soins du chef de la province ou du territoire ou de ses délégués. De même, dans les provinces où il n'existe pas de bureau des Domaines, un arrêté du 19 mars 1920 a constitué le comptable du Trésor suppléant légal du receveur du bureau des domaines dans la circonscription duquel se trouve la province. D'autre part, c'est le Service des Postes qui presque partout effectue la vente au détail des timbres mobiles et papiers timbrés et ce sont les greffiers qui en principe recouvrent les divers frais de justice tarifés par le décret du 25 novembre 1910 dont nous parlerons plus bas. Enfin, de façon générale, les agents de toutes les administrations ayant serment en justice doivent prêter leur concours au Service de l'Enregistrement pour la répression des contraventions à la règlementation du timbre.

Sous réserve de ce qui sera dit plus loin concernant les ventes d'objets mobiliers, la comptabilité des préposés du Trésor ou gérants de caisse qui recouvrent directement des taxes quelconques pour le compte du Service de l'Enregistrement, ou auxquels sont versées ces mêmes taxes par les personnes qui les ont recouvrées pour le compte du même service, est centralisée par un agent comptable spécial placé auprès du Sous-directeur dudit service et dont l'emploi a été institué par arrêté du 16 mars 1901. Toutefois la centralisation de cet agent ne s'étend pas à ces taxes lorsqu'elles sont perçues sur le Territoire de Kouang-Tchéou-Wan, lequel est complètement autonome à cet égard.

## § 3. — Attributions

Les attributions spéciales du Sous-directeur, telles qu'elles sont déterminées par l'arrêté du 11 février 1918 réorganisant la Direction des Finances, sont les suivantes : il centralise toutes les opérations financières des bureaux d'Enregistrement de l'Indochine et des comptables effectuant des recettes pour le compte de ce service et il en adresse au Directeur des Finances, en fin de mois, d'année et d'exercice, un bordereau récapitulatif ; il veille à la régularité de la perception des droits ; il autorise les restitutions des droits et amendes indûment perçus lorsque ces restitutions sont inférieures à 400$ ; il accorde par délégation permanente la remise des pénalités inférieures à 200$ ; il exerce son contrôle dans toute l'Indochine sur les bureaux de l'Enregistrement, des Domaines et du Timbre, sur les conservations des hypothèques, les bureaux de la curatelle et les magasins du timbre et il a sous son autorité directe les fonctionnaires et agents préposés à ces services.

Quant aux attributions du service lui-même, elles consistent en ce que les receveurs sont chargés de toutes les recettes, perceptions et attributions appartenant en France aux receveurs de l'Enregistrement et, en outre : du recouvrement des amendes et condamnations prononcées par les tribunaux français, des frais de justice y afférents et des amendes administratives infligées dans l'étendue de leur ressort ; de la conservation des hypothèques ; de l'administration des successions et biens vacants (curatelle).

Le détail de l'exercice de ces diverses attributions figure dans divers décrets et arrêtés spéciaux dont l'étude détaillée nous entraînerait beaucoup trop loin et dont nous nous bornerons à énumérer ci-après les principaux en indiquant très sommairement leurs dispositions essentielles.

A) — *Arrêté du 16 avril 1916 sur l'enregistrement des actes régis par la loi française, modifié par arrêté du 23 octobre 1920* (arrêtés respectivement approuvés par décrets des 5 janvier 1917 et 22 avril 1921, en même temps que ceux de même date dont il sera parlé ci-après). — Doivent être enregistrés gratis : d'une part, les actes des 3 catégories énumérées par l'article 74 § 2 de l'arrêté du 16 avril 1916; d'autre part, et en vertu d'un arrêté du 18 mai 1922, les actes relatifs à l'assistance médicale gratuite, à l'assistance obligatoire aux vieillards, infirmes et incurables et à l'assistance médicale gratuite aux prisonniers de guerre. Sont exempts d'enregistrement: d'une part, les actes appartenant à 36 catégories énumérées par l'article 74 § 3 de l'arrêté du 16 avril 1916 (cette énumération comprenait 37 catégories, mais celle qui portait le n° 30 a été supprimée le 18 mai 1922); d'autre part, et en vertu d'un arrêté du 18 février 1921, la plupart des actes faits en exécution de la loi du 2 juillet 1919 instituant en matière commerciale la procédure spéciale dite du règlement transactionnel. Ces exceptions mises à part, la règle générale est que l'enregistrement à titre onéreux est obligatoire pour tous les actes judiciaires, extrajudiciaires, administratifs, ainsi que pour ceux dressés ou reçus par les divers officiers publics ou ministériels, et aussi pour les testaments. Par contre, en ce qui concerne les actes et écritures sous seing privé, l'enregistrement n'est obligatoire (et alors doit être effectué dans les six mois sous peine de double droit) que si ces actes constatent une mutation de propriété, d'usufruit ou de jouissance d'un immeuble ou une vente de fonds de commerce. Toutefois, aucun acte sous seing privé ne peut être produit en justice ou invoqué dans un acte public sans enregistrement préalable.

Les droits d'enregistrement sont fixes ou proportionnels. Le droit fixe s'applique aux seuls actes qui ne contiennent ni obligation, ni libération, ni condamnation, collocation ou liquidation de sommes et valeurs, ni transmission de propriété, d'usufruit ou de jouissance de biens meubles ou immeubles. Le droit proportionnel s'applique à tous autres actes.

Le *droit fixe* varie de 0\$10 à 60\$ par acte selon la progression suivante: une catégorie à 0\$10, douze catégories à 0\$60, une catégorie à 0\$90, quarante-huit catégories à 1\$20, treize catégories à 1\$80, sept catégories à 3\$00, une catégorie à 4\$00, trois catégories à 6\$00, deux catégories à 8\$00, trois catégories à 9\$00, une catégorie à 12\$00, deux catégories à 15\$00, deux catégories à 30\$00, une catégorie à 60\$00.

Le *droit proportionnel* est établi sur la somme indiquée à l'acte et varie de $0.10\%$ à $9\%$, sans préjudice d'une amende en cas de diminution frauduleuse du montant réel de la transaction. Pour les actes autres que les donations entre vifs, la progression est la suivante: deux catégories à $0.10\%$, une catégorie à $0.15\%$, quatorze catégories à $0.20\%$, trois catégories à $0.25\%$, treize catégories à $0.50\%$, une catégorie à $0.75\%$, six catégories à $1\%$, une catégorie à $1.25\%$, neuf catégories à $2\%$, une catégorie à $3\%$, une catégorie à $3.50\%$ ou $7\%$ selon le cas, une catégorie à $4\%$, huit catégories à $7\%$, une catégorie à $8\%$. Quant aux donations entre vifs, le tarif varie de $1\%$ à $9\%$ selon le degré de parenté du donateur et du donataire, la nature immobilière ou mobilière des biens donnés et la forme de l'acte.

B) — *Arrêté du 16 avril 1916 sur l'enregistrement des actes indigènes, modifié par arrêté du 23 octobre 1920.* — Ces actes ne peuvent être admis à l'enregistrement que si l'autorité compétente les a préalablement certifiés conformes aux usages locaux ou aux prescriptions de l'Administration en matière indigène. L'enregistrement n'est d'ailleurs pour ces actes que l'exception, contrairement à ce qui se passe pour les actes régis par la loi française. Pour les actes sous seing privé, il n'est obligatoire (et alors dans un délai de deux mois sous peine de double droit avec minimum de 2\$00) que si ces actes portent mutation de propriété ou de jouissance, partage, engagement ou rachat d'immeubles, de barques, de buffles, de bœufs ou de chevaux, et aussi s'il s'agit d'un testament (le délai est alors d'un mois). Pour les autres actes, l'enregistrement est facultatif, mais ils ne peuvent être produits en justice ou invoqués dans un acte public avant d'avoir été enregistrés. Quant aux actes judiciaires ou extrajudiciaires en matière indigène, seuls les arrêts des Cours d'appel et les actes passés à leurs greffes sont assujettis à l'enregistrement.

Le droit est *fixe* : pour les actes qui ne contiennent ni transmission de propriété ou de jouissance de biens meubles ou immeubles, ni obligation ou quittance de sommes ou valeurs, et sa quotité est alors fixée uniformément à 1\$ par acte ; pour les arrêts des Cours d'appel et les actes passés à leurs greffes, et sa quotité est alors de 0\$80 ou de 1\$60.

Dans tous les autres cas, le droit est *proportionnel* et sa quotité est, selon la nature de l'acte, de 0,20 °/₀, 1 °/₀ ou 5 1/2 °/₀ avec minimum de 0\$20.

C) — *Arrêté du 16 avril 1916 sur la contribution du timbre, modifié par arrêté du 23 octobre 1920.* — Sauf les 59 exceptions énumérées par l'article 12 de l'arrêté du 16 avril 1916 (cette énumération comprenait 60 exceptions, mais celle qui portait le nº 27 a été supprimée par arrêté du 18 mai 1922), sauf aussi les actes dont il a été question au A ci-dessus comme devant être enregistrés gratis en vertu de l'arrêté du 18 mai 1922 ou comme étant exempts d'enregistrement en vertu de celui du 18 février 1921, tous les papiers destinés aux actes civils, judiciaires, extrajudiciaires et administratifs, ainsi qu'aux écritures de toute nature qui peuvent être produites en justice, doivent être rédigés sur timbre, quelle que soit la nationalité des intéressés.

L'imposition est représentée par des *papiers timbrés* spéciaux débités par l'Administration ou par des *timbres mobiles* à apposer par les particuliers. Ces derniers sont de trois sortes : le *timbre de dimension*, qui peut être employé pour tous les actes ou papiers autres que ceux énumérés ci-après et qui est de 0\$12, 0\$24 ou 0\$36 selon la dimension du papier ; le *timbre grévant les effets négociables ou non*, qui est de 0\$10 par 100\$ ou fraction de 100\$ ; le *timbre spécial des affiches sur papier* (de 0\$01 à 0\$04 selon la dimension de la feuille), des *affiches peintes* (2\$00 par mètre carré), des *chèques* (0\$04 sur place et 0\$08 de place à place), des *quittances et reçus* des particuliers supérieurs à 20\$ (0\$04), des *quittances des comptables des deniers publics* (0\$10), des *connaissements* (0\$08), des *bulletins de bagages* délivrés aux voyageurs sur les chemins de fer (0\$02) et des *récépissés* concernant les expéditions en grande et en petite vitesse (0\$06).

Aucun acte ne peut être enregistré sans avoir été préalablement timbré, même s'il était dispensé du timbre.

Le débit des diverses espèces de timbres et de papiers timbrés est assuré, non seulement par les bureaux d'Enregistrement, mais aussi par tout service public (notamment le Service des Postes) et tout particulier qui en a fait la demande, à seule condition qu'une affiche indiquant les prix du timbre soit apposée au lieu de vente. Les services publics reçoivent alors une remise de 5 °/₀ et les particuliers une remise de 4 °/₀ .

Ajoutons que l'impôt du timbre peut être acquitté sans que l'assujetti soit obligé de se servir ni des papiers timbrés ni des timbres mobiles vendus par l'Administration. Il peut en effet employer des papiers de son choix non revêtus de timbres mobiles, mais il doit alors faire préalablement timbrer ces papiers *à l'extraordinaire* dans les conditions déterminées par un arrêté du 24 octobre 1922.

**D) — *Arrêté du 16 avril 1916 sur les droits d'hypothèque*. —** En même temps que préposés du domaine, certains receveurs de l'Enregistrement sont aussi conservateurs des hypothèques et, à ce titre, ils ont droit à des honoraires, dits *salaires d'hypothèque*, mais sont astreints à un cautionnement spécial indépendant de celui auquel ils sont déjà tenus comme receveurs de l'Enregistrement.

Les droits d'hypothèque sont proportionnels. Leur quotité est de 0.10 °/₀ , 0.125 °/₀ ou 0.25 °/₀ selon la nature de l'acte et ils sont dus sur toutes les transcriptions hypothécaires ou mentions de subrogation ou de radiation d'hypothèque.

En terminant l'étude sommaire que nous venons de faire de la règlementation concernant les droits d'enregistrement, de timbre et d'hypothèque, il faut noter que les quatre arrêtés du 16 avril 1916 qui la constituent n'ont été déclarés applicables qu'à la Cochinchine, au Tonkin, à l'Annam et au Cambodge et que, depuis leur parution, un seul d'entre eux, celui concernant le timbre, a été rendu applicable au Laos par arrêté du 16 février 1918. Toutefois, l'enregistrement en matière française et en matière indigène existe également dans ce pays, mais d'après une organisation spéciale qui a été créée par un second arrêté de même date et dont le fonctionnement est assuré par le chef de province (ces deux arrêtés du 16 février 1918 ont été approuvés par décret du 24 juillet suivant). Quant à Kouang-Tchéou-Wan, le régime de l'enregistrement et celui du timbre y ont été organisés sur des bases simplifiées par deux arrêtés du 6 août 1903.

E) — *Arrêtés du 7 juin 1907 fixant le régime fiscal des valeurs mobilières* (complété ou modifié par arrêtés des 23 octobre 1920, 29 juillet 1921, 10 février 1922 et 26 juillet 1923). — Cette règlementation est d'une application trop spéciale pour qu'il y ait lieu de s'étendre à son sujet. Disons seulement que, en ce qui concerne les valeurs mobilières émises par toutes sociétés indochinoises autres que celles ayant leur siège social au Laos ou à Kouang-Tchéou-Wan (les titres de ces dernières sont exonérés), les droits à percevoir par le Service de l'Enregistrement sont : sur tous les titres indistinctement, un droit annuel d'abonnement au timbre de 0.05 % sur le capital nominal de chaque titre et un droit sur le revenu de 6 % sur le montant de chaque coupon et de chaque lot ; sur les titres au porteur, un droit annuel de transmission de 0.25 % sur la valeur moyenne du titre au cours de l'année précédente ; sur le transfert des titres nominatifs un droit de 0.50 % et sur la conversion au porteur des titres nominatifs un droit de 1 %, ces deux droits étant liquidés sur la valeur réelle du titre au jour de l'opération. La conversion au nominatif des titres au porteur est exempte de droits.

Ces divers droits, lorsqu'ils portent sur des sommes en francs, sont convertis en piastres au taux officiel du jour du paiement si ce paiement est fait dans le délai prescrit, et au cas contraire au taux du dernier jour de ce délai. Leur assiette est fixée par une commission spéciale, instituée par arrêté du 5 novembre 1914 et dite *commission des valeurs mobilières*, qui siège selon le cas à Saïgon ou à Hanoi à l'effet de déterminer la quotité du capital des sociétés assujetties à la taxe sur le revenu et le nombre des titres de ces sociétés devant servir de base à la perception des droits de timbre et de transmission ; cette commission est présidée par le Procureur général ou son délégué et comprend un délégué du Directeur des Finances, du Directeur du Contrôle financier et du Service de l'Enregistrement.

Ajoutons dans le même ordre d'idées que les agents de l'Enregistrement sont également qualifiés pour constater les infractions aux dispositions édictées par le décret du 20 mars 1910 sur l'émission, l'exposition, la mise en vente et l'introduction en Indochine d'actions, d'obligations et de titres de toute nature de sociétés françaises ou étrangères.

*F) — Arrêté du 12 août 1914 sur les ventes des objets mobiliers réformés.* — Les receveurs des domaines, ou leurs suppléants légaux les préposés du Trésor, sont chargés de procéder à la vente aux enchères publiques des objets mobiliers réformés provenant des services entretenus sur le budget général ou sur les budgets locaux. Ces ventes, qui doivent être annoncées par affiches au moins huit jours d'avance, sont effectuées aux jour, heure et lieu fixés par le Chef de l'Administration locale, qui d'autre part délègue un fonctionnaire pour y assister et signer au procès-verbal. Les acquéreurs ont à payer, en sus du prix de la vente, une taxe de 5 % de ce prix.

Chaque receveur des domaines centralise les recettes et les dépenses concernant les ventes effectuées par les préposés du Trésor dans sa circonscription domaniale (laquelle, comme nous l'avons vu au § 2, n'est pas toujours la même que la circonscription d'enregistrement). Toutefois, le produit des ventes mobilières effectuées au Laos au profit du budget local de ce pays est centralisé directement par le Trésorier particulier à Vientiane et celui de toutes les ventes de même nature effectuées à Kouang-Tchéou-Wan est transmis au receveur de l'Enregistrement de Haiphong.

*G) — Arrêté du 15 janvier 1903, décret du 26 janvier 1912 et autres textes concernant le domaine superficiaire ou minier.* — Ces textes sont de première importance, mais nous ne les mentionnerons ici que pour mémoire, car le Service de l'Enregistrement n'est chargé de leur application que pour ce qui concerne le recouvrement des produits du domaine et des redevances domaniales et minières et n'a aucune part dans l'administration proprement dite et la conservation de ce domaine.

*H) — Décret du 25 novembre 1910 fixant le tarif des frais de justice devant les juridictions françaises d'Indochine.* — En vertu de ce décret, le Service de l'Enregistrement recouvre les droits de greffe et les amendes et saisies et régularise les frais de justice et de poursuites en matière criminelle.

Les *droits de greffe* sont perçus en matière française, soit directement par les receveurs de l'Enregistrement, soit par les greffiers qui alors en versent le montant à ces fonctionnaires le premier de chaque mois. En matière indigène, ils sont perçus par l'apposition de timbres spéciaux, dits *timbres de greffe*, que ces officiers publics achètent eux-mêmes au bureau d'Enregistrement sous déduction d'une remise du cinquième. Leur nature et leur quotité avaient été fixées comme suit par le décret du 25 novembre 1910 susvisé: un *droit de mise au rôle* variant, selon l'importance de la demande et selon le degré de la juridiction devant laquelle elle est portée, de 1 fr. à 10 fr. en matière française et de 0\$40 à 2\$00 en matière indigène; un *droit de rédaction* des minutes de tout jugement et acte de greffe, variant selon les degrés de juridiction de 2 fr.50 à 5 fr. en matière française et de 0\$50 à 1\$ en matière indigène; un *droit de rôle* pour chaque feuille (recto et verso) des expéditions des mêmes actes, variant selon les juridictions de 1 fr. à 3 fr. en matière française et 0\$10 à 1\$20 en matière indigène; un *droit proportionnel* sur les rédactions d'adjudication aux enchères et sur les déclarations de command, contributions et collocations de créance, variant de 0.50 % à 3 % en matière française et diminué de moitié en matière indigène. Mais, depuis, un arrêté du Gouverneur Général du 24 octobre 1920 a réduit ces divers droits des neuf dixièmes pour ceux concernant les Cours d'appel et des quatre cinquièmes pour ceux concernant les juridictions inférieures et cet arrêté, bien que n'ayant pas encore été approuvé par décret, reste cependant exécutoire par provision (et est en fait appliqué), sauf que la réduction portant sur les droits de greffe des actes de Cour d'appel ne peut plus être que des huit dixièmes depuis que l'article 198 du décret du 16 février 1921 a fixé à 20 % la remise attribuée sur ces droits aux greffiers de ces juridictions.

Les *amendes et saisies* sont les pénalités pécuniaires qui sont prononcées par les tribunaux ou payées spontanément par les contrevenants de simple police, dans les conditions fixées par un décret du 15 juin 1923, lorsqu'ils désirent éviter des poursuites. Il appartient aux receveurs de l'Enregistrement d'en poursuivre le recouvrement. soit directement soit sur les greffiers ou les commissaires de police qui les ont perçues.

Les *frais de justice et de poursuite* sont ceux auxquels donnent lieu toutes les affaires criminelles et certaines affaires civiles qui leur sont assimilées à ce point de vue. La désignation en est donnée sous 13 numéros par l'article 133 du décret du 25 novembre 1910. Ils sont payés aux ayants-droit par les receveurs de l'Enregistrement ou par les préposés du Trésor établis près le tribunal intéressé : sur simple mandat exécutoire du juge s'il s'agit de frais réputés urgents par le décret susvisé ; au cas contraire, sur mémoires des parties revêtus de la taxe et de l'exécutoire du juge ainsi que du visa du Procureur général et ordonnancés par le Directeur des Finances. Lorsqu'il s'agit d'actes et procédures ordonnées d'office à la requête du ministère public, l'avance de ces frais est faite par le receveur de l'Enregistrement, lequel poursuit ensuite le recouvrement de ceux desdits frais qui ne sont pas à la charge du budget général.

Un point important à noter est que les différentes recettes énumérées sous le présent titre sont obligatoirement converties en piastres, lorsqu'elles sont tarifées en francs, à raison de 2f.50 à la piastre, quel que soit le taux officiel réel de la piastre. Il en est ainsi par suite d'un arrêté du 24 novembre 1911, pris par application d'un décret du 8 octobre 1911 autorisant le Gouverneur Général à fixer par arrêté le taux de la piastre en matière judiciaire.

C'est également le Service de l'Enregistrement qui est chargé de recouvrer, dans les conditions fixées par un arrêté du 21 juin 1923, le prélèvement institué par le décret du 16 février 1921 modifié le 20 avril 1923 sur les honoraires bruts des notaires, greffiers-notaires et commissaires-priseurs.

I) — *Arrêté du 4 juin 1920 approuvé par décret du 26 octobre 1920 et complété par arrêté du 19 avril 1921 sur les droits de mutation par décès.* — Sauf au Laos et à Kouang-Tchéou-Wan, toutes les mutations par décès mobilières ou immobilières qui se produisent après le décès des Français et assimilés ou des Asiatiques étrangers de toutes nationalités ayant un établissement en Indochine ou qui profitent à ces personnes sont assujetties à un droit progressif. Ce droit est perçu d'après une déclaration que les héritiers ou légataires doivent faire sur une formule spéciale, dans un délai de six mois ou d'un an à compter du décès selon que ce décès a eu lieu ou non en Indochine, et qui doit être remise par eux au bureau d'Enregistrement du domicile du de cujus, ou, s'il n'était pas domicilié en Indochine, au bureau du lieu du décès, ou encore si le décès a eu lieu hors de la colonie, au bureau de Saigon ou à celui de Hanoï selon le lieu de la situation des biens. Il est liquidé sur l'ensemble de l'hérédité en ce qui concerne les

Asiatiques étrangers soumis à la loi annamite par le décret du 23 août 1871 et sur la part nette recueillie par chaque ayant-droit en ce qui concerne les autres contribuables. Sa quotité varie de 0.50 % à 15 % selon l'importance de la somme recueillie par les héritiers ou légataires et selon le degré de parenté existant entre eux et le de cujus. La conversion en piastres, s'il s'agit de valeurs successorales établies en francs, est faite dans les mêmes conditions que pour les droits sur les valeurs mobilières (voir E ci-dessus).

*J) — Décrets des 27 janvier 1855, 21 janvier 1882, 14 mars 1890, 20 février 1908, 10 octobre 1919, 5 mai 1920 et 19 octobre 1922, arrêté ministériel du 20 juin 1864 et arrêtés du Gouverneur Général des 6 juin 1908 et 31 mars 1924 sur la curatelle.* — Dans chaque arrondissement judiciaire de la Cochinchine, de l'Annam, du Tonkin et du Cambodge, les fonctions de *curateur d'office aux successions et biens vacants* sont remplies par un receveur de l'Enregistrement désigné par le Gouverneur Général et devant être en même temps chargé des domaines. Pour le Laos, où comme nous l'avons vu il n'existe pas de bureau d'Enregistrement, ces fonctions sont exercées, conformément à un arrêté du 9 février 1918, par le curateur de Hanoi en ce qui concerne les provinces du Tran-Ninh, des Houa-Pan, de Luang-Prabang, du Haut-Mékong et de Phong-Saly (5e Territoire militaire) et par le curateur de Phnom-Penh en ce qui concerne les autres provinces. Au contraire, à Kouang-Tchéou-Wan, la curatelle est indépendante du Service de l'Enregistrement et assurée par des agents désignés par le Gouverneur Général.

En cette matière spéciale, ces fonctionnaires n'agissent plus comme agents du fisc, mais au contraire comme chargés, sous la surveillance du parquet du ressort, d'un service public organisé dans l'intérêt des particuliers. Leur rôle consiste alors en effet à appréhender, soit les successions des personnes décédées dans la colonie lorsqu'aucun héritier, légataire universel ou exécuteur testamentaire ne s'y trouve présent ou légalement représenté (ce dont le curateur doit être informé par l'officier de l'état civil ou le directeur de l'hôpital où a eu lieu le décès), soit les biens pouvant à un moment donné se trouver vacants dans la colonie sans que leur propriétaire vivant ou décédé y soit connu ou représenté. Le curateur est alors chargé d'administrer ces successions et biens vacants et de liquider les premières en recouvrant les créances et en payant les dettes qui en dépendent, lesquelles dettes sont acquittées soit sur les fonds réalisés de la succession soit à défaut sur une avance dite *fonds de prévoyance* qui est faite au curateur par le Trésor et dont le montant est fixé périodiquement par arrêté du Gouverneur Général après avis du conseil de curatelle dont il sera question ci-après. Le curateur ne peut disposer des biens eux-mêmes, quelle que soit leur nature, sans une autorisation de justice et il ne peut engager une action devant les tribunaux qu'avec l'agrément d'un *conseil de curatelle* composé à Hanoi et à Saigon d'un conseiller à la Cour, président, du procureur de la République et d'un délégué du Chef de l'Administration locale, dans les autres arrondissements du procureur de la République, président, d'un juge désigné par le président du tribunal et d'un délégué du Chef de l'Administration locale. Si l'achèvement de la liquidation des successions et biens vacants laisse un solde disponible qui ne peut être remis ou envoyé aux ayants-droit restés inconnus, ou encore s'il s'agit d'une succession non grevée d'usufruit et dont la liquidation n'a pu être achevée cinq années après le début de la gestion du curateur, le domaine entre alors en possession provisoire des biens en cause et c'est le Trésorier général qui désormais continue la centralisation des opérations les concernant jusqu'à ce que les ayants-droit se présentent ou jusqu'au jour où la prescription trentenaire rendra le domaine colonial propriétaire définitif desdits biens. Les curateurs aux successions et biens vacants doivent constituer en garantie de leur gestion un cautionnement spécial indépendant de celui auquel ils sont déjà tenus comme receveurs de l'Enregistrement, sont astreints à une comptabilité particulière, établissent chaque année un compte de gestion sur lequel il est statué par le tribunal du ressort sauf appel devant la Cour, enfin reçoivent en rémunération de leurs peines et soins des honoraires, dits *remises de curatelle*, dont la quotité est de 1 1/2 % sur les recettes et les dépenses et de 5 % sur le solde créditeur.

La règlementation que nous venons d'exposer sommairement constitue le droit commun en matière de curatelle. Elle ne s'applique pas, comme nous l'avons vu aux articles 2 et 3 du chapitre précédent, aux successions et biens vacants des Français et assimilés qui sont militaires, fonctionnaires militaires et agents civils relevant du Département de la Guerre ou du Département de la Marine, lesquels successions et biens vacants sont alors appréhendés par l'Intendance des troupes coloniales ou par l'Intendance maritime selon le cas. Elle ne s'applique pas non plus aux successions et biens vacants des Français fonctionnaires et agents civils, autres que les précédents, rétribués sur le budget colonial ou l'un des budgets publics de la colonie : en ce cas, le curateur compétent est bien celui du droit commun, c'est-à-dire le receveur de l'enregistrement investi de ces fonctions, mais il applique alors les mêmes règles d'administration que celles suivies par l'Intendance lorsqu'il s'agit des militaires, c'est-à-dire les règles déterminées par une instruction ministérielle du 1er mai 1906. D'autre part, lorsqu'il s'agit d'un étranger autre que ceux au service de l'armée française, la curatelle de droit commun n'intervient qu'en l'absence dans la colonie (ce qui est actuellement le cas pour les Chinois) d'un agent diplomatique ou consulaire ayant qualité pour appréhender ou recevoir les successions de ses nationaux. Quant aux indigènes sujets ou protégés français, ils ne sauraient relever d'aucun régime de curatelle, car aux termes des législations indigènes (législations qui dans tous les cas régissent la dévolution de leurs biens), ils ont toujours un ayant-droit qui est leur commune d'origine, et nous estimons que cette solution doit prévaloir même lorsqu'il s'agit d'un militaire indigène, encore qu'en ce dernier cas la question soit controversée et que le Département ait même paru prendre position dans un sens contraire à celui exposé ci-dessus.

Notons enfin dans le même ordre d'idées que, pendant la guerre, certains receveurs de l'Enregistrement ont été chargés des fonctions d'*administrateur-séquestre* des biens laissés dans la colonie par les nationaux ennemis expulsés.

# ARTICLE V

## *SERVICE DES MINES*

Le Service des Mines, qui antérieurement était placé sous

la haute direction de l'Inspecteur Général des Travaux publics, a été érigé en Direction autonome relevant directement du Gouverneur Général par un arrêté du 20 juin 1921.

Le *Directeur des Mines de l'Indochine*, qui réside à Hanoi, est désigné par arrêté du Gouverneur Général parmi les ingénieurs en chef ou ingénieurs ordinaires de 1re classe du corps métropolitain des Mines détachés en Indochine dans les conditions prévues par les décrets des 16 décembre 1915 et 10 mars 1921 dont nous parlerons au chap. IX - art. 2. Il a seul qualité pour faire au Gouverneur Général toutes propositions sur les affaires ressortissant à ses services et pour lui donner les avis qui sont prévus par la règlementation minière comme devant être donnés au chef de la colonie lui-même, par exemple lorsqu'il s'agit d'instituer la propriété d'une mine. Il établit et présente le budget de ses services, en liquide les dépenses et fait toutes propositions en concernant l'organisation et le personnel. Il correspond directement avec les Chefs d'administration locale (1). Il est assisté d'un chef de bureau.

A) — *Organisation.* — La Direction des Mines comprend trois services dont la compétence s'étend à toute l'Indochine, dont les chefs sont nommés par le Gouverneur Général sur la proposition du Directeur des Mines (2) et qui sont le *Service des Mines proprement dit*, le *Service géologique* et le *Laboratoire d'analyse et d'essais des substances minérales.*

A la tête du Service des Mines est placé, avec le titre de *Chef du Service des Mines*, un ingénieur principal des mines de l'Indochine qui assure l'instruction des affaires ressortissant à son service. Il donne aux Chefs d'Administration locale, par délégation et sous le contrôle du Directeur des Mines, les avis prévus

---

(1) Cette autorisation de correspondance directe, donnée sans réserves par l'arrêté du 20 juin 1921, doit aujourd'hui être considérée comme limitée aux cas visés par la circulaire du Gouverneur Général du 15 avril 1924 (voir introduction à la 3e partie - § 3). Une circulaire ne saurait rapporter ni même modifier un arrêté, mais elle peut toujours en interpréter les dispositions, et l'interprétation ainsi donnée devient obligatoire lorsque les deux textes émanent de la même autorité.

(2) Bien que ceci n'ait pas été expressément énoncé dans le texte de la circulaire ou de l'instruction du Gouverneur Général du 15 avril 1924, il semble résulter de ces documents que le chef du Service des Mines proprement dit, qui tout en n'étant pas à proprement parler un chef local de service spécial au Tonkin exerce cependant son activité à peu près exclusivement en ce pays, devra à l'avenir être désigné, sinon sur la proposition concertée du Directeur des Mines et du Résident Supérieur au Tonkin, au moins après avis de ce dernier.

par les règlements miniers comme devant être donnés à ces hauts fonctionnaires. Il transmet avec son avis au Directeur des Mines les affaires réservées à la décision du Gouverneur Général.

A la tête du Service géologique est placé, avec le titre de *Chef du Service géologique*, un docteur ès-sciences naturelles d'État (mention géologie). Il a la charge et la responsabilité de la direction scientifique de son service. Il arrête le plan des travaux à exécuter et les répartit entre les agents placés sous ses ordres; il contrôle et vise leurs mémoires et plus généralement tous leurs écrits et cartes destinés à être publiés sur les crédits alloués au Service géologique et en ordonne l'impression dans la limite de ces crédits. Il est assisté par un *conservateur des collections* du Service géologique qui doit être docteur ès-sciences naturelles et spécialiste de la paléontologie.

Enfin la direction du Laboratoire d'analyse et d'essais des substances minérales est confiée à un fonctionnaire du corps, dont nous parlerons plus bas, des chimistes de l'Indochine, spécialiste de la chimie minérale, qui prend le titre de *Chef du Laboratoire*.

Ces deux derniers services (Service géologique et Laboratoire) sont centralisés à Hanoi et ne comportent pas de subdivisions territoriales. Au contraire, le Service des Mines proprement dit, tout en étant lui aussi centralisé à Hanoi, comprend six subdivisions: une pour la Cochinchine, le Cambodge, les provinces d'Annam au Sud de celle de Quang-Nam et les provinces laotiennes de Bassac et d'Attopeu; les cinq autres pour le Tonkin et les autres provinces de l'Annam et du Laos. Ces subdivisions, toutefois, n'ont pas été déterminées par arrêté: leurs limites varient selon le nombre des agents en service et sont fixées en conséquence par simples décisions du Directeur des Mines.

B) — *Personnel.* — 1° — *Personnel français.* — Le personnel français de la Direction des Mines, régi par l'arrêté du 20 juin 1921 susvisé, comprend un personnel permanent, un personnel détaché et un personnel temporaire. Les diverses unités de ces personnels peuvent être provisoirement employées, en vertu d'arrêtés du Chef de la colonie, dans d'autres services indochinois ou dans les services ou entreprises intéressant l'influence française en Extrême-Orient. De même, en sens inverse, le Gouverneur Général peut désigner des agents d'un autre service pour exercer, dans les régions éloignées, certaines attributions des services de la Direction des Mines. C'est ainsi que, comme nous l'avons vu au chapitre V - article 1, le Tonkin a été divisé par un arrêté du 23 juin 1914 en dix *districts miniers* ayant leurs chefs-lieux respectifs à Lao–Kay, Ha-Giang, Cao-Bang, Yên-Bay, Tuyên-Quang, Bac-Kan, Thai-Nguyên, Lang-Son, Son-La et Hanoi, pour chacun desquels a été désigné un *commissaire des mines* qui n'est autre que le Résident chef de la province ayant le même chef–lieu que le district, sauf pour le district de Hanoi où ce commissaire est le Chef du Service des Mines (1).

Le *personnel permanent* de la Direction des Mines, qui est le plus important, est chargé en principe d'assurer le service permanent ou normal. Outre les chefs de service dont il a été question ci-dessus, il comprend : en ce qui concerne le Service des Mines proprement dit, d'une part des ingénieurs adjoints des mines stagiaires et de trois classes, des ingénieurs des mines de trois classes et hors classe et des ingénieurs principaux des mines de quatre classes, d'autre part des géomètres vérificateurs stagiaires et de trois classes et des géomètres vérificateurs principaux de trois classes et hors classe ; — en ce qui concerne le Service géologique, des préparateurs de quatre classes et des assistants de trois classes et hors classe ; — en ce qui concerne le Laboratoire d'analyse et d'essais des substances minérales, des agents détachés du cadre spécial des *chimistes de l'Indochine*, cadre qui a été créé par un arrêté du 20 juin 1921 complété le 20 janvier 1924 et qui comprend des chimistes stagiaires et de trois classes, des chimistes principaux de trois classes et hors classe et des chimistes en chef de deux classes, agents qui sont répartis par le Gouverneur Général, selon leur spécialité, entre les Laboratoires dépendant de divers services indochinois (Services agricoles, Services sanitaires et médicaux, Institut Pasteur, Direction des Mines, etc...).

Les ingénieurs des différents grades du Service des Mines proprement dit et les géomètres vérificateurs sont recrutés : soit après des concours ouverts dans les conditions fixées par arrêtés

---

(1) Un arrêté du 6 mai 1924, désignant le chef de bureau adjoint au Directeur des Mines comme commissaire des mines du district de Hanoi, a apporté une dérogation d'espèce à l'arrêté du 23 juin 1914 selon lequel ces fonctions doivent être remplies, sauf absence ou empêchement, par le Chef du Service des Mines lui-même.

du Gouverneur Général parmi les ingénieurs et ingénieurs-adjoints de 1<sup>re</sup> classe des Mines s'il s'agit du grade d'ingénieur principal ou, s'il s'agit des autres grades, parmi les agents appartenant depuis au moins trois ans à l'un des Services des Mines, des Travaux publics ou (pour les géomètres-vérificateurs) du Cadastre (1); soit, à défaut de candidats entrant par voie de concours, sur titres personnels préalablement appréciés par une commission spéciale (désignée par le Ministre des Colonies ou par le Gouverneur Général selon le lieu de recrutement) et avec droit de priorité au profit des agents en activité dans le cadre des Travaux publics. Les divers agents du Service géologique sont recrutés exclusivement sur titres parmi les candidats ayant au moins la licence ès-sciences (mention géologie) ou le diplôme d'une des Ecoles des Mines de Paris ou de S<sup>t</sup>-Etienne. Les chimistes stagiaires sont choisis, après avis d'une commission spéciale, parmi les licenciés ès-sciences (mention chimie générale), les pharmaciens diplômés et les anciens élèves de certaines grandes écoles métropolitaines.

Le *personnel détaché* peut comprendre des agents détachés des cadres métropolitains des Ponts et Chaussées, des Travaux publics de l'Etat ou des Mines, du cadre général des Travaux publics des Colonies, des cadres des Travaux publics de l'Indochine ou des autres services de la colonie, qui sont destinés à compléter en tant que de besoin l'effectif du personnel permanent de la Direction des Mines et qui conservent le statut de leur cadre d'origine (2).

Enfin, un *personnel temporaire* ayant pour but de compléter les deux précédents peut être recruté d'après les règles générales applicables aux services de l'Indochine. Ces règles générales, fixées par un arrêté du 12 novembre 1920, sont que l'interdiction édictée par cet acte de recruter à l'avenir de nouveaux agents temporaires souffre des exceptions dans le cas où le concours de l'agent intéressé apparaît comme indispensable.

L'énumération de ces personnels ne doit pas faire illusion sur l'importance de l'effectif qu'ils constituent. Cet effectif n'est en

---

(1) Les arrêtés qui doivent fixer les programmes et conditions de ces concours n'ont pas encore été pris.

(2) Nous verrons au chapitre IX - art. 2 que les agents détachés des corps métropolitains relevant du Ministère des Travaux publics sont régis par le décret du 16 décembre 1915 modifié le 10 mars 1921 et ceux détachés du cadre général des Travaux publics des Colonies par des arrêtés du Ministre des Colonies.

effet actuellement que de 23 fonctionnaires dont 4 détachés du corps métropolitain des Mines ou du cadre des Travaux publics des Colonies et 4 agents temporaires. A l'exception d'un ingénieur détaché à Saigon et d'un agent temporaire chargé du contrôle des Cimenteries de Haiphong, ils sont tous en service à Hanoi. Ils se répartissent à raison de 10 employés au Service des Mines proprement dit, 7 au Service géologique et 4 au Laboratoire, plus les deux unités de la Direction.

2º — *Personnel indigène.* — Le personnel indigène de la Direction des Mines appartient à deux cadres différents. L'un, créé et régi par un arrêté du 11 septembre 1917, comprend des agents techniques employés au laboratoire et dont la hiérarchie comporte sept classes d'aides-chimistes, quatre classes d'aides-chimistes principaux, quatre classes de préparateurs et trois classes de préparateurs principaux. L'autre, employé dans les bureaux, provient en presque totalité de l'Inspection générale des Travaux publics, dont le Service des Mines dépendait avant son érection en direction en 1921, et est par suite encore régi, en attendant qu'un statut particulier lui soit donné, par le même arrêté du 18 avril 1919 complété le 19 juillet 1923 qui constitue le statut du personnel des bureaux des Travaux publics et dont nous parlerons quand nous étudierons ce dernier service. Enfin le personnel indigène de la Direction des Mines, qui sera sans doute prochainement réorganisé, comprend aussi un certain nombre d'agents temporaires.

C) — *Attributions.* — Chacun des trois organismes dont l'ensemble constitue la Direction des Mines joue un rôle différent.

1º — *Service des Mines proprement dit.* — Ses attributions sont de beaucoup les plus importantes de celles réparties entre les trois branches de la Direction des Mines. Elles s'exercent plus particulièrement au Tonkin, les richesses minières y étant beaucoup plus considérables que dans les autres pays de l'Indochine. Elles sont avant tout d'ordre technique. Leur étude détaillée sortirait donc du cadre de cet ouvrage et nous nous bornerons ici, sauf à revenir plus tard sur certaines d'entre elles, à les énumérer en citant les principaux textes les concernant. Ce sont les suivantes :

préparation et application des règlements concernant les mines (décret du 25 juillet 1912 et arrêtés des 26 janvier 1913,

20 mai 1913 et 1er mai 1916), les sources d'eaux minérales (décret du 28 décembre 1921) et les appareils à vapeur autres que ceux placés à bord des navires (décrets des 30 avril 1880, 29 juin 1886 et 4 février 1906 et arrêté du 18 février 1922);

application des diverses règlementations concernant les carrières (au Tonkin, arrêtés des 30 mai 1913 et 30 décembre 1915; en Annam et au Cambodge, arrêtés des 27 juin 1896 et 8 mars 1906), la fabrication et la mise en dépôt des explosifs (décrets des 4 décembre 1908, 14 octobre 1911 et 28 février 1915, textes dont les détails d'application ont été fixés au Tonkin par les arrêtés des 30 juin 1911, 12 octobre 1911, 1er octobre 1916 et 1er août 1918 et en Cochinchine par ceux des 6 mars et 2 août 1907 et 6 février 1924), les établissements dangereux insalubres ou incommodes (au Tonkin, arrêtés des 21 octobre 1912 et 28 décembre 1916; en Cochinchine, arrêtés des 25 octobre 1908 et 25 mai 1917);

reconnaissance des gisements miniers exploités ou prospectés en Indochine, études de géologie appliquée de concert avec le Service géologique; généralement, étude de toutes questions économiques ou techniques et documentation statistique concernant l'industrie minérale (mines, sources d'eaux minérales, métallurgie, chimie); en particulier, collaboration aux études concernant l'aménagement des forces hydrauliques et les concessions de prise d'eau (décret du 16 juillet 1919).

2° — *Service géologique.* — Il est chargé de l'établissement de la carte géologique de l'Indochine et des études scientifiques qui s'y rattachent. Un arrêté du 18 mai 1922 a déterminé les conditions dans lesquelles les publications de ce service peuvent être, soit distribuées à titre gratuit à certains particuliers ou établissements scientifiques dont la liste est arrêtée pour chaque ouvrage par le Directeur des Mines, soit cédées aux libraires désireux de les mettre en vente pour un prix maximum fixé par le Gouverneur Général sur la proposition du même chef de service.

3° — *Laboratoire d'analyse et d'essais des substances minérales.* — Il s'occupe de la détermination minéralogique, de l'analyse chimique et des essais mécaniques et physiques des produits minéraux naturels ou fabriqués, ainsi que des études de recherches de physique et chimie appliquées utiles à l'industrie minérale. Lorsque ces diverses opérations sont effectuées pour le compte de particuliers, elles donnent lieu à la perception de redevances dont le tarif est fixé par un arrêté du 1er mai 1916 et cette recette, comme la précédente, profite au budget général.

**D) — *Situation minière actuelle en Indochine*. —** Des gisements reconnus existent en de nombreux points des régions montagneuses de la colonie, mais presque toutes les mines en exploitation se trouvent au Tonkin.

Les gisements de ce dernier pays sont des mines de combustible et des mines métalliques.

Les premières sont particulièrement importantes à Hongay et à Cam-pha (province de Quang-yên), région qui produit du charbon anthraciteux exploité par la *Société française des Charbonnages du Tonkin*. Dans la partie montagneuse de la province de Haiduong voisine de la circonscription précédente, la *Société des Charbonnages du Dong-trieu* et la *Société des Anthracites du Tonkin* extraient également du charbon anthraciteux. Le charbon gras est exploité à Phan-me (province de Thai-Nguyên) par la *Société minière du Tonkin* et le charbon mi-gras à Phu-Nho-Quan (province de Ninh-Binh) par la *Société française de colonisation en Annam-Tonkin*. Enfin un gisement de charbon ligniteux est en exploitation à Ngoi-Hop (province de Yên-Bay).

Depuis que la Société des Mines du Pia-Ouac, concessionnaire de mines de cuivre dans la province de Cao-Bang, a cessé ses travaux, les seuls gisements métalliques en exploitation au Tonkin sont des mines de zinc et des mines d'étain. Les minerais de zinc (calamine et blende) sont extraits près de Tuyên-Quang par les *Sociétés minières de Trang-Da et de Yen-Linh*, dans la région de Cho-Diên (Bac-Kan) par la *Compagnie minière et métallurgique de l'Indochine* et dans celle de Lang-Hit (Thai-Nguyên) par la *Société minière du Tonkin*. L'étain se présente sous la forme de cassitérite, le plus souvent mélangée au wolfram, minerai de tungstène, et est exploité dans la région du Pia-Ouac (province de Cao-Bang) par la *Société des Étains et Wolframs du Tonkin*, la *Société des Mines d'étain du Haut-Tonkin* et la *Société civile des Étains et Wolframs du Pia-Ouac Est*.

Mentionnons enfin la mine de phosphates de Thanh-Moi (province de Lang-Son) appartenant à la *Société des Phosphates du Tonkin*.

Quant aux autres pays de l'Indochine, on ne peut guère citer, comme étant en exploitation, qu'une autre mine de phosphates située à Thanh-Hoa (Annam) et appartenant à la même société que ci-dessus et une mine de saphirs exploitée à Pailin par des Birmans établis dans la province de Battambang (Cambodge). Il est à présumer toutefois que les travaux d'extraction commenceront prochainement sur les gisements d'étain concédés à Ban-ta-coua (Laos) à la *Société d'études et d'exploitations minières de l'Indochine*.

# ARTICLE VI

## *SERVICE GÉOGRAPHIQUE*

Le Service géographique, créé par un arrêté du 5 juillet 1899, est un service militaire en ce sens qu'il est placé sous l'autorité directe du Général Commandant Supérieur et fait partie de son état-major, mais toutes ses dépenses de personnel et de matériel ont été prises par le budget général à sa charge, à l'exception de la solde du chef de service qui est payée par le budget colonial. Il nous a donc paru plus logique de le ranger dans le présent chapitre que parmi les Services militaires étudiés au chapitre précédent.

Il est placé sous la direction d'un officier supérieur qui prend le titre de *Chef du Service géographique*. Son personnel français se compose, outre un chef civil des ateliers et un conservateur des appareils de précision également civil, d'officiers, sous-officiers et hommes de troupe placés hors cadres ou détachés en mission spéciale pour être affectés au Service géographique.

Son personnel indigène, réorganisé par arrêté du 4 octobre 1921 modifié les 19 juillet 1923 et 23 juillet 1924, comprend un cadre supérieur d'agents techniques (trois classes d'agents techniques principaux, trois classes d'agents techniques et une classe d'agents techniques stagiaires), un cadre secondaire de dessinateurs (une classe de dessinateurs principaux hors classe, six classes de dessinateurs principaux, six classes de dessinateurs, une classe de dessinateurs stagiaires et une classe d'élèvesdessinateurs) et un cadre d'ouvriers (une classe d'ouvriers principaux hors classe, quatre classes d'ouvriers principaux et six classes d'ouvriers). Tous ces agents sont nommés et avancés par le Chef du Service géographique, sauf les agents techniques à l'égard desquels ces mesures sont prises par le Gouverneur Général sur la proposition du Chef du Service géographique. Les agents techniques stagiaires sont recrutés parmi les élèves diplômés de l'École des Travaux Publics et font un stage de deux ans au bout duquel ils doivent soit être nommés à la 3e classe, soit être admis à faire une deuxième année de stage, soit être licenciés. Les élèves dessinateurs sont recrutés au concours parmi les candidats pourvus au moins du certificat d'études primaires et doivent au bout de deux ans soit avoir été nommés au concours dessinateurs stagiaires soit être licenciés. Les dessinateurs peuvent être titularisés après deux ans de stage et doivent l'être, sous peine de licenciement, après quatre ans.

Les attributions du Service géographique consistent à assurer les travaux d'astronomie et de triangulation géodésique formant la base des cartes géographiques, les levers des cartes régulières ainsi que la continuation et l'amélioration des cartes provisoires, les études topographiques spéciales intéressant les services publics, enfin la rédaction et la publication des cartes du Service. Ces divers travaux sont répartis entre quatre sections dont la première s'occupe de l'astronomie et de la géodésie, la deuxième de la topographie, la troisième de la cartographie et de la gravure, la quatrième de la stéréotopographie.

Dans les conditions déterminées par les arrêtés des 20 mars, 26 mars, 16 mai 1913 et 28 juin 1921, le Service géographique a été autorisé, d'une part à constituer des dépôts de cartes chez les libraires qui en font la demande, d'autre part à délivrer des cartes à titre de cession remboursable aux services publics et aux particuliers. Un dépôt analogue a également été institué à l'Agence économique de l'Indochine à Paris par un arrêté du 27 mai 1922.

Les principaux documents cartographiques établis jusqu'ici par le Service géographique sont : les cartes d'ensemble de l'Indochine au 1/1.000.000 et au 1/3.000.000, éditées en 1903 et 1907 respectivement ; la carte touristique de l'Indochine au 1/500.000, en 31 feuilles, publiée fin 1923 ; la carte de l'Indochine au 1/100.000, qui doit comprendre 119 feuilles dont 65 sont actuellement achevées et dont les autres, concernant les régions montagneuses peu peuplées de la colonie, seront vraisemblablement remplacées par une nouvelle carte au 1/80.000 dressée d'après une méthode semi-régulière de levés actuellement en cours d'essai; enfin les trois cartes au 1/25.000 des deltas du Tonkin et du Thanh-Hoa, des deltas de l'Annam et de la Cochinchine, cette dernière entreprise depuis peu.

Le Service géographique a son principal siège à Hanoi, mais une partie de son personnel réside à Saigon et y constitue une formation dénommée *groupement géographique de la Cochinchine*.

## ARTICLE VII

### *SERVICE DES ARCHIVES ET BIBLIOTHÈQUES*

Le Service des Archives et Bibliothèques de l'Indochine, créé et organisé en Direction par un arrêté du 29 novembre 1917, a été rattaché administrativement à la Direction de l'Instruction publique par arrêté du 16 février 1922, mais en est en réalité resté distinct.

Il est dirigé à Hanoi par un archiviste-paléographe, devant être diplômé de l'Ecole des Chartes, qui est nommé par le Gouverneur Général et auquel peut être adjoint un archiviste bibliothécaire. Ce fonctionnaire, qui conserve le titre de *Directeur des Archives et Bibliothèques* bien que par l'arrêté susvisé du 16 février 1922 il ait été désormais placé sous l'autorité supérieure du Directeur de l'Instruction Publique, a pour attribution d'exercer un contrôle technique permanent tant sur les bibliothèques publiques que sur les dépôts d'archives de la colonie.

Il est assisté par un personnel français qui a été organisé par un arrêté du 20 juin 1921 et qui, recruté parmi les anciens élèves de l'Ecole des Chartes pourvus du diplôme d'archiviste-paléographe ou parmi les licenciés ès-lettres ou docteurs en droit, comprend des archivistes-bibliothécaires stagiaires et de trois classes et des conservateurs hors classe et de trois classes (1). Ces agents sont secondés par quelques secrétaires indigènes qui ne constituent pas un corps spécial et sont généralement détachés des cadres administratifs ou du cadre de la Direction de l'Instruction publique.

Les *dépôts d'archives*, dont l'organisation a été fixée par un arrêté du 26 décembre 1918, sont destinés à recevoir les papiers publics que les Chefs d'administration ou de service y envoient, soit facultativement lorsque ces papiers ont au moins cinq ans de date, soit obligatoirement lorsqu'ils ont plus de vingt ans de date. Ils sont au nombre de cinq : un *dépôt central* à Hanoi, qui est dirigé par le Directeur des Archives lui-même et qui reçoit les documents tant du Tonkin que du Gouvernement Général et des services en dépendant, et quatre *dépôts locaux* à Saigon, Hué, Phnom-Penh et Vientiane. Le fonctionnement du dépôt central de Hanoi est contrôlé par une *commission supérieure administrative de surveillance des archives* qui est présidée par le Directeur de l'Instruction publique et comprend le Directeur de l'Ecole française d'Extrême-Orient, le chef du service de législation et d'administration au Gouvernement Général, le Directeur des Archives, rapporteur, et un agent du cadre des bureaux des Services Civils, secrétaire. Celui des dépôts locaux est contrôlé dans chaque pays par une *commission locale de surveillance* présidée par le Directeur des bureaux et composée d'un administrateur désigné par le Chef de l'Administration locale et du chef local du Service de l'Enseignement. Ces commissions doivent se réunir au moins trimestriellement et aucun document conservé dans les dépôts ne peut être détruit ou vendu sans leur autorisation.

Quant aux *bibliothèques publiques*, il en existe une dans chacune des villes de Hanoi, Saigon, Hué et Phnom-Penh. La première, dite *bibliothèque centrale* et de beaucoup la plus importante, a fait l'objet d'un règlement du 21 juin 1919 modifié le 17 septembre suivant et est administrée par le Directeur des Archives avec l'assistance d'une commission présidée par le Directeur de l'Instruction publique et comprenant le Directeur des Affaires économiques ou son délégué, le chef local du Service de l'Enseignement au Tonkin, un administrateur des Services Civils et un membre de l'enseignement secondaire, plus d'autres personnes

---

(1) En fait, actuellement, ces fonctionnaires du cadre régulier ne sont encore qu'au nombre de cinq, y compris le Directeur, mais le personnel du service comprend en outre quelques agents contractuels ou appartenant à des corps non organisés.

que le Gouverneur Général peut désigner pour en faire partie
sous réserve que le nombre total des membres ne sera pas
supérieur à huit.

Enfin, en vertu d'un arrêté du 31 janvier 1922, c'est à la Direction des Archives que les Chefs d'Administration locale, de province ou de municipalité, selon le cas, envoient chaque mois les
deux exemplaires, dits *dépôt légal*, que la loi sur la presse du 29
juillet 1881 oblige tout imprimeur à remettre à l'autorité publique
pour chaque écrit rendu public, périodique ou non, imprimé par
ses soins.

## ARTICLE VIII

### *SERVICE DE L'INSCRIPTION MARITIME*

En France, chacun des cinq arrondissements maritimes
(Toulon, Rochefort, Lorient, Brest et Cherbourg) est divisé, au
point de vue du service de l'Inscription maritime, en sous-arron-
dissements partagés eux-mêmes en quartiers à la tête de chacun
desquels est placé, avec le titre de Commissaire de l'Inscription
maritime, un fonctionnaire naval appartenant au corps de l'Intendance maritime. Une organisation analogue a existé aux
colonies jusqu'à la promulgation de la loi du 23 février 1912, par
laquelle il a été décidé que les dépenses du service de l'Inscription
maritime aux colonies seraient désormais à la charge de ces
possessions et que toutes les attributions jusque-là exercées sur
leur territoire par les commissaires de l'Inscription maritime le
seraient dorénavant par des fonctionnaires civils à la désignation
des Gouverneurs.

### § 1. — Organisation et personnel

En Indochine, le Service de l'Inscription maritime est sans
aucun doute l'un de ceux dont le fonctionnement grève le moins

les finances publiques, c'est-à-dire en l'espèce le budget général. Encore en voie d'organisation, il ne compte actuellement que trois bureaux, ou *quartiers*, à Saigon, à Haiphong et à Tourane. Dans les deux premiers ports, il est dirigé par un *Chef du Service de l'Inscription maritime* désigné par le Gouverneur Général, choisi autant que possible parmi les anciens officiers de la marine militaire ou de la marine marchande et qui, à Saigon, est assisté de deux agents. Ce personnel, qui ne se compose donc actuellement que de quatre unités, n'a pas d'autre statut que celui fixé par un arrêté du 20 juin 1921 pour les agents appartenant à des corps non organisés. Quant à Tourane, le service de l'Inscription maritime y est assuré par le receveur subordonné des Douanes enfonction dans ce port.

Le personnel de l'Inscription maritime est administré par le service du personnel du Gouvernement Général et son fonctionnement relève de l'action centralisatrice de la Direction des Affaires économiques.

### § 2. — ATTRIBUTIONS

Nonobstant la généralité de la dénomination que la force de l'habitude a amené à lui conserver, le service qui nous occupe n'est aucunement chargé en Indochine, pas plus d'ailleurs que dans la plupart des colonies, de l'Inscription maritime proprement dite, au sens où l'on entend cette expression dans la métropole. Nous savons qu'en France l'Inscription maritime, dont l'origine remonte à Colbert et qui est actuellement régie par une loi du 24 décembre 1896 modifiée par deux lois du 8 août 1913, est une institution dont le but consiste à faciliter à la fois le recrutement de l'armée de mer et celui de la marine du commerce et dont le principe est que tous les Français comptant exercer la navigation maritime à titre professionnel peuvent à partir de l'âge de dix ans se faire porter comme *inscrits provisoires* sur des matricules spéciales tenues dans les quartiers de l'Inscription maritime et où seront successivement consignés les mouvements de leur navigation, puis sont immatriculés comme *inscrits définitifs* lorsqu'ils ont atteint 18 ans et ont accompli 18 mois de navigation, enfin conservent en principe jusqu'à l'âge de 50 ans la même situation, pendant la durée de laquelle ils sont astreints dans la flotte de guerre à certaines obligations militaires (notamment à une période de cinq années de service actif) remplaçant pour eux le service militaire obligatoire dans l'armée de terre, mais qui par contre leur confère certains privilèges et en particulier le monopole de la pêche maritime côtière, privilège dont ils continuent à jouir même lorsqu'ils sont classés à 50 ans d'âge comme *inscrits hors de service*.

Rien de pareil n'existe en Indochine, ni pour les Français car les lois de 1896 et 1913 susvisées n'ont pas été promulguées dans la colonie, ni pour les indigènes à l'égard desquels aucune organisation similaire n'a été créée, le recrutement de ceux d'entre eux appelés à servir sur les bâtiments de guerre étant assuré dans les conditions que nous avons vues au chapitre VII article 3 et le recrutement des marins indigènes du commerce n'étant assujetti à aucune autre règlementation que celle résultant de l'arrêté du 11 juillet 1921 dont nous parlerons plus bas.

Les attributions du service indochinois qui nous occupe ne sauraient donc se comparer avec celles de l'organisme métropolitain similaire, non seulement parce que l'inscription maritime n'est pas organisée dans la colonie, mais aussi parce que les textes qui constituent le statut personnel des inscrits métropolitains n'ont pas été promulgués dans la colonie, à l'exception de la règlementation relative à leurs retraites et dont nous parlerons en G ci-après. Ces attributions n'en sont pas moins assez nombreuses et même assez complexes. Nous les définirons en passant brièvement en revue les principales règlementations à l'application desquelles contribue le service qui nous occupe.

A) — *Décret-loi disciplinaire et pénal pour la marine marchande du 24 mars 1852* (modifié par les lois des 26 mars 1891, 15 avril 1898, 31 juillet 1902, 28 juin 1904 et 2 juillet 1916). — Lorsqu'une des fautes contre la discipline prévues par cette règlementation, ou encore un délit ou un crime, a été commis par les officiers, l'équipage ou les passagers à bord ou hors du bord d'un quelconque navire français du commerce se trouvant, soit dans les limites déterminées par arrêté du Gouverneur Général d'un des ports d'Indochine, soit sur une des rades de cette colonie et qu'alors aucun commandant de navire de guerre français ne se trouve sur les lieux, soit en mer et qu'ensuite le navire aborde dans un port indochinois où l'Inscription maritime est représentée et où aucun navire de guerre n'est présent, c'est au Chef du Service de l'Inscription maritime qu'il appartient: 1°) s'il s'agit d'une faute disciplinaire, d'infliger sans appel les punitions prévues par le décret précité ou de viser le registre sur lequel le capitaine doit porter les mêmes punitions infligées par lui en mer ou dans une localité étrangère dépourvue de consul de France et où ne se serait trouvé aucun bâtiment de guerre français; 2°) s'il s'agit d'un des délits maritimes spéciaux prévus par le décret, de nommer, de présider à terre et de désigner le rapporteur du *tribunal maritime commercial* auquel la connaissance de ces infractions est réservée et qui comprend en ce cas un armateur désigné par le tribunal de commerce ou à défaut par le tribunal civil, le principal officier de la police du port, enfin un capitaine au long cours et un maître d'équipage, matelot ou mécanicien, ces deux derniers membres devant réunir certaines conditions (1); 3°) enfin, s'il s'agit d'un délit de droit commun ou bien d'un crime maritime prévu par le décret ou d'un crime de droit commun, de recevoir la plainte et de la transmettre à l'autorité judiciaire de droit commun, alors seule compétente.

Dans les cas autres que ceux spécifiés ci-dessus, les mêmes attributions appartiennent au commandant du navire de guerre français présent sur les lieux ou, à l'étranger et à défaut dudit commandant, au consul de France, et alors, s'il s'agit d'un délit maritime, le tribunal maritime commercial siège à bord du bâtiment de guerre ou à la chancellerie du consulat et sa composition est différente.

B) — *Décret-loi du 19 mars 1852, modifié par une loi du 31 juillet 1901, concernant le rôle d'équipage et les indications des bâtiments.* — Tout navire ou embarcation français exerçant la navigation maritime et autre que les bateaux

_______________

(1) Le tribunal maritime commercial est également compétent lorsqu'il s'agit d'apprécier la responsabilité des armateurs, capitaines, patrons, pilotes, hommes d'équipage en matière d'infractions à la loi du 10 mars 1891 sur les accidents et collisions en mer. Mais alors le chef du Service de l'Inscription maritime n'en fait pas partie, cette juridiction étant en ce cas présidée par un capitaine de vaisseau ou de frégate et comprenant un juge du tribunal de commerce, un lieutenant de vaisseau et deux capitaines au long cours. Ce fonctionnaire n'en exerce pas moins alors certaines attributions, car il a qualité pour rechercher et constater certains des délits prévus par la loi susvisée et pour assembler, selon les règles fixées par le décret-loi de 1852, le tribunal qui doit en connaître.

de plaisance doit avoir un rôle d'équipage, sauf le cas exceptionnel où il aurait obtenu dispense de ce rôle par application d'un décret du 9 décembre 1873 et il lui est interdit tant d'embarquer un individu n'y figurant pas que de débarquer sans intervention de l'autorité maritime ou consulaire un individu y figurant. Il est d'autre part tenu de faire figurer à sa poupe l'indication de son nom et de son port d'attache. Les chefs du Service de l'Inscription maritime sont chargés, de concert avec les commandants des bâtiments de l'État, les consuls et d'autres autorités, de constater les infractions à ces dispositions et ils ont aussi qualité, concurremment avec le ministère public, pour en poursuivre la répression devant le tribunal correctionnel, compétent en l'espèce.

Aux termes du décret du 21 décembre 1911 dont nous parlerons plus loin, certaines catégories de bâtiments ayant leur port d'attache dans diverses colonies, dont l'Indochine, peuvent être dispensées du rôle d'équipage par arrêté de leur Gouverneur Général ou Gouverneur.

C) — *Loi du 19 avril 1906 complétée par un décret du 31 août 1906.* — Une allocation à la charge du budget de l'État, dite *compensation d'armement*, payable pour chaque jour d'armement administratif et par tonneau aux navires âgés de moins de 12 ans, a été accordée par cette règlementation aux bâtiments de mer de construction française ou étrangère d'au moins 100 tonneaux, français ou francisés et ayant leur port d'attache en France, armés sous pavillon français pour le long cours ou le cabotage international et ayant accompli un parcours quotidien moyen déterminé avec un fret d'une importance également fixée, sous la réserve, pour les navires construits à l'étranger, d'être âgés de moins de deux ans lors de leur francisation. La même loi avait aussi prévu l'attribution de *primes à la construction* aux navires dont la coque ainsi que les machines et chaudières avaient été construites en France (1). Toutefois, comme la durée de validité de ces dispositions a été fixée à 12 ans, les primes à la construction ne sont plus allouées depuis 1918. Par contre,

---

(1) Pendant la guerre, une loi du 1er août 1916 avait apporté une dérogation temporaire, sans intérêt aujourd'hui, à la condition selon laquelle les machines et chaudières devaient avoir été construites en France.

l'attribution des compensations d'armement peut durer jusqu'en 1930 pour les navires admis en 1918 à ce bénéfice.

L'application de ces textes, en tant qu'elle intéresse le Service local de l'Inscription maritime, consiste en ce qu'il lui appartient, lorsqu'un navire recevant une compensation d'armement fait escale dans le port indochinois où ledit service est établi, de mentionner la date de son arrivée sur un registre spécial du bord, dit *registre des traversées*, et de remettre au capitaine, en vue de la liquidation ultérieure en France de l'allocation attribuée, une pièce indiquant le détail de l'effectif du rôle d'équipage et l'importance du chargement.

La même loi du 19 avril 1906, ainsi que le décret du 21 décembre 1911 dont il sera question ci-après, ont prévu que les navires construits dans les colonies ou y ayant leur port d'attache pourraient obtenir au compte des budgets de ces colonies des primes à la construction et des compensations d'armement dans des conditions qui, pour l'Indochine, devront être établies par le Gouverneur Général en Conseil de Gouvernement après avis des Chambres de Commerce et approuvées par décret (cette règlementation n'est pas encore intervenue).

D) — *Loi du 17 avril 1907 sur la sécurité de la navigation maritime et la règlementation du travail à bord des navires de commerce* (et décrets des 20 et 21 septembre 1908, 10 avril 1909, 4 août 1910, 21 juin 1912 et 7 mars 1913 ayant complété cette loi) — Aux termes de cette règlementation. aucun navire français nouvellement construit ou nouvellement francisé, ayant son port d'attache en France, en Algérie, en Tunisie ou au Maroc ne peut être autorisé à prendre la mer, et aucun navire étranger ne possédant pas un certificat de son Gouvernement assimilé au permis de navigation français ne peut embarquer des passagers dans un port français, s'il n'a été constaté que ce navire réunit toutes les conditions de navigabilité, de bon fonctionnement et de salubrité exigées par la loi. De plus, tout navire français en service ayant son attache dans les mêmes pays que ci-dessus doit être visité au même point de vue tous les ans, sans préjudice de visites plus fréquentes pouvant être demandées par l'armateur ou prescrites par le Service de l'Inscription maritime en cas d'avaries graves ou de notables changements dans la construction. Ces constatations et ces visites peuvent être effectuées non seulement en France, mais aussi dans certains ports coloniaux énumérés par un décret du 8 juillet 1913 et parmi lesquels figurent Saigon et Haiphong. Dans ces derniers ports, les deux catégories d'opérations susvisées sont confiées à des commissions techniques dont la composition, fixée par deux arrêtés du 12 janvier 1914 pour Haiphong et par deux arrêtés du 17 mars 1922 pour Saigon, est différente selon qu'il s'agit des constatations ou des visites en question, mais qui dans tous les cas sont présidées par le chef du Service de l'Inscription maritime. Ce fonctionnaire peut d'ailleurs déléguer ses pouvoirs, mais seulement en ce qui concerne la première de ces deux catégories d'opérations, au principal membre de la commission de constat, lequel est un capitaine au long cours appartenant au Service des Travaux publics et qui prend à ce point de vue le titre d'*inspecteur de la navigation*. Enfin, c'est aussi le chef du Service de l'Inscription maritime qui, au vu du procès-verbal établi par la commission qualifiée selon le cas, délivre ou suspend le permis de navigation ou encore propose son retrait au Ministre chargé de la Marine marchande.

Le décret du 8 juillet 1913 par lequel la règlementation susvisée a été déclarée exécutoire dans les colonies a prévu que des décrets spéciaux ultérieurs détermineraient dans quelle mesure ses dispositions pourraient être étendues aux navires ayant leur port d'attache dans nos possessions outre-mer. Mais ces décrets ne sont pas encore intervenus, du moins en ce qui concerne l'Indochine.

E) — *Décret du 21 décembre 1911 sur la marine marchande aux colonies.* — Cet acte a eu pour but d'amorcer une règlementation spéciale applicable à la navigation maritime pratiquée par les navires ayant leur port d'attache dans les colonies, navires auxquels le statut de la marine marchande métropolitaine ne s'applique qu'en ce qui concerne celles de ses dispositions qui leur ont été expressément étendues, dispositions qui actuellement se réduisent à certains articles de la loi du 27 vendémiaire an II concernant la soumission à produire à l'appui des demandes de francisation et à un certain nombre d'actes fixant les règles à suivre pour le jaugeage des navires.

C'est ainsi que ce décret décide que les navires dont il s'agit devront être immatriculés sur les registres du Service de l'Inscription maritime en même temps que sur ceux de la Douane ; dispose que la francisation coloniale ne pourra être accordée par les Gouverneurs à un propriétaire de navire, après jaugeage et paiement des droits, que si ce propriétaire établit sous serment avec soumission cautionnée à l'appui que son navire a été construit dans la colonie, ou y a payé les droits de douane s'il provient de l'étranger, et qu'il appartient pour moitié au moins à des Français ; prévoit que des réparations d'une certaine importance faites en pays étranger au navire pourront entraîner le retrait de sa francisation ; détermine les brevets que devront posséder les capitaines ou maîtres de ces navires selon la catégorie de navigation pratiquée ; fixe la composition de leurs états-majors et de leurs équigages, dont les membres doivent être français, sujets français, ou protégés français en totalité pour l'état-major y compris le capitaine ou maître et dans une proportion comprise entre la moitié et les trois quarts pour l'équipage ; prononce l'annulation de tous les actes de francisation et permis de navigation antérieurement délivrés aux mêmes navires ; prévoit comme nous l'avons dit ci-dessus l'intervention d'une règlementation coloniale spéciale concernant les primes à la construction et les compensations d'armement.

Mais nous devons ajouter que ce décret du 21 décembre 1911 n'a pu encore recevoir en Indochine qu'une application très imparfaite. Ses dispositions, en effet, ne se suffisent pas à elles-mêmes et elles devront être complétées et précisées par d'autres actes d'ailleurs annoncés par divers de ses articles, notamment par de nouveaux décrets déterminant les diverses catégories de navigation (grand cabotage, petit cabotage, bornage) et les zones réservées au pavillon français et par des arrêtés du Chef de la colonie concernant la désignation des ports d'attache, les conditions dans lesquelles les propriétaires de moitié au moins du navire pourront comprendre des sujets et protégés français, les dispenses de francisation ou de rôle d'équipage, les conditions d'attribution des primes et compensations d'armement, etc..... Ces diverses règlementations n'ont pas encore été prises, et ce sera seulement lorsqu'elles auront paru que la marine marchande indochinoise sera dotée d'un véritable statut, dans l'application duquel le Service de l'Inscription maritime aura sans doute une large part.

F) — *Décret du 26 février 1862 sur la navigation au cabotage dans les colonies* (modifié par décrets des 22 octobre

1863, 3 avril 1895 et 28 décembre 1911). — En attendant qu'aient été pris les textes qui permettront d'appliquer dans la colonie le décret du 21 décembre 1911 ayant fait l'objet du paragraphe précédent, les actes énumérés au présent titre y sont toujours en vigueur en ce qui concerne tant la délivrance des brevets nécessaires pour exercer le commandement d'un navire armé au cabotage que les conditions requises pour pratiquer la navigation au bornage.

Les candidats à l'un ou l'autre des brevets de capitaine au grand cabotage colonial ou au petit cabotage colonial doivent avoir au moins 24 ans et pouvoir justifier de soixante mois de navigation effectués sur des bâtiments français. Après avoir obtenu leur inscription sur une liste tenue au Service de l'Inscription maritime, ils subissent des épreuves théoriques et pratiques devant une commission, constituée par le Gouverneur Général, qui se réunit annuellement à Saigon (1) sous la présidence d'un officier supérieur de la marine ou à défaut du commandant d'un bâtiment de l'État désigné par le Commandant de la Marine et qui comprend le capitaine du port, deux capitaines au long cours (ce brevet ne peut être obtenu qu'en France) à la désignation du chef du Service de l'Inscription maritime et un professeur de mathématiques. Les brevets sont délivrés par le Gouverneur Général sur transmission qui lui est faite par le Service de l'inscription maritime de la liste arrêtée par la commission.

La navigation au bornage est celle qui est faite, par une embarcation jaugeant au plus 25 tonneaux, d'un point à l'autre de la côte indochinoise ou entre cette côte et les dépendances de la colonie situées à vue d'œil du rivage. Il suffit pour commander au bornage d'être marin définitivement inscrit et de réunir trente-six mois de navigation. Les infractions aux dispositions qui précèdent sont recherchées et constatées par divers agents, dont les fonctionnaires chargés du Service de l'Inscription maritime.

G) — *Loi du 14 juillet 1908 et décrets des 16 août 1908 et 2 mai 1913 sur les pensions des inscrits maritimes* (2). — Il peut arriver qu'un inscrit maritime métropolitain, résidant

---

(1) Bien que l'arrêté du 2 novembre 1908, qui a fixé Saigon comme centre unique de ces examens, n'ait pas été modifié, ils ont lieu parfois aussi à Haiphong lorsque le nombre des candidats du Tonkin ou du Nord-Annam est suffisant.

(2) Il est assez singulier de constater que, bien que le décret de 1913 ait été

ou de passage dans la colonie, sollicite à raison de ses infirmités une pension sans condition d'âge ou une pension proportionnelle sur la Caisse des invalides de la Marine. En ce cas, le caractère évident des infirmités alléguées et l'impossibilité absolue qui en résulte pour l'intéressé de continuer la navigation doivent être constatés par une commission spéciale présidée par le chef du Service de l'Inscription maritime et comprenant un fonctionnaire ayant l'assimilation de sous-chef de bureau des Secrétariats généraux des Colonies, deux médecins de la Marine ou des troupes coloniales, un officier ou maître de port et, à Saigon et à Haiphong, l'inspecteur de la navigation dont il a été question en D ci-dessus. Si l'impétrant est hors d'état de se rendre au quartier de l'inscription maritime, le président et l'un des médecins membres de la commission le visitent sur place. Dans tous les cas, la commission exprime son avis par un rapport qui est communiqué à l'intéressé si cet avis est défavorable et qui est transmis au Ministre de la Marine.

La même commission est aussi chargée, en exécution de la loi du 29 décembre 1905, de procéder à la visite des participants à la Caisse de prévoyance des marins français qui demandent l'allocation d'une pension d'infirmité ou d'une indemnité renouvelable sur ladite caisse.

H) — *Arrêté du Gouverneur Général des 11 juillet et 23 décembre 1921 sur l'enregistrement des marins Indigènes.* — Sauf une exception temporairement admise en ce qui concerne les jonques de rivière et les sampans, tout indigène ou asiatique étranger de l'Indochine embarqué autrement que comme passager à bord d'un navire de commerce quelconque effectuant dans les eaux indochinoises une navigation maritime ou fluviale doit être muni d'un *livret d'identité* d'un modèle spécial. Ces livrets, indépendants du titre d'identité dont il sera question quand nous parlerons du Service de la Sûreté, sont délivrés par le Service de l'Inscription maritime dans les ports où il est représenté et par le chef de la circonscription administrative dans les autres. Le contrôle de leurs titulaires est centralisé à Saigon au Service de

---

simplement modificatif de celui de 1908, lequel avait été pris pour régler les détails d'application de la loi du 14 juillet de la même année, cette loi et ce décret de 1908 n'ont été promulgués dans la colonie que le 3 février 1924, tandis qu'au contraire le décret de 1913 l'avait été dès le 27 juin 1913.

l'Inscription maritime et tenu à jour dans chaque port.

I) — *Arrêtés du Gouverneur Général des 12 novembre 1920 et 28 juin 1922 modifiés le 6 octobre 1923, instituant des primes pour la pêche maritime au Tonkin et en Cochinchine.* — Les navires du type chalutier à propulsion mécanique d'au moins 200 tonneaux, appartenant à des citoyens, sujets ou protégés français (ou à des sociétés constituées selon la loi française, ayant leur siège social en France ou dans les colonies ou pays de protectorat français et réunissant certaines autres conditions relatives à la nationalité de leur personnel de direction ou de leurs membres), ayant un équipage composé pour au moins moitié des mêmes personnes (au Tonkin, pour sa totalité) et se livrant exclusivement à la pêche maritime moderne dans les eaux du golfe du Tonkin ou dans celles de la Cochinchine peuvent obtenir pendant trois ans une prime dont le montant est, par journée de navigation, de 80$ pendant la première année, de 40$ pendant la deuxième et de 20$ pendant la troisième. Ces primes sont mandatées sur le vu d'un extrait du rôle d'équipage et d'une copie du journal de bord certifiée conforme par le chef du Service de l'Inscription maritime. Elles ne peuvent dépasser, pour chacune des trois années, les maxima respectifs de 20.000$, 10.000$ et 5000$ (1).

# ARTICLE IX

## *ÉCOLE FRANÇAISE D'EXTRÊME-ORIENT*

Organisée par un décret du 26 février 1901 modifié par décrets des 3 avril 1920 et 28 mai 1923 et par un arrêté du 20 septembre 1920 modifié les 6 mai 1921 et 28 septembre 1923, elle est placée sous l'autorité morale du Gouverneur Général et sous le contrôle scientifique de l'Académie des Inscriptions et Belles-lettres, qui

---

(1) Aucune de ces primes n'a pu encore être accordée.

est une des cinq sections de l'Institut de France. Elle a à Paris un représentant qui est en même temps titulaire au Collège de France d'une chaire d'histoire et de philologie indochinoises pour l'entretien de laquelle le budget général verse une subvention annuelle de 22.000 fr. au Département de l'Instruction publique.

L'École française d'Extrême-Orient, qui a son siège à Hanoi, a été érigée à compter du 1er janvier 1921 en établissement public doté de la personnalité civile et d'un budget autonome soumis à l'approbation du Gouverneur Général en Commission permanente et dont le Trésorier général est comptable. Les recettes de ce budget sont d'ailleurs constituées en majeure partie par une subvention de 160.000 fr., chiffre fixé pour cinq années, que lui verse annuellement le budget général, et c'est pourquoi nous avons placé l'École française d'Extrême-Orient dans le présent chapitre.

Cet établissement a pour objet: de travailler par tous moyens utiles à l'exploration archéologique et philologique de la presqu'île indochinoise et de favoriser la connaissance de son histoire, de ses monuments et de ses langues; d'assurer la conservation et l'entretien des monuments historiques de l'Indochine; enfin de contribuer à l'étude érudite des régions et civilisations voisines (Inde, Chine, Japon, Malaisie, etc...).

Son personnel européen comprend un Directeur, des membres permanents, des membres temporaires et des agents. Tous, sauf le Directeur, sont nommés par arrêté du Gouverneur Général. Parmi les membres sont choisis le chef et les inspecteurs du Service archéologique, les professeurs, le conservateur du groupe d'Angkor, le secrétaire, le bibliothécaire, etc...

Le *Directeur* est nommé pour six ans, mais avec mandat renouvelable, par décret pris sur la présentation de l'Académie des Inscriptions et Belles-lettres. Il dirige et contrôle tant le fonctionnement de l'École que les travaux des membres dont il sera parlé plus bas, choisit les répétiteurs européens et asiatiques nécessaires, surveille la rédaction d'une publication périodique qui est le *Bulletin de l'École française d'Extrême-Orient*, centralise et coordonne les documents nécessaires à l'établissement des ouvrages techniques spéciaux préparés par les membres de l'École (Corpus des inscriptions cambodgiennes, Dictionnaire de géographie descriptive et historique de l'Indochine annamite etc...). Il préside au Tonkin et est vice-président au Cambodge de la *commission des antiquités* qui, instituée dans le premier pays par arrêté du 30 septembre 1901 complété le 3 novembre 1914 et dans le second par arrêté du 3 octobre 1905 remplacé le 30 août 1919, a pour mission d'inventorier les monuments ou objets ayant un intérêt historique ou artistique, d'en proposer le classement ou le déclassement par arrêtés du Gouverneur Général en Commission permanente ainsi que de proposer les mesures propres à assurer leur conservation, enfin de contribuer par tous moyens à la connaissance de l'histoire, de l'archéologie et de l'ethnographie du pays où elle fonctionne. Il préside aussi les commissions qui choisissent le texte des épreuves écrites subies devant les jurys régionaux d'examen pour l'obtention des brevets de langue annamite et chinoise et de caractères chinois. Il exerce son contrôle sur les divers musées archéologiques existant en Indochine, et spécialement sur le Musée de l'École française d'Extrême-Orient, situé à Hanoi. Il adresse annuellement au Gouverneur Général un rapport qui est communiqué à l'Académie des Inscriptions et Belles-lettres par l'intermédiaire des Ministres des Colonies et de l'Instruction publique. Il est chargé d'accomplir tous les actes d'administration nécessaires au fonctionnement de l'École et prépare et ordonnance son budget. Enfin il patronne l'École de Pali du Cambodge et reçoit un rapport annuel sur son fonctionnement.

Les fonctions de *membre permanent* sont confiées à des personnes, actuellement au nombre de quatre, préalablement agréées par l'Académie des Inscriptions et Belles-lettres et engagées par contrat pour une durée limitée. Ces contrats sont passés avec l'engagé par le Directeur et ne sont valables qu'après l'approbation du Gouverneur Général.

Le *chef du Service archéologique* est un membre [permanent de l'École à qui sont déléguées, par arrêté du Gouverneur Général pris sur la proposition du Directeur de cet établissement, les attributions de ce dernier en ce qui concerne les monuments, recherches et collections archéologiques. Il est de droit conservateur de la *section des antiquités cham du Musée archéologique de l'Indochine*, section créée par un arrêté du 22 juin 1918 à l'effet de centraliser à Tourane les sculptures détachées ou les objets anciens trouvés à la suite de fouilles sur le territoire de l'Annam et dont la conservation ne peut être assurée sur les lieux mêmes de la trouvaille. Il est assisté à cet effet d'un *conservateur adjoint* qui est un fonctionnaire d'un des services indochinois nommé pour une période de deux ans renouvelable par arrêté du Gouverneur Général sur la proposition concertée du Résident Supérieur en Annam et du Directeur de l'École française d'Extrême-Orient. Le chef du Service archéologique exerce également, par délégation du Directeur de l'École, un contrôle scientifique sur la section archéologique du *Musée du Cambodge* (Musée Albert Sarraut) réorganisée à Phnom-Penh par arrêté du 12 août 1919 et dont la conservation est assurée par la Direction des Arts cambodgiens dont il sera parlé au chapitre XI. Ajoutons que le chef du Service archéologique est assisté dans ses fonctions par des inspecteurs spéciaux à ce service.

Le *conservateur du groupe d'Angkor* est un membre de l'École chargé d'assurer sur place la conservation des merveilleux monuments khmers d'Angkor-Wat et d'Angkor-Thom (Cambodge) et d'en faire l'étude.

Les *membres temporaires*, actuellement au nombre de trois, sont nommés pour un an, ce terme pouvant être prorogé d'année en année sur la proposition du Directeur et l'avis conforme de l'Académie.

En outre de ce personnel, l'École française d'Extrême-Orient compte aussi, en vertu d'un arrêté du Gouverneur Général du 10 mars 1902, des *correspondants*. Ce sont des personnes auxquelles ce titre est conféré pour une durée de trois ans renouvelable, par arrêté du Gouverneur Général pris sur la proposition du Directeur de l'École, en raison de leur coopération effective, au moyen de recherches, informations ou dons, aux travaux de l'École. Leur nombre actuel est de 19.

L'École française d'Extrême-Orient dispose enfin d'un personnel asiatique comprenant des secrétaires et lettrés indigènes provenant des divers services de la colonie et mis hors cadres ; des lettrés ou répétiteurs asiatiques nommés et promus par le Directeur ; des gens de service.

Nous avons dit plus haut que, conformément à un arrêté du 9 mars 1900, les monuments et objets ayant un intérêt historique ou artistique étaient classés par arrêté du Gouverneur Général en Commission permanente et déclassés de même. Ajoutons que ce classement a pour objet, si les monuments et objets intéressés appartiennent à l'un quelconque des domaines privés de l'Indochine, de les rendre inaliénables, sauf autorisation spéciale du

Gouverneur Général donnée en Conseil de Gouvernement s'il s'agit d'objets mobiliers et en Commission permanente s'il s'agit d'immeubles. Ajoutons aussi que, s'il s'agit d'immeubles appartenant à des particuliers, le consentement des propriétaires est nécessaire au classement; mais, à partir du moment où ces immeubles sont classés, aucun travail de restauration ou de réparation ne doit y être effectué sans l'agrément préalable du Gouverneur Général. Cette règlementation va d'ailleurs être prochainement refondue, un projet de décret en ce sens ayant été soumis au Département.

## ARTICLE X

### *INSTITUT PASTEUR DE L'INDOCHINE*

Il existait antérieurement en Indochine deux instituts bactériologiques chargés de la préparation des divers vaccins et sérums, des recherches bactériologiques concernant les maladies épidémiques et épizootiques et des études de chimie agricole. L'un, à Nha-Trang, était sous l'autorité scientifique du Directeur de l'École de Médecine à Hanoi; l'autre, à Saigon, relevait directement du Gouverneur Général. Ces deux établissements ont été cédés à bail à l'Institut Pasteur de Paris par contrat passé entre le Gouvernement Général de l'Indochine et le Docteur Roux, Directeur de l'Institut Pasteur de Paris. Leur ensemble a alors constitué ce qu'on appelle aujourd'hui l'Institut Pasteur de l'Indochine.

Les contrats précités portent les dates du 12 novembre 1904 pour l'établissement de Nhatrang et du 25 avril 1905 pour celui de Saigon, ce dernier ayant été complété par un avenant du 6 février 1919. Ils sont conçus en termes à peu près identiques et stipulent chacun un bail de 30 ans renouvelable par tacite reconduction, sauf dénonciation dans l'année précédant son expiration.

Le Gouvernement Général a fait abandon à l'Institut Pasteur de Paris de tous les terrains, bâtiments, animaux et matériel des deux anciens instituts bactériologiques; en outre, il s'est engagé à lui payer chaque année une subvention de 75.000 fr. pour chacun des deux nouveaux établissements (en ce qui concerne celui de Saïgon, la moitié de cette somme est abondée à 2f.50) et aussi à prendre à sa charge les frais de voyage de France en Indochine et vice-versa du personnel européen qui leur est attaché (les conditions de ces concessions de passage ont depuis été fixées par un arrêté du 17 mai 1911). De son côté, l'Institut Pasteur de Paris s'est engagé à prendre à sa charge toutes les dépenses de personnel, matériel et bâtiments de ces établissements sauf cas exceptionnels de force majeure, à diriger en vue de résultats utiles à l'Indochine les recherches qui y seront poursuivies, enfin à tenir chaque année à la disposition de l'Indochine toutes espèces de sérums et vaccins préparés par lui, et cela gratuitement jusqu'à concurrence d'une valeur de 100.000 fr. et au prix de revient pour les quantités demandées en sus de cette valeur.

Les deux établissements ont le même directeur, qui est actuellement un médecin des troupes coloniales en retraite. Leur personnel européen doit comprendre au moins : à Nha-Trang, un administrateur, deux bactériologistes, un chimiste et un préparateur ; à Saïgon, un administrateur et un chimiste. La désignation de ce personnel appartient à l'Institut Pasteur de Paris après entente avec le Ministère des Colonies et le Gouvernement Général. Il peut être mis à la disposition du Gouverneur Général pour tous travaux ou études scientifiques intéressant la colonie, mais alors le budget général prend à sa charge les frais de ses missions spéciales.

En plus de ce personnel, qui comme il a été dit ci-dessus est à la charge de l'Institut Pasteur de Paris, un vétérinaire inspecteur des Services vétérinaires de la colonie est attaché à l'établissement de Nha-Trang, où les aides-vaccinateurs stagiaires des différents pays de l'Union font un stage règlementaire d'une année pendant lequel ils suivent un cours théorique et pratique de six mois organisé par arrêté du 29 octobre 1919 et où d'autre part les vétérinaires auxiliaires stagiaires et aussi les vétérinaires inspecteurs stagiaires doivent également accomplir une partie de leur stage.

L'établissement de Saïgon comporte quatre laboratoires où sont respectivement poursuivies les études et les travaux concernant la microbiologie humaine, la microbiologie animale (1), la

---

(1) Une subvention annuelle de 8.000 $, distincte des deux subventions de 75.000 fr. dont il a été question ci-dessus, est payée par le budget général pour le fonctionnement du laboratoire de microbiologie animale.

chimie biologique et la répression des fraudes alimentaires, enfin les études et essais des caoutchoucs. Quant à celui de Nhatrang, il s'occupe d'une part de la préparation du sérum antipestique et autres sérums et vaccins d'usage vétérinaire, d'autre part de recherches de biologie végétale effectuées à la station d'altitude de Hon-Bà, qui lui est annexée.

## ARTICLE XI

### *OBSERVATOIRE CENTRAL MÉTÉOROLOGIQUE & MAGNÉTIQUE*

Créé par arrêté du 7 novembre 1902 à Phu-Liên, province de Kien-An (Tonkin), il peut comporter comme personnel européen, outre un *Directeur* nommé par arrêté du Gouverneur Général, des météorologistes hors classe et de trois classes, des aides météorologistes de trois classes et des aides météorologistes stagiaires, ces derniers étant recrutés, soit dans la métropole parmi les jeunes gens attachés aux grands Observatoires de l'État, soit dans la colonie parmi les officiers subalternes de l'armée ou de la marine sortant des écoles spéciales et n'ayant pas plus de 30 ans ou parmi les agents des divers services publics civils possédant le diplôme de bachelier ès-sciences et n'ayant pas plus de 25 ans. Ce personnel, régi par un arrêté du 20 juin 1921 complété le 30 novembre 1923, n'existe encore que sur le papier, car il ne comprend actuellement qu'un unique agent du cadre régulier, plus un météorologiste contractuel et un comptable.

Quelques secrétaires indigènes, généralement pris jusqu'ici dans les cadres de l'ancienne Direction des Services économiques, assistent ce personnel européen.

Le but de l'Observatoire central, qui avait été placé en 1921 sous le contrôle de l'ancienne Direction des Services économiques mais auquel l'arrêté du 15 avril 1924 réorganisant cette direction a rendu son autonomie, consiste dans: la poursuite des travaux scientifiques relatifs aux phénomènes atmosphériques, au magnétisme terrestre, sismique, etc...; la centralisation et l'étude des observations fournies journellement par les stations composant le réseau météorologique indochinois et des renseignements fournis par les observatoires étrangers, en vue de la détermination des dépressions atmosphériques et des typhons pour les, avertissements à donner aux navigateurs; le service de l'heure officielle, qui pour tous les pays de l'Indochine est celle du septième fuseau horaire à l'est du méridien de Greenwich et que l'observatoire détermine astronomiquement et transmet par top télégraphique à la Direction des Postes à Hanoi par l'intermédiaire de la station radiotélégraphique de Kiên-an, ainsi que par top téléphonique aux navigateurs qui en font la demande à leur passage à Haiphong.

Aux effets ci-dessus et outre les observations qu'il fait lui-même, l'Observatoire centralise celles qui lui sont transmises par un certain nombre de postes dont l'ensemble constitue ce que l'on appelle le *Service météorologique* (1) et dont le réseau s'étend non seulement sur toute l'Indochine mais aussi sur certaines provinces chinoises limitrophes. Ce réseau, créé par un arrêté du 23 novembre 1904 fréquemment modifié depuis, comprend actuellement: une *station sémaphorique, météorologique et horaire* à Haiphong; quatre *postes sémaphoriques* à Fort-Bayard, Tiên-cha (Tourane), Padaran et Cap St-Jacques; douze *stations météorologiques*, dites de 1re classe, à Hanoi, Langson, Moncay, Laokay, Yunnanfou, Thanh-hoa, Vinh, Donghoi, Quang-tri, Quang-Ngai, Quinhon et Nhatrang; dix *stations climatologiques*, dites de 2e classe, à Chapa, Mongtseu, Longtchéou, Hué, Kontum, Dalat, Saigon, Phnom-Penh, Luang-Prabang et Szemao.

Le service des observations qui doivent être faites à heures fixes dans ces diverses stations est assuré : en ce qui concerne les sémaphores, par des agents de phare, lesquels font partie du personnel du Service des Travaux publics; en ce qui concerne les stations de 1re et de 2me classe, par des officiers, fonctionnaires ou agents quelconques en service dans les mêmes lieux et auxquels une indemnité est allouée pour ce travail supplémentaire. Ce sont ces observations qui permettent à l'Observatoire central

---

(1) Dénomination d'ailleurs assez impropre, car non seulement ce soi-disant service tient de l'existence de l'Observatoire sa seule raison d'être et n'a par suite aucune autonomie, mais encore il ne dispose, nous allons le voir, d'aucun personnel spécial.

de préparer : d'une part et quotidiennement, un *bulletin de midi* qui est affiché à Haiphong et un *bulletin circulaire de 18 h.* dont communication est donnée par le Service des Postes à tous les services intéressés et qui est en outre affiché dans les bureaux de poste de la côte ; d'autre part et en cas de mauvais temps, des *avis de typhon* rédigés conformément au code des signaux adopté sur les côtes de Chine et qui sont adressés aux sémaphores, communiqués aux services publics et affichés dans les bureaux de poste de la côte.

Ajoutons qu'une station sismologique, en relations avec le Bureau international de l'Institut de physique du globe à Strasbourg, doit être incessamment établie à l'Observatoire de Phu-Liên.

## ARTICLE XII

### *INSTITUT SCIENTIFIQUE DE L'INDOCHINE*

Créé à Saigon par arrêté du 31 décembre 1918 modifié ou complété par arrêtés des 12 août 1919, 25 octobre 1919, 1er février 1920, 6 juin 1920, 8 juin 1921 et 31 octobre 1922, il a pour but : de poursuivre et de centraliser l'inventaire des ressources naturelles de l'Indochine et d'en préparer l'exploitation rationnelle par des études, des travaux de laboratoire, des recherches expérimentales, des explorations scientifiques ; de donner son avis sur les programmes, établis par les Administrations locales en collaboration avec la Direction des Services économiques, des travaux techniques à exécuter par les services agricoles et forestiers de la colonie en vue d'applications pratiques ; — de renseigner le Gouverneur Général sur les ressources naturelles du pays, appartenant tant au règne végétal qu'au règne animal, que les Administrations ou les particuliers auront intérêt à exploiter ; — de réunir les collections relatives à la flore et la faune indochinoises, lesquelles collections constitueront un muséum d'histoire naturelle à Saigon ; — de se tenir au courant des améliorations réalisées dans les pays étrangers en ce qui concerne l'agriculture, les forêts et les pêcheries ; — de faire connaître ses travaux soit par des publications scientifiques soit par des conférences et d'en assurer la diffusion au moyen de brochures de vulgarisation ; — d'organiser l'enseignement de la sylviculture pour les stagiaires forestiers européens ; — de procéder à l'échange direct de plantes, animaux, collections, publications avec les établissements scientifiques de la métropole et des pays étrangers ; — de distribuer gratuitement aux particuliers les semences, plants et boutures de certaines espèces et variétés que la Direction de l'Institut jugera utile de répandre en Indochine.

Il comprend: 1°) une Direction siégeant à Saigon, ayant comme annexes un secrétariat, une bibliothèque scientifique, des collections d'histoire naturelle, une section d'agronomie et des laboratoires pour les études spéciales (actuellement, ces laboratoires sont au nombre de quatre: botanique, phytopathologie, technologie et zoologie); 2°) des stations annexes (agricoles, forestières et maritimes) pouvant être installées dans les diverses parties de l'Indochine et où sont mis à l'étude les divers problèmes concernant l'agriculture, les forêts et les pêcheries (actuellement, il n'existe qu'une de ces stations annexes, située au Nui-chua-Chan) (1); 3°) les jardins botaniques et tous les établissements agricoles publics dont le rattachement à l'Institut sera décidé par le Gouverneur Général sur avis conforme des Chefs d'Administration locale intéressés ; 4°) les missions scientifiques organisées en vue d'établir l'inventaire de la faune, de la flore et de toutes les ressources biologiques de la colonie.

L'Institut Scientifique est dirigé par un *Directeur* nommé par arrêté du Gouverneur Général, relevant en principe directement de lui et étant d'autre part son conseiller technique pour toutes les questions d'ordre scientifique concernant l'agriculture, les forêts et les pêcheries. Ce Directeur exerce son action sur tous les services définis à l'alinéa précédent et il a la haute main sur leur personnel, dont il propose les nominations et mutations au Gouverneur Général. Aucune condition spéciale n'a été prévue pour l'accession à cet emploi.

Le personnel européen de l'Institut Scientifique, qui compte actuellement cinq unités, peut comprendre: des spécialistes chargés de missions scientifiques temporaires par arrêté du Gouver-

---

(1) Voir cependant ci-après art. 13 note.

neur Général; — des fonctionnaires des cadres agricoles et forestiers locaux de l'Indochine mis à la disposition de l'Institut par arrêtés spéciaux les plaçant hors cadres; — des agents contractuels européens recrutés par le Directeur de l'Institut et dont un arrêté ultérieur doit déterminer le statut.

Quant au personnel indigène de cet établissement, il constitue, en vertu d'un arrêté du 1er février 1920, un cadre commun avec celui des agents indigènes affectés aux Services agricoles locaux et nous l'étudierons avec ces services.

Afin de mettre un terme à certaines confusions d'attributions qui s'étaient produites entre l'Institut Scientifique et les Services agricoles de la Cochinchine, un arrêté du 15 juin 1922 a délégué au Gouverneur de cette Colonie l'exercice de toutes les attributions qui avaient été réservées au Gouverneur Général par les textes organiques de l'Institut Scientifique. Mais cet établissement n'en doit pas moins être rangé parmi les services faisant l'objet du présent chapitre, car d'une part c'est seulement en vertu d'une délégation du Gouverneur Général déclarée provisoire que le Gouverneur de la Cochinchine exerce lesdites attributions et d'autre part toutes les dépenses de l'Institut continuent à être supportées par le budget général.


## ARTICLE VIII

### *SERVICE OCÉANOGRAPHIQUE DES PÊCHES*

Il a été créé et placé sous l'autorité directe du Gouverneur Général par un arrêté du 14 septembre 1922 et fonctionne à la station maritime de Cauda, près de Nhatrang. C'est un organisme de recherches qui a pour objet l'exploration biologique des mers avoisinant ou intéressant l'Indochine, les études scientifiques se rattachant à l'industrie des pêches et l'établissement de la carte des fonds de pêche. Son personnel, placé sous l'autorité d'un Directeur nommé par le Gouverneur Général et devant être pourvu du diplôme de docteur ès-sciences naturelles, peut être réparti entre quatre classes d'assistants constituant un cadre français spécial recruté en principe parmi les candidats licenciés ès-sciences naturelles et comprend aussi quelques agents indigènes détachés d'autres services (1).

Le Service océanographique dispose d'un chalutier à vapeur d'assez fort tonnage dont la conduite est assurée par des agents appartenant au personnel des Flottilles dont nous parlerons plus tard.

## ARTICLE XIV

### *AGENCE ÉCONOMIQUE DE L'INDOCHINE EN FRANCE*

L'Agence économique de l'Indochine en France, créée à Paris par un arrêté du Gouverneur Général du 11 mai 1918, a été réorganisée par arrêté du 1er octobre 1919 complété le 25 février 1921. Elle comprend six services principaux : un secrétariat général ; un service groupant le secrétariat particulier, la bibliothèque, la comptabilité et les magasins d'échantillons ; un service commercial ; un service technique ; un service des expositions et foires ; enfin un service des travaux publics et études.

Cet organisme a dans chaque pays de l'Union un correspondant attitré pris parmi le haut personnel des Services agricoles ou des Services commerciaux et il a pour mission de faire connaître les ressources de l'Indochine à tous les points de vue au public français et notamment aux Chambres de Commerce métropolitaines, de mettre en rapport les producteurs indochinois et les consommateurs métropolitains et réciproquement, de renseigner les capitalistes français sur les facilités de placement que leur

---

(1) Actuellement le Directeur du Service océanographique n'est autre que le Directeur de l'Institut scientifique et, d'autre part, son personnel se réduit à un fonctionnaire des Douanes hors cadres. Dans ces conditions, cet organisme apparaît plutôt, pour le moment du moins, comme une station annexe de l'Institut scientifique que comme un service public proprement dit. Cependant l'arrêté du 14 septembre 1922 n'a établi aucun lieu de droit entre ces deux institutions et par suite nous avons cru devoir en faire l'objet de deux articles distincts.

offre l'Indochine. Nous avons vu d'autre part au chapitre I quelle était la nature des rapports de cette agence avec l'Agence générale des Colonies dans la Métropole et au chapitre IV que ses relations avec l'Indochine étaient centralisées à la Direction des Affaires économiques.

L'Agence économique de l'Indochine est dirigée par un *Directeur* nommé par le Gouverneur Général avec l'agrément du Ministre et qui est actuellement un Résident Supérieur placé hors cadres. Ce Directeur peut être assisté d'un adjoint ou rédacteur et d'agents techniques nommés par le Gouverneur Général. Il est d'autre part autorisé à recruter sur place des agents engagés par contrat, sous réserve que les engagements dont la durée excède une année sont soumis à l'approbation du Gouverneur Général. Enfin les fonctionnaires indochinois en congé peuvent sur leur demande être autorisés à prendre provisoirement du service à l'Agence ; ils reçoivent alors une indemnité journalière fixée par arrêté du 1er octobre 1919, mais ne peuvent la cumuler avec l'indemnité de résidence dans Paris.

Aux termes d'un décret du 30 juin 1921, le Directeur de l'Agence économique a été constitué régisseur comptable des recettes exceptionnelles qu'il réalise sur l'ordre du Gouverneur Général et, d'autre part, les dépenses qu'il effectue pour le compte des divers budgets publics de la colonie peuvent être acquittées par la Banque de l'Indochine à Paris sous réserve d'une régularisation ultérieure.


## ARTICLE XV

*DIRECTION DES SERVICES DE LA STATION D'ALTITUDE DE DALAT ET DU TOURISME DANS LA RÉGION DU LANGBIAN*


Cette Direction a été créée par un arrêté du 26 juillet 1923, en remplacement d'un organisme analogue qui avait été institué par un arrêté du 31 octobre 1920. Son Directeur relève du Résident Supérieur en Annam dont il a la délégation permanente, mais il tient du Gouverneur Général, qui le désigne, des attributions spéciales, consistant à veiller à ce que l'organisation de la commune de Dalat soit poursuivie spécialement en vue d'en faire une station de repos et un centre d'attraction pour le tourisme. Ces attributions lui confèrent le titre de *Commissaire délégué du Gouverneur Général*, ainsi que les prérogatives financières réservées par l'arrêté de principe du 26 janvier 1912 aux chefs des services relevant du Gouvernement Général. En vue de leur exercice, il est assisté d'une *commission du tourisme* qu'il préside et doit réunir au moins une fois par trimestre et dont la composition et les attributions sont fixées par le Résident Supérieur en Annam, sous cette réserve qu'un membre du syndicat d'initiative de Cochinchine en fait partie de droit.

Le même fonctionnaire est aussi maire de la commune de Dalat, dont le territoire se confond avec celui de la circonscription spéciale du Lang-bian (voir chap. VI - art. 4), et ceci est la raison qui nous a fait comprendre la Direction dont il s'agit dans le présent chapitre, car la quasi-totalité des ressources de la commune de Dalat est représentée par une subvention du budget général.

———

# CHAPITRE IX

———

## SERVICES LOCAUX FONCTIONNANT POUR PARTIE AU COMPTE DU BUDGET GÉNÉRAL ET POUR PARTIE AU COMPTE DES BUDGETS LOCAUX

Les Services publics indochinois compris dans cette catégorie sont: le Service de l'Instruction publique, le Service des Travaux publics et les Services sanitaires et médicaux, tous trois très importants. Nous les étudierons successivement et ajouterons quelques mots concernant les Services commerciaux et les fonctions des avocats-conseils des diverses administrations, organismes qui, bien que ne constituant pas à proprement parler des services, s'en rapprochent cependant et doivent d'autre part, en raison des conditions budgétaires de leur fonctionnement, être compris dans le présent chapitre.

## ARTICLE PREMIER

### *SERVICE DE L'INSTRUCTION PUBLIQUE*

L'enseignement public en Indochine doit son extension actuelle au Gouverneur Général Albert Sarraut qui l'a réorganisé de fond en comble par deux longs arrêtés du 21 décembre 1917 et du 25 décembre 1918, le premier concernant l'enseignement général du 1er et du 2e degré et l'enseignement professionnel, le second relatif à l'enseignement général du 3e degré dit enseignement supérieur. Ces deux arrêtés organiques ont été eux-mêmes modifiés ou complétés par de nombreux arrêtés subséquents dont les principaux sont: pour l'enseignement général du 1er et du 2e degré, ceux des 7 février, 20 juin, 6 et 9 novembre et 21 décembre 1921, 8 octobre 1922, 26 juillet et 13 décembre 1923, 15 et 25 avril 1924; pour l'enseignement professionnel, celui du 9 novembre 1921 modifié le 24 mars 1923; pour l'enseignement supérieur, ceux des 9 novembre 1921, 30 septembre, 28 et 30 octobre et 18 novembre 1922, 31 juillet et 13 décembre 1923 et 22 avril 1924.

Le Service de l'Instruction publique dispense, tant dans des écoles françaises que dans des écoles franco-indigènes, d'une part les connaissances de l'instruction générale selon un programme réparti en trois degrés, d'autre part les connaissances de l'instruction professionnelle selon un programme réparti en deux degrés. Les règles organiques de ce programme sont communes en principe aux cinq grands pays de l'Union, sous cette réserve toutefois que, au Cambodge et au Laos, leur application est soumise aux modifications nécessitées par les circonstances. A Kouang-Tchéou-Wan, au contraire, le fait que la population du territoire est presque exclusivement chinoise a nécessité l'organisation d'un régime d'enseignement spécial dont nous parlerons à la fin de cet article.

L'Instruction publique a sa place dans le présent chapitre, car le Lycée Albert Sarraut de Hanoi et les établissements d'enseignement supérieur fonctionnent sur les fonds du budget général tandis que tous les autres établissements d'enseignement public, tant général que professionnel, sont entretenus par les budgets locaux.

En outre des divers établissements administratifs d'enseignement dont nous allons parler au cours du présent article, il existe en Indochine des écoles privées: écoles congréganistes, dont certaines constituent à Hanoi et à Saïgon des établissements importants; écoles de pagode au Cambodge et au Laos, particulièrement nombreuses dans le premier de ces pays où l'on en compte plus de 2.000; écoles de caractères chinois en pays annamite, notamment à Cholon où actuellement il n'en existe pas moins de 33, sans préjudice de deux écoles primaires, une école de commerce et un lycée franco-chinois, important établissement fondé en 1911 en vue de permettre aux jeunes Chinois de recevoir dans la colonie l'instruction qu'ils allaient auparavant chercher à Hongkong ou à Canton. — Si ces écoles dispensent les connaissances de l'enseignement secondaire (partie de l'enseignement général du 2e degré), leur ouverture est subordonnée à l'autorisation préalable du Gouverneur Général. Au cas contraire, cette ouverture est libre, sous certaines conditions devant être déterminées dans chaque pays par arrêté du Chef de l'Administration locale (1). Dans l'un et l'autre cas, leurs directeurs restent entièrement libres pour le choix des méthodes, des programmes et des livres, sous la seule réserve que l'enseignement donné dans leurs établissements ne soit

---

(1) Les arrêtés locaux ainsi prévus n'ont jamais été pris et, d'autre part, le développement en Indochine de l'enseignement privé a fait apparaître l'utilité d'une réglementation plus générale. Aussi un projet de décret à cet effet a-t-il été envoyé au Département.

pas contraire à la morale, à la constitution et aux lois.

Nous avons déjà parlé aux chapitres III et IV du Conseil consultatif de l'Instruction publique et des Conseils de perfectionnement de l'enseignement franco-indigène. Nous étudierons successivement ici les organismes de centralisation territoriale placés à la tête du service qui nous occupe, c'est-à-dire la Direction de l'Instruction publique et l'institution récente des Chefs locaux du Service de l'Enseignement, ensuite le statut du personnel enseignant, puis les trois degrés de l'instruction générale, enfin l'instruction professionnelle. Nous passerons toutefois sous silence la règlementation assez complexe des bourses scolaires, d'un intérêt plus spécial et par suite moindre, et nous renverrons les lecteurs désireux de l'étudier aux articles 437 à 526 de l'arrêté du 21 décembre 1917 tels que ces articles ont été modifiés par les arrêtés des 6 février 1919, 16 mai 1919, 6 novembre 1921, 16 décembre 1922, 20 avril 1923 et 5 mars 1924. Par contre, nous consacrerons deux derniers paragraphes, l'un à l'étude du régime particulier d'enseignement en vigueur à Kouang-Tchéou-Wan sous la direction effective de l'Administrateur en chef du Territoire et le contrôle technique assez lointain du Directeur de l'Instruction publique, l'autre à l'examen sommaire de quelques établissements scolaires purement indigènes, entretenus sur les budgets locaux ou sur le budget du Gouvernement annamite, qui dispensent un enseignement spécial et ne relèvent pas du Directeur de l'Instruction publique bien qu'un droit de contrôle assez étendu lui ait été réservé sur l'un d'entre eux.

### § 1. — Organismes de centralisation territoriale

A) — *Direction de l'Instruction publique.* — La Direction de l'Instruction publique a été créée par décret du 2 mai 1920 modifié le 18 octobre 1922 et organisée par arrêtés des 16 septembre et 20 novembre 1920, 9 novembre 1921, 24 mai et 17 juillet 1924.

Le *Directeur de l'Instruction publique,* haut fonctionnaire nommé par décret et choisi parmi les titulaires d'un doctorat d'État, les inspecteurs généraux de l'Instruction publique ou les inspecteurs de l'Académie de Paris, est en même temps Directeur de l'Enseignement supérieur. Il a pour attributions : de diriger et de surveiller l'administration des établissements publics d'enseignement supérieur et d'enseignement secondaire dans les divers pays de l'Union indochinoise, établissements qui relèvent de lui à tous les points de vue (1); d'exercer sur les établissements d'enseignement secondaire libres le contrôle prévu par les lois et règlements; de contrôler au point de vue technique et professionnel les établissements publics placés au point de vue administratif sous l'autorité des Chefs d'Administration locale, c'est-à-dire tous ceux autres que les établissements d'enseignement supérieur et d'enseignement secondaire, et d'exercer le même contrôle sur les écoles françaises entretenues ou subventionnées en Extrême-Orient par les budgets de la colonie (actuellement, le budget général entretient une école auprès de chacun de nos établissements consulaires de Yunnanfou, Mongtseu et Pakhoi, liste à laquelle s'ajoutera prochainement une école à créer à A-Mitchéou); de proposer les mesures générales propres à favoriser le développement de l'instruction en Indochine.

Le Directeur de l'Instruction publique exerce, concurremment avec le Chef d'Administration locale intéressé, un droit de proposition en ce qui concerne la désignation des chefs locaux du Service de l'Enseignement, lesquels relèvent de lui au point de vue technique et professionnel, et celle des inspecteurs en chef de l'enseignement primaire pouvant être adjoints à ces derniers. Il propose au Gouverneur Général la répartition et les mutations entre les divers pays du personnel enseignant et les nominations dans les trois ordres de l'enseignement des candidats métropolitains, dont le recrutement est confié à ses soins. Il présente avec ses propositions motivées les budgets et les comptes administratifs des établissements d'enseignement supérieur et du Lycée Albert Sarraut et il donne son avis sur les projets de budget intéressant les autres établissements d'instruction générale. Il préside le Conseil consultatif de l'Instruction publique. Il nomme les commissions d'examen autres que celles dont la nomination est réservée aux Chefs d'Administration locale. Il étudie toutes questions se rapportant à l'enseignement public et en particulier il exerce les attributions dévolues en France aux inspecteurs d'Aca-

---

(1) En fait, actuellement, le seul établissement d'enseignement secondaire qui relève à tous égards du Directeur de l'Instruction publique est le Lycée Albert Sarraut de Hanoi. Le Collège Chasseloup-Laubat, bien que dispensant aussi l'enseignement secondaire, relève administrativement du Gouverneur de la Cochinchine.

démie par les arrêtés ministériels des 19 juillet 1921 et 10 janvier 1922 relatifs au Concours général des Lycées et Collèges. Il présente au Gouverneur Général les projets de règlements intéressant le personnel enseignant, les programmes de constructions scolaires et les créations d'écoles intéressant le budget général, ainsi que les modifications proposées soit au programme d'enseignement pris dans son ensemble soit à l'organisation des services des enseignements supérieur ou secondaire. Il adresse annuellement au Ministre des Colonies sous le couvert du Gouverneur Général un rapport sur le Service de l'Instruction publique en Indochine. Enfin, c'est sous son contrôle qu'est préparée une publication périodique dénommée *Bulletin général de l'Instruction publique.*

Un arrêté du 26 juillet 1923 a investi le Directeur de l'Instruction publique d'une nouvelle attribution en le chargeant du contrôle immédiat d'un enseignement supérieur des lettres, comprenant actuellement deux cours publics de littérature française et de philosophie, des conférences publiques portant sur les langues, civilisations et arts de l'Extrême-Orient et des cours réservés aux élèves des diverses écoles d'enseignement supérieur, qui a été institué à Hanoi par l'arrêté précité et qui doit être progressivement organisé de façon à constituer plus tard une École supérieure des Lettres. Ces cours et conférences sont faits par des personnes désignées par le Directeur de l'Instruction publique, sur la présentation du Directeur de l'École française d'Extrême-Orient en ce qui concerne les matières ressortissant à cet établissement.

Le Directeur de l'Instruction publique est assisté de six *inspecteurs* désignés par le Gouverneur Général sur sa proposition : un inspecteur de l'instruction publique qui lui est adjoint et qui doit être pris parmi les inspecteurs d'Académie ou les professeurs agrégés : deux autres inspecteurs de l'instruction publique, l'un pour l'ordre des lettres, l'autre pour l'ordre des sciences, choisis parmi les professeurs de l'enseignement du 2e degré ayant au moins deux ans de services et chargés des missions qui leur sont confiées par le Directeur, mais plus spécialement de l'inspection des établissements du 1er et du 2e degrés autres que les écoles normales ; un inspecteur des écoles normales, qui est le directeur de l'École supérieure de Pédagogie ; enfin deux inspecteurs de l'enseignement professionnel, l'un pour les écoles industrielles et l'autre pour les écoles d'arts décoratifs, choisis parmi les directeurs ou professeurs d'écoles techniques et qui, comme le précédent, cumulent leur emploi propre avec les missions d'inspection pouvant leur être confiées (1).

La Direction de l'Instruction publique comprend un secrétariat, un service d'administration générale et un service technique. Le secrétariat, dont le chef exerce aussi un contrôle sur le fonctionnement des bureaux, s'occupe des affaires confidentielles et réservées, des archives, de l'enregistrement général, des distinctions honorifiques, etc. Le service d'administration générale est subdivisé en trois bureaux, le 1er chargé de l'enseignement supérieur, le 2e des questions administratives intéressant les autres ordres de l'enseignement et aussi de celles intéressant le personnel français de l'Instruction publique et le personnel indigène de l'enseignement complémentaire, le 3me de la comptabilité en deniers et en matières (au 1er bureau est rattaché un emploi de *surveillant général de l'Université* dont le titulaire a sous sa direction un certain nombre de *surveillants des études et des internats* des établissements d'enseignement supérieur). Le service technique s'occupe, en trois divisions, de l'organisation pédagogique et du contrôle de l'enseignement, la division A étant chargée à ce point de vue des enseignements primaire, primaire supérieure et secondaire français, la division B des enseignements primaire, complémentaire et professionnel franco-indigènes ainsi que de l'enseignement secondaire local, enfin la division C de questions techniques spéciales et notamment du Bulletin général de l'Instruction publique. Les emplois de bureau à la Direction de l'Instruction publique peuvent être occupés par des fonctionnaires détachés des cadres de l'une des administrations indochinoises.

Un arrêté du 3 mai 1922 modifié le 19 juillet 1923 a organisé un corps spécial d'agents indigènes employés à la Direction de l'Instruction publique. Il comprend un cadre supérieur (trois classes de commis principaux, cinq classes de commis et deux catégories de commis stagiaires) et un cadre secondaire

---

(1) Les trois premiers de ces fonctionnaires sont donc les seuls qui exercent à titre exclusif l'emploi d'inspecteur. En outre, il est possible que la création récente de l'emploi de chef local du Service de l'Enseignement entraîne la suppression de ceux d'inspecteur-lettres et d'inspecteur-sciences, et aussi celle de l'inspecteur des écoles normales (voir ci-après début du § 4 - note 2).

une classe de secrétaires principaux hors classe, quatre classes
e secrétaires principaux, six classes de secrétaires et une classe
e secrétaires stagiaires). Les agents du cadre supérieur sont
ommés et promus par le Gouverneur Général sur la proposi-
on du Directeur de l'Instruction publique, ceux du cadre secon-
aire par le Directeur de l'Instruction publique. Les conditions
e recrutement et de stage des secrétaires stagiaires et des commis
e 5e et de 4e classes sont les mêmes que pour le personnel
digène des administrations provinciales ( voir chapitre V –
t. 1 - § 2 ).

B) — *Chefs locaux du Service de l'Enseignement.* — Un
rrêté du 15 avril 1924 a créé auprès de chaque Chef d'Admi-
istration locale et placé sous son autorité immédiate un fonc-
onnaire qui prend le titre de *chef local du Service de l'Enseigne-
ent* et dirige, tout en restant soumis au contrôle technique
u Directeur de l'Instruction publique, les établissements qui dans
haque pays relèvent du Gouverneur ou du Résident Supérieur,
est-à-dire les établissements d'enseignement primaire, primaire
périeur, complémentaire (y compris les écoles normales et le
ollège Chasseloup-Laubat) et professionnel. Il est nommé par
e Gouverneur Général, sur la proposition concertée du Chef de
Administration locale et du Directeur de l'Instruction publique,
armi les agrégés, les licenciés ou les titulaires du certificat
aptitude au professorat des écoles normales, les uns et les
utres devant avoir dix années de services dans l'enseignement
étropolitain ou colonial (dont au moins trois en Indochine)
t les licenciés et certifiés devant en outre avoir le grade de
rofesseur principal du 2e degré.
Le chef local du Service de l'Enseignement a sous sa direc-
on dans chaque pays tout le personnel de l'Instruction publi-
ue, à l'exception de celui en service dans les écoles supérieures
t au Lycée Albert-Sarraut, et il propose au Chef de l'Adminis-
ation locale l'affectation de ce personnel aux divers établisse-
ents placés sous son autorité. Il cumule les attributions qui,
vant l'arrêté susvisé du 15 avril 1924, étaient réparties dans
aque pays entre l'ancienne « direction de l'enseignement
rimaire » et l'ancien « bureau de l'enseignement », c'est-à-dire
ue: d'une part et en ce qui concerne les établissements du 1er
egré, il contrôle toutes les écoles publiques ou privées, dispose

de tout le personnel officiel qui leur est affecté et organise l
sessions des examens français et franco-indigènes de son resso
d'autre part et en ce qui concerne les établissements du 2ᵉ deg
relevant de son action, il étudie les questions d'ordre admini
tratif soumises par leurs directeurs au Chef de l'Administratio
locale et en propose la solution ; enfin, il prépare et exécute
budget de son service et doit être consulté sur toutes les mesur
pouvant intéresser son fonctionnement.

Un *inspecteur en chef de l'enseignement primaire*, choisi par
les professeurs de l'enseignement du 2ᵉ degré ayant cinq anné
d'exercice en Indochine et nommé dans les mêmes conditio
que le chef local du Service de l'Enseignement, peut être désign
pour assister ce dernier dans ses diverses attributions et nota
ment dans l'inspection des établissements primaires, primair
supérieurs et complémentaires.

### § 2 — PERSONNEL ENSEIGNANT

Il se subdivise en personnel français et en personnel indigèn

A) — *Personnel français.* — Il se compose : d'une par
d'un cadre local qui actuellement occupe surtout les e
plois de l'enseignement du 1ᵉʳ degré et de l'enseignement profe
sionnel ; d'autre part, de fonctionnaires détachés des cadr
métropolitains de l'Instruction publique (ou même d'autres cadr
métropolitains) et qui actuellement constituent pour plus de l
moitié le personnel des professeurs de l'enseignement du 2ᵉ d
gré. Nous parlerons successivement de ces deux cadres et diron
ensuite quelques mots du certificat d'aptitude pédagogiqu
nécessaire à la titularisation du personnel du 1ᵉʳ degré mais don
l'obtention sur place n'intéresse guère que les agents du cadr
local, ceux du cadre métropolitain ayant déjà obtenu en Franc
ce certificat ou des titres analogues supérieurs.

1º — *Personnel local.* — Il comprend :

Pour l'enseignement du 1ᵉʳ degré, des professeurs principau
et des institutrices principales hors classe et de trois classes, de
professeurs et des institutrices de quatre classes et stagiaires
enfin les unités subsistant encore de l'ancien cadre des institutri
ces auxiliaires, cadre qui est supprimé par voie d'extinction et qu

mprenait des institutrices auxiliaires principales de deux
lasses et des institutrices auxiliaires de quatre classes. L'effectif
ce personnel, fixé pour chaque pays par le Gouverneur Géné-
sur la proposition du Directeur de l'Instruction publique, est
uite réparti par les Chefs d'Administration locale selon les
soins du service.

Pour l'enseignement du 2e degré: d'une part, des professeurs
égés qui doivent être plus spécialement affectés aux établis-
ments de l'enseignement secondaire et peuvent avoir les grades
professeurs principaux agrégés hors classe et de trois classes
de professeurs agrégés de quatre classes; d'autre part, des
fesseurs principaux hors classe et de trois classes, des profes-
urs de quatre classes et stagiaires, des professeurs adjoints
ncipaux hors classe et de trois classes et des professeurs
joints de trois classes. L'effectif de ce personnel est fixé pour
ute l'Indochine par le Gouverneur Général sur la proposition
Directeur de l'Instruction publique, et c'est également le
ef de la colonie qui, sur la proposition du même chef de
rvice, le met à sa disposition pour l'enseignement secondaire
à celle des Chefs d'Administration locale pour les autres parties
l'enseignement du 2e degré. Il est à noter que les professeurs
joints ne font partie qu'à titre subsidiaire du personnel
seignant, les fonctions qu'ils exercent normalement étant celles
surveillant des études dans les établissements secondaires
nçais.

Pour l'enseignement professionnel, des professeurs techniques
ncipaux hors classe et de trois classes, des professeurs
chniques de quatre classes et stagiaires, des chefs d'atelier
ncipaux hors classe et de trois classes et des chefs d'atelier
trois classes et stagiaires. A cet enseignement, dont le
rsonnel est en entier à la disposition des Chefs d'Administra-
n locale, coopèrent aussi, en ce qui concerne les cours de
çais, de mathématiques et de sciences, des professeurs
nçais ou indigènes du 1er et du 2e degrés.

Les divers agents faisant partie à titre permanent des cadres
essus sont nommés et promus par le Gouverneur Général.
nominations au grade de début dans chaque cadre ont lieu
r la proposition du Directeur de l'Instruction publique et
cessitent, entre autres conditions, la possession préalable de
rtains diplômes qui sont: pour les professeurs et institutrices

de 4e classe du 1er degré, le brevet supérieur de l'enseignement primaire et aussi le certificat d'aptitude pédagogique dont nou allons parler ou le même titre métropolitain; pour les professeurs de 4e classe du 2e degré, une licence d'enseignement ou un certificat d'aptitude à l'enseignement des langues vivantes ou au professorat des écoles normales (pour les dames-profeseurs, un certificat d'aptitude à l'enseignement secondaire des jeunes filles); pour les grades de début dans le personnel des professeurs techniques et des chefs d'atelier, certains titres techniques spéciaux. Les promotions sont effectuées sur la proposition du Directeur de l'Instruction publique ou sur celle des Chefs d'Administration locale selon que le personnel intéressé dépend immédiatement de l'un ou des autres, mais dans tous les cas après inscription à un tableau d'avancemen préparé par une commission présidée par le Directeur de l'Instruction publique (1).

Quant au personnel de l'enseignement du 3e degré (enseignement supérieur), il se compose, sous réserve de ce qui sera dit plus tard concernant l'École de Médecine: d'une part, du cadre spécial de directeurs d'écoles supérieures dont nous parlerons au § 5 du présent article; d'autre part, de professeurs titulaire de cinq classes et stagiaires nommés par le Gouverneur Général sur la proposition du Directeur de l'Instruction publique et de chargés de cours désignés par le Directeur de l'Instructio publique pour un laps de temps renouvelable, les uns et le autres étant pris (sauf s'il s'agit de cours de langues ou de cours spéciaux) parmi les membres de l'enseignement supérieur métropolitain, et, à défaut, dans la colonie parmi les professeurs agrégés, les licenciés et assimilés de l'enseignement du 2e degré ayant au moins dix années de services dont cinq en Indochine, enfin les personnes qualifiées par leurs connaissances spéciales. Le cadre des directeurs d'écoles supérieures et celui des professeurs titulaires de l'enseignement supérieur, encore en voie de formation, ne comprennent actuellement qu'un très petit nombre de membres et ce sont des chargés de cours qui assurent encore à peu près exclusivement le service des écoles supérieures autres que l'École de Médecine.

---

(1) Ceci constitue une dérogation, imposée par les termes du décret du 2 mai 1920, aux règles générales concernant la présidence des commissions de classement (voir introduction à la 3e partie § 4 - C - note).

2° — *Personnel métropolitain*. — En plus des agents dont nous venons de parler et qui constituent le personnel français local du service de l'Instruction publique, des fonctionnaires français du service de l'Enseignement métropolitain peuvent être détachés en Indochine dans les conditions prévues tant par un décret du 30 octobre 1902 que par l'article 33 de la loi du 30 décembre 1913, c'est-à-dire pour une période de cinq ans renouvelable, pour y être attachés à un établissement d'instruction publique de la colonie. Ils sont alors rangés pour ordre dans le cadre indochinois comme suit : les membres de l'enseignement primaire, dans le cadre des établissements du 1er degré ; les membres non agrégés de l'enseignement primaire supérieur et de l'enseignement secondaire, dans le cadre des établissements du 2e degré ; les professeurs agrégés, dans le cadre des professeurs agrégés de la colonie. Les avancements que ces fonctionnaires peuvent obtenir dans le cadre indochinois leur sont accordés dans les mêmes conditions que pour le personnel local et ils sont indépendants de leurs promotions dans le cadre métropolitain, ces dernières étant décidées par le Ministre de l'Instruction publique sur la proposition du Ministre des Colonies et après avis du Gouverneur Général et du Comité supérieur consultatif de l'Instruction publique des Colonies.

Des fonctionnaires provenant d'un cadre métropolitain quelconque autre que celui de l'Enseignement peuvent également être détachés de ce cadre pour compléter en cas de besoin les cadres locaux des directeurs ou des professeurs de l'enseignement supérieur, à condition toutefois qu'ils remplissent les conditions exigées dans la colonie pour le recrutement de ces derniers cadres, dans lesquels ils sont alors rangés pour ordre selon une correspondance de grade fixée par le Gouverneur Général (arrêté du 13 décembre 1923).

Comme nous l'avons dit, le personnel enseignant des établissements du 2e degré est actuellement métropolitain pour plus de la moitié.

3° — *Certificat d'aptitude pédagogique*. — Les membres du personnel français du 1er degré de l'enseignement public indochinois, et aussi les membres français de l'enseignement privé, peuvent, à la triple condition d'avoir au moins 20 ans, d'être titulaires au moins d'un brevet de capacité de l'enseignement primaire et d'avoir déjà enseigné pendant au moins deux ans (y compris le temps ayant pu être passé dans une école normale ou un cours normal), obtenir après examen un certificat d'aptitude pédagogique délivré par le Directeur de l'Instruction publique, qui prononce l'admission définitive des candidats. L'examen, qui a lieu au début de chaque année dans les centres et à la date fixés par le Directeur de l'Instruction publique, comporte une épreuve écrite éliminatoire, une épreuve pratique et une épreuve orale. La première est subie dans chaque pays sous la surveillance d'une commission locale présidée par le chef local du Service de l'Enseignement et comprenant quatre professeurs désignés par le Chef d'Administration locale intéressé et elle est corrigée par une commission centrale composée de cinq membres, pour la plupart de grade élevé, du corps enseignant sous la présidence du Directeur de l'Instruction publique, lequel fait en outre partie de droit des commissions locales. Les deux autres épreuves sont subies devant les commissions locales.

B) — *Personnel indigène*. — Les Indigènes ne sont admis en principe dans le corps enseignant que pour l'enseignement primaire (donné dans les écoles franco-indigènes du 1er degré), l'enseignement complémentaire (donné dans certaines écoles franco-indigènes du 2e degré) et l'enseignement professionnel.

Pour l'enseignement primaire, le personnel indigène comprend : d'une part, des instituteurs et des institutrices hors classe, principaux de deux classes, titulaires de huit classes et stagiaires; d'autre part, des moniteurs et des monitrices titulaires de huit classes et stagiaires. Tous ces agents sont nommés et promus par le Chef de l'Administration locale sur la proposition du chef local du Service de l'Enseignement. Pour entrer comme stagiaire dans le cadre indigène des instituteurs ou institutrices, il faut, entre autres conditions, être titulaire du brevet élémentaire au titre français ou du diplôme d'études complémentaires franco-indigènes. Pour entrer comme stagiaire dans le cadre des moniteurs ou monitrices, il faut, entre autres conditions, avoir au moins le certificat d'études primaires franco-indigènes.

Pour l'enseignement complémentaire, le personnel indigène enseignant comprend des hommes ou dames professeurs principaux de trois classes, professeurs de quatre classes et professeurs stagiaires. Ces agents sont nommés et répartis entre les divers pays par le Gouverneur Général sur la proposition du Directeur de l'Instruction publique. Les nominations au grade de stagiaire sont faites parmi les élèves diplômés de l'École supérieure de Pédagogie et, pour les dames, parmi les candidates pourvues du diplôme de l'École supérieure de Pédagogie, du brevet supérieur ou du baccalauréat ; les stagiaires doivent accomplir au moins un an de stage dans une école dirigée par un directeur français pour pouvoir être proposés pour la titularisation. Les promotions ont lieu par arrêté du Gouverneur Général, soit à l'ancienneté, soit au choix après inscription sur un tableau d'avancement établi par une commission de cinq membres, dont deux au moins indigènes, présidée par le Directeur de l'Instruction publique (1).

Pour l'enseignement professionnel, le personnel indigène comprend des moniteurs hors classe, principaux de deux classes, titulaires de cinq classes et stagiaires. Ces agents sont nommés par le Chef de l'Administration locale, sur la proposition du directeur de l'école intéressée (2), parmi les anciens élèves des écoles professionnelles ayant exercé pendant deux ans au moins après leur sortie de l'école et parmi les bons ouvriers des spécialités du fer ou du bois ou des diverses spécialités des industries d'art. Ces nominations ont toujours lieu à titre temporaire, et c'est seulement au bout de deux ans que l'intéressé peut être titularisé, s'il a donné satisfaction.

### § 3 — ENSEIGNEMENT GÉNÉRAL DU 1er DEGRÉ

L'enseignement du 1er degré, qui est essentiellement gratuit, est donné dans des écoles françaises et dans des écoles franco-indigènes. La surveillance générale de ces écoles est assurée par les chefs de province et leurs délégués français ou indigènes.

---

(1) La partie des instructions du Gouverneur Général du 15 avril 1924 relative à l'établissement des listes de propositions concernant seulement les personnels français et l'article 231 du Code de l'Instruction publique n'ayant pas été modifié, il faut en conclure que les professeurs indigènes de l'enseignement complémentaire doivent être proposés pour l'avancement, non par le Chef de l'Administration locale qui pourtant propose les professeurs français du même enseignement, mais comme par le passé par le Directeur de l'Instruction publique. C'est là une singulière anomalie.

(2) Il semble que, depuis l'arrêté du 15 avril 1924 portant création de l'emploi de chef local du Service de l'Enseignement, le droit de proposition en la matière doive à l'avenir être réservé à ce fonctionnaire. Cependant, la disposition du règlement général de l'enseignement professionnel qui l'accorde au directeur de l'école intéressée n'a pas été modifiée.

Leur inspection technique est exercée : à titre permanent par le directeur français de l'école de plein exercice du chef-lieu et, dans les provinces dépourvues de directeur français, par des inspecteurs primaires indigènes nommés par le Chef de l'Administration locale sur la proposition du chef local du Service de l'Enseignement et choisis parmi les élèves diplômés de l'École supérieure de Pédagogie ; à titre occasionnel, par des fonctionnaires spécialement délégués par le chef local du Service de l'Enseignement pour une tournée d'inspection déterminée. Cette même inspection constitue d'autre part la principale fonction de l'inspecteur en chef de l'enseignement primaire adjoint au chef local du Service de l'Enseignement.

Nous parlerons successivement de ces deux catégories d'écoles et ensuite des groupes scolaires qui peuvent les réunir.

A) — *Écoles françaises.* — Ce sont des écoles maternelles et des écoles primaires élémentaires. Elles ne doivent admettre que des élèves européens (toutefois, provisoirement, l'école Norodom de Phnom-Penh reçoit aussi des filles indigènes). Leur personnel enseignant doit être exclusivement français. Les unes et les autres peuvent dans les centres peu peuplés recevoir à la fois des garçons et des filles (on les appelle alors *écoles mixtes*).

Les *écoles maternelles* ne sont pas à proprement parler des établissements d'instruction, ou au moins l'instruction qu'elles dispensent est-elle très rudimentaire. Aucune règlementation générale n'a été prise à leur sujet et il n'en existe actuellement que deux : une autonome à Saigon et une annexée à l'école primaire de jeunes filles de Hanoi.

Les *écoles primaires élémentaires*, qui peuvent être établies dans chaque grande ville ou chef-lieu de province, sont ouvertes aux enfants de 6 à 13 ans. Leurs programmes d'études sont les mêmes que ceux des écoles similaires métropolitaines. Ces études conduisent normalement à l'obtention du *certificat d'études primaires élémentaires* (titre français) tel qu'il est règlementé dans la métropole. Des examens pour l'obtention de ce certificat, examens auxquels peuvent se présenter tous les enfants européens âgés au moins de 12 ans, ont lieu le dernier mois de chaque année scolaire à Hanoi, Haiphong, Hué, Tourane, Saigon et Phnom-Penh devant une commission nommée par le

Chef de l'Administration locale sur la proposition du chef local du Service de l'Enseignement et présidée par ce dernier. Ils comportent deux séries d'épreuves: la première série, qui a lieu à huis-clos et est éliminatoire, comporte quatre épreuves écrites, dont une sert d'épreuve d'écriture courante, et une épreuve de dessin; la seconde série, qui est publique, comporte quatre épreuves orales et un exercice de gymnastique.. Les certificats d'études primaires élémentaires sont délivrés par le Chef de l'Administration locale.

Sans compter les classes primaires élémentaires annexées au Lycée Albert-Sarraut, au Collège Chasseloup-Laubat et aux écoles primaires supérieures de jeunes filles de Hanoi et de Saigon, il existait fin 1923 en Indochine 24 écoles primaires élémentaires, presque toutes mixtes, réparties comme suit: 12 au Tonkin dont deux à Haiphong (école Henri-Rivière pour les garçons et un autre établissement pour les filles) et les autres à Bac-ninh, Dap-câu, Phu-lang-thuong, Nam-dinh, Thai-binh, Ninh-binh, Lang-son, Tuyên-quang, Son-tây et Hongay; 9 en Annam à Thanh-hoa, Vinh, Dông-hà, Huê, Tourane, Faifo, Qui-nhon, Nha-trang et Phan-thiêt; une à Saigon (école Simon-Jean), qui d'ailleurs n'est pas à proprement parler française, car elle ne reçoit que de jeunes indiens; une à Phnom-penh (école Norodom); une à Vientiane, comprenant aussi des classes maternelles.

B) — *Écoles franco-indigènes*. — Les écoles franco-indigènes du 1er degré, réservées aux indigènes et assimilés, comprennent des écoles primaires communales de garçons et des écoles primaires de jeunes filles. Ce sont en principe des externats, mais la règlementation a prévu que des pensionnaires et des demi-pensionnaires payants pourraient éventuellement être reçus dans certains de ces établissements.

Sauf concours financier pouvant parfois leur être accordé par les budgets locaux ou provinciaux, les *écoles communales* sont en principe à la charge des villages. Il doit régulièrement y en avoir au moins une dans chaque commune comptant plus de 500 contribuables. Le programme complet des études qui peuvent y être faites, c'est-à-dire le cycle primaire, est réparti en cinq cours (enfantin, préparatoire, élémentaire, moyen et supérieur), mais ces cinq cours ne sont pas tous professés dans toutes les écoles communales. Celles où un, deux ou trois de ces cours seulement sont professés sont dites *écoles primaires élémentaires*; le véhicule de l'enseignement y est exclusivement la langue indigène, ce qui d'ailleurs n'empêche pas que le français est enseigné comme langue vivante dans la plupart de ces écoles, et l'enseignement en pays annamite des caractères chinois y est facultatif. Celles où le cycle primaire complet est suivi sont dénommées *écoles primaires de plein exercice*, l'enseignement y est donné exclusivement en français dans les deux derniers cours, un examen de passage y est nécessaire pour être admis du cours moyen au cours supérieur, enfin l'enseignement des caractères chinois est obligatoire dans quelques-unes d'entre elles spécialement désignées par le Chef de l'Administration locale (en pays annamite seulement). La répartition des écoles communales en écoles primaires élémentaires et en écoles primaires de plein exercice fait l'objet de décisions du Chef de l'Administration locale prises sur la proposition du chef local du Service de l'Enseignement et après consultation des conseils provinciaux ou d'arrondissement, mais il doit y avoir au moins une école de plein exercice au chef-lieu de chaque province.

Les *écoles primaires de jeunes filles* sont organisées en principe sur les mêmes bases que les écoles communales de garçons. En règle générale, il doit y avoir une école de plein exercice de cette catégorie dans chaque chef-lieu de province; toutefois, en cas d'insuffisance de la population scolaire, cette école peut être réunie à l'école similaire de garçons pour constituer avec cette dernière une école mixte, mais les classes doivent être faites séparément, excepté au cours enfantin.

Les directeurs, directrices et adjoints des écoles franco-indigènes du 1er degré sont désignés par le chef local du Service de l'Enseignement parmi le personnel enseignant indigène, sous cette réserve que, autant que possible (nous verrons plus bas que cela n'a pas encore été possible pour la plupart des écoles élémentaires), les écoles élémentaires à plusieurs classes doivent être dirigées par des instituteurs ou institutrices titulaires, diplômés d'une école normale ou d'un cours normal, et les écoles de plein exercice, à défaut de maître français, par un professeur titulaire indigène diplômé de l'École supérieure de Pédagogie. Quant aux moniteurs et monitrices, ils doivent plus spécialement être chargés des trois premiers cours du cycle primaire, mais ils peuvent aussi diriger exceptionnellement des écoles élémentaires. Enfin les maîtres de caractères chinois en pays annamite, dans les écoles où cet enseignement est donné, peuvent être recrutés parmi les giáo-thụ et huấn-đạo, les cử-nhân et tú-tài, les diplômés de l'enseignement complémentaire ayant subi l'épreuve de lettres chinoises et, exceptionnellement, parmi les lettrés des divers services publics.

L'enseignement franco-indigène du 1er degré conduit normalement à l'obtention du *certificat d'études primaires franco-indigènes*, auquel peuvent se présenter tous les indigènes âgés de 13 ans révolus pour les garçons et de 14 ans pour les filles et auquel doivent obligatoirement se présenter tous les élèves du cours supérieur des écoles primaires de plein exercice. L'examen a lieu en fin de chaque année scolaire, au chef-lieu de chaque pays et éventuellement dans d'autres centres désignés par le Chef de l'Administration locale, devant une commission dont la composition est fixée par ce haut fonctionnaire sur la proposition du chef local du Service de l'Enseignement et qui, présidée par ce dernier, a pour vice-président un directeur français ou une directrice française d'école primaire et comme membres un fonctionnaire français appartenant à un service autre que celui de l'Instruction publique et des membres français ou indigènes du personnel enseignant en nombre variable suivant le nombre des candidats. Cet examen, dont le programme est celui du cours supérieur du cycle primaire, comprend cinq épreuves écrites éliminatoires, dont une varie selon qu'il s'agit des garçons ou des filles, et cinq épreuves orales. Les certificats d'études primaires sont délivrés par les Chefs d'Administration locale et contresignés par le chef local du Service de l'Enseignement. Ce titre ne suffit à donner accès qu'à un petit nombre d'emplois subalternes que comporte l'organisation de certains services publics.

En fin de 1923, il existait 3116 écoles franco-indigènes du 1er degré dont 2910 primaires élémentaires (1048 au Tonkin, 979 en Cochinchine, 788 en Annam, 60 au Cambodge et 35 au Laos) et 206 de plein exercice (89 au Tonkin, 61 en Cochinchine, 30 en Annam, 17 au Cambodge et 9 au Laos), ces dernières fonctionnant presque toutes dans les centres urbains. Ces écoles étaient fréquentées par 175.102 élèves, dont 47.695 pour les écoles de plein exercice, et sur ce nombre on comptait 16.000 filles dont plus de 6.000 pour les écoles de plein exercice. La qualité du personnel enseignant, malheureusement, est encore insuffisante : on ne comptait en effet que 891 instituteurs et institutrices contre 2457 moniteurs et monitrices et 1711 agents temporaires n'appartenant à aucun cadre régulier (notamment, au Tonkin, les instituteurs cantonaux ou tông-su de l'ancienne formation), en sorte que la plupart des écoles primaires élémentaires ont dû jusqu'ici être dirigées par de simples moniteurs.

C) — *Groupes scolaires.* — Dans chaque chef-lieu de province, l'enseignement primaire doit être donné en principe sous la direction d'un maître français qui, comme nous l'avons vu, est alors chargé de l'inspection permanente de toutes les écoles du 1er degré de la province et auquel est adjoint en ce cas un professeur indigène diplômé de l'École supérieure de Pédagogie.

En outre, lorsque dans un même chef-lieu il y a plusieurs écoles primaires de plein exercice ou primaires élémentaires, elles peuvent être réunies en un *groupe scolaire* dont la direction doit être confiée à un maître français et, à défaut seulement, à un maître indigène. Lorsque ce directeur est français, le groupe peut comprendre également l'école primaire élémentaire française du chef-lieu. Il a été ainsi formé des groupes scolaires : à Hanoi (où il en existe trois), à Haiphong et dans dix provinces du Tonkin ; à Huê et dans quatre provinces de l'Annam ; à Saigon, à Cholon et dans toutes les provinces de la Cochinchine sauf encore Baria et Hatiên.

### § 4 — Enseignement général du 2me degré

Comme nous l'avons déjà dit, les divers établissements scolaires où il est dispensé sont placés sous l'autorité administrative du Gouverneur ou Résident Supérieur intéressé et sous le contrôle technique du Directeur de l'Instruction publique, sauf toutefois en ce qui concerne le Lycée de Hanoi, lequel ne relève à tous points de vue que du Directeur de l'Instruction publique.

Le proviseur du Lycée de Hanoi est désigné par le Gouverneur Général sur la proposition du Directeur de l'Instruction publique. Il en était de même antérieurement pour les directeurs et directrices des autres établissements du 2me degré, mais les termes tout-à-fait formels des instructions du Gouverneur Général du 15 avril 1924 indiquent qu'à l'avenir ils devront être désignés par le Chef de l'Administration locale intéressée sur la proposition de son chef local du Service de l'Enseignement (1). Ce personnel de direction est choisi parmi certaines catégories élevées du corps enseignant français, catégories variant selon les emplois mais ne devant pas descendre, en principe, au-dessous du grade de professeur de 1$^{re}$ classe du 2$^{me}$ degré.

L'inspection des établissements du 2$^{mo}$ degré est assurée en permanence, au point de vue technique et professionnel, par les inspecteurs de l'Instruction publique adjoints au Directeur de ce service (2). En ce qui concerne leur fonctionnement général, le Chef d'Administration locale intéressé peut toujours les visiter ou les faire visiter par un administrateur délégué par lui, et cela même s'il s'agit d'un établissement d'enseignement secondaire entretenu par le budget général (le Lycée de Hanoi est seul actuellement dans ce cas) (3). En outre, dans chacun de ces établissements comportant un internat, le bon fonctionnement du régime économique est contrôlé par un *conseil d'administration* spécial, se réunissant en séance ordinaire tous les trimestres, présidé par un administrateur des Services Civils qui pour le Lycée de Hanoi est désigné par le Gouverneur Général et doit

---

(1) Ces instructions ont eu en effet pour suite l'abrogation pure et simple, par arrêté du 25 avril 1924, de l'article 209 du Code de l'Instruction publique, article selon lequel ces désignations étaient faites sur la proposition du Directeur de l'Instruction publique.

(2) En droit, cette disposition de l'article 160 du Code de l'Instruction publique n'a pas été modifiée à la suite de la parution de l'arrêté susvisé du 15 avril 1924, et nous estimons qu'il n'y aurait pas eu de raisons pour qu'elle le fût, car l'institution des chefs locaux du Service de l'Enseignement n'a pu enlever au Directeur de l'Instruction publique l'attribution, qu'il tient du décret du 2 mai 1920, consistant à exercer un contrôle technique et professionnel sur les établissements du 2$^e$ degré relevant des Chefs d'Administration locale. En fait, ladite disposition deviendra à peu près lettre morte si la suppression des postes d'inspecteur de l'ordre des lettres, inspecteur de l'ordre des sciences et inspecteur des écoles normales est ultérieurement décidée, ainsi qu'il en a été question, pour ce motif que ces fonctions feraient désormais double emploi avec les attributions conférées aux chefs locaux du Service de l'Enseignement par l'arrêté du 15 avril 1924 : l'inspecteur adjoint au Directeur de l'Instruction publique, qui serait ainsi seul conservé, ne saurait en effet suffire à assurer, outre son emploi propre, l'inspection des établissements du 2$^e$ degré.

(3) Il est très contesté que ce droit de visite appartienne au Résident Supérieur au Tonkin en ce qui concerne le Lycée de Hanoi. Il est certain en effet que cet établissement, qui jouit d'un statut spécial, ne relève à tous égards que du Directeur de l'Instruction publique. Mais il en a toujours été ainsi, et d'autre part l'article 215 du Code de l'Instruction publique, qui prévoit ledit droit de visite, ne fait aucune distinction à ce point de vue entre les divers établissements du 2$^e$ degré. Or cet article n'a pas été modifié.

être de 1re classe et comprenant comme membres le proviseur ou directeur de l'établissement, son économe (sauf au Lycée de Hanoi), son professeur le plus élevé en grade et deux notables, l'un français et l'autre indigène, ayant un enfant dans l'établissement (pour les écoles normales de garçons ou de filles, ce conseil comprend aussi, comme vice-président, le chef local du Service de l'Enseignement du pays). Enfin il existe : dans chacun des mêmes établissements, mais seulement lorsque sa population scolaire atteint 250 élèves s'il s'agit d'une école française ou 500 élèves s'il s'agit d'une école réservée aux indigènes, un poste de *surveillant général* (ou surveillante générale), sans préjudice d'un poste de *censeur* spécial au Lycée de Hanoi ; dans chaque établissement du 2me degré sans exception, un *conseil de discipline* chargé d'assurer le maintien de l'ordre et de la discipline et comprenant, sous la présidence du directeur, le censeur ou le surveillant général ou plus ancien surveillant et un certain nombre de professeurs.

Il n'y a pas lieu de subdiviser l'enseignement du 2e degré, comme celui du 1er degré, en écoles françaises et écoles franco-indigènes, car les élèves indigènes sont admis dans tous ses établissements. Par contre on peut le subdiviser, d'après la nature et l'étendue des connaissances qu'il dispense, en enseignement primaire supérieur français, enseignement complémentaire franco-indigène, enseignement secondaire français et enseignement secondaire local.

A) — *Enseignement primaire supérieur français.* — Il est donné dans des écoles de garçons ou de filles, dites *écoles primaires supérieures*, qui sont instituées par le Gouverneur Général sur la proposition des Chefs d'Administration locale et l'avis du Directeur de l'Instruction publique. Ces écoles, qui comportent le régime de l'internat et celui de l'externat et qui reçoivent des élèves payants et des boursiers, sont en principe françaises. Toutefois, des élèves indigènes peuvent y être admis à titre supplémentaire, mais seulement comme payants et dans la limite d'un contingent fixé par le Chef de l'Administration locale.

Les programmes de ces écoles sont les mêmes que ceux fixés par l'arrêté ministériel du 18 août 1920 pour les écoles similaires de la métropole, plus les matières nouvelles (langue annamite, géographie et histoire locales, etc) introduites au programme des examens français en Indochine. Elles comportent un cycle primaire élémentaire auquel sont admis les écoliers ayant plus de 6 ans et moins de 14 ans et un cycle primaire supérieur de trois années recevant ceux n'ayant pas dépassé 18 ans. On ne peut donc pas dire que ces établissements ressortissent exclusivement au 2e degré, car le cycle inférieur de leurs études donne le même enseignement que celui dispensé dans les écoles primaires élémentaires françaises.

Les études faites dans le cycle supérieur des écoles primaires supérieures peuvent conduire à l'obtention : soit de l'un des deux brevets de capacité de l'enseignement primaire, lesquels sont le brevet élémentaire et le brevet supérieur ; soit du brevet d'enseignement primaire supérieur (1). Ce dernier titre est délivré par le Gouverneur Général sur la proposition du Directeur de l'Instruction publique. Les brevets de capacité de l'enseignement primaire sont délivrés par le Recteur de l'Académie de Paris, après déclaration d'admission définitive des candidats prononcée par le Ministre de l'Instruction publique.

Pour le *brevet élémentaire*, auquel chacun peut se présenter à partir de 15 ans, les examens ont lieu annuellement à Hanoi, Saigon et Phnom-Penh, devant une commission nommée par le Directeur de l'Instruction publique, présidée par un fonctionnaire de l'enseignement du 2e degré ou de l'enseignement supérieur et comprenant au moins huit professeurs du 2e degré en service dans les cours normaux français et écoles primaires supérieures françaises ou dans les écoles normales et complémentaires franco-indigènes. Les épreuves comprennent une première série éliminatoire de cinq épreuves écrites et une deuxième série de huit ou neuf épreuves (selon qu'il s'agit d'aspirants ou d'aspirantes) pour la plupart orales. — Pour le *brevet supérieur*, auquel seuls peuvent se présenter à partir de 17 ans les titulaires d'un diplôme au moins égal au brevet élémentaire, les examens ont lieu annuellement à Hanoi et à Saigon devant une commission nommée, présidée et composée comme la précédente. Il comporte une

---

(1) A proprement parler, les écoles primaires supérieures, considérées en tant que telles, ne préparent qu'au brevet élémentaire et au brevet d'enseignement primaire supérieur. Quant au brevet supérieur de l'enseignement primaire, il représente la consécration des études suivies dans les cours normaux qui sont annexés aux deux écoles primaires supérieures de filles dont nous parlerons plus loin et qui couronnent l'enseignement donné dans ces établissements.

première série éliminatoire de cinq épreuves écrites et une deuxième série de seize épreuves orales ou pratiques. — Enfin les examens pour le *brevet d'enseignement primaire supérieur* peuvent être affrontés par les candidats âgés de 15 ans au moins et ont lieu annuellement à Hanoi et à Saigon (et, éventuellement à Hué et à Phnom-Penh si le nombre des candidats l'exigeait) devant une commission nommée et présidée comme les deux précédentes et comprenant cinq membres choisis parmi les directeurs ou professeurs des collèges ou écoles primaires supérieures pourvus d'une licence d'enseignement ou du certificat d'aptitude au professorat des écoles normales (titres pédagogiques métropolitains) ou, à défaut, parmi les professeurs ou institutrices pourvus du brevet supérieur. Les épreuves sont écrites (quatre compositions), orales et pratiques, soit trois séries dont la première est éliminatoire.

En plus de la session annuelle ordinaire de chacun des trois examens dont nous venons de parler, une session supplémentaire peut être autorisée, pour l'un quelconque d'entre eux (mais seulement à Hanoi ou à Saigon s'il s'agit d'un des brevets de l'enseignement primaire), par le Directeur de l'Instruction publique sur la demande du Chef d'Administration locale intéressé.

Actuellement, il n'existe en Indochine qu'une seule école primaire supérieure de garçons, instituée tout récemment à Hanoi par arrêté du 14 août 1924 et réservée exclusivement aux enfants français. Toutefois, des cours primaires supérieurs de deux années, suivis d'ailleurs par les filles comme par les garçons, sont professés à l'école primaire élémentaire Henri-Rivière de Haiphong depuis le 24 août 1920, et il est question de transformer cet établissement en école primaire supérieure.

Au contraire, il existe dans la colonie deux écoles primaires supérieures de filles, l'une à Hanoi et l'autre à Saigon, depuis longtemps en plein fonctionnement et dans lesquelles l'enseignement général est couronné par des cours normaux dont le programme est celui des écoles normales primaires de France. La population scolaire de ces deux établissements s'est élevée en 1922-23 à 656 élèves dont 404 à Hanoi et 252 à Saigon. Toutefois, sur cet effectif, 104 élèves seulement, dont 67 à Hanoi et 37 à Saigon, relevaient de l'enseignement primaire supérieur proprement dit, les autres appartenant simplement au cycle primaire élémentaire des mêmes établissements, cycle qui comme nous l'avons dit représente en réalité une école primaire élémentaire annexée.

B) — *Enseignement complémentaire franco-indigène.* — Les établissements où il est dispensé sont institués par le Gouverneur Général sur la proposition des Chefs d'Administration locale intéressés et après avis conforme du Directeur de l'Instruction publique. Ils comprennent les écoles complémentaires proprement dites et les écoles normales d'instituteurs et d'institutrices. Les unes et les autres ne reçoivent que des indigènes (toutefois, sur la demande des parents, des cours pour les petits garçons européens ont été récemment ouverts au Collège Sisowath de Phnom-Penh). Elles sont toutes, en principe, à la charge des budgets locaux.

1° — *Écoles complémentaires proprement dites.* — De même que les écoles primaires supérieures, ces établissements ne sont pas exclusivement des écoles du 2ᵉ degré, car un cycle primaire comportant les cinq cours professés dans les écoles primaires franco-indigènes de plein exercice peut être annexé à la base (et est en fait annexé fréquemment) à leur cycle d'études complémentaires, cycle auquel les élèves ne sont admis que s'ils n'ont pas dépassé l'âge de 16 ans et s'ils sont titulaires du certificat d'études primaires.

Le régime de ces écoles comporte l'externat, le demi-pensionnat et l'internat et les élèves peuvent être payants ou boursiers, mais les bourses pour le cycle complémentaire ne sont accordées qu'au concours et sont réservées aux candidats provenant des écoles primaires publiques ou des établissements de certaines sociétés d'enseignement contrôlées par l'Administration. Les études constituant ce dernier cycle, qui seul constitue l'école complémentaire proprement dite, sont réparties en quatre cours d'une année chacun et ont pour objet d'une part de familiariser parfaitement les élèves avec la langue française, d'autre part de leur faire acquérir un bagage de connaissances scientifiques ou spéciales suffisant pour leur permettre de se préparer à des études plus élevées.

Le seul brevet sanctionnant normalement les études complémentaires franco-indigènes est le *diplôme d'études complémentaires* qui peut être postulé par tout indigène ayant au moins 17 ans et qui est obtenu à la suite d'un examen ayant lieu une fois par an (sauf session supplémentaire pouvant être exceptionnellement autorisée) au chef-lieu de chaque pays devant une commission nommée par le Directeur de l'Instruction publique, présidée par un fonctionnaire de l'enseignement du 2ᵉ degré ou de l'enseignement supérieur et comprenant un certain nombre de membres français et indigènes de l'enseignement, plus deux ou trois fonctionnaires français appartenant à d'autres services, plus aussi, au Tonkin, en Annam et au Cambodge, un haut fonctionnaire indigène. Les épreuves comportent une première série éliminatoire de huit épreuves écrites et une deuxième série de neuf épreuves orales dont trois facultatives. La 6ᵉ épreuve écrite et l'une des épreuves orales facultatives n'existent que dans les pays annamites et portent sur les caractères chinois qui, dans les écoles complémentaires de ces pays, sont enseignés par des professeurs spéciaux recrutés parmi les đốc-học et giáo-thụ des anciens cadres de l'enseignement indigène et, à défaut, parmi les cử-nhân et tiến-sĩ. Les diplômes d'études complémentaires sont délivrés par le Gouverneur Général et contresignés par le Directeur de l'Instruction publique. Ils donnent accès, concurremment avec le brevet de l'enseignement primaire supérieur, aux cadres secondaires des diverses administrations et services publics de la colonie.

Il existe actuellement en Indochine onze écoles complémentaires de garçons (3 au Tonkin, 3 en Cochinchine, 3 en Annam, 1 au Cambodge et 1 au Laos) et trois écoles complémentaires de filles (à Hanoi, Saigon et Huê). Toutefois, neuf d'entre elles seulement possèdent dès maintenant les quatre cours complémentaires et sont par suite en plein fonctionnement. Ce sont: au Tonkin, le Collège du Protectorat à Hanoi et les établissements de Haiphong et de Nam-dinh, ces derniers n'ayant pas encore reçu officiellement la dénomination de collèges mais fonctionnant comme tels depuis 1921; en Cochinchine, le Collège Chasseloup-Laubat (section indigène) et le Collège des jeunes filles indigènes, tous deux à Saigon; en Annam, le Collège Quôc-hoc à Huê, le Collège de Vinh (arrêté du 26 décembre 1923) et le Collège Dông-Khanh à Huê (arrêté du 22 septembre 1923), ce dernier étant réservé aux filles; au Cambodge, le Collège Sisowath à Phnom-penh. Quant aux cinq autres, à savoir les Collèges de garçons de My-tho, Cân-tho, Qui-nhon et Vientiane et l'Institution des jeunes filles indigènes de Hanoi, le cycle complémentaire n'y est pas encore entièrement organisé.

En 1922-23, l'effectif réuni de toutes ces écoles a été de 3008 élèves dont 652 filles. Toutefois, il convient de défalquer de ce total 1.100 élèves environ, partagés à peu près par moitié entre les garçons et les filles, inscrits simplement au cycle primaire, en sorte que l'enseignement complémentaire proprement dit était dispensé à 1.900 élèves environ.

2° — *Écoles normales*. — Les écoles normales d'instituteurs et d'institutrices, dont le régime est celui de l'internat gratuit, ont pour but de former des maîtres et des maîtresses indigènes. Leur recrutement se fait par un concours d'admission, dont le jury est formé par le personnel de l'école normale et présidé par son directeur ou sa directrice, ouvert aux candidats âgés de 18 ans au plus, pourvus du certificat d'études primaires et s'engageant par écrit à servir pendant dix ans au moins dans l'enseignement public. Le programme des études est celui des écoles complémentaires, complété par des notions de psychologie appliquée à l'éducation. Leur durée est aussi de quatre ans, avec un examen de passage à la fin de chacune des trois premières années. A l'achèvement de la quatrième année, les élèves subissent un examen de sortie et en outre doivent se présenter à l'examen du diplôme d'études complémentaires. Ceux qui ont réussi à ces deux examens reçoivent un diplôme portant la rubrique « *mention d'études de pédagogie* » et peuvent soit être autorisés à suivre les cours de l'enseignement secondaire local en vue de leur entrée à l'École supérieure de Pédagogie soit être nommés instituteurs titulaires de 8e classe. Ceux qui ont satisfait uniquement à l'examen de sortie sont nommés moniteurs titulaires de 8e classe.

Des écoles normales fonctionnant dans les conditions que nous venons de décrire doivent être créées progressivement à raison de deux dans chaque pays de l'Union, mais pour le moment il n'en existe que deux pour les garçons à Hanoi et à Saigon et deux pour les filles dans les mêmes villes, celle de Saigon ayant été créée par arrêté du 25 juillet 1923. Pendant l'année scolaire 1922-23, l'effectif des deux écoles normales d'instituteurs a été de 336 élèves (110 à Hanoi et 226 à Saigon) et celui de l'école normale d'institutrices de Hanoi, la seule qui existât à l'époque, de 49 élèves.

En attendant la création des autres écoles normales prévues

par le règlement et en vue d'y suppléer provisoirement (à noter que deux de ces établissements, un pour les garçons et un pour les filles, sont actuellement en voie de formation à Hué), des *cours normaux de préparation pédagogique* peuvent être créés à titre transitoire au chef-lieu des divers pays de l'Union, où ils sont alors annexés à une école normale ou, à défaut, à une école complémentaire. Pour y être admis, il faut avoir moins de 22 ans et posséder le diplôme d'études complémentaires ou le brevet élémentaire, sauf certaines exceptions à cette dernière condition transitoirement admises par arrêté du 10 novembre 1923 en faveur des candidats à la section normale du Collège Sisowath. Le régime est celui de l'internat gratuit. La durée du cours normal est d'une année, pendant laquelle le temps des élèves est à peu près également réparti entre le perfectionnement de leurs connaissances générales et leur préparation professionnelle théorique et pratique. L'année se termine par un examen professionnel subi par les élèves devant leurs professeurs, comportant une composition française sur un sujet de morale ou d'éducation et une épreuve pratique qui consiste en une classe de trois heures faite à l'un des cours d'une école primaire. Les élèves reçus sont ensuite nommés instituteurs de 8e classe.

Ajoutons dans le même ordre d'idées qu'un cours de moniteurs, d'une durée d'un an, a été institué en septembre 1922 au Collège du Protectorat à Hanoi (il fonctionne actuellement à l'école normale d'instituteurs) et que des cours analogues ont depuis été créés à Nam-Dinh, Thai-Binh et Sontay.

C) — *Enseignement secondaire.* — Il comprend l'enseignement secondaire français et l'enseignement secondaire local et est dispensé en Indochine : en ce qui concerne l'enseignement secondaire français, par le Lycée de Hanoi (ancien Collège Paul-Bert) dont le statut a été fixé par un arrêté du 31 décembre 1918 modifié les 5 octobre 1920, 13 juillet 1921, 12 mai 1923, 26 juillet 1923, 29 septembre 1923, 30 mars et 11 juillet 1924, et auquel un arrêté du 24 juillet 1923 a donné le nom de Lycée Albert Sarraut ; en ce qui concerne l'enseignement secondaire tant français que local, mais seulement depuis les arrêtés des 7 février et 20 juin 1921, par le Collège Chasseloup-Laubat à Saigon ; enfin, en ce qui concerne le seul enseignement secondaire local, par le Collège du Protectorat à Hanoi, dans lequel ledit enseignement, qui antérieurement était donné au Lycée Albert Sarraut, a eté transféré par arrêté du 19 juillet 1924.

Sous réserve que les boursiers ne peuvent être que français, les élèves français et annamites sont admis aux cours de l'enseignement secondaire français, à condition de n'avoir pas dépassé des limites d'âge qui varient de 13 à 20 ans selon les classes et, pour les indigènes, d'avoir satisfait à un examen d'entrée préalable dans chaque classe. Au contraire, les élèves indigènes seuls sont admis comme payants ou comme boursiers, aux mêmes conditions que ci-dessus, aux cours de l'enseignement secondaire local. Ajoutons que des élèves de nationalité étrangère peuvent être admis par le Directeur de l'Instruction publique, après avis de la Direction des Affaires politiques au Gouvernement Général, à suivre les cours du Lycée Albert Sarraut et du Collège Chasseloup-Laubat.

*L'enseignement secondaire français* est donné au Lycée Albert Sarraut et au Collège Chasseloup-Laubat selon les mêmes programmes que dans les lycées métropolitains (décret du 31 mai 1902), sauf que la langue chinoise écrite et parlée y est enseignée en plus et que la géographie de l'Indochine et de l'Asie y fait l'objet d'une étude plus approfondie. Il est divisé en deux cycles, le premier comprenant les classes de sixième, cinquième, quatrième et troisième, le second comprenant les classes de seconde et de première. — Les classes du premier cycle sont divisées chacune en deux sections, l'une avec latin et plus nettement littéraire, l'autre sans latin et plus nettement scientifique. Les élèves qui ont suivi les quatre classes du 1er cycle et ont eu une moyenne suffisante obtiennent un diplôme dit *certificat de fin d'études du premier cycle secondaire* ou encore *diplôme d'études secondaires du 1er degré*. — Les deux classes du second cycle sont divisées chacune en quatre sections A, B, C et D qui préparent respectivement aux divers brevets de capacité correspondant aux quatre séries du baccalauréat de l'enseignement secondaire métropolitain ( latin-grec, latin-langues vivantes, latin-sciences et sciences-langues vivantes). Après avoir satisfait aux épreuves d'un examen auquel quiconque peut se présenter à partir de l'âge de 16 ans, qui a lieu à Hanoi (1) en deux sessions

---

(1) Les épreuves écrites peuvent aussi être subies à Saigon, mais les candidats de cette ville déclarés admissibles doivent se rendre à Hanoi pour y passer l'examen oral.

ânnuelles et dont les épreuves écrites sont éliminatoires, les élèves de 1^re obtiennent la première partie du brevet de capacité et peuvent ultérieurement l'échanger contre le *certificat d'aptitude à la première partie du baccalauréat métropolitain.* Ils rentrent ensuite à leur choix dans l'une ou l'autre des deux classes spéciales de philosophie et de mathématiques et, lorsqu'ils en sortent, ils peuvent, après succès à un nouvel examen organisé dans les mêmes conditions que le précédent mais qui ne peut être subi moins d'un an après ce dernier, obtenir la deuxième partie du brevet de capacité et l'échanger ultérieurement contre le *diplôme de bachelier de l'enseignement secondaire métropolitain.* Le décret du 30 juin 1914, par lequel a été institué en Indochine le brevet de capacité dont nous venons de parler, brevet qui est délivré par le Gouverneur Général et contresigné par le Directeur de l'Instruction publique, a en effet prévu que chacune des deux parties de ce brevet pourrait être échangée, moyennant le paiement de certains droits, contre le certificat d'aptitude à la première partie du baccalauréat métropolitain ou contre ce diplôme complet, lequel donne accès aux cadres supérieurs des diverses administrations et services publics de la colonie.

Il faut ajouter qu'un décret du 3 mai 1923, complété par un arrêté ministériel du 3 décembre suivant, est venu modifier l'organisation ci-dessus exposée en imposant l'étude du latin dans toutes les classes du premier cycle et celle du grec dans les classes de 4^e et 3^e. Cette réforme ne devant être appliquée que progressivement et à partir de la 6^e, et par suite n'intéressant qu'un petit nombre des élèves actuellement en cours d'études secondaires, ses répercussions sont encore lointaines. Il est cependant à prévoir qu'elle entraînera nécessairement à bref délai le renforcement de l'enseignement primaire supérieur au Tonkin, sa création pour les garçons en Cochinchine, et aussi une extension de l'enseignement secondaire local, car il est à présumer que les élèves indigènes préféreront pour la plupart ne pas se mettre à l'étude du latin et du grec.

*L'enseignement secondaire local* est réservé aux élèves indigènes âgés de moins de 23 ans et qui ont obtenu le diplôme d'études complémentaires de l'enseignement franco-indigène, le brevet de l'enseignement primaire supérieur, le brevet élémentaire ou le certificat de fin d'études du 1^er cycle secondaire. Il prépare au *brevet de l'enseignement secondaire indochinois,* lequel, à partir de la rentrée de 1924, doit être exigé, à défaut du baccalauréat français ou du brevet supérieur, pour l'admission dans les écoles de l'enseignement supérieur. Ses programmes sont déterminés par un arrêté du 15 juillet 1918, rendu applicable au Collège Chasseloup-Laubat par arrêté du 7 novembre 1921, et comprennent commme matières d'enseignement la langue française, l'histoire, la géographie, les sciences physiques et naturelles, les sciences mathématiques et le dessin. La durée de la scolarité est de deux années, avec un examen de passage entre la première et la deuxième année. A la fin de cette dernière, les élèves ont à subir les épreuves écrites et orales, les premières étant éliminatoires, qui conduisent à l'obtention du brevet de l'enseignement secondaire indochinois. L'examen a lieu à Hanoi et à Saigon, et, de même que pour le brevet de capacité concernant l'enseignement secondaire français, les dates des deux sessions annuelles sont fixées par le Gouverneur Général et les membres du jury choisi par lui, sur la proposition du Directeur de l'Instruction publique, sur une liste de huit membres pris chaque année parmi les professeurs titulaires des collèges et lycées et les fonctionnaires ou magistrats pourvus de certains diplômes supérieurs.

Pour chacune des deux catégories d'enseignement secondaire, le régime comporte l'internat, le demi-pensionnat, l'externat surveillé et l'externat libre.

Notons en terminant que le Lycée Albert Sarraut et le Collège Chasseloup-Laubat ne sont pas exclusivement des établissements d'enseignement secondaire. Ils comportent en effet également, avant l'entrée dans la classe inférieure du premier cycle secondaire, un cycle d'études primaires élémentaires auquel sont admis les enfants de 9 à 12 ans français ou indigènes (sous réserve, pour ces derniers, d'avoir subi un examen préalable) et qui comprend les classes de onzième (à Chasseloup-Laubat seulement), dixième, neuvième, huitième et septième. L'ensemble de ces classes constitue à Hanoi le petit Lycée tandis que l'on appelle grand Lycée l'ensemble des classes d'enseignement secondaire.

Le nombre total des élèves à admettre tant au Lycée Albert Sarraut qu'au Collège Chasseloup-Laubat est fixé chaque année par le Directeur de l'Instruction publique. En 1922-23, le total de ces élèves ayant suivi les cours secondaires proprement dits, tant à Hanoi qu'à Chasseloup-Laubat, a été de 83 pour l'enseignement secondaire local et de 505, dont 271 français et 234 indigènes, pour l'enseignement secondaire français. Sur ce dernier effectif de 505, les « classiques », c'est-à-dire les élèves inscrits aux sections A, B et C comportant toutes l'étude du latin, étaient au nombre de 166 (dont 139 français et 27 indigènes) et les « modernes » inscrits à la section D au nombre de 339 (dont 132 français et 207 indigènes).

### § 5 — Enseignement général du 3e degré

#### (enseignement supérieur)

C'est un enseignement franco-annamite, organisé par un arrêté du 25 décembre 1918 modifié les 9 novembre 1921, 30 septembre, 28 octobre et 18 novembre 1922, 31 juillet et 13 décembre 1923, 22 avril 1924 et dispensé dans un certain nombre d'*écoles supérieures* qui sont instituées par arrêté du Gouverneur Général pris sur la proposition du Directeur de l'Instruction publique, dont l'ensemble est appelé à constituer l'Université indochinoise et qui se trouvent toutes, à une exception près, à Hanoi. Elles sont toutes placées sous l'autorité supérieure exclusive du Directeur de l'Instruction publique, qui remplit à leur égard les fonctions de Directeur de l'enseignement supérieur.

Chacune de ces écoles spéciales est dirigée par un *Directeur* nommé par arrêté du Gouverneur Général sur la proposition du Directeur de l'Instruction publique. En ce qui concerne l'École de Médecine, il doit être choisi parmi les docteurs en médecine d'État titulaires d'une chaire à cette école. En ce qui concerne les autres écoles, il peut être désigné parmi les membres de l'enseignement supérieur métropolitain pourvus d'une agrégation ou d'un doctorat d'État, les professeurs de l'enseignement supérieur de la colonie, les licenciés ou assimilés de l'enseignement du 2e degré comptant dix années de services effectifs dans l'enseignement public dont cinq au moins en Indochine, enfin les ingénieurs ou autres personnes qualifiées par leurs connaissances particulières. Ces directeurs appartiennent à un cadre spécial qui comporte trois classes. Quant au personnel enseignant, il se compose de professeurs titulaires et de chargés de cours (et en outre, dans certaines écoles, de chefs de travaux pratiques) désignés dans les conditions que nous avons vues au § 2 du présent article et qui, sous la présidence du directeur, forment le

*Conseil de l'École* ayant pour mission de délibérer sur la direction à donner aux études et sur les questions de discipline intérieure et de se prononcer sur l'aptitude des élèves à passer d'une année à l'autre.

Les écoles supérieures reçoivent des élèves boursiers d'internat, des élèves boursiers d'externat et des auditeurs libres.

Les élèves boursiers, qui peuvent recevoir leurs bourses soit du budget général soit des budgets locaux, sont admis entre 18 et 25 ans, par décision du Directeur de l'Instruction publique, dans la limite d'un maximum fixé chaque année par lui et à la suite d'un concours s'il y a lieu ; ils doivent fournir diverses pièces et justifier, sauf pour l'École des Travaux publics, l'École de Commerce et l'École des Sciences appliquées, de la possession de certains diplômes qui, à partir de la rentrée de 1924, doivent être exclusivement : pour l'Ecole de Médecine et de Pharmacie de plein exercice, le baccalauréat métropolitain ; pour les autres écoles, ainsi que pour les autres sections de l'École de Médecine, le brevet supérieur de l'enseignement primaire, le brevet de l'enseignement secondaire indochinois ou le baccalauréat métropolitain. Ils doivent aussi, sauf pour l'École de Commerce, s'engager par écrit, engagement devant être avalisé par leur père ou tuteur, à servir le Gouvernement pendant dix ans au moins après leur sortie de l'école ou à rembourser à l'Administration le prix de la pension dont ils auront joui (8$ par mois pour la première année et 10$ pour les autres en ce qui concerne les boursiers d'internat non bacheliers métropolitains, 20$ pour les boursiers d'internat bacheliers métropolitains, 8$ pour les boursiers d'externat) et éventuellement les frais d'internat et le montant des droits d'inscription et frais d'examens prévus pour certaines sections de l'École de Médecine.

Les auditeurs libres, qui sont tous externes, peuvent se présenter aux examens pour l'obtention des brevets délivrés par les écoles supérieures dans les mêmes conditions que les élèves boursiers.

Chaque année, à la rentrée scolaire, un examen de passage, qui comporte des épreuves écrites et orales et dont les détails sont réglés par le Directeur de l'Instruction publique sur la proposition du Directeur de l'école, doit précéder et conditionner l'admission à l'année suivante. A la fin des études poursuivies dans chaque école, un examen définitif, dont la date est déterminée par le Directeur de l'Instruction publique ainsi que la composition du jury et dont les programmes et conditions varient selon les établissements, est institué pour permettre aux élèves qui en auront subi les épreuves avec succès d'obtenir le *diplôme d'études supérieures* de leur spécialité, diplôme délivré par le Gouverneur Général et contresigné par le Directeur de l'Instruction publique (le tout sous réserve de ce qui sera dit plus loin concernant l'École de Médecine et de Pharmacie de plein exercice). Les diplômés sont ensuite nommés à leurs nouvelles fonctions par arrêté du Gouverneur Général et ils peuvent, d'après leur classement de sortie, choisir le pays ou le service auquel ils désirent être affectés.

Disons maintenant quelques mots de chacune des écoles supérieures existant actuellement en Indochine.

A) — *École de Médecine et de Pharmacie de l'Indochine.* — Cet établissement est de beaucoup le plus ancien (1) et aussi le plus important de toutes les écoles supérieures indochinoises. Érigé en École de Médecine et de Pharmacie de plein exercice par un décret du 18 mai 1921, depuis remplacé par un second décret du 30 août 1923, il vient d'être réorganisé par un arrêté du 22 avril 1924 qui l'a divisé en huit sections : préparation au certificat de sciences physiques, chimiques et naturelles (certificat P. C. N.), médecine de plein exercice, pharmacie de plein exercice, médecins auxiliaires de l'Assistance, pharmaciens auxiliaires de l'Assistance, section militaire, section chinoise et section des sages-femmes. En 1923-24, le nombre des élèves y a été de 136 dont 6 pour le certificat P. C. N., 11 élèves en pharmacie, 20 élèves sages-femmes et les autres suivant les études médicales.

Le Directeur de l'École, désigné dans les conditions que nous avons vues, est assisté : d'une part, d'un médecin secrétaire choisi pour cinq ans parmi les professeurs titulaires, plus spécialement chargé de la surveillance des études et de la discipline et assurant en outre un service hospitalier ; d'autre

---

(1) Créée à Hanoi par arrêté du Gouverneur Général du 8 janvier 1902 et transformée le 25 octobre 1904 en École de Médecine de l'Indochine, actes locaux approuvés par décret du 12 août 1905, elle fut placée sous l'autorité du Résident Supérieur au Tonkin, avec le titre d'École de Médecine de Hanoi, par un décret du 18 mars 1909. Ce décret fut à son tour abrogé par celui du 28 juin 1913 qui érigea à nouveau cet établissement en École de Médecine de l'Indochine et donna pouvoir au Gouverneur Général de l'organiser par arrêtés.

part, d'un surveillant européen d'internat; enfin, de deux secrétaires indigènes détachés de la Direction de l'Instruction publique. Tous les professeurs titulaires de l'École, ainsi que les chargés de cours et les chefs de travaux qui concourent à l'enseignement donné dans les deux sections de plein exercice, sont nommés par le Gouverneur Général et doivent posséder les grades et titres énumérés, pour chacune de ces trois catégories, par le décret du 30 août 1923; en outre, la nomination des professeurs doit être précédée de la consultation d'une commission présidée par le Directeur de l'Instruction publique et comprenant l'Inspecteur des Services sanitaires et médicaux, le Directeur local de la Santé au Tonkin, enfin le Directeur et un professsseur de l'école. Quant aux chargés de cours et chefs de travaux attachés uniquement aux autres sections, ils sont désignés par le Directeur de l'Instruction publique dans les mêmes conditions que pour les autres écoles.

Le Conseil de l'École ne comprend, outre les professeurs titulaires, que deux chargés de cours désignés annuellement par le Directeur de l'Instruction publique. Ce conseil, dénommé ici *Conseil des professeurs*, a qualité pour exercer sur les élèves de la section P. C. N. et des sections de plein exercice l'action disciplinaire prévue par le décret du 21 juillet 1897 et pour proposer au Gouverneur Général l'application des peines universitaires inférieures à celles dont le prononcé est réservé à l'Université de Paris.

L'hôpital indigène du Protectorat à Hanoi sert d'hôpital d'application à l'École de Médecine, et pour ce motif les deux établissements doivent être placés sous une direction unique. C'est dans les divers services de cet hôpital, ou encore au Centre d'enseignement ophtalmologique dont il sera question au chapitre IX - art. 3, que les élèves de l'École accomplissent leur stage hospitalier et, d'autre part, trois d'entre eux désignés par la voie d'un concours annuel ouvert aux élèves de 3e et 4e année y remplissent les fonctions de chef de salle.

La *section de préparation au certificat P. C. N.* dispense l'enseignement préparatoire des sciences physiques, chimiques et naturelles tel qu'il a été organisé à l'École de Médecine par un décret du 7 janvier 1919. A cette section sont rattachés un laboratoire de physique et de chimie et un laboratoire de botanique et de zoologie, dirigés par deux professeurs de la section assistés de trois préparateurs indigènes. Les études, qui durent une année et comportent pour les non-boursiers quatre inscriptions trimestrielles à 22$ chacune, sont sanctionnées par un examen de sortie dont les programmes sont déterminés par un arrêté ministériel du 20 février 1907 et qui comprend quatre interrogations et quatre épreuves pratiques portant respectivement sur la physique, la chimie, la zoologie et la botanique. Cet examen permet d'obtenir un *certificat de capacité pour les sciences physiquès, chimiques et naturelles* qui peut être ultérieurement échangé, après paiement de certains droits, contre le « certificat d'études physiques, chimiques et naturelles » métropolitain (certificat P. C. N.).

La section dite « *école de médecine de plein exercice* » prépare au doctorat en médecine d'État et dispense à cet effet l'enseignement médical selon les mêmes programmes qu'en France (décrets du 29 novembre 1911). La durée des études suivies à Hanoi est de cinq années au cours de chacune desquelles les élèves font un stage hospitalier et qui comportent vingt inscriptions trimestrielles à 19$ l'une, chacune des quatre premières séries annuelles de quatre inscriptions devant, sous peine d'être périmée, être validée en fin d'année par la réussite à un examen dont les session ont lieu en juin et septembre. Ces examens sont passés, dans les conditions et selon les tarifs prescrits par un décret du 29 juillet 1912, devant des jurys présidés par le directeur de l'école. Après la cinquième année d'études, les élèves ayant passé avec succès tous leurs examens annuels vont subir en France l'examen de cinquième année, les trois examens de clinique et la thèse. Normalement, ces épreuves doivent être subies devant la Faculté de Médecine de Paris, à laquelle l'Ecole de Médecine de Hanoi est rattachée en conformité du décret du 29 juillet 1912 ; toutefois, elles peuvent être exceptionnellement subies devant une autre Faculté de France ou d'Algérie. Les étudiants ayant ainsi obtenu le diplôme de docteur en médecine sont nommés dans le cadre des médecins indochinois créé par arrêté du 18 février 1922.

La section dite « *école de pharmacie de plein exercice* » fonctionne dans les conditions fixées par les décrets des 28 juillet et 30 août 1923. En premier lieu, les candidats doivent accomplir un stage chez un pharmacien de la colonie agréé par le Directeur de l'Instruction publique ou, à défaut, auprès du pharmacien français d'un hôpital. Après un examen de validation de ce stage, ils sont admis à suivre des cours d'une durée de quatre années dont chacune comporte quatre inscriptions à 23$ et un examen de fin d'année, sans préjudice de deux examens probatoires subis après la 12e inscription. Un dernier examen probatoire est enfin subi en France et permet d'obtenir le *diplôme de pharmacien de première classe* (1).

La section dite « *école de médecins auxiliaires de l'Assistance médicale* », et dont la dénomination indique le but, a le même personnel enseignant que l'École de plein exercice et à peu près le même programme. Cependant le cycle des études, qui ne durent que quatre ans et sont effectuées en entier dans la colonie, est moins complet, et en particulier la première année ne comporte pas de stage hospitalier et est consacrée en majeure partie aux cours du P. C. N.. Outre l'examen de passage terminant en juin chacune des trois premières années d'études et préalablement à cet examen, les élèves de deuxième année ont à subir une épreuve écrite et une épreuve pratique, éliminatoires, portant sur l'anatomie et la physiologie. L'examen de sortie comporte : en juin, trois épreuves orales théoriques, qui sont éliminatoires ; en septembre, trois épreuves de clinique médicale, chirurgicale et obstétricale subies à l'hôpital indigène.

La section dénommée « *école de pharmaciens auxiliaires de l'Assistance médicale* » comporte trois années d'études, la première se confondant à peu de chose près avec les études P. C. N., les deux suivantes étant accompagnées d'un stage hospitalier et la dernière, en outre, d'un stage au laboratoire d'hygiène et de répression des fraudes (2). Les examens de passage sont les mêmes que pour la section précédente. L'examen de sortie comprend trois séries d'épreuves orales et pratiques portant respectivement sur les sciences physiques et chimiques, les sciences naturelles et la pharmacie.

La *section militaire* est destinée à assurer le recrutement et la préparation au diplôme de sortie des élèves désireux d'entrer dans le cadre des aides-médecins militaires indigènes établi

---

(1) Le diplôme de pharmacien délivré en France est uniformément un diplôme de première classe.

(2) Cette expression employée par l'arrêté du 22 avril 1924 ne répond à la dénomination propre d'aucun laboratoire. Il s'agit en réalité de l'une des deux premières sections de l'Institut d'hygiène et de bactériologie de Hanoi ( voir même chapitre - art. 3 - § 4 ).

par le décret du 4 juillet 1920 (voir chap. VII - art. 2 - § 2 C). Les études sont les mêmes que celles des élèves en médecine civile.

La *section chinoise* reçoit, dans la limite d'un maximum fixé chaque année par le Directeur de l'Instruction publique, les Chinois nés et domiciliés dans la colonie qui remplissent les conditions habituelles requises pour l'admission à la section des médecins auxiliaires ou à celle des pharmaciens auxiliaires. Elle peut aussi recevoir, mais alors au titre étranger et à condition qu'ils aient spécialement subi avec succès à Hanoi un examen de culture générale, des Chinois provenant de l'étranger. Ces deux catégories d'élèves sont externes libres et ne bénéficient, en principe, d'aucune allocation. Ils reçoivent un diplôme de sortie, mais ne peuvent ensuite exercer la médecine en Indochine que s'ils y sont nés et domiciliés.

Enfin, la *section des élèves sages-femmes*, où l'enseignement est assuré par un professeur ou un chargé de cours d'obstétrique à l'École et où la scolarité est de deux années comportant chacune un stage hospitalier accompli à la maternité indigène de Hanoi, présente les particularités suivantes : l'âge minimum d'admission est fixé à 17 ans ; le seul régime est celui de l'internat gratuit ; l'allocation mensuelle est seulement de 6$ pour la première année et de 8$ pour la seconde ; les diplômes, délivrés aux élèves qui ont subi avec succès des épreuves de sortie théoriques et pratiques, sont simplement signés par le Directeur de l'École de Médecine et contresignés par l'Inspecteur général des Services sanitaires et médicaux ; les nominations, qui sont faites au grade de sage-femme indigène titulaire de 6e classe, résultent d'arrêtés des Chefs d'Administration locale pris sur la proposition du Directeur de l'École de Médecine.

B) — *École Vétérinaire de l'Indochine*. — Son Directeur peut être assisté d'un «directeur du laboratoire des recherches vétérinaires», et, s'il ne remplit pas lui-même cette fonction, d'un chef de clinique. La durée des études est de quatre années dont la première est consacrée à suivre le programme du P. C. N., ainsi que certains cours spéciaux. L'examen de sortie, à la suite duquel les diplômés sont nommés vétérinaires auxiliaires stagiaires, comporte des épreuves théoriques, écrites et orales et des épreuves pratiques. Le nombre des élèves ayant suivi en 1923 - 24 les cours de cette école a été de 28.

Des consultations gratuites sont données chaque matin à la clinique de l'École vétérinaire et les animaux sont reçus en traitement, moyennant une redevance tarifée par un arrêté du 7 avril 1919 et profitant au budget général, à l'infirmerie vétérinaire annexée à cet établissement.

C). — *École de Droit et d'Administration.* — Cette école, créée par arrêté du 15 octobre 1917, est destinée à perfectionner en ces matières la culture générale et les aptitudes des indigènes qui se destinent aux emplois de l'administration française ou aux cadres du mandarinat. La durée des études est de trois années avec deux examens de passage de l'une à l'autre. Les examens de sortie, qui comportent trois compositions écrites et autant d'épreuves orales que les élèves ont suivi de cours différents, portent sur toutes les matières enseignées pendant la scolarité, en tenant compte toutefois de ce que certains des cours professés en deuxième et en troisième années ne sont suivis que par les élèves ayant opté pour la « section droit » ou par ceux ayant opté pour la « section finances », option qui doit être faite après la première année.

Les élèves diplômés de cette école, dont l'effectif en 1923-24 a été de 59 élèves, sont nommés commis de 3e classe, après un stage de deux ans, dans le cadre supérieur d'une quelconque des administrations ou services publics de la colonie, à l'exception des cadres techniques.

Une section de cette école avait été créée en 1919 à Hué, mais a été supprimée par arrêté du 26 septembre 1921.

D) — *École supérieure de Pédagogie.* — Son directeur, qui comme nous l'avons vu est aussi chargé de l'inspection des écoles normales, assure en outre la rédaction d'une publication spéciale qui est le *Bulletin général de l'Instruction publique.*

La durée des études, pendant lesquelles les élèves sont répartis en une *section des lettres* et une *section des sciences* sauf certains cours communs aux deux sections, est de trois années, dont la dernière est plus spécialement consacrée à la préparation professionnelle, laquelle comporte en particulier des exercices pratiques dans certaines écoles indigènes du 2e degré situées à Hanoi et désignées par le directeur de l'École supérieure de

Pédagogie pour servir d'écoles d'application aux élèves de cette dernière. L'examen de sortie comprend deux épreuves écrites communes, plus, pour chacune des deux sections, deux épreuves écrites spéciales et une épreuve pratique. Les élèves diplômés sont nommés professeurs stagiaires dans le personnel indigène de l'enseignement complémentaire.

Le nombre des élèves en 1923 - 24 a été de 60 et la date de création de cette école remonte au 15 octobre 1917.

E)—*École supérieure d'Agriculture et de Sylviculture.*— Cette école, qui a compté 39 élèves en 1923-24, a été créée par arrêté du 21 mars 1918 et réorganisée par arrêté du 31 juillet 1923. Son Directeur est, en plus de ses fonctions propres, chargé de la surveillance de l'enseignement et de la direction de l'éducation professionnelle dispensée à *l'école d'application de Nao-Pho* (province de Phu-Tho). Il est aussi chargé de l'inspection des écoles d'agriculture du 1er degré (actuellement, à Tuyên-Quang au Tonkin et à Bên-Cat en Cochinchine).

En plus des professeurs et chargés de cours, l'École supérieure de Hanoi possède, en ce qui concerne les travaux pratiques, un personnel technique qui comprend un chef des cultures européen, lequel assure en outre l'enseignement pratique de l'horticulture, et, comme agents indigènes, un secrétaire, un dactylographe, un préparateur de laboratoires, un dessinateur et trois agents de culture. Quant à l'école d'application de Nao-Pho, son personnel européen comprend un inspecteur des services agricoles adjoint au directeur et un chef des cultures et son personnel indigène un surveillant, un secrétaire-dactylographe et deux agents de culture.

L'enseignement de l'École supérieure d'Agriculture est dispensé en trois années : la première année est consacrée à l'instruction générale ; les cours de la deuxième concernent l'instruction technique et professionnelle et, à la fin de cette deuxième année et à la suite d'un examen, les élèves sont répartis en une *section agricole* et une *section forestière ;* enfin, la troisième année est consacrée à l'étude des spécialités et accomplie à l'école d'application de Nao-Pho. L'examen de sortie comporte quatre épreuves écrites communes, quatre interrogations communes, enfin six interrogations spéciales aux agriculteurs et cinq aux forestiers. Les élèves diplômés sont nommés agents techniques de 3e classe dans les Services agricoles ou le Service forestier, mais seulement après un stage de deux ans.

Les questions relatives aux modifications à apporter aux programmes et au fonctionnement de l'École supérieure d'Agriculture sont soumises à l'examen d'un *Conseil de perfectionnement*, présidé par le Directeur de l'Instruction publique, qui comprend les chefs des services généraux de l'agriculture et des forêts à la Direction des Services économiques (1), le Chef des Services agricoles au Tonkin, un délégué de la Chambre d'Agriculture du Tonkin, enfin le directeur de l'école et deux professeurs désignés par le Directeur de l'Instruction publique.

F) — *École des Travaux publics*. — Outre son directeur et son personnel enseignant, cette école, où le nombre d'élèves a été de 95 en 1923-24, emploie deux agents du Service des Travaux publics chargés l'un de la surveillance des études et l'autre de la conservation des instruments. Elle est également pourvue d'un *Conseil de perfectionnement* présidé par le Directeur de l'Instruction publique et comprenant un délégué de l'Inspecteur général des Travaux publics, le Chef du Service du Cadastre au Tonkin, le Chef du Service géographique, enfin le Directeur et deux professeurs de l'école.

Les candidats y ont accès sans être munis d'un des diplômes exigés à l'entrée dans les autres écoles supérieures, mais alors ils sont astreints à un concours d'admission qui s'ouvre chaque année à Hanoi, Hué, Saigon et Phnom-Penh et qui comporte une commission locale d'examen fonctionnant dans ces trois dernières villes sous la présidence du Chef de la circonscription territoriale des Travaux publics et une commission centrale d'examen constituée à Hanoi sous la présidence du directeur de l'école. Les élèves admis sont répartis entre quatre sections : *travaux publics*, *bâtiments civils*, *cadastre* et *section géographique*, pour lesquelles la durée des études est uniformément de deux ans. L'examen de sortie comporte des épreuves écrites et des épreuves orales dont le nombre et la nature varient avec chaque section. Les élèves diplômés sont nommés agents techniques stagiaires dans le Ser-

---

(1) Ces deux membres ne peuvent plus faire partie du conseil en question, leurs emplois ayant cessé d'exister depuis l'arrêté du 15 avril 1924 portant réorganisation de la Direction des Services économiques. La composition du conseil de perfectionnement de l'École supérieure d'Agriculture, telle qu'elle a été fixée par l'arrêté du 31 juillet 1923, n'a cependant pas été modifiée, sans doute par oubli.

vice des Travaux publics, le Service du Cadastre ou le Service géographique.

G) — ***École de Commerce de l'Indochine et École d'application commerciale de Saigon.*** — *L'École de Commerce*, créée le 2 novembre 1920, a pour mission de donner l'instruction générale et spéciale nécessaire aux jeunes gens se destinant à la carrière commerciale. Son directeur est assisté d'un *Conseil de perfectionnement* comprenant, sous sa présidence, un membre de chacune des Chambres de Commerce de Hanoi et de Haiphong et trois professeurs de l'école. Comme pour l'École des Travaux publics, les candidats non pourvus d'un des diplômes de l'enseignement du 2e degré peuvent y être admis à la suite d'un concours annuel dont le programme est celui du diplôme de fin d'études complémentaires et qui est subi à Saigon, Hué et Phnom-Penh devant une commission locale présidée par un membre français de la Chambre de Commerce à la désignation du Chef de l'Administration locale, et à Hanoi devant une commission centrale présidée par le directeur de l'école. Des élèves d'origine étrangère peuvent aussi être admis par le Gouverneur Général à suivre les cours, sans autre condition que celle de posséder une instruction générale suffisante. La durée des études est de deux ans. L'examen de sortie, qui conduit à l'obtention du *diplôme de fin d'études de l'École de Commerce*, comprend cinq épreuves écrites (dont deux théoriques, deux pratiques et une de sténo-dactylographie) et des interrogations orales portant sur chacune des matières des cours.

Les élèves de l'École de Commerce ayant obtenu à l'examen de sortie une moyenne supérieure d'au moins un point à celle suffisante à l'obtention du diplôme de cette école peuvent, sur leur demande, effectuer un stage d'une année à l'*École d'application commerciale de Saigon*, laquelle a pour but de leur permettre de compléter leurs connaissances commerciales par des travaux pratiques et dont le directeur est assisté, d'une part d'un Conseil *de perfectionnement* composé comme celui de l'École de Commerce, d'autre part d'un surveillant européen faisant fonction d'économe. Ces élèves reçoivent alors, qu'ils soient internes ou externes, une allocation mensuelle de 20$ et font autant que possible au cours de leur année de stage un séjour de trois mois au maximum dans un établissement commercial de Saigon.

L'examen de sortie comporte cinq épreuves écrites, trois épreuves orales, trois épreuves pratiques et aussi, si le séjour dans une maison de commerce a pu être organisé, la rédaction d'un rapport à son sujet. Cet examen est sanctionné par l'obtention du *diplôme d'études supérieures avec mention « École de commerce de l'Indochine »*.

La population scolaire de ces deux écoles en 1923-24 a été de 38 élèves pour celle de Hanoi et de 12 pour celle de Saigon.

H) — *École des Sciences appliquées* — Créée par arrêté du 30 octobre 1922, elle a pour objet de former des techniciens pour les cadres latéraux techniques des divers services publics et pour l'industrie privée. A son directeur est adjoint un conservateur des instruments de précision choisi parmi le personnel enseignant. Elle doit comprendre cinq sections : *cours supérieur des Travaux publics, Chimie industrielle, Électricité, Mines, cours supérieur de Topographie et du Cadastre*.

La première de ces sections est la seule qui ait été encore organisée. Elle est destinée à alimenter le cadre des agents-voyers indochinois du Service des Travaux publics créé par arrêté du 18 février 1922. Les élèves y sont admis par décision du Directeur de l'Instruction publique et doivent être pris parmi les élèves de l'École des Travaux publics, ou les anciens élèves de cette école ayant été nommés agents techniques depuis moins de quatre ans qui ont passé l'examen de sortie de ladite école dans des conditions particulièrement satisfaisantes. Les cours sont à la fois théoriques et pratiques et la durée des études, que 5 élèves ont suivies en 1923-24, est d'une année. L'examen de sortie comporte des épreuves théoriques et pratiques et permet d'obtenir un diplôme portant la mention *« École des Sciences appliquées — Cours supérieur des Travaux publics »*.

### § 6 — Enseignement professionnel

Ainsi que nous l'avons déjà dit, l'enseignement professionnel, qui dans chaque pays de l'Union relève de l'autorité du Chef d'Administration locale tout en étant placé sous le contrôle du Directeur de l'Instruction publique, est organisé à deux degrés dans chacune des deux catégories d'écoles qu'il comprend, et qui sont les *écoles industrielles* et les *écoles d'art décoratif.* Les établissements du 1er degré sont créés par arrêté des Chefs d'Administration locale, ceux du 2e degré par arrêté du Gouverneur Général, dans les deux cas après avis du Directeur de l'Instruction publique. Lorsqu'il existe dans la même région plusieurs écoles de la même catégorie, l'une du 2e degré et les autres du 1er degré, ces dernières sont placées sous le contrôle administratif et technique du directeur de la première. Leur inspection est assurée au point de vue technique par des directeurs d'écoles techniques ou des professeurs désignés à cet effet. Enfin, quels qu'en soient le degré et la catégorie, il peut y être institué, après entente avec les Chambres de Commerce et sur avis conforme de leur directeur, des cours publics de perfectionnement destinés à permettre aux apprentis et ouvriers de la localité d'étendre leurs connaissances générales et professionnelles.

A) — *Ecoles industrielles* — Les écoles industrielles du 1er degré, dénommées *écoles pratiques d'industrie,* ont pour objet de former des ouvriers instruits, aptes à devenir par la suite de bons contre-maîtres. Celles du 2e degré, dénommées *écoles de technique industrielle,* ont pour but de former des techniciens capables de seconder les directeurs d'usines industrielles et de remplir les fonctions de mécanicien dans la marine marchande.

A la tête de chacune de ces écoles est placé un *Directeur* nommé par le Gouverneur Général sur la proposition du Chef d'Administration locale et l'avis conforme du Directeur de l'Instruction publique (1). Ces directeurs sont choisis parmi les directeurs ou professeurs techniques ayant exercé ou exerçant dans une école professionnelle similaire de la métropole ou de la colonie, et possédant certains titres spéciaux, notamment le diplôme de l'École Centrale des Arts et Manufactures ou un brevet d'une École nationale des Arts et Métiers ; ils peuvent aussi être choisis, s'il s'agit d'une école de mécaniciens, parmi les officiers mécaniciens de la marine militaire diplômés d'une École natio-

---

(1) Cette disposition, toujours inscrite dans le règlement général de l'enseignement professionnel, est devenue incompatible, du moins lorsque ces directeurs sont choisis parmi le personnel deja en service dans la colonie, avec les instructions du Gouverneur Général du 15 avril 1924 réservant aux Chefs d'Administration locale le droit exclusif, sauf certaines exceptions qui ne concernent pas l'enseignement professionnel, de prononcer les affectations de tous les agents français en service dans leurs pays respectifs.

nale des Arts et Métiers. Ils sont assistés dans chaque école d'un *Conseil d'administration et de perfectionnement* constitué par le Chef de l'Administration locale, présidé par son délégué et comprenant un ingénieur des Travaux publics, un ingénieur du service matériel et traction des chemins de fer, trois commerçants ou industriels notables de la région, un officier mécanicien de la marine, le directeur de l'école et, dans les pays de protectorat, un mandarin.

Peuvent être admis dans les écoles industrielles, à partir de 15 ans, les citoyens, sujets ou protégés français justifiant de leur moralité, de leur aptitude physique à l'exercice d'une profession industrielle et aussi, en principe, de la possession de certains diplômes (pour les écoles du 1er degré, le certificat d'études primaires; pour celles du 2e degré, le brevet de l'enseignement primaire supérieur, le diplôme de fin d'études complémentaires ou le brevet élémentaire). Les candidats originaires de Cochinchine et soumis au régime de recrutement militaire indigène en vigueur dans cette colonie doivent en outre s'engager par écrit à accomplir aussitôt après leur sortie de l'école une période de trois ans dans la compagnie d'ouvriers de Cochinchine ou dans la division navale de l'Indochine et à travailler ensuite pendant dix ans dans l'industrie locale (1).

Le régime normal de ces établissements est l'internat, sauf en ce qui concerne les élèves habitant la localité. La durée des études est de trois ans, avec un examen de passage à la fin de chaque année et un examen de sortie, ces divers examens étant subis devant une commission composée des membres du Conseil d'administration et de perfectionnement et le dernier conduisant à l'obtention d'un *certificat d'études pratiques industrielles* (écoles du 1er degré) ou d'un *brevet d'études techniques du 2e degré*. Les élèves diplômés complètent ensuite leur instruction par un stage d'un ou deux ans dans l'industrie, au cours duquel une allocation mensuelle de 10$ peut leur être attribuée.

---

(1) L'arrêté du 24 mars 1923 contenant cette prescription a été pris sous le régime de recrutement indigène alors organisé en Cochinchine par l'arrêté du 4 octobre 1910, visé expressément par son texte et qui prévoyait un service militaire de trois ans. Depuis, le décret du 8 avril 1923 a uniformément fixé à quatre ans, dans toute l'Indochine, la durée du temps de service des appelés. Cependant, l'article 13 de l'arrêté du 23 octobre 1923, fixant pour la Cochinchine les détails d'application du décret susvisé, contient un rappel explicite de la prescription dont il s'agit, d'où il faut conclure qu'elle est toujours en vigueur.

Il peut être annexé aux écoles du 1er degré une section pour la préparation des conducteurs de voitures automobiles, lesquels y sont instruits pendant un an au maximum.

L'Indochine possède: cinq écoles industrielles du 1er degré, qui sont les anciennes écoles professionnelles de Saigon, Haiphong, Hué, Phnom-penh et Vientiane et qui en 1922-23 ont réuni 405 élèves; une école industrielle du 2e degré, l'école des mécaniciens asiatiques de Saigon, qui a eu 84 élèves durant la même année scolaire.

B) — *Écoles d'arts décoratifs*. — Elles comprennent: pour le 1er degré, des *écoles d'art indigène*, dont l'enseignement a pour objet de former des ouvriers et artisans pouvant aider à relever les traditions artistiques locales; pour le 2e degré, des *écoles d'arts appliqués*, dont la mission est de former des artistes dessinateurs ou techniciens capables d'aider les chefs d'entreprise.

Tout ce que nous avons dit ci-dessus au sujet des écoles industrielles s'applique également aux écoles d'arts décoratifs, sauf les différences suivantes: les directeurs peuvent aussi être choisis parmi les artistes connus par des travaux personnels et ayant une instruction générale suffisante; le Conseil d'administration et de perfectionnement, dont le Directeur des Arts cambodgiens est membre de droit en ce qui concerne l'école de Phnom-penh, comprend, sous la présidence d'un délégué du Chef de l'Administration locale, un architecte du service des bâtiments civils, deux commerçants ou industriels notables de la région, le directeur de l'école et, dans les pays de protectorat, un mandarin; l'âge minimum d'admission est fixé à 17 ans en ce qui concerne les établissements du 2e degré; les candidats originaires de Cochinchine n'ont pas à souscrire l'engagement spécial dont nous avons parlé ci-dessus; la durée des études est de quatre ans, la seconde année pouvant être faite dans l'industrie avec allocation éventuelle de 10$ par mois; l'examen de sortie conduit à l'obtention d'un *certificat d'études d'arts décoratifs* (1er degré) ou d'un *brevet d'études d'arts décoratifs du 2e degré*.

Il existe actuellement quatre écoles d'art décoratif du 1er degré à Hanoi, Phnom-Penh (1), Biên-hoa et Thu-dâu-môt. La

---

(1) Cette école, dite « *école des arts cambodgiens* », est soumise à un régime spécial, en ce sens que le règlement général de l'enseignement professionnel ne lui

première, à laquelle sont annexés un atelier d'architecture pour élèves détachés de l'École des Travaux publics et un atelier de mécanique pour automobile, est de beaucoup la plus importante, car en 1922-23 elle a compté 210 élèves sur un total de 601 pour toutes les écoles d'arts décoratifs ; aussi est-elle le plus souvent qualifiée d'école d'arts appliqués. Mais en réalité, au point de vue de la classification règlementaire, il n'existe qu'une seule école d'arts appliqués, c'est-à-dire appartenant au 2ᵉ degré, l'école de professeurs de dessin de Gia-Dinh, laquelle constitue avec les deux autres écoles cochinchinoises du 1ᵉʳ degré le « groupe des écoles d'art indigène de la Cochinchine », placé sous une direction unique.

## § 7. — Régime de l'enseignement à Kouang-Tchéou-Wan

Ce régime résulte d'un arrêté du Gouverneur Général du 21 septembre 1922 et d'arrêtés de l'Administrateur en chef des 5 août, 16 août et 15 octobre de la même année.

L'enseignement dispensé sur le Territoire ressortit à quatre ordres distincts :

un *enseignement chinois* dont les programmes sont les mêmes que ceux des écoles officielles en Chine, plus l'étude du français, et qui se subdivise lui-même en un enseignement primaire du 1ᵉʳ degré d'une durée de quatre ans donné dans toutes les écoles du Territoire, un enseignement primaire du 2ᵉ degré dispensé pendant trois ans à l'école primaire de plein exercice de Tché-Kam et au collège Albert Sarraut à Fort-Bayard, enfin un enseignement moyen d'une durée de quatre ans donné seulement au collège Albert Sarraut, chacune de ces deux dernières catégories d'enseignement étant sanctionnée par un certificat spécial ;

un *enseignement franco-chinois* dont les programmes sont les mêmes que ceux de l'enseignement franco-indigène dans le reste

---

est applicable que sous réserve de certaines modifications qui lui ont été apportées, en ce qui concerne ladite école, par un arrêté du 9 août 1922. D'autre part, un arrêté du 13 mai 1924 a autorisé le Résident Supérieur au Cambodge à instituer dans ce pays, en la forme habituelle, des écoles annexes à l'école des arts, placées sous la direction de cette dernière et surveillées par des fonctionnaires ou agents contractuels français nommés par le Résident Supérieur sur la proposition concertée du directeur de l'école des arts et des chefs de province intéressés.

de l'Indochine et qui se subdivise en un enseignement primaire de quatre ans donné à l'école primaire de Tché-Kam et au collège Albert Sarraut et en un enseignement complémentaire de quatre ans donné au collège Albert Sarraut, ces deux sortes d'études conduisant la première à un certificat d'études primaires franco-chinoises et la seconde à un diplôme d'études complémentaires franco-chinoises ;

enfin un *enseignement primaire franco-annamite* et un *enseignement primaire français* qui sont dispensés uniquement au collège Albert Sarraut et dont les programmes sont les mêmes que dans le reste de l'Indochine.

Le personnel enseignant français est représenté par deux fonctionnaires détachés des cadres de l'Instruction publique qui sont le directeur du collège Albert Sarraut et un inspecteur des écoles chargé de contrôler le fonctionnement des autres établissements scolaires du Territoire. Le personnel enseignant non français comprend des moniteurs, instituteurs, institutrices et professeurs, les uns annamites et provenant des cadres de l'Instruction publique, les autres chinois et régis par des arrêtés de l'Administrateur en chef.

Le collège Albert Sarraut à Fort-Bayard, seul établissement scolaire du Territoire valant d'être mentionné, comprend une section chinoise comportant un internat gratuit, une section franco-chinoise et une section franco-annamite. Son fonctionnement est contrôlé par une commission de surveillance présidée par un fonctionnaire délégué de l'Administrateur en chef.

### § 8. — ÉTABLISSEMENTS SCOLAIRES INDIGÈNES DISPENSANT

#### UN ENSEIGNEMENT SPÉCIAL

Il existe à Phnom-Penh une *École d'Administration cambodgienne*, créée par ordonnance royale du 20 novembre 1917 et réorganisée par arrêté du Résident Supérieur du 7 novembre 1921, qui a pour but de former des fonctionnaires et juges cambodgiens ou de perfectionner les connaissances professionnelles des agents indigènes de ces deux ordres déjà en service. Elle est placée sous le contrôle effectif du Directeur de l'Instruction publique et dirigée par le Directeur des bureaux de la Résidence Supérieure, assisté d'un commis ou d'un secrétaire indigène désigné par le Résident Supérieur et remplissant les fonctions de surveillant général et de bibliothécaire. Les chargés de cours, dont chacun est assisté d'un répétiteur cambodgien, sont désignés par arrêté du Résident Supérieur, sur la proposition du directeur de l'école, parmi les fonctionnaires des divers services et les magistrats en résidence à Phnom-Penh. Les élèves, qui sont tous externes, sont admis au concours, sauf s'ils sont titulaires du diplôme d'études complémentaires ou du brevet élémentaire, auquel cas ils sont admis d'office. La durée de la scolarité est de deux ans avec un examen de passage entre la première et la seconde année et un examen de sortie à la fin des études.

Il a été récemment créé à Hué un établissement analogue au précédent et ayant le même but, sauf qu'il ne reçoit que des candidats aux fonctions de l'administration annamite à l'exclusion des fonctionnaires déjà en service. C'est l'*École des Hautes études du Gouvernement annamite*, instituée par ordonnance royale du 25 octobre 1922. Elle est placée sous le haut contrôle du Ministre annamite de l'Instruction publique qui préside son Conseil d'administration dont les autres membres sont un administrateur des Services Civils délégué par le Résident Supérieur, le directeur (français) de l'école et un de ses professeurs indigènes, ce dernier étant secrétaire. Le directeur et les chargés de cours sont choisis par le Résident Supérieur. Le nombre des élèves à admettre est fixé chaque année, et ces places sont exclusivement réservées aux Annamites diplômés de l'École de Droit et d'Administration. Les élèves touchent à la charge du budget du Gouvernement annamite, qui supporte toutes les dépenses de l'école, une allocation de 600$ par an, à condition toutefois qu'ils ne reçoivent par ailleurs aucun traitement public. La durée de la scolarité est de deux années avec un examen de passage entre la première et la seconde et un examen de sortie à la fin des études, études dont le programme est combiné de façon à permettre aux élèves de compléter l'instruction moderne qu'ils ont déjà reçue par la connaissance de la littérature et de la morale des ancêtres.

Toujours dans le même ordre d'idées, il y a lieu de citer, à Vientiane, une *École d'Administration laotienne*, qui a été organisée par un arrêté du Résident Supérieur du 12 juin 1923 et qui reçoit, en nombre limité, de jeunes fonctionnaires laotiens désireux de perfectionner leur culture administrative en accomplissant dans cette école un stage de dix mois.

En plus des trois établissements dont nous venons de parler et qui constituent en quelque sorte des écoles normales de fonctionnaires indigènes, il faut encore signaler l'existence, au Cambodge et en Annam, de deux institutions d'une nature tout à fait spéciale.

L'une est l'*École supérieure de Pali* de Phnom-Penh, fondée le 24 novembre 1914, réorganisée par ordonnance royale du 13 avril 1922 et qui a pour objet de développer les études de théologie bouddhique par l'enseignement de toutes connaissances utiles et spécialement des langues anciennes sacrées, le pâli et le sanscrit. Placée sous le patronage du Directeur de l'École française d'Extrême-Orient et relevant du Ministre cambodgien de l'Instruction publique, elle est administrée par le chef du 2e bureau de la Résidence Supérieure, assisté d'un Conseil d'administration composé de hauts fonctionnaires cambodgiens, du directeur de l'école et de théologiens bouddhistes. Son directeur et ses professeurs titulaires sont nommés par ordonnance royale, le premier après que la Résidence Supérieure l'a choisi sur une liste de deux professeurs ou anciens professeurs de l'école présentée par le Ministre de l'Instruction publique, les seconds à la suite d'un concours ouvert aux anciens élèves diplômés. Les chargés de cours sont désignés par le Résident Supérieur. Cette école, dont le régime est l'externat et où la durée des études est de cinq ans, reçoit à la suite d'un concours d'admission des élèves titulaires et des auditeurs libres, le nombre des premiers ne pouvant dépasser 25 par année d'études. Il y a un examen de passage après chaque année et un concours de sortie à la fin des études. Enfin une bibliothèque spéciale d'ouvrages intéressant le bouddhisme, la littérature religieuse khmer et les langues pâli et sanscrite est annexée à l'école, avec son directeur comme conservateur.

La seconde de ces institutions spéciales est le *Collège Quốc-tử-Giám* de Hué, dirigé par un tế-tửu, mandarin supérieur ayant le grade de 3°–1 dans la hiérarchie de l'ancien enseignement traditionnel annamite. Cet établissement ne recevait auparavant que les fils de mandarins et les préparait aux concours littéraires. Réorganisé le 24 septembre 1920, il prépare maintenant aux emplois de bureaux de l'administration annamite les candidats pourvus du certificat d'études primaires, fils ou non de mandarins.

## ARTICLE II

### *SERVICE DES TRAVAUX PUBLICS*

Le Service des Travaux publics est essentiellement un service d'ordre économique. Les recettes qu'il réalise au profit des divers budgets de la colonie sont insignifiantes par rapport aux énormes dépenses nécessitées par son fonctionnement, mais ces dépenses ont pour objet d'augmenter et de perfectionner l'outillage économique de la colonie, et en conséquence elles constituent, non seulement un sacrifice budgétaire indispensable, mais aussi un excellent placement d'avenir, pour l'Indochine dont le développement industriel, commercial et même agricole est nécessairement conditionné par celui des chemins de fer, routes, canaux, ports, etc...

Au chapitre III art. 3 nous avons déjà parlé de l'Inspection générale des Travaux publics et dit que cet organisme supérieur avait pour mission, d'une part d'assister le Gouverneur Général pour les hautes directions à donner à l'ensemble du service des Travaux publics ainsi que pour le contrôle de son fonctionnement, d'autre part d'exercer directement tant une haute surveillance sur le fonctionnement des lignes ferrées exploitées par la colonie qu'un contrôle immédiat sur l'exploitation par la Compagnie française des chemins de fer de l'Indochine et du Yunnan du réseau qui lui a été concédé (1).

Nous allons maintenant parler des règles statutaires du personnel français et indigène des Travaux publics, puis de celles qui président à l'organisation et au fonctionnement de ce service et nous terminerons cet article par un bref exposé de la situation actuelle des grands travaux publics achevés ou en cours d'exécution et des prescriptions règlementaires auxquelles est assujettie l'exploitation de certains d'entre eux.

---

(1) Dans l'appendice terminant le volume, on trouvera d'autre part une note, se rapportant au § 3 de l'introduction à la 3e partie (prérogatives des chefs des services), où seront exposées les attributions spéciales conférées à l'Inspecteur général des Travaux publics en ce qui concerne le contrôle des engagements de dépenses autorisés par les ordonnateurs secondaires du budget général et de ses annexes en vue de l'exécution des travaux à la charge desdits budgets.

## § 1. — Personnel

A) — *Personnel français*. — L'organisation de ce personnel, organisation qui a été fréquemment modifiée, est certainement plus complexe que dans aucun autre des services publics de l'Indochine. Ceci tient: d'une part à ce que, l'exécution et l'exploitation des grands travaux publics nécessitant des connaissances techniques spéciales, l'Administration s'est trouvée dans l'obligation de recourir à diverses sources de recrutement afin de pouvoir s'assurer le concours d'agents possédant cette technicité; d'autre part à ce que l'importance des travaux à exécuter est forcément conditionnée par le chiffre très variable des disponibilités budgétaires, d'où il suit que les besoins en personnel du Service des Travaux publics peuvent être fort différents d'une année à l'autre.

Le personnel ordinaire des travaux publics comprend trois catégories distinctes: un personnel permanent, chargé en principe d'assurer le service permanent ou normal; un personnel détaché des cadres métropolitains ou du cadre général des Travaux publics des Colonies, destiné à compléter en tant que de besoin l'effectif du personnel permanent et à assurer l'exécution des travaux d'emprunt et des travaux extraordinaires; un personnel temporaire, destiné à compléter les deux précédents. Le statut de chacun de ces trois personnels est établi par des règles spéciales, mais les agents qui les composent peuvent être affectés indifféremment aux diverses branches du service.

En outre de ce personnel ordinaire, le Service des Travaux publics emploie également des agents appartenant à deux autres catégories, actuellement supprimées par voie d'extinction, mais dont il subsiste encore un assez grand nombre d'unités et qui sont le personnel des bureaux et des surveillants et le personnel auxiliaire.

Enfin, le même service, disposant d'un assez grand nombre de chaloupes, baliseurs et dragues, est par suite un de ceux qui utilisent le concours du personnel spécial des flottilles dont nous parlerons au chapitre XI.

1° — *Personnel permanent*. — Son statut est déterminé par un arrêté du 20 juin 1921 complété ou modifié par arrêtés des 18 octobre 1921, 15 et 16 février, 15 mars et 20 novembre 1922, 24 avril, 10 et 17 mai et 11 septembre 1924. Ses cadres et sa répartition entre les divers services sont fixés par arrêtés du

Gouverneur Général pris sur la proposition des Chefs d'Administration locale et de l'Inspecteur général des Travaux publics. Les agents sont ensuite affectés, selon le cas, par le Gouverneur ou Résident Supérieur sur la proposition de l'ingénieur en chef de la circonscription territoriale ou par l'Inspecteur général sur celle de l'ingénieur en chef de la circonscription spéciale intéressée.

Il comprend :

Pour le service général (chemins de fer, routes, canaux, bâtiments civils, travaux intéressant la navigation intérieure et côtière, etc...) — des ingénieurs en chef de deux classes, des ingénieurs principaux de quatre classes, des ingénieurs hors classe et de trois classes, des ingénieurs adjoints de trois classes et stagiaires, des architectes principaux de trois classes, des architectes hors classe et de trois classes, des architectes-adjoints de trois classes et stagiaires, des inspecteurs des chemins de fer hors classe et de trois classes, des inspecteurs-adjoints des chemins de fer de trois classes et stagiaires, des adjoints techniques principaux hors classe et de trois classes, des adjoints techniques de trois classes et stagiaires et des contrôleurs des chemins de fer de trois classes et stagiaires ;

Pour le service des ports (police des rades et ports maritimes) — des capitaines de port de deux classes, des lieutenants de port de deux classes et des maîtres de port de trois classes, et stagiaires (Notons que ces agents ne relèvent pas exclusivement du Service des Travaux publics, car l'arrêté du 18 août 1909 qui fixe leurs attributions les place sous l'autorité des chefs du Service de la Marine, fonctionnaires chargés du service de l'inscription maritime et directeurs des mouvements des ports pour ce qui concerne certaines de ces attributions) ;

Pour le service des phares et balises — des maîtres de phares hors classe et de deux classes et des gardiens de phares de trois classes et stagiaires ;

Pour le service des dragages — des chefs dragueurs hors classe et de trois classes et des dragueurs de trois classes et stagiaires (ce cadre a été créé par un arrêté du 17 mars 1923).

Les ingénieurs principaux, ingénieurs-adjoints, architectes-adjoints, inspecteurs des chemins de fer, adjoints techniques, contrôleurs des chemins de fer, capitaines, lieutenants et maîtres de port sont recrutés : soit à la suite de concours dont les conditions, fixées par le Gouverneur Général, varient avec ces divers grades (1); soit, à défaut de candidats de cette catégorie, sur titres préalablement appréciés par une commission spéciale et alors avec un droit de priorité en faveur des postulants déjà en service aux Travaux publics de la colonie (2). Les architectes principaux sont recrutés uniquement sur titres. Les gardiens de phares sont choisis après un examen parmi les marins de l'État et du commerce et les dragueurs parmi les anciens sous-officiers de la marine militaire.

Les divers agents du personnel permanent peuvent être mis provisoirement à la disposition des municipalités indochinoises, ainsi qu'à celle des divers services et entreprises intéressant l'influence française en Extrême-Orient.

2° — *Personnel détaché.* — Exceptionnellement, les agents de ce personnel peuvent avoir été détachés de l'un quelconque des services coloniaux ou locaux indochinois, auquel cas ils conservent leur statut d'origine. Mais presque toujours il s'agit de fonctionnaires détachés soit d'un des deux cadres métropolitains des Ponts et chaussées ou des Travaux publics de l'État soit du cadre général des Travaux publics des Colonies.

Dans le premier cas, les intéressés sont régis par le décret du 16 décembre 1915 modifié le 10 mars 1921, qui fixe d'après le grade métropolitain de chacun d'eux la solde de présence qu'ils devront recevoir dans la colonie. Pendant la durée de leur détachement, qui doit être au moins de quatre ans et durant lequel ils se trouvent placés dans la situation définie par l'article 33 de la loi du 30 décembre 1913, ces agents relèvent du Gouverneur Général et sont versés pour ordre dans le cadre du personnel local permanent, mais leur statut personnel n'en est pas modifié

---

(1) Les programmes et les conditions de ces concours ont été fixés par arrêtés du 3 août 1923 pour les emplois d'inspecteur-adjoint stagiaire et de contrôleur stagiaire des chemins de fer, du 10 mai 1924 pour celui d'ingénieur-adjoint stagiaire, du 23 juillet 1924 pour celui d'adjoint technique stagiaire. Quant aux autres concours ou examens également prévus, les textes devant les organiser sont en préparation.

(2) Cette commission, dont la composition est fixée par le Ministre des Colonies en ce qui concerne les candidats métropolitains, a été instituée, à l'égard du recrutement local, par un arrêté du 15 février 1922 modifié le 13 mai 1924. Présidée par l'Inspecteur général des Travaux publics, elle comprend l'ingénieur en chef de la circonscription territoriale du Tonkin, l'ingénieur en chef de la circonscription de l'exploitation des chemins de fer, l'architecte en chef des bâtiments civils (seulement lorsqu'il s'agit du personnel des architectes), le chef du service du personnel au Gouvernement Général et un représentant du personnel des Travaux publics, ce dernier ne siégeant qu'en ce qui concerne l'accession aux grades inférieurs à celui d'ingénieur principal ou assimilé.

et les règles qui le constituent continuent à être fixées par décret sur la proposition des Ministres des Travaux publics et des Colonies. Leur avancement dans leur cadre d'origine, qui entraîne automatiquement un classement supérieur dans le cadre local (1), est décidé par le Ministre des Travaux publics d'après les notes et propositions de l'Inspecteur général des Travaux publics et du Gouverneur Général transmises par le Ministre des Colonies. Par contre, pour tout ce qui ne concerne pas son statut particulier et notamment pour les affectations, ce personnel est soumis aux mêmes règles que le cadre permanent.

Dans le second cas, la situation des agents ainsi détachés est à peu près la même, sauf que, aux termes du décret du 9 février 1916, les règles concernant leur statut personnel sont fixées par arrêté du Ministre des Colonies.

Les fonctionnaires métropolitains détachés dans les conditions que nous venons de voir occupent généralement les situations les plus élevées du Service des Travaux publics de la colonie. C'est ainsi qu'actuellement la totalité des ingénieurs en chef et plus du quart des ingénieurs des autres grades sont métropolitains, ainsi que quelques adjoints techniques, tandis que le reste du personnel est local.

3° — *Personnel temporaire.* — La constitution régulière de ce personnel remonte à un arrêté aujourd'hui rapporté du 16 mai 1916. Elle a été confirmée par un décret du 26 mai 1920 qui autorise formellement les Gouverneurs Généraux et Gouverneurs à déroger aux règles générales posées pour le recrutement des fonctionnaires en engageant par voie de contrat les fonctionnaires ou agents destinés aux Services des Travaux publics des colonies, lorsque la nature spéciale des postes à pourvoir exige l'emploi de personnel n'appartenant pas aux cadres normaux de ces possessions. Les agents du personnel temporaire, dont les cadres et la répartition sont fixés de la même manière que pour le personnel permanent, sont donc uniquement recrutés par

---

(1) Le caractère obligatoire de cette automaticité est invoqué par le personnel intéressé et il semble bien en effet que les termes de l'article 5 du décret du 16 décembre 1915 permettent d'adopter cette interprétation. Cependant, depuis quelques années, la thèse contraire est soutenue et appliquée par le Gouvernement Général. Il en résulte que, en fait, l'avancement local des agents métropolitains se trouve parfois en retard sur celui qui leur est accordé dans leur cadre d'origine, auquel cas la solde qu'ils reçoivent pendant la durée de ce retard est celle attribuée à leur nouveau grade métropolitain.

contrat parmi les postulants physiquement aptes au service, de bonnes vies et mœurs, jouissant de leurs droits civils et politiques et, de préférence, Français et ayant satisfait à leurs obligations militaires. Chaque contrat fixe la durée de l'engagement, les fonctions à remplir, le montant des émoluments et toutes autres conditions.

Les agents contractuels temporaires peuvent être versés dans le personnel permanent s'ils réussissent aux concours prévus ou s'ils possèdent les titres nécessaires pour être admis dans ce personnel.

4° — *Personnel des bureaux et des surveillants*. — Supprimé par voie d'extinction par arrêté du 20 juin 1921, il comporte encore les grades et classes suivants : chefs des services administratifs et contentieux de trois classes, chefs de bureau de trois classes, sous-chefs de bureau principaux de deux classes, commis principaux de classe exceptionnelle et de trois classes, commis de quatre classes, surveillants principaux hors classe et de deux classes et surveillants de quatre classes.

5° — *Personnel auxiliaire*. — Créé par un décret du 18 janvier 1905, il a été supprimé par voie d'extinction par un décret du 9 février 1916 qui a décidé que ceux de ces agents qui ne pourraient pas être classés dans le cadre permanent, dans des conditions qui firent l'objet d'un arrêté du Gouverneur Général du 18 juin 1918, pourraient être licenciés à toute époque pour inaptitude au service, suppression d'emploi ou mesure disciplinaire (dans les deux premiers cas, après avis du Comité des Travaux publics dont nous avons parlé au chapitre III article 3 § 4) et qu'ils devraient l'être de plein droit à 55 ans. Il ne reste plus actuellement qu'un petit nombre d'agents de cette catégorie.

B) — *Personnel indigène*. — Ce personnel, dont l'organisation est à peu près aussi complexe que celle du personnel français, se divise en deux grandes catégories : le personnel commissionné et le personnel non commissionné. Le premier englobe intégralement et exclusivement tous les corps et agents techniques ou non techniques qui peuvent se réclamer pour leur recrutement, leur avancement, leur mise à la retraite, leur discipline, etc... de règles statutaires spéciales fixées par des textes portant réglementation générale. Il est beaucoup plus important, tant comme qualité que comme quantité, que le second, lequel ne comprend que des agents, en grand nombre d'ailleurs eux aussi, n'appartenant à aucun corps régulier et ne bénéficiant d'aucun statut. Aussi l'étudierons-nous spécialement, en réunissant les corps ou agents dont il se compose en trois groupes d'après la nature de leurs fonctions, et nous bornerons-nous à dire ensuite quelques mots du personnel non commissionné.

1° — *Personnels commissionnés appartenant à des corps techniques.* — Ce sont : le personnel des ingénieurs indochinois, celui des agents-voyers indochinois, celui des agents techniques, celui des agents de chantiers et celui des ouvriers des chemins de fer. Dans les trois premiers, les nominations et promotions sont faites par le Gouverneur Général sur la proposition de l'Inspecteur général des Travaux publics, dans les deux autres par l'Inspecteur général des Travaux publics.

Le personnel des *ingénieurs indochinois*, créé par arrêté du 18 février 1922, en même temps que celui des agents-voyers indochinois qui va suivre et que celui des médecins indochinois dont nous parlerons plus tard, constitue avec ces derniers les premiers des cadres latéraux indigènes dont M. le Gouverneur Général Long a prévu l'organisation progressive en vue d'associer de plus en plus les indigènes de la colonie au fonctionnement supérieur du plus grand nombre possible de services publics. Il doit comprendre des ingénieurs hors classe et de trois classes, des ingénieurs-adjoints de trois classes et des ingénieurs adjoints stagiaires, ces derniers étant recrutés jusqu'à l'âge de 25 ans parmi les diplômés de l'École centrale des Arts et Manufactures, d'une École nationale des Arts et Métiers ou d'une autre grande école métropolitaine analogue et étant nommés pour deux ans, laps de temps après lequel ils doivent être soit promus ingénieur adjoint de 3ᵉ classe, soit licenciés. Les divers agents de ce personnel, qui ne compte encore qu'une seule unité, sont destinés à remplir des fonctions analogues à celles des ingénieurs et ingénieurs-adjoints du personnel français.

Les *agents-voyers indochinois*, dont le personnel a été créé par un arrêté du 18 février 1922 depuis abrogé et remplacé par un arrêté du 12 novembre 1923, sont destinés à être adjoints aux chefs des subdivisions des Travaux publics pour les seconder dans l'ensemble de leurs fonctions ou pour être chargés eux-mêmes, sous leur direction, d'une partie de la subdivision qui prend alors le nom de *district*. Exceptionnellement, ils peuvent même être chargés de certaines subdivisions. Ce personnel est recruté soit par la voie d'un concours annuel organisé par arrêté du 23 juillet 1924 et ouvert aux agents techniques indigènes ayant accompli huit ans de services dans les Travaux publics, soit sur titres parmi les candidats ayant obtenu le diplôme d'une École nationale des Arts et Métiers ou d'une autre école métropolitaine similaire ou possédant celui de l'École des Sciences appliquées de Hanoi (cours supérieur des Travaux publics). Le cadre, qui compte actuellement onze agents, doit comporter des agents-voyers principaux de classe exceptionnelle et de deux classes, des agents-voyers de quatre classes et des agents voyers stagiaires. Ce dernier grade est celui auquel doivent en principe débuter les candidats recrutés sur titres et la durée du stage ainsi accompli peut varier de deux à quatre ans selon le degré d'instruction des intéressés.

Le personnel des *agents techniques indigènes* a été réorganisé par un arrêté du 14 septembre 1919 modifié les 3 décembre 1919, 18 février 1922, 19 juillet 1923 et 13 septembre 1924. Il comporte des agents techniques principaux de trois classes, des agents techniques de trois classes et des agents techniques stagiaires, ces derniers étant recrutés parmi les élèves diplômés de l'École des Travaux publics et faisant un stage de deux ans au bout duquel ils doivent être soit nommés à la 3e classe soit admis à une dernière année de stage soit licenciés. Ces divers agents ont pour fonctions propres de servir d'auxiliaires sur le terrain aux opérateurs européens et au besoin de les remplacer.

Le corps des *agents indigènes de chantiers*, créé par un arrêté du 9 novembre 1921, a été réorganisé le 23 juillet 1924. Il comporte des chefs de chantier principaux hors classe et de quatre classes, des chefs de chantier de quatre classes et stagiaires et des chefs d'équipe de quatre classes et stagiaires, dénominations qui suffisent à expliquer le rôle de ces agents. Les chefs d'équipe sont recrutés, après un examen sommaire, parmi les certifiés primaires, les diplômés d'une école professionnelle du 1er degré ou les agents journaliers en service depuis deux ans aux Travaux publics. Les chefs de chantier sont recrutés soit sur titres parmi les anciens élèves de l'École des Travaux publics soit au concours parmi les agents commissionnés de ce service ayant quatre ans de services. Les chefs de chantier principaux sont recrutés au concours parmi les chefs de chantier.

Le personnel des *ouvriers indigènes des chemins de fer* a été créé par un arrêté du 7 décembre 1922 qui a prévu les grades et classes ci-après : chefs de brigade principaux, chefs-ouvriers principaux et chefs-mécaniciens principaux hors classe et de cinq classes ; chefs de brigade, chefs de manœuvre, chefs-ouvriers et chefs-mécaniciens de cinq classes ; chefs d'équipe de cinq classes. Ces divers agents sont spécialisés dans chacune des trois sections (trafic et mouvement, voie et bâtiments, matériel et traction) dont se composent les arrondissements de la circonscription des chemins de fer. Les grades supérieurs à celui de chef d'équipe s'obtiennent par voie de concours.

Notons enfin dans le même ordre d'idées qu'un cadre de maîtres et de gardiens de phare indigènes avait été créé par un arrêté du 25 juillet 1923 qui a été abrogé le 24 avril 1924.

2° — *Personnels commissionnés appartenant à des corps non techniques.* — Ce sont le *personnel indigène des bureaux des Travaux publics*, le *personnel indigène lettré de l'exploitation des chemins de fer* et le *personnel des plantons*, régis le premier par un arrêté du 18 avril 1919 modifié les 14 novembre 1920 et 19 juillet 1923, le second par un arrêté du 16 juillet 1919 modifié aux mêmes dates, le dernier par un arrêté du 6 juin 1922.

Chacun des deux premiers personnels comporte un cadre supérieur dont les agents sont nommés et promus par le Gouverneur Général sur la proposition de l'Inspecteur général des Travaux publics et un cadre secondaire où ces mesures sont décidées par l'Inspecteur général des Travaux publics. Le cadre supérieur comprend, dans les deux personnels, trois classes de commis principaux, cinq classes de commis et deux catégories de commis stagiaires. Le cadre secondaire comprend : dans le premier personnel, des secrétaires et des dessinateurs principaux hors classe et de quatre classes, des secrétaires et des dessinateurs de six classes, enfin des secrétaires et des dessinateurs stagiaires ; dans le second personnel, les mêmes catégories de secrétaires que dans le premier. Les conditions de recrutement et de stage des secrétaires et dessinateurs stagiaires dans les deux personnels et des commis de 5ᵉ et de 4ᵉ classe dans le personnel des bureaux sont les mêmes que pour le personnel indigène des administrations provinciales (voir chap. V - art. 1 - § 2). En ce qui concerne les commis de 5ᵉ et de 4ᵉ classe de l'exploitation des chemins de fer, elles en diffèrent uniquement en ce que la proportion réservée aux bacheliers métropolitains et aux diplômés de l'École de Droit pour l'accès à l'un ou à l'autre de ces grades n'est que d'un cinquième au lieu des deux tiers.

Quant au personnel des plantons, il comprend des plantons-chefs de deux classes, des plantons principaux de deux classes, des plantons de cinq classes et des plantons stagiaires.

3° — *Agents commissionnés n'appartenant à aucun corps régulier.* — Le personnel commissionné qui ne fait partie d'aucun des sept corps précédents reste régi par une simple circulaire du 1ᵉʳ octobre 1902 de l'ancien Directeur général des Travaux publics fixant les appellations des agents qui le constituent et déterminant leur hiérarchie et leur solde. C'est donc cette circulaire qui représente à elle seule le statut de ces agents subalternes, mais permanents, lesquels sont nommés et avancés par leurs chefs de service respectifs. Leur nombre a d'ailleurs sensiblement diminué, surtout depuis la création des cadres des ouvriers des chemins de fer et des plantons, cadres dans lesquels beaucoup d'entre eux ont été versés d'office. Ils sont cependant encore nombreux, comprenant en effet : des surveillants de la voie et de travaux, mécaniciens et chefs-ouvriers d'une seule classe ; des chefs de halte, chefs de trains, patrons-pilotes, gardiens de phare de six classes ; des facteurs, cai poseurs et de travaux, gardes-freins, aiguilleurs, poseurs, graisseurs, lampistes, chauffeurs, charpentiers, menuisiers, maçons, forgerons, tourneurs, chaudronniers, zingueurs, modeleurs, peintres, veilleurs, matelots, jardiniers, coolies, etc... de six classes.

4° — *Personnel non commissionné.* — Il s'agit, comme nous l'avons dit, d'agents qui n'appartiennent à aucun corps, n'ont aucun statut et aucune hiérarchie et sont employés à titre purement auxiliaire. Ce sont des secrétaires, dessinateurs, plantons, matelots, guetteurs, sampaniers, coolies, etc... recrutés selon les besoins. Parmi ces agents, certains ont une situation moins instable que les autres, en ce sens qu'ils sont engagés par contrat de courte durée et payés mensuellement sur des crédits spéciaux prévus au titre de la solde ; leur effectif est donc à peu près constant, car ces crédits varient peu. Mais d'autres, recrutés sans contrat en vue uniquement de l'exécution d'un travail déterminé et payés à la journée, sont licenciés sans formalités à l'achèvement de ce travail et leur effectif est par suite extrêmement variable.

Par souci d'ordre et d'économie, l'Administration tend à diminuer le plus possible le nombre de ces agents non commissionnés. C'est ainsi que, lors de la création du cadre des agents de chantiers et de celui des ouvriers des chemins de fer, des dispositions transitoires ont été prises pour permettre à ceux qui avaient une certaine ancienneté de service d'entrer dans les nouveaux cadres.

### § 2. — Organisation et attributions

La base fondamentale de l'organisation du Service des Travaux publics, telle qu'elle résulte des arrêtés des 25 juillet 1918 et 20 juin 1921, est que les diverses attributions appartenant à ce service sont réparties suivant leur nature en circonscriptions territoriales et en circonscriptions spéciales. Nous parlerons successivement de ces deux catégories de divisions et dirons ensuite quelques mots de l'arrondissement spécial du Lang-bian, qui ne peut être exactement rattaché à aucune d'elles.

A) — *Circonscriptions territoriales*. — Les circonscriptions territoriales, qui sont au nombre de cinq, sont placées sous l'autorité directe des Chefs d'Administration locale. Elles comprennent les études et les travaux exécutés sur le territoire d'un même pays de l'Union, que ce soit sur les fonds des budgets locaux, provinciaux et communaux ou sur les crédits du budget général délégués par le Gouverneur Général aux Chefs d'Administration locale, dont la nature permet de réaliser un groupement territorial (études, construction, amélioration et entretien des routes et chemins coloniaux, locaux et provinciaux régulièrement classés, des bâtiments civils, des digues et ouvrages pour l'irrigation et l'assainissement des terres; études et travaux intéressant les fleuves et rivières navigables ou flottables, les canaux et ports fluviaux, les digues, quais, barrages, écluses des rivières canalisées; éclairage et balisage des rivières; éclairage, adduction d'eau et assainissement des villes (1).

---

(1) Il peut cependant y avoir des exceptions temporaires à ce principe, par exemple lorsqu'il s'agit de grands travaux d'une même nature dont l'exécution relève tout particulièrement du domaine de la technicité et dont l'importance est considérée

A ces nombreuses attributions s'ajoutent encore, en attendant la création des circonscriptions spéciales prévues pour les services maritimes par l'article 5 de l'arrêté du 20 juin 1921, celles exercées par les circonscriptions territoriales de la Cochinchine et du Tonkin relativement aux études et travaux neufs et d'entretien intéressant les ports maritimes, havres et rades autres que les ports de guerre, à la police de ces mêmes ports, à l'éclairage et au balisage des côtes.

Par ailleurs, les circonscriptions territoriales assurent, en vertu d'un arrêté du 25 mars 1921, l'application des dispositions du décret du 18 mars 1920 et de l'arrêté du 5 juin suivant relatifs au contrôle des distributions d'énergie électrique. Elles contribuent dans une large mesure à l'application des règlements concernant la circulation des automobiles et de ceux relatifs à l'exploitation des carrières. Elles assurent la surveillance permanente des bateaux à vapeur fluviaux et le contrôle des appareils à vapeur placés sur les navires (1). Leur personnel concourt, sous la direction des Chefs d'Administration locale et des chefs de province, à l'administration, à la conservation et à l'entretien de toutes les dépendances du domaine public autres que les voies ferrées, les places de guerre et forteresses et les lignes télégraphiques et téléphoniques ( arrêtés des 15 janvier 1903 et 4 mars 1912). Enfin elles sont chargées de l'exploitation ou du contrôle des tramways dans des conditions à fixer par des arrêtés du Gouverneur Général (2) et peuvent aussi être chargées du contrôle administratif des chemins de fer.

Le fonctionnaire placé à la tête de chacune de ces divisions porte le titre de *chef de circonscription* ; il doit avoir le grade d'ingénieur en chef ou, à défaut, être désigné par le Gouverneur Général parmi les ingénieurs principaux de 1re classe après

---

comme excédant les limites de l'intérêt particulier du pays dans lequel ils sont exécutés. C'est ainsi que, nous le verrons plus loin, le service des irrigations du Thanh-Hoa relève directement de l'Inspecteur général des Travaux publics.

(1) Le contrôle des appareils à vapeur autres que ceux placés à bord des navires rentre dans les attributions du Service des Mines. C'est ainsi qu'actuellement un ingénieur de ce service est détaché à Saigon en vue d'y exercer ce contrôle en Cochinchine et au Cambodge. Mais, partout où le Service des Mines n'est pas représenté, par exemple en Annam, au Laos, et aussi actuellement à Haiphong, ce sont les circonscriptions territoriales des Travaux publics qui assurent ledit contrôle.

(2) La règlementation nouvelle ainsi annoncée par l'arrêté du 20 juin 1921 n'a pas encore paru, mais les attributions dont il s'agit n'en sont pas moins exercées, ainsi qu'on le verra plus loin.

avis d'une commission présidée par l'Inspecteur général des Travaux publics et comprenant trois ingénieurs en chef désignés par le Gouverneur Général et le chef du service du personnel au Gouvernement Général.

Les circonscriptions territoriales sont divisées normalement en services d'ingénieurs et en services d'architectes, généralement dénommés *arrondissements* et dirigés respectivement par des fonctionnaires ayant le grade d'ingénieur principal ou d'architecte principal ou, à défaut, désignés par le Gouverneur Général après avis de la même commission que ci-dessus parmi les ingénieurs et assimilés hors classe, de 1re ou de 2e classe ou parmi les architectes hors classe ou de 1re classe ; ces fonctionnaires prennent uniformément le titre de *chef de service*. Enfin les arrondissements sont à leur tour divisés en *subdivisions* dont l'action s'étend parfois sur plusieurs provinces et à la tête desquelles sont placés des agents du grade d'ingénieur et au-dessous qui prennent le titre de *chef de subdivision*.

Disons maintenant quelques mots de l'organisation spéciale de chacune des circonscriptions territoriales.

1° — *Circonscription territoriale du Tonkin* (siège à Hanoi) — Outre les bureaux de l'ingénieur en chef, au nombre de deux, elle comprend : un 1er arrondissement, à Hanoi, chargé du service général avec des subdivisions à Haiduong, Langson, Quang-Yên, Vinh-Yên, Bac-ninh, Cao-Bang, Hung-Yên, Haiphong, Thai-Binh et Phu-lang-Thuong ; — un 2e arrondissement, à Hanoi, également chargé du service général avec des subdivisions à Ha-dong, Bac-kan, Phu-Ly, Ninh-Binh, Son-Tay, Nam-Dinh, Ha-Giang, Hoa-Binh, Thai-Nguyên, Tuyên-Quang, Lao-kay et Phu-Tho ; — un service des bâtiments civils, à Hanoi ; — un service de l'hydraulique agricole, à Hanoi, s'occupant concurremment des travaux de digues et de ceux intéressant les canaux d'irrigation et d'assèchement et comprenant une subdivision à Hanoi, deux dans la province de Thai-Nguyên et une dans celle de Bac-Giang ; — un service maritime, à Haiphong, exerçant son action sur toutes les côtes indochinoises au nord du cap Padaran y compris celles de Kouang-Tchéou-Wan, comprenant une subdivision du port de Haiphong, une subdivision des ports de Kouang-Tchéou-Wan, une subdivision des dragages et une subdivision des phares et balises, enfin s'occupant aussi de la surveillance du matériel flottant et du contrôle des appareils à vapeur.

Enfin la même circonscription assure le contrôle des tramways urbains et suburbains de Hanoi concédés à la Société foncière de l'Indochine et aussi le contrôle administratif des voies ferrées gérées par l'arrondissement des chemins de fer du Nord.

L'ingénieur en chef de la circonscription territoriale du Tonkin est concurremment ingénieur en chef du *service des irrigations du Thanh-hoa*, lequel service a son siège à Hanoi et comprend, dans la province intéressée, trois subdivisions de travaux et une subdivision d'études. Toutefois, ce fonctionnaire ne relève à ce point de vue ni du Résident Supérieur au Tonkin ni du Résident Supérieur en Annam mais directement de l'Inspecteur général des Travaux publics.

2° — *Circonscription territoriale de l'Annam (siège à Huê).* — Outre un ingénieur adjoint à son chef et trois bureaux, elle comprend: un arrondissement du Nord-Annam, avec siège à Vinh et sept subdivisions à Thanh-hoa (service général), Thanh-hoa (travaux de digues), Vinh, Ha-tinh, Dông-hoi, Quang-tri et Hung-hoa; — un arrondissement du Sud-Annam, avec siège à Huê et huit subdivisions à Huê, Faïfo, Quang-ngai, Qui-nhon, Sông-câu, Nha-trang, Phan-rang et Phan-thiêt; — un arrondissement des bâtiments civils, qui a son siège à Huê et qui comporte une subdivision spéciale pour les bâtiments de la même ville; — un arrondissement d'hydraulique du Centre-Annam, divisé en réseau du Thua-thiên, réseau du Quang-nam et réseau du Quang-ngai; — enfin un arrondissement d'hydraulique du Sud-Annam avec cinq subdivisions.

A la circonscription de l'Annam incombe enfin le contrôle administratif du chemin de fer de Dông-hà à Tourane.

3° — *Circonscription territoriale de Cochinchine.* — Son siège, à Saigon, comporte un ingénieur adjoint au chef de la circonscription et trois bureaux. Elle comprend: un arrondissement de l'est, à Saigon, avec subdivisions à Saigon, Biên-hoa, Cho-lon, Gia-dinh, Tây-ninh et Thu-dâu-Môt; — un arrondissement de l'ouest, à Saigon, avec subdivisions à Bac-liêu, Bentre, Cân-tho, Long-xuyên, My-tho, Go-cong, Rach-gia, Sadec, Soctrang, Tân-an, Vinh-long et Tra-vinh; — un arrondissement de la navigation, avec siège à Saigon, qui a dû être distrait du service général assuré par les deux arrondissements précédents en raison de l'importance des travaux de canaux et d'hydraulique agricole actuellement en cours en Cochinchine et qui comporte six subdivisions respectivement chargées de l'entretien des ouvrages, des études générales d'hydraulique, des ports fluviaux, des dragages, du contrôle des appareils à vapeur placés à bord des navires et de celui des automobiles, enfin des phares et balises intéressant les côtes de la mer de Chine au sud et y compris le cap Padaran et celles du golfe du Siam(1); — un quatrième arrondissement autonome, tout récemment constitué à Saigon pour y être chargé des études et des travaux relatifs à l'alimentation en eau potable et à l'assainissement des villes de Saigon et de Cholon; — un service des bâtiments civils, à Saigon, avec un bureau des études et une subdivision d'entretien; — enfin un important service spécial qui s'occupe, dans des conditions fixées par un arrêté du 28 juin 1922, des études et travaux exécutés pour le compte du Conseil d'administration du Port de commerce de Saigon-Cholon et sur les fonds du budget autonome de ce port, dont la division des travaux, placée sous les ordres du chef de la circonscription territoriale et dirigée par un ingénieur principal chef de service, comporte une subdivision pour le port de Saigon et une autre pour celui de Cholon, avec un personnel de deux ingénieurs, deux adjoints techniques, quatre surveillants et des agents temporaires (2).

La circonscription territoriale de la Cochinchine assure également le contrôle des lignes de tramways desservant Saigon et sa banlieue, lignes concédées à la Compagnie française des Tramways de l'Indochine, ainsi que le contrôle administratif des chemins de fer et de la ligne de tramways Saigon-Cholon (route haute) gérés tant en Annam qu'en Cochinchine par l'arrondissement des chemins de fer du Sud.

Rentre enfin dans les attributions de la même circonscription la surveillance des études actuellement confiées à une mission privée en vue de la construction future des chemins de fer de Saigon à la frontière du Siam et de My-tho à Bac-liêu.

4° — *Circonscription territoriale du Cambodge.* — (siège à Phnom-penh) — Outre les bureaux de son chef, elle comprend

---

(1) Cette dernière subdivision est tout ce qui reste de l'ancien service maritime de la Cochinchine, qui n'a plus qu'une importance minime depuis que le port de Saigon, seul port maritime du littoral indochinois situé hors du rayon d'action du service maritime du Tonkin, a été doté de l'autonomie administrative et financière et pourvu d'un budget spécial et qui pour cette raison a été rattaché, à titre de simple subdivision, à l'arrondissement de la navigation.

(2) Pour la division d'exploitation du même port, voir ci-après § 3 - VI A.

trois arrondissements ayant tous leur siège à Phnom-penh. Le premier comporte des subdivisions à Phnom-penh, Siêmréap, Kompongcham, Kompongthom, Chikreng, Kratié, Preyveng, Soairiêng et Stungteng, plus une section chargée à Phnom-penh du service des bâtiments civils. Le 2e arrondissement comprend des subdivisions à Phnom-Penh, Battambang, Pursat, Kompong-chhnang, Kampot, Takeo et Kompongspeu. Le 3e arrondissement comprend une subdivision de la navigation du Bas-Mékong et du Tonlé-sap à laquelle est rattaché le contrôle des appareils à vapeur, une subdivision d'assainissement de la ville de Phnom-Penh, une brigade des travaux d'irrigation du Preck-Thnot et un service d'études de navigabilité du Mékong.

5° — *Circonscription territoriale du Laos* (siège à Vientiane) — Elle comporte actuellement un ingénieur adjoint au chef de la circonscription, un bureau, une subdivision pour les études et travaux de chacune des routes coloniales n° 4 et n° 9, quatre subdivisions du service général à Vientiane, Luang-Prabang, Paksé, et Xieng-Khouang et deux subdivisions de la navigation du Mékong à Kabao et à Paksé. Ces subdivisions ne sont pas groupées en arrondissement et ne sont d'ailleurs pas, pour la plupart, installées à poste fixe, le Laos étant actuellement en plein développement routier.

B) — *Circonscriptions spéciales.* — Elles comprennent des études et travaux dont la nature ne permet pas le groupement territorial et qui par suite ne peuvent être placés sous l'autorité directe des Chefs d'Administration locale. Instituées par arrêté du Gouverneur Général, elles relèvent directement de l'Inspecteur général des Travaux publics. Il en existe actuellement deux, en attendant qu'aient été créées les circonscriptions spéciales maritimes dont il a été question ci-dessus. Ce sont la circonscription de l'exploitation des chemins de fer et la circonscription des études et travaux de chemins de fer de l'Annam et du Laos, dont les chefs sont désignés dans les mêmes conditions que ceux des circonscriptions territoriales.

1° — *Circonscription spéciale de l'exploitation des chemins de fer* (siège à Hanoi) — L'arrêté du 19 janvier 1922 qui a institué cette circonscription l'a chargée de l'entretien et de l'exploitation des chemins de fer et des tramways d'intérêt général non concédés et l'a divisée en trois arrondissements, chemins de fer du Nord, chemins de fer de l'Annam–central et chemins de fer du Sud, dont les chefs sont désignés dans les mêmes conditions que ceux des services d'ingénieur dépendant des circonscriptions territoriales. L'ingénieur chef de la circonscription est assisté à ses bureaux de Hanoi par un ingénieur adjoint, un chef du secrétariat et un chef de la comptabilité générale.

*L'arrondissement des chemins de fer du Nord* (siège à Hanoi) exploite la ligne de Hanoi à Nacham par Bac-Ninh, Phu-lang-Thuong et Lang-Son (179 km) et la ligne de Hanoi à Bên-Thuy par Nam-Dinh, Ninh-Binh, Thanh-Hoa et Vinh (326 km). Il est subdivisé en trois sections dirigées chacune par un chef de section choisi parmi les ingénieurs des Travaux publics ou les inspecteurs des chemins de fer, ayant toutes leur centre à Hanoi et portant les dénominations suivantes : *section du trafic et du mouvement*, avec cinq sous-sections pourvues chacune d'un contrôleur à Lang-Son, Phu-lang-Thuong, Nam-Dinh, Thanh-Hoa et Vinh et un chef de gare européen à Hanoi assisté de deux sous-chefs ; *section du matériel et de la traction*, avec un chef de la traction à Hanoi, trois chefs de dépôt à Phu-lang-Thuong, Hanoi et Thanh-Hoa et un chef des ateliers à Truong-Thi près Vinh ; *section de la voie et des bâtiments* avec cinq subdivisions à Lang-Son, Hanoi, Nam-Dinh, Thanh-Hoa et Vinh. Il existe d'autre part un magasin d'approvisionnements à Hanoi, avec annexe à Vinh.

*L'arrondissement des chemins de fer de l'Annam central* (siège à Tourane) exploite la ligne de Dông-Ha à Tourane par Quang-Tri et Huê (175 km) et comporte trois subdivisions portant les mêmes dénominations que les sections de l'arrondissement des chemins de fer du Nord, mais pouvant, à la différence de ces dernières, être confiées à de simples contrôleurs des chemins de fer. Elles ont toutes leur centre à Tourane, où se trouvent également des ateliers. La subdivision voie et bâtiments a un district à Huê.

*L'arrondissement des chemins de fer du Sud* (siège à Saigon) exploite la ligne de Saigon à My-Tho (71 km) et la ligne de Saigon à Nhatrang ainsi que ses embranchements sur Phan-Thiêt, Bang-Hôi et Krong-Pha (465 km). Il gère aussi le service public des transports automobiles de Krong-Pha au Lang-Bian (qui sera vraisemblablement supprimé à l'ouverture du chemin de fer en construction) et il exploite également, mais pour le compte de la Cochinchine, la ligne de tramways de Saigon à Cho-Lon par la route haute (arrêté du 1er décembre 1922). Il est subdivisé en trois sections ayant toutes leur centre à Saigon : trafic et mouvement, avec cinq sous-sections pourvues chacune d'un contrôleur à Cho-Lon, Biên-Hoa, Muong-Man, Phanrang et Nhatrang et un chef de gare européen assisté d'un sous-chef à Saigon, plus un contrôleur à Saigon pour le tramway de Cho-Lon ; matériel et traction, avec un chef de la traction à Saigon, des chefs de dépôt à Saigon, Biên-Hoa, Muong-Man et Tourcham, un chef des ateliers du chemin de fer à Dian et un chef des ateliers du service automobile à Dalat ; voie et bâtiments, avec un district pour la ligne Saigon-Mytho et sept autres districts à Saigon, Biên-Hoa, Trang-Tao, Muong-Man, Song-long-Song, Tourcham et Bang-Hôi. Enfin, il existe un magasin d'approvisionnements à Saigon, avec annexe à Dian.

Chacun des trois arrondissements des chemins de fer dont nous venons de parler comporte aussi un ou deux agents chargés du secrétariat et de la comptabilité et un fonctionnaire du Service de la Trésorerie qui centralise les recettes de l'arrondissement avec le titre de receveur central (voir chap. VII-art. 6-§ 2 B).

2° — *Circonscription spéciale des études et travaux de chemins de fer de l'Annam et du Laos* (siège à Vinh). — Créée (ou plus exactement érigée en circonscription spéciale) par un arrêté du 17 décembre 1921 avec mission d'exécuter les études et travaux du chemin de fer de Vinh à Dông-Ha et éventuellement de toutes autres lignes qui pourraient être étudiées ou construites au nord de Tourane, son rôle ne tarda pas à s'élargir, et l'arrêté du 4 septembre 1924, qui lui a donné sa dénomination actuelle, n'a fait que transformer une situation de fait en situation de droit.

Outre les mêmes organes de centralisation que la circonscription précédente, elle comporte actuellement : pour la ligne Vinh-Dôngha, un arrondissement affecté à chacune des deux sections présentement en cours de construction, au nord celle de Vinh à Tânâp et au sud celle de Nganson à Dôngha, ces arrondissements comprenant le premier deux subdivisions et le second cinq ; — pour les études définitives de la ligne Tourane-Nhatrang, deux arrondissements de trois brigades chacun ; — pour les études préliminaires de la ligne Tânâp-Thakhek, un arrondissement comprenant quatre brigades.

C) — *Arrondissement spécial du Lang-Bian* (siège à

Dalat). — Créé par un arrêté du 26 juillet 1923, cet arrondissement autonome se distingue des circonscriptions territoriales par
le caractère moins général des travaux dont il s'occupe, mais il
s'en rapproche en ce que ces travaux ont leur siège dans une zone
territoriale déterminée et en ce que, d'autre part, il ne relève pas
directement de l'Inspecteur général des Travaux publics.

Dirigé par un ingénieur chef de service placé sous l'autorité
du Résident Supérieur en Annam mais sans lien de dépendance
vis-à-vis de la circonscription territoriale de ce pays, il est chargé,
dans un périmètre comprenant la commune de Dalat, la province
du Haut-Donnai et une partie de celle de Phanrang, de grands
travaux d'intérêt général tels que les études d'hydraulique du haut
bassin du Donnai, les travaux d'adduction d'eau à Dalat, le contrôle de la construction par la Société d'Entreprises asiatiques
de la première section de la voie ferrée de Krong-Pha à Dalat. Il
comprend deux subdivisions à Dalat, dont l'une est chargée des
travaux à exécuter à Dalat même et dépend directement du maire
de cette commune, et trois autres subdivisions par les bâtiments
civils, les travaux du chemin de fer et les autres travaux du
Lang-Bian.

### § 3. — Situation actuelle des grands travaux publics et principales règlementations les concernant

Passons tour à tour en revue les chemins de fer, les tramways,
les routes, l'hydraulique agricole, la navigation intérieure, la navigation maritime, enfin les bâtiments civils et travaux urbains.

### 1. — *CHEMINS DE FER*

Nous examinerons successivement l'étendue actuelle de leurs
réseaux, puis l'historique de leur constitution, la règlementation
administrative qui leur est applicable et le contrôle auquel leur
exploitation est assujettie.

A) — *Réseaux*. — Nous venons de parler des chemins de fer
qui appartiennent à la colonie et sont exploités par le Service des
Travaux publics et nous avons vu que la longueur totale de leurs
lignes est de 1.216 km., longueur répartie en trois réseaux actuel-

lement séparés l'un de l'autre mais dont deux seront soudés lorsque sera achevée la construction présentement en cours de la voie ferrée de Vinh à Dông-Hà.

Quant aux chemins de fer concédés à des entreprises privées, il en existe en Indochine deux lignes d'importance très inégale. L'une, située au Laos, est un petit tronçon de 7 km traversant l'île de *Khône* dans sa longueur, puis un bras du Mékong et aboutissant à Dondet sur la rive gauche ; cette voie, qui permet d'éviter les rapides du Mékong, infranchissables en cet endroit, est exploitée par la *Compagnie des Messageries Fluviales de Cochinchine*. L'autre est la ligne de *Haiphong à Yunnanfou* par Hai-Duong, Gia-Lam, Vinh-Yên, Yên-Bay, et Lao-Kay, d'une longueur de 859 km dont 395 au Tonkin, concédée à la *Compagnie française des Chemins de fer de l'Indochine et du Yunnan*.

En définitive, la longueur totale des chemins de fer actuellement en exploitation dans la colonie, ou situés hors de son territoire mais placés sous sa dépendance politique et économique, est de 2.082 km, tous à voie de 1 mètre.

Cette longueur sera portée à 2.420 km lorsqu'auront été achevées les deux lignes actuellement en construction, savoir : 1°) la ligne de 299 km. de *Vinh à Dông-Hà*, dont nous avons parlé au paragraphe précédent et dont les travaux, qui coûteront probablement 17.500.000 $, ont été ouverts par décrets des 11 septembre 1914 et 26 juin 1915 en ce qui concerne la première et la troisième des sections dont elle se compose ( Vinh-Tânâp et Nganson - Dongha), mais seulement par décret du 18 septembre 1923 en ce qui concerne la deuxième ( Tânâp - Nganson), ce qui ne permet guère d'espérer son achèvement avant 1927 ; — 2°) la ligne de 39 km. 400 de *Krong-Pha à Dalat*, en majeure partie à crémaillère et devant coûter approximativement 5.000.000 $, dont l'établissement a été confié à la *Société d'Entreprises asiatiques* par contrat du 26 février 1991 en ce qui concerne les études de la ligne entière et par contrat du 9 mai 1922 en ce qui concerne la construction de la section de Krong-Pha à Bellevue, seule section encore en cours d'exécution sur le terrain et qui doit être achevée en 1925.

Enfin, sont actuellement en cours d'études : d'une part, par les soins du Service des Travaux publics (circonscription spéciale des études et travaux de chemins de fer de l'Annam et du Laos), la ligne *Tânâp - Thakhek* qui, partant de Tânâp (à 92 km. au sud de Vinh sur le Vinh — Dong-ha), aboutira à Tha-khek sur le Mékong après un parcours de 186 km. environ; d'autre part, les trois lignes *Saigon - frontière du Siam* par Tayninh, Phnom-Penh et Sisophon (632 km., d'après l'avant-projet), *Mytho - Baclièu* par Vinhlong, Cantho et Soctrang (205 km.) et *Tourane - Nhatrang* (552 km.), dont les études préliminaires ont été confiées par contrat du 28 février 1921 à un consortium financier formé par la Banque de l'Indochine, la Compagnie générale des Colonies et la Compagnie générale d'Extrême-Orient et dont les études définitives doivent être faites par le même groupement en ce qui concerne les deux premières lignes et sont actuellement exécutées par le Service des Travaux publics (même circonscription que ci-dessus) en ce qui concerne la troisième.

B) — *Historique.* — Avant 1896, il n'existait en Indochine que: la ligne de Saigon à Mytho, dont l'établissement aux frais de la Cochinchine remonte à une convention passée le 18 août 1881 avec un entrepreneur aux droits duquel la Compagnie des tramways à vapeur de Cochinchine s'est depuis substituée et qui est exploitée depuis 1885; deux petits Decauville de $0^m60$ dont le matériel très défectueux provenait de l'Exposition universelle tenue à Paris en 1889 et qui réunissaient Lang-Son à Phu-lang-Thuong et Tourane à Faifoo.

Un premier effort put être réalisé à la suite d'une loi du 10 février 1896 due à l'initiative du Gouverneur Général Rousseau et par laquelle le Protectorat de l'Annam-Tonkin fut autorisé à contracter un emprunt de 80 millions de francs à $2\ 1/2\ °/_0$, remboursable en 60 ans et garanti en capital et intérêts par l'État français. Les fonds ainsi obtenus permirent de remplacer le Decauville de Lang-Son à Phu-lang-Thuong par une voie normale et de pousser cette dernière au nord jusqu'à la frontière de Chine et au sud jusqu'à Hanoi. Cette ligne fut ouverte en avril 1902 jusqu'à Dông-Dang et en janvier 1908 sur toute sa longueur.

Mais le grand artisan des chemins de fer indochinois fut le Gouverneur Général Paul Doumer. Son plan, de vaste envergure et rendu possible par la convention franco-chinoise du 10 avril 1898 qui comme nous l'avons vu au chapitre II accordait à l'Indochine la concession d'une voie ferrée à établir de Laokay à Yunnanfou, comportait la création de deux grandes artères: d'une part, une ligne de pénétration sur le Yunnan, destinée à drainer vers le golfe du Tonkin le trafic de cette province chinoise et à doubler ainsi le Fleuve Rouge qui n'est navigable ni dans son cours moyen ni dans son cours supérieur; d'autre part, une ligne parallèle à la côte et destinée à relier Hanoi à Saigon en traversant tout l'Annam, avec prolongements envisagés, d'une part au nord jusqu'à Longtchéou et Nanning-fou (Kouang-si), d'autre part au sud vers le Cambodge et le Siam. En vue de la réalisation de ce programme, M. Doumer obtint le vote d'une loi du 25 décembre 1898 dont les dispositions essentielles étaient les suivantes: l'Indochine était autorisée à contracter un emprunt de 200 millions de francs à 3 1/2 %, remboursable en 75 ans, non garanti par l'État français (1); le produit de cet emprunt devait être entièrement consacré à la construction de chemins de fer dans la colonie, et en premier lieu à celle des lignes Haiphong – Hanoi - Laokay, Hanoi - Nam-dinh - Vinh, Tourane - Huê - Quangtri, Saigon - Nhatrang avec embranchement sur le Langbian et Mytho - Cantho; le Gouvernement Général était autorisé à concéder tout ou partie de l'exploitation de ces lignes; il était également autorisé, dans le cas où il rétrocèderait à une compagnie privée la concession du chemin de fer Laokay - Yunnanfou qu'il venait d'obtenir lui-même du Gouvernement chinois, à accorder à cette compagnie une garantie annuelle d'intérêts limitée à 3 millions de francs et à 75 années.

Ce fut en vertu des ces dispositions que M. Doumer passa un contrat du 15 juin 1901, approuvé par une loi du 5 juillet suivant, avec un puissant groupement financier représenté par quatre grands établissements de Paris, la Banque de l'Indochine, la Société Générale, le Comptoir national d'Escompte et le Crédit industriel et commercial. Ce groupement s'engageait à constituer au capital de 12.500.000 fr. une société anonyme française qui prit le nom de *Compagnie française des Chemins de fer de l'Indochine et du Yunnan* et envers laquelle le Gouvernement Général s'engageait de son côté : d'une part, en ce qui concernait la ligne de Haiphong-ville à Laokay et aussi son prolongement prévu pour plus tard jusqu'à la gare maritime de Haiphong, à en ache-

---

(1) Cet emprunt fut réalisé en trois tranches successives, respectivement autorisées par décrets des 29 décembre 1899, 25 juillet 1902 et 7 octobre 1905, et une particularité de l'émission de 1902 est que, à la différence des deux autres, elle fut faite au taux de 3 % et non 3,1/2 %.

ver à ses frais la construction qui avait déjà été entreprise sur les fonds de l'emprunt et ensuite à en concéder l'exploitation à ladite Société tout en lui remboursant le prix du matériel roulant qui devait être fourni par elle et en lui payant une somme forfaitaire de 2.000 frs par kilomètre représentant la valeur des ateliers et de l'outillage des stations et de la voie également construits ou fournis par la Société ; d'autre part, en ce qui concernait la ligne de Lao-kay à Yunnan-fou, à en rétrocéder à ladite Société la concession obtenue du Gouvernement chinois, à charge par elle de construire et d'installer à ses frais cette ligne moyennant une contribution de l'Administration représentée par une subvention en espèces de 12.500.000 fr. une fois payée et par la garantie annuelle d'intérêt de 3.000.000 fr. autorisée par la loi du 25 décembre 1898, contribution devant être affectée au service de l'intérêt et de l'amortissement des obligations 3°/₀ que la Société était autorisée à émettre dès sa constitution. Il était également stipulé que la Société serait seule chargée de l'exploitation de la ligne entière, à ses risques et périls, moyennant deux prélèvements annuels sur les recettes : l'un, destiné à couvrir les dépenses d'entretien et d'exploitation et variable selon une formule déterminée ; l'autre, destiné à rémunérer le capital de la Société et à couvrir ses frais généraux, fixé à forfait à 400.000 frs. Enfin, une fois ces prélèvements effectués, l'excédent éventuel de recettes devait : en premier lieu, être employé à apurer le compte d'attente auquel était porté jusqu'à concurrence de 2 millions de francs le déficit des premières années d'exploitation, la partie de ce déficit supérieure à 2 millions restant à la charge de la Société ; en second lieu et après apurement dudit déficit, être partagé entre la colonie et la compagnie dans une proportion variant avec le montant de l'excédent disponible et laissant à la colonie une part d'autant plus forte que ledit excédent serait plus considérable (1).

---

(1) Ce mécanisme de prélèvements et de partage des excédents de recettes a été profondément modifié, en raison des circonstances nouvelles créées par la guerre, par une nouvelle convention du 5 juin 1920, approuvée par décret du 10 juillet 1920 par application de la loi du 7 janvier 1920 dont il sera question en C ci-après. Cette convention, qui cessera d'être valable fin 1924 si à cette époque le décret par lequel elle a été approuvée pour cinq ans n'est pas transformé en loi, contient les principales dispositions suivantes : remplacement du prélèvement annuel variable par un prélèvement égal au montant réel des dépenses annuelles faites par la Compagnie pour l'exploitation et l'entretien de la ligne concédée ; relèvement à 560.000 fr. du prélèvement annuel forfaitaire que la convention de 1901 avait fixé à 400.000 fr. et qu'un avenant du 15 février 1907 avait ensuite réduit à 380.000 fr. ; institution au profit de

La première des lignes prévues par la loi du 25 décembre 1898 (Haiphong — Hanoi — Laokay) fut donc ainsi établie dans les conditions du contrat du 15 juin 1901 et d'avenants ultérieurs à ce contrat approuvés par des lois des 5 juillet 1903, 30 mars 1907 et 3 avril 1909. Elle fut ouverte en son entier le 1er janvier 1906. Par contre, son prolongement en territoire chinois par les soins de la compagnie concessionnaire nécessita, les 200 millions de l'emprunt Doumer étant épuisés ou engagés par ailleurs, un nouvel emprunt de 53 millions de francs à 3°/₀, remboursable en 75 années et garanti par l'État français, qui fut autorisé par la loi du 14 mars 1909 en vue de permettre au Gouvernement Général de payer à la Compagnie des Chemins de fer de l'Indochine et du Yunnan une part complémentaire, mise à sa charge par une sentence arbitrale du 13 avril 1908, des dépenses de construction du chemin de fer de Laokay à Yunnanfou, lequel fut achevé le 1er avril 1910.

En même temps, l'Administration poursuivait la construction des autres lignes comprises dans le même programme de 1898, à l'exception toutefois de celle de Mytho à Cantho qui ne fut pas entreprise. La ligne de Hanoi à Bên-thuy fut ouverte le 9 janvier 1903 jusqu'à Ninh-Binh et le 1er mars 1905 de bout en bout, celle de Tourane à Dông-Ha en décembre 1908, celle de Saigon à Nha-trang en octobre 1913 et l'embranchement de Tourane à Krong-pha le 1er juillet 1914.

Un quatrième emprunt de 90 millions de francs à 3 1/2 °/₀, remboursable en 75 ans, non garanti par l'État français, fut autorisé par une loi du 26 décembre 1912 et les fonds en provenant permirent : d'une part, de prolonger de Dông-Dang à Na-Cham la ligne construite sur l'emprunt de 1898 ( ce qui a entraîné la suppression récente du tronçon de Dông-Dang à Nam-Quan devenu inutile ) et de commencer les études et les travaux de la ligne de Vinh à Dong-hà ; d'autre part, d'exécuter divers grands travaux intéressant les irrigations, les routes, l'Instruction publique, l'Assistance médicale, etc... Il n'a d'ailleurs été encore

---

la Compagnie d'un prélèvement supplémentaire annuel de 1.500.000 fr. destiné à alimenter un fonds spécial de réserve pour travaux et fournitures exceptionnelles, fonds géré par la Compagnie et ne devant pas dépasser un maximum disponible de 3.000.000 fr.; adoption d'un nouveau mode de répartition des excédents de recettes. Par ailleurs, la même convention du 5 juin 1920 a autorisé la Compagnie à exprimer désormais ses tarifs en piastres au change fixe de trois francs la piastre indochinoise ou yunnanaise.

réalisé sur cet emprunt qu'une première tranche de 50 millions, en mars 1913.

Enfin un dernier emprunt de 6.180.000 $ ne produisant pas d'intérêts, remboursable sous forme de lots en trente ans par tirages trimestriels, non garanti par l'État français, a été autorisé par une loi du 20 juin 1921 pour permettre l'achèvement du chemin de fer de Vinh à Dong-hà (1).

Quant à la construction du chemin de fer de Krong-Pha à Dalat, elle est exécutée sur les ressources normales du budget général et par suite a pu être autorisée, conformément à la loi du 2 mars 1919 dont nous parlerons ci-après, par un décret simple en date du 13 janvier 1923.

En terminant, notons que le petit Decauville de Tourane à Faifoo dont nous avons parlé au début du présent historique a cessé de fonctionner, par suite d'usure totale du matériel, depuis une douzaine d'années.

C) — *Règlementation des chemins de fer*. — Elle peut être envisagée aux divers points de vue des conditions de leur établissement, des règles de domanialité les concernant, de la police de leur exploitation, de la fixation de leurs tarifs et de leur régime budgétaire.

1° — *Etablissement*. — Sous le régime de la loi du 10 février 1896, une loi était toujours nécessaire pour autoriser l'établissement d'un chemin de fer en Indochine. Actuellement, le régime en vigueur à ce sujet est celui fixé par les lois des 2 mars 1919 et 7 janvier 1920. Le premier de ces textes a posé en principe que l'établissement des voies ferrées, de même que la concession et l'affermage de leur exploitation et les modifications aux contrats passés à cet effet, doivent être autorisés par une loi lorsque l'État accorde à l'entreprise une aide financière à titre de subvention, de garantie d'intérêts ou sous toute autre forme ; par un décret en Conseil d'État lorsque le projet comporte de la part de la colonie des engagements quelconques de dépenses portant sur une durée de plus de cinq ans ou des prélèvements dépassant le tiers de l'avoir de la caisse de réserve à la date de l'autorisation ;

---

(1) Il est à prévoir que cette somme de 6.180.000 $, même accrue du produit de 40.000.000 fr de la seconde tranche à réaliser sur l'emprunt de 90 millions, ne suffira pas à l'achèvement des travaux du Vinh - Dông-hà, et qu'un nouvel appel au crédit deviendra nécessaire à bref délai.

dans tous les autres cas, par un décret simple approuvant le projet arrêté par le Gouverneur Général en Conseil de Gouvernement. Quant à la loi du 7 janvier 1920, elle a autorisé : d'une part le Ministre des Colonies à passer avec les compagnies concessionnaires des avenants modifiant les conventions de concession approuvées par des lois ; d'autre part le Président de la République à approuver par décrets simples les avenants ainsi passés, mais seulement lorsque l'effet de ces accords est limité à une période expirant cinq ans au plus tard après la cessation des hostilités et lorsque, par ailleurs, ils n'apportent aucune aggravation aux charges incombant à l'État ou à la colonie du fait des contrats originaires.

2° — *Domanialité.* — En vertu des arrêtés des 15 janvier 1903 et 4 mars 1912, les chemins de fer concédés ou non font partie du domaine public. Leur administration, leur conservation et leur entretien appartiennent, sous la haute direction du Gouverneur Général, aux Chefs des Administrations locales avec le concours obligatoire de l'ingénieur chef de l'exploitation pour les lignes exploitées par la colonie, et, en ce qui concerne les lignes concédées, avec celui du chef du service du contrôle, la compagnie concessionnaire entendue.

3° — *Police de l'exploitation.* — Les chemins de fer ont été classés dans la grande voirie par un arrêté du 3 juillet 1912, c'est-à-dire qu'ils sont placés sous un régime de protection spéciale comportant l'application de prescriptions sévères sanctionnées par des peines qui sont souvent rigoureuses. Ce régime est celui de la loi du 15 juillet 1845 sur la police des chemins de fer, rendue applicable en Indochine par un décret du 23 décembre 1908 qui d'une part a décidé que les attributions conférées en la matière au Ministre des Travaux publics et aux préfets seraient respectivement exercées en Indochine par le Gouverneur Général et par les Chefs d'Administration locale et qui d'autre part a laissé à l'appréciation du Chef de la colonie, par dérogation aux dispositions de ladite loi, le soin de déterminer lui-même les endroits où les lignes doivent être clôturées et où leurs passages à niveau doivent être munis de barrières, ainsi que toutes dispositions relatives à ces clôtures et à ces barrières.

La loi de 1845 a eu pour objets principaux : de rendre applicables aux chemins de fer les lois et règlements sur la grande voirie (conservation des fossés et talus, interdiction du passage des animaux, des dépôts de terre, etc...); d'énumérer les servitudes imposées aux riverains des voies ferrées et de fixer les pénalités encourues en cas de contravention à ces prescriptions; d'édicter des pénalités spéciales en ce qui concerne les contraventions commises par les concessionnaires eux-mêmes; de prévoir des peines rigoureuses à l'encontre des personnes qui auraient volontairement porté entrave à la marche des convois ou qui auraient volontairement ou par imprudence causé des accidents; de fixer également la responsabilité des exploitants en cas d'accidents ou de dommages quelconques causés à des tiers et la procédure à suivre pour la constatation et la poursuite des contraventions ou délits de cette nature.

Les détails de son application en Indochine ont été principalement déterminés :

par un arrêté du 18 février 1904, modifié ou complété les 20 juillet 1905, 8 janvier 1908, 14 avril 1909 et 20 février 1914, qui édicte toute une règlementation au sujet de la police des gares et de la voie, du contrôle du matériel employé à l'exploitation, de la composition, du départ, de la circulation et de l'arrivée des trains, de la police et de la surveillance de l'exploitation;

par un arrêté du 11 avril 1912, complété par une circulaire du 25 du même mois, qui charge les Chefs d'Administration locale d'assurer, dans l'étendue du pays à la tête duquel ils sont placés et avec le concours d'agents des Travaux publics à leur disposition préalablement agréés par le Gouverneur Général, l'application de certaines prescriptions de l'arrêté du 18 février 1904 et des arrêtés subséquents relatives à la police et à la surveillance des voies ferrées et des gares;

par un arrêté du 3 juillet 1912, texte qui d'une part énumère certaines contraventions intéressant la conservation ou l'intégrité de la voie et de ses dépendances et rappelle que la connaissance de ces infractions, ainsi que celle des contraventions de même nature prévues par la loi du 15 juillet 1845, appartient aux Conseils du Contentieux administratif, et qui d'autre part dresse une longue liste d'autres contraventions de police pouvant être commises sur la voie ou dans les trains mais n'intéressant pas le domaine public et relevant par suite de la juridiction des tribunaux ordinaires;

par un autre arrêté du 3 juillet 1912 définissant les passages à niveau transversaux et longitudinaux, les répartissant en deux groupes A et B selon qu'ils ne doivent pas ou qu'ils doivent faire l'objet d'une règlementation comportant des mesures de sécurité spéciales et décidant que les caractéristiques et le classement de chacun d'eux, de même que les mesures de sécurité afférentes à ceux du groupe B, doivent être définis par arrêté du Gouverneur Général (1);

enfin, par un arrêté du 8 décembre 1919 déterminant les conditions dans lesquelles les industriels peuvent obtenir du Gouverneur Général l'autorisation de faire établir et entretenir à leurs frais, par la circonscription de l'exploitation des chemins de fer de la colonie, des embranchements particuliers se raccordant aux voies ferrées ouvertes au public, ainsi que les conditions d'exploitation de ces embranchements.

4° — *Tarifs.* — En ce qui concerne les tarifs, le texte de principe est l'arrêté du 10 mars 1908 qui stipule qu'aucune taxe, de quelque nature qu'elle soit, ne pourra être perçue par le service d'exploitation des chemins de fer de la colonie ou par les compagnies concessionnaires (sauf exceptions prévues au cahier des charges ou autres textes, en ce qui concerne ces dernières) qu'en vertu d'une *homologation*, c'est-à-dire d'une approbation du Gouverneur Général. Cet arrêté dispose également que, lorque l'administration ou la compagnie veut apporter des changements aux prix autorisés ou présenter des tarifs nouveaux, l'ingénieur en chef de la circonscription ou le directeur de la compagnie doit: d'une part, porter par voie d'affiches les modifications projetées à la connaissance du public; d'autre part, en informer séparément le Gouverneur Général, l'Inspecteur général des Travaux publics, le chef du service du contrôle, le Chef de l'Administration locale et les présidents des Chambres de Commerce ou autres chambres consultatives des pays traversés. Ces diverses autorités transmettent au Gouverneur Général leur avis motivé sur les modifications proposées. Si le Chef de la colonie approuve les nouveaux tarifs, ils peuvent être perçus dès la signature de l'arrêté d'homologation. Si au contraire il prescrit des modifications, les prix modifiés doivent être affichés à nouveau et ne peuvent être perçus qu'un mois après cet affichage.

---

(1) Un arrêté du 11 septembre 1917 a donné à l'Inspecteur général des Travaux publics délégation permanente du Gouverneur Général pour approuver les actes de règlementation des passages à niveau du groupe B.

Il existe pour les voyageurs des *tarifs généraux*, variant avec la classe de transport, et des *tarifs spéciaux*, variant d'après la même considération et comportant, sous certaines conditions, une réduction par rapport aux premiers. Les uns et les autres sont à base kilométrique. Les principaux tarifs spéciaux concernent les prix exceptionnels applicables à certains parcours ou à certains jours, les billets d'aller et retour, les cartes d'abonnement, les billets de stations balnéaires ou estivales, les réductions accordées aux familles nombreuses et aux mutilés de la guerre, etc...

Pour les marchandises, et tant en grande qu'en petite vitesse, il existe également des tarifs généraux et des tarifs spéciaux. Pour la grande vitesse, les tarifs généraux sont la règle et comprennent d'une part les bagages excédant la franchise de 30 kgs accordée à tout voyageur, d'autre part toutes les marchandises avec des prix variant suivant les catégories, au nombre de cinq, dans lesquelles elles sont classées ; les tarifs spéciaux, au contraire, sont peu nombreux et ne s'appliquent guère qu'aux animaux vivants et aux espèces métalliques et valeurs. Pour la petite vitesse, les tarifs généraux sont des tarifs différentiels, à base décroissante unique pour toute une distance ; les tarifs spéciaux, ou conditionnels, sont généralement établis d'après des barèmes kilométriques à base décroissante, mais peuvent aussi comprendre des prix fermes.

Enfin, il existe entre la circonscription de l'exploitation des chemins de fer (arrondissement du nord) et la Compagnie des Chemins de fer de l'Indochine et du Yunnan des *tarifs communs* applicables sur les deux réseaux.

5° — *Régime budgétaire des chemins de fer exploités par la colonie.* — Nous savons déjà que les recettes et dépenses de cette exploitation sont inscrites à un budget annexe du budget général qui doit être arrêté et approuvé dans les mêmes formes que ce dernier. Ce budget n'est d'ailleurs pas le seul qui intéresse les chemins de fer indochinois, car les deux budgets annexes de l'emprunt de 90 millions et de l'emprunt de 6.180.000$ sont également consacrés aux études et travaux de voies ferrées dans le Nord-Annam, pour la quasi-totalité des crédits de 1924 en ce qui concerne le premier de ces budgets et pour leur intégralité en ce qui concerne le second.

Nous avons également parlé au chap. VII - art. 6, d'une part des receveurs centraux institués pour chacun des arrondissements de chemins de fer, d'autre part des fonds de roulement et des réserves qui ont été constituées pour les besoins de leur exploitation.

Nous ne voyons donc guère à signaler ici, comme règlementation d'une certaine importance, qu'un arrêté du 18 novembre 1913 qui a déterminé dans quelle mesure doivent être répartis entre le service des routes et celui des chemins de fer les frais d'entretien et de grosses réparations des ponts communs aux routes et aux chemins de fer exploités directement par la colonie.

D) — *Service du contrôle*. — Les chemins de fer concédés ou non sont soumis, pour l'exécution, l'entretien et l'exploitation de leurs travaux, au contrôle et à la surveillance de l'Administration dans les conditions fixées par les arrêtés des 12 mai 1908, 8 mai 1911 et 11 avril 1912.

En ce qui concerne les trois arrondissements entre lesquels sont réparties les lignes exploitées par la colonie, le service du contrôle est respectivement assuré, comme nous l'avons vu au paragraphe précédent, par les ingénieurs chefs de service des circonscriptions territoriales du Tonkin, de l'Annam et de la Cochinchine. Toutefois, le contrôle exercé par ces fonctionnaires a un caractère purement administratif. Ils ont qualité pour surveiller l'exécution des règlements de toute nature relatifs aux chemins de fer, pour donner leur avis sur les réclamations des usagers de la voie ferrée, pour constater les infractions de toute espèce concernant les chemins de fer, en dresser procès-verbal et assister les magistrats dans la recherche des causes des accidents et dans la détermination des responsabilités, pour donner leur avis sur les questions pouvant leur être soumises par les diverses autorités de l'Indochine. Mais l'initiative de la préparation des décisions à prendre en matière de chemins de fer ne leur appartient pas et est réservée à l'ingénieur chef du service de l'exploitation ou de la construction.

En ce qui concerne la Compagnie des Chemins de fer de l'Indochine et du Yunnan, le service du contrôle est assuré, moyennant une redevance kilométrique annuelle payée par la compagnie, par l'Inspecteur général des Travaux publics, mais alors ce haut fonctionnaire exerce en la matière non seulement les attributions définies à l'alinéa précédent, mais aussi celles consistant : d'une part, à donner son avis sur toutes les décisions spéciales ou générales que les diverses autorités de l'Indochine ont à prendre en matière de chemins de fer, qu'elles agissent comme représentants de la puissance publique ou pour la défense des intérêts budgétaires qui leur sont confiés ; d'autre part, à prendre lui-même l'initiative de toute nouvelle décision et de toute modification aux actes existants et à en soumettre le projet à l'autorité compétente.

Ajoutons dans le même ordre d'idées que, par application d'un arrêté ministériel du 21 mars 1904, deux commissaires du Gouvernement, l'un à Paris et l'autre à Hanoi, respectivement désignés par le Ministre et par le Gouverneur Général (1), sont délégués auprès de la Compagnie des Chemins de fer de l'Indochine et du Yunnan pour surveiller les actes de sa gestion financière et pour vérifier les comptes qu'elle doit fournir chaque année au Gouverneur Général, lesquels comptes sont ensuite soumis, à Paris, à l'examen d'une commission spéciale de vérification présidée par l'Inspecteur général des Travaux publics des Colonies et comprenant un maître des requêtes au Conseil d'Etat, un inspecteur des Finances, un conseiller référendaire à la Cour des Comptes, un inspecteur des colonies et un haut fonctionnaire du Ministère des Colonies.

II. — *TRAMWAYS*

En dehors de la ligne de Saigon à Cholon route haute (5 km,112) dont nous avons déjà dit que l'exploitation était assurée pour le compte de la Cochinchine par la circonscription spéciale de l'exploitation des chemins de fer ( arrondissement des chemins de fer du sud ) dans les conditions fixées par un arrêté du 1er décembre 1922, il n'existe pas en Indochine de tramways directement exploités par la colonie. Toutefois, l'administration assure la garde du matériel de l'ancien tramway de 42km. de Phu-Ninh-Giang à Câm-Giang ( province de Haiduong ), appartenant à une compagnie privée qui a cessé son exploitation depuis une dizaine d'années.

Les tramways dont l'exploitation a été concédée à une société privée sont : au Tonkin, le réseau urbain de Hanoi et banlieue et la ligne de Hanoi à Hadong, exploités par la *Société foncière de*

---

(1) C'est le Sous-directeur des Finances qui, à Hanoi, occupe cet emploi.

*l'Indochine*, avec une longueur totale de 23 km. ; en Cochinchine, la ligne de Cholon à Hôcmôn par Saigon et Govap, avec embranchements de Dakao au troisième pont de l'Avalanche et de Govap à Laithiêu, soit un total de 39 km. concédés à la *Compagnie française des Tramways de l'Indochine* selon contrat du 29 décembre 1910 et avenants des 5 novembre 1912, 10 novembre 1914 et 12 avril 1922, ce dernier avenant ayant pour objet la substitution de la traction électrique à la traction à vapeur sur les sections Saigon-Cholon et Saigon-Govap et le prolongement jusqu'à Thudaumot de la ligne aboutissant à Laithiêu.

Une circulaire du Gouverneur Général du 20 janvier 1906 a tracé des règles générales pour les concessions de tramways.

De même que les chemins de fer, les tramways font partie du domaine public et sont classés dans la grande voirie.

En ce qui concerne la réglementation de police, les dispositions de la loi du 15 juillet 1845 autres que celles de ses articles 4 à 10 inclus, c'est-à-dire la quasi-totalité de cette loi, ont été étendues aux tramways par l'article 37 de la loi du 11 juin 1880 rendue applicable à l'Indochine par décret du 23 novembre 1902. En conséquence, la plupart des prescriptions de l'arrêté du 18 février 1904 dont nous avons parlé ci-dessus leur ont été aussi étendues par un arrêté du 17 octobre 1905. De même, les arrêtés du 3 juillet 1912 sur la police des chemins de fer et sur les passages à niveau s'appliquent également aux tramways.

Enfin, dans les mêmes conditions que pour la Compagnie des chemins de fer de l'Indochine et du Yunnan et pour les chemins de fer exploités par la colonie, respectivement, le service du contrôle est exercé : sur les lignes de tramways concédés à Hanoi et en Cochinchine, par les chefs des circonscriptions territoriales du Tonkin et de la Cochinchine ; sur celle de Saigon à Cholon ( route haute ), par le second de ces deux fonctionnaires sous réserve des droits appartenant à l'ingénieur chef de l'arrondissement des chemins de fer du sud agissant par délégation du chef de la circonscription spéciale de l'exploitation des chemins de fer.

III — ROUTES

Nous parlerons d'abord du régime des routes, régime actuellement fixé par les arrêtés des 25 décembre 1907, 3 juillet 1912,

18 juin 1918 et 25 octobre 1919 et analogue à celui qui existe en France. Nous ferons ensuite un bref exposé de la situation actuelle de l'Indochine au point de vue du réseau routier et terminerons par quelques indications sur la règlementation concernant les automobiles.

A) — *Régime des routes.* — Toutes les routes, chemins et sentiers publics dépendent du domaine public, mais seules font partie de la grande voirie les voies de communication de l'espèce qui ont été régulièrement classées comme routes, ainsi que leurs prolongements urbains et leurs dépendances.

Il existe en Indochine quatre catégories de routes, coloniales, locales, provinciales et communales, et toute voie de communication terrestre établie ou à établir que le Chef de l'Administration locale intéressée n'aura pas cru devoir classer comme sentier doit être rangée par arrêté dans l'une de ces catégories. C'est ce qu'on appelle le *classement* des routes.

Les *routes coloniales* sont celles qui ont un caractère d'intérêt général pour l'Indochine. Elles sont construites et entretenues en principe aux frais du budget général et leur classement est prononcé par le Gouverneur Général en Conseil de Gouvernement ou en Commission permanente.

Les *routes locales* sont celles qui ont un caractère d'intérêt local pour chaque pays de l'Union. Elles sont construites et entretenues en principe aux frais des budgets locaux. En Cochinchine, cependant, la construction et l'entretien des routes interprovinciales ou chemins vicinaux de grande communication qui ont été ou seront classées comme routes locales restent à la charge des budgets provinciaux. Les routes locales sont classées: en Cochinchine, par le Conseil Colonial après consultation des conseils de province; dans les autres pays de l'Union, par le Gouverneur Général sur la proposition du Chef de l'Administration locale en Conseil.

Les *routes provinciales* et les *routes communales*, qui n'existent qu'en Cochinchine, sont classées par le Gouverneur en Conseil Privé. Les conseils de province sont préalablement consultés pour le classement des routes provinciales, lesquelles sont construites et entretenues en principe par les budgets provinciaux. Les conseils de province et les conseils des notables sont consultés également pour le classement des routes communales, lesquelles sont construites et entretenues en principe par les budgets communaux.

Le classement ci-dessus ne comprend pas les rues des villes constituées en municipalités, sauf pour les tronçons ou traverses faisant partie des routes précédentes, lesquelles sont entretenues par les budgets dont ils dépendent.

Le *déclassement* des routes, c'est-à-dire l'opération consistant à distraire une route de la catégorie à laquelle elle appartenait pour la ranger dans une autre, est effectué dans les mêmes conditions que le classement.

La police de la circulation sur les routes classées du Tonkin a fait l'objet d'une règlementation d'ensemble fixée par un arrêté du Résident Supérieur du 31 janvier 1924 et dont les dispositions se sont étroitement inspirées de celles du « code de la route » métropolitain. Les infractions aux prescriptions qu'il contient font l'objet de procès-verbaux, faisant foi jusqu'à preuve contraire, dressés par certains agents des Travaux publics dont l'énumération et les ressorts respectifs sont déterminés par un arrêté du 25 avril 1924. Une règlementation analogue, résultant d'un arrêté du 26 mai 1922 modifié le 15 mars 1923, était déjà en vigueur en Cochinchine, mais il n'existe rien de semblable dans les autres pays de l'Union, sauf ce qui sera dit plus loin concernant la circulation des automobiles.

B) — *Réseau routier*. — L'Indochine possède 19 routes coloniales classées comme telles par un arrêté du 18 juin 1918. La plus importante est la grande route transindochinoise qui porte le N° 1. Les autres sont d'intérêt plus spécialement stratégique (routes N<sup>os</sup> 2, 3, 4 et 18), d'intérêt plus spécialement économique (routes N<sup>os</sup> 1<sup>bis</sup>, 5, 8, 9, 10, 11, 12, 13, 15, 16 et 17) ou des routes de pénétration dans des régions d'accès encore difficile (routes N<sup>os</sup> 6, 7 et 14). Voici quelles sont ces routes et la longueur de chacune, déduction faite des parties communes, et quel était à la fin de 1923 leur état d'ensemble:

— N° 1: de la Porte de Chine (Nam-quan) à la frontière du Siam par Lang-son, Hanoi, Huê, Saigon et Phnom-penh - 2578km. dont 2363 empierrés, 140 terrassés et 75 à établir;

— N° 1<sup>bis</sup>: de Phnom-penh à Sisophon par Angkor - 383km. dont 139 empierrés, 142 terrassés et 102 à établir;

— N° 2: de Hanoi à Hagiang par Viêtri et Tuyên-quang -

328 km. dont 175 empierrés et 153 terrassés ;

— N° 3: de Hanoi à Caobang (à partir de Phutho), par Thainguyên et Backan - 265 km. dont 182 empierrés et 83 terrassés ;

— N° 4: de Mongcay à Vientiane (après déduction des parties communes avec les routes 1 et 2), par Langson, Caobang, Hagiang, Laokay, Laichâu et Luangprabang - 1464 km. dont 280 empierrés, 121 terrassés et 1063 à établir ;

— N° 5: de Hanoi à Haiphong-100km. entièrement empierrés ;

— N° 6: de Hanoi à Vientiane par Hoabinh, Vanmai et Samneua - 514km dont 49 empierrés, 91 terrassés et 374 à établir ;

— N° 7: de Luang-prabang à Vinh (entre Phudien et Muongchim), par Xieng-khuang et Cuarao - 481 km. dont 126 empierrés, 296 terrassés et 59 à construire ;

— N° 8: de Vientiane à Vinh par Bansot et Napé - 272 km. dont 112 empierrés, 69 terrassés et 91 à construire ;

— N° 9: de Vientiane à Huê (entre Dôngha et Keng-Ka-Bao) par Thakhek, Savannakhet et Dôngha - 330 km. dont 205 empierrés et 125 terrassés ;

— N° 10: de Paksé à Oubône (Siam) - 38km. terrassés ;

— N° 11: de Tourcham à Finom-95km entièrement empierrés;

— N° 12: de Phanthiêt à Dalat par Finom - 178 km. entièrement empierrés ;

— N° 13: de Saigon à Vientiane (entre Saigon et Khong), par Lôcninh, Kratié, Stungtreng et la rive gauche du Mékong - 504km. dont 211 empierrés, 87 terrassés et 206 à construire ;

— N° 14: de Saigon à Tourane par Lôcninh, Ban-mê-Thuot et Kontoum - 646km. dont 37 empierrés, 369 terrassés et 240 à construire ;

— N° 15: de Saigon au Cap-Saint-Jacques - 97km. 800 entièrement empierrés ;

— N° 16: de Saigon à Camau par Cantho et Soctrang - 334km. dont 283 empierrés et le reste étant encore inachevé ;

— N° 17: de Phnom-Penh à Hatien par Takeo et Kampot — 206 km. entièrement empierrés ;

— N° 18: de Hanoi à Tien-Yen — 200 km. dont 87 empierrés, 73 terrassés et 40 à construire.

En résumé, sur le total de 9021 km. que doit représenter ce réseau colonial, 6721 km. étaient déjà ouverts à la circulation en fin 1923, dont 4935 empierrés.

Les routes locales ont été classées par l'autorité qualifiée aux dates suivantes : Cochinchine, arrêté du 20 novembre 1918 ; Tonkin, arrêté du 30 octobre 1918 modifié les 10 avril 1919, 23 avril 1920 et 31 mars 1924, Annam, arrêté du 10 juin 1919 ; Cambodge, arrêté du 24 septembre 1919 ; Laos, arrêté du 7 avril 1919. En fin de l'année 1923, elles représentaient : en Cochinchine, 1213 km. dont 690 empierrés et 110 terrassés ; au Tonkin, 5551 km. dont 1501 empierrés et 4050 terrassés ; en Annam, 5015 km. dont 930 empierrés et 2278 terrassés ; au Cambodge, 2870 km. dont 812 empierrés et 426 terrassés ; au Laos, 2006 km. dont 169 empierrés et 521 terrassés.

Les routes provinciales et les routes communales n'existent, nous l'avons dit, qu'en Cochinchine. A la même date que ci-dessus, les premières atteignaient un total de 1682 km. dont 1246 empierrés et 166 terrassés et les secondes un total de 1315 km. totalement empierrés.

Ajoutons que sur une grande partie du réseau routier indochinois fonctionnent des services automobiles publics qui sont les uns libres, les autres subventionnés par le budget général pour les transports postaux ou par certains budgets locaux. Les principaux de ces derniers sont : au Tonkin, les services Donganh — Thainguyên — Backan, Phutho — Tuyênquang et Vinhyen — Tamdao ; en Annam, les services Vinh — Dongha et Tourane — Quinhon — Nhatrang ; en Cochinchine, les services Saigon — Phnompenh, Chaudoc — Hatien, Mytho — Baclieu et Saigon — Rach-gia ; au Cambodge, les services Phnompenh — Kampot — Kep — Hatien, Phnompenh — Kompongthom et Phnompenh — Kompongchhnang — Battambang — Sisophon.

C) - *Règlementation de la circulation des automobiles.*— Les règles générales régissant la matière ont été déterminées par un arrêté du Gouverneur Général du 29 septembre 1913 modifié ou complété les 6 avril 1918, 2 mars 1919 et 20 janvier 1920. L'application de cette règlementation est assurée dans chaque pays, en ce qui concerne son coté technique, par la circonscription territoriale des Travaux publics, différemment de ce qui se passe en France où la même matière rentre dans les attributions du service des Mines. Elle concerne tous les véhicules à moteur mécanique, à l'exception de ceux employés sur les voies ferrées et des cylindres compresseurs.

Aucun véhicule de cette nature ne peut être mis en service dans la colonie avant qu'un procès-verbal, dressé par le Service des Travaux publics à la demande du constructeur ou du propriétaire ou marchand, ait constaté qu'il satisfait à diverses prescriptions de sécurité indiquées par l'arrêté susvisé, et notamment qu'il est pourvu de deux systèmes de freinage distincts. Si cette constatation est refusée, appel peut être formé devant le Chef de l'Administration locale, qui statue après avis de l'ingénieur chef de la circonscription. Si au contraire le procès-verbal de conformité est délivré, le propriétaire de l'automobile en joint une copie à la déclaration qu'il est tenu, avant de pouvoir mettre sa voiture en circulation sur les voies publiques, d'adresser au Chef de l'Administration locale, déclaration qui doit être renouvelée si ultérieurement la voiture change de propriétaire ou encore si elle fait l'objet de modifications influant sur son type ou sur sa vitesse ( en ce dernier cas, un nouveau procès-verbal de vérification doit aussi être dressé ). Cette déclaration donne lieu à la délivrance au propriétaire d'un récépissé établi par le Service des Travaux publics. Si la voiture est capable de faire en palier plus de 30 km. à l'heure, elle reçoit, sur un registre matricule tenu par le même service, un numéro d'ordre précédé de la lettre initiale du nom du pays de l'Union intéressé, indications qui sont reproduites sur le récépissé et qui d'autre part doivent être inscrites de façon très-apparente sur deux plaques d'identité à placer l'une à l'avant et l'autre à l'arrière du véhicule, cette dernière devant être éclairée pendant la nuit. Si la vitesse ne peut atteindre 30 km. à l'heure, cas fort rare, cette immatriculation et ces plaques ne sont pas requises. Enfin, tout véhicule automobile, quelle que soit sa vitesse, doit porter au-dessus l'une de l'autre deux plaques indiquant, l'une le nom du constructeur et le type de la voiture, l'autre le nom et le domicile du propriétaire.

Tout conducteur d'automobile doit, s'il est indigène ou asiatique assimilé, avoir au moins 22 ans, et, dans tous les cas, être porteur d'un *certificat de capacité* délivré par le Chef de l'Administration locale sur l'avis favorable du Service des Travaux publics et portant la photographie de l'intéressé. Ce certificat est obtenu à la suite d'épreuves pratiques subies devant une commission nommée par le Chef de l'Administration locale et consistant à faire manœuvrer le véhicule dans des conditions variées. S'il a été refusé une première fois, il ne peut être demandé à nouveau qu'après un délai de trois mois. Il peut être retiré si son titulaire a commis dans l'année deux contraventions suivies du prononcé d'une peine, par exemple pour avoir dépassé le maximum de vitesse autorisé (50 km. en rase campagne, variable dans les agglomérations), pour défaut d'éclairage, pour défaut d'appareil sonore avertisseur, etc...

Ces diverses prescriptions, qui s'appliquent aux automobiles des administrations comme à celles des particuliers et qui constituent la réglementation générale en la matière, ont été complétées, en ce qui concerne les automobiles remorquant d'autres véhicules, par un arrêté du Gouverneur Général du 24 mai 1918 prescrivant en ce cas quelques mesures particulières, notamment la nécessité d'une autorisation spéciale de circulation valable seulement sur des routes déterminées et l'obligation de ne pas dépasser une vitesse de 12 km. en rase campagne et de 5 dans les agglomérations.

Par ailleurs, plusieurs arrêtés des Chefs d'Administration locale ont complété pour chaque pays la réglementation générale, spécialement en ce qui concerne les automobiles affectés aux transports en commun. Nous citerons : pour la Cochinchine et pour le Tonkin, les règlements généraux de la circulation publique, en date des 26 mai 1922 et 31 janvier 1924, déjà mentionnés ci-dessus ; pour le Cambodge, deux arrêtés des 29 et 30 novembre 1920 ; pour l'Annam, un arrêté du 24 juin 1921 ; pour le Laos, un arrêté du 3 septembre 1923.

Enfin diverses décisions des chefs de province et arrêtés municipaux ont édicté des prescriptions de détail relatives à la circulation et à la police des automobiles dans les agglomérations urbaines, notamment en ce qui concerne la vitesse maximum.

### IV. — *HYDRAULIQUE AGRICOLE*

En Cochinchine, les travaux hydrauliques se confondent avec ceux concernant la navigation intérieure, en ce sens qu'ils y consistent uniquement en des travaux d'irrigation revêtant généralement la forme du creusement de canaux servant à la fois à l'intensification de la culture des terres et aux besoins de la batellerie. Ce sera donc au paragraphe suivant que nous parlerons de ce qui a été fait à ce sujet dans cette colonie, où l'on ne peut guère signaler, au point de vue de l'hydraulique agricole proprement dite, qu'un projet d'assèchement de la Plaine des Joncs.

Au contraire, dans les pays du nord, l'hydraulique agricole

a une existence propre et revêt une importance toute spéciale, et c'est pourquoi les travaux en cours d'études ou d'exécution dans cet ordre d'idées ont dû y être groupés, comme nous l'avons vu précédemment, en services distincts dépendant des circonscriptions territoriales.

Cette importance est particulièrement grande au Tonkin, car dans ce pays l'hydraulique agricole ne se résume pas seulement en travaux d'irrigation ou d'assèchement, mais comprend aussi des travaux de défense contre les inondations du Fleuve Rouge, cours d'eau dont le régime a été rendu très irrégulier par les déboisements inconsidérés pratiqués de temps immémorial par les populations chinoises du Yunnan et dont les crues atteignent parfois plus de 10 m au-dessus de l'étiage à Hanoi. Ces travaux de défense, complétés par des observations hygrométriques permettant d'annoncer les crues plusieurs jours d'avance, consistent dans l'approfondissement des défluents du Fleuve Rouge (en particulier le Day), la création de canaux d'écoulement des eaux de pluie, celle de casiers servant de déversoirs pendant la période de l'inondation, la construction de canaux et syphons pour l'écoulement des eaux séjournant dans des casiers d'un niveau moyen inférieur à celui du pays environnant, mais surtout dans le renforcement ou l'empierrement des anciennes digues annamites. A ce dernier point de vue, une œuvre considérable a été actuellement exécutée, car les deux digues du Fleuve Rouge de Viétri à la mer, celles du canal des Rapides et celles du canal des Bambous ont toutes été déjà revues et renforcées, ainsi qu'une partie de celles du Day et de celles du Sông Traly.

L'Administration locale du Tonkin intervient d'ailleurs directement dans les questions intéressant les digues. Nous avons vu au chapitre IV - art. 2 qu'une commission spéciale avait été constituée en ce pays à l'effet d'éclairer le Résident Supérieur de ses avis sur les programmes de travaux à entreprendre. D'autre part, un arrêté pris le 1ᵉʳ juillet 1917 par ce haut fonctionnaire a prescrit diverses mesures de police et de surveillance en vue de la protection des digues et en particulier a subordonné à l'autorisation préalable du Chef de l'Administration locale, donnée après avis du Service des Travaux publics, l'établissement dans le lit majeur du Fleuve Rouge et de ses défluents (par conséquent y compris les digues de ces cours d'eau jusqu'au point de débordement) de toute route, construction, plantation et généralement ouvrage faisant saillie sur le sol.

Quant aux travaux d'irrigation des terres entrepris ces dernières années au Tonkin, ils sont également fort importants : dans la région comprise entre les bassins inférieurs du Sông Thuong et du Sông Luc-Nam (province de Bac-Giang), un important barrage établi près de Kep a permis de dériver les eaux de la première de ces rivières et d'irriguer ainsi, au moyen de tout un système d'artères et d'artérioles, une étendue considérable de rizières qui désormais produisent deux récoltes au lieu d'une ; des travaux analogues, ayant nécessité la construction d'un barrage à Yên-Son sur le Sông Day, ont été achevés en février 1923 dans la province de Vinh-Yên où ils intéressent 17000 hectares ; d'autres, qui auront pour résultat l'irrigation de 34000 ha. et qui en outre permettront la navigation par canal éclusé entre le Sông-Câu et le Sông-Thuong, sont en cours d'exécution sur la rive gauche du Sông-Câu entre Thai-Nguyên et Dap-Cau. Ces divers travaux ont eu pour but de réaliser l'irrigation par gravité, mais en outre le Service des Travaux publics va entreprendre incessamment des travaux ayant pour but l'irrigation par pompage du casier de Sontay (13.000 ha), étudie d'autre part un projet analogue intéressant 130.000 hectares dans le casier de Hung-Yên, enfin prépare un avant-projet d'assèchement, toujours par le même procédé, de 40.000 hectares de rizières inondées dans le sud du casier de Hadong.

En Annam, de très importants travaux d'irrigation par gravité, confiés comme nous l'avons dit à un service spécial dirigé par l'ingénieur en chef de la circonscription territoriale du Tonkin, sans cependant faire partie de cette circonscription, sont actuellement en voie d'achèvement dans la province de Thanh-Hoa : ils comportent la construction à Bai-thuong d'un barrage sur le Sông-Chu, affluent du Sông-Ma, et la création d'un réseau de 623 km. de canaux, dont les plus importants seront navigables, permettant d'irriguer 56.000 hectares. Des études ou des travaux d'irrigation sont également en cours dans diverses régions du centre et du sud de l'Annam : au Phu-Yen, le projet est terminé et permettra d'irriguer 19.000 hectares dans la plaine de Tuy-Hoa ; pour les provinces de Thua-Thiên, Quang-Nam et Quang-Ngai, des projets ont été établis dont la mise à exécution aura pour conséquence l'irrigation de 14.000, 34.000 et 20.000 hectares respectivement.

Enfin, au Cambodge, l'étude de l'irrigation de 25.000 hectares environ dans la région de Kompong-Speu, par le moyen des eaux dérivées du Preck-Thnot à l'aide d'un barrage, se poursuit avec activité.

Quant au Laos, il n'y est pas encore question de travaux d'hydraulique agricole.

### V. — *NAVIGATION INTÉRIEURE*

Après avoir rappelé les travaux qui à ce point de vue ont été accomplis dans la colonie ou sont en cours d'exécution, nous donnerons un aperçu de la règlementation concernant la surveillance de la navigation fluviale et de celle relative à la police des cours d'eau.

A) — *Travaux effectués ou en cours.* — De tous les pays d'Indochine, la Cochinchine, vaste delta, est de beaucoup le mieux doté au point de vue des cours d'eau naturels. En outre, voici près de trente ans que l'Administration y exécute, selon un programme méthodiquement poursuivi, de très importants travaux en vue de la création et de l'entretien de canaux à grande section permettant le mouvement des eaux sous l'influence de la marée et celle des crues du Mékong et servant à la fois à l'irrigation des terres et à la navigation. C'est pour beaucoup à la création de ce réseau de canaux, dont la longueur ajoutée à celle des voies fluviales naturelles représente un total d'environ 3500 km., qu'est dû le développement commercial de la Cochinchine, pays où l'exportation des riz, pour ne citer qu'un exemple, est passé de 500.000 tonnes en 1895 à 1.500.000 tonnes en 1921. Les principaux de ces canaux sont ceux de Rachgia à Long-Xuyên, de Camâu à Bac-Liêu, de Phung-Hiêp à Soctrang, de Phung-Hiêp à Quan-Lo, l'arroyo Commercial dans la région de Tan-An, etc... Avant 1919, ils étaient exécutés directement par l'Administration. Depuis cette date, ce travail a été en majeure partie assuré, sous le contrôle du Service des Travaux publics, par des entreprises privées et il l'est actuellement par la *Société française d'entreprises de dragages et de travaux publics*, qui poursuit la réalisation d'un nouveau programme évalué par son contrat du 7 septembre 1921 à six millions de piastres et comprenant en premier lieu le creusement des canaux de Bac-Liêu à Quan-Lo, du Rach-Soi à Bassac, de l'arroyo Commercial au Sông Mytho, etc...

Au Cambodge et au Laos, le Mékong constitue la grande voie d'eau naturelle et même, dans le second de ces pays, le seul fleuve praticable à la navigation à vapeur. On peut le diviser en bas Mékong, soit 540 km. de la mer aux rapides de Sambor, et en haut Mékong en amont de ce dernier point. Le bas Mékong est accessible en toute saison aux chaloupes à vapeur et même, jusqu'à Phnom-Penh (300 km.), aux bateaux de mer calant cinq mètres. Quant au haut Mékong, de nombreux travaux de dérochement et de signalisation d'obstacles exécutés depuis 1901 ont permis de faire passer de 553 à 1050 km. la longueur de voie fluviale parcourue en tout temps par les chaloupes à vapeur, en même temps qu'il a été procédé à l'établissement de voies terrestres de transbordement permettant de tourner les rapides de Sambor, de Khône et de Kemmarat qui séparent les trois biefs navigables dont le Mékong se compose.

En Annam, les cours d'eau descendant de la chaîne annamitique ne sont accessibles à la batellerie que sur une petite partie de leur cours et ne le sont généralement pas à la navigation à vapeur. Il n'a pas été possible jusqu'ici de remédier à cette situation, qui fait de ce pays le plus défavorisé de l'Union au point de vue qui nous occupe.

Au Tonkin, le principal effort du Service des Travaux publics a porté sur la fixation d'un lit mineur assurant un chenal constamment navigable dans le Fleuve Rouge. Ce problème est des plus ardus, d'une part en raison de la violence des crues, d'autre part en raison de l'énorme cube (environ 80 millions de mètres cubes par an) de limons transportés et formant de vastes bancs qui se déplacent lentement mais constamment. Il paraît cependant sur le point d'être résolu.

Enfin l'Administration subventionne pour l'exécution de ses transports, et en particulier de celui des correspondances postales, trois compagnies privées de navigation fluviale qui sont: en Cochinchine, la *Compagnie des Messageries fluviales de Cochinchine*, qui, outre tout le territoire de cette colonie, dessert aussi le Cambodge et le Laos ; au Tonkin, le *Service fluvial du Tonkin* (entreprise Sauvage) qui exploite les lignes Hanoi-Haiphong, Hanoi-Tuyênquang, Hanoi-Chobo et Tuyênquang-Chiêmhoa et la *Société des Chalandages et Remorquages de l'Indochine* (ancienne entreprise Roque) qui, de Haiphong, dessert Nam-dinh,

Dap-cau, Phu-lang-thuong, Hongay et Moncay (1). Citons aussi, au Tonkin, l'importante entreprise annamite des Transports fluviaux et côtiers du Tonkin et du Nord-Annam (Bach-Thai-Buoi), non subventionnée.

B) — *Surveillance de la navigation fluviale à vapeur*. — Cette règlementation résulte d'un arrêté du 18 novembre 1900 modifié ou complété les 20 septembre 1904, 16 mai 1906, 12 juillet et 11 septembre 1911, 26 janvier et 25 mai 1916, 6 janvier et 26 mars 1919. Elle s'applique à tous les bateaux à propulsion mécanique. même si la force motrice employée est autre que la vapeur. Elle s'applique d'autre part à tous les canaux, rivières, lacs, etc, sauf le cas où une partie de ces voies d'eau aurait été expressément placée sous le régime de la navigation maritime par un arrêté du Gouverneur Général pris sur la proposition de l'Inspecteur général de Travaux publics après avis du Chef d'Administration locale du pays, du Directeur de l'Intendance militaire, du Directeur de l'Intendance maritime et du Directeur des Douanes ( arrêté du 21 septembre 1900 ).

Aucun bateau ne peut être affecté à la navigation fluviale sans avoir été préalablement l'objet, de la part de la commission de surveillance des bateaux à vapeur fluviaux instituée dans le pays où le bateau a son port d'attache (voir chap. IV - art. 2 - § 2), d'une visite et d'un essai ayant pour objet de s'assurer que le navire est solidement construit et présente une stabilité suffisante, que les précautions nécessaires ont été prises pour parer aux risques d'incendie, que les chaudières ne présentent aucune cause de danger, et en particulier de procéder, sauf dispense pouvant être exceptionnellement acccordée par le Gouverneur Général après avis de ladite commission, à des épeuves règlementaires consistant à soumettre les chaudières et les récipients de vapeur à une pression hydraulique supérieure à celle qui ne doit pas être dépassée dans le service.

Si le Chef de l'Administration locale adopte l'avis favorable exprimé par le procès-verbal de la commission, il délivre un *permis de navigation* devant mentionner les caractéristiques à

---

(1) La subvention payée aux deux compagnies tonkinoises est à la charge du budget local de ce pays. C'est au contraire le budget général qui a pris à sa charge celle de la Compagnie des Messageries fluviales de Cochinchine.

tous égards du navire, le service auquel il est destiné et la composition règlementaire de son équipage. S'il n'adopte pas cet avis, le dossier est transmis au Gouverneur Général qui statue après avis de la commission supérieure des machines à vapeur (1). Enfin, si l'avis de la commission est défavorable, le permis est refusé ou ajourné, sauf recours du demandeur devant le Gouverneur Général. Les permis délivrés peuvent d'ailleurs être suspendus ou révoqués par le Chef de l'Administration locale, sur la proposition de la commission de surveillance et sauf le même recours devant le Chef de la colonie, s'il est ultérieurement estimé que l'état du bateau est de nature à compromettre la sûreté publique.

Pendant la durée de leur service, les bateaux sont soumis à la surveillance permanente de la commission. Elle doit les visiter à nouveau, sur la demande du propriétaire et à ses frais, au moins une fois par an et elle doit aussi, dans les mêmes conditions, procéder à de nouvelles épreuves des chaudières lorsqu'elles ont été l'objet de changements ou de réparations notables, lorsqu'une raison quelconque existe d'en suspecter la solidité et, en tout cas, chaque année. C'est aussi sur l'avis de la commission de surveillance que le Chef de : l'Administration locale détermine le nombre d'embarcations de sauvetage que le bateau devra posséder, dispense éventuellement le navire du port de certains agrès règlementaires, fixe le nombre minimum de matelots, chauffeurs et mécaniciens non brevetés qui devront être affectés à son service, décide s'il y a lieu d'exiger la présence à bord de plusieurs patrons ou mécaniciens brevetés, etc.

Tout bateau ayant une longueur de 15 mètres au moins et un tonnage de 15 tonneaux doit être commandé par un *patron breveté* et tout bateau ayant une machine d'au moins 100 chevaux doit avoir à bord un *mécanicien breveté*. Les candidats au premier de ces titres doivent avoir au moins 25 ans et avoir déjà navigué pendant deux ans. Les candidats au second doivent avoir au moins 20 ans et avoir exercé pendant un an au moins la profession de mécanicien ou celle de chauffeur. Sauf dispense d'examen pouvant être accordée par le Gouverneur Général aux marins et mécaniciens d'origine française justifiant d'une pra-

---

(1) Bien que prévue par plusieurs articles de l'arrêté du 18 novembre 1900, cette commission supérieure n'a jamais, à notre connaissance, été constituée.

tique antérieure suffisante, les *certificats de capacité* donnant droit à l'un ou à l'autre de ces deux titres s'obtiennent à la suite d'examens passés devant des commissions techniques qui se réunissent tous les six mois à Saigon, Phnom-Penh, Haiphong, Tourane et, pour le Laos, à Khône ou à Vientiane et qui sont présidées : pour le brevet de patron, par un officier de marine et, à défaut, par un capitaine de port breveté au long cours ; pour le brevet de mécanicien, par un ingénieur des Travaux publics. Les indigènes et asiatiques étrangers brevetés patrons ou mécaniciens doivent faire enregistrer leur brevet sur une matricule spéciale tenue par le chef de la province ou municipalité dont l'intéressé est originaire ou dans laquelle il déclare être inscrit, et il leur est délivré un *fascicule d'immatriculation* sur lequel seront ultérieurement consignés tous leurs mouvements d'embarquement et de débarquement. Enfin les brevets peuvent être retirés ou suspendus par le Gouverneur Général sur le rapport de la commission de surveillance et la proposition du Chef de l'Administration locale et ils peuvent aussi être provisoirement suspendus par le président de la commission de surveillance lui-même en cas d'accident grave ayant entraîné blessure ou mort d'homme.

La commission spéciale dont nous avons parlé jusqu'ici n'est d'ailleurs pas le seul organisme administratif ayant pour mission d'exercer une surveillance permanente sur les bateaux à vapeur fluviaux. Cette surveillance entre également, pour tout ce qui ne concerne pas son côté purement technique, dans les attributions des administrateurs des Services Civils, des agents assermentés du Service des Travaux publics, des officiers de police judiciaire, des agents européens des Douanes et de la Garde indigène, des gendarmes, enfin des officiers et maîtres de port.

C) — *Police des cours d'eau*. — Un arrêté du Gouverneur Général du 12 mai 1913 interdit : d'établir sans autorisation sur les cours d'eau des prises d'eau, barrages ou obstacles quelconques à l'écoulement de l'eau ; de faire sans autorisation des plantations dans leur lit, d'y extraire des matériaux et d'y jeter des substances de nature à contaminer l'eau ; de porter atteinte aux ouvrages et installations de toute nature existant sur les cours d'eau ou les avoisinant ; de faire des coupures dans les digues et de pratiquer des fouilles à moins de 50 mètres de leur pied extérieur (1).

Dans le même ordre d'idées, un arrêté du 26 janvier 1916 a établi un grand nombre de règles concernant les feux des navires, signaux phoniques et manœuvres de route et ayant pour but de prévenir les abordages dans les eaux fluviales de l'Indochine, ainsi que les obligations imposées, en cas de collision, aux patrons des deux navires intéressés.

Notons enfin qu'un décret du 2 juin 1897 a rendu applicable en Indochine la loi du 21 juillet 1856 concernant les contraventions aux règlements sur les appareils et bateaux à vapeur.

### VI — *NAVIGATION MARITIME*

Nous parlerons successivement des travaux l'intéressant exécutés dans les ports et sur les côtes, puis des attributions des officiers et maîtres de port, enfin des règlements concernant cette navigation dont la mise à exécution incombe, au moins pour partie, au personnel des Travaux publics.

A) — *Ports et éclairage des côtes.* — Outre des rades foraines dont les plus fréquentées sont celles de Qui-nhon et de Nhatrang en Annam et celles de Kampot et de Kep au Cambodge, l'Indochine possède: deux grands ports maritimes en rivière, Saigon et Haiphong; deux ports en eau profonde parfaitement abrités, Tourane et Banghoi; enfin un port secondaire, Bênthuy, qui n'est fréquenté que par la navigation au cabotage, mais qui à ce point de vue est le plus important de la côte d'Annam.

Le *port de Saigon*, établissement public doté de la personnalité civile et de l'autonomie administrative et financière par un décret du 2 janvier 1914 et auquel le port fluvial de Cholon a été rattaché par un arrêté du 28 juin 1922, est de beaucoup le plus important de l'Union. Quarante-cinq grands navires au moins peuvent actuellement y mouiller ensemble et y faire leurs opérations en toute sécurité, grâce aux très importants travaux qui y ont été exécutés depuis une quarantaine d'années: établissement et entretien d'un chenal d'accès de 60 km. depuis

---

(1) Ce texte prévoyait aussi que les Chefs d'Administration locale devraient déterminer par arrêtés les cours d'eau dont le curage resterait à la charge des riverains, ainsi que les conditions de cette opération, mais nous n'avons pu retrouver aucune trace de ces règlementations locales, qui paraissent n'avoir pas encore été élaborées.

le Cap-Saint-Jacques avec une largeur utile minimum de 250 mètres et une profondeur minimum de 7m.50 à basse mer, construction de plus de mille mètres de quais en maçonnerie et de près de 2500 m. de perrés, établissement d'une quarantaine de postes d'amarrage, construction de bâtiments, installation de deux bacs à moteur, de chalands, remorqueurs, etc... En 1922, le mouvement des navires de mer, entrées et sorties comprises, a été de 1551 unités et de 3.953.613 tonnes et dans la même année le tonnage des marchandises transportées a atteint 279.028 tonnes à l'entrée et 1.724.533 à la sortie, plus des deux tiers de cette exportation ayant été fournie par les riz, brisures et paddys.

L'exploitation du port de Saigon fait l'objet d'une division spéciale, distincte de la division des travaux dont nous avons parlé au § 2 A, qui est placée sous les ordres d'un *directeur de l'exploitation du port* nommé par le Gouverneur Général sur la proposition du Gouverneur de la Cochinchine et après agrément par le Conseil d'administration du port, du président duquel il relève. Ce directeur, qui est rattaché au Service des Travaux publics avec l'assimilation d'ingénieur en chef, est choisi parmi les officiers supérieurs de la Marine militaire en retraite, démissionnaires ou hors cadres ou parmi les officiers de la marine marchande ayant commandé pendant plusieurs années une unité importante. Il est chargé de tout ce qui concerne l'exploitation du port, dispose d'un commis et d'un comptable affecté à ses bureaux et dirige trois subdivisions d'exploitation, une pour chacun des ports de Saigon et de Cholon avec le personnel des officiers et maîtres de port que nous énumèrerons en B ci-après (la subdivision de Saigon compte en plus un capitaine de remorqueur et un chef-mécanicien) et la troisième concernant la rivière de Saigon et confiée aux soins du chef du Service du Pilotage.

Le *port de Haiphong*, sur le Cua-Câm (bouche du Thai-binh), avec un chenal de 25 km. empruntant le Cua-Câm, la coupure de Dinh-vu et le Cua-Nam-Triéu, est d'un accès plus difficile en raison de deux barres qui se trouvent l'une immédiatement en amont et l'autre à 20 km. en aval. L'effort du Service des Travaux publics y a donc pour but la création et l'entretien de fonds en permettant l'accès aux navires à fort tirant d'eau. Depuis 1919, près d'un million de mètres cubes de déblais ont été extraits pendant chaque campagne sur la seule barre du Cua-Nam-Triêu et actuellement les navires peuvent disposer en permanence d'une profondeur de 6 m. 10 au-dessous du zéro des basses mers sur toute la longueur du chenal. L'outillage se développe assez rapidement et comprend notamment un appontement métallique de 550 mètres en cours d'allongement, une dizaine de ports d'amarrage et un ensemble de docks et hangars couvrant environ 18.000 mètres carrés. Le mouvement des entrées et sorties a été en 1922 de 855 navires de mer représentant 1.689.837 tonnes et le mouvement des marchandises a été: pour le long cours, de 197.316 tonnes à l'entrée et 388.374 à la sortie; pour le cabotage, de 144.940 à l'entrée et 132.138 à la sortie. Ces résultats déjà fort honorables s'amélioreront certainement encore lorsqu'aura été achevé le programme des travaux, actuellement en cours, en vue desquels la Chambre de Commerce, concessionnaire des docks de ce port, a réalisé en 1922 un emprunt de 3.000.000 fr.

Le *port de Tourane* est lui aussi défavorisé en raison des difficultés de communication entre la ville et le mouillage extérieur où se tiennent les navires. Ces difficultés ont été réduites par l'exécution entre le mouillage et les quais d'un chenal dragué donnant à basse mer une profondeur de 3 m. 50 et par la construction d'une voie ferrée desservant les quais. Ces ouvrages n'ont constitué, il est vrai, que des améliorations, mais des études sont en cours pour voir si la construction d'un chenal à écluses aboutissant à la baie du Lutin ne serait pas une solution définitive du problème de l'accès du port de Tourane, où le tonnage total des marchandises a été en 1922 de 39.962 tonnes pour le long cours et de 41.769 pour le cabotage.

Le *port de Bang-hoi*, au fond de la vaste et merveilleusement abritée baie de Camranh, est de création relativement récente, mais paraît devoir prendre un grand développement lorsque les produits du sud du Laos pourront y accéder. Il y a été construit un appontement en maçonnerie de plus de 80 mètres accostable en tout temps aux bateaux calant 7 mètres et relié à un embranchement de la voie ferrée Saigon - Nhatrang.

Quant au *port de Bên-Thuy*, le cabotage y a importé ou en a exporté 47.280 tonnes en 1922.

Mention doit enfin être faite, bien que le Service des Travaux publics n'ait pas à s'en occuper directement, puisqu'il s'agit là d'une propriété privée, du *port de Hongay*, construit et exploité par la Compagnie des Charbonnages du Tonkin et possédant des quais en béton armé accostables aux bateaux de 7 mètres de tirant d'eau.

A un autre point de vue, un système d'éclairage de la côte et de signalisation des ouragans a été réalisé et est constamment amélioré en vue de faciliter la navigation maritime, particulièrement sur les côtes de la mer de Chine et du golfe du Tonkin, parages dans lesquels les navires ont à lutter contre des courants côtiers très violents, la mousson nord-est en hiver et des typhons en été. Il comporte, outre de nombreux sémaphores, des *phares* principaux ou secondaires. d'une portée de 20 à 30 milles (Nao-Ichéou, annonçant la baie de Kouang-Tchéou-Wan; Hondau et les Norway, à l'entrée du port de Haiphong; Tien-Tcha, à l'entrée de celui de Tourane ; Poulo Canton (ou Culao-Re), Poulo Gambir, Padaran et Kega, sur les côtes d'Annam au sud de Tourane; Cap St Jacques, à l'entrée de la rivière de Saigon ; Poulo Condore et Poulo Obi dans les îles du même nom et Hatien sur le golfe du Siam) et une soixantaine de *feux fixes* blancs, rouges ou verts, balisant l'entrée des estuaires et les chenaux d'accès.

Les compagnies de navigation maritime desservant régulièrement l'Indochine sont : la *Compagnie des Services contractuels des Messageries Maritimes*, subventionnée par le budget de l'État ou plus exactement exploitant avec sa participation financière accordée par une loi du 28 juillet 1921 et dont les navires effectuent tous les 27 jours des traversées entre Marseille et Yokohama avec une seule escale en Indochine, à Saigon (1); — la *Compagnie des Chargeurs Réunis*, non subventionnée, qui, desservant les principaux ports de France, effectue toutes les six semaines environ le même trajet en faisant escale à Saigon, Tourane et Haiphong, mais ne dépasse généralement pas ce dernier port; — la *Compagnie de Navigation tonkinoise* (Lapicque et C°), subventionnée par le budget général selon contrat du 13 avril 1923 pour

---

(1) Aux termes de son cahier des charges du 29 décembre 1920, cette même compagnie était également tenue d'installer dans les six mois une seconde ligne entre Marseille et Haiphong avec escales à Saigon et Tourane (cette dernière facultative) et trajet de 36 jours. Cette ligne n'a pas encore été créée et, comme d'autre part la compagnie a supprimé l'escale de Haiphong, qu'elle avait provisoirement incluse dans le trajet de la première ligne en attendant que la seconde pût être mise en exploitation, il en résulte que la liaison Haiphong - Saigon s'opère actuellement dans des conditions aussi précaires que défectueuses et qu'il faut souhaiter provisoires.

une ligne entre Haiphong et Hong-Kong par Pakhoi, Hoihow et Kouang-Tchéou-Wan et pour une seconde ligne de Haiphong à Canton par Hong-Kong, actuellement en liquidation mais à laquelle une autre entreprise se substituera vraisemblablement ; — la *Société des Affréteurs indochinois,* qui selon convention du 26 juillet 1923 assure le service entre Saigon et Bangkok au moyen d'un unique navire, le « Gouverneur Général Maurice Long » ; — la *Compagnie des Messageries fluviales de Cochinchine,* subventionnée comme la précédente par le budget général, mais à titre temporaire, pour le service bi-mensuel provisoirement assuré entre Saigon et Singapore par un de ses navires, le « Donai », consigné aux Messageries Maritimes. Enfin il y a lieu de citer une ligne côtière libre entre Haiphong et Saigon exploitée par la société annamite Bach-thai-Buoi dont il a déjà été question à l'alinéa V précédent.

B) — *Officiers et maîtres de port.* — Aux termes de l'arrêté du 18 août 1909, les capitaines, lieutenants et maîtres de port (qu'il ne faut pas confondre avec le personnel spécial des flottilles dont il sera question au chap. XI - art. 7) sont des agents assermentés, ayant qualité pour dresser procès-verbal et dont les attributions consistent : d'une part, à assurer la police des ports, passes d'accès et rades en ce qui concerne les questions touchant à la sûreté matérielle et sans préjudice du rôle réservé au Service de la Sûreté relativement à la police générale ; d'autre part, à veiller à l'exécution des règlements concernant l'exploitation des ports et voies ferrées des quais, ainsi que des prescriptions auxquelles sont soumises les concessions et permissions d'outillage et les occupations temporaires. A ce double titre, ils surveillent et contrôlent l'éclairage des phares et fanaux, ainsi que les signaux et le balisage ; ils signalent à l'ingénieur chef du service maritime tous faits intéressant l'entretien et la conservation des ouvrages et les mouvements des navires ; ils règlent l'ordre d'entrée et de sortie des navires dans les bassins, les font ranger et amarrer et règlent tous leurs mouvements ; ils dirigent les secours à porter aux navires en danger, notamment en cas d'incendie ; ils désignent les emplacements que les marchandises doivent occuper sur les quais et surveillent leur embarquement et leur débarquement ; ils contrôlent les diverses opérations auxquelles donnent lieu la construction et la démolition des navires, etc..

Dans l'exercice de ces attributions, les officiers et maîtres de port sont placés sous les ordres immédiats des ingénieurs des Travaux publics, service du personnel duquel ils font d'ailleurs partie (1). Toutefois, lorsqu'il s'agit de questions touchant à la conservation des bâtiments de guerre français et étrangers ou aux mouvements des objets d'approvisionnement ou d'armement destinés à la Marine militaire, ils relèvent alors du Commandant de la Marine et doivent se conformer aux ordres de ses représentants, en particulier à ceux des directeurs des mouvements des ports.

L'effectif du personnel des ports détaché à la disposition du Conseil d'administration du port de commerce de Saigon-Cholon a été fixé comme suit par arrêté du 28 juin 1922 : pour la subdivision de Saigon, un capitaine, un lieutenant et cinq maîtres de port ; pour la subdivision de Cholon, un capitaine ou lieutenant et trois maîtres de port. Ces agents, qui font partie du personnel de la division d'exploitation du port, sont placés dans une situation spéciale au point de vue de leur traitement, en ce sens que, outre leur solde de grade, ils se partagent entre eux et avec le directeur de l'exploitation une rétribution proportionnelle aux mouvements des navires et décomptée à raison de 0$004 par tonneau de jauge nette ( décisions du Gouverneur Général des 10 décembre 1917, 20 novembre 1922 et 15 mars 1923 ).

A Haiphong, port qui ne jouit d'aucune autonomie et a été placé par décret du 30 juillet 1914 sous l'autorité immédiate du maire de la ville, le service est assuré par un capitaine et un maître de port, le premier étant en même temps, en vertu d'un intérim qui dure depuis 1912, directeur des mouvements du port et chef du service du pilotage.

C) — *Règlementation de la navigation maritime.* — La navigation est dite maritime sur la mer, dans les ports et leurs dépendances, sur les étangs et canaux où l'eau est salée et, en ce

---

(1) La nouvelle organisation du port de commerce de Saigon - Cholon n'a pas apporté de dérogation caractérisée à cette règle, car l'arrêté du 28 juin 1922 qui détermine cette organisation décide que le directeur de l'exploitation du port, sous les ordres duquel sont placés les officiers de port, est rattaché au Service des Travaux publics et assimilé aux ingénieurs en chef de ce service. Ce texte n'a d'ailleurs apporté aucune modification à la disposition de l'arrêté du 4 décembre 1917 qui précisait que le personnel des ports détaché à la disposition du Conseil d'Administration du port de commerce de Saigon ne cessait pas d'appartenir au Service des Travaux publics et conservait entièrement le statut du personnel de son corps.

qui concerne les cours d'eau affluant à la mer, jusqu'à la limite supérieure de leurs cours déterminée par arrêtés du Gouverneur Général, arrêtés qui ont été pris le 22 septembre 1900 pour le Donnai et la rivière de Saigon et le 20 novembre de la même année pour les deux défluents du Thai-binh, le Cua-Cam et le Cua-Nam-Triêu, qui donnent accès à Haiphong (1).

Les règlements concernant la navigation maritime sont fort nombreux. Nous avons déjà donné au chap. VIII - art. 8 une analyse sommaire des plus importants de ceux dont la mise en application relève pour partie du Service de l'Inscription maritime et, en particulier, nous avons vu au cours de cette étude qu'une de ces règlementations, celle qui se rapporte à la loi du 17 avril 1907 sur la sécurité de la navigation maritime, avait créé à Saigon et à Haiphong un emploi d'*inspecteur de la navigation* devant être confié à un capitaine au long cours appartenant au Service des Travaux publics. Nous nous bornerons à énumérer ci-après, en indiquant succinctement leur objet, les principaux règlements de la même catégorie dans l'application desquels le personnel des Travaux publics, et plus généralement la partie de ce personnel constituée par les officiers de port, peut être appelée à jouer un rôle plus ou moins étendu.

*Loi du 27 mars 1882 sur la protection du balisage.* — Le décret du 8 avril 1914 qui a rendu cette loi applicable en Indochine a conféré aux agents correspondants des Travaux publics les attributions sur la matière exercées en France par ceux des Ponts et Chaussées. C'est ainsi : que les officiers de port sont qualifiés pour recevoir les déclarations que doivent faire dès leur arrivée au port les capitaines de navires qui ont accidentellement coulé ou détérioré un feu flottant, une bouée ou une balise ; que les procès-verbaux constatant les infractions aux dispositions de ladite loi, notamment en cas de dommages intentionnels, peuvent être dressés par tous agents assermentés des Travaux publics ; que les poursuites ont lieu, soit à la diligence du ministère public, soit à celle du chef du service maritime, qui en ce cas a le droit d'exposer lui-même l'affaire devant le tribunal.

---

(1) Il est à remarquer que, seul, le port de Saigon a été, par un décret du 9 mars 1916, classé port maritime et incorporé au domaine public maritime. Si donc le régime de la navigation maritime est également applicable dans le port fluvial de Haiphong, c'est simplement en vertu de l'arrêté du 20 novembre 1900 susvisé.

*Arrêtés des 28 septembre 1892 et 27 mai 1902 concernant l'en-trée des navires à Saigon et à Haiphong.* — Le premier de ces textes décrit les signaux par lesquels le sémaphore du Nha-Be doit indiquer aux navigateurs, le cas échéant, que la rivière de Saigon n'est pas libre. Le second, relatif à la circulation dans le canal de Dinh-Vu, qui réunit près de Haiphong le Cua-Cam au Cua-Nam-Triêu, interdit à plusieurs navires de s'engager à la fois dans ce canal et détermine l'ordre dans lequel il devra être traversé lorsque deux navires se présentent en même temps pour le passer en sens inverse.

*Décret du 21 février 1897 ayant pour objet de prévenir les abor-dages en mer.* — Ce texte, qui est à la navigation maritime ce que l'arrêté du 26 janvier 1916 dont il a été question ci-dessus est à la navigation fluviale, édicte un certain nombre de prescriptions dont il appartient aux officiers de port de contrôler l'exécution dans la limite de leur zone d'action.

*Règlementation de la police de la navigation maritime.* — Cette règlementation, dont nous venons de dire qu'elle rentre au premier chef dans les attributions des officiers et maîtres de port, a été déterminée par de nombreux textes dans le détail desquels il ne nous est pas possible d'entrer et dont les principaux sont : à Saigon, et tant en ce qui concerne la rivière que le port lui-même, un décret du 4 juin 1896 et divers arrêtés subséquents ; à Hai-phong, et tant en ce qui concerne le cours du Cua-Cam que celui du Song-Tam-Bac, affluent de ce dernier, un décret du 30 juillet 1914 (les arrêtés des 16 janvier 1907 et 3 septembre 1921, ce dernier modifié les 9 février 1922 et 6 avril 1923, concernent aussi le port de Haiphong, mais intéressent à peu près exclusivement la police administrative générale de la rade, laquelle est du ressort du Service de la Sûreté).

*Décret du 26 juin 1903 sur les moyens de sauvetage.* — Cet acte définit les conditions dans lesquelles les navires affectés au trans-port des passagers doivent être pourvus de canots, bouées, cein-tures de sauvetage, etc...

*Décret du 21 mai 1913 sur les visites en temps de paix des bâti-ments de guerre étrangers.* — Rendu applicable aux colonies par celui du 30 août 1913, ce décret prescrit que, à son entrée en temps de paix dans un port français où ne se trouve aucun officier de marine, tout navire de guerre étranger doit être accosté par un officier du port, délégué par le capitaine du port, qui lui souhaite la bienvenue et lui indique le poste de mouillage qui lui est assigné.

### VII. — *BÂTIMENTS CIVILS & TRAVAUX URBAINS*

Un grand nombre de bâtiments ont été et continuent à être construits ou réparés chaque année par les soins du Service des Travaux publics pour les besoins des diverses administrations et services.

En principe, ces travaux, de même d'ailleurs que ceux de chemins de fer, routes, ponts, canaux, etc..., doivent, lorsqu'ils sont d'une importance suffisante, être exécutés *à l'entreprise* en conformité des clauses et conditions générales imposées aux entrepreneurs de travaux publics aux colonies par un arrêté du Gouverneur Général du 7 avril 1919 (1), ainsi que des conditions particulières pouvant être fixées par le cahier des charges spécial à chaque entreprise, et après passation d'un marché qui le plus souvent est conclu à la suite d'une adjudication publique déterminée par la plus avantageuse des soumissions déposées par les concurrents, mais qui peut aussi résulter d'une convention de gré à gré dans certains cas limitativement énumérés par le décret du 18 novembre 1882 (modifié les 26 octobre 1898 et 23 août 1919), acte qui à l'origine n'était applicable qu'aux adjudications et marchés passés pour le compte de l'État mais dont les dispositions ont été étendues par arrêtés des 4 novembre 1899 et 11 mai 1900 aux adjudications et marchés intéressant les divers budgets indochinois. Quant à l'exécution *en régie*, c'est-à-dire par les soins du Service des Travaux publics agissant lui-même et sans autre intermédiaire que celui des tâcherons nécessaires, il n'y est d'ordinaire procédé que pour les travaux d'entretien et les petites réparations ou encore lorsque, un entrepreneur ayant contrevenu aux prescriptions de son cahier des charges ou aux ordres de service écrits reçus par lui de l'ingénieur et ne s'étant pas davantage conformé à un arrêté de mise en demeure pris en ce cas par

---

(1) Tout en restant tenues de se conformer aux clauses et conditions générales du 7 avril 1919, sauf dérogations pouvant être exceptionnellement prévues par les devis particuliers à chacune d'elles, les entreprises d'infrastructure et de bâtiments pour la construction des voies ferrées au Tonkin, dans la partie de l'Annam au nord de Huè et au Laos sont également assujetties à l'observation des prescriptions de l'arrêté du 16 février 1922 fixant le texte des devis et cahiers des charges généraux qui leur sont applicables.

l'autorité ayant approuvé l'adjudication, la même autorité prend alors un second arrêté prescrivant la continuation en régie, aux frais de l'entrepreneur, de tout ou partie des travaux.

Le total des travaux de bâtiments civils exécutés en 1922 sur les divers budgets de la colonie s'est élevé à 4.900.000 $ dont 3.900.000 $ de travaux neufs. Pour l'exercice 1924, les prévisions relatives aux travaux neufs de la même catégorie accusent un total de 4.031.096 $. Il est d'ailleurs à remarquer que depuis une douzaine d'années les constructions de beaucoup les plus nombreuses et les plus importantes ont été celles destinées aux besoins du Service de l'Instruction publique et à ceux des Services Sanitaires et Médicaux.

Quant aux travaux exécutés dans les villes et centres urbains, les principaux de ceux dont l'exécution a été récemment achevée ou est en cours sont : au Tonkin, l'installation d'une distribution d'eau potable et de l'éclairage électrique à Namdinh et Hadong, et surtout l'exécution à Haiphong de grands travaux d'assainissement dont le programme, fixé par un arrêté du Gouverneur Général du 16 février 1922, s'élève à 1.000.000 $ et comporte en particulier le comblement du canal Bonnal, question dont il n'est pas exagéré de dire qu'elle était en suspens depuis l'établissement du Protectorat (1) ; en Annam, l'exécution du plan d'agrandissement de Huê, la concession d'un service d'éclairage électrique à Tourane et l'installation de distribution d'eau potable à Vinh et à Hatinh ; au Cambodge, le remblayage des terrains bas de la ville de Phnom-Penh, continué en régie à la suite de la défaillance de l'entrepreneur, ainsi que divers travaux d'adduction d'eau et de distribution d'énergie électrique à Phnom-Penh, Kampot, Kompong-thom, Kratié, Stungtreng, Battambang, et Takeo ; en Cochinchine, l'installation de l'éclairage électrique au Cap-Saint-Jacques ; au Laos, l'installation à Vientiane d'une usine électrique exploitée en régie et la construction d'égoûts ; à Kouang-Tchéou-Wan, le parachèvement des quais, l'allongement de la jetée et divers travaux d'assainissement à Fort-Bayard.

Enfin, un effort considérable a été réalisé ces dernières années

---

(1) On peut aussi ajouter, bien qu'à proprement parler il ne s'agisse pas là d'un travail urbain, que le mois de mai 1924 a vu l'ouverture à la circulation, sur le pont Doumer à Hanoi, de deux voies charretières en encorbellement permettant d'éviter le bac à vapeur qui jusque-là avait seul assuré la liaison entre les deux rives du Fleuve Rouge.

en vue d aménager et d'étendre, en tenant compte de toutes les exigences de l'urbanisme moderne, le centre de Dalat, destiné à devenir le sanatorium de beaucoup le plus fréquenté de l'Indochine. Des travaux moins importants ont été également entrepris dans un but analogue aux sanatoria de Tamdao et de Chapa (Tonkin) et à celui du Bockor (Cambodge). Sauf à Chapa, les hôtels de tous ces sanatoria appartiennent d'ailleurs à l'Administration.

## ARTICLE III

### *SERVICES SANITAIRES ET MÉDICAUX* (1)

A la différence des divers services publics que nous avons examinés jusqu'ici, les Services sanitaires et médicaux de l'Indochine, tels qu'ils ont été organisés par le décret du 27 juin 1914 complété par un arrêté du 2 janvier 1915 modifié lui-même le 14 juin 1922, ne constituent pas un service unique, mais un ensemble de services d'assistance sociale qui ont pour but commun la protection et l'amélioration de la santé publique, mais

---

(1) De la lecture des pages qui vont suivre, le lecteur retirera peut-être une impression quelque peu confuse. Nous l'éprouvons pareillement. En un pays où toutes choses administratives sont déjà rendues d'une complexité particulière par la superposition d'administrations qui s'étagent sur quatre plans (sans parler des administrations indigènes de l'Annam et du Cambodge) et par l'enchevêtrement constant des statuts personnels, également au nombre de quatre, dont peuvent se réclamer les habitants selon leur origine raciale, l'organisation des Services Sanitaires et Médicaux se distingue par une spéciale complexité. Les raisons de cet état de choses sont d'ailleurs d'une claire évidence, car l'on ne saurait espérer trouver de l'ordre et de l'uniformité dans un service dont le chef nominal ne dispose en réalité de presque aucune attribution de direction effective, dont le personnel européen est composé pour partie d'officiers du corps militaire de la Santé et pour partie de médecins civils fonctionnaires (sans préjudice des médecins non fonctionnaires liés à l'Administration par leur seul contrat), dans lequel la police sanitaire maritime locale est règlementée par des textes spéciaux à chaque pays et dont l'un est antérieur d'un quart de siècle aux autres, où enfin des matières aussi importantes que la protection de la santé publique et la prophylaxie des maladies transmissibles reposent sur des textes qui au Tonkin sont depuis peu devenus différents de ce qu'ils sont restés dans les autres pays de l'Union. Nous nous excusons donc par avance de n'avoir pu mettre plus d'esprit de méthode dans un sujet qui y prête aussi peu.

qui peuvent être aisément distingués les uns des autres. Nous établirons cette distinction en étudiant successivement : l'assistance médicale, qui est de beaucoup le plus important des services dont il s'agit ; la police sanitaire maritime ; les établissements scientifiques médicaux autres que l'Institut Pasteur et les établissements d'instruction médicale autres que l'École de Médecine de l'Indochine ; l'inspection des pharmacies ; les postes médicaux consulaires ; enfin le contrôle technique des établissements privés de bienfaisance.

Nous avons déjà vu au chapitre III art. 3 que l'ensemble ces services était placé sous la haute autorité d'un *Inspecteur général des Services sanitaires et médicaux* qui n'est autre que le médecin inspecteur Directeur du Service de santé des troupes du groupe de l'Indochine. Mais le rôle de ce haut fonctionnaire, conseiller immédiat du Gouverneur Général pour toutes questions se rattachant à la santé publique, est seulement d'exercer une surveillance générale et un contrôle technique supérieur sur les Services sanitaires et médicaux. A la seule exception des postes médicaux consulaires, sur lesquels il exerce une action directe, il ne dirige effectivement aucun de ces services. Leur direction immédiate appartient en effet, dans chaque pays de l'Union et sous l'autorité du Chef de l'Administration locale, à un fonctionnaire dénommé *Directeur local de la Santé* (au Laos, *Chef du Service de l'Assistance médicale*) qui est nommé par le Gouverneur Général sur la proposition concertée du Chef d'Administration locale intéressé et de l'Inspecteur général des Services sanitaires et médicaux et qui tient ses attributions de direction, définies par les arrêtés des 2 janvier 1915 et 14 juin 1922 susvisés, soit du décret du 27 juin 1914 lui-même en ce qui concerne l'assistance médicale et les établissements médicaux, soit d'une délégation de pouvoirs que le même décret oblige l'Inspecteur général des Services sanitaires et médicaux à lui donner en ce qui concerne la police sanitaire maritime, soit du décret du 16 juillet 1919 en ce qui concerne l'inspection des pharmacies, soit enfin du décret du 9 novembre 1923 en ce qui concerne le contrôle des établissements privés de bienfaisance. On donne souvent, conformément à l'arrêté précité du 2 janvier 1915, le nom global de *services d'assistance* à l'ensemble des services sanitaires ou médicaux, autres que celui de la police sanitaire maritime, qui sont dirigés dans chaque pays par le Directeur local de la Santé.

Les budgets locaux contribuent beaucoup plus que le budget général au fonctionnement des Services sanitaires et médicaux. Ce dernier ne supporte en effet que les dépenses concernant l'Inspection générale et les postes médicaux consulaires et toutes les autres dépenses sont à la charge des divers pays de l'Union. Notons cependant que le service médical spécial des chemins de fer, bien que compris en réalité dans l'assistance médicale, est assuré par le budget de l'exploitation des chemins de fer, annexe du budget général.

Nous avons déjà examiné aux chapitres III, IV, V et VI la composition et le rôle des divers conseils, comités, commissions et sous-commissions qui assistent le Gouverneur Général, les Chefs d'Administration locale et les chefs de province et de municipalité en ce qui concerne le fonctionnement des Services sanitaires et médicaux. Nous n'y reviendrons donc pas ici ; mais, avant d'étudier séparément les six services sanitaires ou médicaux énumérés au début du présent article, nous dirons quelques mots du personnel qui est chargé d'en assurer indistinctement le fonctionnement.

### § 1. — Personnel

Le personnel des Services sanitaires et médicaux est européen ou indigène. Il relève au point de vue administratif de l'autorité du Chef de l'Administration locale, représenté dans l'intérieur par les chefs de province, et, au point de vue technique, de la direction et du contrôle du Directeur local de la Santé, lequel exerce lui-même ses attributions sous la surveillance technique de l'Inspecteur général des Services sanitaires et médicaux. Nous parlerons successivement de ces deux catégories de personnel, puis de la réglementation concernant l'exercice de la médecine.

A) — *Personnel français*. — Son recrutement provient actuellement de trois sources différentes : le corps spécial des médecins des services de l'Assistance médicale, les médecins civils non fonctionnaires et les médecins et pharmaciens militaires. Toutefois, il a été prévu par arrêté du 20 juin 1921 que l'Administration cesserait d'avoir recours à ces derniers à partir du moment où le recrutement des médecins civils offrira des ressources suffisantes pour permettre d'assurer normalement les besoins.

Le corps des *médecins des services de l'Assistance médicale*, régi par les dispositions combinées des arrêtés des 1er août 1914, 30 septembre 1915, 20 juin 1921, 6 décembre 1921, 28 juin et 28 décembre 1922, 17 mars et 26 juillet 1923 et 15 mars 1924, comprend une classe de médecins principaux, cinq classes de médecins et des médecins stagiaires, ces derniers recrutés parmi les docteurs en médecine d'État et devant accomplir un stage de deux ans dans une formation sanitaire importante de la colonie. Les anciens internes des hôpitaux de Paris et des facultés de province peuvent être nommés directement médecins de 4e classe et il a d'autre part été prévu que, à défaut de recrutement normal, les médecins démissionnaires de l'armée ou de la marine comptant au moins dix années de services à l'État dont une en Extrême-Orient pourraient être admis dans le cadre de l'Assistance à une classe quelconque correspondant à leur solde militaire antérieure. Les médecins de l'Assistance sont nommés, promus et mis à la disposition des divers pays par arrêtés du Gouverneur Général et ils reçoivent ensuite leur affectation du Chef de l'Administration locale sur la proposition du Directeur local de la Santé.

En cas d'insuffisance numérique du personnel précédent, il peut également être fait appel par contrat à des *médecins ou pharmaciens civils non fonctionnaires*, qui alors reçoivent une indemnité fixée dans chaque cas par arrêté du Gouverneur Général.

Enfin les *médecins ou pharmaciens militaires* qui, encore en grand nombre (1), prêtent leur concours aux Services sanitaires et médicaux sont, soit des officiers du corps de Santé des troupes coloniales placés hors cadres dans les conditions déterminées par les décrets du 21 juin 1906 et 7 novembre 1911, soit des officiers du corps de Santé du service général et des corps de troupes qui concourent aux Services sanitaires et médicaux en même temps qu'ils continuent à assurer leur service militaire. Dans le premier cas, la solde de grade de ces officiers, ainsi que leurs accessoires de solde, sont entièrement à la charge de l'administration civile

---

(1) Actuellement (juin 1924) le nombre de ces médecins et pharmaciens militaires est de 70, dont 36 hors cadres employés exclusivement à l'Assistance, contre 73 médecins du corps de l'Assistance, 18 médecins civils non fonctionnaires employés exclusivement ou accessoirement à l'Assistance et 2 médecins civils fonctionnaires n'appartenant pas au corps de l'Assistance mais employés exclusivement à ce service. D'autre part, ce sont des médecins militaires qui, dans chacun des pays de l'Union à l'exception du Tonkin et du Cambodge, dirigent actuellement le service dont il s'agit.

pendant toute la durée de leur détachement, au cours duquel ils relèvent de cette administration dans les mêmes conditions que les médecins du corps de l'Assistance. Dans le second cas, ils reçoivent de l'administration une indemnité fixée par le Gouverneur Général et prennent, en ce qui concerne les services civils qu'ils assurent sous son contrôle, le titre de *médecin des services extérieurs* (à moins qu'il s'agisse d'un service médical spécial, comme par exemple celui des chemins de fer).

Le personnel médical dont nous venons de parler est assisté dans la plupart des pays de l'Union par un *personnel secondaire* en service dans les diverses formations sanitaires, où les agents qui le composent sont chargés des soins hospitaliers, de la surveillance générale de l'établissement et parfois de sa comptabilité et de la gestion de son magasin. Ce personnel n'a été jusqu'ici régulièrement organisé qu'au Tonkin et en Cochinchine et est encore contractuel dans les autres pays. Au Tonkin (arrêté du 23 mai 1915 modifié les 11 août 1921, 21 novembre 1922 et 28 juin 1923), il comprend : d'une part, des surveillants principaux hors classe et de deux classes, des surveillants-chefs de deux classes et des infirmiers majors de deux classes et stagiaires, tous ces agents étant nommés par le Gouverneur Général sur la proposition du Résident Supérieur et choisis de préférence parmi les anciens infirmiers civils ou militaires ; d'autre part, des dames lingères recrutées par contrat et choisies de préférence parmi les veuves ou orphelines d'anciens fonctionnaires ou colons. En Cochinchine (arrêté du 31 octobre 1919 modifié ou complété les 29 juin 1921 et 21 juin 1923), il comprend des infirmiers en chef hors classe et de deux classes, des infirmiers majors de cinq classes, des infirmiers stagiaires, des dames infirmières hors classe, de cinq classes et stagiaires, des sages-femmes principales de deux classes et des sages-femmes de cinq classes, tous ces agents étant nommés et promus par le Gouverneur Général sur la proposition du Gouverneur et après avis de l'Inspecteur général des Services sanitaires et médicaux.

Enfin des *sœurs congréganistes* européennes, en très petit nombre au Tonkin mais beaucoup plus nombreuses dans l'intérieur de la Cochinchine, secondent le personnel médical dans la surveillance administrative de diverses formations hospitalières.

B) — *Personnel indigène.* — Il est constitué tout d'abord

par un personnel technique ressortissant à cinq cadres distincts (médecins indochinois, médecins auxiliaires de l'Assistance, pharmaciens auxiliaires de l'Assistance, sages-femmes diplômées de l'École de Médecine de l'Indochine et sages-femmes de l'Assistance médicale en Cochinchine)(1), en second lieu par un personnel secondaire d'infirmiers et infirmières représenté dans tous les pays et par un personnel de surveillants et surveillantes d'asile d'aliénés n'existant qu'en Cochinchine, enfin et accessoirement par un personnel administratif auxiliaire. Les médecins indochinois, médecins et pharmaciens auxiliaires et sages-femmes diplômées de l'École de Médecine sont des personnels communs à l'Indochine entière et les agents qui les composent sont tous nommés et promus par le Gouverneur Général, sauf toutefois les sages-femmes qui le sont par les Chefs d'Administration locale. Les autres cadres ci-dessus énumérés sont purement locaux et ne dépendent que des Gouverneur de la Cochinchine ou Résidents Supérieurs et des Directeurs locaux de la Santé.

Le cadre des *médecins indochinois* titulaires du doctorat en médecine d'État a été créé par arrêté du 18 février 1922 et ne compte encore qu'une seule unité. Il est destiné à assurer les services sanitaires et médicaux concurremment avec le personnel médical européen et nous avons vu, en parlant de l'École de Médecine à l'article 1 du présent chapitre, comment son recrutement doit s'opérer. Il doit comprendre des médecins indochinois hors classe, de six classes et stagiaires, ces derniers étant employés pendant un an comme répétiteurs à l'École de Médecine et chargés de service dans les hôpitaux, après quoi ils doivent être ou titularisés ou admis à une seconde et dernière année de stage ou licenciés. La situation hiérarchique de ce personnel est la même que celle des médecins auxiliaires de l'Assistance, c'est-à-dire que, dans les provinces et dans les établissements hospitaliers des centres urbains, ils sont placés sous l'autorité des chefs de province et des maires tout en relevant, dans tous les cas, de la direction et du contrôle technique des médecins chefs des circonscriptions ou d'établissements hospitaliers et des Directeurs locaux de la santé.

---

(1) L'organisation prochaine d'un sixième cadre technique, devant comprendre les sages-femmes du Protectorat du Cambodge, a été annoncée par un arrêté du 17 septembre 1924 qui a institué à Phnom-Penh une école pratique destinée à la formation de ces praticiennes.

.Les *médecins auxiliaires de l'Assistance*, recrutés parmi les élèves diplômés de la section des médecins auxiliaires de l'École de Médecine, ont été institués et sont régis par un arrêté du 28 septembre 1913, complété ou modifié les 29 septembre 1913, 2 novembre 1914 et 14 avril 1920, qui prévoit des médecins auxiliaires stagiaires dont le stage est de deux ans et des médecins auxiliaires de cinq classes, un examen étant nécessaire pour être promu à la 2e classe. Les agents de ce cadre peuvent, sur leur demande, être versés dans celui des médecins indo-chinois s'ils obtiennent ultérieurement le titre de docteur en médecine d'État. Leurs fonctions normales sont celles de médecins résidents dans les hôpitaux provinciaux, de médecins des postes secondaires créés ou à créer dans les centres impor-tants autres que les chefs-lieux, de médecins mobiles chargés de la prophylaxie des maladies épidémiques ou endémiques.

Le cadre des *pharmaciens auxiliaires de l'Assistance*, dont le recrutement est également assuré par une section spéciale de l'École de Médecine, a été créé par un arrêté du 22 janvier 1915 modifié le 4 octobre 1922 et comprend des pharmaciens stagiai-res, quatre classes de pharmaciens auxiliaires et des pharmaciens auxiliaires hors classe. Ces agents peuvent être placés hors cadres dans les pharmacies civiles de l'Indochine.

Le cadre des *sages-femmes indigènes diplômées de l'École de Médecine* a été réorganisé par un arrêté du 24 juin 1918 et comprend des sages-femmes principales de deux classes et des sages-femmes titulaires de six classes.

Le cadre des *sages-femmes de l'Assistance médicale en Cochin-chine*, spécial à cette colonie et réservé exclusivement aux titulaires du diplôme de sage-femme délivré par l'école des sages-femmes de Cholon, a été organisé par un arrêté du 14 mars 1919 modifié ou complété les 22 août et 8 septembre suivant. Il comprend exactement les mêmes grades et classes que le précédent.

Les arrêtés régissant dans chaque pays de l'Union le corps local des *infirmiers et infirmières de l'Assistance* sont ceux des 10 novembre 1914 modifié les 6 mai 1918, 17 juillet 1919, 20 dé-cembre 1920 et 5 mai 1923 (Annam), 28 juillet 1915 modifié les 21 juillet 1919, 21 novembre 1922 et 23 juillet 1924 (Tonkin), 13 avril 1916 (Cambodge), 18 juin 1923 (Cochinchine) et 9 août 1924 (Laos). Les grades et classes de ce personnel varient selon les pays et on pourra les trouver dans les arrêtés susvisés. En Cochinchine, par exemple, où ce personnel a été récemment réorganisé, le cadre est uniquement masculin et comprend des infirmiers principaux hors classe et de trois classes, des infirmiers titulaires de trois classes et des infirmiers auxiliaires de trois classes. Au Tonkin, au contraire, les femmes ont accès à tous les grades de la hiérarchie, laquelle comporte un échelon de plus. Le mode de recrutement de ces agents diffère aussi selon les pays: en Cochinchine et au Laos, ils sont fournis par les écoles d'infirmiers de Cholon et de Vientiane; dans les autres pays, ils sont recrutés parmi les candidats qui ont accompli un stage bénévole et satisfait ensuite à un examen professionnel.

Mentionnons aussi le personnel spécial, institué en Cochinchine par arrêté du 9 août 1924, des *surveillants et surveillantes indigènes d'asile d'aliénés*, créé pour le service de l'asile de Biên-Hoa mais pouvant être détaché dans les autres établissements sanitaires de la colonie. Il comporte des surveillants et surveillantes stagiaires et des surveillants et surveillantes de trois classes, principaux de trois classes et chefs de trois classes et de classe exceptionnelle. Le personnel masculin est recruté de préférence parmi les anciens militaires et porte un uniforme.

Enfin, en plus des divers personnels ci-dessus, un *personnel indigène auxiliaire* concourt selon les besoins au service général des diverses formations sanitaires. Il a même été expressément prévu par l'arrêté du 18 septembre 1918, concernant les établissements hospitaliers du Tonkin, comme pouvant comprendre des secrétaires-interprètes des résidences détachés, des concierges ou surveillants, des linh-cơ chargés du service de garde et des gens de service.

C)—*Règlementation de l'exercice de la médecine.*—Deux décrets des 17 août 1897 et 12 août 1905 ont respectivement rendu applicable en Cochinchine et dans les pays de Protectorat, sous réserve de certaines dispositions spéciales, la loi du 30 novembre 1892 sur l'exercice de la médecine, de l'art dentaire et de la profession de sage-femme et, d'autre part, la loi du 14 avril 1910 portant modification de la précédente a également été rendue applicable dans toute l'Indochine par décret du 9 juin 1915. Il résulte en particulier de ces divers textes, ainsi que d'un arrêté du Gouverneur Général du 25 octobre 1904 concernant les pays de Protectorat (1): qu'aucune personne ne peut en principe exercer dans la colonie les professions susvisées sans être titulaire d'un diplôme de docteur en médecine, de chirurgien-dentiste ou de sage-femme délivré par le Gouvernement français, diplôme que l'intéressé doit, avant de commencer à exercer, faire enregistrer dans les bureaux du Chef de l'Administration locale et au greffe du tribunal du ressort et faire viser par le chef de la province ou municipalité où il compte s'installer; — que les indigènes peuvent cependant être autorisés par décret (Cochinchine) ou par arrêtés du Gouverneur Général (pays de Protectorat) à exercer les mêmes professions sans être titulaires des diplômes ci-dessus, mais à la triple condition d'avoir été instruits dans des écoles spécialement instituées à cet effet, de se conformer aux obligations professionnelles qui leur sont imposées par arrêtés du Gouverneur Général, enfin d'être placés sous le contrôle et la surveillance de médecins français fonctionnaires (2); — que ces divers praticiens, tant Européens qu'indigènes, sont tenus de porter à la connaissance des autorités administratives et médicales, sans pouvoir opposer le secret professionnel, tout cas d'une des maladies épidémiques comprises sur une liste dressée par arrêté du Ministre des Colonies; — que, sauf certains cas particuliers, les médecins français peuvent seuls se voir attribuer le titre d'expert-médecin et le droit de procéder aux expertises médico-légales, sur désignation faite chaque année par la Cour d'appel d'après des listes de propositions établies par les tribunaux de première instance du ressort.

---

(1)  Par cet arrêté, pris avant que le décret du 12 août 1905 eût rendu applicable dans les pays de protectorat d'Indochine la loi du 30 novembre 1892, le Gouverneur Général avait pris l'initiative de réglementer dans ces pays l'exercice de la médecine par les indigènes, mais en se conformant dans leurs grandes lignes aux prescriptions contenues à ce sujet dans le décret du 17 août 1897 par lequel ladite loi avait déjà été rendu applicable en Cochinchine. Et comme d'autre part le décret susvisé du 12 août 1905 laissa au Chef de la colonie le soin de prendre cette réglementation dans les mêmes pays, il en résulta que l'arrêté du 25 octobre 1904 fut ainsi implicitement maintenu en vigueur. Il l'est toujours, du moins en tant que texte de principe.

(2)  Les textes qui à l'origine furent pris à l'effet d'autoriser l'exercice de la médecine par les indigènes, et qui par suite permirent l'organisation ultérieure des cadres des médecins auxiliaires et sages-femmes de l'Assistance, ont été: dans les pays de protectorat, l'arrêté du 25 octobre 1904 dont il est parlé dans la note précédente; en Cochinchine, un second décret du 12 août 1905, rédigé en des termes à peu près identiques à ceux de cet arrêté et rapporté depuis par le décret du 16 avril 1924 dont nous parlons ci-après.

D'autre part, un décret du 16 avril 1924, applicable dans toute la colonie, vient de règlementer l'exercice de la médecine par les médecins auxiliaires et sages-femmes diplômées d'une des écoles officielles de la colonie mais n'ayant pas été admis dans le personnel de l'Assistance ou ayant cessé de lui appartenir, Ces praticiens ne peuvent exercer leur art, à titre privé, qu'après en avoir obtenu une autorisation délivrée par le Chef d'Administration locale intéressé et toujours révocable et ils demeurent placés, au point de vue professionnel, sous le contrôle et la surveillance du Directeur local de la Santé. Sauf le cas d'urgence, ils ne peuvent donner leurs soins aux Européens, à défaut de médecin au titre français, qu'en vertu d'une autorisation spéciale du Chef de l'Adnistration locale, valable pour un an sauf renouvellement, et ils ne peuvent procéder à l'égard de ces malades aux opérations de grande chirurgie. Les médecins doivent déférer aux réquisitions que les autorités administratives ou judiciaires peuvent leur adresser, en l'absence du médecin légiste ou de l'expert français, et ils remettent leur rapport à ce dernier dès son arrivée. Ils ne peuvent avoir chez eux d'autres médicaments que ceux compris dans une nomenclature établie par le Gouverneur Général sur la proposition de l'Inspecteur général des Services sanitaires et médicaux. Enfin, la suspension temporaire ou l'interdiction absolue de l'exercice de la médecine en Indochine peuvent être prononcées contre eux ou contre les sages-femmes, mais cette dernière mesure ne peut être prise que par le Gouverneur Général sur la proposition concertée du Chef de l'Administration locale et de l'Inspecteur général des Services sanitaires et médicaux.

Quant à l'exercice de la médecine sino-annamite traditionnelle par les indigènes ou Asiatiques assimilés, elle demeure provisoirement autorisée dans des conditions dont la détermination a fait l'objet, mais pour la Cochinchine seulement, de deux arrêtés du 21 mai 1920 et du 14 mars 1919 respectivement relatifs aux empiriques de la médecine sino-annamite et aux accoucheuses sans diplôme (bà-mụ). Les uns et les autres doivent avoir au moins 30 ans pour les médecins et 25 pour les sages-femmes, avoir fait chez un praticien connu un stage de trois ans ou d'un an respectivement et obtenir du chef de province ou du maire une autorisation qui leur est refusée s'ils ont été condamnés à une peine criminelle ou à certaines peines correctionnelles. Ils sont inscrits sur des contrôles spéciaux dans les mairies et inspections,

Le nombre des médecins ne peut atteindre, pour la Cochinchine entière, un total supérieur à 500, ce chiffre étant réparti entre les provinces par arrêté du Gouverneur, et les médicaments dont ils sont autorisés à faire usage doivent être exclusivement ceux de la pharmacopée indigène. Les bà-mụ ne peuvent, sauf à Saigon et à Cholon, exercer dans les localités où existent déjà des sages-femmes diplômées et elles doivent tenir un contrôle de leurs accouchements visé par le chef de province ou de municipalité.

### § 2. — Assistance médicale

On englobe sous cette expression générale les divers services ou objets suivants : assistance médicale gratuite aux particuliers et soins médicaux dans les établissements publics, police sanitaire terrestre, protection de la santé publique, service des établissements hospitaliers de toutes catégories, service des léproseries, prophylaxie des maladies épidémiques, mesures anti-palustres et service médical spécial des chemins de fer.

Nous dirons quelques mots de chacun de ces services et des principales règlementations s'y rattachant, mais auparavant il y a lieu de voir selon quelles divisions territoriales leur fonctionnement d'ensemble est actuellement assuré dans l'intérieur des divers pays de l'Union.

A) — *Organisation territoriale des services d'assistance.* — Au Tonkin, les circonscriptions de la haute région (Thainguyên, Langson, Tuyênquang, Yênbay, Laokay, Sonla et les quatre territoires militaires) sont les seules qui, en raison de leur éloignement, soient dotées d'un médecin européen spécialement affecté à chacune d'elles et qui, à Yênbay, Laokay et Sonla, est assisté d'un ou deux médecins auxiliaires en service dans les postes de l'intérieur ; sauf pour ces trois dernières provinces, ce médecin est un médecin militaire. D'autre part, le service médical de la province de Kiênan est assuré par le médecin contractuel de la municipalité de Haiphong assisté sur place par un médecin auxiliaire. Quant aux autres circonscriptions du Tonkin, elles ont été groupées en huit secteurs médicaux ayant respectivement pour centre Namdinh, Vinhyên, Thainguyên, Hanoi, Haiduong, Sontay, Bacninh et Viétri et à la tête de chacun desquels est placé un médecin de l'Assistance ou contractuel assisté sous sa direction de médecins auxiliaires en résidence dans les chefs-lieux de province et autres points importants du secteur et assisté aussi, dans certains de ces secteurs, de pharmaciens auxiliaires. Enfin, des médecins militaires et des médecins civils libres assurent les services extérieurs d'assistance suivants : à Hanoi, deux services médicaux et un service dentaire dispensant l'assistance médicale gratuite due au personnel des diverses administrations, un service médical et un service dentaire pour les écoles, enfin un service chargé des analyses nécessitées par le contrôle des boissons et denrées du service local et assuré par un pharmacien militaire également chargé de l'inspection des pharmacies privées ; à Haiphong, un service médical et un service dentaire pour les administrations.

En Annam, chaque province, à l'exception de celles du Darlac et du Haut-Donnai, possède au moins un médecin spécial qui, sauf à Quang-Tri, est français, et celles de Thanh-Hoa, Vinh et Binh-Dinh sont également dotées d'un pharmacien auxiliaire. Il y a d'autre part à Huê deux services médicaux des administrations, l'un pour les Européens et l'autre pour les indigènes, et un service de même nature à Tourane.

En Cochinchine, le service médical de chaque province et des îles de Poulo-Condore est assuré par un médecin titulaire de l'Assistance ou un médecin militaire hors cadre, sauf pour celles de Tan-An, Gocong, Sadec et Hatien que la pénurie de personnel français n'a permis de doter provisoirement que d'un médecin auxiliaire. Ces praticiens sont assistés par un ou plusieurs médecins auxiliaires et, à Vinh-Long, par un pharmacien auxiliaire. Quant aux services extérieurs d'assistance, réorganisés à Saigon par arrêté du 3 mai 1923. ils comportent : à Saigon, quatre services médicaux qui se répartissent le personnel des diverses administrations, services publics et établissements d'enseignement, un service dentaire, un service médical des immigrants et un service de contrôle des appareils Clayton confié au pharmacien militaire inspecteur des pharmacies privées ; à Cholon et au Cap-St-Jacques, un service médical des administrations.

Au Cambodge, en plus des deux services médicaux (dont un municipal) et du service dentaire fonctionnant à Phnom-Penh pour le personnel des administrations, dix provinces sont aujourd'hui dirigées par les médecins français, la plupart secondés par des médecins auxiliaires, et seules celles de Kompong-Cham, Pursat et Stung-Treng ont encore à leur tête des médecins auxiliaires. Il existe aussi en ce pays, à titre permanent, un service mobile d'hygiène et de prophylaxie dont nous parlerons plus tard.

Le Laos est divisé en six circonscriptions d'assistance ayant leurs sièges respectifs à Vientiane, Luangprabang, Xiengkhuang Paksé, Thakhek et Savannakhet, plus le cinquième territoire militaire qui à ce point de vue relève directement du chef de service de l'Assistance au Laos. Chacune de ces circonscriptions, auxquelles s'ajoutera prochainement un septième secteur en formation à Saravane, est dirigée par un médecin européen, parfois assisté d'un médecin auxiliaire dans les chefs-lieux des provinces les plus importantes.

Enfin le médecin chef de l'ambulance militaire assure à Fort-Bayard les services extérieurs d'assistance du Territoire de Kouang-Tchéou-Wan.

Ajoutons que, dans tous les pays d'Indochine sauf Kouang-Tchéou-Wan, il existe une *pharmacie centrale de l'Assistance*, dirigée par un pharmacien militaire ou contractuel assisté de pharmaciens auxiliaires et chargée de l'approvisionnement des diverses formations sanitaires du pays en matériel, médicaments et instruments. Celles de ces pharmacies dont la création est la plus récente sont celles du Cambodge, du Tonkin et du Laos (arrêtés des 5 avril 1921, 23 novembre 1923 et 14 juin 1924). Celle du Tonkin fonctionnait d'ailleurs depuis longtemps et l'arrêté du 23 novembre 1923 n'a fait que régulariser son existence.

En plus des formations fixes de l'Assistance énumérées ci-dessus, il est parfois organisé des missions ou brigades mobiles composées de médecins auxiliaires et d'infirmiers qui parcourent les régions où la recrudescence d'une maladie déterminée a été signalée. C'est ainsi qu'en 1924 quatre brigades mobiles d'hygiène et d'ophtalmologie ont fonctionné au Tonkin dans les provinces de Hadong, Haiduong, Thaibinh et Namdinh.

B) — ***Assistance médicale gratuite et soins médicaux dans les établissements publics***. — Le décret du 27 juin 1914 et un arrêté du 10 janvier 1916 complété le 20 février 1924 ont fixé les conditions dans lesquelles l'assistance gratuite est due aux particuliers. Le principe est qu'elle est due aux fonctionnaires européens et à leurs familles, aux Européens non fonctionnaires munis d'un certificat d'indigence datant de moins de trois mois et à tous les indigènes sans distinction. Toutefois ce droit s'étend seulement aux consultations qui dans chaque centre d'assistance doivent être données journellement par le médecin dans un local fixé d'accord entre le chef de province et lui, local qui, dans les centres dotés d'un hôpital, est généralement une salle spéciale de cet établissement. Il ne s'étend pas en principe aux visites à domicile, auxquelles seuls ont droit les fonctionnaires européens et leurs familles, ainsi que les mandarins et assimilés et leurs familles, mais seulement pendant huit jours, délai passé lequel le médecin a le droit d'hospitaliser le malade ou de lui réclamer un paiement d'honoraires en conformité du tarif annexé à l'arrêté précité du 10 janvier 1916. Au reste, l'assistance médicale assurée par l'Administration aux particuliers n'est pas nécessairement gratuite, même pour les indigènes et même pour les simples consultations. Le décret du 27 juin 1914 a au contraire autorisé la création, partout où besoin sera, d'un service payant d'hospitalisation et de consultations, et plusieurs catégories auxquelles correspondent des tarifs différents ont été installées dans un certain nombre de formations hospitalières à l'usage des malades désireux de jouir pendant leur traitement d'un confortable plus ou moins complet.

Dans un ordre d'idées similaires, on doit également noter que, dans les localités dépourvues de pharmacien civil, les formations sanitaires de l'Assistance ont été autorisées par un arrêté du 9 mai 1915 à céder, mais uniquement à dose médicinale et dans la limite où leur approvisionnement le leur permet, les médicaments ou objets de pansement dont le médecin reconnaît l'urgente nécessité ou qu'il n'est pas possible de faire venir en temps utile d'une pharmacie civile. Ces cessions sont gratuites pour les Européens pourvus d'un certificat d'indigence et, au cas contraire, tarifées par arrêtés des Chefs d'Administration locale.

Quant aux soins médicaux dans les établissements publics autres que les formations hospitalières et les léproseries dont il sera question ci-après, ils comprennent les services et traitements dont certains médecins des Services sanitaires et médicaux sont chargés dans les écoles, les prisons, les casernements, etc...

Ajoutons que le nombre des consultants ayant eu recours aux diverses formations de l'Assistance de la colonie est passé de

898.225 en 1918 à 1.363.326 en 1922.

C) — *Police sanitaire terrestre*. — Les matières ressortis
sant à cet objet peuvent difficilement être distinguées de celles,
dont il sera question ci-après, concernant la protection de la
santé publique, la prophylaxie des maladies épidémiques et les
mesures antipalustres. On peut cependant considérer comme se
rapportant plus spécialement à la police sanitaire terrestre les
dispositions sanitaires relatives aux immeubles contenues, d'une
part dans les parties de la loi du 15 février 1902 rendues applicables dans la colonie par décret du 13 mai 1905, d'autre part et
en des termes à peu près identiques dans le décret du 20 septembre 1911 pris pour la Nouvelle Calédonie et rendu applicable à
l'Indochine par décret du 2 septembre 1914. Aux termes de cette
règlementation, lesdites dispositions sont exécutoires dans toute
commune possédant un service municipal d'hygiène institué par
arrêté du Chef de l'Administration locale (1).

Aucune habitation ne peut être construite dans ces villes sans
un permis délivré par le maire, ou par le Chef de l'Administration
locale devant lequel il peut être porté appel de la décision de
refus du maire, constatant que le projet qui lui a été soumis est
conforme au règlement sanitaire local.

D'autre part, si le maire estime qu'un immeuble bâti ou non
est devenu dangereux pour la santé des occupants ou des voisins,
il prend et soumet à l'approbation du Chef de l'Administration
locale, après avoir consulté la commission sanitaire municipale
et sur son avis conforme, un arrêté imposant au propriétaire,
après que celui-ci a été admis à présenter ses observations,
l'obligation d'exécuter dans un certain délai les travaux jugés
nécessaires ou portant interdiction d'habitation de tout ou partie

---

(1) Il nous paraît d'une légalité contestable, quoique d'une opportunité indénia-
ble, que par son arrêté du 6 juillet 1924 (art. 101 et 118) le Résident Supérieur au
Tonkin ait étendu à tout centre urbain qui serait ultérieurement pourvu par lui d'un
bureau d'hygiène les dispositions des articles 12 à 18, que nous allons analyser, du
décret du 20 septembre 1911. Les termes de ces articles montrent en effet, à notre
sens, que les prescriptions qu'ils édictent sont exécutoires seulement dans le territoire
des communes possédant un bureau d'hygiène. Or, en Indochine, on ne saurait appliquer cette qualification de commune qu'aux villes, dotées par décret ou par arrêté du
Gouverneur Général d'une organisation municipale plus ou moins complète, dont l'étude
a fait l'objet de notre chapitre VI, et les centres urbains dont nous avons parlé au
chap. II - art. 3 - § 4 ne peuvent être considérés comme des communes avant qu'un
acte spécial du Chef de la colonie leur ait donné cette qualité.

de l'immeuble jusqu'à ce que les causes d'insalubrité aient disparu. En cas de désaccord entre le maire et la commission sanitaire municipale, le comité local d'hygiène du pays intéressé est saisi et, après avoir entendu le propriétaire, exprime un avis en conformité duquel doit alors être pris l'arrêté municipal. Un recours, qui est suspensif de l'exécution, peut être exercé dans le délai d'un mois contre cet arrêté et est porté, le cas échéant, devant le Conseil du Contentieux. — Toutefois, lorsque les causes d'insalubrité sont extérieures et permanentes et ne peuvent être détruites que par des travaux d'ensemble (décrets des 13 mai 1905 et 20 septembre 1911), ou encore lorsque l'insalubrité d'immeubles situés dans un périmètre déterminé ou la nécessité d'exécuter des travaux d'assainissement dans l'étendue de ce périmètre ont été constatées dans des conditions à fixer par arrêtés du Gouverneur Général (1) (décret du 18 avril 1918 art. 66), la procédure ci-dessus exposée peut être remplacée par celle de l'expropriation pour cause d'utilité publique en vue de l'acquisition de l'immeuble et de son incorporation au domaine communal ou au domaine local. L'acte (loi, décret ou arrêté) déclarant l'utilité publique et désignant les localités où les travaux devront avoir lieu, de même que l'arrêté du Chef de l'Administration locale déterminant les propriétés particulières à exproprier, doivent alors être pris en conformité des règles posées par les art. 1 et 2 du décret du 18 avril 1918 modifié le 8 mai 1921 sur les expropriations (2).

Enfin, au cas d'une épidémie de peste survenant en un lieu quelconque d'Indochine et s'il n'est pas possible d'assurer autrement la destruction des rats, un arrêté du Chef d'Administration locale intéressé, pris sur la proposition du comité local d'hygiène et après avis de la commission sanitaire municipale, peut ordonner la démolition des immeubles contaminés (3).

D) — *Protection de la santé publique.* — Pris en date du

---

(1) À notre connaissance, aucun arrêté n'a encore déterminé ces conditions.

(2) Sauf s'il s'agit de propriétés appartenant à des indigènes et sises sur les territoires simplement protégés de l'Annam, du Cambodge et du Tonkin, car en ce cas les décrets des 18 avril 1918 et 8 mai 1921 sont étrangers à la question, la loi indigène seule étant alors applicable.

(3) Au Tonkin et dans le même cas, les chefs de province et de municipalité ont reçu, par arrêté du 6 juillet 1924 du Résident Supérieur de ce pays, délégation de prescrire ces mesures, après avis de la commission sanitaire provinciale ou municipale, mais seulement à l'égard des immeubles en torchis ou en paillottes.

19 septembre 1905 en vue de l'application du décret du 13 mai 1905 susvisé, l'arrêté organique du Gouverneur Général pour la protection de la santé publique en Indochine est assez ancien, et d'autre part il fait incontestablement double emploi dans presque toute sa teneur avec le décret du 20 septembre 1911 règlementant à nouveau la même matière. Cependant, dans les divers pays d'Indochine autres que le Tonkin, ces deux textes sont encore concurremment en vigueur et la promulgation en 1914 du décret de 1911, dont les prescriptions ne contredisaient pas expressément celles de l'arrêté local (1), n'y a pas affecté le caractère règlementaire de ce dernier acte, sauf une modification apportée à l'un de ses articles par arrêté du 8 septembre 1914. Au Tonkin, au contraire, ledit arrêté du 19 septembre 1905 a été abrogé par arrêté du Gouverneur Général du 6 juillet 1924, et en conséquence le seul texte organique règlementant la matière en ce pays est désormais le décret du 20 septembre 1911. De cette abrogation décidée pour le Tonkin seulement il est résulté que, sur certains points, peu nombreux d'ailleurs mais parfois assez importants, les principes déterminant l'organisation de la protection de la santé publique sont devenus en ce pays différents de ce qu'ils sont dans les autres pays de l'Union, situation assez bizarre et qui ne paraît pas pouvoir se prolonger indéfiniment.

1° — *Pays autres que le Tonkin*. — L'arrêté du 19 septembre 1905 donne pouvoir et fait obligation aux maires en ce qui concerne les municipalités et aux Chefs d'Administration locale en ce qui concerne les autres parties du territoire de prendre, sous forme d'arrêtés dont les premiers sont soumis à la double approbation du Gouverneur ou Résident Supérieur et du Gouverneur Général après avis du comité local et du conseil supérieur d'hygiène et les seconds assujettis à l'approbation du Chef de la colonie après consultation de cette dernière assemblée, des règlements sanitaires permanents ayant pour objet: d'une part, de déterminer les précautions à prendre pour prévenir ou faire cesser les maladies transmissibles comportant déclaration obligatoire et dont la liste est établie par arrêté du Ministre des Colonies, et notamment les mesures de désinfection, ou même

_____

(1) Sous réserve de ce qui a été dit concernant la composition des comités locaux d'hygiène et des commissions sanitaires provinciales et municipales, fixée à nouveau par le décret de 1911 (voir: chap. IV - art. 2 - § 2 - A note; chap. V - art. 1 - § 3 - B - note).

de destruction moyennant indemnisation, des locaux et objets quelconques pouvant servir de véhicule à la contagion ; d'autre part, d'édicter les prescriptions destinées à assurer la salubrité des maisons et de leurs dépendances, des voies privées, des logements loués en garni et des agglomérations de toute nature, et spécialement celles relatives à l'alimentation en eau potable et à l'évacuation des matières usées. En exécution de cette disposition, les Chefs d'Administration locale et les maires ont élaboré, chacun en ce qui le concernait, des règlements sanitaires, présentant entre eux les plus grandes analogies et dans les détails minutieux desquels il ne nous est pas possible d'entrer ici, qui sont les arrêtés des 20 janvier 1906 ( Cochinchine, sauf Saigon et Cholon ), 1er avril 1907 ( Saigon ), 15 juin 1907 (Cholon), 9 juillet 1907 (Phnom-Penh ), 10 août 1907 et 20 novembre 1908 (Annam), 30 octobre 1907 (Laos) et 31 décembre 1907 (Cambodge). C'est par application des dispositions contenues dans ces divers textes que les médecins de toutes catégories des Services sanitaires et médicaux constatent les décès, proposent les mesures qu'ils jugent utiles en vue de la désinfection des habitations, de l'isolement des malades et de toutes mesures de préservation, visitent les denrées des marchés et saisissent en vue de leur analyse celles qu'ils croient suspectes, passent à défaut de vétérinaire l'inspection des viandes des abattoirs, etc. Il y a d'ailleurs lieu de remarquer que les dispositions contenues dans les arrêtés précités ne sont pas toutes applicables en permanence ; certaines ont en effet seulement pour objet d'énoncer par avance les mesures qui devront être prises en cas de danger imminent pour la santé publique, et elles ne deviennent applicables que lorsqu'un arrêté du Chef de l'Administration locale ou du maire en a déclaré l'urgence et prescrit la mise à exécution immédiate.

Une autre disposition intéressante de la réglementation qui nous occupe est celle selon laquelle, lorsque dans une localité quelconque le nombre des décès dépasse sensiblement le chiffre de la mortalité moyenne du pays, le Chef de l'Administration locale est tenu de faire procéder, concernant les conditions sanitaires de cette localité, à une enquête dont les résultats peuvent l'amener, après avis de la commission sanitaire provinciale ou municipale et du comité local d'hygiène, à prescrire des travaux d'assainissement au compte du budget local ou, s'il s'agit d'une commune, à prendre ou à provoquer les dispositions nécessaires pour qu'elle soit astreinte à exécuter ces travaux à ses frais exclusifs ou avec participation financière éventuelle du budget local.

Quant au captage des sources ou autres eaux d'alimentation, il doit y être procédé, si les immeubles devant être affectés par les travaux sont de ceux auxquels sont applicables les décrets des 18 avril 1918 et 8 mai 1921 sur les expropriations, selon les formes et conditions prescrites par ces actes métropolitains.

2° — *Tonkin.* — L'abrogation décidée pour ce pays de l'arrêté du 19 septembre 1905 a eu pour conséquence : d'une part, que les maires du Tonkin n'ont plus pouvoir de prendre eux-mêmes des règlements sanitaires permanents et n'ont désormais en la matière d'autre rôle que celui qui leur est imparti par le décret du 20 septembre 1911, rôle consistant simplement à assurer l'application des mêmes règlements pris par le Résident Supérieur; d'autre part, que les arrêtés signés à cet effet par ce haut fonctionnaire ne sont plus assujettis à l'approbation préalable du Gouverneur Général, les décrets des 20 septembre 1911 et 2 septembre 1914 étant restés muets sur cette formalité (aussi cette mention d'approbation ne figure-t-elle pas au bas de l'arrêté du Résident Supérieur du 6 juillet 1924, pris en conséquence de l'abrogation susvisée et en remplacement de l'arrêté du 2 avril 1907 par lequel le Chef du même Protectorat avait antérieurement réglementé la protection de la santé publique au Tonkin par application du texte aujourd'hui abrogé).

A part cette double différence, importante d'ailleurs, tout ce qui a été dit ci-dessus concernant les pays autres que le Tonkin (objets que doivent remplir les règlements sanitaires généraux, mesures à prendre en cas de mortalité insolite, captage des sources, etc.) s'applique aussi à cette dernière partie de l'Union, car ces diverses dispositions, qu'elles eussent ou non déjà été inscrites dans l'arrêté du 19 septembre 1905, résultent des prescriptions du décret du 20 septembre 1911 (1).

_______________

(1) Nous devons cependant signaler, en ce qui concerne la procédure à suivre en vue du captage des sources, une insuffisance de rédaction qui semble s'être glissée dans l'art. 63 de l'arrêté du Résident Supérieur du 6 juillet 1924 et qui permettrait de conclure à une divergence entre ce texte et les prescriptions, qu'il vise pourtant expressément, du décret du 18 avril 1918 sur les expropriations. On pourrait en effet inférer des termes dudit article que l'intervention du Gouverneur Général au cours de la procédure en question ne sera nécessaire que si les travaux à exécuter sont de nature à porter atteinte à des biens appartenant à des Européens ou assimilés ou à

E) — *Établissements hospitaliers*. — Sauf certaines d'entre elles qui seront nommément désignées ci-après, les formations hospitalières de l'Assistance ne peuvent recevoir les Européens qu'en cas d'urgence, les malades de cette catégorie devant être traités dans les hôpitaux et ambulances militaires énumérés au chap. VII - art. 2 - § 2. En principe, ces établissements assurent un traitement gratuit et sont réservés aux indigents indigènes. Toutefois, les fonctionnaires et agents indigènes y sont également reçus et classés à une catégorie variant selon leur grade, du moins lorsqu'il s'agit d'un hôpital important dont l'organisation permet ce classement, et ils supportent alors, pendant leur séjour dans l'établissement, la retenue de solde prévue par les règlements. Des indigènes non fonctionnaires peuvent aussi se faire inscrire comme payants à l'une de ces catégories et ont alors à acquitter le prix de la journée de traitement fixé, pour chaque formation et s'il y a lieu pour chaque catégorie, par arrêté du Gouverneur ou Résident Supérieur pris en Conseil et approuvé par le Gouverneur Général en Conseil de Gouvernement ou en Commission permanente.

Le nombre des malades reçus dans les diverses formations hospitalières de l'Indochine, non compris les léproseries, est passé de 100.921 en 1918 à 141.373 en 1922, le Tonkin ayant fourni constamment la plus forte proportion.

1° — *Tonkin* — Le plus important des hôpitaux de l'Assistance en ce pays est l'*hôpital indigène du Protectorat*, à Hanoi, placé par un arrêté du 30 novembre 1923 complété le 16 avril 1924 sous le régime commun défini par l'arrêté du 18 septembre 1918 dont nous allons parler. Nous avons vu à l'article 1 du présent chapitre qu'il servait d'hôpital d'application aux élèves

---

des Asiatiques étrangers et que, dans tous les autres cas, il suffira d'un arrêté du Résident Supérieur déclarant l'utilité publique et déterminant « s'il y a lieu » le périmètre de protection contre la pollution de la source. Or, si l'immeuble privé affecté par les travaux appartient à un indigène mais est situé dans les concessions françaises de Hanoi ou de Haiphong, et si d'autre part l'arrêté déclaratif de l'utilité publique pris par le Résident Supérieur n'a pas déterminé en même temps la partie du territoire de la concession française en cause dans laquelle les travaux seront exécutés ou qui constituera le périmètre de protection de la source, alors un nouvel arrêté devra être pris par le Gouverneur Général en vue de fixer cette détermination (art. 1 et 2, modifiés par décret du 8 mai 1921, du décret du 18 avril 1918).

En outre, si le captage de la source intéresse exclusivement ou principalement le domaine de l'Etat ou le domaine colonial, la déclaration d'utilité publique elle-même ne pourra être valablement signée par le Résident Supérieur et devra résulter, selon le cas, d'une loi, d'un décret ou d'un arrêté du Gouverneur Général (même référence

de l'École de Médecine et que, pour ce motif, les deux établissements devaient être placés sous la même direction. Cet hôpital comporte, en plus de quelques médecins et pharmaciens auxiliaires, le personnel français suivant : un médecin résident, comptable du matériel chirurgical ; deux autres médecins traitants, chargés respectivement du service électrothérapique et du laboratoire de bactériologie ; un pharmacien contractuel qui tient la comptabilité de la pharmacie de l'hôpital et qui est aussi gestionnaire de la pharmacie centrale de l'Assistance ; un receveur économe investi des fonctions d'agent intermédiaire du Trésor et chargé de toutes comptabilités en denrées et en matières autres que celles du matériel chirurgical et de la pharmacie ; un infirmier-major, un surveillant et une dame lingère.

Au point de vue administratif, les formations hospitalières du Tonkin ont été classées par un arrêté du Gouverneur Général du 18 septembre 1918 en hôpitaux principaux, hôpitaux provinciaux de 1re ou de 2e classe, infirmeries et formations diverses, classement déterminé par arrêtés du Résident Supérieur. L'hôpital du Protectorat à Hanoi dont nous venons de parler, ainsi que ses dépendances ( notamment une importante maternité ), constitue un *hôpital principal*. Les *hôpitaux de 1re ou de 2e classe*, auxquels sont généralement annexés des maternités, locaux pour contagieux, salles de consultations, etc, doivent être dirigés par un médecin français, qui est en même temps chargé au point de vue comptable du matériel chirurgical et de la pharmacie ; quant à la comptabilité financière et à celle du matériel, elles doivent en principe être confiées à un agent spécial, qui dans les hôpitaux de 1re classe doit être autre que le médecin directeur, désigné par le Résident Supérieur sur la proposition du Directeur local de la Santé et remplissant les fonctions d'agent intermédiaire du Trésor. Les *infirmeries* peuvent être dirigées par un médecin français de l'Assistance ou par un médecin auxiliaire, lequel, outre la comptabilité du matériel chirurgical et de la pharmacie, tient un registre d'entrées et de sorties des malades ; la tenue des autres registres et pièces de comptabilité est confiée aux soins de la Résidence ou du centre administratif du lieu. Les *formations diverses* doivent toujours être rattachées, au point de vue administratif et comptable, et aussi au point de vue technique si elles sont dirigées par un praticien indigène, à un service provincial d'assistance ou à un hôpital ou infirmerie ; elles peuvent comprendre des postes d'assistance, dirigés par un infirmier dans des localités dépourvues de médecin ; des cliniques dirigées dans les grandes villes par des médecins français ou indigènes et destinées à donner des soins gratuits aux indigènes ; des maternités isolées ( c'est-à-dire autres que celles annexées aux divers hôpitaux ) dirigées dans l'intérieur du pays par des sages-femmes indigènes ; des dispensaires pour le traitement des filles publiques ; des lazarets terrestres ou hôpitaux de contagieux destinés à l'isolement des malades contagieux, etc.

A la fin de 1923, il existait au Tonkin, outre l'hôpital indigène du Protectorat à Hanoi, des hôpitaux de 1re classe à Hai-duong, Nam-dinh et Thai-binh, des hôpitaux de 2e classe à Bacninh, Phulangthuong, Hadong, Haiphong, Langson, Sontay, et Laokay, 9 autres hôpitaux provinciaux classés comme infirmeries, 24 infirmeries dirigées par un médecin auxiliaire, 7 maternités isolées, 7 postes d'assistance tenus par des infirmiers et un certain nombre de cliniques, dispensaires et hôpitaux de contagieux (le plus important de ces derniers est celui de Công-Vong près de Hanoi, qui est rattaché à l'hôpital indigène du Protectorat).

2° — *Annam*. — Un arrêté du 18 septembre 1918 modifié le 20 septembre 1921 a classé les formations hospitalières de ce pays. La plus importante est l'*hôpital principal de l'Annam* à Huê, dirigé par le Directeur local de la Santé avec l'assistance d'un personnel médical français et indigène plus nombreux encore que celui de l'hôpital de Hanoi et comprenant une section européenne, une section mandarinale, une section indigène, une maternité, un dispensaire et un hôpital des contagieux ; à cet hôpital sont rattachés la pharmacie centrale de l'Assistance, ainsi que la léproserie de Phubai, l'institut d'hygiène et de bactériologie et l'institut ophtalmologique, établissements dont nous parlerons plus loin. Ensuite viennent : les *hôpitaux secondaires* de Thanh-hoa, Vinh, Faifoo et Quinhon ; l'*hôpital municipal indigène* de Tourane ; les *ambulances* de Hatinh, Dônghoi, Quang-Ngai, Sông-câu, Nhatrang, Phanrang, Phanthiêt et Kontoum ; les *infirmeries* de Quangtri, Phanri et Banméthuôt ; le dispensaire de la citadelle de Huê ; enfin des *postes d'assistance* (13 en fin de 1923) créés par le Résident Supérieur selon les besoins et devant être rattachés à une des formations précédentes.

De même que l'hôpital principal de Huê, les hôpitaux secondaires de Thanhhoa, Vinh et Quinhon sont mixtes, c'est-à-dire qu'ils peuvent recevoir concurremment des Européens et des indigènes.

3° — *Laos*. — Un arrêté du 26 juillet 1923 y a classé comme suit les formations hospitalières : un *hôpital principal du Laos* à Vientiane, dirigé par le Chef du service de l'Assistance et comprenant une section européenne, une section indigène, une maternité, un dispensaire et un local pour les contagieux; les *hôpitaux secondaires* de Paksé, Savannakhet, Thakhek, Luang-Prabàng et Xieng-Khouang, lesquels peuvent recevoir les malades européens, sauf toutefois celui de Thakhek, aussi bien que les indigènes; les *infirmeries-ambulances* de Tchépone, Samneua, Banhoueisai et Phongsaly; un certain nombre de *dispensaires* (15 en fin de 1923) destinés aux populations rurales de l'intérieur et relevant de l'hôpital principal et des hôpitaux secondaires.

Sont annexés à l'hôpital principal de Vientiane un laboratoire de bactériologie et le parc vaccinogène du Laos, ainsi qu'une école d'infirmiers et la léproserie de Vientiane.

4° — *Cochinchine*. — Cette colonie peut tout d'abord s'enorgueillir à juste titre de son important « groupe hospitalier de Cochinchine », constitué à Cholon par un arrêté du Gouverneur du 27 janvier 1919 modifié le 28 février 1923. Il comprend quatre groupes auxquels ressortissent les établissements suivants: au 1ᵉʳ groupe, l'*hôpital indigène de Cochinchine*, destiné à recevoir les malades civils indigènes et assimilés autres que ceux ressortissant à l'hôpital de Choquan, et duquel dépendent une maternité, une école d'infirmiers indigènes et une école de sages-femmes indigènes; au 2ᵉ groupe, une *clinique ophtalmologique*, rattaché au 1ᵉʳ groupe au point de vue administratif; au 3ᵉ groupe, l'*hôpital Drouhet*, qui reçoit les Européens et assimilés; au 4ᵉ groupe, l'*hôpital de Choquan*, recevant uniquement les indigènes militaires, contagieux, prisonniers, filles publiques ainsi que ceux suivant le traitement antirabique ou mis en observation pour lèpre ou troubles mentaux. Chacun de ces groupes, qui fonctionnent sous le contrôle technique et administratif du Directeur local de la Santé, est dirigé par un médecin-chef, doté d'un personnel technique et secondaire très nombreux et géré au point de vue comptable par un économe distinct.

Dans l'intérieur, il existe non seulement un *hôpital principal* en chaque chef-lieu de province, mais aussi des *hôpitaux secondaires* et des *maternités* isolées dans presque tous les centres importants, ainsi que des *postes* d'infirmiers et de sages-femmes disséminés dans les endroits les plus populeux. Non compris les établissements de Cholon, le total des formations hospitalières relevant de l'Assistance en Cochinchine s'élevait en fin de 1923 à 82, total qui est loin d'être atteint dans aucun autre pays.

Signalons aussi l'existence d'un *asile d'aliénés* à Biên-Hoa, seul établissement de l'espèce existant en Indochine en attendant la création de celui qui est projeté près de Hanoi. Cet asile, dont la transformation en ferme-école est en cours, est placé sous l'autorité du Gouverneur et sous la surveillance du chef de la province et du juge de paix à compétence étendue de Biên-Hoa. Il est dirigé par un médecin et régi par un arrêté du 6 novembre 1918 dont les dispositions s'inspirent étroitement de celles de la loi métropolitaine du 30 juin 1838 sur les aliénés. Les personnes atteintes de troubles mentaux y sont reçues : soit sur demande d'un parent ou autre particulier appuyée d'un certificat médical de date récente concluant à l'internement, lequel doit alors cesser dès que le directeur de l'asile estime que la guérison est obtenue ; soit, s'il s'agit d'individus dangereux, sur l'ordre motivé du Gouverneur ou d'un autre Chef d'Administration locale ou même d'un maire ou chef de province (1), auquel cas le Gouverneur doit statuer au moins tous les six mois sur le maintien ou la sortie de l'intéressé. Dans les deux cas, le parquet de Biên-Hoa et celui de l'arrondissement de la personne placée doivent être informés dans les 48 heures de tout placement et le juge de paix à compétence étendue de Biên-Hoa peut toujours, après enquête, ordonner la sortie immédiate à la requête de l'intéressé, de ses

---

(1) En ce qui concerne la limite des pouvoirs accordés en la matière à ces derniers fonctionnaires, la lecture des articles 9 et 10 de l'arrêté du 6 novembre 1918 laisse une impression quelque peu confuse. Le premier de ces articles assimile entièrement les chefs de province aux Chefs d'Administration locale en ce qui concerne le droit de placement qui, lorsque l'état de l'aliéné compromet l'ordre public ou la sécurité des personnes, est attribué à ces fonctionnaires indistinctement et sans autre réserve que celle d'avoir à motiver leurs ordres donnés à cet effet. Le second au contraire dispose que, en cas de danger imminent (cas qui en pratique se confond avec le précédent), les mesures provisoires nécessaires ordonnées par les chefs de province (et parmi ces mesures il faut évidemment comprendre en premier lieu la délivrance d'un ordre de placement) doivent être portées par eux sans retard à la connaissance du Gouverneur ou Résident Supérieur « qui statuera sans délai ».

À notre avis, il y a lieu de suppléer à ce défaut de précision en se reportant aux articles correspondants (art. 18 et 19) de la loi du 30 juin 1838. On sera alors amené à conclure que le droit d'ordonner le placement n'appartient aux chefs de province et de municipalité que sous la condition suspensive de l'approbation du Chef d'Administration locale intéressé.

parents ou amis, de la personne ayant demandé le placement ou du ministère public.

Enfin un établissement également spécial à la Cochinchine est une *école d'aveugles* qui fonctionne à Saigon.

5° — *Cambodge*. — A Phnom-Penh existe un important hôpital mixte, recevant les Européens et les indigènes et dirigé par le Directeur local de la Santé assisté d'un personnel ayant à peu près la même composition que celui en service à l'hôpital du Protectorat à Hanoi. Une maternité, dite maternité Ernest Roume et pourvue d'un médecin spécial, est annexée à cet établissement, ainsi qu'une école de sages-femmes indigènes.

Par contre, dans l'intérieur, on ne trouve encore que peu de formations hospitalières : leur nombre total ne s'élevait en effet, fin 1923, qu'à 2 hôpitaux mixtes et 11 hôpitaux indigènes, plus 22 postes médicaux et dispensaires, mais aucune maternité isolée.

6° — *Kouang-Tchéou-Wan*. — Deux petits hôpitaux indigènes, dirigés chacun par un médecin auxiliaire sous les ordres du médecin-chef de l'ambulance militaire de Fort-Bayard chargé du service de l'Assistance, fonctionnent à Fort-Bayard et à Tché-kam.

F) — *Léproseries*. — Le texte de principe en la matière est l'arrêté du Gouverneur Général du 4 décembre 1909 qui, en raison de la nécessité de préserver la santé publique, que la circulation des lépreux dans des lieux habités pourrait compromettre, leur interdit l'exercice de certains droits (droit de libre circulation, exercice de certaines professions mettant celui qui les exerce en contact avec le public, occupation des emplois publics, etc...) et ordonne leur isolement. Cet isolement, qui d'ailleurs a été également prescrit par l'art. 6 du décret du 20 septembre 1911, peut avoir lieu exceptionnellement à domicile si le lépreux a les moyens d'existence nécessaires et si les garanties d'isolement ont été reconnues suffisantes. Dans tous les autres cas, il doit avoir lieu dans une léproserie.

Ces formations sanitaires, en nombre variable suivant les besoins, sont organisées en établissements ou en colonies agricoles d'assistance et dans la forme administrative la mieux adaptée aux coutumes locales. Elles relèvent de l'autorité administrative et sont placées sous le contrôle et l'action technique des Directeurs locaux de la Santé et des médecins de l'Assistance au même titre que les autres formations sanitaires de ce service. Il peut aussi y avoir des léproseries privées, mais elles doivent se conformer aux mêmes conditions que les léproseries administratives. En particulier, nul ne peut être interné dans ces établissements que par un arrêté du Chef de l'Administration locale pris sur la proposition du Directeur local de la Santé et après un examen clinique et bactériologique détaillé dans un certificat établi par deux médecins à la désignation du Directeur local de la Santé (1).

Le Tonkin est le pays d'Indochine possédant le plus grand nombre de léproseries. Outre une petite léproserie privée à Caobang, il existe en ce pays cinq établissements administratifs créés par arrêté du Résident Supérieur du 31 décembre 1922 à Tê-Truong (Hadong), Van-Môn (Thaibinh), Liên-Xa (Haiduong), Quang-nam (Bacninh) et Huong-nhan (Phutho). Leur fonctionnement a été règlementé à nouveau par l'arrêté du Résident Supérieur du 6 juillet 1924 dont nous avons déjà parlé (voir ci-dessus D n° 2). Ce sont des villages agricoles placés, construits et surveillés dans des conditions les isolant complètement des régions voisines. Dans chacun d'eux, le service médical est assuré par un médecin européen auquel sont adjoints, selon les besoins du service, un médecin indigène, des infirmiers indigènes (pouvant être pris parmi les lépreux isolés non dangereux) et même un infirmier ou surveillant européen. En outre, si le nombre des lépreux est supérieur à cent, la présence d'un médecin indigène détaché dans le village est obligatoire. Ces villages fonctionnent au point de vue administratif dans les mêmes conditions que les villages ordinaires, sauf que leurs notables, étant lépreux, ne peuvent sortir de l'agglomération. Chaque lépreux est exonéré de l'impôt et reçoit une allocation mensuelle, destinée à lui permettre d'assurer son entretien, dont le montant pouvant varier selon les léproseries est fixé par le Résident Supérieur.

En Annam, une règlementation analogue a été fixée par un arrêté du Gouverneur Général du 18 décembre 1914. Il n'existe encore en ce pays qu'une léproserie privée subventionnée à

---

(1) Étant donné les progrès faits en ces dernières années par la thérapeutique de la lèpre, il est à présumer que dans un avenir plus ou moins rapproché les lépreux pourront être traités dans les mêmes conditions que les contagieux ordinaires, ce qui entraînera la suppression progressive des léproseries.

Thanh-Hoa et une léproserie administrative à Phubaï (près de Hué), cette dernière rattachée par arrêté du 18 septembre 1918 à l'hôpital principal de cette ville; mais sept autres sont en construction ou en projet sur divers points de l'Annam, notamment à Qui-Nhon.

Dans les autres pays, aucun arrêté d'ordre général n'a été pris pour règlementer le fonctionnement des léproseries. Elles y sont d'ailleurs peu nombreuses. Nous trouvons en effet seulement : en Cochinchine, une léproserie privée et une léproserie administrative, cette dernière créée à Culaorông (province de Mytho) par un arrêté du 14 mai 1903 modifié le 22 mars 1911; au Cambodge, la léposerie de Trôeng, créée dans la province de Kompongcham par arrêté du 7 juin 1915 modifié le 26 décembre 1916; au Laos, les trois léproseries de Vientiane, Luangprabang et Paksé, la première annexée à l'hôpital principal du Laos.

G) — *Prophylaxie des maladies épidémiques*. — La règlementation générale concernant cette matière résulte des mêmes textes que celle relative à la protection de la santé publique (voir D ci-dessus), textes auxquels il faut ajouter ici un décret du 2 septembre 1914 ayant pour objet de prévenir et de combattre les maladies infectieuses(1) et aussi, exception faite du Tonkin où ce texte local a été rapporté le 6 juillet 1924, un arrêté du Gouverneur Général du 11 janvier 1915 pris en application de cet acte métropolitain (2).

Tout d'abord, les médecins et sages-femmes européens ou indigènes de toutes catégories sont tenus, nonobstant l'obligation du secret professionnel, de déclarer tout cas d'une des maladies

---

(1) Il ne faut pas confondre ce décret avec celui, portant la même date et promulgué le même jour, par lequel le décret du 20 septembre 1911 a été rendu applicable en Indochine et dont nous avons déjà parlé.

(2) En réalité, cette application a été fort restreinte. Le décret du 2 septembre 1914 prévoyait la division de la colonie, par arrêté du Gouverneur Général, en régions sanitaires dont chacune devait être dirigée par un médecin placé sous l'autorité du Chef de l'Administration locale et sous celle d'un *délégué régional*, ce dernier étant chargé de surveiller et de provoquer la stricte application des règlements sanitaires. Il prescrivait aussi la constitution d'une commission sanitaire ayant pour mission de contrôler l'exécution des mesures prises contre les maladies infectieuses et au besoin de les ordonner. Or ni dans l'arrêté du 11 janvier 1915 ni dans aucun acte local ultérieur il n'a été question de ces régions, délégués et commissions sanitaires. Les termes du décret indiquaient pourtant, à notre avis, que les mesures prescrites devaient être prises d'avance, et non point seulement en temps d'épidémie.

transmissibles énumérées au nombre de 20 par un arrêté ministériel du 7 février 1911 complété en 1917 (1) et par un arrêté du Gouverneur Général du 28 décembre 1917. Cette déclaration est faite, conformément à un arrêté du 10 décembre 1906, au moyen de formules détachées d'un carnet à souches et dont deux doivent être simultanément adressées par le praticien au chef de la province ou municipalité où il exerce et au Chef de l'Administration locale, le premier devant alors aviser le Directeur local de la Santé et le second l'Inspecteur général des Services sanitaires et médicaux. En outre, si la maladie transmissible en cause est en même temps l'une des maladies épidémiques énumérées au nombre de 13 par l'art. 2 du décret du 2 septembre 1914, la déclaration doit être faite dans les 24 heures et l'obligation en est étendue aux chefs de famille et aux logeurs. Enfin les chefs de quartier et de village sont également tenus, en ce qui concerne les indigènes et asiatiques assimilés, de déclarer toute maladie suspecte et d'isoler provisoirement sur place le malade. Dans tous ces cas, la désinfection est obligatoire, et elle doit être effectuée par les procédés approuvés déterminés par le Chef d'Administration locale en Conseil Privé ou de Protectorat et après avis du comité local d'hygiène.

D'autre part, lorsqu'une maladie épidémique a fait son apparition et que l'application des règlements sanitaires, qui s'impose alors particulièrement au chef de la province ou municipalité intéressée, ne suffit pas à écarter un danger grave pour la population de la localité ou une menace pour les localités avoisinantes, il appartient alors au Chef de l'Administration locale de déterminer par arrêté, sur la proposition du Directeur local de la Santé et de concert avec l'Inspecteur général des Services sanitaires et médicaux (2), les mesures propres à empêcher la propagation de cette épidémie, mesures qui, outre la

---

(1) Cet arrêté ministériel complémentaire figure, sans date, à la page 1564 du J. O. de 1917.

(2) Bien que, comme nous l'avons dit, l'arrêté du 11 janvier 1915 qui fixait cette procédure ait été rapporté en ce qui concerne le Tonkin le 6 juillet 1924, elle n'en reste pas moins en vigueur en ce pays, car l'art 5 de l'arrêté pris à cette dernière date par le Résident Supérieur a textuellement reproduit les dispositions qui la déterminaient, à ces seules différences près que ledit arrêté a expressément prévu la consultation du Conseil de Protectorat (dont l'arrêté de 1915 ne fait pas mention) et a substitué l'avis du comité local d'hygiène à celui de l'Inspecteur général des Services sanitaires et médicaux.

désinfection visée ci-dessus, peuvent être les suivantes: isolement des malades et au besoin des personnes ayant été en contact avec eux (cet isolement est même obligatoire, aux termes du décret du 20 septembre 1911, pour le choléra, la peste, la fièvre jaune, la variole, la lèpre et la fièvre récurrente), évacuation des maisons contaminées, interdiction de l'usage de certaines eaux, obligation pour les voyageurs de l'intérieur venant d'un point contaminé de se soumettre à une visite médicale et désinfection de leurs bagages, destruction en cas de nécessité des locaux et objets mobiliers sauf indemnisation du propriétaire à la suite d'une évaluation faite dans les cas urgents par l'autorité qui a prescrit la mesure et dans les autres cas par une commission administrative (1), etc. Le même arrêté du Chef d'Administration locale doit d'autre part désigner le ou les médecins chargés de veiller à l'exécution des mesures prescrites.

Enfin, relativement à certaines maladies épidémiques déterminées, des prescriptions particulières ont été édictées soit par les textes d'ordre général que nous venons d'analyser soit par des arrêtés spéciaux.

En ce qui concerne la variole, le décret du 20 septembre 1911 a rendu la vaccination ou la revaccination jennérienne obligatoire dans la colonie, au cours de la 1re, de la 11e et de la 21e année de la vie, ainsi que, dans le mois de leur arrivée, pour les nouveaux immigrants qui n'auraient pas déjà été vaccinés ou revaccinés dans ces conditions. D'autre part, la variole étant à peu près endémique dans la colonie, il a été estimé que la lutte devait être entreprise contre elle en permanence. Cette lutte est assurée de deux façons différentes: d'une part, par des séances de vaccination jennérienne qui ont lieu fréquemment dans les diverses formations fixes de l'Assistance; d'autre part, par des tournées qui sont périodiquement effectuées dans l'intérieur, selon un itinéraire fixé d'accord avec les autorités administratives, par des médecins vaccinateurs qui assurent ainsi

---

(1) En ce qui concerne la destruction des immeubles, nous pouvons faire ici une observation analogue à la précédente. Le mode d'indemnisation indiqué a été prescrit par un arrêté du 8 septembre 1914 et, bien que ce texte ait été abrogé le 6 juillet 1924 pour le Tonkin seulement, les propriétaires d'immeubles détruits en cas d'épidémie de peste (maladie qui en pratique est la seule pouvant nécessiter cette mesure) n'en continuent pas moins en ce pays à être indemnisés de la même manière, car l'art. 38 de l'arrêté du Résident Supérieur au Toukin du 6 juillet 1924 en a expressément décidé ainsi.

un service de *vaccine mobile*. A ce dernier point de vue, l'Annam
a été divisé en deux secteurs (Nord-Annam et Sud-Annam), la
Cochinchine en deux et le Laos en trois (Haut-Laos, Moyen-Laos
et Bas-Laos). Au Tonkin, cette division en secteurs n'existe pas,
mais le même service est assuré par les brigades mobiles
d'hygiène et d'ophtalmologie dont nous avons parlé en A, ainsi
que par les tournées des médecins provinciaux de l'Assistance.
Enfin, au Cambodge, le service en question a été organisé d'une
façon particulièrement renforcée par un arrêté du 14 juin 1918
qui a créé dans ce pays, à titre permanent et pour tout le territoire, un *service mobile d'hygiène et de prophylaxie* également
chargé de la constatation des délits et contraventions en matière
d'hygiène et dont le cadre comprend deux médecins dont un
titulaire, huit agents sanitaires dont deux français et des agents
journaliers recrutés selon les besoins.

En ce qui concerne la peste, un arrêté du 7 août 1914 a prévu
des mesures particulièrement rigoureuses: destruction par le
feu des immeubles de peu de valeur; pour les autres, évacuation
immédiate, nettoyage et désinfection à fond et interdiction
d'habitation pendant au moins un mois; dératisation systématique du quartier; offre à tous ses habitants de la vaccination
antipesteuse (1). Notons à ce point de vue qu'un *service mobile
de prophylaxie antipesteuse*, avec siège principal à Phan-Thiêt,
a été organisé depuis quelques années dans l'extrême sud de
l'Annam, région où était apparu un foyer de cette redoutable
maladie.

En ce qui concerne le choléra, un arrêté du 5 février 1922
a donné délégation permanente aux Chefs d'Administration locale, statuant en Conseil Privé ou de Protectorat et après avis
conforme du comité local d'hygiène, de décider des mesures
de défense exceptionnelles en cas de menace d'épidémie et en
particulier de prescrire la vaccination anticholérique obligatoire.

Ajoutons enfin que l'arrêté du Gouverneur Général du 1er
avril 1913 modifié le 16 mai suivant (pays autres que le Tonkin)

---

(1) Au Tonkin, l'arrêté du Gouverneur Général du 7 août 1914 dont nous
parlons a été rapporté le 6 juillet 1924 et remplacé par les dispositions des art. 31
à 39 de l'arrêté du même jour du Résident Supérieur, dispositions plus rigoureuses
encore car ce dernier arrêté prévoit expressément la destruction éventuelle de tous
immeubles indépendamment de leur valeur et la possibilité de rendre obligatoire,
en cas de besoin, la vaccination antipesteuse.

et l'arrêté du Résident Supérieur au Tonkin du 6 juillet 1924 ont décidé que le transport d'un malade atteint d'une maladie dont la déclaration est obligatoire doit être préalablement autorisé par le maire ou le chef de province après avis de l'autorité médicale et doit alors être effectué dans des conditions spéciales variant selon que le déplacement a lieu par voie ferrée, par voie d'eau ou par voie de terre.

H) — *Mesures antipalustres* — Étant de beaucoup l'endémie la plus importante dans la colonie, le paludisme y a de tout temps retenu de façon spéciale l'attention des pouvoirs publics.

La principale manifestation générale de cette attention a consisté dans la création d'un *service de quinine d'État*. Ce service date du décret du 4 décembre 1909 et a été réorganisé par un arrêté du 18 janvier 1922, complété le 14 juillet suivant pour Kouang-Tchéou-Wan. Il existe au chef-lieu de chaque pays un dépôt central de sels de quinine à dose médicinale placé sous le contrôle du Directeur local de la Santé. Ce dépôt approvisionne des dépôts secondaires qui sont installés au chef-lieu de chaque province sous le contrôle du médecin chargé de l'Assistance et qui fournissent également les quantités nécessaires aux établissements et aux intermédiaires agréés par l'administration pour être chargés de la distribution de la quinine aux particuliers. Ces intermédiaires sont les agents des Douanes, les débitants en gros et au détail d'alcool et d'opium agissant sous le contrôle de ces derniers et, à Kouang-Tchéou-Wan, les gérants des Monts-de-piété. Toutes les personnes ayant droit à l'assistance médicale gratuite ont droit également, dans les territoires déclarés malariques et contre remise d'un ticket d'un modèle spécial, à la délivrance gratuite de la quinine. Pour les autres personnes, ainsi que pour les débitants de gros et de détail et les gérants des Monts-de-piété, le prix de cession de ce médicament est fixé par des arrêtés des Chefs d'Administration locale, au chiffre le plus bas possible, parfois même inférieur au prix de revient.

En outre de ce service permanent, des missions médicales gratuites sont parfois organisées, comme par exemple en 1923 dans la province de Gocong, pour combattre le paludisme dans les régions où il sévit avec une intensité particulière. Un autre mode de procéder consiste en la constitution, dans des régions spécialement palustres ou à eaux polluées, de *secteurs d'essai d'hygiène et de prophylaxie antipalustres* dans lesquels un personnel médical s'installe pendant plusieurs mois pour y soigner les indigènes et y améliorer les conditions de salubrité : un secteur analogue avait été créé en 1922 dans la province de Thanh-Hoa et les excellents résultats obtenus ont amené en 1923 l'organisation d'une formation similaire dans la province de Kompong-cham au Cambodge.

Dans le même ordre d'idées, notons qu'un décret du 9 juin 1915 a rendu applicable dans la colonie la loi du 11 septembre 1792 relative à la destruction des étangs marécageux.

I) – *Service médical spécial des chemins de fer.* — La circonscription des chemins de fer a recours, pour les soins à donner à son personnel et au besoin aux voyageurs, à des médecins de l'Assistance ou médecins militaires qui perçoivent pour l'exercice de ces attributions, qu'ils cumulent avec leurs fonctions habituelles, une indemnité payée sur les crédits du budget de l'exploitation des chemins de fer.

A ce point de vue, chacun des trois arrondissements de la circonscription est divisé en sections comprenant chacune un médecin particulier. Il y a six sections pour l'arrondissement du Nord avec siège à Lang-Son, Bac-Ninh, Hanoi, Nam-Dinh, Thanh-Hoa et Vinh, deux pour l'arrondissement de l'Annam central avec siège à Huê et à Tourane et six pour l'arrondissement du Sud avec siège à Saigon, Mytho, Bien-Hoa, Phan-Thiêt, Phan-Rang et Nha-Trang. En outre, un service médical, confié à des médecins auxiliaires, est également organisé sur les chantiers de construction des lignes de Vinh à Dông-Ha et de Krong-Pha à Dalat.

## § 3. — Police sanitaire maritime

Nous étudierons successivement les règles générales qui constituent son régime et la façon dont son fonctionnement est assuré en Indochine.

A) — *Régime de la police sanitaire maritime.* — Ce régime est fixé dans les colonies et pays de Protectorat par le décret du 7 juin 1922 modifié le 1er mars 1923, texte pris en exécution tant de la loi du 3 mars 1822 sur la police sanitaire que de plusieurs conventions sanitaires internationales.

La police sanitaire maritime a pour objet : d'une part, de prévenir l'importation dans nos possessions des maladies pestilentielles, et à cet effet d'assurer à bord des navires en station ou en transit la prophylaxie de ces maladies et de toutes celles dont la déclaration est obligatoire aux termes des actes qui y ont organisé la protection de la santé publique ; d'autre part, d'empêcher l'exportation hors du territoire de ces mêmes possessions, quand il est contaminé, des mêmes maladies, ceci dans l'intérêt des pays étrangers voisins et à charge de réciprocité.

1° — *Mesures de protection du territoire.* — Elles intéressent les navires soit pendant leurs traversées soit à leur arrivée dans les ports.

Au premier point de vue, tout vapeur qui est affecté au service postal ou au transport de plus de cent passagers européens et qui effectue des traversées d'une durée supérieure à 48 heures est tenu d'avoir à bord un *médecin sanitaire.* Ce médecin veille à la situation sanitaire du bâtiment, doit s'opposer à l'introduction sur le navire des personnes ou objets susceptibles de provoquer une maladie contagieuse et tient un registre de la santé du bord qu'il est tenu de communiquer à l'autorité sanitaire des ports de débarquement. D'autre part, à l'exception des bâtiments français ne s'écartant pas du rivage et ne faisant escale dans aucun port étranger et des bâtiments étrangers porteurs d'un permis de navigation limité à la côte, tout navire doit être constamment porteur en cours de traversée d'un document spécial, appelé *patente de santé,* qui a pour objet de mentionner : d'une part, l'état sanitaire des pays de provenance et d'escale et en particulier si une maladie dite pestilentielle (peste, choléra et fièvre jaune) y sévissait ; d'autre part, tous renseignements permettant de déterminer à l'arrivée du navire les mesures prophylactiques devant éventuellement lui être appliquées. Cette patente de santé est délivrée : aux navires français, par l'autorité sanitaire du port de départ s'ils viennent de France ou des colonies et par le consul de France en ce port s'ils viennent de l'étranger ; aux navires étrangers, par l'autorité locale étrangère avec visa du consul de France. Elle est dite *nette* lorsqu'elle constate l'absence de toute maladie pestilentielle dans les circonscriptions d'où vient le navire ; elle est dite *brute* au cas contraire.

Lorsque le navire arrive en vue d'un port, il doit, avant de pouvoir y entrer, être immédiatement reconnu par les agents de la police sanitaire maritime. Cette opération, qui s'effectue au moyen d'un questionnaire auquel le médecin sanitaire du bord doit répondre sous la foi du serment, prend le nom de *reconnaissance* proprement dite pour les navires notoirement exempts de suspicion (auquel cas elle se réduit à un examen sommaire) et le nom d'*arraisonnement* au cas contraire (il peut alors être procédé à une inspection sanitaire détaillée des personnes se trouvant à bord et du chargement). Si ladite opération fait apparaître que le navire doit être considéré comme ne pouvant pas être suspecté, il est admis à la *libre pratique*, c'est-à-dire autorisé à entrer dans le port. Au cas contraire, et tout particulièrement si le navire est porteur d'une patente brute, il est classé comme infecté ou comme suspect selon le laps de temps depuis lequel le dernier cas de maladie pestilentielle a été constaté à bord ou depuis lequel le navire a quitté le pays contaminé. Il est alors soumis à un régime sanitaire spécial qui varie selon cette classification et aussi selon la nature de la maladie intéressée et qui comporte en totalité ou en partie les mesures suivantes : visite médicale des passagers et de l'équipage ; — débarquement immédiat des malades, lesquels sont placés au lazaret maritime, hôpital pour contagieux établi dans les principaux ports par décision du Gouverneur Général et dépendant de l'autorité sanitaire de ces ports ; — isolement des autres personnes soit à bord soit à la station sanitaire, avec assujettissement à une *observation* (dénommée *quarantaine* parce qu'autrefois elle durait parfois 40 jours) qui peut elle-même être suivie d'une *surveillance* dans les diverses localités où ces personnes se sont ensuite rendues, si elles ont été autorisées à quitter la station et munies à cet effet d'un *passeport sanitaire*, mais sans que le total de la durée de ces deux mesures puisse excéder cinq jours (six pour la fièvre jaune) : — désinfection, à l'aide d'un appareil spécial appelé appareil Clayton, du linge, des objets et des parties du navire considérées comme contaminées ; — s'il s'agit de la peste, destruction des rats du navire dans un délai ne devant pas excéder 48 heures ; — exceptionnellement, désinfection au lazaret des marchandises, celles-ci n'étant pas par elles-mêmes susceptibles de transmettre la contagion. Notons que les mesures qui précèdent ne sont prises à titre permanent que s'il s'agit d'une des trois maladies pestilentielles proprement dites; contre les autres maladies épidémiques graves, telles par exemple que la variole, la scarlatine, la diphtérie, etc... les mesures à prendre varient selon le cas et selon les régions et sont laissées à l'appréciation de l'autorité locale sous réserve de l'application de certaines précautions essentielles prescrites par le décret pour certaines d'entre elles.

Enfin, dans les cas particulièrement graves, le Gouverneur Général a le droit, soit de constituer à terre des *camps d'observation* où les voyageurs indigènes sont retenus pendant le temps estimé nécessaire, soit de fermer sur certains points la frontière de la colonie, soit d'interdire l'accès des ports indochinois à un navire étranger ayant une destination étrangère.

2° — *Mesures de protection intéressant les pays voisins.* — Les mesures ayant pour but d'empêcher la propagation des maladies pestilentielles à l'extérieur de l'Indochine consistent en ce que: d'une part, dès l'apparition du premier cas avéré, le Gouverneur Général doit en donner avis immédiat tant au Ministre des Colonies et aux colonies françaises voisines qu'aux consuls étrangers accrédités en Indochine et aux pays étrangers voisins; d'autre part, si plusieurs cas se manifestent dans une circonscription, le Gouverneur Général peut la déclarer contaminée en définissant de façon précise ses limites et en donnant avis de cette déclaration aux mêmes autorités que ci-dessus. C'est également au Chef de la colonie qu'il appartient, lorsqu'il a été officiellement constaté que l'épidémie a cessé à la suite des mesures prescrites pour en combattre l'extension, de déclarer que la circonscription ne doit plus être considérée comme contaminée et d'en donner avis aux mêmes autorités.

D'autre part, tout navire se disposant à quitter un port indochinois doit en faire la déclaration à l'autorité sanitaire pour qu'elle puisse procéder à une visite si elle l'estime utile et le Service des Doûanes ne peut lui donner les permis nécessaires pour embarquer son chargement ou prendre la mer que sur le vu d'une licence délivrée par ladite autorité. En outre, si le port de départ est contaminé, l'autorité locale doit faire visiter individuellement les personnes désireuses de prendre passage à bord et s'opposer à l'embarquement de celles qui

seraient suspectes (1). Enfin, tout navire séjournant au port est
soumis pendant son séjour à une surveillance et doit signaler
à l'autorité tout cas de maladie fébrile survenant à bord.

B) — *Organisation*. — Nous avons déjà dit que, dans chacun
des pays de l'Indochine baignés par la mer, la police sanitaire
maritime était dirigée par le Directeur local de la Santé agissant
par délégation de l'Inspecteur général des Services sanitaires
et médicaux. Nous avons également parlé au chapitre IV - art. 2
des conseils sanitaires maritimes siégeant à Saigon, Haiphong,
Tourane, Phnom-Penh et Fort-Bayard. Pour le surplus, l'organisation de la police sanitaire maritime a été récemment refondue
par arrêté des 8 novembre 1923 (Tonkin), 11 décembre 1923
(Cambodge), 20 décembre 1923 (Kouang-Tchéou-Wan) et 6 juin
1924 (Annam). En Cochinchine, la même organisation reste
encore fixée par les arrêtés des 29 mai 1882 et 24 juillet 1900,
textes anciens mais dont il a été estimé que, ne contenant rien
qui eût été contredit par le décret du 7 juin 1922, ils pouvaient
rester en vigueur sans que l'intervention d'un nouvel arrêté
fut nécessaire.

Les agents qui, dans les divers pays maritimes de l'Union,
assurent l'application des règlements sur la matière exercent
leurs fonctions dans les limites de formations spéciales qui,
instituées par arrêtés du Gouverneur Général dans les principaux
ports ouverts à la navigation maritime, portent selon leur
importance le nom de *circonscription sanitaire maritime* ou de
*station sanitaire maritime*. Ces agents ne constituent d'ailleurs

---

(1) Le lecteur apprendra sans doute avec surprise que l'art. 50 du décret du
7 juin 1922, concernant les mesures à prendre dans les ports contaminés au départ
des navires, déclare que, en cas de peste, «l'autorité compétente est tenue de
prendre des mesures efficaces pour empêcher l'embarquement des rats» (sic). Le
rat n'étant pas d'habitude un article d'exportation, cette prescription ne peut s'entendre
que de ceux de ces rongeurs qui s'introduisent subrepticement dans les bâtiments
du commerce (et même dans ceux de l'État). Or le décret susvisé est resté muet
tant sur la nature des mesures desquelles on peut attendre l'efficacité réclamée que
sur la détermination de l'autorité «compétente» à laquelle est imposée l'obligation
de les prendre. Cette lacune est d'autant plus regrettable que le législateur colonial
parait fort attaché à la prescription dont il s'agit: elle figurait déjà en effet, dans
les mêmes termes, à l'article 83 du décret du 15 décembre 1909 qui antérieurement
règlementait la police sanitaire maritime.

Peut-être l'auteur de l'art. 50 susvisé a-t-il voulu faire allusion à la possibilité
de pratiquer la dératisation avant l'embarquement des marchandises. En ce cas il
eût été préférable qu'il précisât son intention en ce sens, car il est de fait que cette
opération est très-rarement pratiquée au départ des navires.

pas un personnel spécial : ce sont en effet des médecins militaires ou civils, et même des fonctionnaires d'autre corps et spécialement des Douanes et Régies en fonctions sur les points du littoral siège des circonscriptions ou stations sanitaires et cumulant avec leur emploi propre, moyennant une indemnité spéciale, le service de la police sanitaire maritime. Ils prennent à ce point de vue les titres de agent principal de la Santé, agent ordinaire de la Santé, sous-agent de la Santé ou garde sanitaire. Ces divers emplois doivent être occupés par des Européens, mais des gardes sanitaires indigènes peuvent assister les gardes sanitaires titulaires.

Les *agents principaux* et les *agents ordinaires* de la Santé, qui représentent le personnel supérieur du service, sont toujours des médecins militaires ou civils appelés à ces fonctions par le Chef d'Administration locale sur la proposition du Directeur local de la Santé (et, s'il s'agit d'un médecin militaire, après entente avec le Général Commandant Supérieur, qui prend l'avis de l'Inspecteur général des Services sanitaires et médicaux)(1). Les uns et les autres prêtent serment avant d'entrer en fonctions et sont officiers de police judiciaire et même, dans certains cas, officiers d'état civil. Les agents principaux sont placés à la tête des circonscriptions sanitaires, ont généralement autorité sur les agents ordinaires en service dans les stations sanitaires voisines et adressent mensuellement au Directeur local de la Santé un rapport sur l'état sanitaire et la marche du service. Les agents ordinaires, placés en principe à la tête des stations sanitaires, délivrent ou visent les patentes de santé, assurent l'arraisonnement des navires et sont chargés de l'exécution des mesures quarantenaires, le tout concurremment avec l'agent principal et en conformité de ses instructions ou de celles du Directeur local.

Les *sous-agents de la Santé*, également assermentés, sont : d'une part, et de plein droit, les officiers de port et les pilotes dans

---

(1) Il faut remarquer que, de même que le Directeur local de la Santé exerce son droit de proposition en la matière en vertu de la délégation de pouvoirs qu'il tient de l'Inspecteur général des Services sanitaires et médicaux, de même c'est par délégation du Gouverneur Général que les Chefs d'Administration locale procèdent à ces désignations que les décrets des 7 juin 1922 et 1er mars 1923 ont réservées en principe au Chef de la colonie. Or, cette délégation, qui pour le Tonkin et le Cambodge résulte de l'art. 17 de l'arrêté du 8 novembre 1923 et de l'art. 14 de l'arrêté du 11 décembre 1923, n'a pas été mentionnée dans celui du 6 juin 1924 relatif à l'Annam. Il semble que ce soit là une omission, car on ne voit pas la raison pour laquelle il serait procédé en Annam autrement que dans les autres pays.

les ports où il en existe ; d'autre part, des fonctionnaires nommés à cet emploi par les Chefs d'Administration locale sur la présentation du Directeur local de la Santé et choisis de préférence parmi les agents des Douanes après entente avec le chef de ce service. Les officiers de port et les pilotes reçoivent directement leurs instructions des agents principaux de la Santé. Les autres sous-agents sont placés sous l'autorité des agents ordinaires et les secondent dans leurs fonctions.

Les *gardes sanitaires*, désignés dans les mêmes conditions que les sous-agents, sont des fonctionnaires des Douanes, de la Sûreté ou de la Garde indigène qui sont assermentés, ont qualité pour dresser procès-verbal et sont chargés, tant à bord des navires que dans les lazarets et les camps d'observation, de la police et de l'exécution des mesures prescrites par l'autorité sanitaire.

Chacun des pays maritimes de l'Indochine possède une circonscription sanitaire ayant son siège au même lieu que le conseil sanitaire maritime et dirigée par un agent principal de la Santé (sauf en ce qui concerne celle de Phnom-Penh, pourvue seulement d'agents ordinaires) qui est assisté d'un médecin arraisonneur (de deux à Saigon), d'un pharmacien à Haiphong et à Saigon et de gardes sanitaires. Toutefois, il n'existe à Fort-Bayard qu'une simple station sanitaire dirigée par un agent ordinaire de la Santé qui est le médecin-chef de l'ambulance militaire et disposant d'un sous-agent qui est le capitaine de port.

La circonscription sanitaire de Haiphong contrôle les stations sanitaires de Hongay et de Moncay, cette dernière disposant d'un sous-agent à Port-Wallut et d'un garde sanitaire à Mui-Ngoc. De la circonscription sanitaire de Tourane et de la station sanitaire de Qui-Nhon dépendent 26 sous-agents chargés de stations secondaires par divers points du littoral. De la circonscription de Saigon relèvent les stations sanitaires de Cap Saint-Jacques, Gocong, Mytho, Bêntre, Vinhlong, Cantho, Soctrang, Poulo-Condore et Rachgia. Enfin les stations sanitaires de Kampot, Kep, Sree-Cham, Sree-Umbel, Bao-kiêu et le port de Ream sont rattachées à la circonscription de Phnom-Penh.

Des *lazarets maritimes*, agencés pour l'isolement des diverses catégories de quarantenaires et la désinfection des marchandises, existent à Binh-Dông près de Haiphong, au Nha-Bè près de Saigon, à Tourane et à Phnom-Penh. Ils dépendent respectivement de la circonscription sanitaire intéressée. Leur personnel comprend en principe : un médecin, qui veille à l'exécution des mesures quarantenaires et. de désinfection prescrites et qui, à Tourane et à Phnom-Penh, est le médecin arraisonneur ; un gardien de lazaret, qui est en même temps garde sanitaire et doit résider dans l'établissement, dont il assure la surveillance et la comptabilité ; un certain nombre de gardes sanitaires européens et indigènes permanents ou temporaires placés sous l'autorité du gardien du lazaret (1). Quant aux stations sanitaires, elles ne comportent qu'un local d'isolement et un local de désinfection. Toutefois, l'établissement d'un nouveau lazaret à Qui-Nhon est en projet.

Outre leurs lazarets, les ports de Saigon, Haiphong, Phnom-Penh, Fort-Bayard et Tourane disposent aussi d'un service mobile pour la désinfection, la dératisation et la désinsectisation des navires.

Ajoutons enfin que les diverses opérations nécessitées par l'application des règlements sur la police sanitaire maritime donnent lieu à la perception, profitant aux budgets locaux, de *taxes sanitaires* (droit d'arraisonnement, remboursement des frais du personnel sanitaire lorsque le navire est mis en observation, remboursement des frais de désinfection, des dépenses du lazaret, etc). Ces taxes sont établies, sous réserve en Cochinchine des attributions du Conseil Colonial, par arrêtés pris par le Chef de l'Administration locale en Conseil et soumis à l'approbation du Gouverneur Général en Commission permanente. Elles sont recouvrées par les soins du Service des Douanes.

§ 4. — Établissements scientifiques médicaux

et Établissements d'instruction médicale

A) — *Établissements scientifiques médicaux* (autres que l'École de Médecine). — Ces établissements ressortissent à trois catégories différentes.

1° — *Instituts d'hygiène et de bactériologie.* — Il en existe un à Hanoi (arrêtés des 29 mai 1913, 1er mai 1914, 17 février 1917

---

(1) Beaucoup moins importants que ceux de Haiphong et de Saigon, les lazarets de Tourane et de Phnom-Penh sont spécialement agencés à l'usage des indigènes et asiatiques, et les quarantenaires européens sont autant que possible isolés dans la principale formation hospitalière de ces villes.

et 17 mars 1923), à Hué (arrêté du 18 novembre 1913) et à Phnom-Penh (arrêté du 23 décembre 1913), le premier et le troisième ayant été constitués par la fusion de laboratoires d'hygiène, de bactériologie ou de chimie qui existaient déjà dans les deux villes intéressées. Ils relèvent du Directeur local de la Santé sous l'autorité du Résident Supérieur et ils présentent cette particularité que, aux termes des arrêtés de 1913 susvisés, leur personnel technique européen, assisté d'ailleurs de médecins auxiliaires, pharmaciens auxiliaires et préparateurs contractuels, est exclusivement militaire. L'établissement de Hanoi, qui est le plus important, comprend trois sections autonomes : une section d'hygiène et de bactériologie, avec trois médecins militaires dont un spécialement chargé du service antirabique ; une section chimique et de répression des fraudes et une section des analyses agricoles et industrielles, dirigées chacune par un pharmacien militaire ; ces divers praticiens sont désignés par le Gouverneur Général sur la proposition du Résident Supérieur et après avis de l'Inspecteur général des Services sanitaires et médicaux. Les instituts de Hué et de Phnom-Penh, dont le premier a été rattaché à l'hôpital principal de l'Annam par l'arrêté du 18 septembre 1918, ne comportent que les deux premières de ces trois sections, dirigées respectivement par un médecin et un pharmacien militaires.

En ce qui concerne la Cochinchine, les études, recherches ou analyses intéressant les hôpitaux ou la santé publique sont assurées à l'Institut Pasteur à Saigon dont nous avons parlé au chap. VIII - art. 10.

Il existe enfin au Laos un laboratoire de bactériologie annexé à l'hôpital principal de Vientiane.

2° — *Établissements vaccinogènes.* — Un *institut vaccinogène*, dirigé par un médecin de l'Assistance désigné dans les mêmes conditions que le personnel de l'institut d'hygiène et de bactériologie, fonctionne à Bach-Mai, près de Hanoi, et fournit, concurremment avec l'Institut Pasteur de Saigon, le vaccin jennérien nécessaire aux divers pays de l'Union.

Au Laos, un *parc vaccinogène*, également dirigé par un médecin de l'Assistance, a été transféré de Xiêngkhuang à Vientiane par arrêté du 20 septembre 1922.

3° — *Instituts ophtalmologiques.* — Il en existe un à Hanoi, à Saigon et à Hué, ce dernier créé et annexé à l'hôpital principal par arrêté du Résident Supérieur du 1ᵉʳ janvier 1921 et portant, depuis un arrêté du 18 février suivant, le nom d'Institut Albert Sarraut. Ces établissements, qui fonctionnent également comme cliniques ophtalmologiques dans les lieux où ils sont institués, s'occupent des études et recherches nécessaires à la lutte entreprise contre les affections oculaires, particulièrement fréquentes et souvent graves en Indochine.

Une mention spéciale doit être faite de l'établissement de Hanoi, car il a été érigé par un arrêté du 7 juin 1917 en *centre d'enseignement ophtalmologique de l'Indochine*, et à ce titre il sert de champ d'expérience clinique aux élèves de l'École de Médecine qui y font un stage de quelques mois au cours d'une de leurs dernières années de scolarité. L'enseignement y est donné sous la surveillance technique du Directeur de l'École de Médecine, qui propose son directeur au choix du Gouverneur Général.

B) — *Établissements d'instruction médicale* (autres que l'École de Médecine) — En attendant la création envisagée d'une école de sages-femmes à Vientiane, on ne compte encore que quatre établissements de l'espèce en Indochine.

Les deux plus importants sont, en Cochinchine, l'*école des sages-femmes indigènes* et l'*école des infirmiers indigènes*, rattachées l'une et l'autre à l'hôpital indigène de Cochinchine, à Cholon. Ces deux écoles, aujourd'hui distinctes, tiennent leur origine d'un arrêté du 25 août 1903 qui avait créé à Cholon un établissement assez improprement dénommé « école pratique de médecine indigène » car il n'avait pour but de former que des accoucheuses et des infirmiers. Elles sont respectivement destinées à assurer le recrutement des deux cadres cochinchinois de sages-femmes et d'infirmiers de l'Assistance dont nous avons parlé au § 1 B du présent article. La durée des études y est uniformément de deux ans. L'école des sages-femmes, réorganisée par un arrêté du 14 mars 1919 modifié les 22 août 1919, 21 novembre 1921, 28 mai et 11 juillet 1924, reçoit, sous le régime de l'internat gratuit comportant une indemnité mensuelle de 5$ payée aux élèves, des jeunes filles choisies par le Gouverneur sur la proposition des chefs de province ou de municipalité parmi celles pourvues du certificat d'études primaires, âgées de plus de 17 et moins de 23 ans; si le nombre des candidates est supérieur à celui des élèves à admettre, nombre fixé chaque année par le Gouverneur, il est procédé à un concours. L'école des infirmiers, réorganisée par arrêté du 18 juin 1923, reçoit après concours des indigènes âgés de moins de 23 ans et de plus de 18 ayant accompli un stage de six mois dans une formation de la colonie; le régime est celui de l'externat et comporte une allocation mensuelle de 12$ aux élèves.

Au Laos, une *école d'infirmiers indigènes* a été créée par arrêté du Résident Supérieur du 31 mars 1915 et réorganisée par arrêté du Gouverneur Général du 9 août 1924. Elle est annexée à l'hôpital principal de Vientiane et placée sous la direction du Chef du service de l'Assistance médicale, médecin-chef de cet hôpital. Y sont admis, après concours, les Laotiens, Annamites et Cambodgiens âgés de 18 ans au moins et 25 ans au plus s'engageant à servir pendant cinq ans dans l'Assistance médicale au Laos. La moitié des places est réservée aux candidats laotiens. Les élèves, qui sont externes, reçoivent une allocation mensuelle de 6$ pendant la période de scolarité, qui est de six mois, et sont nommés, après avoir réussi à l'examen de sortie, infirmiers stagiaires dans le personnel des infimiers indigènes du Laos.

Enfin un arrêté du 17 septembre 1924 a créé à Phnom-Penh une *école pratique des sages-femmes indigènes* dont l'organisation a été à peu près calquée sur celle de l'institution similaire de Cochinchine sauf que, à défaut de candidates certifiées primaires, les élèves sont choisies après concours parmi les femmes de bonne moralité connaissant le français.

### § 5. — INSPECTION DES PHARMACIES

Ce service, réorganisé par un décret du 16 juillet 1919 complété par un arrêté du 19 octobre 1919 et qui dans chaque pays de l'Union relève du Directeur local de la Santé sous la haute autorité du Chef de l'Administration locale, a pour but de veiller à l'application des règlements concernant l'exercice de la pharmacie, les substances vénéneuses et les fraudes et falsifications en matière médicamenteuse. Cette surveillance est exercée dans chaque pays par le pharmacien militaire le plus élevé en grade en fonctions dans ce pays et, s'il n'y existe pas de pharmacien militaire, par un pharmacien militaire d'un autre pays nommé par le Chef de l'Administration locale sur la proposition de l'Inspecteur général des Services sanitaires et médicaux après avis du Directeur local de la Santé. Ces inspecteurs peuvent, au cours de leurs visites dans les pharmacies, se faire assister d'un commissaire de police chargé de verbaliser s'il y a lieu.

Les textes actuellement en vigueur dont l'inspection des pharmacies est chargée d'assurer l'exécution sont les suivants:

1°) — *Le décret du 16 juillet 1919 sur l'exercice de la profession de pharmacien, modifié par décrets des 1er décembre 1920 et 6 mars 1921.* — Sauf en ce qui concerne la vente des médicaments de la pharmacopée indigène, dont le commerce doit être règlementé par un arrêté du Gouverneur Général (1), cette profession ne peut être exercée en Indochine que par les titulaires d'un diplôme régulier de pharmacien âgés d'au moins 25 ans et ayant fait une déclaration écrite au Chef de l'Administration locale. Tout pharmacien doit exploiter en personne son officine et en être propriétaire, soit seul, soit comme associé à d'autres pharmaciens n'ayant pas d'intérêts dans une autre pharmacie. Il lui est interdit de posséder plusieurs pharmacies et aussi de se livrer dans son officine à aucun autre commerce. Il est tenu de se conformer strictement pour ses préparations aux prescriptions des médecins et vétérinaires et de les transcrire sur un registre d'ordonnances. En outre, si ces ordonnances ont trait à des substances vénéneuses, il ne peut les rendre aux intéressés, après y avoir apposé le numéro et la date de leur transcription sur le registre susvisé, que si elles sont de celles dont le renouvellement n'a pas été défendu par leur auteur et n'est pas interdit de plein droit à raison de la nature de la substance; au cas contraire, il doit se borner à remettre aux intéressés une copie conforme de ces ordonnances, qu'il retient et conserve pendant trois ans. Enfin, il est interdit à une même personne d'exercer concurremment la médecine et la pharmacie, sauf autorisation donnée aux médecins et vétérinaires établis dans les centres dépourvus de pharmacien de délivrer occasionnellement des médicaments aux personnes résidant à plus de dix kilomètres d'une pharmacie.

---

(1) Cet arrêté avait été pris le 23 mai 1921, mais il a été rapporté le 13 avril 1922 et n'a pas jusqu'ici été remplacé.

*2° — Un second décret du 16 juillet 1919 sur l'importation, le commerce, la détention et l'emploi des substances vénéneuses, modifié par décrets des 25 juin 1920, 7 décembre 1920 et 26 mars 1923.* — Ces substances sont classées en trois catégories soumises chacune à un régime différent qui varie lui-même selon que leur détention et leur commerce sont effectués par des pharmaciens ou éventuellement par d'autres personnes. Le plus sévère de ces régimes est celui concernant les substances rangées dans la catégorie B (alcaloïdes et stupéfiants de toute nature) ; leur introduction, leur détention, leur transformation et leur vente ne peuvent être autorisées qu'au profit exclusif des pharmaciens, exception étant faite cependant pour certains établissements scientifiques pouvant être habilités par le Gouverneur Général à se faire livrer une certaine quantité de ces produits ; d'autre part, les ordonnances prescrivant ces substances ne peuvent pas être renouvelées et le registre spécial sur lequel elles sont inscrites doit être conservé pendant dix ans. Les régimes auxquels sont assujetties les substances classées dans les catégories A et C sont au contraire moins rigoureux, surtout en ce qui concerne cette dernière ; un grand nombre de ces substances sont en effet utilisées pour des besoins agricoles ou industriels, et en ce cas elles peuvent être détenues et vendues par les commerçants ordinaires, sous réserve toutefois, s'il s'agit de la catégorie A, d'une déclaration préalable devant être faite au chef de la province ou municipalité ; par contre, si elles sont destinées à la médecine humaine ou vétérinaire, elles ne peuvent être délivrées que par les pharmaciens, par les médecins légalement autorisés à fournir des médicaments à leurs clients ou, sous certaines réserves, par les vétérinaires diplômés et d'autre part cette délivance ne peut avoir lieu que sur ordonnance ; toutefois, les substances de la catégorie C autres que celles dont la liste figure dans un arrêté du Gouverneur Général du 4 juin 1923 modifié le 30 septembre 1924 peuvent être délivrées sans ordonnance.

*3° — L'arrêté du Gouverneur Général du 22 mai 1921,* modifié le 8 octobre suivant, fixant les conditions dans lesquelles doivent être effectués les prélèvements d'échantillons, les analyses et les expertises en matière pharmaceutique qui peuvent être nécessaires soit pour assurer l'application des règlements ci-dessus soit pour découvrir et réprimer les fraudes et falsifications.

*4° — L'arrêté du Gouverneur Général du 7 novembre 1921,*

pris comme le précédent par application des décrets susvisés et qui règlemente : d'une part, les conditions dans lesquelles les pharmaciens peuvent délivrer des médicaments toxiques sur les prescriptions des médecins indigènes, sages-femmes indigènes et vétérinaires indigènes diplômés : — d'autre part, les conditions dans lesquelles les médicaments peuvent être délivrés ou vendus, après autorisation et pour le compte de l'administration, par les médecins et pharmaciens indigènes diplômés chargés d'un service médical ou pharmaceutique dans certaines localités dépourvues de médecins civils (1) ; — enfin, celles dans lesquelles les Chefs d'Administration locale peuvent, après avis du Directeur local de la Santé, autoriser soit les médecins et pharmaciens indigènes diplômés et non fonctionnaires soit les Français ou les indigènes (ou même les Chinois, mais alors par autorisation spéciale à chaque cas particulier) âgés de 25 ans et ayant subi avec succès un examen spécial à tenir des dépôts de médicaments non toxiques dans les localités éloignées de plus de dix kilomètres de celles où il existe une pharmacie régulièrement ouverte et à vendre certains de ces médicaments énumérés par ledit arrêté mais sans pouvoir les soumettre à aucune manipulation.

Ajoutons que les pharmaciens sont tenus de se conformer pour leurs préparations aux formules des dispensaires et écoles de médecine de France, formules dont l'ensemble constitue le *Codex* ou *pharmacopée française*. L'édition du Codex actuellement obligatoire est celle de 1908, avec un supplément de 1920, et les additions ou modifications pouvant lui être apportées doivent, aux termes d'un décret du 30 mars 1922, faire l'objet d'arrêtés du Ministre de l'Instruction publique pris à la demande d'une commission spéciale dite « commission du codex ».

§ 6. — CONTRÔLE DES ÉTABLISSEMENTS PRIVÉS DE BIENFAISANCE

Le nombre des établissements privés de bienfaisance étant devenu assez considérable dans la colonie (citons notamment, au Tonkin, la clinique St Paul de Hanoi, l'asile des incurables de

---

(1) Le premier des décrets du 16 juillet 1919 avait en effet prévu, en faveur des praticiens indigènes diplômés, cette exception à la règle du non cumul de l'exercice de la médecine et de celui de la pharmacie.

Thai-hà près de cette ville et l'asile des vieillards de Namdinh), un décret du 9 novembre 1923 est intervenu en vue de soumettre leur fonctionnement à un contrôle permanent, contrôle qui au surplus présente un caractère plus administratif encore que technique.

Tout particulier ou association laïque ou religieuse fondant un établissement destiné à hospitaliser plus de dix assistés (mineurs indigents valides, malades, infirmes ou vieillards) est tenu, dans le mois de l'ouverture dudit établissement, d'en faire la déclaration au chef de la province ou de la municipalité. La surveillance de l'institution est alors assurée, d'une part par une commission sanitaire de trois membres instituée dans chaque province ou municipalité par arrêté du Chef de l'Administration locale (voir chap. V – art. 1 – § 2 B), d'autre part par le Directeur local de la Santé. Cette commission et ce chef de service peuvent pénétrer en tout temps dans les locaux occupés par les assistés, visitent ces derniers et contrôlent l'exactitude des indications les concernant portées sur le registre que le directeur de l'établissement doit tenir à cet effet. Si ces inspections font appparaître des inconvénients ou des abus et si le directeur ne satisfait pas aux injonctions qui lui sont alors faites par le Chef de l'Administration locale, la fermeture de l'établissement peut être ordonnée par arrêté pris en Conseil privé ou de Protectorat sur le vu d'un rapport motivé du Directeur local de la Santé.

Il est à remarquer que le décret susvisé du 9 novembre 1923 n'a fait que confirmer, en les étendant aux autres pays de l'Union, les dispositions relatives à la surveillance des établissements privés de bienfaisance qui avaient déjà été prises pour le Tonkin par un arrêté du 22 décembre 1921 du Résident Supérieur de ce pays. Les prescriptions nouvelles ont cependant modifié ou complété sur trois points celles que l'arrêté précité avait mises en vigueur au Tonkin : d'une part, le nombre minimum d'hospitalisés au-dessous duquel la règlementation qui nous occupe est inapplicable a été élevé de cinq à dix; d'autre part, le décret a prescrit que, si ces hospitalisés sont des mineurs, l'enseignement professionnel devra leur être donné; enfin, cet acte a prévu que les personnes condamnées pour crime ou délit contraire à la probité ou aux mœurs ne pourraient ni diriger un établissement ni y être employées.

### § 7. — Postes médicaux consulaires

Le rôle de ces postes, qui comme nous l'avons dit sont placés sous l'autorité directe de l'Inspecteur général des Services sanitaires et médicaux et fonctionnent au compte du budget général, est de permettre à la France d'accomplir dans les pays limitrophes de l'Indochine une œuvre d'assistance désintéressée et par conséquent d'une haute portée politique et sociale. Ils sont tous actuellement confiés, à l'exception d'un d'entre eux, à des médecins des troupes coloniales hors cadres désignés par le Gouverneur Général sur la proposition de l'Inspecteur général des Services sanitaires et médicaux et après entente avec le Département des Affaires étrangères ou ses représentants.

Le plus important de beaucoup est celui de Canton qui comporte, outre le poste médical proprement dit, un hôpital (hôpital Doumer) et une école de médecine français et auquel sont actuellement attachés trois médecins militaires, un pharmacien et un dentiste contractuels et quatre médecins chinois diplômés de l'école susvisée. Les autres postes médicaux consulaires sont ceux de Hoihao, Pakhoi, Mongtzeu, Yunnanfou, Longtchéou, Szemao et Bangkok, les cinq premiers comportant aussi un hôpital franco-chinois, mais celui de Longtchéou étant simplement dirigé par un médecin chinois contractuel.


# ARTICLE IV

## *SERVICES COMMERCIAUX*

Ils ne constituent pas à proprement parler, comme tous ceux que nous avons vus jusqu'ici, un service public, c'est-à-dire un organisme administratif ayant des attributions propres et des buts définis, mais simplement un personnel spécialisé dont les agents prêtent leur concours aux diverses administrations indochinoises en vue de l'étude et du règlement des questions d'ordre commercial dont elles ont à s'occuper. Le cadre des chimistes nous a déjà offert l'exemple d'un personnel analogue. Toutefois, les textes règlementaires employant pour celui dont il s'agit ici l'expression « Services commerciaux de l'Indochine », nous croyons devoir lui consacrer un article spécial.

Créé par un arrêté du 20 juin 1921 modifié le 5 mai 1922, ce personnel comprend : d'une part, un cadre normal constitué par des inspecteurs en chef de deux classes, des inspecteurs de quatre classes, des sous-inspecteurs de trois classes et stagiaires, des agents commerciaux, et des agents commerciaux stagiaires ; d'autre part, un cadre provisoire, destiné à disparaître par voie d'extinction, constitué par des agents principaux hors classe et de quatre classes provenant de l'ancien cadre des agents des Services agricoles et commerciaux. Les sous-inspecteurs stagiaires et les agents commerciaux stagiaires doivent être bacheliers et posséder en outre, les premiers le diplôme de l'École des Hautes Études commerciales, les seconds celui d'une École supérieure de commerce. Les uns et les autres peuvent alors être nommés directement, sans concours, ni examen.

Les fonctionnaires des Services commerciaux sont en petit nombre. L'arrêté du 16 mai 1922 qui a fixé l'effectif de leur cadre n'a en effet prévu que 16 unités dont une moitié devant être affectée à la Direction des Affaires économiques et l'autre moitié répartie également entre les Administrations locales de la Cochinchine et du Tonkin, où ils sont en particulier chargés, pour le compte du budget local intéressé, de la direction et de la conservation du *Musée économique* de Saigon et du *Musée agricole et commercial* de Hanoi (Musée Maurice Long), ainsi que des ateliers d'apprentissage annexés à ce dernier (1).

Quant au personnel indigène des Services commerciaux, il appartient au même cadre que celui des Services agricoles et nous en parlerons au chapitre suivant.

On peut enfin considérer comme ressortissant aux Services commerciaux, bien que leurs titulaires ne fassent pas nécessairement partie du cadre de ces services, trois postes d'*attaché commercial*, relevant de la Direction des Affaires économiques, que le budget général entretient à Yunnanfou pour la Chine du Sud, à Shanghai pour la Chine du Nord et à San-Francisco pour les États-Unis.

_______

(1) La création d'un Musée économique à Phnom-Penh a été décidée.

# ARTICLE V

## *AVOCATS-CONSEILS*

Comme les particuliers, les administrations publiques ont parfois besoin d'obtenir en justice l'exécution des engagements pris envers elles. Plus souvent encore elles ont à se défendre contre les actions intentées contre elles soit devant les tribunaux de l'ordre judiciaire, soit (et c'est le cas de beaucoup le plus fréquent) devant les tribunaux administratifs à raison de leurs actes de gestion (contrats, marchés, etc.) ou même de certains de leurs actes de puissance publique qui engagent la responsabilité pécuniaire desdites administrations lorsque leur exécution a donné lieu à une faute et que cette faute n'est pas de celles permettant de mettre en jeu la responsabilité personnelle du fonctionnaire auteur de l'acte. Enfin, ces mêmes administrations ont aussi intérêt à s'appuyer sur l'avis de juristes de profession pour la passation de certains actes de gestion ou la solution de certaines questions délicates nécessitant soit des connaissances juridiques approfondies soit la pratique des tribunaux.

Elles ont recours dans ce but, comme le public ordinaire, à des avocats-défenseurs de profession. Mais, en raison du nombre considérable des affaires les intéressant pour lesquelles l'intervention de ces officiers ministériels leur est indispensable ou tout au moins utile, il leur est difficile de faire choix d'un défenseur pour chacune d'elles. Aussi ont-elles adopté la méthode consistant à conclure avec un avocat déterminé un arrangement valable pendant tant d'années, ou même sans limitation de durée, par lequel cet officier ministériel accepte d'occuper pour elles devant les tribunaux dans toutes les affaires où elles seront partie ou en cause et de leur donner les consultations juridiques qu'elles pourront lui demander, le tout moyennant des émoluments forfaitaires annuels tenant lieu d'honoraires et dont la quotité est fixée par arrêté.

Bien entendu, le choix qui est ainsi fait de ces officiers ministériels, dénommés *avocats-conseils*, ne suffit pas à leur donner la qualité de fonctionnaire, et d'ailleurs le concours qu'ils prêtent à l'administration ne les empêche nullement de continuer à exercer leur ministère, dans les mêmes conditions que leurs collègues, à l'égard des particuliers. Ils ne font partie, d'autre part, d'aucun cadre régulier. Il n'est donc pas possible de les considérer comme constituant un service public au sens propre de cette expression. Mais ils n'en contribuent pas moins, dans la limite du rôle qui leur est confié, à l'exercice de l'action administrative et par suite nous n'aurions pas été complets si nous n'en avions dit quelques mots en terminant ce chapitre. Ils y ont d'ailleurs leur place, car, selon l'étendue de la représentation dont ils sont chargés, leurs émoluments forfaitaires sont tantôt à la charge du seul budget général et tantôt, d'après une proportion déterminée, à la charge de ce budget et à celle d'un ou de plusieurs budgets locaux.

Dans le nord de l'Indochine, deux avocats-conseils ont été ainsi qualifiés pour représenter l'administration tant devant le Conseil du Contentieux administratif siégeant à Hanoi que devant les tribunaux de droit commun du ressort de la Cour d'appel de cette ville. L'un d'eux est chargé concurremment : d'une part, des intérêts du Gouvernement Général et de ceux des services locaux civils qui relèvent directement pour tout ou partie du Chef de la colonie (à l'exception toutefois du Service des Douanes et Régies); d'autre part, des intérêts du Protectorat du Tonkin, du Territoire de Kouang-Tchéou-Wan et de tous les services dépendant exclusivement de ces administrations locales. L'autre est chargé uniquement de représenter en justice le Service des Douanes et Régies.

Dans le ressort de la Cour d'appel de Saigon, un seul avocat-conseil est chargé, dans les mêmes conditions, de représenter, devant les tribunaux de toutes catégories dépendant de ce ressort, les intérêts du Gouvernement Général, de la Cochinchine, du Protectorat du Cambodge et de tous les services dépendant de ces administrations.

Quant aux protectorats de l'Annam et du Laos, le fait que leur territoire est compris pour partie dans le ressort de la Cour de Hanoi et pour partie dans celui de la Cour de Saigon ne leur a pas permis de faire choix d'un défenseur qualifié à titre exclusif, et en conséquence ces pays se sont réservé toute latitude pour se faire représenter, dans tout ou partie des procès les intéressant, par un des avocats défenseurs inscrits au tableau de l'une ou de l'autre Cour.

# CHAPITRE X

## SERVICES LOCAUX FONCTIONNANT AU COMPTE DES BUDGETS LOCAUX ET REPRÉSENTÉS DANS TOUS LES GRANDS PAYS DE L'UNION

Nous examinerons sous ce titre le Service vétérinaire, zootechnique et des épizooties, les Services agricoles, le Service des forêts, le Service de la police de sûreté et les Milices indochinoises, les trois premiers étant des services d'expansion économique et les deux derniers des services de gouvernement.

### ARTICLE PREMIER

### *SERVICE VÉTÉRINAIRE, ZOOTECHNIQUE ET DES ÉPIZOOTIES*

Ce service a été unifié en Indochine par un arrêté du Gouverneur Général du 23 décembre 1913 dont le titre 1, concernant son organisation d'ensemble, est toujours en vigueur.

#### § 1. — PERSONNEL

A) — *Personnel français.* — Le personnel français, dont les cadres sont fixés et répartis entre les pays de l'Union par le Chef de la colonie, est régi par un arrêté du 20 juin 1921 modifié le 17 mars 1923. Nommé et avancé par le Gouverneur Général et affecté par les Chefs d'Administration locale dans les conditions habituelles (voir introduction à la 3ᵉ partie-§ 4 A, B et C),

il comprend des vétérinaires principaux inspecteurs, des vétérinaires inspecteurs de cinq classes et des vétérinaires inspecteurs
stagiaires. Ces derniers sont choisis parmi les candidats pourvus
du diplôme d'une École vétérinaire de France ayant suivi le
cours annuel de l'Institut de médecine vétérinaire coloniale
de l'Ecole d'Alfort et ils doivent, pour être titularisés, avoir
effectué une période d'instruction de deux mois à l'Institut
Pasteur de Nhatrang.

Les vétérinaires métropolitains qui sont chefs de travaux
titulaires ou professeurs démissionnaires des Écoles nationales
vétérinaires et ceux qui ont obtenu en France un poste sanitaire
au concours peuvent être nommés directement vétérinaires de
5e classe. Enfin il a été prévu que les vétérinaires militaires
démissionnaires comptant au moins dix années de services à
l'État dont deux en Indochine pourraient, sous la réserve
habituelle d'avoir un âge leur donnant aptitude à obtenir une
pension de retraite à 55 ans, être nommés dans le cadre local
des vétérinaires à une classe quelconque correspondant à leur
solde militaire antérieure.

A ce personnel régulier viennent s'ajouter quelques agents
détachés d'autres services ou recrutés sur contrat qui sont
chargés de la surveillance de certains établissements zootechniques.

Ajoutons que, dans les villes où il existe un service vétérinaire, les vétérinaires-inspecteurs peuvent être mis en service
détaché à la disposition de la municipalité par arrêté du Chef
d'Administration locale.

B) — *Personnel indigène*. — Le personnel indigène, réorganisé par arrêté du 18 avril 1919 modifié les 1er septembre 1921
et 26 juillet 1923, est réparti en un cadre supérieur et un cadre
secondaire, les agents du premier étant nommés et promus par
le Gouverneur Général et ceux du second par les Chefs d'Administration locale.

Le cadre supérieur comprend cinq classes de vétérinaires
auxiliaires et une classe de vétérinaires auxiliaires stagiaires
exclusivement recrutés parmi les anciens élèves diplômés de
l'École vétérinaire et destinés à seconder dans les détails du
service les vétérinaires inspecteurs français chefs de secteur.
Le stage des vétérinaires auxiliaires est de deux ans, sur lesquels

trois mois doivent être passés à l'Institut Pasteur de Nhatrang.

Le cadre secondaire comprend: d'une part, un personnel spécial au service constitué par six classes d'aides-vaccinateurs et une classe d'aides-vaccinateurs stagiaires, le stage d'un an de ces derniers, qui sont recrutés parmi les candidats titulaires du certificat d'études primaires ou sur concours, étant accompli à l'Institut Pasteur de Nhatrang; d'autre part, pour les travaux de bureau, des secrétaires détachés du cadre secondaire des secrétaires-interprètes des Résidences mais qui continuent à être régis par leur statut d'origine.

## § 2. — Organisation

Au chef-lieu de chaque pays, le service est dirigé, sous la haute autorité du Chef de l'Administration locale, par un vétérinaire principal ou un vétérinaire inspecteur désigné par le Gouverneur Général qui prend le titre de *Chef local du Service vétérinaire, zootechnique et des épizooties* (1). Ce fonctionnaire est généralement assisté de deux ou trois vétérinaires auxiliaires stagiaires. Il veille au bon fonctionnement du service, centralise les rapports des chefs de secteur, donne tous renseignements et propose toutes mesures utiles au Chef de l'Administration locale et adresse à ce dernier, en fin de chaque mois et de chaque année, un état des faits se rapportant aux maladies épizootiques constatées ou intéressant la police sanitaire des animaux, les établissements zootechniques et toutes autres parties du service. Il est, dans chaque pays, directeur de l'élevage et vice-président du comité de l'élevage dont nous avons parlé au chapitre IV - art. 2 - § 2.

Le territoire du pays sur lequel le Chef local du Service vétérinaire exerce son action est divisé à ce point de vue en un certain nombre de secteurs qui sont au nombre de douze au Tonkin (chefs-lieux, par ordre des numéros des secteurs, à Hanoi, Haiphong, Haiduong, Bacninh, Thainguyên, Langson, Nuoc-Hai, Viétri, Tuyênquang, Yênbay, Sontây et Namdinh), de cinq en Annam (chefs-lieux à Vinh, Hué, An-Khê, Nhatrang et Thanhhoa),

---

(1) Depuis les instructions du Gouverneur Général du 15 avril 1924, cette dénomination doit être substituée à celle de chef du service local vétérinaire qui avait été donnée au titulaire de cet emploi par l'arrêté du 23 décembre 1913.

de six en Cochinchine (chefs-lieux à Chau-Doc, Can-Tho, My-Tho, Tay-Ninh, Tan-son-Nhut et Saigon), de quatre au Cambodge (chefs-lieux à Phnompenh, Kompongcham, Kompongchhnang et Preyveng) et de trois au Laos (chefs-lieux à Xiengkhouang, Vientiane et Paksé) (1). A la tête de chacun de ces secteurs est placé un *chef de secteur*, désigné par le Chef de l'Administration locale parmi les vétérinaires-inspecteurs et généralement assisté, soit au chef-lieu soit plus souvent dans les postes importants du secteur, de vétérinaires auxiliaires et d'aides-vaccinateurs. Ces fonctionnaires assurent le service vétérinaire général de leur secteur respectif sous la direction technique du Chef du service local vétérinaire et sous le contrôle administratif des chefs de province ; ils signalent à ces autorités tout cas de maladie contagieuses constaté, leur adressent des rapports périodiques et en particulier sont à la disposition des chefs de province pour effectuer des tournées au cours desquelles ils procèdent à l'inspection sanitaire des abattoirs publics, viandes de boucherie, parcs quarantenaires et marchés, soignent gratuitement les animaux appartenant aux services publics, visitent les animaux des particuliers qui en ont fait la demande, contrôlent la mise à exécution des règlements sur la police sanitaire des animaux, etc... En outre, ceux d'entre eux sur le secteur desquels se trouve situé un établissement zootechnique public (haras, jumenterie, bouverie, vacherie, etc) exercent une surveillance technique sur le fonctionnement desdits établissements, dont les principaux sont : au Tonkin, les établissements de Bachmai, près Hanoi, et la jumenterie de Nuoc-Hai, près Caobang; en Annam, les établissements de Ankhè (province de Kontum) et la station hippique de Huê ; en Cochinchine, le haras de Tân-son-Nhut (province de Gia-Dinh) et les dépôts d'étalons de Thudaumot et Baria ; au Laos, la station d'élevage de Xieng-Khouang.

Rappelons enfin que l'inspection technique permanente des Services vétérinaires des divers pays est assurée et que l'action de ces services est coordonnée par l'inspecteur spécial qui assiste à cet effet l'Inspecteur général de l'Agriculture, de l'Elevage et

---

(1) Cette division en secteurs a été réalisée par arrêtés du Gouverneur Général des 13 mai 1922 pour le Tonkin et 15 mars 1924 pour l'Annam, par arrêtés du Gouverneur de la Cochinchine des 21 juillet et 7 août 1923 pour cette colonie. Nous n'avons pu retrouver aucun arrêté de l'espèce relatif au Cambodge. Quant au Laos, sa division toute récente en secteurs vétérinaires constitue une situation de fait qui à notre connaissance n'a jusqu'ici été régularisée par aucun texte.

des Forêts ( voir chap. III - art. 3 - § 3 ). Ce fonctionnaire doit d'ailleurs être choisi dans les cadres de ces services.

### § 3. — ATTRIBUTIONS

La partie la plus importante de ces attributions consistant dans le concours que le Service vétérinaire et zootechnique apporte à l'Administration en ce qui concerne l'application des règlements relatifs à la *police sanitaire des animaux*, il est utile de faire tout d'abord une étude succincte des principaux actes constituant cette règlementation. Nous examinerons ensuite les autres attributions du service intéressé, notamment celles qui se rapportent à l'exécution des mesures administratives prises en vue de la protection et de l'amélioration du cheptel indochinois.

A) — *Police sanitaire des animaux*. — Elle est régie en Indochine par :

1° — la loi du 21 juillet 1881, qui constitue un texte d'ordre général s'appliquant à presque toutes les colonies (1) ;

2° — le décret du 10 mars 1898, qui a déclaré le texte précédent applicable à l'Indochine et a autorisé le Gouverneur Général à régler par arrêtés toutes les matières qui, aux termes de cette loi, devaient faire l'objet de règlements d'administration publique ou de décrets simples et à prescrire toutes les mesures d'exception qu'il pourrait être nécessaire de prendre, en raison de l'organisation spéciale des diverses parties de l'Union indochinoise, pour y assurer l'application de la dite loi. Ce décret a d'autre part conféré aux Chefs d'Administration locale les attributions dévolues par la même loi aux Ministres de l'Agriculture et du Commerce ;

3° — l'arrêté du Gouverneur Général du 2 octobre 1916, pris par application du décret susvisé et modifié ou complété les 13 février 1919, 11 décembre 1919, 12 juin 1920, 2 avril et 24 mai 1924, qui règlemente tous les détails de la police sanitaire des animaux, mais seulement dans les pays annamites de l'Union (les dispositions de ce texte organique ont d'autre part été repro-

---

(1) En France, au contraire, cette loi n'est virtuellement plus en vigueur depuis la loi du 21 juin 1898 sur le Code rural, qui traite la même matière.

duites, avec quelques précisions complémentaires, par l'ordonnance royale du 21 octobre 1917 complétée le 7 juin 1923);

4°. — l'arrêté du Gouverneur Général du 17 décembre 1914, modifié les 13 février 1919, 18 mai 1922 et 30 août 1924, qui règlemente la même matière au Cambodge (1).

Ces divers textes ont eu pour objet :

de déterminer selon les diverses espèces animales les nombreuses maladies réputées contagieuses, maladies dont la nomenclature est donnée par la loi de 1881 et par les arrêtés des 18 février 1903 et 8 janvier 1916, et de fixer pour chacune d'elles les mesures propres à en empêcher la propagation (désinfection et, s'il y a lieu, mise en quarantaine des locaux et du matériel, traitement, abatage, enfouissement des cadavres et fumiers, recensement et marque des animaux de la région, saisie des viandes suspectes, etc...);

d'édicter à l'égard des particuliers l'obligation de déclarer ces maladies au chef de la province dès le premier soupçon de leur existence, et ce qu'il s'agisse d'animaux vivants ou morts (2), ainsi que celle d'isoler immédiatement et rigoureusement les bêtes atteintes ou suspectes jusqu'à l'arrivée du vétérinaire, lequel, requis par le chef de province au vu de la déclaration susvisée ou d'office si ce dernier fonctionnaire a eu connaissance par ailleurs de la suspicion d'une maladie, se rend sur place, vérifie les mesures d'isolement prises, détermine les procédés de désinfection à employer selon le cas et adresse en double au chef de province et au chef local du service un rapport détaillé contenant tous renseignements et propositions utiles ;

d'habiliter les Chefs d'Administration locale à prendre, sur la proposition du Chef du Service vétérinaire local, des arrêtés

---

(1) Les arrêtés organiques de 1916 et 1914 susvisés, pris l'un et l'autre pour l'application de la loi de 1881, contiennent à peu près les mêmes dispositions et ne se différencient guère que par quelques points de détail que chacun de ces textes a réglés en tenant compte des coutumes de la population annamite ou cambodgienne à laquelle il devait s'appliquer.

Quant au Laos, l'arrêté du 2 octobre 1916 y est en fait appliqué depuis l'installation récente du Service vétérinaire en ce pays. Mais il y a là une situation à régulariser, car l'art. 188 dudit texte prévoyait expressément que ses dispositions ne seraient exécutoires au Laos que lorsqu'elles y auraient été rendues applicables par un nouvel arrêté, lequel n'a pas encore été pris.

(2) S'il s'agit de la peste bovine, cette déclaration doit également être faite par les commerçants qui possèderaient des approvisionnements de peaux dans la région infectée et la sortie de ces stocks n'est autorisée qu'après désinfection régulièrement constatée.

portant déclaration d'infection ou de mise en surveillance des régions contaminées et, lorsque l'épizootie a disparu, de nouveaux arrêtés rapportant les précédents mais qui, pour certaines maladies, ne peuvent être pris qu'après un certain délai depuis le dernier cas constaté (1) ;

d'armer l'autorité administrative de pouvoirs très étendus pour interdire ou règlementer la circulation du bétail dans les régions déclarées contaminées et entre celles-ci et les régions indemnes ;

de permettre aux particuliers qui en font la demande de s'adresser au chef de la province en vue de faire pratiquer sur leurs animaux l'inoculation préventive du charbon bactéridien ou du rouget des porcs, après quoi les animaux inoculés doivent rester pendant quinze jours sous la surveillance du vétérinaire ;

d'habiliter les agents du Service vétérinaire, lorsqu'au cours d'une tournée ils constatent un cas de maladie ou de suspicion de maladie contagieuse dans un marché, abattoir, tuerie particulière ou atelier d'équarrissage, à prendre sans délai les premières mesures nécessaires, notamment la mise en fourrière des animaux malades ou suspects et à prévenir ou faire prévenir le chef de la province d'où proviennent les animaux et auquel il appartient alors de faire visiter les étables du propriétaire et de prendre ou de provoquer les mesures prescrites par le règlement sanitaire ;

de déterminer les conditions dans lesquelles les Chefs d'Administration locale doivent allouer aux propriétaires d'équidés importés dans la colonie depuis au moins six mois et abattus par ordre pour cause de morve ou de farcin une indemnité égale à la moitié de leur valeur appréciée avant abatage d'accord entre le vétérinaire et un expert désigné dans la localité par le propriétaire, indemnité ne pouvant cependant dépasser 100$ par tête ;

de fixer les bases de la règlementation générale afférente au transport en Indochine des animaux par terre, par eau ou par voie ferrée, que ce transport soit effectué dans l'intérieur d'un même pays de l'Union ou de l'un à l'autre de ces pays, et sans préjudice des règlementations de détail devant être prises par chaque Chef d'Administration locale pour la conduite et le

---

(1) S'il s'agit de la peste bovine, ce délai est de trente jours.

transport à l'abattoir ou pour l'abatage des animaux (1) et des mesures locales à prescrire par les maires ou les chefs de province intéressés;

de décider que l'importation des animaux en Indochine et leur exportation hors de la colonie, par terre ou par mer, ne peuvent avoir lieu que par certains bureaux de douane et ports de mer ouverts à ces opérations et à déterminer par un arrêté du Gouverneur Général (2).

d'habiliter le Chef de la colonie à prohiber ou à règlementer cette importation lorsqu'une maladie contagieuse a été signalée dans la contrée de provenance et de donner pouvoir aux Chefs d'Administration locale d'interdire temporairement la circulation des animaux lorsque ladite maladie est signalée en pays étranger dans le voisinage immédiat de la frontière ;

en ce qui concerne l'importation, de décider que les bœufs, buffles, moutons, chèvres, porcs et équidés ne peuvent entrer en Indochine sans avoir fait l'objet au port ou à la frontière, de la part d'un vétérinaire inspecteur délégué à cet effet, d'une visite sanitaire qui doit elle-même être précédée d'une reconnaissance à bord si l'arrivée a lieu par mer ;

en ce qui concerne l'exportation, de subordonner l'autorisation de sortie des animaux, sauf toutefois le cas où les autorités du pays de destination n'exigeraient pas cette pièce, à la présentation d'un *certificat de santé* délivré après une visite sanitaire analogue et devant être refusé à l'expédition entière si un seul animal est malade ;

également en ce qui concerne l'exportation, de laisser aux Résidents Supérieurs en Conseil ou au Conseil Colonial de la Cochinchine le soin d'établir, sous réserve de l'approbation du Gouverneur Général en Commission permanente, des droits de visite dont le montant, acquitté par l'exportateur à la caisse du receveur des Douanes, est ensuite réparti jusqu'à concurrence des trois quarts (3) entre les vétérinaires chargés de la

---

(1) Signalons, au Tonkin, un arrêté du 26 juin 1922 qui, après plusieurs tâtonnements antérieurs, paraît avoir règlementé au mieux cette matière délicate.

(2) En ce qui concerce l'exportation, ces bureaux de douane et ports ont été fixés par les arrêtés dont il sera question en C - 1° ci-après, du moins pour les bœufs et buffles, mais nous n'avons pu retrouver aucune trace d'une détermination analogue en ce qui concerne l'importation.

(3) Au Cambodge, s'il s'agit d'exportation sur l'étranger, jusqu'à concurrence d'un dixième seulement.

visite, le surplus profitant au budget local (1);

enfin, en cas de vente publique d'animaux susceptibles de contracter une maladie contagieuse, de prescrire aux officiers ministériels qui en sont chargés d'en faire d'avance la déclaration au maire ou au chef de province afin que celui-ci puisse, si ladite déclaration n'indique pas le nom du vétérinaire choisi pour procéder à la visite préalable des animaux et à la délivrance s'il y a lieu d'un certificat de santé, désigner lui-même ce fonctionnaire, lequel a droit au remboursement de ses frais de transport et à des vacations tarifées par l'arrêté organique.

En vue de mieux assurer l'application des règlements concernant la police sanitaire des animaux, les vétérinaires peuvent requérir l'assistance des commissaires de police, agents des Douanes et agents assermentés des chemins de fer. En outre, mais au Tonkin seulement, un arrêté du 1er juin 1922 a habilité les vétérinaires-inspecteurs ayant prêté serment à constater eux-mêmes par procès-verbaux les infractions à ces règlements.

B) — *Contrôle de la production du lait.* — Un arrêté du 14 février 1914 a organisé dans chaque pays de l'Union, sous l'autorité du Chef de l'Administration locale, un service de contrôle de la production hygiénique du lait destiné à l'alimentation publique. Ce contrôle est facultatif. Le Chef local du Service vétérinaire visite l'établissement du propriétaire ou laitier nourrisseur qui a adressé au Gouverneur ou Résident Supérieur une demande en vue de s'y soumettre, lui indique les conditions d'hygiène dans lesquelles il devra placer son exploitation et, lorsque ces conditions ont été réalisées, propose au Chef de l'Administration locale la signature d'un arrêté autorisant l'intéressé à vendre son lait sous la garantie suivante : « Exploitation placée sous le contrôle du Service vétérinaire et des épizooties et garantie indemne de

---

(1) Les textes qui fixent actuellement ces droits de visite à l'exportation sont les arrêtés des 20 juin 1919 (Tonkin), 5 juillet 1919 et 9 avril 1922 (Cambodge), 10 décembre 1919 (Annam) et, pour la Cochinchine, la délibération du Conseil Colonial du 24 octobre 1919.

D'autre part, les règlements organiques avaient aussi prévu que des droits de visite analogues pourraient également être établis au cas d'importation, mais ces taxes n'ont pas été instituées, car en l'état actuel du cheptel indochinois il importe d'éviter les mesures qui pourraient empêcher son accroissement. Au Cambodge et en Cochinchine (arrêté du 25 octobre 1920), la visite des animaux provenant d'un autre pays de l'Union donne lieu à la perception de certains droits, mais il ne s'agit pas là d'importation proprement dite.

tuberculose ». Cette garantie officielle peut d'ailleurs être retirée dans la même forme si son bénéficiaire déroge dans son exploitation ou dans ses ventes à l'une quelconque des prescriptions qui lui ont été imposées ou s'il est reconnu que le lait mis en vente par lui est adultéré ou fraudé.

C) — *Élevage et protection du cheptel.* — De façon approximative, car les statistiques ne présentent guère de garanties que pour les chevaux et les bovidés, on peut actuellement évaluer l'importance du cheptel indochinois à 80.000 chevaux, 1.500.000 bœufs, 1.800.000 buffles, 4 à 5 millions de porcs, 40 à 50.000 chèvres, 4 à 5.000 moutons et 1500 éléphants domestiques.

A l'exception d'un arrêté du 29 avril 1908 qui punit des peines contraventionnelles les personnes exerçant abusivement des mauvais traitements envers les animaux domestiques sans distinction, à l'exception aussi de la promulgation dans la colonie des lois des 2 août 1884, 31 juillet 1895 et 24 février 1914 déterminant les vices rédhibitoires des chevaux, ânes, mulets et porcs dont la découverte après vente ou échange ouvre à l'acquéreur ou à l'échangiste l'action en garantie ou l'action en réduction de prix, toutes les mesures prises à ce jour en Indochine en vue de favoriser l'élevage, la conservation et l'accroissement du cheptel local intéressent exclusivement soit les espèces bovine et bubaline soit les équidés soit les éléphants. Passons-les rapidement en revue.

1° — *Espèces bovine et bubaline.* — Un décret du 13 juin 1915, pris à titre temporaire mais toujours en vigueur, a donné au Gouverneur Général en Commission permanente la faculté d'interdire en totalité ou en partie l'exportation hors de la colonie des animaux des deux espèces susvisées en provenance soit de l'Indochine entière soit de tel ou tel pays de l'Union. Cette interdiction fait actuellement l'objet des arrêtés des 29 novembre 1917 (Cambodge), 28 août 1919 et 20 décembre 1921 (Annam), 10 décembre 1919 (Tonkin), 8 janvier 1920 et 13 mai 1921 (Laos) et 27 octobre 1922 (Cochinchine). Au Cambodge, l'arrêté du 29 novembre 1917 se borne à interdire, sauf à destination de la Cochinchine et uniquement en vue de l'élevage, l'exportation des femelles âgées de moins de neuf ans, ainsi que leur abatage. Dans les autres pays, les arrêtés susvisés, à peu près identiques les uns aux autres, ont pour objet : d'une part, d'interdire l'exportation sur pied hors de l'Indochine, et parfois même hors du pays intéressé, des femelles de tout âge et des mâles et hongres âgés de moins de 5 ans, ainsi que l'exportation des viandes fraîches ou en boîtes provenant des mêmes animaux (1); d'autre part, de fixer les ports et postes-frontière par lesquels les autres animaux des mêmes espèces ou les viandes en provenant peuvent être exportés, sous réserve bien entendu de l'observation des prescriptions ci-dessus exposées concernant la police sanitaire des animaux (2). Les mêmes arrêtés interdisent aussi l'abatage pour la consommation locale des mâles d'un âge compris entre vingt mois et cinq ans et de toutes les femelles autres que celles pour lesquelles un vétérinaire-inspecteur aura délivré un certificat d'inaptitude au travail et à la reproduction. Ces diverses prescriptions, toutefois, ne s'appliquent pas, sauf celles concernant les localités exclusivement ouvertes à l'exportation, au bétail des industriels ou colons qui se livrent à des entreprises spéciales d'élevage répondant à des conditions à déterminer par arrêté local (3).

Au Laos, en outre, un arrêté du 30 juillet 1924 a rendu obligatoire, pour les animaux des espèces bovine et bubaline, et aussi pour les chevaux, la formalité de l'immatriculation, avec délivrance d'une carte, extraite de registres à souches détenus par les tassengs, qui doit suivre l'animal dans tous ses déplacements et sur laquelle sont portés les noms de ses propriétaires successifs.

En ce qui concerne plus spécialement l'amélioration des deux espèces domestiques qui nous occupent, signalons une intéressante initiative du Résident Supérieur au Cambodge qui, par arrêté du 28 juillet 1921, a organisé un contrôle de sélection (*herd book*) des reproducteurs de ces espèces, contrôle tenu par le Chef du Service vétérinaire et sur lequel les animaux sont inscrits après choix fait d'eux dans chaque province par une commission présidée par lui ou son délégué. Le même arrêté a aussi

---

(1) En Cochinchine, cette double interdiction s'étend même à tous les animaux de l'espèce bubaline, sans distinction de sexe ni d'âge.

(2) Ces ports et postes-frontière sont : au Tonkin, Haiphong, Laokay, Langson, Thâtkhê et Moncay; en Annam, Vinh, Rênthuy, Tourane, Quinhon. Nhatrang et Banghoi; en Cochinchine, Saigon, Hatien et Rachgia; au Laos, 43 localités énumérées par l'arrêté du 13 mai 1921.

Au Cambodge, l'exportation à destination de l'étranger ne peut avoir lieu que par le port de Phnom-penh.

(3) Il nous a été impossible de trouver trace d'aucun de ces arrêtés.

prévu que des concours régionaux, auxquels pourraient seuls participer les reproducteurs ainsi inscrits et éventuellement leurs produits, auraient lieu chaque année dans divers centres et comporteraient l'attribution de primes.

2° — *Espèce chevaline.* — Un décret du 21 février 1916, rédigé dans les mêmes termes que celui du 13 juin 1915 dont il a été question ci-dessus, a autorisé le Gouverneur Général à interdire, dans les mêmes conditions que pour les espèces bovine et bubaline, l'exportation des équidés. Aucun arrêté n'a été pris par le Chef de la colonie à la suite de cet acte présidentiel, mais l'exportation à l'étranger des chevaux et juments n'en est pas moins interdite par un arrêté du 14 mars 1897 qui, bien que ne visant par son texte que les équidés en provenance de l'Annam et du Tonkin, est cependant appliqué également dans les autres pays de l'Union (1).

L'élevage du cheval indigène est depuis longtemps encouragé dans la colonie par la constitution en des lieux appropriés de haras ou de dépôts d'étalons du Service vétérinaire et par l'attribution de primes aux éleveurs. La règlementation sur la matière est actuellement fixée en Cochinchine par un arrêté du 5 novembre 1920, au Tonkin, en Annam et au Cambodge par un unique arrêté du 8 décembre 1920 dont les dispositions, analogues à celles du texte précédent, sont cependant sensiblement plus libérales.

Dans ces trois derniers pays, les étalons sont classés en trois catégories figurant distinctement au *stud-book* local (contrôle de sélection des étalons, des poulinières et de leurs produits) : 1° *étalons des haras*, appartenant à l'Administration ; — 2°) *étalons approuvés*, c'est-à-dire signalés officiellement aux éleveurs comme susceptibles d'améliorer l'espèce et consacrés à la monte publique, lesquels sont choisis dans chaque pays, parmi les

---

(1) Il y a là une situation assez singulière et dont la régularisation serait opportune. Tout d'abord, comme nous le disons, l'arrêté du 14 mars 1897 n'est applicable qu'en Annam et au Tonkin et, par ailleurs nous n'avons pu retrouver aucun acte anologue qui aurait édicté, dans les pays du sud de l'Union, la même interdiction de sortie des équidés. En outre, et surtout, les prohibitions de sortie sont matières ressortissant au régime douanier local, et par conséquent ne peuvent être régulièrement édictées que par décrets, en sorte que la légalité de l'arrêté du 14 mars 1897 apparaît contestable. Il eût été facile, semble-t-il, de régulariser cette question dans son ensemble en prenant pour l'Indochine entière, à la suite du décret susvisé du 21 février 1916 qui déléguait spécialement au Gouverneur Général les pouvoirs en la matière du Chef de l'Etat, un arrêté portant prohibition d'exportation à destination de l'étranger.

animaux ayant au moins 4 ans et 1 m. 24 et ayant préalablement fait l'objet d'une visite, par une commission présidée par l'inspecteur des Services vétérinaires et zootechniques ou à défaut par le chef local de ces services et comprenant un membre du comité local de l'élevage et un vétérinaire du service local (au Tonkin, en plus, le commandant du dépôt de remonte) (1) ; ces animaux ont droit aux soins gratuits, reçoivent une prime de 6$ par mois et doivent saillir gratuitement 25 juments par an ; — 3°) enfin, *étalons autorisés* par le comité local de l'élevage après la même visite que ci-dessus, mais ne devant servir qu'à la monte des juments du propriétaire et ne bénéficiant d'aucune prime. Tant approuvés qu'autorisés, les étalons sont ainsi reconnus officiellement sur la demande préalable de leur propriétaire qui doit soumettre leurs opérations de monte au contrôle du Service vétérinaire et délivrer à chaque jument saillie une *carte de saillie et naissance* extraite d'un registre à souches. Quant aux juments, peuvent seules être livrées à la reproduction : d'une part, celles qui, après examen par la même commission que ci-dessus, auront été inscrites au stud-book, inscription qui comporte l'obligation pour le propriétaire demandeur de ne faire saillir sa jument que par un étalon également inscrit ; d'autre part, les juments non inscrites au stud-book, mais que leur propriétaire juge exemptes de tares et aptes à la reproduction ; les unes et les autres ont droit, lorsqu'elles sont présentées à la saillie d'un étalon inscrit, à une prime de 5$ pour les premières et de 2 à 3$ pour les secondes. Enfin, les produits sont également classés en deux catégories et ont droit, sur présentation d'une carte de saillie et naissance dûment contrôlée et si le poulain est reconnu en bon état, aux primes suivantes : si le père et la mère sont inscrits au stud-book, 1 $ par mois pendant la première année, 2$ pendant

---

(1) La règlementation analysée confiait la présidence de cette commission à l'Inspecteur général des Services vétérinaires de l'Indochine. Cet emploi ayant disparu du fait de la création par arrêté du 15 avril 1924 de l'Inspection générale de l'Agriculture, de l'Elevage et des Forêts (voir chap. III - art. 3 - § 3 E), il semble bien, encore qu'aucun texte nouveau ne l'ait précisé, que les attributions confiées en la matière à l'ancien Inspecteur général doivent désormais être exercées par l'inspecteur des services vétérinaires et zootechniques adjoint au nouvel Inspecteur général.

De même, le membre du conseil de perfectionnement de l'élevage en Indochine qui selon ladite règlementation devait faire partie au Tonkin de la commission dont nous parlons est nécessairement aujourd'hui un membre du comité local de l'élevage de ce pays, le premier de ces conseils ayant été supprimé et remplacé par le second par arrêté du 26 mai 1921.

la deuxième et 3\$ pendant la troisième ; si le père seul est inscrit au stud-book, quatre primes de 5\$ à 10\$ chacune payées successivement à la naissance et lorsque le poulain est âgé de un, deux et trois ans.

En Cochinchine, la règlementation diffère de celle que nous venons d'analyser sur les principaux points suivants : les étalons approuvés n'ont droit à aucune prime ; les étalons autorisés sont choisis par la même commission que ces derniers, et dans ce pays les membres de cette commission sont deux personnes désignées chaque année par le Gouverneur sur la proposition du président du comité local de l'élevage ; seules les juments inscrites au stud-book peuvent bénéficier d'une prime, qui est de 30\$ et est payée à la naissance du produit à partir du deuxième ; les primes mensuelles payées pendant les trois premières années pour les produits sont respectivement de 3\$, 4\$ et 5\$.

Enfin une mesure qui autrefois a puissamment contribué à l'amélioration de la race chevaline dans là colonie, mais qui cependant n'a pas reçu d'application nouvelle depuis longtemps, a été l'autorisation donnée aux Chefs d'Administration locale, par un arrêté du 20 janvier 1906 modifié les 27 février 1908 et 2 octobre 1912, de faire procéder annuellement, jusqu'à concurrence des crédits inscrits au budget local, à l'achat en France ou à l'étranger (en particulier, en Australie) de juments destinées à la reproduction. Celles de ces poulinières que l'Administration ne se réserve pas peuvent être soit cédées à titre onéreux, soit mises en subsistance, à titre toujours révocable, chez des éleveurs français ou indigènes agréés par le Chef de l'Administration locale après avis motivé du comité local de l'élevage et qui reçoivent alors pendant dix-huit mois une prime mensuelle de 6\$. Dans le premier cas, la vente est publique, le prix en est calculé de façon à ce que l'Administration récupère ses dépenses d'achat et de transport et l'acquéreur a droit, sur le prix de revient de la jument fixé par l'Administration, à une ristourne de 30°/₀ six mois après la naissance du premier produit et de 20°/₀ après la naissance de chacun des autres, à condition que ces produits soient en bon état et que le père soit un étalon agréé par l'Administration. Dans le second cas, le comité local de l'élevage exerce sa surveillance sur les juments mises en subsistance et qui ne peuvent être déplacées sans son autorisation, ces animaux doivent être saillis chaque année par un étalon agréé et les produits de ces saillies, qui donnent lieu pendant trois ans au plus à l'attribution d'une prime mensuelle de 6$, sont alors remis à l'Administration pour être vendus, la moitié du prix de cette vente revenant à l'éleveur. Dans les deux cas, toute jument présumée stérile au bout de deux ans est retirée par le Service vétérinaire et échangée contre une autre qui, si la première a été acquise à titre onéreux, doit avoir une valeur marchande au moins égale.

Mentionnons enfin, comme question se rapprochant du même ordre d'idées, que les *courses de chevaux* sont règlementées en Indochine par les arrêtés des 19 avril 1906, 18 mai 1912 et 25 avril 1913, texte pris pour l'application des lois des 2 juin 1891, 1er avril 1900, 4 juin 1909 et des décrets des 10 août 1905 et 17 janvier 1910. Les sociétés désireuses d'organiser des courses doivent obtenir du Gouverneur Général, sur la proposition du Chef de l'Administration locale après avis du comité local de l'élevage, une triple autorisation : d'abord, celle d'exister, c'est-à-dire l'approbation de leurs statuts ; ensuite, celle d'installer un champ de courses ; enfin, celle de faire courir, cette dernière autorisation devant être renouvelée chaque année. En outre, si la société veut organiser le pari mutuel (à condition de l'exploiter elle-même), une quatrième autorisation est nécessaire et l'arrêté qui l'accorde fixe également le montant des prélèvements à opérer sur les recettes du pari mutuel au profit des œuvres d'assistance et de l'élevage. Ces sociétés, dont le comité doit toujours comprendre un membre du comité local de l'élevage, sont soumises à la surveillance de l'autorité administrative et, en ce qui concerne le fonctionnement du pari mutuel, au contrôle sur place d'un délégué du Trésor.

3° — *Éléphants.* — Au Cambodge, une ordonnance royale du 3 septembre 1917 et un arrêté du 31 décembre de la même année ont prescrit des mesures sévères dans le triple but d'empêcher la destruction inconsidérée des éléphants sauvages, de règlementer la capture de ces animaux en vue de leur domestication, enfin d'assurer le contrôle des éléphants domestiques. La chasse à tir des éléphants sauvages est en principe interdite, sauf autorisation spéciale pouvant être donnée par le Résident dans le cas où une troupe de ces animaux dévasterait les exploitations agricoles ; des permis de chasse à tir, toutefois, peuvent être exceptionnelle-ment accordés par le Résident Supérieur, mais il ne sont valables que trois mois, ne permettent de tuer que trois éléphants mâles à l'exclusion des femelles et donnent lieu à la perception d'un droit de 100$ avant la délivrance du permis et de 200$ par animal tué. La chasse de ces pachydermes en vue de leur capture peut au contraire être autorisée par les chefs de province, sur demande détaillée et enregistrée, mais les résultats qu'elle aura donnés doivent être déclarés et le pétitionnaire doit payer, pour tout éléphant sauvage capturé et d'après sa valeur appréciée par une commission présidée par le chef de province assisté de trois fonctionnaires cambodgiens, un droit proportionnel égal au dixième de cette valeur si la capture a été faite par des habitants du pays ou pour leur compte et de la moitié au cas contraire. Enfin tout éléphant domestique doit être inscrit au chef-lieu de la province où il naît ou bien où il est capturé ou importé et il est délivré à son propriétaire, moyennant un droit d'immatriculation de 5$, une carte d'identité sur laquelle sont inscrits les transferts de l'animal d'une province à une autre et qui doit être retirée en cas de mort ou de sortie du territoire du Cambodge.

Au Laos est en vigueur, en vertu d'arrêtés locaux des 19 janvier 1914 et 22 novembre 1915, une règlementation analogue, sauf que la chasse à tir ne peut être autorisée que dans le seul cas de dégâts causés par les éléphants, que la capture des jeunes animaux d'une taille inférieure à 1 m. 50 est interdite, que le droit proportionnel à la perception duquel donne lieu la capture des éléphants adultes est dans tous les cas fixée au quart de la valeur de l'animal, enfin que le droit d'immatriculation des éléphants domestiques est remplacé par une taxe annuelle de capitation perçue sur rôle et dont nous aurons par suite l'occasion de parler à l'art. 4 - § 3 - C du chapitre suivant.

Enfin, dans les deux pays, l'exportation des éléphants n'est autorisée que moyennant un droit de 250$.

Notons enfin pour mémoire, car les éléphants ne font que de rares apparitions dans ce pays, un arrêté du 28 mars 1917 réglementant, dans des conditions analogues aux précédentes, la chasse à l'éléphant au Tonkin.

# ARTICLE II

## *SERVICES AGRICOLES*

Ces services sont encore en voie de formation au Laos, où ils ne sont actuellement représentés que par un seul agent, lequel dirige une station agricole à Xieng-khouang. Après avoir étudié leur fonctionnement, nous parlerons de diverses règlementations locales prises dans l'intérêt de l'agriculture, puis des sociétés agricoles indigènes.

### § 1. — Personnel

A) — *Personnel français*. — Ce personnel, qui avant 1921 ne faisait qu'un avec celui des Services commerciaux, a été organisé en un cadre spécial par un arrêté du 20 juin 1921 complété ou modifié les 4 avril, 28 juin 1922 et 25 avril 1924. Il comprend des inspecteurs en chef de deux classes, des inspecteurs de quatre classes, des sous-inspecteurs de trois classes et stagiaires, des agents principaux et des agents principaux stagiaires, tous ces fonctionnaires étant nommés et promus par le Gouverneur Général, qui d'autre part fixe leurs cadres et leur répartition entre les divers pays de l'Union. Les sous-inspecteurs stagiaires et les agents principaux stagiaires sont recrutés exclusivement parmi les anciens élèves diplômés de certaines grandes écoles ou instituts consacrés en France ou à Tunis à l'étude de l'agriculture ou de l'horticulture. Les candidats titulaires du diplôme d'ingénieur d'agronomie coloniale ou de celui d'ingénieur agronome peuvent, respectivement, être admis directement à la 3e ou à la 2e classe du grade de sous-inspecteur.

En plus de ce personnel régulier, il existe encore quelques unités de l'ancien cadre des agents de culture (agents principaux hors classe et de deux classes et agents de deux classes), lequel cadre doit disparaître par voie d'extinction.

Les fonctionnaires des Services agricoles sont affectés aux postes de chaque pays par le Chef local du service après approbation du Gouverneur ou Résident Supérieur.

B) — *Personnel indigène*. — Un arrêté du 1ᵉʳ février 1920 modifié les 7 décembre 1922, 19 juillet 1923 et 9 février 1924, a organisé sous la dénomination de « personnel indigène des Services agricoles de l'Indochine » un personnel qui, tout en étant employé principalement pour les besoins de ces services, ne leur est pas cependant spécial, car il contribue concurremment au fonctionnement de l'Institut scientifique, des Services commerciaux et des divers laboratoires agricoles ou de répression des fraudes.

Son cadre supérieur, dont les agents sont nommés et promus par le Gouverneur Général, comprend des agents techniques principaux hors classe et de trois classes, des agents techniques de quatre classes et des agents techniques stagiaires de deux catégories. Les agents techniques de 4ᵉ classe sont recrutés, concurremment et à la suite d'un concours professionnel, parmi les bacheliers métropolitains et parmi les agents du cadre secondaire ayant au moins six années de services dans l'administration et ayant subi avec succès l'examen de culture générale, commun à tous les services, règlementé par l'arrêté du 8 septembre 1919. Les agents techniques de 3ᵉ classe sont recrutés pour les deux tiers parmi les diplômés de l'École supérieure d'Agriculture et pour un tiers parmi les agents techniques de 4ᵉ classe. Toutefois, les bacheliers et les diplômés de l'École supérieure d'Agriculture doivent, les premiers dans la 2ᵉ catégorie des stagiaires et les seconds dans la 1ʳᵉ, accomplir un stage de deux ans au bout duquel ils sont soit nommés au grade supérieur soit admis à faire une deuxième année de stage soit licenciés.

Son cadre secondaire, dans lequel les nominations et promotions dépendent des Chefs d'Administration locale, comprend des agents principaux hors classe et de quatre classes, des agents de six classes et des agents stagiaires. Ces derniers, dont le stage est d'un an, sont recrutés pour les deux tiers parmi les élèves diplômés des écoles pratiques d'agriculture de Tuyèn-Quang (Tonkin) ou de Ben-Cat (Cochinchine), pour l'autre tiers mais alors après concours parmi les titulaires du diplôme de fin d'études complémentaires ou du brevet de l'enseignement primaire supérieur.


§ 2. — Organisation et attributions

Dans chaque pays (sauf encore le Laos, comme dit ci-dessus), les Services agricoles ont à leur tête un inspecteur en chef ou un inspecteur qui prend le titre de *Chef local des Services agricoles*. Il a dans ses attributions : l'inspection de l'agriculture et de la sériciculture ; les stations de cultures expérimentales ; les jardins d'essai, pépinières et plantations diverses ; les champs d'expérience ou de démonstration ; les magnaneries modèles et les grainages de vers à soie ; les ateliers du travail et de la soie ; les écoles pratiques d'agriculture et l'enseignement de l'agriculture aux adultes ; les concours agricoles ; les renseignements relatifs aux intérêts économiques et sociaux de l'agriculture ; les recherches et missions techniques. Ce chef de service peut être assisté, si besoin est, d'un autre agent du cadre qui est généralement chargé de la comptabilité.

Le Tonkin, au point de vue agricole, a été divisé par un arrêté du Gouverneur Général du 24 juin 1910 en quatre *secteurs d'inspection* entre lesquels sont réparties les diverses provinces et territoires militaires. Les établissements de ce pays dont la direction ou le contrôle appartient aux Services agricoles sont : la station de recherches séricicoles de Thanh-Ba (province de Phu-Tho), la station agronomique et l'école pratique d'agriculture créée le 17 mars 1918 à Tuyên-Quang, la station expérimentale agricole et forestière de Phu-Ho près Phu-Tho, les stations de démonstration des progrès agricoles de Hai-duong, Vinh-Yên et Phu-lang-Thuong, la station entomologique de Cho-Ganh (province de Ninh-Binh), les établissements de grainage de Phu-lang-Thuong et de Viétri, les ateliers séricicoles de Kien-An, un certain nombre de magnaneries expérimentales, enfin la partie du jardin botanique de Hanoi qui n'a pas été cédée à la municipalité par un arrêté du 13 mars 1918(1). Notons aussi l'existence à Bac-Kan d'un champ d'essai pour la culture du tabac. Quant au Musée agricole et commercial de Hanoi, sa direction est assurée par des agents des Services commerciaux, et pour ce motif nous en avons parlé à l'art. 4 du précédent chapitre.

En Annam, existent trois secteurs d'inspection agricole qui englobent toutes les provinces maritimes de ce pays et ont été

---

(1) Nous n'avons pas compris dans cette énumération l'École de Nao-phô (province de Phutho) dont il a été parlé au chap. VII-art. 1-§ 5 E, car cet établissement, servant d'école d'application à l'École supérieure d'Agriculture, relève de la haute autorité du Directeur de l'Instruction Publique, est entretenu par le budget général et par suite ne dépend pas des Services agricoles locaux du Tonkin.

organisés par arrêté du 17 juin 1912 (1), une station agricole à Dang-Kia (circonscription du Lang-Bian), des ateliers de filature de soie à Huê, Quang-Ngai et Faifo, enfin divers ateliers de grainage et magnaneries.

L'organisation en Cochinchine des Services agricoles a présenté ces dernières années une certaine confusion en raison de ce que l'Institut Scientifique de l'Indochine, créé à Saigon, avait réussi à absorber une bonne partie de leurs attributions, en sorte qu'ils tendaient à n'avoir plus qu'une existence théorique. Un arrêté du 8 juin 1921 a mis fin à cette situation et, afin d'éviter qu'elle pût se renouveler, deux autres arrêtés du 15 juin 1922 et du 31 décembre 1922 ont, le premier délégué provisoirement au Gouverneur de la Cochinchine les pouvoirs du Gouverneur Général sur l'Institut scientifique, le second défini de façon spéciale les attributions du Chef des Services agricoles de la Cochinchine. Ces attributions sont théoriquement réparties en un *service économique* et un *service agricole*, mais en fait elles sont toutes exercées, en vertu d'un arrêté du 7 octobre 1921, par le même chef de service. Les principaux établissements se rattachant à l'agriculture qui dépendent de son action sont : le laboratoire génétique et de sélection des semences à Saigon avec les stations de riziculture de Cantho, de Phumy et de Tan-son-Nhut, le laboratoire de chimie agricole de Saigon, l'école pratique d'agriculture et de sylviculture créée le 10 décembre 1917 à Ben-Cat (province de Thudaumôt) et ses annexes (station agricole, plantations et usine de caoutchouc), les stations séricicoles de Saigon, Tanchau et Chomoi (Longxuyen), les cinq magnaneries modèles de Thudaumôt, Cap Saint-Jacques, Batri (Bentre), Traon (Cantho) et Vinhchau (Baclieu) (2), le jardin botanique de Saigon. À la différence des deux pays précédents, la Cochinchine n'a pas été divisée en secteurs d'inspection agricole.

Au Cambodge, l'organisation des Services agricoles est encore en voie de réalisation. Trois secteurs d'inspection, avec chefs-lieux à Battambang, Kompong-Cham et Kampot, ont été prévus, mais n'ont pas encore été créés, et, comme établissements agricoles, on ne peut guère citer que la station séricicole et de graina-

---

(1) Pas plus que l'arrêté du 24 juin 1910 concernant le Tonkin, ce texte n'a assigné de chefs-lieux à ces secteurs.

(2) Les deux premières de ces magnaneries sont installées dans des casernements d'artillerie et fonctionnent avec le concours de l'autorité militaire.

ge du Petit-Takeo près de Phnom-penh, la station séricicole de Kompongspeu et la station agricole du Val d'Emeraude (Bockor).

Rappelons enfin que le contrôle technique des Services agricoles des divers pays et la coordination de leur action sont assurés par l'Inspecteur général de l'Agriculture, de l'Elevage et des Forêts dont l'emploi a été créé par arrêté du 15 avril 1924.

§ 3. — Principales réglementations

intéressant l'agriculture

Un grand nombre de mesures ayant pour but de protéger ou de favoriser l'agriculture et les agriculteurs sont en vigueur dans la colonie et, bien que le plus souvent il s'agisse plutôt là de règlementations administratives proprement dites que de sujets ressortissant aux attributions techniques des Services agricoles, il nous paraît utile d'en donner un bref aperçu, en distinguant celles qui ont un caractère général de celles qui intéressent telle ou telle culture en particulier.

A) — *Mesures d'ordre général.* — 1° — Tout d'abord, un assez grand nombre de cultures, différentes selon les pays de l'Union, bénéficient, au point de vue de l'impôt foncier, soit d'une exonération à titre provisoire (provisoire qui peut durer longtemps, ainsi qu'il en est en Cochinchine du coton, exempt d'impôt à ce titre depuis 1871), soit d'une exonération temporaire pendant un laps de temps variant de quatre à dix ans selon le pays et la nature de la culture, soit d'une réduction de taxe. Nous indiquerons les cultures qui jouissent de ces avantages, ainsi que les modalités y relatives, lorsque nous examinerons le régime d'impôt rural en vigueur dans chaque pays de l'Union (voir chap. XI – art. 4 – § 3 C).

2° — En vue d'empêcher la propagation des maladies des végétaux, un décret du 6 mai 1913 a autorisé le Ministre des Colonies à prendre des arrêtés spéciaux, devant indiquer la maladie en cause et les végétaux susceptibles d'en être atteints, dans le but d'interdire ou de subordonner aux conditions estimées nécessaires, dans les possessions relevant de son Département, l'entrée des végétaux sujets à cette maladie, de tous autres végétaux avec lesquels elle pourrait être transportée, des terres ou composts pouvant contenir les parasites, vers ou insectes l'occasionnant, enfin des caisses ou autres emballages ayant servi au transport de ces divers objets. En ce cas, la détermination des végétaux, terres et composts pouvant servir de véhicule à la maladie est fixée, s'il y a lieu, par un arrêté du Gouverneur Général dont avis télégraphique est donné au Ministre.

Nous verrons plus loin que les caféiers et les cannes à sucre sont actuellement protégés dans la colonie par des mesures prises par application du décret susvisé.

3° — Est aussi toujours en vigueur, bien que d'une application assez restreinte dans la pratique, la règlementation des *prêts sur récoltes*, telle qu'elle a été fixée en Cochinchine par un arrêté du 21 avril 1876 modifié les 21 janvier 1886, 23 janvier 1888, 17 novembre 1896 et 11 janvier 1897, en Annam et au Tonkin par un arrêté du 25 septembre 1898 dont les dispositions ont été étendues par un nouvel arrêté du 24 juillet 1901 aux Chinois agriculteurs propriétaires fonciers domiciliés dans les territoires militaires du Tonkin.

L'économie générale de cette institution est que les communes indigènes des pays précités (et, dans le nord du Tonkin, les congrégations chinoises dans les conditions susvisées) peuvent contracter à la Banque de l'Indochine, au nom et pour le compte de ceux de leurs inscrits qui en font la demande et avec la garantie de l'Administration locale intéressée, des emprunts dont le montant ne peut excéder le tiers de la valeur des récoltes des terres appartenant à chacun des emprunteurs, dont l'intérêt annuel est de 8 % y compris une ristourne de 2 % faite par la Banque à l'Administration pour la couvrir de sa garantie et profitant pour moitié aux budgets provinciaux (en Cochinchine), enfin dont le remboursement doit avoir lieu en Cochinchine le 15 mai de chaque année indépendamment de la date du prêt, en Annam et au Tonkin après un délai de six mois sauf renouvellement pour une période égale. Les contrats constatant les prêts ainsi consentis deviennent définitifs par l'approbation du Chef d'Administration locale et, si le remboursement intégral n'a pas été effectué par les emprunteurs trente jours après l'échéance, la banque doit dès le lendemain être couverte par un mandat budgétaire du capital et des intérêts lui restant dus.

Ajoutons que la règlementation des prêts sur récoltes, conçue surtout en faveur des indigènes, a été cependant étendue aux

Français de la Cochinchine par un arrêté du 12 décembre 1893. Les conditions de ces prêts sont les mêmes que celles en vigueur pour les indigènes de cette colonie, sauf qu'en ce cas les demandes sont individuelles et que, avant leur transmission au Gouverneur, elles doivent être instruites par une commission composée de l'administrateur de la province ou de son délégué, de l'agent du Cadastre ou à défaut des Travaux publics de la province et d'un fonctionnaire désigné par le Gouverneur.

L'organisation de prêts sur récoltes que nous venons d'exposer n'a jamais été en faveur, sauf dans une certaine mesure en Cochinchine, auprès des communes indigènes. On lui a en effet reproché, justement à notre avis, d'obliger les emprunteurs éventuels à l'accomplissement de formalités trop nombreuses, à de trop longs délais (leurs déclarations doivent en effet être vérifiées par le chef de province) et à des déplacements personnels onéreux. En Cochinchine, toutefois, elle a rencontré plus de succès, et le budget local de cette colonie indique comme étant de 183.400$, en fin de 1923, le total des prêts sur récoltes consentis dans les conditions de la règlementation susvisée et non encore totalement remboursés à cette date. Mais il paraît probable que ces opérations seront peu à peu remplacées par les prêts consentis à leurs adhérents par les sociétés agricoles indigènes dont il sera question au paragraphe suivant.

4° — Une autre forme de l'intérêt porté par l'Administration aux planteurs a été l'institution des *primes à l'agriculture*, sommes d'argent qui, dans la limite d'un crédit global inscrit chaque année au budget local de chaque pays (sauf le Laos), étaient attribuées sur leur demande aux colons français sur avis d'une commission spéciale chargée de constater les efforts et les sacrifices faits par eux dans l'intérêt général du développement de la colonisation et de constater les résultats obtenus. Nous parlons au passé de cette institution : en effet, les difficultés d'ordres divers auxquelles donnait lieu l'attribution de ces *primes*, qui par ailleurs avaient cessé de répondre au but poursuivi, ont amené leur suppression partout où elles existaient (en dernier lieu, en Annam, par arrêté du 17 décembre 1923). Certains pays toutefois, et notamment le Tonkin (arrêté du 29 juin 1918), les ont remplacées par des *encouragements à l'agriculture*, allocations consistant également en sommes d'argent mais attribuées seulement soit en vue de faciliter des essais agricoles présentant un intérêt d'ordre général soit à titre de secours aux planteurs victimes de pertes ou de dommages exceptionnels subis par suite d'événements de force majeure.

5° — Un arrêté du Résident Supérieur au Tonkin du 31 juillet 1922 et un arrêté du Gouverneur de la Cochinchine du 6 avril 1923, conçus en termes identiques, ont institué des *primes à la motoculture* en faveur des agriculteurs, sans distinction de nationalité, qui emploieront l'outillage à moteur mécanique pour la culture de leurs terres. Selon qu'il est de construction française ou étrangère, tout appareil neuf de motoculture auquel une commission technique spéciale a délivré un certificat de réception après examen sur le terrain reçoit une fois pour toutes une subvention égale à un quart ou à un huitième de son prix d'achat dans la colonie ou de son prix de revient à quai en cas d'importation. Un tiers de cette subvention est payé au vu du certificat de réception susvisé, les deux autres tiers après constatation par la même commission d'une surface travaillée avec le même appareil égale à cinq fois celle travaillée lors de la réception.

6° — Des arrêtés du Gouverneur Général des 23 janvier 1901 Tonkin), 11 août 1901 (Cochinchine) et 27 février 1902 (Annam et Cambodge) ont autorisé les planteurs français à recruter, armer et équiper à leurs frais et sous leur responsabilité des *gardes-champêtres* européens ou indigènes, à la triple condition qu'ils soient munis d'une plaque d'identité, que leur armement soit enregistré dans les bureaux de la province et qu'ils n'en soient porteurs que dans les limites de la concession intéressée. Ces agents doivent avoir au moins 25 ans, avoir été agréés par le chef de la province et avoir prêté serment. S'il sont européens, les dispositions des lois spéciales réglant en France les attributions des gardes-champêtres leur sont applicables. S'ils sont indigènes, ils sont investis des mêmes fonctions de police que les notables des villages.

7° — Un décret du 23 mai 1901 a prévu qu'il pourrait être institué dans les colonies françaises et à l'étranger des correspondants du Ministère de l'Agriculture, choisis parmi les personnes de toutes professions jouissant d'une grande notoriété et susceptibles de fournir des renseignements utiles sur l'agriculture, les industries agricoles ou le commerce des produits agricoles, nommés par décret sur le rapport du Ministre de l'Agriculture et prenant le titre, d'ailleurs purement honorifique, de *conseiller d'agriculture de la France.*

Nous ne croyons pas que ce décret, bien que promulgué dans la colonie, y ait jusqu'ici reçu application.

B) — ***Mesures spéciales à certaines cultures.*** — 1° — *Café.* — Un arrêté ministériel du 27 février 1922, pris par application du décret du 6 mai 1913 dont nous avons parlé en A ci-dessus et complété les 3 mai et 6 novembre suivants, a prohibé l'importation, la circulation, la mise en entrepôt et le transit en Indochine des plants, cerises et grains de café, terres, composts et emballages ayant servi au transport de ces articles, plantes et graines susceptibles d'héberger l'insecte dit « scolyte du grain de café », lorsque ces produits proviennent soit de certains pays désignés par ledit arrêté et où la présence de cet insecte a été constatée soit de tout pays où leur importation n'est ni prohibée ni soumise à un contrôle phytopathologique. Quant aux mêmes produits provenant d'autres pays, ils doivent être accompagnés d'un certificat visé par l'autorité supérieure locale (par le consul de France s'ils sont de provenance étrangère) et leur entrée en Indochine ne peut être autorisée qu'après un examen phytopathologique effectué dans le port d'arrivée, port à la désignation du Gouverneur Général. Un arrêté du 7 juillet 1923 a décidé que ce port serait exclusivement celui de Saigon et y a confié l'examen susvisé au laboratoire de phytopathologie de l'Institut scientifique.

Les planteurs de café du Tonkin sont, d'autre part, protégés contre les vols de ce produit par un arrêté du 31 juillet 1913, aux termes duquel tout transporteur ou vendeur de café, hors des villes de Hanoi et Haiphong, doit être porteur d'un laissez-passer extrait d'un registre à souches visé par le chef de la province ou délégation du domicile du producteur et détenu par ce dernier, lequel laissez-passer sert au transporteur ou vendeur de justification d'origine du café trouvé en sa possession (1).

2° — *Cocotier.* — Un arrêté ministériel du 19 juin 1914 a établi en Cochinchine, en Annam et au Cambodge une règlementation sanitaire des cocoteraies. Tout propriétaire ou détenteur de cocotiers dont les plantations sont attaquées par un insecte

---

(1) Bien que toujours en vigueur, cet arrêté paraît à peu près complètement tombé en désuétude.

ou une maladie quelconque doit en faire sans délai aux autorités françaises ou indigènes les plus voisines une déclaration qui est transmise au chef de la province, lequel, après avoir fait procéder à un examen technique de la plantation, prescrit les mesures de préservation, et au besoin de destruction, nécessaires. Toute personne possédant des terrains situés à moins de 2 km. d'une plantation de cocotiers est également tenue de détruire sur ces terrains les palmiers et autres végétaux attaqués par le rhinocéros ou le rhynchophore (insectes destructeurs du cocotier).

3° — *Heveas.* — Un arrêté ministériel du 19 juin 1914 a interdit en Indochine l'importation des plants d'heveas, mais non celle des graines de cette plante, graines qui sont admises dans la colonie sans être soumises à une obligation de désinfection.

Signalons d'autre part que, pendant chacune des années 1920 et 1921, les planteurs de caoutchouc du sud de l'Indochine ont bénéficié d'une subvention globale de 450.000 $ inscrite au budget général, sauf remboursement du quart de la dépense par le budget local de la Cochinchine, et répartie entre eux au prorata des quantités de caoutchouc exportées. Cette subvention succédait d'ailleurs à un système de prêts-primes qui était antérieurement en vigueur. Ces deux organisations ont été supprimées, mais la colonie continue toujours à accorder sa garantie aux prêts hypothécaires que la Banque de l'Indochine consent, sous certaines conditions, aux planteurs de caoutchouc.

4° — *Canne à sucre.* — En vue de prémunir les plantations de la colonie contre les ravages de la maladie dite « maladie de Fiji », un arrêté ministériel du 17 mai 1921, pris par application du décret du 6 mai 1913, a interdit, dans les mêmes conditions que celles précisées par l'arrêté du 27 février 1922 dont nous avons parlé ci-dessus à propos du café, l'introduction et la circulation en Indochine des plants, feuilles, graines de canne, ainsi que des plants, feuilles et fruits d'ananas, cette dernière culture étant susceptible de transmettre la maladie de Fiji. Ce texte a été complété par un arrêté du Gouverneur Général du 23 août 1923 fixant Saigon comme unique port d'entrée des mêmes produits en provenance des pays ne tombant pas sous le coup de la prohibition et subordonnant cette entrée à un examen effectué par le laboratoire de phytopathologie de l'Institut scientifique.

Une autre mesure devant avoir pour effet indirect de

favoriser la culture de la canne à sucre a été édictée par la loi de finances du 31 décembre 1922 et reproduite par celle du 27 décembre 1923. Jusqu'à concurrence d'une quantité annuelle actuellement fixée par un décret du 19 janvier 1924 à 185.000 hectolitres en alcool pur, l'Indochine a le droit d'importer en France, en exemption d'une surtaxe instituée par la loi du 25 juin 1920, des rhums ou tafias originaires de son territoire, à condition qu'ils ne titrent pas plus de 65° et qu'ils présentent les caractères spécifiques définis par un décret du 19 août 1921. Ce contingent doit être réparti, selon des règles précises posées par les décrets des 20 février et 13 avril 1923, entre l'ensemble des usines à sucre et l'ensemble des distilleries agricoles et industrielles de la colonie. La sous-répartition entre les intéressés de chacun de ces deux groupements est effectuée par un arrêté du Gouverneur Général (arrêté du 30 juillet 1924).

5° — *Soie.* — Un arrêté du 11 mai 1922 a maintenu en vigueur jusques et y compris l'année 1926, tout en le modifiant, un système de primes à l'exportation, déjà organisé par arrêté du 8 juillet 1919, en faveur des soies grèges filées à l'européenne, provenant du Cambodge et exportées sur la France et les colonies françaises, sous la double condition que la filature de provenance appartienne à des Français, sujets ou protégés français et qu'elle comprenne au moins cent bassines fileuses à vapeur réunissant certaines conditions. Ces primes sont payées trimestriellement par le budget local intéressé au vu d'un certificat du bureau des Douanes de Phnompenh constatant que l'exportation a été faite dans les conditions prescrites et d'un bulletin d'essai des grèges déclarées officielles délivré par une commission française des soies. Leur quotité a été fixé par kg. à 1 $ pour 1922 et 1923, 0 $ 80 pour 1924, 0 $ 60 pour 1925 et 0 $ 30 pour 1926.

Des primes analogues étaient aussi payées il y a quelques années aux exportateurs de soies grèges du Tonkin.

6° — *Poivre.* — Les produits de cette culture, pratiquée en Cochinchine et surtout au Cambodge, bénéficient d'un régime de faveur. D'une part, un décret du 25 décembre 1904 a supprimé tout droit à la sortie sur les poivres exportés d'Indochine. D'autre part, une loi du 31 décembre 1909, modifiant le tarif général métropolitain, a décidé qu'un décret pris sur le rapport des Ministres des Finances, du Commerce et des Colonies fixerait pour chaque période triennale les quantités de poivre indochinois à admettre chaque année en France au bénéfice de la détaxe coloniale. Actuellement et jusqu'à la fin de 1924, ce décret est celui du 30 mai 1922 qui a fixé les quantités susvisées à 500 tonnes pour la Cochinchine (chiffre qui n'est pas atteint) et à 2.000 pour le Cambodge. Les règles de la répartition de ces quantités entre les producteurs de deux pays sont fixées par un arrêté du Gouverneur Général du 31 janvier 1912 modifié les 17 octobre 1912 et 9 janvier 1916.

Au Cambodge, les régions poivrières sont divisées en trois circonscriptions relevant respectivement des recettes subordonnées des Douanes de Tamlap, Kompong-Bay et Kompong-Trach et dans chacune desquelles le receveur tient à jour, d'après les rôles d'impôts des provinces, un registre d'immatriculation des poivrières dont les renseignements, joints à ceux fournis par les derniers rôles recouvrés, permettent au Sous-directeur des Douanes de calculer en fin de chaque année le pourcentage des quantités revenant à chaque planteur sur le quantum global admis à la détaxe. Le résultat de ces calculs est soumis au Gouverneur Général qui prend en Commission permanente un arrêté donnant la liste des planteurs admis à détaxe avec indication des numéros d'immatriculation de leurs poivrières et de la quantité accordée à chacun d'eux. Le receveur des Douanes de la circonscription délivre alors à chaque intéressé, sur présentation de sa quittance d'impôt, un *certificat de producteur* qui, lorsqu'ultérieurement le poivre est embarqué à Saigon, seul port ouvert à cette exportation, est échangé contre un certificat d'origine donnant droit à la détaxe.

En Cochinchine, où il n'existe pas de rôle spécial aux terrains complantés en poivriers, le registre d'immatriculation susvisé, tenu dans chaque recette subordonnée des Douanes (1), est établi d'après une déclaration faite au début de chaque période triennale par les planteurs eux-mêmes et vérifiée sur place par une commission présidée par un inspecteur ou sous-inspecteur des Services agricoles et comprenant un délégué du chef de la province intéressée et un ou plusieurs agents des Services agricoles. Cette commission établit le pourcentage des quantités devant revenir

---

(1) En fait, actuellement, dans les trois recettes de Hatien, Rachgia et Baria, ces provinces étant présentement les seules où le poivrier soit cultivé.

pour chaque période triennale à chaque planteur et c'est au vu
de son procès-verbal que le Gouverneur Général prend son arrêté
annuel susvisé.

### § 4. — Sociétés agricoles indigènes

Bien que les Services agricoles n'exercent aucune action
directe sur ces groupements, nous ne pouvons terminer cet article
sans dire quelques mots des *sociétés indigènes de prévoyance, de
secours et de prêts mutuels agricoles* dont la création a été prévue
en Cochinchine, au Tonkin et au Cambodge par arrêtés des 12
juin 1907, 14 juillet 1907 et 22 décembre 1907 respectivement. Ces
sociétés doivent être préalablement autorisées, et leurs statuts
approuvés, par arrêté du Chef de l'Administration locale en
Conseil Privé ou de Protectorat (l'intervention de ce dernier
conseil, toutefois, n'a pas été prévue au Cambodge). Il ne peut en
être constitué qu'une seule par province ; mais, en Cochinchine
et au Tonkin, leur subdivision en *sections* a été prévue. Chacune
d'elles est administrée par un conseil d'administration dont les
membres, tous indigènes, sont en nombre égal à celui des sections
sans que ce nombre puisse être inférieur à six, le président de ce
conseil est désigné par le chef de province sur une liste de trois
noms établie par ledit conseil et son trésorier est en Cochinchine
un fonctionnaire désigné par le chef de province, au Tonkin et au
Cambodge le préposé du Trésor du chef-lieu. Les prêts qu'elles
consentent à leurs membres ne peuvent faire l'objet d'un intérêt
supérieur à 8 % s'il s'agit de prêts en argent ou d'une majoration
supérieure à 20 % s'il s'agit de prêts en nature. Sous réserve de
ce qui va être dit ci-dessous concernant les syndicats agricoles de
Cochinchine, il leur est interdit de s'associer entre elles. Notons
aussi : qu'au Cambodge, elles peuvent également comprendre
des Annamites ou des Chinois cultivateurs ; qu'au Tonkin, leur
fonctionnement est surveillé, non seulement par les commissions
provinciales dont nous avons parlé au chapitre V - art. 1 - § 2 B
mais aussi par un *service de contrôle* créé à la Résidence
Supérieure par arrêté du 7 février 1908, assuré par des fonctionnaires désignés par le Résident Supérieur et dont l'action
s'étend également aux sociétés ayant un but philanthropique
et peut aussi s'étendre, si ces dernières en font la demande,

aux sociétés coopératives dites *Đồng-lợi*.

En outre, mais en Cochinchine seulement, un arrêté du 8 novembre 1912 a donné au Gouverneur de cette colonie le droit d'autoriser la constitution de *syndicats agricoles indigènes*, régis par la loi du 5 novembre 1894, entre tous agriculteurs indigènes, propriétaires ou non, cultivant cinq hectares de terre au minimum et inscrits aux rôles d'un village depuis cinq ans au moins. Ces syndicats, dont le nombre en fin 1923 était de onze comptant 3045 adhérents, ne peuvent avoir d'autre objet que l'assistance mutuelle agricole, doivent déposer leurs statuts, approuvés par le Gouverneur, ainsi que la liste des personnes chargées de leur administration ou de leur direction, au bureau du chef de la province ou municipalité qui les communique au procureur de la République du ressort. Ils ont le droit d'ester en justice, de constituer entre leurs membres des caisses spéciales de secours mutuels et de retraite et d'acquérir les immeubles nécessaires à leur fonctionnement. Ils peuvent aussi se grouper en *unions*, mais ces unions ne peuvent ni posséder aucun immeuble ni ester en justice. Enfin les syndicats agricoles ne peuvent être dissous que par autorité de justice.

L'une des plus intéressantes manifestations d'activité de ces syndicats a consisté en la création de *caisses de crédit agricole* qui prêtent à leurs sociétaires sur gages constitués par des nantissements fonciers. Ces prêts sont parfois consentis par les caisses elles-mêmes ; mais le plus souvent, manquant des ressources nécessaires, elles s'adressent à cet effet à la Banque de l'Indochine, qui alors leur avance de l'argent dans les mêmes conditions d'intérêt et de garantie que lorsqu'il s'agit des prêts sur récoltes dont il a été question au paragraphe précédent.

## ARTICLE III

### *SERVICE DES FORÊTS*

Réorganisé une première fois par un arrêté du 10 mai 1914,

ce service l'a été à nouveau par un arrêté du 20 juin 1921,
refondu lui-même le 19 septembre 1924 et qui a remplacé presque
en son entier le texte précédent.

Bien qu'il n'ait pas encore été établi au Laos, même partiellement, nous le rangeons cependant dans le présent chapitre
parce qu'il est plus que probable qu'il sera prochainement
installé dans ce pays, qui est certainement le plus riche de
l'Union au point de vue forestier. Un inspecteur adjoint des Eaux
et Forêts a d'ailleurs récemment accompli au Laos une mission
ayant pour but d'établir un projet de règlementation forestière
à l'usage du Laos.

### § 1. — Personnel

A) — *Personnel français.* — Tout d'abord et principalement, ce personnel comprend un cadre local dont les agents
sont nommés et promus par le Gouverneur Général dans les
conditions habituelles (voir introduction à la 3e partie § 4 A et C).
Réorganisé à nouveau par un arrêté du 19 septembre 1924 (1),
il comporte les grades de conservateur, inspecteur, inspecteur-
adjoint (chacun de ces trois grades comprend trois classes),
garde général hors classe et de trois classes, garde principal de
trois classes et garde principal stagiaire. Ces derniers sont recrutés pour les trois quarts parmi les anciens militaires classés
en exécution des lois spéciales réservant certains emplois aux
anciens militaires (voir chap. VIII - art. 1 - § 1 A note) et pour
le dernier quart parmi les candidats ayant fait effectivement
leur service militaire et ayant subi avec succès un concours
organisé par arrêté du Gouverneur Général; la durée de leur
stage est d'une année, au cours de laquelle ils doivent, pour être
titularisés, accomplir une période de scolarité dans des conditions également fixées par le Chef de la colonie. Les gardes
principaux de 1re et de 2e classe et les gardes généraux de 1re, 2e
et 3e classe peuvent, après deux ans de service comme chef d

---

(1) Une réorganisation antérieure avait fait l'objet d'un arrêté du 20 juin 1921.
Mais, cet arrêté ayant dû être très fréquemment complété ou modifié depuis, il a paru
préférable de remplacer cette règlementation, devenue un peu confuse, par un text
unique, qui d'autre part a simplifié la hiérarchie en supprimant les grades de gard
général adjoint et de conducteur.

division (voir § 2 ci-après) et après avoir subi avec succès un examen professionnel, être nommés inspecteurs-adjoints de 3e classe. Enfin un nouvel examen professionnel est nécessaire aux inspecteurs-adjoints de 1re classe pour être nommés inspecteur de 3e classe (1).

En second lieu et subsidiairement, le cadre local ci-dessus peut être complété par des agents détachés du cadre métropolitain des Eaux et Forêts dans les conditions prévues par le décret et l'arrêté ministériel du 30 juillet 1905 et la loi de finances du 30 décembre 1913 ou par tout autre acte modificatif subséquent. Ces agents, dont le nombre n'est actuellement que de 7, sont désignés d'accord entre les Ministres des Colonies et de l'Agriculture, conservent leur statut personnel et sont placés à tous égards, pendant la durée de leur détachement en Indochine, dans une situation analogue à celle que nous avons exposée au sujet des agents métropolitains des Postes mis à la disposition de la colonie, sauf que leur séjour minimum en Indochine peut n'être que de trois ans. Ils sont classés dans le cadre local d'après une correspondance de grade et de classe indiquée par un arrêté du 5 février 1922.

Avant d'entrer en fonctions, les agents des deux catégories précédentes doivent prêter, devant le tribunal civil du ressort dans lequel ils sont appelés à servir, un serment professionnel qui les habilite pour toute la colonie mais doit être prêté à nouveau en cas de changement de grade. Quant à leurs affectations, elles sont, conformément à la règle générale, prononcées par le Gouverneur ou Résident Supérieur sur la proposition du chef local du service.

Enfin, certains agents n'appartenant pas au personnel du Service forestier lui prêtent cependant leur concours lorsqu'ils ont été désignés à cet effet par arrêté des Chefs d'Administration locale, auxquels le Gouverneur Général a ainsi délégué les

---

(1) Aucun des concours ou examens prévus par l'arrêté du 19 septembre 1924 et que nous venons d'énumérer n'a pu encore être organisé à la date où nous écrivons. En ce qui concerne les gardes principaux stagiaires, il est probable que le programme du concours prévu pour les candidats aux emplois non réservés sera à peu près le même que celui de l'examen, organisé par arrêté du 12 juin 1922, qui avait été antérieurement prévu pour ces mêmes stagiaires. Il est également présumable que la période de scolarité de ces agents sera fixée dans des conditions se rapprochant de la réglementation antérieure, selon laquelle les stagiaires devaient suivre pendant huit mois à l'École supérieure d'Agriculture et de Sylviculture et à l'École d'application de Nao-Pho des cours spéciaux énumérés par un arrêté du 26 septembre 1923.

pouvoirs qu'il tenait en la matière du décret du 11 juillet 1907, texte dont il sera question au § 3. C'est ainsi que les délégués des administrateurs chefs de province, les fonctionnaires des Douanes et Régies, ceux de la Garde indigène et tous officiers de police judiciaire peuvent avoir qualité pour constater les délits forestiers et en dresser procès-verbal. De même, les agents des Douanes et Régies et de la Garde indigène peuvent être appelés, après adhésion du Directeur des Douanes en ce qui concerne les premiers, à exercer les fonctions d'agent vérificateur des produits forestiers et à percevoir les redevances forestières, et ils ont alors droit, sur les recettes effectivement réalisées par eux, à une ristourne de 3 %, ou 5 % selon que ces recettes ont été faites sur les bois d'œuvre ou sur d'autres produits forestiers.

B) — *Personnel indigène*. — Il a été réorganisé par un arrêté du 14 février 1920 complété ou modifié les 9 août 1922, 16 septembre 1922, 7 décembre 1922, 19 juillet 1923 et 22 décembre 1923. Il est divisé en un cadre supérieur et un cadre secondaire.

Le cadre supérieur comprend une classe d'agents techniques principaux hors classe, trois classes d'agents techniques principaux, quatre classes d'agents techniques et deux catégories d'agents techniques stagiaires. Le recrutement des agents techniques de 4e et de 3e classe et les conditions du stage sont exactement les mêmes que pour le personnel des Services agricoles. Les agents de ce cadre peuvent être indifféremment employés au service actif ou dans les bureaux.

Le cadre secondaire se subdivise en un personnel actif et en un personnel sédentaire. Le premier, qui à sa base doit être recruté de préférence parmi les anciens militaires ou gardes indigènes mais dans lequel les diplômés des écoles pratiques d'agriculture de Tuyên-Quang et de Bên-Cat et les certifiés primaires ont accès comme gardes de 3e classe (ces derniers après concours), comprend des brigadiers-chefs hors classe et de deux classes, des brigadiers de trois classes, des gardes de six classes et des gardes stagiaires. Le second comporte : d'une part, des secrétaires principaux hors classe et de quatre classes, des secrétaires de six classes et des secrétaires stagiaires, ces derniers étant recrutés après concours parmi les titulaires du certificat de fin d'études complémentaires ou du brevet de l'enseignement primaire supérieur ; d'autre part, des dessinateurs, cartographes et aquarellistes qui sont assimilés à tous points de vue au personnel précédent, mais peuvent être recrutés simplement, après concours, parmi les certifiés primaires et les diplômés d'une école de dessin. De ces deux divisions du cadre secondaire, le personnel sédentaire est le seul qui soit admis à concourir, en même temps que les bacheliers métropolitains, pour le grade d'agent technique de 4e classe.

Les agents du cadre supérieur sont nommés et promus par le Gouverneur Général et ceux du cadre secondaire par les Chef d'Administration locale sur la proposition du chef local du service.

Enfin, des mécaniciens et pilotes peuvent aussi être recrutés par contrat, sans faire partie des cadres réguliers, pour les besoins du service.

### § 2. — Organisation

Comme pour le Service vétérinaire et les Services agricoles, le fonctionnement technique du Service des Forêts des divers pays de l'Union est contrôlé et les efforts de ce service sont coordonnés par l'inspecteur spécial qui assiste à cet effet l'Inspecteur général de l'Agriculture, de l'Élevage et des Forêts (voir chap. III - art. 3 - § 3).

Dans chaque pays de l'Union, sauf actuellement au Laos, le Service des Forêts est dirigé, sous la haute autorité du Chef de l'Administration locale, par un *Chef local du Service* qui doit être un conservateur, ou à défaut un inspecteur ou inspecteur-adjoint, désigné par le Gouverneur Général sur la proposition du Chef de l'Administration locale et l'avis de l'Inspecteur général de l'Agriculture, de l'Élevage et des Forêts et qui doit appartenir au cadre métropolitain si des agents métropolitains font partie du personnel qu'il est appelé à diriger. Sous les ordres directs de ce Chef de service sont placés des *chefs de cantonnement forestier*, fonctions exercées en principe par des inspecteurs-adjoints ou, à défaut, par des gardes généraux. Enfin les agents des grades inférieurs occupent les postes forestiers, dénommés *divisions forestières*, situés dans les limites des cantonnements, et à ce titre ils sont chargés, sous la direction et le contrôle du chef du cantonnement intéressé, de la conduite des exploitations et des travaux de mise en valeur du domaine boisé, lequel est distribué en triages dont la gérance et la surveillance sont confiées à des unités du personnel indigène centralisées à cet effet dans des *garderies forestières.*

Ajoutons que les chefs locaux du Service des Forêts sont assistés par un bureau qui comporte généralement deux sections, l'une s'occupant du secrétariat et du personnel, l'autre de la comptabilité et du matériel.

Le Tonkin compte six cantonnements forestiers : Fleuve Rouge ( chef-lieu à Yênbay ), avec quatre divisions dans les provinces de Yênbay et de Laokay ; Rivière Claire ( chef-lieu à Tuyên-Quang), avec cinq divisions dans les provinces de Phutho et de Tuyên-Quang ; Rivière Noire ( chef-lieu à Hoa-Binh ), avec une division à Hoa-Binh ; Est ( chef-lieu à Hanoi ), avec sept divisions dans les provinces de Bac-Giang, Thai-Nguyên et Vinh-Yên ; Centre ( chef-lieu à Hanoi ), avec deux divisions à Hanoi et à Viétri ; Sud-est ( chef-lieu à Quang-Yên ), avec huit divisions dans la province de Quang-Yên et le 1er territoire militaire. En outre, une *section mobile de reboisement* s'occupe en ce pays de la mise en application d'une circulaire du Résident Supérieur du 13 mai 1923 prévoyant le reboisement par les soins des villages et par ceux des élèves des écoles, avec attribution de primes et de titres honorifiques.

En Annam existent les cantonnements de Thanh-Hoa ( cinq divisions ), Bênthuy ( six divisions ), Dông-Hoi ( deux divisions), Hué ( quatre divisions ), Tourane ( trois divisions ), Quang-Ngai ( une division ), Phanthiêt ( six divisions ) et du Langbian ( deux divisions ).

La Cochinchine possède les cantonnements de Bacliêu ( chef-lieu à Camau ) avec trois divisions, de Baria avec trois divisions, de Bienhoa avec cinq divisions, du Centre ( chef-lieu à Saigon ) avec deux divisions, de Chaudoc avec quatre divisions, de Tayninh avec six divisions et de Thudaumot avec cinq divisions.

Les cantonnements du Cambodge sont ceux du Mékong avec chef-lieu à Kompongcham et cinq divisions, des Lacs avec chef-lieu à Kompongchhnang et quatre divisions, du Centre avec chef-lieu à Phnom-Penh et trois divisions, de Kampot avec cinq divisions, de Battambang avec deux divisions et de Kompongthom avec quatre divisions.

Selon les pays, les cantonnements et les divisions sont

institués par arrêtés du Chef de l'Administration locale ou par ordres de service du chef local du service approuvés par le même haut fonctionnaire.

Enfin, lorsque les disponibilités en personnel le permettent (et c'est souvent le cas en Cochinchine et au Tonkin), les fonctionnaires du service en surnombre au chef-lieu sont constitués *en commission permanente de délimitation et d'aménagement des réserves forestières,* commission qui s'occupe tant de la délimitation des forêts en vue de leur institution ultérieure en réserves que de l'aménagement des réserves déjà instituées.

### § 3. — ATTRIBUTIONS

Le Service des Forêts est chargé de la préparation et de l'application des règlements forestiers en vue de la préservation et de la reconstitution du domaine boisé de la colonie. Cette règlementation est pour partie commune à tous les pays de l'Union et pour partie spéciale à chacun d'eux.

A) — *Règlementation commune.* — Elle a été fixée par un décret du 11 juillet 1907. Cet acte a habilité les agents du Service des Forêts, concurremment avec les officiers de police judiciaire et les agents des Douanes dans des conditions déterminées par le Gouverneur Général, à rechercher et à constater par procès-verbaux les infractions en matière forestière, à saisir les produits, animaux et matériels délictueux et à les confier à la garde des villages qui en deviennent pécuniairement responsables, à procéder aux arrestations en cas de flagrant délit et à requérir la force publique aux effets ci-dessus. Les mêmes pouvoirs appartiennent aussi, mais alors sous certaines réserves, aux fonctionnaires indigènes ayant qualité pour constater les infractions de droit commun et aux notables des villages. La poursuite des délits et contraventions forestiers est directement intentée devant le tribunal correctionnel par le ministère public et l'action en dommages-intérêts devant le tribunal civil par le Service des Forêts, sauf appel pouvant être interjeté concurremment par le ministère public ou le chef du Service des Forêts. Enfin le décret a déterminé les conditions dans lesquelles l'Administration peut transiger sur la poursuite des infractions, soit avant soit après jugement, et les autorités qualifiées selon l'importance de la transaction pour l'approuver définitivement.

B) '— *Règlementations locales.* — Elles constituent à proprement parler ce qu'on appelle le *régime forestier* de chaque pays et résultent d'arrêtés pris par le Gouverneur Général ou approuvés par lui (1) qui sont :

en Cochinchine, l'arrêté du Gouverneur Général du 1er décembre 1913 modifié les 25 octobre 1920 et 31 janvier 1923;

au Cambodge, l'arrêté du Gouverneur Général du 18 novembre 1913 modifié les 18 décembre 1916, 29 avril 1919 et 18 février 1921 ;

en Annam, l'arrêté du Gouverneur Général du 26 août 1914 modifié les 30 septembre 1915, 14 avril 1916, 30 octobre 1920 et 18 janvier 1922 (une nouvelle règlementation est à l'étude pour ce pays) ;

au Tonkin, l'arrêté du Résident Supérieur du 3 mars 1919 modifié le 21 octobre 1921, textes approuvés par le Gouverneur Général les 26 mars 1919 et 7 novembre 1921.

Ces règlementations locales présentant la plus grande analogie, il suffira d'étudier dans ses grandes lignes celle en vigueur au Tonkin, actuellement la plus récente et la plus complète, sauf à indiquer entre parenthèses les principales différences existant entre ses dispositions et celles en vigueur en Cochinchine.

Le régime forestier varie selon qu'il s'applique aux forêts domaniales, aux forêts des communes ou aux forêts des particuliers.

1° — *Forêts domaniales.* — La partie du domaine complantée en bois et forêts se subdivise en domaine forestier réservé et domaine forestier protégé.

I — Le *domaine forestier réservé* se compose de forêts ou parties de forêts placées en réserve dans le but de sauvegarder

---

(1) Cette divergence de procédure administrative sur le même sujet ne devrait pas exister. Ces règlementations, en effet, établissent toutes des impositions, et ces impositions, qu'on les considère comme ressortissant à l'ordre des contributions directes ou à celui des redevances domaniales, rentrent nécessairement dans les « impôts, taxes et redevances de toute nature » autres que les taxes et contributions indirectes, visés par l'art. 74 B du décret financier du 30 décembre 1912. Les arrêtés en question auraient donc tous dû être pris en Conseil par le Gouverneur ou Résident Supérieur intéressé et ensuite approuvés par le Gouverneur Général en Conseil de Gouvernement.

et d'améliorer le régime des eaux, d'assurer la production méthodique des bois et autres produits forestiers, de soustraire les peuplements à la coupe libre et de les aménager en vue d'une exploitation rationnelle. Ces réserves sont créées par des arrêtés du Gouverneur Général pris sur les propositions, transmises par le chef du Service des Forêts et le Chef de l'Administration locale, d'une commission qui se réunit sur place sous la présidence du chef de province ou de son délégué et qui comprend le chef local du Service des Forêts, les chefs du cantonnement et de la division intéressés, enfin le mandarin chef de circonscription et un notable de chaque commune concernée (en Cochinchine, le chef de canton et les notables des communes intéressées). L'arrêté instituant la réserve statue également sur tout ce qui concerne le pâturage en forêt et le droit d'usage accordé à titre gratuit, sur un lot proportionnel à leur importance et devant être délimité par le Service forestier, aux villages forestiers englobés en tout ou partie dans la réserve.

Une fois cet arrêté publié et affiché et la réserve délimitée sur le terrain par l'apposition de plaques spéciales (en Cochinchine, il en est remis un plan à chaque village intéressé), il devient interdit: d'y couper ou d'y mutiler des arbres ou arbustes, lianes à caoutchouc, produits ou essences de toute nature ; d'y pénétrer sans autorisation, hors des routes et chemins, avec un instrument tranchant ; d'y laisser pénétrer sans autorisation, hors des routes et chemins, des animaux et des voitures. D'autre part, l'exploitation et la vente par les particuliers des coupes et de la résine ne peuvent y être effectuées qu'à la suite d'une adjudication ou d'un marché de gré à gré et seulement dans des conditions strictement règlementées par des cahiers des charges spéciaux. Enfin c'est seulement dans les réserves forestières, en principe, que peut avoir lieu l'exploitation du bois débité en forêt.

Le nombre des réserves forestières et la superficie qu'elles couvrent dans chaque pays de l'Union sont actuellement (juillet 1924) les suivants : Tonkin, 93 réserves et 324.400 hectares ; Annam, 83 réserves et 645.700 ha ; Cochinchine, 174 réserves et 539.000 ha ; Cambodge, 78 réserves et 629.500 ha.

II — Le *domaine forestier protégé* comprend les forêts domaniales qui n'ont pas été érigées en réserves. Son exploitation, qui en principe ne peut être effectuée que par les citoyens, sujets ou protégés français, est libre pour tous les produits dont l'abatage n'aura pas été interdit, mais sous la triple condition : d'une part, que l'exploitant aura préalablement obtenu un permis de coupe ou une autorisation spéciale ; d'autre part, qu'il se conformera aux instructions du Service forestier, et en particulier qu'il ne pourra, sauf exception dûment autorisée, abattre des bois d'œuvre de dimensions inférieures à des minima fixés pour chaque essence ; enfin, que sur les produits exploités par lui il acquittera une redevance proportionnelle.

Les *permis de coupe* sont exigés pour les bois d'œuvre, les bois de feu (qui doivent provenir exclusivement des essences non classées), les palétuviers et certaines écorces. Ils sont délivrés, pour un an et pour une seule forêt déterminée (en Cochinchine, pour un an en principe et pour une province déterminée), par le chef du Service forestier sur avis conforme du chef de province, sauf recours de l'intéressé au Chef de l'Administration locale contre l'avis contraire de ce dernier. Leur délivrance donne lieu à la perception d'une taxe qui, pour les bois d'œuvre, est proportionnelle à l'importance de la coupe et varie aussi selon qu'il s'agit d'essences classées ou non classées et qui est fixe pour les autres produits (en Cochinchine, cette taxe est uniformément fixée à 150$ pour les produits autres que le bois à brûler et à 10$ pour ce dernier). Ils donnent droit à la remise de *commissions de bûcheron*, délivrées par le Service forestier et représentées par des cartes spéciales, que les agents de l'exploitant doivent toujours porter en forêt, dont le nombre est fixé à vingt pour les permis ne concernant que le bois de feu et est déterminé par l'exploitant lui-même et selon ses besoins pour les permis de coupe de bois d'œuvre, car chacune de ces dernières commissions ne permet l'abatage que de cinq pièces d'essences classées ou de dix pièces d'essences non classées (en Cochinchine, le permis de 150$ donne droit à cent commissions de bûcheron de cinq arbres chacune, celui de 10$ est individuel, mais des commissions spéciales de bûcheron du prix de 1$50 et valables cinq mois peuvent être délivrées pour des quantités fixes de chacune des espèces de produits forestiers à tout individu en faisant la demande). Enfin, les permis de coupe peuvent être refusés ou retirés en certains cas, notamment si le Service forestier a décidé d'organiser exceptionnellement dans une partie du domaine protégé une coupe méthodique pour l'exploitation du bois débité en forêt.

Les *redevances forestières* perçues à titre de prix de vente sur les produits exploités, et qui comme le prix des permis de coupe font recette au budget local, varient selon la nature de ces produits et sont proportionnelles à leurs quantités. Pour empêcher toute fraude à leur sujet, il est prescrit que les produits coupés doivent être accompagnés du lieu de coupe au lieu de dépôt par une commission de bûcheron et du lieu de dépôt au lieu de vérification par le permis de coupe (en Cochinchine, ils doivent en principe être vérifiés sur le lieu même de la coupe); en outre, ces redevances doivent être payées dans les localités où les produits auront été vérifiés, sauf exceptionnellement autorisation contraire qui en ce cas donne lieu à la délivrance d'un *laisser-passer*.

Les services publics ayant besoin de bois pour des travaux d'intérêt général exécutés en régie peuvent, sur leur demande, être exonérés du prix du permis de coupe, mais non point du paiement des redevances forestières. Au contraire, les villages forestiers sont exonérés de la totalité de ces taxes pour l'exercice du droit d'usage qui leur appartient de plein droit sur les forêts protégées situées sur leur territoire, et ils ne sont astreints qu'à la possession d'une autorisation du Service forestier.

III. — Certaines prescriptions sont communes aux deux catégories du domaine forestier. C'est ainsi que les arbres doivent toujours être coupés au ras du sol et qu'aucun four à charbon ou à chaux, atelier de tourneur, briqueterie, tuilerie ou scierie ne peut être établi dans l'intérieur ni à moins de un kilomètre (deux kilomètres pour les scieries) des forêts exploitées ou exploitables. De même, les habitants des villages forestiers jouissant gratuitement dans les conditions indiquées ci-dessus d'un *droit d'usage* sur une forêt délimitée ou sur un lot délimité d'une réserve forestière, droit d'usage qui d'ailleurs est toujours restreint à leurs besoins domestiques ou cultuels, sont inscrits sur un registre spécial, dit *registre des affouagistes*, et doivent chacun cinq journées de prestations (en Cochinchine, ce nombre est variable et voté par les Conseils de province) qui en principe doivent être employées à la création et à l'amélioration des sentiers forestiers. Ces mêmes villages, dont une liste est établie par le Service forestier d'accord avec les chefs de province, doivent concourir à la surveillance et à la conservation des forêts et en particulier, en cas d'incendie, faire tous leurs efforts pour arrêter la marche du feu, sous peine de voir la déchéance du droit d'usage prononcée par le Chef de l'Administration locale (en Cochinchine, par le chef de province). Enfin la culture par le *ray*, c'est-à-dire l'ensemencement dans les cendres des arbres abattus et brûlés, et les feux de brousse sont interdits dans toutes les forêts domaniales, sauf autorisation spéciale pouvant être donnée, en cas de besoin constaté, par le Chef de l'Administration locale pour les ray (en Cochinchine, par le chef de province) et par le chef du cantonnement pour les feux de brousse.

2° — *Forêts des communes.* — Le régime qui leur est applicable est celui des forêts domaniales réservées. Toutefois, les communes peuvent mettre leurs bois et forêts en coupe réglée, mais seulement après y avoir été autorisées par le Service forestier et sous sa direction. En outre, toute commune qui veut user du droit d'arracher ou de défricher ses bois doit au préalable obtenir l'autorisation dont il va être question ci-après pour les forêts des particuliers.

3° — *Forêts des particuliers.* — Aucun particulier ne peut arracher ou défricher ses bois sans avoir obtenu à cet effet, par arrêté du Résident Supérieur pris sur la proposition du Chef du Service forestier, une autorisation qui d'ailleurs ne peut être refusée que dans sept cas énumérés par les règlements (en Cochinchine, c'est le contraire, en ce sens que le Gouverneur n'intervient pas pour donner l'autorisation, mais seulement pour la refuser s'il y a lieu, et par ailleurs les cas pouvant motiver ce refus sont au nombre de six seulement). D'autre part, tout propriétaire qui veut faire transporter ses produits forestiers en dehors de sa propriété doit en faire la demande au chef du Service forestier, qui doit alors procéder à une vérification sur place.

# ARTICLE IV

## *SERVICE DE LA POLICE DE SURETÉ*

Jusqu'en 1917, les divers services de police étaient assurés en Indochine par des organismes entièrement distincts et sans aucun lien entre eux. Les uns étaient des services locaux organisés de façon différente selon les pays: police administrative et judiciaire des diverses parties de l'Union, service de l'identité et de l'immigration en Cochinchine et au Cambodge, service de la prison centrale et de l'identité à Hanoi. Les autres, les polices spéciales des villes organisées en municipalités, étaient des services purement municipaux. Une telle confusion avait forcément pour conséquence un certain flottement dans la détermination des buts à atteindre, et les résultats obtenus étaient insuffisants. Une réorganisation complète, dirigée dans le sens de l'unification, s'imposait donc, mais la complexité du problème à résoudre nécessitait qu'elle fût réalisée par étapes successives.

Une première phase de cette réorganisation consista en la promulgation d'un décret du 7 février 1917 par lequel les personnels européens des polices administratives et judiciaires et des polices municipales étaient fusionnés en un corps unique prenant le nom « de personnel de la police de l'Indochine » et qui fut suivi d'un arrêté du 28 juin 1917 spécialisant une partie de ce personnel dans un nouvel organisme créé sous la dénomination de « police de sûreté » et instituant d'autre part au Gouvernement Général le Service central de renseignements et de sûreté générale dont nous avons déjà parlé au chapitre III.

Cette première réorganisation fut ensuite complétée par un arrêté du 9 mars 1918 qui réalisa pour le personnel indigène des anciennes polices locales et municipales la même fusion dont leur personnel européen avait été l'objet par l'effet du décret précité du 7 février 1917, en même temps que d'autres arrêtés portant la même date du 9 mars 1918 réorganisant la police de sûreté créée l'année précédente et la police urbaine remplaçant désormais les polices municipales.

Enfin une dernière règlementation, résultant de trois arrêtés du 20 juin 1921 modifiés ou complétés les 4 avril 1922, 23 novembre 1922 et 27 avril 1923, a eu pour objet : d'une part, de séparer, dans les pays où il existait (Cochinchine, Tonkin et Cambodge), le service de l'identité du service de l'immigration, le premier étant transformé en une section locale d'identité annexée au service de la sûreté du même pays et le second devenant autonome ; d'autre part, de distinguer dans le personnel européen de la police de l'Indochine, déjà réparti en deux catégories par la réorganisation de 1918, une troisième catégorie, dite du « secrétariat des polices », destinée à prêter indifféremment son concours à la police de sûreté et aux polices urbaines ; enfin de fixer à nouveau le statut particulier des agents français appartenant, à quelque titre que ce fut, aux services de la police de l'Indochine.

En définitive, les multiples et importants services que l'on englobe sous la dénomination de « services de police », en prenant cette expression dans son sens le plus large, sont actuellement assurés en Indochine :

1° — en tant qu'organisme de coordination générale et de contrôle supérieur, par le *Service central de renseignements et de sûreté générale*, institué à la Direction des affaires politiques du Gouvernement Général, dont nous avons déjà exposé au chapitre III – art. 3 – § 1 B l'organisation intérieure et qui a pour attributions spéciales, d'une part la recherche et la centralisation de tous renseignements utiles intéressant la sûreté intérieure et extérieure de l'Indochine, d'autre part la formation et le contrôle des divers organes de police et d'informations politiques de la colonie, en vue d'assurer l'unité de méthode et la coordination des efforts dans le travail des recherches comme dans l'utilisation et le classement des renseignements obtenus.

2° — en tant qu'organismes d'exécution, d'une part par le *Service local de la Sûreté* fonctionnant dans tous les grands pays de l'Union, d'autre part par le *service municipal de la police urbaine* existant dans les villes d'Indochine dotées du régime municipal.

3° — en tant qu'organisme de bureau prêtant selon les besoins son concours aux précédents, par le *secrétariat des polices*.

4° — en tant que formations sporadiques disséminées dans presque tous les chefs-lieux de province et autres centres urbains de la colonie et placées sous la direction d'un chef de brigade de gendarmerie ou d'un fonctionnaire de la Garde indigène faisant fonctions de commissaire de police, par des petits corps d'agents et de gradés de police qui n'ont fait l'objet d'aucune règlementation d'ensemble, dont le personnel non commissionné ne jouit d'aucun statut et dont par suite il suffit de faire brièvement mention.

Ayant déjà parlé du Service central des renseignements et de la sûreté générale et réservant pour plus tard l'étude des services municipaux, parmi lesquels doit être rangée la police urbaine, nous parlerons seulement ici du Service local de la Sûreté et, subsidiairement, du secrétariat des polices.

## § 1. — Personnel

A) — *Personnel français.* — En ce qui concerne le Service de la Sûreté, la hiérarchie comporte des inspecteurs stagiaires recrutés parmi les candidats possédant certains diplômes ou ayant satisfait à un concours spécial organisé par un arrêté du 13 octobre 1921, des inspecteurs de trois classes, des inspecteurs principaux de trois classes et hors classe, des commissaires spéciaux de trois classes et hors classe (le succès à un concours organisé par arrêté du 23 novembre 1922 est nécessaire pour l'accession à la 3ᵉ classe de ce grade), des chefs de sûreté adjoints et des chefs de sûreté de deux classes. A ce personnel normal vient d'autre part s'ajouter, en Cochinchine, au Tonkin et au Cambodge, le personnel spécial, destiné à disparaître par voie d'extinction, provenant des anciens Services de l'Identité de ces trois pays et comprenant des commis stagiaires et de trois classes, des commis principaux de trois classes et hors classe et des vérificateurs de deux classes et hors classe.

En ce qui concerne le secrétariat des polices, la hiérarchie comporte des secrétaires stagiaires (recrutés parmi les candidats bacheliers ou par la voie d'un concours organisé par arrêté du 13 octobre 1921), des secrétaires de trois classes, des secrétaires principaux et des secrétaires hors classe.

Comme nous l'avons vu, ces deux personnels, bien qu'appartenant à des catégories distinctes, n'en font pas moins partie l'un et l'autre, de même d'ailleurs que celui affecté à la police urbaine, du corps de la Police de l'Indochine. Aussi la règlementation a-t-elle prévu que les secrétaires stagiaires et les sous-brigadiers stagiaires des polices urbaines seraient admis sous certaines conditions, concurremment avec les inspecteurs stagiaires, à se présenter à l'examen, organisé par arrêté du 1er janvier 1923, donnant accès au grade d'inspecteur de 3e classe de la Sûreté. De même, les inspecteurs de 3e classe et stagiaires et les sous-brigadiers de 3e classe et stagiaires concourent avec les secrétaires stagiaires pour le grade de secrétaire de 3e classe, après un examen dont le programme est fixé par un arrêté de même date. Ajoutons dans le même ordre d'idées que c'est aussi à tous les fonctionnaires appartenant à un titre quelconque au corps de la Police de l'Indochine que s'appliquent les dispositions règlementaires réservant au Gouverneur Général le droit de prononcer l'avancement dans les conditions normales et de fixer les cadres et leur répartition entre les pays de l'Union, celles prévoyant que ceux de ces fonctionnaires contribuant effectivement à l'exercice de la police doivent être appelés à suivre des cours techniques destinés à parfaire leur instruction professionnelle (1), celles déterminant les conditions dans lesquelles pourra leur être décernée la médaille d'honneur spéciale créée par arrêté du 9 mars 1918, enfin celles disposant qu'un avancement exceptionnel d'un degré peut être accordé sans condition d'ancienneté et sans inscription préalable au tableau aux agents s'étant distingués par une action d'éclat.

En cas d'insuffisance numérique du personnel propre aux divers services de la police de l'Indochine, il peut être fait appel : soit au concours des commissaires de police métropolitains et des inspecteurs de la Sûreté générale de France, qui sont alors détachés dans la colonie pour un maximum renouvelable de cinq années (loi du 30 décembre 1913 art. 33); soit, mais alors seulement en ce qui concerne le fonctionnement des sections d'information politique du Service de la Sûreté, au concours de fonctionnaires détachés d'autres services publics de l'Indochine.

B)—*Personnel indigène.* — Unifié comme il a été rappelé ci-dessus par un arrêté du 9 mars 1918 et indifféremment employé

---

(1) Ces conférences d'instruction professionnelle n'ont encore été organisées qu'en Cochinchine, en même temps que des cours de langue annamite, par un arrêté du 16 avril 1923.

Un arrêté du 14 février 1922 a également créé à Saigon et à Cholon des cours de culture physique qui, à la différence des précédents, sont destinés aussi bien au personnel indigène qu'au personnel français des divers corps de police.

à la police de sûreté et aux polices urbaines selon répartition faite par arrêté du Gouverneur Général entre les pays intéressés (actuellement, Cochinchine, Tonkin et Cambodge seulement), ce personnel bénéficie des mêmes dispositions que le personnel français concernant les avancements exceptionnels et l'attribution de la médaille d'honneur. Ses mutations d'un service à l'autre dans le même pays sont prononcées par le Chef de l'Administration locale sur la proposition du chef de la sûreté ou du maire selon le cas et; d'un pays à l'autre, par le Gouverneur Général.

Il se subdivise en un personnel sédentaire de commis et secrétaires-interprètes et un personnel actif de gradés et d'agents.

Le personnel sédentaire vient d'être réorganisé par un arrêté du 9 août 1924 sur des bases analogues à celles qui régissent le même personnel dans les autres services. Son cadre supérieur, dans lequel les nominations et promotions sont faites par le Gouverneur Général sur la proposition du Chef de l'Administration locale, comprend des commis-interprètes principaux hors classe et de deux classes, des commis-interprètes de cinq classes et des commis-interprètes stagiaires de deux catégories. Son cadre secondaire, dans lequel les nominations et promotions sont faites par le Chef d'Administration locale sur la proposition du chef de la sûreté ou du maire, comprend des secrétaires-interprètes principaux hors classe et de quatre classes et des secrétaires-interprètes de six classes et stagiaires. Les conditions de recrutement et de stage des secrétaires-interprètes stagiaires et des commis-interprètes de 5e et de 4e classe sont les mêmes que pour le personnel indigène des administrations provinciales (voir chap. V - art. 1 - § 2).

Le personnel actif, encore régi par l'arrêté susvisé du 9 mars 1918 et relevant du Chef de l'Administration locale, comprend des brigadiers-chefs, des brigadiers de deux classes, des sous-brigadiers de deux classes et des agents de trois classes et stagiaires. Un examen subi avec succès est nécessaire pour être nommé agent stagiaire et pour être promu sous-brigadier. Ce personnel est recruté de préférence parmi les anciens militaires.

Au personnel indigène normal de la police de l'Indochine doit être rattachée la brigade spéciale de la Garde indigène qui, à Hanoi, assure le service de la police urbaine. Nous en parlerons quand nous étudierons les services municipaux.

## § 2. — Organisation

Dans chaque pays de l'Union, le Service de la Sûreté est dirigé par un *Chef de la Sûreté*, relevant directement du Chef de l'Administration locale, qui est désigné par le Gouverneur Général sur la proposition de ce haut fonctionnaire et sur l'avis conforme du Chef du Service central de renseignements et de la sûreté générale et qui, dans certains pays déterminés par arrêté du Gouverneur Général (actuellement, la Cochinchine et le Tonkin), peut être assisté et suppléé en cas d'empêchement par un *chef de sûreté adjoint* désigné de la même manière. A défaut de fonctionnaire ayant le grade correspondant dans la hiérarchie spéciale du service, ces Chefs de la Sûreté et chefs de Sûreté adjoints peuvent être choisis, mais alors à la suite d'un examen (1) et à titre provisoire, parmi les fonctionnaires du même service possédant les grades immédiatement inférieurs, parmi les commissaires de la police urbaine et parmi certains fonctionnaires des Services Civils ou exceptionnellement d'autres services (c'est actuellement le cas au Laos, où le Service de la Sûreté, encore insuffisamment développé, est dirigé par un administrateur-adjoint des Services Civils placé hors cadres).

En principe, le Service de la Sûreté est centralisé au chef-lieu de chaque pays et il exerce son action au moyen de missions confiées à des inspecteurs ou inspecteurs principaux envoyés dans l'intérieur à l'effet d'y effectuer les recherches et d'y réunir les renseignements nécessaires. Toutefois, certains postes importants de l'intérieur, déterminés par arrêté du Gouverneur Général, peuvent être organisés en formations de la Sûreté à la tête desquelles est alors placé un *commissaire spécial de la Sûreté* ou, à défaut de fonctionnaire du cadre possédant ce grade, un *commissaire spécial de la Sûreté adjoint* désigné par le Gouverneur Général parmi les autres fonctionnaires de la police de l'Indochine dans les conditions fixées par un arrêté du 4 avril 1922.

Quelle que soit leur origine administrative, les Chefs de la Sûreté, chefs de sûreté adjoints et commissaires spéciaux des

---

(1) Cet examen a été organisé, en ce qui concerne l'accession à l'emploi de chef de sûreté adjoint, par un arrêté du 23 novembre 1922. Il ne l'a pas encore été en ce qui concerne l'accession à l'emploi de chef de la sûreté.

postes de l'intérieur sont investis de toutes les attributions des commissaires de police (1).

Le Service de la Sûreté fonctionnant au chef-lieu de chaque pays doit comprendre au moins quatre sections spécialisées d'archives et de recherches, dont l'une est dirigée par le chef de sûreté adjoint lorsqu'il en existe un et les autres par des commissaires spéciaux de la Sùreté et qui s'occupent respectivement des *informations politiques*, du *contrôle des étrangers et des immigrants*, de la *sûreté judiciaire* et du service de l'*identité*. Toutefois, cette organisation n'a encore été mise entièrement sur pied qu'au Tonkin (arrêté du 23 avril 1922), au Cambodge (arrêté du 13 juillet 1922) et en Cochinchine (arrêtés des 6 février et 25 août 1922 et 14 août 1924). Dans ce dernier pays, où la criminalité est plus forte que dans le reste de l'Indochine, l'organisation dont il s'agit a été particulièrement renforcée: une cinquième section, dite du *secrétariat et de la comptabilité*, s'y ajoute aux quatre sections règlementaires et d'autre part celle de l'identité, à laquelle l'arrêté du 14 août 1924 a donné la dénomination nouvelle de *laboratoire d'identité judiciaire*, est subdivisée en six sous-sections (sommiers judiciaires, anthropométrie, photographie, police technique, laboratoire de recherches, école de police scientifique) avec un personnel de 9 agents français et 40 agents indigènes.

Ces trois parties de l'Union sont également les seules où certains postes de l'intérieur ont été pourvus de commissariats spéciaux, lesquels sont: au Tonkin, ceux de Haiphong et de Nam-Dinh; au Cambodge, celui de Kep; en Cochinchine, ceux de Cholon et des ports de Saigon et Cholon. Par contre, dans tous les pays, un agent de la Sùreté, le plus souvent indigène, est généralement détaché au chef-lieu des provinces importantes pour y être chargé des mensurations anthropométriques.

---

(1) Nonobstant l'absence de toute restriction dans la rédaction de cette disposition, que nous reproduisons telle qu'elle figure à l'article 4 de l'arrêté du 20 juin 1921, on doit à notre avis entendre qu'il s'agit là des attributions exclusivement administratives des commissaires de police. Quant à la légalité d'une disposition par laquelle le Gouverneur Général aurait conféré la qualité d'officier de police judiciaire à d'autres fonctionnaires que les commissaires de police titulaires, voir chap. XII - art. 2 - § 1 - C - 3° (note).

## § 3. — Attributions

Le Service de la Sûreté de chaque pays exerce son action à titre préventif et à titre répressif. Au point de vue préventif, il concourt avec tous les autres organes de police de l'Union au maintien du bon ordre et de la tranquillité publique; il est plus particulièrement chargé du contrôle permanent des étrangers, ainsi que de la recherche et de la surveillance des agissements de toute nature tendant à troubler ou à compromettre la sécurité intérieure ou extérieure du pays; il procède à toutes les enquêtes que lui prescrit l'autorité administrative en vue de s'assurer du respect des lois et règlements. Au point de vue répressif, il est préposé à la recherche de tous les crimes et délits et chargé d'en provoquer ou d'en faciliter la répression. Enfin, au Tonkin (arrêté du Résident Supérieur du 22 décembre 1920), le Service de la Sûreté est chargé, dans les centres où il est représenté, de la délivrance du *titre d'identité* prévu par les arrêtés des 9 novembre 1918, 7 mai 1920 et 22 avril 1922 concernant le régime de la circulation des indigènes à l'intérieur de l'Indochine et par les arrêtés des 16 septembre 1920, 5 novembre 1920 et 18 février 1924 relatifs à la sortie du territoire indochinois des voyageurs de toutes catégories.

D'autre part et comme nous l'avons dit, une des sections du même service exerce les diverses attributions autrefois assurées en Cochinchine, au Tonkin et au Cambodge par les Services de l'Identité de ces pays, à savoir: la mensuration anthropométrique et la photographie, d'une part des prévenus, condamnés et détenus de toutes catégories à l'exception des individus retenus pour contravention de simple police ou poursuivis en vertu des décrets sur l'indigénat, d'autre part des Asiatiques étrangers expulsés par mesure administrative; la conservation et la communication aux chefs des divers parquets des fiches des individus mensurés dans la colonie et de celles qui pourraient lui être adressées par les autorités étrangères; l'établissement de la photographie et du signalement sans mensuration devant être porté sur le livret spécial auquel un arrêté du 26 août 1899 a assujetti les ouvriers et domestiques indigènes et asiatiques; la délivrance des photographies destinées à être apposées sur les documents administratifs et sur les certificats de non condamnation pouvant être demandés par les indigènes candidats aux fonctions publiques.

En Cochinchine et au Cambodge et depuis l'arrêté du 20 juin 1921, le Service de la Sûreté (section du contrôle des étrangers et des immigrants) exerce la surveillance des Asiatiques étrangers et assimilés et plus particulièrement toutes les attributions de police qui avaient été dévolues aux Services de l'Immigration de ces pays par le titre II de l'arrêté du 16 octobre 1906 et par les articles 54 à 67 de l'arrêté du 15 novembre 1919, texte règlementant l'immigration asiatique dans les mêmes pays. Ces attributions consistent dans la surveillance et la recherche des Asiatiques étrangers et assimilés, tant de jour que de nuit, sur la voie publique, dans les lieux de toute nature affectés aux voyageurs et au public, dans les établissements publics tenus' par des indigènes ou par des Asiatiques étrangers, enfin et tout spécialement à bord des navires, jonques et barques de commerce à leur arrivée et à leur départ de Saigon, de Phnom-Penh, de Kampot, de Kep ou de l'îlot Cône.

A Haiphong, la police du port (ou plus exactement la police administrative et judiciaire, de la rade, car tout ce qui concerne la sécurité matérielle des navires est du domaine des officiers du port et d'autre part la police des quais et des embarcations amarrées au rivage est du ressort de la police municipale, le tout d'ailleurs comme à Saigon) est aussi assurée par le Service de la Sûreté, en vertu d'un arrêté du 3 septembre 1921, complété les 9 février 1922 et 6 avril 1923, qui a conféré à ce service les attributions exercées autrefois à ce point de vue par la police municipale en vertu d'un arrêté du 16 janvier 1907. A ce titre, les agents de la Sûreté sont chargés de prévenir et d'empêcher les vols à bord de tous bateaux mouillés en rade, de veiller à l'observation des règlements sur l'immigration, de prêter leur concours au procureur de la République et au Sous-directeur des Douanes ainsi qu'aux agents chargés du recouvrement des taxes dues par les jonques et sampans. Plus spécialement encore, ils exercent une surveillance active sur les entrées et sorties des Européens, indigènes et Asiatiques étrangers : à cet effet, toutes les jonques, barques et vapeurs autres que les navires de guerre doivent être arraisonnés par eux, tant à l'arrivée qu'au départ, soit au mouillage dans le port soit à trois milles en aval de la coupure de Dinh-Vu, et ils ont d'autre part le droit d'effectuer à bord toutes recherches utiles et d'y rester même après l'appareillage et jusqu'à hauteur de la coupure de Dinh-Vu.

Ajoutons enfin que, dans chacun des pays où la police urbaine est représentée, le Chef de la Sûreté est investi, en ce qui concerne l'entraînement et l'instruction technique, d'un droit de contrôle sur son personnel.

## ARTICLE V

### *MILICES INDOCHINOISES*

Nous réunirons sous ce titre un certain nombre de corps de force armée, totalement distincts d'ailleurs les uns des autres, qui, à la différence des troupes proprement dites, sont placés sous les ordres exclusifs de l'autorité civile, au moins en temps normal, et dont la fonction essentielle consiste à assurer le maintien de l'ordre et de la sécurité à l'intérieur des pays dans lesquels ils sont constitués.

Ces corps, que l'on peut englober sous le nom général de milices ou forces de police, sont : la *Garde indigène de l'Indochine*, le plus important de beaucoup sans discussion possible, car c'est le seul qui dispose d'un cadre français particulier et c'est aussi le seul qui soit représenté dans tous les pays de l'Union, excepté la Cochinchine ; la *garde civile de Cochinchine*, spéciale à cette colonie ; les *linh cơ, linh lệ* et *linh giang* de l'Annam et du Tonkin ; les *auxiliaires indigènes de la Gendarmerie* dont nous avons déjà parlé au chapitre III - article 3 et sur lesquels nous ne reviendrons pas ici. A cette liste on peut encore ajouter : d'une part, la *garde urbaine de l'Indochine*, milice communale créée pendant la guerre et qui aujourd'hui n'a plus guère qu'une existence théorique ; d'autre part, certains corps armés secondaires, tels que les *partisans du Tonkin*, la *police rurale du Laos* et la *police des kong-kock de Kouang-Tchéou-Wan*.

Aux termes du décret du 8 avril 1923, nul ne pourra à l'avenir être admis dans aucune des quatre premières forces de police énumérées ci-dessus s'il ne justifie avoir satisfait aux obligations militaires auxquelles il était tenu.

### § 1. — Garde indigène de l'Indochine

La Garde indigène, créée dès les premiers temps de l'ocupation française, a rendu les plus grands services et l'on peut dire que, si la conquête proprement dite a été l'œuvre de l'armée régulière, en revanche c'est à la Garde indigène que sont dus la pacification intérieure du pays et l'anéantissement définitif des bandes armées qui, pendant près de vingt ans après la signature des traités de paix, ravagèrent encore de nombreuses régions de la colonie et tout spécialement celles voisines de la frontière de Chine.

Son statut d'ensemble est actuellement fixé par un décret du 30 juin 1915 modifié le 16 novembre 1921, ainsi que par les arrêtés dont nous parlerons plus loin et que ledit décret a autorisé le Gouverneur Général à prendre en vue d'organiser le personnel de ce corps, de répartir ses cadres français entre les divers pays où il doit être stationné, de fixer les règles relatives à l'exécution de son service, etc...

Sous réserve de ce qui sera dit plus bas concernant les dispositions spéciales qui entrent en vigueur lorsque la Garde indigène passe exceptionnellement sous le commandement de l'autorité militaire, cette force de police relève des Chefs d'Administration locale sous la haute autorité du Gouverneur Général et est placée sous les ordres directs des administrateurs chefs de province et des commandants de territoire ou de leurs suppléants réguliers.

A) — *Personnel.*

1º — *Personnel français.* — Il est actuellement règlementé par un arrêté du 20 juin 1921 qui a presque entièrement reproduit ou remplacé, en ce qui concerne ce personnel, les dispositions de l'arrêté antérieur du 3 septembre 1915 modifié les 6 septembre 1917 et 16 février 1919. La hiérarchie, dans laquelle les nominations et promotions sont décidées par le Gouverneur Général sur la proposition du Chef de l'Administration locale, comprend des inspecteurs principaux, des inspecteurs de trois classes (pour accéder à la 3e classe de ce grade, il faut être officier de complément et avoir subi un examen organisé par arrêté du 22 juillet

1921), des sous-inspecteurs hors classe et de trois classes et des gardes principaux de trois classes et stagiaires. Ces derniers sont recrutés pour la moitié des vacances parmi les sous-officiers rengagés classés pour l'obtention d'un emploi civil et pour l'autre moitié parmi les anciens militaires français des armées de terre ou de mer ayant servi comme sous-officiers dans l'armée active, en possession du brevet d'aptitude à l'emploi de chef de section et choisis de préférence parmi ceux pourvus du grade d'officier de complément. A titre exceptionnel, l'avancement peut être conféré sans condition d'ancienneté et sans inscription au tableau aux fonctionnaires de la Garde indigène qui ont accompli en Indochine une action d'éclat en service commandé.

En plus de son personnel propre, la Garde indigène utilise aussi parfois à titre provisoire, notamment pour le commandement de ses détachements stationnés dans les territoires militaires, les services de sous-officiers ou de gendarmes de l'armée régulière qui sont alors mis hors cadres, après entente entre le Général Commandant Supérieur et le Chef de l'Administration locale intéressée, dans les conditions fixées par un arrêté du 31 octobre 1920.

2o — *Personnel indigène.* (ou, à Kouang-Tchéou-Wan, chinois). — Aux termes de l'arrêté du 3 septembre 1915, resté en vigueur pour ledit personnel et modifié le 27 juin 1922, le personnel indigène de la Garde indigène est régi : en ce qui concerne les pensions de retraite, l'habillement, l'équipement et l'armement, ainsi que les conditions de recrutement, d'avancement et de discipline, par des arrêtés du Gouverneur Général applicables dans les divers pays de l'Union (ces matières sont actuellement déterminées par un règlement du 17 février 1911 modifié le 5 août 1920 et, pour le Cambodge, les 23 décembre 1913 et 7 mars 1924); en ce qui concerne la solde et les allocations accessoires, la haute paye d'ancienneté et la quotité de la prime de rengagement, par des arrêtés du Gouverneur Général spéciaux à chacun de ces pays.

Les grades sont ceux d'adjudant-chef (n'existe qu'en Annam, au Cambodge et à Kouang-Tchéou-Wan), d'adjudant, de sergent de 1re et de 2e classe, de caporal de 1re et de 2e classe et de garde de 1re et de 2e classe. Il doit y avoir en principe deux sergents, quatre caporaux et douze gardes de 1re classe pour chaque fraction de 55 hommes et un adjudant pour chaque fraction de

200 hommes. Les nominations aux grades inférieurs à celui d'adjudant sont faites par le chef de province, celles aux grades d'adjudant-chef et d'adjudant par le Chef de l'Administration locale, mais dans l'un et l'autre cas après inscription à un tableau d'avancement. En principe, tous les indigènes de la Garde débutent comme garde de 2e classe. Toutefois, les anciens adjudants, sergents et caporaux de l'armée peuvent, selon leur instruction militaire, leurs états de services, leur connaissance du français, etc, être agréés avec le grade correspondant à celui dont ils étaient titulaires au moment de leur libération, mais seulement jusqu'à concurrence du tiers de l'effectif des cadres de la brigade.

Les effectifs actuels sont de 5.000 hommes au Tonkin, 3.135 en Annam, 2.200 au Cambodge, 1.645 au Laos et 360 à Kouang-Tchéou-Wan.

Les gardes indigènes sont recrutés, autant que possible sur place, par les administrateurs chefs de province:

1° — par voie d'appel qui, à moins de circonstances exceptionnelles, a lieu une seule fois par an, pour une durée de cinq ans dans les provinces du delta tonkinois et en Annam, de quatre ans au Cambodge (1), de trois et de deux ans à Kouang-Tchéou-Wan, au Laos et dans les autres provinces du Tonkin. Le nombre d'hommes qui doivent être ainsi appelés pour parfaire l'effectif fixé pour chaque province par le Chef de l'Administration locale est indiqué par le chef de province aux autorités indigènes qui le répartissent entre les villages, lesquels à leur tour choisissent selon la coutume locale les hommes à présenter;

2° — par voie d'engagements volontaires pour une même durée;

3° — par voie de rengagements dont le nombre n'est pas limité mais dont la durée doit être d'un an au moins. Les rengagements des gardes indigènes encore en service ne peuvent être refusés sans l'assentiment du chef de province et même, s'ils ont déjà 15 ans de service, sans celui du Chef de l'Administration locale; en outre, s'il s'agit d'un gradé présent au service, il conserve son grade en rengageant.

(1) Le Cambodge est donc jusqu'ici le seul pays pour lequel la durée du service dans la Garde indigène ait été mise en concordance avec celle du service des militaires indigènes appelés, lesquels sont uniformément incorporés pour quatre ans depuis le décret du 8 avril 1923.

Nul indigène ne peut être incorporé dans la Garde s'il ne fournit un certificat médical d'aptitude au service actif et un certificat d'identité et de moralité datant de deux mois au plus. Les anciens militaires ou gardes indigènes doivent en outre justifier de leur bonne conduite antérieure.

Outre à leur solde journalière, outre aussi à une indemnité journalière en cas de déplacement, les gardes indigènes ont droit aux mêmes exemptions d'impôt et, en Annam, à la même part de rizières que les militaires indigènes des troupes coloniales. Ils peuvent également prétendre : après cinq ans de services, à une *haute paye* journalière variant avec le grade de l'intéressé et variant aussi selon qu'il compte cinq, dix ou quinze ans de services ; en cas de rengagement pour au moins trois ans et pour servir dans une province autre que celle dont l'intéressé est originaire, à une *prime de rengagement* variant aussi avec le grade. Ainsi que nous l'avons dit, la quotité des diverses allocations énumérées ci-dessus diffère selon le pays de l'Union. Par contre, des règles uniformes fixées par un arrêté du 16 avril 1908 modifié le 2 mai 1912 ont déterminé les règles de calcul de la pension de retraite pour ancienneté à laquelle les gardes indigènes ont droit après 20 ans de services, de la pension proportionnelle à laquelle ils peuvent prétendre après 15 ans s'ils sont alors reconnus trop fatigués pour continuer leur service actif, enfin de la pension qui leur est due indépendamment de leur temps de services en cas de blessures ou d'infirmités, le tout sans qu'aucune retenue ait été prélevée sur la solde des intéressés. Ajoutons enfin que, en Annam et au Tonkin, il existe entre les différents grades du personnel de la Garde indigène et la hiérarchie du mandarinat militaire, mais en faveur seulement des gardes indigènes ayant au moins 15 années de services dont 6 dans la Garde indigène et quittant définitivement leur corps autrement que par mesure disciplinaire, une équivalence de grade analogue à celle qui existe à l'égard du mandarinat civil en faveur des agents indigènes des autres services publics français et dont nous avons déjà parlé au chapitre V - art. 3 - § 1 ; ces équivalences, qui vont du grade de 9° - 2 pour les gardes de 2ᵉ classe au grade de 4° - 2 pour les adjudants, ont été fixées en Annam par un arrêté du Résident Supérieur du 18 juillet 1912 modifié les 24 septembre 1917 et 22 janvier 1918 (textes que l'ordonnance royale du 9 mai 1922 n'a pas affectés), au Tonkin par un arrêté du Résident

Supérieur du 18 avril 1912.

En dehors des obligations auxquelles ils peuvent être astreints en cas de mobilisation, les anciens gardes indigènes peuvent également, pendant les cinq années qui suivent leur libération, être rappelés au service, avec leur ancien grade, par simple décision du Chef de l'Administration locale, en cas de besoins urgents. D'autre part, et à la différence des militaires indigènes des troupes coloniales, les gardes indigènes ne deviennent pas justiciables des tribunaux français du fait de leur incorporation, mais continuent à relever des juridictions indigènes, et en particulier ceux d'entre eux en service au Tonkin sont régis au point de vue pénal par une ordonnance royale du 25 juillet 1918 qui constitue une sorte de code de justice militaire à leur usage, ainsi qu'à celui des linh-co et autres agents indigènes de la force publique.

B) — *Organisation*. — Les effectifs français et indigénés fixés pour chaque pays par le Gouverneur Général sont répartis par les Chefs d'Administration locale entre les provinces en *brigades* d'effectif variable suivant les nécessités du service et l'importance de la province et dont le commandement est confié à un inspecteur principal ou inspecteur, désigné par le Chef de l'Administration locale, qui prend le titre de *commandant de brigade*. Ce fonctionnaire réside au chef-lieu et y est placé sous les ordres directs du chef de la province auquel il doit rendre compte journellement de la marche du service et envers lequel il est responsable du service intérieur, de la discipline et de la bonne utilisation du personnel français et indigène sous ses ordres, ainsi que de l'administration de la brigade et de la conservation de son matériel.

A son tour, par décisions prises après avis du commandant de brigade, le chef de province répartit entre la *portion centrale* du chef-lieu et les *postes* de l'intérieur (postes dont la création et la suppression sont décidées sur sa proposition par le Chef de l'Administration locale) les unités du personnel français et l'ensemble des effectifs indigènes affectés à sa brigade. Généralement, dans les provinces importantes, un garde principal est ainsi désigné par lui pour servir à la portion centrale, directement commandée par le commandant de brigade, en qualité de secrétaire comptable chargé d'assister ce dernier dans les détails de l'administration et de la comptabilité de la brigade et en particulier dans la surveillance de l'armement et du magasin du matériel. Quant aux autres fonctionnaires français de la brigade, ils sont désignés par le chef de province, qui prescrit également entre eux toutes mutations utiles, pour prendre le commandement des postes de l'intérieur, lesquels ne doivent être commandés qu'à titre exceptionnel par un gradé indigène. Ces chefs de poste, qui sont généralement des gardes principaux ou des sous-inspecteurs, sont placés sous l'autorité directe du commandant de brigade avec lequel ils correspondent et qui leur transmet les ordres du chef de province. L'effectif indigène attribué par ce dernier à chacun de ces postes est le plus souvent de 20 à 25 hommes, et les mutations entre ces gradés et gardes et ceux de la portion centrale sont décidées, dans la limite des répartitions fixées par le chef de province pour chacune des formations de la Garde indigène de sa circonscription, par le commandant de brigade.

Indépendamment de l'inspection dont peut être chargé, en vertu du décret du 25 août 1913, le chef d'escadron inspecteur permanent de la Gendarmerie de l'Indochine, la Garde indigène est en temps de paix l'objet d'inspections, en principe annuelles, passées par des officiers supérieurs d'infanterie coloniale aux dates et dans les conditions déterminées par le Gouverneur Général sur la proposition concertée du Général Commandant Supérieur et du Chef de l'Administration locale. Ces inspections doivent avoir d'ailleurs un but exclusivement militaire.

La composition de l'habillement, de l'équipement, de l'armement et du campement des gardes indigènes est fixée par le règlement précité du 17 février 1911. Ce matériel est conservé et réparti entre les brigades par un *magasin central* qui est situé au chef-lieu de chacune des administrations locales et y est placé sous la direction du fonctionnaire de la Garde indigène chef de la section du cabinet chargée des affaires intéressant ce corps. Enfin, l'armement des brigades doit être visité annuellement, en vue des réparations qu'il nécessiterait, par l'un des officiers des Directions d'Artillerie qui exercent les fonctions d'inspecteur d'armes.

Y compris la portion centrale des chefs-lieux, le nombre des postes actuellement occupés par la Garde indigène est de 109 au Tonkin, 52 en Annam, 22 au Cambodge, 23 au Laos et 8 à

Kouang-Tchéou-Wan. En outre, comme nous l'avons dit à l'article précédent, une brigade spéciale assure à Hanoi le service de police urbaine. Enfin un corps de la même milice est détaché à Canton et à Shanghai et y assure la police consulaire à la disposition du représentant du Gouvernement français dans chacune de ces villes.

C) — *Attributions*. — Les attributions de la Garde indigène varient selon qu'il s'agit du temps normal ou des circonstances exceptionnelles qui ont motivé la mise de cette force de police à la disposition de l'autorité militaire.

1° — *Attributions en temps normal*. — Le service de la Garde indigène se divise en service intérieur et en service extérieur.

Le *service intérieur*, qui est réglé par le commandant de la brigade sauf approbation du chef de province, comprend l'instruction militaire et professionnelle, l'entretien des armes et munitions, le détail de l'habillement, de l'équipement, du campement et du casernement, enfin les corvées intérieures.

Le *service extérieur*, pour l'exécution duquel le chef de province donne lui-même ses ordres au commandant de brigade, comprend les opérations relatives au maintien de la sécurité intérieure et notamment les rondes, reconnaissances et colonnes de police, les escortes et les convois, la garde des bâtiments administratifs, la garde des prisonniers et la police des voies de communication. Cette seconde partie des attributions de la Garde indigène, qui constitue le but dont la première n'est que le moyen, montre que cette force de police est essentiellement protectrice de l'ordre public, des personnes et de la propriété.

A ce titre, le commandant de brigade et les chefs de poste français, auxquels la qualité d'officier de police judiciaire a d'ailleurs été conférée par un décret du 27 avril 1902 et qui par suite sont chargés de la recherche des délits de toute nature, procèdent, lorsqu'ils en sont requis par une autorité publique ou même par un particulier, ou encore en cas de flagrant délit, à l'arrestation des individus signalés comme délinquants ou perturbateurs de l'ordre et envoient le plus tôt possible ces individus au chef de province ou à son délégué. Ils doivent également prêter main forte aux agents des Douanes ou autres services et protéger tout européen ou indigène dont la sûreté est menacée. Enfin il leur appartient, en surveillant les marchés et autres lieux publics et en conservant un contact discret et constant avec la population, d'être au point de vue politique les agents d'information les plus sûrs du chef de la province.

Rappelons d'autre part ce que nous avons dit en d'autres parties du présent ouvrage concernant le concours direct que certaines unités du personnel français de la Garde indigène peuvent être appelées à prêter, soit à l'Administration elle-même qui leur confie parfois la direction des délégations éloignées, soit à certains services publics tels que le Service forestier et la Police sanitaire maritime.

1º — *Attributions sous le commandement de l'autorité militaire.* — En cas de proclamation de l'état de siège, la Garde indigène passe obligatoirement sous le commandement de l'autorité militaire, en totalité si la dite proclamation intéresse l'Indochine entière, et au cas contraire pour la partie de ce corps stationnée sur le territoire où l'état de siège est déclaré. Il en est de même en cas de mobilisation, exception faite en ce cas pour les détachements de cette force de police que le Gouverneur Général estimerait strictement indispensables pour assurer la police intérieure.

En outre, en cas de guerre ou de tension politique et même avant la mobilisation des troupes régulières, ou encore en cas de troubles, de mouvement insurrectionnel ou de poursuite de malfaiteurs organisés en bandes armées, le même passage de la Garde indigène sous le commandement de l'autorité militaire peut être prescrit par le Gouverneur Général ou même, s'il y a urgence et provisoirement, par les autorités civiles ayant qualité pour requérir les troupes.

Afin de préparer à l'avance la prompte mise en activité des unités de la Garde indigène qui pourront être appelées plus tard à passer sous le commandement de l'autorité militaire, les Chefs d'Administration locale doivent en tout temps porter à la connaissance du Général Commandant Supérieur la répartition de cette force de police en brigades et postes ainsi que les contrôles de son personnel et, d'autre part, chaque chef de province doit constamment tenir à jour un *journal de mobilisation* destiné à prévoir les mesures de détail qui devront être prises en ce cas et soumis à l'approbation du Général Commandant Supérieur.

A compter du jour où la Garde indigène est ainsi mise à la disposition de l'autorité militaire, son personnel français et indigène, dont les différents grades sont alors assimilés à ceux de la première réserve de l'armée régulière d'après une correspondance fixée par le décret du 16 novembre 1921, fait désormais partie intégrante de l'armée et tous les règlements qui régissent celle-ci lui deviennent applicables, sauf que toutes ses dépenses continuent à être à la charge des budgets locaux. L'autorité militaire jouit alors d'une initiative complète en ce qui concerne l'emploi, l'encadrement et le commandement des unités de cette force de police, sous cette réserve que le commandement d'une troupe mixte composée de troupes régulières et de gardes indigènes, commandement toujours confié en ce cas à un officier de l'armée active, ne peut être exercé que par un officier ayant un grade au moins égal à celui du commandant du détachement de Garde indigène. D'autre part, les emplois dans les unités de ce corps peuvent alors être occupés, si le Général Commandant Supérieur ou son délégué en décide ainsi, par des officiers ou des gradés de l'armée coloniale placés en ce cas hors cadres. Enfin le commandement supérieur de l'ensemble des forces est toujours exercé par l'autorité militaire.

Lorsqu'ont pris fin les circonstances qui avaient entraîné la mise à la disposition de l'autorité militaire de tout ou partie de la Garde indigène, son retour sous les ordres de l'autorité civile est décidé par le Gouverneur Général après avis du Général Commandant Supérieur.

Notons enfin que, indépendamment des circonstances de guerre, de siège, de troubles ou d'alarme visées précédemment et dans lesquelles la Garde indigène doit ou peut être mise à la disposition de l'autorité militaire, des formations de cette force de police peuvent toujours être momentanément placées sous les ordres de cette autorité, en vue de prendre part à des manœuvres, par décision du Gouverneur Général prise sur la proposition du Général Commandant Supérieur après avis des Chefs d'Administration locale intéressés.

## § 2. — GARDE CIVILE DE COCHINCHINE

Cette force de police pourrait presque, au point de vue budgétaire, être rangée parmi les services provinciaux de cette colonie, car ses dépenses sont supportées pour les 2/5 par les budgets provinciaux et pour les 2/5 par les budgets communaux, le cinquième restant étant seul à la charge du budget local. Cependant, comme il s'agit d'un corps de milice, nous croyons devoir en parler dans le cours du présent article, d'autant plus que son statut est local et non régional.

La Garde civile a été créée et est régie par un arrêté du 15 mai 1917 modifié ou complété les 14 décembre 1917, 13 février 1919, 5 août 1920 et 4 août 1923, textes qui ont laissé au Gouverneur de la Cochinchine le soin de fixer par décision ses effectifs, sa répartition entre les provinces et l'organisation de son service intérieur.

La hiérarchie du personnel indigène, qui est le seul existant dans cette milice purement locale, comporte une classe de quản vệ húy, deux classes de quản, de phó-quản, de đội et de cai, une classe de bếp et une classe de lính. L'avancement, qui est régional et a lieu au choix, est donné par le chef de province jusqu'au grade de đội de 1ʳᵉ classe inclus et par le Gouverneur pour les grades supérieurs. Une certaine ancienneté de service, en général de deux années, est nécessaire, sauf le cas d'accomplissement d'une action d'éclat. Les promotions aux grades supérieurs, à partir de celui de phó-quản de 2ᵉ classe inclus, sont réservées aux agents des grades inférieurs ; au contraire, les anciens caporaux et sous-officiers de l'armée et de la marine de guerre connaissant le quốc-ngữ peuvent, dans une proportion déterminée, être nommés directement cai ou đội.

Le recrutement des gardes civils s'opère par voie d'engagement de deux ans, reçus à Saigon par le dépôt central dont nous allons parler et dans les chefs-lieux des provinces par les administrateurs. Sont acceptés de préférence les anciens militaires et marins titulaires du certificat de bonne conduite, âgés de 35 ans au plus, physiquement aptes au service et, autant que possible, connaissant le quốc-ngữ. La durée de leur engagement terminée, ils peuvent être autorisés à rengager une première fois pour deux ans, ensuite pour une ou plusieurs périodes de trois ans. Ces rengagements donnent droit, jusqu'au grade de cai de 1ʳᵉ classe inclus, à un supplément mensuel de solde qui est, indépendamment du grade, de 1$50 ou 1$ selon la durée du rengagement. Enfin les pensions de retraites des gardes civils, pension pour ancienneté à 30 ans de services, pension proportionnelle après 20 ans au cas d'inaptitude physique et pension d'invalidité, sont déterminées d'après les règles fixées par l'arrêté organique des pensions civiles indigènes du 29 décembre 1913.

Les hommes venant d'être recrutés sont conservés ou envoyés au *dépôt central de la Garde civile* à Saigon pour y être habillés et équipés et y recevoir une instruction militaire et professionnelle dont le programme est arrêté par le Gouverneur sur la proposition du commandant du détachement de Gendarmerie de la Cochinchine et du Cambodge. Ce dépôt est placé sous la direction de ce commandant de détachement, suppléé par le commandant de l'arrondissement de Gendarmerie de Saigon, et ses cadres d'instruction comportent un gradé de gendarmerie comptable, quatre gendarmes chefs de section et des gradés indigènes. Leur instruction terminée, les gardes civils sont dirigés, suivant les demandes faites par les administrateurs, sur les provinces, où ils ont alors comme instructeur et chef militaire un militaire de la Gendarmerie placé sous les ordres directs du chef de province et ne pouvant être chargé d'aucun autre emploi. Ils ne sont pas attachés spécialement à la province où ils ont été envoyés, mais ils ne peuvent en être déplacés qu'après entente entre les administrateurs intéressés.

L'inspection au point de vue militaire du dépôt central et des détachements provinciaux de la Garde civile est assurée par le chef d'escadron inspecteur permanent de la Gendarmerie en Indochine, par le commandant du détachement de Gendarmerie de la Cochinchine et du Cambodge et par les commandants des arrondissements de Saigon et de Cân-Tho.

En temps normal, les attributions de la force de milice dont nous nous occupons ici consistent à assurer, sous les ordres directs des chefs de province, la police intérieure, la répression des troubles, la recherche des malfaiteurs, les escortes et la garde des prisonniers. A ces effets, les gardes civils sont en principe cantonnés aux chefs-lieux, mais ils peuvent aussi être détachés par l'administrateur, pour une période qui ne doit pas excéder trois mois, dans les postes de l'intérieur. Ils ne doivent, en aucun cas et sous aucun prétexte, s'immiscer dans la police communale, dont les notables conservent seuls la direction et la responsabilité ; mais ils sont tenus de prêter main forte aux autorités communales lorsqu'ils en sont requis.

Lorsque se produisent les circonstances de guerre, de siège, de troubles ou d'alarme dont nous avons parlé à la fin du paragraphe précédent, la Garde civile est alors soumise, en vertu d'un décret du 10 novembre 1917, à toutes les dispositions, sauf bien entendu celles spéciales au personnel français inexistant ici, qui règlementent en pareil cas le passage de la Garde indigène sous le commandement de l'autorité militaire. Ce décret décide en outre que, lorsqu'une fraction de la Garde civile opère avec la troupe, celle-ci doit toujours être commandée par un officier et que, si par cas de force majeure une fraction de troupe régulière commandée par un sous-officier opère avec un détachement de la Garde civile placé sous les ordres d'un militaire de la gendarmerie, le commandement de l'ensemble doit être exercé par le plus élevé en grade.

### § 3. — Lính-cơ, lính-giảng et lính-lệ

Ces forces de police constituent, tant en Annam qu'au Tonkin, ce qui subsiste de l'armée annamite d'autrefois, dont en conséquence nous étudierons sommairement tout d'abord l'ancienne organisation.

A) — *Organisation ancienne.* — Les troupes régulières annamites comprenaient autrefois deux armées entièrement distinctes et dont la première avait le pas sur la seconde : d'une part, les *vệ-binh*, ou troupes impériales, recrutées exclusivement dans les provinces comprises entre le Binh-Thuân et le Ha-Tinh et en quasi-totalité en garnison à Huê où elles fournissaient en particulier la maison militaire de l'Empereur dont nous avons parlé au chapitre IV - article 7 ; d'autre part les *cơ-binh*, ou troupes provinciales, environ deux fois plus nombreuses que les précédentes, recrutées dans toutes les provinces de l'empire et en garnison sur toute l'étendue de son territoire. Les *linh-vệ* des troupes impériales étaient plus particulièrement qualifiés *thần-binh* pour ceux affectés au service du palais et *cẩm-binh* pour ceux en garnison dans le reste de la capitale. Les *linh-cơ* des troupes provinciales casernés dans les chefs-lieux de province du centre de l'empire portaient plus spécialement le titre de *linh-giảng* et ceux stationnés dans les régions montagneuses celui de *linh-châu*. Ces deux catégories de troupes régulières étaient recrutées parmi les inscrits des villages, au choix des notables, dans des proportions qui variaient selon les régions.

L'armée régulière, tant impériale que provinciale, était répartie en diverses unités à la tête desquelles étaient placés des mandarins militaires classés dans une hiérarchie de dix-huit rangs analogue à celle dont nous avons parlé au chapitre V à propos des mandarins civils, mais dans laquelle les officiers et sous-officiers des troupes impériales occupaient, à commandement égal, un rang supérieur à celui attribué aux chefs des troupes provinciales. Les appellations de ces unités et de leurs commandants respectifs étaient : le *ngũ*, ou escouade de cinq hommes, avec un *ngũ-trưởng* vulgairement appelé *bếp* et généralement sans grade de mandarinat ; le *thập*, ou section de dix hommes, commandé par un *đội-trưởng* (7°-1 à la capitale, 7° - 2 ou 8° - 2 en province) ; le *đội*, ou compagnie de 50 hommes, commandé par un *cai-đội* (5° - 1 à la capitale et 5° - 2 en province) assisté de *suất-đội* (5° - 2 et 6° - 1 respectivement) et de *chính-đội-trưởng* (6° - 1 et 7° - 1 respectivement) ; le bataillon de 500 hommes, dit *vệ* pour les troupes impériales et *cơ* pour les troupes provinciales, commandé dans le premier cas par un *chánh-vệ-huý* (3°-1) assisté de *phó-vệ-huý* (3° - 2), dans le second par un *chánh-quản-cơ* (4° - 1) assisté de *phó-quản-cơ* (4° - 2) ; le régiment, composé de dix vệ ou cơ sous les ordres d'un *chưởng-vệ* (2° - 2) à la capitale et, en province, d'un *lãnh-binh* (3° - 1) et d'un *phó-lãnh-binh* (3° - 2) ; enfin, le commandement supérieur des troupes provinciales était exercé dans chaque province par un *đề-đốc* (2°-2) et celui des troupes impériales par cinq *đinh-đô-thống* (1°-2) assisté de *thống-chế* (2° - 2) et respectivement placés à la tête des cinq *đinh* ou brigades entre lesquelles étaient réparties ces dernières.

En plus de l'armée régulière dont nous venons de parler et que l'on qualifiait de *tinh-binh*, les anciennes forces annamites comprenaient aussi des troupes de la milice, ou *mộ-binh*, dont l'unité la plus importante était le đội et dont les chefs avaient, à commandement égal, un rang de mandarinat généralement inférieur d'une classe à celui des officiers et sous-officiers des troupes provinciales. Dans cette catégorie étaient rangés les *thủy-vệ* ou matelots, les *pháo-thủ* ou artilleurs, les *tuần-thành* ou agents de police, et aussi certains civils militarisés tels que les *linh-trạm* qui assuraient le service de la poste sous la direction de *dịch-thừa*

┌(7° - 2) et de *dịch-mục* (8° - 1) et les *linh-lệ* qui servaient de licteurs et de plantons aux mandarins subalternes de l'intérieur sous les ordres de *lễ-mục* ayant dans les phủ les grades de 9° - 1 et dans les huyện celui de 9° - 2. A la différence des soldats réguliers, les hommes de la milice étaient recrutés parmi les non inscrits.

Enfin l'ensemble des troupes annamites de toutes catégories constituait cinq corps d'armées, ou *quân*, à la tête de chacun desquels était placé un haut mandarin militaire, dit *quân-đô-thống* (1° - 1), dont l'un, le *trung-quân* était généralissime.

Ajoutons en terminant que la hiérarchie du mandarinat militaire n'était pas exclusivement réservée aux seuls chefs des troupes. Elle comprenait aussi et comprend toujours certains titres honorifiques attribués indépendamment de tout commandement militaire, notamment ceux de *thiên-hộ* ou chef de mille familles (7° - 1) et de *bá-hộ* ou centurion (du 9° - 2 au 8° - 1).

B) — *Organisation actuelle*. — Le système militaire assez complexe qui vient d'être exposé a nécessairement subi de profondes modifications depuis que la France a assumé la charge du protectorat des états du souverain annamite.

Les anciennes troupes impériales ne sont plus représentées que par la maison militaire de l'Empereur et, également à Huê, par cinq bataillons correspondant aux corps d'armée d'autrefois mais qui ne comptent plus guère qu'une centaine d'hommes chacun, en sorte que les titres de trung-quân, đô-thống, thống-chế et chưởng-vệ que leurs chefs continuent à porter ne répondent plus à aucune réalité en ce qui concerne l'importance du commandement exercé.

Les troupes de milice proprement dites ne comprennent plus qu'un bataillon de police et un bataillon de garde des tombeaux impériaux, l'un et l'autre à Huê, et les agents qui leur étaient assimilés, linh-trạm employés à la poste rurale dont nous avons parlé au chapitre VIII - art. 2 et linh-lệ en service dans les phủ et huyện de l'Annam et du Tonkin, ont vu leur nombre sensiblement réduit en même temps que disparaissait complètement leur militarisation antérieure.

Seules existent encore, sous l'appellation de *linh-giang* en Annam et de *linh-cơ* au Tonkin, les anciennes troupes provinciales. Leurs effectifs, dont la solde est à la charge du budget du Gouvernement annamite dans le premier pays et à celle du

budget local dans le second, ont d'ailleurs été très considérablement réduits (170 hommes au plus par province, même en Annam où ces effectifs sont plus importants qu'au Tonkin). Par voie
de conséquence, la hiérarchie de leurs cadres a été notablement
modifiée : le seul grade d'officier subsistant encore est celui de
lãnh-binh, qui au Tonkin ne compte plus qu'un très petit nombre de titulaires, et au dessous de ce grade n'existent plus que
les emplois de sous-officier de chánh-quản, phó-quản, chánh-đội
et phó-đội (au Tonkin, chánh-quản, phó-quản, đội et cai). Le
recrutement des hommes est effectué en Annam selon les mêmes
méthodes qu'autrefois, au Tonkin en suivant autant que possible
les règles en vigueur pour le recrutement des gardes indigènes.
Ils ont droit aux mêmes exemptions d'impôt et allocations communales que ces derniers, bénéficient au Tonkin de la même
assimilation dans le mandarinat militaire et leurs gradés à partir
de l'emploi de đội peuvent prétendre à une pension de retraite
payée en Annam par le Gouvernement annamite et, au Tonkin
et en vertu d'un arrêté du Gouverneur Général du 27 mars 1915,
par la caisse des pensions civiles indigènes.

Le décret du 30 juin 1915 sur l'organisation des forces de police en Indochine a prescrit que le commandant de la brigade de
Garde indigène serait chargé dans chaque province de l'instruction militaire des lính-giảng et lính-cơ et assurerait le contrôle de
leur armement, armement d'ailleurs fourni le cas échéant par la
Garde indigène (nous disons le cas échéant, car en Annam les
lính-giảng ne sont pas tous armés). C'est aussi ce fonctionnaire
qui, au Tonkin, s'occupe de l'habillement d'uniforme fourni aux
lính-cơ de ce pays par le magasin central de la Garde indigène et
qui assure leur répartition entre la portion centrale du chef-lieu,
comprenant de 20 à 30 hommes, et les postes de 7 à 8 hommes
établis au siège de chaque phu, huyên ou châu et commandés
chacun par un *chef de groupe* ayant généralement le grade de cai.
Mais, ces interventions mises à part, le principe posé par le
décret du 30 juin 1915 susvisé est que la force de police qui nous
occupe ici est à la disposition des autorités indigènes. Ce principe, toutefois, a été un peu perdu de vue, surtout au Tonkin où,
en fait, la portion centrale de lính-cơ du chef-lieu concourt au
service général extérieur assuré par la portion centrale de la
brigade de Garde indigène.

## § 4. — Garde urbaine

Créée pendant la guerre (arrêté du 15 avril 1919) en prévision d'éventualités qui ne se produisirent pas, cette milice n'a plus guère qu'une existence théorique. Elle ne constitue d'ailleurs nullement, comme les forces de police dont nous avons parlé ci-dessus, un corps unique régi par des règlements s'appliquant à tous les hommes en faisant partie, mais bien un ensemble de petites unités autonomes qui se trouvent formées dans chaque centre urbain de l'Indochine où il se présente pour s'y enrôler un minimum de dix volontaires âgés de plus de 17 ans, quelle que soit leur situation militaire. Ces volontaires peuvent d'ailleurs être indifféremment soit des Français soit des indigènes sujets ou protégés français soit même des étrangers des pays alliés, mais dans tous les cas ils doivent avoir été agréés par l'autorité civile. Toutefois, les militaires hors cadres détachés ou en sursis font obligatoirement partie de la Garde urbaine.

Les gardes urbains n'ont pas d'uniforme, mais seulement un armement et un équipement sommaires prêtés par l'autorité militaire sur la demande de l'autorité civile. Ils doivent prendre part, une fois par quinzaine pendant les quatre premiers mois, puis une fois par mois, à une séance d'instruction dirigée par des officiers ou sous-officiers ou, à défaut, par des inspecteurs ou gardes principaux de la Garde indigène. Ils ne reçoivent aucune solde.

La Garde urbaine est sous les ordres de l'autorité civile, mais passe temporairement sous ceux de l'autorité militaire des villes de garnison lorsque l'alerte est donnée et pour le temps que dure cette alerte. Elle est commandée, dans chaque centre urbain où elle a été constituée, par un commandant désigné par l'autorité civile, laquelle désigne également ses cadres. Elle est administrée par un conseil de trois membres composé des deux principaux gradés sous la présidence du maire ou de l'administrateur.

Les formations de Garde urbaine ont pour mission de coopérer au maintien de l'ordre et de participer aux mesures de sécurité générale dans les circonscriptions où elles ont été constituées.

## § 5. — Autres forces de milice

A) — *Partisans.* — Ils ont été créés dans les régions montagneuses du Tonkin par un arrêté du Gouverneur Général du 26 mai 1909 et leur organisation actuelle est fixée par un arrêté du Résident Supérieur du 25 mars 1922. Ils constituent une force auxiliaire de police, composée d'indigènes de race montagnarde originaires du lieu même où ils sont employés, relevant du Chef de l'Administration locale et placée sous les ordres directs du chef de province. Ce ne sont ni des soldats ni des agents de l'Administration, et en conséquence le service auquel ils peuvent être astreints, constituant une véritable prestation, ne doit être exigé qu'en vue de la défense directe ou indirecte du village et des biens.

Les partisans sont répartis en deux catégories, la première comprenant ceux des territoires militaires et provinces frontières, la deuxième ceux appartenant aux provinces de Backan, Thainguyên, Tuyênquang, Yênbay et Sonla. Leur nombre est fixé pour chaque province ou territoire par le Résident Supérieur. Leur recrutement est effectué, suivant les instructions du chef de province et sur la présentation du chef de la circonscription indigène, soit par les délégués, soit par les chefs de poste et commandants de secteur, soit enfin par le commandant de la brigade de Garde indigène. Aucune durée minimum de service ne leur est imposée. Ils ne doivent avoir ni moins de 19 ans ni plus de 50. En principe, tous les partisans de la deuxième catégorie, et aussi ceux de la première catégorie qui en raison de leur âge ou de leur validité ne peuvent fournir un bon service actif, sont classés comme *partisans sédentaires* et employés seulement à la garde des blockhaus ou à la défense de leur village; toutefois, en cas de besoin, des groupes mobiles peuvent aussi être organisés parmi les partisans de la deuxième catégorie. Les autres partisans de la première catégorie sont dits *partisans mobiles*. Tous sont répartis par les délégués ou les chefs de poste entre les communes de leur circonscription de façon à ce que la proportion soit plus forte dans les communes limitrophes ou voisines de la frontière que dans les autres et de façon aussi à ce que le nombre de partisans habitant le même village ne soit pas inférieur à trois.

Les chefs immédiats des partisans sont: pour ceux d'un même châu ou huyên et sous l'autorité du mandarin chef de la circonscription, un *châu-đoàn* ou *châu-úy*; pour ceux d'un même canton, un *tổng-đoàn*; pour ceux de chaque commune comptant plus de quatre partisans, un *xã-đoàn*. Les candidats à chacun de ces emplois sont désignés en principe par la population, par voie d'élection, parmi les gradés occupant l'emploi inférieur ou parmi les anciens gradés de l'armée ou de la Garde indigène (pour les xã-đoàn, parmi les partisans, de préférence anciens tirailleurs ou gardes indigènes). La liste des trois candidats ayant obtenu le plus grand nombre de voix est soumise au chef de province qui, sur la proposition du tri-châu ou tri-huyện et après avis du délégué et du chef de poste chargé de l'instruction des partisans, procède à la nomination de l'un d'eux. Les châu-đoàn, tổng-đoàn et xã-đoàn reçoivent le grade de 9°-2 dans le mandarinat militaire après quatre, six ou neuf ans de service respectivement.

Sous réserve de ce qui a été dit ci-dessus concernant les partisans sédentaires, le service de ces auxiliaires est le même dans les deux catégories. Il comprend : d'une part, le *service ordinaire* (recherche, arrestation et escorte des malfaiteurs, patrouilles en vue de la surveillance des voies de communication et de la frontière) qui en principe est effectué sur le territoire du châu d'origine des intéressés et ne doit pas excéder deux jours par mois pour chaque homme ; d'autre part, le *service exceptionnel en cas d'alerte ou de trouble*, auquel cas tous les partisans mobiles du châu sont mis ensemble à la disposition de l'autorité qui doit les employer sur un point quelconque de la frontière ou de l'intérieur ; enfin, le *service spécial des opérations de police*, dans le cas où il est estimé nécessaire de requérir les partisans pour coopérer avec la force armée chargée de ces opérations. Ces divers services, lorsqu'ils entraînent une absence de plus de 12 heures du village où habite le partisan, sont rémunérés pour les partisans et les xã-đoàn par des allocations journalières variant selon le cas de 0\$10 à 0\$25, pour les tổng-đoàn par une allocation mensuelle de 1\$50, pour les châu-đoàn par une allocation mensuelle de 5\$00. Enfin les partisans sont astreints annuellement à une période d'instruction de six jours qu'ils effectuent au poste militaire ou de Garde indigène auquel ils sont dans chaque province rattachés à cet effet (toujours au poste de Garde indigène pour ceux de la deuxième catégorie).

Les partisans n'ont pas d'uniforme, mais reçoivent un fusil et des munitions dont le contrôle est tenu au chef-lieu par le commandant de la brigade de Garde indigène. Ils sont exemptés des corvées, mais non de l'impôt. N'étant pas agents de l'Administration, ils ne peuvent prétendre à une retraite; mais eux ou leurs familles ont droit à un secours en cas de blessures ou de mort en service.

B) — *Police rurale du Laos*. — Créée par arrêté du Gouverneur Général du 12 juin 1917, ce corps est chargé, sous les ordres des chaomuong et naikong, de la garde des bâtiments de l'administration indigène, de la recherche des malfaiteurs et de leurs escortes, de la transmission des ordres aux diverses autorités indigènes, de l'escorte au chef-lieu du montant des impôts, enfin, dans le royaume de Luang-prabang, de la garde et des services intérieurs du palais et des résidences des dignitaires. Les agents de cette police sont recrutés par les chaomuong et les naikong par voie d'engagements volontaires de deux ans. Ils ont droit à une solde mensuelle, et éventuellement à d'autres allocations en espèces. Leur effectif pour chaque province est fixé par le Résident Supérieur et sa répartition entre les divers muong ou kong par décisions du chef de province soumises à l'approbation préalable du Résident Supérieur.

C) — *Police des kong-kocks du Territoire de Kouang-Tchéou-Wan*. — C'est une police spéciale, à la disposition des communes, qui existait avant l'occupation du territoire par la France et a été maintenue, de même que toutes autres modalités de l'organisation communale locale, par l'article 5 de l'arrêté du 4 juillet 1911. Elle est chargée d'assurer l'ordre public et la sécurité des personnes et des biens. Les grades qu'elle comporte, et dont chacun donne droit à une solde fixée par arrêté du 5 octobre 1920, sont ceux d'agent de 3e et de 2e classe, bếp, cai de 2e et de 1re classe, đội et adjudant.

# CHAPITRE XI

## SERVICES LOCAUX FONCTIONNANT AU COMPTE DES BUDGETS LOCAUX MAIS N'EXISTANT QUE DANS CERTAINS DES GRANDS PAYS DE L'UNION

Les articles successifs de ce chapitre seront consacrés au Service du Cadastre et de la Topographie, aux Services pénitentiaires, aux Services de l'Immigration, au Service des Contributions directes, au Service de la vérification des poids et mesures, au Service du Pilotage et au Service des Flottilles. Dans un dernier article, nous grouperons quelques organismes locaux qui sont particuliers à un seul des pays de l'Union et qui pour ce motif n'ont qu'une importance secondaire.

## ARTICLE PREMIER

### *SERVICE DU CADASTRE ET DE LA TOPOGRAPHIE*

Ce service, réorganisé sur des bases communes à l'Indochine entière par un arrêté du Gouverneur Général du 25 juillet 1914 pris par application d'un décret du 27 juin précédent, ne fonctionne cependant encore à titre permanent qu'en Cochinchine, au Tonkin et au Cambodge. Nous étudierons d'abord ce fonctionnement, et parlerons ensuite des géomètres non fonctionnaires qui ont obtenu le titre de «géomètre diplômé du Gouvernement».

### § 1. — Personnel

Le statut du personnel, tant français qu'indigène, est fixé

par des arrêtés du Gouverneur Général. L'effectif de son cadre français et les affectations et mutations entre les divers pays des unités qui le composent sont déterminés par le Chef de la colonie après avis des Chefs d'Administration locale qui répartissent ensuite ces unités selon les besoins et sur la proposition du chef local du service. Ses cadres indigènes sont fixés chaque année pour chaque pays par les Chefs d'Administration locale et l'affectation de leurs agents aux divers postes ou missions est prononcée par le chef du service du Cadastre.

Le *personnel français*, nommé et avancé par le Gouverneur Général, est actuellement régi par un arrêté du 20 juin 1921. Il comprend des vérificateurs en chef, des vérificateurs de deux classes (l'accès à la 2ᵉ classe de ce grade nécessite le succès à un examen organisé par arrêté du 2 août 1917), des géomètres principaux de quatre classes (1) et des géomètres principaux stagiaires, ces derniers étant recrutés parmi les licenciés ès-sciences mathématiques les candidats diplômés de certaines grandes écoles spéciales métropolitaines ou, à défaut, parmi ceux admis à un concours dont les conditions ont été fixées par arrêté du 30 septembre 1922. Il comprend aussi, mais à titre temporaire car ce personnel d'ancienne formation a été supprimé par voie d'extinction, des commis principaux hors classe et de deux classes et des commis de trois classes.

Le *personnel indigène*, unifié et régi par un arrêté du 18 avril 1919 complété ou modifié les 24 juin 1921, 22 mars 1922, 15 mars 1923, 19 juillet 1923 et 24 mars 1924, est réparti en un cadre supérieur et un cadre secondaire, les agents du premier étant nommés et promus par le Gouverneur Général sur la proposition des Chefs d'Administration locale et ceux du second par les Chefs d'Administration locale sur la proposition des chefs locaux du service. Le cadre supérieur est divisé en deux sections : l'une est une section technique qui comprend des agents techniques principaux de trois classes, des agents techniques de trois classes et des agents techniques stagiaires ; l'autre, dite « section des bureaux », comprend des commis principaux de trois classes, des

---

(1) Il a été prévu tant par l'arrêté du 20 juin 1921 (art. 11) que par celui du 30 septembre 1922 (art. 14) que, pour être titularisés à la 4ᵉ classe, les géomètres principaux stagiaires devraient, d'une part avoir produit un plan d'épreuve de 100 hectares à l'échelle de 1/1000, d'autre part avoir satisfait à un examen oral technique. Aucun arrêté n'a cependant été pris pour organiser cet examen.

commis de cinq classes et des commis stagiaires de deux catégories. Le cadre secondaire est constitué par une classe d'arpenteurs-dessinateurs principaux hors classe, quatre classes d'arpenteurs-dessinateurs principaux, six classes d'arpenteurs-dessinateurs et une classe d'arpenteurs-dessinateurs stagiaires. Les
agents techniques stagiaires sont recrutés parmi les élèves
diplômés de l'École des Travaux publics (section topographi-
que) et font un stage de deux ans au bout duquel ils doivent
soit être nommés à la 3e classe soit être admis à une dernière
année de stage soit être licenciés. Les conditions de recrutement
et de stage concernant les commis de 5e et de 4e classe et les
arpenteurs-dessinateurs stagiaires sont respectivement les mêmes
que celles relatives aux commis de 5e et de 4e classe et aux
secrétaires stagiaires dans le personnel indigène des administrations provinciales (voir chapitre V - art. 1 - § 2).

A ces deux cadres indigènes existant dans les trois pays
susvisés s'ajoute, en Cochinchine, un cadre de dessinateurs, créé
par arrêté du 3 mai 1924 et comportant une hors classe et quatre
classes de dessinateurs principaux, six classes de dessinateurs et
une classe de dessinateurs stagiaires, ces derniers étant recrutés
sur concours parmi les élèves diplômés de l'école de dessin de
Gia-Dinh et de l'école pratique d'industrie et devant être titularisés ou licenciés après un an de stage. Ces agents sont nommés
et avancés dans les mêmes conditions que les arpenteurs-dessinateurs et, à la différence de ces derniers qui nonobstant leur
dénomination sont employés à peu près exclusivement à l'arpentage, ils sont chargés d'exécuter les travaux de dessin et les
copies de plans.

Enfin le Service du Cadastre, ou plus exactement les agents
de ce service en cours d'opérations sur le terrain, emploient
aussi fréquemment des agents journaliers, le plus souvent indigènes, en qualité de chaîneurs, piqueurs, etc...

Outre leur traitement fixe, les vérificateurs et opérateurs
français et indigènes de toutes catégories du Service du Cadastre
ont droit, pour les travaux qu'ils exécutent sur le terrain pour le
compte de l'Administration locale dont ils dépendent, à des
rétributions supplémentaires fixes ou proportionnelles et tarifées
différemment selon la nature de ces travaux (triangulation générale de divers ordres, triangulation cadastrale, bornage des
terres, levers parcellaires, levers par masses de culture, etc),

dont la qualité et les conditions d'attribution sont fixées par des arrêtés du Gouverneur Général du 10 juillet 1919 pour la Cochinchine, 15 mars 1923 pour le Tonkin, 21 février 1916 pour les opérateurs français au Cambodge, 18 avril 1919 et 4 juillet 1922 pour les opérateurs indigènes dans le même pays.

### § 2. — ORGANISATION

Dans chacun des pays où il est représenté, le Service du Cadastre est dirigé par un fonctionnaire du grade de vérificateur en chef ou de vérificateur qui est désigné par le Gouverneur Général sur la proposition du Chef de l'Administration locale et qui prend le titre de *Chef du Service du Cadastre*. Il est assisté de quelques employés constituant un bureau auquel, en Cochinchine, est rattaché un atelier de lithographie, héliogravure et zincogravure créé par arrêté du 18 juin 1920 et divisé en deux sections.

La répartition de ce service ne comporte pas de divisions territoriales. C'est en effet un service essentiellement mobile dont l'activité doit se manifester par l'envoi de missions techniques partout où l'utilité de travaux de sa compétence a été reconnue plutôt que par l'installation d'agents à poste fixe dans les provinces. Ces missions, qui sont prescrites par le Chef de l'Administration locale, sont confiées à des groupes d'agents constituant des *brigades* dont la composition varie suivant l'importance du travail à exécuter et qui sont dirigées par un géomètre principal ou, exceptionnellement, par un agent technique.

En Cochinchine, cependant, un assez grand nombre d'agents du Cadastre sont détachés dans les provinces en qualité de géomètres-conservateurs ou pour y être employés aux bornages généraux.

Ajoutons que dans divers pays de l'Indochine, et notamment en 1922 au Cambodge, le service de l'Aéronautique militaire a apporté un précieux concours à celui du Cadastre par l'emploi de la photographie aérienne aux levers topographiques de précision. La généralisation de ce mode rapide de procéder est actuellement à l'étude et un laboratoire spécial, dit *laboratoire de restitution*, a été créé à la Direction des Affaires économiques pour la transformation des clichés obtenus en plans cadastraux parcellaires.

## § 3. — Attributions

Les attributions et le fonctionnement des services locaux du Cadastre sont réglés par des arrêtés des Chefs d'Administration locale approuvés par le Gouverneur Général.

Ces services sont chargés avant tout de l'exécution des travaux de topographie et d'arpentage intéressant le territoire de la colonie et notamment de l'établissement, de la conservation et de la mise à jour des plans et matrices cadastrales y compris les cadastres urbains.

Les services locaux du Cadastre peuvent aussi entreprendre des travaux de leur compétence pour le compte des administrations et services publics autres que l'Administration locale dont ils dépendent et aussi, mais alors à titre en principe exceptionnel, pour le compte des particuliers. Ces travaux donnent lieu à la charge de ces administrations, services et particuliers à des rétributions faisant recette aux budgets locaux et dont le tarif, variant selon la nature et l'importance du travail, est établi par un arrêté du Gouverneur Général du 1er avril 1923 pour la Cochinchine et par des arrêtés des Résidents Supérieurs du 5 juillet 1921 pour le Tonkin et du 27 décembre 1921 pour le Cambodge. Quant aux opérateurs eux-mêmes, ils perçoivent en ce cas, quelle que soit la nature du travail exécuté, l'indemnité journalière fixe prévue par les arrêtés énumérés en fin du § 1 précédent.

Les géomètres principaux et les vérificateurs sont responsables vis-à-vis de l'Administration, chacun en ce qui concerne le travail effectué par lui, de l'exactitude des plans qu'ils ont dressés ou vérifiés, et ceux dont les travaux auraient été reconnus inexacts sont tenus de les refaire dans le plus bref délai sans pouvoir prétendre à aucune indemnité et sans préjudice de la mise à leur charge des frais de la contre-vérification par le chef de service qui pourrait être rendue nécessaire. Cette responsabilité personnelle existe aussi, au moins en principe, lorsque les travaux ont été exécutés pour des services publics étrangers à l'Administration locale ou pour des particuliers.

Les plans établis par le Service du Cadastre sont généralement au 1/10.000 pour les grandes superficies, au 1/4.000 pour les levers par masses de cultures (c'est en particulier à cette échelle qu'a été établi de 1914 à 1920 le cadastre de six provinces du delta tonkinois représentant près de 900.000ha.), au 1/2.000 ou au 1/1.000 pour les plans parcellaires ruraux, au 1/1.000 pour les centres urbains. Ceux de ces documents qui sont édités par le Service du Cadastre peuvent être cédés au public et aux divers services moyennant des prix fixés par des arrêtés locaux, mais le droit de reproduction de ces documents est exclusivement réservé à l'Administration.

Les principaux travaux de longue haleine du Service du Cadastre actuellement en cours sont : en Cochinchine, la réfection du cadastre de la ville de Cholon ; au Tonkin, le lever parcellaire au 1/1.000 de la province de Hadong ; au Cambodge, l'exécution d'un contrat passé le 16 mai 1923 avec une entreprise privée en vue de l'utilisation de la photographie aérienne pour le cadastrage de 100.000ha. dans la région de Soairieng.

## § 4 — GÉOMÈTRES DIPLÔMÉS DU GOUVERNEMENT

Nous avons dit ci-dessus que le droit donné aux agents du Service du Cadastre de prêter leur concours aux particuliers ne leur avait été accordé qu'à titre en principe exceptionnel. Les particuliers doivent en effet, normalement, s'adresser à un géomètre non fonctionnaire pour les travaux qu'ils ont à faire établir. Toutefois, si ces travaux doivent porter sur des terrains dépendant du domaine public ou d'un des domaines privés de la colonie, par exemple s'il s'agit de dresser un plan devant être joint à l'appui d'une demande de concession, ils ne peuvent être effectués que par ceux de ces géomètres qui ont obtenu, dans les conditions fixées par un arrêté du 3 octobre 1919 complété le 17 juin 1924, le titre de *géomètre diplômé du Gouvernement*. Ce titre est décerné par le Gouverneur Général aux citoyens, sujets ou protégés français, majeurs, qui en ont fait la demande au Chef de l'Administration locale et qui ont satisfait à un examen d'aptitude dont sont seuls dispensés les anciens géomètres du Service du Cadastre qui ont quitté leurs fonctions autrement que par mesure disciplinaire et les officiers qui ont acquis des droits à la retraite et ont été employés pendant au moins cinq ans dans un Service géographique officiel. Cet examen, qui comporte trois épreuves techniques, une épreuve de droit élémentaire et des opérations de lever effectuées sur le terrain, est subi dans chaque pays de l'Union, en janvier et en juillet, devant une commission présidée par le Chef du Service du Cadastre et comprennent un vérificateur ou géomètre principal de ce service, un officier désigné par le commandant de la subdivision territoriale, un fonctionnaire des Services Civils et un professeur de mathématiques. Lorsqu'ils opèrent sur des terrains dépendant du domaine, que ce soit pour le compte de l'Administration ou pour celui des particuliers, les géomètres diplômés du Gouvernement doivent se conformer aux règlements généraux du Service du Cadastre. En particulier, leurs plans minutes doivent être déposés aux archives de ce service, dont ils deviennent la propriété et qui a seul qualité pour en délivrer, contre paiement des rétributions règlementaires, les copies destinées aux intéressés. Les travaux présentés par eux sont faits sous leur entière responsabilité, mais ils ont droit à la même protection administrative que les agents du Service du Cadastre, à condition d'aviser préalablement le chef de province de la date et du lieu de leurs opérations.

## ARTICLE II

### *SERVICES PÉNITENTIAIRES*

Il existe et doit nécessairement exister dans tous les pays d'Indochine des établissements affectés à la détention des individus condamnés à des peines privatives de la liberté. Nous rangerons cependant les Services pénitentiaires dans le présent chapitre parce que le personnel qui leur est propre n'a été jusqu'ici affecté qu'à la Cochinchine, au Cambodge et au Tonkin, seuls pays possédant actuellement des établissements pénitentiaires importants.

### § 1. — Personnel

Le personnel des Services pénitentiaires, antérieurement différent selon les pays, a été unifié dans toute l'Indochine par un arrêté du Gouverneur Général du 12 décembre 1916 dont les dispositions relatives au personnel indigène sont toujours en vigueur. Soumis à une discipline assez stricte, les agents qui le composent ne peuvent s'absenter de leur poste sans autorisation et sont astreints au port de l'uniforme et d'un armement dont la composition varie suivant le grade. Ils peuvent, après 15 ans de service dont 10 dans les Services pénitentiaires ou à la suite d'actes méritoires, obtenir une médaille d'honneur spéciale instituée par arrêtés des 21 août 1917 et 23 janvier 1918.

Le *personnel français*, dont les cadres et la répartition entre les pays de l'Union sont fixés par arrêtés du Gouverneur Général et dont les unités sont ensuite affectées aux divers établissements par le Chef d'Administration locale intéressé, est constitué : d'une part, par un personnel chargé de la garde des détenus, régi par un arrêté du 20 juin 1921, et comprenant normalement des gardiens-chefs principaux, des gardiens-chefs de deux classes, des gardiens principaux de deux classes, des gardiens de deux classes et des gardiens stagiaires, ces derniers étant recrutés de préférence parmi les anciens militaires classés ayant subi avec succès un concours dont les conditions ont été fixées par un arrêté du 4 octobre 1921 ; d'autre part, par un personnel chargé des écritures des établissements pénitentiaires, rétabli par un arrêté du 23 septembre 1924 après avoir été supprimé par celui susvisé du 20 juin 1921 et comprenant des greffiers-comptables hors classe et de trois classes et des commis greffiers hors classe, principaux, titulaires de quatre classes et stagiaires, ces derniers étant recrutés parmi les candidats bacheliers ou à la suite d'un examen devant être organisé par arrêté du Gouverneur Général. Enfin des gardiennes peuvent être recrutées, selon contrats passés par les Chefs d'Administration locale, pour la surveillance des quartiers occupés par les femmes détenues.

Le *personnel indigène*, nommé et promu par le Chef de l'Administration locale et sur lequel le personnel français a toujours autorité, comprend des surveillants-chefs, des surveillants principaux de trois classes et des surveillants de quatre classes.

Comme nous l'avons vu, ces deux personnels, qui seuls constituent le cadre général et régulier des Services pénitentiaires, ne sont actuellement en service qu'en Cochinchine, au Cambodge et au Tonkin. Les agents qui en font partie ne sont d'ailleurs pas affectés à tous les établissements pénitentiaires existant dans ces pays, mais seulement, à l'heure actuelle, aux pénitenciers de Poulo-Condore et de Thai-Nguyên, aux maisons centrales de Saigon, Hanoi et Phnompenh, à la prison de Haiphong et aux prisons provinciales de Battambang et de Kampot. Partout ailleurs, et notamment dans les provinces, leurs fonctions sont remplies : celles confiées au personnel français, par un fonctionnaire de la Garde indigène, un sous-officier ou un gendarme, ou même par les autorités indigènes; celles confiées au personnel indigène, par des gardes indigènes, gardes civils, agents de la police locale, rurale ou communale, ou encore par un cadre particulier de surveillants de prison organisé dans certains pays par des arrêtés spéciaux. Le principal de ces cadres indigènes locaux est celui des *agents indigènes du service pénitentiaire dans les provinces de Cochinchine*, créé par un arrêté du 11 août 1910 modifié les 6 février 1919 et 5 août 1920 et dont le personnel, assimilé aux agents de la Garde civile, payé par les budgets provinciaux et nommé jusqu'au grade de surveillant inclus par les chefs de province et ensuite par le Gouverneur, comprend des surveillants auxiliaires de deux classes, des surveillants de deux classes, des surveillants-chefs de deux classes et des surveillants-chefs principaux de deux classes et hors classe. Un autre cadre analogue est celui des *surveillants de la maison centrale de Fort-Bayard*, comprenant des surveillants auxiliaires et des surveillants de quatre classes et hors classe, tous nommés par l'Administrateur en chef et recrutés de préférence parmi les anciens militaires ou gradés de la Garde indigène.

### § 2. — Organisation

A la différence de ce que nous avons vu pour la plupart des autres services locaux, les Services pénitentiaires d'un même pays ne sont pas placés sous la direction d'un chef de service unique appartenant aux cadres de leur personnel et les représentant auprès du Chef de l'Administration locale. Les agents de ce personnel sont simplement placés en effet, selon les établissements pénitentiaires auxquels ils sont affectés : soit, s'il s'agit d'un établissement important pourvu d'un directeur spécial, sous les ordres de ce directeur ; soit, au cas contraire, sous les ordres du chef de la province ou municipalité intéressée. Les Services pénitentiaires ne constituent donc pas en Indochine un organisme administratif dont les divers éléments seraient coordonnés sous une direction unique, mais un ensemble de formations disséminées sur toute l'étendue du pays, sans lien administratif entre elles et dépendant de chefs différents.

Les établissements affectés en Indochine à l'exécution des peines privatives de la liberté sont des pénitenciers, des maisons centrales, les prisons de Haiphong et de Tourane, des prisons provinciales et une maison de correction pour jeunes détenus. Nous ne comprenons pas dans cette énumération la prison militaire de Hanoi dont nous avons parlé au chapitre VII-art. 2, cette formation spéciale échappant totalement à l'action du service local dont nous parlons présentement.

Ces divers établissements relèvent uniquement de l'autorité administrative ; mais les représentants de l'autorité judiciaire ont toujours le droit de s'assurer de leur bon fonctionnement et sont même tenus de les visiter périodiquement lorsqu'ils renferment des inculpés, prévenus ou accusés (Code d'instruction criminelle, art. 611 et 613) ou lorsqu'il s'agit d'un pénitencier (arrêtés du 17 mai 1916).

A) — *Pénitenciers proprement dits.* — Ce sont les établissements plus spécialement réservés à l'internement des indigènes et asiatiques assimilés condamnés par les tribunaux français, ainsi qu'à l'internement des indigènes condamnés par la deuxième chambre de la Cour d'appel de Hanoi et par le tribunal supérieur d'appel et d'annulation de Vientiane, à la peine des travaux forcés, lorsque cette peine doit être exécutée dans la colonie (nous verrons plus loin que le Gouverneur Général peut en décider autrement). Ils peuvent aussi recevoir, par assimilation et à titre exceptionnel, les individus condamnés par les tribunaux indigènes de l'Annam et du Cambodge à des peines graves analogues, telles que la peine annamite des travaux pénibles, lorsqu'elles sont de longue durée.

Les pénitenciers existant actuellement en Indochine sont en Cochinchine celui de Poulo-Condore et, au Tonkin, ceux de Caobang, Thainguyên et Laichâu (dont l'organisation n'est pas encore achevée).

Le premier de ces établissements, dont la création remonte à plus de 60 ans, est le seul dont il y ait lieu de parler ici, non seulement parce qu'il est le plus ancien de beaucoup et le seul en plein fonctionnement, mais aussi parce que les dispositions de l'arrêté du 17 mai 1916 modifié les 2 septembre 1916 et 8 décembre 1921 par lequel ce fonctionnement a été règlementé à nouveau ont été étendues par un autre arrêté de même date aux autres pénitenciers dans la mesure où elles seront compatibles avec l'organisation spéciale de ces derniers. A sa tête est placé un directeur, nommé par arrêté du Gouverneur Général sans conditions spéciales de recrutement et choisi jusqu'ici en dehors du personnel des Services pénitentiaires, investi des attributions d'officier d'état-civil et de juge de paix à compétence étendue et étendant son action, non seulement sur le pénitencier lui-même où il exerce l'action disciplinaire sur les détenus et est spécialement chargé de tout ce qui concerne leurs travaux, mais aussi sur tout le territoire des îles, territoire qui, comme nous verrons plus loin, est un lieu de relégation collective et qui par suite constitue en son entier un établissement pénitentiaire sur l'étendue duquel aucun particulier européen ou asiatique n'est autorisé à acquérir des biens fonciers ni même à résider à titre permanent. Son personnel se compose normalement : d'un greffier comptable remplissant les fonctions d'agent spécial du Trésor ; d'un médecin-résident chargé également du service pharmaceutique et qui, tout en relevant du directeur, est placé au point de vue technique sous le contrôle du Directeur local de la Santé de Cochinchine ; s'il y a lieu, de deux commis-greffiers dont l'un est particulièrement chargé des magasins ; d'un gardien chef et de nombreux gardiens européens et surveillants indigènes ; enfin de quelques secrétaires interprètes détachés des cadres du Gouvernement local. En outre, une compagnie du 11e régiment d'infanterie coloniale, stationnée dans les îles, est spécialement chargée de la garde extérieure du pénitencier.

Bien que spécialement destinés aux condamnés aux travaux forcés, les pénitenciers ne les reçoivent cependant pas tous et, d'autre part, ne leur sont pas exclusivement réservés. Ils ne les reçoivent pas tous, car les femmes condamnées à cette peine peuvent être dirigées sur un quelconque des établissements pénitentiaires de l'Indochine (généralement, sur une maison centrale). Ils ne leur sont pas exclusivement réservés, car ils peuvent également recevoir les condamnés indigènes à la détention et à la réclusion dont la peine est de longue durée et aussi, mais alors en ce qui concerne seulement les pénitenciers de Poulo-Condore et de Caobang, les relégués collectifs indigènes. Les condamnés de ces diverses catégories doivent être internés dans des quartiers distincts, et en particulier les détenus politiques ne doivent jamais être mis en contact avec les condamnés de droit commun.

B)—*Maisons centrales.* — Il en existe une dans chacune des villes de Saigon, Hanoi, Phnom-Penh, Vientiane et Fort-Bayard, les quatre premières étant règlementées par un arrêté du 17 mai 1916 et la dernière par un arrêté du 16 mai 1919 complété le 28 juin 1920. Leur directeur, qui a la haute main sur tout l'établissement mais est plus spécialement chargé de l'exécution du règlement intérieur et de ce qui concerne les travaux des prisonniers, est pour les trois premiers établissements un chef de bureau du Gouvernement de la Cochinchine ou de la Résidence Supérieure et pour les deux autres un fonctionnaire des Services Civils désigné par le Chef de l'Administration locale. Leur personnel comprend un médecin désigné par le Chef de l'Administration locale, un greffier comptable chargé tant des écritures de l'écrou que de la comptabilité en deniers et en matières et qui à Vientiane et à Fort-Bayard est un gendarme ou un garde principal de la Garde indigène, éventuellement un greffier assistant [ce dernier, un gardien-chef européen qui à Vientiane et à Fort-Bayard n'est autre que le greffier comptable et un personnel de surveillance particulièrement important à Saigon et au contraire uniquement indigène à Vientiane et à Fort-Bayard. A Saigon, à Hanoi et à Phnom-Penh, le fonctionnement de la maison centrale est contrôlé par la *commission de surveillance* dont il a été fait mention au chapitre IV - art. 2 - § 2.

Les maisons centrales de la colonie remplissent indistinctement divers rôles qui, en France, sont généralement assumés, le cas échéant, par des établissements différents. Elles servent en effet à la fois: de *maison d'arrêt* recevant les inculpés de toute origine soumis à une instruction judiciaire et conservant ceux de ces individus qui, renvoyés devant le tribunal correctionnel ou le tribunal de simple police, prennent alors la qualification de prévenus; de *maison de justice* renfermant (sauf à Fort-Bayard) ceux de ces inculpés qui, après la dite instruction, sont déférés à la Cour criminelle et deviennent alors des accusés ; de *maison de correction* recevant les condamnés à moins d'un an et un jour d'emprisonnement ; de *maison pour peines* renfermant les indigènes et assimilés condamnés à des peines d'emprisonnement supérieures à un an, et par conséquent pouvant recevoir, concurremment avec les pénitenciers, les condamnés à la détention ou à la réclusion ; de *maison de détention administrative* à l'usage des indigènes et assimilés internés en vertu des règlements sur l'indigénat ; de *lieu d'exécution de la contrainte par corps* prononcée contre ces mêmes individus (1) ; enfin, mais à Saigon et à Hanoi seulement, de *lieu de dépôt* provisoire où les rélégables indigènes attendent leur transfèrement au lieu de relégation. Ces diverses catégories de détenus doivent autant que possible être séparées les unes des autres, de même que les hommes des femmes et les condamnés politiques des condamnés de droit commun.

A la différence des pénitenciers, les maisons centrales ne sont pas exclusivement réservées aux indigènes et asiatiques assimilés. Elles reçoivent aussi en effet, dans un quartier spécial, les Européens civils et même (sauf à Fort-Bayard) les militaires et marins européens dans les lieux où il n'existe pas de prison spéciale à l'usage de ces derniers. Toutefois, les Européens condamnés à des peines supérieures à six mois de prison doivent être transférés en France, à moins qu'il en soit décidé autrement d'accord entre l'autorité administrative et l'autorité judiciaire. Enfin, elles reçoivent les condamnés des tribunaux indigènes de l'Indochine de toutes catégories envoyés à Saigon, Hanoi, Phnom-Penh pour transfèrement ou à Hanoi, Phnom-Penh ou Vientiane pour y subir leur peine (à noter à ce sujet que la prison cambodgienne qui subsistait à Phnom-Penh à côté de la maison centrale a été fusionnée avec cette dernière par ordonnance royale du 28 juillet 1920).

---

(1) La loi du 22 juillet 1867, supprimant la contrainte par corps en matières civile et commerciale et ne laissant subsister cette voie d'exécution que pour les condamnations à l'amende, aux frais et dépens ou à des dommages-intérêts ou restitutions prononcées par les juridictions répressives, a été déclarée applicable aux colonies par un décret du 12 août 1891. Mais un décret du 24 juillet 1893, promulgué dans la colonie un mois avant les deux actes précédents, a modifié le décret de 1891 en décidant que, en Indochine, la suppression édictée par la loi de 1867 de la contrainte par corps en matière civile et en matière commerciale ne s'appliquerait qu'aux Européens et assimilés.

C) — **Prisons de Tourane et de Haiphong.** — Leur directeur est l'Administrateur-maire, sauf désignation éventuelle d'un autre fonctionnaire par le Chef de l'Administration locale, et il dispose d'un personnel analogue à celui des maisons centrales mais plus réduit, le gardien chef étant en même temps greffier comptable (à Tourane, ces fonctions sont remplies par un gendarme) et aucun commis-greffier n'existant. Leur régime intérieur est également celui fixé par l'arrêté du 17 mai 1916 susvisé. Elles reçoivent les mêmes catégories d'individus que les maisons centrales de Saigon et de Hanoi, sauf les relégables en cours de transfèrement. Toutefois, celle de Haiphong ne conserve que les condamnés à moins d'un an et d'un jour de prison et doit diriger les autres sur la maison centrale de Hanoi.

D) — **Prisons provinciales.** — Dirigées par le chef de province dans les mêmes conditions que les deux précédentes le sont par le maire, elles sont gérées et surveillées par un fonctionnaire de la Garde indigène ou un gendarme ou par l'autorité indigène, aidé soit par les agents des personnels indigènes spéciaux dont nous avons parlé à la fin du paragraphe 1, soit par des hommes appartenant aux forces de police ou de milice stationnées sur place. Bien qu'elles soient théoriquement régies par le même arrêté du 17 mai 1916 que ci-dessus, les règles de leur fonctionnement varient sensiblement avec les pays et même avec les provinces. Elles peuvent en principe recevoir les mêmes individus que les maisons centrales, mais en réalité elles renferment surtout des prévenus et condamnés des tribunaux indigènes (dans les pays de protectorat) et généralement dirigent le plus tôt possible, par mesure de prudence, les condamnés à de fortes peines sur les établissements plus importants.

Trois de ces prisons, celles de Laobao (province de Quang-tri-Annam) et celles de Battambang et de Kampot (Cambodge) méritent une mention spéciale, en ce sens qu'elles sont plus importantes que les autres ; les deux dernières sont même dotées d'un gardien-chef appartenant au personnel français des Services pénitentiaires.

E) — **Maison pour jeunes détenus.** — C'est une colonie pénitentiaire pour les mineurs du sexe masculin, créée par arrêté du 9 août 1904 près de la station agricole de Ong-yêm (province de Thu-dâu-Môt), mais pouvant aussi recevoir, sur l'autorisation du Gouverneur de la Cochinchine, des jeunes détenus provenant d'autres pays de l'Union.

Elle est règlementée par un arrêté du 17 mai 1916, modifié le 13 février 1920, qui contient à l'usage de cet établissement tout spécial des dispositions différentes de celles en vigueur dans les prisons ordinaires. Son directeur est un fonctionnaire désigné par le Gouverneur Général sur la proposition du Gouverneur de la Cochinchine et placé sous l'autorité du chef de la province tout en relevant du chef des services agricoles locaux pour ce qui concerne l'exécution des travaux agricoles auxquels sont employés, ainsi qu'à diverses industries s'y rattachant, les jeunes détenus. Son personnel comprend un personnel européen désigné par le Gouverneur, des agents subalternes recrutés parmi le personnel de la police indigène et des secrétaires indigènes dont un est chargé de donner aux pensionnaires une instruction sommaire, plus des maîtres-ouvriers. Il est divisé en deux quartiers, l'un contenant les enfants détenus en vertu d'une décision de justice, l'autre les enfants matériellement ou moralement abandonnés qui sont reçus sur ordre du Gouverneur et ceux détenus par voie de correction paternelle qui sont reçus sur ordre du président du tribunal. Dans chaque quartier, les jeunes détenus sont répartis en deux groupements selon qu'ils ont plus ou moins de 14 ans.

## § 3. — Attributions

Le personnel des Services pénitentiaires ayant comme attribution la charge d'assurer l'application de l'ensemble des règlements qui constituent ce qu'on appelle le « régime pénitentiaire », nous nous trouvons ainsi amenés à exposer ce régime.

Nous avons déjà vu au paragraphe précédent que les Européens condamnés à des peines supérieures à six mois de prison doivent en principe être transférés en France, où ils sont alors mis à la disposition de l'Administration pénitentiaire métropolitaine pour être, selon la gravité de la peine correctionnelle ou criminelle à subir, soit internés dans une prison départementale ou une maison centrale métropolitaine soit transportés dans une des colonies françaises où doivent être exécutées les peines des travaux forcés, de la déportation et de la relégation. Le régime pénitentiaire que nous avons à étudier ici est donc uniquement celui en vigueur dans la colonie pour les indigènes et asiatiques assimilés.

A la base de ce régime, nous trouvons un décret du 2 août 1890 donnant au Gouverneur Général le pouvoir de décider dans chaque cas si les peines prononcées en Indochine contre les indigènes et asiatiques assimilés seront subies dans la colonie ou dans un des établissements pénitentiaires outremer désignés par le Ministre des Colonies, sous réserve en ce dernier cas que les dépenses de transport et d'entretien des condamnés resteront à la charge de la colonie (loi du 26 décembre 1908). Toutefois, ainsi qu'il a été rappelé par une circulaire du 1er septembre 1921, ce pouvoir de décision n'appartient pas au Chef de la colonie à l'égard des condamnés des juridictions indigènes, lesquels doivent subir leur peine dans la colonie. Quant aux indigènes condamnés par les juridictions françaises, ils ne sont d'ordinaire transportés hors de l'Indochine que lorsque leur peine est une peine de travaux forcés de très longue durée ou la peine de la relégation, et alors ils sont généralement dirigés sur la Guyane, en attendant qu'aient été créés en Afrique équatoriale française les établissements prévus par le décret du 1er août 1920 comme devant être spécialement affectés dans cette colonie aux indochinois condamnés aux travaux forcés.

Reste ainsi uniquement à examiner la règlementation concernant l'exécution en Indochine des peines privatives de la liberté infligées aux indigènes et asiatiques assimilés, règlementation qui résulte : en ce qui concerne les peines autres que la relégation, d'un décret du 26 octobre 1914, d'un arrêté du 22 avril 1916 et d'une série d'arrêtés en date du 17 mai 1916 dont certains ont déjà été mentionnés ci-dessus ; en ce qui concerne la relégation, d'un décret du 19 décembre 1915 et de quatre arrêtés du 6 juillet 1917. Passons donc sommairement ces peines en revue.

A) — *Travaux forcés.* — Cette peine criminelle de droit commun, qui peut être prononcée à perpétuité ou pour une période de 5 à 20 ans, consiste en l'exécution obligatoire de travaux pénibles de colonisation ou d'utilité publique. Nous avons vu que jusqu'ici elle était subie principalement à Poulo-Condore, les pénitenciers de Cao-bang, de Thai-nguyên et de Lai-châu n'étant encore que sommairement organisés. Il a en outre été prévu qu'elle pourrait également, dans l'avenir, être exécutée à Son-La et dans l'île de la Table (baie d'Along).

Les condamnés aux travaux forcés sont répartis, selon leur situation pénale et leur conduite, en trois classes, ceux de la troisième classe étant affectés aux travaux les plus pénibles et même placés dans des camps disciplinaires s'ils sont reconnus incorrigibles et ceux de la première classe pouvant seuls obtenir une concession provisoire, être employés au service personnel des agents du pénitencier, enfin être normalement compris dans les propositions de remise ou de réduction de peine et dans celles de libération conditionnelle transmises par le Chef de l'Administration locale.

A l'expiration de leur peine, les libérés sont tenus de résider sur un territoire fixé par le Gouverneur Général (généralement une circonscription provinciale) pendant un temps égal à la durée de leur peine s'ils ont été condamnés à moins de huit ans de travaux forcés et à perpétuité s'ils ont été condamnés à plus de huit ans. Dans cette situation, l'exercice de certaines professions leur est interdit et ils sont astreints à deux appels au moins par an (sauf dispense accordée par le Chef de l'Administration locale)(1) et au port d'un livret spécial sur lequel sont inscrites en particulier les diverses modalités de leurs engagements de travail.

Les condamnés en cours de peine parvenus à la première classe et ayant constitué un pécule suffisant, de même que les libérés justifiant des ressources nécessaires, peuvent obtenir, par arrêté du Gouverneur ou du Résident Supérieur et dans des conditions spéciales, des concessions provisoires de terrains, accompagnées de l'allocation d'une première mise d'outils aratoires et d'effets d'habillement et de couchage. Ces concessions, sur lesquelles le bénéficiaire est tenu de résider, deviennent définitives à l'expiration du délai fixé pour leur mise en valeur par l'arrêté d'institution, mais jusqu'à cette date elles peuvent et parfois doivent être retirées si le concessionnaire commet certaines fautes ou encore s'il n'a pas mis en culture les terres concédées.

---

(1) Aux termes d'un arrêté du 10 août 1921, les deux appels annuels obligatoires doivent avoir lieu en juillet et en décembre.

B) — *Déportation*. — C'est une peine politique applicable aux auteurs des crimes contre la sûreté de l'État et consistant à être transporté dans un territoire déterminé par arrêté du Gouverneur Général et à y résider à perpétuité au lieu ou dans l'enceinte fixée par le chef de la circonscription administrative dont dépend ce territoire. Elle est plutôt restrictive que privative de la liberté, car les déportés conservent toute celle compatible avec la nécessité d'assurer leur garde et le maintien de l'ordre, ne sont astreints ni au travail ni au régime spécial des condamnés de droit commun et ont des habitations séparées où leurs familles peuvent venir les rejoindre (parfois même aux frais de la colonie). Les déportés peuvent aussi obtenir des concessions provisoires qui deviennent définitives après cinq ans si elles ont été mises en culture.

Le décret du 31 décembre 1912 a prévu que, tant qu'aucun territoire ne serait spécialement affecté par le Gouverneur Général à l'exécution de la déportation, les condamnés à cette peine qui ne seraient pas transportés hors de l'Indochine la subiraient dans un établissement pénitentiaire de la colonie.

C) — *Détention*. — Encore plus rarement prononcée que la déportation, la détention est aussi une peine sanctionnant certains crimes politiques. Sa durée est de 5 à 20 ans et elle comporte l'internement dans un établissement pénitentiaire désigné par le Gouverneur Général en Commission permanente, mais avec le bénéfice du régime politique et sans obligation au travail. Aucun texte n'a fixé spécialement les modalités de son exécution.

D) — *Réclusion* — Peine criminelle de droit commun d'une durée de 5 à 10 ans, elle présente cette particularité que le condamné ne peut jamais être employé à l'extérieur du pénitencier ou de la maison centrale où il est interné et dont il ne doit pas sortir. Elle comporte le travail obligatoire.

E) — *Emprisonnement*. — En ce qui concerne cette peine, qui est correctionnelle de six jours à cinq ans et de simple police de un à cinq jours, rien de particulier n'est à ajouter à ce que nous avons dit la concernant lorsque nous avons parlé des maisons centrales.

Signalons cependant à son sujet deux arrêtés du 17 mai 1916 qui intéressent particulièrement les condamnés à cette peine, parce que plus nombreux que tous autres, mais qui cependant ne les concernent pas exclusivement : l'un, visant aussi les condamnés aux travaux forcés, détermine les conditions dans lesquelles ceux de ces individus qui ne sont pas employés dans les ateliers des services pénitentiaires peuvent être mis à la disposition des services publics ou des entrepreneurs exécutant des travaux d'utilité publique ; l'autre, intéressant toutes les peines comportant le travail obligatoire (et éventuellement les détenus politiques s'ils ont demandé à travailler), prescrit que le produit du travail des individus condamnés par les juridictions françaises profitera pour un tiers à l'établissement où ils sont internés et séra versé pour les deux autres tiers, sauf retenues disciplinaires éventuelles, à son pécule personnel (des dispositions spéciales sont prévues pour le cas où le détenu a été mis à la disposition d'un service public ou d'un particulier).

F) — *Relégation*. — La relégation est une peine complémentaire, et en principe perpétuelle, créée par la loi du 27 mai 1885 et infligée en même temps que la dernière peine principale aux récidivistes qui, dans un délai de dix ans, ont été condamnés un certain nombre de fois à des peines criminelles ou correctionnelles. Elle s'exécute à titre individuel ou à titre collectif.

La *relégation individuelle* consiste dans l'internement, en état de liberté, en telle partie du territoire de l'Indochine déterminée par le Gouverneur Général mais devant être choisie en dehors tant du pays d'origine du condamné que de celui où il a commis son dernier crime ou délit. C'est une faveur, susceptible d'être retirée en cas de mauvaise conduite, qui peut être accordée par le Gouverneur Général sur la proposition du Directeur de l'Administration judiciaire aux relégables qui, soit avant soit après leur envoi au lieu de relégation, ont justifié de moyens honorables d'existence ou ont été reconnus aptes à recevoir des concessions de terre ou ont été autorisés à contracter des engagements de travail.

La *relégation collective* consiste dans l'internement, en état de détention, sur certains territoires de l'Indochine qui sont le pénitencier et les îles de Poulo-Condore en ce qui concerne les indigènes et asiatiques assimilés originaires du nord de l'Indochine y compris l'Annam en son entier, l'étendue des centres urbains de Caobang et de Hagiang en ce qui concerne ceux originaires du sud de la colonie. Les relégués collectifs sont astreints à un régime pénitentiaire et pénal qui comporte le travail obligatoire dans le lieu de relégation, travail dont le produit est versé à leur pécule jusqu'à concurrence d'un dixième du prix de la main-d'œuvre libre dans la région. Toutefois, ils peuvent soit être autorisés par le Gouverneur ou Résident Supérieur à contracter pour le compte des particuliers des engagements de travail soumis à des conditions spéciales soit obtenir, sous un régime intermédiaire entre celui en vigueur dans le pays pour la population indigène libre et celui applicable aux condamnés aux travaux forcés, des concessions de terre pouvant devenir définitives au bout de sept ans.

# ARTICLE III

## *SERVICES DE L'IMMIGRATION*

L'immigration peut s'entendre soit des Européens ou assimilés étrangers soit des Asiatiques étrangers ou assimilés. Nous exposerons successivement le régime auquel l'une et l'autre sont assujetties en Indochine. Puis, considérant que les Services de l'Immigration de la Cochinchine et du Cambodge contribuent à l'application de ces règlementations spéciales de concert avec les chefs de province et en Cochinchine avec l'Inspection du travail, nous dirons quelques mots : d'une part, de la règlementation générale concernant l'importation en Indochine de la main-d'œuvre étrangère et son emploi dans les exploitations agricoles et minières de la colonie ; d'autre part, des dispositions règlementaires spéciales à la Cochinchine concernant l'emploi aux exploitations agricoles de ce pays de la main-d'œuvre indigène, de la main-d'œuvre asiatique étrangère recrutée en

Indochine, enfin de la main-d'œuvre étrangère et non javanaise recrutée hors de l'Indochine à compter du 11 novembre 1918. Enfin, et bien que le Service de l'Immigration n'ait pas à intervenir directement en ces matières spéciales, nous parlerons brièvement de l'immigration annamite au Cambodge et de l'immigration dans les régions moïs de l'Annam.

### § 1. — IMMIGRATION EUROPÉENNE

Nous ne parlerons que pour mémoire de cette catégorie d'immigrants, car l'application des règlements qui la concernent n'incombe pas au service qui va nous occuper ici, mais aux autorités administratives avec le concours du Service de la Sûreté, qui comme nous l'avons vu doit comprendre dans chaque pays de l'Union une section s'occupant du contrôle des étrangers et des immigrants.

Disons cependant à son sujet que, aux termes d'un arrêté du 7 avril 1904, tous les étrangers européens ou assimilés non admis à domicile en Indochine et désireux d'y établir leur résidence sont tenus, dans les quinze jours de leur arrivée au lieu de cette résidence, de remettre au chef de la province ou municipalité intéressée une déclaration donnant tous renseignements utiles concernant leur nationalité, leur état civil et leurs moyens d'existence, déclaration qui doit être renouvelée en cas de changement de résidence. En outre, un arrêté du 3 octobre 1911 a prescrit : d'une part, que ceux de ces étrangers qui sont à proprement parler des émigrants, c'est-à-dire des individus sans ressources durables venant dans la colonie pour y gagner leur vie, ne peuvent pénétrer en Indochine qu'après avoir justifié de leur identité, obtenu d'un médecin désigné à cet effet un certificat attestant qu'ils ne sont atteints d'aucune maladie contagieuse, enfin consigné entre les mains de l'Administration le prix de leur passage de retour dans leur pays d'origine ; d'autre part, que les compagnies de navigation sont tenues de communiquer à l'autorité administrative, dès l'arrivée de leurs navires, la liste des émigrants embarqués par elles et de rapatrier à leurs frais ceux de ces individus qui ne seraient pas autorisés à débarquer. Enfin le Gouverneur Général tient de l'article 7 de la loi du 3 décembre 1849, loi rendue applicable aux colonies par celle du 29 mai 1874, le droit d'expulser par arrêté tout étranger même admis à domicile mais en ce dernier cas sous condition résolutoire que l'admission à domicile sera révoquée dans un délai de deux mois.

## § 2. — IMMIGRATION ASIATIQUE

Les Asiatiques étrangers et assimilés auxquels s'appliquent les règlements de police dont l'exécution incombe aux Services de l'Immigration ont été définis par un arrêté du Gouverneur Général du 27 octobre 1922. Ce sont : d'une part, les sujets des puissances chez lesquelles la France exerce un droit d'exterritorialité en vertu des traités existants ; d'autre part, les sujets ou ressortissants d'origine asiatique des puissances étrangères (1). Les Indiens originaires des établissements français de l'Inde qui ont conservé leur statut personnel ne rentrent donc pas dans cette définition et par suite ne sont pas régis par les règlements dont il s'agit.

L'immigration asiatique étrangère, et particulièrement chinoise. s'étant peu à peu répandue dans tous les pays de l'Union, a nécessairement dû faire en Indochine l'objet d'une règlementation qui, en raison de la diversité des circonstances locales, est fixée par des arrêtés du Gouverneur Général spéciaux à chacun de ces pays. Par contre, jusqu'ici, c'est seulement en Cochinchine et au Cambodge, régions où l'afflux des immigrants asiatiques a de tout temps été plus important que partout ailleurs, que le besoin s'est fait sentir de confier à un personnel spécialisé, constituant un service distinct, la mise à exécution de cette règlementation ou plus exactement de la partie de cette règlementation qui présente un caractère purement administratif et ne rentre pas dans les attributions, telles que nous les avons définies à ce point de vue à la fin de l'article 4 du précédent

---

(1) Cette définition a été substituée par l'arrêté du 27 octobre 1922 à celle qui avait été donnée des mêmes individus par l'art. 1 de l'arrêté du 16 octobre 1906 règlementant l'immigration asiatique en Cochinchine. Elle est donc spéciale à ce pays et c'est par simple analogie qu'on l'applique dans les autres parties de l'Union. En particulier, c'est sans doute par inadvertance que la même substitution n'a pas été réalisée dans l'arrêté du 15 novembre 1919, règlementant l'immigration asiatique au Cambodge, qui s'est borné à reproduire sur ce point les dispositions de l'art. 1 de l'arrêté du 16 octobre 1906. Il paraît difficile en effet que, au point de vue de l'application des mêmes règlements, un même individu soit considéré en Cochinchine comme Asiatique étranger et ne le soit pas au Cambodge.

chapitre, du Service de la Sûreté (section du contrôle des étrangers et des immigrants). Dans les autres pays, ce sont les chefs de province et de municipalité qui assurent l'observation des règlements de l'espèce, avec l'aide des agents sous leurs ordres et avec la coopération, au point de vue de la police générale, du Service local de la Sûreté.

Nous énoncerons tout d'abord les principales des règles constituant le statut du personnel et le mode d'organisation des Services de l'Immigration de la Cochinchine et du Cambodge, services qui antérieurement ne faisaient qu'un avec les Services de l'Identité des mêmes pays, mais en ont été séparés comme nous l'avons dit par un arrêté du 20 juin 1921 qui a transformé ces derniers en une section spéciale du Service de la Sûreté. Nous exposerons ensuite sommairement le régime de l'immigration existant actuellement dans les différents pays et dont la mise en application, en ce qui concerne celui en vigueur en Cochinchine et au Cambodge, constitue la principale attribution des Services de l'Immigration de ces pays et, en même temps, leur permet de prêter un concours fort utile aux contrôleurs des contributions directes et aux chefs de province en ce qui concerne l'établissement des rôles d'impôt intéressant les Asiatiques étrangers.

A) — *Personnel et organisation des Services de l'Immigration en Cochinchine et au Cambodge.* — Le *personnel français*, autrefois spécial à chacun des deux pays intéressés, a été unifié par un arrêté du Gouverneur Général du 9 août 1922 complété le 19 octobre 1923 qui, en prévision de l'installation éventuelle ultérieure du même service dans les autres pays de l'Union, lui a donné la dénomination de personnel de l'Immigration de l'Indochine. Sa hiérarchie comporte les grades de chef de service, de chef de section principal hors classe et de trois classes, de chef de section de deux classes (un examen organisé par arrêté du 19 octobre 1923 doit précéder l'accession à la 2ᵉ classe de ce grade), de commis principal hors classe et de trois classes (en Cochinchine seulement), de commis de trois classes et stagiaire, enfin de surveillant-chef et de surveillant hors classe, de quatre classes et stagiaire, tous ces agents étant nommés et avancés par le Gouverneur Général. Ce personnel est recruté à la base : de préférence parmi les anciens militaires classés, aux-

quels sont réservés la moitié des emplois de commis stagiaires
et les trois quarts de ceux de surveillant stagiaire; à défaut,
parmi les candidats ayant fait effectivement leur service militaire. Son effectif est très réduit, car il n'est prévu actuellement
que huit emplois de bureau pour la Cochinchine, deux pour le
Cambodge et deux surveillants communs à ces deux pays.

Le *personnel indigène*, jusqu'ici régi en Cochinchine par un
arrêté du 16 octobre 1906 modifié le 28 décembre 1907 et au Cambodge par un arrêté du 13 mars 1916, vient d'être unifié dans ces
deux pays, auxquels il est désormais commun, par un nouvel
arrêté du 29 août 1924. Il comprend un cadre supérieur, deux
cadres secondaires dont un indigène et un asiatique, enfin un cadre
subalterne, les nominations et promotions étant faites dans le
premier de ces cadres par le Gouverneur Général et, dans les
trois autres, par le Chef d'Administration locale intéressé sur la
proposition du chef du service de l'Immigration. — La hiérarchie
et les conditions de recrutement et de stage des agents du cadre
supérieur et du cadre secondaire indigènes sont les mêmes que
pour les personnels similaires des administrations locales et provinciales (voir chap. V - art. 1 - § 2 A), sauf qu'aucun concours ne
précède les nominations à l'emploi de secrétaire stagiaire et sauf
aussi que les bacheliers métropolitains ne peuvent prétendre qu'à
la moitié des emplois vacants de commis de 5e classe au lieu des
deux tiers, l'autre moitié étant réservée aux agents du cadre
secondaire indigène réunissant les conditions voulues. — Le
cadre secondaire asiatique comprend : d'une part, des lettrés-
interprètes tamouls qui peuvent être hors classe, de cinq classes
ou stagiaires, ces derniers étant recrutés après concours parmi
les candidats d'origine hindoue connaissant le malais et le tamoul;
d'autre part, des secrétaires-interprètes principaux hors classe
et de trois classes, titulaires de six classes et stagiaires, ces derniers étant recrutés pour les deux tiers parmi les Chinois diplômés
du lycée franco-chinois de Cholon et pour un tiers parmi les candidats asiatiques (mais non point nécessairement chinois) admis
à un concours portant principalement sur la connaissance des caractères et de deux dialectes chinois. — Le cadre subalterne, qui
ne comprend que des indigènes, est chargé, à la différence des
précédents qui sont en principe employés à des travaux d'ordre
sédentaire, d'assurer le service actif tant dans les bureaux qu'au
dépôt des immigrants et de la main-d'œuvre agricole. Il comporte

les grades de surveillant-chef (quatre classes), surveillant principal (trois classes), surveillant (trois classes) et surveillant stagiaire, ces derniers étant choisis parmi les candidats justifiant de certaines connaissances en français, quôć-ngu ou caractères chinois et de préférence parmi les anciens sous-officiers indigènes.

Le Service de l'Immigration relève dans chacun des deux pays de l'autorité du Chef de l'Administration locale et y est placé sous la direction d'un *Chef de service*, avec cette particularité toutefois que celui de la Cochinchine exerce en même temps un contrôle technique sur le fonctionnement du service au Cambodge ; à défaut de fonctionnaire de l'Immigration possédant ce grade, l'emploi de chef de service peut être occupé par un chef de section ou par un administrateur ou administrateur adjoint des Services Civils. Les chefs de section secondent ou suppléent le chef de service et peuvent être suppléés eux-mêmes par les commis principaux et commis. Quant aux surveillants, ils sont chargés des dépôts provisoires des immigrants et de la main-d'œuvre agricole.

L'organisation du service qui nous occupe ne comporte pas de divisions territoriales, mais uniquement des bureaux à Saigon et à Phnom-Penh. Lorsque le concours des agents de l'Immigration est nécessaire sur un autre point de la Cochinchine ou du Cambodge, notamment à l'arrivée des navires amenant des immigrants, ces agents sont alors envoyés en mission au lieu intéressé.

B) — *Régime de l'immigration asiatique.* — Comme nous l'avons dit, ce régime a été organisé dans chacun des pays de l'Union, sauf à Kouang-Tchéou-Wàn où les Chinois, qu'il intéresse tout spécialement, sont considérés comme indigènes. Cette organisation étant plus particulièrement complète en Cochinchine, nous l'étudierons surtout en ce qui concerne ce pays et nous nous bornerons, pour les autres parties de l'Union, à indiquer les principales différences existant entre le régime de l'immigration qui leur est applicable et celui en vigueur en Cochinchine.

Il existe d'ailleurs, en plus des règlements spéciaux à chaque pays que nous allons passer en revue, quelques textes concernant la même question et applicables indistinctement dans toute l'Indochine. Nous citerons par exemple un arrêté du 9 juin 1914 sur la mise en observation, à leur arrivée dans un port indochinois, des immigrants asiatiques provenant d'un port contaminé de peste.

1° — *Cochinchine.* — L'immigration asiatique étrangère dans ce pays est règlementée, en tant que droit commun, par un arrêté du 16 octobre 1906 modifié ou complété les 19 juin 1910, 23 janvier 1912, 4 janvier 1917 et 27 octobre 1922.

Cette règlementation a pour base essentielle le groupement des Asiatiques étrangers ou assimilés résidant en Cochinchine en *congrégations*, constituées dans chaque province ou municipalité, qui sont : pour les Chinois, selon leur pays d'origine, les congrégations de Canton, de Foukien, de Triêu-châu, de Hainam et des Akas ; pour les Indiens des possessions anglaises de l'Hindoustan, celle des Musulmans et celle des Bouddhistes, selon leur religion ; enfin, éventuellement, deux autres congrégations groupant, l'une les Malais, les Javanais et les Arabes, l'autre tous Asiatiques étrangers non dénommés ci-dessus. A la tête de chaque congrégation comptant au moins cent membres ou à la tête de chaque groupe devant être constitué par la réunion de deux ou de plusieurs congrégations comptant chacune moins de cent membres, sont placés un *chef* et un *sous-chef de congrégation*, élus pour deux ans par leurs ressortissants sous réserve de l'approbation du Gouverneur. Sont électeurs : dans les provinces, tous les Asiatiques étrangers inscrits aux rôles des patentes ou de l'impôt foncier ; à Saigon et à Cholon, seulement ceux qui sont patentés hors classe ou des cinq premières classes ou qui paient une taxe foncière équivalente. Sont éligibles, dans toute la Cochinchine, les mêmes individus qui réuniraient à Saigon et à Cholon les conditions de l'électorat, pourvu qu'ils résident dans la colonie depuis deux ans au moins et n'y aient pas subi de condamnation.

Le chef et le sous-chef de congrégation, intermédiaires qualifiés entre l'Administration et la congrégation qu'ils dirigent, assurent la police de ce groupement et doivent inscrire tous leurs ressortissants sur un registre spécial où sont mentionnées leurs mutations successives et qui est soumis trimestriellement à la vérification du chef du Service de l'Immigration ou des chefs de province ou municipalité, lesquels tiennent de leur côté un contrôle analogue. Tout Asiatique étranger est tenu de faire partie d'une congrégation, sous peine d'expulsion s'il s'y refuse ou si la congrégation ne consent pas à l'accepter. Les congrégations sont responsables des agissements de leurs membres et en particulier du paiement de leurs impôts, et ont par contre le droit de percevoir sur eux des taxes dont le tarif est fixé par le Gouverneur.

Les nouveaux immigrants sont reçus à bord du navire transporteur par les agents de l'Immigration et par les chefs des congrégations s'ils débarquent à Saigon, ou doivent se présenter immédiatement aux chefs de province dans le cas où ils arrivent en un autre lieu de la Cochinchine. S'ils déclarent ne vouloir faire qu'un court séjour dans la colonie, ils reçoivent un *permis temporaire de séjour* valable trois mois et non renouvelable (coût 2$50) ou, s'ils sont porteurs d'un passeport délivré par un consul de France, ils sont autorisés à séjourner six mois en Cochinchine après simple visa de ce passeport (coût 2$50). Si au contraire ils déclarent leur intention de se fixer dans la colonie et s'ils sont acceptés par une congrégation, ils reçoivent un laissez-passer valable trente jours et doivent se présenter dans ce délai au chef du Service de l'Immigration dans le cas où ils veulent habiter Saigon ou Cholon et au chef de la province intéressée au cas contraire. Ils sont alors immatriculés et inscrits au rôle de l'impôt personnel et reçoivent un *permis de séjour* nominatif dont ils doivent toujours être porteurs au cours de leurs déplacements dans la colonie. Si ultérieurement ils désirent changer de résidence, le chef de la congrégation leur délivre en ce sens un certificat attestant le paiement intégral de leurs impositions et qui leur sert de titre de circulation pour se rendre dans leur nouvelle résidence après qu'il a été visé par le chef de province, lequel d'autre part retire le permis de séjour de l'intéressé et l'envoie directement à l'autorité de sa nouvelle résidence pour être restitué à son titulaire en échange du certificat précité et après nouvelle immatriculation. L'Asiatique étranger immatriculé en Cochinchine qui désire quitter temporairement cette colonie doit rendre son permis de séjour, qui lui sera d'ailleurs restitué à son retour, et reçoit en échange, après avoir justifié du paiement de ses impôts : s'il se rend au Cambodge, un *laissez-passer* spécial valable trois mois ou exceptionnellement un an; s'il se rend dans un autre pays de l'Union, un certificat de départ ou *permis de sortie* (coût 5$00); s'il se rend à l'étranger, un *passeport* valable un an (coût 15$00). Enfin, des dispositions spéciales visent les *laissez-passer de passagers* et les *permis de débarquement* qui peuvent être respectivement délivrés aux Asiatiques étrangers passagers à bord d'un navire en escale et à ceux faisant partie de l'équipage de ce navire.

Le régime ci-dessus est celui du droit commun. Mais un régime préférentiel a d'autre part été organisé par un arrêté du 16 août 1907 modifié le 4 janvier 1917 en faveur des Asiatiques étrangers inscrits à la hors classe ou à l'une des cinq premières classes des patentes, de ceux qui paient une cote foncière équivalente, des commanditaires des maisons de commerce, enfin des commis, compradores et notables agréés par le Service de l'Immigration sur la présentation du chef de congrégation. Ces individus sont inscrits sur un contrôle spécial tenu à la fois au Service central de l'Immigration et dans les provinces et reçoivent une *carte d'identité photographique* qui les habilite à débarquer librement des navires et qui leur permet, sous la simple réserve de déclarer verbalement leurs changements de résidence au chef du Service de l'Immigration ou au chef de province, de circuler librement dans toute l'Indochine et de s'y faire délivrer sans rentrer en Cochinchine les permis de sortie et passeports visés ci-dessus.

Il est délivré moyennant 15 $ 00 des duplicata des permis de séjour et cartes d'identité perdus.

2ª — *Cambodge*. — L'arrêté du 15 novembre 1919 concernant en ce pays le sujet qui nous occupe a été à peu près calqué sur la règlementation en vigueur en Cochinchine. La seule différence qu'il y ait lieu de citer est celle concernant le mode de désignation des chefs et sous-chefs de congrégation. Ils sont choisis par le Résident Supérieur en Conseil des Ministres sur une liste de présentation dressée par voie d'élection et comportant trois noms pour le chef et trois pour le sous-chef. Sont électeurs : dans les provinces, tous les ressortissants de la congrégation ; à Phnom-Penh, tous les congréganistes inscrits au rôle de la patente ou de la taxe foncière. Sont éligibles les mêmes individus qui, à Saigon et à Cholon, seraient seuls électeurs. D'autre part, il a été prévu que, au cas où une congrégation refuserait d'élire un chef ou un sous-chef, cet agent serait désigné d'office, sous réserve de l'approbation du Résident Supérieur en Conseil des Ministres, par le chef de province d'accord avec le chaufai-khet ou par le maire de Phnom-Penh d'accord avec le chef du Service de l'Immigration.

Notons aussi que les taxes afférentes à la délivrance des divers titres de circulation varient selon la situation de l'intéressé au regard du rôle des patentes ou de celui de l'impôt foncier.

3° — *Tonkin.* — Le régime de l'immigration en ce pays, tel qu'il a été fixé par un arrêté du 12 novembre 1913, modifié les 3 mars, 30 juin et 20 juillet 1916, 26 septembre 1919, 19 août 1920, 18 janvier 1922 et 6 octobre 1923, ne concerne en droit que les Chinois et diffère assez sensiblement de celui applicable dans les pays du sud.

Tout d'abord, il ne doit y avoir en principe dans une même province ou municipalité qu'une seule congrégation englobant tous les Chinois de la circonscription, à moins toutefois qu'il existe dans cette circonscription une exploitation agricole ou minière ou un chantier de travaux employant des Chinois, auquel cas ce groupement peut être autorisé à former une congrégation spéciale. Les chefs et sous-chefs de congrégation sont désignés comme en Cochinchine et pour le même laps de temps de deux ans. Tous les Chinois des provinces sont électeurs ; mais, à Hanoi et à Haiphong, l'électorat est réservé à ceux appartenant aux deux premières catégories de l'impôt de capitation. Les conditions d'éligibilité sont différentes selon qu'il s'agit des provinces ou des villes de Hanoi, Haiphong et Namdinh, et aussi selon qu'il s'agit d'un chef ou d'un sous-chef.

D'autre part, le régime auquel sont assujettis les Chinois au Tonkin est à certains égards plus rigoureux que dans le sud de la colonie. C'est ainsi que le laissez-passer délivré aux nouveaux immigrants n'est valable que pour quinze jours si la province où l'intéressé désire se fixer est limitrophe de celle de son lieu d'arrivée. De même, le permis de séjour, dénommé au Tonkin *carte de séjour* ou *carte d'immatriculation*, doit être renouvelé chaque année contre paiement de l'impôt personnel qu'il représente, doit porter la photographie de l'intéressé (coût 1 $ 00) et, d'autre part, n'est valable que dans la province d'immatriculation du Chinois, lequel ne peut en sortir même temporairement qu'avec un *laissez-passer* de 1 $ 00 valable quinze jours, sauf renouvellement de 1 $ 00. Cette carte de séjour doit toujours accompagner son titulaire dans ses déplacements et, contrairement à ce qui se passe en Cochinchine, elle ne doit pas lui être retirée en cas de changement définitif de résidence, mais alors le même laissez-passer que ci-dessus lui est en outre délivré.

Toutefois, les Chinois immatriculés aux deux premières catégories ne sont pas tenus, dans leur province, d'être porteurs de leur carte de séjour et peuvent se munir à leur frais d'une *carte d'identité photographique* soumise à un visa annuel gratuit.

Enfin, en raison de la proximité de la frontière chinoise, le régime du séjour temporaire est plus complexe au Tonkin que partout ailleurs. Il comprend, outre les *passeports diplomatiques* et les *passes provisoires* pouvant être délivrées par les consulats voisins de la frontière, des *cartes spéciales de pêcheurs* délivrées par le délégué administratif de la Cac-Ba aux patrons (5$00) et équipages (1$00 par homme) des jonques pratiquant la pêche sur les côtes du Tonkin et des *autorisations de franchissement de la frontière* (1$00) délivrées par les chefs de poste de la frontière, lesquelles autorisations peuvent ensuite être suivies, sous certaines conditions, de laissez-passer ordinaires à destination des provinces voisines.

Les Asiatiques quittant le Tonkin à destination de l'étranger ou d'un pays d'Indochine autre que l'Annam doivent se munir d'un passeport (6$00).

4° — *Annam.* — Moins importante en Annam que dans les pays précédents, l'immigration chinoise y est encore régie par un arrêté du 24 juin 1889 modifié les 3 septembre 1889, 11 septembre 1897 et 26 septembre 1898. Les congrégations reconnues sont au nombre de quatre, celle des Akas n'existant pas, et leur régime est, en principe, provincial. Aucune disposition ne règlemente les élections de leurs chefs et sous-chefs, dont les nominations sont soumises à l'approbation du Résident Supérieur en Conseil du Co-Mât et qui peuvent, dans le même cas et les mêmes conditions qu'au Cambodge, être désignés d'office par les Résidents. Comme au Tonkin, une *carte de séjour* avec photographie de 1$00 est délivrée à chaque Chinois et il doit toujours en être porteur. Les autres modalités du régime sont analogues à celles en vigueur au Tonkin. Une disposition spéciale, cependant, est que les commerçants inscrits aux deux premières catégories de l'impôt de capitation peuvent obtenir, moyennant 4$00, une *carte de circulation* qui est établie au nom de la maison de commerce et peut être utilisée par ses employés indistinctement.

5° — *Laos.* — L'immigration chinoise a fait l'objet en ce pays d'arrêtés des 24 décembre 1895 et 7 janvier 1919. Il doit y avoir dans chaque muong une congrégation dont tous les Chinois habitant le muong sont tenus de faire partie. Tous les membres de ces congrégations âgés de 18 ans au moins sont à la fois électeurs et éligibles aux élections de leurs chefs et sous-chefs, élections qui sont soumises à l'approbation du Résident Supérieur et qui confèrent un mandat de deux ans. Le titre d'immatriculation délivré porte le nom de *carte de capitation* et un *permis de circulation* (0$75) ou un *passeport* est nécessaire à son titulaire pour quitter la province où il est inscrit.

### § 3. — Règlementation générale concernant l'importation en Indochine et l'emploi de la main-d'œuvre étrangère aux exploitations agricoles et minières de la colonie

Cette règlementation résulte d'un arrêté du Gouverneur Général du 8 mars 1910, complété le 25 mai 1913 en ce qui concerne la main-d'œuvre javanaise. Elle est applicable dans toute l'Indochine. Toutefois, en ce qui concerne les exploitations agricoles de la Cochinchine, elle n'est pas applicable aux Asiatiques étrangers, autres que les Javanais, recrutés hors de l'Indochine postérieurement à l'arrêté du 11 novembre 1918 dont nous parlerons ci-après.

Tout exploitant agricole ou minier qui a préalablement obtenu du Chef de l'Administration locale intéressée l'autorisation d'introduire de la main-d'œuvre étrangère peut recruter dans le pays étranger pour lequel cette autorisation lui a été donnée, en se conformant à la règlementation dudit pays et sous réserve des conventions internationales, un nombre quelconque d'engagés âgés d'au moins 18 ans. Les contrats ainsi passés à l'étranger doivent être établis en triple expédition, être accompagnés de leur traduction en français et contenir obligatoirement certaines stipulations, notamment la reconnaissance du droit des engagés à la fourniture gratuite du logement, de la nourriture et des soins médicaux (s'il s'agit de Javanais, ce droit appartient aussi, en ce qui concerne le logement et les soins médicaux, aux membres de leur famille autorisés à résider avec eux), le montant des avances faites et une clause relative au rapatriement.

A leur débarquement, les engagés destinés aux pays du sud de l'Indochine sont reçus au dépôt de l'Immigration à Saïgon et ceux destinés aux pays du nord au commissariat de police à Haiphong. Le chef du Service de l'Immigration ou le commissaire de police, après s'être assuré de la régularité des contrats souscrits, les transcrit sur une *matricule générale* et en envoie une expédition au chef de la province intéressée qui à son tour la reproduit sur une *matricule provinciale.* Ce sera désormais ce chef de province qui sera chargé de contrôler directement l'exécution des contrats et de suivre les engagés. A cet effet, il établit au nom de chacun de ces derniers, d'une part une carte spéciale dont le port exonère l'intéressé de toutes charges fiscales, d'autre part un livret conservé par l'employeur qui doit y inscrire tous les renseignements de nature à influer sur la situation financière de l'engagé ou sur la durée de son contrat, tels que exemptions de service, paiements faits à l'engagé. ou pour son compte, montant des avances avec ou sans remise qui peuvent lui être consenties en cours de contrat jusqu'à un maximum de cinq mois de salaire (ces avances sont interdites en ce qui concerne les engagés javanais), retenues de salaire en vue du remboursement desdites avances, etc... En outre, l'employeur doit tenir un registre reproduisant pour chaque engagé les mêmes renseignements et en envoie tous les six mois au chef de province un extrait en deux expéditions dont une est transmise au chef du Service de l'Immigration à Saigon ou au commissaire de police à Haiphong.

Le mode de travail normal est le travail à la journée et, sauf exceptions prévues par son contrat, tout engagé doit fournir dix heures de travail par jour, les heures supplémentaires pouvant exceptionnellement être faites étant payées moitié en plus du salaire ordinaire. De son côté, l'employeur est tenu, d'une part de payer ce salaire dans les dix premiers jours de chaque mois et avec défense d'employer pour ces paiements l'intermédiaire d'un surveillant asiatique, d'autre part d'envoyer au chef de province ou au tribunal du ressort, selon le cas, les engagés qui auraient des plaintes à formuler, enfin de délivrer un *certificat de libération* aux travailleurs en fin d'engagement. Des dispositions spéciales fixent les conditions dans lesquelles les contrats peuvent être résiliés, annulés, transférés, prorogés d'office ou renouvelés, ainsi que les pénalités dont sont passibles les auteurs des infractions.

### § 4 — Dispositions spéciales concernant la règlementation de la main-d'œuvre agricole en Cochinchine

Comme nous l'avons dit, ces dispositions spéciales, inscrites dans un arrêté du Gouverneur Général du 11 novembre 1918 modifié les 17 janvier 1919 et 27 décembre 1923, visent les indigènes et asiatiques étrangers recrutés en Indochine et les étrangers autres que les Javanais recrutés hors de l'Indochine sous le régime institué par ledit arrêté. Elles s'appliquent aux louages de service constatés par tous contrats écrits autres que les contrats d'affermage ou de métayage souscrits suivant les coutumes indigènes.

Ces contrats écrits sont passés : si le recrutement a lieu en Cochinchine, sur le vu de la carte d'impôt de l'engagé et en présence du chef de la province ou de la municipalité ou de son délégué ; s'il a lieu dans un autre pays d'Indochine, dans les mêmes conditions, mais après une déclaration faite par l'employeur au Chef de l'Administration locale intéressée et après une visite médicale éliminatoire ; s'il a lieu à l'étranger, dans les formes prescrites par la règlementation du lieu et sous réserve des conventions internationales. Dans tous les cas, lesdits contrats, dont la durée ne peut excéder trois ans sauf faculté indéfinie de renouvellement, sont établis en français et dans la langue de l'engagé et en triple expédition. Ils sont remis ou transmis par l'employeur au chef du Service de l'Immigration à Saigon : soit, s'ils ont été passés en Cochinchine, dans le mois de leur passation ; soit, au cas contraire, dès l'arrivée à Saigon des engagés, lesquels sont alors reçus au dépôt de l'Immigration, facultativement s'ils proviennent d'un autre pays de l'Union et obligatoirement s'ils viennent de l'étranger. Après avoir vérifié ces contrats et y avoir recueilli les indications devant être mentionnées sur le contrôle général qu'il est chargé de tenir de tous les engagés travaillant en Cochinchine, le chef du Service de l'Immigration en transmet les trois expéditions au chef de la province intéressée, lequel en remet une à l'engagiste et à l'engagé.

Toutes les autres dispositions concernant les clauses obligatoires du contrat, les droits et devoirs respectifs des engagés et de leurs employeurs et en particulier l'exonération d'impôts dont bénéficient les premiers, la comptabilité à tenir par les engagistes,

etc... sont à peu près identiques à celles prévues par la règlementation que nous avons étudiée au paragraphe précédent.
Notons cependant : que la fourniture gratuite de la nourriture
et le rapatriement aux frais de l'employeur ne sont pas nécessairement des clauses obligatoires du contrat ; que le total cumulé
des avances faites aux engagés ne peut en aucun cas être supérieur à trois mois de salaires ; que la carte spéciale et le livret
dont nous avons parlé en étudiant l'arrêté du 8 mars 1910 sont
remplacés pour chaque engagé par le titre d'identité institué par
l'arrêté du 9 novembre 1918 (voir chap. X - art. 4) et qui est dans
ce cas obligatoire ; que l'employeur n'est tenu d'adresser qu'une
fois par an au chef de province et au chef du Service de l'Immigration l'extrait de ce registre concernant la situation des engagés, mais que par contre les mutations survenues doivent être
signalées mensuellement à ces fonctionnaires ; que le chef du
Service de l'Immigration doit au moins une fois par an envoyer
sur les plantations un agent chargé d'établir une fiche individuelle pour tous les engagés recrutés en Cochinchine depuis sa
précédente opération ; enfin que le Gouvernement peut, pour des
raisons sanitaires et après avis d'une commission spéciale, imposer à une exploitation agricole l'exécution de tous travaux
intéressant l'hygiène générale.

Ajoutons par ailleurs que la nouvelle règlementation du
travail agricole en Cochinchine a laissé en vigueur les dispositions de l'arrêté du 13 avril 1909 selon lesquelles les exploitations
agricoles comptant au moins 80 engagés et d'une superficie d'au
moins 400 hectares peuvent, sur la demande du propriétaire
et par arrêté du Gouverneur pris après avis ou sauf ratification
du Conseil Colonial, être organisées en villages astreints aux
mêmes obligations, jouissant des mêmes droits et administrés
à très peu près dans les mêmes conditions que les autres communes annamites, sauf que leurs habitants sont exemptés d'impôt
pendant les cinq premières années et peuvent l'être pendant les
cinq suivantes. Les engagés désignent eux-mêmes les notables
du village ainsi constitué et les ressources de ce village sont
alimentées, d'une part par une contribution annuelle que lui
versent les engagés, d'autre part par les revenus d'une terre qui
lui est attribuée en jouissance par le propriétaire et dont la
superficie, fixée par le chef de province de même que le quantum de la contribution susvisée, ne peut être inférieure à un

vingt-cinquième de la concession constituée en village.

### § 5. — Immigration annamite au Cambodge

Étant donné son importance, cette immigration a dû faire l'objet de dispositions règlementaires spéciales, contenues dans un arrêté du 31 décembre 1917. Les Annamites résidant au Cambodge, tout en étant placés non seulement sous l'autorité du Résident mais aussi sous celle des fonctionnaires cambodgiens, relèvent directement dans chaque province d'un chef de leur race, nommé par le Résident Supérieur en Conseil des Ministres, sur la proposition du Résident-Maire à Phnom-Penh et, dans les provinces, sur celle du chaufai-khet et l'avis du Résident. Cet agent concourt avec les autorités cambodgiennes à la police de la province en ce qui concerne les Annamites. Il tient pour chaque village un cahier nominatif de ces derniers, cahier que l'autorité provinciale vérifie en le comparant au contrôle des inscrits tenu par nationalité par le mékhum. Chaque Résident tient d'autre part à jour d'après ces cahiers un contrôle nominatif des Annamites de la province, contrôle qui sert de base à l'établissement du rôle numérique spécial les concernant. Le *chef des Annamites* est également chargé d'assister le mékhum pour le recouvrement des impôts dus par les indigènes de sa race, et ses ressortissants ne peuvent changer de province qu'après paiement de ces impôts et sur demande écrite adressée au mékhum et à lui-même et transmise à la Résidence. Il a le droit de choisir un suppléant ou sous-chef qui doit être agréé par le chaufai-khet et nommé par le Résident. Dans le cas où le nombre des Annamites nécessite la présence de plusieurs de ces sous-chefs, leur nombre est fixé par le Résident Supérieur en Conseil des Ministres sur la proposition du Résident.

### § 6. — Immigration dans les régions moïs de l'Annam

Cette intéressante question a été amorcée par un arrêté du Résident Supérieur en Annam du 30 juillet 1923 dont les dispositions se sont assez étroitement inspirées de celles de l'arrêté du 13 avril 1909, intéressant la Cochinchine, dont nous avons parlé ci-dessus. Cette règlementation, ou plus exactement un autre arrêté de même date, a prévu que le territoire des provinces de Kontum, du Haut-Donnai et du Darlac, ainsi que celui des régions moïs des provinces avoisinantes, seraient répartis par arrêtés du Résident Supérieur en trois zones, l'une dite *réservée* et dans laquelle nul ne peut pénétrer sans une permission spéciale, une deuxième dite *surveillée* dont l'accès est autorisé sous certaines conditions, enfin une troisième dite *libre* et ouverte au commerce et à la colonisation. Dans cette dernière zone, les exploitants agricoles français ou indigènes qui désirent faire venir de la main-d'œuvre annamite en provenance d'une autre province doivent en faire la déclaration au chef de la province où se trouve leur exploitation, lequel fait le nécessaire pour que les engagés soient mis en route après avoir été munis de titres d'identité. Ces Annamites, lorsqu'ils comptent vingt familles, peuvent alors être organisés en villages, dans les mêmes conditions que celles prévues en Cochinchine par l'arrêté susvisé du 13 avril 1909 et ils sont exempts, après immatriculation à la Résidence, de tout impôt pendant trois années.

Un troisième arrêté de même date a d'autre part décidé que, sur tous les territoires habités par les Moïs, indépendamment de la zone, aucune terre leur appartenant ne pourrait faire valablement l'objet d'un contrat quelconque passé avec un individu quelconque non autochtone sans avoir été au préalable approuvé par le chef de la province et, si la superficie intéressée dépasse 500 hectares, par le Résident Supérieur en Conseil de Protectorat.

## ARTICLE IV

### *SERVICE DU CONTRÔLE DES CONTRIBUTIONS DIRECTES*

Nous rangeons ce service dans le présent chapitre parce que, comme nous allons le voir, il n'a encore été organisé par voie règlementaire et à titre autonome que dans les grands centres de la Cochinchine et parce que, d'autre part, son fonctionnement est partout, sauf à Hanoi, Haiphong et Phnom-Penh, à la charge des budgets locaux.

Nous parlerons de son personnel et de son organisation, puis de ses attributions, et exposerons ensuite sommairement les principales caractéristiques des impôts directs et taxes assimilées dont la perception est actuellement autorisée dans chacun des pays de l'Union.

Rappelons pour mémoire que les impôts directs sont ceux dont le recouvrement est précédé d'une opération administrative d'établissement de la contribution ayant pour but de déterminer exactement d'avance la matière imposable et d'assigner à chaque contribuable la quote-part qu'il doit payer, tandis qu'au contraire le recouvrement des impôts indirects est opéré, à l'occasion de certains faits, par simple application d'un tarif fixé par l'autorité qualifiée et sans détermination préalable des redevables.

## § 1. — Personnel et organisation

Le Service des contributions directes ne dispose en Indochine d'aucun cadre spécial, pas plus français qu'indigène. Comme nous l'avons dit au chapitre V, ce sont les chefs de province et de municipalité, ou en réalité leurs adjoints, qui exercent dans leurs circonscriptions respectives les attributions relevant de ce service, avec l'assistance des agents indigènes normalement placés sous leurs ordres.

Toutefois, dans les grandes villes, où le service des contributions est particulièrement important, un fonctionnaire est chargé de l'assurer à titre exclusif. Il en est ainsi à Saigon et à Cholon, villes où le service qui nous occupe, créé à titre autonome par un arrêté du 27 décembre 1873 et réorganisé par arrêtés des 7 juin 1893 et 9 décembre 1899, est actuellement confié, dans la première à un fonctionnaire de l'Administration métropolitaine des contributions directes détaché en Indochine dans les conditions prévues par la loi du 30 décembre 1913 (c'est-à-dire pour une période maximum de cinq années renouvelable), dans la seconde à un contrôleur spécial qui a été nommé sur place par le Gouverneur Général, ces deux agents étant assistés, le premier d'un commis des Services Civils et chacun d'un certain nombre de secrétaires et agents subalternes indigènes détachés des cadres administratifs. De même, à Hanoi, un fonctionnaire du cadre des bureaux des Services Civils a été mis en service détaché à la municipalité pour remplir exclusivement les fonctions de contrôleur des contributions directes, avec l'assistance de quelques secrétaires indigènes provenant des cadres administratifs. Enfin, un agent détaché du même corps et un employé municipal sont respectivement chargés à Haiphong et à Phnom-Penh des mêmes attributions, mais concurremment avec d'autres emplois municipaux.

### § 2. — ATTRIBUTIONS

Les contrôleurs des contributions directes et les agents remplissant ces fonctions sont essentiellement chargés de la surveillance et de la direction de toutes les opérations relatives à l'assiette des impôts directs et des diverses taxes assimilées à ces impôts au point de vue de l'assiette, du recouvrement et du contentieux. Ils sont également chargés de l'instruction préalable des demandes en dégrèvement pouvant être formulées par les contribuables au sujet des mêmes impôts et taxes.

Dans la colonie, ces contributions sont toutes des *impôts de quotité*, c'est-à-dire que leur base seule est fixée d'avance et que leur produit reste indéterminé (il existe d'autres impôts directs, dits de *répartition*, pour lesquels c'est au contraire le total du rendement de l'impôt qui est fixé d'avance, sa répartition étant ensuite effectuée par les autorités qualifiées entre les différentes divisions territoriales du pays intéressé, puis entre les contribuables ressortissant à ces divisions). D'autre part, ces mêmes contributions, dont nous avons vu au chapitre IV dans quelles formes et conditions elles étaient établies par les autorités locales ou les souverains protégés, font toutes recette aux budgets locaux, sous réserve de ce qui a été dit au même chapitre concernant les droits reconnus en la matière par la Cour de Cassation aux municipalités régies par décrets et sous réserve aussi de la possibilité pour les administrations locales d'abandonner aux municipalités tout ou partie du principal des dites contributions, pour une période qui ne peut être ni inférieure à deux exercices (trois pour Phnom-Penh) ni supérieure à cinq, par arrêté du Résident Supérieur en Conseil de Protectorat ou par délibération du Conseil Colonial, arrêté ou délibération approuvé par décret s'il s'agit d'une municipalité régie par décrets et par arrêté du Gouverneur Général s'il s'agit d'une municipalité régie par arrêtés. Enfin, les produits auxquels leur recouvrement donne lieu à la charge des contribuables doivent être constatés par des états énumératifs dénommés rôles.

Ajoutons que le principal des contributions directes est susceptible d'être accru par l'imposition; au profit soit des budgets locaux soit des budgets provinciaux, municipaux ou communaux, de *centièmes additionnels* dits *ordinaires* lorsque les recettes en provenant ne sont pas obligatoirement destinées à faire face à une catégorie déterminée de dépenses et dits *spéciaux* lorsque ces recettes doivent recevoir une affectation particulière. Les centièmes profitant aux budgets locaux sont établis dans les mêmes conditions que le principal de la contribution à laquelle ils s'ajoutent (1). Les centièmes municipaux ou communaux sont votés par le Conseil ou la Commission municipale dans la limite d'un maximum fixé chaque année pour l'année suivante par arrêté du Gouverneur Général en Conseil de Gouvernement ou en Commission permanente s'il s'agit de Saigon, Hanoi ou Haiphong et par arrêté du Chef d'Administration locale en Conseil Privé ou de Protectorat s'il s'agit des municipalités régies par arrêtés (2).

A) — *Assiette.* — (décrets des 20 octobre 1911 et 30 décembre

---

(1) On trouvera cependant dans les publications officielles certains arrêtés, notamment celui du 23 novembre 1922, par lesquels le Gouverneur Général a établi lui-même des centièmes additionnels locaux, au lieu de se borner à approuver leur établissement. Nous estimons cette procédure nettement contraire aux dispositions de l'article 74 B du décret financier du 30 décembre 1912. Il n'y a aucune raison pour procéder pour l'accessoire autrement que pour le principal.

(2) En ce qui concerne les municipalités et en particulier actuellement celle de Saigon, on appelle communément « centièmes extraordinaires » ceux qui sont affectés à l'acquittement des dépenses du budget extraordinaire qui, comme nous l'avons vu au chapitre VI, constitue obligatoirement l'une des deux parties du budget municipal annnel, l'autre étant le budget ordinaire. Recevant ainsi une affectation particulière, ces impositions rentrent donc en réalité dans la catégorie des centièmes additionnels spéciaux.

Ces centièmes extraordinaires ne figurent pas aux budgets locaux, ces formations financières faisant habituellement face à leurs dépenses extraordinaires, qui d'ailleurs ne forment pas une partie spéciale de ces budgets mais seulement un de leurs chapitres, à l'aide de prélèvements sur leurs caisses de réserve.

1912). — L'assiette des contributions directes comprend pour chacune d'elles les opérations de recensement de la matière imposable, l'établissement des matrices des rôles, leur tenue à jour, enfin l'établissement des rôles eux-mêmes.

Le *recensement de la matière imposable* est effectué par les contrôleurs des contributions directes et les agents remplissant ces fonctions selon des modes variant avec les impositions, mais qui ne sont nullement exclusifs, l'un de l'autre : déclarations fournies par le contribuable lui-même sauf vérification ultérieure par le contrôleur, listes remises par les autorités des villages et les chefs des congrégations asiatiques étrangères, constatations faites et avis donnés par des commissions administratives ou municipales. Les *matrices* des rôles, qui à vrai dire n'existent guère en Indochine que dans les grandes villes, sont des volumes dans lesquels les contrôleurs des contributions directes doivent réunir tous les renseignements dont ils ont besoin pour asseoir l'impôt, assigner à chaque contribuable sa quote-part dans les diverses impositions et dresser les rôles. Une fois établies, ces matrices doivent être constamment tenues au courant des mutations qui se produisent dans la matière imposable : c'est ce qu'on appelle le *travail des mutations*. Enfin, le *rôle*, également établi par le contrôleur, est un extrait de la matrice contenant l'indication de chaque contribuable et celle de la somme qu'il a à payer tant en principal qu'en centièmes additionnels.

En France, tous les rôles sont nominatifs et chaque contribuable y figure individuellement à un article distinct. Il doit en être de même, autant que possible, dans les colonies. Toutefois, dans celles où l'organisation administrative encore incomplète ne permet pas d'identifier chaque contribuable, les Gouverneurs peuvent autoriser, par des arrêtés motivés et délibérés en conseil, l'établissement de rôles numériques émis au nom des villages dont le compte d'impôt est alors arrêté d'après le nombre présumé de leurs contribuables multiplié par le taux de la taxe individuelle. En Indochine, l'impôt foncier rural des villages indigènes et l'impôt personnel de leurs habitants, ainsi que les centièmes additionnels à ces contributions, sont constatés par des rôles numériques ainsi établis, et il est alors remis aux notables de chacun de ces villages considéré comme contribuable collectif un document spécial, dit *carte-quittance*, qui indique la somme due pour chaque impôt par la commune ainsi que le total de ces sommes et sur lequel il est ultérieurement donné décharge des paiements effectués. De même, en Cochinchine et au Cambodge, l'impôt personnel des Asiatiques étrangers non munis de la carte d'identité photographique est constaté par des rôles numériques pour son montant total dans les provinces et, à Saigon, Cholon et Phnompenh, pour le droit fixe qui constitue l'un des deux éléments de ce montant.

En principe, et sauf exceptions pouvant être prévues par la réglementation spéciale à tel ou tel impôt, les cotes dues au titre des contributions directes sont établies d'après la situation des contribuables au 1er janvier de l'année à laquelle ces contributions s'appliquent et pour cette année entière. Il en résulte que les rôles doivent être annuels. Rien ne s'oppose cependant (et l'intérêt des finances publiques l'exige) à ce que les produits qui auraient été omis ou insuffisamment constatés au début de l'exercice fassent ultérieurement l'objet de rôles dits *supplémentaires*, par opposition aux rôles dressés au commencement de l'année et dits rôles *primitifs*. En fait, de tels rôles supplémentaires sont généralement établis chaque trimestre.

Dès qu'ils ont été ainsi dressés par le contrôleur des contributions directes, les rôles primitifs et supplémentaires, ou plutôt ceux concernant certaines contributions, sont déposés dans les bureaux des chefs de province ou de municipalité pendant un délai déterminé durant lequel les intéressés peuvent les consulter et formuler leurs réclamations. Ils sont dans tous les cas transmis dès que possible au Chef de l'Administration locale intéressée, qui a seul qualité pour les rendre exécutoires après avoir statué sur les réclamations auxquelles ils peuvent avoir donné lieu. Ce haut fonctionnaire adresse ensuite de ces rôles, soit une expédition authentique au comptable supérieur du budget local, lequel prend dès lors l'impôt en charge, soit un état récapitulatif à l'agence spéciale (1) qui pourrait avoir été chargée du recouvrement desdits rôles. Il en envoie en même temps une autre expédition au chef de la province ou municipalité intéressée, lequel fait insérer au Journal Officiel un avis informant les contribuables que le rôle est mis en recouvrement.

---

(1) Il s'agit des agences spéciales dont il a été question au chapitre VII · art. 6 - § 2 - F.

Mentionnons en terminant une exception assez singulière au principe selon lequel le service de l'assiette de tous les impôts directs est confié au contrôleur des contributions directes. Cette exception est que, à Saigon, à Cholon et à Phnompenh, le Service de l'Immigration établit lui-même en ce qui concerne le droit fixe les rôles de l'impôt personnel des Asiatiques étrangers, et seul le droit gradué constituant le second élément de cet impôt est constaté, sur des rôles distincts des précédents, par les contrôleurs des contributions directes.

Ajoutons par contre que le rôle des contrôleurs en matière d'assiette n'est restreint ni aux seules contributions directes ni même aux seuls produits des budgets locaux. D'une part, en effet, ils peuvent être chargés par les ordonnateurs (et il en est ainsi notamment à Saigon et à Cholon) de l'émission des ordres de recette concernant certains produits des budgets locaux. D'autre part, ceux d'entre eux en résidence dans les villes pourvues d'un budget municipal ou communal sont chargés de diriger et de surveiller l'assiette de toutes les taxes dont le recouvrement au profit de ces budgets a été autorisé (décret du 30 décembre 1912 article 98).

B) — *Dégrèvements* (décrets des 5 août 1881, 22 février 1896 et 30 décembre 1912). — Il existe deux catégories entièrement distinctes de demandes de dégrèvement en matière de contributions directes et taxes assimilées : les *demandes contentieuses*, qui sont celles par lesquelles le contribuable se plaint d'avoir été indûment taxé ou surtaxé par suite d'une fausse application des règlements et en conséquence en violation de ses droits ; les *demandes gracieuses*, qui sont celles par lesquelles le contribuable invoque la perte totale ou partielle de ses revenus, provenant ou non d'un évènement extraordinaire, pour solliciter à titre de mesure de bienveillance une diminution de ses charges fiscales.

Les demandes de la première catégorie sont qualifiées demandes *en décharge* ou *en réduction* selon que la réclamation porte sur la totalité ou sur une partie de la cote litigieuse. Elles doivent être présentées par le chef de la circonscription administrative s'il s'agit d'un rôle numérique, par le contribuable en cause s'il s'agit d'un rôle nominatif, mais en tout cas dans les trois mois de la mise en recouvrement de ce rôle, au Chef de l'Administration locale intéressée. Celui-ci procède à une enquête, prend obligatoirement l'avis du chef de province et celui du contrôleur des contributions directes et saisit ensuite le Conseil du Contentieux, qui statue sauf recours au Conseil d'État. L'expertise est de droit si elle est demandée par l'Administration ou par le contribuable et les experts doivent alors être désignés dans les conditions énoncées par le décret du 22 février 1896.

Les demandes de la deuxième catégorie sont qualifiées demandes *en remise* ou *en modération* selon la même distinction que ci-dessus. Elles sont établies dans les mêmes formes et conditions que les demandes contentieuses, mais doivent être présentées dans le mois de l'évènement qui les motive. Bien que n'y étant pas obligé en ce qui concerne ces demandes, le Chef d'Administration locale prend généralement aussi l'avis du contrôleur des contributions directes et prononce ensuite à leur sujet (par arrêté si le dégrèvement est accordé) après consultation du Conseil Privé ou de Protectorat et sauf recours gracieux au Ministre des Colonies.

### § 3. — Contributions directes et taxes assimilées

On peut les classer en trois catégories : celles qui frappent les Européens ou les Asiatiques étrangers ou bien les uns et les autres ; celles qui sont perçues sur les indigènes ; celles qui frappent tous les contribuables indistinctement.

Cette classification, cependant, n'a rien de rigoureux et nous y verrons d'assez nombreuses dérogations, notamment en Cochinchine et au Laos. Nous l'adopterons néanmoins, à défaut d'une meilleure, et dirons ensuite quelques mots des centièmes additionnels qui s'ajoutent actuellement au profit des budgets locaux au principal de certaines des contributions ainsi classées.

**A) — *Impôts des Européens et Asiatiques étrangers.***

1º — *Taxe représentative de l'impôt personnel et des prestations* (délibérations du Conseil Colonial des 18 février 1920, 8 octobre 1920 et 28 octobre 1921 pour la Cochinchine ; arrêtés des 22 juin et 21 décembre 1920 pour le Tonkin, 19 juin 1920 et 12 octobre 1923 pour l'Annam, 15 juin 1920 pour le Cambodge,

3 juin 1920 pour le Laos et 20 septembre 1922 pour Kouang-Tchéou-Wan) — Cet impôt, qui a été établi dans les divers pays sur des bases à peu près identiques, ne frappe que les Européens et assimilés, à compter de leur majorité. Il est assis sur le revenu acquis en Indochine par le contribuable au cours de l'année précédant celle de l'imposition, revenu dont ce contribuable doit souscrire une déclaration dans un délai déterminé, faute de quoi il est taxé d'office par le contrôleur des contributions directes, qui d'ailleurs a toujours le droit de vérifier la sincérité de sa déclaration. Des dispositions spéciales visent le cas où un contribuable arrive dans le pays au cours de l'année, ainsi que celui où il en a été absent pendant tout ou partie de l'année précédente. Le minimum de la taxe est de 10$ et son maximum de 60$ en Cochinchine et au Cambodge et de 150$ dans les autres pays. Sauf au Cambodge, les revenus annuels inférieurs à 1200$ sont exonérés (en Cochinchine, seulement il s'agit des femmes et des personnes se consacrant à des œuvres de bienfaisance). Des réductions variant de 1/5 aux 3/4 sont accordées aux contribuables ayant des personnes à leur charge (en Cochinchine, cette réduction est de 10 % par personne à charge avec maximum de 70 % pour les revenus supérieurs à 6.000$). Enfin, sont seuls exempts dans tous les pays les militaires et marins à solde journalière et les retraités pour invalidité résultant de blessures de guerre.

2° *Impôt personnel des Asiatiques étrangers.* — Y sont assujettis à partir de 18 ans les individus considérés comme Asiatiques étrangers au point de vue des règlements sur l'immigration. La règlementation concernant cette contribution et les taxes qui lui sont assimilées varient sensiblement selon les pays. Elle n'existe pas et ne saurait exister à Kouang-Tchéou-Wan, où la population non européenne se compose à peu près exclusivement de Chinois considérés comme indigènes.

I. — *Cochinchine.* — (arrêtés des 9 février 1897, 12 janvier 1907, 20 octobre 1916 et délibérations du Conseil Colonial des 6 novembre 1911, 18 février 1920, 8 octobre 1920 et 28 octobre 1921) — L'impôt comprend un droit fixe de 15 $ et un droit gradué égal, jusqu'à concurrence d'un maximum de 4000$ dans la même circonscription, au montant cumulé du principal des patentes et des cotes foncières payées par le contribuable dans les différents lieux où il possède un établissement. Il est exigible dans la localité où l'intéressé a son principal établissement. Sont exempts les femmes, les infirmes, les chefs de congrégation, les individus employés dans les exploitations agricoles européennes, enfin les vieillards de 60 ans sous certaines conditions. Les autres contribuables sont classés, selon l'importance de leur cote, en une catégorie hors classe et cinq catégories. Une remise de $1/2 \%$ est accordée aux chefs de congrégation au nom desquels sont établis des rôles numériques dans les cas énoncés au paragraphe précédent.

II. — *Cambodge* (arrêtés des 2 janvier 1913, 15 novembre 1919, 22 septembre 1920, 2 octobre 1920 et 12 décembre 1923).— La similitude existant entre ce pays et la Cochinchine au point de vue de la réglementation de l'immigration a entraîné une similitude analogue au point de vue fiscal. Les seules différences à noter sont que, au Cambodge, le droit fixe est de 10 $, que le droit gradué comporte un maximum de 1500 $, que le nombre des catégories de contribuables est de six et que les chefs de congrégation ne sont pas exonérés de l'impôt mais perçoivent une remise de $3 \%$ sur le montant des rôles numériques établis à leur nom.

III. — *Tonkin.* — (arrêtés des 12 décembre 1885, 27 décembre 1886, 19 février 1889, 1er octobre 1890, 6 juin 1892, 14 avril et 15 décembre 1896, 1er juin 1897, 20 mai et 18 novembre 1902, 12 décembre 1913, 6 octobre et 10 décembre 1923) — La même contribution, dénommée en ce pays *taxe d'immatriculation* ou *impôt de capitation* et dont les rôles sont toujours nominatifs, comprend six classes à 150 $, 100 $, 50 $, 12 $, 8 $ et 35 $. Les Chinois employés au nombre de 25 au moins dans les exploitations agricoles, industrielles, minières ou les entreprises de travaux européennes sont classés dans la cinquième et les Asiatiques immatriculés dans les provinces autres que onze circonscriptions de la haute et de la moyenne région sont, sauf les coolies et les domestiques, obligatoirement classés dans l'une des quatre premières selon leur situation au regard du rôle des patentes ou de celui de l'impôt foncier.

Les femmes, enfants entre 5 et 18 ans, vieillards de 60 ans et infirmes qui ne sont ni propriétaires fonciers ni commerçants sont exonérés de l'impôt et reçoivent un *laissez-passer*, dit permanent mais renouvelable annuellement, du coût de 1$00, somme également perçue sur rôle (cette taxe est réduite à 0 $ 25 pour les membres des familles des ouvriers agricoles et miniers).

Enfin, dans 14 circonscriptions de l'intérieur, les Asiatiques étrangers autres que ceux employés dans les exploitations européennes sont assujettis, en outre de la taxe d'immatriculation proprement dite et sur le même rôle, à une *surtaxe* dont la quotité et les conditions de perception varient avec ces circonscriptions.

IV. — *Annam* (arrêtés des 11 septembre 1897 et 17 novembre 1923) — Les classes, dénommées *catégories*, sont au nombre de cinq, soit une catégorie exceptionnelle à 150 $ et quatre catégories à 120 $, 70 $, 20 $ et 1 $. La dernière doit comprendre les Chinois employés au nombre de 25 au minimum sur les exploitations européennes, ainsi que les Asiatiques étrangers de tout l'Annam qui ne sont ni patentés ni propriétaires fonciers ni employés. Les autres contribuables sont répartis entre les autres catégories sur les mêmes bases qu'au Tonkin. Les exonérés sont les mêmes que dans ce dernier pays, sauf que l'âge fiscal est 16 ans et non 18, mais leur laissez-passer personnel annuel ne coûte que 0 $ 50 et l'exemption dont ils bénéficient leur est acquise dans tous les cas.

Il n'existe pas de surtaxe au droit d'immatriculation, mais on perçoit sur rôle en Annam le prix de 1 $ 00 de la *carte photographique d'immatriculation*, produit qui au Tonkin est perçu sur ordre de recette.

V. — *Laos* (arrêté du 30 novembre 1900) — La taxe de capitation est fixée uniformément à 6 $.

VI. — *Disposition générale*. — Dans tous les pays où cette catégorie d'immigrants pourra se rencontrer, et en particulier au Tonkin où elle existe actuellement, les Asiatiques étrangers importés sous le régime de l'arrêté du 8 mars 1910 pour les besoins en main-d'œuvre des exploitations agricoles ou minières (voir article précédent § 3) doivent être inscrits sur un rôle spécial pour une taxe de 1$00, somme exigible de l'engagiste fsau remboursement par l'engagé.

3° — *Impôt des patentes*. — En Cochinchine (délibérations des 7 octobre 1920, 3 novembre 1921 et 26 novembre 1923), au Laos (arrêtés des 19 janvier 1914 et 6 août 1920) et à Kouang-Tchéou-Wan (arrêtés des 27 octobre 1922 et 30 juin 1924), cette contribution est réglementée sur des bases générales uniformes et indépendantes de la nationalité des patentables. Au contraire, la même règlementation varie d'après cette considération dans les pays de protectorat du Cambodge, du Tonkin et de l'Annam (1) et en conséquence, en ce qui concerne ces trois derniers pays, nous n'étudierons ici que la règlementation s'appliquant : dans le premier, à tous patentables autres que les Cambodgiens (arrêtés des 15 novembre 1919, 13 novembre 1920, 20 septembre 1921, 30 janvier et 30 juillet 1924) ; dans le deuxième, aux Européens et aux Asiatiques étrangers (arrêtés des 3 août 1912, 27 juin 1913, 1er décembre 1920, 19 septembre et 13 novembre 1922) ; dans le troisième, à tous patentables autres que les Annamites ( arrêtés des 29 juillet 1920 et 17 novembre 1923 ).

L'établissement des rôles de patentes est entouré de garanties particulières. C'est ainsi que les matrices en sont déposées dans les bureaux du maire ou du chef de province pendant un délai variant de dix à trente jours selon les pays et que les intéressés peuvent alors les consulter et formuler leurs réclamations, sur lesquelles il est prononcé après avis du contrôleur par le Chef de l'Administration locale (au Laos, par le chef de province). En outre, dans toute la Cochinchine et à Hanoi et Haiphong, le contrôleur des contributions directes est suivi dans ses opérations de recensement annuel par une commission administrative ou municipale dont la composition varie et qui a pour objet de le seconder dans la recherche de la matière imposable et de la détermination des éléments de la contribution. Il est, d'autre part, établi des rôles supplémentaires trimestriellement, et même mensuellement en Cochinchine et au Cambodge. Enfin, les cas d'exemption totale ou partielle de la patente sont déterminés de façon très précise par la règlementation.

Sauf au Laos, la patente se compose d'un *droit fixe* et d'un *droit proportionnel*, mais la Cochinchine est le seul pays où ces

---

(1) Nous voulons dire par là que, les traités ayant réservé aux souverains indigènes protégés le droit d'établir les impôts directs frappant leurs sujets, les patentes indigènes sont règlementées sur le territoire de leurs états par des actes distincts de ceux qui y établissent la même contribution à l'égard des Européens et Asiatiques étrangers. Ces actes sont en Annam et au Cambodge des ordonnances royales approuvées par le Gouverneur Général en Conseil de Gouvernement, au Tonkin des arrêtés du Résident Supérieur agissant en sa qualité de Kinh-Luoc et pris sous réserve de la même approbation.

En fait, comme nous le verrons plus loin, les bases de cette double règlementation sont à peu près les mêmes, sauf que les taxes applicables aux indigènes sont en général moins élevées que celles frappant les autres contribuables.

deux droits soient perçus sur tous les contribuables, sauf rares exceptions. Au Cambodge, au Tonkin et en Annam, le droit proportionnel n'est dû que par les patentés des municipalités, des chefs-lieux de province et des centres urbains. A Kouang-Tchéou-Wan, il n'est dû qu'à Fort-Bayard et à Tchékam.

I. — *Droit fixe.* — Il est dû par le patentable à raison de chacun de ses établissements ou magasins dans lesquels il est exercé une profession imposable. Au cas de plusieurs professions exercées dans le même local, un droit fixe distinct est exigible en principe en Cochinchine et peut être exigé au Laos pour chacune de ces professions ; dans les autres pays, il n'est perçu en ce cas que le droit fixe le plus élevé, légèrement augmenté au Cambodge.

En Cochinchine et au Cambodge, le droit fixe est déterminé : 1° — d'une part, en ce qui concerne les commerces et industries ordinaires, eu égard à la localité et selon une classification générale qui comporte 19 échelons en Cochinchine et 15 au Cambodge, la plupart de ces échelons se subdivisant eux-mêmes en trois cotes différentes selon que la profession est exercée à Saigon, Cholon et Phnompenh ou dans les chefs-lieux et centres importants ou dans les autres lieux, en sorte qu'en définitive le droit fixe peut varier de 1$ à 10.000$ en Cochinchine et de 1$ à 1.000$ au Cambodge ; 2° — d'autre part, en ce qui concerne certains commerces et industries dénommés (entreprises de transport, magasins de dépôt, plus, mais en Cochinchine seulement, marchands d'alcool, d'opium etc...), indépendamment de la localité et d'après des tarifs proportionnels spéciaux.

Le même système de détermination du droit fixe est en vigueur en Annam et à Kouang-Tchéou-Wan, mais seuls les entreprises de transport et les magasins de dépôt sont assujettis aux tarifs spéciaux indépendants de la localité. La classification générale applicable aux autres professions comporte : en Annam, 10 échelons et deux zones (centres urbains et intérieur) permettant l'établisssement de cotes de 3$ à 700$ ; à Kouang-Tchéou-Wan, 16 échelons et deux zones avec des cotes variant de 0$25 à 500$.

Au Tonkin, au contraire, tous les patentables relèvent de la classification générale, laquelle comporte 24 échelons et trois zones (Hanoi, Haiphong et Namdinh, autres chefs-lieux de provinces et centres urbains, intérieur) avec des cotes de 2$ à 3.000$.

Enfin, au Laos le droit fixe, qui à lui seul constitue la patente, est indépendant de la localité, varie de 1 $ à 500 $ selon 13 échelons et est augmenté d'un droit gradué de 75 % si le patentable est un asiatique étranger.

II. — *Droit proportionnel.* — Cette taxe, qui sauf en Cochinchine ne peut excéder le montant du droit fixe, est calculée en règle générale sur la valeur locative tant de l'habitation principale du patentable que des locaux servant à l'exercice de sa profession et aussi, mais en Cochinchine seulement, sur celle des locaux habités par ses employés et ouvriers mais alors sous condition que lesdits locaux soient utilisés pour l'exercice de la profession.

Le quantum du droit professionnel varie en Cochinchine de 1/30 à 1/12 selon le classement du patentable. Au Cambodge, il est de 1/30; au Tonkin de 1/30 pour les Européens et de 1/15 pour les Asiatiques étrangers. Dans les autres pays où il est perçu, il est uniformément de 1/30

III. — Ajoutons que, pour les patentés de la Cochinchine, du Cambodge, de l'Annam et des villes de Hanoi et Haiphong, le droit fixe de la patente est augmenté d'une taxe additionnelle perçue au profit de la Chambre de Commerce locale et dont le pourcentage, fixé par arrêté du Chef de l'Administration locale en Conseil sous réserve de l'approbation du Gouverneur Général en Conseil, est actuellement de 1 ½ % en Cochinchine, de 2 % en Annam (1) et dans les villes de Hanoi et de Haiphong et de 3 % au Cambodge.

B) — *Impôts des indigènes et assimilés.* — Étant donné la grande diversité des règles fiscales les concernant, il est préférable ici de suivre l'ordre des pays plutôt que celui des contributions. A noter d'ailleurs que certaines de celles que nous allons énumérer s'appliquent aussi aux Asiatiques étrangers.

1° — *Cochinchine.* — Il existe dans cette colonie un *impôt personnel* dû de 18 à 60 ans par les indigènes de toutes catégories, les Indiens originaires des établissements français de

---

(1) Les trois provinces du nord de l'Annam (Thanh-Hoa, Nghê-An et Ha-Tinh) ressortissant à la Chambre de Commerce de Hanoi, c'est le budget de cette compagnie qui profite de la taxe additionnelle perçue sur les patentables de ces circonscriptions

l'Inde et non renonçants (1), enfin les métis sino-annamites (minh-huong). Sa quotité est de 1 $. Sont exempts les infirmes, les boursiers des diverses écoles publiques, les tirailleurs, les réservistes pendant un an et les engagés agricoles pendant dix ans au plus (arrêtés des 5 novembre 1881, 15 décembre 1897, 8 novembre 1902, 8 mai 1913 et délibération du 18 février 1920).

2° — *Cambodge.* — *L'impôt personnel*, également dû de 18 à 60 ans par tout homme valide, varie avec le statut personnel du contribuable. Les Cambodgiens et assimilés, autres que les membres de la famille royale, certains dignitaires, les militaires et assimilés et les bonzes ou religieux munis d'un certificat spécial, paient une taxe de 2 $ 50 sur laquelle les mékhums collecteurs ont droit à une remise de 3 % (ordonnances royales des 20 septembre 1917, 21 juillet 1920 et 17 octobre 1921). Les Annamites, les Indiens sujets français non renonçants et les minh-huong paient tous 3 $ 10, somme sur laquelle le mékhum et le chef des Annamites se partagent par moitié une remise de 0 $ 20 (arrêtés des 31 décembre 1917, 3 avril 1919, 2 octobre 1920 et 3 août 1922).

Tous les assujettis à l'impôt personnel énumérés ci-dessus doivent aussi, mais seulement à partir de 21 ans en ce qui concerne les Cambodgiens, un *impôt des prestations* s'élevant à 4 $ à raison de dix journées obligatoirement rachetables à 0 $ 40. Le même impôt est dû également par les Asiatiques étrangers, mais il est alors porté à 8 $. La remise est de 3 %, à partager éventuellement entre le mékhum et le chef des Annamites (ordonnances des 20 septembre 1917 et 2 août 1920 et arrêtés des 31 décembre 1917 et 2 octobre 1920).

Enfin, *l'impôt des patentes* est établi pour les Cambodgiens sur des bases fixées par une ordonnance royale du 3 octobre 1919 et

---

(1) La question du statut des Indiens sujets français non renonçants au point de vue de l'impôt personnel a été réglée en Cochinchine par une délibération du Conseil Colonial du 11 novembre 1914, approuvée par arrêté du 5 août 1915, qui a assujetti ces contribuables aux mêmes charges fiscales que les Annamites sujets français. Elle l'a été aussi au Cambodge, dans le même sens, par les arrêtés organiques de l'impôt personnel indigène dont nous parlerons ci-après. Par contre, dans les pays du nord de l'Indochine, où ces contribuables sont d'ailleurs beaucoup moins nombreux que dans le sud, ladite question n'a jamais été réglée et, en fait, les intéressés se font inscrire tantôt au rôle personnel des Asiatiques étrangers, tantôt à celui de l'impôt personnel urbain indigène. Nous estimons que ce second mode de procéder est le plus régulier, même en dehors du territoire des concessions françaises.

à peu près identiques à celles visées ci-dessus relativement au même impôt perçu au Cambodge sur les patentables non cambodgiens. Le droit proportionnel, qui est de 1/30, est dû dans les mêmes lieux, exclusivement, que pour cette dernière contribution. Le droit fixe, lorsqu'il est perçu eu égard à la localité, varie selon 11 échelons, les trois échelons inférieurs étant exonérés et les huit autres faisant apparaître une taxe variant de 5$ à 1.000$ selon que le commerce est exercé à Phnom-Penh ou dans les chefs-lieux de provinces et centres urbains ou dans les autres lieux.

3° — *Tonkin.* — *L'impôt personnel* des indigènes est règlementé par les arrêtés des 2 juin 1897, 22 mars 1900, 2 décembre 1902, 6 janvier 1903, 7 mars 1914, 18 novembre 1916, 31 octobre 1919, 11 décembre 1919, 26 août 1920 et 11 décembre 1923. L'ancienne division en inscrits et non-inscrits n'existe plus, sauf pour les Thais de la Rivière Noire qui paient 2$50 ou 0$30 selon qu'ils sont classés dans l'une ou l'autre de ces catégories. Partout ailleurs, le principe est que tout indigène de 18 à 60 ans doit individuellement 2$50, et les seuls exempts sont les militaires et assimilés, les réservistes, les nhiêu-nam, les boursiers des écoles publiques et les infirmes. Toutefois, les populations Man, Muong etc.. de la région montagneuse paient un *impôt par famille* qui tient lieu à la fois d'impôt personnel et d'impôt foncier et dont la quotité varie de 1$50 à 3$50 selon la race des intéressés ou selon qu'ils cultivent des rizières de plaine ou de montagne ou se livrent au commerce.

Lorsqu'il s'applique aux indigènes habitant les centres urbains, l'impôt ci-dessus prend le nom *d'impôt personnel urbain* et est constaté par des rôles spéciaux.

Les *patentes indigènes* (arrêtés des 25 mars 1905, 3 août 1912, 3 novembre 1914, 7 avril 1916, 29 août 1916, 1er décembre 1920, 19 septembre 1922 et 13 novembre 1922) sont règlementées sur les mêmes bases que les patentes européennes. Il existe 24 échelons permettant de faire varier le droit fixe, dont la quotité dépend toujours de la localité, de 3$ à 3.000$ à Hanoi, Haiphong et Nam-Dinh et de 1$ à 3.000$ dans l'intérieur. Le droit proportionnel, perçu seulement à Hanoi, Haiphong et Nam-Dinh, est de 1/30.

Enfin, un impôt spécial au Tonkin est celui des *cents additionnels en remplacement des anciens affermages des bacs et marchés.* Cette taxe, qui a fait l'objet de très nombreux arrêtés concernant séparément les diverses provinces, est perçue à raison d'une somme variant de 0 \$ 12 à 0 \$ 22 par mâu de rizière et de 0 \$ 06 ou 0 \$ 05 par mâu de terrains. Elle est aussi payée par les Chinois à raison de 0 \$ 22 par contribuable.

*4° — Annam.* — L'impôt personnel s'y subdivise en trois contributions établies sur des rôles distincts : — *l'impôt des Annamites* (ordonnance royale du 15 août 1898), lesquels sont répartis à ce point de vue en *inscrits* payant 2 \$ 20 et *non-inscrits* payant 0\$40 (ces derniers sont ceux qui avant 1898 n'étaient pas assujettis à l'impôt des corvées), avec exemption en faveur des mêmes contribuables qu'au Tonkin et, en outre, en faveur des employés des services publics français et de l'administration indigène, des chánh phó lý et des ministres du culte ; — *l'impôt des châu muong du Nghê-An* (ordonnance royale du 8 octobre 1898), perçu à raison de 2 \$ 20 par maison ; — *l'impôt des Mois, Laotiens et Cambodgiens* (ordonnances royales des 9 octobre 1898, 11 avril 1905, 30 avril 1905, 16 décembre 1910, 31 août 1914, 28 octobre 1915 et 28 août 1917) recouvré dans les provinces au sud du Quang-Nam et qui est de 1 \$ 00 par foyer dans deux huyèn du Quang-Ngai, de 2 \$ ou 2 \$ 20 par homme au Phu-Yên et de 1 \$ partout ailleurs.

Comme au Cambodge, il existe en Annam un *impôt des prestations*. Les Annamites doivent cinq journées dont deux obligatoirement rachetables et trois facultativement rachetables, le taux général de rachat étant de 0\$20 mais pouvant être modifié par le Résident Supérieur en Conseil du Co-Mât (rapport du Conseil de Régence du 4 décembre 1908). Les Mois du Quang-Ngai et du Kontum doivent respectivement cinq ou dix journées facultativement rachetables à 0\$20 (ordonnances royales des 15 et 28 août 1915).

L'impôt des *patentes annamites* (arrêtés des 14 novembre 1901, 18 mai 1908, 4 décembre 1909 et 23 mai 1915) comporte, en ce qui concerne le droit fixe, une hors classe et six classes indépendantes de la localité, avec un minimum de 6\$ et un maximum de 300\$. Le droit proportionnel de 1/30 n'est perçu que dans les centres urbains, et sous réserve, pour la sixième classe, qu'il ne peut dépasser 2\$. Cet impôt présente en Annam ceci de particulier que seuls y sont assujettis les entrepreneurs de grands travaux, les propriétaires de chaloupes à vapeur ou de voitures de louage et les commerçants exerçant des professions rangées dans les trois premières classes.

5° — *Laos*. — *L'impôt personnel* indigène est règlementé par les arrêtés des 19 janvier 1914, 22 octobre 1914 et 6 août 1920. Tous les sujets et protégés français indochinois établis dans ce pays paient 2 $ 50 ou 0 $ 25 selon qu'ils sont classés comme inscrits ou non-inscrits, ces derniers devant appartenir à certaines catégories de contribuables énumérées, au nombre de six, par les arrêtés de 1914 susvisés. Sont exempts les fonctionnaires indigènes, les tasseng et naiban dont les circonscriptions respectives comptent plus de 100 ou plus de 10 inscrits, les militaires et assimilés, les bonzes et, pendant deux ans, les immigrants venus de l'étranger. Les tasseng et naiban se partagent par moitié une remise de 0$10 par carte d'inscrit.

*L'impôt des prestations* (arrêtés des 12 mai 1914 et 22 novembre 1915) frappe non seulement les indigènes de toutes races, mais encore les Asiatiques étrangers assimilés à ces derniers au point de vue de la législation à leur appliquer. Il est pour les Khas de vingt journées rachetables à 0 $ 10 et pour tous les autres assujettis de seize journées rachetables à 0 $ 25. Le rachat est obligatoire intégralement pour les Asiatiques étrangers et, pour les indochinois, dans une proportion déterminée chaque année par arrêté du Résident Supérieur.

Un impôt indigène spécial au Laos est la *taxe d'abonnement pour la consommation de l'alcool* (arrêtés des 13 novembre et 25 novembre 1900 et 13 octobre 1904) qui est payée à raison de 0 $ 50 par an et par famille laotienne et qui, pour les fabricants d'alcool indigène, est accru d'un droit de 20 $ par an et par appareil distillatoire.

6° — *Kouang-Tchéou-Wan*. — La seule contribution exclusivement indigène existant dans cette possession est un *impôt foncier et personnel* perçu sous la forme d'un contingent global fixé par village d'après quatre catégories entre lesquelles ces villages sont répartis suivant leurs facultés contributives et qui comportent des taxes pouvant varier de 1 $ à 100 $ pour la quatrième catégorie, de 100 $ à 500 $ pour la troisième, de 500 $ à 1.000 $ pour la deuxième et de 1.000 $ à 2.000 $ pour la première (arrêtés des 9 mai 1904 et 3 mai 1917).

C) — *Impôts d'application générale.* — Dans cette catégorie doivent entrer l'impôt foncier (urbain et rural), l'impôt des barques de rivière et quelques taxes d'application plus restreinte.

1° — *Impôt foncier urbain.* — Il frappe la propriété bâtie et la propriété non bâtie dans les agglomérations d'une certaine importance à l'exception des édifices publics, des temples des différents cultes et des établissements de bienfaisance. Il n'existe, en tant qu'intéressant spécialement et exclusivement la propriété urbaine, qu'en Cochinchine, au Tonkin, en Annam et à Kouang-Tchéou-Wan.

I. — *Cochinchine* (arrêté du 7 décembre 1910 et délibérations des 7 octobre 1920, 28 octobre 1921 et 7 décembre 1922). — Cette contribution est dénommée *impôt des centres.* A Saigon, la propriété bâtie paie : d'une part, 10$ par hectare, quelle que soit la situation de l'immeuble ; d'autre part, 5°/₀ de la valeur locative, déduction faite de 1/6 pour risques locatifs. La propriété non bâtie paie de 1 $ à 800 $ (sept échelons) par hectare selon la zone dans laquelle elle est située et, en ce qui concerne la troisième zone, selon son utilisation. Il y a en effet trois zones, dont la troisième comporte cinq catégories de terrains.

A Cholon, la propriété bâtie paie : d'une part, 200$, 100$ ou 10$ à l'hectare selon la zone : d'autre part, 4 °/₀ de la valeur locative. La propriété non bâtie paie comme à Saigon de 1$ à 800 $ par hectare selon sa situation par rapport aux trois zones et, éventuellement, aux cinq catégories de la troisième zone.

Dans les deux villes la taxe est réduite à 2$ pour les habitations en bois et paillottes, à 1 $ pour les paillottes.

Dans les centres autres que Saigon et Cholon, les terrains d'habitation paient de 0$001 à 0$02 le mètre carré selon le classement de ces centres en trois catégories et selon leur propre situation dans l'une ou l'autre des cinq, quatre ou trois zones que comprennent ces centres. Les constructions paient, en outre, une somme fixée de manière invariable selon leur type et selon la catégorie à laquelle appartient le centre. La combinaison de ces deux éléments donne une échelle de taxations ayant 0$50 comme minimum et 10$ comme maximum.

Enfin, hors de ces centres et notamment en ce qui concerne les marchés, les terrains d'habitation paient 3$ à l'hectare avec minimum de 0 $ 10 et les constructions de 0 $ 80 à 8 $ selon leur type.

Le classement des centres et la constitution des zones sont déterminés par des commissions administratives.

II. — *Tonkin.* — En vertu d'un arrêté du 27 décembre 1899, *une taxe foncière urbaine*, tenant lieu d'impôt foncier et de taxe d'éclairage, est perçue sur la propriété bâtie et non bâtie située dans toutes les agglomérations, autres que Hanoi et Haiphong, érigées en centres urbains par des arrêtés spéciaux, arrêtés qui d'autre part ont fixé les limites de ces centres et réparti leur superficie en deux ou trois zones. La quotité de la taxe varie selon la nature de la propriété assujettie et selon sa situation dans l'une de ces zones, et les limites de ces variations diffèrent elles-mêmes selon les centres urbains intéressés.

Dans l'intérieur des provinces et dans les centres auxquels l'arrêté susvisé du 27 décembre 1899 n'est pas applicable, les constructions en maçonnerie à étage paient, au mètre carré, 25 $ par hectare, celles en maçonnerie sans étage 15 $ et celles en bois ou paillottes 8 $ ; mais cet *impôt foncier* n'est dû, à la différence de la taxe foncière urbaine, que par les Européens et les Asiatiques étrangers (arrêté du 2 juin 1897).

Enfin, à Hanoi (arrêté du 25 août 1916) et à Haiphong (arrêté du 26 juillet 1923 complété le 30 juillet 1924), la contribution qui nous occupe est soumise à un régime spécial. A Hanoi, la propriété bâtie paie : d'une part, une taxe superficiaire variant de 0 $ 001 à 0 $ 017 le mètre carré selon que la voie publique sur laquelle elle a accès a été rangée par arrêté dans l'une ou l'autre de cinq classes prévues par la règlementation ; d'autre part, un droit de 4 $^0/_0$ sur sa valeur locative, déduction faite de 1/4 pour les maisons d'habitation et de commerce et de 1/3 pour les établissements industriels, laquelle valeur locative est arrêtée tous les cinq ans par le maire après avis d'une commission ; quant à la propriété non bâtie, elle ne paie que la taxe superficiaire ci-dessus. A Haiphong, la propriété immobilière est répartie entre six catégories, les trois premières spéciales aux constructions en maçonnerie, la quatrième à celles en bois ou paillottes et les deux dernières aux terrains, et la taxe varie de 0 $ 0008 à 0 $ 15 au mètre carré selon la situation de l'immeuble par rapport aux six zones, dénommées classes, entre lesquelles est réparti le territoire de la ville (un régime spécial de taxation à l'hectare, de 0 $ 305 à 4 $ 58, est applicable pendant dix ans aux rizières et cultures compris dans la nouvelle superficie cédée à la ville par l'ordonnance royale du 29 septembre 1923).

III. — *Annam.* — Il est perçu, selon des conditions variant avec les localités, un *impôt foncier urbain* dans dix agglomérations importantes de ce pays qui ont été érigées en centres urbains et pourvues de dotations immobilières par diverses ordonnances royales dont la première est en date du 20 octobre 1898.

IV. — *Kouang-Tchéou-Wan.* — Les immeubles bâtis ou non bâtis des villes de Fort-Bayard et de Tché-Kam paient, selon leur nature et selon leur classement dans l'une ou l'autre de trois catégories, une taxe variant de 0 $ 001 à 0 $ 05 le mètre carré (arrêté du 21 juillet 1919).

2° — *Impôt foncier rural.* — Sauf au Laos où elle n'existe pas et à Kouang-Tchéou-Wan où elle ne fait qu'un avec l'impôt personnel dont il a été question ci-dessus, cette contribution, comme la précédente, est en principe indépendante de la nationalité du propriétaire. Toutefois, dans les pays de Protectorat, certaines de ses règles d'application et de quotité varient selon qu'il s'agit des indigènes ou des autres contribuables.

I. — *Cochinchine.* — Selon leur rendement moyen à l'hectare, évalué par une commission administrative, les rizières sont rangées en six classes, la première afférente aux rizières donnant au moins 100 gia à l'hectare et la sixième aux rizières en friche. Elles paient selon ce classement un *impôt d'immatriculation des rizières* dont la quotité est de 2 $, 1 $ 50, 1 $, 0 $ 50, 0 $ 25 ou 0 $ 10 (délibération du 12 octobre 1910).

Les autres terrains sont répartis en quatre catégories selon les cultures qu'ils sont susceptibles de recevoir et paient *un impôt foncier des cultures variées* de 3 $, 2 $, 1 $ ou 0 $ 60 à l'hectare. Les terrains dont le revenu sert à l'entretien des édifices du culte sont exonérés. Certaines cultures à encourager sont exemptées provisoirement ou pendant un certain nombre d'années (arrêté du 9 septembre 1878 et délibérations des 8 octobre 1920, 7 décembre 1922 et 12 novembre 1923) (1).

---

(1) Bien que cette faveur n'ait été accordée qu'à titre provisoire par un arrêté du 20 décembre 1871, les terrains complantés en coton ont toujours été depuis exonérés de tout impôt foncier. Quant aux cultures qui bénéficient d'une exemption temporaire, ce sont les arbres à caoutchouc, les cocotiers, les caféiers et les arbres à huile. Exonérées pendant six ans si le terrain qui les porte a été concédé ou vendu par le domaine en vue de recevoir ces cultures et pendant cinq ans s'il s'agit d'un

II. — *Cambodge.* — Il existe en ce pays trois impôts fonciers ruraux différents.

*L'impôt des paddys* (ordonnance du 17 octobre 1921 et arrêté du 25 octobre 1921) est dû par tout détenteur de paddy et est basé sur le produit de la récolte. En vue du contrôle de la perception, les rizières sont classées en cinq catégories d'après leur rendement moyen à l'hectare. Ce classement est effectué pour les Européens par une commission provinciale et pour les autres contribuables par le mékhum sauf appel devant une commission communale. La quotité de l'impôt est : pour les Européens, de 4 $, 3 $, 2 $, 1 $ ou 0 $ 20 par hectare selon la catégorie de classement ; pour les indigènes de toutes races et les Asiatiques étrangers, de 0 $ 05 par thang (40 décimètres cubes) de paddy récolté, récolte que le propriétaire doit déclarer pour chaque rizière au mékhum. Pour les rizières nouvellement défrichées, la taxe est supprimée la première année et réduite de moitié la deuxième. Les autorités indigènes chargées du recouvrement se partagent une remise de 7 %. Enfin, des dispositions spéciales sont seules applicables dans la circonscription de Battambang.

*L'impôt sur les terrains de culture* (ordonnance du 17 octobre 1921 et arrêté du 25 octobre 1921) vise et répartit en quatre classes, selon la nature des cultures qu'ils sont susceptibles de recevoir, tous terrains cultivés ou non autres que les rizières. Ce classement est opéré dans les mêmes conditions que pour l'impôt précédent. La taxe est fixée par hectare pour tous les contribuables indistinctement et s'élève à 3 $, 5 $, 8 $ ou 12 $ selon les cultures. Toutefois le bétel paie par pied à raison de 0 $ 02 et le palmier à sucre par arbre à raison de 0 $ 10. Les terrains nouvellement défrichés sont exempts la première année et certaines cultures sont exonérées pendant cinq ou sept ans (1). Les mékhums et autres collecteurs communaux ont droit à une remise de 3 %.

---

terrain particulier nouvellement complanté en lesdites cultures, elles bénéficient ensuite d'une réduction d'impôt diminuant d'année en année et calculée de telle sorte que la taxe pleine n'est due qu'à partir de la onzième année dans le premier cas et de la dixième dans le second. En outre, les terrains affectés à la culture du mûrier ont été exemptés d'impôt pendant dix ans, à compter du 1er janvier 1924, par un arrêté du 12 décembre 1923.

(1) Cette exonération s'applique : aux mûriers, à titre provisoire, pendant cinq années à compter du 1er janvier 1922 ; aux aréquiers et aux hévéas, pendant cinq années à compter de celle de la mise en culture ; aux cocotiers et aux kapotiers, pendant sept ans à compter de la même date.

*L'impôt sur les poivres* (ordonnance du 20 décembre 1917 et arrêté du 31 décembre 1917) est fixé en nature, selon la hauteur des pieds de poivre au dessus de 1$^m$50, à 1, 2, 3 ou 4 taëls par pied, le taël valant 37 grammes 1/2. Il est acquitté en numéraire à un taux déterminé annuellement par le Résident Supérieur selon le cours des poivres. Les rôles sont établis après visite des poivrières par des commissions analogues à celles dont nous avons parlé au sujet des deux impôts précédents et sur la base des relevés tenus dans les khum et dans les Résidences. La remise aux collecteurs est de 3 °/₀ (1).

III. — *Tonkin.* — Comme l'impôt urbain, l'impôt foncier rural est établi dans ce pays d'après deux régimes distincts.

*Le régime du droit commun* (arrêtés du 2 juin 1897) comporte un classement des rizières en trois classes imposées à 1 $ 50, 1 $ 10 et 0 $ 80 par mâu (3600 mètres carrés) et un classement des cultures diverses, d'après leur nature, en quatre classes imposées à 2 $, 0 $ 50, 0 $ 30 et 0 $ 10 par mâu. Ces classements sont effectués par les chefs de province. Ce régime s'applique, indépendamment de la nationalité du propriétaire et de l'origine de la propriété collective ou individuelle en cause, à tous les terrains qui d'une part ne sont pas situés dans les centres urbains où est perçu la taxe foncière urbaine (voir ci-dessus) et qui d'autre part ne peuvent bénéficier du régime de faveur dont nous allons parler.

Ce *régime de faveur* a été organisé par les arrêtés des 20 décembre 1913, 28 octobre 1915 et 3 mars 1919. Il s'applique uniquement aux terrains dont l'origine de propriété consiste en une concession rurale accordée par le domaine, depuis plus de cinq ans (au-dessous de cinq ans il y a exemption totale) et depuis moins de vingt-six ans, à un Européen ou à un Annamite, à condition toutefois que cette concession ait été accordée dans une des régions du haut ou du moyen Tonkin déterminées par l'arrêté du 20 décembre 1913 susvisé. La tarification comporte un classement, effectué par le chef de province, en cinq catégories taxées par hectare à 2 $, 1 $ 50, 0 $ 80, 0 $ 30 et 0 $ 10, les deux premières comprenant concurremment les cultures diverses et les rizières d'un rendement moyen supérieur à 1000 kgs de paddy

---

(1) En ce qui concerne la détaxe des poivres, voir chap. X - art. 2 - § 3 B.

à l'hectare, la troisième les rizières de 800 kgs, la quatrième les autres rizières et les forêts, la cinquième les terrains non cultivés.

Sous les deux régimes, les terrains occupés par les édifices du culte et les cimetières sont exempts d'impôt et certaines cultures bénéficient d'une exonération temporaire ou provisoire (1).

En plus de leur impôt, les assujettis européens et asiatiques paient une contribution de 0 $ 01 par hectare au profit de la Chambre d'Agriculture (arrêté du 22 mai 1919).

IV. — *Annam.* — En ce qui concerne les Européens et Asiatiques étrangers (arrêtés des 19 mai et 4 octobre 1910), les rizières sont réparties en quatre catégories à 3 $ 07, 2 $ 45, 1 $ 63 et 1 $ 23 par hectare et les terrains divers en six catégories à 3 $ 07, 1 $ 43, 1 $ 03, 0 $ 82, 0 $ 41 et 0 $ 21. En ce qui concerne les indigènes (ordonnance du 15 août 1898), le nombre des catégories est le même et les taxes sont en principe : pour les rizières, 1 $ 50, 1 $ 20, 0 $ 80 et 0 $ 60 par mẫu; pour les terrains, 1 $ 50, 0 $ 70, 0 $ 50, 0 $ 40, 0 $ 20 et 0 $ 10 par mẫu. (Nous disons « en principe », car une ordonnance royale du 27 novembre 1923 a décidé que dorénavant le total d'impôt foncier obtenu pour chaque village par l'application de ces taxes de base serait majoré de 30 %) (2).

3° — *Impôt des barques de rivière* — En Cochinchine (délibération du 21 août 1914) et au Cambodge (ordonnance du 20 septembre 1917 et arrêté du 31 décembre 1917), il frappe toutes les embarcations de rivière, sauf certaines exceptions dans ce dernier pays, d'une taxe dont la quotité varie de 0 $ 60 à 4 $ (cinq échelons) pour les barques jaugeant au plus 16 tonnes et augmente ensuite de 0 $ 70 par tonne. Au Tonkin (arrêtés des 22 février 1889 et 20 décembre 1901) cette quotité est de 0 $ 20 pour les barques jaugeant moins de 10 piculs, de 1 $ pour celles jaugeant entre 10 et 20 piculs et, au dessus, de 0 $ 50 pour chaque unité indivisible de 10 piculs.

Dans les autres pays cet impôt n'est pas perçu.

4° — *Taxe de vérification des poids et mesures.* — Elle n'existe qu'en Cochinchine et au Cambodge (décrets des 27 octobre 1911

---

(1) Ces cultures sont celles du caféier et du théier. Les premières sont exemptées d'impôts pendant six ans à compter de la première mise en plants et paient ensuite 0$60 par hectare. Pour les secondes, la durée de l'exonération est de quatre ans et la taxe perçue ensuite est de 0$40 par hectare.

(2) L'institution de la même majoration de 30 %, devant s'appliquer à l'impôt foncier rural des Européens et Asiatiques étrangers, est actuellement en projet et sera sans doute réalisée à compter de 1925.

et 13 juin 1914) et elle varie dans ces deux pays de 0 $ 08 à 1 $ 25 par an selon l'objet vérifié

5° — *Taxes sur les véhicules*. — En Cochinchine (délibérations des 8 octobre 1920, 11 avril 1922, 17 mars 1923 et 12 novembre 1923), la taxe frappe concurremment la possession et la circulation: des autos, qui paient un droit fixe de 20$ ou 30$ selon leur grandeur et de 2$ par cheval-vapeur; des cycle-cars, pour lesquels ces droits sont respectivement de 15$ et de 1$; des motocyclettes, qui paient un droit fixe de 10$. Au Cambodge (arrêtés des 25 octobre 1921 et 26 juillet 1923), la taxe, qui frappe la circulation, est la même qu'en Cochinchine pour les autos et les cycle-cars, mais les motocyclettes ne paient rien. En Annam (arrêté du 22 octobre 1923), la taxe annuelle de possession ne comporte qu'un droit fixe qui frappe indistinctement les autos (10$ et 15$), les motocyclettes (5$), les bicyclettes (1$), les voitures (de 3$ à 12$) et les pousses (0$50 et 2$), mais le contribuable n'a pas à la payer s'il acquitte par ailleurs une autre taxe, dite de circulation, qui est payée mensuellement sur ordre de recette. Au Tonkin, la taxe sur les véhicules n'a pas encore été établie, mais doit l'être prochainement.

6° — *Taxe de capitation des éléphants*. — Cette taxe est perçue sur rôle au Laos, où les éléphants âgés de 10 ans et au-dessus paient 5$ par an et reçoivent une carte d'immatriculation signalétique qui doit les suivre dans leurs déplacements (arrêtés des 19 janvier 1914 et 22 novembre 1915) (1). En cas de perte de cette carte, un seul duplicata peut être délivré moyennant un droit égal à la moitié de la taxe de capitation et perçu sur ordre de recette (arrêté du 13 juin 1924).

7° — *Taxe sur les pêcheries fixes*. — C'est une contribution spéciale à Kouang-Tchéou-Wan où elle a été créée par arrêté du 4 mars 1913. Les pêcheries fixes sont classées suivant leur importance en six catégories et paient sur rôles 0$50, 1$, 2$, 3$, 4$ ou 5$ par an.

D) — *Centièmes additionnels locaux*. — Il s'agit là de contributions complémentaires qui faisaient autrefois recette aux

---

(1) Pour les autres taxes auxquelles donnent lieu, tant au Laos qu'au Cambodge, la chasse, la capture, l'immatriculation et l'exportation des éléphants, voir chapitre précédent art. 1 - § 3 C.

budgets provinciaux du Cambodge, du Tonkin et de l'Annam et qui, lors de la suppression de ces budgets, ont été maintenus et incorporés aux budgets locaux.

Au Cambodge (ordonnances des 20 septembre 1917 et 22 mai 1922 et arrêté du 31 décembre 1917), ils sont perçus sur le principal de l'impôt personnel indigène (les Cambodgiens, toutefois ne les doivent qu'à partir de 20 ans), de l'impôt personnel des Asiatiques étrangers, des patentes et de l'impôt des barques. Le maximum de leur nombre est de dix et ce nombre, fixé annuellement, est actuellement de quatre.

Au Tonkin, sont perçus : d'une part, des centièmes additionnels à l'impôt foncier indigène (arrêtés des 27 mai 1893 et 23 novembre 1922) dont la quotité est de 8 % dans les territoires militaires et les provinces de Langson, Laokay, Thainguyên et Sonla et de 10 % dans les autres provinces ; d'autre part, des centièmes additionnels à l'impôt personnel par familles recouvré dans la haute région, centièmes dont le taux a été fixé selon les circonscriptions par un arrêté du 9 décembre 1908.

Enfin, le fisc perçoit en Annam des centièmes additionnels dont le taux fixé annuellement est actuellement de 8 % sur l'impôt foncier indigène et l'impôt par familles des châu muong du Nghê-An (arrêté des 10 décembre 1903, 4 décembre 1905 et 4 avril 1913).

## ARTICLE V

*SERVICE DE LA VÉRIFICATION DES POIDS ET MESURES*

Il n'y a que peu de chose à dire sur ce service, qui n'est réellement organisé qu'en Cochinchine et au Cambodge et qui, même dans ces pays, ne dispose d'aucun personnel spécial, les fonctions de vérificateur des poids et mesures étant simplement confiées à Saigon et à Cholon au contrôleur des contributions directes et, dans les provinces, à l'agent des Services Civils qui dans les bureaux des inspections ou des résidences assure le service de la comptabilité.

L'usage du mètre, du gramme et du litre comme unités des mesures de longueur, de poids et de capacité a été rendu obligatoire en Cochinchine par un décret du 27 octobre 1911 et au Cambodge par un décret du 13 juin 1914. Ces textes, rédigés en termes à peu près identiques, ont déterminé les multiples et les sous-multiples de ces unités dont l'usage en tant que mesures effectives serait seul autorisé, fixé leurs noms dans la langue indigène ainsi que les matériaux devant servir à leur confection et la forme de chacune d'elles, interdit l'usage des instruments de pesage autres que les balances à bras égaux, les balances bascules et les romaines, enfin astreint les fermiers des marchés à se munir à leurs frais d'une série complète des poids et mesures légalement autorisés et dont les types sont déposés dans les bureaux du Gouvernement de la Cochinchine et de la Résidence Supérieure au Cambodge. L'agent chargé dans chaque circonscription des fonctions de vérificateur est assermenté et a qualité pour dresser procès-verbal. Il poinçonne à son bureau, après constatation de leur conformité aux prescriptions règlementaires, les poids et mesures destinés à être mis en service. Il doit se rendre chaque année dans chaque village, sans préjudice de visites inopinées toujours possibles, à l'effet d'y procéder à la vérification des poids et mesures et instruments de pesage en la possession des marchands, lesquels sont prévenus d'avance et doivent les présenter, et il les poinçonne, s'il y a lieu, à l'aide d'un poinçon dont le modèle varie chaque année. Ces vérifications annuelles donnent lieu à la perception de taxes qui sont recouvrées sur rôles collectifs.

Pour les autres pays de l'Union, la règlementation sur la matière se réduit aux textes suivants : arrêté du 2 juin 1897 fixant au Tonkin la valeur du thước à 0$^m$40 et celle du mâu à 3600 mètres carrés : arrêté du 10 juillet 1903 fixant à 60 kilos nets, dans toute l'Indochine, le poids du picul légal ; arrêté du 26 août 1912 modifié le 23 décembre suivant, maintenant dans les pays de Protectorat (autres que le Cambodge, depuis le décret susvisé de 1914) et dans les concessions françaises l'usage des poids et mesures indigènes consacrés par la coutume, mais interdisant l'emploi des poids, mesures et instruments de pesage basés sur une graduation étrangère.

# ARTICLE VI.

## *SERVICE DU PILOTAGE*

La profession de pilote, intéressant au premier chef la sécurité des navires, est non seulement étroitement règlementée mais encore exercée sous la surveillance immédiate des autorités administratives, et l'on doit la considérer comme constituant un véritable service public. Les personnes qui l'exercent ne sont pas à proprement parler des fonctionnaires, en ce sens que leur solde n'est inscrite à aucun budget public et qu'ils se constituent eux-mêmes leur retraite, mais ils jouissent d'un statut tout à fait analogue à celui des fonctionnaires en ce qui concerne le recrutement, l'avancement et la discipline.

Ce service est actuellement régi : en ce qui concerne la rivière de Saigon, par un arrêté du 15 février 1924 qui a remplacé toute la règlementation antérieure sur la matière ; en ce qui concerne les voies d'accès au port de Haiphong et aux ports en eau profonde de la partie sud de la baie d'Along, par un arrêté du 25 octobre 1910 modifié ou complété les 21 mai 1913, 15 janvier 1918, 6 octobre 1919, 24 août 1920, 20 mars et 16 juin 1921 et 7 mai 1923.

Nous étudierons plus spécialement le pilotage de la rivière de Saigon et nous bornerons, relativement au même service au Tonkin, à énoncer les principales particularités de son organisation.

### § 1. — SERVICE DU PILOTAGE DE LA RIVIÈRE DE SAIGON

Placé sous la haute autorité du Gouverneur, il est dirigé par un pilote ayant au moins dix années de service, choisi sur une liste de deux pilotes présentée par la corporation et nommé par le Gouverneur Général sur la proposition du Gouverneur. Le *Chef du Service du pilotage* ainsi désigné est chargé d'assurer le bon fonctionnement du service. Il obtempère aux instructions du directeur de l'exploitation du port de commerce de Saigon pour tout ce qui concerne la coopération des pilotes à la sécurité, à l'amarrage et aux mouvements des navires dans les limites du port. Il règle les questions de détail et tient la comptabilité et les archives sous le contrôle d'une *commission d'administration des caisses du pilotage* qui gère les trois caisses dont il sera question ci-après et qui, présidée par un administrateur des Services Civils représentant le Gouverneur, comprend le chef du service du pilotage, membre rapporteur, et un pilote dit « de commission » élu pour un an par ses collègues et remplacé en cas d'empêchement par un pilote dit « pilote adjoint » élu dans les mêmes conditions. Enfin, il est secondé : à Saigon, en ce qui concerne les mouvements des navires ne constituant pas des pilotages, par un pilote dit « de quinzaine » pris par roulement sur la liste d'ancienneté ; au Cap-Saint-Jacques, en ce qui concerne l'ensemble du service, par un autre pilote de quinzaine désigné de la même manière.

Le personnel du pilotage est fixé à vingt unités y compris le chef de service. Il comprend des *élèves-pilotes* et des *pilotes*, inscrits sur une matricule spéciale, tenue en double au Service de l'Inscription maritime et au Pilotage et sur laquelle sont enregistrés les évènements marquants de la carrière de chacun des intéressés.

Les candidats à l'emploi d'élève-pilote doivent avoir entre 30 et 40 ans et être de préférence officier de marine ou capitaine au long cours, ou à défaut capitaine de la marine marchande ou capitaine au grand cabotage colonial, officier marinier ou avoir navigué comme maître d'équipage sur les bâtiments du commerce. La limite d'âge minimum est avancée à 25 ans pour les officiers de marine et les capitaines au long cours. Ces candidats sont inscrits sur un registre tenu par le chef du Service du pilotage et nommés par arrêté du Gouverneur Général sur la proposition du Gouverneur au fur et à mesure des vacances dans le cadre des pilotes. Ils font alors un stage dont la durée est de six ou de neuf mois selon leurs titres antérieurs et au cours duquel leur instruction est dirigée par le chef du Service du pilotage. Ce stage terminé, ils subissent des examens pratiques et des examens théoriques devant une commission technique présidée par un lieutenant de vaisseau désigné par le Commandant de la Marine. En cas de succès à ces examens, l'élève pilote reçoit un brevet de pilote approuvé par le Gouverneur et enregistré à l'Inscription maritime. Dès lors et sans qu'il y ait lieu d'attendre la signature par le Gouverneur Général de l'arrêté de nomination, il est inscrit en tête de la liste de roulement de service sur laquelle les pilotes sont désignés à tour de rôle, sauf mise hors liste pour raison de santé, pour piloter les bâtiments sortant de Saigon.

Le service du pilotage de la rivière de Saigon, comprend deux stations : celle de Saigon, comportant la liste de roulement dont nous venons de parler et sur laquelle tout pilote entrant en liste prend le premier tour ; celle du Cap-Saint-Jacques, destinée au service des bâtiments venant de la haute mer et comportant une liste distincte analogue mais sur laquelle tout pilote entrant en liste prend le dernier tour. Le fonctionnement de ces listes, sur lesquelles le rang d'inscription détermine le tour de service des pilotes, est réglé par des ordres appropriés du chef du service.

Sauf les émoluments qui leur sont alloués en cas de maladie et peuvent leur être accordés en congé, les pilotes ne reçoivent pas de solde fixe. Ils font bourse commune, y compris le chef du service et aussi celui d'entre eux qui, d'accord avec la Compagnie des Messageries Maritimes, est spécialement affecté en principe au service des grands courriers tout en concourant au service général. Ils sont rémunérés sur le montant des frais de pilotage, lesquels sont perçus au profit de la corporation et ensuite partagés mensuellement entre ses membres, déduction faite d'une part des soldes d'hôpital et de congé susvisées et d'autre part des prélèvements opérés au profit des trois caisses dont il sera question ci-après. Cette répartition est effectuée au prorata des journées à solde entière effectuées par chaque pilote, étant entendu que la journée est acquise lorsque le pilote a figuré sur l'une des deux listes pendant 24 heures consécutives à compter de 7 h. du matin, lorsque pendant cette période il a fait un service quelconque ou rallié l'une des stations, enfin lorsqu'il est hors liste pour raison de service.

Le matériel affecté au service du pilotage est la propriété collective de la corporation. La valeur de chacune de ses parties contributives est estimée en francs et cette estimation doit être diminuée chaque année d'une certaine somme, fixée par la commission d'administration, correspondant au dépérissement de la partie intéressée. Mais, par ailleurs, cette diminution est compensée par un prélèvement sur les recettes acquises du pilotage, prélèvement dont le montant est aussi fixé chaque année par la commission d'administration et qui alimente une *caisse de réserve et d'amortissement* sur laquelle seront prélevées toutes les dépenses venant en augmentation de l'actif de la corporation. Il en résulte que, à tout moment, l'avoir collectif de la corporation est égal au total au même moment de la valeur du matériel et de l'actif de la caisse d'amortissement susvisée. Le quotient de la division de ce total par le nombre des pilotes indique par suite la part individuelle de chacun d'eux. Ce sera donc cette part que recevra, sous déduction de la partie lui incombant dans les dettes de la corporation, tout pilote quittant définitivement le service, et ce sera une somme égale qui devra être versée à la caisse d'amortissement par tout nouveau membre entrant dans la corporation.

En outre, les pilotes qui réunissent quinze années de services dont onze ans de service actif à la colonie depuis leur entrée en stage d'élève-pilote ont droit, s'ils demandent à être remplacés, à une pension de 6.000 frs. payée sur une caisse spéciale, dite *caisse de retraite*, alimentée par des prélèvements sur les recettes du pilotage dont la quotité est fixée par la commission d'administration. Cette caisse paie également des pensions d'invalidité, des pensions de veuves et orphelins et peut aussi accorder des secours et consentir aux pilotes des prêts productifs d'intérêt, le tout sur décision de la commission d'administration.

Enfin, une troisième caisse, dite *caisse des frais généraux*, alimentée par les ventes de matériel usé, les intérêts des sommes en banque et ensuite par un prélèvement sur les recettes acquises, supporte les dépenses qui ne viennent pas en augmentation de l'actif de la corporation et notamment la solde mensuelle de 150 $ des élèves-pilotes.

Sauf en ce qui concerne les bâtiments de la marine en Indochine, les voiliers au dessous de 80 tonneaux et les vapeurs au-dessous de 250, le pilotage est obligatoire pour tout navire entrant en rivière ou quittant Saigon, en ce sens qu'un navire refusant un pilote n'en doit pas moins acquitter les taxes de pilotage. Ces taxes sont principales ou accessoires. Les premières concernent la montée ou la descente de la rivière de Saigon et sont de 0 $ 10 par tonne de jauge nette pour les navires de commerce quels que soient leur chargement et leur mode de propulsion et de 0 $ 06 par tonneau de déplacement pour les navires de guerre, tarifs comportant une ristourne de 35 % en faveur des navires français ou battant régulièrement pavillon français. Les taxes accessoires sont les mêmes pour tous les navires et sont fixées au mille s'il s'agit d'un déplacement sur une partie seulement de la rivière, au fixe s'il s'agit d'un mouvement dans les limites du port, d'un dérangement inutile d'un pilote, etc...

Les droits et devoirs respectifs des pilotes et des commandants des navires pilotés sont déterminés par les articles 49 à 69 de l'arrêté du 15 février 1924. La base essentielle de cette détermination est que le pilote est l'auxiliaire et le conseiller responsable du capitaine, mais ne démonte pas ce dernier, qui conserve le commandement. Les pilotes doivent, d'autre part, coopérer en ce qui les concerne à l'application des règlements sur la police sanitaire maritime ainsi qu'à celle des mesures de police prescrites et exécuter les instructions que le Service des Douanes peut être appelé à leur faire transmettre.

L'organisation administrative du Service du pilotage, son effectif et les tarifs à percevoir ne peuvent être modifiés, par arrêté du Gouverneur Général sur la proposition du Gouverneur de la Cochinchine, qu'après avis du Conseil d'administration du Port de Commerce de Saigon et après consultation d'une assemblée présidée par un administrateur des Services Civils délégué du Gouverneur et comprenant : un membre du Conseil Colonial et un membre du Conseil municipal, un membre de la Chambre de Commerce et un membre du tribunal de commerce, non armateurs et non consignataires de navires ; le directeur de l'exploitation du port ; le chef du Service de l'Inscription maritime ; le chef du Service du pilotage ; deux armateurs et deux capitaines au long cours n'étant pas sous les ordres de ces armateurs ; le pilote de commission et le pilote adjoint.

### § 2. — Service du pilotage au Tonkin

Comme nous l'avons dit, nous ne parlerons de ce service que dans la mesure où son fonctionnement diffère de celui du service similaire et plus important de Saigon.

Le chef du Service du pilotage est le directeur des mouvements du port, lequel doit être un lieutenant de vaisseau nommé par le Gouverneur Général sur la proposition du Commandant de la Marine. Il est secondé dans ces fonctions par le capitaine du port et par ses officiers (1). Il est d'autre part assisté sous sa présidence, non point par une seule commission comme à Saigon, mais par deux : l'une, chargée de contrôler la comptabilité et de vérifier les comptes auxquels donne lieu la tenue des diverses caisses constituées pour les besoins du fonctionnement du service du pilotage, comprend le chef du Service de l'Inscription maritime, le capitaine de port et deux pilotes titulaires nommés pour un an par le directeur des mouvements du port ; l'autre, s'occupant des questions relatives au matériel commun du pilotage, comprend un délégué de la Chambre de Commerce, un armateur de Haiphong à la désignation de cette Chambre, le capitaine du port, un pilote élu pour un an par ses collègues et un capitaine au long cours pourvu d'un commandement.

L'effectif du personnel compte trois *élèves-pilotes*, deux *aspirants pilotes* et huit *pilotes titulaires*, ces derniers étant répartis en deux classes et le passage de la deuxième à la première s'opérant automatiquement dès qu'une vacance se produit dans la première classe ou qu'un pilote retiré vient à décéder. L'âge minimum exigé pour les nominations d'élève-pilote est de 24 ans et les candidats doivent être des marins de profession appartenant aux mêmes catégories qu'à Saigon. Le directeur des mouvements du port préside la commission du concours pour l'obtention du brevet d'aspirant-pilote, concours auquel les élèves-pilotes peuvent se présenter après un stage de six mois. Les aspirants pilotes sont ensuite nommés pilotes au fur et à mesure des vacances et d'après l'ordre de la liste d'admissibilité. Ils ne concourent pas en temps normal à l'exécution du service et sont simplement appelés à remplacer les titulaires en cas d'absence de ces derniers,

Le service du pilotage au Tonkin comprend trois stations à Haiphong, Hondau et Hongay, entre lesquelles le directeur des mouvements du port de Haiphong répartit les pilotes.

Trois caisses distinctes fonctionnent entre les pilotes et les aspirants-pilotes. L'une, dite *caisse commune*, est alimentée par les produits du pilotage, dont le recouvrement est assuré par la direction des mouvements du port ; après paiement des frais

---

(1) En fait, les fonctions de directeur des mouvements du port (et par conséquent celles de chef du service du pilotage) sont toujours en intérim depuis le 17 octobre 1912, date d'un arrêté qui a confié cet intérim au capitaine du port de Haiphong. L'arrêté du 15 septembre 1909, qui chargeait un lieutenant de vaisseau de la direction des mouvements du port, n'a cependant pas été modifié et est par suite en vigueur,

généraux et en particulier d'une part contributive à la solde du directeur des mouvements du port, son reliquat est partagé entre les pilotes et aspirants-pilotes, chaque pilote titulaire ayant droit à 1/8 s'il a été présent durant tout le mois et, au cas contraire, au quart de la part journalière ainsi calculée, le reste de la somme profitant alors à l'aspirant-pilote qui l'a remplacé. Une seconde caisse, dite *caisse de réserves et de secours*, est alimentée par les amendes pouvant être infligées aux pilotes par le capitaine du port jusqu'à concurrence de 15 $ et par le directeur des mouvements du port jusqu'à concurrence de 50 $, ainsi que par les retenues de solde qu'ils supportent en cas de suspension temporaire de leurs fonctions; elle sert à la constitution d'un fonds de réserve et au paiement des secours. Enfin une *caisse de remplacement* sert à payer une rente viagère de 6000 frs. aux pilotes titulaires âgés de 48 ans, réunissant quinze ans de service dont onze ans effectifs depuis leur nomination comme élève-pilote et qui obtiennent l'autorisation de se retirer, sur leur simple demande s'ils sont de 1re classe, mais seulement, s'ils sont de 2me classe, dans le cas où une commission a constaté que leur état physique ne leur permet plus de continuer leurs services. Cette dernière caisse est alimentée par des versements trimestriels des pilotes de 2me classe en service, mais le montant de ces versements est fixé à une somme sensiblement supérieure à celle qui serait suffisante pour assurer les rentes viagères des pilotes retirés, car l'avoir de ladite caisse est également destiné à payer éventuellement une solde aux pilotes de 2me classe en congé.

Tout pilote qui se retire reçoit en outre de son successeur (et non point, comme à Saigon, de la caisse commune) une indemnité dont la quotité, fixée dans chaque cas par la commission d'administration, représente le montant de la part contributive de ce dernier dans l'achat du matériel primitif et le renouvellement de ce matériel.

Les tarifs du pilotage applicables aux navires de commerce, chargés ou non, sont fixés par tonneau de jauge nette comme suit: 0 $ 03 de la mer à Haiphong ou à Hongay et réciproquement, avec minimum de 25 $; 0 $ 10 de la mer à Port-Courbet et réciproquement, avec minimum de 35 $; 0 $ 015 pour un changement de mouillage sur rade, avec minimum de 15 $; 0 $ 005 par mille pour les mouvements effectués hors des limites des ports et ne faisant pas partie du pilotage d'entrée et de sortie. Les navires de guerre paient 0 $ 05 par tonneau de déplacement. Les bâtiments de toutes catégories de nationalité française ou battant régulièrement pavillon français bénéficient d'une réduction de 15° /₀ sur les tarifs susvisés. Enfin les navires de guerre de la Marine en Indochine et ceux faisant le cabotage entre Mui-Ngoc (port de Moncay) inclus et Tourane inclus sont exempts de l'obligation du pilotage.

## ARTICLE VII

### *SERVICE DES FLOTTILLES*

A l'exception de l'Annam, il existe dans chaque pays de l'Union une flottille dont les diverses unités, à la disposition du Chef de l'Administration locale ou des chefs de province, permettent à ces fonctionnaires et à leurs délégués d'effectuer leurs tournées de service dans des régions qui pourraient difficilement être parcourues par voie de terre. C'est donc dans les pays du sud, où le réseau navigable est le plus étendu, que nous trouvons les plus importantes de ces flottilles, à savoir celle du Cambodge (14 chaloupes à vapeur dont une de mer) et celle de la Cochinchine (11 chaloupes à vapeur et une chaloupe à pétrole), sans compter les canots à vapeur ou automobiles et les embarcations à voiles. Ensuite viennent les flottilles du Laos (5 chaloupes et un hydroglisseur Lambert), du Tonkin (3 chaloupes) et de Kouang-Tchéou-Wan (une chaloupe).

Nous avons vu d'autre part aux chapitres VIII et IX que le Service des Douanes et Régies et celui des Travaux Publics disposent également chacun d'une flottille. La première, qui comporte surtout des chaloupes de mer affectées à la surveillance de la contrebande et éventuellement au transport des produits de régie, est de beaucoup la plus importante, tant comme nombre de bateaux que comme tonnage total, de toutes celles existant en Indochine ; nous avons déjà indiqué au chapitre VIII - art. 1 quelle était la répartition actuelle de ses unités entre les sous-directions du Service des Douanes. La seconde, à la disposition de chacune des circonscriptions territoriales des Travaux publics de la Cochinchine et du Tonkin, comprend principalement des baliseurs, dragues, remorqueurs et porteurs à vapeur.

Le personnel français qui assure le service de ces diverses flottilles a été unifié par un arrêté du 20 juin 1921. Les agents dont il se compose, nommés et avancés par le Gouverneur Général, sont mis par lui à la disposition des Chefs des Administrations et Services intéressés, lesquels les affectent aux organismes de centralisation de la flottille, par exemple les ateliers s'il s'agit de mécaniciens, ou au service d'une de ses unités. Ce personnel comprend : d'une part, un *personnel du pont*, qui comprend des capitaines de deux classes, des lieutenants de trois classes (l'obtention du brevet de capitaine au long cours est nécessaire pour l'accession à la 3e classe de ce grade) et des patrons de deux classes et stagiaires, ces derniers étant recrutés parmi les anciens seconds-maîtres de la Marine militaire appartenant à la spécialité de la timonerie ou de la manœuvre et ayant obtenu le brevet de maître au petit cabotage ; d'autre part, un *personnel de la machine* et des ateliers, qui comprend des chefs mécaniciens hors classe et de trois classes et des sous-chefs mécaniciens de trois classes et stagiaires, ces derniers étant recrutés parmi les anciens maîtres et seconds-maîtres mécaniciens de la Marine militaire et les candidats pourvus du brevet de mécanicien de 1re classe de la marine marchande.

Quant au personnel indigène, il n'a pas été unifié et en conséquence il est spécialement affecté à une flottille déterminée et régi par l'arrêté qui dans chacune d'elles a fixé son statut. Nous citerons, comme concernant la principale flottille, celle des Douanes, l'arrêté du 15 mai 1915, qui prévoit la hiérarchie suivante : pour le personnel de la timonerie, des patrons-pilotes chefs, des patrons-pilotes de deux classes, des dôi-patrons de deux classes, des cai-patrons de quatre classes et des matelots de trois classes ; pour le personnel de la machinerie, d'une part des mécaniciens-chefs de deux classes, des mécaniciens de quatre classes et des aides-mécaniciens, d'autre part des chauffeurs principaux de trois classes et des chauffeurs de trois classes. Mentionnons aussi, comme étant de date relativement récente, l'arrêté du 12 mai 1917 réorganisant le personnel indigène de la flottille du Laos, flottille pour les besoins de laquelle un atelier annexe de réparations a été d'autre part institué à Savannakhet par arrêté du 1er décembre 1922.

En ce qui concerne la police de la navigation, les chaloupes dépendant des diverses administrations et services publics sont placées, comme celles des particuliers, sous le régime de l'arrêté du 18 novembre 1900, dont les principales dispositions ont été analysées au chapitre IX - art. 2 - § 3 V. En particulier, les agents préposés à leur direction ou à la conduite de leurs machines doivent posséder au moins le certificat de patron breveté local ou de mécanicien breveté local. Toutefois, c'est par les fonctionnaires et agents qualifiés de ces administrations et services que la surveillance desdites chaloupes est exercée, sauf à eux à faire appel, s'ils le jugent utile, au concours de la commission de surveillance des bateaux à vapeur fluviaux.


# ARTICLE VIII

## *SERVICES SPÉCIAUX*

Sous ce titre global nous passerons rapidement en revue quelques organismes administratifs particuliers qui ne fonctionnent que dans un seul pays de l'Union, à savoir l'Inspection du travail en Cochinchine, la Direction des Arts cambodgiens et les imprimeries officielles du Cambodge et du Laos.

A) — *Inspection du travail en Cochinchine.* — Créée par arrêté du 28 novembre 1918, cette inspection est assurée, sous l'autorité du Gouverneur de la colonie, par un administrateur des Services Civils désigné par le Gouverneur Général et à la disposition duquel est placé un secrétaire indigène. Sa principale mission consiste à assurer l'application de la règlementation en vigueur en Cochinchine concernant la main d'œuvre et à étudier toutes questions y relatives. Les chefs de province et le chef du Service de l'Immigration, chacun en ce qui le concerne, le tiennent au courant par l'intermédiaire du Gouverneur de tous les faits intéressant les plantations ou la main d'œuvre. Il doit inspecter environ une fois par an, après avoir prévenu le chef de province, les concessions et exploitations agricoles placées sous le régime de l'arrêté du 11 novembre 1918 (voir même chapitre article 3 - § 3). Il peut aussi être chargé par le Gouverneur de visiter les autres concessions. Au cours de ces visites, il peut se faire accompagner d'un médecin ou de tout autre agent technique utile, reçoit les réclamations des engagés, peut pénétrer dans tous les locaux où ils ont eux-mêmes accès et a qualité pour dresser des procès-verbaux qui font foi jusqu'à preuve contraire.

L'Inspecteur du Travail n'est d'ailleurs qu'un agent de contrôle. Il ne peut donner aucun ordre direct, mais seulement constater et rendre compte au Gouverneur en proposant les sanctions nécessaires ou, en cas d'urgence ou de flagrant délit, saisir le chef de province ou le parquet.

B) — *Direction des Arts cambodgiens*. — Cet organisme, qu'il ne faut pas confondre avec l'école des arts cambodgiens de Phnom-penh dont nous avons parlé au chap. IX - art. 1 - § 6, a été créé par ordonnance royale du 31 décembre 1919 et organisé par un arrêté du Gouverneur Général du 9 août 1922. Il est chargé d'assurer la mise en pratique et la propagande des arts indigènes, ainsi que l'étude et la conservation des objets et œuvres d'art locaux intéressant les procédés et les traditions des arts du pays. Il en favorise la divulgation par des photographies, moulages, copies, etc... et, le cas échéant, par des expositions locales ou en participation aux expositions dans et hors la colonie. En outre, il assure, sous le contrôle scientifique de l'Ecole française d'Extrême-Orient, la conservation du Musée du Cambodge (1), ainsi que celle de la bibliothèque spéciale d'ouvrages et photographies intéressant le Cambodge qui lui est annexée et il poursuit toutes enquêtes et recherches susceptibles d'enrichir ce musée.

Le Directeur des Arts cambodgiens, qui peut être et est actuellement conservateur du Musée du Cambodge, est nommé par le Gouverneur Général sur la proposition du Résident Supérieur et l'avis conforme du Directeur de l'École française d'Extrê-

---

(1) Pour le Musée du Cambodge, voir chap. VIII - art. 9.

me-Orient et du Directeur de l'Instruction publique. Il est choisi, sur une liste dressée par une commission désignée par le Gouverneur Général, parmi les professeurs techniques hors classe ou principaux de l'école des arts de Phnom-Penh ou parmi les personnes possédant des titres spéciaux ou ayant exécuté des travaux artistiques réputés. Il est, en ce dernier cas, recruté sur contrat.

Le Directeur des Arts cambodgiens est assisté d'un comité local nommé pour trois ans par le Résident Supérieur et qui se réunit deux fois par an à Phnom-Penh. Il dispose d'autre part de quelques secrétaires et plantons détachés des cadres du personnel indigène des Résidences.

C) — *Imprimerie du Protectorat du Cambodge.* — Elle a été créée à Phnom-Penh sur le modèle de l'imprimerie coloniale de la Cochinchine, laquelle avait été organisée par décret du 12 septembre 1896 et fut supprimée par arrêté du 14 juin 1904.

Son personnel européen a été réduit par un arrêté du 8 mars 1910 à un chef d'imprimerie chargé de la direction, un sous-chef et un agent. Son personnel indigène, réorganisé par arrêté du 1er mars 1920, comporte une hors classe et trois classes de contre-maîtres, trois classes d'ouvriers principaux, quatre classes d'ouvriers titulaires et trois classes d'ouvriers auxiliaires, enfin des apprentis temporaires parmi lesquels se recrutent les ouvriers auxiliaires de 3me classe. En outre de ce cadre indigène régulier, quelques agents trop âgés pour avoir pu y être versés lors de son organisation constituent un personnel spécial appelé à disparaître par voie d'extinction.

Les agents européens sont nommés et promus par le Gouverneur Général, les indigènes par le Résident Supérieur.

D) — *Imprimerie du Gouvernement au Laos.* — Créée par arrêté du 12 mai 1917, elle est dirigée par un fonctionnaire de la Résidence Supérieure, qui est actuellement un commis indigène, sous les ordres directs du chef du bureau de la comptabilité. Son personnel, entièrement indigène et relevant uniquement du Résident Supérieur, comprend, outre les apprentis et un certain nombre d'agents non commissionnés, des contre-maîtres et des compositeurs-typographes, imprimeurs et relieurs qui peuvent être principaux de deux classes, titulaires de cinq classes et auxiliaires de six classes. Le tarif des travaux d'impression et de reliure exécutés par cet établissement sur commandes autres que celles de l'Administration locale a été fixé par un arrêté du 15 mai 1917 complété le 2 avril 1921.

---

# CHAPITRE XII

## SERVICES PROVINCIAUX ET SERVICES MUNICIPAUX

### ARTICLE PREMIER

#### *SERVICES PROVINCIAUX*

Nous employons cette expression parce qu'elle est d'usage courant, mais au fond elle ne correspond à aucune réalité, car à proprement parler il n'existe pas, même en Cochinchine, de services provinciaux. Nous avons dit en effet que les services publics étaient les organismes administratifs placés sous l'autorité et la direction des chefs des diverses administrations indochinoises et servant à ceux-ci de moyens et d'intermédiaires pour leur permettre soit d'exercer les attributions qui leur appartiennent sur certaines matières soit d'assurer le contrôle dont ils sont investis sur certaines autres. La présence de services publics auprès d'un chef d'administration ne saurait donc avoir une raison d'être qu'autant que ce chef d'administration possède en propre et tient de ses fonctions mêmes un pouvoir de décision ou de contrôle exercé selon des modalités dépendant de sa seule initiative. En d'autres termes, l'existence propre du service suppose nécessairement l'autonomie de l'administration à la disposition de laquelle il est placé. Cette condition nécessaire est d'ailleurs suffisante, car une administration exerçant son action en dehors de l'intermédiaire de tout service public ne se comprendrait pas plus qu'un service indépendant de toute administration. Aussi avons-nous constaté au cours des chapitres précédents qu'un grand nombre de services relèvent, selon des modalités différentes et dans des proportions variables, du Gouvernement Général ou des Administrations locales, car nous avons vu que chacun des pays d'Indochine constituait une personne publique distincte de celle de l'Union indochinoise et jouissait à ce titre de l'autonomie administrative et financière. De même nous verrons à l'article suivant qu'il existe certains services qui, bien qu'organisés par le Chef de la colonie comme doivent l'être tous ceux à l'égard desquels le pouvoir métropolitain ne s'est pas réservé ce droit d'organisation, n'en sont pas moins spéciaux aux municipalités, car les villes dotées d'un régime municipal constituent elles aussi des personnes publiques distinctes et leur autonomie, tout en étant strictement limitée au périmètre urbain, n'en est pas moins réelle.

Il en est tout différemment des provinces. Dans aucun des pays d'Indochine, en effet, ces divisions administratives ne jouissent de l'autonomie dont la possession serait la condition indispensable de l'existence sur leur territoire de services purement provinciaux. Tout d'abord, dans les quatre pays de protectorat, les circonscriptions de l'intérieur ne disposent plus de budgets particuliers, et à soi seul ceci constitue un obstacle absolu, tant que cette situation restera inchangée, à l'organisation sur leurs territoires respectifs de services qui ne pourraient être qualifiés de provinciaux qu'autant que leur action s'exercerait uniquement dans les limites de la province et que leur fonctionnement serait par suite à la charge de son budget. Quant à la Cochinchine, seul des pays de l'Union dans lequel les budgets provinciaux aient été maintenus, les ressources propres des provinces permettraient certainement à ces circonscriptions d'assurer à elles seules le fonctionnement de services qui leur seraient particuliers. Cependant, pour provinciaux qu'ils seraient à les considérer ainsi du seul point de vue budgétaire, ces services ne pourraient être qualifiés tels que s'il s'agissait d'entités administratives définies, pourvues d'un personnel propre et dont les rapports avec le chef de province auraient pour base, non point seulement leur subordination complète à ce fonctionnaire constitué leur seul chef immédiat, mais aussi le droit qui appartiendrait en propre à ce dernier, en vertu d'une délégation permanente et directe du Gouverneur Général considérée comme nécessairement attachée à ses fonctions, d'organiser le fonctionnement desdits services sur tous les points où il n'aurait pas déjà été réglé dans ses grandes lignes par le Chef de la colonie lui-même. Mais un tel pouvoir d'organisation des services publics, qu'il soit exercé à titre principal ou bien à titre secondaire et après une première intervention de l'autorité supérieure, présuppose nécessairement que celui qui l'exerce dispose personnellement d'une liberté d'initiative et d'action dont l'existence est elle-même conditionnée par celle de l'autonomie administrative, et non plus simplement financière, préalablement accordée à la région dont il est le chef. Or, nous avons vu au chapitre V - art. 1 que, pas plus en Cochinchine que dans le reste de l'Union, cette autonomie administrative n'appartient aux circonscriptions provinciales.

Il ne saurait donc exister, étant donné les conditions actuelles du fonctionnement des administrations provinciales, de services publics exclusivement attachés à ces administrations. Et il doit en être estimé ainsi même lorsqu'il s'agit, comme le cas se produit en Cochinchine, de certains personnels indigènes entretenus exclusivement par les budgets provinciaux mais dont le statut, fixé pour l'ensemble de la colonie par des arrêtés du Gouverneur Général ou du Gouverneur, est indépendant de la province dans laquelle ils sont employés et qui d'ailleurs ne constituent pas à eux seuls des organismes administratifs autonomes mais simplement le cadre inférieur du personnel d'un des services étudiés aux chapitres précédents (par exemple, le cadre, organisé par arrêté du Gouverneur Général du 11 août 1910 et dont nous avons parlé au chapitre XI - art. 2 - § 1, des agents du service pénitentiaire dans les provinces de la Cochinchine).

Une distinction doit cependant être établie, au point de vue qui nous occupe, entre notre colonie du sud de l'Union et les pays de protectorat. Dans ces derniers pays, en effet, l'inexistence des budgets provinciaux a pour conséquence que tous les agents en service dans les circonscriptions provinciales, même ceux d'entre eux qui ne sont pas commissionnés et constituent des individualités isolées n'appartenant à aucun corps organisé, sont payés sur le budget général ou sur le budget local du pays. En Cochinchine, au contraire, ces mêmes agents non commissionnés sont payés par les budgets régionaux et, comme par ailleurs ils n'ont aucun statut d'ordre général et relèvent exclusivement des chefs de province, ils peuvent être considérés comme constituant, non point des services, mais des personnels provinciaux.

Les agents appartenant à ces personnels provinciaux peuvent être rangés en trois catégories selon leur mode de recrutement et le caractère plus ou moins permanent des emplois qui leur sont confiés.

1° — Une *première catégorie*, de beaucoup la plus nombreuse, comprend les agents, recevant une solde mensuelle, qui sont employés à titre en principe permanent et régis par décisions de l'administrateur chef de la province. Leur hiérarchie est déterminée, non point par des grades comportant des appellations différentes ainsi qu'il en est dans les corps organisés, mais simplement par les augmentations de solde qui leur sont accordées par les chefs de province. Toutefois, afin d'éviter qu'il se rencontre entre les provinces une trop grande diversité quant au quantum de ces soldes et quant à la périodicité des avancements, un arrêté du Gouverneur de la Cochinchine du 13 octobre 1920, complété par une circulaire du même jour et par une autre circulaire du 24 février 1922, a fixé une échelle de soldes pour chacune des natures d'emplois énumérés par son texte et a prescrit qu'un minimum de deux années de services serait nécessaire pour que l'intéressé puisse se voir attribuer la mensualité immédiatement supérieure à celle dont il avait joui jusqu'alors.

Les personnels provinciaux, uniquement indigènes, dont les agents peuvent ainsi se réclamer des règles générales tracées par l'arrêté et les circulaires susvisés, sans que cependant ces textes leur aient donné un statut commun, sont à peu près les mêmes dans toutes les circonscriptions provinciales. Ce sont: des secrétaires, magasiniers et plantons affectés aux bureaux des inspections et des délégations et dont la solde peut s'élever par échelons successifs jusqu'à 1080 $ par an pour les secrétaires et les magasiniers et 408 $ pour les plantons, sous réserve toutefois, en ce qui concerne les secrétaires, que ce maximum ne pourra être atteint qu'après vingt années de services dans l'administration provinciale ; — des patrons, mécaniciens, chauffeurs et matelots de chaloupe, des mécaniciens de canot automobile, des chauffeurs d'automobile, des saïs et palefreniers, des jardiniers et des gardiens, ces divers agents assurant le service du matériel de transport à la disposition de la province et pouvant atteindre des maxima de solde annuelle variant de 264 $ (gardiens et jardiniers) à 864 $ (mécaniciens de chaloupe); — des infirmiers-vaccinateurs et des infirmières-accoucheuses, provenant de deux anciens cadres régionaux organisés par un arrêté du 25 août 1903 modifié le 2 mai 1907 et qui ne peuvent pour une raison quelconque, notamment parce qu'ils ne réunissent pas les conditions requises pour prétendre à une pension pour ancienneté de services à 55 ans d'âge, être versés dans les cadres locaux d'infirmiers et de sages-femmes de l'Assistance dont nous avons parlé au chap. IX - art. 3 - § 1 B ; — des aides-infirmiers et aides-infirmières assistant les précédents ; — des instituteurs cantonaux qui, de même qu'au Tonkin les tổng-sư de l'ancienne formation, n'appartiennent pas aux cadres réguliers du Service de l'Instruction publique et qui tirent leur origine d'un arrêté du 28 mars 1908 par lequel avait été antérieurement organisé l'enseignement élémentaire public des indigènes en Cochinchine ; — des professeurs de caractères chinois ; — des facteurs et des tung-gia affectés à la poste rurale ; — des jardiniers diplômés d'une école d'agriculture indigène et employés à l'aménagement des jardins publics des chefs-lieux ; — des dessinateurs des Travaux publics.

2° — Une *deuxième catégorie* d'agents provinciaux comprend ceux qui remplissent des fonctions dont la spécialisation n'a pas permis de les comprendre dans le tableau annexé à l'arrêté susvisé du 13 octobre 1920 concernant les personnels précédents. Les provinces sont autorisées à les recruter, soit selon contrats de durée limitée soumis à l'approbation du Chef de l'Administration locale soit exceptionnellement par voie de décisions du chef de province devant aussi être approuvées par le Gouverneur. Ce sont en général des agents techniques recrutés en raison de leurs connaissances spéciales, tels que agents-voyers, électriciens, contre-maîtres, surveillants, etc... Certains d'entre eux sont Européens, mais le plus souvent ils sont choisis parmi la population indigène.

*3°* — Enfin une *troisième catégorie* comprend des agents subalternes engagés sans formalités spéciales et selon les besoins par les chefs de province, payés à la journée, pouvant être licenciés sans préavis ni indemnité et recevant un salaire fixe d'après le prix moyen de la journée de travail dans la circonscription pour chacune des professions intéressées. Tels sont les cantonniers chargés de l'entretien des routes provinciales, les piqueurs et chaîneurs employés à la tenue à jour des plans et matrices cadastrales, les lampistes, hommes de peine, bouviers, coolies, etc.


## ARTICLE II

### *SERVICES MUNICIPAUX*

Nous parlerons d'abord de ceux de ces services dont l'organisation est la même dans toutes les municipalités de l'Union. Puis, passant en revue ces formations urbaines, nous exposerons sommairement les règles statutaires du personnel attaché à chacune d'elles et le mode de fonctionnement des services qui lui sont propres.


§ 1. — SERVICES D'ORGANISATION COMMUNE

A TOUTES LES MUNICIPALITÉS

Dans cette catégorie rentrent le contrôle des contributions directes, la recette municipale et la police urbaine. Ces trois services fonctionnent dans toutes les municipalités, sauf toutefois à Tourane où aucun fonctionnaire n'est spécialement chargé à titre principal du contrôle des contributions directes et où la police urbaine est simplement confiée aux soins du chef de poste de gendarmerie faisant fonctions de commissaire de police et assisté de quelques agents indigènes.

A) — *Contrôle des contributions directes.* — Ce service, bien que fonctionnant dans toutes les municipalités, ne leur est cependant pas particulier, car il ne se distingue pas de celui dont nous avons fait l'étude au chapitre XI-art. 4. Le décret du 30 décembre 1912 (art. 98) a en effet prescrit que, dans toutes les villes dotées d'un budget autonome, l'agent chargé de diriger et de surveiller l'assiette des contributions directes et taxes assimilées perçues au profit du budget local du pays intéressé exercerait les mêmes attributions en ce qui concerne les impositions dont le recouvrement au compte de la commune aurait été autorisé. Ce sont donc les mêmes agents dont nous avons déjà parlé qui assurent, concurremment avec les opérations de même nature intéressant les budgets locaux, d'une part la tenue des matrices, le travail des mutations et l'établissement des rôles des diverses contributions faisant recette aux budgets municipaux, d'autre part l'instruction préalable des demandes en dégrèvement, et ce qu'il s'agisse comme à Saigon et à Cholon de contrôleurs spéciaux commissionnés par le Gouverneur Général et payés par le budget local (1) ou au contraire, comme dans les autres municipalités, de fonctionnaires des Services Civils mis en service détaché à la disposition des communes et dont la solde est alors remboursée en totalité au budget local par le budget municipal.

Les conditions de fonctionnement du service qui nous occupe étant indépendantes du classement de la contribution en cause et ne présentant par suite aucune différence selon que le produit de cette imposition profite au budget local ou à un budget municipal, nous nous bornerons ici à nous référer aux développements que nous avons déjà exposés à ce sujet au chap. XI-art. 4-§ 2.

Quant aux diverses contributions directes et taxes assimilées recouvrées sur rôles et dont les contrôleurs ont à diriger l'assiette pour le compte des budgets municipaux, nous savons également que, de façon générale, elles peuvent comprendre : d'une part, le principal de tout ou partie des contributions directes locales perçues sur le territoire de la ville, lorsque l'abandon de ce

---

(1) Sous cette réserve toutefois que chacune de ces deux villes verse chaque année au budget local de la Cochinchine une part contributive aux dépenses du fonctionnement du service du contrôle.

principal à la municipalité a été décidé, pour une période qui ne peut être ni inférieure à deux exercices (trois pour Phnom-Penh) ni supérieure à cinq, par une délibération du Conseil Colonial en Cochinchine et dans les autres pays par un arrêté du Résident Supérieur en Conseil de Protectorat, délibération ou arrêté devant être approuvé par décret s'il s'agit d'une municipalité régie par décrets et par arrêté du Gouverneur Général si la municipalité tient son statut du Chef de la colonie ; — d'autre part, les centièmes additionnels au principal des mêmes contributions directes, centièmes dits spéciaux ou ordinaires selon que les recettes en provenant doivent ou non être affectées à une catégorie spéciale de dépenses, qui peuvent être votés par le Conseil municipal ou la Commission municipale dans la limite d'un maximum fixé chaque année pour l'année suivante par arrêté du Gouverneur Général en Conseil de Gouvernement ou en Commission permanente s'il s'agit de Saigon, Hanoi, Haiphong et par arrêté du Chef de l'Administration locale en Conseil Privé ou de Protectorat s'il s'agit des municipalités régies par décrets(1) ; — enfin, mais seulement en ce qui concerne Saigon, Hanoi et Haiphong, les contributions et taxes ressortissant à la catégorie des impôts directs que ces municipalités régies par décret ont le droit, selon un arrêt de la Cour de Cassation du 30 juillet 1918, d'établir par un simple vote du Conseil municipal approuvé par le Gouverneur Général.

Actuellement, celles des diverses impositions directes susvisées dont la perception sur rôles établis par le service du contrôle est autorisée au profit de chacune des trois grandes municipalités de l'Union sont les suivantes :

1° — *Saigon*. — Il est recouvré au compte du budget municipal :

d'une part, des centièmes additionnels ordinaires dont le nombre est fixé à 20 sur l'impôt foncier et sur le droit gradué de l'impôt personnel des Asiatiques étrangers, à 25 sur l'impôt des patentes et à 50 sur l'impôt personnel des Européens, sur l'impôt personnel des indigènes, sur le droit fixe de l'impôt personnel des Asiatiques étrangers et sur la taxe frappant les voitures automobiles et les cycles à moteur (le tout, bien enten-

---

(1) On peut assimiler aux centièmes additionnels le produit du rachat obligatoire des journées de prestation imposées à certains contribuables de la ville de Saigon.

du, lorsque la matière imposable a son assiette dans le périmètre urbain) ;

d'autre part, des centièmes additionnels spéciaux, affectés au paiement des dépenses du budget extraordinaire et constituant par suite des centièmes extraordinaires, qui sont au nombre de 20 sur le droit fixe de l'impôt personnel des Asiatiques étrangers, de 5 sur le droit gradué du même impôt et de 150 sur l'impôt personnel indigène ;

en troisième lieu, le produit du rachat obligatoire de journées de prestation qui, depuis un arrêté du 19 février 1890, sont imposées aux indigènes et assimilés et aux asiatiques étrangers inscrits à Saigon à raison de cinq journées par an pour chacun de ces contribuables et pour chacun des chevaux, bœufs, buffles, charrettes, pousses, voitures à chevaux, automobiles et barques leur appartenant ; le taux de ce rachat est actuellement, pour chaque journée, de 0$60 pour les indigènes et assimilés, 0$80 pour les asiatiques étrangers, 0$20 pour les chevaux, voitures, automobiles et barques et 0$10 pour les bœufs, buffles, charrettes et pousses ;

enfin, diverses taxes assimilées aux contributions directes et établies par la municipalité elle-même, lesquelles sont : une taxe annuelle sur les chevaux et voitures de maître dont la quotité est de 6$ par animal, de 12$ ou de 6$ par voiture à deux roues selon qu'elle est caoutchoutée ou non, de 24$ ou de 18$ par voiture à quatre roues selon la même distinction ; — une taxe trimestrielle de circulation frappant les voitures publiques et les pousse-pousse et qui est de 45$ sur les automobiles de louage, 20$ ou 18$ sur les voitures selon leur classe, 6$50 sur les pousse-pousse et 15$ sur les voitures de transport en commun à traction animale ; — une taxe de visite, également trimestrielle, payée à raison de 1$ par les voitures publiques de toutes catégories autres que les automobiles et les pousse-pousse ; — une taxe trimestrielle de circulation sur les charrettes à bœufs (8$) et sur les charrettes à bras (6$) ; — une taxe de 2$ par mètre carré et par an à laquelle sont assujettis les auvents faisant saillie sur la voie publique (1). Ces diverses taxes sont,

---

(1) La plupart de ces taxes ont été établies par la municipalité à la suite et en conséquence de la décision prise par le Gouvernement de la Cochinchine de cesser à compter de l'exercice 1921 l'abandon des impôts directs perçus sur le territoire urbain que le budget local avait jusque-là consenti à la ville de Saigon.

comme les contributions directes proprement dites, recouvrées sur des rôles établis par le contrôleur.

2° — *Hanoi.* — Le tiers environ des recettes du budget municipal provient de l'abandon qui lui a été fait par le budget local du Tonkin, dans la mesure où ces contributions sont perçues sur le territoire de la ville, d'une somme annuelle de 60.000 $ sur le produit de l'impôt personnel indigène et des huit dixièmes et demi du rendement de l'impôt foncier tant européen qu'indigène, de l'impôt d'immatriculation des Asiatiques étrangers et de l'impôt des patentes. Actuellement, cet abandon n'est en apparence consenti que pour les deux années 1924 et 1925, mais en réalité il est en quelque sorte obligatoire, au moins jusqu'en 1926 inclus, car il constitue la garantie donnée par le Protectorat à un emprunt de 1.500.000 frcs contracté par la ville de Hanoi à la Caisse nationale des retraites pour la vieillesse, emprunt dont l'amortissement ne sera achevé qu'en 1926.

D'autre part, la ville de Hanoi est autorisée à percevoir 10 centièmes additionnels municipaux ordinaires sur le principal des patentes chinoises et 5 sur le droit fixe de l'impôt foncier, des patentes et des droits d'immatriculation des Asiatiques étrangers.

Enfin sont également perçus sur rôles, à titre de taxe assimilée aux contributions directes précédentes et établie par un arrêté du Gouverneur Général du 2 février 1904, les droits d'occupation permanente de la voie publique qui grèvent les étalages, tables de café, poteaux autres que ceux des canalisations électriques, etc.

3°) — *Haiphong.* — Les mêmes contributions que nous avons dit être abandonnées pour les huit dixièmes et demi au profit de la ville de Hanoi sont également abandonnées, mais en totalité, au budget municipal de Haiphong, la durée de cette mesure étant aussi fixée à la période 1924 et 1925. Quant à l'impôt personnel indigène, il n'est pas perçu dans cette ville sur les bases en vigueur dans les provinces et le chef-lieu du Tonkin, mais sous la forme d'une « taxe indigène municipale », recouvrée sur ordres de recette, dont la quotité est de 2 $ par an et qui profite en totalité au budget municipal (arrêtés des 22 mars 1900, 31 janvier 1903 et 28 février 1914).

Les seuls centièmes additionnels municipaux perçus à Haiphong sont ceux, au nombre de 10, qui s'ajoutent à la taxe d'immatriculation des Asiatiques étrangers. Ils ne reçoivent, pas plus qu'à Hanoi, d'affectation spéciale et sont par suite compris dans les recettes ordinaires.

Sont enfin perçues sur rôles les taxes assimilées suivantes: taxe sur les appontements, taxe sur les auvents et marquises, droit d'occupation permanente des trottoirs, remboursement de la part incombant aux propriétaires dans les dépenses de construction de trottoirs, abonnements des services publics et des particuliers à la vente de l'eau et taxe sur les véhicules. Cette dernière mérite une mention particulière en ce sens que la ville de Haiphong est jusqu'ici la seule partie du territoire du Tonkin dans laquelle ladite taxe est recouvrée (1) ; elle a été établie par arrêté municipal du 28 novembre 1922 et sa quotité varie de 0 $ 50 par an pour les charrettes à bras à 6 $ pour les voitures à quatre roues caoutchoutées et à 2 $ par cheval-vapeur pour les véhicules automobiles.

B) — *Recette municipale.* — Nous savons que tout budget suppose nécessairement un comptable, chargé sous sa responsabilité d'effectuer les recettes et les dépenses intéressant ledit budget. Le comptable affecté à chacune des formations budgétaires municipales prend le titre de *receveur municipal* et ses fonctions sont définies tant par le décret du 11 juillet 1908 en ce qui concerne Saigon, Hanoi et Haiphong que par celui du 30 décembre 1912 dont les dispositions sur la matière sont applicables à toutes les municipalités.

Nous avons vu au chapitre VII – art. 6 que, sauf le droit appartenant aux villes dont le revenu dépasse 100.000 frs de demander la nomination d'un receveur spécial, cet emploi est réservé dans chaque municipalité au principal comptable du Trésor en fonctions dans la localité et qu'en fait il est actuellement occupé par le Trésorier général à Hanoi, par le Trésorier-payeur de la Cochinchine à Saigon, par le Trésorier particulier du Cambodge à Phnom-Penh, enfin par le payeur chef de place à Haiphong et à Tourane. Les Trésoriers qui sont ainsi constitués receveurs municipaux sont assistés dans l'exercice de ces fonctions supplémentaires par un commis principal ou un commis de Trésorerie.

En ce qui concerne les recettes urbaines, le receveur municipal a pour mission : de recevoir et de prendre en charge, après

---

(1) Il est très probable que, à compter de l'exercice 1925, cette même taxe sera établie, non seulement à Hanoi, mais aussi dans le reste du Tonkin.

qu'ils ont été rendus exécutoires par le Chef de l'Administration locale, d'une part les rôles d'impositions, taxes et cotisations communales, d'autre part les états dressés par le maire en vue de la perception de toutes autres recettes municipales pour lesquelles les règlements n'ont pas prescrit un modèle spécial de recouvrement ; — de recevoir également une expédition de tous les baux, contrats, jugements, déclarations et autres titres concernant les revenus dont la perception lui est confiée, titres dont le receveur peut en outre réclamer au besoin les originaux ; — de faire sous sa responsabilité toutes les diligences nécessaires pour la perception des revenus urbains et en particulier de faire contre les débiteurs en retard, à la requête du maire, les exploits, significations, poursuites et commandements utiles ; — d'avertir l'autorité municipale de l'expiration des baux, d'empêcher les prescriptions, de veiller à la conservation des domaines, droits, privilèges et hypothèques.

En ce qui concerne les dépenses municipales, le même comptable est chargé d'acquitter les mandats émis par le maire, en se conformant aux mêmes règles que celles applicables au budget du service local (voir chap. VII - art. 6 - § 3 - C) et jusqu'à concurrence des crédits régulièrement accordés.

Chaque receveur municipal fournit un compte annuel de gestion qui, après avoir été visé par le comptable supérieur du pays si ce receveur n'est pas lui-même un des Trésoriers de l'Union, est soumis à la délibération du Conseil municipal avant le 30 juin de l'année qui suit celle pour laquelle il a été rendu, puis transmis pour le 1er septembre au Chef de l'Administration locale qui l'arrête (1) et l'envoie au cours du même mois à la Cour des Comptes, laquelle le juge dans les mêmes conditions

_______________

(1) En ce qui concerne Saigon, Hanoi et Haiphong, cet arrêté doit intervenir en Conseil Privé ou de Protectorat, car l'art. 113 du décret du 11 juillet 1908 qui régit ces municipalités a formellement prévu la consultation en ce cas de ce Conseil, et d'autre part on ne saurait à notre avis soutenir que le décret du 30 septembre 1912 a abrogé cette disposition pour cette seule raison qu'il ne l'a pas expressément reproduite. Au contraire, les textes locaux qui ont organisé les municipalités régies par arrêtés n'ont pas fait obligation aux Chefs d'Administration locale de consulter en la matière les Conseils dont il s'agit (ils n'en ont pas moins, bien entendu, la faculté de la faire, s'ils l'estiment opportun).

Quant aux deux termes « apurer » et « arrêter », employés le premier par le décret de 1908 et le second par les textes locaux susvisés, on doit les considérer comme synonymes en fait, les comptes des receveurs municipaux étant actuellement tous soumis à la Cour des Comptes et en conséquence le Chef d'Administration locale n'ayant pas qualité pour les régler définitivement.

que les comptes des autres comptables (voir chap. VII - art. 6 - § 4 - A) (1).

Rappelons d'autre part que le Directeur des Finances et le Directeur du Contrôle financier sont investis, le premier d'un droit de surveillance générale et le second d'un contrôle direct, sur le fonctionnement des services financiers des municipalités régies par décrets, et par conséquent sur les comptes de leurs receveurs. Et ajoutons que les arrêtés des 27 juin 1912 et 7 septembre 1915, organiques des municipalités de Cholon et de Phnom-Penh, ont attribué aux directeurs des bureaux du Gouvernement de la Cochinchine et de la Résidence Supérieure au Cambodge le droit de suivre mensuellement la comptabilité du receveur municipal de l'une ou de l'autre de ces villes.

Aux termes d'un arrêté du 21 mars 1924 qui a remplacé la règlementation antérieure sur la matière, les receveurs municipaux sont rémunérés, dans la limite d'un maximum de 5.000 $ pour les Trésoriers et de 3.500 $ pour les préposés du Trésor, au moyen d'un traitement fixe arrêté pour cinq ans par le Chef de l'Administration locale sur la proposition du Trésorier du pays intéressé, revisable à l'expiration de chaque période quinquennale à la demande du Chef de l'Administration locale, de la municipalité ou du receveur lui-même, basé sur la moyenne pendant les trois dernières années du montant annuel des recettes et des dépenses communales déduction faite des versements aux caisses de retraites, des subventions diverses et des abandons d'impôts, enfin calculé à raison de 4 °/₀₀ sur les premiers 500.000 $, 3 °/₀₀ sur le million de piastres suivant et 2 °/₀₀ au-dessus de 1.500.000 $. Toutefois, si la recette municipale a moins de trois années d'existence, ce traitement fixe est remplacé par des remises dont le montant est calculé pour chacune des trois premières années d'après le même tarif que ci-dessus.

Le cautionnement des receveurs municipaux est obligatoirement fourni en numéraire. Il est basé sur le produit net de l'emploi si la recette a plus de trois années et, au cas contraire, sur le montant des remises de la première année. Dans les deux cas, il est fixé au double du produit net de l'emploi ou du mon-

---

(1) Il en sera certainement toujours ainsi pour toutes les communes importantes de la colonie. Toutefois, s'il se produisait que le montant des recettes ordinaires communales constatées dans les trois dernières années n'eût pas dépassé 30.000 frs., le jugement des comptes du receveur appartiendrait au Conseil Privé ou de Protectorat.

tant desdites remises pour la tranche de ce produit ou de ces remises inférieure à 5.000 frs et à deux fois et demie pour la tranche supérieure à 5.000 frs, la piastre étant décomptée à 2 f. 50.

C) — *Police urbaine.* — Ainsi que nous l'avons vu au chap. X art. 4, les polices urbaines ne constituent pas un service autonome, mais simplement l'une des trois branches des Polices de l'Indochine, les deux autres branches étant la police de Sûreté et le secrétariat des polices. Leur organisation est donc régie par les mêmes textes cités précédemment, à savoir l'arrêté du 20 juin 1921 modifié ou complété les 4 avril et 23 novembre 1922 et 27 avril 1923. En particulier, s'appliquent au personnel tant français qu'indigène des polices urbaines aussi bien qu'à celui de la police de sûreté les dispositions dont nous avons parlé relativement aux avancements exceptionnels pouvant être accordés aux agents ayant accompli des actions d'éclat et à l'attribution de la médaille d'honneur créée par arrêté du 9 mars 1918.

1° — *Personnel français.* — Outre les agents du secrétariat des polices qui lui sont adjoints, selon répartition fixée pour chaque pays par arrêté du Gouverneur Général, le personnel français des polices urbaines, nommé et avancé par le Chef de la colonie, comprend des sous-brigadiers stagiaires et de trois classes, des brigadiers de trois classes et hors classe et des commissaires de police de trois classes et hors classe. Les sous-brigadiers stagiaires sont recrutés pour les trois quarts parmi les anciens militaires classés en vue de l'obtention d'un emploi civil, pour un quart parmi les candidats ayant satisfait à un concours organisé par arrêté du 13 octobre 1921 et ils doivent, avant d'être titularisés à la 3e classe, passer avec succès un examen dont le programme, qui comporte la connaissance suffisante d'une langue indochinoise ou étrangère, est fixé par un arrêté du 1er janvier 1923. Les brigadiers de 3e classe doivent, pour être promus à ce grade, avoir justifié de la connaissance pratique d'une des langues indochinoise ou chinoise ou avoir suivi avec succès les cours de méthodes signalétiques institués au Service de l'Identité judiciaire à la Préfecture de police de Paris. Le grade de commissaire de 3e classe s'obtient à la suite d'un concours organisé par arrêté du 23 novembre 1922 et sous réserve que le candidat ait justifié d'une aptitude générale suffisante.

En raison de l'étroite parenté existant entre les trois branches des Polices de l'Indochine, la règlementation a prévu que l'accès direct aux divers grades de leurs hiérarchies respectives serait ouvert, dans des conditions et pour des catégories d'agents déterminées spécialement pour chacun de ces grades, au personnel des trois corps qui constituent ce service. Nous en avons cité quelques exemples, qui se rapportaient à la base de l'échelle hiérarchique, lorsque nous avons parlé de la police de Sûreté. Il en est de même pour les grades supérieurs, à l'exception toutefois de celui de chef de sûreté. C'est ainsi que les commissaires de 1re classe de la police urbaine qui ont rempli provisoirement pendant un an les fonctions de chef de sûreté ou de chef de sûreté adjoint, à défaut de fonctionnaires ayant ces grades, peuvent être titularisés dans l'emploi de chef de sûreté adjoint.

Les agents de toutes catégories de la police urbaine sont tenus d'habiter effectivement dans la ville ou le secteur de ville déterminé à cet effet par règlement du Chef de l'Administration locale, d'office ou sur la demande du maire. Les brigadiers et sous-brigadiers, qui constituent le cadre actif de la police urbaine, sont en outre astreints au port d'un uniforme.

2° — *Personnel indigène.* — Ce personnel se confond avec celui dont nous avons parlé au chap. X - art. 4 - § 1 - B, car les agents dont il se compose, et dont nous avons déjà indiqué la hiérarchie, tant pour le cadre actif que pour le cadre sédentaire, sont indifféremment employés aux divers services de la Police de l'Indochine, aux termes mêmes des arrêtés des 9 mars 1918 et 9 août 1924 qui régissent respectivement ces deux cadres.

Nous n'aurions donc rien à dire ici à son sujet si nous n'avions à signaler une particularité le concernant dans le fonctionnement à Hanoi du service dont son personnel actif est chargé. Dans cette ville, en effet, une brigade de Garde indigène est incorporé, sous la dénomination de *brigade spéciale*, à la Police de l'Indochine et assure seule, en vertu d'un arrêté du 4 janvier 1910 modifié le 23 juin 1919, le service de la police urbaine. Elle peut être commandée soit par un inspecteur de la Garde indigène détaché de ce corps soit par un agent du cadre actif de la police urbaine ayant le grade de brigadier hors classe ou de 1re classe ou, à défaut, étant officier de réserve. Les gradés et gardes indigènes dont elle se compose sont placés, sauf au point de vue de la retraite, sous le régime de l'arrêté du 9 mars 1918 susvisé et sont assimilés grade par grade au personnel hiérarchisé par ce texte, l'adjudant étant traité comme brigadier-chef et les gardes de 2ᵉ classe recevant l'assimilation d'agent de 2ᵉ classe, de 3ᵉ classe ou d'agent stagiaire selon qu'ils ont plus de quatre ans, plus de deux ans ou moins de deux ans de service.

3° — *Organisation*. — Abstraction faite de Tourane, ville où nous avons dit que la police urbaine n'était pas encore organisée, les diverses municipalités sont divisées à ce point de vue en *arrondissements* (trois à Saigon et à Phnom-Penh, deux à Hanoï et à Cholon), sauf cependant Haiphong dont le territoire entier ne constitue qu'une seule de ces divisions de police. A la tête de chacun de ces arrondissements, dans lesquels le service est distribué entre des *postes de quartier* dont sont chargés des brigadiers, est placé un *commissaire de police* désigné par le Chef de l'Administration locale. En outre, lorsqu'il y a dans une ville plusieurs arrondissements de police, les commissaires qui les dirigent sont placés sous l'autorité du plus gradé d'entre eux, qui est désigné par le Gouverneur Général sur la proposition du Chef de l'Administration locale et l'avis conforme du chef du Service central de la Sûreté générale au Gouvernement Général, prend le titre de *commissaire central*, est responsable du service dans l'ensemble de la commune et est plus particulièrement en rapport avec l'autorité supérieure.

Les emplois de commissaire de police sont réservés en principe aux fonctionnaires de ce grade. Toutefois, si ledit grade n'est pas représenté, d'autres agents des Polices de l'Indochine, et en particulier les brigadiers et les sous-brigadiers de 1ʳᵉ classe, peuvent être désignés par arrêté du Gouverneur Général pour occuper ces emplois avec le titre de *commissaire de police adjoint*. Ces mêmes agents peuvent aussi être désignés avec le même titre pour seconder les commissaires de police titulaires ou pour être investis des attributions d'officier de police judiciaire à l'occasion de missions déterminées (1).

---

(1) Cette dernière disposition, figurant à l'art. 1ᵉʳ de l'arrêté du 4 avril 1922, peut à bon droit paraître illégale. C'est seulement à l'égard des indigènes que l'art. 124 du décret du 16 février 1921 a donné pouvoir au Gouverneur Général d'attribuer la qualité d'officiers de police judiciaire à telle ou telle catégorie de fonctionnaires, lesquels doivent eux-mêmes être indigènes. A l'égard de tous justiciables autres que les indigènes, la police judiciaire ne peut être valablement exercée que par les personnes dont les art. 124 et 125 du décret susvisé ont donné une énumération limitative, à savoir : les officiers de police judiciaire de droit commun désignés par les art. 8 à 136 du Code d'instruction criminelle (au nombre desquels figurent les commissaires de police, mais non les fonctionnaires qui peuvent leur être adjoints), les chefs de poste

Les commissaires chefs de service urbain relèvent directement et principalement du maire, tout en étant placés sous la
surveillance du parquet en ce qui concerne l'exercice de leurs
fonctions d'officiers de police judiciaire. Toutefois, ils doivent
pour l'exécution générale du service collaborer de façon constante avec le Chef local de la Sûreté et en particulier faciliter à ce
dernier l'exercice du droit de contrôle qui lui appartient en ce
qui concerne l'entraînement et l'instruction technique du personnel de la police urbaine.

En principe, les municipalités doivent rembourser au budget
local les dépenses de toute nature afférentes au personnel de
la police urbaine. Toutefois, à Saigon et à Hanoi, les Administrations locales intéressées ont accepté des tempéraments à cette
règle. Dans la première ville, ce remboursement a été limité à
une somme forfaitaire de 160.000 $ par an sur un total de 550.000 $
environ. Dans la seconde, le budget municipal rembourse au
Protectorat la moitié des dépenses dont il s'agit, un troisième
quart lui étant remboursé par le budget général et le dernier
quart restant à la charge du budget local. Dans les autres municipalités, au contraire, le remboursement est intégral.

### § 2. — PERSONNEL ET SERVICES D'ORGANISATION PARTICULIÈRE
#### AUX DIVERSES MUNICIPALITÉS

Afin de ne pas nous perdre dans les détails d'un sujet qui
ne présente pas un intérêt d'ordre général, nous n'examinerons
l'organisation de ce personnel et de ces services qu'en ce qui
concerne les trois grandes municipalités et nous bornerons
pour les autres à nous référer aux textes sur la matière en
indiquant très sommairement leurs dispositions essentielles.

Rappelons tout d'abord deux règles d'application générale,
déjà énoncées au chap. VI. L'une est qu'il n'appartient qu'au

de gendarmerie, les fonctionnaires français de la Garde indigène, les administrateurs
chefs de province et les Chefs d'Administration locale. Comme nous l'avons déjà dit
(voir début du § 1 - art. 5 - chap. VII), de nombreuses autres personnes, dont les brigadiers et sous-brigadiers de la police urbaine, servent d'auxiliaires aux officiers de
police judiciaire, mais ils ne possèdent pas cette dernière qualité et il n'appartient pas
au Gouverneur Général de la leur confier, même à titre temporaire. Nous estimons
donc que la rédaction de l'art. 1er de l'arrêté du 4 avril 1922 susvisé a dépassé les
intentions de l'auteur de cet acte.

Gouverneur Général de déterminer, sur la proposition du Chef de l'Administration locale, le statut du personnel chargé d'assurer le fonctionnement des services municipaux, statut qui en fait se rapproche sensiblement, surtout à Saigon, de celui des fonctionnaires des services locaux. L'autre est que, dans tous les cas où il n'en a pas été expressément décidé autrement, le maire nomme à tous les emplois communaux, exerce l'action disciplinaire sur leurs titulaires et prononce leur affectation aux divers bureaux et services, le tout sous les réserves et selon les modalités déterminées par les arrêtés organiques susvisés du Chef de la colonie, qui par ailleurs fixe les effectifs maxima pour chaque municipalité et chaque nature d'emploi. Ce droit de nomination, que le maire tient de sa qualité de chef du pouvoir exécutif de la commune, lui confère donc sur le personnel spécial à la municipalité des attributions qui, à l'égard des personnels coloniaux ou locaux, n'appartiennent en aucun cas aux chefs de province et même n'appartiennent en général aux Chefs d'Administration locale que lorsqu'il s'agit des cadres subalternes ou secondaires des personnels indigènes affectés aux services relevant directement de leur autorité.

Le maire peut également faire assermenter et commissionner les agents nommés par lui, mais à la condition qu'ils soient agréés par le Chef de l'Administration locale (1).

A) — *Ville de Saigon*. — L'organisation municipale de cette ville, remontant à une date bien plus ancienne, est de ce fait, beaucoup plus complète que partout ailleurs. Nous parlerons successivement à son sujet du personnel français qui assure le fonctionnement des services municipaux proprement dits (et dont l'étude se confond avec celle de ces services, étant donné que ses différents cadres correspondent aux différentes natures d'emploi que lesdits services comportent), puis du personnel indigène assistant le précédent, enfin de certaines institutions spéciales au chef-lieu de la Cochinchine et qui, bien que ne cons-

---

(1) A notre avis, cette disposition de l'art. 70 du décret du 11 juillet 1908, suivant immédiatement celle qui attribue au maire le droit de nomination à tous les emplois communaux pour lesquels l'autorité supérieure n'a pas fixé un droit spécial de nomination, et ce sans que l'agrément préalable de cette autorité ait été prévu, ne peut s'expliquer, en ce qui concerne l'expression « commissionner », que si l'auteur dudit décret a voulu parler là des agents temporaires n'appartenant pas aux cadres réguliers.

tituant pas à proprement parler des services municipaux, leur sont cependant assimilables.

1° — *Personnel français et services municipaux.* — Ils ont été réorganisés par un arrêté du 7 juillet 1914 presque entièrement refondu par un arrêté du 14 mars 1922 modifié lui-même les 18 novembre 1922, 5 juillet 1923, 8 mars, 21 juin et 2 octobre 1924.

Leur ensemble est contrôlé par un *secrétaire général*, collaborateur immédiat du maire, qui normalement doit être un administrateur ou administrateur-adjoint détaché des Services Civils et conservant son statut d'origine, mais dont l'emploi peut aussi être occupé, à titre exclusivement temporaire, par un chef de bureau de la mairie.

Le personnel comprend trois catégories : un personnel administratif qui est exclusivement employé au service des écritures des bureaux de la mairie, un personnel technique qui assure le service de la voirie, les travaux communaux et le contrôle des exploitations d'adduction d'eau et d'éclairage électrique, enfin un personnel d'employés spécialisés.

Les bureaux sont au nombre de trois : un bureau de comptabilité, un bureau chargé de l'état-civil et des listes électorales et un bureau d'hygiène. Le personnel administratif qui assure leur fonctionnement peut comprendre 4 chefs de bureau (une hors classe et trois classes), 3 rédacteurs principaux (une hors classe et trois classes), 2 rédacteurs (trois classes) et des rédacteurs stagiaires ; ces derniers sont recrutés par voie de concours (1) parmi les bacheliers, mais les candidats ayant le titre de licencié en droit ou celui de docteur en droit peuvent être directement nommés respectivement rédacteurs de 2ᵉ ou de 1ᵉ classe.

L'effectif et la hiérarchie du personnel technique, à la tête duquel est placé un *chef des services techniques* désigné parmi les ingénieurs municipaux, ont été prévus comme suit : 4 ingénieurs (une hors classe et trois classes) ou ingénieurs adjoints (trois classes et stagiaires), 2 mécaniciens principaux (une hors classe et deux classes) ou mécaniciens (deux classes et stagiaires) et 10 surveillants principaux (une hors classe et deux classes) ou surveillants (trois classes et stagiaires). Les ingénieurs-adjoints stagiaires sont recrutés au concours parmi les anciens élèves de

---

(1) Ce concours, de même que ceux dont il est question ci-après, est organisé par arrêté municipal soumis à l'approbation du Gouverneur de la Cochinchine.

certaines écoles justifiant de leurs connaissances en matière de travaux publics. Les mécaniciens stagiaires sont recrutés par voie de concours. Les surveillants stagiaires doivent avoir au moins le certificat d'études primaires.

Les agents spécialisés sont rattachés les uns aux bureaux et les autres aux services techniques. Du bureau de la comptabilité et de celui de l'état-civil, mais beaucoup plus spécialement du premier auquel ressortit d'ailleurs la régie générale des marchés, dépendent des contrôleurs principaux, titulaires et stagiaires, au nombre maximum de 9, qui sont assimilés à tous égards aux surveillants et dont le service consiste à assurer le contrôle des voitures, pousse-pousse, voies publiques, quais, barques, marchands à poste fixe ou ambulants, la perception des droits de place dans les marchés, les fonctions d'huissier, la surveillance des abattoirs et du cimetière (ce dernier service seul relève du bureau de l'état-civil). Du bureau d'hygiène dépendent, au nombre maximum de 7, des inspecteurs d'hygiène principaux, titulaires et stagiaires, assimilés eux aussi à tous égards aux surveillants. Aux services techniques sont rattachés un emploi de garde-magasin comptable, agent également assimilé aux surveillants, et un emploi de conservateur du théâtre, agent recruté sur titres et pouvant être principal (deux classes), titulaire (trois classes) ou stagiaire.

Les fonctions de chef de bureau ou de service sont réservées en principe aux fonctionnaires municipaux. Toutefois, en cas de nécessité, elles peuvent être confiées soit à des fonctionnaires détachés des divers services de la colonie soit à des anciens fonctionnaires ou à des agents contractuels jugés aptes à les remplir. Mais ceci ne doit se rencontrer qu'à titre de dérogation exceptionnelle, et en conséquence on peut dire qu'à Saigon le personnel municipal est réellement, en son entier, spécial à la ville (ce qui n'est pas le cas à Hanoi et à Haiphong, comme nous le verrons plus loin).

Les employés municipaux jouissent au point de vue de l'avancement de garanties analogues à celles accordées au personnel français des services locaux. Leurs promotions ne peuvent être signées par le maire que dans l'ordre d'un tableau d'avancement dressé par une commission composée, sous sa présidence, de deux membres désignés par le Gouverneur. Les peines disciplinaires graves ne peuvent leur être infligées qu'autant qu'ils ont été préalablement déférés à un conseil d'enquête constitué par le Gouverneur et, si l'intéressé est un chef de bureau ou le chef des services techniques, ce haut fonctionnaire seul peut les prononcer.

Enfin les ingénieurs, ingénieurs-adjoints, surveillants, contrôleurs et inspecteurs d'hygiène doivent être assermentés.

2° — *Personnel indigène.* — Composé uniquement de sujets français et régi par l'arrêté susvisé du 7 juillet 1914 modifié les 16 mars 1921 et 14 mars 1922 et par ceux des 2 juin et 4 juillet 1919, il comprend :

un cadre supérieur qui comporte un personnel administratif de commis et un personnel technique d'agents techniques, les uns et les autres pouvant être principaux de deux classes ou titulaires de quatre classes ; il n'est prévu que trois emplois de commis et un seul d'agent technique, lesquels sont attribués par voie de concours ;

un cadre de secrétaires et dessinateurs, avec un effectif maximum de 36 unités réparties entre deux catégories de principaux hors classe, trois classes de principaux, trois classes de titulaires, trois classes d'auxiliaires et des élèves, ces derniers ne pouvant être nommés qu'après avoir subi avec succès un examen spécial ;

un cadre de 16 plantons pouvant être plantons-chefs, plantons principaux, plantons titulaires ou stagiaires, les trois premiers grades comportant chacun trois classes ;

un cadre de surveillants adjoints aux contrôleurs français qui comprend un surveillant-chef et trois classes pour chacun des grades de surveillant principal, surveillant titulaire et surveillant auxiliaire, avec un effectif total maximum de 10 unités.

Différemment de ce que nous avons dit concernant le personnel français, les agents municipaux indigènes sont promus sans inscription préalable à un tableau d'avancement et c'est par le maire qu'est constitué, en cas de faute disciplinaire, le conseil d'enquête auquel ils sont déférés.

3° — *Institutions spéciales.* — Il y a lieu de signaler l'existence à Saigon de deux établissements fonctionnant sous le contrôle de la municipalité et qui n'ont d'analogues dans aucune autre ville d'Indochine.

L'un est un *bureau de bienfaisance* créé par décret du 9 avril 1914 et qui a pour mission de distribuer des secours, de préférence en nature, aux habitants nécessiteux. Il est administré par une *commission d'administration* qui se compose du maire, qui la préside, et de six membres renouvelables dont quatre sont nommés pour quatre ans par le Gouverneur et renouvelés par quart chaque année et dont deux, élus par le Conseil municipal parmi ou en dehors de ses membres, suivent en principe le sort de cette assemblée quant à la durée de leur mandat. Cette commission, qui fonctionne à titre gratuit, peut être dissoute et ses membres révoqués par arrêté du Gouverneur Général. Ses délibérations ne deviennent exécutoires qu'après leur approbation par le Chef de l'Administration locale, à l'exception cependant de celles relatives soit aux réparations de bâtiments et autres travaux dont la dépense n'excède pas 1.000 $ soit aux nominations des agents du bureau autres que les médecins. Le receveur municipal est receveur du bureau de bienfaisance et seul chargé à ce titre des perceptions profitant à son budget. Le fonctionnement de cet établissement et les attributions de sa commission administrative sont réglés par des arrêtés du Gouverneur qui, en raison des subventions qui lui sont accordées tant par le budget local que par le budget municipal, doivent être pris après avis du Conseil Colonial et du Conseil municipal.

La seconde des institutions spéciales qui nous occupent est une *caisse d'épargne* qui fonctionne en conformité d'un décret du 23 juillet 1887 ayant autorisé sa création et d'un arrêté du Gouverneur Général du 13 avril 1889 ayant approuvé son règlement d'administration intérieure. C'est un établissement destiné à recevoir et à faire fructifier, selon les formes d'administration et de comptabilité qui régissent les caisses d'épargne en France, les sommes qui lui sont confiées. Elle est administrée gratuitement par un *conseil des directeurs* qui se compose, sous la présidence du maire, de neuf directeurs nommés pour trois ans avec renouvellement par tiers chaque année et choisis comme suit: deux par le Conseil Colonial et parmi ses membres ; trois par le Conseil Privé et trois par le Conseil municipal, parmi ou en dehors des membres de ces assemblées ; un fonctionnaire, appartenant généralement au personnel de la Trésorerie, nommé par le Gouverneur. Les souscriptions, dons et legs recueillis en faveur de la caisse lui constituent un fonds de dotation qui est placé en immeubles ou en rentes sur l'État et ne peut être aliéné sans l'autorisation du Gouverneur en Conseil Privé. L'excédent des recettes sur les dépenses est versé à un fonds de réserve dont le maximum, fixé à la moyenne des dépenses annuelles d'administration, est déterminé au début de chaque année par le conseil des directeurs d'après la moyenne des dépenses des trois dernières années. L'intérêt des dépôts est réglé en fin de chaque année ét un livret remis au déposant, le tout comme en France.

B) — *Villes de Hanoi et de Haiphong.* — Les mêmes textes organiques régissant ces deux municipalités en ce qui concerne leurs personnels et services, nous en parlerons simultanément.

1° — *Personnel européen et services municipaux.* — L'organisation du personnel municipal européen de ces villes, telle qu'elle a été fixée par un arrêté du 31 janvier 1918 modifié les 24 février et 6 juin 1922, diffère notablement, en ce qui concerne le mode de recrutement dudit personnel, de celle en vigueur à Saigon. Nous avons vu que, dans cette dernière municipalité, les agents assurant les services communaux constituaient un personnel propre à la ville et exerçaient leurs fonctions à titre permanent. Au contraire, à Hanoi et à Haiphong, ce même personnel à la fois permanent et exclusivement municipal est ou plus exactement deviendra l'exception, la règlementation susvisée ayant décidé que le personnel de cette catégorie en fonctions à la date de sa promulgation serait supprimé par suppression d'emploi ou par voie d'extinction à la disparition des titulaires actuels et, en conséquence, qu'il n'en serait recruté à nouveau qu'en cas d'impossibilité d'assurer les services avec du personnel détaché ou du personnel temporaire. Ce sont en effet ces deux personnels qui, le premier à titre principal et le second à titre subsidiaire, doivent normalement assurer à l'avenir les divers emplois municipaux. Le *personnel détaché* se compose d'agents provenant d'un quelconque des services indochinois, mis sur leur demande à la disposition de la municipalité et conservant leur statut d'origine pendant la durée de leur détachement, détachement que d'ailleurs le Résident Supérieur peut toujours faire cesser en remettant d'office l'intéressé, sur la proposition du maire et sous réserve d'un préavis de trois mois, à la disposition de son service de provenance. Le *personnel temporaire*, qui ne doit comprendre que des agents de gestion mais peut être recruté parmi les Européens de toutes nationalités, est constitué par des agents payés au mois ou à la journée et recrutés par le maire selon contrats qui sont soumis, de même que les nominations et promotions tant de ces agents que de ceux du personnel permanent, à l'approbation du Résident Supérieur (1).

Au point de vue de la nature des emplois occupés, les fonctionnaires et agents des cadres municipaux permanents de Hanoi et de Haiphong·sont comme à Saigon répartis en trois catégories : un personnel administratif, comprenant un chef du secrétariat (trois classes), des chefs de bureau (quatre classes), enfin des commis-rédacteurs ou comptables, régisseurs et contrôleurs des marchés et abattoirs qui peuvent être principaux (deux classes) ou titulaires (trois classes) ; un personnel de la voirie, du domaine et du cadastre, des eaux et éclairage, comportant un chef de service, des conducteurs de travaux ou contrôleurs des eaux et électricité qui sont principaux (une classe) ou titulaires (cinq classes), des commis-rédacteurs ou comptables assimilés à ceux du personnel administratif, des mécaniciens, piqueurs et surveillants (hors classe, principaux et trois classes de titulaires) ; enfin un personnel spécial qui se réduit à un chef de service des pépinières et jardins de la ville (deux classes) et à des jardiniers (principaux et trois classes).

Le personnel des deux municipalités du Tonkin est beaucoup moins nombreux que celui de Saigon. A Hanoi, par exemple, le cadre permanent, nonobstant l'énumération assez longue que nous venons de donner des emplois qu'il peut comporter et bien que la plupart des agents municipaux en fassent encore partie étant donné la date récente à laquelle a été décidée sa suppression progressive, le cadre permanent ne compte actuellement que quatre chefs de bureau (dont un remplissant les fonctions de chef du secrétariat et un autre celles de régisseur-comptable du Mont-de-piété), trois commis principaux rédacteurs ou comptables et, en ce qui concerne les services techniques, deux conducteurs, un commis et deux surveillants de la voirie.

---

(1) Cette approbation préalable n'a pas été prévue à Saigon. En ce qui concerne le personnel permanent, elle pourrait, à première vue paraître constituer une atteinte abusive aux attributions des maires de Hanoi et de Haiphong. Il n'en est rien, car l'art. 70 du décret du 11 juillet 1908 a apporté une restriction au droit de nomination des maires en décidant que le Gouverneur Général pourrait, pour certains emplois communaux dont ce texte n'a d'ailleurs déterminé ni le nombre ni la nature, fixer « un droit spécial de nomination ». D'autre part l'intervention du Résident Supérieur dans les promotions des agents du cadre municipal permanent à Hanoi et à Haiphong se justifie par ce fait que ces promotions ont lieu sans inscription préalable à un tableau d'avancement.

Ajoutons que le service municipal d'hygiène, bien que fonctionnant à Hanoi et à Haiphong et placé sous la direction du
médecin de l'état-civil dans la première ville et du médecin de la
municipalité dans la seconde, n'y ressortit cependant pas, comme
à Saigon, à un bureau spécial et que le personnel des inspecteurs
d'hygiène n'existe dans aucune de ces deux villes.

2o — *Personnel indigène.* — Il comprend :

d'une part, un personnel sédentaire dont l'organisation fixée
par un arrêté du 18 avril 1919 repose sur les mêmes règles que
celle du personnel européen, c'est-à-dire que le service normal
lui incombant doit être assuré principalement par des employés
détachés des divers services indochinois, subsidiairement par des
agents journaliers et seulement à titre provisoire et exceptionnel
par un personnel spécial permanent destiné à être supprimé à la
disparition des titulaires actuels. Les diverses unités de ce dernier
personnel sont réparties entre un cadre supérieur (trois classes
de commis principaux et cinq classes de commis) nommés et
promus par le Gouverneur Général sur la proposition du maire
transmise par le Résident Supérieur et un cadre secondaire
(secrétaires ou dessinateurs principaux hors classe et de quatre
classes, secrétaires ou dessinateurs de six classes, secrétaires ou
dessinateurs stagiaires) dont les agents sont promus par le maire
sous réserve de l'approbation du Résident Supérieur. Les emplois
de commis de 5e classe sont réservés aux secrétaires principaux
et secrétaires ayant six années de services et ayant satisfait au
même examen de culture générale et au même concours professionnel prévus pour le personnel indigène des Résidences.

d'autre part, un personnel actif de plantons et de collecteurs
organisé par deux arrêtés du 3 octobre 1919 ( Hanoi ) et du
31 décembre 1919 ( Haiphong ), qui comprend des plantons et
collecteurs chefs, des plantons et collecteurs principaux hors
classe et de trois classes, des plantons de cinq classes et des
collecteurs de quatre classes.

C) — *Autres municipalités*. — A Cholon, le personnel et les
services municipaux ont été réorganisés par un arrêté du Gouverneur de la Cochinchine du 22 juin 1922 complété le 28 septembre
1923. Cette organisation est analogue à celle en vigueur à Saigon,
sauf que le personnel municipal peut normalement comprendre,
outre le cadre permanent propre à la ville, des agents détachés et

des agents temporaires. Une intéressante particularité concernant cette ville est le nombre considérable de ses écoles municipales (actuellement neuf, dont deux de plein exercice).

Les mêmes matières, à Phnom-Penh, ont été règlementées en dernier lieu par deux arrêtés du Gouverneur Général du 19 août 1919 qui contiennent à peu près les mêmes dispositions que les actes régissant le personnel et les services municipaux de Hanoi et Haiphong. Il est à remarquer cependant que les arrêtés du maire portant nomination ou promotion dans le personnel européen permanent (destiné lui aussi à disparaître par voie d'extinction) n'ont pas été soumis par la règlementation susvisée, à l'approbation du Résident Supérieur (1). Il est également à noter, en ce qui concerne le personnel indigène, que les nominations et promotions dans le cadre supérieur sont faites par le Résident Supérieur et non par le Gouverneur Général comme à Hanoi et à Haiphong.

Enfin, à Tourane, il n'existe aucun texte organique du personnel et des services municipaux, et d'ailleurs un tel texte aurait été prématuré car actuellement ces services sont encore à l'état embryonnaire, et ce personnel ne comprend que des agents détachés des divers cadres indochinois concourant au service de la ville en même temps qu'ils assurent leur emploi propre.

_________

(1) Il y a là à notre avis une anomalie, d'autant plus que la municipalité de Phnom-Penh est régie par simples arrêtés et qu'en conséquence l'obligation imposée au maire de prendre l'attache préalable du Résident Supérieur s'y justifierait encore plus qu'à Hanoi et à Haiphong, villes pour lesquelles le principe du droit de nomination du maire est écrit dans le décret du 11 juillet 1908 alors qu'au contraire l'arrêté du 7 septembre 1915 réorganisant la commune de Phnom-Penh est resté muet sur ce point.

# APPENDICE

Autant qu'il a été possible, nous avons tenu compte dans l'ouvrage lui-même des changements survenus pendant l'impression. Les notes qui vont suivre se rapportent donc uniquement à celles de ces modifications qui intéressaient des matières concernant lesquelles notre texte était déjà imprimé. Le fait s'est notamment produit pour le Service de l'Instruction publique, qui a fait l'objet en septembre et octobre 1924 de plusieurs nouveaux actes importants.

On trouvera d'autre part dans cet appendice, en même temps que quelques rectifications, diverses additions à l'ouvrage, ainsi que des précisions complémentaires sur certains points qui nous ont paru insuffisamment exposés.

**P. 7** *(approbation des actes d'administration intérieure des souverains protégés).* — L'exéquatur donné aux ordonnances royales par arrêtés du Gouverneur Général ou des Chefs d'Administration locale, selon le cas, constitue en réalité une mention d'approbation.

**P. 16, 69** et **287** *(Inspecteurs des Colonies).* — Jusqu'ici, l'Indochine avait pris à sa charge, et directement mandaté, l'indemnité de mission acquise par les inspecteurs des Colonies durant leur séjour sur son territoire. Elle fournissait également à ces fonctionnaires les prestations en nature auxquelles ils avaient droit. Mais leur solde et accessoires étaient mandatés sur le budget colonial par le Directeur de l'Intendance des troupes du groupe de l'Indochine, ordonnateur secondaire dudit budget en ce qui concerne cette catégorie de dépenses, laquelle était supportée par la métropole. A l'avenir, ces soldes et accessoires devront être remboursés par la colonie au budget colonial, sans que d'ailleurs leur mode de mandatement par les soins de l'Intendance soit modifié. Les réquisitions de passage des inspecteurs, jusqu'ici à la charge de l'État, devront aussi désormais être payées ou remboursées par l'Indochine. Ainsi en a décidé l'art. 158 de la loi de finances du 30 juin 1923, promulgué seulement le 6 juillet 1924, qui a mis à la charge de la colonie toutes les dépenses, sans exception, occasionnées par les missions de l'Inspection des Colonies envoyées en Indochine.

P. **44** in fine (*promulgation et publication des actes métropolitains*). — Cette question donne lieu parfois à des flottements regrettables. Nous en avons cité un exemple à la p. 497 (note 2). Un cas de l'espèce, plus remarquable encore, vient de se produire. Le décret du 27 janvier 1855, organisant dans les vieilles colonies le service de la curatelle dont nous avons parlé aux p. 475 et suivantes, avait été déclaré applicable aux autres possessions françaises par un décret du 14 mars 1890. Or, si ce dernier acte avait été dûment promulgué et publié en Indochine, par contre le décret de 1855, qui aurait dû l'être en même temps, n'avait jamais été inséré au Journal Officiel de la colonie. C'est seulement le 7 octobre 1924, c'est-à-dire après un retard de 34 ans, que l'Administration a réparé cette omission.

P. **56** n° 3 (*revision des lois pénales cambodgiennes*). — Ce travail considérable, œuvre de M. M. Habert, Conseiller juriste auprès du Gouvernement cambodgien, vient d'être achevé et le nouveau code pénal ainsi élaboré a été promulgué par ordonnance royale du 25 août 1924.

P. **83** (*personnel indigène des bureaux du Gouvernement Général*). — Tel qu'il avait été organisé par l'arrêté du 18 avril 1919, ce personnel ne constituait pas à proprement parler un corps autonome, puisqu'il se composait, d'une part d'un personnel dit ordinaire formé par des agents provenant d'autres services et conservant leur statut, d'autre part d'un personnel dit spécial appelé à disparaître par voie d'extinction. Un arrêté du 26 juillet 1924 a comblé cette lacune en organisant pour les bureaux du Gouvernement Général un personnel propre dans lequel les agents de l'ancien personnel ordinaire seront admis sur leur demande et ceux de l'ancien personnel spécial versés d'office. Les deux cadres supérieur et secondaire de ce nouveau personnel ont été organisés dans des conditions identiques à celles qui régissent les mêmes cadres dans le personnel indigène des administrations locales et provinciales (voir p. 186 et 187); toutefois, les emplois de commis de 5e classe ne sont réservés aux bacheliers métropolitains que pour la moitié des vacances (au lieu des deux tiers) et l'autre moitié profite aux secrétaires du cadre secondaire réunissant les conditions énoncées à la p. 187. Dans les deux cadres, les agents sont nommés et promus par le Gouverneur Général sur la proposition du chef du service du personnel au Gouvernement Général. Ils ne constituent d'ailleurs pas un personnel attaché à titre exclusif aux bureaux du Chef de la colonie, car ils peuvent aussi être appelés à servir soit dans les services relevant du Gouvernement Général soit dans les postes consulaires ou tous autres postes à la désignation du Gouverneur Général ; ils peuvent également être détachés dans les services locaux.

Comme nous le dirons dans la quatrième note suivant la présente, l'arrêté du 17 juillet 1924 doit être considéré, étant donné le caractère très-général des termes de son art. 4, comme applicable au nouveau personnel dont nous parlons ici. Il y a lieu toutefois de remarquer que le texte organique qui le régit, et dont la date du 26 juillet 1924 est postérieure à celle de l'arrêté susvisé, a maintenu le recrutement par voie de concours des secrétaires stagiaires, mode de recrutement que l'arrêté du 17 juillet précédent avait rendu désormais exceptionnel.

P. **85** lignes 1 et 2 *(légalisation de signatures)*. — Un arrêté du 22 octobre 1924 a complété celui du 21 décembre 1911 en décidant que, hors de la résidence du Gouverneur Général, le Directeur des bureaux du Chef d'Administration locale intéressé pourrait être spécialement chargé, au même titre que son chef de cabinet, des légalisations de signatures dont il s'agit.

P. **85** *(Direction des affaires politiques et de sûreté générale)*. — Un arrêté du 25 septembre 1924 a réuni en un seul, subdivisé en deux sections, les deux bureaux du Service des affaires politiques qui étaient chargés jusqu'ici, l'un des questions concernant les pays du Pacifique Nord et Est, l'autre de celles intéressant les pays du Pacifique Sud et de l'Océan indien. Ce service ne comprend donc plus désormais que deux bureaux.

P. **88** *(personnel indigène de la Direction des Finances)*. — Une interversion de mots nous a fait indiquer de façon incomplète la composition du cadre secondaire de ce personnel,

Comme tous les cadres analogues créés par les arrêtés du 18 avril 1919, il comprend une classe de secrétaires principaux hors classe, quatre classes de secrétaires principaux, six classes de secrétaires et une classe de secrétaires stagiaires.

P. **88, 186, 274, 378, 386, 419, 448, 460, 463, 482, 518, 569, 683, 698, 711, 738** et **759** (*secrétaires indigènes des divers services*). — Un arrêté du 17 juillet 1924 a apporté de notables modifications, à deux points de vue, aux règles en vigueur pour le recrutement à la base du cadre secondaire des personnels indigènes de secrétaires et assimilés employés par les diverses administrations et services publics. En premier lieu, le recrutement des secrétaires stagiaires par la voie d'un concours ouvert aux diplômés d'études complémentaires franco-indigènes et aux brevetés primaires supérieurs deviendra à l'avenir l'exception : ces agents seront en effet recrutés désormais sur titres parmi les candidats pourvus de l'un ou de l'autre des diplômes susvisés, et ils ne seront plus astreints à subir un concours que pour l'entrée dans les cadres de certains services, à déterminer par un arrêté ultérieur, où l'affluence des candidats nécessiterait ce mode de sélection. En second lieu, ces secrétaires stagiaires diplômés n'occuperont plus nécessairement le dernier échelon du cadre secondaire dans lequel ils sont admis : l'arrêté susvisé a en effet créé à la base de ces cadres, pour le cas où le recrutement normal parmi les diplômés ne suffirait pas à assurer les besoins en personnel, d'une part un nouvel emploi de secrétaire stagiaire auquel pourront être nommés après concours les candidats non diplômés âgés de 22 ans au moins, et d'autre part, au-dessus de ce nouvel emploi de stagiaire, deux nouvelles classes de secrétaires (8e et 7e classes) dont la plus élevée correspondra à l'emploi de stagiaire occupé par les candidats diplômés à leur entrée dans le cadre et que les stagiaires non diplômés devront successivement franchir avant de pouvoir être nommés, concurremment avec les stagiaires diplômés, à la 6e classe du grade de secrétaire.

Cet arrêté du 17 juillet 1924 est applicable aux cadres secondaires indigènes des administrations locales et provinciales et à ceux de tous les services publics dans lesquels ce cadre a été ou sera organisé sur le même modèle et avec la même hiérarchie que ceux de ces administrations, à savoir les services suivants : Bureaux et Services du Gouvernement Général (nouvelle formation - voir ci-dessus note concernant la p. 83). Direction des Finances, Contrôle financier, Service judiciaire (secrétaires-interprètes), Trésorerie (secrétaires), Douanes et Régies (personnel sédentaire), Postes et Télégraphes (secrétaires-télégraphistes), Service radiotélégraphique (secrétaires-radiotélégraphistes), Enregistrement, Service des Mines, Direction de l'Instruction publique, Travaux publics (personnel des bureaux et personnel lettré de l'exploitation des chemins de fer), Services agricoles, Service forestier (secrétaires), Service de la Sûreté (personnel sédentaire), Service du Cadastre (arpenteurs-dessinateurs), Service de l'Immigration en Cochinchine et au Cambodge (1).

P. **91** (*Inspecteur général des Travaux publics*). — Supprimer les lignes 25 à 32 et les remplacer par ce qui suit :

« ..... soit parmi les inspecteurs généraux ou ingénieurs en chef
« des corps métropolitains des Ponts et Chaussées ou des Mines
« soit parmi les ingénieurs en chef du cadre général des Travaux
« publics des Colonies ayant dirigé un service en cette qualité
« pendant au moins deux ans soit parmi les ingénieurs en chef
« du cadre des Travaux publics de l'Indochine ayant dirigé un
« service en cette qualité pendant au moins deux ans. »

P. **92** (*Bureaux de l'Inspection générale des Travaux publics*). — A la fin du premier alinéa, ajouter ce qui suit :
« Enfin les récents arrêtés portant répartition des cadres du
« personnel européen des Travaux publics, et notamment celui
« du 14 août 1924, ont prévu qu'un ingénieur en chef serait
« adjoint à l'Inspecteur général et l'assisterait pour l'ensemble
« du service ».

En conséquence, supprimer à la ligne 7 les mots « adjoint à l'Inspecteur général ».

P. **96** (*Conseil consultatif de l'Instruction publique*). — Sa composition a été modifiée par un arrêté du 18 septembre 1924. Le proviseur du Lycée de Hanoi n'en fait plus partie. Par contre, le Directeur de l'École de médecine et les Chefs locaux du Service

---

(1) Nous croyons cette énumération actuellement complète, mais ne pouvons le garantir. Il devient en effet fort malaisé de se reconnaître dans l'extrême multiplicité des règlements par lesquels les personnels indigènes ont été organisés séparément les uns des autres, règlements très fréquemment modifiés ou complétés. Ainsi que nous l'avons dit à la page 265, le besoin de l'établissement d'un statut commun à ces personnels se fait réellement sentir.

de l'enseignement y sont désormais appelés. Enfin les six membres français de l'enseignement qui doivent y siéger seront à l'avenir désignés par le Directeur de l'Instruction publique à raison de trois parmi le personnel de l'enseignement français et trois parmi le personnel de l'enseignement général indochinois ayant exercé pendant au moins cinq ans dans la colonie.

D'autre part, le même arrêté a créé au sein de ladite assemblée (1) une *section permanente de contentieux et de discipline* chargée d'exercer, en ce qui concerne l'enseignement secondaire et supérieur privé, les attributions prévues par le décret du 14 mai 1924 (voir, au présent appendice, la note concernant la page 514). Cette section permanente est présidée par le Directeur de l'Instruction publique et comprend un administrateur des Services Civils désigné par le Gouverneur Général, les inspecteurs généraux de l'Instruction publique, un magistrat désigné par le Directeur de l'Administration judiciaire, un fonctionnaire des Services sanitaires et médicaux désigné par l'Inspecteur général de ces services, deux membres français de l'enseignement public ayant exercé en Indochine pendant cinq ans au moins et désignés par le Directeur de l'Instruction publique, enfin deux membres de l'enseignement privé (l'un français, l'autre sujet ou protégé français) désignés par le Gouverneur Général,

P. **102** - note n° 1 *(composition du Conseil de Gouvernement)* — Le décret dont la parution prochaine nous paraissait devoir être une conséquence nécessaire des modifications profondes apportées à l'ancienne Direction des Services économiques a été signé le 8 juillet 1924 et promulgué le 27 août suivant. Le Directeur des Affaires économiques et l'Inspecteur général de l'Agriculture, de l'Élevage et des Forêts sont nommés par cet acte membres du Conseil de Gouvernement et prendront rang dans sa composition entre le Trésorier général et le Commandant de la Marine.

P. **107** *(cas où l'avis de la Commission permanente ne peut pas remplacer celui du Conseil de Gouvernement).* — En fait, le plus souvent, c'est simplement la Commission permanente qui

---

(1) Cette expression employée par l'arrêté susvisé ne doit pas être prise au pied de la lettre puisque, nous allons le voir, certains membres de la section permanente ne font pas partie du Conseil consultatif de l'Instruction publique.

.est consultée par le Chef de la colonie pour les questions relatives aux impôts, particulièrement lorsqu'il s'agit de l'approbation des arrêtés ou ordonnances royales établissant les contributions directes et taxes assimilées. Nous avons nous-mêmes cité divers exemples de règlementation prévoyant en ce cas l'intervention de la Commission permanente : voir notamment p. 635 (prix de remboursement des journées d'hospitalisation), p. 654 (taxes sanitaires), p. 673 (droits de visite à l'exportation du bétail). Evidemment, il est beaucoup plus facile de consulter cette Commission que le Conseil de Gouvernement, lequel ne se réunit qu'une fois par an, et il en résulte une plus grande célérité dans l'expédition des affaires. Il n'en est pas moins permis d'estimer que cette façon de procéder, pour opportune qu'elle soit, est juridiquement critiquable comme contraire aux dispositions du décret du 30 décembre 1912 (art. 74 B).

P. **108** alinéa 1 *(attributions de la Commission permanente substituée au Conseil de Gouvernement)*. — Voir aussi, dans le présent appendice, la note concernant la p. 502 in fine (règlementation des monuments historiques).

P. **118** alinéa 2. — L'expression « juridiction chargée de les juger », qui termine la première phrase et dont la place pourrait prêter à confusion, s'applique uniquement aux comptes de gestion des receveurs municipaux. Les comptes administratifs des maires, de même d'ailleurs que ceux de tous les ordonnateurs, sont bien eux aussi transmis à la juridiction des comptes, mais simplement à titre de renseignement et pour lui permettre de les rapprocher des comptes de gestion du comptable, lesquels seuls sont jugés par elle (voir p. 413 au début).

P. **118**, **137** et **232** *(comptes de gestion des receveurs municipaux)*. — Voir p. **821** (note) en ce qui concerne le sens de l'expression « apurer » employée par le décret du 11 juillet 1908 au sujet des comptes de ces comptables et que nous avons reproduite d'après cet acte.

P. **121** F *(vice-consulat de Russie à Haiphong)*. — Nous avons cité cet établissement consulaire parce que l'Annuaire général de l'Indochine, recueil préparé par le Gouvernement Général, n'a pas cessé d'en faire mention dans chacune de ses éditions annuelles. Ce vice-consulat, en effet, n'a pas été officiellement supprimé. Il n'en est pas moins vrai que, depuis la révolution bolchéviste de 1917, il est en fait inexistant et d'ailleurs sans titulaire depuis plusieurs années (les indications de l'Annuaire sur ce dernier point sont inexactes). Il ne saurait au reste en être autrement, car il serait inadmissible que l'Indochine accepte qu'un gouvernement étranger non encore reconnu par la France ait sur son territoire un représentant officiel.

P. **127** (*comité local d'hygiène du Tonkin*). — L'observation faisant l'objet de notre note au bas de cette page a cessé depuis peu d'avoir sa raison d'être en ce qui concerne le Tonkin. En effet un arrêté du Gouverneur Général du 6 juillet 1924 a abrogé, mais seulement pour ce dernier pays, d'une part l'arrêté du 1er juin 1902 par lequel avait été fixée la composition du comité local d'hygiène, d'autre part l'arrêté du 19 septembre 1905 qui soumettait à l'approbation préalable du Chef de la colonie les règlements sanitaires pris par les Chefs d'Administration locale. En conséquence de cette double abrogation, le Résident Supérieur au Tonkin a pu prendre, à la même date du 6 juillet 1924, un nouveau règlement sanitaire remplaçant celui du 2 avril 1907 également abrogé et fixant en particulier, pour le comité local d'hygiène de ce pays, une composition conforme aux prescriptions du décret du 20 septembre 1911 et qui est la suivante : le Directeur local de la Santé (président), le maire de Hanoi, l'ingénieur en chef de la circonscription territoriale, un délégué de chacune des Chambres de Commerce du Tonkin, deux médecins dont un chargé d'un service d'hygiène, un pharmacien, un vétérinaire et un administrateur ou administrateur-adjoint des Services Civils.

P. **128** (*conseils de perfectionnement de l'enseignement franco-indigène*). — Un arrêté du 18 septembre 1924 a supprimé ces assemblées et les a remplacées, dans chaque pays de l'Union par un *Conseil local de l'Enseignement* présidé par le Chef local du Service de l'Enseignement et comprenant un administrateur des Services Civils désigné par le Chef de l'Administration locale, le Directeur local de la Santé ou son délégué, un magistrat désigné par le Procureur général du ressort, un délégué du Conseil Colonial ou du Conseil de Protectorat, l'inspecteur en chef de l'enseignement primaire, enfin trois membres de l'enseignement (un professeur du 2e degré, un professeur du 1er degré et un professeur ou institutrice indigène) ayant au moins cinq années d'exercice en Indochine et désignés par le Chef de l'Administration locale.

Ces nouveaux conseils exerceront les mêmes attributions générales qui appartenaient aux anciens conseils de perfectionnement supprimés (voir p. 129 alinéa 2). Mais en outre l'arrêté du 18 septembre 1924 susvisé leur a donné mission d'exercer, en ce qui concerne l'enseignement privé primaire, primaire supérieur, complémentaire et professionnel, les attributions contentieuses et disciplinaires prévues par le décret du 14 mai 1924 (voir, au présent appendice, la note concernant la page 514) en s'adjoignant alors deux membres de l'enseignement privé, l'un français et l'autre sujet ou protégé français, désignés par le Chef de l'Administration locale.

P. **129** *(commission des Travaux publics d'intérêt local et provincial)*. — Un arrêté du 30 août 1924 a décidé que, en Cochinchine et en plus des membres déjà prévus, cette commission comprendrait un délégué de la Chambre de Commerce de Saigon. Ainsi disparaît l'anomalie que l'on pouvait jusqu'ici remarquer, en ce qui concernait la composition de cette commission, entre la Cochinchine et le Tonkin.

P. **189** *(chefs des postes administratifs de Cochinchine)*, p. **207** in fine, **212**, **216** et **218** *(fonctionnaires de l'administration indigène en Annam, au Tonkin, au Cambodge et au Laos)*, p. **242** *(juges occupant les justices de paix dites indigènes de la Cochinchine)*, p. **357**, **358**, **360** et **363** *(fonctionnaires indigènes de l'ordre judiciaire en Annam, au Cambodge, au Laos et au Tonkin)*. — A partir de 1927, ces divers cadres devront être recrutés parmi les élèves diplômés de l'École des Hautes études indochinoises créée par arrêté du 18 septembre 1924 (voir, au présent appendice, notre note concernant la p. 549).

Toutefois, pour qu'il puisse en être ainsi, il sera évidemment nécessaire au préalable de créer en Annam et au Laos un cadre spécial de mandarins judiciaires, cadre qui actuellement n'existe dans aucun de ces deux pays.

P. **223** *(police communale en Cochinchine)*. — La police communale des villages de la Cochinchine, jusqu'ici spéciale à chaque commune et placée sous l'autorité du hương-quản, vient d'être organisée par un arrêté du 23 août 1924 sur des bases uniformes pour toutes les provinces. Dans chacune de ces circonscriptions, cette police constitue désormais un corps unique placé sous les ordres des délégués administratifs et des chefs et sous-chefs de canton, chargé d'assurer, avec le concours des notables, un service quotidien de surveillance dans les centres, marchés ou villages, mais dont les agents ne peuvent pénétrer chez les particuliers que s'ils sont munis d'une réquisition émanant de l'autorité judiciaire et en se faisant alors assister du hương-quản ou de son remplaçant régulier. L'effectif et les cadres sont fixés selon les besoins par le chef de province, ainsi que la composition et l'emplacement des postes. Les grades sont ceux de đội (deux classes), cai (deux classes), bếp et lính. Les dépenses de solde, haute-paye, habillement, etc, sont supportées par les budgets communaux groupés par délégation ou canton suivant état annuel de répartition approuvé par le Gouverneur.

P. **229** in fine et **242** n° 8 *(budget municipal).* — Le budget dont nous parlons là est le budget *primitif*, établi en fin de chaque année pour l'exercice suivant. Mais en outre chaque municipalité, qu'elle soit régie par décrets ou par arrêtés, établit aussi, également en fin d'année mais pour l'exercice qui s'achève, un budget *supplémentaire* où sont inscrits les crédits supplémentaires reconnus nécessaires depuis l'ouverture de cet exercice, les recettes non prévues dans le budget primitif, ainsi que les opérations, tant en recette qu'en dépense, reportées de l'exercice précédent. Les attributions respectives du maire, du conseil municipal et du Chef d'Administration locale relativement à ce budget supplémentaire sont les mêmes que lorsqu'il s'agit du budget primitif.

P. **262** et **263** *(prérogatives de certains chefs de service relevant du Gouvernement Général en matière de gestion des crédits, du budget général et de ses annexes)* — Parmi les chefs de service que nous avons énumérés comme disposant de ces prérogatives, il en est un, l'Inspecteur général des Travaux publics, qui possède en matière budgétaire des attributions sensiblement plus étendues que celles que ses collègues et lui tiennent du seul arrêté organique du 26 janvier 1912. Un arrêté du 17 octobre 1921 a en effet donné à ce haut fonctionnaire une délégation permanente du Gouverneur Général en ce qui concerne le contrôle des engagements de dépenses autorisés par les ordonnateurs secondaires (et, éventuellement, les sous-ordonnateurs) du budget général en matière de travaux exécutés par les circonscriptions territoriales des Travaux publics (voir p. 571 et suivantes). Le mode d'exercice de ce contrôle consiste en ce que l'ingénieur en chef de chacune de ces circonscriptions doit soumettre chaque trimestre à l'Inspecteur général, à l'appui des demandes de délégations de crédit préparées par lui et préalablement visées par le Chef d'Administration locale intéressé, un schéma des prévisions d'exécution, pour le même trimestre, des travaux à la charge du budget général, schéma qui doit indiquer la consistance des travaux prévus, leur rapport avec le plan de campagne annuel annexé au budget correspondant et leur répartition en travaux à exécuter en régie et travaux à exécuter à l'entreprise (voir p. 614) avec évaluation de chacune des deux catégories. L'Inspecteur général des Travaux publics a seul qualité pour approuver s'il y a lieu ces schémas et c'est seulement après cette approbation que le Directeur des Finances consent les délégations de crédits correspondantes et que les ordonnateurs secondaires du budget général peuvent, dans le cadre fixé par lesdits schémas, approuver un projet ou un marché et, d'une manière générale, engager une dépense en vue de l'exécution des travaux.

Une procédure à peu près identique est suivie, en vertu d'un arrêté du 4 septembre 1924, en ce qui concerne les travaux exécutés par les circonscriptions spéciales des chemins de fer (voir p. 576 et suivantes), avec cette différence toutefois que, ces circonscriptions relevant directement de l'Inspecteur général des Travaux publics, les Chefs d'Administration locale n'ont pas à viser les demandes de délégations de crédits et n'interviennent que pour l'approbation des marchés lorsque, à raison du montant de la dépense, cette approbation entre dans leurs attributions d'ordonnateurs secondaires du budget général et de ses annexes. (voir p. 117).

P. **265** dernier alinéa (*statut commun du personnel français des services locaux*) — L'arrêté organique du 20 juin 1921 fixant ce statut a été complété sur un point de détail, concernant la discipline du personnel, par un arrêté du 13 octobre 1924.

P. **270** note 1 et p. **522** (*commission de classement pour l'avancement du personnel français de l'Instruction publique*). — La composition de cette commission constituait jusqu'ici une dérogation aux règles générales sur la matière. Cette dérogation a été supprimée par un arrêté du 18 septembre 1924 (voir ci-après, au présent appendice, la note concernant les p. 520 à 522).

P. **277** in fine (*abondement des pensions des militaires indigènes*) — C'est seulement depuis l'arrêté du 16 mai 1923 que cet abondement est fait sur la base du taux de 3f.00. Antérieurement ce taux de base était celui de 3f.60 (arrêtés des 11 novembre 1919 et 28 août 1920).

P. **286** (*attributions de l'Intendance militaire*). — Les attributions de l'Intendance intéressant les Services militaires sont de beaucoup les plus nombreuses et les plus importantes. Ce ne sont cependant pas les seules. C'est ainsi qu'un arrêté du 11 janvier 1924, pris par application des art. 9 et 10 du décret du 22 décembre 1904 et des dispositions de l'instruction ministérielle du 16 janvier 1905 sur la comptabilité des matières appartenant à l'État au compte du Département des Colonies, a régularisé par une autorisation de principe, donnée pour la seule année 1924 mais qui sera certainement renouvelée, les cessions remboursables de toute nature que l'Intendance peut être appelée à faire aux services étrangers au budget colonial, notamment aux budgets général, locaux, provinciaux et municipaux de l'Indochine, et en particulier les cessions d'effets d'habillement et d'équipement nécessaires aux agents locaux pourvus d'un uniforme.

L'Intendance peut même, dans certains cas exceptionnels, consentir des cessions remboursables aux particuliers civils, mais sous réserve d'en avoir reçu au préalable autorisation spéciale du Gouverneur Général et en se conformant, s'il s'agit de cessions de vivres, aux dispositions de l'arrêté local annuel sur le service de l'alimentation des corps de troupes (actuellement, arrêté du 31 juillet 1924).

P. **288** (*Service de Santé des troupes coloniales*) — Outre les soins médicaux et pharmaceutiques qui peuvent être donnés aux civils dans les établissements hospitaliers du service général, le Service de Santé peut également consentir à ces mêmes personnes, en cas d'urgence reconnue et dans les localités où il n'existe pas de pharmacien civil, des cessions remboursables de médicaments et objets de pansement (art. 217 du règlement du 2 août 1912 et arrêté du 11 janvier 1924).

P. **299** (*autres services militaires*) — Parmi les services militaires divers dont l'importance ne nous a pas paru comporter l'attribution à chacun d'un paragraphe spécial, nous avons omis de signaler le cadre, réparti en cinq classes, des *interprètes militaires indigènes*, corps réorganisé par un arrêté du Gouverneur Général du 11 mai 1922 complété par une instruction du Général Commandant Supérieur du 17 janvier 1923. L'effectif total de ces agents, fixé à 111 unités, est réparti à raison de un par compagnie ou batterie des corps indigènes ou mixtes, deux par état-major de régiment et 17 comptant à la section des secrétaires d'état-major. Il est recruté à la base parmi les militaires ayant obtenu, pour au moins l'une des langues annamite, cambodgienne ou cantonaise, un brevet d'aptitude, valable pour quatre ans, décerné par une commission d'examen qui se réunit annuellement à Hanoi et à Saigon et comprend un officier supérieur et deux capitaines ou lieutenants brevetés d'annamite ou de caractères chinois. Toutefois, sont admis directement à la 3e classe les bacheliers métropolitains et à la 4e les diplômés d'études complémentaires et les brevetés de l'enseignement primaire supérieur, mais les uns et les autres ne peuvent être titularisés qu'après un stage de dix mois à l'une des écoles de sous-officiers de Sept-Pagodes ou de Hanoi, selon leur arme de provenance. Dans tous les cas, les interprètes militaires indigènes doivent, pour être promus à la classe supérieure à celle dans laquelle ils ont débuté, avoir obtenu un brevet de caractères chinois décerné par la même commission que ci-dessus.

P. **307, 310** et **313** (*recrutement des indigènes par voie d'appel en Annam - Tonkin, en Cochinchine et, éventuellement, au Cambodge*). — Quatre arrêtés dont trois du 24 septembre 1924 et un du 30 du même mois ont apporté certaines modifications à ceux des 4 octobre 1923, 23 octobre 1923 et 14 mai 1924 réglementant respectivement ce recrutement dans les trois régions susvisées. Celles de ces modifications qui sont relatives à l'Annam - Tonkin et au Cambodge ne visent que des points de détail et ne nécessitent aucun changement à notre texte. Par contre, l'arrêté du 30 septembre 1924, concernant la Cochinchine, aura désormais pour conséquences : d'une part, que le contingent sera levé en deux fois et que les opérations de recrutement correspondantes auront lieu, en principe, à partir du 1er avril et du 1er octobre ; d'autre part, que le territoire de la Cochinchine sera partagé en « zones » dont chacune sera le théâtre d'un seul recrutement annuel, dont le nombre variable chaque année selon l'importance du contingent à lever et selon sa répartition entre les deux appels sera fixé par le Gouverneur sur la proposition du Général commandant la subdivision principale de Saïgon, enfin dans chacune desquelles le Gouverneur répartira le contingent entre les provinces et les municipalités (en d'autres termes, la « zone » constituera désormais une unité territoriale de recrutement intermédiaire entre la colonie et ses provinces et municipalités).

P. **315** *(emplois civils réservés aux anciens militaires et assimilés indigènes)* — Un arrêté du 12 septembre 1924 a modifié, en ce qui concerne la procédure d'instruction des demandes d'emploi formulées par des postulants n'étant plus sous les drapeaux, les dispositions de l'arrêté du 4 juillet 1921 relatif à l'application en Indochine du décret du 31 décembre 1919 (et non 31 mai comme il a été écrit par erreur à la ligne 7).

D'autre part, nous avons omis d'indiquer que les emplois civils dont il s'agit, tout en étant réservés par préférence en premier lieu aux militaires réformés pour blessures reçues en service, en second lieu à ceux réformés pour maladies contractées en service et en troisième lieu à ceux libérés avec un certificat de bonne conduite, ne sont cependant pas réservés à titre exclusif aux militaires proprement dits. Les anciens travailleurs indochinois engagés sous le régime du décret du 15 août 1916 ( O.N.S. ) leur sont en effet assimilés à ce point de vue et peuvent, mais seulement après ces militaires, concourir pour l'obtention desdits emplois. C'est donc en réalité sur quatre catégories de candidats que la commission de classement peut avoir à exercer son choix.

P. **328** note 2 *(recrutement des marins indigènes)* — En date du 4 septembre 1924 a été pris l'arrêté par lequel le Gouverneur Général a déterminé les régions dans lesquelles les marins indochinois de race annamite seraient recrutés par engagements ou rengagements comportant l'obligation éventuelle du service à l'extérieur. Ces régions sont la Cochinchine, l'Annam à l'exception de la province du Darlac et, au Tonkin, les villes de Hanoi et de Haïphong, les provinces de Bac-Ninh, Hadong, Haiduong, Hanam, Hung-Yên, Kiên-An, Nam-Dinh, Ninh-Binh, Quang-Yên, Thai-Binh et le 1er territoire militaire.

P. **330** (*pensions des marins indigènes*). — Comme celles des militaires indigènes, les pensions des marins indigènes bénéficient d'un abondement accordé par le budget général à charge de remboursement ultérieur par le budget de l'État. Cet abondement avait été tout d'abord calculé sur le taux de 3fr.60 (arrêtés des 11 novembre 1919 et 28 août 1920), puis sur celui de 3fr.00 (arrêté du 16 mai 1923). Ce dernier taux est toujours applicable aux pensions des militaires indigènes, mais un arrêté du 21 août 1924 a règlementé à nouveau la question en ce qui concerne celles des marins indigènes. L'abondement à 3fr.00 n'est plus applicable qu'à celles de ces pensions qui sont liquidées suivant les tarifs du décret du 18 mai 1922 (et non 8 mai 1922 comme une erreur d'impression nous l'a fait écrire à la ligne 3 de la page 330). Quant à celles liquidées sur les bases antérieurement établies par les lois des 11 août 1831, 8 août 1883 et 16 janvier 1905, l'abondement à leur appliquer variera désormais selon qu'il s'agit de pensions bénéficiant des majorations et du complément prévus par la loi du 25 mars 1920 ou de pensions bénéficiant des majorations instituées par le décret du 18 mai 1922 : dans le premier cas, la totalité des allocations sera abondée à 8fr.00 lorsque le taux de la piastre sera égal ou supérieur ; dans le second, la pension sera payée au taux du jour et la majoration seule sera abondée à 3fr.00.

P. **338** (*statut des magistrats indochinois*) — Ce statut vient d'être complété par un décret du 3 août 1924, promulgué en Indochine le 7 octobre suivant, qui règlemente le recrutement de la magistrature coloniale. Le principe est que nul ne peut y avoir accès s'il ne remplit les conditions générales d'âge et autres exigées par la loi du 20 avril 1810 sur l'organisation de l'ordre judiciaire métropolitain et s'il n'a en outre subi avec succès les épreuves de l'examen de sortie de l'École Coloniale (section de la magistrature) ou celles du même examen professionnel auquel un décret du 13 février 1908 a astreint les candidats aux fonctions judiciaires en France, en Algérie ou en Tunisie. Les élèves brevetés de l'École Coloniale sont nommés à un emploi du premier échelon de la quatrième classe, les autres candidats seulement à un emploi du deuxième échelon de cette même classe (sauf s'ils se sont particulièrement distingués au cours de l'examen professionnel). Toutefois, peuvent être nommés directement aux fonctions judiciaires coloniales, sur l'avis conforme de la commission de classement instituée par le décret du 5 septembre 1923 ( voir p. 339, alinéa 2 ), les fonctionnaires coloniaux ayant exercé intérimairement pendant un an les fonctions de magistrat, les juges de paix et leurs suppléants rétribués de la métropole ou des colonies licenciés en droit et ayant deux années d'exercice, les avocats, avoués et notaires licenciés en droit et exerçant leur profession depuis dix ans, les anciens magistrats, etc.

P. **342** *(justices de paix cochinchinoises occupées par un juge indigène)* — Ces juridictions n'avaient été jusqu'ici organisées que sur le papier. Un arrêté du 30 septembre 1924, devant avoir effet à compter du 1ᵉʳ janvier 1925, en a pour la première fois créé effectivement cinq dans les provinces de Gocong, Hatiên, Sadec, Tanan et Baclieu, le ressort des quatre premières s'étendant à la province du même nom et celui de la cinquième à la délégation de Camau seulement.

P. **346** note *(justice de paix à compétence étendue de Sadec)* — Elle ne sera pas créée, car un décret du 31 août 1924, promulgué le 15 octobre suivant, a rapporté les dispositions de celui du 16 février 1921 qui en avaient prévu l'organisation ultérieure et a définitivement compris la province de Sadec dans le ressort du tribunal de Vinhlong.

P. **347** *(composition des Court d'appel)* — Un décret du 10 septembre 1924 a supprimé, dans chacune des Cours de Saigon et de Hanoi, un emploi de conseiller et l'a remplacé par un second emploi de président de chambre.

P. **400** *(décrets modificatifs ou complémentaires de celui du 30 décembre 1912 fixant le régime financier des colonies).* — A l'énumération que nous avons donnée de ces actes il y a lieu d'ajouter un décret du 3 août 1924, promulgué le 30 septembre suivant, qui d'ailleurs ne motive aucune modification à ce que nous avons écrit au cours de notre art. 5 du chap. VII.

P. **417** ligne 1 *(personnel français du Service des Douanes).* — Les mots « personnel local », correspondant à ceux « personnel métropolitain » qui figurent au début du second alinéa de la page suivante, auraient dû comme ces derniers être écrits en italiques.

P. **419** *(personnel indigène du service actif des Douanes et Régies)*. — Les conditions de recrutement de ce personnel, que nous avons omis d'indiquer, ont été fixées comme suit par l'arrêté du 18 avril 1907. Les agents du cadre subalterne sont recrutés de préférence, jusqu'à concurrence des deux tiers au moins des vacances, parmi les hommes ou gradés libérés des corps de troupes de toutes armes et de la Garde indigène; les candidats de cette catégorie qui sont agréés sont nommés, suivant leur grade militaire et la durée de leurs services antérieurs, à l'une quelconque des classes du grade de garde ou du grade de surveillant. Les agents du cadre supérieur sont recrutés parmi ceux du cadre subalterne (service actif proprement dit ou flottille) employés depuis au moins quinze ans par le Service des Douanes ou parmi les sous-officiers indigènes des équipages de la flotte munis du certificat de mécanicien.

P. **419** *(organisation du Service des Douanes)*. — Selon une nouvelle répartition actuellement en projet, les provinces de Thanh-hoa, Vinh et Hatinh seraient distraites de la Sous-direction du Tonkin et rattachées à celle de l'Annam, en sorte que les limites des divisions douanières indochinoises se confondraient désormais avec les limites politiques des pays de l'Union.

P. **424** à **431** *(droits de douane)* — L'étude des droits de douane doit être complétée par quelques indications générales concernant les résultats de l'activité commerciale en Indochine, résultats dont l'essentiel est que, le total des exportations l'emportant chaque année sur celui des importations, la balance du commerce est régulièrement favorable à la colonie, d'où sa prospérité croissante.

Pour le premier semestre 1924, le premier de ces totaux a été de 653.422.081 fr. et le second de 576.886.046 fr., soit une différence de 76.536.035 fr. en faveur des exportations (pour la période correspondante de 1923, elle avait été de 133.661.993 fr.). Il s'en faut d'ailleurs de beaucoup que ladite différence se soit répartie également entre les divers pays de l'Union. La Cochinchine et l'Annam sont les seuls qui aient exporté plus qu'ils n'ont importé : 500.417.939 fr. contre 351.208.602 fr. pour le premier pays et 22.801.466 fr. contre 15.668.397 fr. pour le second. Le Tonkin et le Cambodge, au contraire, n'ont exporté respectivement que 123.670.277 fr. et 6.532.399 fr. de marchandises en regard d'une importation de 198.520.614 fr. et 11.488.433 fr.

Le total général à l'importation indiqué ci-dessus (576.886.046 f.) a été représenté pour parties à peu près égales par des produits en provenance de France ou des colonies françaises et par des marchandises étrangères. Au contraire, les quatre cinquièmes environ des exportations ont été dirigées sur l'étranger.

Les principaux produits indochinois d'exportation sont : en premier lieu et dans une mesure très-supérieure à tous autres, le riz sous ses diverses formes et le poisson sec ou salé ; ensuite et par ordre approximatif d'importance, la houille, le caoutchouc, le sucre brun, le poivre, les peaux préparées, la gomme laque, les minerais de zinc, les porcs, les peaux brutes, les fils et dentelles de coton, le cunau, les graisses oléagineuses, le café.

A l'importation, on remarque principalement les tissus de coton et les huiles de pétrole et essences, puis les automobiles et accessoires, le coton en laine, la farine, les fils de coton, les porcelaines, le lait, les cigarettes, les vins, le sucre raffiné, la ferronnerie, les fruits et légumes frais.

P. **449** (*cadre subalterne du personnel indigène du Service des Postes*). — Nous avons omis d'indiquer les conditions d'accès aux diverses catégories d'emploi de ce cadre. Celle des chefs de chantier et surveillants est recrutée à la base, de préférence, parmi les anciens militaires blessés en campagne ou libérés, les gardes indigènes ou les indigènes ayant déjà participé à des travaux de construction et de réparation des lignes télégraphiques, les uns et les autres devant autant que possible savoir lire et écrire le français ou l'une des langues indochinoises. Les facteurs de 5e classe sont recrutés parmi les indigènes connaissant couramment le français et le quôc-ngu et un peu les caractères chinois. Enfin les courriers-convoyeurs sont recrutés parmi les facteurs.

P. **454** (*ligne téléphonique Hanoi-Namdinh*). — Amorce au nord de la ligne téléphonique et télégraphique combinée Hanoi-Saigon dont nous avons parlé à la page précédente, cette ligne doit être ouverte jusqu'à Thanh-Hoa au 1er novembre 1924 et jusqu'à Vinh dans les premiers mois de 1925.

P. **469** (*papiers timbrés et timbres mobiles*). — Les papiers timbrés débités par l'administration correspondent au timbre dû en raison de la dimension de la feuille employée (d'où trois formats de papier, coûtant respectivement 0$12, 0$24 et 0$36) et au timbre des effets (un seul format de papier, lequel est revêtu d'un timbre de 0$10, 0$20, 0$30, etc, selon la somme indiquée par l'effet). Quant au timbre spécial, il ne peut être acquitté que par l'apposition de la figurine mobile correspondant à l'espèce du document à timbrer ou par le timbrage à l'extraordinaire de ce document ou enfin, s'il s'agit des affiches peintes taxées au mètre carré et pour lesquelles il n'existe pas de timbres mobiles, par le versement du droit dû entre les mains du receveur, auquel doit d'autre part être remise en ce cas une déclaration signée par la personne qui fait afficher ou par l'entrepreneur d'affichage.

P. **485** *(personnel indigène du Service géographique).* — L'arrêté du 4 octobre 1921 réorganisant ce personnel a été complété par un arrêté du 13 septembre 1924 qui a fixé la désignation à donner aux agents techniques dans les documents officiels rédignés en quốc-ngữ.

P. **488** *(commission de contrôle de la bibliothèque centrale)* — Les actes de 1919 visés au texte mentionnent le Directeur des Services économiques comme membre de cette commission et n'ont pas jusqu'ici été modifiés, sans doute par omission. car il ne paraît pas douteux que le chef de la Direction des Affaires économiques instituée par arrêté du 15 avril 1924 en remplacement de l'ancienne Direction des Services économiques (voir p. 93) remplacera nécessairement à l'avenir, dans le sein de l'assemblée dont il s'agit, l'ex-Directeur des Services économiques.

P. **499** avant-dernière ligne *(Ecole française d'Extrême-Orient).* — En employant l'expression « autorité morale », nous voulons dire que l'action du Gouverneur Général ne saurait évidemment s'exercer sur un corps savant comme l'institution dont nous parlons d'une façon aussi permanente et aussi effective que sur un service public ordinaire coopérant directement à l'œuvre administrative. Mais il va sans dire que cette autorité, lorsqu'elle a l'occasion d'être exercée, est exclusive de tout intermédiaire et par conséquent immédiate, comme l'énonce l'art. 1 du décret du 3 avril 1920.

P. **500** ligne 12 *(subvention du budget général à l'Ecole fran-*

çaise *d'Extrême-Orient).* — Au lieu de 160.000 francs, lire 160.000 piastres.

**P. 500** ligne 33 *(répétiteurs européens à l'Ecole française d'Extrême Orient).* — En fait, depuis 1904, il n'a plus été recruté que des lettrés asiatiques. Mais la disposition de l'art. 3 du décret du 26 février 1901 qui prévoyait l'éventualité du recrutement de répétiteurs européens n'a été ni rapportée ni contredite par le décret du 3 avril 1920. Ce recrutement pourrait donc être repris si le besoin s'en faisait sentir.

**P. 501** ligne 11 *(commissions d'examens de langues orientales)* — Nous devons rectifier ici une erreur qui nous a échappé. Depuis l'arrêté du 9 novembre 1921, portant nouvelle règlementation de ces examens, le Directeur de l'École française d'Extrême-Orient ne joue plus aucun rôle dans le choix des sujets des épreuves écrites. Pour l'annamite et la langue chinoise écrite, ces sujets sont choisis par les membres désignés à cet effet d'une *commission centrale d'examen* présidée par le Directeur de l'Instruction publique et comprenant en outre trois membres européens et trois membres indigènes désignés par le Gouverneur Général sur la proposition du Directeur de l'Instruction publique. Pour les autres langues, ils sont choisis par les membres désignés à cet effet de *commissions locales d'examen* composées dans chaque pays de trois membres européens et de deux membres indigènes désignés par le Gouverneur Général sur la proposition du Chef d'Administration locale.

**P. 501** *(membres permanents de l'École française d'Extrême-Orient).* — Le mode de recrutement par contrats dont nous parlons, prévu par l'article 11 du décret du 3 avril 1920, paraît en fait ne devoir être employé qu'en cas de nécessité et à titre subsidiaire. En tout cas, à l'heure actuelle, les quatre membres permanents de l'École bénéficient, en vertu de l'art. 14 dudit décret, du régime des pensions de la Caisse locale des retraites et sont en réalité, sinon juridiquement, des fonctionnaires.

**P. 501** et **502** *(Service archéologique de l'École française d'Extrême-Orient).* — A la ligne 31 de la p. 501, lire « peuvent être déléguées » au lieu de « sont déléguées ». En effet, la délégation au chef de ce service des attributions du Directeur de l'École en ce qui concerne les monuments, recherches et collections archéologiques n'a été prévue par le décret du 3 avril 1920 que comme une simple éventualité et non comme une obligation. En fait, aucun arrêté n'a jusqu'ici été pris pour confier au Chef du service archéologique la délégation générale dont il s'agit. On doit cependant admettre, à notre avis, que les attributions spéciales qu'il tient en la même matière des arrêtés des 22 juin 1918 et 12 août 1919 visés au texte ont continué à lui appartenir, sous l'autorité du Directeur de l'École, car elles lui ont été expressément conférées par ces actes du Gouverneur Général dont les dispositions y relatives ne sont nullement contredites par celles du décret du 3 avril 1920 et ne sauraient par suite, selon nous, être considérées comme implicitement abrogées par ce dernier texte.

Le Service archéologique est d'ailleurs encore en période d'organisation, et en particulier les inspecteurs prévus comme devant assister son chef n'ont pas jusqu'ici été désignés.

**P. 502** in fine *(monuments historiques ou artistiques)*. — La comparaison des termes des art. 2 et 13 de l'arrêté du 9 mars 1900 montre à n'en pas douter que l'intention de l'auteur de cet acte a été d'exiger l'intervention du Conseil Supérieur (actuellement Conseil de Gouvernement) lui-même lorsqu'il s'agit d'autoriser l'aliénation d'un objet mobilier classé, celle de la Commission permanente ne suffisant que pour la même autorisation concernant les immeubles classés. A vrai dire, on ne voit guère une raison plausible de cette différence, d'autant plus que l'avis de la Commission permanente suffit dans tous les cas lorsqu'il s'agit du classement ou du déclassement. Elle n'en a pas moins été nettement marquée et, le texte qui la contient n'ayant pas été modifié, nous avons dû la reproduire. On peut cependant soutenir qu'elle est devenue incompatible avec les prescriptions du deuxième des décrets du 20 octobre 1911, dont l'art. 6 attribue compétence à la Commission permanente pour connaître aux lieu et place du Conseil de Gouvernement de toutes les affaires sur lesquelles cette dernière assemblée doit être consultée, sauf les exceptions expressément énoncées par cet acte (ou par tout autre acte ultérieur de même nature). La question n'a d'ailleurs que peu d'intérêt, la règlementation des monuments historiques devant, nous l'avons dit, être prochainement refondue.

Nous précisons d'autre part ce que nous avons écrit en ajoutant que, lorsqu'il s'agit de biens constituant une propriété privée, seuls les immeubles sont susceptibles de classement, les objets mobiliers ne pouvant faire l'objet de cette mesure.

**P. 507** ligne 23 *(rôle de l'Institut scientifique)* — Nous avons omis de rectifier l'expression « Direction des Services économiques », écrite avant la parution des arrêtés du 15 avril 1924 qui ont supprimé cette Direction et réparti ses attributions entre deux nouveaux organismes, la Direction des Affaires économiques et l'Inspection générale de l'Agriculture, de l'Élevage et des Forêts (voir p. 93 et 96). A l'avenir, ce sera naturellement l'Inspecteur général dont l'emploi a ainsi été créé qui collaborera avec les Administrations locales à l'établissement des programmes, soumis à l'avis de l'Institut scientifique, des travaux techniques à exécuter par les Services agricoles et les Services forestiers locaux.

**P. 508** *(station annexe du Nui-chua-chau)* — Il s'agit d'une station agricole et forestière installée sur les pentes de la montagne du même nom, province de Biên-Hoa (Cochinchine).

**P. 514** *(règlementation de l'enseignement privé).* — Le décret dont notre note au bas de cette page annonçait la parution prochaine a été signé le 14 mai 1924 et promulgué le 18 septembre suivant, en même temps qu'était pris l'arrêté du Gouverneur Général de même date qui a fait l'objet de nos notes ci-dessus concernant les pages 96 et 128 de l'ouvrage.

Toute personne ou association désireuse d'ouvrir en Indochine un établissement d'enseignement privé comportant plus de cinq élèves doit en obtenir, sur sa demande énonçant tous renseignements utiles, une autorisation préalable qui est accordée s'il y a lieu par le Gouverneur Général lorsqu'il s'agit d'enseignement secondaire ou supérieur et par le Chef d'Administration locale intéressé s'il s'agit d'un autre ordre d'enseignement. En cas de refus d'autorisation, mais à condition expresse qu'il ait été basé sur une raison ne touchant pas à l'ordre public (s'il en était autrement, ledit refus serait définitif), le demandeur peut, dans le mois de sa notification, exercer un recours devant la section permanente du Conseil consultatif de l'Instruction publique ou devant le Conseil local de l'Enseignement, selon l'autorité signataire du refus contre lequel il proteste ; l'assemblée compétente se réunit alors dans le mois suivant cet appel et soumet son avis motivé au Chef de la colonie ou au Chef

de l'Administration locale, selon le cas, lequel statue définitivement. L'autorisation d'ouverture est accordée à titre spécial
et ne peut en aucun cas être transférée.

En outre, toute désignation d'un directeur ou nouveau
directeur doit être notifiée dans le délai d'un mois à l'autorité
administrative compétente et doit être agréée par celle-ci, sous
peine de fermeture provisoire de l'établissement.

Les membres de l'enseignement privé peuvent être frappés
de la censure ou de l'interdiction provisoire ou définitive de la
profession et les établissements eux-mêmes peuvent se voir
imposer une fermeture immédiate. Ces mesures sont prises par
l'autorité qui a donné l'autorisation d'ouverture, mais sous
réserve, en ce qui concerne l'interdiction de la profession et la
fermeture, de l'avis préalable de la section permanente du
Conseil consultatif de l'Instruction publique ou de celui du
Conseil local de l'Enseignement, selon le cas. Ces mêmes assemblées sont d'ailleurs investies, de façon générale, de l'action
disciplinaire sur les membres de l'enseignement privé.

Enfin cette règlementation d'ensemble doit être ultérieurement
complétée : d'une part, par des arrêtés du Gouverneur Général,
pris après avis du Conseil consultatif de l'Instruction publique,
qui règlementeront, notamment en ce qui concerne les étrangers,
les conditions et garanties imposées aux directeurs, au personnel
enseignant et au personnel de surveillance d'origine non indigène, ainsi que la procédure des sanctions disciplinaires ; d'autre
part, par des arrêtés des Chefs d'Administration locale qui
fixeront les conditions et garanties imposées au personnel
indigène, les conditions matérielles requises des bâtiments
scolaires et le mode de contrôle exercé par les chefs de province
ou municipalité et par les fonctionnaires de l'Enseignement
public et du Service de la Santé compétents.

P. **515** lignes 3 et 4 *(Conseil consultatif de l'Instruction publique et Conseil de perfectionnement de l'enseignement franco-
indigène)* — Un arrêté du 18 septembre 1924 a réorganisé le
premier de ces conseils et remplacé les seconds par des *Conseils
locaux de l'Enseignement.* Voir à ce sujet, au présent appendice,
les notes concernant les pages 96 et 128.

P. **515** *(bourses scolaires)* — A l'énumération que nous avons
donnée de la règlementation des bourses scolaires (terme d'ailleurs

pris par nous dans son sens général et comprenant les secours scolaires au même titre que les bourses proprement dites), il y aurait eu lieu d'ajouter, en ce qui concerne les allocations scolaires accordées pour les écoles supérieures indochinoises, l'arrêté du 25 décembre 1918 modifié le 9 novembre 1921. Cette addition, toutefois, ne présentera plus prochainement qu'un intérêt rétrospectif, car, depuis que nous écrivions, à peu près toute la règlementation alors en vigueur sur les bourses et secours scolaires a été entièrement refondue, pour compter de l'année scolaire 1925-26 : — en ce qui concerne les bourses d'enseignement supérieur accordées dans la colonie aux indigènes, par un arrêté du 18 septembre 1924 (voir ci-après la note relative à la p. 543) qui a abrogé toutes les dispositions y relatives de l'arrêté de 1918 susvisé ; — en ce qui concerne les bourses d'enseignement primaire supérieur, secondaire et professionnel et les secours scolaires pouvant être accordés en Indochine, en France ou dans les colonies françaises aux enfants de nationalité française, par un arrêté du 15 octobre 1924 qui a de même abrogé les articles y relatifs de la règlementation organique du 21 décembre 1917 et leurs modifications ultérieures.

En définitive, toute la matière va se trouver désormais régie par les deux arrêtés du 18 septembre et du 15 octobre 1924 susvisés, et seules ont été maintenues les dispositions des art. 501 à 526 de l'arrêté du 21 décembre 1917 relatives à l'envoi de boursiers indigènes dans la métropole.

P. **520 à 522** *(personnel français local de l'Instruction publique).* — Son statut a été refondu, en ce qui concerne l'enseignement du 1er degré et celui du 2e degré, par un arrêté du 18 septembre 1924 qui a eu pour but : d'une part, de simplifier la hiérarchie de ce personnel et de l'unifier, dans la mesure du possible, dans les deux ordres d'enseignement intéressés ; d'autre part, d'abroger d'assez nombreuses dispositions du Code de l'Instruction publique qui, bien que maintenues jusque-là en vigueur et dont par suite nous avions fait état dans notre texte, étaient devenues incompatibles avec les modifications et précisions apportées par arrêté et instructions du Gouverneur Général du 15 avril 1924 aux textes organiques des 20 juin et 24 octobre 1921 fixant le statut commun des personnels français des services locaux (voir p. 264 et suivantes).

Le personnel du 1er degré (enseignement primaire) ne comprendra plus désormais que des professeurs, hommes ou dames, principaux hors classe et de trois classes, titulaires de trois classes et stagiaires, la dénomination d'institutrice étant supprimée de même que le grade de professeur de 4e classe. Le personnel du 2e degré (enseignements primaire supérieur, complémentaire et secondaire) ne subit aucun changement quant à la hiérarchie des professeurs agrégés, mais le grade de professeur de 4e classe n'existe plus dans le cadre des professeurs licenciés et certifiés et, d'autre part, le cadre des professeurs-adjoints semble supprimé par voie d'extinction car non seulement la nouvelle règlementation n'en fait plus mention mais encore elle abroge expressément l'art. 228bis du Code de l'Instruction publique qui déterminait antérieurement le mode de recrutement de ce personnel (1).

La fixation des divers cadres du personnel français de l'Enseignement, ainsi que la répartition entre les pays de l'Union des unités les composant, seront désormais effectuées en conformité des règlements généraux fixant le statut commun du personnel des services locaux et selon les règles de détail déterminées par les instructions du Gouverneur Général du 15 avril 1924 (voir p. 267 - B), le personnel de l'enseignement secondaire étant mis par le Chef de la colonie à la disposition du Directeur de l'Instruction publique et celui des enseignements primaire, primaire supérieur et complémentaire à la disposition des Chefs d'Administration locale qui à leur tour l'affectent aux divers établissements sur la proposition des chefs locaux du Service de l'Enseignement.

Enfin, le nouvel arrêté que nous analysons a décidé qu'à l'avenir la commission chargée de dresser le tableau d'avancement du personnel français de l'Enseignement, commission qui jusqu'alors avait une composition spéciale (voir p. 270 note 1), serait désormais constituée conformément aux règles générales posées par l'arrêté du 24 octobre 1921 modifié le 15 avril 1924, c'est-à-dire serait présidée par le Gouverneur Général et comprendrait le Directeur de l'Instruction publique et un fonctionnai-

---

(1) Il est au reste à remarquer que ces professeurs-adjoints, bien qu'ayant été rangés dans le personnel du 2e degré par l'art. 226 du Code de l'Instruction publique, étaient cependant entièrement assimilés, au point de vue de leur statut personnel, aux professeurs du 1er degré. Cette assimilation a d'ailleurs été maintenue, car la disposition de l'art. 226 qui la consacrait est la seule qui n'ait pas été abrogée par la nouvelle règlementation.

re du personnel intéressé appartenant au grade et à la classe les plus élevés pour lesquels des inscriptions sont prévues (1).

**P. 524** et **525** *(personnel indigène de l'Instruction publique)* — Un arrêté du 18 septembre 1924, réorganisant ce personnel et supprimant en particulier le cadre des moniteurs et monitrices, nous amène à remplacer comme suit les alinéas 2 et 3 de la division B de la page 524.

« Pour l'enseignement primaire, le personnel indigène com-
« prend : d'une part, des instituteurs et institutrices hors classe,
« principaux de deux classes, titulaires de huit classes et stagi-
« aires ; d'autre part, des instituteurs auxiliaires principaux et
« institutrices auxiliaires principales de deux classes, des institu-
« teurs et institutrices auxiliaires de huit classes et des instituteurs
« et institutrices auxiliaires stagiaires. Tous ces agents sont nommés
« et promus par les Chefs d'Administration locale sur la proposi-
« tion concertée des Chefs de province et des chefs locaux du
« Service de l'Enseignement. Pour entrer comme stagiaire dans le
« cadre des instituteurs et institutrices, il faut, entre autres condi-
« tions, être titulaire du diplôme de fin d'études complémentaires
« ou avoir satisfait à l'examen de sortie d'une école normale (tou-
« tefois, jusqu'au 31 décembre 1926, le brevet élémentaire au titre
« français suffira) ; les élèves des écoles normales ayant satisfait à
« l'examen de sortie et ayant obtenu en outre le diplôme de fin
« d'études complémentaires sont nommés directement à la 8e clas-
« se. Pour entrer comme stagiaire dans le cadre des instituteurs et
« institutrices auxiliaires, il faut en principe, entre autres condi-
« tions, avoir suivi pendant un certain temps les cours d'une école
« normale et contracter l'engagement de servir pendant dix ans

---

(1) Cette dernière disposition de l'arrêté du 18 septembre 1924, conséquence de l'abrogation décidée par cet acte de l'art. 42 du Code de l'Instruction publique, nous paraît contraire à la prescription du décret du 2 mai 1920 selon laquelle le Directeur de l'Instruction publique « présente le tableau d'avancement des fonctionnaires des trois ordres de l'enseignement ». Sans doute peut-on soutenir, en ce qui concerne les personnels de l'enseignement secondaire et de l'enseignement supérieur, que l'intention de l'auteur du décret continuera à être respectée dans une certaine mesure, en ce sens que les instructions du 15 avril 1924 réservent au Directeur de l'Instruction publique le droit d'arrêter la liste des propositions pour l'avancement de ces personnels. Mais il semble bien que l'incompatibilité soit formelle en ce qui concerne le personnel des enseignements primaire, primaire supérieur et complémentaire, car il résulte des mêmes instructions que les listes de propositions concernant ces personnels sont définitivement arrêtées par le Chef d'Administration locale intéressé, en sorte que le Directeur de l'Instruction publique ne prend plus à leur avancement la part prépondérante que lui réservait le décret.

« dans l'Enseignement ; toutefois, les Chefs d'Administration locale
« sont provisoirement autorisés à nommer stagiaires dans ledit
« cadre des indigènes simplement pourvus du certificat d'études
« primaires, mais les candidats ainsi nommés ne pourront être
« titularisés qu'après avoir satisfait à un examen d'aptitude péda-
« gogique règlementé par arrêté du Chef d'Administration locale.

« Pour l'enseignement complémentaire, le personnel indigène
« enseignant comprend des hommes ou dames professeurs princi-
« paux de trois classes, professeurs de quatre classes et professeurs
« stagiaires. Ces agents sont répartis entre les pays de l'Union par
« le Gouverneur Général sur la proposition du Directeur de l'Ins-
« truction publique et l'avis conforme du Chef d'Administration
« locale intéressé. Ils sont ensuite affectés aux établissements par
« le Chef d'Administration locale sur la proposition du chef local
« du Service de l'Enseignement. Leurs nominations et promotions
« sont décidées par le Gouverneur Général sur la proposition
« concertée des Chefs d'Administration locale et du Directeur de
« l'Instruction publique (1). Les nominations à l'emploi de stagiaire
« seront faites exclusivement, à compter du 1er janvier 1927, parmi
« les anciens élèves diplômés de l'École supérieure de Pédagogie ;
« toutefois, jusqu'à cette date, les candidates pourvues du bacca-
« lauréat ou du brevet supérieur pourront comme par le passé
« être nommées professeurs stagiaires. L'avancement, dans la me-
« sure où il doit être donné au choix, nécessite l'inscription préa-
« lable à un tableau d'avancement établi par une commission
« présidée par le Gouverneur Général ou son délégué et compre-
« nant comme membres le Directeur de l'Instruction publique,
« un professeur français du 2e degré et deux fonctionnaires indi-
« gènes dont un professeur appartenant au grade et à la classe
« les plus élevés pour lesquels des inscriptions sont prévues ».

P. **527** alinéa 2 ( *enseignement supérieur des lettres* ). —
L'arrêté du 26 juillet 1923 instituant à Hanoi cet enseignement
a été purement et simplement rapporté par celui du 18 septembre 1924 créant l'École des Hautes études indochinoises (voir
ci-dessus note concernant la p. 549). Les matières sur lesquelles

---

(1) Ainsi disparaît l'anomalie qui résultait de l'ancien mode de proposition et
que nous avions signalée par la note 1 de la page 525, laquelle devient dès lors sans
objet. L'art. 231 du Code de l'Instruction publique a d'ailleurs été expressément
abrogé par l'arrêté du 18 septembre 1924.

il devait porter ont en effet été comprises dans le programme d'enseignement de ladite école.

**P. 529** (*certificat d'études primaires franco-indigènes*). — En vertu d'un arrêté du 18 septembre 1924, nul ne pourra à l'avenir se présenter à l'examen pour l'obtention de ce diplôme s'il n'a au préalable obtenu le *certificat d'études élémentaires indigènes*, nouveau titre institué par ledit arrêté pour sanctionner les études des trois premiers cours du cycle primaire et dont les conditions d'obtention seront ultérieurement déterminées dans chaque pays par un arrêté du Chef de l'Administration locale soumis à l'approbation du Gouverneur Général après avis du Directeur de l'Instruction publique (1).

**P. 531** note 1 (*désignation des directeurs et directrices des établissements du 2e degré autres que le Lycée de Hanoi*). — A la ligne 3 de cette note, lire « ces désignations étaient faites par le Gouverneur Général sur la proposition du Directeur de l'Instruction publique ».

Ajoutons à ce sujet que notre interprétation des arrêtés des 15 et 25 avril 1924, relativement au nouveau mode de désignation de cès directeurs et directrices, était bien exacte, car elle a été implicitement corroborée depuis par les dispositions de l'arrêté du 18 septembre 1924 (voir ci-dessus note concernant les p. 520 à 522).

**P. 536** (*établissement d'enseignement complémentaire de Namdinh*). — Sa situation a été régularisée, à compter du 1er septembre 1924, par un arrêté du 23 du même mois qui l'a définitivement classé comme école complémentaire. Il ne recevra toutefois, jusqu'à nouvel ordre, que des élèves externes.

**P. 540** alinéa 2 (*nouveaux programmes de l'enseignement secondaire français*). — La nouvelle orientation donnée à cet enseignement par le décret du 3 mai 1923, qui consacrait un retour à peu près complet aux humanités classiques, ne paraît pas devoir être maintenue. Une refonte complète du plan des études secondaires, qui vraisemblablement aura pour conséquence,

---

(1) Cette nouvelle disposition entraînera sans doute l'abrogation de celle, encore en vigueur à ce jour mais dont l'application devient désormais impossible, selon laquelle les élèves du cours supérieur doivent obligatoirement se présenter tous à l'examen pour l'obtention du certificat d'études primaires.

sinon une remise en vigueur pure et simple des programmes de 1902, au moins un renforcement marqué de l'enseignement moderne, a en effet été annoncée par un décret du 9 août 1924 promulgué le 11 octobre suivant. En attendant la nouvelle réorganisation attendue et en vue de la préparer, cet acte a d'autre part créé à partir de la rentrée de 1924, à titre temporaire, une classe de 6ᵉ B et une classe de 5ᵉ B qui, fonctionnant parallèlement aux classes de 6ᵉ et de 5ᵉ pour lesquelles les prescriptions du décret du 3 mai 1923 restent en vigueur, ne comporteront pas l'étude du latin et seront exclusivement organisées en vue de l'enseignement moderne.

**P. 543** *(régime général des écoles supérieures).* — Un arrêté du 18 septembre 1924 a apporté à ce régime certaines modifications dont les principales sont les suivantes — Sauf l'Ecole de Pédagogie, qui ne reçoit que des boursiers internes, ces établissements reçoivent des élèves payants, des boursiers d'internat avec ou sans allocation de 8 $ par mois pour frais d'études et des boursiers d'externat recevant cette allocation. Il n'est plus question de l'ancienne catégorie des auditeurs libres — L'un des diplômes (baccalauréat, brevet de l'enseignement secondaire local ou brevet supérieur) exigés à l'entrée dans les écoles autres que les sections de plein exercice de l'Ecole de Médecine doit, en principe, avoir été obtenu par tout candidat, payant ou boursier, et est requis pour l'admission dans tous les établissements. Toutefois, le diplôme de fin d'études complémentaires suffira : jusqu'à la rentrée scolaire de 1926, pour les candidats d'origine annamite âgés de 20 ans au moins, excepté toutefois pour l'Ecole des Sciences appliquées; jusqu'à celle de 1928, pour les candidats d'origine cambodgienne ou laotienne — Les bourses peuvent être accordées, non seulement sur les budgets général et locaux, mais aussi, sur avis conforme du Directeur de l'Instruction publique, sur les autres budgets publics indochinois ou encore par des établissements publics ou privés, et en conséquence c'est au service de l'administration ou de l'établissement public ou privé ayant fourni sa bourse que le candidat doit s'engager à rester pendant dix ans après sa sortie de l'école — L'admission des élèves boursiers continue à être prononcée par le Directeur de l'Instruction publique, mais c'est le Gouverneur Général qui, sur sa proposition, fixe chaque année et pour chaque école le nombre des boursiers à admettre — Enfin les attributions du Conseil de l'Ecole en matière de discipline ont été précisées, et en particulier les peines de la suppression définitive des bourses et allocations et de l'exclusion de l'établissement ne peuvent être infligées par le Directeur de l'Instruction publique qu'après avis de cette assemblée.

Sauf celles relatives au régime des bourses, lequel est commun à toutes les écoles supérieures, les dispositions générales précédentes ne sont applicables à l'Ecole des Hautes études indochinoises qu'autant qu'elles ne sont pas contredites par les dispositions spéciales, relatives à ce dernier établissement, qui feront l'objet de notre note ci-après.

**P. 549** (*transformation progressive de l'École de Droit et d'Administration en École des Hautes études indochinoises*). — Les dispositions déjà prises dans certains pays, notamment au Tonkin par l'ordonnance royale du 7 juin 1923 (voir p. 212) et au Cambodge par l'ordonnance royale du 15 septembre 1922 (voir p. 216), en vue de faciliter aux diplômés de l'École de Droit l'accès des carrières mandarinales n'avaient pas donné les résultats escomptés. En conséquence, elles ont été notablement renforcées et généralisées par un arrêté du 18 septembre 1924 qui tend à unifier dans l'avenir le recrutement des mandarins administratifs et judiciaires du Tonkin, de l'Annam, du Cambodge et du Laos, ainsi que celui du cadre des chefs de poste administratifs et des juges de paix de Cochinchine. Cette source unique de recrutement sera une nouvelle école supérieure, dite *École des Hautes études indochinoises*, créée par l'arrêté susvisé et qui, coexistant avec l'actuelle École de Droit jusqu'à la fin de l'année scolaire 1925-26, se substituera entièrement à cette date à cette dernière, laquelle sera alors supprimée. Il a donc été décidé dans ce but: que, à partir de l'année 1927, les grades de début dans chacun des cadres de fonctionnaires et juges indigènes susvisés seraient attribués, en premier lieu et d'office, aux diplômés de l'École des Hautes études originaires du pays intéressé et en suivant leur ordre de classement, sous cette réserve toutefois qu'un stage de cinq ans dans un bureau administratif ou un greffe judiciaire devra précéder l'affectation de l'intéressé à un poste déterminé; — que, par voie de conséquence et à compter de la même date, ce mode de recrutement primera ceux actuellement en vigueur pour les divers cadres susvisés, ces derniers ne devant plus dès lors continuer à fonctionner qu'à défaut de candidats provenant de l'École des Hautes études indochinoises ; — enfin que, également par voie de conséquence et toujours à compter de la même date, seuls les diplômés de cet établissement qui par suite de leur classement n'auront pas été nommés dans les divers cadres susvisés pourront, dans les mêmes conditions que les diplômés de l'actuelle École de Droit, solliciter leur admission dans les cadres supérieurs du personnel indigène des administrations et services publics.

L'École des Hautes études indochinoises, qui reçoit des élèves payants et des boursiers devant posséder le baccalauréat ou le diplôme de l'enseignement secondaire local, a pour mission de dispenser un enseignement supérieur juridique, administratif et de culture générale réparti en un programme de trois années, avec deux examens de passage et un concours de sortie dont le règlement est fixé par le Directeur de l'Instruction publique et est couronné par la délivrance d'un *diplôme des Hautes études indochinoises.*

P. **553** (*École des sciences appliquées*). — Un arrêté du 22 octobre 1924 a modifié sur les points suivants la règlementation antérieure concernant le cours supérieur des Travaux publics. Le recrutement des élèves s'effectuera désormais au concours parmi les titulaires du diplôme de sortie de l'École des Travaux publics, les bacheliers métropolitains et les brevetés de l'enseignement secondaire local ; toutefois les bacheliers métropolitains (série mathématiques), ainsi que les diplômés de l'École des Travaux publics ayant obtenu une moyenne supérieure à 13, sont provisoirement dispensés du concours d'admission. D'autre part, la limite d'âge habituelle de 25 ans est portée à 30 ans pour les candidats appartenant déjà à un cadre régulier de la colonie. Ces derniers candidats, s'ils échouent à l'examen de sortie du cours supérieur des Travaux publics, sont réintégrés dans leurs cadres d'origine avec le rang qu'ils y occuperaient s'ils ne les avaient pas quittés. Quant à ceux provenant directement de l'École des Travaux publics, ils sont, dans le même cas, nommés agents techniques dans la classe et avec l'ancienneté qui seraient les leurs si leur nomination dans ce personnel avait eu lieu à leur sortie de l'École.

P. **558** et **559** (*École d'Administration cambodgienne, École* *des Hautes études du Gouvernement annamite et École d'Administration laotienne)* — Ainsi que nous l'avons dit dans notre note du présent appendice concernant la page 549, une École des Hautes études indochinoises vient d'être créée dans le but d'unifier le recrutement des mandarins administratifs et judiciaires des pays de protectorat. On peut dès lors se demander ce que deviendront les trois écoles spéciales susvisées, car il semble bien que, à partir du moment où le nouveau recrutement commencera à jouer, c'est-à-dire à partir de 1927, ces établissements feront désormais double emploi, chacun pour sa part, avec la nouvelle école supérieure de Hanoi. Il est donc à souhaiter que des textes ultérieurs viennent trancher cette question, car l'arrêté du 18 septembre 1924 portant création de l'École des Hautes études indochinoises est resté muet à son sujet.

P. **562** alinéa 2 (*personnel des Travaux publics détaché des cadres métropolitains ou du cadre général des Travaux publics des Colonies*). — En écrivant que ce personnel était destiné à assurer l'exécution des travaux d'emprunt et des travaux extraordinaires, nous n'avons pas voulu dire que cette exécution constituerait pour lui une attribution exclusive ou unique, mais simplement que le besoin de personnel supplémentaire se fait particulièrement sentir lorsque les importants travaux de l'espèce peuvent être exécutés et qu'en conséquence c'est alors qu'il est fait le plus largement appel au mode de recrutement dont il s'agit.

P. **563** ligne 21 et p. **572** ligne 7 (*police des rades et ports maritimes*). — La police que le Service des Travaux publics exerce à ce point de vue, par les soins des officiers et maîtres de port, est uniquement celle qui a pour but de veiller à la sécurité matérielle des navires ainsi qu'à la conservation des ouvrages intéressant la navigation. Quant à la police administrative et judiciaire, elle est assurée par le Service de la Sûreté ou par celui de la police municipale, chacun en ce qui le concerne (voir p. 715).

P. **568** (*agents techniques indigènes du Service des Travaux publics*). — L'arrêté du 14 septembre 1919 et les textes subséquents cités par nous viennent d'être abrogés par un arrêté du 27 septembre 1924 qui a fixé à nouveau le statut de ce personnel. Cette nouvelle règlementation a d'ailleurs reproduit à peu près intégralement les dispositions de l'ancienne, notamment en ce qui concerne la hiérarchie, qui reste sans changement, du corps en question. La principale innovation consiste en une modification des conditions de recrutement. Les agents techniques seront désormais choisis : pour les deux tiers, sur titres parmi les diplômés de l'Ecole des Travaux publics ; pour un tiers, et après un concours qu'un arrêté ultérieur du Gouverneur Général doit organiser, parmi les agents des chantiers ou des bureaux du Service des Travaux publics ayant au moins six ans de service. D'autre part, les agents-voyers indochinois stagiaires qui ont échoué à l'examen professionnel de fin de stage peuvent être nommés directement agents techniques de 2e classe.

P. **570** ligne 9 — Lire « huit » au lieu de « sept ».

P. **580** (*voie ferrée de Krong-pha à Dalat*). — Lire « contrat du 26 février 1921 » au lieu de « contrat du 26 février 1991 ».

D'autre part, la rédaction de la dernière ligne du passage relatif à cette voie ferrée est défectueuse et peut prêter à confusion. Nous avons voulu dire que la section de Krong-pha à Bellevue est actuellement la seule qui soit en cours de construction effective sur le terrain, les travaux des autres sections n'ayant pas encore été entrepris.

P. **584** ligne 23. — Au lieu de « embranchement de Tourane à Krong-pha », lire « embranchement de Tourcham à Krong-pha ».

P. **589** ligne 15 (*franchise de bagages sur les chemins de fer* — Après « accordée à tout voyageur », ajouter « des trois premières classes ». Les voyageurs de 4ème classe (classe réservée aux indigènes) n'ont droit qu'à une franchise de 10 kgrs.

P. **609** (*compagnies de navigation maritime*) — Un arrêté du 26 décembre 1923, pris en exécution d'une dépêche ministérielle du 8 décembre 1922 et complété le 8 octobre 1924, a constitué à Saigon et à Haiphong un délégué du Gouvernement Général devant être choisi parmi les fonctionnaires civils ou militaires et chargé de représenter le Chef de la colonie auprès de toute compagnie de navigation signataire d'une convention pour le transport des passagers de l'Administration. Le bureau militaire du Gouvernement Général (dont nous avons dit à la p. 87 qu'il était chargé du service des passages) lui transmet en temps utile la liste des officiers et fonctionnaires titulaires d'une réquisition et il doit veiller à ce que la répartition des cabines entre ces passagers

et ceux du commerce soit faite en conformité des conventions
et de l'équité et, de façon générale, à ce que les compagnies intéressées exécutent les obligations de leurs cahiers des charges
respectifs.

Ces délégués du Gouvernement Général sont actuellement :
à Saigon, le chef du 3ème bureau du Gouvernement de la Cochinchine ; à Haiphong, le sous-intendant des troupes coloniales
chargé de la sous-intendance. Lorsque leur intervention se produit à l'occasion du transport d'un détachement de troupes, ils
doivent être assistés d'un représentant du commandant d'armes,
d'un médecin militaire et de tout autre adjoint technique jugé
utile.

P. **609** note (*Compagnie des Services contractuels des Messageries Maritimes*). — Avec un retard de quatre années par rapport
au terme que lui fixaient ses obligations contractuelles, cette
compagnie paraît enfin avoir définitivement installé, au cours
du second semestre 1924, la ligne directe Marseille-Haiphong
prévue par son cahier des charges. Elle ne lui a d'ailleurs affecté
jusqu'ici que des navires d'un type assez ancien, provenant du
contingent affecté à la Compagnie des Messageries Maritimes
(dont celle qui nous occupe est une filiale) sur la répartition des
bateaux de commerce allemands saisis pendant la guerre ou
livrés aux Alliés en exécution du traité de paix.

P. **621** et **622** (*personnels indigènes techniques des Services
sanitaires et médicaux*. — A l'énumération que nous avons donnée de ces personnels il y a lieu d'ajouter le nouveau cadre, créé
par arrêté du 7 octobre 1924, des *infirmières sages-femmes indigènes de l'Assistance médicale au Laos*. Il doit comprendre des
infirmières sages-femmes principales de deux classes et titulaires
de six classes. Les emplois de titulaires de 6e classe sont exclusivement réservés aux diplômées de l'école d'infirmières sages-
femmes créée à Vientiane par arrêté du même jour (voir ci-après
note concernant la p. 656).

P. **656** (*établissements d'instruction médicale*). — Un arrêté
du 7 octobre 1924 a réalisé la création au Laos, que nous an-
noncions prochaine, d'une *école d'infirmières sages-femmes
indigènes*, dont le siège a été fixé à l'hôpital provincial de Vientiane. Les élèves sont recrutées par les chefs de province parmi
les jeunes filles ou femmes laotiennes, d'un âge compris entre

17 et 23 ans, justifiant de leur aptitude physique et possédant une connaissance suffisante du français. Leur nombre est fixé chaque année par le Résident Supérieur sur la proposition du Chef du Service de l'Assistance. Le régime est l'externat, avec allocation d'une indemnité mensuelle de 6$, et la durée des études est de deux années comportant un examen de passage et un examen de sortie.

P. **663** (*personnel des Services commerciaux*). — Au sommet de la hiérarchie du personnel des agents principaux, destiné à disparaître par voie d'extinction, un arrêté du 4 octobre 1924 a créé un emploi de chef de bureau.

P. **688** in fine (*encouragements à l'agriculture au Tonkin*). — Il est à remarquer qu'aucun crédit destiné à ces allocations n'a été prévu au budget local du Tonkin pour 1924, ce qui permet de penser que l'Administration locale de ce pays a l'intention de les supprimer.

P. **757** (*définition des Asiatiques étrangers au Cambodge*). — L'inadvertance administrative que nous avions signalée par note au bas de cette page a été réparée par un arrêté du 30 juillet 1924 qui a modifié celui du 15 novembre 1919, concernant l'immigration asiatique au Cambodge, en étendant à ce pays la définition, telle qu'elle avait été donnée pour la Cochinchine par l'arrêté du 27 octobre 1922, des Asiatiques étrangers et assimilés assujettis aux règlements sur l'immigration.

P. **811** lignes 13, 14 et 15 (*autonomie des divers pays de l'Union*) — Rappelons toutefois ce que nous avons dit à la page 118 concernant le territoire de Kouang-Tchéou-Wan, lequel ne possède pas à proprement parler l'autonomie financière, mais seulement l'autonomie administrative.

P. **826** alinéa 2 in fine (*police urbaine de Phnom-Penh*). — A compter du 1er janvier 1925, le budget local du Cambodge doit prendre à sa charge le tiers des dépenses de toute nature afférente au personnel de la police urbaine de Phnom-Penh.

P. **41** (*traités intéressant le Territoire de Kouang-Tchéou-Wan*). — A la ligne 6 du § 4, au lieu de « l'Allemagne, Wei-hai-Wai », lire « l'Angleterre, Wei-hai-Wei ».

# TABLE DES MATIÈRES

# DEUXIÈME PARTIE

## LES ADMINISTRATIONS INDOCHINOISES

### CHAPITRE III — ADMINISTRATION GÉNÉRALE DE L'INDOCHINE

## CHAPITRE V — ADMINISTRATION PROVINCIALE

# TROISIÈME PARTIE

## LES SERVICES INDOCHINOIS

CHAPITRE IX. — SERVICES LOCAUX FONCTIONNANT
& POUR PARTIE AU COMPTE DU BUDGET GÉNÉRAL
ET POUR PARTIE AU COMPTE DES BUDGETS LOCAUX

## CHAPITRE X. — SERVICES LOCAUX FONCTIONNANT AU COMPTE DES BUDGETS LOCAUX ET REPRÉSENTÉS DANS TOUS LES GRANDS PAYS DE L'UNION

CHAPITRE XI. — SERVICES LOCAUX
FONCTIONNANT AU COMPTE DES BUDGETS LOCAUX
MAIS N'EXISTANT QUE DANS CERTAINS
DES GRANDS PAYS DE L'UNION

## CHAPITRE XII. — SERVICES PROVINCIAUX
## ET SERVICES MUNICIPAUX

# APPENDICE



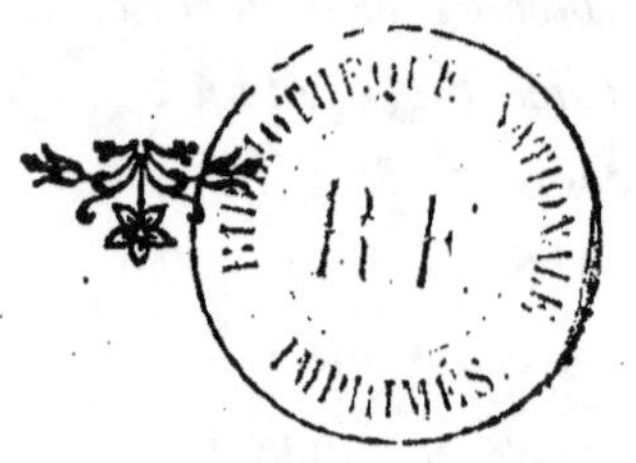